U0941110

2019 郑州年鉴

ZHENG ZHOU YEAR BOOK

郑州市人民政府 主办

郑州市地方史志办公室 编

中原出版传媒集团

中原传媒股份公司

中州古籍出版社

郑州市政区图
北郭
焦作市
缑村镇
招贤
祥云镇
岳村
温县
南庄镇
孟州市
化工镇
黄河大堤
新蟒河
蟒河
黄河
沁河
北陈沟
寨子
枣树沟
新建村
北马沟
北邙
宋村
水泉
丁村
高村
高村寺
孤柏咀
王村镇
韩常村
后白杨
司马
张村
蒋头
丁洼
倪店
口子
汜水镇
G30
留村
西大村
穆寨
丁楼
十里堡
武庄
枯河
吴村
河王水库
西邢村
沙固
贾沟
西史村
高袁寨
龙泉寺
潘窑
纸坊
金寨回族乡
汪沟
吉家
上街区
三十里铺
曹李
荥阳市
高山镇
大坡顶
峡窝镇
大王村
竹园
西街
城关
白水峪
竹川
任庄
乔沟
苗顶
汜水
魏岗
G310
七里村
庙沟
洪界
乔楼镇
草店
南陈沟
赵岭
杨家沟
南周村
楼水库
西林子
槐树洼
米河镇
石板沟
陈家岗
分水岭
冢子岗
聂楼
辛岗
丁店水库
索坡
项沟
丁沟
傅河
刘河镇
翟沟
崔庙镇
马寨
石硼
官顶
白赵
邵寨
梅沟
梁沟
王宗店
郑岗
阴沟
井沟
马峪沟
石板沟
寺湾
神北
南河渡
七里铺
裴峪
河洛镇
俩沟
赵沟
杨岭
古桥
鲁村
西石沟
董柏坡
北游殿
礼泉
站街镇
山头
康店镇
孝义街道
柏茂
官殿
邙岭
大黄冶
叶岭
巩义市
铁匠炉
杨里
山后
褚岭
和义外沟
海上桥
王河
段河
张韩沟
黑南
北山口镇
诸岭
将军岭
张家庄
高山
G310
大峪沟镇
高庙
首阳山
山化
后泉沟
孙寨
小关镇
偃师市
洛
稍柴
底沟
白窑
薛庄
竹林镇
米南
新中镇
温堂
洛河
岳滩镇
刘村
北湾
芝田镇
驻家庄
回郭镇
小訾殿
蔡庄
民权
丁烟
龙门
双楼
伊河
清中
涉沱
喂庄
山川
灵宫殿
魏寨
顾县镇
柴沟
南罗
羽林庄
S49
老井沟
新山
岭沟
池沟
八陵
常封
坞罗水库
获坡
石殿
苏家庄
天坡
东村
坞罗
罗泉
洪河
胡脑
杨树沟
老庙
陶化店水库
安头
西村镇
李家窑
西坡
寺峪河
庙子
环翠峪
缑氏镇
高龙镇
鲁庄镇
东侯
夹津口镇
桃花峪
庄上
罗彦庄
桂花
桑树沟
五指岭
神仙洞
沙古堆
金井沟
方沟
涉村镇
浅井
南村寨
虎山坡
车元
王沟
核桃园
尖山
五虎沟
石贯峪
后林
申沟
白槐
陈脑
龙泉寺
G207
窑岭
圣水
南沟
大南沟
巩密关
阳
下寺沟
柿树湾
袁庄
坞沟
擂鼓台水库
马涧水库
外河
寺里坪
国公岭
贾寨
大口
张家沟
吴沟
塔水磨
府店镇
赵城
公川
羊角沟
郭家沟
马寨
姜沟
关帝庙
邢村
王窑
王家门
郭庄
搬倒井
范家门
井湾
花家店
米村镇
马庄
新密市
井
王河
冯沟
三官庙
磨沟
寨上
S49
墓坡
S85
北召
西张湾
马鞍河
七里
市
雷家沟
嵩山
1491.7
纸坊水库
坷上
北竹园
打虎亭
塔沟
少林水库
南坡
杨庄
向阳
牛店镇
扎子沟
赵沟
城关镇
少林
玄天庙
东张庄
杨庄
石
玉台
月台
西土门
西瓦店
高沟
景店
李庄
西十里铺
书院
北高庄
康村
唐庄镇
张坡
甘寨
东
马庄
登封市
中岳街道
张村
吴岗
王家庄
龙岗
宋窑
杨岭
红石头沟
晋窑
卢店镇
沁水
王庄
交河口
新店
崔岗
大路北
石岭头
戈湾
平陌镇
王村
黄城
范堂
杨沟
陈窑
花楼
大冶镇
超化
颍阳镇
常寨
君召
水磨湾
崔坪
三王庄
耿庄
龙头沟
栗子沟
西施村
簸箕掌
S85
钱岭
宋沟
文村
东十里铺
朝阳沟
桥板河
苏岭
刘沟
赵家洼
周洼
侯沟
太后庙
G207
大王庄
北旨村
贾沟
新村
松华
五里庙
申家沟
白龙庙
圣帝庙
范寨
庄王
裴塘
西王庄
老庄沟
冠子岭
黄村
郭村
河门
五湾
北沟
告成镇
寺沟
温沟
新寨
安寨
阎坡
书堂沟
龙尾沟
石桥
王界头
东刘碑
佛垌
黄路山
刘寨
西竹园
海渚
阮村
鲁村
赵庄
袁桥
东华镇
颍河
曲河
S32
七里庙
草庙
大金店镇
库庄
S49
冶上
山沟
青石沟
老栗树
陈沟
石坡
王楼
南店
袁窑
石羊关
王家堂
上窝
石道
南寨
周庄
庙庄
宣化镇
游王庄
骆驼崖
安窑
槐里
苇园沟
王窑
马峪口
岳窑
苗庄
范窑
邵窑
王堂
李家沟
春门水库
高坡
白沙水库
安庄
陈楼
二岗沟
丁村
郝沟
西士门口
白坪
沙锅窑
徐庄镇
郑庄
海眼
澄槽
三元
煤窑沟
祁沟
马窑
和沟
程窑
南寨沟
安沟
柳泉
何家门
夏店
平
陵头镇
G207
顶
许
方山镇
S32
颍河
大峪
S49
山
鸠山镇
市

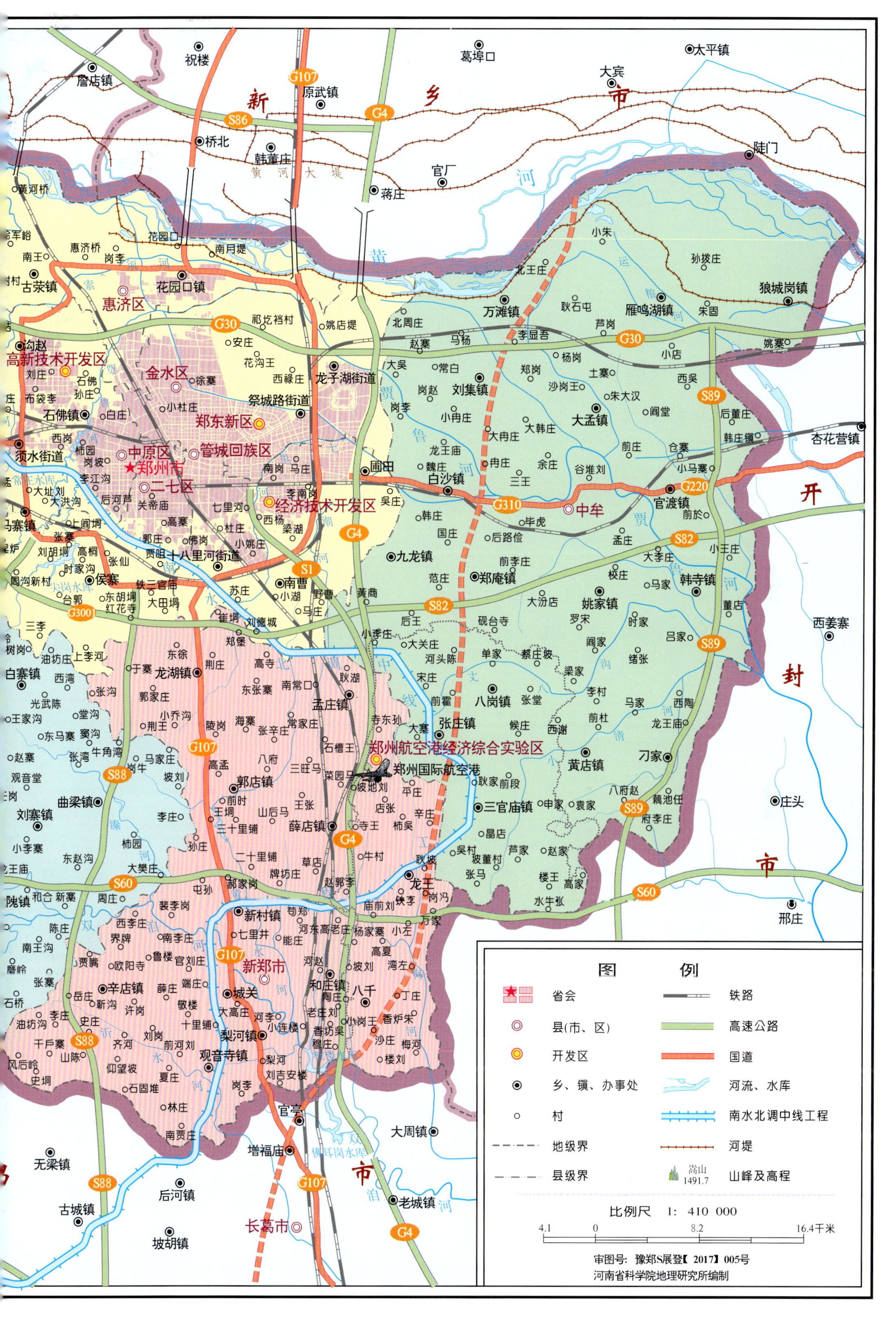

新 乡 市
开 封 市
市
黄河
黄 河 大 堤
祝楼
葛埠口
太平镇
大宾
詹店镇
原武镇
桥北
韩董庄
官厂
蒋庄
陡门
黄河桥
花园口
南月堤
惠济桥
岗李
南王
古荥镇
花园口镇
惠济区
北王庄
小朱
孙拨庄
万滩镇
耿石屯
雁鸣湖镇
宋固
狼城岗镇
祁圪裆村
姚店堤
北周庄
芦岗
李显吾
赵寨
马杨
小店
姚寨
沟赵
高新技术开发区
安庄
金水区
花沟王
刘庄
石佛
孙庄
布袋李
徐寨
西禄庄
龙子湖街道
大吴
常白
岗赵
刘集镇
郑岗
杨岗
土寨
沙岗王
朱大汉
西吴
石佛镇
白庄
小杜庄
祭城路街道
岗李
小冉庄
大韩庄
大孟镇
阎堂
后董庄
郑东新区
西岗
柿园
中原区
管城回族区
大冉庄
龙王庙
前庄
仓寨
韩庄镇
杏花营镇
须水街道
岗坡
郑州市
南岗
马庄
圃田
魏庄
冉庄
余庄
谷堆刘
小马寨
李江沟
二七区
李南岗
三王
白沙镇
大坡刘
大洪沟
后河芦
关帝庙
七里河
经济技术开发区
吴庄
中牟
官渡镇
前於
马寨镇
上阎垌
西杨
高寨
梁湖
韩庄
毕虎
张寨
杜庄
国庄
后路俭
孟庄
小王庄
郭庄
佛岗
刘胡垌
高桐
张仙
贾咀
十八里河街道
小姚庄
九龙镇
前李庄
大李庄
时家沟
周沟新村
侯寨
铁三官庙
苏庄
南曹
小湖
野曹
黄商
范庄
郑庵镇
校庄
马家
韩寺镇
台郭
东胡垌
红花寺
大田垌
马庄
大汾店
姚家镇
董店
三李
崔垌
刘德城
后王
砚台寺
罗宋
时家
西姜寨
郑堡
小李庄
大关庄
吕家
树岗
油坊庄
上李河
东徐
高寺
河头陈
单家
蔡庄坡
阎家
绪张
白寨镇
西湾
于寨
龙湖镇
荆庄
南常口
耿湖
宋庄
梁家
张沟
郭家庄
东张寨
孟庄镇
前霍
八岗镇
张堂
李村
马家
西陶
光武陈
小乔沟
陵岗
海寨
常家庄
寺东孙
张庄镇
大寨
候庄
前杜
龙王庙
王家沟
堂沟
荆王
张辛庄
西谢
东马寨
窦沟
石槽王
赵寨
张湾
牛角湾
马家庄
八府
郑州航空港经济综合实验区
黄店镇
刁家
高孟
三旺马
菜园马
郑州国际航空港
观音堂
岗牛
坡刘
郭店镇
坡地刘
耿家
前段
八府赵
庄头
平庄
三官庙镇
申家
袁家
藕池任
曲梁镇
前时
王垌
山后马
王张
店张
辛庄
府李庄
刘寨镇
李庄
三十里铺
薛店镇
寺王
柿吴
晁店
小李寨
孙庄
吴村
芦家
赵家
柿园
二十里铺
牛村
坡董村
东赵沟
大樊庄
草店
耿坡
楼王
张马
高家
邢庄
和合
新寨
周庄
屯孙
郝家岗
牌坊庄
赵郭李
龙王
岗冯
陈镇
西李庄
裴李岗
新村镇
苟郑
庙前刘
铁李
水牛张
万家
陈庄
界牌
南李庄
七里井
河东高老庄
杨家寨
小庄
南王沟
能庄
高夏
鲁楼
官刘庄
贾鹏
欧阳寺
新郑市
河赵
坡刘
湾左
磨岭
张寨
辛店镇
薛庄
端庄
城关
和庄镇
八千
岳庄
新沟
敬楼
陶庄
丁庄
石桥
许岗
大高庄
河李
老庄刘
李庄
史庄
十里铺
小连楼
香坊吴
小岗王
香炉朱
油坊沟
刘岗
梨河镇
千户寨
齐河
前河刘
穆庄
沙庄
梅河
山陈
观音寺镇
楼刘
风后岭
仰望坡
梨河
夏庄
史垌
石固堆
岗李
刘吉安楼
林庄
官亭
南贾庄
大周镇
增福庙
佛耳岗水库
无梁镇
后河镇
老城镇
古城镇
长葛市
坡胡镇
G107
G4
S86
G30
S89
G220
G310
S82
S1
G3001
S88
S60
图 例
省会
县(市、区)
开发区
乡、镇、办事处
村
地级界
县级界
铁路
高速公路
国道
河流、水库
南水北调中线工程
河堤
嵩山 1491.7
山峰及高程
比例尺 1: 410 000
4.1 0 8.2 16.4千米
审图号：豫郑S展登【2017】005号
河南省科学院地理研究所编制

郑州市城区图

郑州市城区图
郑州国家高新技术产业开发区
荥阳市
中原区
惠济区
G30 连霍高速
G3001 绕城高速
S85 郑卢高速
绕城、连霍高速互通立交
郑少、绕城高速互通立交
陇海铁路
郑西高铁
京广铁路
郑州服务区
郑州西服务区
锦和公园
天健湖公园
中心广场
莲园
绿谷公园
科学公园
雕塑公园
西流湖公园
郑州植物园
康佳公园
文博森林公园
绿城公园
长江公园
儿童乐园
碧沙岗公园
五一公园
月季公园
烈士陵园
分河口公园
古树苑
惠济区
高新技术开发区管委会
郑州大学
河南工业大学
郑州轻工业学校
郑州中学
河南化工职业学校
河南轻工业学校
科学大道
科学大道西延通道
西四环
西三环
西三环北延
江山路
京广快速路
中原西路
中原路
郑上路
陇海快速路
建设路
须水街道
马寨镇
常庄水库
尖岗水库
中原区
市人大
市委
市政府
图例
政府驻地
一般单位
学校
医院
商场
宾馆、酒店
火车站
高速公路
铁路
街道
规划道路
中原区
二七区
管城回族区
金水区
惠济区
郑东新区
高新技术开发区
经济技术开发区
公园、绿地
审图号：豫郑S展登【2017】006号
河南省科学院地理研究所编制

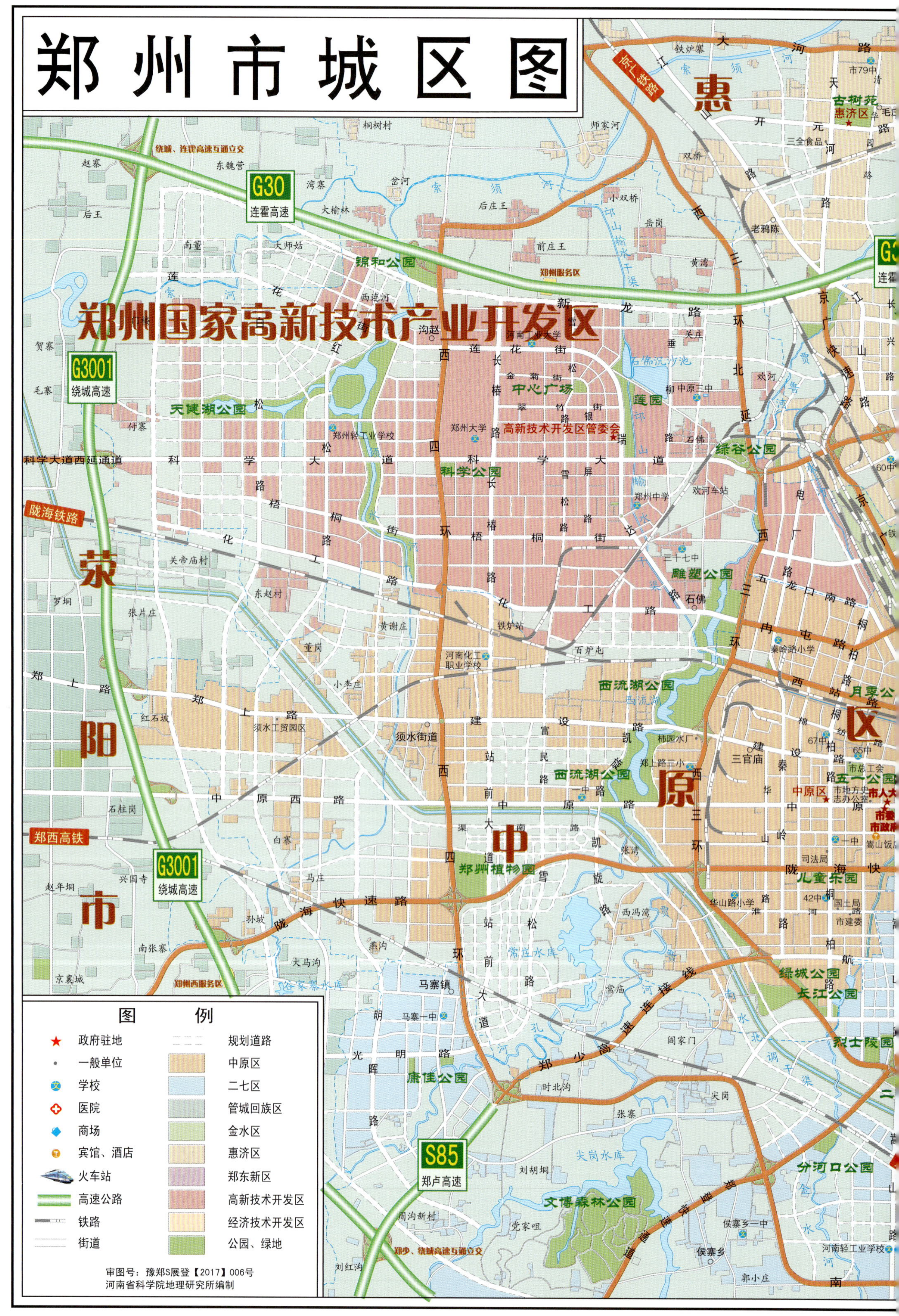

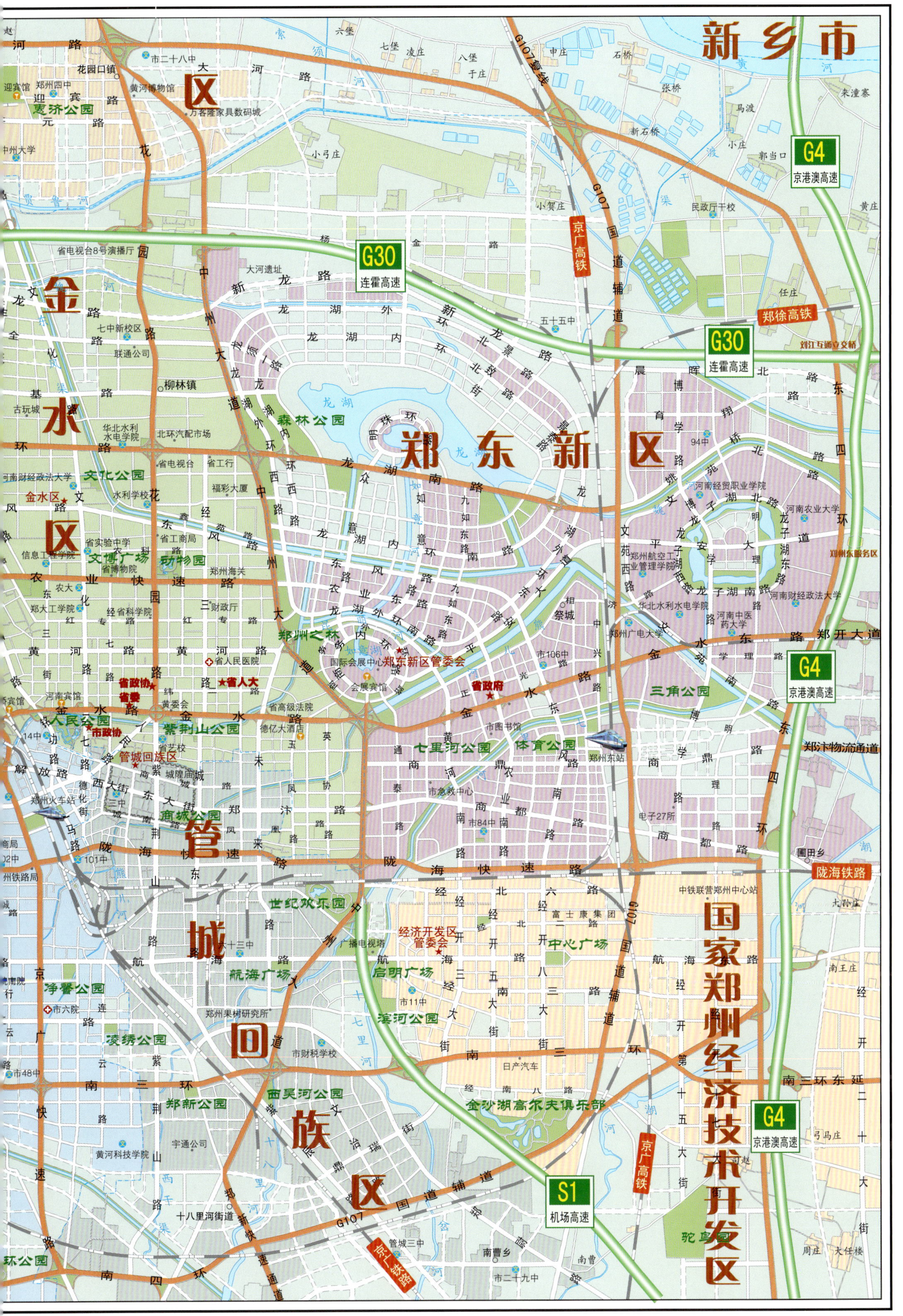

新乡市
郑东新区
金水区
管城回族区
国家郑州经济技术开发区
G30
连霍高速
G4
京港澳高速
S1
机场高速
京广高铁
郑徐高铁
陇海铁路
G107
郑开大道
郑州东站
郑州火车站
郑东新区管委会
省政府
省人大
省政协
省委
市政协
经济开发区管委会
金水区
管城回族区
森林公园
文化公园
文博广场
动物园
人民公园
紫荆山公园
商城公园
七里河公园
体育公园
三角公园
世纪欢乐园
航海广场
净馨公园
凌绣公园
郑新公园
南吴河公园
启明广场
中心广场
滨河公园
金沙湖高尔夫俱乐部
郑州之林
惠济公园
龙湖
国际会展中心
会展宾馆
河南省人民医院
刘江互通立交桥
郑州东服务区
郑汴物流通道
南三环东延
郑州果树研究所
中铁联营郑州中心站

郑州市交通图
北郭
沁
河
北陈沟
温县
缑村镇
祥云镇
招贤
南庄镇
焦
作
市
孟州市
新
蟒
河
化工镇
黄
河
大
堤
沿
黄
快
速
通
道
北邙
水泉
高村
丁村
孤柏咀
王村镇
韩常村
蒋头
张村
倪店
口子
汜水镇
G30
留村
眉村
穆寨
丁楼
十里堡
西邢村
武庄
X040
西史村
金寨回族乡
高衰寨
X034
河王水库
石板沟
寺湾
南河渡
七里铺
纸坊
上街区
杨岭
河洛镇
潘窑
至乌鲁木齐
俩沟
古桥
高山镇
大坡顶
峡窝镇
三十里铺
吉家寨
城关
曹李
荥阳市
礼泉
官殿
X050
竹园
X019
大王村
邙岭
康店镇
孝义街道
站街镇
柏茂
乔沟
苗顶
竹川
魏岗
G310
G232
七里桥
任庄
大黄冶
庙沟
洪界
楚楼水库
G30
S314
陇海铁路
铁匠炉
中
原
路
快
速
通
道
山后
王河
草店
巩义市
黑南
X052
将军岭
杨家沟
X040
乔楼镇
槐树洼
北山口镇
首阳山
G310
山化
G310
高山
底沟
孙寨
张家庄
高庙
米河镇
石板沟
X034
聂楼
洛
偃师市
后泉沟
白窑
大峪沟镇
小关镇
丁店水库
陇海路快
岳滩镇
小訾殿
芝田镇
竹林镇
新中镇
索坡
双楼
傅河
驻家庄
喂庄
G237
山川
民权
龙门
刘河镇
马寨
回郭镇
清中
S49
老井沟
新山
岭沟
池沟
X040
翟沟
崔庙镇
石硼
伊
河
顾县镇
滹沱
天坡
常封
罗泉
X050
杨树沟
G232
郑西高铁
苏家庄
坞罗水库
坞罗
洪河
胡脑
庙子
王宗店
白赵
郑岗
陶化店水库
西村镇
西坡
寺峪河
环翠峪
缑氏镇
X058
罗彦庄
鲁庄镇
东侯
李家窑
夹津口镇
神仙洞
高龙镇
后林
五指岭
尖山
X025
金井沟
方沟
G207
夹津口
涉村镇
G237
核桃园
巩密关
乱
阳
王沟
窑岭
擂鼓台水库
外河
马涧水库
寺里坪
下寺沟
大口
羊角沟
塔水磨
国公岭
柿树湾
袁庄
拐沟
府店镇
赵城
关帝庙
公川
郭庄
姜沟
王窑
井湾
花家庄
S85
米村镇
S232
X038
新密市
王河
三官庙
磨沟
寨上
北召
西张湾
马鞍河
雷家沟
墓坡
S49
北竹园
市
塔沟
嵩山
1491.7
少林水库
纸坊水库
X020
向阳
S316
七里岗
少林
玄天庙
G207
G237
玉台
月台
牛店镇
打虎亭
城关镇
东张庄
西土门
扎子沟
西瓦店
郑
登
西十里铺
书院
北高庄
康村
唐庄镇
吴岗
张岭
S60
甘寨
李庄
马庄
王家庄
洧
杨岭
黄城
X016
登封市
中岳街道
卢店镇
平陌镇
X038
王庄
红石头沟
交河口
西施村
戈湾
龙泉
赵
颍阳镇
S85
水磨湾
崔坪
三王庄
S85
栗子沟
大冶镇
常寨
钱岭
耿庄
大王庄
北旨村
X046
十里铺
五湾
朝阳沟
簸箕掌
范寨
君召
周洼
冠子岭
文村
北沟
S32
S323
松华
刘沟
圣帝庙
河门
申家沟
裴塘
X016
G207
告成镇
东刘碑
X044
佛垌
老庄沟
阎坡
书堂沟
袁桥
东华镇
石桥
曲河
黄路山
S323
X048
S49
山沟
青石沟
宣化镇
刘寨
狂
河
S323
大金店镇
库庄
袁窑
王家堂
鲁村
王楼
南寨
颍
河
G237
庙庄
岳窑
石道
石坡
上窝
周庄
苇园沟
王窑
王堂
李家沟
二岗沟
券门水库
白沙水库
郝沟
安庄
陈楼
丁村
G207
三元
白坪
郑庄
海眼
祁沟
徐庄镇
平
程窑
X048
柳泉
何家门
夏店
顶
许
陵头镇
方山镇
S237
S32
颍
河
大峪
G207
山
S49
鸠山镇
市
至吉隆坡
至新加坡
至重庆

至北京
至天津
太平镇
至哈尔滨
葛埠口
祝楼
京广铁路
詹店镇
京广高铁
原武镇
大宾
新
乡
市
S86
G4
至首尔
桥北
韩董庄
G107
黄河大堤
官厂
陡门
河
黄河桥
蒋庄
黄
岗李
花园口
小朱
孙拨庄
岭军峪
古荥镇
花园口镇
北王庄
雁鸣湖镇
狼城岗镇
惠济区
万滩镇
祁圪裆村
姚店堤
芦岗
G30
沟赵
安庄
赵寨
马杨
X006
姚寨
小店
郑徐高铁
高新技术开发区
金水区
西禄庄
龙子湖街道
大吴
刘集镇
土寨
西吴
石佛
布袋李
郑岗
S223
S89
小杜庄
祭城路街道
岗李
大孟镇
郑开大道
后董庄
郑东新区
G107
四港联动大道
大韩庄
郑汴物流通道
须水街道
柿园
大冉庄
陇海铁路
杏花营镇
中原区
管城回族区
龙王庙
前庄
仓寨
岗坡
马庄
圃田
魏庄
三王
谷堆刘
小马寨
郑州市
南岗
白沙镇
G220
大址刘
二七区
李南岗
G310
中牟
官渡镇
开
后河芦
关帝庙
七里河
吴庄
经济技术开发区
毕虎
马寨镇
上阎垌
S1
韩庄
后路位
孟庄
前於
S82
郭庄
佛岗
梁湖
刘胡垌
张寨
十八里河街道
国庄
大李庄
张仙
九龙镇
X013
郑庵镇
小王庄
侯寨
南曹
马家
台郭
苏庄
范庄
姚家镇
韩寺镇
铁三官庙
黄甫
红花寺
马庄
大汾店
S316
X022
G3001
罗宋
吕家
西姜寨
上李河
东徐
荆庄
大关庄
单家
绪张
龙湖镇
S102
东张寨
耿湖
封
光武陈
张沟
于寨
南常口
G4
前霍
八岗镇
梁家
李村
西陶
郭家庄
X023
孟庄镇
X006
马家
王家沟
常家庄
寺东孙
西谢
S88
小乔沟
大寨
张庄镇
S223
村镇
张湾
窦沟
陵岗
张辛庄
石槽王
生金李
黄店镇
刀家
X026
岗牛
郑州航空港经济综合实验区
观音堂
坡刘
菜园马
前段
S321
郭店镇
郑州国际航空港
曲梁镇
大学路南延工程
三十里铺
三官庙镇
袁家
庄头
刘寨镇
李庄
薛店镇
柿吴
薛池任
小李寨
柿园
孙庄
晶店
府李庄
东赵沟
X014
吴村
芦家
X028
二十里铺
草店
牛村
S60
龙王
S102
楼王
市
大隗镇
周庄
郝家岗
赵郭李
岗冯
老寨
裴李岗
X029
新村镇
万家
邢庄
至台北
至上海
西李庄
七里井
苟郑
南李庄
S323
高夏
南王沟
官刘庄
新郑市
坡刘
欧阳寺
张寨
端庄
和庄镇
X033
辛店镇
城关
八千
岳庄
薛庄
大高庄
河李
油坊沟
史庄
小连楼
小岗王
梨河镇
穆庄
梅河
X035
齐河
观音寺镇
千户寨
夏庄
岗李
S103
林庄
官亭
南贾庄
双
无梁镇
大周镇
增福庙
佛耳岗水库
S88
G4
后河镇
老城镇
古城镇
坡胡镇
长葛市
京广铁路
至香港
至广州
图例
省会
县(市、区)
开发区
乡、镇、街道
村
地级界
县级界
铁路
高速铁路
高速公路及编号
国道及编号
规划国道
省道及编号
快速通道
县道及编号
机场及航线
河流、水库
南水北调中线工程
河堤
嵩山 1491.7
山峰及高程
比例尺 1: 410 000
4.1
0
8.2
16.4千米
审图号：豫郑S展登【2017】003号
河南省科学院地理研究所编制

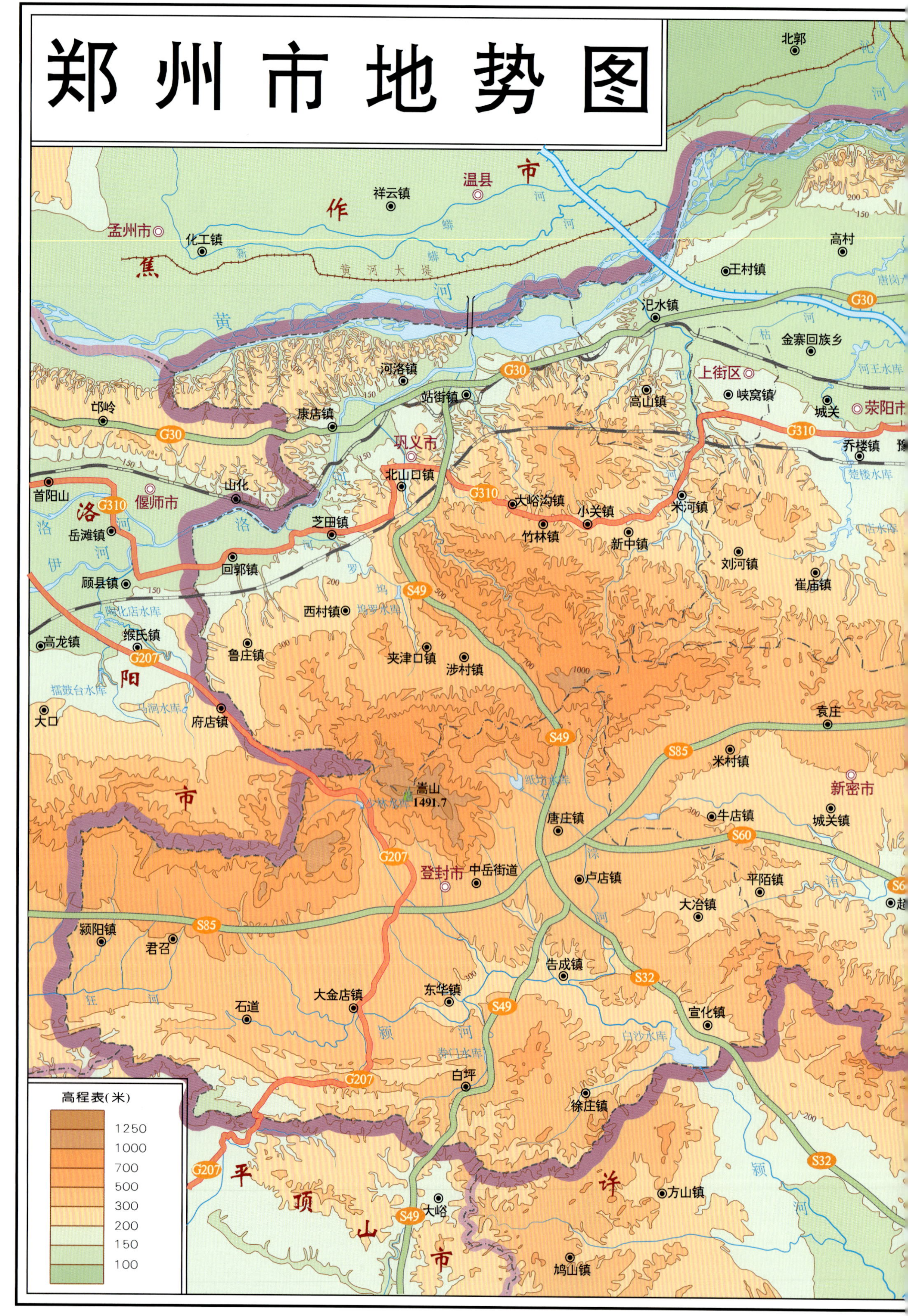
郑州市地势图
北郭
沁
河
温县
市
祥云镇
作
孟州市
化工镇
焦
新
蟒
河
黄河大堤
高村
王村镇
唐岗
汜水镇
G30
黄
河
金寨回族乡
上街区
河王水库
河洛镇
G30
站街镇
高山镇
峡窝镇
城关
荥阳市
邙岭
康店镇
G30
巩义市
G310
乔楼镇
豫
首阳山
山化
北山口镇
G310
大峪沟镇
小关镇
米河镇
楚楼水库
洛
G310
偃师市
岳滩镇
芝田镇
竹林镇
新中镇
洛
河
伊
河
回郭镇
刘河镇
崔庙镇
顾县镇
西村镇
坞罗水库
S49
陆浑店水库
缑氏镇
高龙镇
鲁庄镇
夹津口镇
涉村镇
G207
阳
擂鼓台水库
马涧水库
大口
府店镇
S49
袁庄
S85
米村镇
新密市
市
嵩山
1491.7
少林水库
唐庄镇
牛店镇
城关镇
S60
G207
登封市
中岳街道
卢店镇
平陌镇
大冶镇
颍阳镇
S85
君召
告成镇
S32
宣化镇
石道
大金店镇
东华镇
S49
颍
河
白沙水库
白坪
G207
徐庄镇
高程表(米)
1250
1000
700
500
300
200
150
100
G207
平
顶
山
市
许
方山镇
大峪
S49
颍
河
S32
鸠山镇

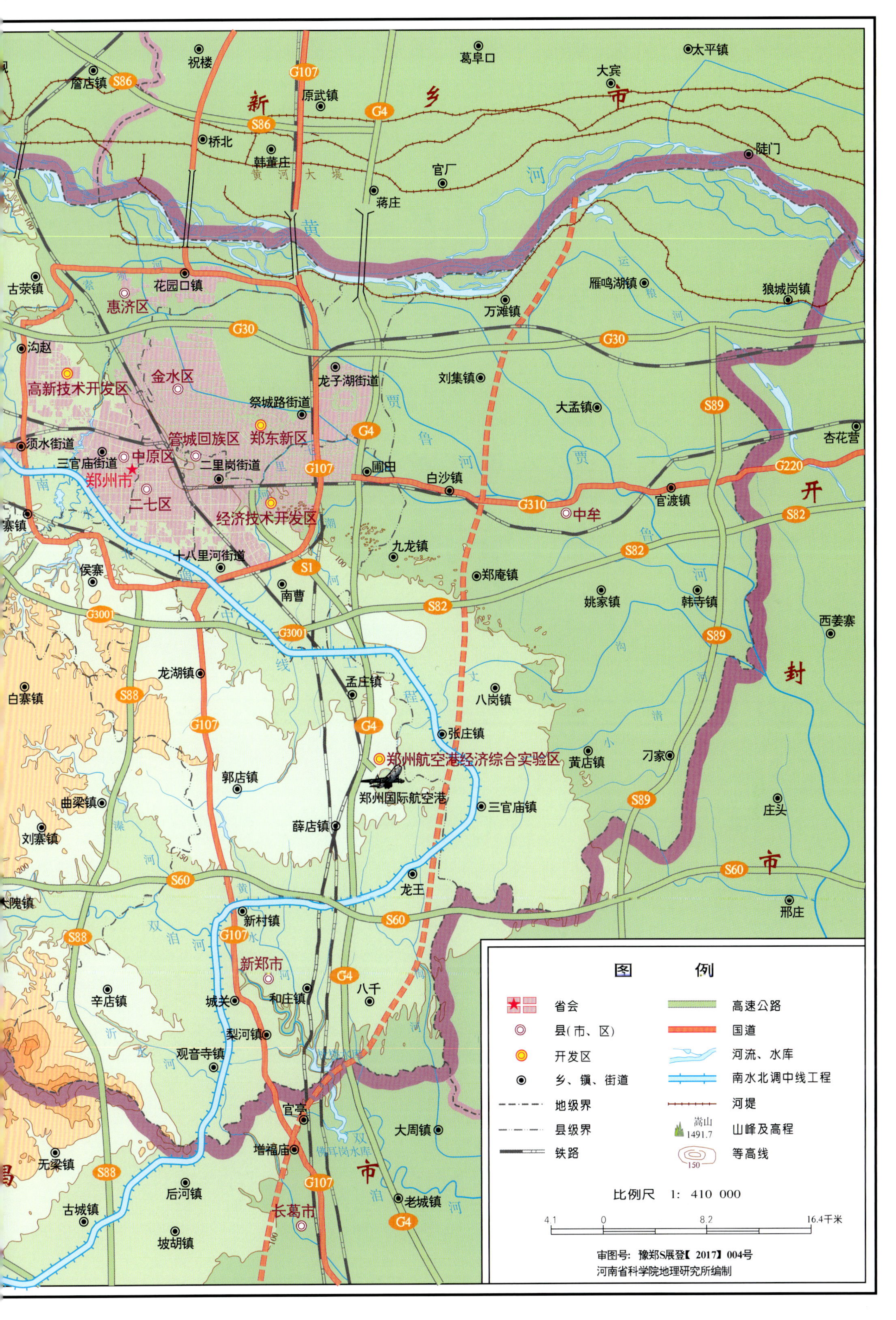
祝楼
葛阜口
太平镇
詹店镇
S86
G107
原武镇
新
乡
市
大宾
G4
S86
桥北
韩董庄
黄河大堤
陡门
官厂
蒋庄
河
黄
古荥镇
花园口镇
惠济区
雁鸣湖镇
狼城岗镇
万滩镇
G30
G30
沟赵
高新技术开发区
金水区
龙子湖街道
刘集镇
祭城路街道
大孟镇
S89
管城回族区
郑东新区
G4
杏花营
须水街道
三官庙街道
中原区
二里岗街道
G107
圃田
白沙镇
贾鲁河
G220
郑州市
二七区
G310
中牟
官渡镇
开
寨镇
经济技术开发区
S82
九龙镇
S82
十八里河街道
郑庵镇
侯寨
S1
南曹
姚家镇
韩寺镇
G3001
S82
G3001
西姜寨
S89
龙湖镇
孟庄镇
封
白寨镇
S88
八岗镇
G107
G4
张庄镇
郑州航空港经济综合实验区
黄店镇
刀家
郭店镇
郑州国际航空港
曲梁镇
三官庙镇
S89
庄头
刘寨镇
薛店镇
S60
S60
市
龙王
隗镇
S60
邢庄
新村镇
S88
G107
新郑市
G4
八千
辛店镇
城关
和庄镇
梨河镇
观音寺镇
官亭
大周镇
增福庄
无梁镇
S88
G107
市
后河镇
古城镇
长葛市
老城镇
G4
坡胡镇
图例
省会
县(市、区)
开发区
乡、镇、街道
地级界
县级界
铁路
高速公路
国道
河流、水库
南水北调中线工程
河堤
嵩山 1491.7
山峰及高程
等高线
比例尺 1: 410 000
4.1 0 8.2 16.4千米
审图号：豫郑S展登【2017】004号
河南省科学院地理研究所编制

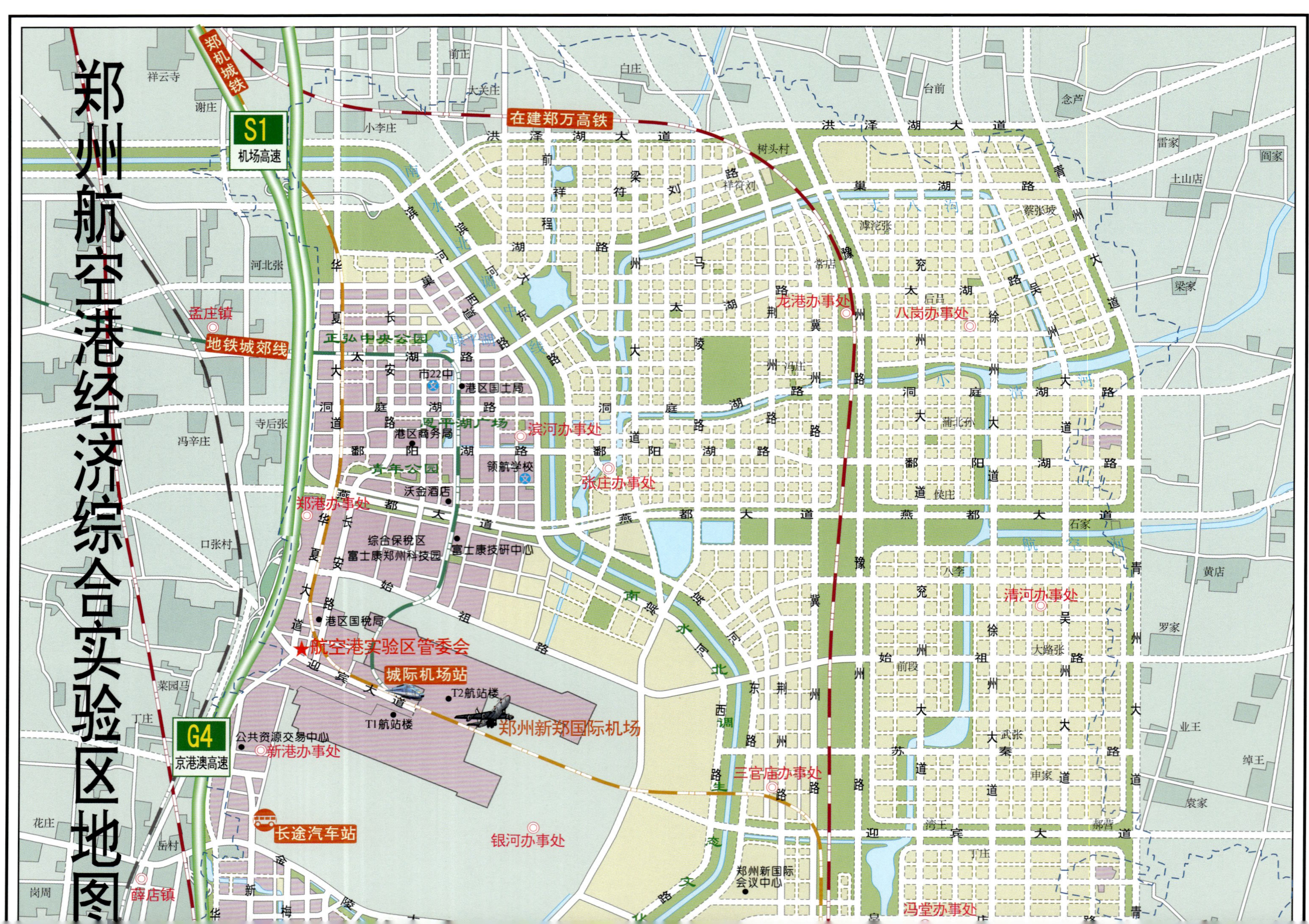

郑州航空港经济综合实验区地图
郑机城铁
S1
机场高速
G4
京港澳高速
在建郑万高铁
地铁城郊线
孟庄镇
薛店镇
正弘中央公园
青年公园
市22中
港区国土局
港区商务局
领航学校
沃金酒店
综合保税区
富士康郑州科技园
富士康技研中心
港区国税局
★航空港实验区管委会
城际机场站
T2航站楼
T1航站楼
郑州新郑国际机场
公共资源交易中心
新港办事处
长途汽车站
银河办事处
郑港办事处
滨河办事处
张庄办事处
龙港办事处
八岗办事处
清河办事处
三官庙办事处
冯堂办事处
郑州新国际会议中心

图例

符号	说明	符号	说明
★	管委会驻地		高速公路
◎	办事处、乡镇		街道
●	单位		规划道路
	汽车站		港区范围界线
	火车站		县市界
	地铁		港区规划建成区
	铁路		港区规划区
	高铁		公园绿地

审图号：豫郑S展登【2018】007号

编　制：河南省科学院地理研究所

S60 商登高速
G4 京港澳高速
京广铁路
京广高铁
在建郑登城铁
在建郑万高铁
新郑火车站
和庄镇
明港办事处
龙王办事处
八千办事处
岗李乡
郑州园博园
建国饭店
梅河公园
双鹤湖中央公园
市6中
北大附中河南分校
智慧城市交通物联网产业园
酷派手机产业园
华世基手机产业园
友嘉精密产业园
众康医药
智能终端手机产业园
常刘
赵郭李
高老庄
常庄
河赵
夕庄
老刘庄
小连楼
小岗王
穆庄
杜楼
君赵
沙张
花园
邢庄
小李庄
路庄
楼刘
宋庄
二郎店
梅河
李久昌
王长
张同府
郑庄
田庄
何楼
寺下李
袁楼
三赵
霍庄
韩佐
三石
窝沈
冉村
聂家
李庄
鲁家
周家
庙张
后沟陈
冯堂
闵李
土墙
侯村寺
姜家
河东周
高家
宋家
黄家
三户赵
杨集
安家
店张
李家
大马

编 辑 说 明

一、《郑州年鉴》以马克思列宁主义、毛泽东思想、邓小平理论、“三个代表”重要思想、科学发展观、习近平新时代中国特色社会主义思想为指导，坚持辩证唯物主义和历史唯物主义立场、观点和方法，继承和发扬我国优秀文化传统，认真学习宣传贯彻党的十九大精神，积极服务郑州市国家中心城市建设大局，客观翔实地记述郑州市在经济建设、政治建设、文化建设、社会建设、生态文明建设方面的发展状况，力求达到思想性、资料性、科学性的统一。

二、《郑州年鉴》是郑州市人民政府主办、郑州市地方史志办公室承办的地方综合年鉴。该鉴是系统记述本行政区域自然、政治、经济、文化、社会等方面情况的年度资料性文献，为机关、企事业单位等组织及外来投资者和社会各界人士了解郑州、研究郑州、建设郑州提供丰富翔实的地情资料。

三、《郑州年鉴》以出版年份为卷次名称，自1985年创刊以来，每年出版一卷，本卷年鉴是总第35卷，主要记载2018年度郑州市经济社会发展情况和大事要闻。

四、《郑州年鉴》采取分类编辑法，按篇目、类目、分目、条目的结构组成内容体系。全书以不同字体、字号区别不同层次。条目标题均加【 】表示，大事记收录的条目前均加△表示。为方便读者检索，《郑州年鉴》正文前设置总目、中英文目录；正文后设置主题词索引、表格和示意图索引。主题词索引标目按汉语拼音声母音序分类排列，表格和示意图索引按页码顺序排列。

五、《郑州年鉴》（2019）设有特载、市情概要、大事记、国家战略、党政机构、群众团体、法治、军事、农业、水利、工业、交通运输业、商贸流通、对外经贸、旅游业、金融业、邮电通信业、财政税务、城乡建设与管理、房地产业、生态与环境保护、经济监督与管理、教育、科技、文化事业、新闻出版与传媒、医疗卫生、体育、社会事业、园区建设、县（市）区、人物荣誉、附录等33个篇目。全书除文字内容外，还收录了反映郑州市国家中心城市建设、城乡新貌、重大事件等方面的彩色图片。

六、《郑州年鉴》所辑录的内容由市直各部、委、办、局，各县（市）区、开发区及部分驻郑单位组织提供，均经各供稿单位审核。“统计资料”由郑州市统计局提供；内文条目中的数据由各供稿单位提供。部分条目中的数据因统计口径等原因可能与统计资料中的数据不相符合，在引用本书的有关数据时，应以“统计资料”为准。

郑州年鉴编纂委员会

名誉主任	徐立毅
主　　任	王新伟
副主任	焦豫汝　法建强　孙晓红　王东亮　许建华
委　　员	（以姓氏笔画为序）

丁文霞　丁振勇　马安庄　马志峰　马斐颖
王义民　王中立　王　徽　王效光　司久贵
司同义　叶光林　付桂荣　冯明杰　吕　剑
吕安民　朱河顺　朱　军　朱松立　任　伟
刘　峰　刘海奎　许振亚　苏西刚　苏建设
杜敏生　李　芳　李可星　李志增　李秀山
李金勇　李晓雷　李雪生　李德耀　杨东方
杨金军　杨郑安　吴予红　余遂盈　张子明
张书军　张红伟　张红军　张杰一　张胜利
张艳华　张海宁　张艳敏　张群保　陈春梅
郑继孝　郑福林　周顺杰　范建勋　祖武斌
赵红军　赵新民　贺水山　柴　丹　徐宏杰
徐西平　徐　勇　夏　扬　耿勇军　徐大庆
桑富强　袁聚平　钱　铭　徐诺金　梁远森
葛震远　蒋中民　楚惠东　谭　哲　裴保顺
翟　政　樊惠林　潘新红　潘　冰　滕　飞
薛稳定　魏　东　魏来圈

郑州年鉴编辑部

主　　编　朱　军
副 主 编　梁豫生
编　　辑　蒋晓娜　范鹏飞　刘　恒　程天天
装帧设计　凡响工作室

郑州年鉴各县（市）区编辑组

巩义市

组　长：刘军杰（副市长）
副组长：路培育（市史志办主任）
组　员：魏小艳

登封市

组　长：康红阳（市委常委、常务副市长）
副组长：雷省委（市志办副主任）
　　　　刘华东（市志办副主任）
组　员：白少丹　鲍丽丽　郜悟棋

新密市

组　长：胡光程（市委常委、市委办公室主任）
副组长：杨　洋（副市长）
组　员：王西林　樊彩凤　程淑青　杨留洋　王文硕

荥阳市

组　长：任　莉（副市长）
副组长：南必成（市史志办主任）
组　员：郑明驼　袁　磊　张华东　宋幻红　赵宏杰
　　　　闫春燕

新郑市

组　长：王智明（市委常委、常务副市长）
副组长：刘奎志（市政府办主任）
组　员：李　磊　王　昱　杨　航

中牟县

组　长：张胜利（县委常委、县委办主任）
副组长：师永超（县委办副主任）
组　员：冉　宁　董宝强　李志伟　王　玉

中原区

组　长：于　珊（副区长）
副组长：孔令岳（区史志办主任）
组　员：赵志平

二七区

组　长：林　海（副区长）
副组长：刘　琴（区史志办主任）
组　员：胡　雷

金水区

组　长：杨　洁（区委常委、常务副区长）
副组长：杨宇峰（区政府办主任）
组　员：向天燕　谢雨诺

管城回族区

组　长　张建锋（副区长）
副组长：王佰顺（区地方志办公室主任）
组　员：徐　宁　韩　越

惠济区

组　长：李伟光（区委副书记、常务副区长）
副组长：杨喜军（区政府办主任）
组　员：丁明伟　容粤红　徐玲玲　李　静

上街区

组　长：虎荣鑫（区委常委、常务副区长）
副组长：张　伟（区政府办主任）
组　员：安伯乐　周昱宏　王怡婧

（马 健/摄）

国家中心城市建设

2018年，郑州市牢固树立“创新、协调、绿色、开放、共享”发展理念，抢抓建设国家中心城市的历史机遇，加快推进经济社会高质量发展，实现了生产总值超万亿元、常住人口超千万人、人均生产总值超10万元、市域建成区面积超1000平方公里的“四大标志性突破”。郑州市首次进入“世界城市100强”“亚洲城市50强”；中国社科院研究机构发布的“国家中心城市指数”中，郑州市荣登潜在国家重要中心七项榜单。

（郑东新区管委会/供图）

2018年郑州市地区生产总值：10143.3亿元

2018年郑州市常住人口：1013.6万人

2018年郑州市人均生产总值：101349元

2018年郑州市域城市建成区面积：1055.27平方公里

国家战略

空港新城（郑州航空港实验区管委会/供图）

2018年6月30日，《郑州国际航空货运枢纽战略规划（2018-2035年）》获省政府和国家民航局批复（郑州报业集团/供图）

2018年，中国（河南）自由贸易试验区郑州片区“放管服”改革，612个涉企事项全部实现“一网办通”（河南自贸区郑州片区管委会/供图）

2018年11月30日，位于河南自贸区郑州片区内的郑州商品交易所，举行PTA期货引入境外交易者启动仪式（市金融局/供图）

河南省国家大学科技园
国家科技企业孵化器

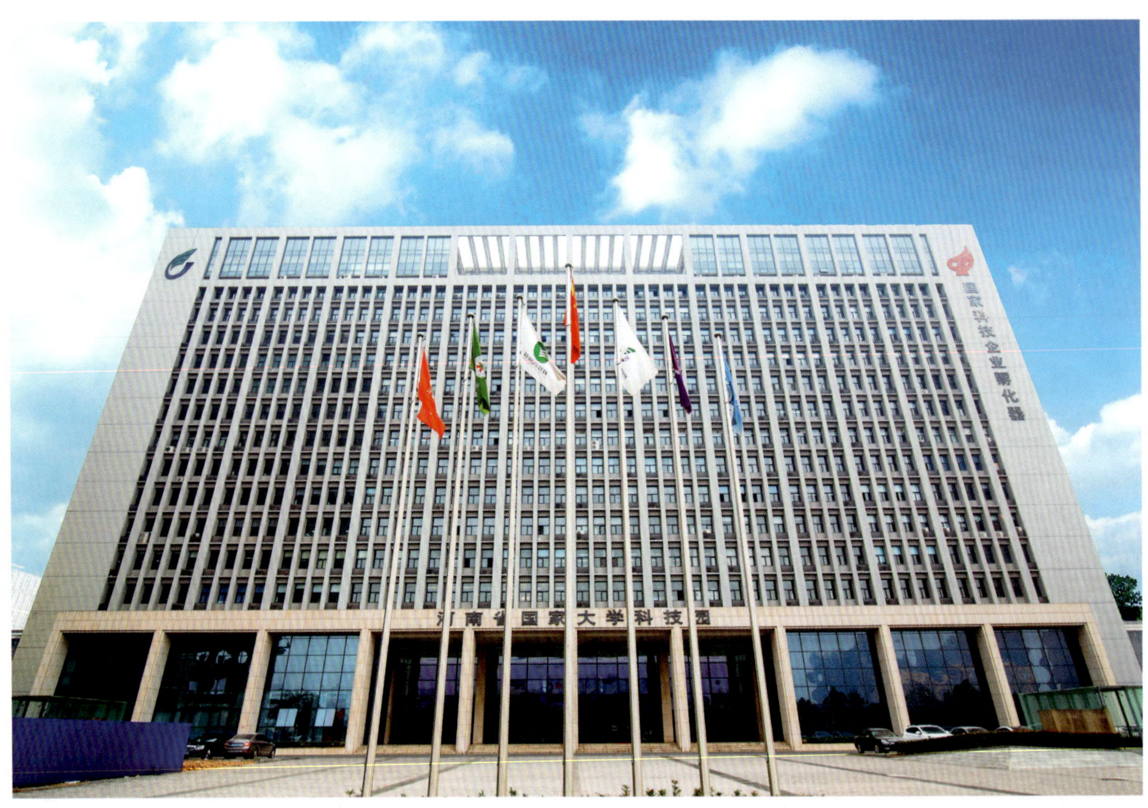

2018年，郑洛新国家自主创新示范区郑州片区有效高新技术企业达到1323家（郑州高新区管委会/供图）

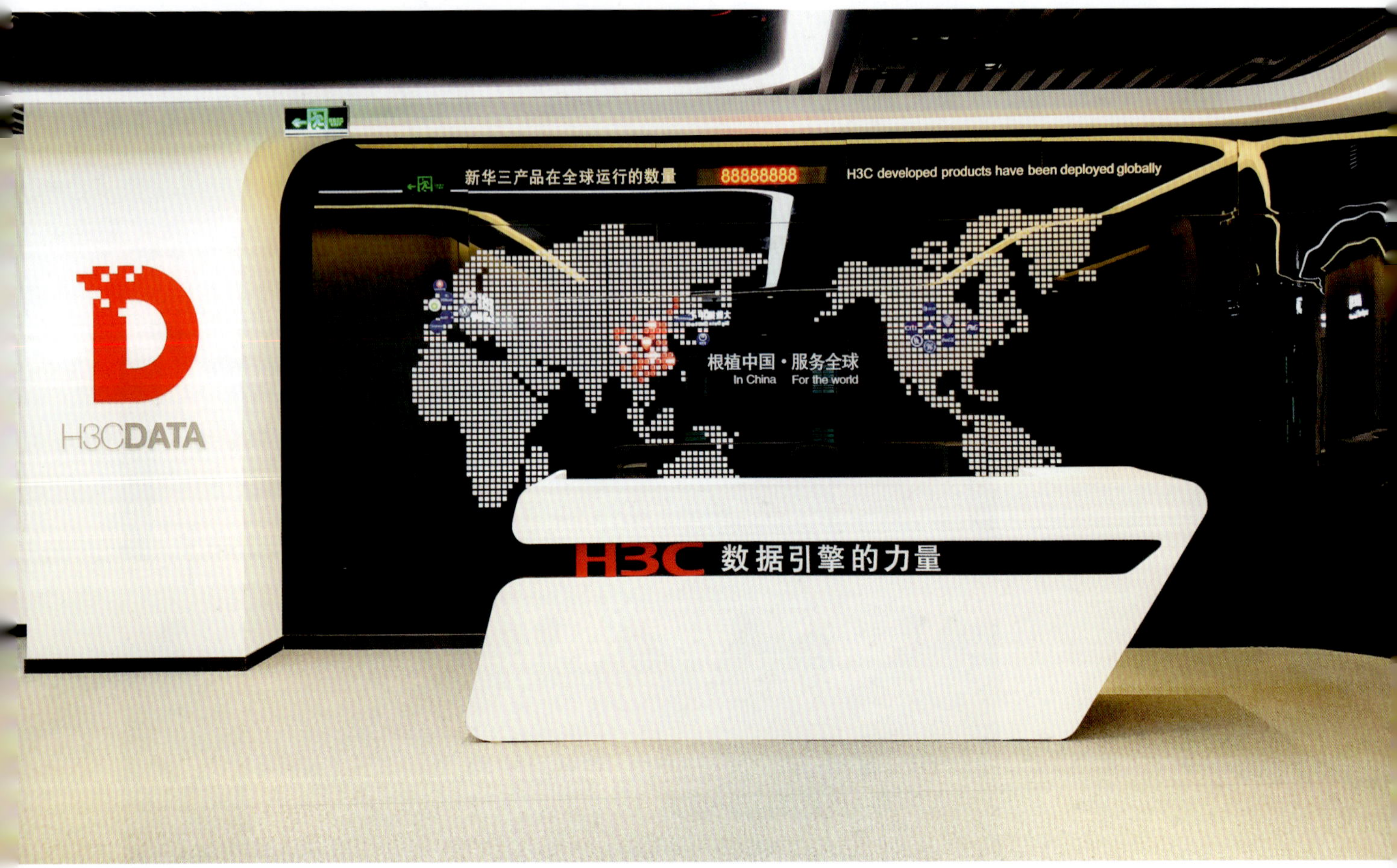
新华三产品在全球运行的数量
88888888
H3C developed products have been deployed globally
根植中国·服务全球
In China For the world
H3CDATA
H3C 数据引擎的力量

位于郑州高新区的新华三大数据技术有限公司，获得2018年度中国大数据领军企业奖（郑州高新区管委会/供图）

中国（郑州）跨境电子商务试验区进出口交易额连续四年保持全国领先（郑州经开区管委会/供图）

中大门保税直购体验中心是全国首家实现现场下单提货的跨境O2O综合体（郑州经开区管委会/供图）

2018年9月26日，我国内陆地区第一家进境粮食指定口岸——河南进境粮食指定口岸正式运营（郑州经开区管委会/供图）

2018年11月20日，中欧班列（郑州）运邮开行，标志着河南省国际邮件陆路运输通道正式打通（史锋华/摄）

创新引领

2018年4月28日，郑州航空港经济综合实验区创新创业工作获国务院办公厅督查激励（市发改委/供图）

2018年10月18日，首届数字经济峰会在郑东新区智慧岛举行（陶　金/摄）

2018年4月14-15日，第二届“强网杯”全国网络安全挑战赛、强网论坛和网络安全军民融合先进技术展示会在郑州高新区举行（郑州高新区管委会/供图）

2018年7月19日，第六届中国创业者大会在郑州举行（李　焱/摄）

2018年11月12日，首届世界传感器大会在郑州开幕（郑州高新区管委会/供图）

2018年12月12日，双12创客日暨第四届中国创客领袖大会在郑州举行（马 健/摄）

2018年3月8日，郑州煤矿机械集团股份有限公司研发成功世界最高的8.8米电液控制两柱掩护式液压支架（郑州经开区管委会/供图）

2018年10月26日，郑州合晶年产240万片200毫米硅单晶抛光片生产项目在郑州航空港实验区投产（郑州航空港实验区管委会/供图）

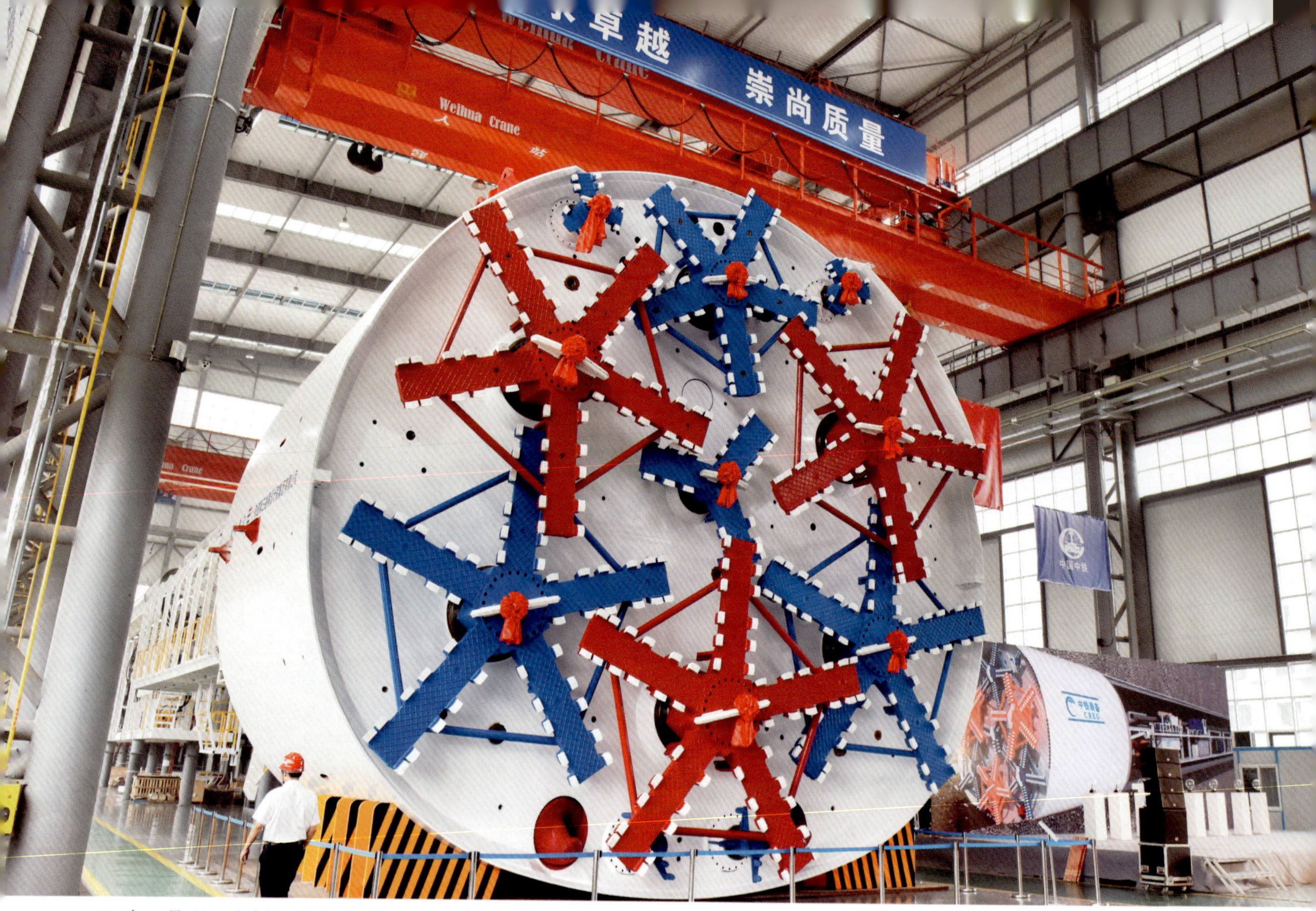

2018年11月7日，由中铁工程装备集团自主研制的世界首台马蹄形盾构机，荣获国际隧道协会2018年度技术创新项目奖（郑州经开区管委会/供图）

2018年12月12日，郑州旭飞光电科技有限公司研发的光电显示项目获得2018年度国家科技进步一等奖（郑州经开区管委会/供图）

2018年10月27日，首届中国·河南招才引智创新发展大会在郑州举行（市发改委/供图）

2018年11月21日，郑州市举办“郑青春 创出彩”青年人才专场招聘会（团市委/供图）

协调共进

2018年6月30日，郑州轨道交通5号线实现全线“轨通”（聂冬晗/摄）

2018年9月7日，农业路快速通道跨铁路编组站大桥钢梁顶推到位（丁友明/摄）

2018年10月24日，郑万铁路“新月云梯”大桥转体成功，实现对徐兰高铁的跨越，填补了国内小曲线、大纵坡、大偏心转体斜拉桥施工的空白（丁友明/摄）

2018年12月13日，郑州市荣获“国家公交都市示范城市”称号（中原区秦岭路办事处/供图）

2018年11月14日，郑州奥体中心项目获得“2018全球工程建设业卓越BIM大赛”施工类大型项目组最佳应用奖全球第三名、中国区第二名（马　健/摄）

以“科技生态”为主题的双鹤湖中央公园，地下空间布局有中原地区最大、功能最全的综合管廊（郑州航空港实验区管委会/供图）

最美乡村——米村镇朱家庵村（新密市史志办/供图）

2018年，郑州市规划的1110个安置房地块全部开工（新郑市新建路办事处/供图）

郑州市2018年“道德模范故事汇”巡演（市文明办/供图）

少先队建队节活动（金水区史志办/供图）

文明交通志愿者（赵卫平/摄）

社区党群服务中心（管城区东大街办事处/供图）

绿色发展

二七广场（王秀清/摄）

市民登上商城遗址享受好天气（王秀清/摄）

郑东新区蓝天白云（郑东新区管委会/供图）

郑州东站（马　健　宋　晔/摄）

2018年，通过生态提升治理，索须河水草丰美（王秀清/摄）

2018年，郑州市贾鲁河综合治理工程主体工程基本完工（市水利局/供图）

世界文化遗产
大运河郑州段
（惠济区委宣传部/供图）

2018年10月，郑州市出台全面推行河湖(库)长制三年行动计划和河湖（库）长制巡察员管理办法。图为巡护员在龙湖巡湖（市水利局/供图）

郑州东站商都路段铁路沿线绿化（市发改委/供图）

2018年11月25日，郑东新区高铁公园二期开园（郑东新区管委会/供图）

2018年10月，郑州森林公园建成开园（马　健/摄）

黄河湿地（市农委/供图）

开放包容

2018年4月16日，卢森堡旅游签证（郑州）便捷服务平台揭牌（郑东新区管委会/供图）

2018年4月17-19日，第十二届中国（河南）国际投洽会在郑州举行（宋　晔/摄）

2018年5月10—11日，第二届跨境电商大会在郑州举行（市商务局/供图）

2018年7月17日，欧洲铁路交通联盟2018年度大会暨亚欧互联互通产业合作论坛在郑州开幕（市发改委/供图）

2018年7月18日，第13次中欧区域政策合作研讨会在郑州举行（市发改委/供图）

2018年9月6-8日，第二届国际民航组织航空货运发展论坛在郑州举行（宋 晔/摄）

2018年9月18日，首届郑州国际城市设计大会举行（郑东新区管委会/供图）

2018年11月1-2日，2018中国（郑州）产业转移系列对接活动举行（市发改委/供图）

2018年11月3日，首届“一带一路”倡议下的国家中心城市建设——2018中国城市百人论坛秋季论坛在郑州举行。图为中国科学院院士、著名地理学家陆大道进行主旨演讲（市发改委/供图）

2018年12月7日，中欧班列（郑州—东盟越南）国际货运线路正式开通（史锋华/摄）

共建共享

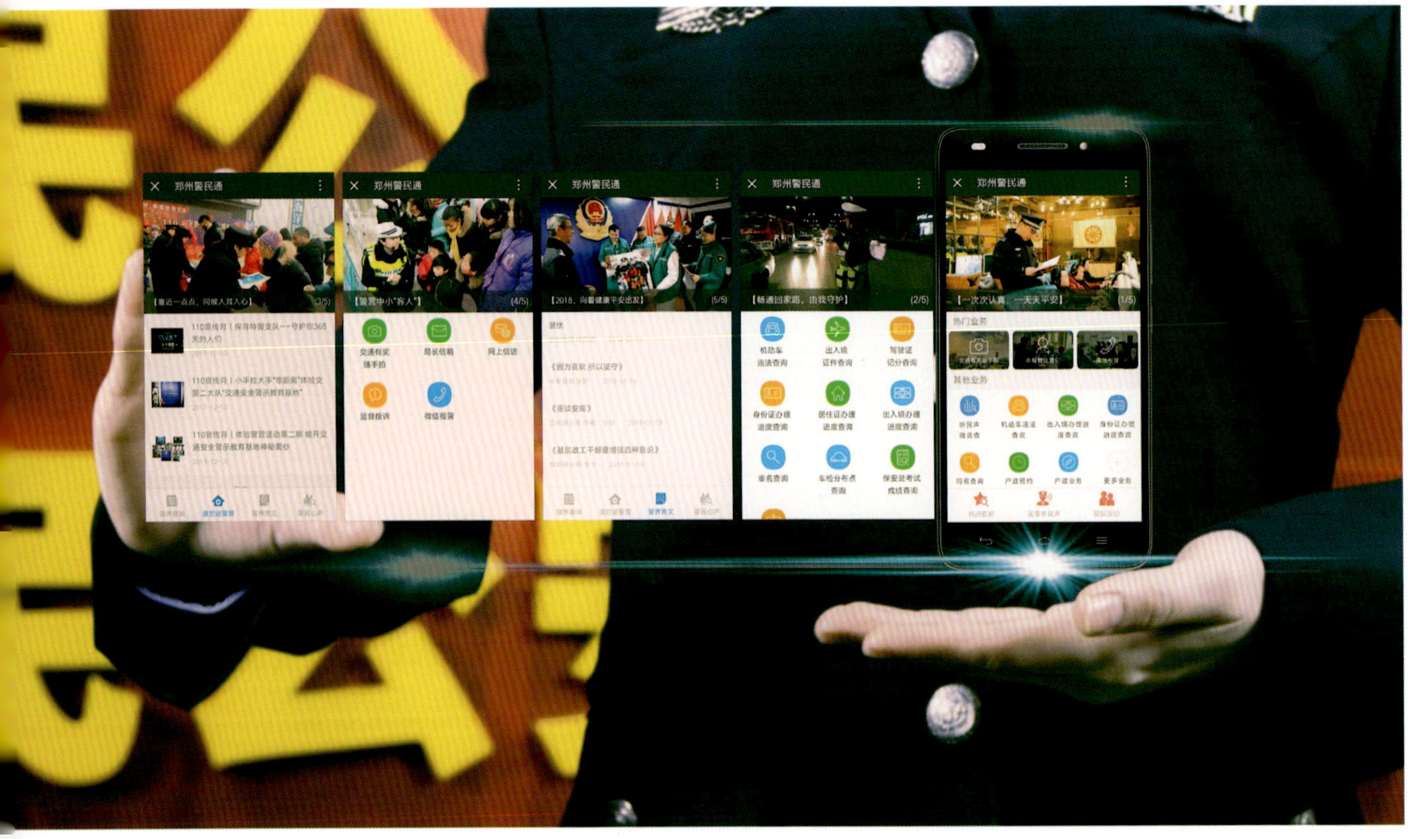

2018年1月，“郑州警民通”微信便民服务平台正式上线（市公安局/供图）

2018年4月18日，戊戌年黄帝故里拜祖大典举行（新郑市政府办/供图）

2018年5月3日，郑州医改成效明显获国务院通报表彰（丁友明/摄）

2018年5月18日，2018中国国际摄影艺术节、中国第17届国际摄影艺术展览在郑州开幕（王秀清/摄）

2018年6月9日，金水区第二实验小学交付使用（金水区史志办/供图）

2018年8月8日，以“新时代全民健身动起来”为主题的郑州市“全民健身日”体育嘉年华在如意湖文化广场启动（李　焱/摄）

2018年10月10日，以“庆祝改革开放40周年”为主题的郑州市第五届群众文化艺术节开幕（市委宣传部/供图）

2018年10月20日，第十二届中国郑州国际少林武术节在登封开幕（王晓慧/摄）

2018年11月3日，“郑州银行杯”2018郑州国际马拉松赛举行（李　焱/摄）

2018年12月19日，郑州市政务服务办事大厅开始试运行（市政务服务中心/供图）

2018年12月31日晚，“四十年春风化雨 我们的年代阅读”跨年阅读活动举行（丁友明/摄）

2018年，郑州市大力实施产业扶贫。图为巩义市荒山上遍布的光伏发电站（李晓霞/摄）

党的建设

2018年3月1日，郑州市召开2017年以来提拔重用市管干部廉政谈话会（市纪委监委/供图）

2018年6月7日，郑州市召开非公有制企业和社会组织党建工作"提质扩面"推进会（市委组织部/供图）

2018年6月27日晚，近十家郑州互联网企业的党员们同唱红歌，庆祝党的生日（市发改委/供图）

中国共产党郑州市第十一届委员会第八次全体（扩大）会议

2018年12月13日，中国共产党郑州市第十一届委员会第八次全体（扩大）会议召开（李利强/摄）

2018年，郑州市培训县处级干部2811人（市委组织部/供图）

2018年，郑州市通过“万名党员进党校”培训党员39万人次（市委组织部/供图）

2018年，郑州市高质量完成3067个村（社区）“两委”换届（赵卫平/摄）

2018年12月20日，郑州市举行职工庆祝改革开放40周年主题宣讲活动（市总工会/供图）

2018 中国（郑州）国际旅游城市市长论坛

5月27-30日，2018中国（郑州）国际旅游城市市长论坛举行。来自近30个国家、国内外100多个旅游城市的市长和代表相聚郑州，共商合作发展。本届论坛主题为“共享经济时代下的城市优质旅游”。论坛期间举办了“一带一路”旅游城市市长峰会、“天地之中 功夫郑州”郑州旅游之夜、世界旅游联盟“城市旅游”对话会、专题交流研讨等活动。

国际旅游城市市长论坛（李　焱/摄）

旅游城市市长和代表签到（李　焱/摄）

管城区非遗项目“猴加官”亮相国际旅游城市市长论坛（管城区文旅局/供图）

举行签约仪式（宋　晔/摄）

论坛讨论环节（宋　晔/摄）

总 目

目录

特载

市情概要

自然环境

人文历史

建置与区划

人口状况

发展综述

组织机构及负责人

大事记

国家战略

国家中心城市建设

中国（河南）自由贸易试验区

郑洛新国家自主创新示范区

中国（郑州）跨境电子商务综合试验区

中欧班列（郑州）

国家功能性口岸建设

党政机构

中国共产党郑州市委员会

综 述

重要会议

重要活动

纪检监察工作

组织工作

宣传工作

精神文明建设

统战工作

政策研究

编制管理

老干部工作

党史工作

党校工作

郑州市人民代表大会

综 述

重要会议

监督工作

郑州市人民政府

综 述

重要会议

重要活动

扶贫开发

大数据管理

人力资源和社会保障

外事与侨务工作

对台工作

信访工作

接待工作

机关事务管理工作

政协郑州市委员会

综 述

重要会议

民主党派

综 述

民革郑州市委员会

民盟郑州市委员会

民建郑州市委员会

民进郑州市委员会

农工党郑州市委员会

九三学社郑州市委员会

群众团体

工 会

共青团

妇女联合会

科学技术协会

归国华侨联合会

工商业联合会

红十字会

残疾人联合会

文学艺术界联合会

法　治

政法委及综治

立 法

法治政府建设

公 安

检 察

法 院

司法行政

仲 裁

军 事

郑州警备区

武警郑州市支队

人民防空

农业

综 述

农业产业化经营

农业数字经济

农产品质量安全管理

农技推广

农村改革

种植业

水产业

畜牧业

林 业

农业机械化

水 利

水利建设

南水北调

黄河治理

工 业

综 述

汽车及装备制造产业

电子信息产业

新材料产业

生物及医药产业

铝及铝精深加工产业

现代家居和品牌服装制造业

食品工业

煤炭工业

烟草工业

交通运输业

铁 路

综 述

郑州车站

郑州东车站

供销合作

粮油购销

会展业

物流业

对外经贸

综　述

口岸建设

投资促进

旅游业

综　述

旅游管理

黄河生态旅游风景区

金融业

综 述

银 行

人民银行

工商银行

农业银行

建设银行

中国银行

郑州银行

保 险

中国人寿保险

邮电通信业

邮 政

通 信

移动通信

联通通信

电信通信

财政 税务

财 政

税 务

城乡建设与管理

建设行业管理

综 述

建筑业管理

城乡规划与管理

城乡规划编制

城乡规划管理

市政建设与管理

综 述

市政设施养护

市容环境卫生

数字化城市管理

郑州火车站地区管理

园林绿化

公用事业

城市供电

城市供水

城市燃气

集中供热

城市公共交通

城市环境雕塑建设

房地产业

综 述

房地产行业管理

房地产开发

住房公积金管理

生态与环境保护

综 述

绿色发展

环境治理

生态保护

经济监督与管理

发展计划管理

国土资源管理

工商行政管理

审计监督

物价管理

质量技术监督管理

安全生产监督管理

国有资产监督管理

食品药品监督管理

民营经济管理

市场发展管理

统计工作

海关工作

教 育

综 述

基础教育

职业、成人、高等教育

民办教育

师资队伍建设

教育管理

科 技

综 述

防震减灾

气象服务

文化事业

社会文化

戊戌年黄帝故里拜祖大典

文物管理

社会科学工作

档案工作

地方史志工作

新闻出版与传媒

新闻出版

传 媒

医疗卫生

综 述

医改工作

医疗服务管理

疾病防控与紧急救援

体 育

综 述

竞技体育

群众体育

体育产业

社会事业

民生工程

城乡居民生活

社会救助

老龄事业

防灾减灾

社会福利

慈善事业

双拥优抚安置

社会治理

专项社会事务

民族与宗教

园区建设

郑州航空港经济综合实验区（郑州新郑综合保税区）

郑东新区

郑州经济技术开发区

郑州高新技术产业开发区

产业集聚区

县（市）区

巩义市（河南省直管县）

登封市

新密市

荥阳市

新郑市

中牟县

中原区

二七区

金水区

管城回族区

惠济区

上街区

人物 荣誉

人 物

2018年全国五“一劳动奖章”获得者名单

2018年河南省“五一劳动奖章”获得者名单

荣 誉

2018年全国“五一劳动奖状”获得单位

2018年河南省“五一劳动奖状”获得单位名单

2018年河南省“工人先锋号”获得集体名单

附 录

统计资料

法 规

重要文件目录

索 引

CONTENTS

Industry

Transportation Industry

Commercial Circulation

Foreign Economy and Trade

Tourism Industry

Finance

Post and Communication Industry

Science & Technology

Culture Undertakings

Press and Publication Media

Health Care

Sports

Social Undertakings

Park Construction

County(city) District

Character Honor

Appendix

Index

在市委十一届九次全会上关于市委常委会2018年工作的报告

省委常委、市委书记　马　懿

（2019年1月12日）

各位委员，同志们：

现在，我代表市委常委会向全会报告2018年度工作。

2018年，是贯彻落实党的十九大精神的开局之年，是改革开放40周年，是全市上下抢抓战略机遇、全面加快国家中心城市建设的关键一年。一年来，市委常委会坚持以习近平新时代中国特色社会主义思想为指导，认真贯彻党的十九大和十九届二中、三中全会精神，深入贯彻习近平总书记视察指导河南时的重要讲话精神，落实省委各项工作部署，统筹推进“五位一体”总体布局、协调推进“四个全面”战略布局，贯彻新发展理念和以人民为中心的发展思想，坚持以党的建设高质量推动经济发展高质量，以国家中心城市建设为统揽，以航空港实验区建设为引领，突出“四重点一稳定一保证”工作总格局，团结带领全市上下，把握方向、凝心聚力、真抓实干，促进经济社会实现持续健康发展，党的建设全面加强，国家中心城市建设迈出坚实步伐，各项工作都取得了新的成效、实现了新的突破。

一年来，市委常委会着力提升政治领导力、思想引领力、群众组织力、社会号召力，重点抓好了以下六件大事

第一，推动习近平新时代中国特色社会主义思想和党的十九大精神学习贯彻不断深入。以“两学一做”学习教育常态化制度化为抓手，以各级理论中心组学习为重点，把习近平新时代中国特色社会主义思想和党的十九大精神作为核心内容，深入开展“大学习、大研讨、大培训”。市委理论中心组集中学习10次，市委常委带头加强自学，主动深入基层宣传、走进党校高校宣讲、加强交流互学、严格考核督学，推动各级在“学懂弄通做实”上下功夫。开展“万名党员进党校”“万名书记大轮训”等活动，基本实现习近平新时代中国特色社会主义思想党员培训全覆盖，党员干部进一步感受到真理的力量、信仰的力量，提高了理论素养、政治觉悟和政治能力。深入推进党的创新理论进企业、进农村、进机关、进校园、进社区、进网站，在各界广泛开展主题教育活动，强化思想引领，凝聚共识合力。

第二，推动郑州国家中心城市建设迈出坚实步伐。在2017年战略研究的基础上，不断深化提升，制定《郑州建设国家中心城市行动纲要》，经市人大常委会审议通过，转化为全市人民意志。梳理充实总投资4.5万亿元的国家中心城市建设重大项目库，完善重大项目台账管理、观摩评比等制度，推进各项建设全面提速，带动固定资产投资增长10%左右。国家出台《关于建立更加有效的区域协调发展新机制的意见》，进一步明确了包括郑州在内的12个重点城市带动全国区域协调发展的战略地位、作用和责任；省委、省政府研究通过《郑州大都市区空间规划》，近日召开的省委十届八次全会作出了“加快区域协调发展，支持郑州国家中心城市建设，着力打造郑州大都市区”的决策部署，确立了以郑州大都市区引领中原城市群发展的战略格局，社会各界对郑州的发展预期持续向上向好。

第三，推动稳增长、调结构、促转型、惠民生实现新的突破。在宏观经济下行压力、环保压力、去产能力度持续加大的情况下，经济总量连续三年跨越千亿增长台阶，2018年突破万亿大关，进入万亿城市行列，预计增速达到8%左右，分别高于全国全省平均水平1.5和0.5个百分点，在全省的首位度持续提升；全市常住人口突破千万，人均生产总值突破10万元，是全省平均水平的2倍。经济形态加快由生产型城市向服务消费型城市转型，产业中第三产业的比重超过一产、二产之和，工业中战略性产业比重超过传统高载能产业。经济发展的质量效益不断提升，地方财政一般公共预算收入增长9%，居民人均可支配收入增长8%左右。民生事业协调发展，动迁群众三年回迁安置任务

大头落地的目标圆满实现。

第四，推动三大攻坚战取得明显阶段成效。脱贫攻坚实现政策兜底外贫困人口全部脱贫。污染防治攻坚在经济总量、投资规模不断扩大的情况下，大气污染指数连年持续下降，PM10、PM2.5较三年前分别下降36.5%、34.3%，下降率分别居全省第1位和第2位；优良天气天数较三年前增加30天，空气质量排名先后超过了长江以北的石家庄、太原、西安等省会城市，实现了经济发展与污染治理双统筹、双促进。重大风险防范攻坚扎实推进，政府债务风险总体可控，一批非法集资案件、问题楼盘、问题企业得到有效处置，社会大局保持和谐稳定。

第五，推动中央和省委巡视整改落地落实。市委常委会专题研究巡视整改工作6次，常委会成员牵头负责，建立台账、严格标准，逐项整改、逐项评估、逐项深化。截至去年底，中央巡视涉及郑州的个性问题全面整改到位，共性问题47个、已办结39个、办结率为82.9%；对照省委巡视郑州反馈意见，共梳理整改事项52个，已完成38项，完成率73%；具体问题132个，已办结112个，正在办理20个，完成率85%；启动专项治理24项，有力促进了各项工作。

第六，坚持和加强党的领导，圆满完成市人大市政府市政协、市群团组织和村（社区）“两委”换届工作。把党的领导贯穿始终，坚持正确的用人导向，严把换届人选政治关、品行关、作风关、廉洁关，严格落实“九个严禁、九个一律”，确保换届风清气正、高质量有序推进。市十五届人大一次会议、政协十四届一次会议取得圆满成功，顺利实现省委人事安排意图；9个群团组织顺利换届；村（社区）“两委”首次实现所有村全部换届。大家普遍反映，通过换届换出了严的纪律、换出了好的风气、换出了新的面貌。

一年来，市委常委会坚持和加强党的领导，努力在把方向、管大局、保落实上下功夫，主要做了以下四个方面的工作。

一、坚持政治统领，把树牢“四个意识”、坚定“两个维护”贯穿始终、落到实处

市委常委会坚持把政治建设摆在首位，旗帜鲜明讲政治，树牢“四个意识”，坚定“两个维护”，始终在政治立场、政治方向、政治原则、政治道路上同以习近平同志为核心的党中央保持高度一致，坚定不移推进中央决策、省委部署在郑州落地见效。

一是强化政治自觉。坚持用习近平新时代中国特色社会主义思想和党的十九大精神统一思想、武装头脑、指导实践，持续深入学习贯彻习近平总书记视察指导河南时的重要讲话精神，坚持第一时间跟进学习贯彻中央重要会议精神和习近平总书记的重要讲话、指示、批示精神，时时处处努力向习近平总书记和党中央对标看齐。坚持把中央、省委巡视和环境保护、扫黑除恶专项斗争、宗教治理、脱贫攻坚等工作督察督导，作为提高政治觉悟、严格政治要求的重大契机，高标准抓好整改工作，让党员干部从中接受教育、受到警醒、增强敬畏，更加坚定自觉推动中央决策、省委部署的贯彻落实。认真汲取秦岭北麓违建别墅问题教训，按照省委部署，扎实开展习近平总书记指示批示贯彻落实情况“回头看”工作，引导党员干部把政治要求落实到业务工作之中，不断增强践行“四个意识”“两个维护”的政治自觉、思想自觉和行动自觉。

二是严格规矩制度执行。出台《中共郑州市委关于坚决维护党中央集中统一领导的规定》，坚持党中央提倡的坚决响应、党中央决定的坚决执行、党中央禁止的坚决不做，求实求效贯彻落实中央决策、省委部署，并及时向省委报告郑州的决策情况、落实情况和工作中出现的问题。认真落实《中国共产党地方委员会工作条例》和《党组工作条例》，发挥领导核心作用，坚持“党委加强领导、政府充分履职、人大政协共同参与”的工作推进机制，定期听取市人大常委会、市政府、市政协、市法院、市检察院党组工作汇报，支持其依法依章程履行职责，充分调动各方面积极性，统一意志、团结一心、步调一致推进工作。严肃党内政治生活，坚持“兰考标准”，自上而下召开2017年度民主生活会和2次专题民主生活会，相互提醒、相互帮助，强化共识、增进团结，提高了各级领导班子自我净化、自我提高的能力。严明党的政治纪律和政治规矩，积极涵养党内政治文化，深入开展“帮圈文化”治理，坚决防止“七个有之”，切实做到“五个必须”，对违反政治纪律和政治规矩的严抓严管，查处违反政治纪律案件46件、党纪政务处分60人。

三是结合实际抓好贯彻落实。准确把握郑州在全国全省发展大局中的责任使命，把习近平总书记提出的“四个着力”、打好“四张牌”、县域治理“三起来”、乡镇工作“三结合”与贯彻中央各项决策精神、落实省委工作部署贯通起来，紧密结合郑州实际，先后召开市委经济工作会议、市委十一届六次七次八次全会等一系列会议，出台《关于深入推进产业转型升级促进经济高质量发展的实施意见》《关于加快建设国际化法治化便利化营商环境的意见》《关于促进民营经济健康发展的若干意见》《关于以习近平新时代中国特色社会主义思想为指导全面推进党的建设高质量发展的实施意见》等文件，不断深化提升以国家中心城市建设为统揽、以航空港实验区建设为引领、以“四重点一稳定一保证”为工作总格局、以党的建设高质量推动经济发展高质量的实践体系，保持了郑州发展的正确方向，推进了中央决策、省委部署在郑州的有效落实。

二、以国家中心城市建设为统揽，突出“四大重点”工作，推动经济社会高质量发展取得新成效

市委常委会认为，中央和省委、省政府支持郑州国家中心城市建设，既给郑州提供了加快发展的历史性机遇，更赋予了郑州引领带动中原城市群协调发展和中原更加出彩的重大责任，必须更加奋发有为地谋划好、推进好郑州的发展。一年来，市委常委会团结带领全市上下不断提高站位、拉高标杆，坚持目标导向、问题导向和“创优势、增实力、补短板、能抓住”的工作方针，突出新型城镇化、现代产业体系培育、开放创新、生态建设“四大重点”工作，统筹打好三大攻坚战，坚持项目带动、项目化推进，促进了经济社会持续健康发展。

（一）新型城镇化加快推进，城乡承载能力和形态品质不断提升。突出“以建为主、建管并重、提升品质、扩大成效”的阶段任务，坚持走好以人为核心的新型城镇化，城镇化率升至73.5%。强化规划引领，启动《郑州市城市总体规划（2018—2035年）》编制工作，高标准、高起点编制修编《城市生态保护与建设规划》《郑州大都市区互联互通交通体系规划》

《郑州历史文化名城保护规划》等一系列专项规划。加快完善“内畅外联”交通体系，郑济、郑万、郑合、郑太高铁建设有序推进，高铁南站及配套工程启动，米字形高铁网加快形成；轨道交通施工进度加快，地铁运营和在建里程超过300公里，5号线进入空载试运行，轨道交通即将形成网络化运营；三环快速化全线闭合，四环快速化加快建设，农业快速路地面道路全线贯通、高架除跨铁路桥因工艺复杂正在施工外其他路段均已通车，中心城区“两纵两横两环”快速路网今年上半年将全面建成；成功创建“国家公交都市建设示范城市”，城市拥堵指数排名在全国明显下降。着力提升城乡建设品质，严把安置房建设品质关，规划的1110个安置房地块全部开工，累计竣工面积8500万平方米、回迁面积6400万平方米、回迁180万人，回迁率达到84%，安置房网签新增12万套、累计达到19万套；中央文化区“四个中心”建设加快推进、建筑风貌逐步展现；商都历史文化区、古荥大运河历史文化区、百年德化历史文化区、二砂文创广场“四大历史文化片区”进入全面建设实施阶段，龙湖金融岛、龙子湖智慧岛、双鹤湖等重点片区开发和老城区有机更新力度加大，清洁取暖、综合管廊、海绵城市建设等示范试点有序推进。百城建设提质工程和乡村振兴战略加快实施，一大批基础设施完善提升工程建成投用，创成国家级生态乡镇7个，建成了一批美丽乡村试点村，农村人居环境得到不断改善。扎实推进城市精细化管理，深化城市管理体制改革，推进管理重心下移，以“路长制”为载体的城市管理体系初步构建，环卫标准大幅提升，交通综合治理取得阶段成效，颁布实施《郑州市文明行为促进条例》，城市环境秩序、文明程度、形态风貌持续改善。

（二）现代产业体系加快培育，产业结构不断优化。牢牢把握供给侧结构性改革方向，把支持和促进以先进制造业为基础的实体经济发展摆在突出位置，推动先进制造业、现代服务业融合发展、双轮驱动，加快产业转型升级。三次产业结构调整为1.5：44.5：54，第三产业比重高出一产、二产总和8个百分点，工业中电子信息、汽车及装备制造等战略性产业的比重超过传统高载能产业10个百分点。高技术产业增加值增长12%，互联网、大数据、人工智能与制造业实体融合持续深化，新业态、新模式加速成长，新能源汽车、智能传感器、轨道交通车辆等新兴产品增长20%以上。工业投资扭转连续下滑态势、增速达到8%，上汽郑州基地一期30万辆整车项目投产，二期30万辆整车、100万台动力总成项目开工建设，华锐光电显示、奥克斯空调等一批重大产业项目落地实施，合晶一期、裕展精密等211个重大项目竣工投产，新增超百亿企业2家、超200亿企业1家，成为产业发展的新支撑。现代服务业提质增效，金融业增加值占GDP比重提高到11％，物流业增加值增长9%，电子商务交易额增长18.3%，社会消费品零售总额增长9.7％，会展业综合竞争力位居全国前列。都市农业稳步发展，农业经济综合效益持续提升。着力破解民营经济发展难题，完善政策体系，加大扶持力度，民营经济保持持续健康发展。

（三）开放创新双驱动战略深入实施，发展动力和活力不断显现。开放方面，全力加快推进“空中丝绸之路”“陆上丝绸之路”“网上丝绸之路”延伸拓展，积极对接“海上丝绸之路”，不断完善“买全球、卖全球”国际贸易服务体系。机场三期建设启动，郑州—卢森堡航空双枢纽合作持续深化，郑州机场客货运吞吐量增速继续位居全国大型机场前列、总量稳居中部“双第一”。郑欧班列持续加密运行，新开行中亚、东盟线路，主要效益指标在中欧班列中保持先进地位，郑州至沿海港口的海铁联运班列实现多点常态化运行。跨境电商交易额增长25.1%，首创的1210保税模式在全国推广，第二届全球跨境电商大会圆满召开。各类海关特殊监管区和功能口岸建设运营水平不断提升，新郑综保区进出口总额有望连续三年排名全国综保区首位。创新方面，加快推进国家自主创新示范区、大数据综合试验区、“双创”示范基地等载体平台建设，高新区管理体制与人事薪酬制度改革取得阶段成效。大力实施“四个一批”三年倍增行动计划，新培育高新技术企业475家、增长55.5%，总数占全省39.8%；新建市级以上科技创新平台476家，其中省级221家。引进创新创业高层次人才293人，其中院士团队10个、万人计划专家团队6个；吸引创新创业人才21万人，人才落户数占新增户籍人口比例达到33.4%，较2017年提升20个百分点。引进中科院计算所、浙江大学等研发机构18家，其中新认定省级新型研发机构5家。全市专利授权量同比增长50%，万人发明专利拥有量由10.8件增加到13.1件，科技进步对经济社会的贡献率预计达到63%。

（四）生态保护和建设力度持续加大，生态环境不断好转。树牢“绿水青山就是金山银山”的发展理念，坚持“大生态、大环保、大格局、大统筹”，以中央环保督察“回头看”反馈问题整改为契机，以更大的力度推进环境治理和生态建设。在抓好大气污染防治的同时，统筹推进水污染、土壤污染综合治理，“河湖长制”得到有效落实，市域水体水质明显改善。大力实施国土绿化提速行动和“四水同治”工程，加快构建森林、湿地、流域、农田、城市五大生态系统，全长96公里的贾鲁河综合整治工程效果全面显现、成为城市的一条靓丽风景线。牛口峪引黄工程、环城生态水系循环工程、交通干线绿化整治、郑野公园等生态项目加快建设，全市新增绿地面积1356万平方米。

（五）坚持把全面深化改革贯穿始终，体制机制创新实现新的突破。坚持把改革作为郑州创优势、补短板的关键一招，贯穿到各项工作的全过程。深化以“放管服”改革为带动的营商环境打造，“一网通办”前提下“最多跑一次”审批服务措施创新实施，市级政务服务办事大厅建成投用，“一网通办”实现率达到100%。深化以自贸区为引领的商事制度、关务制度改革，“35证合一”全面实施，“双随机、一公开”监管全覆盖，“关检合一”“智慧海关”建设使通关时间大幅缩减、通关更加便利，自贸区郑州片区新注册企业4万家，占河南自贸区的80.6%。深化以“智慧城市”为带动的社会治理创新，全面打破“信息孤岛”，推进数据资源共享互认，以智慧政务、智慧城管、智慧公共服务为带动，全社会智慧化应用水平不断提高。稳步推进地方机构改革，严格落实省委、省政府批准的《郑州市机构改革方案》，召开市委十一届八次全会进行专题部署，明确了改革的原则目标、方法步骤和纪律要求，全市上下思想认识统一、改革工作有序推进，涉改单位近期将集中挂牌履职。扎实开展投融资体制改革，政府性资源配置的市场化程度进一步提升，政府和社会资本合作（PPP）模式工作受到国务院表彰。国企改革、城市综合执法体制改革、农村土地制度改革等不断深化。

（六）民生事业协调发展，群众生活质量得到新改善。全年财政民生支出1402.9亿元，增长17%，占全市一般公共预算支出比重79.6%。扎实推进脱贫攻坚，全市脱贫退出1434户3800人，剩余1785人均为政策性兜底贫困人口，全市建档立卡贫困人口收入增长29%，郑州对口帮扶卢氏22项专项计划和197个帮扶项目全面实施，巩义市、新郑市对口帮扶淮滨县、南召县脱贫工作取得阶段成效。着力扩大社会就业，新增城镇就业12.4万人，农村劳动力转移就业6.12万人。社会保险覆盖范围不断扩大，各类社保待遇和补助标准持续提升。继续加大教育投入，市区新建（改扩建）中小学校38所，新建改扩建幼儿园37所，新增中小学学位5.9万个，大班额、入学难问题得到进一步缓解。加快医疗卫生事业发展，区域儿童医疗中心、心血管诊疗中心等六大中心建设加快推进，公立医院综合改革不断深化，药品集中采购制度实施、药品价格明显下降，养老机构医疗卫生服务实现全覆盖。文化事业和文化产业协调发展，文化惠民工程扎实推进，城乡综合文化服务设施进一步完善，实施“生态保遗专项工程”26 项，方特四期、建业·华谊兄弟电影小镇、王潮歌“只有”主题演艺公园、海昌海洋馆等文化产业项目加快建设，形成集聚发展态势。成功举办黄帝故里拜祖大典、国际少林武术节、全省少数民族运动会等重大活动，郑州的影响力、美誉度持续提升。

三、加强民主法治建设，巩固和发展民主团结、安全和谐的良好局面

市委常委会把发展社会主义民主法治作为推动各项事业发展的重要保障，坚持党的领导、人民当家作主、依法治市有机统一，更好地凝聚共识、共推发展、促进和谐。

支持人大及其常委会充分发挥国家权力机关作用。市人大及其常委会依法行使立法、监督、决定、任免等职权，紧紧围绕助推郑州国家中心城市建设履职尽责，结合经济社会发展“四大重点”工作、“三大攻坚战”等重点工作，积极开展调研、询问、评议等活动，修改地方性法规11件，开展调研立法项目2件，依法任免地方国家机关工作人员74人次，对代表提出的4件议案、388件建议及时交办督办，促进了相关工作有效开展。

支持和保障人民政协积极履行政治协商、民主监督和参政议政职能。市政协及其常委会主动服务全市工作大局，引导广大政协委员积极参政议政、建言献策，提交提案716件。围绕智慧郑州建设、促进实体经济发展等开展专题议政，围绕都市生态农业、乡村振兴战略、普惠性学前教育等进行双月协商座谈，围绕脱贫攻坚、大气污染防治、文物安全等工作深入开展民主监督和视察调研活动，较好地发挥了职能作用。

巩固和发展最广泛的爱国统一战线。密切与工商联、各人民团体及各界人士的联系和协作，定期就重大问题向民主党派、工商联和无党派人士通报情况、征求意见，在民主党派和无党派人士、新社会阶层人士、民族宗教界人士、非公有制经济人士中有针对性地开展主题教育活动，凝心聚力推动改革发展稳定。深化“中华民族一家亲、同心共筑中国梦”主题活动，促进各民族交流交融更加密切。开展依法规范农村基督教事务专项行动，坚决防范宗教向校园渗透，有效遏制了基督教蔓延势头。持续深化群团改革，以群团组织换届为契机，加强政治性、先进性、群众性建设，群团组织的桥梁纽带作用得到充分发挥。党管武装得到新的加强，双拥共建基础更加扎实。

深入推进依法治市。围绕科学立法、严格执法、公正司法、全民守法，完善了法治建设责任体系和工作机制，加强对依法治市工作的统筹协调。法治政府建设扎实推进，司法体制改革不断深化，普法宣传、法治创建活动广泛开展，全社会法治观念不断增强。

深化平安郑州建设。学习推广“枫桥经验”，进一步完善社会矛盾纠纷排查化解和安全防范体制机制，压实信访稳定责任，严格落实领导接访下访制度，市级领导公开接访群众329批807人，推动了一批信访疑难案件有效解决。依法规范信访秩序，抓好特定利益群体稳控化解工作，赴京上访集访同比明显下降，群众安全感、满意度持续提升。

深入开展扫黑除恶专项斗争。坚持依法严惩、打早打小，集中警力、专案专办，全市侦办涉黑案件28起、犯罪集团案件51起、恶势力团伙案件37起，查处涉黑涉恶腐败和保护伞问题177起、处理109人，维护了安定有序的社会环境。

四、以中央、省委巡视整改为契机，全面推进党的建设高质量，巩固和发展良好政治生态

市委常委会认为，加强党的建设、营造良好政治生态，是做好一切工作的根本保证。2018年，中央巡视河南、省委巡视郑州，是一次全面的“政治体检”，帮助我们查找到了管党治党方面存在的突出问题和薄弱环节。抓好巡视整改既是践行“四个意识”、落实“两个维护”的重要体现，也是加强党的领导、强化党的建设的重大契机。市委常委会坚持以上率下、态度坚决、行动迅速，主动认领中央巡视河南反馈问题、照单诚恳接受省委巡视反馈意见，坚持边巡边改、全面整改，以高质量整改推动高质量党的建设，不断巩固和发展全市上下风清气正、心齐气顺、干事创业的良好政治生态。

（一）突出主业主责，推进管党治党责任落细落实。坚持把党的建设与经济发展相统筹，把党建工作与经济工作按同等权重纳入综合绩效考核，引导各级树牢“抓好党建是最大政绩、推动发展是第一要务”的理念。坚持党建工作“一盘棋”，进一步充实完善了全面从严治党责任清单、问题清单、整改清单，突出问题整改、压力传导，创新党建述职评议、党建观摩、考核督导方式，坚持领导干部党建联系点、书记党建约谈、党建责任追究等制度，对履行责任不力的7个党组织、28名党员领导干部进行问责，督促各级各部门强化责任意识、推进党建责任落小落细落实。

（二）突出守正创新，全面加强宣传思想工作。围绕“举旗帜、聚民心、育新人、兴文化、展形象”，强化理论武装，加强舆论引导，讲好郑州故事。在抓好各级理论中心组学习的同时，组织开展集中培训，专题轮训县处级领导干部2811人，通过“万名党员进党校”培训党员39万人次，“万名书记大轮训”集中培训近2万名基层支部书记。深入开展中国特色社会主义和中国梦宣传教育，大力弘扬社会主义核心价值观，举办“党的创新理论万场宣讲进基层”活动7000余场，被中宣部评为基层理论宣讲先进集体。发挥主流舆论引导作用，精心组织“新时代新气象新作为”“礼赞改革开放40周年·郑州故事”等网上网下主题宣传活动，入选中宣部改革开放40周年“百城百县百企”专题宣传，为

国家中心城市建设营造了良好舆论氛围。严格落实意识形态责任制，自上而下建立意识形态联席会议制度，深入开展网络空间专项治理，严格各类讲座、报告、论坛报备审核制度，加强高校阵地日常管理，意识形态领域总体态势持续向好。

（三）突出敬业负责担当，努力建设高素质专业化干部队伍。深入贯彻习近平总书记选人用人重要思想，认真落实好干部标准，坚持把公道正派作为干部工作的核心理念贯穿选人用人全过程，以重实干、重实绩的用人导向营造干的氛围、弘扬干的作风。严格代表委员推选，强化换届风气监督，圆满完成市人大、市政府、市政协换届任务，班子候选人均全票或高票当选。认真落实群团组织换届要求，对市属群团组织班子进行调整优化，形成以专职干部为骨干力量、挂职兼职干部为重要支撑的干部队伍。超前谋划市直单位机构改革工作，用足用活非领导职务政策，为改革顺利进行奠定基础。认真落实巡视整改要求，清理核销处级行政机构37个；实施违规兼职、干部档案再审等9个整改专项行动，清理市管干部在企业、社团违规兼任职务195个，排查解决各类档案问题8820个；加强选人用人监督，对867名市管干部的个人报告事项进行核查，对21个单位开展选人用人专项检查，促进从严监督管理常态化。坚持正向激励，完善考核评价体系，有效激发了干部干事创业积极性。

（四）突出"三基"建设，提高基层党建质量。聚焦基层组织、基础工作、基本能力，大力开展"支部建设提升年"，分层级分领域对全市2万多个党支部进行"全面体检"，对先进支部培优作示范、对后进支部转化促提升，促进支部建设全面加强。坚持"先整顿后换届"，下沉3410个工作组、14000余名干部蹲点工作、全程把控，严格落实"十不宜"标准，高质量完成3067个村（社区）"两委"换届，基层干部年龄、文化结构明显优化，党员群众参会率和满意度均为历届最高。对换届后5400名村（社区）"两委"正职上提一级精准轮训，创新建立"后评估"机制，调整撤换105名不合格不胜任村干部，进一步压实责任、激发活力，努力做到"换届一次、考评一届、受益多年"。深化市县乡"三级抓村"机制，充分发挥490名第一书记作用，推进236个软弱涣散和后进村党组织集中整顿转化，抓党建促乡村振兴、脱贫攻坚不断深入。全面构建市区街道社区四级联动、多方共建的城市党建工作格局，高标准推进党群服务中心建设，城市党建共治共享局面基本形成，"一征三议两公开"工作法得到中组部肯定推广。坚持抓源头、建机制，"两新"领域持续提质扩面，党组织覆盖率达到86.4%。机关、国有企业、学校等领域党建结合各自特点，创新载体抓手，较好地发挥了党组织的领导核心和政治核心作用。加强党员教育管理工作，在党员队伍中广泛开展"亮身份、争先锋、作表率"活动，党员的先锋模范作用得到较好发挥。

（五）突出严抓严管，锲而不舍推进党风廉政建设和反腐败斗争。坚持标本兼治，持之以恒正风肃纪，保持高压惩治态势，持续推进以案促改，一体推进"不敢腐、不能腐、不想腐"机制，促进政治生态不断净化、持续优化。从严抓教育，坚持用身边事教育身边人，制定《关于推进以案促改制度化常态化的实施意见》，把廉政教育纳入各级中心组学习内容，召开以案促改警示教育大会3452场，受教育19万人次，推动党员干部把身边的教训变成心里的敬畏，持续强化不想腐的自觉。从严抓监督，着力构建"四个全覆盖"权力监督格局，圆满完成监察体制改革试点任务，探索完成监察职能向基层延伸试点工作，稳步推进派驻机构改革，探索开展"交叉巡察""提级巡察"，大力推进市县巡察向村居延伸，完成对345个党组织的巡察，发现问题5038个，有效发挥了巡察利剑作用。从严抓执纪，组织开展落实中央八项规定精神"回头看"专项活动，查处违反中央八项规定精神案件171起，处理268人；突出抓早抓小，运用监督执纪"四种形态"处理8255人次，第一、二种形态占比分别为64.7%、24.3%；坚持力度不减、节奏不变，全市纪检监察机关立案审查2178件、处分2833人，严肃查处了戴春枝、王晓军等77名市管干部，进一步强化不敢腐的震慑。

一年来，市委常委会切实加强自身建设，带头加强学习，持续深入学习习近平新时代中国特色社会主义思想，坚定政治立场，把准政治方向，强化政治自觉，努力提高把方向、谋大局、定政策、促改革的能力和定力；带头严肃党内政治生活，高质量召开班子民主生活会，市委常委坚持以普通党员的身份参加所在支部组织生活，坚持民主集中制，严格按程序办事、按规矩办事，形成了团结一心、合作共事的良好氛围；带头改进作风，坚持以人民为中心，注重调查研究、注重听取各方面的意见，坚持群众路线，密切联系群众，深入一线调研指导、推动工作；带头廉洁自律，从严执行中央八项规定精神，自觉抵制"四风"，严格遵守廉洁自律各项规定，注重家风家教，坚决反对特权思想和特权现象，自觉接受各方面的监督，以勤政廉政的实际行动树立市委常委班子的良好形象。

在总结工作的同时，分析存在的问题和不足，主要表现在：转型发展的任务还很艰巨，产业结构不优、城市承载能力不足、科技创新基础薄弱、生态环境约束严重等短板问题依然突出；民生事业发展与群众日益增长的美好生活需要还有较大差距；巡视问题整改还没有清零见底，已整改事项还需要完善长效机制、持续巩固成果，党的建设有待进一步加强，等等。这些问题需要高度重视、努力加以解决。

各位委员、同志们，中央经济工作会议强调了我国发展仍处于并将长期处于重要战略机遇期的基本判断。站位全局看郑州，中央和省委省政府支持郑州建设国家中心城市、依托郑州大都市区引领带动中原城市群协调发展的决策导向越来越明确、政策体系越来越完善，社会各界对郑州发展的预期越来越看好，既给郑州创造了加快发展、晋位升级的历史性机遇，也赋予了郑州更大的责任担当。我们任何时候都必须保持头脑清醒，既要看到机遇，看到郑州发展好的态势、好的趋势，坚定信心，保持战略定力；又要看到郑州在全国全省战略全局中的责任之重，看到各级各界和广大群众对郑州的期望和要求，看到我们自身发展中存在的突出短板和差距，始终保持强烈的责任感、危机感、紧迫感，更加奋发有为、更加务实重干、更加高标要求，努力把历史机遇转化为现实发展优势，推进郑州沿着高质量发展的轨道、向着国家中心城市的宏伟目标不断前进，为引领中原城市群协调发展、实现中原更加出彩作出应有贡献！

以上报告的是去年以来市委常委会的工作，请同志们提出意见和建议。

政府工作报告

——2019年2月21日在郑州市第十五届人民代表大会第二次会议上

市长 王新伟

各位代表：

现在，我代表市人民政府向大会报告工作，请予审议，并请各位政协委员和列席人员提出意见。

一、2018年工作回顾

刚刚过去的一年，是郑州发展史上具有里程碑意义的一年。一年来，我们在省委、省政府和市委的坚强领导下，高举习近平新时代中国特色社会主义思想伟大旗帜，按照党的十九大作出的战略部署，全面贯彻落实习近平总书记视察河南、郑州时的重要指示精神，树牢“四个意识”，坚定“四个自信”，做到“两个维护”，统筹推进“四个着力”，持续打好“四张牌”，有效应对各种困难风险挑战，砥砺奋进，拼搏赶超，较好完成了市十五届人大一次会议确定的主要目标任务。以地区生产总值破万亿、常住人口破千万、人均生产总值破10万“三大突破”为标志，出彩郑州站在了高质量发展的新起点。

（一）抢抓国家中心城市建设机遇，引领辐射作用日益凸显

国家中心城市建设迈出坚实步伐。省委、省政府支持郑州建设国家中心城市的意见即将出台，全面落实《郑州建设国家中心城市行动纲要（2017—2035年）》，总投资4.5万亿元的国家中心城市建设重大项目库发布，1000亿元产业发展基金设立运营，“一中枢一门户三中心”加快构建；上榜“国家物流枢纽承载城市”，陆港型、空港型、生产服务型、商贸服务型物流枢纽地位巩固提升；首次进入“世界城市100强”“亚洲城市50强”；中国社科院研究机构发布的“国家中心城市指数”中，我市荣登潜在国家重要中心七项榜单；“中国大陆最佳商业城市”和《中国金融中心指数报告》，我市均居第12位。区域协调发展新格局加快构建。晋身国家区域协调发展新机制12城市，《郑州大都市区空间规划（2018—2035年）》省委、省政府审议通过，发展目标、战略路径、主要任务进一步明晰；郑开双创走廊、开港产业带、许港产业带等6个专项规划加快报审，郑焦6个专项合作协议签订实施，郑新融合发展战略规划省政府审议通过，“1+4”郑州大都市区的规划、交通、产业等领域加速融合。经济贡献度进一步提升。以占全省4.45%的地域面积、10.55%的人口，创造了占全省21.1%的GDP、30.6%的一般公共预算收入、20.7%的社会消费品零售总额、32.9%的重点项目投资、74.5%的进出口总值，航空港实验区进出口总额突破500亿美元，占全省的62.8%；引进境内外资金356.7亿美元，其中实际吸收外资42.1亿美元，占全省的23.6%。

（二）始终坚持“稳”字当头，经济质量效益稳步提升

坚持从供给侧精准发力，保持了经济运行总体平稳、稳中有进的良好态势。主要指标稳中提质。初步核算，全市地区生产总值完成10143.3亿元，居全国298个地级以上城市第16位，比上年前移1位；增长8.1%，居全国16个万亿以上城市第2位。规模以上工业增加值增长6.8%；工业投资增长11.8%，扭转了近年来持续下滑态势，高载能产业占比首次下降到40%以下。固定资产投资增长10.9%；社会消费品零售总额增长9.7%；地方财政一般公共预算收入达到1152.1亿元，增长9%，税收占比达到74.6%，高出全省4个百分点。新增市场主体25.2万户，总量达到107.5万户，成为第8个超百万的省会城市。民营经济占GDP的比重达到58.9%，从业人员占城镇就业人员的比重达到87.3%。单位生产总值能耗降低率达到7%，万元工业增加值能耗下降14.8%。现代产业体系加快构建。高技术产业增加值增长12.4%，战略性新兴产业增加值占规模以上工业比重达到20%，新能源客车产销量突破2.5万辆、占全国的27%。七大主导产业增加值增长7.6%，对全市工业增长的贡献率达到93.9%，初步形成电子信息、汽车及装备制造两个5000亿级产业集群，国家级技术创新和制造业单项冠军示范企业达到9家。服务业增加值5545.5亿元、增长8.3%。旅游接待总人数1.15亿人次、总收入突破1300亿元，分别增长13.6%、14.3%，卢森堡旅游签证（郑州）便捷服务平台投运，郑东新区中央商务区成为“中国最具活力中央商务区”之一。金融业增加值1145.8亿元、占GDP的11.3%，郑州农商行获批筹建，郑州银行成为全国首家A+H股上市的城商行。建筑业增加值增长16.5%；物流业增加值780亿元、增长9%，国际物流园区晋升为国家级示范物流园区。新增环城都市生态农业15万亩，农业产业化龙头企业10家。“智能制造”提速增效。“三大改造”深入推进，工业技改投资增长35.4%，制造业投资占工业投资比重达到79.5%，战略性新兴产业投资增长26.4%，其中高端装备制造业、新一代信息技术产业投资分别增长380.5%、734.7%。新增超百亿企业2家、超200亿企业1家，“百千企业上云”近4700家。成功举办首届世界传感器大会、中国（郑州）承接产业转移系列对接活动等，引进上汽二期等一批重大制造业项目，中铁智能装备产业园等206个项目开工建设，合晶一期等211个项目竣工。成功创建国家服务型制造示范城市、中国消费品工业“三品”战略示范城市，中牟汽车产业集聚区成为国家新型工业化产业示范基地。

（三）强化科技创新引领，高质量发展新动能加快培育

聚焦“四个一批”，促进“四个融合”，万人发明专利拥有量13件、增长20%，科技进步贡献率达到63%。自创区建设步伐加快。大数据产业园等重大项目入驻中原科创谷，高新区管理体制和人事薪酬制度改革经验将在全省国家级开发区推广；全省首个新型产业用地试点成功落地。创新创业载体达211家，孵化载体面积突破850万平方米，在孵企业（团队）近万家，孵化水平居全国13位。技术合同交易额82.3亿元，增长136.8%，全省占比54.9%。“四个一批”成效明显。高新技术企业和科技型企业分别达到1329家、4283家，增长55%、32.7%；大力实施“智汇郑州”人才工程，吸引21万余名青年人才来郑就业创业，办理人才落户近5万人；成功承办首届中国·河南招才引智创新发展大会，签约项目111个，引进高层次人才293人。科技创新实现重大突破。积极推动协作创新，实施通信技术、超级电容等十大科技专项，8项成果获2018年度国家科技奖励，创历史新高。旭飞光电参与研发的光电显示项目获国家科技进步一等奖，结束了我国玻璃基板完全依赖进口的历史；中铁装备公司研发的异形全断面掘进机获二等奖，填补了国内外技术空白；盾构及掘进技术实验室被科技部评为全省唯一优秀国家重点实验室。新增省级以上研发中心221家、制造业创新中心3个。

（四）坚定不移推进改革开放，发展动力活力持续增强

重点改革加快推进。政府机构改革全面启动，因地制宜设置40个政府工作部门，新老机构顺利交替。“放管服”改革持续深化。在全省率先启动“最多跑一次”改革，市级政务服务办事大厅建成投用，878个审批服务事项分类“一窗受理”，全面推行一次告知、“肩并肩”辅导等机制，为群众提供了“门好进、脸好看、事好办”的政务服务。投融资体制改革持续深化。财政资金基金化改革有序推进，市场准入负面清单试点加快实施，公共资源交易在线监管全覆盖。国企改革攻坚行动强力实施。13家市管工业企业改制大头落地，34家“僵尸企业”实质出清，市管三级企业混改比例达47%。农村土地承包经营权确权颁证全面完成，农村集体产权制度改革扎实推进；社会信用体系建设荣获国家“守信激励创新奖”，城市管理综合执法、医疗卫生等领域改革加快推进。“五区联动”综合发力。航空港实验区电子信息先进制造业集群向高端拓展，电子信息产业产值突破3000亿元，“双创”示范基地受到国务院表彰。自贸区郑州片区256项改革创新试点任务已超前完成五年计划的86.7%，新增注册企业4万家、占河南自贸区的80.6%。大数据综试区加快建设，中科院计算所郑州分所挂牌成立，累计引进大数据及相关企业200余家。口岸建设成效突出，汽车平行进口试点、中欧班列运邮试点城市获批，进境粮食指定口岸试运营，内陆地区口岸数量最多、种类最全的城市地位继续保持。“四路协同”效应显现。“空中丝绸之路”越飞越广，郑州机场获批第五航权，已开通航线236条，横跨欧美亚三大经济区国际枢纽航线网络初步形成，成为全国第二个实现航空、铁路、轨道交通、高速公路一体化换乘机场。“陆上丝绸之路”越跑越快，中欧班列（郑州）每周“去九回八”高频次运行，新开通中亚、东盟线路，全年开行752班，主要指标继续保持全国前列。“网上丝绸之路”越来越便捷，EWTO核心功能集聚区启动建设，新签约项目45个，第二届全球跨境电子商务大会成功举办，跨境电商交易额增长25.1%。“海上丝绸之路”越来越顺畅，郑州至连云港、青岛、天津等港口海铁联运班列累计开行206班。

（五）集中精力打好三大攻坚战，补短板强弱项取得积极进展

始终把“三大攻坚战”作为政治任务盯紧抓牢。防范化解重大风险攻坚战扎实推进。全面开展金融机构不良资产压降、非法违规金融活动打击、互联网金融风险和政府隐性债务“四清四实”专项整治行动，依法依规处置非法集资事件，稳妥处置重点领域个案重大风险，有序化解上市公司流动性危机，政府债务管理机制进一步规范。精准脱贫攻坚加快推进。脱贫退出1434户3800人，占全年目标的122%，剩余贫困人口1785人，实现除政策兜底外全部脱贫，脱贫攻坚由取得决定性进展向夺取全面胜利转变。结对帮扶贫困县工作深入开展，22项重点工作和197个帮扶项目启动。全面打好污染防治攻坚战。认真做好中央环保督察“回头看”及省委、省政府环保督察交办问题整改工作，制定实施大气、水、土壤污染防治攻坚三年行动计划。围绕“四大结构”调整，深入开展工业企业提标改造、柴油货车污染治理、燃煤用量削减、城乡接合部环境综合整治、扬尘治理等专项行动，强力推进秋冬季大气污染攻坚，全市空气质量明显改善。2018年7、8、9连续三个月空气质量首次达到国家二级标准，综合指数、6项指标、优良天数实现“七降一增”，为2013年执行国家空气质量新标准以来最好水平；PM10、PM2.5年均浓度同比分别下降10.2%、4.5%，超额完成国家和省定目标。坚持“治、护、建、管”并重，全面推行河（湖）长制，大力实施“四水同治”工程，6个国省控断面实现水质类别提升，通过国家节水型城市建设复查和全国水生态文明城市建设试点验收、集中式饮用水水源地专项排查验收，城市黑臭水体整治获得国家督查组肯定。完善污染地块土壤环境管理联动机制，加快推进土壤治理与修复省级试点项目，完成重点行业企业土壤污染状况调查，土壤污染防治攻坚战有序推进。

（六）健全完善城市功能体系，城乡融合发展持续深化

国家综合交通枢纽地位进一步强化。我市被确定为全国12个最高等级国际性综合交通枢纽之一。《郑州国际航空货运枢纽战略规划（2018—2035年）》《郑州铁路枢纽总图规划（2016—2030年）》成功获批，《畅通郑州白皮书（2019—2021年）》编制完成。郑济、郑万、郑阜高铁及郑州南站、机场至南站城际铁路加快建设。高铁客流量发送3303.8万人次、增长14.9%；航空货邮吞吐量51.3万吨、客运量2733.5万人次，分别居全国大型机场第7、第12位。机西高速二期、商登高速（郑州段）建成通车，新建改建国省干线和农村公路320公里，环城高速出入口达到24个。地铁5号线空载试运行，轨道交通运营及在建里程突破300公里。中心城区“两横两纵+环线”快速路网体系基本形成，成功创建“国家公交都市建设示范城市”。城市基础设施加快建设。百城建设提质工程深入实施，统筹做好“四篇文章”，抓好城市“四治”，实施项目1461个，完成投资2182亿元。“四大文化片区”有序推进，中央文化区（CCD）“四个中心”基本完工。新建公共停车泊位5.2万个，新建改造公厕1692座，综合管廊、清洁取暖等国家试点有序推进，新增供热面积1600万平方米，新增生活污水日处理能力20万吨，日处理4000吨的垃圾发电厂和600吨的餐厨垃圾处理厂即将投用。市县两级城市建成区面积830平方公里，全市城镇化率达73.4%。城市精细化管理三年行动计划全面启动。环卫保洁标准大幅提升，城市管理范围从三环内拓展至近郊48个乡镇，面积达到1440平方公里。四环内全面推行三级“路长制”，管理责任落实到了最后一米、最后一人；实施道路大中修155条、支路背街改造提升71条；清理清除楼顶广告6521个、路边路牌广告、道旗广告4056杆。入选全国35个建筑垃圾治理试点城市，城市生活垃圾分类工作进入国家46个试点城市前10位。生态建设成效明显。强力推进国土绿化提速行动，铁路沿线、干线公路、高速立交及出入市口等区域违建全部拆除，提质连通生态廊道528公里，新造林11.5万亩，完成森林抚育7.8万亩；市区新增绿地1356万平方米，建成高铁公园等公园、游园、微公园411个。第十一届园博会圆满闭幕，园博园常态化开放。贾鲁河综合治理蓝线工程基本完工，绿线工程全面启动。牛口峪引黄等三大水源工程主体建成，河道采砂整治成效进一步巩固，全年向城区河道调水3.8亿立方米。乡村振兴战略深入推进。27个美丽乡村和364个规划保留村生活污水集中处理设施加速推进，1037个基层综合性文化服务中心、148个乡镇公厕改造竣工投用。“大棚房”专项整治成效明显。非洲猪瘟等动物疫病防控扎实有效。

（七）聚焦民生福祉下功夫，人民群众获得感幸福感不断增强

坚持在发展中补齐民生短板，省市民生实事基本完成。全年财政民生支出1402.9亿元、增长17%，占全市财政一般公共预算支出的79.6%。聚焦“一老一小”提供优质服务。高度关注养老问题，全市养老床位达到4万张，城乡居民月人均养老待遇达到239元。全域通过国家义务教育发展基本均衡工作评估。幼儿园建成投用37所，新建、改扩建中小学38所，投用20所，大班额、上学难问题逐步缓解。聚焦就业消费提高群众收入。新增城镇就业12.4万人、农村劳动力转移就业6.12万人，“零就业家庭”动态为零。居民消费价格指数上涨2.4%，“衣食住行”等八大类商品价格均保持温和上涨。居民人均可支配收入完成33105元，增长8.3%，城乡居民收入比缩小到1.8。专业市场转型升级和有序疏解步伐加快。聚焦就医住房缓解群众难题。公立医院综合改革受到国务院表彰，药品、高值耗材联合采购实现全覆盖，药占比29.6%，各医疗机构药品“两票制”执行比例98%以上，“家门口医疗服务”更加便捷；基本建成保障性住房9.4万套，首批2.5万套青年人才公寓开工建设，安置房网签12万套，新增回迁群众30万人、回迁率84%。房地产市场保持平稳。聚焦文化惠民满足群众需求。公共文化服务体系进一步完善，服务效能不断提升，文化艺术和产业提质发展。成功创建国家首批文化消费试点城市，成为全国最爱阅读城市之一。成功举办戊戌年黄帝故里拜祖大典、第十二届中国郑州国际少林武术节、2018郑州航展、2018郑州国际马拉松赛等活动赛事，第十一届全国少数民族传统体育运动会筹备工作有序推进。

在做好各项工作的同时，我们聚焦聚力作风建设，不折不扣落实党中央、国务院决策部署和省委、省政府及市委要求，大力营造真抓实干、拼在一线的强大气场。我们夯实全面从严治党主体责任，不断加强民主法治建设、党风廉政建设和政府系统党的建设，深入推进依法行政，强化审计监督，持续纠正“四风”，认真做好中央、省委巡视及国务院大督查反馈问题整改工作，自觉执行市人大决议决定，主动接受各方监督，385件人大代表建议（议案）、683件政协提案全部办结。推进军民融合深度发展，“双拥”工作持续深化。深入开展“扫黑除恶”专项斗争，依法打击各类违法犯罪和暴力恐怖活动。民族宗教工作创新推进。安全生产、食品药品安全、信访稳定、社会治理等工作进一步加强。妇女儿童、残疾人、红十字、慈善等事业健康发展。外事、侨务、对台、统计、史志、气象、地震、社科研究、援疆等工作取得新成绩。

各位代表，过去一年取得的成绩，是以习近平同志为核心的党中央掌舵领航的结果，是省委、省政府和市委坚强领导的结果，是中央、省驻郑单位共同参与、市人大市政协支持监督和全市上下奋力拼搏的结果。在此，我代表市人民政府，向全市人民，向给予政府工作大力支持的人大代表、政协委员，向驻郑人民解放军、武警官兵，向各民主党派、工商联、各人民团体及各界人士，向参与郑州建设的全体劳动者，向关心支持郑州发展的港澳台同胞、海外侨胞、国际友人，致以崇高的敬意和诚挚的感谢！

同时，我们也清醒认识到，我市经济社会发展还存在许多不平衡不充分的矛盾和问题。主要是：产业发展质量不高，传统产业仍占较大比重，新兴产业增速快但体量小，金融和实体经济的良性循环尚未形成，投资特别是民间投资不足。科技创新能力不强，企业研发投入比例不高，科技成果转化有待加强，高端创新人才、创新团队仍然偏少。生态环境保护任务依然繁重，产业结构、能源结构、交通运输结构不优，大气、水体、土壤环境治理压力较大，绿色低碳生产生活方式还需加快推进。民生保障还存在不少短板，就业、教育、医疗、住房、养老、家政等方面与群众期待还有差距，影响社会稳定的突出矛盾需要加快解决。政府治理体系和治理能力与国际化现代化生态化大都市要求还有差距，营商环境有待优化，城市管理精细化水平还需提高，一些领域不正之风和腐败问题时有发生等。对此，我们将不畏难、不避险，采取有力措施，切实改进解决。

二、2019年政府工作总体要求和主要预期目标

2019年是新中国成立70周年，也是推动国家中心城市高质量建设、决胜全面建成小康社会、实现第一个百年奋斗目标的关键之年。综合判断，今年有挑战更有机遇，有压力更有动力。

——站在国家中心城市高质量建设新的历史起点，我们要有强烈的使命意识。2014年5月习近平总书记视察河南和郑州时，提出郑州要“建成连通境内外、辐射东中西的物流通道枢纽，为丝绸之路经济带多作贡献”，向“买全球卖全球”目标迈进、打造中部地区对外开放高地。2016年12月国家明确提出支持郑州建设国家中心城市，2018年11月晋身国家区域协调发展新机制12个城市。省委、省政府全力支持郑州国家中心城市建设，强调在引领中原城市群发展中，“让郑州这个龙头高高扬起来”。我们要始终牢记习近平总书记的殷殷嘱托和省委、省政府的希望重托，把“引领区域发展、参与国际竞争、代表国家形象、服务国家战略”作为郑州建设国家中心城市的方位、目标和使命，推动经济高质量发展、城市高品位建设，努力在全国全省大局中贡献“郑州力量”。

——站在国家中心城市高质量建设新的历史起点，我们要有强烈的机遇意识。当前，建设国家中心城市是我市最大发展机遇，航空港实验区、自贸区郑州片区、郑洛新国家自主创新示范区等一大批国

家战略和载体平台加快实施，政策叠加优势加速释放。中央继续实施积极财政政策和稳健货币政策，实施更大规模减税降费，加大基础设施领域补短板力度，有利于我们抢抓机遇加快发展。新一轮科技革命和产业变革蓬勃兴起，“四新”经济不断涌现，只要主动作为，就能抢占先机。作为1亿人口大省的省会，“1+4”郑州大都市区空间规划深入实施，“枢纽+区位”的优势地位更加巩固，将释放巨大的发展潜力和市场空间。特别是近年来在市委坚强领导下，全市上下形成了“心齐、劲足、气顺”谋发展的浓厚氛围。我们要抢抓机遇，深耕细作，勇作先行者，当好排头兵。

——站在国家中心城市高质量建设新的历史起点，我们要有强烈的忧患意识。世界经济下行风险逐步加大，中美贸易摩擦带来的经济不确定性增加，市场需求放缓，增长动能减弱；我市经济运行稳中有变、变中有忧，稳定经济增长的任务更加繁重；区域竞争更加激烈，追兵逼近、标兵奋进，不进则退、慢进亦退。我们要切实防范化解经济发展、政治安全、社会稳定、自然灾害、公共事件、安全生产等领域重大风险，牢固树立底线思维，打好主动仗、下好先手棋、增创新优势，以破解难题的成效带动全局工作提升，始终保持郑州在全国省会城市中晋位升级态势。

——站在国家中心城市高质量建设新的历史起点，我们要有强烈的担当意识。时刻牢记“新时代是奋斗者时代”的召唤，培养斗争精神和争先意识，面对使命敢于踏平坎坷，面对矛盾敢于迎难而上，面对危机敢于挺身而出，面对失误敢于承担责任，面对歪风邪气敢于坚决斗争，始终把准大势、顺应趋势，走对路子、踩准鼓点。只要有利于发展、有利于人民幸福，就毫不犹豫地大胆闯、勇于改、超前干，全力跑好郑州发展这一棒，用扎实业绩开创高质量发展新境界。

——站在国家中心城市高质量建设新的历史起点，我们要保持战略定力。紧盯国家中心城市高质量建设总目标，牢牢把握“稳中求进”总基调，突出“奋发有为”总要求，始终坚持“四重点一稳定一保证”工作总格局，坚持目标导向、问题导向和“创优势、增实力、补短板、能抓住”工作方针，落实好“党委加强领导、政府充分履职、人大政协共同参与”责任明晰、工作有序、运转高效的工作机制，坚持以项目为带动、项目化推进，明确任务书、时间表和路线图，确保定一件、干一件、成一件。

——站在国家中心城市高质量建设新的历史起点，我们要保持竞进姿态。要树立世界眼光，围绕“整体工作创一流、重点工作做示范、特色工作争先锋”政府工作目标，身体力行“四问、四标”工作要求。“四问”，即围绕国家中心城市建设，一问思想站位高不高，是不是世界眼光？二问研究谋划深不深，是不是国际标准？三问方法路径对不对，是不是改革创新？四问措施作风实不实，是不是高效务实？着力以“四问”推动经济高质量发展、城市高品位建设，形成交通枢纽、开放平台、经济体系、营商环境、城市风貌的“五个国际化”。“四标”，即寻标、对标、达标、夺标，找差距、补短板、创优势，每项工作都要对标国内外先进城市找标杆、对标杆、追标杆、超标杆，力争在国家中心城市建设中先出彩、出重彩。

今年政府工作的总体要求是：坚持以习近平新时代中国特色社会主义思想为指导，全面贯彻党的十九大和十九届二中、三中全会及中央经济工作会议精神，深入贯彻习近平总书记视察指导河南和郑州时的重要讲话精神，认真落实省委十届八次全会、市委十一届九次全会部署，牢固树立新发展理念和以人民为中心的发展思想，把握“稳中求进”总基调、突出“奋发有为”总要求，以高质量发展为根本方向，以供给侧结构性改革为主线，以国家中心城市建设为统揽，以航空港实验区建设为引领，以“五区联动”“四路协同”为突破，坚持“四重点一稳定一保证”工作总格局，坚持目标导向、问题导向和“十二字”工作方针，坚持项目带动、项目化推进工作，继续打好三大攻坚战，统筹推进稳增长、促改革、调结构、惠民生、防风险各项工作，进一步稳就业、稳金融、稳外贸、稳外资、稳投资、稳预期，提振信心、激发活力，保持经济持续健康发展和社会大局稳定，推进国家中心城市建设迈出更大步伐，为全面建成小康社会收官打下决定性基础，以优异成绩迎接新中国成立70周年。

主要预期目标：生产总值增长8%左右；规模以上工业增加值增长7%左右；固定资产投资增长8%以上；一般公共预算收入增长8%左右；税收占一般公共预算收入比重达到75%左右；社会消费品零售总额增长9.5%；进出口保持平稳增长；居民人均可支配收入增长8%；居民消费价格指数涨幅控制在3%左右；常住人口城镇化率提高1.3个百分点以上，全社会研发投入强度达到2%；城镇调查失业率、登记失业率控制在5.5%、4%以内；节能减排、环境保护等指标完成国家、省下达任务。

三、2019年重点工作

2019年，我们将紧盯国家中心城市高质量建设总目标，紧紧围绕“让郑州这个龙头高高扬起来”新要求，加快“一中枢一门户三中心”建设，突出抓好十个方面工作。

（一）着力构建现代产业体系，加快建设国家新的经济增长中心

坚持稳增长、促转型、重民营、强县域、活金融相结合，夯实经济高质量发展的基础支撑。

深化供给侧结构性改革。坚持巩固、增强、提升、畅通“八字”方针，一是巩固“三去一降一补”成果，推动产能过剩行业加快出清，促进土地、资本、人才等要素向优质企业、新兴产业流动。二是增强微观主体活力，发挥企业和企业家主观能动性，构建以公平竞争、优胜劣汰为主导的正向激励机制，破除各类要素流动壁垒。三是提升产业链水平，加快构建以信息、技术、知识、人才等要素为支撑的竞争新优势，促进产业迈向全球价值链中高端水平。四是畅通经济循环，强化产销、产需、产运对接，提高金融体系服务实体经济能力，着力建设统一开放、竞争有序的现代市场体系。

牢牢扭住稳增长基本要求。一是突出强投资。坚持民间投资和政府投资“两手抓”，紧盯总投资2.13万亿元的910个省市重点项目，确保完成投资4600亿元以上；落实国家、省、市鼓励民间投资政策措施，为民间投资营造良好环境。实施工业“1312”强投资计划，推进上汽大数据中心等200个项目开工建设，加快推动宇通电动客车技术中心等200个以上项目竣工投产。二是着力稳实体。全面落实国家减税降费等政策，清理规范各类行政审批中介服务事项，全面清理涉企收费，加强运行监测预警分析，强化电力、运力、能源等要素保障，突出稳定工业增长。三是

积极扩需求。紧跟国家政策导向促进消费升级，充分释放健康、文化、信息等领域和传统服务业消费潜力，落实好个人所得税专项附加扣除政策，积极培育新的消费热点。四是强力抓招商。落实招商引资“一把手”工程，深度对接世界500强和国内外行业领军企业，大力实施精准招商，定向引进一批建链、延链、强链、补链企业和项目，力争实际到位资金2450亿元，其中实际利用外资43亿美元，新增世界500强企业不少于5家。

全方位支持民营经济发展。像爱护眼睛一样爱护民营经济，像对待亲人一样善待民营企业。全面落实省“非公经济20条”，优化市“民营经济40条”，坚持“两个毫不动摇”，促进多种所有制经济共同发展。积极营造公平、透明、高效的普惠性市场环境，构建“亲清”新型政商关系，研究解决民营企业发展中遇到的困难，切实依法保护企业家人身和财产安全。市场经济是企业家经济，企业家是郑州最宝贵的战略资源，我们要为企业提供“六心”服务，充分激发郑商活力，让广大企业家坚定信心向前走、心无旁骛谋发展。

加快推进产业转型升级。以高端化、绿色化、智能化、融合化为方向，一是强化智能制造引领。实施电子信息、汽车、装备制造等5个重点产业转型升级行动计划，智能传感器、信息安全等5个新兴产业培育专案，加快建设信息安全产业基地和智能传感谷，着力培育世界级智能终端、客车、超硬材料等先进制造业集群；加快铝及铝精深加工、家居和品牌服装制造等传统产业改造升级。深入推进质量强市战略，推动经济转型发展；实施制造业研发投入三年倍增计划，加快制造业创新中心、产业创新联盟等创新平台建设。推进制造业和服务业融合，加快工业互联网平台建设，持续推进“百千企业上云”计划。实施“三大改造”，力争技改投资增长30%以上。积极筹办中国服务型制造大会和第二届世界传感器大会，利用好2019年两岸智能装备制造郑州论坛、豫沪产业合作对接活动等平台，力争签约亿元以上项目100个以上、签约额1500亿元以上。实施战略性企业培育、企业家领航、中小企业培育等行动计划，推动百家企业“三年倍增”发展，力争百亿级工业企业达到14家。积极推进5G技术应用、物联网应用、人工智能应用，抢占数字经济制高点，加快建设网络强市。二是推进现代服务业提质。加快区域金融中心建设，力争金融业增加值突破1200亿元。建设国家现代物流创新发展试点城市，力争物流业增加值达到850亿元。大力发展健康养老服务，力争新增养老床位4000张，加快推进郑州宜居健康城、河南精准医疗产业园等项目建设。积极吸引国际展会活动来郑举办，力争展览总面积增长6%以上，国际性展会达到12个。坚持“房子是用来住的，不是用来炒的”定位，加快建立租购并举住房制度，构建房地产平稳发展长效机制。大力支持技术、信息等专业服务业，着力发展供应链管理、信息增值等服务型制造新业态。三是促进都市现代农业增效。打造 “一带四区五组团”格局，加快建设环城都市生态农业圈和沿黄生态涵养带。实施生态农业建设等“四大工程”，力争新发展环城都市生态农业10万亩、湿地农业和高标准“菜篮子”生产示范基地各1万亩、培育全国休闲农业与乡村旅游星级企业10家。同时，继续抓好“大棚房”清理整治。持续抓好非洲猪瘟疫情防控。筹办好第20届中国绿色食品博览会。

用好资本市场的金融活水。一是发挥国家中心城市建设产业发展基金和投融资担保专项资金作用，支持制造业高质量发展。用足用活地方政府债券政策，支持发行企业债券、双创专项金融债券和孵化专项债券，激发民间投资活力。二是优化金融服务，大力发展绿色金融、普惠金融、科技金融，常态化办好重大项目融资对接会，推动郑州银行、中原银行、郑州农商行等提高存贷比，打通企业融资“最后一公里”，降低民营企业获得信贷难度和成本。三是实施企业挂牌上市和并购重组提速计划，持续打造上市挂牌“郑州军团”、并购重组“郑州高地”、资本市场“郑州板块”，力争上市公司和新三板挂牌公司达到220家。

强力推进县域经济高质量发展。全面贯彻习近平总书记县域治理“三起来”、乡镇工作“三结合”重要指示，加快组团式发展，明晰发展定位，放大比较优势，彰显县域发展特色。扎实开展产业集聚区、服务业“两区”高质量发展专项行动，支持各开发区、县（市）区培育1—3个主导产业，打造一批具有国际国内竞争力的千亿级产业集群，做大做优做强县域经济“单元格”。

（二）着力实施创新驱动发展战略，加快建设国家创新创业中心

突出企业创新主体地位，加快培育创新生态链，汇集改革动力、激发人才活力，真正让创新成为引领发展的第一动力。

持续提升科技创新能力。一是全力支持自创区发展，谋划建设自创区展示中心，积极打造中原科创谷、郑东新区科学谷、郑开双创走廊。二是加大政策支持力度，加强专利权、商标权、版权等要素市场和产权市场法治建设。研究建立助推高质量发展的科技创新政策体系，大力培育高新技术企业，积极引进培育雏鹰企业、瞪羚企业、独角兽企业。三是深入推进“政产学研用”协同创新，充分发挥国家技术转移郑州中心、河南省技术产权交易所等作用，加速科技成果转化。加快推进国家超算中心、中科院过程所郑州分所等项目建设。组织实施盾构、燃料电池客车等50个科技创新重大专项。办好中国·郑州北斗应用大会、独角兽企业峰会、新兴产业大会、中国·河南开放创新暨跨国技术转移大会、双12双创日暨第五届中国创客领袖大会等活动。

扎实推进军民融合深度发展。全力推进6个国防科技关键核心“卡脖子”技术攻关，加快开发和实施一批军民两用技术产品。依托新材料、精密机械加工、高端装备制造等军民融合重点领域，有效引导“民参军” “军转民”。加强与省内外央属军工单位对接，加快引进综合实力强、科技含量高的军民融合型企业。加快建设河南郑州军民融合产业创新基地（荥阳）、河南军民融合产业基地（巩义）、北斗产业园（高新区）。

加大“四个一批”培育力度。积极引进培育一批行业领域隐形冠军企业，力争新培育高新技术企业500家；持续推进大中型企业研发机构全覆盖工程，加速布局市级创新平台；引进建立新型研发机构10家以上，高标准建设中科院计算所郑州分所、浙江大学中原研究院、同济大学中原环保产业研究院、固高郑州智慧产业研究院；积极打造国际人才新高地，大力实施“智汇郑州”人才工程，出台更具竞争力的人才政策，加快推进设立海外人才工作站，着力引进一批站在世界科技前沿、处在创新高峰期的领军人才和创新团队，力争引进领军人才和高层次紧缺人才200名。

强力打造“双创”升级版。

健全完善人才培养、评价和激励机制，探索实施顶尖人才“全权负责制”，落实科研人员发明成果转化创业、科技成果收益分配、股权期权激励等政策，推动科研机构与企业双向交流，培养一批为企业提供智力支持的科研人才团队。高质量建设各级各类双创示范基地、大学生创新创业实践示范基地、小型微型企业创业创新示范基地、创业孵化园等，支持社会力量多元建设创新创业综合体；着力打造“郑创汇”“强网杯”等创新创业大赛品牌。力争万人发明专利拥有量达到16件，科技进步贡献率达到64%。

（三）着力提升城市文化软实力，加快建设华夏历史文明传承创新中心

围绕“建设国际文化大都市，打造中华文明与世界文明交流对话重要平台”，打造城市名片，提升文化品位，塑造城市形象，不断提升文化对全球吸引力、影响力和传播力。

高标准建设重点片区。一是抓好中央文化区（CCD）。加快CCD区域重大公共服务平台建设，打造一批具有郑州特色的文化新地标。确保奥体中心、大剧院、新博物馆等项目建成投用，全面加快北部片区建设步伐。二是抓好四大历史文化片区。开工建设商都历史文化区公建类项目和商业文化片区，全力打造中原地区“城市会客厅”。大力提升百年德化历史文化片区德化街环境，着力打造城市文化“品牌工程”。加快建设二砂文化创意园，着力打造国内一流“城市创新工场和工业历史博物馆”。加快推进荥泽古城一期文化片区、水系等重点项目建设，努力打造中华文明史诗级地标、国际知名旅游目的地。四大片区完成投资100亿元以上。

推动文化事业繁荣发展。一是实施文化惠民、文化精品工程。积极引导城乡居民扩大文化消费，建设“绿城智慧书房”50处；推进县乡文化馆图书馆总分馆制，新增分馆15个；组织好“千场演出”、“万场电影”、“绿色周末”、精品剧目演出季等文化惠民项目；打造提升《精忠报国》《朝阳城》《郑风·意象》等新剧目，努力争取国家艺术奖项。围绕庆祝新中国成立70周年等重大节日，组织开展各类丰富多彩的群众文化活动。二是加强历史文化遗产保护利用。编制全域文物保护利用示范区总体规划，打造国家文物保护利用示范区。新建生态保遗项目22个。郑州博物馆新馆和“两院”建成开放，三年内谋划建设各类博物馆100家以上。实施中原文物全媒体传播计划。启动文物安全智慧监管平台建设。加强非物质文化遗产名录体系建设，鼓励扶持民营展示馆、传承基地建设。

培育文旅产业集群优势。一是加快“只有河南”主题演艺公园、宋城·黄帝千古情、银基佳宝乐园、列子小镇等一批重点项目建设，推进文化传承保护创新，培育壮大文化消费市场。二是广泛吸收世界先进文化元素，赋予新时代内涵和现代表达形式，精心筹办己亥年黄帝故里拜祖大典，加快建设中牟国际文化创意园区，依托华强中华复兴之路、电影小镇、海昌海洋公园等项目，全面打造“东方奥兰多”。 三是促进旅游业转型升级，做大做强“功夫郑州”、黄帝文化、黄河文化、嵩山文化、河洛文化等知名品牌，加快构建快进慢游新格局，力争跻身国内旅游城市第一方阵。

（四）着力打造内捷外联“畅通郑州”，加快建设国际综合交通物流中枢

突出抓好九大重点工程，巩固扩大提升“域外枢纽、域内畅通、多式联运”三大优势。

一是抓好航空枢纽能级提升工程，以郑州国际航空货运枢纽战略规划获批为契机，加快推进机场三期工程建设，完善中央航站区布局，提升机务维修等配套能力，打造24小时内全球可达的航空服务体系。二是抓好“米”字形高铁网实施，配合做好郑万、郑阜、郑济高铁和郑州南站建设，确保郑万一期、郑阜高铁年底前通车运营。三是抓好铁路货运体系建设工程，持续推进占杨、薛店和上街铁路物流基地以及郑州南站高铁快运基地等工程建设，加快构建“1+2+N”铁路货运体系。四是抓好“1+4”郑州大都市区交通构建工程，完善郑州与周边地市“3+3+4”快速交通系统，确保机场至南站城际铁路建成通车，开工建设机登洛城际铁路，争取开工建设焦平高速（郑州段），加快连霍高速外移等工程前期工作。五是抓好环城货运通道建设，推动107国道东移与四港联动大道连接线等6个项目完工。六是抓好“米字+环线”轨道交通建设工程，力争4月底前轨道交通第三期建设规划获批，5号线5月份通车运营，市民文化服务区地下交通市政工程、2号线二期、城郊线二期等线路年底前投用；3号线一期、4号线等加快建设。七是抓好城市路网建设工程，金水路西延、农业快速路铁路代建部分、四环线及大河路快速化高架主线等工程投用，开工建设紫荆山路—长江路综合立交等一批快速路工程，续建新建支线道路55条，基本消除三环内断头路。八是抓好公交场站和公交专用道建设工程，积极发展“全域公交”，巩固提升“公交都市”创建成果。九是抓好多式联运“一单制”工程，围绕物流枢纽承载城市定位，提升公铁集疏、陆空衔接、铁海联运水平，研究建立“一单制”联运体系，构建一站托运、一次收费、一单到底的现代国际物流中心。

（五）着力推动“五区联动”“四路协同”，加快建设内陆地区对外开放门户

加强政策研究、制度创新，积极融入全球经济体系，巩固提升“一带一路”核心节点城市地位。

全面提升“五区联动”优势。一是强化航空港实验区引领作用。开工机场三期北货运区，加快智能终端及新型显示、智能装备、生物医药、航空制造和服务、航空物流等产业发展。二是高水平建设自贸区郑州片区。围绕“两体系一枢纽”定位，深入推进政务、金融、监管、法律、多式联运五大专项体系建设，力争256项改革创新任务和153项复制推广任务基本完成，持续推进申建自由贸易港。三是全力支持自创区发展。深化管理体制和人事薪酬制度改革，启动自创区核心区扩区工作。四是加快推进跨境电商综试区建设。加快EWTO核心功能集聚区专项政策的制定落实，打造跨境电商零费区；积极申建跨境电商进口药品监管服务试点；反向复制1210进口模式，开行直飞欧美包机，举办第三届全球跨境电商大会。五是加快国家大数据综试区建设。以龙子湖智慧岛为中心，辐射高新区、金水科教园区，力争入驻大数据企业300家以上、产值超过300亿元。

巩固扩大“四路协同”效应。一是推动“空中丝绸之路”强基扩面。加快组建本土客货运航空公司，推动国内外知名航空物流服务企业落地。深入实施郑州—卢森堡“空中丝绸之路”专项规划，推动第五航权业务开展，加快组建卢森堡合资货航公司。支持卢森堡货航开辟1—2条洲际货运航线，增加1—2个通航点。力争客运量突破3000万人次，货邮吞吐量达到52万吨以上。二是推动“陆上丝绸之路”扩线提量。开通经满洲里、绥芬河口岸线路，力争中欧班列（郑州）全年开行1300班以上。三是推动“网上丝绸之路”便捷便利。完善跨境电商供应链体系，拓展跨境电商出口业务，引进跨境电商大型平台类、物流类、支付类总部企业，力争跨境电商交易额增长20%。四是推进“海上丝绸之路”无缝衔接。打造“郑州港”内陆港，通过海铁联运、公海联运等方式让港口功能平移至“郑州港”，力争在郑州海关报关放行不少于1万个标准集装箱。

切实加强开放平台建设。一是抓好口岸和海关特殊监管区建设，加快集装箱中心站第二线束、汽车口岸二期项目建设，加快推进汽车平行进口试点，建设“一站式”大通关服务体系，打造智慧口岸，积极推进建设海外仓及物流分拨中心。二是加快实施《郑州市推进中欧区域政策合作案例地区建设工作方案（2018—2020年）》，持续提升城市国际化水平。三是着力推动外贸转型升级，促进跨境电商与制造业融合发展，尽快把产业优势转化为出口优势，力争全市外贸进出口总额完成4100亿元以上。

（六）着力破解全面建成小康社会瓶颈制约，坚决打好打赢三大攻坚战

切实防范化解重点领域风险。坚持消存量、控增量并举，加快非法集资案件办理，构建互联网金融监管长效机制。探索建立部门联动、上下联手、市场运作机制，持续推动上市公司流动性危机化解。强化债务风险管控，严守政策红线，依法规范政府举债行为，有序稳妥化解债务风险。建立专班专案，有效化解房地产领域问题楼盘。强化应急管理，提升防灾减灾救灾能力，压实安全生产责任，全面推行双重预防体系建设，坚决防范遏制各类事故发生。做好突发公共事件预防处置，有效防范社会风险。

坚决打赢脱贫攻坚战。落实脱贫攻坚三年行动实施方案，解决好“两不愁三保障”突出问题，切实增强贫困群众内生动力和自我发展能力。把防止返贫摆在更加突出位置，狠抓政策举措落地、就业产业带动、综合保障兜底，持续巩固扩大脱贫成效。扎实推进易地扶贫搬迁后续扶持和黄河滩区居民迁建，确保搬迁群众“稳得住、能致富”。持续做好结对帮扶贫困县工作。

全力打好污染防治攻坚战。强化“党政同责、一岗双责”“三管三必须”，强力推动生态环境保护再上新台阶。一是坚决打赢蓝天保卫战。持续优化能源结构，加快推进主城区煤电机组清零工程，推动煤炭消费总量稳步下降；加快调整产业结构，实施重污染企业退城搬迁、重点企业“一企一策”深度治理改造；积极调整交通运输结构，继续实施公铁联运，加快建设城市物流配送体系，建设完善“天地车人”一体化的机动车排放监控系统，打好柴油货车污染治理攻坚战；不断提高扬尘污染治理标准，持续抓好“六控”，确保全市PM10、PM2.5年均浓度、城区优良天数达到省定目标。二是坚决打好碧水保卫战。加强全市河湖管理保护，深化落实河（湖）长制，持续推进“三污一净”专项治理；深入开展河流综合整治、黑臭水体整治、打击非法采砂、全域清洁河流和农业农村污染治理攻坚战；实施重点行业提标治理，加快污染处理设施建设提标；持续开展饮用水源地保护攻坚战，确保水源地水质稳定。三是强力推进净土保卫战。强化土壤污染源头防治和重点企业监管，加强重金属污染防治，建立更新污染地块清单和优先管控名录，实施污染地块动态化管理，有序开展污染土壤修复与治理试点工作。

（七）着力塑造现代化城市形态风貌，扎实推进城乡一体化建设

树立精明增长的城市发展理念，提升城市功能品质，大力实施乡村振兴战略，持续推进以人为核心的新型城镇化。

提升城市规划建设管理水平。一是发挥规划引领作用，推动“多规合一”，高质量、高标准完成郑州市城市总体规划（2018—2035年）及综合交通体系规划、轨道交通线网规划修编等15项专项规划。建立国土空间规划体系，优化国土空间开发保护格局。二是大力实施精准供地，推进批而未供和闲置土地专项整治，强化自然资源要素保障，落实最严格的耕地保护制度。三是以文明城市创建为抓手，编制出台《城市精细化管理白皮书》，持续推进三级“路长制”，引入第三方评估机构，以绣花功夫、匠心精神促进城市管理规范化、标准化、精准化、智慧化。四是全面启动楼体广告、门头牌匾整治，持续推进灯光亮化工程，对62条道路实施中修和人行道提升改造，推进架空通信线缆入地改造、交通秩序、市容环境和城乡接合部综合整治，彻底改善城乡接合部48个乡（镇、办）脏乱差面貌。五是推进垃圾分类处置，生活垃圾分类覆盖率达到70%以上、回收利用率30%以上，建筑垃圾资源化利用率65%以上。六是加快标准化市场建设和提升改造力度，持续推进市场外迁，推动商品交易市场转型升级。

深入推进百城建设提质工程。一是市县协同推进，支持六县（市）围绕打造全国一流县级城市目标，与文明城市创建等融合推进。二是坚持“补短板、强功能、增效能、提品质”，全面落实城市“四篇文章”和城市“四治”专项行动方案。三是切实加强楼院治理，加快推进以老旧小区整治提升为重点的老城区有机更新，实现无主管老旧小区物业全覆盖，力争2年内完成整治提升任务。四是加快提升23个中心镇综合承载能力和服务功能，发挥好在县域城镇体系中的节点支撑作用。加快构建网络化、无障碍、功能复合的公共服务网络，推进15分钟城乡社区生活圈建设。五是加快推进“城市双修”、综合管廊、城市设计、海绵城市等试点城市建设；政府投资新建公共建筑实行超低能耗建筑标准，民用建筑大力实施绿色建筑标准。六是积极推进既有住宅加装电梯和公厕建设改造，新建公厕393座、达到每平方公里6座。

切实加强基础设施建设。加快推进次高压燃气管道及配套调压站、豫中LNG应急储备中心等项目建设，新建改建燃气管网100公里，发展天然气用户10万户；抓好清洁取暖示范城市试点建设，开工建设新密裕中电厂2台100万千瓦供热机组“引热入郑”集中供热配套管网工程，新建改造供热管网63公里，新增集中供热面积500万平方米。确保东部垃圾焚烧发电厂建成投用，推进西部垃圾焚烧发电项目、华润登封电厂西热东送“引热入郑”等项目尽早开工。加快建设郑州新区污水处理厂二期等项目，新增污水处理能力15万吨/日、污泥处理能力300吨/日，中水利用率提高到45%。积极推进500千伏建新变（电站）等70个项目开工，500千伏惠济变（电站）等35个项目投运，完成295个行政村电网改造。

加快建设新型智慧城市。坚持“善政、惠民、兴业”方向，抓好智慧交通、城管、教育、医疗等规划编制实施，完善郑州政务云、城市大脑一期等基础设施，加快推进全市统一的党政政务办公系统、“无现金支付结算城市”、“i郑州APP”、智慧停车等重点示范应用项目，持续推进郑州直联点提升工程，加快中国联通中原数据基地二期、中国移动（河南）数据中心一期等重点项目建设。

深入实施乡村振兴战略。统筹推进“五个振兴”，努力在乡村振兴中走前列、做示范。一是以农民增收为导向，推进乡村产业跨界融合，启动“农村集体经济+农商文旅体融合发展”试点。二是以改善环境为突破，突出抓好农村生活垃圾和污水处理、“厕所革命”等工作，具备条件村庄实现生活污水集中处理设施全覆盖，建设美丽乡村试点村32个，启动城乡融合共享特色田园乡村建设项目6个。三是以土地制度改革为牵引，深化农村集体资产股份化改革，健全农村产权交易服务机制，稳步推进农村宅基地和集体产权制度改革。四是以基层党建为重点，实施村党组织带头人优化提升行动，突出政治功能，强化服务功能。鼓励各类人才返乡创业，培育一批新型职业农民和乡村急需紧缺高端人才。

（八）着力全面深化改革，激发经济社会发展内生动力

突出抓好已出台改革举措落实，进一步优化营商环境、提升行政效能、激发市场活力。

加快构建国际化法治化便利化营商环境。把优化营商环境作为经济高质量发展、国家中心城市高质量建设的生命线，统筹推进政务、商务、市场、人文、法治、城市“六大环境”建设，扎实开展开办企业、贸易便利化等10个对标提升专项行动，实施营商便利度评价指标体系，清除一切影响投资自由化、贸易便利化的障碍，力争营商环境全省第一、进入全国重点城市前列，各开发区、县（市）区全部处于省第一方阵，自贸区郑州片区成为全国营商环境“排头兵”。新增市场主体20万户以上。

持续深化“放管服”改革。开展“最多跑一次”改革规范提升年活动，围绕“马上办、就近办、网上办、一次办”，做好办事大厅管理水平提升、基层政务服务全覆盖、重点领域改革攻坚等工作，打通政务服务的堵点难点，努力让群众办事不作难。力争市县乡办事大厅审批服务事项“应进必进”，100个高频事项“最多跑一次”，50个事项凭身份证直接办理，群众办事申请材料削减60%以上，企业投资项目审批控制在100个工作日以内。

深入推进重要领域和关键环节改革。完成政府机构改革，优化职能配置，提高行政效能。深化投融资体制创新，用好政府债券，完善政府和社会资本合作政策体系。继续抓好国资国企改革，稳妥处置“僵尸企业”，加大剥离企业办社会职能力度，深化企业产权结构、组织结构、治理结构改革，全面加快市直部门监管的市属企业改革。积极发展混合所有制经济，建立完善差异化薪酬分配和长效激励约束机制，加快实现从管企业向管资本转变。深化财政事权与支出责任划分、全过程预算绩效管理改革。大力推进要素市场化配置改革，积极推进执法体制、信用管理体制、价格、科技等领域改革。

（九）着力强化生态文明建设，打造生态宜居“美丽郑州”

深入实施生态文明建设“四大行动”，全力打造天蓝地绿水净、宜居宜业宜游的美丽中国示范城市。

加快建设森林生态系统。大力实施国土绿化提速行动，围绕“六化”目标，完成营造林16万亩，加快郑州树木园改造提升、侯寨森林公园、邙岭森林公园等重大项目建设，大力发展特色经济林、花卉苗木、森林旅游等特色林业产业，着力打造“森林郑州”。

加快建设城市生态系统。大力推进国家生态园林城市创建工作，建设公园城市，实施“300米见绿、500米见园”三年建设规划；不断完善城市公园体系，中心城区公园围墙应拆尽拆，今后中心城区拆迁区域面积10亩以下的地块，全部建成公园绿地；在城市外围开工建设郊野公园10个，建成3—5个；做好郑州第二动物园、第二植物园前期准备工作；制定实施城区绿化导则，大力开展社区周边、重要节点微景观打造；持续推进铁路沿线、国省干道、高速出入口等交通路网绿化提升工程，高标准打造绿色视觉通廊。

加快建设湿地生态系统。加强黄河湿地保护修复，推进黄河滩区生态环境综合治理，规划建设郑州黄河中央湿地公园。积极开展省级湿地公园建设，推进荥阳万亩湿地等一批人工湿地公园建设。加快推进湿地农业建设。

加快建设农田生态系统。扎实推进农林复合生态系统规划与建设，积极实施畜禽生态养殖、土壤面源污染、农村人居环境三项综合治理，大力改善农业生态环境，不断优化农业生产条件，大力调整种植结构，提升农田生态系统综合服务功能。

加快建设流域生态系统。坚持“四水同治”。实施国家节水行动。强力推进水生态重点项目建设，贾鲁河（包括西流湖）综合治理蓝线工程基本建成，绿线工程主体完工，西流湖段按照时间节点完成任务，牛口峪引黄工程、环城生态水系循环工程等建成通水；加快推进古汴河疏浚和金水河、熊儿河、七里河整治提升工程，启动实施贾峪河常庄水库坝后段生态治理工程（水博园一期）、贾鲁河尖岗水库大坝至南四环桥段治理工程，谋划推进西水东引等工程前期工作。

（十）着力保障和改善民生，切实让群众共享改革发展成果

继续办好民生实事。一是全市新增城镇就业11万人，农村劳动力转移就业4万人。建成保障性住房5万套，分配公租房7500套，回迁安置群众15万人，完成安置房网签9万套，建成投用便民服务中心50个。二是全市新增公办幼儿园100所，市区新建、改扩建中小学校30所、新投用中小学校20所。三是免费为具有郑州市户籍的适龄妇女进行“两癌”筛查、为孕妇进行唐氏筛查和产前超声筛查、为新生儿进行听力障碍初筛等疾病隐患筛查等。四是开展“舞台艺术进乡村、进社区”文艺演出1200场；引进、组织精品剧目（节目）25台；建成基层综合性文化服务中心100个。五是新建、提升改造标准化农贸市场20家；新创建食品安全管理示范单位、餐饮示范店各100家；在全市幼儿园建成明厨亮灶1200家。六是购置新能源公交车1000台，建成充电站28座；市区新增公共停车泊位5万个以上；建成新能源汽车充电桩5000个；新改建“四好”农村公路130公里；完成农村户用卫生厕所改造10万户。七是对符合条件的视力、听力、言语残疾人，每人每月发放30元通信信息消费补贴；新增50个、提升100个“绿城妈妈”社区环保服务项目；新增、提升“儿童之家”各50个；将儿童免费乘坐公交的身高标准由1.2米提高到1.3米。八是新建、改建城镇社区多功能运动场、社区健身活动中心、农民体育健身升级工程300个，新增健身路径300条。九是建成公园、游园、微公园400个，连通提升生态廊道400公里，市区新增绿地面积1000万平方米。

坚持稳定和扩大就业。把稳就业放在更加突出位置，积极推进公共服务专项行动，突出做好高校毕业生、城镇困难人员、退役军人等重点群体就业工作。持续实施全民技能振兴工程，开展各类职业培训33万人次。完善政府贴息创业担保贷款机制，支持各类群体创业。切实做好过剩产能化解中职工安置工作。支持农民工等群体返乡下乡创业，实施失业保险援企稳岗“护航行动”。

稳步提高居民收入水平。贯彻落实扩大中等收入群体规模政策措施和最低工资保障制度，加强对企业工资集体协商的分类指导，推动企业建立健全工资共决及正常增长机制。完善国有企业工资决定机制改革相关配套政策，建立健全企业薪酬调查和信息发布制度。跟进实施公务员地区附加津贴制度。

织密社会保障网络。一是继续提高退休人员基本养老金和城乡居民养老保险待遇水平。二是完善社会保险转移接续政策，开展新经济新业态灵活就业人员参加工伤保险国家试点。三是推进城乡低保标准一体化。做好城乡低保专项治理工作，健全完善临时救助制度。

持续提升教育发展水平。推进城镇小区配建幼儿园规范建设，完成100所义务教育学校标准化建设，市区新开工建设外国语学校港区校区、回中港区校区、二中经开区校区等4所普通高中，努力消除城镇义务教育阶段大班额等突出问题。强力推进职业教育优质发展，开展国家产教融合试点城市申报工作；加大对市属高校支持力度，持续支持郑州大学“双一流”建设。加快推进国内外优质高等教育资源来郑办学。加强教师队伍建设，改善教师工作生活条件。

加快建设健康郑州。完善公共卫生服务体系，加大传染病、慢性病、地方病、职业病等防治管力度。健全健康服务管理网络，推进城企联动、普惠养老，努力提高群众健康保障水平。全面深化59家公立医院综合改革，加快推进国家区域医疗中心建设，扎实推进15家县级医院基础能力和急诊、心血管等34个县级临床重点专科建设。加强分级诊疗制度建设，推进县域“医共体”、社区卫生服务中心建设。推进按病种收付费改革，完善药品供应保障制度。实施中医药振兴发展工程。积极创建全国全民运动健身模范城市，加快构建城市15分钟健身圈，培育郑州体育活动品牌，引入和培育6个以上国际性、国字号文化体育活动项目落户郑州，着力打造体育强市。继续办好郑州国际马拉松等大型赛事；集全市之力高质量办好第十一届全国少数民族传统体育运动会。

深化社会治理创新。借鉴“街乡吹哨、部门报到”改革经验，以党建引领基层治理创新。强化正面宣传及政策解读，针对社会重大关切点，及时完善政策举措，合理引导预期。深化市场监管体制改革，加快构建现代化市场监管体系，建立食品药品智慧监管平台，积极创建食品安全示范城市。健全预防和化解社会矛盾机制，高质量推进“一村（格）一警”工作，加强信访法治化建设，夯实平安郑州建设基础。切实做好农民工工资治欠保支工作，积极维护农民工合法权益。深入开展“扫黄打非”。提高网络治理能力，着力打造清朗网络空间。推动“扫黑除恶”专项斗争纵深发展，切实做好重要时间节点安全稳定工作。

积极践行社会主义核心价值观，持续开展精神文明创建活动。加强国防动员、后备力量和人民防空建设，深入开展“双拥”共建。加强民族宗教工作基层基础建设，促进民族团结、宗教和睦。加强统计工作，扎实开展第四次全国经济普查。做好外事、侨务、港澳、对台工作，抓好审计、机关事务、地方史志、档案、气象、地震、移民安置、援疆等工作。积极支持工会、共青团、妇联、科协、文联、侨联、社科联等群团组织工作。

四、全面加强政府自身建设

民之所望，政之所向。我们要始终坚持以人民为中心的发展思想，砥砺前行不懈怠、争先进位谋出彩，以想事、谋事、干事、成事的过硬作风，展示新形象、开创新局面。

（一）坚定信念务实干。坚持以习近平新时代中国特色社会主义思想武装头脑、指导实践、推动工作，树牢“四个意识”、坚定“四个自信”，做到“两个维护”。始终对习近平总书记步伐步步紧跟，对党中央决策部署闻令而动，把党的要求贯彻到政府工作全过程、各领域，确保政令畅通、令行禁止。始终涵养“功成不必在我”精神境界，葆有“功成必定有我”历史担当，发扬钉钉子精神，一张蓝图绘到底、一锤接着一锤敲，苦干实干、久久为功。

（二）依法行政规范干。全面贯彻依法治国方略，持续推进“七五”普法，切实加强法治政府和诚信政府建设。坚持尊法学法守法用法，善于运用法治思维和法治方式深化改革、推动发展、化解矛盾、维护稳定。完善政府法律顾问制度，健全政府咨询专家库，推进决策法制化、科学化、民主化。深入推进行政机关负责人出庭应诉，认真执行法院生效裁判。严格执行市人大及其常委会决议决定，自觉接受人大法律监督、工作监督和政协民主监督，自觉接受监察机关监督，加强审计监督，主动接受社会监督和舆论监督。完善政府立法机制，严格规范公正文明执法，防止任性用权，决不允许以权代法、以权压法、逐利违法、徇私枉法。

（三）牢记宗旨清廉干。始终与人民群众站在一起、想在一起、干在一起，把人民群众的难点痛点作为履职重点，为人民群众全心全意服务、真心真意办事。严格遵守廉洁自律准则，始终敬畏人民、敬畏组织、敬畏法纪，坚决贯彻中央八项规定及实施细则精神，聚焦突出问题、紧盯关键节点，下大力气纠“四风”、树新风，坚定不移反腐倡廉，深入抓好以案促改，让钢规铁纪成为政府工作人员的自觉遵循。

（四）主动担当创新干。始终保持融入新时代、奋斗新时代的姿态，冲破思想观念束缚，突破利益固化藩篱，改革开放再出发，对发展负责、对历史负责、对人民负责，不避矛盾，不惧挑战，不推责任，勇挑重担。全面锤炼“五个过硬”、增强“八种本领”，强化正向激励，坚定使命必达的决心和舍我其谁的担当。坚持厚爱严管结合、激励约束并重，理解基层、关心基层，坚决把容错纠错机制落到实处，为担当者担当、为负责者负责、为实干者撑腰，让担责担难担险成为郑州干部最鲜明的底色。

各位代表！奋进新时代，追梦新征程，惟拼搏者强，惟奋斗者赢。让我们高举习近平新时代中国特色社会主义思想伟大旗帜，在省委、省政府和市委的坚强领导下，以锐意进取、永不懈怠的精神状态和敢闯敢干、一往无前的奋斗姿态，奋力谱写新时代郑州国家中心城市高质量建设新篇章，以优异成绩向新中国成立70周年献礼！

市情概要

自然环境

【概况】 郑州市地处黄河中下游和伏牛山脉东北翼向黄淮平原过渡的交接地带，地理坐标为北纬34° 16'—34° 58'、东经112° 42'—114° 14'。郑州市是河南省省会，位居河南省中部偏北，东接开封，西依洛阳，北临黄河与新乡、焦作相望，南部与许昌、平顶山接壤，辖区东西长135—143公里，南北宽70—78公里，面积7446.2平方公里，占全省总面积的4.5%。

【地质地貌】 郑州地区地质构造复杂，西部为嵩山、箕山隆起区，东部为开封、大金店拗陷区。地壳发展的5个历史时期形成的地层单元在郑州地区均有出露，有"五世同堂"美称的中岳嵩山已被命名为世界地质公园。

郑州地区现代地貌结构的基本轮廓是西部多山地丘陵，占总面积的2/3弱；东部多平原，占总面积的1/3强。基本地势由西南向东北倾斜，呈阶梯状降低，山地、丘陵、平原分界明显。在总土地面积中，山地2377平方公里，占31.9%；丘陵2255平方公里，占30.3%；平原2815平方公里，占37.8%。

【山脉水系】 郑州市境内的山脉多分布在京广铁路线以西、交结于登封、巩义、荥阳、新密、新郑5市边界一带。主要山脉有嵩山、箕山、邙山、具茨山、五指山等；著名山峰有少室山主峰连天峰、太室山主峰峻极峰、箕山老婆寨、五指岭鸡鸣峰、始祖山风后岭等。

郑州市地跨黄河、淮河两大流域。黄河流域面积1830平方公里，占全市总面积的24.6%；淮河流域面积5616.2平方公里，占全市总面积的75.4%。境内有大小河流124条，流域面积较大的河流有29条，其中黄河流域6条，淮河流域23条。过境河流有黄河、伊洛河，其中黄河在郑州市境内河长160公里，堤防71.42公里。

【矿产资源】 郑州市矿产资源种类丰富，已发现各类矿产36种，占全省的1/3。探明储量的16个矿种分别为煤、铝土矿、铁矿、硫铁矿、熔剂灰岩、耐火黏土、冶金用石英岩、水泥配料用灰岩、水泥配料用砂岩、天然油石、锂、镓、陶瓷土、水泥配料用黏土、水泥配料用黄土、冶金用白云岩等。全市有大型矿床11处，中型矿床69处，小型矿床120处。全市矿产资源探明保有储量潜在价值为3010.64亿元，单位国土面积（每平方公里）矿产资源潜在价值为4043.19万元。

郑州市矿产资源储量巨大，煤矿累计探明储量55.26亿吨，保有储量50.66亿吨，探明储量位居全省第一。铝土矿累计探明储量14209.7万吨，保有储量12825.6万吨，储量位居全省第一。耐火黏土矿累计探明储量12080.1万吨，保有储量11504.1万吨，储量位居全省第一。溶剂用灰岩累计探明储量13429万吨，保有储量12168.9万吨。金属锂累计探明储量和保有储量均为5617吨；金属镓累计探明储量和保有储量均为6932吨。

【气候气象】 郑州市地处中原腹地，属北温带大陆性季风气候，冷暖气团交替频繁，春夏秋冬四季分明。冬季漫长而干冷，雨雪稀少；春季干燥少雨多春旱，冷暖多变大风多；夏季比较炎热，降水高度集中；秋季气候凉爽，时间短促。全年平均气温15.6℃；8月份最热，月平均气温25.9℃；1月份最冷，月平均气温2.15℃。全年平均降水量542.15毫米，无霜期209天。全年日照时间约1869.7小时。

【生物资源】 郑州市植物资源十分丰富，主要包括农作物、林木、花草、药材和菌类植物等，约有184科、900属、1900多种，乔木、灌木、草本植物皆有，遍布于山区、丘陵、平原及河谷地带；植物区系划分上属于暖温带落叶阔叶林植被型。郑州地区动物区系属于华北动物区系。动物资源中西部山地丘陵区动物种类和数量较多，森林动物资源较丰富；东部平原地区以小型动物为主，饲养动物资源丰富，兽类较贫乏。鱼类资源中江河平原区鱼类占优势，以鲤科鱼类最多。

郑州市市花为月季（1983年3月确定），市树为法桐（2007年9月确定）；土特产主要有黄河鲤鱼、新郑大枣、中牟大蒜和西瓜、河阴石榴、荥阳柿子、新密金银花、嵩山芥片等。

（玉　生）

人文历史

【市名溯源】 郑州是我国最古老的城市之一，历史上，夏、商、管、郑、韩曾建都于此。"郑州"一名始用于隋开皇三年（583），因所处地域为春秋时期郑国辖区而得名。隋大业三年（607）改郑州为荥阳郡。唐武德二年（619）恢复郑州；天宝元年（742）撤销郑州，复称荥阳郡；乾元元年（758），第三次启用郑州之名——这次复名，"郑州"之名一直沿用至清代。1912年成立中华民国，郑州直隶州降为县级，改称郑县。1927年6月冯玉祥任河南省主席后着手郑州市市政筹建工作，并于1928年3月正式成立郑州市政府。1931年撤销郑州市。1948年10月郑州解放，在郑县城区设立郑州市，成立郑州市人民民主政府，郑州的历史揭开了崭新的一页。

【历史文化】 郑州是华夏文明的重要发祥地、国家历史文化名城，是中国八大古都之一、国家重点支持的六个大遗址片区之一、世界历史都市联盟成员。在华夏民族传统宇宙观中，郑州地区是“天地之中心”，自古以来就是文明交流的十字要冲，域内留存了丰富的文化遗产。

新石器文化和青铜器文化遗址及文物是郑州古代文化遗存的重要特征。8000年前的裴李岗文化遗址、6000年前的大河村文化遗址等是著名的古人类活动遗址；5000年前，中华人文始祖轩辕黄帝出生并建都于此；3600年前，中国第二个奴隶制王朝——商朝在此建都，至今中心城区依然保留着7公里长的古代城墙遗址，发现有古老的原始瓷器、青铜器、甲骨文等。在中华民族早期文明史中，郑州处于黄河文明的发祥地和中心地带。

悠久的历史积淀了灿烂的文明，禅宗祖庭少林寺、道教圣地中岳庙、宋代四大书院之一的嵩阳书院、中国最古老的天文建筑观星台等都是中华文明史上的璀璨明珠，嵩山佛、儒、道教文化成为郑州历史文化名城最重要的文化组成部分之一。

截至2017年底，全市拥有历史名胜和文化古迹等不可移动文物近万件，其中世界文化遗产2处、国家级文物保护单位74处80项、省级文物保护单位131处、市级文物保护单位246处，可移动文物近15万件（套），文物数量和规模居全国城市前列，也是全国为数不多的文物分布密集型城市。同时，在文化遗产的历史价值和影响上也有着自己独特的优势。如荥阳织机洞遗址距今10万年，被考古界称为“河南第一洞”；阳城遗址是中国第一个奴隶制王朝夏朝建都地；商城遗址为全国现存规模最大的商代前期都城遗址；古荥汉代冶铁遗址发现了当时世界上现存最早的冶铁高炉和最早的球墨铸铁等。

【历史人物】 郑州丰富的人文文化，造就了众多的杰出人物，在中国历史上产生过重大影响。郑国名相子产，兴改革、铸刑鼎，为春秋时期著名的政治家、思想家；战国时期百家争鸣，郑州涌现出道家名师列子，政治家、思想家、法家代表人物申不害，哲学家、思想家、先秦法家学派集大成者韩非；文学方面，西晋文学家潘岳，以及唐代著名画家、书法家、文学家郑虔，伟大的现实主义诗人、“诗圣”杜甫，晚唐著名诗人白居易、李商隐，南宋文学家周必大等，展现了郑州深厚的文化底蕴。此外，还有战国末期著名水利家郑国，秦末农民起义军领袖陈胜，北宋伟大的建筑学家、著有“中国古典科技七书”之一《营造法式》的李诫，金元之际教育家、理学家许衡，明代名相、思想家高拱，清代爱国将领沙春元，以及近现代著名教育家、自然科学史家仓孝和，著名作家魏巍，豫剧大师常香玉等。

（郑　志）

建置与区划

【概况】 至2018年年底，郑州市共辖金水区、二七区、管城回族区、中原区、惠济区、上街区6个区和巩义市、新密市、登封市、新郑市、荥阳市、中牟县5市1县，总面积7446.2平方公里，人口1013.6万人。

【建置沿革】 1948年10月郑州解放，人民政府实行市县分设政策，在郑县城区设立郑州市，下辖第一、第二、第三区，面积5.23平方公里，人口16.4万人。

1949年12月，郑县的104个自然村、3.6万人划归郑州市管辖，在原设三个区的基础上，郑州市新设第四、第五区。1950年4月，为统一领导四郊的工作，郑州市撤销第四、第五区，设立郊区。1953年1月，为贯彻民族区域自治政策，郑州市设立回族自治区；同年3月，为适应大规模城市建设需要，经政务院批准，原郑县大部和荥阳县、成皋县一部划归郑州市管辖。

1954年10月，河南省会由开封迁到郑州，郑州市遂成为全省政治、经济、文化中心。1955年10月，郑州市城区行政区划调整，将第一、第二、第三区分别更名为陇海区、二七区、建设区。1956年，郑州市将回族自治区更名为金水回族区。1958年4月，为大力发展工业，将荥阳县马固镇和巩县小关一带的河南铝业公司采矿区划归郑州市管辖，并在此处设立郑州市上街区；同年8月，郑州市将金水回族区与陇海区合并为管城区；同年12月，经国务院批准，开封专区西部的荥阳县、巩县、登封县、密县、新郑县划归郑州市管辖。1960年6月，郑州市撤销建设区，新设中原区、金水区。1961年12月，荥阳县、巩县、登封县、密县、新郑县复归开封专区管辖。1966年，郑州市管城区更名为向阳区。1971年11月，荥阳县划归郑州市管辖。至此，郑州市共辖6个区、1个县，即二七区、金水区、中原区、向阳区、郊区、上街区和荥阳县。

1981年11月，郑州市向阳区更名为向阳回族区。1982年1月，为解决城市蔬菜供应问题，郑州市设立金海区。1982年12月，为加强矿区开发与管理，郑州市在密县境内设立新密区。1983年7月，郑州市向阳回族区更名为管城回族区。1983年8月，为实行市带县体制，将开封地区所辖的巩县、登封县、密县、新郑县、中牟县划归郑州市。至此，郑州市共辖中原区、二七区、金水区、管城回族区、郊区、上街区、金海区、新密区8个区和荥阳县、巩县、登封县、密县、新郑县、中牟县6个县。

1987年2月，郑州市撤销郊区、金海区、新密区，新设邙山区。1991年6月，经国务院批准，撤销巩县，设立巩义市（县级）。1994年4月，经国务院批准，撤销荥阳县、密县，设立荥阳市（县级）、新密市（县级）。1994年5月，经国务院批准，撤销新郑县、登封县，设立新郑市（县级）、登封市（县级）。2004年5月，郑州市邙山区更名为惠济区。

（玉　生）

【行政区划】 2018年1月8日，经省政府批准，同意管城回族区撤销南曹乡，设立南曹和金岱街道办事处。2月26日，经郑州市人民政府第86次常务会议审议通过惠济区行政区划调整方案，同意将老鸦陈街道办事处更名为江山路街道办事处；3月13日正式批复。

截至2018年年底，郑州市共辖12个县（市）区，其中，市辖区6个，县级市5个，县1个；另有4个非行政区：郑州航空港经济综合实验区（已上升为国家战略），郑州高新技术产业开发区（国家级），郑州经济技术开发区（国家级），郑东新区（城市新区）。全市共有91个街道、73个镇、13个乡。2018年年底，各县（市）区所属乡、镇、街道情况如下：

中原区共辖1个镇、1个乡、14个街道。分别是：石佛镇，沟赵乡，建设路街道、三官庙街道、林山寨街道、棉纺路街道、桐柏路街道、绿东村街道、秦岭路街道、汝河路街道、中原西路街道、航海西路街道、须水街道、西流湖街道、柳湖街道、莲湖街道。

二七区共辖1个镇、15个街道。分别是：马寨镇，大学路街道、五里堡街道、一马路街道、解放路街道、德化街街道、铭功路街道、建中街街道、福华街街道、蜜蜂张街道、淮河路街道、嵩山路街道、长江路街道、京广路街道、人和路街道、侯寨街道。

管城回族区共辖1个乡、12个街道。分别是：圃田乡，城东路街道、北下街街道、南关街道、陇海马路街道、二里岗街道、紫荆山南路街道、航海东路街道、西大街街道、东大街街道、十八里河街道、南曹街道、金岱街道。

金水区共辖19个街道。分别是：花园路街道、经八路街道、文化路街道、人民路街道、南阳路街道、南阳新村街道、大石桥街道、杜岭街道、丰产路街道、北林路街道、未来路街道、龙子湖街道、祭城路街道、东风路街道、凤凰台街道、兴达路街道、丰庆路街道、国基路街道、杨金路街道。

惠济区共辖2个镇、6个街道。分别是：古荥镇、花园口镇，刘寨街道、江山路街道、长兴路街道、迎宾路街道、新城街道、大河路街道。

上街区共辖1个镇、5个街道。分别是：峡窝镇，工业路街道、新安路街道、济源路街道、中心路街道、矿山街道。

中牟县共辖14个镇、1个乡、4个街道。分别是：九龙镇、张庄镇、郑庵镇、官渡镇、万滩镇、狼城岗镇、黄店镇、白沙镇、韩寺镇、八岗镇、刘集镇、雁鸣湖镇、姚家镇、三官庙镇，刁家乡，青年路街道、东风路街道、广惠街街道、大孟街道。

巩义市共辖15个镇、5个街道。分别是：新中镇、小关镇、大峪沟镇、竹林镇、河洛镇、站街镇、北山口镇、夹津口镇、涉村镇、米河镇、回郭镇、西村镇、鲁庄镇、康店镇、芝田镇，新华路街道、杜甫路街道、紫荆路街道、永安路街道、孝义街道。

荥阳市共辖9个镇、3个乡、2个街道。分别是：汜水镇、高山镇、刘河镇、乔楼镇、豫龙镇、广武镇、崔庙镇、贾峪镇、王村镇，城关乡、金寨回族乡高村乡，索河街道、京城路街道。

新密市共辖12个镇、1个乡、3个街道。分别是：城关镇、平陌镇、苟堂镇、米村镇、岳村镇、超化镇、大隗镇、牛店镇、刘寨镇、白寨镇、来集镇、曲梁镇，袁庄乡，新华路街道、青屏街街道、西大街街道。

新郑市共辖9个镇、3个乡、3个街道。分别是：梨河镇、观音寺镇、和庄镇、新村镇、龙湖镇、薛店镇、辛店镇、郭店镇、孟庄镇，城关乡、八千乡、龙王乡，新建路街道、新华路街道、新烟街道。

登封市共辖9个镇、3个乡、3个街道。分别是：卢店镇、宣化镇、颍阳镇、大冶镇、告成镇、大金店镇、东华镇、唐庄镇、徐庄镇，石道乡、君召乡、白坪乡，林街道、嵩阳街道、少中岳街道。

（张向军）

人口状况

【概况】 2018年年末，郑州市常住人口1013.6万人，比上年末增加25.5万人、增长2.6%。全市共有300.8万户，平均每户3.37人。

2018年，全市出生人口124504人，出生率12.44‰；死亡人口54646人，死亡率5.46‰；人口自然增长率6.98‰。

【人口构成】 按性别分，全市男性人口516.8万人，占比51%；女性人口496.8万人，占比49%。人口性别比104，比上年末下降0.1个百分点。

按年龄分，0—14岁人口160.4万人，占比15.8%；15—64岁人口776.3万人，占比76.6%；65岁及以上人口76.9万人，占比7.6%。与上年末相比，0—14岁人口占比上升0.3个百分点，15—64岁人口占比下降0.5个百分点，65岁及以上人口占比上升0.2个百分点。

按城乡分，城镇人口743.8万人，占比73.4%；乡村人口269.8万人，占比26.6%。全市城镇化率73.4%，比上年末提高1.2个百分点，城镇化率分别比全国和全省平均水平高出13.8、21.7个百分点。

按民族分，汉族人口998.1万人，占比98.5%；各少数民族人口15.5万人，占比1.5%。

（彭　霄）

发展综述

【概况】 2018年，郑州市牢固树立新发展理念，主动适应经济发展新常态，紧紧围绕加快建设国家中心城市的目标，科学统筹稳增长、促改革、调结构、惠民生、防风险，经济社会持续健康发展，综合实力和影响力、辐射力进一步增强。实现了生产总值破万亿，达到10143.3亿元；人均生产总值破十万，达到101349元；常住人口破千万，达到1013.6万人；市域建成区面积破1000平方公里，达到1055.3平方公里四大突破。

2018年郑州市行政区划情况

表1　　单位：个

县（市）区	镇	乡	街道
中原	1	1	14
二七	1	0	15
管城	0	1	12
金水	0	0	19
惠济	2	0	6
上街	1	0	5
中牟	14	1	4
巩义	15	0	5
荥阳	9	3	2
新密	12	1	3
新郑	9	3	3
登封	9	3	3
合计	73	13	91

（张向军）

【经济建设】 2018年，全市实现生产总值10143.3亿元，增长8.1%，分别高于全国、全省1.5个和0.5个百分点，进入万亿城市行列。其中，第一产业增加值147.1亿元，同比增长2.1%；第二产业增加值4450.7亿元，同比增长8.1%；第三产业增加值5545.5亿元，同比增长8.3%；三次产业结构比调整为1.4：43.9：54.7。规模以上工业增加值同比增长6.8%；固定资产投资增长10.9%；地方财政一般公共预算收入1152.1亿元，同比增长9%；社会消费品零售总额4268.1亿元，同比增长9.7%；进出口总额4105亿元，同比增长2.2%；实际吸收外资42.1亿美元，同比增长4%；居民人均可支配收入增长8.3%；新增城镇就业12.4万人；居民消费价格上涨2.4%；单位生产总值能耗降低7%。

现代产业体系加快构建，产业竞争力持续增强。产业转型攻坚深入推进。出台进一步明确主导产业布局的意见，着力优化全市产业发展布局。围绕“三个转变”，以12个产业为重点，转型发展攻坚战扎实推进，“1+5+1”政策深入实施，郑州市在全省考评中名列前茅。严格落实减税降费政策，规范涉企收费，创新政务服务，降低交易成本，全年预计降低企业成本超过120亿元。“制造强市”战略深入实施。中国制造2025试点示范城市建设顺利推进，成功创建国家服务型制造示范城市、中国消费品工业“三品”战略示范城市。工业投资增长11.8%，扭转了近年来持续下滑态势。大力实施新兴产业培育专案，七大工业主导产业增加值增长7.6%，高技术产业增加值增长12.4%。非苹（果）手机产量突破1亿部，汽车产量达到58.9万辆。成功举办首届世界传感器大会和中国（郑州）承接产业转移系列对接活动，引进上汽二期、奥克斯、宝莱特等一批重大项目，合晶一期、裕展精密等211个重大项目竣工。“三大改造”深入推进，技改投资增长35.4%，国家级技术创新示范企业和制造业单项冠军示范企业达到9家。出台实施加快制造业高质量发展“1+N”政策体系，深入开展“四项对接”等活动，制造业营商环境明显改善。现代服务业提质增效。金融业活力持续迸发，增加值达到1145.8亿元左右，郑州农商银行获批筹建，郑州银行成为全国首家A+H股上市的城商行。物流业提档升级步伐加快，增加值达到780亿元左右，初步构建起“全链条、网络化、可追溯”的现代冷链物流体系。科技服务业加速发展，龙子湖智慧岛落户企业突破200家。成功举办国际旅游城市市长论坛、第十二届中国国际少林武术节，全市旅游接待总人数达到1.15亿人次，旅游总收入突破1300亿元，分别增长13.6%、14.3%。会展业影响力走在中部城市前列，郑州市被评为国家文化消费试点先进城市。都市生态农业平稳发展。新发展环城都市生态农业15万亩，新培育市级农业产业化龙头企业10家，创建全国休闲农业与乡村旅游星级示范企业22家，全市休闲农业营收40亿元、增长14%，一二三产融合发展的水平不断提升。产业发展载体建设稳步推进。郑东新区中央商务区获得“中国最具活力中央商务区”殊荣，中牟汽车产业集聚区成为国家级新型工业化产业示范基地，郑州国际物流园区晋升为国家级示范物流园区。

加快发展外向型经济。全力加快推进“空中丝绸之路”“陆上丝绸之路”“网上丝绸之路”延伸拓展，积极对接“海上丝绸之路”，不断完善“买全球、卖全球”国际贸易服务体系。《郑州国际航空货运枢纽战略规划（2018—2035年）》《郑州铁路枢纽总图规划（2016—2030年）》相继获批，机场开通航线236条、辐射全球近200个城市，货邮吞吐量达到51.3万吨、客运吞吐量达到2733.5万人次，分别位列全国大型机场第7位、第12位。机场三期建设启动。郑欧班列持续加密运行，新开行中亚、东盟线路，主要效益指标在中欧班列中保持先进地位，郑州至沿海港口的海铁联运班列实现多点常态化运行。跨境电子商务全年交易额达到86.4亿美元、增长25.1%，首创的1210保税模式在全国推广，第二届全球跨境电商大会圆满召开。自贸区建设加快推进，256项改革创新试点任务超前完成五年计划的86.7%；新增注册企业4万家，占河南自贸区的80.6%。口岸体系进一步完善，汽车平行进口试点城市获批，进境粮食指定口岸通过验收并正式运营，药品口岸顺利通过考核。

加快发展高新技术产业。自主创新示范区建设稳步推进，国家大数据综合试验区核心区建设加快推进，联通中原数据基地、大数据产业园等重大项目入驻中原科创谷，国家专利河南审协中心建成投用，郑州商标审协中心正式落户，国家质检中心郑州综合检测基地（一期）正式入驻。高新区管理体制与人事薪酬制度改革取得阶段成效，河南首个新型产业用地试点成功落地。大力实施“四个一批”三年倍增行动计划，高新技术企业由856家增加到1329家，科技型企业由3242家增加到4283家，新培育高新技术企业475家、增长55.5%，总数占全省39.8%；新建市级以上科技创新平台476家，其中省级221家。引进创新创业高层次人才293人，其中院士团队10个、万人计划专家团队6个；承办中国河南招才引智创新发展大会；吸引创新创业人才21万人，人才落户数占新增户籍人口比例达到33.4%，较2017年提升20个百分点。引进中科院计算所、浙江大学等研发机构18家，其中新认定省级新型研发机构5家。全市专利授权量同比增长50%，万人发明专利拥有量由10.8件增加到13.1件，科技进步对经济社会的贡献率达到63%，郑州市在中国城市创孵指数中排名第13位。

【政治建设】 2018年，郑州市坚持党的领导、人民当家做主、依法治国有机统一，充分发挥党总揽全局、协调各方的领导核心作用，人大、政府、政协和法院、检察院等依法依章程履行职能、推动工作，民主政治建设持续加强，安定团结、生动活泼的政治局面不断巩固和发展。

全面加强党的各项建设。2018年，中央巡视河南、省委巡视郑州，市委常委会坚持以上率下、态度坚决、行动迅速，主动认领中央巡视河南反馈问题、照单诚恳接受省委巡视反馈意见，坚持边巡边改、全面整改，以高质量整改推动高质量党的建设，不断巩固和发展全市上下风清气正、心齐气顺、干事创业的良好政治生态。坚持党建工作“一盘棋”，进一步充实完善全面从严治党责任清单、问题清单、整改清单，突出问题整改、压力传导，创新党建述职评议、党建观摩、考核督导方式，坚持领导干部党建联系点、书记党建约谈、党建责任追究等制度，对履行责任不力的7个党组织、28名党员领导干部进行问责。强化理论武装，加强舆论引导，讲好郑州故事。组织开展集中培训，专题轮训县处级领导干部2811人，通过“万名党员进党校”培训党员39万人次，“万名书记大轮训”集中培训近2万名基层支部书记。坚持把公道正派作为干部工作的核心理念贯穿选人用人全过程，圆满完成市人大、市政府、市政协换届任务，班子候选人均全票或高票当选。对市属群团组织班子进行调整优化，形成以专职干部为骨干力量、挂职兼职干部为重要支撑的干部队伍。超前谋划市直单位机构改革工作，认真落实巡视整改要求，清理核销处级行政机构37个；实施违规兼职、干部档案再审等9个整改专项行动，清理市管干部在企业、社团违规兼任职务195个，排查解决各类档案问题8820个；加强选人用人监督，对867名市管干部的个人报告事项进行核查，对21个单位开展选人用人专项检查，促进从严监督管理常态化。聚焦基层组织、基础工作、基本能力，大力开展“支部建设提升年”，分层级分领域对全市2万多个党支部进行“全面体检”。坚持“先整顿后换届”，下沉3410个工作组、1.4万余名干部蹲点工作、全程把控，高质量完成3067个村（社区）“两委”换届，基层干部年龄、文化结构明显优化，党员群众参会率和满意度均为历届最高。对换届后5400名村（社区）“两委”正职上提一级精准轮训，创新建立“后评估”机制，调整撤换105名不合格不胜任村干部。深化市县乡“三级抓村”机制，充分发挥490名第一书记作用，推进236个软弱涣散和后进村党组织集中整顿转化。全面构建市区街道社区四级联动、多方共建的城市党建工作格局，高标准推进党群服务中心建设，城市党建共治共享局面基本形成，“一征三议两公开”工作法得到中组部肯定推广。坚持抓源头、建机制，“两新”领域持续提质扩面，党组织覆盖率达到86.4%。加强党员教育管理工作，在党员队伍中广泛开展“亮身份、争先锋、作表率”活动。突出严抓严管，锲而不舍推进党风廉政建设和反腐败斗争。制定《关于推进以案促改制度化常态化的实施意见》，把廉政教育纳入各级中心组学习内容，召开以案促改警示教育大会3452场，受教育19万人次。着力构建“四个全覆盖”权力监督格局，圆满完成监察体制改革试点任务，探索完成监察职能向基层延伸试点工作，稳步推进派驻机构改革，探索开展“交叉巡察”“提级巡察”，大力推进市县巡察向村居延伸，完成对345个党组织的巡察，发现问题5038个。全市纪检监察机关立案审查2178件、处分2833人，严肃查处了77名市管干部，进一步强化不敢腐的震慑。

人大及其常委会充分发挥国家权力机关作用。市人大及其常委会依法行使立法、监督、决定、任免等职权，紧紧围绕助推郑州国家中心城市建设履职尽责，结合经济社会发展“四大重点”工作、“三大攻坚战”等重点工作，积极开展调研、询问、评议等活动，修改地方性法规11件，开展调研立法项目2件，依法任免地方国家机关工作人员74人次，对代表提出的4件议案、388件建议及时交办督办，促进了相关工作有效开展。

人民政协积极履行政治协商、民主监督和参政议政职能。市政协及其常委会主动服务全市工作大局，引导广大政协委员积极参政议政、建言献策，提交提案716件。围绕智慧郑州建设、促进实体经济发展等开展专题议政，围绕都市生态农业、乡村振兴战略、普惠性学前教育等进行双月协商座谈，围绕脱贫攻坚、大气污染防治、文物安全等工作深入开展民主监督和视察调研活动，较好地发挥了职能作用。

巩固和发展最广泛的爱国统一战线。密切与工商联、各人民团体及各界人士的联系和协作，定期就重大问题向民主党派、工商联和无党派人士通报情况、征求意见，在民主党派和无党派人士、新社会阶层人士、民族宗教界人士、非公有制经济人士中有针对性地开展主题教育活动，凝心聚力推动改革发展稳定。深化“中华民族一家亲、同心共筑中国梦”主题活动，促进各民族交流交融更加密切。开展依法规范农村基督教事务专项行动，坚决防范宗教向校园渗透，有效遏制了基督教蔓延势头。持续深化群团改革，以群团组织换届为契机，加强政治性、先进性、群众性建设，群团组织的桥梁纽带作用得到充分发挥。党管武装得到新的加强，双拥共建基础更加扎实。

深入推进依法治市。围绕科学立法、严格执法、公正司法、全民守法，完善了法治建设责任体系和工作机制，加强对依法治市工作的统筹协调。法治政府建设扎实推进，司法体制改革不断深化，普法宣传、法治创建活动广泛开展，全社会法治观念不断增强。

深化平安郑州建设。学习推广“枫桥经验”，进一步完善社会矛盾纠纷排查化解和安全防范体制机制，压实信访稳定责任，严格落实领导接访下访制度，市级领导公开接访群众329批807人，推动了一批信访疑难案件有效解决。依法规范信访秩序，抓好特定利益群体稳控化解工作，赴京上访集访同比明显下降，群众安全感、满意度持续提升。

深入开展扫黑除恶专项斗争。坚持依法严惩、打早打小，集中警力、专案专办，全市侦办涉黑案件28起、犯罪集团案件51起、恶势力团伙案件37起，查处涉黑涉恶腐败和保护伞问题177起、处理109人，维护了安定有序的社会环境。

坚持把全面深化改革贯穿始终，体制机制创新实现新的突破。深化以“放管服”改革为带动的营商环境打造，“一网通办”前提下“最多跑一次”审批服务措施创新实施，市级政务服务办事大厅建成投用，“一网通办”实现率达到100%。深化以自贸区为引领的商事制度、关务制度改革，“35证合一”全面实施，“双随机、一公开”监管全覆盖，“关检合一”“智慧海关”建设使通关时间大幅缩减、通关更加便利，自贸区郑州片区新注册企业4万家，占河南自贸区的80.6%。深化以“智慧城市”为带动的社会治理创新，全面打破“信息孤岛”，推进数据资源共享互认，以智慧政务、智慧城管、智慧公共服务为带动，全社会智慧化应用水平不断提高。稳步推进地方机构改革，严格落实省委、省政府批准的《郑州市机构改革方案》，召开市委十一届八次全会进行专题部署，明确了改革的原则目标、方法步骤和纪律要求，全市上下思想认识统一、改革工作有序推进，涉改单位近期将集中挂牌履职。扎实开展投融资体制改革，政府性资源配置的市场化程度进一步提升，政府和社会资本合作（PPP）模式工作受到国务院表彰。国企改革、城市综合执法体制改革、农村土地制度改革等不断深化。文化体制改革持续深入。成立国有文化资产监督管理领导小组，组建成立郑州市文化产业协会，国有文化资产管理体制不断健全。

【文化建设】 2018年，郑州市把文化建设摆在更加突出的位置，以实现文化小康为目标，坚持为民惠民导向，着力在传承城市文脉、彰显文化特色、提升文明素质上下功夫，持续推动郑州文化事业繁荣发展，加快建设华夏历史文明传承创新中心，全面提升郑州文化影响力。

深入开展中国特色社会主义和中国梦宣传教育，大力弘扬社会主义核心价值观，举办“党的创新理论万场宣讲进基层”活动7000余场，被中宣部评为基层理论宣讲先进集体。发挥主流舆论引导作用，精心组织“新时代新气象新作为”“礼赞改革开放40周年·郑州故事”等网上网下主题宣传活动，入选中宣部改革开放40周年“百城百县百企”专题宣传。严格落实意识形态责任制，自上而下建立意识形态联席会议制度，深入开展网络空间专项治理，严格各类讲座、报告、论坛报备审核制度，加强高校阵地日常管理，意识形态领域总体态势持续向好。

深入推进核心价值观建设，全省第一部精神文明建设地方法规《郑州市文明行为促进条例》正式实施。诚信制度体系建设不断完善，完成全市信用信息平台升级改造，共收集信息2.3亿余条，“双公示”信息41.8万余条。出台《郑州市深化文明城市创建三年行动计划（2018—2020）》，深入开展生态治污、交通治堵、环境治脏、服务治差“四治”工作，不断提升城市文明程度，巩固文明创建成果。加快推进新时代县级文明实践中心和志愿服务中心建设，4个开发区、16个县（市）区“两个中心”建设已实现全部挂牌并正常运行。“社区党建+志愿服务”模式全面落地。鑫苑社区在全国学雷锋志愿服务工作推进会上作典型发言。志愿服务回馈做法入选中宣部创新案例。深入开展道德模范和身边好人推荐评选工作，评选出11名郑州市道德模范，推荐10人上榜“中国好人”，7人上榜“河南好人”，全市各级共组织道德模范故事汇基层巡演100余场，受教育群众达3万余人。

坚持为民惠民，文艺文化事业更繁荣。文化惠民工程扎实推进，组织“舞台艺术进乡村、进社区”文艺演出1200场，引进精品剧目20台，农村公益电影放映2.4万场，“书香中国万里行”活动走进郑州，举办郑州国际马戏嘉年华。文化惠民工程效果凸显。全市基层综合性文化服务中心建设完成92.89%。“百姓文化云”平台建设全部完成并实现正常运转。文化消费试点工作反响良好，被评为国家试点先进城市。出台《支持戏曲传承实施方案》，探索推进“传统文化进校园”工作，全国戏曲进乡村工作经验交流会在郑州市召开。在全市范围内组织开展“出彩郑州”“群众文化艺术节”各类群众文化活动近万场。重大文化项目顺利推进。中央文化区“四个中心”项目建设加快推进、建筑风貌逐步展现。“四大历史文化片区”全面启动，郑州国际文化创意产业园等一批园区不断扩大提升。文化产业扶持力度不断加大。出台《郑州市加快文化产业发展若干政策》，设立2亿元的文化产业发展专项资金，扶持引导文化企业发展。

【社会建设】 2018年，郑州市坚持以人民为中心的发展思想，持续加大民生投资力度，加快推进民生十件实事，民生事业协调发展，群众生活质量得到新改善。全年财政民生支出1402.9亿元，增长17%，占全市一般公共预算支出比重79.6%。居民消费价格指数上涨2.4%。居民人均可支配收入完成33105元，增长8.3%，城乡居民收入比缩小到1.8。

扎实推进脱贫攻坚。深入实施精准扶贫精准脱贫方略，落实产业扶贫、异地搬迁扶贫、健康扶贫、教育扶贫、生态扶贫、金融扶贫等各项政策，全年全市共脱贫1434户3800人，占省下达目标2000人的190%，剩余政策兜底贫困人口769户1785人，实现了除政策兜底外存量贫困人口全部脱贫目标；创造了独具特色的郑州“N+2”精准扶贫模式，受到省委省政府充分肯定；继续享受政策建档立卡贫困人口收入由2017年的7853.91元增加到2018年的10141.83元，增幅29.13%。全市181个贫困村中，180个村发展有特色产业、175个村有新型合作经济组织。全面完成了“十三五”省级易地扶贫搬迁任务。落实教育扶贫补助资金1959.7万元，受资助人数2.2万人。累计向2.1万户发放扶贫小额贷款7.1亿元。制订下发《关于明确2018年度脱贫攻坚目标任务的通知》，23个行业部门与市委、市政府签订了脱贫攻坚目标责任书。派出驻村工作队490支、驻村帮扶工作人员23475人，实现了贫困村与有扶贫任务的非贫困村，以及所有贫困户的全覆盖，帮扶满意度达到99%。郑州对口帮扶卢氏22项专项计划和197个帮扶项目全面实施，巩义市、新郑市对口帮扶淮滨县、南召县脱贫工作取得阶段成效。

着力扩大就业创业。全年全市新增城镇就业12.4万人，城镇“零就业”家庭动态为零。接收高校毕业生6.34万人，实现就业5.77万人，就业率91%。新增农村劳动力转移就业6.12万人，郑州市被推荐为“全国农民工市民化工作突出典型城市”表彰对象。发放创业担保贷款8.72亿元，扶持2109人自主创业，带动就业19831人。全市孵化园区（平台）达到42家，全年入孵企业2866户，带动就业42154人。新认定4个市级农民工返乡创业示范园，新增农民工返乡创业10444人。在全省率先成立70人的大众创业导师团，完成创业培训3.87万人、返乡农民工创业培训6218人。在郑州举办了2018中国(国际)传感器创新创业大赛、“豫创天下”创业创新大赛、2018“郑创汇”国际创新创业大赛等，积极参加全省、全国创业创新大赛。全年使用就业专项资金2.13亿元，累计享受补贴16.13万人次。新增市级充分就业社区51家、省级充分就业社区16家。坚持线上线下相结合，提供岗位23万多个，4万多人实现就业。加强贫困家庭劳动力技能培训和公益性岗位托底安置建档立卡，全年贫困家庭劳动力技能培训1396人，落实技能培训补贴和生活费补贴65.78万元；16–60周岁有就业能力和就业意愿的建档立卡贫困劳动力就业率97.18%。

不断扩大社会保险覆盖范围。全市各项社会保险参保总人数达到1996.63万人次，完成总目标任务的103.46%。五项社会保险基金收入400.33亿元，完成总目标任务的146.17%。支出354.36亿元，累计结余726.44亿元。全市享受各项社会保险待遇人数达到292.05万人（次）。全面推进机关事业单位养老保险制度改革，全市4355家机关事业单位纳入征缴拨付计划。调整完善多缴多得激励机制，增发缴费年限养老金，城乡居民基本养老保险制度进一步完善。继续阶段性降低养老、失业、工伤保险费率，全年为企业减负15.56亿元。完善被征地农民保障机制，全市纳入被征地农民社会保障范围23.98万人，累计筹集征地社保费用59.77亿元，支付征地社会保障资金13.75亿元。扎实做好困难群众城乡居民养老保险代缴工作，共为3077名困难群众代缴60.4万元。郑州市企业退休职工人均月养老金调整达到2823.75元，位居全省首位；城乡居民人均月养老金调整达到239元，远高于全省平均水平（115元）；失业金标准调整为每人每月1520元，待遇水平位居全省首位；工伤保险定期待遇提高10%，总体待遇位居全省第一。推进“智汇郑州”工作，共为14915名引进人才办理了参保手续。实施全民参保计划，共完成12.35万名漏保人员的参保登记工作，提前超额完成省定目标的193.88%。积极推进“智慧社保”建设，在经办服务模式、减证便民改革、服务质量提升、服务环境优化、标准化建设、就近办理等方面实现“六个突破”。高度关注养老问题，全市养老床位达到4万张。制订《2018年郑州市养老院服务质量建设专项行动实施方案》，加强养老机构标准化、专业化、信息化建设；发布《加快建设郑州健康养老产业实施方案（2018–2020年）》，推进全市健康养老产业转型发展。加大保障房建设力度，基本建成保障性住房9.4万套，首批2.5万套青年人才公寓开工建设，安置房网签12万套，新增回迁群众30万人、回迁率84%，动迁群众三年回迁安置任务大头落地的目标圆满实现。

继续加大教育投入。市区新建（改扩建）中小学校38所，新建改扩建幼儿园37所，新增中小学学位5.9万个。印发《郑州市解决就学难消除大班额三年行动计划（2018—2020年）》，启动“新优质初中”创建和培育工程，办好家门口学校，大班额、入学难问题得到进一步缓解。推进“义务教育区域教育质量健康体检与改进提升项目”，持续提升义务教育教学质量，全域通过国家义务教育发展基本均衡工作评估。完成中职学校布局调整工作，全市82所中职学校调整合并为58所。围绕内涵建设项目评估评审，加强市属高校建设。引进优质高等教育资源，市政府与北京大学经济学院合作项目中原教学科研基地落地中牟；郑州工程技术学院与同济大学中德工程学院合作项目郑州中德学院2018秋季开始招生，探索高等教育和职业教育“大类招生、通识教育、专业培养、多元发展”的“1＋1＋X”人才培养理念及培养体系。

加快医疗卫生事业发展。制订出台《郑州市建立现代医院管理制度实施方案》《郑州市社区卫生服务中心建设五年规划》，全面开启乡、村两级医疗机构和城市社区卫生服务机构标准化建设，提升医院管理水平和医疗服务质效，让群众享有公平可及的健康服务资源。不断深化公立医院综合改革，被国务院通报表彰，郑州市被国务院表彰为全国公立医院综合改革成效明显地市。全市24个医联体成员单位达1349家，覆盖省内18个省辖市，辐射6个省份。国家中医儿童区域医疗中心落户郑州，加快推进区域儿童医疗中心、心血管诊疗中心等六大中心建设。家庭医生智能化签约覆盖所有县（市）区，依托手机客户端提供在线签约、预约、咨询、健康管理、慢病随访等服务。实施药品集中采购制度，全面开展药品和高值耗材联合采购、联合议价，药品价格明显下降，各医疗机构药品“两票制”执行比例98%以上。加强健康管理，依托各级疾控机构、综合医院、基层医疗机构，建立健康管理指导中心、健康管理服务中心、健康管理办公室“三级健康管理网络”。开展家庭健康促进行动，金水区被确定为国家首批项目试点之一。发布《加快建设郑州健康养老产业实施方案（2018-2020年）》，推进全市健康养老产业转型发展，养老机构医疗卫生服务实现全覆盖。

保障性安居工程加速提质。出台《郑州市人民政府关于进一步完善大棚户区改造工作的意见》，积极稳妥推进大棚户区改造工作，让征迁群众有更多获得感和幸福感。加大督导监管力度，对各种不法行为严肃追责问责、依法依纪处理，坚决遏制农地非农化。全年新开工棚改安置房21474套，基本建成保障性住房9.4万套，安置房网签12万套，回迁群众30万人，回迁率84%。出台住房租赁试点工作的相关配套政策，以建立租购并举住房制度为主要方向，健全以市场配置为主、政府提供基本保障的住房租赁体系。全年公共租赁住房基本建成6091套，向社会分配1964套。出台《郑州市人才公寓建设和使用管理暂行办法》，全市首批2.5万套青年人才公寓全部开工建设。出台《关于既有住宅加装电梯工作的实施意见》，遵循“业主自愿、社区引导、充分协商、保障安全”的原则，完善既有住宅的使用功能，提高居住品质。

社会治理成效显著。公布《郑州市政务服务集成化提供改革工作方案》，在全省率先启动“最多跑一次”改革，市级政务服务办事大厅建成投用，878个审批服务事项分类“一窗受理”，全面推行一次告知、“肩并肩”辅导等机制，为群众提供了“门好进、脸好看、事好办”的政务服务。推出“郑州警民通”微信便民服务号，集成1个预约平台、3项热门业务、10项热点查询、户政业务在线预约、民警听民声和4项警民互动功能，最大限度实现便民利民。依托该服务号，开发“就跑一次”工作平台，向社会推出第一批涉及治安、交警、出入境、消防等多个警种的93项“就跑一次”办结业务。上线智慧郑州APP（i郑州）及微信公众平台，围绕市民“衣食住行娱”，着力构建集政务服务、公共服务、便民服务等为一体的综合性平台。整合不动产交易登记办事大厅，并全部开设房屋交易、税务、不动产登记“三合一”综合窗口，同时开展线上线下业务办理模式。防范和处置非法集资、互联网金融风险等专项行动深入开展，一批非法集资案件、问题楼盘、问题企业得到有效处置。制订《郑州市贯彻落实中央扫黑除恶第6督导组反馈意见整改工作方案》，成立整改工作专项工作组，切实提高查办案件的效率和质量，确保反馈的问题落实到位、整改到位。制订《郑州市生产安全事故报告和调查处理办法》《郑州市生产安全事故隐患排查治理办法》，以严防较大生产安全事故、坚决遏制重特大生产安全事故为重点，加快推进安全风险分级和隐患排查管理双重预防机制体系建设。以最高档次通过国家食品安全城市创建中期评估。

【生态文明建设】 2018年，郑州市牢固树立“绿水青山就是金山银山”的发展理念，坚持“大生态、大环保、大格局、大统筹”，以中央环保督察“回头看”反馈问题整改为契机，以更大的力度推进环境治理和生态建设。

全面打好污染防治攻坚战。认真做好中央环保督察“回头看”及省委、省政府环保督察交办问题整改工作，中央环境保护督察组提出的15项具体整改任务已基本完成。制定实施大气、水、土壤污染防治攻坚三年行动计划，印发《中共郑州市委 郑州市人民政府关于全面加强生态环境保护坚决打好污染防治攻坚战的实施意见》。围绕“四大结构”调整，深入开展工业企业提标改造、柴油货车污染治理、燃煤用量削减、城乡结合部环境综合整治、扬尘治理等专项行动，出台工业企业环境、施工扬尘、建筑垃圾清运企业监管信用评价计分办法，分别对工业生产、建筑施工、建筑垃圾清运等领域存在环保违法失信行为的生产经营单位及其法定代表人、主要负责人，明确联合惩戒措施。印发《郑州市重污染天气应急预案（2018年修订）》，取消原有的四级预警中的蓝色预警，空气重污染预警由轻到重依次为黄色预警、橙色预警和红色预警，并降低了橙色、红色预警的启动条件，强力推进秋冬季大气污染攻坚，全市空气质量明显改善。2018年7、8、9连续三个月空气质量首次达到国家二级标准，综合指数、6项指标、优良天数实现“七降一增”，为2013年执行国家空气质量新标准以来最好水平；PM10、PM2.5年均浓度同比分别下降10.2%、4.5%，超额完成国家和省定目标。在抓好大气污染防治的同时，统筹推进水污染、土壤污染综合治理，河流水质不断提升。7个国省控断面水质达标，6个断面较年度目标实现水质级别的提升；完善污染地块土壤环境管理联动机制，加快推进土壤治理与修复省级试点项目，完成重点行业企业土壤污染状况调查，土壤污染防治攻坚战有序推进。通过国家节水型城市建设复查，集中式饮用水水源地专项排查验收，城市黑臭水体整治获得国家督查组肯定。工业绿色发展取得新成效，全年规模以上工业增加值能耗降低14.8%，大幅超额完成年度目标任务。新增国家级绿色示范工厂8家、省级绿色示范工厂3家。

生态林业建设进展顺利。发布《郑州市国土绿化提速行动实施方案(2018—2022年)》，重点实施“一核、两区、三圈、一带、十八园、多廊道、多节点”的国土绿化工程建设，打造郑州大都市生态区。构建以高铁、干线铁路、高速公路、国(省、县)道、重要河流为骨架的生态廊道网络，打造“一年四季景不同”的景观走廊。全年新造林7666.7公顷，完成森林抚育5200公顷，超额完成年度任务。新建和提升生态廊道244.4公里，连通生态廊道528公里。10个万亩以上森林公园建设加快推进，龙子湖湿地公园和高铁公园建成投用，郑州市森林公园建成开园，实现土方清运、山体绿化、大气污染防治“三合一”统筹推进。

生态水系建设加快推进。出台《郑州市2018年河湖（库）长制工作要点》及其配套方案，以及关于河湖（库）长制三年行动计划、任务分解方案和一河一策方案等，制订《河湖库巡察员管理办法》，全面推进河湖（库）长制工作落实。全市共设立湖长335名、库长307名、湖（库）巡察员232名。按照河流分段、湖库分片的原则，市、县、乡三级河（湖、库）警长，“河长+警长”河湖管理机制初步形成。大力实施“四水同治”工程。贾鲁河综合治理工程按照“安全、生态、景观、文化、幸福”的五河共建理念加快实施，河道整治工程原批复投资全部完成，主体工程和配套设施基本完工，宽阔水面景观初步形成；索须河花王桥至中州大道段生态景观提升工程基本完工，中州大道至祥云寺段主体工程建成。牛口峪引黄、环城生态水系、石佛沉砂池至郑州西区生态供水等三大水源工程主体建成，河湖水系生态治理成效逐步显现，河道采砂整治成效进一步巩固，全年向城区河道调水3.8亿立方米，城市水生态环境质量不断提升。雁鸣湖万亩湿地等一批千亩以上湿地公园规划建设。

园林绿化工作稳步推进。印发《2018年郑州市城市园林绿化工作实施方案》，全面启动国家生态园林城市创建工作。全市新增绿地1356万平方米，建成各类公园、微公园、小游园411个，建成公园、微公园、游园411个，开工建设生态廊道3条（段），超额完成民生十大实事工作任务。建成区绿地率、绿化覆盖率、人均公园绿地面积分别达到35.84%、40.83%和13平方米。全市新创建省级园林单位、园林小区26个；新创建市级园林单位、园林小区74个。编制完成《郑州市300米见绿500米见园三年建设规划》，持续推进贾鲁河综合治理西流湖段工程、南水北调生态文化公园等市级公园建设，强力推进区级公园建设。荥阳京襄城、中牟牟山等5个郊野公园开工建设，26处生态遗址公园项目进展顺利。第十一届中国（郑州）国际园林博览会圆满闭幕，园博会期间，郑州园博园接待游客260万人次。

（刘跃亭　张　凯　翟景伟　马　焱）

组织机构及负责人

中共郑州市委

书　记　马　懿
副书记　程志明（1月免）
　　　　王新伟（9月任）
　　　　靳　磊（9月免）
　　　　焦豫汝（女，11月任）
常　委　马　懿　程志明（1月免）
　　　　王新伟（9月任）
　　　　靳　磊（9月免）
　　　　焦豫汝（女）
　　　　王跃华（9月免）
　　　　黄保卫（9月免）
　　　　马　健　谷保中　王德山
　　　　周富强　王　鹏　张俊峰
　　　　杨福平　牛卫国（11月任）
秘书长　靳　磊（10月免）
　　　　牛卫国（12月任）
常务副秘书长　杨昆峰
副秘书长　刘旭光（兼）　张志泉
　　　　李建伟　王海江　祖武斌

市纪律检查委员会、市监察委员会

（2018年1月郑州市监察委员会挂牌）
纪委书记、监委主任　周富强
纪委副书记、监委副主任
　　　　岳希荣（女）
　　　　葛震远　周　英
纪委常委、市监委委员　高　志
　　　　郭秋丽（女）
纪委常委　冯忠信　吴　蔚（女）
监委委员　孙　武　宁建海

·市委工作部门·

办公厅

主　任　杨昆峰
纪检员　张满满（女，2月免）
纪检监察组组长　程　玮（2月任）

组织部

部　长　焦豫汝（女）
常务副部长　朱河顺
副部长　张杰锋　史传春
　　　　李建国（兼）
　　　　赵　涵（女，2月任）

宣传部

部　长　张俊峰（11月免）
常务副部长　徐西平
副部长　裴保顺　王丽艳（女）
　　　　石大东
纪检监察组组长　王书广（2月任）
文明办主任　裴保顺
文明办副主任　薛土岭　姬月莲（女）
　　　　尚　杰　黄红雨（女）

统战部

部　长　杨福平
常务副部长　吴志强
副部长　潘新红（女）　王　丽（女）
　　　　王　新　郑继孝
纪检员　程　炜（2月免）
纪检监察组组长　孙　玄（2月任）
台湾事务办公室主任
　　　　潘新红（女，兼）
台湾事务办公室副主任　欧阳军
　　　　曹冬梅（女）　赵旭昌
　　　　唐国庆

政法委

书　记　黄保卫（9月免）
　　　　于东辉（10月任）
常务副书记　苏西刚
副书记　李华云　侯保卫
　　　　马晓霞（女）
政治部主任　拓新强
纪检监察组组长
　　　　范　娟（女，2月任）

政策研究室

主　任　李建伟（兼，6月免）
　　　　祖武斌（6月任）
副主任　汤清典　左巧娈（女）
　　　　崔剑波（2月任）　王庆先
　　　　赵　光　罗谷仁（5月任）
纪检员　崔剑波（2月免）

机构编制委员会办公室

主　任　陈春梅（女）
副主任　王学军　王晓燕（女）
　　　　王信军　王曙光
　　　　梅忠东（10月任）
纪检员　孙　玄（2月免）

市直属机关工委

书　记　刘旭光（兼）
副书记　王永福　朱　光　李书英
　　　　乔成田　尹红卫（11月任）
纪工委书记　范兴辉
委　员　钟孝君　康青山　岳得全

·市委直属事业单位·

档案局

局　长　徐宏杰
副局长　贾欣营　李永强　靳林中
　　　　魏栓成
　　　　廖　洁（女，2月任）
　　　　范革新（10月任）
纪委书记　谢枝彤（女，2月免）

市委党校

校　长　靳　磊（兼，9月免）
　　　　焦豫汝（兼，12月任）
常务副校长　李俊超
副校长　叶光林（女，11月免）

郑州报业集团

党委书记、社长、董事长　石大东
党委副书记、总编辑　张子明
党委副书记、总经理　许　聪（女）
郑州日报社总编辑　张子明（兼）
郑州晚报社总编辑　程玉峰
副社长、副总经理　张明俊
　　　　张　永（2月免）
　　　　王亚楼（2月任）
中原网总编辑　张新彬
副总编辑　刘春兰
纪委书记　卢士海（2月免）
　　　　张　永（2月任）

·部门管理机构·

老干部局

局　长　李建国
副局长　战文胜　邢万顺　卢国祥
　　　　赵　华（女，2月任）
　　　　郭　愿　鲍　欣（10月任）
纪检员　赵　华（女，2月免）

·办公厅领导的事业单位·

党史研究室

主　任　薛稳定
副主任　王宗民　李红霞（女）
　　　　杨洪良（5月免）　孙红旗
　　　　高　峰
纪检员　秦凤云（女，2月免）

郑州市十五届人大常委会

（2018年9月30日郑州市第十五届人民代表大会第一次会议选举产生）
主　任　胡　荃
副主任　王广灿　王贵欣　赵新中
　　　　法建强（回族）　张春阳
　　　　袁三军　王福松
　　　　孙　黎（女）
秘书长　周亚民
副秘书长　张　辉　杨郑安　尹明理
　　　　龚华章
委　员（按姓名笔画为序）
　　　　马　波（回族）
　　　　马斐颖（女）　王　志
　　　　王　新　毛鸿雁（女）
　　　　朱河顺　刘献志　闫龙涛
　　　　李元中　李凤芝（女）

李永茂　李幸福（回族）
李国立　李金鹏
李建霞（女，回族）　李政军
李　艳（女，回族）　李　晋
李　强　杨郑安（回族）
杨彦峰　何　飞　何　青
何艳丽（女）　沈丕黎（女）
张自福　张洛通
张艳华（女）　张　辉
张福清　英　瑾（女，回族）
周军营　赵志新
姜朝红（女）　秦土旺
柴栓庆　徐　笠（女）
崔正明　阎书刚　蔡仲友

市人大法制委员会

主任委员　李　艳（女，回族）
副主任委员　张国宏　罗　丽（女）
委　员　马晓宇（女）　王保军
朱明军　孙会萍（女）
李国立　张　辉
赵　青（女）
高红敏（女，满族）

·市人大常委会工作机构·

办公厅

主　任　张　辉
副主任　尹明理　龚华章

法制工作委员会

主　任　李　艳（女，回族）
副主任　韩广道

内务司法工作委员会

主　任　蔡仲友
副主任　邢金勇

经济工作委员会

主　任　李元中
副主任　常沁民

教育科学文化卫生工作委员会

主　任　姜朝红（女）
副主任　罗　晖（女）

城乡建设环境保护工作委员会

主　任　柴栓庆
副主任　周　薇（女）

农村工作委员会

主　任　秦土旺

选举任免代表联络工作委员会

主　任　崔正明

民族侨务外事工作委员会

主　任　沈丕黎（女）
副主任　牛志熳（女）

预算工作委员会

主　任　李金鹏
副主任　成　刚

高新技术产业开发区工作委员会

主　任　李幸福（回族）
副主任　高彦夫　李延中
侯明臻（女）

经济技术开发区工作委员会

主　任　李国立
副主任　杨　宁　李　飞　赵　凯

郑州航空港经济综合实验区（郑州新郑综合保税区）工作委员会

主　任　王　志
副主任　闫长松　赵建设　张建周

郑东新区工作委员会

主　任　周军营
副主任　赵长根　李汉志　孟祥岭

研究室

主　任　李永茂
副主任　冯　乐（女）

信访室

主　任　杨彦峰
副主任　崔永勋

（胡凯林）

郑州市人民政府

市　长　程志明（2月免）
王新伟（9月任）
代市长　王占营（2月任，9月免）
副市长　王　鹏（9月任）
王跃华（9月免）　谷保中
刘　东（女，9月免）
黄　卿　李喜安　万正峰
孙晓红（女，9月任）
吴福民　史占勇　马义中
秘书长　王万鹏
常务副秘书长　张　吉
副秘书长　冯卫平　商建东　翟　政
谷宏伟　王春晓　李　兵
孙建功　柴　丹（女）
张红军

·市政府工作部门·

办公厅

主　任　王万鹏
副主任　张晓英（女）　张丽华（女）
纪检监察组组长　吴相武（2月任）

发展和改革委员会

党组书记、主任　杨东方
党组副书记　周　铭　严　波
副主任　夏　扬（2月免）
李福科（12月免）　刘志敏
王　敏　王保来
纪检监察组组长
刘雅琳（女，2月任）

教育局

局　长　李陶然（2月免）
王中立（2月任）
常务副局长　刘鹏利
副局长　葛　飞　张大龙　曾昭传
纪检监察组组长　马新安

科技局

局　长　文广轩（4月免）
夏　扬（4月任）
党组副书记　乔英奎
副局长　任　灿　李大群　缑云峰
纪委书记　许新明（2月免）

工业和信息化委员会

主　任　范建勋
党组副书记　刘延龄
副主任　巫怀民　杜设亮　张士成
潘喜春（10月免）　谷振风
郜东辉
纪检监察组组长　王　东

民族事务委员会

主　任　杜敏生
副主任　刘佩伦　李伟国（12月免）
雷建生　周建军
马　伟（2月任）
纪检监察组组长　李伟国（2月免）

公安局

局　长　马义中
党委副书记、常务副局长　张书军
党委副书记　李　珂（女）
副局长　张　保　陈友军（3月免）
罗永生（3月免）　李奎业
张武清（12月免）
马会强（11月任）
蔡东赞（12月任）
冯献彬（12月任）
纪委书记　王晓宁（女）
政治部主任　李　珂（女，12月免）
刘　煜（12月任）

民政局

党组书记、局　长　谢霜云（2月免）
冯明杰（2月任）
党组副书记　吴同欣
副局长　刘鲁豫　袁　杰
李淑萍（女）

张铁山（11月免）　张国强
纪检监察组组长　郎克俊（2月任）

司法局

局　长　司久贵
党委副书记　张予琳（女）
副局长　席现军（12月免）
　　申德礼（12月免）　黄耀欣
　　焦占坤　刘国祥（12月免）
纪检监察组组长　刘德林（2月任）
政治部主任　赵永良

财政局

局　长　刘　睿
党组副书记　刘　健
副局长　石　歆（12月免）　丁二勇
　　张予红（女）　樊玉涛
纪检组长　周亚东（2月免）
纪检监察组组长　姚　光（2月任）

人力资源和社会保障局

局　长　赵新民（1月任）
党组副书记　王翠玲（女）
副局长　娄渊胜　张　伟
　　卞　薇（女）　王松亭
　　申顺建
纪检组长　杨海权（2月免）
纪检监察组组长
　　杨　彬（女，2月任）

国土资源局

局　长　吕安民
党组副书记　邱应厚
副局长　崔留森　李五云
　　王　敏（女）　张国兴
纪检监察组组长
　　吴振华（女，2月任）

安全生产监督管理局

局　长　任立公
副局长　潘建华　朱建勋　丁清卫
　　郭项峰　时富宗
纪检监察组组长　房志伟

城乡建设委员会

党组书记　杨虎臣
主　任　梁远森
党组副书记　张春喜
副主任　金建新　王立新　杨　琦
　　曲　标　李俊铭
纪检监察组组长　丁启豹（2月任）

住房保障和房地产管理局

局　长　李德耀
党组副书记、副局长　宋建伟
副局长　高胜利　王修安　杨智威
　　赵鲜玲（女）　苗吉寅
纪检监察组组长
　　雷　鸣（女，2月任）

城乡规划局

局　长　袁聚平
党组副书记　曹晓苗
副局长　许　振　李成祥　陈国清
　　牛建军　贾大勇（2月任）
纪检监察组组长　丁剑波（2月任）

交通运输委员会

主　任　吴耀田
党组副书记　曹培林
副主任　陆秀玲（女）　魏　予
　　李　刚　王　乐（女）
　　薛河川（女，2月任）
纪检监察组组长
　　刘　宇（女，2月任）

城市管理局

局　长　赵新民（1月免）
　　李雪生（1月任）
党组副书记　李　平
副局长　郭克河　翟月修
　　贾　中（2月任）
　　尚学振（2月免）　张建彬
纪检监察组组长
　　闫卫平（2月任，12月免）
正县级纪检员　闫卫平（12月任）

环境保护局

局　长　潘　冰
党组副书记　郑淑敏（女，12月免）
副局长　李俊杰　李春德　韩松涛
　　赵　凯
纪检监察组组长
　　冯锦岭（2月任，12月免）
正县级纪检员　冯锦岭（12月任）

农业农村工作委员会

主　任　周亚民
党组副书记　楚万青（4月免）
副主任　李新有　董　锐　马占军
　　吴　蒙　宋俊英（女）
　　曹东坡
纪检监察组组长　张玉成

畜牧局

局　长　蔡仲友
副局长　李文波（12月免）　郑保华
　　张军峰　徐宝龙
　　马继军（10月任）
纪委书记　赵富荣（2月免）

水务局

局　长　张胜利
党组副书记　武拥军
副局长　孙　黎（女，10月免）
　　胡文杰　刘玉钊　高国振
　　刘德坡　王　举（10月任）
纪检监察组组长
　　黄永成（2月任，12月免）
正县级纪检员　黄永成（12月任）

林业局

局　长　崔正明
党组副书记　宋万党
副局长　刘跃峰（2月任，12月免）
　　张卫东　牛培玲（女）
　　李佳刚　毛亚军
纪检组长　刘跃峰（2月免）
纪检监察组组长　郭书君（2月任）

商务局

局　长　余遂盈
党组副书记　陈　彦（女）
副局长　张海亮　林继民　曹宏伟
　　吴安德
纪检监察组组长　李国书（2月任）

文化广电新闻出版局

局　长　宋建国
党组副书记、常务副局长　许凤鸣
副局长　朱晓东　董　娣（女）
　　张文书　宁凤丽（女）
　　李德专
纪检监察组组长　梁晓冬（2月任）

卫生和计划生育委员会

主　任、党组书记　付桂荣（女）
党组副书记　张文艳（女）
副主任　兰维娜（女）　李长友
　　原学岭　许迎喜　段新国
　　陈　勇
纪检监察组组长　张智光（2月任）
爱卫办主任　司同义

食品药品监督管理局

局　长　李建霞（女）
党组副书记　李竖亚
副局长　闻清涛　邹庆明　韩黎民
　　张　萍（女）　祁红亮
　　张松安　刘涪江
　　孙景莉（女）　闫荣魁
纪检监察组组长　裴广战（2月任）

审计局

局　长　冯明杰（2月免）
　　刘啸峰（2月任）
副局长　徐　平（女）　桑富强
　　于士营　乔德宇
　　邹　鹭（女）
纪检监察组组长　赵　军（2月任）

体育局

局　长　王　微
副局长　张国防　周朝晖　张家富

赵　君　朱聚江（2月任）
蒋　涛（11月任）
纪检监察组组长　杜国政（3月任）

统计局

局　长　万永生（1月免）
滕　飞（1月任）
副局长　祝遵刚　孙玉平
张庆华（2月任）
纪检监察组组长　王停军（2月免）

旅游局

局　长　李　芳（女）
副局长　何宏波　刘根成　李明伟
胡家安　刘　源
魏志雄（10月任）
纪检监察组组长
刘海青（女，2月任）

粮食局

局　长　刘啸峰（1月免）
李文岭（1月任）
党委副书记　魏来圈
副局长　张旭东　王喜胜（10月任）
张世然　胡光程（3月免）
李彦斌
纪检书记　王喜任（2月免）

信访局

局　长　韩俊远
副局长　李应旺　冯　明（12月免）
王随府（12月免）　田书黎
金爱江
纪检监察组组长　霍训军（2月免）

外事侨务办公室

主　任　蔡玉奇
副主任　刘培林（2月免）
马国立（2月任）　张树忱
黄改玲（女）　刘　洪
纪检监察组组长　马国立（2月免）

法制办公室

主　任　张江涛
常务副主任　李文德
副主任　李惟锋　牛承志　胡以杰
纪检监察组组长　张金生

人民防空办公室

主　任　周顺杰
副主任　许晓常　项忠阳　石如善
王作伟（2月任）
纪检监察组组长　王作伟（2月免）

文物局

局　长　任　伟
党组副书记　郭　磊（女）
副局长　王　杰　汪文道　任晓红
闫凤岗　胡　鹏（2月任）
纪检监察组组长　胡　鹏（2月免）

园林局

局　长　薛永卿
党组副书记　赵景尧
副局长　姚喜民　赵富荣（2月任）
许学清　祖应军　张　强
纪委书记　郭书君（2月免）

国有资产监督管理委员会

主　任　李秀山
党委副书记　黄名坤
副主任　岳启明　郭耀伟　刘学银
于东启　孟庆平
纪委书记　苏海平（2月免）
纪检监察组组长　苏海平（2月任）

工商行政管理局

局　长　吴凤军
副局长　张元龙　陈传建　江　洪
纪检监察组组长
黄　静（女，2月任）

质量技术监督局

局　长　赵红军
副局长　尚建国　王拥军　李海陆
纪检监察组组长　刘国权（2月免）

·市政府直属事业单位·

煤炭管理局

局　长　柴栓庆
副局长　徐建林　王少宗
王国占（12月免）　师志刚
黄保臣　丁振庆
范江民（10月任）
纪检监察组组长
马海红（女，2月免）

住房公积金管理中心

主任、党组副书记　朱蜀辽
党组书记　赵　伟（女）
副主任　薛佩玲（女）　罗　鸣
李力刚　刘帮成　史保金
纪检监察组组长　尹丙申

机关事务管理局

局　长　徐　勇
党组副书记　韩　勇
副局长　姚希岗　常　利　李洪建
王新涛　孙建军
孟　翔（10月任）
纪检监察组组长　姚　光（2月免）

接待办公室

主　任　宋林杰
副主任　彭起信（2月免）　陈培民
白建军　李建军
纪检监察组组长　朱海平（2月免）

供销合作社

主　任　刘五一（9月免）
党组书记　张　杰
监事会主任　宫建国
副主任　贾耀刚　丁庆彪
常建青（2月免）　杨燕青
苏现民　赵文生
纪检监察组组长　李国书（2月免）

地震局

局　长　王红梅（女）
党组书记、副局长　于　明（9月免）
副局长　蒋炎平（2月任）　苏海敏
刘明强　刘佑军（1月免）
张廷贤
纪检监察组组长　蒋炎平（2月免）

地方史志办公室

主　任　朱　军
副主任　王丹东
纪检监察组组长　吴相武（2月免）

建设投资总公司

副总经理　秦广远　沈建焜　付立文
党委副书记　孙喜顺

市场发展局

局　长　田跃平
副局长　唐文革　罗黎明　房广明
陈付全　王海涛

仲裁委员会办公室

主　任　杨爱玲（女）
副主任　柴　青（女）　谷　青（女）
李红武　崔工作　陈世东

·市政府派出机构·

郑州航空港经济综合实验区（郑州新郑综合保税区）

党工委书记　马　健（11月免）
党工委副书记、管委会主任
张俊峰（11月任）
党工委副书记　张春阳（9月免）
管委会副主任　常继红（女）
王春山　蔡　红（女）
郑福林　樊福太

郑东新区

党工委书记、管委会主任　王　鹏
党工委副书记、管委会常务副主任
牛瑞华
党工委副书记　马安庄
管委会副主任　周定友　周军营
陈平山　郭程明

魏宁娣（女）
管委会主任助理　李　晗（女）
纪工委书记　孟祥岭

经济技术开发区管委会

党工委书记、管委会主任　樊福太
党工委副书记、管委会常务副主任
李雪生（1月免）
副主任　王义民　孙　兵
李国立（9月免）
师淑君（女，7月免）
杨　光　马　良
刘　洋（1月任）
纪工委书记　武　斌

高新技术产业开发区

党工委书记、管委会主任　王新亭
党工委副书记、管委会常务副主任
李金勇（1月免）
张红军（1月任）
党工委副书记　张良才
管委会副主任　张静伟　王　军
王宏伟　姚五洲
贾有林
纪工委书记　孟溯繁

火车站地区管委会

党委书记、管委会主任　刘建峰
党委副书记、管委会常务副主任
郝国军
管委会副主任　冯现朝　韩道俊
王　伟　白清志
宋贺鹏
纪委书记　丁占清

黄河生态旅游风景区

党工委书记、管委会主任　雒国栋
党工委副书记　李振兴
管委会副主任　马玉林　杜振宇
胡　春　成才旺
李宗建
纪工委书记　王建军

中国（河南）自由贸易试验区郑州片区管委会

管委会主任　万正峰（兼）
管委会常务副主任　张秋云（女）
副主任　袁进超　朱召龙

·市政府驻外办事机构·

市政府驻北京联络处

主　任　张党权
副主任　常宏瑞

市政府驻广州办事处

主　任　彭起信（2月任）
副主任　刘　刚　王忠文

市政府驻上海联络处

主　任

·省市双重管理机构·

国家税务总局郑州市税务局

（2018年7月5日，原郑州市国家税务局、郑州市地方税务局正式合并，成立国家税务总局郑州市税务局）
局　长　刘　峰（10月任）
副局长　杨立平（10月任）
李雷鸣（10月任）
白嵩峰（10月任）
马松伟（10月任）
宋　山（10月任）
冯　霖（女，10月任）
李　巍（10月任）
刘丽玲（女，10月任）
王　平（女，10月任）
纪检组长　韦　鑫（10月任）

烟草专卖局（公司）

局　长（经理）　蒋中民
副局长　施鹏跃（12月任）
副经理　施鹏跃（12月免）
孟红新（女，4月任）
司军鹏
纪检监察组组长
孟红新（女，4月免）
陈　涛（女，6月任）

河南省邮政公司郑州市分公司

总经理　张战军（8月免）
孙东风（8月任）
副总经理　刘　涛　梁　斌
王　辉（8月免）　范克洲
纪委书记　梁　斌（兼）

供电公司

总经理、党委副书记　刘长义
党委书记、副总经理
杨好忠（3月免）
程乐园（6月任）
副总经理　李智敏（4月免）
胡玉生（9月免）
王　柳（4月任）
雷　平（4月任）
林　慧（女）
代鑫波（4月任）
程　旭（9月任）
纪委书记　王　鹏

（范鹏飞　刘　恒　程天天）

政协郑州市第十四届委员会

（2018年9月29日政协郑州市第十四届委员会第一次会议通过）
主　席　黄保卫
副主席　李新有　吴晓君（女，满族）
薛景霞（女）　岳希荣（女）
王万鹏　王东亮　刘　睿
秘书长　吴耀田
副秘书长　谭　哲　汤　燕（女）
王松涛
常务委员（98人，按姓氏笔划排）
丁言兆　丁海燕　于　明
于　珊（女）　于存涛　马克霞（女）
王　丽（女）　王　辉
王　鹏（经济界）　王长旗　王文浩
王巧荣（女）
王红梅（女，无党派界）
王丽艳（女）　王松涛　王春晓
王洪波（女）　王跃胜　王琳琳（女）
王新荣（女）　巨立让　申培红（女）
吕　龙　吕　剑（女）　刘　东（女）
刘五一　刘光访　刘旭光　刘忠明
刘胜平　刘理伟　刘崇怀　刘清江
齐秀娟（女）　汤　燕（女）　阴志勇
花姝红（女）　严　璐（女）
杜敏生（回族）　李　琳　李文凡
李华云　李建伟　李秋红（女）
李海铁　李献峰　杨保成　吴　咏
吴予红（女）　吴营昌　汪德峰
沈立承　宋长峰　张　英　张玉笋
张志泉　张杰锋　张春香（女）
张琳琳（女）　张新东　陈玉山
尚　贤（女）　岳　明（女）
周宇红（女）　郑方燕（女）　郑俊杰
郑高飞　赵永录　赵克新　赵学庆
郝　伟（女）　胡华敏（女）　柳　青
钟海涛　施　展　徐　平（女）
郭　伟（女）　郭　良　郭玉兵
郭益民（女）　郭耀伟　黄万新
黄国敏　曹红学　常　伟　梁远森
寇　爽（女）　葛　飞　葛震远
董建山　释会童　虞　婕（女）
路志欣　蔡玉奇　谭　哲　潘泽林
潘新红（女）　魏宁娣（女）

·市政协工作机构·

办公厅

主　任　谭　哲
副主任　丁言兆　徐　莹（女，回族）
乔　磊

调研室

主　任　张　英
副主任　金　武

提案委员会

主　任　李献峰
副主任　张沄龙

经济委员会

主　任　李海铁

副主任　张灵芝（女）

农业委员会

主　任　郭　良
副主任　陈金城

人口资源环境委员会

主　任　钟海涛
副主任　何　洁（女）

教科文卫体委员会

主　任　虞　婕（女）
副主任　刘艳秋（女）

社会和法制委员会

主　任　刘五一
副主任　侯艳芳（女）

民族和宗教委员会

主　任　刘光访
副主任　陈　斌

文史资料委员会

副主任　杨合法

港澳台侨和外事委员会

主　任　蔡玉奇
副主任　王爱芳（女）

委员管理联络委员会

主　任　张春香（女）
副主任　赵先玲（女）

城市建设委员会

主　任　于　明
副主任　杨国怀

拜祖大典组委会办公室

主　任　董建山

（李　杰　刘惠娟）

民主党派

民革郑州市第十二届委员会

主　委　刘　东（女）
副主委　张自福　牛培玲（女）
　　　　刘五一　王巧荣（女）
　　　　郝军峰
秘书长　张　路

民盟郑州市第十三届委员会

主　委　郝　伟（女）
副主委　张洛通　王新荣（女）
　　　　张志华　齐迎萍（女）
　　　　刘清江
秘书长　宋喜玲（女）

民建郑州市第十五届委员会

主　委　孙　黎（女）
副主委　李政军　于　珊（女）
　　　　周　平（女）　沈立承
　　　　尚建国
秘书长　百金丽（女）

民进郑州市第五届委员会

主　委　赵学庆
副主委　汪德峰　张　强
　　　　李建霞（女）　安惠萍（女）
　　　　郭玉兵
秘书长　李建霞（兼）

农工党郑州市第七届委员会

主　委　李新有
副主委　李凤芝（女）　郑方燕（女）
　　　　母心灵（女）　潘泽林
秘书长　师艳军

九三学社郑州市第六届委员会

主　委　郑高飞
副主委　刘崇怀　李秋红（女）
　　　　黄万新　何艳丽（女）

（杨飞雁　石　林　沈开伟）

工商联

主　席　薛景霞（女，兼）
党组书记　王　新（兼）
驻会副主席　王清祥　许元浩
秘书长　李　翔

（崔　迎）

郑州市中级人民法院

院　长　于东辉（9月免）
　　　　李志增（9月任）
副院长　李广湖　王志民
　　　　刘玉华（女）　李保甫
　　　　赵永纯　石志军
政治部主任　高延安
纪检监察组组长
　　　　闫金丽（女，2月免）
　　　　霍训军（2月任）

（李　尧）

郑州市人民检察院

检察长　刘海奎（1月任）
党组副书记、常务副检察长
　　　　宋　楠（女）
副检察长　朱专兴（11月免）
　　　　赵光南　范　俊　苏长明
　　　　孙　武
政治部主任　丁　力
纪检监察组组长　司永军

（范传斌　李留成）

郑州市群众团体组织

总工会

主　席　赵新中
党组副书记、常务副主席
　　　　王玉红（11月任）
党组副书记　赵志新
副主席　施　展　宋少丹　张建涛
　　　　林增志　徐振亚
　　　　朱　宇（12月任）
纪检监察组组长　李成先（5月免）

共青团郑州市委员会

书　记　张艳华（女）
副书记　张琳琳（女，2月任）

妇女联合会

主　席　马斐颖（女）
副主席　周宇红（女，2月任）
　　　　侯淑玲（女）
　　　　刘翠柳（2月任）
　　　　李俊贤（11月任）
纪检监察组组长
　　　　周宇红（女，2月免）

文学艺术界联合会

党组书记　徐大庆
主　席　钟海涛（9月免）
　　　　徐大庆（12月任）
副主席　马素芳（女，12月免）
　　　　李国昌（12月任）　程韬光
　　　　杨少勇（12月任）　贾伟东
　　　　楚彦凯　周春晖（10月任）
纪检监察组组长　李国昌（2月免）

归国华侨联合会

主　席　吕　剑（女）
副主席　李卓瑜（女，2月任）
纪检监察组组长
　　　　李卓瑜（女，2月免）

残疾人联合会

理事长　张群保
常务副理事长　程广平
副理事长　周长信　陈　卓（女）
　　　　王军辉　包亚斌（2月任）
　　　　张松振（10月任）
纪检监察组组长　吕　源（2月免）

社会科学界联合会

主　席　赵思群（11月免）
　　　　叶光林（女，11月任）
党组副书记、副主席　宫银峰

副主席　许颖杰　秦贤卿　马　飞
秦凤云（2月任）
韩玉冰（10月任）
纪检监察组组长　梁晓冬（2月免）

科学技术协会

主　席　吴予红（女）
副主席　张福清（9月免）　马国明
崔光伟　王世珍（女）
王　前（2月任，9月免）
曲海涛　李文龙
刘国俊（10月任）
耿聪慧（12月任）
纪检监察组组长　王　前（2月免）

红十字会

会　长　刘　东（兼，9月免）
孙晓红（兼，9月任）
常务副会长　刘光访（9月免）
副会长　韩孝坤（女）　汤　震
杨　威　张晓煜（10月任）
秘书长　王晓东

驻郑部属及省属单位

·交通机构·

中国铁路郑州局集团有限公司（2017年11月19日郑州铁路局更现名）

党委书记、董事长　钱　铭
党委副书记、副董事长、总经理
孙　景
党委副书记、副董事长　剧凯锋
副总经理　吴翠珑　戴　弘　王国建
李　晋　李保成　陈　杰
纪委书记　陈述先

郑州车站

站长、党委副书记　张会清（1月免）
王铁一（1月任）
党委书记、副站长　刘治华（7月免）
苗丽君（7月任）
副站长　于佩离　王予刚　薛言琦
孟　刚　何少杰
党委副书记　葛明涛
纪委书记　高建生

郑州北车站

站长、党委副书记　张浩民（12月免）
麻克君（12月任）
党委书记、副站长　谭影舟
副站长　李坤营　李庆华
黄培源（6月免）
刘　世（6月免）
王卫华（7月任）
马　堃（12月任）
纪委书记　张春林

郑州东车站

站长、党委副书记　刘　霆（9月免）
张会清（9月任）
党委书记、副站长　冯兴宽
副站长　荆宇鹏
李兴新　白　斐
党委副书记　杨延明
纪委书记　蔡清峰

郑州客运段

段长、党委副书记　杨道兴（9月免）
李福成（9月任）
党委书记、副段长　何太峰
副段长　程　勇　田　鹏　马　强
张志超　李　斌　王卫东
吴新光　张春霞（女）
党委副书记　谢永峰（9月任）
纪委书记　谢永峰

·金融机构·

中国人民银行郑州中心支行

行　长　徐诺金
副行长　周　波（11月免）　王深德
朱培玉　李双锁　崔晓芙
纪委书记　谭志洪（11月免）
王春桥（11月任）

中国工商银行郑州分行

行　长　王晓东
副行长　荣卫民　刘明辉（1月免）
刘建民
周素玲（女，1月免）
崔朝东（1月任）　徐春柯
刘永祥（1月任）
纪委书记　崔朝东（2月免）
樊桂喜（2月任）
行长助理　张　充

中国农业银行河南省分行营业部

总经理　赵予开
副总经理　李传民　李炳英（女）
韩俊岭　李　光
王少云（女）　廖国清
张　峰

·保险机构·

中国人寿保险股份有限公司郑州市分公司

总经理　徐春成
副总经理　陈　峰（5月免）　高德胜
李新生（8月免）
刘浩燕（女）
闫志江（7月任）
王铭方（5月免）
杨　婷（3月免）
庞朝辉（5月免）

·其他单位·

郑州市黄河河务局

局　长　朱松立
副局长　蔡长治　余孝志
刘　巍　杨正卿
张佃茂
纪检监察组组长　刘　巍（2月免）
杨建增（2月任）

郑州银行

董事长　王天宇
行　长　申学清
监事长　赵丽娟
党委副书记、副行长　夏　华
副董事长　冯　涛
党委副书记　赵麦城（3月任）
副行长　郭志彬　孙海刚（3月任）
张文建（3月任）
毛月珍（女，3月任）
纪委书记　赵麦城（1月免）
张　骅（1月任）
行长助理　孙海刚（3月免）
张文建（3月免）
总会计师　毛月珍（女，兼）
（范鹏飞　刘　恒　程天天）

大事记

1月

2日

△郑州市与上汽集团在上海签署协议，上汽集团正式启动自主品牌郑州基地二期项目建设。市委书记马懿、市长程志明等出席签约仪式。上汽集团党委书记、董事长陈虹等出席签约仪式。

3日

△中国中原人力资源服务产业园区在郑州航空港经济综合实验区正式启用。这是全国11家“国字头”产业园区之一，也是唯一一家不按照行政区划限制而设立的跨区域性的专业园区。

4日

△郑州市下发《关于加快国家中心城市重大项目建设的意见》，提出要充分发挥重大项目在培育现代化经济体系，推进供给侧结构性改革、稳增长、调结构、补短板、惠民生、增后劲方面的关键性作用，持续突出项目带动，项目化推进，全面推进国家中心城市建设，推动经济高质量发展。

5日

△中国共产党郑州市第十一届委员会第六次全体会议召开。全会深入学习贯彻党的十九大精神，以习近平新时代中国特色社会主义思想为指导，听取和审议通过了省委常委、市委书记马懿受市委常委会委托所作的2017年工作报告，审议通过了市委常委会2017年抓党建工作情况专题报告，表决通过了中国共产党郑州市第十一届委员会第六次全体会议决议，强调全市各级党组织和广大党员干部要提高政治站位，树牢“四个意识”，振奋精神、转变作风、扑下身子、真抓实干，切实把改革发展稳定的任务落到实处，把改善民生、惠及百姓的实事办好，努力开创郑州全面加快国家中心城市建设的新局面。全会由市委常委会主持。

9日

△郑州市第十四届人民代表大会第六次会议在省人民会堂开幕。大会主席团常务主席马懿、程志明、白红战、靳磊、胡荃等在主席台前排就座。会议表决通过了大会选举办法。

10日

△郑州市第十四届人民代表大会第六次会议举行闭幕会。大会主席团常务主席马懿、程志明、白红战、靳磊、胡荃等在主席台前排就座。大会宣布了72名当选郑州市出席河南省第十三届人民代表大会代表名单，周富强当选为郑州市监察委员会主任，刘海奎当选为郑州市人民检察院检察长。

△郑州警方正式推出“郑州警民通”微信便民服务新平台。该微信平台集成了一个预约平台、三项热门业务、十项热点查询、户政业务在线预约、民警听民声和四项警民互动共17项功能，最大限度实现便民利民。

△中央文明办举行2017年12月中国好人榜发布仪式，郑州市周士良入选敬业奉献好人。至此，2017年郑州市共有8人荣登中国好人榜。

15日

△郑州市监察委员会正式挂牌。市委书记马懿、市人大常委会主任白红战为郑州市监察委员会揭牌。市委常委、市纪委书记、市监察委员会主任周富强主持挂牌仪式。

19日

△省重点项目——总面积200万平方米的郑州百荣世贸商城正式投用。这是离郑州主城区最近的市场外迁承接地。

24日

△省委书记谢伏瞻到省十三届人大一次会议郑州代表团，与代表共同审议政府工作报告，听取意见建议。他强调，郑州要把学习贯彻习近平新时代中国特色社会主义思想作为首要政治任务，坚持把建设国家中心城市作为重要抓手，站位新时代、展示新作为，努力做高质量发展的排头兵。马懿、张立勇、白红战、马健、杨东方、孙淑芳、丁波、王广幼、郭元军、魏东、张红伟、虎强等代表先后发言。

26日

△第十三届北京国际金融博览会在北京展览馆举办，郑东新区在本次金博会上荣获“最具影响力金融示范区奖”。

29日

△随着管城区监察委员会的挂牌，郑州市本级及所辖12个县（市）区监察委员会全部完成组建任务。

2月

1日

△郑州市举行2018年第一批重点项目集中开工活动，市委书记马懿等在主会场出席活动。本次集中开工共227个项目，总投资1480亿元，年度计划投资503亿元，其中省市重点项目63个（按打捆计算为48个），总投资758亿元，年度计划投资279亿元。

6日

△市委书记马懿带领市直有关部门负责人，深入中原区、二七区、金水区、惠济区等地，调研督导贾鲁河综合治理工程建设情况。

△位于上街区的河南三和航空工业有限公司自主研发的“太阳之鹰”自转旋翼机获得中国民用航空局颁发的型号合格证，标志着该款机型正式取得市场“通行证”，打破了我国自转旋翼机全部依赖进口的历史。

7日

△市委书记马懿带领有关部门负责人，深入新密市福利机构、困难企业、县城社区、农户家中，看望慰问困难职工、优抚对象、低保对象和困难党员群众。市人大常委会党组书记胡荃一同看望慰问。

△市委召开党外人士座谈会，向市各民主党派、工商联负责人和无党派代表人士通报2017年全市经济社会发展、党风廉政建设和反腐败工作情况，听取意见建议。代市长王战营出席座谈会并讲话。

△市委、市政府召开会议，向离退休干部通报2017年全市经济社会发展及廉政建设和组织工作开展情况。代市长王战营出席会议并讲话。岳修武等副市级以上离退休老领导和郑州警备区主要离退休老领导参加会议。

8日

△市委书记马懿主持召开市委常委会会议。会议传达学习了党的十九届二中全会精神、《省委关于认真学习贯彻党的十九届二中全会精神的通知》，十九届中纪委二次全会、十届省纪委三次全会精神，全国全省组织部部长会议精神，全国全省宣传部部长会议精神，中央省委政法工作会议和全国全省扫黑除恶专项斗争电视电话会议精神，省委、省政府《关于深化省直管县管理体制改革完善省直管县管理体制的意见》，研究郑州市贯彻落实意见。会议原则通过《市委关于坚决维护党中央集中统一领导的规定》。

9日

△市政府办公厅公布《郑州市政务服务集成化提供改革工作方案》，郑州市将以建设市级政务服务综合平台、全面规范市县乡村四级政务服务体系为依托，全面运行一号申请、一窗受理、一网通办工作机制，10月31日前，试点推行政务服务同城通办和公共服务主动提供。

13日

△市委、市政府举行2018年春节团拜会，市委书记马懿、省军区副司令员宋存杰、战略支援部队信息工程大学副校长兼教育长宋明武等出席团拜会。市委副书记、市委秘书长靳磊致辞。

14日

△省委书记、省人大常委会主任谢伏瞻在郑州看望慰问春节期间坚守岗位的铁路职工、医护人员、消防官兵、环保战线干部职工和电力职工，代表省委、省政府向他们表示感谢，并致以新春祝福。郑州市委书记马懿、省委秘书长穆为民一同看望慰问。

△市政府发布《关于成立郑州国家中心城市产业发展基金管理委员会的通知》，经市政府研究，决定成立郑州国家中心城市产业发展基金管理委员会，加强对郑州国家中心城市产业发展基金的领导。

22日

△郑州市生态建设暨创建国家生态园林城市动员大会召开。市委书记马懿主持会议并讲话，指出全市上下要迅速进入工作状态，抓住当前绿化有利时机，掀起生态建设高潮，不断提升生态建设水平，为郑州建设国家中心城市夯实生态基础。会议印发了《2018年郑州市生态建设工作要点》《郑州市创建国家生态园林城市实施方案》等文件。

23日

△中国共产党郑州市第十一届纪律检查委员会第三次全体会议召开，市委书记马懿出席全会第一次大会并讲话。市纪委书记周富强主持会议并代表市纪委常委会作题为《以习近平新时代中国特色社会主义思想为指导努力开创郑州全面从严治党新局面》的工作报告。

26日

△市政府召开第86次常务会议，听取2018年度郑州市重点民生实事谋划情况汇报，审议《郑州市2018年生活垃圾分类工作实施方案》和《郑州市建设中国制造强市若干政策补充意见》。会议审议并原则通过《郑州市2018年生活垃圾分类工作实施方案》。《郑州市建设中国制造强市若干政策补充意见》。会议还学习了《规章制定程序条例》，并研究了其他议题。

27日

△市委书记马懿带领市直相关单位负责人，深入部分市政交通重点工程和园林绿化工程施工现场，督导畅通郑州建设和生态建设工作。

3月

1日

△郑州市召开全市人民满意公务员表彰大会，表彰全市公务员队伍的优秀集体和个人。市委常委、组织部部长焦豫汝宣读表彰决定。中牟县林业园林局等15个单位被授予“人民满意的公务员集体”称号，60人被授予“人民满意的公务员”称号，3人荣立个人二等功，13人荣立个人三等功。

2日

△郑州知识产权法庭挂牌成立，这是河南省首家知识产权审判专门机构，标志着郑州知识产权案件审理跨区域管辖、专业化审判进入了一个全新阶段。

5日

△市政府召开第87次常务会议，审议并原则通过了《郑州市人民政府关于进一步完善大棚户区改造工作的意见》。会议要求，全市上下要围绕市委、市政府确定的“以建为主、提升品质、扩大成效”阶段任务，进一步完善全市大棚户区改造工作。各开发区、县（市）区切实抓紧抓好，实现安置房全面开工建设。市政府各有关部门积极配合，主动服务，及时完善相关施工手续，确保安置房如期建成，早日实现群众回迁、网签办证。

8日

△市委农村工作会议召开。会议深入学习贯彻党的十九大和中央、省委农村工作会议精神，动员全市上下统一认识、明确方向，以实施乡村振兴战略为抓手，努力开创郑州城乡统筹融合发展和“三农”工作新局面，为加快建设国家中心城市奠定更加坚实基础。市委书记马懿出席会议并讲话。

9日

△郑州市环境污染防治攻坚战2017年总结表彰暨2018年攻坚动员大会召开。市委书记马懿主持会议并讲话，市委副书记靳磊作动员讲话。会上下发了《郑州市2018年大气污染防治攻坚战实施方案》及10个专项方案、《郑州市2018年环境空气质量周排名奖惩办法》等文件。

14日

△市委、市政府召开全市宗教工作会议。市委书记马懿出席会议并讲话。

15日

△市委书记马懿主持召开市委常委会会议，听取郑州航空港经济综合实验区、中国（河南）自由贸易试验区郑州片区、郑洛新国家自主创新示范区郑州片区“三区”建设工作汇报，研究部署下一步工作。会议强调，全市上下要充分认识“三区”建设在发展全局中的重要地位和作用，突出重点，抓住关键，坚持项目化推进，带动全局发展。航空港实验区要着力推动产、港、城协调发展，全面建设经济转型的先行示范区、对外开放的现代物流中心、体制机制创新的示范区、产城融合的航空新城和重要的航空枢纽。自贸区要以制度创新为核心，加快推进贸易便利化、投资便利化、监管法制化，着力打造国际化营商环境。自主创新示范区要以一批重大承接载体建设为带动，加大“四个一批”培育力度，努力形成一批新的创新亮点。

16日

△全市脱贫攻坚领导小组（扩大）会议召开，学习贯彻习近平总书记近期关于脱贫攻坚重要讲话精神和全国、全省扶贫开发工作会议精神，总结2017年脱贫攻坚工作，安排部署2018年工作。市委书记马懿出席会议并讲话。

20日

△市委、市政府召开郑州国家中心城市建设工作推进会。市委书记马懿要求，要紧盯全年目标任务，抓好经济运行，保持良好发展态势，努力实现高质量发展。

22日

△市委书记马懿主持召开市委党建工作领导小组会议，听取全市2017年党建工作总结和2018年工作要点的汇报，审议《市委常委2018年履行全面从严治党主体责任清单》《“支部建设提升年”实施方案》等有关文件，就下一步党建工作进行安排部署。

26日

△郑州市举行2018年第二批重点项目集中开工仪式，总投资3851亿元的306个重点项目集中开工，涵盖电子信息、装备制造、新能源、生态环保和民生社会事业等领域。市委书记马懿在金水区主会场出席活动。

△市委书记马懿带领市直有关部门负责人，深入金水区调研重点项目建设工作。

27日

△市政府印发《郑州市建设中国制造强市若干政策的补充意见》。该政策旨在深入贯彻落实中国制造2025及河南行动纲要，作为创建“中国制造2025”国家级示范区的配套政策，助力先进制造业基地建设，推进郑州制造加快质量变革、效率变革、动力变革，实现高质量发展。

28日

△全市新型城镇化工作会议召开。市委书记马懿强调，要突出重点，狠抓落实，不断扩大工作成效。

30日

△省委书记王国生到郑州经开区调研，强调要扎实贯彻习近平总书记在河南特别是郑州考察时的重要讲话和指示精神，深化改革开放创新，推动经济高质量发展、城市高品位建设，增强对全省的引领带动辐射作用，加快建设国家中心城市。

4月

1日

△美国东部时间3月31日18时许，一架波音全货机从芝加哥机场起飞，经过16小时飞行，抵达郑州新郑国际机场。3小时后再次起航飞回芝加哥，标志着跨境电子商务（简称E贸易）郑州—芝加哥出口专线包机首飞成功。

2日

△省长陈润儿到郑州高新区、经开区调研科技创新工作。他强调，要充分发挥中央科研单位的头雁作用，带动区域创新发展能力提升，为河南高质量发展提供强大动能。

8日

△市政府召开第90次常务会议，审议并原则通过郑州市住房租赁试点工作的相关配套政策，以及《郑州市产业集聚区企业分类综合评价实施办法（试行）》。会议要求，全市上下要以建立租购并举住房制度为主要方向，健全以市场配置为主、政府提供基本保障的住房租赁体系，切实做好试点探索工作，推动实现城镇居民住有所居目标。要坚持科学发展、客观评价、方便操作、分类施策的评价原则，科学设置评价指标体系，力求客观公正评价各产业集聚区企业发展，引导其更好提质转型升级，增强产业集聚区对全市转型发展攻坚的支撑带动作用。

10日

△全国工商联副主席谢经荣一行到荥阳市，就乡村振兴战略工作进行专题调研。

△新郑郑韩故城遗址入选“2017年度全国十大考古新发现”。此次考古是历史上对郑韩故城城门进行的第一次科学发掘，全面揭露了春秋战国时期城门的构造、16条春秋至明清时期道路的走向，印证了史书中对郑国“渠门”的记载。同时发现战国时期带有防御体系的瓮城城墙，属中原地区东周时期王城遗址首次发现。

11日

△中国民用航空局出具批复，同意郑州机场飞行区指标由4E升级为4F。至此，郑州机场正式跻身国内最高等级机场俱乐部，成为全国第12个4F等级机场。

13日

△市政府召开第91次常务会议，审议并原则通过《郑州市生产安全事故报告和调查处理办法》《郑州市生产安全事故隐患排查治理办法》《郑州市人民政府关于做好当前及今后一段时期就业创业工作的实施意见》，并听取全市能源业转型发展暨清洁取暖试点城市建设有关情况汇报。

14—15日

△第二届“强网杯”全国网络安全挑战赛、强网论坛暨网络安全军民融合先进技术展示会系列活动在郑州高新区举行，16名院士和腾讯科技等企业负责人出席活动。

16日

△由两岸企业家峰会主办的2018两岸智能装备制造郑州论坛在郑州开幕。本次论坛以“智能装备制造 链接两岸引领未来”为主题。两岸企业家峰会大陆方面理事长曾培炎，台湾方面理事长萧万长，省委书记王国生，中央台办、国务院台办主任刘结一出席开幕式并致辞。省长陈润儿主持开幕式。两岸企业家峰会台湾方面副理事长江丙坤，省市领导孙守刚、马懿、穆为民等，部分装备行业龙头企业和知名上市公司负责人出席开幕式。开幕式后，与会领导鉴签项目签约仪式。论坛确定签约项目17个，其中6个项目进行了现场签约。论坛期间，中央台办、国务院台办主任刘结一赴航空港实验区，调研了富士康科技园、友嘉集团等。

△在副省长何金平、卢森堡驻华大使俞博生的共同见证下，卢森堡旅游签证（郑州）便捷服务平台在郑东新区揭牌运营，实现了河南省办理签证业务的“零”突破。

△市政府公布《郑州市加快文化产业发展若干政策》，加快建设华夏历史文明传承创新中心，推动文化产业成为国民经济支柱性产业。

16—17日

△民建中央副主席、四川省人大常委会副主任、民建四川省委主委陈文华一行到郑州市，就自贸试验区建设进行考察调研。民建河南省委主委、河南省政协副主席龚立群等参加调研活动。

△黄帝文化国际论坛在新郑市举行。本届论坛由中华炎黄文化研究会、中国先秦史学会、中华黄帝故里建设促进会、郑州市人民政府、政协郑州市委员会主办，以“黄帝文化与新时代”为主题，南京师范大学文学院教授郦波等先后围绕论坛主题进行了演讲。

17—19日

△第十二届中国（河南）国际投资贸易洽谈会在郑州举行。本届投洽会由河南省人民政府、中国国际贸易促进委员会、中国人民对外友好协会共同主办，以“开放创新、合作共赢”为主题，共举办了6项重点活动、9项专题活动、5场兄弟省市区经贸对接活动和投资贸易展览展示，参会客商来自全球86个国家和地区，共1.96万人。签约项目321个，投资总额4399亿元。郑州共达成36个签约项目，拟投资总额1872.88亿元，签约项目涵盖

了先进制造业和高成长服务业。省委书记王国生，省委副书记、省长陈润儿，世界贸易组织副总干事易小准，全国人大外事委员会副主任委员曹卫洲，全国工商联副主席黎昌晋，中国科学院院士、国际纯粹与应用化学联合会主席周其凤等领导和嘉宾出席开幕式。开幕式上举行了重大合作项目签约，现场集中签约重大项目132个、总投资2993亿元。

18日

△戊戌年黄帝故里拜祖大典在新郑市举行，来自30多个国家和地区的近8000人参加大典。拜祖大典由河南省人民政府、政协河南省委员会、国务院台湾事务办公室、中华全国归国华侨联合会、中华全国台湾同胞联谊会、中华炎黄文化研究会联合主办，郑州市人民政府、政协郑州市委员会、新郑市人民政府承办，主题延续保持为“同根同祖同源，和平和睦和谐”。全国政协副主席王正伟，十届全国人大常委会副委员长、中华炎黄文化研究会会长许嘉璐，十一届全国人大常委会副委员长桑国卫，中国国民党前副主席蒋孝严，民革中央副主席兼秘书长李惠东，民盟中央副主席龙庄伟，民建中央副主席陈文华，民进中央副主席王刚，农工党中央副主席兼秘书长曲凤宏，致公党中央副主席张恩迪，九三学社中央副主席兼秘书长印红，全国工商联副主席黎昌晋，全国台联会长、党组书记黄志贤，中央台办、国台办副主任龙明彪，中国侨联副主席朱奕龙，中华炎黄文化研究会常务副会长张希清、常文光，特别顾问赵德润，全国政协提案委员会副主任郭庚茂，青海省委副书记刘宁，青海省常务副省长王予波，甘肃省政协副主席德哇仓，河南省委书记王国生、省长陈润儿、省政协主席刘伟，郑州市委书记马懿、市人大常委会主任白红战、郑州市政协主席王璋、常务副市长王跃华等出席大典。省长陈润儿致欢迎辞。大典共有九项仪程：盛世礼炮、敬献花篮、净手上香、行施拜礼、恭读拜文、高唱颂歌、乐舞敬拜、祈福中华、天地人和。境内外近百家媒体报道了大典盛况。

19日

△海南省委常委、统战部部长张韵声，海南省政协副主席王勇率领海南省考察团到郑州，考察学习河南自贸试验区工作经验。河南省委常委、统战部部长孙守刚，郑州市委常委、统战部部长杨福平，市政协副主席薛景霞陪同调研。

△第十五期钱学森论坛在郑州高新区举办。该论坛由中国航天系统科学与工程研究院、中国航天工程科技发展战略研究院、郑州市人民政府、中国科学院科技战略咨询研究院和郑洛新国家自主创新示范区建设领导小组办公室主办，邬江兴等十余位院士及来自党政军企、科研院所、高等院校的代表等千余人参加，围绕“智慧产业发展现状与未来趋势、智慧产业与智慧社会良性互动关系、智慧社会的总体设计、军民融合如何支持智慧产业发展和智慧社会建设”主题，为智慧产业发展和智慧社会建设出谋划策。论坛期间还签署了一系列战略合作协议，并发布建设智慧社会的“郑州宣言”。

20日

△国家知识产权局正式向郑州授牌，批准郑州市建设国家知识产权服务业集聚发展示范区，标志着郑州国家知识产权服务业集聚发展迈进更高层级。

23日

△2018年郑州市十件重点民生实事工作正式公布。2018年，郑州市将做好扩大就业安居服务能力、提升医疗卫生保障水平、提高教育体育供给水平、关爱城乡特殊人群、持续改善生态环境、持续加强畅通郑州建设、大力实施文化惠民工程、强化便民服务设施建设、提升社会综合治理水平、促进城乡公共服务均等化发展等十件重点民生实事。

24日

△全国妇联书记处书记杨柳带领全国妇联调研组到郑州市调研妇女发展工作，省妇联主席郜秀菊，市委常委、组织部部长焦豫汝等陪同调研。

△市委书记马懿主持召开全市对外开放工作会议，强调要深入学习贯彻习近平总书记博鳌亚洲论坛主旨演讲和庆祝海南建省办特区30周年大会重要讲话精神，落实省委开放工作座谈会精神，进一步解放思想、抢抓机遇，抓住关键、持续突破，以更大的力度、更务实的创新举措扩大对外开放，努力把郑州打造成内陆对外开放高地，不断提升国际化水平，全面加快国家中心城市建设步伐。会议印发了《郑州市人民政府关于印发郑州市跨境电子商务综合试验区发展规划（2018—2020年）的通知》《郑州市人民政府办公厅关于加快郑州国际会展名城建设的意见》等文件。

26日

△生态环境部副部长翟青到郑州航空港实验区，调研环境保护工作。

27日

△2018郑州航展暨世界编队特技飞行年度颁奖盛典在郑州上街机场开幕。来自英国、意大利、澳大利亚等30多个国家和地区、6000余名通航业内人士和200余家客商参加航展。市委书记马懿，环球飞行协会创始人、主席克洛德·穆尼尔等出席开幕式。

28日

△郑州市召开庆祝五一国际劳动节暨2013—2018年度劳动模范、先进工作者表彰大会，对585名劳动模范（先进工作者）进行表彰，并号召全市上下要以劳模为榜样，爱岗敬业、恪尽职守，扎实工作、无私奉献，积极投身到郑州建设国家中心城市的新征程中。市委书记马懿等参加表彰大会。

△国务院办公厅下发《关于对2017年落实有关重大政策措施真抓实干成效明显地方予以督查激励的通报》，郑州市是全省唯一一家获得“全国2017年公立医院综合改革成效明显地市”称号的省辖市。

5月

1日

△“绿城通”交通联合卡上线运营，除包含原“绿城通”卡所有功能外，还可在全省18个省辖市及全国范围内实现交通一卡通的200多个城市，异地刷卡乘坐交通工具。

2日

△市委书记马懿主持召开十一届市委全面深化改革领导小组第六次会议，传达中央、省委全面深化改革领导小组会议精神，研究郑州市贯彻落实意见。会议审议并原则通过了《市委全面深化改革领导小组2018年工作要点》《郑州市2018年重大改革专项重点突破实施方案》《郑州市科协系统深化改革实施方案》，听取了郑州市“一次办妥”政务服务、不动产登记改革、投融资公司改革、农村“三权分置”改革、“僵尸企业”处置、城市综合执法改革工作进展情况汇报。

3日

△国务院办公厅对2017年落实推进供给侧结构性改革、适度扩大总需求、深化创新驱动、优化营商环境、保障和改善民生等有关重大政策措施真抓实干、取得明显成效的25个省（区、市）、82个市（地、州、盟）、116个县（市、区、旗）等予以督查激励，郑州市在推广政府和社会资本合作（PPP）模式工作方面成效明显，受到通报表扬。

4日

△国家知识产权局党组书记刘俊臣一行莅郑，对商标品牌战略和商标监管执法工作情况开展调研。

5—6日

△由徐州市委书记周铁根和徐州

市委副书记、代市长庄兆林率领的徐州市党政考察团到郑州考察。郑州市委书记马懿会见考察团一行，双方就两市进一步加强交流与合作，努力开创合作共赢发展的新局面达成了共识。

9日

△市委书记马懿主持召开全市脱贫攻坚第六次推进会议，强调要清醒认识当前脱贫攻坚工作面临的形势，以脱贫攻坚作风建设年为抓手，以解决工作中的突出问题为重点，以更加过硬的措施和作风，坚决打好打赢脱贫攻坚战，努力在全省走在前列、做出省会城市应有的贡献。会议印发了《关于2018年第一季度脱贫攻坚工作督查巡查情况的通报》。

△郑州警方举行新闻发布会，正式向社会推出第一批涉及治安、交警、出入境、消防等多个警种的93项“就跑一次”办结业务。

10日

△全省科技创新“四个一批”建设工作经验交流会议在郑州举行，省委副书记、省长陈润儿，副省长霍金花出席会议并讲话。陈润儿强调，要牢记习近平总书记的殷切嘱托，不辱使命，重点抓住“四个一批”，提升科技创新能力，助力实施科技创新战略，加快经济转型发展。中铁工程装备集团董事长谭顺辉、安源工程王复明院士代表经开区做经验交流发言。

△第二届全球跨境电子商务大会在郑州举行。全球CEO发展大会联合主席、中国与全球化智库主席、全球跨境电子商务大会主席龙永图等致辞；市委书记马懿出席大会并致辞，副省长何金平主持开幕式；阿里巴巴、腾讯、易贝、亚马逊等海内外知名跨境电商企业参会。本届大会以“跨境电商助力世界贸易发展”为主题，围绕跨境电商服务模式、业务标准、监管方式，产业协同、风险防控、金融服务创新，举办了开幕式、高峰会及一系列平行论坛。大会倡议发起成立跨境电子商务标准与规则创新促进联盟，并发布了联盟倡议书草案；发布了《跨境电商零售发展蓝皮书》；举行了EWTO核心功能集聚区业务洽谈对接会暨项目签约仪式，共有45个项目现场签约，签约金额230亿元。

△郑州市人民政府与中国标准化研究院跨境电子商务标准化合作框架协议签约仪式举行，标志着郑州市政府与中国标准化研究院将共同携手，通过跨境电子商务标准引领，带动郑州网上丝绸之路建设。

10—13日

△全国政协副主席刘奇葆率调研组到河南，就大遗址保护和利用开展调研。在郑州市考察调研期间，调研组通过听取市文物局有关大遗址保护工作汇报、深入考察郑州大河村遗址博物馆等，详细了解了全市文化遗产保护和大遗址保护展示利用等情况。调研组强调，要充分把握郑州建设国家中心城市的大好时机，把商都历史文化文明和遗产保护展示利用工作融入城市总体规划建设中去。

11日

△全国政协副主席、中央统战部副部长、国家民委主任巴特尔围绕党的十九大和中央民族工作会议精神的贯彻落实，到郑州市进行调研。

△国家自然资源部副部长曹卫星到中牟县，调研征地补偿安置工作。

△农业农村部党组成员吴宏耀一行到郑州市调研农业农村工作，了解农产品批发销售、经营效益和园区建设、生产经营等情况，并征求商户对进一步做好农产品流通工作、企业对发展都市生态农业和休闲农业等扶持政策的意见建议。

15日

△第十一届全国五好家庭表彰大会在北京人民大会堂举行，郑州市薛荣、孙建文两户家庭获得此项荣誉并受到表彰。同日，郑州平民英雄任留彬家庭、热心公益石聚彬家庭、勤于奉献江学成家庭光荣上榜全国“最美家庭”。

△市政府召开第93次常务会议，审议并原则通过《郑州市2018年河湖（库）长制工作要点》及其配套方案。会议指出，要坚持人与自然和谐共生的基本方略，自觉践行绿水青山就是金山银山的绿色发展理念，实现河湖（库）长制工作“全面、扎实、率先、有效”的总体目标，全面推进河湖（库）长制工作落实，打造“河畅水清、岸绿景美、人水和谐”的生态美丽郑州，助推郑州国家中心城市建设。

16日

△郑州珠江村镇银行正式开业。该银行为广州农商银行在全国发起设立的第25家珠江村镇银行，注册资本2亿元，由广州农商银行作为主发起行，联合郑东新区管委会及各界优质股东共同发起设立。

△在国家文化和旅游部公布的第五批国家级非物质文化遗产代表性项目代表性传承人名单中，河南省有43人入选，其中登封市的“登封窑陶瓷烧制技艺”传承人李景洲榜上有名。同月，登封窑陶瓷烧制技艺入选国家第一批传统工艺振兴目录。

17日

△郑州市首个公共资源产权交易项目“上海象业国际贸易有限公司资产转让项目”上线，标志着郑州市公共资源产权交易项目正式开始通过网上运行。

18日

△郑州市举行2018年第三批重点项目集中开工仪式，市领导马懿等在主会场出席活动。本次共集中开工292个项目，总投资2182亿元，年度计划投资615亿元。开建项目涵盖了装备制造、电子信息、金融商贸、文化旅游、基础设施、生态环保和民生保障等多个重点领域。

△由郑州开往中亚的铁路货运班列启运，标志着郑欧班列分支线路——中亚班列（郑州）正式开通。

△由中国摄影家协会、郑州市人民政府共同主办的2018中国国际摄影艺术节、中国第17届国际摄影艺术展览（简称2018国际摄影节展）在郑东新区启幕。本届国际摄影节展以“与新时代同行”为主题，包括中国第17届国际摄影艺术展览和郑州国际影像双年展两个展览。

19日

△全省2018年科技活动周启动仪式暨郑洛新国家自主创新示范区首届军民科技融合创新创业大赛决赛在郑州举行。27项初创组项目和27项成长组项目进行了路演展示，最终初创组“高性能空心玻璃微珠”和成长组“新一代相控阵雷达TR模块电子封装产品的产业化”获得一等奖。

21日

△民政部副部长高晓兵率相关部门人员到郑州，就规范和加强公墓管理、强化殡葬行业监管开展实地调研。

△市委书记马懿主持召开郑州市脱贫攻坚对口帮扶工作情况汇报会，强调要进一步提高站位、明确责任、细化措施，带着责任、带着感情抓好各项工作落实，为全省打赢精准脱贫攻坚战做出郑州应有的贡献。

22日

△市委书记马懿带领市四大班子负责人到郑州航空港实验区调研。马懿强调，要认真贯彻落实习近平总书记关于支持郑州—卢森堡“空中丝绸之路”建设的指示精神，推动郑州航空港实验区更高层次扩大开放、实现更高质量发展，为郑州建设国家中心城市提供更加有力支撑。

△由郑州市人民政府主办，郑东新区管委会承办的“第十一届中国·郑州（国际）生态城市与立体绿化大会”开幕，来自法国、日本、新加坡等数十个国家的百余位专家，参与研讨立体绿化和生态城市发展。

23日

△市委书记马懿带领市直有关部

门负责人深入二七区、管城区、金水区，检查督导防汛工作。

24日

△市委书记马懿深入脱贫攻坚联系点登封市调研。市领导焦豫汝、李喜安一同调研。

25日

△市政府召开第94次常务会议，审议并原则通过《郑州市城市精细化管理三年行动实施方案》《2018年郑州市城市精细化管理工作实施方案》和郑州市环境保护领域违法失信行为实施联合惩戒的相关办法等，并对安全生产工作进行再动员、再部署。

27日

△中共中央政治局常委、全国人大常委会委员长栗战书率领全国人大常委会执法检查组，在郑州市实地检查大气污染防治法实施情况。

△在交通运输部主办的“我的公交我的城”新能源公交高品质线路经验交流会上，郑州交运集团登封至郑州新能源公交线路被评为“新能源公交高品质线路”，是河南省唯一一条获奖的新能源公交线路。

27—30日

△2018中国（郑州）国际旅游城市市长论坛举行。省政协主席刘伟，中国文化和旅游部党组副书记、副部长李金早，省委常委、宣传部部长赵素萍，省委常委、郑州市委书记马懿，省人大常委会副主任徐济超出席开幕式。副省长何金平主持开幕式。联合国世界旅游组织执行主任祝善忠在开幕式上致辞。来自近30个国家、国内外100多个旅游城市的市长或代表参加论坛。本届论坛主题为“共享经济时代下的城市优质旅游”。论坛期间举办了“一带一路”旅游城市市长峰会、“天地之中 功夫郑州”郑州旅游之夜、世界旅游联盟“城市旅游”对话会、专题交流研讨等活动。

30日

△市委书记马懿主持召开郑州市城市精细化管理三年行动计划动员会。马懿要求，全市上下要突出“以建为主、提升品质、扩大成效”的阶段工作任务，努力提升城市精细化、智慧化管理水平，营造安全、整洁、有序、文明的城市环境，推动城市高质量发展。

31日

△第十一届中国（郑州）国际园林博览会闭幕。国家住建部副部长倪虹等出席闭幕式并讲话。市委副书记、市委秘书长靳磊致辞。园博会期间，郑州园博园接待游客260万人次，接待行业交流团队1000多个，日均接待游客超过1万人次，单日客流最高为10.7万人次。园博会闭幕后，郑州园博园将作为综合性城市公园永久保留，面向社会大众开放。

6月

1日

△省委书记王国生到河南省儿童医院（郑州儿童医院）看望少年儿童，并就儿童医院发展问题进行调研。省委常委、郑州市委书记马懿，省委常委、省委秘书长穆为民参加调研。

△市城乡规划局召开新闻通气会，通报百年德化历史文化片区将按照郑州国家中心城市“会客厅”的定位进行更新改造提升。

4—5日

△市委书记马懿率郑州市党政考察团到徐州市，就城市建设管理、产业转型升级、生态环境治理等工作进行考察学习。徐州市委书记周铁根，徐州市委副书记、代市长庄兆林等陪同考察，双方就进一步深化城市合作进行了深入交流。

7日

△省委书记王国生深入郑州市考点，检查指导高考工作，强调要以对党和人民高度负责的态度，站位全局、提升认识，细化措施、强化服务，以高质量的工作全力做好各项保障。

8日

△中共十九届中央委员，国务委员、国务院党组成员王勇在省委书记王国生的陪同下，到郑州EWTO核心功能集聚区内的郑州E贸易博览交易中心考察调研。

△市政府召开第95次常务会议，审议并原则通过《2018年郑州市产业集聚区建设专项工作方案》，并听取全市平安建设工作汇报。《2018年郑州市产业集聚区建设专项工作方案》明确，要进一步发挥产业集聚区综合载体作用，力争全年全市产业集聚区固定资产投资增长10%以上，实现规模以上工业企业主营业务收入增长10%左右。

△由中国楼宇经济联盟和清大文产（北京）规划设计研究院携手主流媒体、行业协会共同打造的第四届中国楼宇经济峰会在杭州闭幕，郑东新区中央商务区获得“2017中国最具活力中央商务区”殊荣。

10日

△市政府办公厅公布《郑州市海绵城市规划建设管理的指导意见》和《郑州市海绵城市规划建设管理办法的通知》，加快推进郑州市海绵城市建设。根据《意见》，郑州市将开展低影响开发（LID）的相关专题研究，在城市开发建设过程中，采用“渗、蓄、滞、净、用、排”等措施，提高水生态系统的自然修复能力。

11—13日

△中共中央政治局委员、中宣部部长黄坤明深入郑州、开封、周口、许昌等地，详细了解基层结合实际创新开展宣传思想工作和文化建设的情况，认真听取加强改进工作的意见建议。

12日

△郑州市召开中央环保督察“回头看”问题整改工作推进会，通报河南农大养鸡场污染环境问题有关情况，并对进一步做好中央环保督察“回头看”问题整改工作进行安排部署。市委书记马懿出席会议并讲话，强调要坚持问题导向，坚决抓好整改提升。要严肃纪律，以严肃问责促进各级履职尽责。

△郑州中德学院正式揭牌成立。该学院由同济大学中德职教联盟、德国巴伐利亚文教部与郑州市政府共同支持下，依托郑州工程技术学院建立。

13日

△市委书记马懿会见东风汽车公司董事长、党委书记竺延风一行。双方就进一步加快东风汽车郑州基地建设，深化双方合作，在更宽领域、更深层次实现共赢发展达成共识。

14日

△市委书记马懿会见上汽集团副总裁、上汽乘用车公司总经理王晓秋一行。双方就深化合作进行深入交流，达成广泛共识。

19日

△省委第一巡视组向郑州市委反馈巡视情况。省委巡视工作领导小组成员谢玉安向市委书记马懿传达了省委书记王国生关于巡视工作的重要讲话精神，省委第一巡视组组长米剑峰、副组长韩若冰反馈了巡视情况。马懿主持会议并作表态发言。

20日

△市委书记马懿主持召开市委常委会会议，集中学习省委第一巡视组关于巡视郑州市的反馈意见，研究部署郑州市的巡视整改工作。会议要求，要对照反馈的问题，逐一明确整改任务、工作举措、领导责任和时间节点，建立台账，对表销号、整改到位。

△市委书记马懿主持召开十一届市委全面深化改革领导小组第七次会议，传达中央全面深化改革委员会第二次会议精神，听取郑州市优化政务服务环境整体情况汇报，研究审议

《关于深化“放管服”改革推进政务服务“一次办妥”打造国际化营商环境的实施方案》。

21日

△省长陈润儿到郑州专题调研城市规划建设工作。省委常委、市委书记马懿等参加调研。陈润儿对郑州市近年来的发展成就给予充分肯定，并寄语郑州市要以习近平新时代中国特色社会主义思想特别是有关城市发展思想为指导，把握功能定位、增强承载能力、着力提升品质，以高标准规划为引领，坚定朝着加快建设国家中心城市目标迈进。

26日

△中央第一环保督察组副组长、国家生态环境部副部长赵英民到郑州市固体废弃物综合处理中心，督察生活垃圾处理反馈问题整改落实情况。市委书记马懿、副省长刘伟陪同督察。

27日

△郑州市召开庆祝中国共产党成立97周年大会，市委书记马懿出席大会并讲话。马懿要求，要认清新时代新使命，以强烈的政治担当、历史担当、责任担当展现新作为、做出新贡献。

△郑州市规划委员会召开第49次会议，审议市规委会成员名单、议事规则及专家委员会名单，研究《郑州市城市总体规划（2018—2035年）》及四项具体规划编制工作。市委书记马懿出席会议并讲话。

△市委书记马懿在郑州会见华为公司副总裁、政企云业务部总裁杨瑞凯一行，双方就进一步深化合作进行了交流洽谈。会见结束后，郑州市政府与华为技术有限公司签署战略合作协议。

△华南城二期项目举行集中开工仪式。市委书记马懿，市人大常委会主任白红战，市委常委、常务副市长王跃华等出席活动。本次集中开工项目共9个，总投资近200亿元。

△郑卢“空中丝绸之路”又一重点项目——河南卢森堡中心在郑东新区开工建设，这是河南省首个大型涉外服务综合体，项目建成后将成为河南联络世界的“国际客厅”。

△由杭州市发展会展业协调办公室和《中外会展》杂志社主办的第八届中外会展项目合作洽谈会在杭州闭幕，郑州市获“2018年度金五星优秀会展城市奖”，郑州国际会展中心获“2018年度金五星优秀会展场馆奖”。

28日

△市委书记马懿在郑州会见上汽集团董事长、党委书记陈虹一行，双方就进一步深化合作进行了充分交流。会见结束后，郑州市政府与上汽集团签署动力总成项目协议。

△第一期郑州市城市基层党建大讲堂开讲，全国优秀党务工作者、浦东干部学院兼职教授、上海市普陀区桃浦镇社区原党委副书记杨兆顺应邀为全市城市党建党务工作者作辅导报告。市委副书记、市委秘书长靳磊，市委常委、组织部部长焦豫汝出席活动。

29日

△5号线实现全线轨通，为年底空载试运行创造了有利条件。

7月

1日

△省委书记王国生到郑州市圆方物业集团党委参加主题党日活动，省委常委孔昌生、马懿、穆为民参加活动。王国生强调，要始终把基层党建牢牢抓在手上，建强基层组织、夯实基础工作、提升基本能力，巩固党的执政根基，推动党的建设高质量。要推进非公企业党建全覆盖，创新活动形式和工作载体，充分发挥教育引导作用，把大家凝聚在党的旗帜下。要认真贯彻省委十届六次全会要求，争做出彩河南人，为新时代中原更加出彩贡献力量。

3日

△省政协主席刘伟率省政协调研组一行到郑州市调研。市政协主席王璋等陪同调研。刘伟要求，要坚持党对政协工作的全面领导，切实提高履职能力，敢于讲真话善于讲真话，恪守职责，反映真实情况，供党委政府决策参考。要对问题进行深入研究，发挥好政协优势，提出管用的、有针对性的意见。

△市委书记马懿主持召开市委常委会（扩大）会议，传达学习省委十届六次全会暨省委工作会议精神，研究全市贯彻落实工作。

5日

△国家税务总局郑州市税务局正式挂牌，标志着原郑州市国家税务局、郑州市地方税务局正式合并。

6日

△市政府第98次常务会议，审议并研究通过关于《深化“放管服”改革推进政务服务“最多跑一次”打造国际化营商环境的实施方案》，听取当前郑州市脱贫攻坚工作情况并安排部署下一步工作。会议要求，各级各部门要重点围绕投资项目审批改革、企业开办时间压缩、审批服务便民化3个领域求突破、创亮点，加快构建“宽进、快办、严管、便民、公开”的政务服务新模式，打造形成法治有序、便企利民、优质高效的国际化营商环境。

9日

△市委书记马懿带领相关部门负责人深入部分重点区域，调研督导城市精细化管理工作。

10日

△退役军人事务部部长孙绍骋一行到管城区，实地调研“优抚对象三级服务网络”建设运行情况。

11日

△郑州市召开贯彻落实省委第一巡视组巡视反馈意见整改工作动员会，安排部署巡视整改落实工作。市委书记马懿强调，要加强领导，精心组织，确保整改效果。

△由中铁工程装备集团自主研制的、应用于迪拜DS233/2—深埋雨水隧洞项目的两台大直径盾构机成功下线。该设备开挖直径11.05米，总长约85米，整机重量约2000吨，是我国目前出口海外的最大直径土压平衡盾构机。

12日

△省政协主席刘伟率驻豫全国政协委员到经开区视察，市委书记马懿等陪同视察。

12—13日

△市委书记马懿带领相关部门负责人到三门峡市卢氏县，调研对接结对帮扶卢氏县脱贫攻坚工作。

16—21日

△第23届FIRA机器人世界杯竞赛中国公开赛在郑州高新区举行。本届大赛由FIRA机器人世界杯竞赛中国公开赛组委会和河南省教育国际交流协会主办，来自全国19个省、市的近100个单位的1829支参赛队，共计2023人次参加比赛。是历届以来规模最大、项目最全、参赛队伍和人数最多的一届比赛。

17日

△欧洲铁路交通联盟2018年度大会暨亚欧互联互通产业合作论坛（郑州）召开，来自中欧近100名行业代表、专家学者参加。本次大会由郑州市人民政府、欧洲铁路交通联盟共同主办，通过中欧城市、行业机构、学者企业间的交流，推动中欧铁路货运网络的发展。

17—18日

△省人大常委会副主任王保存率部分驻豫十三届全国人大代表到郑州市，就“发挥地方立法作用加强生态环境保护”开展专题调研。市领导白红战、胡荃等陪同调研或参加座谈。

18日

△由国家发改委地区经济司、

欧盟委员会地区与城市政策总司联合主办，河南省发改委、郑州市政府承办的第13次中欧区域政策合作研讨会在郑州召开。欧盟委员会委员克雷楚、欧盟委员会城镇政策总司顾问霍尔，河南省委常委、常务副省长黄强，郑州市委常委、常务副市长王跃华，以及法国尼斯市、德国曼海姆市、意大利罗马市等欧方案例地区代表，广州开发区、天津市、重庆市、成都市、武汉市、郑州市、汕头市等14个中方案例地区代表参加会议。研讨会以“区域创新和区域经济高质量发展”为核心主题，分享经验做法，并就合作发展进行深入交流。会议期间，举行了中欧区域政策合作案例地区签约仪式，郑州市与欧洲案例城市代表签署了11个合作备忘录及合作意向书。

19日

△市委书记马懿带领市直有关部门负责人深入二七区、金水区、郑东新区，实地调研督导安置房建设、征迁群众回迁安置工作。

△全国首届临空经济示范区联席会在郑州航空港实验区举行。郑州、北京等12个已获得批复的国家级临空经济示范区所在地省（市）发展改革委及管理机构代表参加会议。会议审议通过并签署了《全国临空经济发展郑州倡议》和《全国临空经济示范区建设联席会议制度》。

20日

△市委书记马懿在郑州会见泰康保险集团董事长兼首席执行官陈东升一行，市领导靳磊、王鹏、刘东等参加会见。双方就进一步深化合作进行充分交流，并签署了郑州市人民政府与泰康保险集团战略合作协议。

△全市县乡级国税地税机构正式合并，所有县级和乡镇新税务机构统一挂牌，标志着全市国税地税征管体制改革实现全覆盖。

22日

△在第九届“希望中国”青少年英语教育戏剧大赛全国总决赛上，中原区互助路小学陈安妮等9名同学表演的英语话剧“Calabash Brothers--Hand in Hand”（《葫芦娃》之七子连心）荣获一等奖，扮演“七娃”的胡一卓同学被评为最佳男主角，互助路小学被评为全国年度展评示范学校。

24日

△上汽乘用车郑州基地MG名爵全球样板工厂迎来了一个新的里程碑——总产量突破100000辆。

25日

△郑州市召开加强城市精细化管理深化文明城市创建工作推进会。市委书记马懿主持会议并讲话，强调要推进城市管理重心下移，理清市、区两级的职责，压实城市区的属地责任、街道办事处的主体责任。要提高标准，建立全社会共建共治共享的城市管理体系，使城市管理更加规范有序、市民文明素质不断提升。会议印发了《郑州市下放市区停车场建设管理权工作实施方案》《郑州市城市精细化管理工作“路长制”实施方案》等。

△市政府召开第100次常务会议，安排部署当前全市安全生产工作。会议要求，各级各单位要深入分析本地区本行业安全生产领域的突出问题，认真检查当前工作上存在的薄弱环节，强化监管、堵塞漏洞，以严防较大安全生产事故为重点，强化对重点行业、重点领域、重点人员、重点时段的安全监管。会议审议并原则通过《郑州市人口发展规划（2016—2030）》和《郑州市防治艾滋病“十三五”行动计划》。

26日

△工信部在沈阳举行第八批“国家新型工业化产业示范基地”授牌仪式，中牟汽车产业集聚区入选第八批国家新型工业化产业示范基地（优势类）名单，是河南省三年来唯一入选该项目的示范基地。

27日

△郑州市举行党政军庆“八一”座谈会，市委书记、郑州警备区党委第一书记马懿出席座谈会并讲话。郑州警备区司令员尚守道等驻郑师以上部队有关领导出席座谈会。

△郑州市一起假释案件开庭审理，服刑学员父母以服刑学员监护人身份参加庭审活动。这是市检察院、市中级人民法院协同郑州未成年犯管教所，在全国首次实践未成年罪犯减刑假释庭审监护人到庭制度。

30日

△智慧郑州APP（i郑州）及微信公众平台正式上线。

31日

△“国家数字经济试点重大工程研究中心”在郑州高新区新华三大数据公司揭牌。

8月

2日

△甲骨文数据库云大会暨河南国家大数据综合试验区甲骨文创新中心启动仪式在京举行，标志着甲骨文公司在中国落地的第一家创新中心正式入驻郑东新区智慧岛。

3日

△市委十一届七次全会暨市委工作会议召开。会议由市委常委会主持。省委常委、市委书记马懿代表常委会作报告。市委常委靳磊、王跃华、马健、谷保中、周富强、焦豫汝、王鹏、张俊峰、杨福平出席会议。会议指出，全市上下要更加深刻地认识到以先进制造业为基础的实体经济是城市发展的基石，更加准确地把握郑州城市发展的阶段特征，更加有效地应对激烈的区域竞争态势，紧盯国家中心城市建设这一总目标求发展，围绕“四重点一稳定一保证”这一工作总格局求发展，坚持科学的方法求发展，凝聚合力求发展，不断推动高质量发展实现新提升，推进国家中心城市建设取得新成效，在中原更加出彩中展现新担当新作为。会议表决通过了中国共产党郑州市第十一届委员会第七次全体会议决议。讨论研究了《关于加快制造业高质量发展“1+N”政策体系》《关于推进新型智慧城市建设的实施意见》《关于加快建设国际化营商环境的实施意见》《关于进一步加强城市管理工作的意见》《关于推进新一轮高水平对外开放的意见》《关于以习近平新时代中国特色社会主义思想为指导全面推进党的建设高质量发展的实施意见》。

7日

△市政府召开第101次常务会议，安排部署政府决策咨询专家库建设工作，审议并原则通过《关于深化统计管理体制改革提高统计数据真实性的实施意见》，听取了市民政局关于郑州中央文化区惠达路等45条道路拟命名方案的汇报。

8日

△市委召开全市贯彻落实中央巡视组巡视河南和省委巡视组巡视郑州反馈意见整改工作会议。省委常委、市委书记马懿出席会议并讲话。

15日

△省委常委、市委书记马懿主持召开十一届市委全面深化改革领导小组第八次会议。马懿强调，要认真学习贯彻中央全面深化改革委员会第三次会议和十届省委全面深化改革领导小组第十六次会议精神，强化使命担当，聚焦重点难点，破解制度瓶颈，推进改革不断向纵深发展，为加快国家中心城市建设提供有力的制度保障。会议审议并原则通过了《郑州高新技术产业开发区暂行规定》《郑州市事业单位公务用车制度改革实施方案》《郑州市国有企业公务用车制度改革实施方案》《关于深化统计管理体制改革提高统计数据真实性的实施

意见》，听取并研究了省委巡视组反馈意见涉及改革事项整改工作。

△市政府召开第102次常务会议，审议并原则通过《关于全面放开养老服务市场提升养老服务质量的实施意见》《关于加强农村留守儿童关爱保护和困境儿童保障工作的实施意见》及《关于发展超低能耗建筑的实施意见》。

17日

△全市建设国际化法治化便利化营商环境动员大会召开，省委常委、市委书记马懿主持会议并讲话。

△国家知识产权局公布《2018年度国家知识产权优势示范企业评审和复核结果公示》，中铁工程装备集团有限公司入围“2018年度国家知识产权示范企业”，中铁装备创新产品技术及应用入围ITA大奖。

19日

△省委书记王国生到郑州市检查防汛救灾工作，省委常委马懿、穆为民参加检查。王国生强调，要把防汛救灾的政治责任扛在肩上，把以人民为中心的思想落到实处，关键时刻展现过硬作风，以扎实有效的工作和措施，确保人民群众生命财产安全。

△第十四届中国国际会展文化节在杭州闭幕，郑州市第三次荣获中国会展业“金海豚”大奖之“2017—2018年度中国会展名城”。

20日

△商务部副部长王炳南一行赴中原出版传媒集团旗下的河南省新华书店云书网，专题调研电商进农村和电商扶贫工作开展情况。

21日

△全国人大代表、郑州市人大常委会党组书记胡荃带领部分驻豫全国人大代表，就郑州市乡村振兴战略情况开展专题调研。

△市政府召开第103次常务会议，审议并原则通过了《郑州市农村人居环境整治三年行动实施方案》《郑州市道路两侧户外广告整治规范实施方案》《郑州市解决就学难消除大班额三年行动计划（2018—2020年）》。会议要求，加快补齐农村人居环境突出短板，全面改善郑州市农村生产生活条件；按照“统一领导、疏堵结合，依法依规、稳妥推进”工作原则，开展道路两侧户外广告整治规范工作；进一步拓展学位资源，实现县域教育均衡、城乡一体化发展，圆满完成全市义务教育阶段消除大班额目标任务。

23—24日

△中央统战部副部长戴均良一行到郑州市，调研新的社会阶层人士统战工作。省委常委、统战部部长孙守刚，市委常委、统战部部长杨福平等陪同调研。

9月

3日

△市政府召开第105次常务会议，审议并原则通过《郑州市人民政府关于进一步加强新闻发布工作的实施办法》《郑州市关于规范互联网租赁自行车发展的指导意见（试行）》，安排部署郑州市铁路沿线、出入市口及绕城高速出入站点环境综合整治相关工作。

5—6日

△中央扫黑除恶第6督导组组长盛茂林一行到郑州市开展下沉督导，并召开座谈会，听取工作情况汇报。省市领导舒庆、靳磊、马义中陪同参加下沉督导活动。

6—7日

△利比里亚总统乔治·维阿一行到河南进行友好访问。9月6日，省委书记王国生在郑州会见乔治·维阿，双方就进一步加强交流合作达成共识。省领导马懿、穆为民、何金平，中国驻利比里亚大使付吉军参加会见。下午，乔治·维阿一行到嵩山少林寺武僧团培训基地，观看少林功夫表演，并与少林足球学校学员们“切磋”球技。

6—8日

△第二届国际民航组织航空货运发展论坛在郑州举行。本次论坛由国际民航组织、郑州市人民政府主办，郑州航空港经济综合实验区、中国民航管理干部学院协办，主题为“打造航空货运的未来”。

6—9日

△由河南省民委、省体育局主办，郑州市人民政府承办的河南省第八届少数民族传统体育运动会在郑州举行。

7日

△市委常委班子召开巡视整改专题民主生活会。省委常委、市委书记马懿主持会议并作总结讲话。省委第一巡视组副组长韩若冰到会指导。市人大常委会白红战、市政协主席王璋列席会议。会议深入学习贯彻习近平新时代中国特色社会主义思想和党的十九大精神，坚持习近平总书记指导兰考县委常委班子民主生活会标准，以政治建设为统领，聚焦中央、省委巡视反馈的问题和提出的要求，结合近期巡视整改推进情况，查摆问题、剖析根源、认真开展批评和自我批评，进一步提高认识、强化共识，完善措施，促进整改，为加快郑州国家中心城市建设、在实现中原更加出彩中发挥好引领带动作用提供坚强政治保证。

△由中铁七局承建的农业路快速通道地面道路（沙口路至南阳路段）正式通车，标志着市区两大快速通道——农业路快速通道和京广路快速通道的地面层实现了连通。

8—9日

△2018第三届中国（郑州）国际期货论坛在郑州举行。本届论坛由郑州市人民政府、郑州商品交易所、芝加哥商业交易所集团联合主办，主题为“新征程、新理念、新作为——期货市场服务现代化经济体系建设”。在9月8日举行的第三届中国（郑州）国际期货论坛预热论坛上发布了首批国家高端智库——中国（深圳）综合开发研究院编制的《郑州金融中心综合竞争力报告》。

9日

△中央扫黑除恶第6督导组第一下沉小组督导郑州市工作汇报会召开。第一下沉小组组长陈子舟反馈了督导情况，就督导中发现的问题提出整改意见和要求。市委书记马懿表示，郑州市将以此次中央督导为契机，按照督导组反馈的意见和要求，持续在提高认识、依法打击、深挖细查和打、治、建结合上下功夫，对督导组发现的问题和交办的线索，认真对待、立行立改，建立台账管理制度，逐项整改落实。

△以“开创品牌价值新时代”为主题的第13届亚洲品牌盛典在香港开幕，中原网入围“亚洲品牌500强”企业，列第490位。郑州报业集团负责人获评中国（行业）十大领军人物。

10日

△2018年河南省首批新兵起运欢送仪式在郑州东站举行。

14日

△“2018豫台经济文化交流展示系列活动”开幕式暨“郑州台资企业发展成果展”启动仪式在郑州举行。此次“郑州台资企业发展成果展”为期4天，共有51家台资企业参展。

△市政府召开第106次常务会议，审议并原则通过《郑州市政府热线资源整合升级实施方案》，安排部署实施金水河（航海路至中州大道段）综合整治提升工程相关工作，以及郑州市大气环境信用评价计分办法修改工作。会议还重点听取了关于郑州市扫黑除恶专项斗争工作情况汇报，学习传达了中央扫黑除恶第6督导组和省委第二次边督边改对接会精神，研究部署下一步整改落实意见。

14—16日

△2018“美丽郑州 炫舞世界”WDG第六届中国（郑州）国际街舞大赛总决赛举行。中国舞蹈家协会主席冯双白，市委常委、宣传部部长张俊峰，市人大常委会副主任法建强出席开幕式。来自12个国家和国内30个省的选手参赛，46位国内外顶级知名舞者组成大师级专业评审团。

15—16日

△“嵩山论坛——华夏文明与世界文明对话”2018年会开幕式在登封市举行。省政协原副主席张广智，市委常委、宣传部部长张俊峰等出席开幕式。论坛进行了总论坛、文化论坛、文化金融圆桌会议、海外华文媒体论坛、中西方文化交流等多项文化活动。

15—21日

△以“创新引领时代，智慧点亮生活”为主题的2018年河南省全国科普日主场活动在郑州举行。省委副书记、政法委书记喻红秋，省人大常委会副主任张维宁，省政协副主席高体健，市委副书记、市委秘书长靳磊，副市长史占勇等出席启动仪式。此次郑州主场活动现场共设4个主题体验区。

18—21日

△由省住建厅、中国建筑学会、郑州市人民政府共同主办的2018首届郑州国际城市设计大会在郑东新区举行。本次大会以“塑造新时代城市特色风貌”为主题，包含主旨报告会、专题论坛和城市设计展等多项内容。

19日

△郑州银行在深圳证券交易所成功登陆A股市场，股票代码为002936.SZ，标志着郑州银行成为河南首家A股上市银行、全国首家“A+H”股上市城商行。市委常委、常务副市长王跃华出席上市仪式。

21日

△上汽集团乘用车发动机工厂项目正式在郑州开工建设。开工仪式前，郑州市政府与上汽集团签署数据中心项目合作协议。

22日

△郑州市委召开全市副市厅级以上领导干部会议，宣布省委决定：王新伟同志任郑州市委委员、常委、副书记。省委常委、市委书记马懿主持会议。省委组织部常务副部长苏长青出席会议并讲话。白红战、王璋、胡荃等在郑副市厅级以上领导干部参加会议。

△文化和旅游部副部长张旭一行到金水区凤凰台街道党群服务中心，实地调研图书馆总分馆制建设工作。

26日

△省长陈润儿到郑州航空港实验区，就全省物流业转型发展调研座谈。郑州市委常委、郑州航空港实验区党工委书记马健陪同调研。陈润儿指出，要牢记习近平总书记的殷切嘱托，紧扣物流业转型升级的总体目标，抓好积极培育领军企业、扩大对外开放合作、发展重点行业物流、加快推进多式联运、提升物流服务水平五个方面工作。

△位于郑州铁路集装箱中心站内的河南进境粮食指定口岸正式运营，首批进口粮食专列载运545.49吨加拿大亚麻籽，是国内首次采用海铁多式联运的方式进口粮食。

26—29日

△中国人民政治协商会议郑州市第十四届委员会第一次会议举行。大会主席团常务主席王璋代表政协郑州市第十三届委员会常务委员会作工作报告。受政协郑州市第十三届委员会常务委员会委托，吴晓君向大会报告十三届市政协的提案工作情况。选举产生了政协郑州市第十四届委员会主席、副主席、秘书长，选举丁言兆等98名同志为政协郑州市第十四届委员会常务委员。表决通过了政协郑州市第十四届委员会第一次会议关于常务委员会工作报告的决议、政协郑州市第十四届委员会第一次会议提案审查委员会关于政协十四届一次会议提案审查情况的报告、政协郑州市第十四届委员会第一次会议政治决议。

27—30日

△郑州市第十五届人民代表大会第一次会议举行。代市长王新伟代表市政府向大会作政府工作报告。市人大常委会主任白红战作市人大常委会工作报告，市中级人民法院院长于东辉作市中级人民法院工作报告，市人民检察院检察长刘海奎作市人民检察院工作报告。会议表决通过了关于郑州市人民政府工作报告的决议、关于郑州市2017年国民经济和社会发展计划执行情况与2018年计划的决议、关于郑州市2017年财政预算执行情况和2018年财政预算的决议、关于郑州市人民代表大会常务委员会工作报告的决议、关于郑州市中级人民法院工作报告的决议、关于郑州市人民检察院工作报告的决议等六个决议，以及市十五届人大各专门委员会组成人员人选名单。会议选举胡荃为市十五届人大常委会主任，王广灿、王贵欣、赵新中、法建强、张春阳、袁三军、王福松、孙黎为市十五届人大常委会副主任，周亚民为市十五届人大常委会秘书长。选举王新伟为郑州市人民政府市长，王鹏、谷保中、黄卿、李喜安、万正峰、孙晓红、吴福民、史占勇、马义中为郑州市人民政府副市长。周富强为市监察委员会主任。李志增为市中级人民法院院长。刘海奎为市人民检察院检察长。

30日

△市长王新伟主持召开市十五届政府第一次常务会议，对新一届市政府班子成员进行明确分工，并安排部署近期工作。会议要求，要突出政治建设根本，坚持高质量发展主线，切实加强政府自身建设，紧盯全年各项目标任务，认真谋划好明年特别是明年一季度的各项工作任务。要统筹抓好市委十一届七次全会确定的各项重点工作，着力抓好加快先进制造业发展、城市精细化管理、“放管服”改革、新型智慧城市建设、安置房建设、轨道交通建设、四环快速化工程建设、“四大文化片区”建设等重点工作。要全力以赴、加快进度，办好涉及民生福祉的重点民生实事。

10月

6日

△市长王新伟带队到郑东新区，调研大气污染防治进展情况，强调要着重抓好工程建设与污染防治“双统筹”，严格落实扬尘治理“8个100%”措施，确保扬尘污染防控工作取得实效。

△市长王新伟带领相关部门负责人，深入中原区、二七区、火车站地区、金水区等地实地督导城市精细化管理工作。

7日

△市长王新伟到登封市，就脱贫攻坚工作开展调研，指出全市各有关部门要按照目标导向、问题导向和“创优势、增实力、补短板、能抓住”的工作方针，对标对表，补齐短板，提升群众的满意度。

8日

△全市优化政务环境工作会议召开，听取各改革牵头部门关于“放管服”改革工作进展汇报，并对相关工作进行安排部署。市长王新伟出席会议并讲话。

△2018年中国中小城市科学发展指数研究成果报告发布，新郑市、巩义市、荥阳市均入选2018年度全国综合实力百强县市、新型城镇化质量百强县市、科技创新百强县市和绿色发展百强县市；二七区入选2018年度全国综合实力百强市辖区、科技创新百强市辖区、绿色发展百强区，中原区入选新型城镇化质量百强区；新郑市龙湖

镇入选2018年度全国综合实力百强镇。

10日

△市政府召开2018年环境污染防治攻坚战第11次调度会暨秋冬季大气污染防治攻坚动员会议。市长王新伟出席会议并讲话，要求要突出重点，针对全市秋冬季大气污染治理存在的薄弱环节，从重点区域、重点时段、重点领域、重点问题入手，做好扬尘、机动车、工业企业、燃煤污染治理。要狠抓落实，构建完善的责任链条，形成监管无盲区、落实无断层的工作格局。

11日

△省长陈润儿，省委常委、宣传部部长赵素萍，省委常委、郑州市委书记马懿等带领参加全省百城建设提质暨文明城市创建工作推进会议的代表到新郑市，观摩百城建设提质工程和文明城市创建工作。

12日

△郑州大都市区（五城）标准联盟签约仪式暨联盟全体成员大会第一次会议在郑州举行，郑州、开封、新乡、焦作、许昌签订了合作协议。郑州大都市区（五城）标准联盟的成立，是推进城市一体化发展的一次有益探索和创新。

△市政府召开全市电动自行车安全综合治理项目新闻发布会，介绍电动自行车免费安装防盗车牌工作。发布会后举行了电动自行车免费登记备案安装防盗车牌工作启动仪式。

12—15日

△第二十四届郑交会在郑州国际会展中心举行。副省长刘伟出席开幕式并宣布开幕。市长王新伟出席开幕式并致辞。本届郑交会由河南省政府主办，省商务厅、郑州市政府承办，展览面积8万平方米，分为11个展区，并举办各类会议、论坛和商贸活动近30场。来自20多个国家和地区，以及全国20多个省（市）、自治区的2000多家企业参展。

13日

△在第二届中国服务型制造大会上，工信部公布了国家级服务型制造示范城市名单，郑州市为河南省唯一入选的城市。这是工信部首次开展服务型示范城市遴选活动。

△市长王新伟主持召开市第十五届人民政府第2次常务会议，讨论并原则通过《关于开展质量提升行动的实施意见》及相关配套文件、《郑州市2018—2019年秋冬季大气污染综合治理攻坚行动方案》等系列文件，安排部署全市生态环保及秋冬季大气污染防治攻坚工作。

14日

△水利部副部长陆桂华到郑州调研水生态建设和河（湖）长制工作。市长王新伟，市委常委、统战部部长杨福平等参加调研。

15日

△市政府召开省会铁路沿线、生态廊道、过境干线公路、高速互通立交及出入口区域绿化工作动员会。市长王新伟出席会议并讲话，要求坚持规划引领、谋定后动，坚持依法依规、公开透明，坚持标准统一、步调一致，因地制宜、分类实施，努力建成“路在林中、林在城中、绿不断线、景不断链”的生态长廊，将自然要素引入城市和社区。

16日

△第11个“郑州慈善日”活动仪式暨第四届“郑州慈善风云榜”颁奖盛典举行，市长王新伟出席活动并讲话。当日现场募集善款2.78亿元，再创历年来慈善日捐款数额新高。

△市政协举行十四届一次会议提案交办会，安排部署今年的提案办理工作。郑州市政协十四届一次会议期间及闭会后，共收到提案798件，经审查立案737件。提案办理共涉及全市83个部门和单位。

17日

△全国戏曲进乡村工作经验交流会在新郑市召开。中宣部常务副部长王晓晖、文化和旅游部副部长张旭，省委常委、宣传部部长赵素萍，副省长戴柏华等出席会议。郑州市委常委、宣传部部长张俊峰，副市长孙晓红陪同考察并出席交流会。

△中国外商投资企业协会中国（河南）自由贸易试验区服务中心揭牌仪式暨跨国公司河南行活动在郑州举行。中国外商投资企业协会会长陈德铭、副省长何金平、副市长万正峰等出席活动。

18日

△由省政府主办的2018数字经济峰会暨5G重大技术展示与交流会在河南国家大数据综合试验区核心区——郑东新区龙子湖智慧岛举行。此次数字经济峰会重点聚焦5G产业，集中展示新技术、新产品、新模式和新成果，参会客商近3000人。省市领导黄强、刘伟、王新伟、王鹏、史占勇等出席会议。

19日

△郑洛新国家自主创新示范区·中关村双创基地项目签约暨揭牌仪式在北京举行。副省长霍金花出席活动。此次活动中，郑州高新区共签约7个项目，总投资额393亿元。

20—23日

△第十二届中国郑州国际少林武术节在登封开幕。全国政协副主席郑建邦出席开幕式并宣布武术节开幕。副省长戴柏华、市长王新伟致辞，省政协副主席李英杰，市领导胡荃、张俊峰、白江民、孙晓红、李新有、王万鹏等出席开幕式。本届武术节遵循“以武会友，共同进步”宗旨，共有65个国家和地区240个武术团体的2212名选手参赛。武术节期间还举办了武术展演、嵩山文化展演、“非遗”项目展演、嵩山登山节等丰富多彩的文体活动，以及登封市招商推介暨项目集中签约仪式。

22日

△郑州自贸片区“政银合作直通车”核心功能正式上线，自贸区内企业除能在工商窗口领取营业执照外，还可在片区内银行通过“政银通”全自助证照一体机，快速打印出企业营业执照。这一功能在全国自贸区中尚属首例。

22—23日

△国家民委副主任李昌平一行到郑州，对接第十一届全国少数民族传统体育运动会筹备工作。筹委会副主任兼秘书长、副省长戴柏华，执委会副主任、市委常委、宣传部部长张俊峰，副市长孙晓红等参加筹备工作汇报会。

23日

△郑州商标审查协作中心挂牌仪式在郑东新区举行。国家市场监管总局党组成员、国家知识产权局党组书记刘俊臣，副省长戴柏华，市委常委、副市长谷保中出席挂牌仪式。郑州商标审查协作中心是国家在北京之外成立的第5个商标协作中心。

△市十五届人大一次会议代表议案建议交办会举行，会议期间人大代表提出的4件议案和388件建议、批评和意见正式交付相关部门。市领导胡荃、王福松、黄卿等参加会议。

24日

△郑州市召开大围合区域市场外迁工作观摩推进会，市领导王新伟、王贵欣、黄卿、万正峰、王万鹏、刘睿参加会议。王新伟要求，市场外迁工作要把握关键。在“迁”“建”“管”上下功夫，以市场外迁工作高质量完成推动郑州市城市建设高质量发展。

△国家统计局副局长李晓超带领第四次全国经济普查领导小组办公室有关工作人员到郑州，就郑州市第四次全国经济普查工作进行实地调研。市委常委、常务副市长王鹏陪同调研。

25日

△全市生态环境保护大会召开，省委常委、市委书记马懿出席会议并讲话，市长王新伟对全市生态环境保护工作进行安排部署。市领导胡荃、马健、焦豫汝、王鹏、杨福平等出席会议。会议明确了郑州市生态环境保护工作总要求：印发了《中共郑州市委 郑州市人民政府关于全面加强生态环境保护坚决打好污染防治攻坚战的实施意见》《郑州市人民政府关于印发郑州市2018—2019年秋冬季大气污染综合治理攻坚行动方案的通知》等文件。

△10月25日上午，市长王新伟主持召开市政府第3次常务会议，传达省相关会议精神，研究郑州市百城建设提质工作，研究通过了《郑州市大数据发展规划（2018—2020年）》，安排部署全市国有企业改革工作。

26日

△河南首个单晶硅片项目——“郑州合晶”年产240万片200毫米单晶硅抛光片项目在郑州航空港实验区投产，有效填补了河南半导体集成电路基础材料行业的空白。

27日

△由中共河南省委、河南省人民政府、欧美同学会（中国留学人员联谊会）共同主办，省委组织部（河南省人才工作领导小组办公室）、河南省人力资源和社会保障厅、郑州市人民政府承办的首届中国·河南招才引智创新发展大会在郑州开幕。本次大会以“广聚天下英才、让中原更加出彩”为主题，全国人大常委会副委员长、欧美同学会会长陈竺向大会发来视频致辞。省委书记王国生出席大会，并为首批“中原千人计划”专家代表颁发证书。省委副书记、省长陈润儿，中央统战部副部长戴均良，诺贝尔奖获得者、澳大利亚医学科学家巴里·马歇尔，中国科学院院士、西湖大学校长施一公先后致辞。省领导刘伟、喻红秋、孙守刚、赵素萍、任正晓、李亚、黄强、马懿、穆为民、江凌、胡永生、徐济超、王保存、乔新江、舒庆、戴柏华、霍金花、张震宇、刘炯天等出席开幕式。省委常委、省委组织部部长孔昌生主持开幕式。诺贝尔奖获得者、美国艺术与科学学院院士埃里克·马斯金，欧美同学会党组书记、秘书长王丕君等嘉宾，郑州市领导王新伟、焦豫汝、薛景霞出席开幕式。大会期间举办了中原人才发展高层论坛，以及郑州航空港经济综合实验区招才引智专场活动、中国（河南）自由贸易试验区招才引智对接洽谈会、“健康河南”招才引智专场活动、高等院校引进高层次人才专场活动等。大会现场有2100家单位提供岗位66813个，累计进场求职人数10.39万人次，达成签约意向4.3万余人。

△下午，招才引智创新发展大会郑州专场举行，省委常委、市委书记马懿出席大会并为郑州市第一批高层次人才代表颁发证书。市领导王新伟、胡荃、周富强、焦豫汝、王鹏、张俊峰、于东辉、王万鹏出席会议。会上，发布了《郑州市人才发展报告（2018）》和《郑州市急需紧缺人才需求指导目录（试行）》，9个项目现场签约。

28日

△由河南省人民政府、中国人民对外友好协会主办的第十一届欧亚交通高校国际会议在郑州铁路职业技术学院启幕，来自海内外6个国家和地区的80余个政府部门，以及多所交通类高校的院士、学者、专家参加会议。欧亚交通高校国际联合会将秘书处设在郑州铁路职业技术学院，并将永久会址设在郑州，这也是国际组织首次落户在河南高职院校。

29日

△2018年中国工程院化工、冶金与材料工程第十二届学术会议在郑州召开。副省长霍金花，中国工程院党组成员、秘书长、院士陈建峰，省政协副主席、郑州大学校长刘炯天，副市长史占勇出席会议。本届学术会议主题为“绿色化工、冶金、材料工程”，交流学术思想、展示最新成果、研讨相关领域和行业科技协同创新思路和策略。

△交通银行郑州商鼎路支行无高柜全智能化银行正式开业运营。该行是河南省首家轻型智能化银行网点。

30日

△省委常委、市委书记马懿主持召开市委常委会会议，传达学习省委十届七次全会、全省组织工作会议、全省宣传思想工作会议、全省纪检监察机关深挖彻查黑恶势力“保护伞”工作推进会、全省结对帮扶贫困县工作交流会精神，研究郑州市贯彻落实意见。会议还传达了近期中央、国务院和省委、省政府关于经济运行工作会议精神，分析郑州市前三季度经济运行情况，安排部署四季度重点工作。市领导王新伟、胡荃、马健、谷保中、周富强、焦豫汝、王鹏、张俊峰、杨福平、于东辉、王跃华等出席或列席会议。

31日

△省委常委、市委书记马懿，市长王新伟会见了奥克斯集团董事长郑坚江一行，双方就进一步强化合作进行深入交流。会见结束后，上街区政府与奥克斯集团正式签署600万套智能家用空调生产基地和科技城项目合作协议。

11月

1日

△以“推动制造业开放合作和高质量发展”为主题的2018中国（郑州）产业转移系列对接活动举行。省委常委、常务副省长黄强主持开幕式，省委书记王国生，省长陈润儿，中国工程院院长李晓红，工业和信息化部副部长罗文，中国工程院主席团名誉主席周济，中国工程院副院长何华武，省委常委、秘书长穆为民，省人大常委会副主任徐济超，副省长刘伟、霍金花，省政协副主席刘炯天，中国航天科工集团董事长高红卫等出席开幕式。市长王新伟等参加开幕式。本届对接活动聚焦新型材料、智能装备、绿色制造、工业设计、军民融合、人工智能等高端产业，对外发布1000余个合作项目，总投资9000亿元。共收集签约项目611个。

△黄河水利委员会主任、党组书记岳中明带领相关部门负责人，到中牟县刁家乡小王庄村调研驻村扶贫工作开展情况。

△中欧班列（郑州）首次开通郑州—列日班列。这是中欧班列（郑州）继郑州—汉堡、郑州—慕尼黑路线常态化运营后，开通的又一条新路线。

2日

△郑州市召开城乡接合部环境综合整治暨大气污染联防联控工作动员会，动员全市迅速行动，开展城乡接合部环境综合整治和大气污染联防联控攻坚战，加快改善城乡接合部环境面貌，为推进国家中心城市高质量建设提供有力支撑。市长王新伟出席会议并讲话。

△郑州国家中心城市建设重大项目库发布（签约）暨产业发展基金启动仪式在郑东新区举行。郑州建设国家中心城市重大项目库（2017—2020年）入库项目3489个，总投资规模44993亿元。

3日

△省长陈润儿到郑州航空港实验区，专题调研进出口贸易情况，和部分企业一起分析座谈当前外贸形势、听取意见建议，鼓励大家坚定信心、稳定预期，加快实施市场多元化布局，并对持续提升贸易便利化水平提出要求。副省长何金平一同调研座谈，市长王新伟等参加调研。

△首届“一带一路”倡议下的国家中心城市建设——2018中国城市百人论坛秋季论坛在郑东新区举行，中国社会科学院副院长、学部委员、中国社会科学院郑州市人民政府郑州研究院院长蔡昉，著名地理学家、中国科

学院院士陆大道等全国知名专家学者为郑州国家中心城市建设建言献策。

△“郑州银行杯”2018郑州国际马拉松赛举行。来自中国、美国、意大利、西班牙、俄罗斯、埃塞俄比亚、肯尼亚等34个国家及地区的2.2万多人参加比赛。市领导王新伟、胡荃、焦豫汝、王鹏、张俊峰、于东辉、孙晓红、王万鹏等参加活动。王新伟主持起跑仪式。本次赛事由中国田径协会、郑州市政府主办，是郑州历史上规格最高、规模最大、参赛人数最多的国际体育赛事。比赛共设置全程、半程马拉松和5公里健康跑三个大项。

△由新华社瞭望智库、《财经国家周刊》主办的第六届国家城市发展市长论坛正式对外发布《2018年中国城市产业竞争力指数白皮书》暨“产业竞争力百强城市”榜单，郑州排名第18位。此外，论坛还发布了《2018年中国百强区发展白皮书》，这是国内权威机构首次从经济实力、增长潜力、绿色发展、民生幸福、效益效能五个方面对全国城区进行排名。金水区排名第25位，为中部地区位列第一的地级市市辖区，也是河南省唯一上榜的地级市市辖区。

5日

△市长王新伟主持召开市政府第一次市长议事会，通报全市10月份以来重点工作推进情况，安排部署11月份要推进的重点工作。

6日

△在中国慈善联合会主办的中国善城大会暨第五届中国城市公益慈善指数发布会上，发布了第五届中国城市公益慈善指数，郑州慈善综合指数居第17位，在中部城市中排名第二；荥阳市综合指数居第45位，在中部城市中排名第五。二七区和中牟县首次代表区县慈善单位参加指数填报，并分别在善城大会上介绍慈善事业发展经验。

△省委书记王国生到郑州调研，与民营企业家一起交流学习习近平总书记在民营企业座谈会上重要讲话的体会，勉励广大民营企业家保持定力、增强信心，提升创新能力，练好企业内功，推动民营经济发展壮大、做强做优，汇聚中原更加出彩的强大合力。省领导孙守刚、马懿参加调研，市委常委、统战部部长杨福平陪同调研。

△国家工信部公布了全国第三批绿色制造名单，郑州共有郑州宇通重工有限公司等8家企业入选绿色工厂，全市国家级绿色工厂已达13家。

7日

△2018年度国际隧道协会（ITA）工程奖项揭晓，中铁工程装备集团自主研制的世界首台马蹄形盾构机荣获国际隧道界最高奖——“国际隧道协会2018年度技术创新项目奖”。

8日

△市长王新伟带领相关单位负责人，到航空港实验区调研。王新伟要求，要履行好使命责任，抓好航空枢纽建设高端产业培育，创新驱动发展，积极应对中美贸易摩擦，实施市场多元化布局，持续提升贸易便利化水平和服务能力，大幅度提高通关效率，降低通关成本。

△国家工信部公布2018年消费品工业“三品”战略示范城市名单，全国共11个城市入选，郑州市榜上有名。

8—9日

△中共中央政治局常委、中央纪委书记赵乐际到郑州考察调研。

9日

△全国政协副主席何维到郑州调研产业发展情况。市委常委、统战部部长杨福平，副市长孙晓红陪同调研。

12日

△郑州市召开大气污染防治攻坚推进会，重点安排部署下一阶段省委省政府环保督察工作，同时总结全市秋冬季大气污染防治工作开展情况，分析全市大气污染防治形势，安排部署下一步工作。省委省政府环保督察组组长、省人大常委会副主任张维宁等出席会议，市长王新伟主持会议并讲话，市领导胡荃等参加会议。

12—14日

△由工信部、中国科协、省政府共同指导，中国仪器仪表学会、智能传感器创新联盟、高新区管委会联合发起的2018首届世界传感器大会在郑州举行。2014年诺贝尔物理学奖获得者、美国加州大学教授中村修二，中国工程院院士、清华大学教授金国藩等国际国内传感器行业知名专家出席大会。副省长刘伟、市长王新伟在开幕式上致辞。此次大会主题为“感知世界，智赢未来”，举行了主论坛——世界传感器科技高峰论坛和20场传感器细分领域分论坛，约280家国内外企业组织参展，来自35个国家和地区的传感器产学研相关机构代表约1500人参会。

13日

△在集中收听收看全省实施国土绿化提速行动建设森林河南动员大会后，郑州市随即召开电视电话会议，对贯彻落实全省会议精神进行安排部署。市委书记马懿、王新伟出席会议。会议指出，全市各级各部门要全力以赴实施国土绿化提速行动，加快形成与国家中心城市地位相匹配、人民群众对高品质生活期盼相适应的生态保障体系。

△2018中国功夫联盟会议在登封开幕，市委常委、副市长谷保中出席开幕式。此次大会以“树中国功夫品牌，让中国功夫走向世界”为主题，旨在全面提升功夫之旅品牌的知名度和美誉度，把中国功夫打造成为继长城、熊猫之后的第三张中国旅游名片。

14—15日

△由河南省人民政府、工信部指导，河南省通信管理局、河南省互联网信息办公室主办的2018（第五届）河南省互联网大会在郑州举行。

16日

△郑州市委书记马懿、市长王新伟会见焦作市委书记王小平、市长徐衣显率领的焦作市党政代表团一行，就郑州和焦作融合发展进行深入交流，并共同出席郑州焦作融合发展合作协议签约仪式。

17日

△市长王新伟主持召开市政府第5次常务会议，传达贯彻实施国土绿化提速行动建设森林河南动员大会精神，讨论并研究通过《郑州市开展河流“堵污口、清污泥、治污水、清水质”专项行动方案》《郑州市进一步加快物流业转型发展的意见》《郑州市进一步促进文化事业发展的若干政策》。

△市长王新伟主持召开市政府专题会议，传达《省委办公厅省政府办公厅关于深入贯彻中办发明电39号通报精神的通知》，听取市文物局、市水务局、市农委等部门分别就文物安全、河道采砂专项治理、大棚房清理治理工作情况汇报。会议讨论并原则通过《关于进一步加强文物安全工作实施意见》《关于加强文物保护利用工作（2019—2021）三年行动方案》。

△装载有101吨智利车厘子的埃塞俄比亚航空公司全货机抵达郑州机场，标志着郑州经非洲至南美洲的首条包机货运航线正式开通。

19—20日

△郑州市妇女第十六次代表大会举行。省委常委、市委书记马懿，市领导王新伟、胡荃等出席大会开幕式。来自全市各族各界、各行各业的400名妇女代表出席大会。大会审议通过了郑州市妇联第十五届执行委员会工作报告，选举产生了郑州市妇联新一届领导机构。

20日

△全国人大常委会副委员长、全

国妇联主席沈跃跃一行莅临郑州调研妇女工作。省委副书记、政法委书记喻红秋，市委常委、组织部部长焦豫汝，市人大常委会副主任、市总工会主席赵新中陪同调研。

△国家民委党组副书记、副主任刘慧一行到郑州调研民族工作。省委常委、统战部部长孙守刚，副市长马义中陪同调研。

△郑州市召开全市招商引资工作推进会，总结招商引资工作取得成效，全面分析研究存在问题，安排部署下一阶段有关工作。市长王新伟主持会议并讲话。

△中欧班列（郑州）搭载总重7吨的100包国际邮包从郑州铁路集装箱中心站出发，目的地为波兰马拉舍维奇。郑州成为中欧班列第四个、中部第一个运邮试点城市，标志着河南省国际邮件陆路运输通道正式打通。

21日

△市委书记马懿主持召开市委市政府2019年重点工作谋划务虚会，研究2019年"三区"建设、优化营商环境等工作。市领导王新伟、马健、焦豫汝、王鹏、王跃华、万正峰等出席会议。会议指出，全市上下要充分认识抓好"三区"建设对郑州发展的重大战略意义，以更加强烈的责任感、紧迫感推进"三区"建设不断取得新突破。要把优化营商环境作为国家中心城市建设的战略重点，加快实现政务服务"马上办、网上办、就近办、一次办"。各级各部门要加强组织领导，在抓好当前各项工作的同时，做好2019年各项工作谋划，保持好郑州发展的良好态势。

△郑州大学附属儿童医院管委会召开第一次会议，听取国家儿童区域医疗中心建设、"市校共建"阶段性成果等方面的汇报，并就下一步工作进行安排部署。省政协副主席、郑州大学校长刘炯天，副市长孙晓红等参加会议。此次会议的召开，标志着郑州儿童医院与郑州大学的合作全面深化，将有力促进国家儿童区域医疗中心建设。

△科技部公布首批创新型县（市）建设名单，全国共有52个县（市）入选，新郑市榜上有名，是河南省唯一的入选的县（市）。

22日

△全国人大常委会副委员长万鄂湘一行在郑州，就立法和法律监督等工作与部分基层全国人大代表座谈会。省人大常委会副主任张维宁主持座谈会。

△市长、市总河长王新伟签署第1号总河长令，要求全市各级河湖长要加强河湖巡查，注重解决河湖问题，在履职尽责、真抓实管、落实见效上下真功夫。

26日

△省政协主席刘伟带领部分省政协常委到郑州，就相关单位支持郑州建设国家中心城市情况进行视察。省委常委、市委书记马懿，省政协副主席龚立群，市长王新伟等参加或陪同视察。

27日

△省委书记王国生到郑州航空港实验区调研。省领导黄强、马懿、穆为民、江凌，市领导王新伟、马健、张俊峰等参加调研或座谈。王国生强调，要以习近平新时代中国特色社会主义思想为指导，以纪念改革开放40周年为契机，在回看走过的路和远眺前行的路中总结经验、把握规律，坚定信心、抢抓机遇，洞察大势、做强优势。要对航空港区的重要地位和带动作用再认识再提升，以更多的创新性举措推动航空港区在高质量轨道上健康发展，让这张名片更加靓丽。

30日

△郑州首条双向八车道的隧道工程——东三环（107辅道）快速化工程隧道段建成试通车，标志着郑州三环快速路全线完整闭合、畅通郑州"井字+环形"快速路网基本形成。该隧道北起金水东路，南至商都路，全长2.8公里。

12月

1日

△《郑州市城市管理综合执法办法》正式施行。按照《办法》规定，全市城市管理综合执法共承担住建领域全部行政处罚权，以及环保、工商、公安交警、水务、食药监的部分处罚权，多项行政处罚权将下放到区。

1—2日

△首届逐鹿中原·极客之光Real World国际（郑州）网络安全大赛举行，来自15个国家和地区的20支世界顶尖战队齐聚郑州，围绕基于真实世界的软件攻防展开激战。12月2日上午，由河南省互联网信息办公室、郑州市人民政府主办的国际网络安全郑州峰会开幕，中国工程院院士邬江兴等知名专家学者就网络安全的构建和产业发展发表见解、展开探讨。

4日

△中国侨联副主席隋军带领调研组一行到郑州，调研"侨胞之家"建设情况，副市长万正峰等陪同调研。

△国家民委副主任赵勇一行到郑州，调研民族团结进步工作。副省长戴柏华陪同调研。

△由中国社科院财经战略研究院县域经济课题组完成的《中国县域经济发展报告（2018）》在北京发布，河南省共有8个县（市）入围全国综合竞争力百强县（市）榜单，其中郑州市有6个县（市）入围，分别是新郑市（第34位）、新密市（第55位）、登封市（第65位）、巩义市（第66位）、中牟县（第84位）、荥阳市（第86位）。此次大会还发布了《"郑汴明珠"中牟案例研究》，以中牟县经济发展为典型案例进行分析研究。

5日

△郑州市召开深化国有企业改革工作会议，总结成绩，分析形势，查找问题，安排部署下一步重点工作。市委常委、常务副市长王鹏主持会议，市委副书记、市长王新伟出席会议并讲话。他要求，一要认清形势，重点攻坚；二要主动适应改革新要求，集中突破；三要强化领导，齐抓共管。

5—6日

△郑州市工会第十四次代表大会举行。市领导马懿、王新伟、焦豫汝、胡荃、马健、谷保中、周富强、杨福平、于东辉、牛卫国、赵新中、史占勇、吴晓君等出席大会开幕式。市人大常委会副主任、市总工会主席赵新中代表市总工会第十三届委员会作工作报告，市委副书记、市长王新伟作全市经济形势报告。大会选举产生了郑州市总工会第十四届委员会主席、副主席，并对全市工会工作先进单位和先进个人进行了表彰。

△郑州市残疾人联合会第五次代表大会举行。市领导马懿、焦豫汝、马健、谷保中、周富强、杨福平、于东辉、牛卫国、马义中、吴晓君出席大会开幕式。市委副书记、组织部部长焦豫汝代表市委、市人大、市政府、市政协致辞。市残联党组书记、理事长张群保代表市残联第四届主席团作工作报告。大会选举产生了市残联第五届主席团主席、副主席，推举产生市残联第五届执行理事会理事长、副理事长，以及五类残疾人专门协会领导班子。

6日

△省委常委、市委书记马懿主持召开市委党建工作领导小组会议，学习《中国共产党支部工作条例（试行）》《中国共产党农村基层组织工作条例》，传达全国城市基层党建工作理论研讨会精神，听取《2018年度党建工作责任制述职评议工作方案》及2019年全市党建重点工作谋划情况。市领导焦豫汝、周富强、牛卫国、张俊峰、岳希荣等出席会议。会议强调，一要突出重点，狠抓基层基础建设；二要突出重点，以点带面，推进全面提升；三是要转变作风、深入调查研究，增强党建工

作的针对性和实效性。

7日

△市政协召开双月协商座谈会，就“大力发展普惠性学前教育”进行专题协商。市政府副市长孙晓红，市政协副主席王万鹏、秘书长吴耀田出席会议。会议要求，各级政协组织和广大政协委员要持续围绕大力发展普惠性学前教育建言献策、凝心聚力、主动作为，破解学前教育发展的瓶颈制约，让每个孩子都能享有公平而有质量的教育。

△中欧班列（郑州）开行东盟（郑州—越南）国际货运线路，标志着中欧班列（郑州）延伸至东盟的南向通道打通，河南省至欧洲和中亚、东盟“一体两翼”国际货运班列格局基本成形。该线路是中欧班列（郑州）继欧洲线路、中亚线路开行之后，新增的第三个地区性线路。

9日

△省委常委、市委书记马懿主持召开国家中心城市建设工作务虚会，研究2019年国家中心城市建设重点工作。市领导王新伟、胡荃、马健、谷保中、周富强、王鹏、杨福平、牛卫国、张俊峰等出席会议。会议强调，要认清形势，坚定信心，勇于创新，坚持目标导向、问题导向和“创优势、增实力、补短板、能抓住”工作方针，坚持项目带动、项目化推进，转变作风，深入调研，找准办法，破解难题，以更高站位更大担当更实举措推动国家中心城市建设不断取得新的更好成效。

△2018中国创新设计大会暨好设计颁奖仪式在宁波举行，由郑州新大方重工科技有限公司研发的千吨级混凝土预制梁架设成套装备荣获2018年度“好设计”银奖。

△第五届中国工业大奖发布会在北京举行，郑州宇通客车股份有限公司成为该奖项有史以来首批上榜的汽车企业之一。

10日

△市政府公布《郑州市第一批历史建筑保护名录》，确定郑州大学（南校区）3号教学楼、亚细亚商场、郑州百货大楼等212处建筑为郑州市第一批历史建筑。

11日

△全市文物保护工作推进会召开，深入学习贯彻习近平总书记关于文物保护工作的重要批示指示精神，传达落实全省文物保护工作推进会精神，总结工作，部署任务。市领导王新伟、黄卿、马义中出席会议。

△市长王新伟带领市直相关部门负责人，深入金水区、惠济区调研督导市场外迁工作。市领导万正峰、王万鹏参加调研督导。

△市人大常委会组织部分常委会组成人员和市人大代表，分两组对市委、市政府2018年十件重点民生实事工作进展情况进行视察。市人大常委会主任胡荃等参加视察。视察组对十件重点民生实事进展情况表示肯定。

△河南省智能化收费试点站——商登高速航空港区至登封段新郑新区无人值守收费站建成通车，标志着河南省高速公路开启了智能化的新篇章。

12日

△双12创客日暨第四届中国创客领袖大会在郑州举行。第十一届、十二届全国人大常委会副委员长陈昌智出席大会并宣布大会开幕。河南省委原书记徐光春，中国国际经济交流中心副理事长、重庆市原市长黄奇帆，全国工商联党组成员、专职副主席李兆前，民建中央副主席、上海市政协副主席周汉民出席活动。省市领导马懿、乔新江、戴柏华、龚立群、王新伟、薛景霞等参加活动。本届创客领袖大会以“新时代，中国创客和中国未来”为主题，由郑州市人民政府、河南省发改委、河南省科技厅、河南省商务厅、河南省委网信办、民建河南省委、河南省工商联支持，天明集团、金水区人民政府主办。来自全国的1800余名创客精英参加活动。大会举行了中国郑州国际创客城先导区揭牌仪式和中国创客领袖大会、金水区科技局、UFO共享办公三方签约仪式，举办了主题论坛和金融论坛，揭晓了2018中国投资十大年度人物和创客十大年度人物，发布了《2018双创白皮书》。

13日

△中国共产党郑州市第十一届委员会第八次全体（扩大）会议召开。会议由市委常委会主持。省委常委、市委书记马懿代表市委常委会作讲话。市委副书记、市长王新伟就郑州市机构改革方案作说明。市委常委焦豫汝、马健、谷保中、周富强、王鹏、杨福平、于东辉、牛卫国参加会议。会议以习近平新时代中国特色社会主义思想为指导，深入学习贯彻习近平总书记关于深化党和国家机构改革的重要论述，全面贯彻落实党的十九大、十九届二中三中全会和省委十届七次全会精神，坚决贯彻执行省委、省政府批准的《郑州市机构改革方案》，表决通过了《中国共产党郑州市第十一届委员会第八次全体会议决议》，对全市深化机构改革工作进行动员部署。会议要求，要坚决落实好坚持和加强党的全面领导的制度安排，紧紧扭住转变和优化职责这个关键，统筹推进各级各类机构改革，严格机构编制管理，努力构建系统完备、科学规范、运行高效、符合郑州特点的机构职能体系。

△全国城市交通工作暨公交都市建设推进会在广州召开，郑州市与北京、天津、广州等11个城市一起被交通运输部授予“国家公交都市示范城市”称号。

14日

△省委常委、市委书记马懿，市委副书记、市长王新伟会见中兴通讯股份有限公司创始人侯为贵一行，双方就进一步加强合作进行了深入交流。市领导张俊峰等参加会见。

△全市重大风险防范化解工作会议召开。市领导王新伟出席会议并讲话，市领导王鹏、张俊峰、马义中、王万鹏、刘睿参加会议。会议指出，当前要重点处理好四类问题：一是以互联网金融风险整治为重点，全面规范金融秩序；二是以加快案件办理为突破，有效化解非法集资风险；三是以严控新增为目标，稳步推进政府隐性债务化解；四是以上市公司风险化解为重点，全面提升企业风险防范能力。

15日

△生态环境部副部长赵英民一行到郑州，调研大气污染防治相关工作。市领导王鹏、黄卿参加调研。

16日

△河南省《反恐怖主义法》宣传月活动启动仪式在郑州东站西广场举行，省反恐怖工作领导小组组长、省委副书记、政法委书记喻红秋，省反恐怖工作领导小组副组长、副省长、公安厅厅长舒庆，市委常委、政法委书记于东辉，副市长、公安局局长马义中等出席活动。此次宣传月活动从2018年12月16日起至2019年1月16日结束，宣传主题为“全民反恐，守护平安”。

△市委副书记、市长王新伟带领有关单位负责人，到中牟调研黄河滩区居民迁建工作。市领导王鹏、王万鹏、刘睿参加调研。

17日

△市委、市政府召开专题会议，研究2019年项目投资计划。会议指出，要突出对郑州长远发展具有基础支撑作用的重大项目，突出制约和影响郑州发展的短板问题，突出与群众密切相关的民生实事工程，统筹市县两级项目管理。要持续加大基础设施和民生领域投入，持续提升城市综合承载能力。

△郑州市召开政务服务办事大厅进驻运行动员会。市领导王新伟、王鹏、王万鹏出席会议。王新伟指出，

全市各级各部门要提高站位，拉高标准，着力把市级大厅打造成“硬件一流、软件一流、服务一流、管理一流”的现代化、标准化综合性政务服务新平台，努力为群众提供“只进一扇门”“最多跑一次”的“一站式”集成服务。

△郑州市召开建设国际化法治化便利化营商环境第一次联席会议。市领导王新伟、焦豫汝、王鹏、岳希荣、王万鹏出席会议。王新伟指出，各级各部门要将优化营商环境作为建设国家中心城市的基础性工程，坚持做到在完善信任体系基础上的“放”、在法律法规框架内的“管”、在坚持以人民为中心理念上的“服”、在有权必有责、有责必担当要求下努力“为”，努力打造“国际接轨、国内领先、中部一流”的营商环境。

19日

△市政府举行2019新年招待会。市领导王新伟、法建强、万正峰、王万鹏出席招待会；在郑工作的外国专家学者、外资企业代表和港澳台侨资企业代表出席招待会。市长王新伟致辞。

△市政府召开第九次常务会议，听取全省扫黑除恶专项斗争督导整改暨推进会议精神及郑州市贯彻落实情况，学习贯彻《河南省党政领导干部安全生产责任制实施细则》。讨论并原则通过了《关于坚持“四水同治”加快推进新时代水利现代化的实施意见》、关于2019年市本级政府投资项目计划安排情况及市本级综合财政预算安排情况等议题。

△2018中国（郑州）新型智慧城市建设暨产业发展高峰论坛举行。国家交通部原副部长忻元校出席论坛。市委副书记、市长王新伟出席论坛开幕式并致辞。主论坛上，来自全国的知名院士、行业顶尖专家、实力企业及先进城市代表等以“新时代，新动能，新活力”为主题，围绕传统产业的数字化、智能化转型发展发表演讲。同期还举行了6个平行分论坛、智慧城市建设成果展和20多个特装展。

22日

△中国科学院计算技术研究所大数据研究院暨中国科学院计算技术研究所郑州分所在郑东新区智慧岛正式揭牌。省领导黄强、马懿、霍金花，市领导王新伟、王鹏、牛卫国、史占勇、王万鹏等，中国科学院计算技术研究所所长孙凝晖、副所长程学旗等出席揭牌仪式。

△郑州机场通过国际机场协会（ACI）的机场碳排放认可计划（ACA）一级认证，成为我国内地第四家、中部地区首家通过ACA一级认证的机场。

25日

△郑州市召开促进民营经济健康发展大会。省委常委、市委书记马懿出席会议并讲话，市委副书记、市长王新伟作动员讲话，市委副书记、组织部部长焦豫汝主持会议，市领导胡荃等出席会议。会议强调，要统一思想，提高站位；把握重点，抓好政策落实；坚定信心，促进民营企业家健康成长；加强领导，强化保障。会议印发了市委、市政府《关于促进民营经济健康发展的若干意见》《关于营造企业家健康成长环境弘扬优秀企业家精神更好发挥企业家作用的实施意见》等文件。

△市委、市政府出台《关于促进民营经济健康发展的若干意见》，从减税、破解融资难、融资贵，建设一流营商环境等8个方面，明确了促进民营经济发展的40条措施，着力破解郑州市民营经济发展中的突出问题。

26日

△省委常委、市委书记马懿主持召开郑州市2018年度党建工作责任制述职评议会议，市领导王新伟、焦豫汝等出席会议。

26—28日

△市人大常委会主任胡荃主持召开市十五届人大常委会第二次会议，听取了关于《郑州市人民代表大会常务委员会关于市人民政府机构改革涉及地方性法规规定的行政机关职责调整问题的决定（草案）》审议结果的报告，并表决通过该《决定》。表决通过了关于2018年十件重点民生实事落实情况的报告、关于郑州市社会救助工作情况的报告、关于企业国有资产管理情况的报告、关于2018年税收工作情况的报告等，以及有关人事任免案等。对市人力资源和社会保障局关于郑州市社会保险工作、市文化广电新闻出版局关于贯彻落实《中华人民共和国公共文化服务保障法》情况、市政府外事侨务办公室关于外事服务经济工作进行了专项工作评议，并实施了满意度测评。

28日

△全市旅游业转型发展推进会召开，总结旅游业转型发展情况，表彰先进，交流经验，安排部署下阶段重点工作。市委副书记、市长王新伟出席会议并讲话，强调要加快推进实施《郑州市旅游产业转型升级行动方案（2018—2020）》。

△加快郑许一体化座谈会在郑州举行，郑州、许昌两市就加快“1+4”大都市区和郑许市域铁路建设等有关事宜进行对接。郑州市委副书记、市长王新伟，许昌市委书记、市长胡五岳出席座谈会。

△由市文明委主办，市委宣传部、市文明办等承办的“德润绿城”第五届郑州市道德模范颁奖仪式举行。市领导王新伟、张俊峰、白江民、吴晓君出席颁奖仪式。本届道德模范评选活动，共有11人获“第五届郑州市道德模范”荣誉称号，19人获“第五届郑州市道德模范提名奖”。

29日

△市政协举行2019年新年茶话会。省委常委、市委书记马懿出席茶话会并讲话。市领导王新伟、焦豫汝、胡荃等出席茶话会。

△郑州市召开2019年“双节”廉政谈话会。省委常委、市委书记马懿出席会议并讲话，王新伟、焦豫汝、胡荃等在郑副市级领导干部出席会议。

△市政府召开第十次常务会议，研究并原则通过《郑州市建筑装修装饰管理办法》《郑州市城乡建设档案管理办法》。会议指出，《郑州市建筑装修装饰管理办法》填补了郑州市建筑装修装饰领域的立法空白，下一步要抓好宣传和贯彻落实，全面提高管理效率和服务质量。各级各部门要把城建档案管理工作纳入法治轨道，提高城建管理工作水平。

△郑州中心城区首条地铁环线——地铁5号线开始空载试运行，标志着5号线正式由建设阶段进入筹备开通阶段。

30日

△郑州市消防救援支队迎旗授衔和换装仪式举行。省委常委、市委书记马懿出席仪式并讲话，市领导王新伟、王鹏、牛卫国、马义中、刘睿出席仪式。

31日

△农业路高架（沙口路至嵩山路段）地面道路建成投用，标志着郑州市重点市政工程项目——农业路快速通道地面道路实现全线通车。

国家战略

国家中心城市建设

【概况】 制定出台《郑州建设国家中心城市行动纲要（2017—2035年）》，省委办公厅、省政府办公厅联合印发《郑州大都市区空间规划（2018—2035年）》。成立高规格的郑州国家中心城市建设推进委员会。成立中国社会科学院郑州市人民政府郑州研究院，举办首届“一带一路”倡议下的国家中心城市建设——2018年中国城市百人论坛秋季论坛，发布“国家中心城市指数”等研究成果，郑州荣登潜在国家重要中心七项榜单。四是发布总投资4.5万亿元的国家中心城市建设重大项目库，设立运营总规模1000亿元的国家中心城市产业发展基金。五是郑州市首次进入“世界城市100强”“亚洲城市50强”，上榜“国家物流枢纽承载城市”，晋身国家区域协调发展新机制12城市。

【总体思路】 总体思路是：高举习近平新时代中国特色社会主义思想伟大旗帜，按照“五位一体”总体布局和“四个全面”战略布局，牢固树立新发展理念，积极把握引领经济发展新常态，深入推进供给侧结构性改革，以国家中心城市建设为统揽，以郑州航空港经济综合实验区建设为引领，以国际化现代化生态化为方向，着力发展枢纽经济，着力提升科技创新能力，着力增强经济综合实力，努力建设具有发展活力、人文魅力、生态智慧、开放包容的国家中心城市，形成具有持续竞争力的国际化都市，在引领中原城市群一体化发展、支撑中部崛起和服务全国发展大局中作出更大贡献。

【功能定位】 五个功能定位：一是国际综合交通物流枢纽。二是国家新的经济增长中心。三是国家创新创业中心。四是内陆地区对外开放门户。五是华夏历史文明传承创新中心。

【发展目标】 三个阶段发展目标：到2020年，全面推进国家中心城市建设，基本确立国际枢纽地位，基本形成现代化国际化大都市的框架体系，进入全国经济总量万亿城市行列，实现人民生活水平、生活环境、生活质量的全面提高；到2030年，全面建成国家中心城市，综合实力位居全国主要城市前列，基本实现现代化，达到中等发达国家水平，人民生活更加殷实，国际枢纽地位更加突出，建成国家重要的创新创业中心，成为现代化大都市，向全球城市迈进；到2049年，建成联通全球的国际枢纽中心、世界一流的内陆商贸物流中心、重要的金融中心、极具活力的创新创业中心、开放包容的国际交流中心、生态多元社会公平正义的国际宜居大都市，实现由生产型城市向高端消费型城市的转变，成为在全球有影响力的世界城市。

【主攻方向】 十大主攻方向：一是走好新型城镇化发展路子。坚持中心城市现代化国际化、县域城镇化、城乡一体化发展方向，把握“以建为主、提升品质、扩大成效”的阶段任务，全面提升规划、建设、管理的现代化水平。二是构建现代产业体系。围绕做强先进制造业、做大现代服务业、做优都市农业、做兴网络经济，聚焦电子信息、汽车与装备制造、现代金融商贸物流、文化创意旅游、都市生态农业五大战略产业，统筹传统产业改造升级和新兴产业培育，全面实施“互联网+”“标准+”“品牌+”战略，推动产业高端化、智能化、绿色化、服务化。三是厚植开放优势。要准确把握全球经济一体化的发展趋势，深度融入“一带一路”战略，加快形成政府主导、企业主体、社会参与、双向开放、深度融合的开放新格局，构建内陆地区开放高地。四是深化改革创新。充分发挥科技创新的基础、关键和引领作用，以科技创新带动全面创新，形成新的增长动力源泉。五是提升枢纽能级。把持续提升枢纽优势作为郑州建设国家中心城市的战略突破口，着力强化航空、铁路、公路“三网融合”，打造以“一单制”为核心的多式联运体系，提升配套服务，实现各种运输方式“零距离换乘、无缝化衔接”，建立成本低、时效优、通达性强、覆盖范围广的现代化立体综合交通枢纽，不断提升郑州的服务辐射带动功能。六是建设生态郑州。坚持“大生态、大环保、大格局、大统筹”，把生态文明贯穿到经济社会发展的各领域，让绿色发展成为全社会的自觉行为不断提升城市可持续发展能力，建设天蓝地绿水清的美丽郑州。七是彰显文化魅力。充分发挥文化的引领和支撑作用，加强“书香郑州”建设，以文化人、以德润城，深度挖掘商都文化、嵩山文化、黄帝文化、黄河文化、革命传统文化等资源，加强历史文化遗产保护利用，建设一批城市展厅、城市会客厅、国际交流场所和社区，让每一个到郑州的人都能感受到历史的厚重感和开放包容的现代感。八是培育人才优势。进一步总结完善“智汇郑州·1125聚才计划”政策体系，多方式、广领域引进国内外高层次人才，完善“产学研用”相结合的协同育人机制，造就更多科技创新人才，优化人才创新创业环境，让人才的创新创业活力充分迸发。九是增进人民福祉。要坚决打赢脱贫攻坚战，进一步完善社会保障、医疗保障、住房保障体系，着力促进就业创业，持续加大教育、医疗投入，建立健全城乡义务教育资源、优质医疗资源均衡配置机制，让人民群众有更多的获得感、幸福感。十是提高社会治理能力。完善党委领导、政府主导、社会协同、公众参与、法治保障的体制机制，鼓励支持社会力量参与社会治理和公共服务，实现政府治理和社会调节、居民自治良性互动，构建全民共建共享的社会治理格局。

【支撑性工程】 九大支撑性工程：一是以轨道交通、高速公路、快速路网为支撑的畅通郑州工程。二是以现代化设施为基础、智能化管理运行为支撑的数字郑州工程。三是以项目为载体、以中国制造2025郑州行动、服务业提升计划为抓手的产业再造工程。四是以郑州—卢森堡“空中丝绸之路”、高铁南站建设为带动的枢纽提升工程。五是以安置房建设、脱贫攻坚、民生实事为带动的幸福郑州工程。六是以贾鲁河综合治理为带动、以五大生态体系建设为支撑的美丽郑州工程。七是以“四大文化片区”和市民公共文化服务区建设为重点的文化郑州工程。八是以航空港实验区、自贸区、自主创新示范区、跨境电商综试区等国家载体平台建设为引领的活力郑州工程。九是以实施“1125聚才计划”和普惠型人才引进政策为抓手的智汇郑州工程。

【基础性工作】 六大基础性工作：一是规划完善提升工作。二是招商引资工作。三是体制机制创新工作。四是城市品质提升工作。五是环保攻坚工作。六是社会治理创新工作。

（李林晓　高伟谦）

中国（河南）自由贸易试验区

【改革创新和复制推广任务】 2018年，改革创新和复制推广任务大头落地，256项改革创新任务已完成三至五年总任务数的86.7%，位居第三批自贸试验区前列；123项复制推广任务除不具备条件外，实现全部复制推广；近期国家要求复制推广的30个事项，正加快落实。

【服务体系建设】 2018年，五大服务体系建设深入推进，企业开办时间率先压缩至3个工作日，进口、出口整体通关时间较上年分别压缩57.2%和93.7%，郑商所PTA期货引进境外交易者成为全国第一个引入境外交易者的化工品种，国家贸促会设立商事认证中心，郑州至连云港、青岛、天津等港口的海铁联运班列已累计开行206班。

【制度创新】 2018年，中国（河南）自由贸易试验区形成一批制度创新成果，截至年底已形成近百个创新案例，“政银合作直通车”“住所申报承诺制”已在全省复制推广，跨境电商“网购保税+实体新零售”模式获评“2018中国自贸试验区十大创新成果”，跨境电商零售进口正面监管模式在国务院自贸区联席会议简报上印发推广。

【“放管服”改革】 2018年，中国（河南）自由贸易试验区“放管服”改革扎实推进，612个涉企事项全部实现“一网通办”，多证合一、企业登记全程电子化、“照章同办”、企业投资项目“信用通”“大数据+信用”综合监管等创新举措的实施，使企业设立经营越来越便捷。

【贸易便利化】 2018年，中国（河南）自由贸易试验区贸易便利化水平持续提升，实施跨境电商零售进口正面监管模式、“网购保税+实体新零售”等创新，河南保税物流中心日峰值处理能力突破500万单；推出国际多式联运一单制，解决铁路运单无法作为物权凭证进行抵押融资的难题；实施原产地证书“信用签证”，已为668家企业签发原产地证书23618份，为企业减免进口国关税约5.1亿元。

【企业注册】 2018年，中国（河南）自由贸易试验区市场活力得到极大激发，片区新注册企业40226家，其中外商投资企业238家；郑州片区现有企业比自贸试验区成立前翻了一番多，平均每天新入区企业近100家，占同期全市新注册企业的近1/4；其中外资企业418家，新注册外资企业占全市的50%以上。

【招商引资和产业发展】 2018年，中国（河南）自由贸易试验区招商引资和产业发展效果初显，新签约重大项目49个，签约总金额1376.5亿元；新开工项目38个，总投资金额820.1亿元；20个项目竣工投产。其中，投资额亿元以上项目79个。

【优化营商环境】 2018年，中国（河南）自由贸易试验区营商环境得到优化，挂牌运行一周年评估显示，片区从企业开办到结束经营的多数指标优于全国整体水平，市场主体对片区营商环境的满意度达90%以上。根据评估结果，按照进入全球前30名的目标，将进一步明确提升电力、信贷可获得性等指标的措施。

（李林晓　高伟谦）

郑洛新国家自主创新示范区

【科技创新】 科技创新综合实力显著增强。2018年，全市专利申请量达70128件，同比增长38.7%，全省占比45.4%；发明专利申请量26593件，同比增长43.4%，全省占比56.7%；专利授权量31585件，同比增长48.6%，全省占比38.4%；万人发明专利拥有量达13件。技术合同交易额82.3亿元，同比增长136.75%，全省占比54.9%。有效高新技术企业达到1323家，比上年增长55%，全省占比39.8%；新培育科技型企业1041家，比上年增长30%以上。省级重点实验室达到118家，全省占比57.3%；省级工程技术研究中心达到498家，全省占比29.5%。新型研发机构达到18个，8个项目获2018年度国家科技奖，科技进步贡献率达到63%。

【核心区体制机制改革】 核心区体制机制改革实现重大突破。高规格成立领导小组，全面启动实施管理体制与人事薪酬制度改革，构建新型管理服务、干部管理、绩效考核、分配激励四个体系。赋权方面，以市政府令的形式发布了《郑州高新技术产业开发区暂行规定》，明确了管委会派出机关的性质，赋予其较为完备的县区级行政管理权限和部分市级经济管理及相关行政管理权限。

【重点项目引领】 重点项目引领作用更加突出。充分发挥自创区在全省产业转型攻坚中的引领带动作用，围绕优势产业集群继续深挖创新龙头企业、央企、大院大所的创新需求，省、市联动谋划实施了创新引领型产业集群专项，中铁工程装备集团、安图生物、宇通客车和信大捷安等单位承担的5个专项、共13个课题，入选河南省首批创新引领型产业集群专项，共获得省级科技财政支持8550万元，带动研发总投资近8亿元。

【“四个一批”培育引进】 一是创新引领型企业不断发展壮大。2018年新培育高新技术企业671家，创历史新高，有效高新技术企业达到1323家。二是创新引领型平台建设步伐加快。2018年，新建市级以上研发平台476家，其中省级221家，全市累计建设市级以上研发平台2795家。三是创新引领型人才汇聚效应逐步显现。实施第三批“智汇郑州·1125聚才计划”，培育创新创业高层次人才236人，其中顶尖人才团队7个，给予奖励资金共1.75亿元，“聚才计划”累计入选项目323个，引进海内外高层次创新创业人才771人，其中两院院士23人，高层次专家74人，长江学者7人。四是积极推进创新引领型机构建设。对接中科院系统、国内一流高校、央企研发机构等建立新型研发机构，已经引进建立中科院过程所郑州分所、大连理工大学重大装备设计与制造郑州研究院等新型研发机构18家，被省政府认定为重大新型研发机构4家（全省共10家）。

（李林晓　高伟谦）

中国（郑州）跨境电子商务综合试验区

【概况】 紧紧围绕“买全球、卖全球”的战略发展目标，开拓创新，谋求跨越式发展，在推进中原更出彩和郑州国家中心城市建设过程中，充分发挥打造内陆开放新高地的“试验田”作用，并迅速成长发展为内陆开放的“排头兵”。买卖全球市场影响力不断提升。河南保税物流中心园区进口商品来自世界73个国家，出口商品发往183个国家。

业务保持高速增长。从2016年全区跨境电子商务进出境包裹8290.3万单、货值55.6亿元、税收约4.1亿元，发展到2018年包裹1.2亿包、交易额116.4亿元、税收约13.7亿元，分别增长44.7%、109.3%、234.1%。

跨境电商产业生态圈从无到有。海关备案跨境电子商务企业由2014年的132家，增长至2018年的1112家。全国排名前列的跨境电子商务企业大部分入驻，跨境电商产业生态圈从无到有，不断走向完备。

社会效益明显。推动河南省的消费升级，河南的国际消费水平全国排名提升到第8位，由原来的农业大省演变为跨境电子商务发展的创新策源地和商业标准模式的发源地。

“四多”发展模式初步形成。近年来，共计规划培育7家跨境电子商务产业园，形成“1210”“9610”、国际直邮、F2B、B2C等多业务模式协同发展的跨境电子商务业态，促进就业人数由最初的3000人增长至2018年的7万人，成为郑州开放型经济发展的亮丽名片。

国际影响力凸显，主导制定全球跨境电商新规则，打造了郑州跨境电子商务品牌形象。全球各国监管部门、商协会、企业等集聚郑州，共同探讨新型贸易的监管与服务模式，中国的创新模式在平台上得到复制推广，已被十几个国家接受和认可，增强了郑州的话语权和在新型贸易领域的影响力。

【规划建设EWTO核心功能集聚区】 按照“线上线下高度融合、监管服务高度融合、商贸商务高度融合、创意会展高度融合”的发展理念，加快推进占地10.51平方公里的EWTO核心功能集聚区规划建设，推动商贸、物流、会展、金融、信息等业态融合发展，探索创新国际贸易新标准新规则，着力打造全球网购商品集疏分拨中心、“一带一路”商贸物流合作交流中心、全球跨境电商大数据服务中心、内陆地区国际消费中心。

【创新发展】 跨境电子商务已由E贸易试点，发展到现在的跨境电子商务综合试验区、自由贸易试验区、经开综保区、EWTO核心功能集聚区五区叠加的跨境电子商务发展高地，跨境电商创新活力突显。

创立网购保税备货业务模式。河南保税物流中心在全国率先探索创立了网购保税备货业务模式，解决了跨境电商商品准入、快速通关、税款征收、统计监测、质量安全等问题，被海关总署推广到全国36个城市。郑州综试区进出口交易额连续四年保持全国领先。

创新国际贸易政务服务+商务服务的“一网通办”的信息化服务。开发了E贸易综合信息服务平台，设计处理能力已达到500万单/日，平均500单/秒。该平台率先实现与海关、税务、外汇、工商、公安、银行等多个监管服务部门互联互通。集成开发了“买卖全球网”和国际商事监管服务系统，为实现跨境电商领域的“一网通办”，建立买卖全球的全领域、全流程的商事管理和服务模式。

探索O2O跨境电子商务自提新零售模式。通过技术与监管、商业模式创新，让国内消费者2分钟内可在家门口买到全球的好产品，让百姓享受到改革开放的红利，这一模式被海关总署确认为“网购线下自提”模式，打造消费者家门口的进口超市。

（李林晓　高伟谦）

中欧班列（郑州）

【概况】 2018年，郑欧班列欧洲线路每周开行去程九班、回程九班，郑欧班列中亚线路每周五班。2018年累计开行752班（416班去程，336班回程），总累计货值32.36亿美元，货重34.68万吨。河南省外的货物运量占80%，境外覆盖24个国家126个城市。自2013年7月首班开行以来，总累计开行1760班（1007班去程，753班回程）。

【运行线路】 中欧班列（郑州）主体运行线路为郑州—汉堡/慕尼黑/列日。西线由新疆阿拉山口出境，经过哈萨克斯坦、俄罗斯、白罗斯、波兰和德国5个境外国家，终点是汉堡或慕尼黑或列日，全长约10214公里；中线由内蒙古二连浩特出境，经过蒙古、俄罗斯、白罗斯、波兰和德国5个境外国家，终点汉堡或慕尼黑或列日，全长约10620公里；另一条线由黑龙江绥芬河出境，经过俄罗斯、白罗斯、波兰和德国4个境外国家，终点汉堡或慕尼黑或列日，全长约13877 公里。三条线均历经2次转关、2次换轨，运行时间15天左右，比海运节约22—27天，比空运节约资金重货约80%，轻货约20%。

【郑欧班列分支线路——中亚班列（郑州）开通】 2018年5月18日，由郑州开往中亚的铁路货运班列从郑州圃田集装箱中心站开出，开启5000公里中亚之旅，标志着郑欧班列分支线路——中亚班列（郑州）正式开通。首趟中亚班列满载44个集装箱，载运货物主要为机械设备、配件、食品等。

【中欧班列（郑州）“中设号”开行】 2018年9月18日，中欧班列（郑州）“中设号”开行。此次开行的郑欧班列“中设号”，由郑州国际陆港开发建设有限公司与中国机械设备工程股份有限公司、中设国际商务运输代理有限责任公司共同合作完成，共装载41个集装箱的光伏新能源设备，运往乌克兰境内最大的“一带一路”重要基础设施建设项目——绿色能源项目建设基地。中欧班列（郑州）提供的境内境外全程“门到门”“一单制”服务，不仅解决了海运时间长的问题，还在装箱、关务及国外协调运作方面给项目争取到了更多的时间。

【郑欧班列首次开通郑州—列日出口班列】 11月1日凌晨，中欧班列（郑州）首次开通郑州—列日班列。这是中欧班列（郑州）继郑州—汉堡、郑州—慕尼黑路线常态化运营后，开通的又一条新路线，共装载有41个集装箱，经阿拉山口出境，途经哈萨克斯坦、俄罗斯、白俄罗斯、波兰和德国，最终抵达比利时列日。

【中欧班列（郑州）启运国际邮件】 11月20日，中欧班列（郑州）搭载总重7吨的100包国际邮包从郑州铁路集装箱中心站出发，目的地为波兰马拉舍维奇。郑州成为中欧班列第四个、中部第一个运邮试点城市。这标志着河南省国际邮件陆路运输通道正式打通，中部省份国际邮件利用中欧班列渠道可直达欧洲，对于打造郑州国际邮件枢纽口岸，形成郑州国际邮路航空、陆运双通道、双枢纽等具有重要意义。

【中欧班列（郑州）开行东盟（郑州—越南）国际货运线路】 12月7日，中欧班列（郑州）开行东盟（郑州—越南）国际货运线路，标志着中欧班列（郑州）延伸至东盟的南向通道打通，河南省至欧洲和中亚、东盟“一体两翼”国际货运班列格局基本成形。该线路是中欧班列（郑州）继欧洲线路、中亚线路开行之后，新增的第三个地区性线路。

（李林晓　高伟谦）

国家功能性口岸建设

【概况】 截至2018年，郑州市有郑州航空口岸和郑州铁路口岸两个国家一类口岸，依托这两个口岸，申建了包括进境水果指定口岸、进境冰鲜水产品指定口岸、进境食用水生动物指定口岸、汽车整车进口口岸、进口肉类指定口岸、进境粮食指定口岸、澳洲活牛进口指定口岸、邮政国际邮件经转口岸、药品口岸等9个功能性口岸，其中药品口岸正在申建中。

【汽车整车进口口岸】 2014年7月1日，国务院同意郑州铁路口岸为汽车整车进口口岸。2014年9月25日—26日，郑州汽车整车进口口岸顺利通过了由海关总署、商务部、工信部、国家质检总局等有关部门的联合验收。汽车整车进口口岸（一期）自2014年11月正式运营。汽车整车进口口岸（二期）正在建设中。2018年1月31日，国家等八部委联合印发通知，批准郑州铁路口岸开展汽车平行进口试点，这是郑州市对外开放工作取得的又一重大成果。

【进口肉类指定口岸】 2013年12月30日，国家质检总局批复同意郑州设立郑州肉类指定口岸，2015年8月20日，郑州进口肉类指定口岸通过国家质检总局验收，2015年9月6日，国家质检总局正式批准同意将河南进口肉类指定口岸郑州和漯河查验区列为进口肉类指定查验场，可按照国家有关法律法规规定进口肉类，2015年10月26日正式运营。截至2018年12月底，肉类口岸郑州查验区累计进口3.5万吨，同比增长22.45%。

【澳洲活牛进口屠宰口岸】 2015年4月17日，国家质检总局批复同意郑州设立澳洲活牛进口屠宰口岸。2015年11月25日，正式通过国家质检总局验收。2016年6月21日，郑州航空港实验区澳大利亚进口屠宰活牛指定口岸正式启动。2018年4月，申请建设国家级进境动物隔离场顺利通过现场验收，获原国家质检总局备案，并准予开展业务。11月12日，首批澳大利亚空运进境681只羊驼抵达新郑国际机场，创造了我国单次进口羊驼数量的新纪录。

【邮政转运口岸】 2015年5月15日，河南省与中国邮政集团签订战略合作协议，计划利用郑州航空、铁路综合物流集疏优势将郑州打造成为继北、上、广、深之后的全国第五国际邮件转运口岸。2015年5月4日，郑州至新西伯利亚航线首航成功，郑州至俄罗斯航空邮路正式开通，北京、上海、广州等国内13个地区发往西伯利亚的邮件以总包形式调运至郑州，从郑州直航俄罗斯。2017年11月10日，郑州至芝加哥国际邮件包机航线正式开通，实现了国际邮件专线由俄罗斯向美国的拓展。2018年7月，郑州获批班列运邮试点城市，为全国第四个获批城市，11月20日，中欧班列(郑州)运邮班列顺利开行，郑州成为中部地区唯一一个实现空、陆运输国际邮件城市。

【进境粮食指定口岸】 2014年12月12日，国家质检总局批复同意郑州设立进境粮食指定口岸。2016年8月31日，郑州进境粮食指定口岸项目开工仪式在郑州铁路集装箱中心站海关监管区内举行。2017年12月，国家质检总局专家组对郑州进境粮食指定口岸经开区查验场、郑粮雏鹰查验场进行了验收。2018年2月26日，质检总局同意两个查验点正式封关运营。2018年9月26日，河南进境粮食指定口岸经开查验区迎来首班粮食进口专列。

【食用水生动物口岸】 2015年9月，国家质检总局派出专家组对郑州机场进境食用水生动物指定口岸进行了考核验收。截至2018年底，进口食用水生动物1222.77吨。

【药品进口口岸】 2014年1月24日，国家食药总局复函支持郑州申建药品进口口岸。2018年11月28日，进行现场评估考核，11月30日，考核组宣布郑州市通过了药品进口口岸现场评估考核，待国家正式批复后即可开展工作。

（李林晓　高伟谦）

党政机构

中国共产党郑州市委员会

综述

【概况】 2018年，郑州市坚持以习近平新时代中国特色社会主义思想为指导，认真贯彻党的十九大和十九届二中、三中全会精神，深入贯彻习近平总书记视察指导河南时的重要讲话精神，认真落实省委各项工作部署，统筹推进“五位一体”总体布局、协调推进“四个全面”战略布局，贯彻新发展理念和以人民为中心的发展思想，坚持以党的建设高质量推动经济发展高质量，以国家中心城市建设为统揽，以航空港实验区建设为引领，突出“四重点一稳定一保证”工作总格局，团结带领全市上下，把握方向、凝心聚力、真抓实干，促进经济社会实现持续健康发展，党的建设全面加强，国家中心城市建设迈出坚实步伐。

2018年，全市上下不断提高站位、拉高标杆，坚持目标导向、问题导向和“创优势、增实力、补短板、能抓住”的工作方针，突出新型城镇化、现代产业体系培育、开放创新、生态建设“四大重点”工作，统筹三大攻坚战，坚持项目带动、项目化推进，促进了经济社会持续健康发展。经济总量连续三年跨越千亿增长台阶，2018年突破万亿大关，进入万亿城市行列，预计增速达到8%左右，在全省的首位度持续提升；全市常住人口突破千万，人均生产总值突破10万元；地方财政一般公共预算收入增长9%；居民人均可支配收入增长8%左右。

【国家中心城市建设】 在2017年国家中心城市建设战略研究的基础上，2018年郑州市不断深化提升，制定《郑州建设国家中心城市行动纲要》，经市人大常委会审议通过，转化为全市人民意志。梳理充实总投资4.5万亿的国家中心城市建设重大项目库，完善项目台账管理、观摩评比等制度，推进各项建设全面提速，固定资产投资增长10%左右。国家出台《关于建立更加有效的区域协调发展新机制的意见》，进一步明确了包括郑州在内的12个重点城市带动全国区域协调发展中的战略地位、作用和责任；省委、省政府研究通过《郑州大都市区空间规划》，确立了以郑州大都市区引领中原城市群发展的战略格局，社会各界对郑州的发展预期持续向上向好。

【新型城镇化建设】 2018年，郑州市突出“以建为主、建管并重、提升品质、扩大成效”的阶段任务，坚持走好以人为核心的新型城镇化，城镇化率升至73.5%。加快完善“内畅外联”交通体系，郑济、郑万、郑合、郑太高铁建设有序推进，高铁南站及配套工程启动，米字形高铁网加快形成；轨道交通施工进度加快，地铁运营和在建里程超过300公里，轨道交通即将形成网络化运营；三环快速化全线闭合，四环快速化加快建设，成功创建“国家公交都市建设示范城市”，城市拥堵指数排名在全国明显下降。着力提升城乡建设品质，严把安置房建设品质关，规划的1110个安置房地块全部开工，累计竣工面积8500万平方米、回迁面积6400万平方米、回迁180万人，回迁率达到84%，安置房网签新增12万套、累计达到19万套；中央文化区“四个中心”建设加快推进、建筑风貌逐步展现；商都历史文化区、古荥大运河历史文化区、百年德化历史文化区、二砂文创广场“四大历史文化片区”进入全面建设阶段，龙湖金融岛、龙子湖智慧岛、双鹤湖等重点片区开发和老城区有机更新力度加大；清洁取暖、综合管廊、海绵城市建设等示范试点有序推进；百城建设提质工程和乡村振兴战略加快实施，一大批基础设施完善提升工程建成投用，创成国家级生态乡镇7个，建成一批美

郑东新区（郑东新区管委会/供图）

丽乡村试点村，农村人居环境得到不断改善。扎实推进城市精细化管理，深化城市管理体制改革，推进管理重心下移，以“路长制”为载体的城市管理、社会治理体系初步构建，环卫标准大幅提升，交通综合治理取得明显阶段成效，颁布实施《郑州市文明行为促进条例》，城市环境秩序、文明程度、形态风貌持续改善。

【现代产业发展】 2018年，郑州市牢牢把握供给侧结构性改革方向，把支持和促进以先进制造业为基础的实体经济发展摆在突出位置，推动先进制造业、现代服务业融合发展，加快产业转型升级。三次产业结构调整为1.5：44.5：54，第三产业比重高出第一产业、第二产业总和8个百分点，经济形态加快由生产型城市向服务消费型城市转型。工业中电子信息、汽车及装备制造等战略性产业的比重超过传统高载能行业10个百分点。高技术产业增加值增长12%，互联网、大数据、人工智能与制造业实体融合持续深化，新能源汽车、智能传感器等新兴产品增长超过20%。工业投资扭转连续下滑态势、增速达到8%，上汽郑州基地一期30万辆整车项目投产，二期30万辆整车、100万台动力总成项目开工建设，华锐光电显示、奥克斯空调等一批重大产业项目落地实施，合晶一期、裕展精密等211个重大项目竣工投产，新增超百亿企业3家，成为产业发展的新支撑。现代服务业提质增效，金融业增加值占GDP比重提高到11%，物流业增加值增长9%，电子商务交易额增长18.3%，社会消费品零售总额增长9.7%，会展业综合竞争力位居全国前列。都市农业稳步发展，农业经济综合效益持续提升。着力破解民营经济发展难题，完善政策体系，加大扶持力度，民营经济持续健康发展，在全市经济发展中的支撑地位和作用更加突出。

【开放创新】 2018年，郑州市全力加快推进“空中丝绸之路”“陆上丝绸之路”“网上丝绸之路”延伸拓展，积极对接“海上丝绸之路”，不断完善“买全球、卖全球”国际贸易服务体系。郑州机场三期工程启动建设，郑州—卢森堡航空双枢纽合作持续深化，郑州机场客货运吞吐量增速继续位居全国大型机场前列、总量稳居中部“双第一”。中欧班列（郑州）持续加密运行，新开行中亚、东盟线路，主要效益指标在中欧班列中保持先进地位，郑州至沿海港口的海铁联运班列实现多点常态化运行。跨境电商交易额增长24.5%，首创的1210保税模式在全国推广。各类海关特殊监管区和功能口岸建设运营水平不断提升，新郑综合保税区进出口总额有望连续三年排名全国综保区首位。

中欧班列（郑州）（经开区管委会/供图）

创新方面，郑州市加快推进国家自主创新示范区、大数据综合试验区、“双创”示范基地等载体平台建设，郑州高新区管理体制与人事薪酬制度改革取得阶段成效。大力实施“四个一批”三年倍增行动计划，新培育高新技术企业475家、增长55.5%，总数占全省的39.8%；新建市级以上科技创新平台476家，其中省级221家。“智汇郑州·1125聚才计划”引育创新创业高层次人才236人，其中两院院士等国家级人才22人；吸引创新创业人才21万人，人才落户数占新增户籍人口比例达到33.4%，较2017年提升20个百分点。引进中科院计算所、浙江大学等研发机构18家，其中新认定省级新型研发机构5家。全市专利授权量同比增长50%，科技进步对经济社会的贡献率预计达到63%。

【生态建设】 2018年，郑州市以中央环保督察“回头看”反馈问题整改为契机，以更大的力度推进环境治理和生态建设。污染防治攻坚在经济总量、投资规模不断扩大的情况下，大气污染指数持续下降，PM10、PM2.5较三年前分别下降36.5%、34.3%，下降率分别居全省第1位和第2位；优良天气天数较三年前增加30天，空气质量排名先后超过了长江以北的石家庄、太原、西安等省会城市，实现了经济发展与污染治理双统筹、双促进。统筹推进水污染、土壤污染综合治理，“河湖长制”得到有效落实，市域水体水质明显改善。大力实施国土绿化提速行动和“四水同治”工程，加快构建森林、湿地、流域、农田、城市五大生态系统，全长96公里的贾鲁河综合整治工程效果全面显现。牛口峪引黄工程、环城生态水系循环工程、交通干线绿化整治、郊野公园等生态项目加快建设，全市新增绿地面积1356万平方米。

【全面深化改革】 2018年，郑州市坚持把改革作为郑州创优势、补短板的关键一招，贯穿到各项工作的全过程。深化以“放管服”改革为带动的营商环境打造，“一网通办”实现率达到100%，新办企业审批服务时限压缩至4个工作日。深化以自贸区为引领的商事制度、关务制度改革，“35证合一”全面实施，“双随机、一公开”监管全覆盖，河南自贸区郑州片区新注册企业4万家，占河南自贸区新注册企业总数的80.6%。深化以“智慧城市”为带动的社会治理创新，全面打破“信息孤岛”，推进数据资源共享互认，全社会智慧化应用水平不断提高。稳步推进地方机构改革，召开市委十一届八次全会进行专题部署，明确了改革的原则目标、方法步骤和纪律要求，机构改革工作有序推进。不断深化投融资体制改革、国企改革、城市综合执法体制改革、农村土地制度改革等。

【民生事业】 2018年，郑州市坚持以民生实事工程为抓手，着力解决民生突出问题，全市财政民生支出1402.9亿元，增长17%，占全市一般公共预算支出比重为79.6%。扎实推进脱贫攻坚，全市脱贫退出1434户3800人，剩余1785人均为政策性兜底贫困人口，全市建档立卡贫困人口收入增长29%，对口帮扶工作扎实开展。着力扩大社会就业，新增城镇就业12.4万人，农村劳动力转移就业6万人。社会保险覆盖范围不断扩大，各类社保待遇和补助标准持续提升。继续加大教育投入，市区新建（改扩建）中小学校38所，新建改扩建幼儿园37所，大班额、入学难问题得到进一步缓解。加快医疗卫生事业发展，公立医院综合改革不断深化，实施药品集中采购制度，药品价格明显下降。养老机构医疗卫生服务实现全覆盖。文化事业和文化产业协调发展，文化惠民工程扎实实施，城乡综合文化服务设施进一步完善，实施“生态保遗专项工程”26项，方特四期、建业·华谊兄弟电影小镇、王潮歌“只有”主题演艺公园、海昌海洋馆等文化产业项目加快建设，形成集聚发展态势。成功举办黄帝故里拜祖大典、国际少林武术节、全省少数民族运动会等重大活动，郑州的影响力、美誉度持续提升。

【党的建设】 2018年，中央巡视河南、省委巡视郑州，郑州市委坚持以上率下、严格标准，主动认领中央巡视河南反馈问题、照单诚恳接受省委巡视反馈意见，坚持边巡边改、全面整改，以高质量整改推动高质量党的建设，不断巩固和发展全市上下风清气正、心齐气顺、干事创业的良好政治生态。

突出从严从实，推动中央和省委巡视整改落地见效。市委常委会专题研究巡视整改工作6次，市委常委牵头负责，建立台账，逐项整改、逐项评估、逐项深化。截至2018年年底，中央巡视涉及郑州的个性问题全面整改到位，47个共性问题中办结39个，办结率为82.9%；对照省委巡视郑州反馈意见，共梳理整改事项52个，完成38项，完成率73%；具体问题132个，办结112个，正在办理20个，完成率85%；启动专项治理24项，有力促进了各项工作。

突出主业主责，推进管党治党责任落细落实。坚持把党的建设与经济发展相统筹，把党建工作与经济工作按同等权重纳入综合绩效考核，引导各级树牢“抓好党建是最大政绩、推进发展是第一要务”的理念。坚持党建工作“一盘棋”，进一步完善全面从严治党责任清单、问题清单、整改清单，创新党建述职评议、党建观摩、考核督导方式，坚持领导干部党建联系点、书记党建约谈、党建责任追究等制度，对履行责任不力的7个党组织、28名党员领导干部进行问责，督促各级各部门强化责任意识、推进党建责任落小落细落实。

突出守正创新，全面加强宣传思想工作。围绕“举旗帜、聚民心、育新人、兴文化、展形象”，强化理论武装，加强舆论引导，讲好郑州故事。在抓好各级理论中心组学习的同时，组织开展集中培训，通过“十九大精神领导干部轮训班”“万名党员进党校”等载体，基本实现党员培训全覆盖。深入开展中国特色社会主义和中国梦宣传教育，大力弘扬社会主义核心价值观，举办“党的创新理论万场宣讲进基层”活动7000余场，被中宣部评为基层理论宣讲先进集体。发挥主流舆论引导作用，精心组织“新时代新气象新作为”“礼赞改革开放40周年·郑州故事”等网上网下主题宣传活动，入选中宣部改革开放40周年“百城百县百企”专题宣传，为国家中心城市建设营造了良好舆论氛围。严格落实意识形态责任制，自上而下建立意识形态联席会议制度，深入开展网络空间专项治理，严格各类讲座、报告、论坛报备审核制度，加强高校阵地日常管理，意识形态领域总体态势持续向好。

突出敬业负责担当，努力建设高素质专业化干部队伍。着眼选优配强，突出工作一线，及时充实调整县处级领导班子，大力选拔敢于负责、勇于担当、善于作为的干部。圆满完成市人大、市政府、市政协换届工作，班子候选人均全票或高票当选。认真落实巡视整改要求，消化超配干部135名；实施违规兼职、干部档案再审等9个整改专项行动，清理市管干部在企业社团违规兼任职务195个，排查解决各类档案问题8820个；加强选人用人监督，对867名市管干部的个人报告事项进行核查，对21个单位开展选人用人专项检查，促进从严监督管理常态化。坚持正向激励，完善考核评价体系，有效激发干部干事创业积极性。

突出“三基”建设，提高基层党建质量。聚焦基层组织、基础工作、基本能力，大力开展“支部建设提升年”活动，分层级分领域对全市2万多个党支部进行“全面体检”，对先进支部培优作示范、对后进支部转化促提升。坚持“先整顿后换届”，下沉3410个工作组、1.4万余名干部蹲点工作、全程把控，高质量完成3067个村（社区）“两委”换届，首次实现所有村全部换届，党员群众参会率和满意度均为历届最高。对换届后5400名村（社区）“两委”正职上提一级精准轮训，创新建立“后评估”机制，调整撤换105名不合格、不胜任村干部，努力做到“换届一次、考评一届、受益多年”。深化市县乡“三级抓村”机制，充分发挥490名第一书记作用，推进236个软弱涣散和后进村党组织集中整顿转化，抓党建促乡村振兴、脱贫攻坚不断深入。全面构建市、区、街道、社区四级联动、多方共建的城市党建工作格局，高标准推进党群服务中心建设，城市党建共治共享局面基本形成。“两新”领域持续提质扩面，党组织覆盖率达到86.4%。机关、国有企业、学校等领域党建创新载体抓手，较好地发挥了党组织的领导核心和政治核心作用。加强党员教育管理工作，在党员队伍中广泛开展“亮身份、争先锋、作表率”活动，党员的先锋模范作用得到较好发挥。

突出严抓严管，锲而不舍推进党风廉政建设和反腐败斗争。从严抓教育，制订《关于推进以案促改制度化常态化的实施意见》，把廉政教育纳入各级中心组学习内容，召开以案促改警示教育大会3452场，受教育19万人次，持续强化不想腐的自觉。从严抓监督，着力构建“四个全覆盖”权力监督格局，圆满完成监察体制改革试点任务，探索完成监察职能向基层延伸试点工作，稳步推进派驻机构改革，大力推进市县巡察向村居延伸，完成对345个党组织的巡察，发现问题5038个，有效发挥巡察利剑作用。围绕“三公”经费管理，扎紧制度笼子，厉行勤俭节约、反对铺张浪费。从严抓执纪，组织开展落实中央八项规定精神“回头看”专项活动，查处违反中央八项规定精神案件171起，处理268人；突出抓早抓小，运用监督执纪“四种形态”处理8255人次，第一、二种形态占比分别为64.7%、24.3%；全市纪检监察机关立案审查2178件、处分2833人，严肃查处了戴春枝、王晓军等77名市管干部，进一

2018年7月10日，郑州市举行新一届村（社区）“两委”主要负责人培训班（市委组织部/供图）

步强化不敢腐的震慑。

（刘跃亭　张　凯　翟景伟　马　焱）

重要会议

【中国共产党郑州市第十一届委员会第六次全体会议】 2018年1月5日，中国共产党郑州市第十一届委员会第六次全体会议召开。全会深入学习贯彻党的十九大精神，以习近平新时代中国特色社会主义思想为指导，听取和审议通过了省委常委、市委书记马懿受市委常委会委托所作的2017年工作报告，审议通过了市委常委会2017年抓党建工作情况专题报告，表决通过了中国共产党郑州市第十一届委员会第六次全体会议决议。

全会充分肯定市委常委会的工作，认为2017年市委常委会坚持以习近平新时代中国特色社会主义思想为指导，全面贯彻中央各项决策精神，落实省委工作部署，团结带领全市干部群众，把握大局、凝心聚力、真抓实干，经济社会持续健康发展，党的建设全面加强，国家中心城市建设迈出坚实步伐，各项工作都取得了新的成效、实现了新的突破。

全会指出，2018年是全面贯彻落实党的十九大精神的开局之年，是改革开放40周年，是实施“十三五”规划承上启下、开启郑州全面建设国家中心城市新征程的重要一年，做好2018年工作意义重大。2018年的工作目标、重点任务已经明确，全市各级党员领导干部要振奋精神、转变作风、扑下身子、真抓实干，真正把改革发展稳定的任务落到实处，把改善民生、惠及百姓的实事办好，努力开创各项工作的新局面。要提高政治站位，树牢“四个意识”，切实把党中央的各项大政方针政策和省委、市委贯彻中央决策的各项部署落到实处。要敢于担当，敬业负责，事不避难、义不逃责、善作善成，尽心竭力地抓好推进落实。要持续纠正“四风”，扎实改进作风，大兴学习之风、调查研究之风、干事创业之风，努力减少会议、减少活动，深入基层、深入一线，掌握实际情况，解决工作中存在的突出问题，推进工作落实。要坚持领导带头，以上率下，带动全市上下形成级级转作风、层层抓落实的生动局面。要加强“双节”期间的党风廉政建设，确保节日期间风清气正。做好帮扶济困、社会稳定、安全生产、市场供应、文化活动等工作，让群众过一个欢乐祥和的节日。

全会号召，全市各级党组织和广大党员干部要坚持高质量发展的根本方向，突出稳中求进总基调、奋发有为总要求，以国家中心城市建设为统揽，以供给侧结构性改革为主线，以“三区一群”建设为引领，坚持“四重点一稳定一保证”工作总格局，坚持目标导向、问题导向和“创优势、增实力、补短板、能抓住”的工作方针，着力打好决胜全面建成小康社会三大攻坚战，全面加快郑州国家中心城市建设，不断推进全面从严治党向纵深发展。

【中国共产党郑州市第十一届委员会第七次全体会议暨市委工作会议】 2018年8月3日，市委十一届七次全会暨市委工作会议召开。会议指出，全市上下要高举习近平新时代中国特色社会主义思想伟大旗帜，深入学习贯彻党的十九大精神和习近平总书记调研指导河南时的重要讲话精神，落实省委十届六次全会暨省委工作会议精神，切实增强责任感、紧迫感，更加深刻地认识到以先进制造业为基础的实体经济是城市发展的基石，更加准确地把握郑州城市发展的阶段特征，更加有效地应对激烈的区域竞争态势，紧盯国家中心城市建设这一总目标求发展，围绕“四重点一稳定一保证”这一工作总格局求发展，坚持科学的方法求发展，凝聚合力求发展，不断推动高质量发展实现新提升，推进国家中心城市建设取得新成效，在中原更加出彩中展现新担当新作为。

会议强调，要以高质量发展加快推进国家中心城市建设，在抓好既有工作部署的基础上，围绕解决影响郑州高质量发展的突出矛盾问题重点突破。一是以加快先进制造业发展为根基；二是以城市精细化管理为带动；三是以“放管服”改革为抓手；四是以新型智慧城市建设为突破；五是以“三区”建设为引领；六是坚决打好打赢三大攻坚战；七是回应群众关切，办好涉及民生福祉的实事要事。

会议要求，要以政治建设为统领推进党的建设高质量。要突出政治建设这一根本，始终在思想上政治上行动上与以习近平同志为核心的党中央保持高度一致，坚持用习近平新时代中国特色社会主义思想武装头脑。贯彻落实新时代党的组织路线，不断增强基层党组织的政治领导力、思想引领力、群众组织力和社会号召力。落实全面从严治党政治责任，锲而不舍贯彻中央八项规定和实施细则精神，扎实推进巡视整改，以巡视整改的高质量推动党的建设高质量、经济发展高质量，促进各项工作上台阶。

会议总结了全市上半年经济社会发展情况，对下半年重点经济工作作出了部署。表决通过了中国共产党郑州市第十一届委员会第七次全体会议决议。讨论研究了《关于加快制造业高质量发展“1+N”政策体系》《关于推进新型智慧城市建设的实施意见》《关于加快建设国际化营商环境的实施意见》《关于进一步加强城市管理工作的意见》《关于推进新一轮高水平对外开放的意见》《关于以习近平新时代中国特色社会主义思想为指导全面推进党的建设高质量发展的实施意见》。

【中国共产党郑州市第十一届委员会第八次全体（扩大）会议】 2018年12月13日，中国共产党郑州市第十一届委员会第八次全体（扩大）会议召开。会议深入学习贯彻习近平总书记关于深化党和国家机构改革的重要论述，全面贯彻落实党的十九大、十九届二中三中全会和省委十届七次全会精神，坚决贯彻执行省委、省政府批准的《郑州市机构改革方案》，表决通过了中国共产党郑州市第十一届委员会第八次全体会议决议，对全市深化机构改革工作进行动员部署。

会议强调，要深入学习领会习近平总书记关于深化党和国家机构改革的重要论述，坚定不移、不折不扣地推进中央和省委关于机构改革的决策部署在郑州落地见效。要深入学习领会习近平总书记关于机构改革总体要求的重要论述，坚持重大原则，明确改革重点，掌

2018年12月13日，中国共产党郑州市第十一届委员会第八次全体（扩大）会议召开（李利强/摄）

握正确方法，始终把准机构改革的正确方向。要深入学习领会习近平总书记对地方机构改革的重要论述，从郑州国家中心城市的建设实际出发，把机构改革作为重大突破口，引领带动全面深化改革，为建设国家中心城市提供强有力的制度保障。要坚决贯彻执行省委、省政府批准的《郑州市机构改革方案》，努力构建系统完备、科学规范、运行高效、符合郑州特点的机构职能体系。

会议要求，要坚决落实好坚持和加强党的全面领导的制度安排，形成总揽全局、协调各方的党的领导体系。要紧紧扭住转变和优化职责这个关键，将厘清政府与市场、社会的关系作为核心任务，使市场在资源配置中起决定性作用、更好发挥政府作用；将理顺部门职责作为基础性工作，落实好机构组建和调整任务，优化部门职能配置，科学制定“三定”规定，完善部门权责清单制度，推动机构职能优化协同高效；将厘清市县职责关系作为重要着力点，科学设置、合理划分市县事权，按照“能放尽放”原则更大力度推动权力下放，充分调动县（市）区积极性。要统筹推进各级各类机构改革，把党政群团机构作为一个大系统统筹谋划推进、一体优化、整体加强，协同推进各县（市）区机构改革，全面推进承担行政职能的事业单位改革，深化综合行政执法改革，使各级各类机构有机衔接、相互协调，使各项改革相互促进、相得益彰，形成总体效应。要严格机构编制管理，进一步强化机构编制刚性约束，增强机构编制法律意识，严格落实机构编制限额管理，严肃查处机构编制违纪违法行为，加快推进机构、职能、权限、程序、责任法定化。

会议强调，要充分发挥党委总揽全局、协调各方的作用，建立健全机构改革领导体制和工作机制，加大统的力度、明确改的章法、做好人的工作，确保机构改革有组织有步骤有纪律推进、各项任务按时保质完成。要严格执行机构改革政治纪律、组织纪律、机构编制纪律、干部人事纪律、财经纪律、保密纪律，确保机构改革风清气正、令行禁止、规范有序。要加强工作统筹，做到改革、发展、稳定互促互进。要加强宣传引导，营造良好的社会氛围。

【市委常委会会议】 2018年1月5日，省委常委、市委书记马懿主持召开市委常委会会议，传达学习省委《关于坚决维护党中央集中统一领导的规定》，听取并研究郑州市《贯彻落实中央八项规定实施细则精神的办法》。会议指出，各级领导干部要认真学习领会《关于坚决维护党中央集中统一领导的规定》，坚决把维护党中央权威和集中统一领导落实到工作中、体现在行动上。一要增强政治自觉，牢固树立“四个意识”，始终在政治立场、政治方向、政治原则、政治道路上同党中央保持高度一致；二要严格对照落实，自觉在党中央集中统一领导下履行职权、开展工作、发挥作用；三要扛稳管党治党的政治责任，既严格自身要求、率先垂范，又加强领导，教育引导广大党员干部切实增强维护以习近平同志为核心的党中央权威和集中统一领导的自觉性坚定性。会议研究并原则通过了郑州市《贯彻落实中央八项规定实施细则精神的办法》，要求要自觉向党中央看齐，把思想统一到习近平总书记关于纠正“四风”、加强作风建设作出重要批示要求上来，统一到中央从严落实八项规定、坚决纠正“四风”、推动全面从严治党向纵深发展的决策精神上来，坚持以上率下，从市委常委会做起，发挥好带头作用，进一步抓好全市作风建设，真正让落实中央八项规定精神在郑州蔚然成风、形成自觉。

1月13日，省委常委、市委书记马懿主持召开市委常委会会议，传达学习习近平总书记在学习贯彻党的十九大精神研讨班开班式上的重要讲话精神，中纪委、中组部和省纪委、省委组织部《关于开好2017年度县以上党和国家机关党员领导干部民主生活会的通知》精神。会议指出，要深刻学习领会习近平总书记的重要讲话精神，把思想统一到党的十九大精神上来，牢牢把握“三个一以贯之”，以时不我待、只争朝夕的精神，全面加快郑州国家中心城市建设。要旗帜鲜明讲政治，学用结合抓落实，不断在提高学习本领、政治领导本领、改革创新本领、科学发展本领、依法执政本领、群众工作本领、狠抓落实本领、驾驭风险本领上下功夫，把学习成果转换为推进工作的强大动力。要牢固树立“四个意识”，坚定不移维护习近平总书记在党中央、全党的核心地位，坚定不移维护党中央权威和集中统一领导，在政治立场、政治方向、政治原则、政治道路上始终同以习近平同志为核心的党中央保持高度一致，从讲政治的高度，坚持问题导向，开好民主生活会，进一步提高发现和解决自身问题的能力，进一步加强市委常委会自身建设，为加快国家中心城市建设提供有力领导保证，不断把郑州的工作推向前进。

2月2日，省委常委、市委书记马懿主持召开市委常委会会议，传达学习习近平总书记在中央全面依法治国委员会第一次会议上的讲话精神、全国宣传思想工作会议精神、中央扫黑除恶第六督导组督导河南省工作动员会精神，研究郑州市贯彻落实意见。会议指出，全市上下要深刻学习把握习近平总书记重要讲话精神实质和核心要义，切实把思想和行动统一到中央关于全面依法治国的决策部署上来，不折不扣抓好贯彻落实。要坚持法治国家、法治政府、法治社会一体建设，把握重点，突出问题导向，抓好司法体制和行政执法体制改革，不断提升科学立法、严格执法、公正司法、全民守法水平。要加强领导，抓好各级党委（党组）法治建设主体责任的落实，建立有机衔接、有效协同、协作联动工作机制，确保各项任务落实到位；要抓住领导干部这个“关键少数”，不断提升领导干部的法治思维和法治能力；要创新法治人才培养机制，加强法治工作队伍建设，为法治建设提供强有力的组织和人才保障。会议强调，全市上下要深入学习领会习近平总书记在全国宣传思想工作会议上的重要讲话精神，认真贯彻落实，在学懂弄通做实上狠下功夫，推动党中央作出的各项重大决策部署在郑州落地生根。要结合实际抓好落实，紧紧围绕“举旗帜、聚民心、育新人、兴文化、展形象”的责任使命，突出政治统领，突出问题导向，突出以文化人，为加快国家中心城市建设统一思想、凝聚力量。会议指出，全市各级要以扫黑除恶专项斗争中央督导为契机，切实把思想和行动统一到习近平总书记关于开展扫黑除恶专项斗争的重要指示精神上来，统一到中央督导工作的部署要求上来，严格贯彻落实中央、省委扫黑除恶专项斗争的各项决策部署，依法严厉打击，强化标本兼治，把扫黑除恶与反腐拍蝇结合起来，与加强基层组织建设结合起来，推动扫黑除恶专项斗争不断深入。各级各有关部门要加强组织领导，注重协同、相互配合、形成合力。要加大社会宣传力度，提高群众知晓率，广泛发动群众、依靠群众，切实做到依法严惩、打早打小、除恶务尽，为建设国家中心城市营造良好社会环境。

2月28日，省委常委、市委书记马懿主持召开市委常委会会议，听取市人大常委会党组、市政府党组、市政协党组、市法院党组、市检察院党组2017年工作汇报。会议对2017年五个党组的工作给予充分肯定，强调要提高政治站位，坚持和加强党的全面领导，始终在政治立场、政治方向、政治原则、政治道路上同以习近平同志为核心的党中央保持高度一致。要以国家中心城市建设为统揽，围绕中心、服务大局，把加强党的领导贯穿到依法依章程履行职责的全过程，找准本单位党组工作与全市中心工作的结合点、切入点，为加快郑州国家中心城市建设作出更大贡献。要扛稳抓牢主体责任，深入推进全面从严治党，坚持党的建设和业务工作统筹抓、两手硬，把严的意识、严的态度、严的标准贯穿到党的建设、队伍建设各方面。要切实加强自身建设，发挥好示范带动作用，共同营造好全市上下风清气正的政治生态。各党组要加强自身建设，严肃党内政治生活，严格执行民主集中制，自觉加强学习、提高本领，自觉严格要求、廉洁自律，自觉接受党委领导和各方面的监督，发挥好示范带动作用，共同营造好全市上下风清气正的政治生态。

3月15日，市委书记马懿主持召开市委常委会会议，听取航空港经济综合实验区、中国（河南）自由贸易试验区郑州片区、郑洛新国家自主创新示范区郑州片区“三区”建设工作汇报，研究部署下一步工作。会议充分肯定了“三区”建设取得的成绩，分析了目前存在的问题和面临的形势，强调全市上下要提高认识，高度重视，切实增强推进“三区”建设的责任感和紧迫感，持续发力、不断突破，加快“三区”改革创新发展步伐，努力抢占制度高地、形成比较优势，更好发挥先行引领带动作用，为国家中心城市建设提供有力支撑。要突出重点，抓住关键，坚持项目化推进，带动全局发展。航空港实验区要发挥优势，围绕国家规划的定位，着力推动产、港、城协调发展，全面建设经济转型的先行示范区、对外开放的现代物流中心、体制机制创新的示范区、产城融合的航空新城和重要的航空枢纽。自贸区要以制度创新为核心，立足全市发展大局，紧紧围绕主导产业发展，加快推进贸易便利化、投资便利化、监管法制化，着力打造国际化营商环境，带动郑州开放发展水平持续提升。自主创新示范区要以中原科创谷等一批重大承接载体建设为带动，加大“四个一批”培育力度，努力形成一批新的创新亮点。“三区”建设要坚持目标导向、问题导向和“创优势、增实力、补短板、能抓住”的工作方针，不断突破、以点带面，带动全市发展方式转变、产业转型升级和竞争力全面提升。要加强领导，完善机制，努力争取更好工作实效。对涉及“三区”建设的工作要全市统筹、综合协调、整合资源、各级各部门联动，培育郑州发展的新动能、新优势。

3月23日，省委常委、市委书记马懿主持召开市委常委会（扩大）会议，传达学习习近平总书记重要讲话精神和党的十九届三中全会、全国两会精神，及省委常委会（扩大）会议精神，研究郑州市贯彻意见。会议要求，全市上下要站在政治和全局的高度，增强抓好学习宣传贯彻工作的政治自觉和思想行动自觉，切实把思想和行动统一到习近平总书记重要讲话精神和全国两会精神上来，坚定不移地推进中央决策部署在郑州落地见效。要学习领会精神实质，不断深化思想认识。深化认识习近平总书记系列重要讲话精神，真正学懂弄通做实；深化认识产生新一届国家机构和全国政协领导人员的重大历史意义，坚定维护习近平总书记党的领袖和核心地位，坚定维护党中央权威和集中统一领导；深化认识各项报告、决议对今年工作的新部署新要求，不断提高各项工作水平；深化认识修改宪法这一重大政治立法活动，深入推进全面依法治市；深化认识党和国家机构改革的重大决策部署，积极稳妥推进郑州市机构改革。要加强组织领导，抓好全市的学习宣传贯彻工作。要层层传达学习，准确领会把握精神实质，真正融会贯通、内化于心、外化于行，将其转化为推动郑州国家中心城市建设的强大动力；要加强宣传引导，统一思想，凝聚人心，汇聚正能量；要把学习成果体现到工作成效上来，集中力量抓好当前经济运行、新型城镇化建设、招商引资产业培育、开放创新、污染防治攻坚和生态建设、脱贫攻坚、防范化解重大风险攻坚、保障和改善民生等工作，深入推进全面从严治党，促进各项工作迈上新台阶、开创新局面。

4月4日，省委常委、市委书记马懿主持召开市委常委会会议，听取并原则通过了《郑州市贯彻〈党政主要负责人履行推进法治建设第一责任人职责规定〉实施办法》，传达学习全国全省“扫黄打非”工作会议精神，研究郑州市贯彻落实意见。会议强调，要充分认识全面推进依法治市的重大意义，切实增强责任感、使命感，把思想和行动统一到中央决策和省委部署上来，把郑州的各项事业纳入法治化轨道，努力建设与国家中心城市发展相适应的法治保障体系。要抓住关键，坚持目标导向、问题导向，以问题的解决推动重点领域、关键环节突破提升，不断提升依法治市水平。要强化责任，加强领导，各级党委、政府要把推进依法治市工作摆在突出位置，认真履行职责，加强督导，层层传导压力，抓好责任落实。各级领导干部要带头加强法律法规学习，切实发挥好“关键少数”的作用，带动全市上下形成共同推进全面依法治市的工作合力和良好局面。“扫黄打非”工作中要不断提高政治敏锐性和政治鉴别力，以实际行动坚决维护习近平总书记党的领袖和核心地位、坚决拥护党中央权威和集中统一领导，保证党和国家意识形态安全、文化安全，营造积极健康的社会文化环境。要突出重点，着力抓好政治类、宗教类非法出版物及有害信息的封堵查缴；强化网上监管，加强对各类网站和新媒体的管理；持续整治“新闻四假”行为，营造良好的舆论环境；加大案件查办，严格执法，依法严惩。要认真履行意识形态主体责任，加强组织领导，强化工作保障，注重各部门联动协作，夯实基层基础，加强宣传引导，形成群防群治的良好局面。

4月19日，省委常委、市委书记马懿主持召开市委常委会会议，传达学习习近平总书记博鳌亚洲论坛主旨演讲和庆祝海南建省办特区30周年大会重要讲话精神、省委开放工作座谈会精神，研究郑州市贯彻落实意见。会议强调，要深入学习领会习近平总书记的重要讲话精神，认真落实省委战略部署和要求，把深化改革、扩大开放作为体现“四个意识”的行动自觉，作为引领郑州高质量发展、加快建设国家中心城市的战略重点，以更大的力度、更务实的举措，推进郑州市开放创新不断取得新突破，努力抢占内陆对外开放高地，为全国全省大局做出应有贡献。要持续拓展延伸郑州—卢森堡“空中丝绸之路”、郑欧班列“陆上丝绸之路”、跨境电商“网上丝绸之路”，不断提升运营水平，保持在内陆地区的领先地位。要加快口岸和平台建设，以自贸区为引领，统筹航空港实验区、国际陆港、跨境电商综试区、海关特殊监管区和各类功能口岸，高水平建设EWTO核心功能集聚区，积极申建自由贸易港，加快完善投资自由化、贸易便利化、监管法治化的政策体制和营商环境。要聚焦枢纽建设，加快推进高铁南站和机场三期建设，不断提升郑州枢纽在国内外的服务辐射能级。要进一步加大招商引资力度，努力争取再引进落地一批基础性、引领性、前瞻性重大产业项目，进一步强化产业支撑、促进动能转换。全市上下要切实把实施开放带动战略摆在更加突出的位置，坚持项目带动、项目化推进，完善项目台账，落实项目责任，强化各项保障，不断提升郑州市对外开放水平。

5月11日，市委书记马懿主持召开市委常委会会议，传达学习中央和全省对台工作会议精神、省委关于郑州等10个省辖市人大政府政协换届工作座谈会精神，研究郑州市贯彻落实意见。会议指出，要深入学习贯彻习近平总书记对台工作重要思想，坚决贯彻中央对台大政方针和决策部署，提高政治站位，强化责任担当，不断提升郑州市对台工作水平。要围绕全市工作大局，落实好惠台政策，充分发挥郑州区位交通、产业基础、政策叠加、文化资源等优势，在经贸合作、招商引资、文化交流、旅游开发等方面加大力度，促进经济文化深度融合发展，不断巩固和扩大对台工作成效。要认真学习贯彻全省换届工作座谈会精神特别是省委书记王国生的讲话精神，站在维护习近平总书记党的核心地位、维护党中央权威和集中统一领导、实现“两个一百年”奋斗目标的高度，把换届作为加强政治建设、提高党的执政能力、凝心聚力加快发展的重大契机，巩固好发展好全市上下风清气正、干事创业的良好政治生态。要切实加强党的领导，形成工作合力。要严格执行相关政策规定，做好代表委员推选提名工作，把好政治关、廉洁关、形象关、身份关。要把严明纪律贯穿换届工作始终，坚持严的要求、营造严的氛围，加大巡察监督力度，确保换届环境风清气正。

6月20日，省委常委、市委书记马懿主持召开市委常委会会议，集中学习省委第一巡视组关于巡视郑州市的反馈意见，研究部署郑州市的巡视整改工作。会议指出，要进一步增强党要管党、从严治党的责任感和紧迫感，切实把思想和行动统一到中央、省委要求上来，以高度的思想自觉和行动自觉，不折不扣抓好巡视整改落实，扛稳抓牢巡视整改和全面从严治党的政治责任。要对照反馈的问题，逐一明确整改任务、工作举措、领导责任和时间节点，建立台账，对表销号、整改到位。要分类研究、细化措施，将整改任务具体到事到门到人；要标本兼治、完善制度，推进党的各项建设规范化、常态化、长效化；要注重工作结合，坚持以整改促工作，用工作检验整改效果；要举一反三、扩大成果，自觉主动地把整改工作推向深入；要开门整改、自觉接受群众监督，提高巡视整改公信力和实际效果。要加强整改工作领导。坚持以上率下，市级领导班子和领导干部发挥好领导带动作用，思想上深刻反思，行动上雷厉风行，整改上动真碰硬；强化责任落实，各级党委（党组）书记履行好巡视整改“第一责任人”责任，各级班子成员强化“一岗双责”，层层传导压力，确保巡视整改落到实处，不留盲区和死角。各级党员领导干部要对照问题、联系实际，积极主动整改提升，以巡视整改为契机，进一步维护好、发展好全市上下风清气正的良好政治生态，为国家中心城市建设提供更加坚强的政治组织保证。

7月3日，省委常委、市委书记马懿主持召开市委常委会（扩大）会议，传达学习省委十届六次全会暨省委工作会议精神，研究全市贯彻落实工作。马懿强调，全市上下要深入学习贯彻省委会议精神，树牢以人民为中心的发展思想和新发展理念，以党的建设高质量推动国家中心城市建设高质量。一是以深化“放管服”改革为带动，进一步优化营商环境，不断提升政务服务效率和质量；二是围绕“善政、惠民、兴业”的建设方向，加快新型智慧城市建设，提高城市发展水平；三是突出先进制造业发展，以实体经济为着力点，带动现代产业体系加快构建；四是以城市精细化管理为带动提升城市品质，统筹抓好百城提质和乡村振兴战略实施，建设宜居宜业城市；五是持续抓好自贸区、自主创新示范区、航空港实验区、跨境电商综试区等建设，抓好“三条丝绸之路”拓展延伸，不断提高对外开放、科技创新水平；六是坚决打好打赢“三大攻坚战”，推进精准脱贫工作更加扎实、环境质量不断改善，确保各类风险有效防控、社会大局和谐稳定；七是以省委巡视郑州反馈意见整改落实为契机，以党的政治建设为统领，推进党的各项建设不断加强、全面提升。会议研究决定，近期召开市委十一届七次全会，就深入学习贯彻省委十届六次全会暨省委工作会议精神、推动郑州国家中心城市高质量建设进行部署。

7月20日，省委常委、市委书记马懿主持召开市委常委会会议。会议传达学习了全国组织工作会议特别是习近平总书记重要讲话精神，传达学习了全国全省纪检监察工作座谈会精神，要求全市各级各部门做好传达学习，加强调查研究，研究贯彻意见。围绕贯彻落实省委十届六次全会暨省委工作会议精神，就《郑州市加快制造业高质量发展“1+N”政策体系》和《郑州智慧城市建设的实施意见》进行了研究讨论。会议强调，要按照目标导向、问题导向和“创优势、增实力、补短板、能抓住”的工作方针，坚持以制造业供给侧结构性改革为主线，大力实施“制造强市”战略，围绕产业结构优、质量效益优、营商环境优和创新能力强、投资带动强、企业支撑强的“三优三强”发展目标，统筹产业布局，构建产业生态，优化营商环境，突出项目带动，强化投资支撑，做强企业主体，提升产业能级，推动制造业发展的质量变革、效率变革和动力变革，推动郑州制造向郑州创造转变、郑州速度向郑州质量转变、郑州产品向郑州品牌转变，努力把郑州建设成为全国重要的先进制造业基地，为国家中心城市建设提供坚实的产业支撑。各级各部门要坚持新型智慧城市“善政、惠民、兴业”的建设方向，围绕“国内一流、郑州特色”的目标定位，切实抓好顶层设计、规划统筹、数据整合、便民惠民应用、智慧产业培育等工作，推进移动互联网、云计算、大数据、人工智能、虚拟现实等新一代信息技术与城市管理、社会治理、公共服务、产业转型发展深度融合、迭代演进，打造智能、融合、惠民、安全的“智慧郑州”，不断增强城市的吸引力、创造力、竞争力，让人民群众得到实惠，有更多获得感和幸福感。

7月26日，省委常委、市委书记马懿主持召开市委常委会会议，围绕贯彻落实省委十届六次全会暨省委工作会议精神，研究分析上半年经济运行情况，研究《关于加快建设国际化营商环境的实施意见》《关于推进新一轮高水平对外开放的意见》《关于进一步加强城市管理工作的意见》《关于以习近平新时代中国特色社会主义思想为指导全面推进党的建设高质量发展的实施意见》，对有关重点工作进行安排部署。会议指出，全市上下要深入贯彻落实省委十届六次全会暨省委工作会议精神，树牢新发展理念和以人民为中心的发展思想，坚持稳中求进总基调、奋发有为总要求，坚持高质量发展根本方向，坚持“四重点一稳定一保证”工作总格局，统筹做好稳增长、促改革、调结构、惠民生、防风险各项工作，突出以先进制造业培育、城市精细化管理、营商环境优化、新型智慧城市建设、开放创新、民生实事工程和三大攻坚战为带动，着力解决好当前急迫又具有全局意义的突出问题，以点带面推动全局，促使高质量发展不断取得新进展，各项工作有更好成效。要对标国际一流营商环境，以法治化、国际化、便利化为导向，以政府“放管服”改革为带动，着力构建高效透明的政务环境、降本提质的商务环境、规范有序的市场环境、充满活力的“双创”环境、开放包容的人文环境、公平公正的法治环境、生态宜居的城市环境，努力为郑州加快建设国家中心城市提供支撑和保障。要全面提升空中、陆上、网上“三条丝绸之路”建设水平，高标准构建产业竞争优势，高水平建设自贸试验区，高密度集聚开放创新资源，高品质提升城市国际化水平，以开放促改革促创新，发挥好郑州在中原更加出彩中的引领作用。要站在建设国家中心城市、推动高质量发展的高度，以理念转变、管理下沉、机制转变和标准提升为抓手，加快形成“条块结合、以块为主、重心下移、属地管理、上级监督”的城市管理格局，构建全社会共建共享共治的管理体制，不断提高城市管理精细化、标准化水平，营造安全、整洁、有序、文明的城市环境。要全面落实新时代党的建设总要求，按照省委十届六次全会暨省委工作会议部署要求，以加强党的长期执政能力建设、先进性和纯洁性建设为主线，以党的政治建设为统领，以坚定理想信念宗旨为根基，以调动全市各级党组织积极性、主动性、创造性为着力点，全面推进党的政治建设、思想建设、组织建设、作风建设、纪律建设，把制度建设贯穿其中，深入推进反腐败斗争，全面提高党的建设质量，以党的建设高质量推动经济发展高质量。

8月6日，省委常委、市委书记马懿主持召开市委常委会会议，学习贯彻中央第一巡视组巡视河南情况反馈会议、全省贯彻落实中央巡视组反馈意见整改工作动员会精神，研究郑州市贯彻落实意见。会议指出，要进一步提高站位，认真贯彻省委有关巡视整改工作会议精神，切实把思想和行动统一到习近平总书记关于巡视工作的重要讲话精神、省委关于做好巡视整改工作的要求上来，对照中央巡视河南反馈意见、省委巡视郑州反馈意见和省委巡视整改要求，以坚决的态度、更高的标准抓好整改落实。每一名党员领导干部要主动认领，逐项落实，求实求效，确保每个问题整改见底清零。要把中央巡视反馈问题整改和省委巡视郑州反馈问题整改有机结合起来，和贯彻省委十届六次全会暨省委工作会议精神、落实市委十一届七次全会暨市委工作会议精神结合起来，把个性问题解决和查找原因、搞好基础性长效性机制建设结合起来，统筹抓好两级巡视整改和当前各项工作，以巡视整改促进党的建设高质量、经济发展高质量。要加强组织领导，严格责任落实。从市委常委会做起，坚定自党扛起整改主体责任。各级党委（党组）书记作为第一责任人，要直接抓、带头改，每个班子成员都要落实好“一岗双责”，抓好分管部门和分管领域的整改落实工作。各专项领导小组要加强组织领导，抓好整改措施的研究和推进落实。要切实抓好督查工作，及时发现和解决问题，确保各项整改工作落到实处、见到实效。会议传达学习了中组部、省委组织部关于城市基层党建工作的有关会议要求，指出各级各部门要把城市基层党建工作摆在更加重要的位置，与正在推进的城市管理体制改革和网格化管理相结合，把握方向，积极探索，完善制度，不断创新管理和服务，形成以街道党组织为核心、各方联动共建的党建工作机制，促进社会治理、城市管理服务全面提升，更好服务人民群众。

8月17日，省委常委、市委书记马懿主持召开市委常委会会议，研究《中共郑州市委关于省委第一巡视组巡视郑州反馈意见整改落实情况的报告》和《郑州市贯彻落实中央第一巡视组巡视河南反馈意见整改工作方案》，传达省委常委会会议贯彻落实习近平总书记在中央政治局常务委员会会议听取关于吉林长春长生公司问题疫苗案件调查及有关问责情况汇报时的重要讲话精神的意见，听取并研究省委督导调研郑州市扫黑除恶专项斗争反馈意见整改工作，传达学习全省网络安全和信息化工作会议精神。会议强调，要认真查漏补缺，统筹推进中央巡视整改和省委巡视整改，促进整改工作不断深入。要率先垂范，以上率下，从市委常委会做起，从市级领导班子做起，带动形成“一级做给一级看、一级带着一级改”的整改工作局面，推动各方面整改落实到位。要按照省委要求，坚决贯彻习近平总书记对吉林长春长生公司问题疫苗案件的重要指示精神，深刻汲取教训，强化监管责任，坚决守住公共安全底线，坚决维护人民群众生命财产安全。要站在践行“四个意识”、落实“两个维护”、巩固政治基础的政治高度，以省委督导调研反馈意见整改为契机，坚持依法依规，持续发力，推进扫黑除恶专项斗争不断向纵深发展。要坚持有黑扫黑、无黑除恶、无恶治乱，及时发现弥补制度上的漏洞、基层政权建设的薄弱环节，不断提升基层治理水平。要加强领导，建好机制，加大全社会宣传力度，坚决打赢扫黑除恶专项斗争这场硬仗。要把思想和行动统一到习近平关于网络强国的重要思想、中央决策精神和省委部署要求上来，严格落实网络意识形态工作责任制和网络安全工作责任制，筑牢网络安全屏障，加快智慧城市建设，扎实做好全市网络安全和信息化工作。

9月3日，省委常委、市委书记马懿主持召开市委常委会会议，传达学习习近平总书记在中央全面依法治国委员会第一次会议上的讲话精神、全国宣传思想工作会议精神、中央扫黑除恶第六督导组督导河南省工作动员会精神，研究郑州市贯彻落实意见。会议指出，全市上下要深刻学习把握习近平总书记在中央全面依法治国委员会第一次会议上的重要讲话精神实质和核心要义，坚持法治国家、法治政府、法治社会一体建设，抓好司法体制和行政执法体制改革，不断提升科学立法、严格执法、公正司法、全民守法水平。要深入学习领会习近平总书记在全国宣传思想工作会议上的重要讲话精神，结合实际抓好落实，紧紧围绕“举旗帜、聚民心、育新人、兴文化、展形象”的责任使命，突出政治统领，突出问题导向，突出以文化人，为加快国家中心城市建设统一思想、凝聚力量。全市各级要提高政治站位，以中央督导为契机，切实把思想和行动统一到习近平总书记关于开展扫黑除恶专项斗争的重要指示精神上来，统一到中央督导工作的部署要求上来，严格贯彻落实中央、省委扫黑除恶专项斗争的各项决策部署，依法严厉打击，强化标本兼治，把扫黑除恶与反腐拍蝇、加强基层组织建设结合起来，推动扫黑除恶专项斗争不断深入。要加大社会宣传力度，提高群众知晓率，广泛发动群众、依靠群众，切实做到依法严惩、打早打小、除恶务尽，为建设国家中心城市营造良好社会环境。

9月14日，省委常委、市委书记马懿主持召开市委常委会会议，研究郑州市对中央扫黑除恶第六督导组反馈问题的整改落实意见。会议要求，全市各级各部门要切实把思想统一到中央决策部署上来，把抓好扫黑除恶专项斗争作为重大政治责任和建设国家中心城市的重要基础性工作，进一步增强责任感、紧迫感，坚定不移地打好打赢这场硬仗。要坚持问题导向，围绕中央督导组下沉郑州督导中发现的问题，全面认领、迅速整改，以问题整改推动扫黑除恶专项斗争不断深入。要持续在提高政治站位上下功夫，引导各级各部门深化认识、增强自觉，努力提升工作水平，形成全市上下齐抓共管的强大合力；持续在依法严惩上下功夫，进一步完善线索核查、联合办案、挂牌督办等机制，深入发动群众、紧紧依靠群众，扩大线索、精准打击，保持高压态势；持续在深挖彻查上下功夫，坚持扫除黑恶势力、彻查“保护伞”、摧毁黑恶势力经济基础，“三位一体”推进，动真碰硬、一查到底、绝不姑息；持续在综合治理上下功夫，把扫黑除恶专项斗争与反腐败、整治软弱涣散基层党组织加强基层建设紧密结合起来，坚持边打边建，夯实基层基础，建立健全从源头上遏制黑恶势力滋生蔓延的长效机制，推进扫黑除恶专项斗争不断向纵深发展。

10月18日，省委常委、市委书记马懿主持召开市委常委会会议，深入学习习近平总书记关于宗教工作的重要论述，传达学习全省生态环境保护大会、促进非公有制经济健康发展大会、村居巡察工作现场推进会精神，研究郑州市贯彻落实意见。会议强调，全市各级各部门要深入学习贯彻习近平总书记关于宗教工作的重要论述，认真贯彻落实中央、省委关于宗教工作的决策部署，不断提高宗教工作水平；要落实好党委政府的主体责任、书记第一责任、统战宗教部门的直接责任、各部门齐抓共管责任，完善领导体系和工作体系，推动郑州市宗教工作更加扎实有效开展。全市上下要切实增强抓好生态文明建设的责任感和使命感，突出重点，抓住关键，坚持双统筹、双促进，推进生态文明建设迈上新台阶；要不断完善领导体系、责任体系、工作体系，为生态文明建设提供坚强保证。要把支持和促进非公经济发展摆在经济工作的突出位置，对各项政策举措再完善、再提升，加大推进力度，着力营造有利于非公有制经济发展的发展环境、构建亲清新型政商关系、解决好非公有制企业发展中遇到的突出问题，形成支持非公有制经济发展的浓厚社会氛围，促进非公经济更好更快发展。要深入贯彻落实习近平总书记关于巡视巡察工作的重要论述，把开展好村居巡察作为推进基层党组织落实管党治党责任的有效抓手，认真学习借鉴林州经验，坚持试点先行，积极稳妥抓好组织实施，促进基层组织建设和作用发挥，不断厚植党的执政基础。

10月30日，省委常委、市委书记马懿主持召开市委常委会会议，传达学习省委十届七次全会、全省组织工作会议、全省宣传思想工作会议、全省纪检监察机关深挖彻查黑恶势力“保护伞”工作推进会、全省结对帮扶贫困县工作交流会精神，研究郑州市贯彻落实意见。传达近期中央、国务院和省委、省政府关于经济运行工作会议精神，分析郑州市前三季度经济运行情况，安排部署四季度重点工作。会议指出，全市上下要把思想和行动统一到中央决策部署和省委要求上来，全面学习贯彻省委十届七次全会精神。要加强对机构改革的领导，结合实际制定好郑州的机构改革方案，抓好关键环节，有力有序推进改革；要统筹协调，把机构改革与落实中央和省委巡视整改、全面深化改革、推动经济社会发展结合起来，确保思想不乱、队伍不散、工作不断、力度不减。要深入学习贯彻全国全省组织工作会议的新精神、新部署、新要求，坚持目标导向和问题导向，结合实际把郑州今后组织工作的思路谋划好、目标确定好、措施制定好，不断提高组织工作质量和水平，推动中央精神、省委要求在郑州形成生动实践。要认真学习领会全国全省宣传工作会议精神，以政治建设为统领，以能力建设为重点，以人才建设为支撑，推动宣传思想工作落地落实、出彩出新。要高质量抓好中央督导组反馈意见整改工作，不断巩固和扩大扫黑除恶、打伞惩腐成效，推动专项斗争不断向纵深发展；加强纪检监察机关和政法机关的协同配合，建立及时相互通报、同步查证、同步惩处的扫黑除恶工作机制。要精准施策、狠抓落实，高质量完成脱贫攻坚任务；真心实意做好结对帮扶工作，真正扶到"点"上、帮到"根"上，推动帮扶工作不断深入、取得新的成效。会议强调，当前经济运行工作要切实做到"五个稳定"，保持经济社会发展的良好态势，确保全年目标任务圆满完成。要坚持项目带动、项目化推进，统筹推动全市项目建设，对照任务目标，实行台账管理，抓好跟踪落实，加快建设步伐；坚持创新引领，深化"放管服"改革，优化办事流程，推动政务服务"一网通办"，营造一流营商环境；加强对重点领域的政策研究，解决好重点产业发展瓶颈问题，积极培育新的经济增长点；切实做好统计工作，确保统计数据准确反映经济运行情况，如实呈现郑州发展成效；高度重视和切实做好明年工作谋划，深入贯彻新发展理念和以人民为中心的发展思想，不断推动郑州高质量发展取得新突破。

11月19日，市委常委会以民主生活会形式召开会议，深入学习领会习近平总书记关于秦岭北麓西安境内违建别墅问题的重要指示批示精神，传达学习省委办公厅、省政府办公厅关于深入贯彻中办《通报》精神的通知，听取郑州市落实习近平总书记对河南文物保护、河道采砂、"大棚房"清理等工作指示批示精神的情况汇报，听取郑州市对中央宗教工作督导反馈意见的整改落实情况汇报。省委常委、市委书记马懿代表市委常委班子进行对照检查，每位常委联系工作和思想实际，逐一作对照检查发言。会议指出，全市各级党组织和广大党员干部要以秦岭违建别墅问题为镜鉴，深刻警醒、引以为戒。要履行好管党治党政治责任，把政治建设摆在首位，以政治建设为统领，以严的标准和要求抓好党的各项建设。要聚焦中央、省委巡视和重点工作督察督导反馈问题整改，提升各项工作水平。把中央和省委巡视督察督导反馈问题的整改作为切入点，严格标准，强化责任，紧盯不放，务求实效，以问题整改促进习近平总书记指示批示精神、中央决策、省委部署在郑州落地见效。要按照省委部署，开展好习近平总书记对河南重要指示批示贯彻落实情况"回头看"，坚持问题导向，加强组织领导，完善工作制度，确保贯彻落实到位。

12月4日，省委常委、市委书记马懿主持召开市委常委会会议，传达学习中央政治局常委、中央纪律检查委员会书记赵乐际在河南调研时的讲话精神、省委书记王国生在郑州航空港实验区调研讲话精神、全国新的社会阶层人士统战工作经验交流座谈会精神、省委巡视整改工作领导小组座谈会精神，研究郑州市贯彻落实意见。会议强调，要认真学习中央政治局常委、中央纪律检查委员会书记赵乐际在河南调研时的讲话精神，结合实际抓好贯彻落实。始终把政治建设放在首位、抓在日常，严明政治纪律和政治规矩；着力解决群众身边的腐败和作风问题，把以人民为中心的思想体现在党风廉政建设和反腐败工作的方方面面；抓好新修订《中国共产党纪律处分条例》的学习宣传教育工作，增强广大党员干部的纪律意识；加强纪检监察机关建设，更好地发挥监督执纪作用。要深入学习贯彻省委书记王国生调研指导郑州航空港实验区建设讲话精神，进一步提高站位、牢记使命、强化担当，坚持创新引领、开放带动，走好错位发展、高质量发展路子，不断巩固扩大优势，加快推进国家中心城市各项建设；要以学习贯彻讲话精神为契机，紧盯全年目标任务，进一步找准差距、补齐短板，努力圆满完成全年目标任务。要把做好新的社会阶层人士统战工作作为重大政治责任，加强组织领导，把稳政治方向，牢牢把握大团结、大联合主题，突出工作重点、抓好关键环节，创新工作方法，推动新的社会阶层人士统战工作有效开展，更好地为国家中心城市建设凝聚力量。要高标准高质量做好巡视"后半篇文章"。保持政治定力，保持力度不减，聚焦问题，梳理台账，分类研究深化整改措施，持续抓好推进落实；加强领导，压实责任，一级抓一级、层层抓落实，以实际行动和整改成效体现"四个意识""两个维护"。会议听取研究了郑州市机构改革有关工作，强调全市上下要切实把思想和行动统一到中央决策和省委部署上来，增强推进改革的政治自觉、思想自觉和行动自觉；要加强组织领导，严格落实机构改革的各项纪律要求、工作责任，抓好各个环节的衔接，保持工作的连续性，避免出现职能脱节、工作空档现象，确保改革与工作两不误、两促进。

12月19日，省委常委、市委书记马懿主持召开市委常委会会议，集中学习习近平总书记在庆祝改革开放40周年大会上的重要讲话精神；传达全省扫黑除恶专项斗争整改推进会议精神，听取并研究《郑州市贯彻落实中央扫黑除恶第六督导组反馈意见整改工作方案》；书面听取全市安全生产、法治建设、国家安全、市直机关工委、市侨联工作情况汇报，并对2019年工作进行安排部署。会议要求，全市各级党组织和广大党员干部要认真学习习近平总书记的重要讲话精神，把坚定共产主义远大理想、中国特色社会主义共同理想同郑州的各项事业发展统一起来，凝心聚力加快推进郑州国家中心城市建设。要进一步树牢"四个意识"、落实"两个维护"，坚定不移地推进党中央决策、省委部署在郑州落到实处。要弘扬改革开放精神，坚持解放思想、勇于创新，抢抓机遇，坚持目标导向、问题导向和"创优势、增实力、补短板、能抓住"的工作方针，用改革创新的办法破解发展难题、厚植发展优势。要进一步增强责任感、事业心，以更高的标准和要求履职尽责，切实担负起国家和省委、省政府赋予郑州支撑中部崛起、引领区域协调发展、带动板块融合发展的重大责任使命。要加强领导，精心组织，抓好习近平总书记重要讲话精神的学习宣传贯彻工作。要把学习总书记讲话精神与圆满完成全年目标任务、高标准谋划好明年工作相结合，切实把学习成果转化为推进工作的强大动力，为国家中心城市建设营造氛围、汇聚合力。要进一步提高政治站位，严格依法依规，严格政策界限，加强分析研判，强化工作措施，确保扫黑除恶专项斗争更加精准高效。要强化组织领导，完善工作机制，加强部门协同，形成工作合力，不断把扫黑除恶斗争引向深入。

12月27日，省委常委、市委书记马懿主持召开市委常委会会议，学习中央经济工作会议精神；传达学习省委、省政府实施"四水同治"加快推进新时代河南水利现代化动员大会精神，研究郑州市《关于坚持四水同治加快推进新时代水利现代化的实施意见》；研究郑州市《打赢脱贫攻坚战三年行动实施方案》。会议强调，全市上下要深入学习、深刻领会中央经济工作会议精神，切实把思想统一到中央决策部署上来，坚定不移地推动中央决策部署在郑州落地见效，指导和推动国家中心城市建设高质量发展。要深入贯彻落实党的十九大精神和习近平生态文明思想，坚持高效利用水资源、系统修复水生态、综合治理水环境、科学防治水灾害，加快谋划推进相关重点工程，着力解决好郑州长远发展的水资源供给问题，为加快国家中心城市建设提供有力的水资源保障、营造更好的水生态环境。要切实提高站位，坚持力度不减、劲头不松，以更高的标准和要求，盯紧抓牢、一抓到底，以高质量脱贫、可持续增收、长期有保障为努力方向，努力夺取脱贫攻坚的全面胜利。要突出抓好产业带动、扩大就业和集体经济发展，织牢社会保障兜底网，主动研究收入水平略高于建档立卡贫困户群体的支持政策等新问题，紧密衔接乡村振兴战略，实施全面提升贫困乡村基础设施和公共服务设施建设水平，以扎实的工作作风，确保脱贫工作务实、过程扎实、结果真实，实现郑州在脱贫攻坚战中走前头、出特色。

【党建工作重要会议】 郑州市2017年度落实全面从严治党主体责任述责述廉会议 2018年1月18日，郑州市2017年度落实全面从严治党主体责任述责述廉会议召开，组织部分党委（党组）负责人就落实全面从严治党主体责任情况述责述廉并进行评议，对深化全面从严治党主体责任落实作出部署。省委常委、市委书记马懿强调，要深刻领会中央深化推进全面从严治党的决策部署，始终保持清醒坚定，把坚定不移全面从严治党、持之以恒正风肃纪作为体现和检验“四个意识”的具体行动，以更高更严的标准要求，推进全市全面从严治党不断向纵深发展。各级党组织要坚持正确用人导向，强化纪律规矩约束，驰而不息纠“四风”、转作风，始终保持反腐高压态势，维护好全市风清气正的政治生态。要把管党治党作为首要政治责任，担责履责，切实加强组织领导，发挥好“关键少数”的表率作用，夯实各级管党治党责任，强化问责，传导压力，以高度的政治自觉、永远在路上的韧劲和定力，把主体责任扛稳抓牢做实，推进郑州市全面从严治党不断向纵深发展，为加快建设国家中心城市提供坚强保证。

市委党建工作领导小组会议 3月22日，省委常委、市委书记马懿主持召开市委党建工作领导小组会议，听取全市2017年党建工作总结和2018年工作要点的汇报，审议《市委常委2018年履行全面从严治党主体责任清单》《“支部建设提升年”实施方案》等有关文件，就下一步党建工作进行安排部署。马懿强调，要抓好党建各项重点工作推进，坚持把政治建设摆在首位，坚决维护习近平总书记党的领袖和核心地位、坚决维护党中央权威和集中统一领导；思想建设上要坚持用习近平新时代中国特色社会主义思想补钙铸魂，扎实开展好“不忘初心、牢记使命”主题教育，推动“两学一做”学习教育常态化制度化；干部工作要围绕建设高素质专业化干部队伍，树立正确的用人导向，营造风清气正、干事创业的政治生态和良好氛围；基层党建要突出政治引领，分类指导、典型引路、结合实际，全面提升组织力；作风建设重点要继续整治“四风”，巩固落实八项规定精神成果；纪律建设要突出政治纪律和组织纪律，不断加大监管力度；要切实加强制度建设，着力推进党的建设成果长期化、制度化；要深入推进反腐败斗争，努力夺取反腐败斗争压倒性胜利。

12月6日，省委常委、市委书记马懿主持召开市委党建工作领导小组会议，学习《中国共产党支部工作条例（试行）》《中国共产党农村基层组织工作条例》，传达全国城市基层党建工作理论会研讨会精神，听取《2018年度党建工作责任制述职评议工作方案》及2019年全市党建重点工作谋划情况。会议指出，要进一步提高站位，增强抓好党建工作的责任感、使命感，坚定不移地推进中央、省委加强党的建设、深化全面从严治党各项决策部署在郑州落地见效。在当前和明年的党建工作中，要突出重点，狠抓基层基础建设。以贯彻落实《中国共产党支部工作条例（试行）》《中国共产党农村基层组织工作条例》为契机，建强基层组织，夯实基础工作，提升基本能力，全面加强农村、城市社区、国企、机关、高校等各领域基层党建工作；深刻把握城市基层党建特点和内涵，以街道体制改革为重点，统筹整合资源，推进重心下移，着力提升党建引领基层治理的水平。要坚持目标导向、问题导向和“创优势、增实力、补短板、能抓住”的工作方针，准确把握基层党建工作的目标要求、现实情况和存在的突出问题，找准加强基层基础建设的着力点、切入点，突出重点、以点带面、推进全面提升。要转变作风、深入调查研究，增强党建工作的针对性和实效性。组织开展党建工作专题调研，一方面，注重总结和提炼近年来全市推进基层党建工作的好经验、好做法；另一方面，找准薄弱环节和短板，对个性问题采取有针对性的措施推进整改，对共性问题从制度、体制上研究办法，在此基础上，形成系统工作方案，确保取得实效，促进党的各项建设全面加强。

郑州市庆祝中国共产党成立97周年大会 6月27日上午，郑州市召开庆祝中国共产党成立97周年大会，对航空港区等27个党建工作先进单位、新密市城关镇党委等200个先进基层党组织、马俊等200名优秀共产党员、郝彦玮等99名优秀党务工作者进行表彰。省委常委、市委书记马懿出席大会并讲话，要求认清新时代新使命，以强烈的政治担当、历史担当、责任担当展现新作为、做出新贡献。全市各级党组织和广大党员干部要坚决响应党中央新时代新担当新作为号召，以更加奋发有为的精神状态，担当作为、发挥作用、做出贡献。要站位全局，强化政治担当，坚定自觉地维护习近平总书记的核心地位、维护党中央权威和集中统一领导，坚定自觉地贯彻习近平新时代中国特色社会主义思想和中央各项决策部署，坚定自觉地推进全面从严治党向纵深发展，不断提高党的建设质量，巩固党的执政基础，确保党的领导更加坚强有力；要把握使命，强化历史担当，抓住机遇加快国家中心城市建设，努力在社会主义现代化建设中走在前列，以时不我待、只争朝夕的紧迫感，负重前行、加压奋进，给党和人民交上一份满意的历史答卷；要立足实际，强化责任担当，做到守土有责、守土负责、守土尽责，在其位、谋其政、尽其责，以更高的标准和要求推动工作，在不同的岗位上争创高质量的业绩，负责任地为郑州长远发展打基础。

郑州市2019年“双节”廉政谈话会 12月29日，郑州市召开2019年“双节”廉政谈话会。省委常委、市委书记马懿强调，各级党员干部要深入学习习近平总书记在庆祝改革开放40周年大会上的讲话精神，落实全省以案促改警示教育大会精神，牢记忠诚无条件，始终把政治建设摆在首位，在形势判断上紧跟中央步伐，在践行“两个维护”上对标中央要求，在严明政治纪律上把牢中央精神。要牢记言行有界限，守好底线，管住小节，主动接受监督。要牢记交往讲分寸，着力构建亲清新型政商关系。要牢记用权守规矩，在锤炼党性中想为敢为善为，争做担当作为的表率。“双节”期间，全市党员领导干部要强化责任担当，带头严格执行中央八项规定及其实施细则精神，紧盯节日期间易发多发和隐形变异问题，集中整治各种形式主义、官僚主义问题，规范各类督查检查考核，确保节日期间风清气正。要做好困难群众、困难企业的帮扶救助工作，统筹抓好交通出行、公共安全、应急值守等工作，努力营造平安欢乐和谐节俭文明的节日氛围。

市委理论学习中心组学习会 1月11日，市委副书记、市长程志明主持召开市委理论学习中心组（扩大）学习会，传达学习中央政治局民主生活会和习近平总书记重要讲话精神，并邀请北京大学继续教育学院院长、中国信用研究中心主任章政作专题讲座。程志明要求，要牢固树立“四个意识”，带头坚定维护习近平总书记党的领袖和核心地位，始终同以习近平同志为核心的党中央保持高度一致。要自觉加强理论武装，把强大思想武器转化为推动工作的实际成效。在全市社会信用体系建设中，要统一思想，提高认识，积极行动，主动作为，为推动诚信郑州建设强化基础支撑。要突出重点，精心组织，对照问题认真整改，进一步健全完善信用联动奖惩机制，积极探索开展行业和县（市）区试点创建，强化社会信用宣传，加快推进信用资源互通共享和信用服务市场培育，持之以恒推进政务诚信建设和重点行业信用体系建设。要强化领导，严格督导，确保创建任务圆满完成。

6月11日，市委副书记、市委秘书长靳磊主持召开市委理论学习中心组学习会，集体学习新型智慧城市建设有关内容。中国工程院院士王家耀、广东省电子政务协会总工程师钟东江分别作《新型智慧城市与时空大数据平台》《新型智慧城市建设与可持续发展》专题辅导报告。靳磊要求，要统一思想，提高认识，切实增强责任感和使命感，站在建设国家中心城市的高度，谋划实施智慧城市建设，提升郑州核心竞争力和可持续发展能力。要突出重点，精心组织，准确把握智慧城市建设的工作要点，从经济结构调整、着力改善民生、加强公共安全、创新社会管理等方面入手，加强城市基础建设、系统互联互通、数据共享协同，推动智慧城市高标准定位、高水平建设。要优化机制，强化领导，确保建设任务圆满完成，将郑州市打造成为辐射带动明显、综合竞争优势突出的国家新型智慧城市标杆。

6月26日，省委常委、市委书记马懿主持召开市委理论学习中心组（扩大）集体学习会，学习贯彻习近平总书记在全国生态环境保护大会上的重要讲话精神。复旦大学特聘教授、复旦大学中国研究院院长张维为作《全球视野下的中国道路和文化自信》专题辅导报告。马懿强调，要深入学习贯彻习近平生态文明思想，加大生态环境保护力度，提升绿色可持续发展水平，不断满足人民日益增长的优美生态环境需要。要以中央环保督察"回头看"为契机，引导全市上下进一步牢固树立绿色发展、"绿水青山就是金山银山"的理念，坚持"大生态、大环保、大格局、大统筹"，突出重点，抓住关键，在治理上保持高压态势，在建设上加快进度，在转型上下更大功夫，推动环境保护和生态建设各项工作落到实处，全面提升工作水平，不断扩大环境保护和生态建设成效，努力实现生态环境保护和经济社会发展双统筹、双促进、可持续。

8月31日，郑州市举行河南法治大讲堂郑州报告会暨市委理论学习中心组（扩大）第七次集体学习，清华大学法学院教授、博士生导师王振民作《我国宪法及其发展完善》专题讲座，并集中学习《河南省党务公开实施细则（试行）》和省委巡视工作规划。市委常委、市纪委书记、市监委主任周富强领学《十届河南省委巡视工作规划》。市委常委、宣传部部长张俊峰在主持中心组学习时要求，要不断增强法治意识，坚定不移推进依法治市，全市各级党员领导干部要带头遵守宪法、维护宪法、运用宪法，大力开展各类法治宣传教育，努力营造公平正义的法治环境。要持续深化党务公开，不断提高党务工作水平，各地各单位要紧密结合实际，编制好党务公开目录，以钉钉子精神狠抓落实。要认真做好巡视工作，深入推进全面从严治党，全市上下要认真学习贯彻中央和省委、市委巡视工作规划，把握巡视工作的整体要求，切实把巡视工作规划落到实处，推动全面从严治党向纵深发展，为加快建设国家中心城市提供坚强政治保证。

10月19日，市委副书记、市长王新伟主持召开市委中心组集体学习会，重点学习《宗教工作学习提纲》，传达学习省纪委《典型案例通报（第1期）》，并就学习《通报》进行讨论发言。王新伟指出，全市各级各部门要进一步提升政治站位，充分认识新形势下宗教工作的极端重要性，以对党和人民事业高度负责的态度做好新时代宗教工作。要准确把握宗教工作形势，切实增强做好新形势下宗教工作的本领。要加强和改进党对宗教工作的领导，夯实基层基础工作，确保中央关于宗教工作的决策部署真正落实到位，努力开创郑州市宗教工作新局面。各级党员领导干部要深刻认识省委、市委推进以案促改制度化常态化的目的，拧紧"总开关"，管住自己；涵养"好家风"，管好家人；敢于"唱黑脸"，严管队伍；当好"带头人"，担当尽责。要当"勤官"，以上率下，一级带着一级干；树立正确用人导向，鼓励干部敢于负责、勇于担当、善于作为，为郑州建设国家中心城市提供坚强政治保障。

11月17日，市委副书记、市长王新伟主持召开市委理论学习中心组集体学习（扩大）会议，学习中共中央办公厅《关于陕西省、西安市在秦岭北麓西安境内违建别墅问题上严重违反政治纪律以及开展违建别墅专项整治情况的通报》，传达学习省纪委《典型案例通报》，并就学习《通报》进行讨论发言。省委宣传部理论处正处级调研员、博士王献福作《旗帜鲜明地做好新时代意识形态工作》报告。王新伟指出，全市各级党员领导干部要切实增强"四个意识"，以中央和省委巡视整改为契机，坚持党管意识形态原则，健全完善意识形态工作机制，压紧压实意识形态工作责任，不断增强意识形态领域主导权和话语权，为加快推进国家中心城市建设提供思想舆论保证。要以案为鉴，认真剖析、吸取教训、引以为戒、警钟长鸣；要坚定信念、永葆本色，心存敬畏、严守纪律，干净干事、清白做人，担责履责、从严治党，巩固全市上下风清气正、干事创业的良好政治生态。

【巡视工作重要会议】 省委第一巡视组巡视郑州市工作动员会 根据省委关于巡视工作的统一部署，2018年3月5日，省委第一巡视组巡视郑州市工作动员会召开。省政协副主席、省委组织部常务副部长、省委巡视工作领导小组成员谢玉安，省委第一巡视组组长米剑峰分别作动员讲话，对做好巡视工作提出要求。省委常委、市委书记马懿主持会议并作表态讲话，表示要提高政治站位，切实把思想和行动统一到中央和省委全面从严治党、加强巡视工作的决策部署上来，以高度的政治自觉、思想自觉和行动自觉，以严肃认真的态度、求真务实的作风、从严从实的要求，诚恳接受省委巡视组的监督、检查和指导。要端正思想认识，正确对待巡视监督，做到正视问题、实事求是、客观公正，对自身的问题认真查摆、深入剖析，对巡视组指出的问题认真对待、举一反三、深刻反思、立行立改、全面整改，在巡视帮助下，努力促进自身建设和各项工作不断提升。要积极主动配合，认真落实巡视组的工作要求，严格执行政治纪律、组织纪律、巡视纪律。要畅通省委巡视组与郑州干部群众的联系渠道，为巡视组开展工作创造良好环境和条件。要以配合接受巡视为动力，更加负责、更加尽心地抓好当前各项工作，确保两手抓、两不误、两促进。

省委第一巡视组巡视郑州市情况反馈会议 根据省委巡视工作领导小组的部署，6月19日，省委第一巡视组向郑州市委反馈巡视情况。省委巡视工作领导小组成员谢玉安向省委常委、市委书记马懿传达省委书记王国生关于巡视工作的重要讲话精神，省委第一巡视组组长米剑峰、副组长韩若冰反馈巡视情况。之后，米剑峰代表巡视组向郑州市委领导班子进行了反馈，谢玉安对巡视整改工作提出要求。马懿主持会议并作表态发言。根据省委统一部署，2018年3月5日至5月5日，省委第一巡视组对郑州市进行了巡视，深入揭示市委在政治担当、政治生态、执行政治纪律等方面存在的突出问题，从严从实开展巡视监督，发现问题、形成震慑，推动改革、促进发展，发挥标本兼治战略作用。米剑峰就巡视组发现和干部群众反映的问题，提出四点意见建议：树牢"四个意识"，切实加强党的领导；严肃政治生活，强化组织建设；扛稳抓牢"两个责任"，推动全面从严治党向纵深发展；持续抓好巡视整改，全面提升巡察工作。谢玉安对巡视整改工作提出明确要求：提升政治站位，在巡视整改中检验"四个意识"；扛牢主体责任，在解决问题中体现政治担当；拿出有力举措，在创新实践中增强整改实效；落实公开要求，在开门整改中主动接受监督；强化监督检查，在严肃问责中倒逼整改落实。马懿表示，要提高站位，端正态度，正视问题；长短结合，立行立改，求实求效；加强领导，强化责任，抓好整改落实。全市上下要以此次巡视整改为契机，切实提高党的建设质量，以国家中心城市建设为统揽，促进经济社会更好更快发展，努力在决胜全面建成小康社会、全面建设社会主义现代化进程中走在前列。

贯彻落实省委第一巡视组巡视反馈意见整改工作动员会 7月11日，郑州市召开贯彻落实省委第一巡视组巡视反馈意见整改工作动员会，宣读《省委第一巡视组巡视反馈意见整改落实工作方案》，安排部署巡视整改落实工作。马懿指出，要提高站位，端正态度，增强整改自觉。要迅速行动，分类处置，抓好整改落实。按照市委制定下发的整改工作方案，把问题和任务认领到位、标准和要求明确到位、措施和责任落实到位。把制度建设贯穿其中，将巡视整改与全面深化改革结合起来，推进党的各项建设规范化、常态化、长效化。举一反三，以此次巡视整改为契机，进一步深入排查全面从严治党方面存在的问题，自觉主动地把整改工作推向深入。要把握方向，突出重点，全面提升。把整改工作与贯彻中央精神、落实省委部署相结合，聚焦"四个意识"和强化政治建设统揽、夯实基层基础、落实“两个责任”和正风肃纪抓整改、中央决策和省委部署的落地见效，以及群众关切的问题抓整改、促提升。要加强领导，精心组织，确保整改效果。以上率下，抓好责任落实，层层做出示范、传导压力、担责履责；统筹结合，将巡视整改工作与做好当前各项工作相结合，以巡视整改促工作提升，以工作成效检验整改效果；跟踪督查，限时整改，确保集中整改取得明显阶段成效、后续整改持续深入；加强引导，营造良好氛围，引导全市上下正确认识巡视整改工作，把全社会的力量凝聚到国家中心城市建设上来。

全市贯彻落实中央巡视组巡视河南和省委巡视组巡视郑州反馈意见整改工作会议　8月8日，全市贯彻落实中央巡视组巡视河南和省委巡视组巡视郑州反馈意见整改工作会议召开。会议指出，全市上下要进一步提高政治站位，以坚决的态度和务实的行动，用整改成效体现政治立场、政治觉悟、政治能力。充分认识巡视整改是重大契机，变压力为动力，更加积极主动抓整改、促提升，更好地凝心聚力推动国家中心城市建设；充分认识巡视整改是共同的责任，每个党组织和全体党员干部都要对照巡视反馈意见主动认领，全面自查自纠，确保整改落实全覆盖、无盲区，促进党的建设全面加强。要聚焦重点问题，抓住关键环节，确保整改取得实效。一要着力解决好学习贯彻习近平新时代中国特色社会主义思想和党的十九大精神重形式、轻落实的问题，严格学习制度，严把学习质量关，系统学习、系统贯彻，严格落实意识形态工作责任制。二要着力解决好践行“四个意识”有差距、政治纪律和政治规矩意识淡薄的问题，旗帜鲜明地把党的政治建设摆在首位，坚持以党的政治建设统领新时代党的建设。三要着力解决好组织建设存在薄弱环节、组织纪律执行不严的问题，以严肃的政治生活促进领导班子建设，以夯实党建责任促进基层基础建设，以正确的用人导向激励干部担当作为。四要着力解决好作风建设和反腐败方面的问题，持续加大“四风”整治力度，保持惩治腐败高压态势，加强干部监督，努力夺取反腐败斗争的压倒性胜利。五要着力解决好巡视整改不到位的问题，把上一轮巡视整改不彻底的问题一并纳入整改台账，确保不留死角、不留尾巴，不断巩固扩大成效。要加强组织领导，抓好推进落实。坚持以上率下，发挥好带头作用，形成整改合力。坚持标本兼治，对立行立改事项，确保如期见底清零；对需要长期治理和逐步解决的问题，进一步明确路线图、时间表和阶段性工作目标；对共性的、易反复的问题，注重根本性、基础性、制度性建设，推动整改工作常态化、长效化。坚持举一反三，在抓好巡视反馈问题整改的同时，开展全面排查，主动查找问题、主动改进提升，并要从思想上深刻反思、深化认识，组织开好领导班子巡视整改专题民主生活会。坚持统筹结合，把巡视整改的过程转化为坚决贯彻中央决策和省委部署、加快推进国家中心城市建设的过程，用工作的实际成效检验整改的效果。会议就巡视巡察工作整改、选人用人整改、意识形态工作责任制整改、脱贫攻坚工作整改作了专题安排。

【城市精细化管理和智慧城市建设重要会议】　全市城市精细化管理和智慧城市建设座谈会　2018年5月17日，全市城市精细化管理和智慧城市建设座谈会召开，省委常委、市委书记马懿主持会议并讲话。马懿强调，全市上下要增强抓好城市管理工作的责任感、紧迫感，树牢以人民为中心的发展思想，以满足人民群众对美好生活的向往为目标，站在建设国家中心城市的高度，围绕中心城区现代化、国际化、生态化，提升城市发展理念，强化顶层设计，长短结合，突出重点，科学制定城市精细化管理和智慧城市建设三年行动计划，加强领导、形成机制、强力推进，不断提升城市精细化、智慧化管理水平，营造安全、整洁、有序、文明的城市环境。提升理念，就是要落实新发展理念，适应国家中心城市建设、现代化国际化生态化发展要求，以理念提升促进城市规划、建设、管理的标准提升。顶层设计，就是要对涉及城市管理服务的事项全面梳理，做好城市规划、政策制定、标准规范、责任落实等工作，建立协同机制，统筹各项工作推进。长短结合，就是要立足当前，从群众反映强烈、认准的、急迫的事做起，一项一项攻坚突破；着眼长远，做好顶层设计、机制建立、基础设施布局等工作。突出重点，就是要围绕城市精细化、智慧化管理的难点问题，找准切入点、突破口，坚持项目化推进，不断巩固和扩大成效。

郑州市城市精细化管理三年行动计划动员会　5月30日，郑州市城市精细化管理三年行动计划动员会召开，对城市精细化管理三年行动计划及2018年重点工作进行安排部署。省委常委、市委书记马懿要求，全市上下要从满足人民对美好城市生活环境需要出发，从建设国家中心城市的大局出发，准确把握郑州城市发展的阶段特征，突出“以建为主、提升品质、扩大成效”的阶段工作任务，把提升城市精细化、智慧化管理水平摆到重要议事日程，认清差距，认清责任，下决心、下功夫把城市管理提高到一个新水平。要围绕营造安全、整洁、有序、文明的城市环境，把握原则、多策并举、提升水平。坚持以理念提升促进建管水平提升，以人民为中心谋划工作，充分依靠群众推动工作。坚持统筹抓、抓统筹，长短结合，既着眼长远，做好顶层设计、体制创新、基础设施布局等工作，又立足当前，抓好治脏、治乱、治差专项治理，加快推进智慧城市建设，用现代技术手段提升管理服务水平。要加强组织领导，抓好工作落实。按照责权利明晰和市、区事权合理分工的原则，深入研究，积极探索，加快构建管理优化、执法规范、高效有序的城市管理体制；强化基层党建引领，依托网格化管理，不断完善党委领导、政府主导、社会协同、公众参与、法治保障的基层治理体系；加强舆论引导，营造良好氛围，凝聚共识合力，推动城市管理迈上新台阶、城市形态面貌实现新改观。

新型智慧城市建设工作座谈会　7月3日，郑州市召开新型智慧城市建设工作座谈会。省委常委、市委书记马懿强调，各级各部门要坚持“善政、惠民、兴业”的建设方向，不断推进新一代信息技术与城市治理、公共服务、产业转型发展等深度融合，以新型智慧城市建设推动郑州国家中心城市高质量发展，将郑州建设成为宜居宜业的现代化智慧之城。要加强顶层设计，搭好新型智慧城市的框架。坚持规划引领，建立既有刚性又具备开放性的规划体系，努力使新型智慧城市建设充分体现郑州特色、达到全国一流水平推动新型智慧城市建设与经济发展深度融合，在互联网、大数据、人工智能等领域催生更多新业态，形成新的增长点紧密围绕便民惠民开展研究，做好相关专项规划，提升服务能力和服务品质。要加强领导，整合资源，强力推进。建立健全新型智慧城市建设领导体制和工作推进机制，建立并不断扩充高水平的专家库，加强横向纵向协同，注重工作统筹，重点破解数据孤岛、信息烟囱等传统难题，加快实现数据共享通用、安全有效，推动新型智慧城市建设与优化政务服务环境、城市精细化管理、产业培育等工作紧密结合，不断扩大成效，促进郑州国家中心城市高质量发展。

郑州市加强城市精细化管理深化文明城市创建工作推进会　7月25日，郑州市加强城市精细化管理深化文明城市创建工作推进会召开，对获得全国文明城市的巩义市、获得全国文明城市提名城市的荥阳市和2015—2017年度全市深化全国文明城市创建工作先进集体、先进个人进行表彰，对全市文明城市创建工作、城市精细化管理工作、城区交通秩序治理工作进行安排部署。省委常委、市委书记马懿强调，全市上下要转变理念，准确把握阶段特征，树牢以人民为中心的发展思想，拿出“绣花”的功夫、投入更大的精力，推动城市环境、文明程度持续提升。要推进城市管理重心下移，把城市管理的主体由市级变为区级，压实城市区的属地责任、街道办事处的主体责任。提高标准，立足国家中心城市建设、推进中心城区国际化现代化生态化，不断提升现代化治理能力和水平；强化责任落实，卡住时间节点，缩短城市管理体制改革过渡期，改进考核体系，强化督导，确保各级责任落实到位、工作任务落实到位。要建立全社会共建共治共享的城市管理体系，从具体事抓起，广泛发动群众参与，通过整治攻坚，建立长效机制，使城市管理更加规范有序、市民文明素质不断提升，努力建设宜居宜业城市。会议印发了《郑州市下放市区停车场建设管理权工作实施方案》《郑州市城市精细化管理工作“路长制”实施方案》等。

【全面深化改革重要会议】 十一届市委全面深化改革领导小组第六次会议 2018年5月2日，省委常委、市委书记马懿主持召开十一届市委全面深化改革领导小组第六次会议，传达近期中央、省委全面深化改革领导小组会议精神，研究郑州市贯彻落实意见。会议审议并原则通过了《市委全面深化改革领导小组2018年工作要点》《郑州市2018年重大改革专项重点突破实施方案》《郑州市科协系统深化改革实施方案》，听取了郑州市“一次办妥”政务服务、不动产登记改革、投融资公司改革、农村“三权分置”改革、“僵尸企业”处置、城市综合执法改革工作进展情况汇报。会议指出，要坚持项目化推进，把落实中央、省委改革任务与郑州实际相结合，梳理一批对郑州发展、民生改善具有引领推动作用的改革事项，完善专项专班制度，明确责任和节点，紧盯不放，持续突破，不断巩固和扩大改革成效，为国家中心城市建设提供强大动力和制度保障。

十一届市委全面深化改革领导小组第七次会议 6月20日，省委常委、市委书记马懿主持召开十一届市委全面深化改革领导小组第七次会议，传达中央全面深化改革委员会第二次会议精神，听取郑州市优化政务服务环境整体情况汇报，研究审议《关于深化“放管服”改革推进政务服务“一次办妥”打造国际化营商环境的实施方案》。会议指出，要提高站位，深化认识。主动谋划，积极推进，确保中央和省委的各项重大改革部署在郑州落地见效；把深化“放管服”改革、优化政务环境摆在突出位置，解放思想、更新观念、创新举措，以高质量的政务服务促进郑州实现高质量发展。要突出重点，抓住关键。切实做好顶层设计、标准化引领，积极打造郑州体制机制创新亮点和优势；推进线上线下深度融合，建成以政务服务大厅为载体平台的“智慧化、便捷化、集成化”政务服务体系；坚持问题导向、重点突破，以点带面推动改革全局；坚持整体联动、上下衔接，强化大局意识、协同意识、配合意识，相互补位、靠前服务。要加强领导，落实责任。加强组织领导和统筹协调，确保各项改革举措落地见效，共同打造便民利企、法治有序、优质高效的营商环境。

十一届市委全面深化改革领导小组第八次会议 8月15日，省委常委、市委书记马懿主持召开十一届市委全面深化改革领导小组第八次会议。会议审议并原则通过了《郑州高新技术产业开发区暂行规定》《郑州市事业单位公务用车制度改革实施方案》《郑州市国有企业公务用车制度改革实施方案》《关于深化统计管理体制改革提高统计数据真实性的实施意见》，听取并研究了省委巡视组反馈意见涉及改革事项整改工作。会议强调，要进一步提高站位，强化全面深化改革的使命担当。深刻学习领会习近平总书记在中央全面深化改革委员会第三次会议上重要讲话精神和省委改革领导小组会议精神，自觉抓好贯彻落实，从破解郑州发展的制度瓶颈、加快国家中心城市建设的现实需要出发，深化认识改革在经济社会发展中的关键性作用，积极稳妥推进郑州市制度创新。要聚焦重点难点问题，加大改革攻坚力度。贯彻落实中央决策和省委部署，抓好破解郑州发展瓶颈的重点改革事项，围绕市委十一届七次全会确定的郑州阶段发展亟待解决的七个方面问题，运用改革创新的思维和办法，从体制机制上着力突破。特别是对正在推进的城市管理体制改革、“放管服”改革、以“三区”“三条丝路”为引领的制度创新等改革事项，加强领导和前沿性研究，及时发现和解决改革中的问题。要加强领导，严格责任落实。要以庆祝改革开放40周年为契机，加强宣传引导，健全激励机制，在全社会营造支持改革工作、弘扬改革精神的浓厚氛围。

县（市）区机构改革推进会 12月13日，郑州市召开县（市）区机构改革推进会，贯彻落实市委十一届八次全会部署，对县（市）区机构改革作出具体安排。市委副书记、组织部部长、市委全面深化改革领导小组副组长焦豫汝要求，要进一步明确县（市）区机构改革的主要任务。建立健全党委对重大工作领导的体制机制，调整优化党委议事协调机构，加强党委职能部门的统一归口协调管理。统筹设置党政机构，县（市）区党委工作机关和政府工作部门及其职能，总体上与市委、市政府机构职能基本对应。推进承担行政职能的事业单位改革，对行政职能划转后的事业单位，认真研究如何改革，解决好经费保障和人员身份等问题。深化综合行政执法改革，整合归并行政执法，减少执法队伍种类，实行综合执法，推动执法力量下沉，减少执法层级，在乡镇探索逐步实现一支队伍管执法。切实规范机构编制管理。要把握好机构改革的关键问题，建立有效的组织实施机制，突出抓好职能转变和职责优化，加大编制资源的统筹调配力度，及时配备新组建部门的领导班子，做好办公场所调整，抓好新组建部门的挂牌运作，认真研究制定部门的“三定”规定。要落实好机构改革的工作要求。工作研究要有深度，沟通协调要充分，时间进度要把握好，纪律规矩要严起来，确保高质量完成机构改革任务。

十一届市委全面深化改革领导小组第九次会议 12月26日，市委副书记、组织部部长、市委全面深化改革领导小组副组长焦豫汝主持召开十一届市委全面深化改革领导小组第九次会议，传达学习贯彻近期中央、省委全面深化改革会议精神，研究部署下一阶段改革工作。会议研究审议了《郑州市文联深化改革方案（讨论稿）》《郑州市法学会改革方案（讨论稿）》《郑州市深化职称制度改革实施办法（讨论稿）》，听取了城市综合执法体制改革进展情况汇报。焦豫汝要求，要深入学习领会习近平总书记关于全面深化改革的一系列重要论述和中央、省委改革精神，不断提高推动改革工作的坚定性和自觉性，确保上级各项改革决策部署在郑州市落地生根、开花结果。各牵头部门要按照会议形成的意见，高标准跟进，进一步规范改革方案，落实好会议各项部署。要认真总结2018年度改革工作，对照责任目标逐项盘点，查漏补缺；对跨年度的工作列出工作清单。要在完成中央、省委部署的改革任务的同时，吃透上级精神、摸清郑州实际，谋划好2019年郑州的改革任务，尽快提出2019年深化改革工作意见，聚焦重点难点，强化担当实干，持续深入推进。

【生态建设重要会议】 郑州市生态建设暨创建国家生态园林城市动员大会 2018年2月22日，省委常委、市委书记马懿主持召开生态建设暨创建国家生态园林城市动员大会。市委副书记、市委秘书长、市生态建设工作领导小组组长靳磊作动员讲话，要求一要认清新形势，把握新要求，进一步增强加快生态建设的责任感、紧迫感和使命感；二要对标施策，精准发力，推动生态建设各项任务落地见效；三要坚持问题导向，破解工作难题，推动生态建设再上新台阶；四要咬定目标，持续发力，强化责任抓落实，转变作风抓落实，突出关键抓落实，推动各项工作不断取得新突破，加快创建国家生态园林城市。马懿强调，要强化工作统筹理念，打好总体仗，争取最大发展成效，走好郑州科学发展的路子。要明确任务，强化责任，抓重点、补短板、强弱项，争取通过两年努力，进入国家生态园林城市行列。要以更加严格的标准和措施，深化推进污染综合治理，强化土壤污染管控和修复，坚持项目带动，以环都市区2400平方公里生活生态圈和各县城组团生态圈为重点，以贾鲁河综合治理、牛口峪引黄、西水东引、郊野公园、大面积湿地等具有引领性、带动性的大型生态工程项目为带动，大力实施植树增绿、扩水增湿行动，加快构建森林、湿地、流域、农田、城市五大生态系统，打造覆盖全市的“绿道”“绿网”“绿心”，全面提升城市环境自净能力、碳汇能力和生态承载能力。会议印发了《2018年郑州市生态建设工作要点》《郑州市创建国家生态园林城市实施方案》等文件。

郑州市环境污染防治攻坚战2017年总结表彰暨2018年攻坚动员大会　3月9日，省委常委、市委书记马懿主持召开郑州市环境污染防治攻坚战2017年总结表彰暨2018年攻坚动员大会。市委副书记、市委秘书长靳磊作动员讲话，要求研判形势，对标明差，保持定力，树立信心，挖掘潜力，努力完成各项任务目标。突出重点，靶向作战，巩固良好态势。围绕打赢大气、水、土壤污染防治攻坚战，持续推进“调结构、控源头、抓重点”。完善机制，深化落实，加强组织保证。马懿强调，要深化认识，提高站位，狠抓环境污染防治工作的措施落实。要找准结合点，统筹推进，实现经济社会发展和环境质量双提升。要把握重点，综合施策，推动环境质量不断好转。坚持加强生态建设，提高自净能力、碳汇能力；坚持加快结构调整，从根本上促转型、减排放；坚持严控严管，全覆盖、零容忍依法管住管好各类污染源。要强化责任，措施到位，坚决打好环境污染防治攻坚战、持久战。会议下发了《郑州市2018年大气污染防治攻坚战实施方案》及10个专项方案、《郑州市2018年环境空气质量周排名奖惩办法》等文件。

中央第一环保督察组“回头看”郑州市汇报会　6月7日，郑州市举行中央第一环保督察组“回头看”郑州市汇报会。督察组组长刘伟生就环保问题整改“回头看”工作开展方式、内容作了介绍，明确了此次督察活动的目的，提出了相关要求。市委副书记、市委秘书长靳磊代表市委、市政府汇报了中央环保督察反馈意见整改落实情况，郑州市高度重视中央环保督察交办问题的整改，以习近平生态文明思想为指导，坚持高位推动、顶层设计、依法治理、重点治理、科学治理、全民治污，不断深化环境污染防治及生态文明建设工作。同时表示，虽然郑州市经济发展与环境保护呈现相互促进的良好态势，但仍然存在一些薄弱环节。下一步，郑州市将以持续抓好中央环保督察问题整改为契机，强化工作措施，完善工作机制，坚决打赢污染防治攻坚战，确保全市生态环境质量持续改善。

全市生态环境保护大会　10月25日，全市生态环境保护大会召开，省委常委、市委书记马懿出席会议并讲话，市委副书记、市长王新伟对全市生态环境保护工作进行安排部署。会议明确了郑州市生态环境保护工作总要求，就是要深入贯彻习近平生态文明思想，全面落实全国全省生态环境保护大会精神，牢固树立绿水青山就是金山银山的理念，坚持“大生态、大环保、大格局、大统筹”，坚持经济社会发展与环境保护双统筹、双促进，以中央环保督察“回头看”反馈问题整改为契机，全面实施经济结构提质、生态功能提升、国土绿化提速、环境治理提效“四大行动”，确保到2020年全市生态环境质量总体改善，主要污染物排放总量大幅减少，环境风险得到有效管控，生态安全屏障基本形成，生态文明建设与全面建成小康社会相适应，绿色发展水平与国家中心城市的目标定位相匹配。王新伟指出，一要肯定成绩，认清形势，扎实推进生态文明建设，确保习近平生态文明思想在郑州落地生根。二要突出重点，抓住关键，加快生态文明建设，坚决打好打赢污染防治攻坚战。要全面推动绿色发展，坚决打赢蓝天保卫战，坚决打好碧水保卫战，扎实推进净土保卫战，持续加强生态建设。三要强化措施，完善机制，确保各项目标任务落到实处。同时，各级各部门要切实做好中央环保督察“回头看”反馈意见整改落实，确保整改工作全面高效完成。要强力推进秋冬季污染防治攻坚，确保完成各项目标任务。马懿强调，全市上下要深化认识生态文明建设的重大政治责任，解决好站位不高的问题；深化认识抓环境保护就是抓发展，解决好政绩观偏差问题；深化认识环境就是民生，解决好宗旨意识不强、回应民生关切不够的问题；深化认识攻坚战是场硬仗苦仗，解决好作风不扎实的问题。要坚持目标导向、问题导向，突出重点，持续攻坚，在“控、治、建、转”上下功夫，在统筹上做好文章。以更加坚决的态度、更加过硬的措施，抓好中央环保督察问题整改，打好污染防治攻坚战，全面完成秋冬季攻坚任务，努力实现2018—2020年污染防治三年行动目标，扎实推动生态文明建设，为建设国家中心城市奠定发展基础、强化绿色支撑。会议印发了《中共郑州市委 郑州市人民政府关于全面加强生态环境保护坚决打好污染防治攻坚战的实施意见》《郑州市人民政府关于印发郑州市2018—2019年秋冬季大气污染综合治理攻坚行动方案的通知》等文件。

（刘跃亭　张　凯　翟景伟　马　焱）

重要活动

【2018两岸智能装备制造郑州论坛开幕】　2018年4月16日，由两岸企业家峰会主办的2018两岸智能装备制造郑州论坛在郑州开幕。本次郑州论坛以“智能装备制造 链接两岸引领未来”为主题。两岸企业家峰会大陆方面理事长曾培炎、台湾方面理事长萧万长，省委书记王国生，中央台办、国务院台办主任刘结一出席开幕式并致辞。省长陈润儿主持开幕式。两岸企业家峰会台湾方面副理事长江丙坤，省市领导孙守刚、马懿、穆为民、武国定、马健，部分装备行业龙头企业和知名上市公司负责人出席开幕式。开幕式后，与会领导鉴签项目签约仪式。论坛确定签约项目17个，其中6个项目进行现场签约。论坛期间，中央台办、国务院台办主任刘结一赴航空港实验区，调研了富士康科技园、友嘉集团等。

【第二届全球跨境电商大会在郑州举行】　2018年5月10日，第二届全球跨境电子商务大会在郑州举行。全球CEO发展大会联合主席、中国与全球化智库主席、全球跨境电子商务大会主席龙永图等致辞；市委书记马懿出席大会并致辞，副省长何金平主持开幕式；市委副书记、市委秘书长靳磊，副市长万正峰等参加大会。阿里巴巴、腾讯、易贝、亚马逊等海内外知名跨境电商企业参会。

本届大会由商务部国际贸易经济合作研究院、中国国际电子商务中心、省商务厅、郑州市人民政府联合主办，以“跨境电商助力世界贸易发展”为主题，围绕跨境电商服务模式、业务标准、监管方式，产业协同、风险防控、金融服务创新，举办了开幕式、高峰会及一系列平行论坛。大会倡议发起成立跨境电子商务标准与规则创新促进联盟，并发布了联盟倡议书草案；发布了《跨境电商零售发展蓝皮书》；举行了EWTO核心功能集聚区业务洽谈对接会暨项目签约仪式，共有45个项目现场签约，签约金额230亿元，业态涵盖现代物流、电子商务、金融服务等多个领域。

【中国（郑州）国际旅游城市市长论坛举行】　2018年5月27—30日，2018中国（郑州）国际旅游城市市长论坛举行。省政协主席刘伟，中国文化和旅游部党组副书记、副部长李金早，省委常委、宣传部部长赵素萍，省委常委、郑州市委书记马懿，省人大常委会副主任徐济超出席开幕式。副省长何金平主持开幕式。联合国世界旅游组织执行主任祝善忠在开幕式上致辞。郑州市委常委、常务副市长王跃华，市委常委、副市长谷保中，市政府秘书长王万鹏出席开幕式。来自近30个国家、国内外100多个旅游城市的市长或代表参加论坛，共商合作发展。

中国（郑州）国际旅游城市市长论坛由中国文化和旅游部、联合国世界旅游组织、河南省人民政府共同主办，河南省旅游局、河南省人民政府外侨办、郑州市人民政府承办。本届论坛主题为

"共享经济时代下的城市优质旅游"。论坛期间举办了"一带一路"旅游城市市长峰会、"天地之中 功夫郑州"郑州旅游之夜、世界旅游联盟"城市旅游"对话会、专题交流研讨等活动。郑州市人民政府分别与世界旅游联盟、携程集团、马耳他国家旅游部等签订旅游合作协议，市旅游局与韩国首尔市观光体育局签订旅游合作协议，登封市政府与杨丽萍文化传播公司签订战略合作框架协议。

【中国·河南招才引智创新发展大会在郑州举行】 2018年10月27日，由中共河南省委、河南省人民政府、欧美同学会（中国留学人员联谊会）共同主办，省委组织部（河南省人才工作领导小组办公室）、省人力资源和社会保障厅、郑州市人民政府承办的首届中国·河南招才引智创新发展大会在郑州开幕。本次大会以"广聚天下英才、让中原更加出彩"为主题，全国人大常委会副委员长、欧美同学会会长陈竺向大会发来视频致辞。省委书记王国生出席大会，并为首批"中原千人计划"专家代表颁发证书。省委副书记、省长陈润儿，中央统战部副部长戴均良，诺贝尔奖获得者、澳大利亚医学科学家巴里·马歇尔，中国科学院院士、西湖大学校长施一公先后致辞。省领导刘伟、喻红秋、孙守刚、赵素萍、任正晓、李亚、黄强、马懿、穆为民、江凌、胡永生、徐济超、王保存、乔新江、舒庆、戴柏华、霍金花、张震宇、刘炯天等出席开幕式。省委常委、省委组织部部长孔昌生主持开幕式。诺贝尔奖获得者、美国艺术与科学学院院士埃里克·马斯金，欧美同学会党组书记、秘书长王丕君等嘉宾，郑州市领导王新伟、焦豫汝、薛景霞出席开幕式。

大会期间举办了中原人才发展高层论坛，以及郑州航空港经济综合实验区招才引智专场活动、中国（河南）自由贸易试验区招才引智对接洽谈会、"健康河南"招才引智专场活动、高等院校引进高层次人才专场活动等。大会现场有2100家单位提供岗位66813个，累计进场求职人数10.39万人次，达成签约意向4.3万余人。大会征集到全省6544家用人单位83162人的岗位需求、1633个人才（项目）需求信息。其中，博士需求量11417人、硕士16158人。进场招聘单位数、提供岗位数、进场求职人数、达成意向数和招聘人才层次均创河南历次招聘之最。

10月27日下午，招才引智创新发展大会郑州专场举行，省委常委、市委书记马懿出席大会并为郑州市第一批高层次人才代表颁发证书。市领导王新伟、胡荃、周富强、焦豫汝、王鹏、张俊峰、于东辉、王万鹏出席会议。会上，发布了《郑州市人才发展报告（2018）》和《郑州市急需紧缺人才需求指导目录（试行）》，郑州市卫计委与树兰医疗管理集团有限公司、郑州高新区管委会与卡斯柯信号有限公司等9个项目现场签约。

【中国科学院计算技术研究所大数据研究院暨中国科学院计算技术研究所郑州分所揭牌】 12月22日上午，中国科学院计算技术研究所大数据研究院暨中国科学院计算技术研究所郑州分所在郑东新区智慧岛正式揭牌。省领导黄强、马懿、霍金花，市领导王新伟、王鹏、牛卫国、史占勇、王万鹏等，中国科学院计算技术研究所所长孙凝晖、副所长程学旗等出席揭牌仪式。该研究所建成后，将集成计算所国际领先的大数据与智能计算优势成果，研究具有引领性的大数据研究分析核心关键技术与引擎系统，来建设我国最先进的大数据分析系统研发平台以及系列大数据应用研究中心，为河南国家大数据综合试验区发展提供技术支持及中坚力量。

2018年10月27日，首届中国·河南招才引智创新发展大会在郑州举行（市人社局/供图）

【重要调研活动】 省委书记王国生到郑州市调研 2018年3月30日，省委书记王国生到郑州市调研。王国生强调要扎扎实实贯彻习近平总书记在河南特别是郑州考察时的重要讲话和指示精神，树立世界眼光，深化改革开放创新，推动经济高质量发展、城市高品位建设，增强对全省的引领带动辐射作用，加快建设国家中心城市。要深刻理解总书记关于深化自贸试验区建设的重要讲话精神，学习借鉴先进经验，在制度创新上不断实现突破，创造更多可复制可推广的经验，让制度创新的种子在更大范围内开花结果。要用好连通境内外、辐射东中西的物流通道枢纽优势，提升运营水平，打造服务"一带一路"建设的河南品牌。要加快传统产业转型升级，培育特色新兴产业，把实体经济做大做优，把人才支撑做实做强，不断提升经济整体素质和竞争力。要抓住难得机遇，奋勇当先，让"空中丝绸之路"越飞越广、"陆上丝绸之路"越跑越快、"网上丝绸之路"越来越便捷。

11月6日，省委书记王国生到郑州调研，与民营企业家一起交流学习习近平总书记在民营企业座谈会上重要讲话的体会，勉励广大民营企业家保持定力、增强信心，提升创新能力，练好企业内功，推动民营经济发展壮大、做强做优，汇聚中原更加出彩的强大合力。王国生指出，要珍惜发展机遇，感恩伟大时代，继续弘扬艰苦创业的企业家精神，树立长远眼光，坚持质量优先，瞄准市场、聚焦实业、做精主业，努力把企业做强做优。要继续加大技术创新、产品创新、管理创新力度，提升运营水平和综合竞争力，保持良好发展态势，不断取得新的业绩。要始终将创新能力建设摆在重要位置，适应市场变化，加快产品应用转化，赢得更广阔的发展空间。各级党委政府要落实全省促进非公有制经济健康发展大会要求，及时回应民营企业关切，采取更加务实的举措，有力有效推动解决民营经济发展面临的困难和问题，为民营企业发展创造良好环境、提供广阔舞台，与广大民营企业家一道，共同开创全省经济高质量发展的新局面。

11月27日，省委书记王国生到郑州航空港经济综合实验区调研，详细了解港区总体规划和产业布局，以及重点工程建设进度，并主持召开座谈会，分析当前经济形势，研究谋划全省对外开放和明年经济工作。王国生强调，要以习近平新时代中国特色社会主义思想为指导，以纪念改革开放40周年为契机，在回看走过的路和远眺前行的路中总结经验、把握规律，坚定信心、抢抓机遇，洞察大势、做强优势，认真研究谋划明年经济工作，在坚定走好开放发展之路中推动全省经济高质量发展。政府部门要进一步创造良好营商环境，支持企业在豫更好发展。要抓好重大工程项目实施，加强基础设施建设，支撑经济发展，争创更多优势。要对航空港区的重要地位和带动作用再认识再提升，以更多的创新性举措，推动航空港区在高质量轨道上健康发展，让这张名片更加靓丽。要从航空港区开放发展中探索路径，推动郑州和全省创新发展。要在发挥现有优势基础上培育新的优势，坚持错位发展、借力发展，既要增强紧迫感，顺势应时、抢抓机遇；又要沉下心来、保持定力，抓到点子上，抓在关键处。要抓住具有代表性、引领性的重大项目，瞄准优势产业做大做强，以韧劲拼劲强力推动、带动全局。要勤思善学，善纳良策，增强发展本领。要吸引人才、用好人才，强化人才支撑作用。要坚持改革创新，破除体制机制障碍，激发动力活力，实现更高层次开放、更高质量发展。

全国人大常委会执法检查组到郑州市检查大气污染防治法实施情况 2018年5月24—28日，中共中央政治局常委、全国人大常委会委员长栗战书率领全国人大常委会执法检查组，在河南检查大气污染防治法实施情况。其间，栗战书一行到郑州市轨道交通4号线龙湖中环路站建设工地等地检查。栗战书强调，要深入学习贯彻习近平新时代中国特色社会主义思想特别是关于生态文明建设的思想，全面有效实施大气污染防治法，夯实法律责任，依法标本兼治，用法律的武器护卫蓝天白云，提升百姓蓝天幸福感。必须加强源头防治。强化企业主体责任，推动企业依法生产、达标排放，加快转型升级，实现绿色发展。加大监管力度，坚决整治和关停不达标企业。要广泛宣传大气污染防治法律法规和政策措施，及时公开污染情况和治理成效，发动群众参与和监督，形成全社会共同治理的合力。要把党中央要求和法律责任落到实处，勇于担当，动真碰硬，下大决心和大气力解决污染问题。要大力调整经济、产业、能源、运输结构，切实把污染物排放总量降下来，从根本上改善大气环境。各级人大要发挥职能作用，完善法律和地方性法规，加大监督力度，为大气污染防治提供法治保障。

中宣部部长黄坤明到郑州市调研 2018年6月11—13日，中共中央政治局委员、中宣部部长黄坤明在河南调研。其间，黄坤明深入郑州市基层，详细了解基层结合实际创新开展宣传思想工作和文化建设的情况，认真听取加强改进工作的意见建议。黄坤明强调，要坚持以习近平新时代中国特色社会主义思想为指导，深入学习贯彻党的十九大精神，坚持以人民为中心，走好群众路线，把握新时代新要求，着力加强和创新基层宣传思想文化工作，更好地宣传群众、凝聚群众、服务群众，以新作为新成效增强人们的道路自信、理论自信、制度自信、文化自信。要切实增强政治责任感和时代使命感，推进理论武装、新闻出版、文艺创作、思想政治教育、精神文明创建等各方面工作协同发力，让党的创新理论更加深入有效地走进基层、走进群众。要积极探索新时代文明传习中心建设，坚持联系实际、效果优先，把准普通百姓关切点，抓住社会发展关键点，激发思想情感共鸣点，用群众的语言、喜闻乐见的形式宣传科学理论、阐释方针政策、传播主流价值，大力培养时代新人、弘扬时代新风。要全面推进工作理念、内容建设、话语方式、体制机制的改革创新，在统筹资源、整合力量上实现新突破，在补齐短板、加固底板上实现新作为，打通基层宣传思想文化工作到达群众的“最后一公里”。要大力推进媒体融合发展，创新建设县级融媒体中心，把整体谋划与分类指导结合起来，把发挥自身优势与用好新技术结合起来，着眼教育引导群众、服务生产生活，完善信息供给结构，提高信息供给质量，切实提升主流舆论吸引力影响力。要创新和强化工作举措，加大对中华文化历史遗存的保护和传承力度，推动中华优秀传统文化焕发时代风采。

省长陈润儿到郑州市调研 2018年6月21日，省长陈润儿到郑州市专题调研城市规划建设工作。陈润儿对郑州市的发展成就给予充分肯定，同时指出，郑州市要抓住国家中心城市建设这一历史机遇，首要的是把规划做好，要把握功能定位，使其体现区位特点、彰显城市优势、富有个性魅力；要增强承载能力，打造绿水青山的生态空间、集约高效的生产空间、宜居适度的生活空间，增强生态环境、城市交通、基础设施承载能力；要着力提升品质，在生态环境、城市文化、城市服务、城市生活品质提升上下更大功夫，使郑州真正成为人们向往的创业之都、宜居之城、幸福之家。要抓紧完善规划、落实规划，不断提升综合承载能力、持续发展能力、政府治理能力，以高质量建设国家中心城市推动郑州在下一轮发展中走在前列。

11月3日，省长陈润儿到郑州航空港经济综合实验区专题调研进出口贸易情况。陈润儿要求，政府部门要鼓励企业实施市场多元化布局，积极开辟替代市场，采购替代产品，实施多元化市场布局。要持续推动提升贸易便利化水平，深化改革开放，优化营商环境，改善贸易服务。要加快研究解决进出口企业的融资、降本、减费、让税等问题，切实回应企业关切，推动外贸“稳中向好”。

中央纪委书记赵乐际到郑州市调研 2018年11月6—9日，中共中央政治局常委、中央纪委书记赵乐际到河南省调研。其间，赵乐际到郑州国家高新技术产业开发区、新华三大数据有限公司调研，听取干部群众意见建议。赵乐际强调，要深入贯彻习近平新时代中国特色社会主义思想和党的十九大精神，落实中央纪委二次全会部署，抓好新修订党纪处分条例的学习贯彻，增强纪律建设的政治性、时代性、针对性，有力保障党中央重大决策部署贯彻落实。各级纪委监委要牢固树立以人民为中心的发展思想，把整治群众身边腐败和作风问题作为重中之重，聚焦扶贫、民生领域和黑恶势力“保护伞”等，盯住不放、一以贯之抓下去。要紧紧围绕党和国家工作大局，立足职能职责，加强对坚持稳中求进工作总基调、贯彻新发展理念、实现高质量发展、深化改革开放、打好三大攻坚战、优化经济发展环境等政策措施落实情况的监督检查。要加大力度整治影响市场主体健康发展的腐败和作风问题，坚决整治形式主义、官僚主义等违反中央八项规定精神的行为，推动构建亲清新型政商关系。

中央政法委书记郭声琨到郑州市调研 2018年12月3—4日，中共中央政治局委员、中央政法委书记郭声琨到河南省调研。其间，郭声琨深入新密、登封等地基层，了解基层社会治理创新、警务机制和司法责任制改革、便民利民举措落实等情况，对“封调禹顺”等纠纷化解方式给予肯定。他强调，要以习近平新时代中国特色社会主义思想为指导，提高政治站位，增强“四个意识”，紧紧围绕党和国家工作大局，积极回应人民群众所需所盼，切实履行宪法和法律赋予的职责，为经济社会发展提供有力法治保障和服务。要着眼新时代社会主要矛盾新变化，推动“枫桥经验”由乡村治理向城镇、社区治理延伸，创新多元化解纠纷机制，推动矛盾纠纷及时、就地化解，努力建设更高水平的平安中国。要积极稳妥推进公益诉讼制度改革，促进依法行政、严格执法，维护国家利益和社会公共利益。

国家民族事务委员会副主任赵勇到郑州市调研 2018年12月4日，国家民族事务委员会副主任赵勇先后到郑州奥体中心在建项目现场、城东路办事处硝滩社区，对郑州市民族团结进步工作进行调研。赵勇一行对郑州市民族工作给予肯定，对郑州奥体中心建设情况表示满意，要求建设单位树立百年精品工程、民生工程意识，抢抓时间进度、严把工作质量，确保第十一届全国少数民族传统体育运动会成功召开。郑州市各级各部门要高度重视做好新形势下的城市民族工作，牢牢把握“团结是生命线、进步是生命力”的工作主旨，不断健全维护民族团结稳定的体制机制，继续加强和创新社会管理，依法妥善处理民族矛盾纠纷，不断融洽民族关系，保持社会和谐稳定；坚决强化宣传引导，发挥硝滩社区这样先进典型的示范作用，切实筑牢民族团结基础，促进各民族和睦相处、为建设国家中心城市营造民族团结、社会和谐的良好环境。

【重要考察活动】 徐州市党政代表团到郑州市考察 2018年5月5—6日，徐州市委书记周铁根、代市长庄兆林率领党政代表团一行，先后到郑东新区龙湖金融岛、郑东新区智慧岛、中国中铁工程装备集团有限公司、中大门保税直购体验中心、郑州航空港经济综合实验区、申通快递国际供应链中心、新郑国际机场T2航站楼等地进行考察，考察团对郑州近年来抓住用好国家支持中部崛起、中原城市群发展和郑州建设国家中心城市等重大机遇，经济社会发展取得令人瞩目的成就给予高度评价。双方就进一步加强合作、推进发展进行深入交流。

许昌市党政考察团到郑州航空港实验区考察 2018年8月24日，许昌市市长胡五岳率领许昌市党政考察团，到郑州航空港实验区考察。考察团一行先后到智能终端（手机）产业园、双鹤湖中央公园、园博园和菜鸟智能骨干网项目，实地了解智能终端产业发展情况、城市生态建设和现代物流运转情况。双方表示，许昌与郑州在产业发展、生态建设、环境治理、交通建设等方面都有极大的合作空间，期待两市不断加强合作，相互学习、相互借鉴、取长补短、携手共进、共同发展，为中原更出彩做出应有贡献。

安阳市党政考察团到郑州市参观考察 2018年11月17日，安阳市委书记、市人大常委会主任李公乐，安阳市委副书记、市长靳磊率领安阳市党政考察团来郑参观考察。考察团先后来到龙湖金融岛、贾鲁河工程文化路段、中央文化区“四个中心”项目处等地，实地考察了解项目建设情况。考察团对郑州市在经济、文化、生态等方面呈现的巨大变化和强劲发展态势给予高度评价。双方就进一步加强合作、推进发展进行深入交流。

郑州与焦作签订融合发展合作协议 2018年11月16日，省委常委、市委书记马懿，市委副书记、市长王新伟会见焦作市委书记、市人大常委会主任王小平，焦作市委副书记、市长徐衣显一行，就郑州焦作融合发展进行深入交流，并共同出席郑州焦作融合发展合作协议签约仪式。双方一致认为，郑焦融合发展是省委、省政府作出的重要战略部署，要共同努力走好郑焦融合发展路子，不断深化在交通、旅游、文化等领域的合作，助推郑州大都市区建设和中原城市群发展，助力中原更加出彩。王新伟、徐衣显分别代表郑州市人民政府和焦作市人民政府签订了郑州焦作融合发展合作协议。

（刘跃亭　张　凯　翟景伟　马　焱）

纪检监察工作

【概况】 2018年，在省纪委监委和市委的正确领导下，全市各级纪检监察机关坚持以习近平新时代中国特色社会主义思想为指导，全面贯彻落实党的十九大决策部署，增强“四个意识”，忠诚履行纪检监察两项职能，增强“四个意识”，坚定“四个自信”，做到“两个维护”，以党的政治建设为统领，始终坚持和加强党的全面领导，持续深化体制机制改革，扎实推进纪律监督、监察监督、派驻监督、巡察监督“四个全覆盖”，坚持标本兼治，一体推进不敢腐、不能腐、不想腐，全面从严治党不断向纵深推进、向基层延伸，反腐败斗争取得压倒性胜利，全市风清气正、心齐气顺、干事创业的良好政治生态进一步巩固发展。

2018年，全市各级纪检监察机关对标“忠诚坚定、担当尽责、遵纪守法、清正廉洁”要求，以更高的站位、更严的标准、更自觉的行动，打造忠诚干净担当的纪检监察干部队伍。深化“讲忠诚、守纪律、做标杆”活动，通过专家讲座、专题研讨、集中培训等多种方式，以党章、宪法、监察法、处分条例为重点，组织培训系统干部10678人次，组织干部到省廉政文化教育馆回顾反腐倡廉历程，到井冈山、遵义接受革命传统教育，到高等院校培训提升综合素质能力，打造忠诚干净担当的纪检监察干部队伍。强化自我监督，深入开展纪检监察系统以案促改，全市纪检监察干部签订以案促改承诺书3430份，查摆问题1230个，制订整改措施1043项。充分发挥纪检监察干部监督机构和机关党委、纪委作用，加强内控机制建设，把监督“探头”架设到执纪执法各个环节，防止权力“出笼”，对纪检监察干部违纪违法行为零容忍。全市受理纪检监察机关和纪检监察干部问题线索602件，谈话函询318件，初核108件，立案22件，党纪政务处分19人，组织处理94人。加强纪检监察信息化建设，制订信息化建设五年规划，综合业务办公系统功能进一步拓展，信息技术平台建设进一步完善，信访举报平台、监督对象数据库、廉政档案系统建设稳步推进。

【管党治党责任落实】 2018年，全市各级纪检监察机关坚守政治定位，强化政治监督，切实加强对贯彻落实党的十九大精神、打好三大攻坚战、巡视反馈问题整改、党和国家机构改革、扫黑除恶专项斗争等决策部署的监督检查；开展对习近平总书记重要指示批示精神贯彻落实情况“回头看”全面督查，加大对“农地大棚房”、人防系统腐败专项治理力度，确保令行禁止、政令畅通。强化政治纪律，严肃查处违反政治纪律政治规矩的行为，全年共立案审查违反政治纪律案件46起、处分60人；积极开展“帮圈文化”专项整治，全市26.5万余名党员干部签订承诺书；严把选人用人政治关、廉洁关、品行关、作风关，在市级人大、政府、政协和村（居）“两委”换届中，组织开展换届风气监督660余次，资格审查3.8万余人，64名市人大代表、政协委员和749名村“两委”候选人因政治上不过硬、廉洁上有硬伤被一票否决，112人因违反换届纪律受到党纪政务处分或组织处理。强化协助职责，积极协助党委落实全面从严治党主体责任，督促各级党委（党组）定期分析党风廉政建设和反腐败形势、研判政治生态、听取重大案件情况汇报，及时向党委请示报告重要工作。组织开展党委（党组）书记党建工作述职、纪委书记（纪检组长）述学述责述廉。出台意识形态领域责任追究办法，通报曝光典型案例，推动党委（党组）意识形态责任制落实。用好追责问

2018年1月15日，郑州市监察委员会正式挂牌（市纪委监委/供图）

责利器，对“两个责任”履职情况开展监督检查，全市有7个党组织和28名党员领导干部被问责，失责必问、问责必严成为常态。

【作风建设】 2018年，全市各级纪检监察机关巩固拓展作风建设成果，持之以恒正风肃纪。将落实中央八项规定精神、纠正“四风”作为重要政治任务，聚焦突出问题，抓住关键节点，紧盯隐形变异，组织开展落实中央八项规定精神“回头看”专项活动，查处违反中央八项规定精神案件180起、党纪政务处分和组织处理287人，点名道姓通报曝光85起典型案例。开展党政机关和党员干部违规经商办企业和违规兼职取酬专项治理，坚决遏制不良风气滋生蔓延，全市已有42家机关事业单位、819名党员干部和公职人员整改到位。

【审查调查】 2018年，全市各级纪检监察机关持续保持高压态势，削减存量、遏制增量，推动反腐败斗争取得压倒性胜利。坚持无禁区、全覆盖、零容忍，坚持重遏制、强高压、长震慑，坚持受贿行贿一起查，严肃查处党的十八大以来不收敛、不收手，问题线索反映集中、群众反映强烈，政治问题和经济问题交织的腐败案件，严惩贪污贿赂、滥用职权等职务违法和职务犯罪。全市纪检监察机关立案审查2178件，其中县处级77件、乡科级337件，留置165人，党纪政务处分2833人，移送检察、公安机关143人，挽回经济损失2.12亿元。市纪委监委机关立案243件，先后对戴春枝、王晓军、刘宝琴等县处级干部审查调查。及时调整反腐败协调小组和追逃追赃工作机构，紧盯“天网行动”下达的追逃任务，推动追逃防逃工作深入开展。认真履行审理审核把关和监督制约职能，开展案件质量评查，优质高效完成审理和申诉复议复查工作。牢固树立依纪依法安全文明廉洁办案意识，组织执纪办案安全大排查，及时消除安全隐患，新建1.2万平方米市级留置场所，成立留置管理中心和看护管理大队，出台审查调查场所管理制度29项，执纪办案安全得到有效保障。

【巡察监督】 2018年，郑州市委认真贯彻中央和省委巡视工作规划，在“巩固、深化、规范、提升”上谋突破，持续推动巡察监督取得实效。聚焦坚持和加强党的全面领导、新时代党的建设总要求和全面从严治党，突出“六个围绕、一个加强”查找政治偏差。全市巡察党组织390个，发现问题6042个，向被巡察党组织提出整改意见1711条；依据巡察移交线索，立案159起，组织处理243人，党纪政务处分136人，移送司法11人。制订市委巡察工作规划、实施细则及被巡察党组织配合巡察工作等规定，坚持市县巡察一体部署、统筹推进，强化对县（市）区巡察工作的领导和指导，完善县（市）区巡察工作情况报备制度，做到信息互通、资源共享、效应叠加。创新巡察工作方式方法，探索运用提级巡察、交叉巡察、机动巡察，最大程度减少人情干扰。以新密为试点，积极推动市县巡察向村居延伸。开展十一届市委前五轮巡察整改落实情况重点督查，对整改不力的单位党委书记、纪委书记（纪检组长）进行约谈。对巡察发现的突出问题和共性问题，举一反三、延伸拓展，深入查找管党治党和体制机制方面的问题。建立问题清单、措施清单和责任清单，持续跟踪整改，督促被巡察单位建立健全制度586项，推动整改常态化、长效化。

2018年8月9日，省纪委监委深入郑州市，就构建“亲”“清”新型政商关系进行调研（市纪委监委/供图）

【基层腐败整治】 2018年，全市各级纪检监察机关坚持以人民为中心的发展思想，把查处群众身边腐败和作风问题作为重中之重，人民群众的获得感、幸福感、安全感明显增强。持续开展扶贫领域腐败和作风问题专项治理，以“脱贫攻坚作风建设年”为契机，紧盯项目资金、脱贫成效、干部作风等重点，对贪污挪用、截留私分、虚报冒领、强占掠夺，以及盲目决策、弄虚作假、数字脱贫等形式主义、官僚主义问题，优先受理、从快办理。全市查处基层侵害群众利益、扶贫领域腐败和作风问题422起、党纪政务处分516人。坚决惩治涉黑涉恶腐败和“保护伞”。将扫黑除恶同惩治“蝇贪”相结合，与政法机关建立协作配合、线索双向移送和协同查办案件等机制，通过督导检查、提级办理、定期通报等方式层层传导压力。全市查处涉黑涉恶腐败和“保护伞”问题186起，党纪政务处分和组织处理132人、移送司法机关12人，立案审查62人。市纪委监委查处的市公安局洁云路分局原局长成健、十八里河分局原局长刘从德充当“保护伞”案件，打响深挖黑恶势力“保护伞”“第一枪”。坚持工作重心下移，聚焦群众反映强烈、损害群众利益的突出问题，大力整治民生资金、“三资”管理、征地拆迁、教育医疗、低保养老、生态环境等领域的违纪违法行为。开展重复信访突出问题专项治理，对2016年以来重复信访举报进行全面排查，建立台账、集中交办、及时反馈。出台纪检监察机关检举控告办理结果反馈办法，推动信访举报工作规范化制度化。

【宣传教育】 2018年，全市各级纪检监察机关坚持标本兼治，深化宣传教育，推进以案促改，不断筑牢拒腐防变的坚强防线。营造全面从严治党良好舆论氛围，在全市集中开展“两法一条例”学习宣传活动，利用市属全媒体平台开设“每周一学”学习专栏，在党员干部中推广党纪党规随身学APP，运用市纪委监委网站、微信微博、手机报推送廉政动态，结合典型案例释纪说法；依据习近平用典，创作系列微视频《据典话廉》第二部，在中央纪委国家监委网站头条刊播并向全国推广；组织拍摄《我的宪法日记》《规矩》等微视频，在公交、地铁、影院等公共场所滚动播放，增强宣传教育的吸引力、感染力、说服力。充分发挥以案促改治本功能，制订《关于推进以案促改制度化常态化的实施意见》，建立健全“党委统一领导、纪委主导推进、部门协调配合、案发单位具体落实”的体制机制。编印《以案促改典型案例汇编》4000余册，拍摄《迟到的忏悔》《“伞”戒》等警示教育片40余部，召开以案促改警示教育大会3452场，把通报典型案例和职务犯罪在押人员现身说法相结合，用身边事教育身边人19万人次，推动党员干部把身边的教训变成心里的敬畏。召开以案促改专题民主（组织）生活会4545次，查找岗位风险点5405个，查纠问题5788个，修订、出台《“三重一大”事项决策流程图》《涉农及扶贫专项资金管理办法》等制度2305项。在高压反腐强大震慑、以案促改唤醒初心、宽严相

2018年7月26日，郑州市召开全市公安机关以案促改动员暨警示教育大会（市纪委监委/供图）

济政策感召等因素综合作用下，李乔松、张俊杰等31名涉嫌违纪违法人员主动投案，全市收到主动上缴违纪资金2542.6万余元。

【监察体制改革】 2018年，郑州市按照中央、省委要求，市、县两级党委、纪委主动扛起改革的政治责任。率先推进监察体制改革试点，严格按照时间表和路线图，完成监委组建和人员转隶，划转和调剂编制529个，转隶和补充人员362名，一线执纪监察人员占比73.7%。加快人员、职能、工作深度融合，制订出台监委工作流程、留置措施审批管理等配套制度，全要素试用12种调查措施，推动纪法贯通、法法衔接，全年运用监督执纪“四种形态”处理人数同比增长115.3%，立案件数、处分人数同比分别增长74%、105.9%，纪委监委合署办公的制度优势初步显现。率先推进监察职能向基层延伸。以新郑为试点，探索向乡镇（街道）派出监察专员办公室，明确4项调查措施和8项监察职能，打造乡镇（街道）监察专员、村级廉情监督员两支队伍，建立县乡村三级联动监察监督网络，做到机构、人员、职能“三到位”。全市12个县（市）区168个乡镇（街道）监察专员办公室全部挂牌，配备专职纪检监察干部665人，比改革前增加31%，选聘村（居）廉情监督员2700人，实现党内监督、国家监察和群众监督的有机结合。率先推进派驻机构全覆盖改革。成立市一级派驻纪检监察组36家、县（市）区202家，完善派驻工作领导体制和运行机制，赋予派驻机构监察权限，理顺管理关系和保障机制，派驻机构职能更加优化、监督更加有力、运行更加高效。改革后，全市派驻机构处置问题线索数同比上升40.6%，立案审查数同比上升28.3%，党纪政务处分数同比上升27%，“派”的权威和“驻”的优势有效发挥。

（杨　阳）

组织工作

【概况】 2018年，全市组织工作深入践行新时代党的组织路线，紧紧围绕落实市委各项决策部署，抓“大事”、解“难事”、干“实事”，坚持政治统领、思想引领，着力提高政治思想建设的质量；坚持选优配强，着力打造忠诚干净担当的高素质干部队伍；坚持强基固本，着力提升基层党建工作的质量；坚持人才为先，全面实施“智汇郑州”人才工程；坚持从严治部，着力建设模范部门和过硬队伍，推动各项工作取得显著成效。2018年全市共发展党员7306名，其中，发展农村党员1863人，发展非公有制企业党员1182人，发展社会组织党员547人，发展学生党员803人，发展其他党员417人。

【政治思想建设】 2018年，全市各级组织部门坚持以坚定理念信念为根基，引导广大党员干部深入学习贯彻习近平新时代中国特色社会主义思想，锤炼鲜明党性。

持续筑牢思想根基。坚持把教育引领党员干部落实“两个维护”作为首要政治责任，深入开展“大学习、大研讨、大培训”，对县处级干部进行专题轮训，对科级干部加强督促指导，全市培训县处级干部2811人、科级以下干部4万余人次，营造了学懂弄通做实的浓厚氛围。大力开展“万名党员进党校”“万名书记大轮训”活动，推动学习贯彻工作向基层延伸、向深度广度拓展。

抓实党内政治生活。严格落实《新形势下党内政治生活准则》，汲取秦岭北麓违建别墅问题教训，指导全市自上而下召开专题民主生活会，进一步严肃政治纪律和政治规矩。持续规范“三会一课”制度，深化拓展“4+N”党员活动日制度，开展以“专项检查、专题培训”为主要内容的“两专行动”，切实让党支部组织生活严起来实起来活起来。

全力抓好巡视整改任务落实。把抓好巡视反馈意见整改作为重大政治检验，制订出台专项行动，以高质量整改推动高质量党的建设。至年底，反馈组织部门的6个个性问题已整改到位，8个专项行动按时间节点完成，有力促进了各项工作。坚持举一反三，研究制订代表委员资格联审等一系列制度，进一步提升了工作质量。

【干部队伍建设】 2018年，郑州市坚持好干部标准，立足国际中心城市战略

郑州市组织系统举办“迎七一，学、考、赛”电视知识大赛（市委组织部/供图）

郑州市启动村(社区)“两委”换届选举推进会暨“后评估”工作(市委组织部/供图)

定位，充分挖掘岗位资源，着力在倡树导向、精准用人、从严管理、激励干部上发力，为郑州国家中心城市建设提供坚强保证。

高质量完成市人大、市政府、市政协换届任务。坚决扛起服务保障市人大、市政府、市政协换届政治责任，突出政治标准、从严把关、纪律严明，整个换届风清气正、圆满成功，市人大、市政府、市政协主要领导全票当选。

全方位提升选人用人精准度。坚持事业为上，大力选用重点工作一线攻坚克难的干部，注重从年度考核优秀的班子里选择优秀的干部，在全市形成了投身一线、奉献发展的好导向。规范干部选任程序，建立选用纪实制度，探索开展无任用推荐等，推行干部考察“10问”和家访，选人用人精准度不断提高。

从严监督管理干部。坚决打好“三超两乱”整治攻坚战，规范用人行为，按职数配备干部逐步进入良性循环轨道。畅通来信、来访、来电、网络“四位一体”举报渠道，持续抓实领导干部个人有关事项报告、从严出国境管理、经济责任审计等制度，全市用人环境持续优化。

激励干部担当作为。研究起草激励广大干部新时代新担当新作为和发现培养选拔优秀年轻干部等文件，积极探索干部激励、容错纠错、能上能下等具体措施，让干部放下包袱、放开手脚、积极作为。同时，超前谋划机构改革工作，用足用活干部配备政策，耐心做好干部思想工作，推动工作稳妥有序开展。

【基层党建】 2018年，郑州市牢固树立大抓基层、大抓支部鲜明导向，坚持以提升组织力为重点，突出政治功能，推动各领域基层党建工作全面进步、全面过硬。

压实管党治党政治责任。全面落实基层党建工作责任制，制订出台《关于以习近平新时代中国特色社会主义思想为指导全面推进党的建设高质量发展的实施意见》，认真执行《乡镇(街道)党(工)委书记抓基层党建任期考核评价暂行办法》，定期开展精准化基层党建督查，推动抓基层党建责任落地落实。

抓好村(社区)“两委”换届。坚持“先整顿后换届”，下沉3410个工作组、1.4万余名干部蹲点工作、全程把控，圆满完成全市3067个村(社区)“两委”换届任务，基层干部年龄、文化结构明显优化，党员群众参会率和满意度均为历届最高，有关做法被中组部《组工信息》《中国组织人事报》等宣传报道。创新建立换届“后评估”机制，并在全省推广。

提升各领域党建工作质量。坚持分类别具体指导、分领域统筹推进。农村党建，聚焦脱贫攻坚，深入开展236个软弱涣散和后进村党组织整顿，管好用好市县两级490名驻村第一书记，全面推进“逐村观摩”，党建引领乡村振兴呈现崭新气象。城市党建，健全“1+N”政策体系，积极构建市区街道社区四级联动、多方共建的党建格局，得到中组部高度评价。非公党建，注重源头把控，建立“一排查两同步六重点”工作法，“两新”组织党组织覆盖率达到86.4%。机关、国企、高校、中小学校党建结合领域特点、明确任务抓手，切实发挥党组织的领导核心作用。

大力开展“支部建设提升年”。认真落实“一切工作到支部”的要求，制订“支部建设十条”标准，开展“逐支部评定”，对全市2万多个党支部进行“全面体检”，有力推进党支部规范化、标准化建设。以支部为依托加强党员日常管理，建立农村发展党员工作预警机制，推广在职党员到社区报道、党员积分管理，开展“亮身份、争先锋、做表率”等活动，激励全市党员对标先进、务实重干、建功立业。

以基层党建引领基层治理。全面推行农村“四议两公开”工作法，不断深化城市社区“一征三议两公开”工作法，解决楼院整治、管网改造等问题1860件。“一征三议两公开”工作法被中组部、中宣部确定为全国10个城市党建宣传典型。积极配合扫黑除恶专项斗争，配合查处涉黑涉恶腐败和“保护伞”问题177起，群众的安全感、幸福感明显提升。

【人才工作】 2018年是“智汇郑州”人才新政实施的开局之年，郑州市通过广泛开展政策宣传、大力优化人才服务、不断强化政治引领、持续完善工作机制，推动人才工作再上新台阶。

抓宣传推介，品牌效应日益凸显。多渠道开展政策解读，扩大人才新政影响力。协助承办中国·河南招才引智创新发展大会，高规格承办中原人才

全市组织系统贯彻落实中央巡视组巡视河南和省委巡视组巡视郑州反馈意见整改工作会议召开(市委组织部/供图)

发展高层论坛等系列活动，发布《郑州市人才发展报告（2018）》和郑州市急需紧缺人才需求指导目录，为各类人才在郑创新创业提供精准指导。

抓政策落实，招才引智成果丰硕。统筹推进“智汇郑州”各项政策，圆满完成第三批“1125聚才计划”项目，人才落户数占新增户籍人口比例由2017年的13.5%上升为33.4%。注重引进豫籍人才，避免恶性竞争，受到了中组部人才局领导充分肯定。

抓服务提升，人才环境更加优化。开启国内首家人才服务热线——96567，率先建立全数据共享申报平台，完善集教育、卫生、房管、公安等服务资源在内的APP服务平台，实现“人才少跑腿、数据多跑路”。开设99个人才服务窗口和169个公安入户专窗，实现青年人才服务事项“一站式办理”，全面开工建设2.5万套青年人才公寓，受到青年人才普遍欢迎。成立人才发展促进会，承接政府关于人才工作的业务转移。

抓政治引领，爱国奉献精神充分激发。全市人才中共有1600多名被吸纳为中共党员，近2000名被确定为入党积极分子，4名高层次人才被推荐为市人大代表、政协委员。积极开展践行爱国奋斗精神先进团队和个人选树工作，有效激发各类人才的爱国之情、报国之志。

（高卫有）

宣传工作

【概况】 2018年，全市宣传思想文化系统坚持“抓重点、攻难点、举亮点、化解风险点”的工作思路，大力推动习近平新时代中国特色社会主义思想深入人心，理想信念基础更坚实；压紧砸实意识形态工作责任制，意识形态安全更牢固；不断强化正面宣传，主流思想舆论更强势；不断完善网络综合治理体系，互联网空间更清朗；深入推进核心价值观建设，大爱郑州氛围更浓厚；坚持为民惠民，群众文化生活更丰富；激发文化活力，文化改革发展更深入。全市上下主旋律更加响亮、正能量更加强劲、自信心更加坚定，为国家中心城市建设提供了有力的思想引领、舆论推动、精神激励和文化支撑。

【思想理论建设】 2018年，全市宣传思想文化系统始终把学习宣传贯彻习近平新时代中国特色社会主义思想和党的十九大精神摆在首要位置，深入学习领会，持续入脑入心，理想信念基础更加坚实。

精心组织中心组学习，理论武装不断强化。认真落实《郑州市党委（党组）理论学习中心组学习实施细则》，市委理论学习中心组全年集中学习研讨10次，其中7次专题学习习近平新时代中国特色社会主义思想。制定印发《2018年度县处级党委（党组）理论学习中心组分专题集体学习的安排意见》，加强平时管理，建立学习台账，开展督查调研，及时通报各地各单位学习开展情况，全市县处级中心组全年共学习1030场。

深入开展基层宣讲，推动党的创新理论落地生根。始终把理论宣讲进基层作为贯彻落实习近平新时代中国特色社会主义思想和党的十九大精神的重要载体，全力抓好党的创新理论进企业、进农村、进机关、进校园、进社区、进网站，推动党的创新理论在基层落地生根。先后开展“党的创新理论万场宣讲进基层”“咱们一起奔小康”基层宣讲助力行动等系列活动，不断增强理论宣讲的吸引力和感染力。全市共开展“党的创新理论万场宣讲进基层”活动7000余场，受众近80万人次；“咱们一起奔小康”基层宣讲助力行动各类宣讲600余场。10月，中共市委宣传部被中宣部评为“基层理论宣讲先进集体”。

加强党员教育阵地建设，党员教育系列活动深入开展。持续推进基层党校规范化建设，指导基层党校日常培训工作，全市共有20所基层党校获得全省先进基层党校命名表彰，位居全省第一。持续抓好党员教育培训工作，以“深入学习贯彻党的十九大精神 推进国家中心城市建设”为主题，认真组织开展全市书记微党课巡回宣讲、微党课比赛、征文比赛、主题党课等系列活动，形成了全市党员干部学习理论知识、强化党性意识的热潮。

【意识形态工作责任制落实】 2018年，全市宣传思想文化系统牢牢把握正确的政治方向、舆论导向和价值取向，严格落实意识形态工作责任制，不断加强阵地管控，意识形态统一思想、凝聚人心的工作取得新成效，强基固本、正本清源的工作赢得新进展，意识形态安全更加牢固。

加强领导，夯实扛稳意识形态主体责任。以中央意识形态工作责任制巡视检查和省委巡视整改为契机，深入查摆问题，深挖问题根源，不断压实意识形态工作主体责任。结合中央巡视反馈的19项问题和省委巡视反馈的11项问题，制定71项具体整改措施和19项立行立改事项。对两级巡视反馈涉及郑州市的10项具体问题清单，挂牌督办、限时办结、严肃处理。市委常委会4次专题研究意识形态领域相关问题，安排部署意识形态方面工作。成立并完善市委意识形态巡视整改专项工作组，加强对意识形态巡视整改工作的统筹协调，连续召开10余次调度会、推进会，强化跟踪问效，督促各地各单位加快整改进度，推进各项整改任务落实。各县（市）区、市直单位结合实际，建立工作台账，对巡视反馈问题主动认领、主动担责，精准发力、标本兼治，推进意识形态工作责任制落地落实。

完善机制，构建意识形态工作责任制制度链条。制订印发《郑州市党委（党组）意识形态责任制考核体系》《郑州市党委（党组）网络意识形态工作责任制县（市）区考核测评体系（试行）》《郑州市意识形态工作责任制十项推进制度》《郑州市进一步加强文化活动政治导向管理的暂行办法》等文件，进一步完善了教育培训、提醒约谈、专题督查等系列工作制度，并运用《考核体系》对全市各开发区、县（市）区和市直单位2017年的工作进行了考核，有效发挥了“指挥棒”作用。成立联合督导组，对两级巡视整改任务落实情况进行督导检查，有力促进了意识形态工作责任制的落实。制订出台

2018年2月6日，郑州市举办“2018迎新春文艺会演”（市委宣传部/供图）

《意识形态领域问责追责工作办法（试行）》，加大意识形态领域问题处置力度，加强典型案例通报，强化警示教育作用。将意识形态工作纳入党委（党组）理论学习中心组必学内容，纳入党员干部教育培训、各级党校主体班教学及基层党校学习的重要内容。成功举办两期意识形态工作责任制培训班，有效提升了市县两级意识形态工作业务骨干的能力和水平。

严格管理，巩固筑牢各类意识形态阵地。严格落实属地管理和主管主办责任，坚持阵地管理横向到边、纵向到底，全覆盖、无死角，经常性全方位开展“排查检修”，确保各类意识形态阵地可管可控。加强对各类形势政策报告会、论坛、研讨会和讲座的报备管理，完善对社科研究机构和思想文化学会协会等社团的管理，严把政治关。进一步强化高校意识形态工作责任制落实，制订出台《郑州市地方高等学校意识形态阵地管理办法》《关于印发〈报告会、研讨会、讲座、论坛管理制度（试行）〉的通知》，严肃高校课堂纪律。联合市委统战部等部门建立健全民族宗教工作沟通协调机制，切实加大农村基督教事务治理力度，印发《郑州市贯彻落实中央巡视反馈意见有关农村基督教问题专项整改方案》，深入开展宗教专项治理工作，有效遏制了农村基督教蔓延势头。加强对社情民意和舆情动态的跟踪分析，及时掌握网上网下相关舆情动向，对倾向性苗头性问题及时处置，防止舆情炒作产生不良影响。深入开展“扫黄打非”行动，查处违法违规案件124起，有力维护了文化领域意识形态安全。

【新闻宣传和舆论引导】 2018年，全市宣传思想文化系统紧紧围绕市委市政府的工作大局，坚持团结稳定鼓劲、正面宣传为主的方针，组织协调各级媒体，不断提升策划水平，为全市经济社会发展营造良好的舆论氛围和外部环境。

营造学习宣传贯彻习近平新时代中国特色社会主义思想和党的十九大精神浓厚氛围，主流舆论更强势。组织市属媒体围绕19个宣传重点，开设专题专栏，运用多种载体，精心制作推出融媒体产品，及时用好中央主要媒体重点稿件，持续掀起学习宣传贯彻习近平新时代中国特色社会主义思想和党的十九大精神热潮。组织开展“新时代 新气象 新作为”大型主题蹲点采访活动，安排媒体记者进企业、进农村、进机关、进校园、进社区、进军营、进网络，宣讲党的十九大精神。组织市属媒体开设“在习近平新时代中国特色社会主义思想指引下 新时代 新气象 新作为”“奋斗新时代 春意满中原”“郑州建设者”等专题专栏，对习近平新时代中国特色社会主义思想和党的十九大精神进

2018年6月13日，第十一届全国少数民族传统体育运动会新闻发布会在北京召开，公布了本届运动会的会歌、会徽和吉祥物（市委宣传部/供图）

行全方位宣传。

围绕中心突出重点做好宣传报道，主题宣传浓墨重彩。围绕国家中心城市建设开设“国家中心城市建设进行时”专栏，抽调精干力量组成郑州市融媒体报道团队，持续推出系列报道，形成强大的舆论声势。围绕交通秩序综合治理、环境污染防治攻坚战等热点难点工作，坚持正面宣传和监督曝光相结合，妥善引导社会舆论，有力发挥媒体助政作用。全国两会期间，组织郑州融媒体全国两会报道团队联动推出了《奋斗新时代 春意满中原》大型主题报道，特别是H5《遇见总书记》一日内点赞数突破10万次。围绕贯彻落实习近平总书记提出的支持建设郑州—卢森堡“空中丝绸之路”的指示精神，深度报道郑卢“双枢纽”战略、中欧班列和河南保税物流中心“郑州模式”，进一步展现独具特色的陆上、空中和网上三条“丝绸之路”的创新发展成效。在改革开放四十周年的宣传报道工作中，郑州市被列为中宣部“改革开放40周年”两个系列集中采访活动宣传典型，新华社、《人民日报》、《光明日报》、《经济日报》、中央电视台等中央主流媒体对郑州进行了集中宣传报道。

【对外宣传】 2018年，郑州市突出讲好新时代郑州发展故事，城市对外影响力更广泛。借助黄帝故里拜祖大典、中国郑州国际少林武术节、中国（郑州）旅游城市市长论坛、郑州国际马拉松等重大活动在郑举办契机，积极协调、组织境内外媒体对郑州进行宣传报道，塑造郑州品牌形象。在俄罗斯世界杯期间，依托中央国际广播电视总台国际在线在海外落地广、站点多的优势，组织策划在中俄双语杂志《中国风》上刊发宣介郑州的专题报道《中国郑州：“国际商都”乘势起航》，多角度宣传郑州。不断夯实“三微五网一杂志”外宣主阵地，发挥其在宣传推介郑州形象上的主渠道作用，广泛传播郑州声音。外宣官方抖音号“遇见郑州”正式上线，使党的宣传以“接地气”的形式更加贴近百姓生活。郑州城市形象短片播放量超25亿次。建立外宣工作专家库，创作发行一批反映郑州城市文化和发展成果的外宣精品，打造多部风格各异、题材多样的宣传片，在全球广泛宣传郑州，进一步扩大了郑州在海外的影响力和美誉度。全国两会期间，创新推出《郑州八度》系列微视频，集合郑州多重人文情怀元素，取得良好宣传成效，阅读量超千万次。黄帝故里拜祖大典前夕，策划出品“轩辕黄帝有熊氏”微信表情包，成为利用新媒体创新推广城市形象的生动实践。

【网络宣传管理】 2018年，郑州市坚持“正能量是总要求，管得住是硬道理”，突出问题导向，坚持依法治网管网，大力加强网络宣传管理，狠抓责任落实，互联网空间更加清朗。

加强网上宣传舆论引导，深化正能量网络宣传。深化新时代中国特色社会主义和中国梦宣传教育，开展社会主义核心价值观网络传播。策划组织“中国梦・大国工匠篇”“礼赞改革开放40周年・郑州故事”“2018网上看河南・壮美黄河行”等网络采风活动，汇聚网络正能量。建立“网信郑州”微信矩阵，开办“郑州网信”官方抖音号，原创视频《手绘郑州》等影响广泛，效果良好。加强各开发区、县（市）区网评员队伍建设，全面开展舆论引导工作，进一步巩固壮大了网络宣传态势。

夯实网络治理体系建设，维护清朗网络空间。加强对潜发性舆情的发现关注和分析研判，确保重大突发舆情信息无遗漏。发现敏感信息8820余条，向市委政府主要领导报送《舆情专报》67期，向省委网信办上报管控请示等内容640余条、省内舆情线索1.56万余条。持续开展净化网上舆论环境整治工作，制定下发《郑州市关于开展违规从事互联网新闻信息服务专项治理工作实施方案》，全面清理各类违规新闻信息和账号。共核查问题网站、公众账号等各类信息平台382个，约谈违规平台44个，上报处置违规平台364个。共发现“信息发布审查制度不健全”“信息编发岗位从业人员审查不规范”等问题121个，督促有关单位整改，确保阵地安全。与公安、文化、新闻出版广电等部门密切沟通，对违法违规传播有害信息的行为依法从严处理，确保联合执法“快、准、狠”，对违法违规的网站平台形成强大震慑。

着力推进网络安全建设，筑牢网络安全屏障。印发《关于联合开展全市关键信息基础设施保护检查的通知》，会同有关部门组成联合检查组，集中对全市范围内的重点单位开展现场检查。全力推进《网络安全法》和《关于加强网络信息保护的决定》贯彻实施，制订下发《郑州市关于进一步推进“一法一决定”贯彻实施的工作方案》。建立“一个机制统筹推进、一个党委集中领导、一批示范点率先行动、一批网络平台线上推进、一系列教育活动正面引导、一批自媒体党支部联建联管”的“六个一”互联网行业党建工作格局，组织开展“七一国旗快闪”“党建马拉松”等多项主题活动，进一步激发了互联网企业的党建积极性和凝聚力。新华社、新浪网等10余家重点媒体对郑州市互联网行业党建创新经验进行了报道。

【核心价值观建设】 2018年，郑州市围绕培育和践行社会主义核心价值观，以全国文明城市创建为统领，以市民公共文明素养提升行动为抓手，不断深化城乡精神文明创建活动，推进志愿服务活动开展和诚信建设制度化，全面提升市民文明素质和社会文明程度。

积极推进核心价值观融入法治建设，核心价值观立法工作稳步推进。联合印发《关于深入开展宪法学习宣传教育活动的通知》，在全市组织开展宪法学习宣传教育活动。在全省率先出台实施《郑州市文明行为促进条例》，为郑州市文明行为促进工作提供了有力的法律保障支撑。以“七进”活动为抓手，以“四项集中治理行动”为重点，启动“向不文明行为宣战”全民行动，持续提升城市文明程度。深入开展道德模范和身边好人推荐评选工作，评选出11名郑州市道德模范，推荐10人上榜“中国好人”、7人上榜“河南好人”，全市各级共组织道德模范故事汇基层巡演100余场，受教育群众达3万余人。认真实施红色基因传承工程，积极开展道德教育实践活动。对省、市、县三级共40余家爱国主义教育基地逐一排查，充分发挥其教育引领作用。持续开展诚信建设宣传，定期发布诚信“红黑榜”，不断探索对诚信人物的激励机制，积极推进失信问题专项治理，在全社会形成诚实守信、重信守诺的良好风尚。

文明创建工作不断深化。印发《郑州市深化文明城市创建三年行动计划（2018—2020）》，明确郑州市及各县（市）深化文明城市创建工作的目标和任务。加强对全市文明城市创建工作的督导，邀请第三方专业机构对全市各开发区、各县（市）区每季度开展模拟测评，不断巩固全国文明城市创建成果。持续加强文明社区、文明村镇、文明校园等精神文明细胞工程建设。继续推行文明单位与全市农村、学校结对帮扶，不断完善结对共建机制，丰富结对共建内涵，增强结对共建成效，推动城乡精神文明建设同步发展。对全市各级文明单位文明奖发放进行全面排查，加强对文明奖发放的规范管理。

未成年人思想道德建设活动丰富多彩。不断提高乡村学校少年宫覆盖率，争取市财政资金连续四年投入2500万元建成100所乡村学校少年宫，成为乡村未成年人思想道德建设的主阵地。深入开展“扣好人生第一粒扣子”主题教育活动，利用清明节、建党日、国庆节等重要节日开展“清明祭英烈”“童心向党”“向国旗敬礼”等主题活动，全市中小学校和学生参与率均达100%。强化典型选树，评选出100名郑州新时代好少年，其中2人被评为河南省新时代好少年。

志愿服务活动亮点纷呈。制订印发《关于全面推行“社区党建+志愿服务”工作模式的实施意见》，指导各地各部门各单位精准施策，引导社区建设类志愿服务不断深入。3个先进典型荣获中宣部、中组部、中央文明办等部委联合表彰的全国志愿服务先进典型“四个100”荣誉称号。《志愿服务回馈：让爱循环流动 让善越来越浓》入选中宣部、省委宣传部创新案例，《河南郑州推动志愿服务持续健康发展》一文被中宣部刊发。连续6年组织实施关爱外来务工人员志愿服务活动，圆满完成戊戌年黄帝故里拜祖大典组委会志愿者招募等大型志愿服务活动。10个本土优秀志愿服务项目完成签约，顺利领取首期60%的援助资金。完善郑州市志愿者培训联盟建设，进一步强化业务培训，直接受益志愿者达5500余人。

2018年6月16日，管城区组织开展党员志愿者关爱特殊儿童活动（管城区妇联/供图）

【文化事业发展】 2018年，郑州市围绕推进中原文化高地建设，以实现文化小康为目标，加快文化领域供给侧结构性改革，持续推动文化事业繁荣发展，不断满足群众对美好精神文化生活的需求。

公共文化服务水平持续提升。全市基层综合性文化服务中心建设基本完成，新郑市、荥阳市顺利通过省级公共文化服务示范区验收，“田园二七文化志愿服务”“天中讲坛”顺利通过省级公共文化服务示范项目验收。“百姓文化云”市本级和6个县（市）的平台建设全部完成并正常运转，得到广泛关注。图书馆总分馆制建设进展迅速，已建成分馆173个。扎实开展文化消费试点工作，参与市民达576万人次，郑州市被评为国家文化消费试点城市先进城市。

群众文化活动精彩不断。精心组织“红色文艺轻骑兵”“文明河南·欢乐中原”“出彩郑州”“舞台艺术进乡村、进社区”等各类文化活动数千场，进一步丰富了群众精神文化生活，凝聚了全市上下投身国家中心城市建设的精神力量。持续开展“传统文化进校园”工作，有效激发了学生传承优秀传统文化的自觉自信。组织开展郑州市第二十三届精神文明建设“五个一工程”暨第二十届文学艺术优秀成果奖评选活动，激励文艺创作繁荣发展。成功举办第八届全省少数民族传统体育运动会、第五届群众文化艺术节、第六届中国（郑州）国际街舞大赛等各种赛事活动，进一步提升了郑州知名度。春节前后，举办各类文艺活动上千场，被中央媒体先后报道80余次，其中有4次登上央视《新闻联播》。作为4个分会场之一，配合中央电视台成功录制《东西南北贺新春》，大大提升了郑州美誉度。

文艺精品创作稳步推进。研究制订《郑州市文化事业发展若干政策》，出台《关于印发支持戏曲传承实施方案的通知》《关于制定文艺创作规划（2018—2021）的通知》等文件，为文

登封市宣化镇文体广场（许岚舒/摄）

化事业健康发展提供了政策支持和制度保障。通过深度挖掘传统文化资源，创作一批具有本土特色的文艺精品力作。精心打磨豫剧《朝阳城》《风流才子》，舞剧《精忠报国》等文艺精品，曲剧《小小把城官》获市政府立项批复。加大文化名家推介力度，成功开展虎美玲、阮志斌等5位本土文化名家推介宣传活动。

文化遗产保护利用成效显著。着力在加强文物保护利用和文化遗产传承上下功夫，打造国家文物保护利用示范区，构建中华文明标识体系，建设华夏历史文明传承创新中心。全年开展生态保遗项目26处，其中续建项目10处、新建项目16处。持续加强登封“天地之中”历史建筑群保护管理工作，启动观星台保护维修工程，完成少林寺法堂、中岳庙东、西御碑亭及照壁维修工程。继续做好大运河通济渠郑州段保护管理工作，积极推进大运河沿岸节点多个展示项目工程建设，完成《郑州大运河文化带建设文物保护专项报告》，上报国家文物局审批。完成人和寨遗址、织机洞遗址等6个文物保护规划，启动并持续推进中牟老火车站、永泰寺塔等16处古建筑文物保护工程。举办《阿富汗国家博物馆藏珍宝特展》等系列展览，参观人数达35万人次，受到市民好评。

【文化改革发展】 2018年，全市宣传思想文化系统充分把握郑州市文化大发展大繁荣的历史契机，科学谋划，主动作为，不断深化文化体制机制创新，文化改革发展工作取得了新突破，实现了新跨越。

文化体制改革不断深入。出台《郑州市关于推动国有文化企业把社会效益放在首位、实现社会效益和经济效益相统一的实施意见》，成立国有文化资产监督管理领导小组，国有文化资产管理体制不断健全。深化文化市场综合执法改革，12个县（市）区均完成文化市场综合执法大队组建，有效提升了执法保障和执法效果，强化了文化市场监管。郑州广播电视报社改制遗留问题取得重大进展，人员安置问题拿出解决方案提交市政府研究。推动政府购买服务的政策重新延续5年，助推国有文化企业在稳定的基础上进一步发展壮大。组建成立郑州市文化产业协会，为文化企业发展搭建沟通交流的平台。

文化产业发展成效突显。出台《郑州市加快文化产业发展若干政策》，加大财政支持力度，设立2亿元文化产业发展专项资金，扶持文化产业发展壮大。配套制订《郑州市加快文化产业发展若干政策实施细则（暂行）》，对若干政策的资金扶持标准、程序等进行明细，让政策能够真正惠及全市文化企业。组织开展2019年度市级文化产业专项资金申报，积极争取省级高成长服务业专项引导资金，对符合条件的项目进行资金扶持，持续提升全市文化产业的规模和水平。组织参加第三届宁波文博会、第十四届深圳文博会、第五届中原（鹤壁）文博会，推介郑州文化产业项目，宣传展示郑州文创产品，有效提升了郑州文化产品的知名度和影响力。印发《中共郑州市委宣传部结对帮扶卢氏县工作方案》，实地考察对接，建立帮扶机制，推动文化产业结对帮扶工作深入开展。

重大文化项目顺利推进。积极做好服务协调工作，服务全市重大文化项目加快建设。中央文化区“四个中心”项目顺利推进，奥体中心、文博艺术中心、市民活动中心、现代传媒中心形象初步显现。加快推进“四大历史文化片区”建设龙头工程，片区内各个规划、方案编制及有关保护工程稳步实施。扎实推进全市重点文化产业项目，华强四期中华复兴之路、建业·华谊兄弟电影小镇、“只有”河南戏之国、郑州海昌海洋公园、轩辕圣境文化产业园、宋城·黄帝千古情、建业足球小镇、二七华侨城、瑞光创意工厂文创园等项目有序推进。

（汤理科　陈天培　张玉华）

精神文明建设

【理想信念教育】 严格落实党委（党组）中心组学习制度。全年全市各单位共开展党委（党组）中心组学习1040场次，党员领导干部参学率达到了96.7%。抓好普通党员的教育学习。积极开展万名党员进党校学习和优秀党员评选活动。全年全市各单位开展党员干部教育600余场次，众多机关党员主动申请到基层扶贫一线，和广大农民群众一起战斗、一起生活，主动倾听群众呼声，了解群众疾苦。充分发挥新闻、广播等媒体平台作用，加大对普通群众的宣传教育。开展党的创新理论进企业、进农村、进机关、进校园、进社区、进网站宣讲活动7000余场，受众近80万人次，推动党的创新理论在基层落地生根。

充分发挥40个爱国主义教育基地作用，利用重大纪念活动和重要节日，扎实开展信念培塑教育。在纪念马克思200周年诞辰大会和纪念周恩来120周年诞辰座谈会召开之后，各单位积极组织学习讲话精神，领悟讲话内涵，感悟精神力量，进一步坚定理论自信，坚实理想信念。在全国烈士纪念日到来之际，认真组织学习《中华人民共和国英雄烈士保护法》，着力增强全市人民崇尚英雄、捍卫英雄、学习英雄、关爱英雄、铭记英雄的自觉性。在纪念改革开放40周年之际，各地各单位还组织开展“新时代 新使命 新征程”读书征文和“壮阔四十年 魅力新郑州”书法摄影展活动。“七一”期间，组织开展全市书记微党课巡回宣讲、微党课比赛、征文比赛、主题党课等纪念建党97周年系列活动。通过多层次、多渠道、系列化、经常化的重温革命历史、弘扬爱国情感，有效增强了全市人民的民族自尊心、自信心和自豪感。

按照省“中原文化大舞台”活动开展的时间要求，全年全市共组织精品剧（节）目惠民演出64场，涵盖话剧、舞剧、戏曲、交响乐等多种艺术形式，线上线下受益群众总计52万人次，受到市民群众的一致好评。组织召开全国戏曲进乡村现场会和2018年“传统文化进校园”工作启动仪式，遴选30多个经典戏曲剧目、超化吹歌等优秀非遗项目走进中小学。在全市范围内，面向中小学生开展“中华经典诵读大赛”“中华优秀传统文化知识竞赛”“课本剧表演大赛”“非遗活动成果展”“非遗传统文化小课堂”“‘校园小牡丹’少儿曲艺大赛”等系列活动，让广大学生切身感受传统文化的精彩魅力，进一步增强中小学生尊重和学习优秀传统文化的自觉性、主动性。组织开展“红色文艺轻骑兵”活动。全市共成立600余支“红色文艺轻骑兵”小分队，演出3500余场。

严格按照中央、省关于推进新时

代文明实践中心和县域志愿服务中心建设的要求和部署，加强学习调研，坚持试点先行，强化制度设计，严格建设标准，在全市扎实推进新时代文明实践中心和县域志愿服务中心建设，打通宣传教育服务群众“最后一公里”。截至年底，全市16个开发区、县（市）区已全部建有县（市）区级新时代文明实践中心并正常运行，实现全覆盖。建成115个新时代文明实践所，1040个新时代文明实践站，投入经费5000余万元，开展各类文明实践活动5053余场次。加强对全市新时代文明实践中心建设的督导指导力度，严格实行工作周报制。共编发《新时代文明实践中心建设工作周报》20期，有力推动新时代文明实践中心建设工作。

【社会主义核心价值观建设】 加强公益宣传。围绕全市中心工作和精神文明建设重点任务，在全市持续开展“讲文明树新风”“图说我们的价值观”“文明城市创建”以及《郑州市文明行为促进条例》等公益宣传，在全市营造浓厚宣传氛围。积极打造精品示范点，继续推进社会主义核心价值观主题公园、主题广场、主题街道、主题社区建设。广泛开展优秀作品征集，联合市工商局等部门在全市开展公益广告作品征集大赛。郑州市推荐的人民公园、碧沙岗公园获河南省公益广告大奖赛主题公园广场类一等奖。建立完善公益广告工作督导机制，先后召开公益广告联席办公会议10余次，成立公益广告督查组，加强对公益宣传的全过程监管，加大巡查和维护力度，坚决杜绝出现地域抄袭、错别字、用词不规范等现象，确保公益广告发布内容准确、无误，真正让公益广告入景入画、出新出彩，成为城市风景，让人们在潜移默化中感悟认同社会主流价值。

突出法治保障。积极推动社会主义核心价值观融入法治建设，颁布实施了全省首部关于精神文明建设的地方法规——《郑州市文明行为促进条例》，为强化精神文明建设、规范文明行为，提供了坚强法律保障。为确保《郑州市文明行为促进条例》的贯彻落实，制订下发《〈郑州市文明行为促进条例〉贯彻实施方案》《〈郑州市文明行为促进条例〉学习宣传方案》《郑州市文明行为促进工作联席会议制度》等规范文件，在全市编发《郑州市文明行为促进条例》《〈郑州市文明行为促进条例〉市民读本》《郑州市民文明手册（2018年版）》190多万册。以“七进”活动为抓手，以“四项集中治理行动”为重点，在全市开展“向不文明行为宣战”活动，城管、公安、爱卫、交通等16家单位加大执法力度，累计出动执法力量10万余人次，选取2万多个点位开展集中执法和文明劝导活动，劝阻不文明行为200万人次。第三方测评显示，市民的文明素质不断提升，郑州市文明指数达72.89分。

抓好典型引领。广泛开展道德模范、身边好人、郑州文明市民等先进典型选树活动，全年共推荐评选出中国好人10名、河南好人7名、第五届郑州市道德模范及提名奖获得者30名、郑州市文明市民标兵20名、郑州市文明市民120名，持续叫响“郑州好人”品牌。加大对先进典型的宣传力度，不断完善“郑州好人馆”和“郑州好人广场”建设，积极推动各县（市）区“好人园”，乡（镇）、街道“好人长廊”，社区“好人墙”“好人栏”建设，郑州好人馆全年接待各级各类单位参观158个，人数达2万余人。积极组织全市文艺界名人名家创作“郑州好人”文艺作品，并通过道德模范故事汇的形式在全市各基层单位巡演，全市各级共组织道德模范故事汇基层巡演100余场，受教育群众达3万余人。建立完善先进典型爱心回馈机制，制订《郑州市奖励帮扶礼遇道德模范及身边好人实施办法（暂行）》，充分利用“郑州好人关爱慈善基金”，全年累计帮扶救助道德模范、郑州好人等60人次，资助资金20.5万元。同时，在黄帝故里拜祖大典、春节团拜会、迎新春文艺晚会、新年祈福撞钟等重大活动及重大节日，积极邀请先进典型代表参加和对先进典型进行慰问，在全社会营造崇德向善、见贤思齐的浓厚氛围。

【全国文明城市创建】 市委、市政府高度重视全国文明城市创建工作，市委常委会、市政府常务会多次听取并研究郑州市全国文明城市创建工作，制订《郑州市深化文明城市创建三年行动计划（2018—2020）》。市委、市政府组织召开多次会议，对郑州市创建全国文明城市工作进行专门的安排部署，并将全国文明城市创建工作与百城建设提质、城市精细化管理、城区交通秩序综合交通整治等融合推进。

根据《全国文明城市测评体系》的标准和要求，结合郑州市创建工作实际，按照“职能职责与创建任务相一致”的原则，将《全国文明城市测评体系》的要求，认真分解落实到具体责任部门和地区，制订《郑州市深化全国文明城市创建工作任务分工表》，进一步明确各地、各部门的创建目标和工作任务。积极邀请省文明办专家指导把关，邀请市委办公厅、市政府办公厅、市委宣传部有关人员参与材料审核修改，确保材料不丢分、加满分。

把文明城市创建工作纳入对各地各部门绩效考核和领导班子综合考核。省委常委、市委书记马懿，市委副书记、市长王新伟等主要领导先后多次督导全国文明城市创建工作。委托国家统计局郑州调查队，对照《全国文明城市测评体系》的标准和要求，每季度对郑州市创建全国文明城市工作开展一次模拟暗访测评，形成书面测评报告呈报市委、市政府。省会创文办组建6个专项督查组，围绕9个方面开展常态化督导，下发《督查通报》80期。通过严格的制度落实和常态化的督促指导，城市管理有了明显进步，主次干道占道经营得到有效遏制，基本解决交通拥堵问题，城市环境“脏乱差”问题得到很大改善，建成15分钟城市社区生活服务圈，社区服务和管理水平不断攀升，得到广大市民群众的高度赞扬。2018年12月，中央文明办测评组到郑暗访测评，对郑州市的全国文明城市创建工作给予充分肯定。

【群众性精神文明创建】 深化文明县城创建。严格落实《郑州市深化文明城市创建三年行动计划（2018—2020）》

2018年6月25日，郑州市召开文明委全体会议暨文明行为促进工作第一次联席会议（郑州市文明办/供图）

有关要求，扎实推进巩义市、荥阳市、新郑市、登封市、新密市、中牟县6个县（市）文明县城创建工作，指导和督促巩义市、荥阳市不断巩固全国文明县城及全国文明县城提名资格城市创建成果，登封市不断巩固河南省文明县城创建成果，新郑市、新密市、中牟县扎实做好河南省文明城市创建工作。在2018年，河南省文明委组织的文明城市年度测评中，巩义市、荥阳市、新郑市、登封市、新密市、中牟县6个县（市）测评成绩名列前茅，受到了省文明办的通报表扬。

深化文明村镇创建。持续加大文明村镇创建工作力度，不断完善文明村镇激励机制，严格落实对获得市级以上文明村镇的各项奖补政策和资金，2018年，省、市财政共拨付文明村奖补资金528万元。积极探索建立对文明村村干部的奖励机制，有效激发文明村镇创建热情和积极性。新郑市正式出台对文明村村干部的奖补政策，对获得全国、省级、市级文明村的，给予村两委干部每人每月不同数量的现金奖励。郑州市已有县级以上文明村780个，占全市行政村总数的48%；县级以上文明镇72个，占全市乡镇总数的88.8%，文明镇创建提前完成中央、省和市提出的“到2020年底，全市80%以上的乡镇达到县级以上文明村镇标准”工作目标。

深化文明单位创建。持续提升文明单位服务水平，在全市各级文明单位广泛开展“文明服务我出彩、群众满意在窗口”活动，推动文明单位进一步增强服务意识和水平，提供文明优质服务，让群众“最多跑一次”，树立文明单位形象。强化文明单位动态管理。按照省文明办和市文明委的要求，对全市600多家河南省文明单位和500多家郑州市文明单位进行年度考评和复查，对出现负面清单和创建工作滑坡的6家河南省文明单位报省文明委给予撤销河南省文明单位荣誉称号的处理，不断提高文明单位质量。圆满完成180个2017年度郑州市文明单位命名表彰和168个2018年度郑州市文明单位考评工作。规范文明奖发放。在全市印发《关于在全市各级文明单位开展文明奖发放情况自查工作的通知》，对全市各级文明单位文明奖发放进行全面排查，对出现违规发放的单位进行整改，确保文明奖依法依规发放。

深化文明家庭创建。认真学习贯彻习近平总书记关于家庭文明建设的重要讲话精神，大力推动家庭、家教、家风建设，在全市广泛开展“传家训、立家规、扬家风”活动，传承创新孝道文化，弘扬家庭美德和文明家风。在全市组织开展郑州市第一届文明家庭评选活动，广泛发动群众参与，受到社会的关注和肯定。加大文明家庭的宣传展示力度，组织举办“家风故事会”等先进事迹传播活动，采用故事讲述、文艺演出、专家点评等形式，大力宣传文明家庭先进事迹，弘扬家庭美德，扩大社会影响。在全市形成“注重家庭、注重家教、注重家风”的良好风尚。

深化文明校园创建。以文明校园创建为载体，认真落实立德树人根本任务，不断强化教育育人、管理育人、环境育人，培养德智体美全面发展的社会主义事业建设者和接班人。制订市级高校和中小学校《文明校园测评实施细则》，把创建标准定下来；推荐创建全国文明校园先进学校，把优秀典型推出来；启动首届郑州市文明校园创建评选工作，让市级文明校园创起来；组织实施市级文明校园测评工作，让创建学校动起来。

【未成年人思想道德建设】 筑牢未成年人思想道德根基。组织开展传承红色基因系列教育活动。先后在清明节、“六一”和国庆节前后开展“清明祭英烈”“学习和争做美德少年”“向国旗敬礼”活动，全市100%的中小学校、100%的中小学生均参加了此次活动。组织开展“我们的节日”系列活动，用丰富多彩、形式多样的民俗活动、民间艺术，把中国符号嵌入未成年人的心里。开展优秀童谣创编活动，组织优秀童谣传唱活动，把征集到的优秀童谣编印成《郑州市优秀童谣集》发放到全市各个学校，让优秀少儿作品在未成年人中传播。17所中小学的师生用26首歌曲，歌颂党、歌颂伟大祖国、歌颂中国特色社会主义。

大力选树未成年人先进典型。选树郑州新时代好少年。联合市教育局、团市委、市妇联、市关工委选树100名郑州市新时代好少年，为全市广大中小学生树立学习的榜样。积极参与河南省新时代好少年评选，2人当选河南省新时代好少年。多角度宣传好少年先进事迹。组织市属媒体全方位多角度的报道各级新时代好少年的先进事迹，使新时代好少年的先进事迹在全市迅速传播。组织中小学校开展学习好少年活动。在全市中小学校组织开展学习新时代好少年活动，掀起学先进、比先进、当先进的热潮。

巩固加强未成年人活动阵地。严格落实对未成年人免费开放规定，持续开展科技大篷车进乡村学校少年宫等系列活动。充分发挥市、县（市）区、学校（社区）三级心理健康辅导站职能，广泛开展未成年人“治未病”工作。积极争取各级财政支持，稳步推进乡村学校少年宫建设，全年共完成28所建设任务，四年累计投入资金2500万元。对乡村学校少年宫活动开展情况进行定期督导，切实形成一校一特色的乡村学校少年宫品牌。围绕立德树人、践行社会主义核心价值观等内容精心制作一批关爱未成年人公益广告，在全市各个学校和主要道路上进行广泛刊播。

【学雷锋志愿服务】 “社区党建+志愿服务”模式全面落地。制定印发《关于全面推行“社区党建+志愿服务”工作模式的实施意见》，明确推广该模式的总体要求、基本原则、主要目标、工作任务和流程，确立社区分类考评激励机制。成立专项工作督导组，对模式推行情况进行全面督导，有效促进模式的固化提升，指导推动各地各部门各单位精准施策，积极引导社区建设类志愿服务不断深入。全市16个开发区、县（市）区严格按照“社区党建+志愿服务”工作模式优秀社区分级评定标准，对辖区社区进行考评，分级评定工作圆满结束。

先进典型培育工作结出硕果。郑州市共有注册志愿者181万人，各类志愿服务组织8408个，各地各组织开发志愿服务项目4470个，全市共建成学雷锋“文明使者”志愿服务站1087个，

全民读书日活动（金水区史志办/供图）

市民对志愿服务的认同和支持率达到96.9%。10个先进典型获中宣部、中组部、中央文明办等部委联合表彰的全国志愿服务先进典型“四个100”荣誉称号，鑫苑社区作为全国最美志愿服务社区代表在全国学雷锋志愿服务工作推进会上作典型发言，《志愿服务回馈：让爱循环流动 让善越来越浓》入选中宣部、省委宣传部创新案例。市委宣传部副部长、文明办主任裴保顺受邀参加中国文明网“志愿服务大家谈”，就“志愿服务与精神文明创建”与江苏省文明办主任共同完成了第九场系列访谈节目的录制，树立“志愿郑州”的良好形象。反映郑州市志愿服务总体工作情况的《河南郑州推动志愿服务持续健康发展》一文被中宣部《宣传工作》第39期刊发。

大型志愿服务活动影响广泛。连续6年组织实施“温暖回乡路，共铸留守情”春节期间关爱外来务工人员志愿服务活动，郑州东站的志愿者队伍中首次出现“洋面孔”，郑州春运志愿者身影再次登陆央视新闻联播。圆满完成戊戌年黄帝故里拜祖大典组委会志愿者招募等大型志愿服务活动。反映郑州市老年雷锋团感人事迹的《红房子》，在戊戌年第四届“根亲中国”微电影大赛中成功捧回祈福树。继续实施第三届郑州市志愿服务项目资金援助工程。10个本土优秀志愿服务项目完成签约，三批援助资金顺利拨付。组织开展“做志愿表率，为党旗增辉”活动，全市党员志愿服务蓬勃开展。全市各级各类单位共集中开展进社区、进农村志愿服务活动119736次；参与党员志愿者73450人；活动期间共征集“微心愿”总数6713个，认领6037个；其中，开展扶贫志愿服务1560次，设计实施志愿服务项目885个，帮助贫困群众4656人。

志愿者培训工作持续深入。不断完善郑州市志愿者培训联盟建设，完成全市骨干志愿者培训12期，直接受益志愿者达6000余人。中国人民大学教授、北京奥组委志愿者培训专家魏娜，中国志愿服务联合会联络部、培训部部长代恒猛等老师的授课，受到志愿者一致好评；AED等紧急救援技术的实操类培训，极大提高志愿者的志愿服务技能；茶艺、烘焙、插画、书画等小班教学课，深受志愿者欢迎。

【诚信制度化建设】 法规制度体系不断健全。相继出台《郑州市关于在行政管理事项中使用信用记录和信用产品实施办法》《郑州市加强政务诚信建设的实施方案》《郑州市公务员诚信量化考核标准》等规章制度和方案标准，建立社会信用体系建设联络员、考核办法、信用信息共享、“红黑榜”发布、联合奖惩等机制，有力推动郑州市信用法治化的建设进程。

信用信息平台功能不断强大。畅通省、市、县三级的信息共享渠道，征集范围扩展到53个部门及12个县（市）区、4个开发区，共136类1180项信用信息指标。信用数据库共收集信息2.3亿余条，“双公示”信息41万余条，各类信用信息分为ABCD四个等级供社会查询，对政府机关基本实现信息数据共享。“信用郑州”微信公众号的运营，提升信用服务的宽度和深度。

联合奖惩机制不断完善。守信联合激励、失信联合惩戒机制运行顺畅。在“信用郑州”网站设立联合奖惩专栏，定期提供名单信息，并动态更新。坚持每年在《郑州日报》等主流媒体发布两期“红黑榜”信息，共发布诚信“红榜”信息6万余条，“黑榜”信息1.4万余条。建立健全政府机构失信治理长效工作机制。积极探索对诚信人物的激励机制，在交通、出行、购物、行政窗口绿色通道、评优评先等方面给予优先待遇，在工程招标、公职人员招录、人大政协代表委员筛选等方面加强使用诚信信息。通过榜样的力量，加大社会影响，进一步激发市民群众诚实守信意识。国家发展改革委在福州市召开的2018年中国城市信用建设高峰论坛上，郑州市获“守信激励创新奖”。

信用产品应用不断拓展。连续9年在政府采购领域使用企业信用报告，并在行政管理事项中广泛使用信用承诺和信用核查。完成35家信用服务机构备案工作，初步形成有郑州特色的信用服务市场，在国家信用市场城市排名为第十名。组织郑州自贸片区、金水科教园区等单位探索实施“信易批”“信易贷”“信易行”“信易租”“信易监督”等各类信用惠民便企应用场景。对2000余家企业实施容缺受理；为200个小微企业提供小额经营信用贷款融资超4000万元；约7万人享受信用出行的便利；为170余家企业、140余个创新项目，累计减免房租700余万元。

诚信宣传教育不断强化。诚信建设宣传深入广泛，积极借助《郑州日报》、郑州市电视台等各类媒体，充分发挥“信用郑州”网站和微信公众号的宣传作用，坚持每年举办两期社会信用大讲堂活动，进一步提升市民对社会信用的理解认识，营造浓厚的社会氛围。在消费者权益保护日、安全生产日、食品安全周等重要时间节点，广泛开展系列主题宣传活动，评选一批诚信单位、诚信经营示范街区、诚信经营示范店、诚信之星及诚实守信道德模范，在全社会初步形成诚实守信、重信守诺的良好风尚。

【农村精神文明建设】 大力推进农村移风易俗工作，98%的行政村成立“一约五会”，破除陈规陋习、传播文明理念。农村文化设施建设不断完善，共建成市级示范文化墙80面，省级示范文化墙59面。各县（市）区自筹资金1641余万元，涉及村庄454个，建设面积89097.44平方米。扎实开展孝善敬老活动，全市1600多个行政村开展孝善敬老活动，并成立孝善理事会，其中，25乡镇、199个行政村设立孝善基金，孝善基金金额达765万余元，受益老人达1.6万多人，建档立卡贫困老人3000余人。积极开展道德模范、文明家庭、星级文明户、“好婆媳”等选树活动，一大批先进典型在全国、全省榜上有名。2018年，郑州市共评选出文明家庭11756户，“星级文明户、文明农户”17357户。全市农村社会风气为之一新，婚丧嫁娶大操大办、高价彩礼等陈规陋习得到遏制，保障了乡村的秩序之美。

人居环境大幅改善。通过抓好改路、改房、改厕、改水、垃圾处理等工程建设，大力实施“清洁家园”行动。2018年市级补助资金1.12亿元，新、改建农村公路172公里。投资5.1亿元用于农村安全饮用水和生活污水处理设施建设，新建、完善污水收集处理设施13项，完成水污染治理工程15项。发展特色农副产品生产、乡村旅游、宜居养老、主题文化等特色的农业产业20余个。把农村“厕所革命”列为全市重点民生实事，现已竣工乡镇公厕123座，在建25座；农村改厕86.1万户，卫生厕所普及率达到92.6%。

城乡共建加快推进。各级文明单位认真贯彻落实中央文明办和省文明办关于开展文化、科技、卫生“三下乡”活动的工作要求，积极参与“三下乡”活动，极大地丰富了农民精神文化生活。全年捐建精神文明建设宣传专栏290个，捐赠扶贫物资折合人民币880余万元。指导农村开展创评活动620余次，组织开展文化下乡、戏曲进乡村演出1000场，帮助农民贴春联1500余幅，受益群众达100余万人次。坚持开展以城带乡、城乡共建，组织全市1046个文明单位与全市1016个行政村、30个乡村学校少年宫和46个乡镇开展结对帮扶，有效推动城乡共建。

【网络精神文明建设】 不断健全工作机制，抓好队伍建设。健全完善由网信办牵头，文明办、外宣办、文广新局、公安局等部门分工负责的网络文明创建工作机制，共同推动文明办网、文明上网。筹划组建一支以文明单位志愿者、社会公益特色团队志愿者、媒体资深专业人员为基础的6000余人的网络文明传播志愿者队伍和一支600余人的网络评论员队伍，广泛传播文明新风。

努力拓展传播载体，做好舆论引导。除继续建好用好全市1000余家媒体网站、文明网站和各级政府、企事业单位官方网站、“两微一端”以外，还积极开办“郑州网信”等官方抖音号，累计播出500余万次，点赞数近6万。组织策划了“礼赞改革开放40周年·郑州故事”网络活动，开设“双创进行时”等特色网络传播栏目，唱响网上主旋律。全年共开展正面舆论引导30余次，发布网评文章1200余条（篇），跟评、点赞10余万条（次）。

广泛开展网络公益活动，丰富传播内容。在重要时间节点，组织开展多种网上精神文明建设活动。围绕《郑州市文明行为促进条例》的贯彻落实，在网上开设《践行文明条例 建设文明郑州》《文明快报》等专题栏目，报道《条例》实施动态3000余篇。组织开展“郑能量慈善基金计划”“慈善义肢助力前行”“爱心为生命续航”“感受爱的旅程”“困难老人的假日儿女”“带折翼天使回家”“我以我言做你眼”“吃瓜扶贫，爱心助农”“环保宣传社区行”“光盘行动”等数十个有影响的网络公益活动，参与人数达50余万人次。“爱心筹”网络众筹慈善项目汇聚“郑能量 爱心筹”等十余个网络慈善公益项目在互联网引起热议，均取得良好的社会效应。

（张元魁）

统战工作

【概况】 2018年，郑州市统一战线全面落实中央、省委、市委关于统一战线一系列重大决策部署，扎实开展“大学习、重引导、凝聚力、树标杆、强肌体”五大活动，着力提升统战工作能力水平，为加快郑州国家中心城市建设、实现中原更加出彩凝聚广泛力量支持。

【“大学习”活动】 2018年，郑州市按照习近平总书记“全党来一个大学习”的号召，在全市统一战线开展“大学习”活动，把学习贯彻党的十九大精神作为年度统战工作的核心任务和工作主线，深刻学习领会习近平总书记关于统一战线工作的新理念新思想新战略。充分发挥党建云平台、“根在中原”网站等平台作用，促进学习实效。开通郑州市“最大同心圆”、中原区“中原新阶层”等微信公众号，使之成为学习理论、掌握政策、交流经验、指导工作的重要载体。充分发挥全市统战系统党委（党组）、各民主党派理论学习中心组的示范带动作用，推动“大学习”活动向基层延伸、向深度拓展。年内组织全市统战系统各层次、各界别中心组学习42次、党员干部集中学习158次。

增强培训针对性，区分统战系统党员干部、民主党派、党外青年干部、新的社会阶层人士和非公经济人士5个类别，全年举办各类理论培训班11期次，举办各民主党派骨干成员参政议政培训班14期，举办民族宗教干部、宗教教职人员业务技能培训503期次。举办“统战大讲堂”6期，邀请中国民营经济研究会会长庄聪生等专家、名家解读十九大精神、优化营商环境等内容，有效提高了统战干部和统战成员政策理论水平。

抓好调研促学。制订下发了《2018年度全市统一战线理论政策研究课题计划》《关于改进和加强调查研究工作的通知》，围绕重点工作展开调研，形成高质量调研文章46篇，遴选其中12篇优秀文章上报省委统战部。注重成果信息化。全年被中央统战部刊物、网站等采用信息（稿件）22条（篇），被省委统战部刊物、网站采用信息（稿件）308条（篇）。

【“重引导”活动】 2018年，郑州市统一战线通过开展“重引导”活动，引领广大统战成员高举爱国主义、社会主义旗帜。

加强政治引领。在民主党派、无党派人士中持续开展“不忘合作初心，继续携手前进”主题教育活动，依托纪念中共中央发布“五一口号”70周年活动，举办征文比赛、专题辅导报告、书画笔会、看郑州观摩等系列活动；在非公有制经济人士中开展“不忘创业初心，接力改革伟业”理想信念教育，组织民营企业开展守法诚信、创新创优等活动，举办非公有制经济人士座谈会；在党外代表人士中开展“跟党迈进新时代、同心共筑中国梦”系列主题教育，利用大河网、中华网开展新的社会阶层人士“我新我行我出彩”“豫新愈出彩”活动。通过系列政治教育活动，不断巩固新时代统一战线团结奋斗的政治思想基础。

优化营商环境。加大调查研究力度，开展非公企业“大走访、大调研、大服务”活动，对86家行业代表性企业进行调研走访；召开郑州市优秀年轻企业家座谈会，研讨民营经济发展的方法对策，帮助解决企业发展中的困难和问题。各民主党派中央、省委调研组先后5次到郑考察调研，为推动营商环境优化提供有益指导。积极参与市委市政府《关于加快建设国际化营商环境的实施意见》制订工作，举办“优化营商环境，促进非公企业发展”报告会，加强与有关部门的沟通联系，建立联动工作机制，切实维护企业合法权益，推动民营经济快速健康发展。加大对非公企业、台企服务力度，研究制定中央“31条惠台措施”等政策落实办法。上街区开展“零距离”保姆式服务，解决企业发展中的资金、用地、用工等难题。积极做好非公经济和涉台涉诉案件的调处工作，协调解决了康师傅公司、硕达钻石有限公司因大气污染治理被迫停工事宜，研究督办了河南晟和祥实业和丹尼斯百货所反映问题。

搭建参政平台。规范开展政党协商。协助市委印发了《中共郑州市委同民主党派无党派人士2018年政党协商计划》，全年开展各类政党协商活动5次，举办党外人士座谈会2次、《政府工作报告》征求意见报告会1次。各民主党派、市工商联和无党派代表人士赴湖南、广东、福建等地开展恳谈考察活动，开阔了工作视野，增进了友谊。积极落实政治安排。认真做好市县人大、政协和政府部门党外人士安排情况调查摸底，推荐优秀党外代表人士、非公经济人士作为人大代表、政协委员，进行有序政治安排，在2018年全市人大、政协换届中，市人大常委会组成人员中党外人士13人；550名市政协委员中，党外政协委员335名。鼓励建言献策。聚焦国家中心城市建设，搭建建言献策“直通车”平台，荥阳市建立完善了“党委出题、党派调研、政府采纳、部门落实”的调研参政机制，管城区开展了“统一战线建言献策双月

2018年3月26日，郑州市各民主党派、工商联和无党派代表人士联合中心组举行第40次集中学习（市委统战部/供图）

2018年6月12日，郑州市召开新的社会阶层人士统战工作会议暨实践创新基地建设工作推进会（市委统战部/供图）

谈”活动等，充分发挥广大统战成员集体智慧。2019年，全市各界别统战成员建言献策共194条，其中43条得到市委领导批示。

推动创新实践。加强新阶层人士统战引领，出台《关于加强新的社会阶层人士统战工作的实施意见》，健全新的社会阶层人士统战工作联席会议制度。加大对新的社会阶层人士的识别建档，至年底，登记注册17.2万人，建立新阶层代表人士人物库410人。在条件成熟的3779个“两新”组织完善了统战工作制度。积极探索二七区“三平台三促进”瑞光创意工厂、管城区“四抓一促”同心楼宇统战、中牟县“三家六部联动”等新阶层人士统战工作新模式、新路子，打造新郑“郑域新的社会阶层实践创新基地”等，实现新的社会阶层人士资源共享、优势互补、合作共赢。以全国新阶层统战工作实践创新基地建设试点为契机，倾力打造特色品牌。召开全市新的社会阶层人士统战工作暨实践创新工作推进会，强力推动中原区“新的社会阶层人士联谊会”、市网信办“中原网络达人联谊会”、金水区“河南街舞联盟”、惠济区“良库工舍·同心园区”等实践创新项目建设。在全国新的社会阶层人士统战工作经验交流座谈会暨实践创新基地建设中期推进会、全省新的社会阶层人士统战工作现场推进会上，郑州市作典型发言和经验介绍。

促进民族团结。围绕增强中华民族共同体意识，积极开展“共筑中国梦”民族团结进步创建系列活动，推荐河南省第三批民族团结进步示范区（单位）6个，打造民族团结进步示范点10个。以举办2019年全国少数民族运动会为契机，加大民族工作政策的宣传，积极营造民族团结的良好氛围。加强少数民族流动人口管理，全市建立少数民族流动人口服务中心17个，定期与少数民族流动人口输出地民族工作部门、劳动就业部门沟通对接，加强对少数民族流动人口的服务和管理。深入开展民族领域“三化”现象治理，加强重点区域排查整改，组织清真食品专项执法检查2次，取缔违规经营商户10多家。

依法规范宗教事务。成立全市宗教工作领导小组，出台《关于加强和改进新形势下宗教工作的实施意见》，将宗教工作纳入各级领导班子考核内容。市委常委会和政府常务会议先后5次研究宗教工作，召开全市宗教工作会议2次。各县（市）区均成立宗教工作领导小组和专项工作办公室，建立宗教工作三级网络两级责任制，确保工作落实。围绕宗教中国化方向，建立宗教工作联席会议机制，开展集中专项行动，依法规范农村基督教事务。在全市宗教场所开展“四进”活动，少林寺、牛寨清真寺等在全国率先举行升国旗仪式。巩义市、新密市在农村开展“快乐星期天”等活动300余场，丰富了农民精神生活。登封市探索建立《关于宗教事务管理工作责任追究和责任倒查的处理意见》，被作为全省宗教管理典型和经验做法上报中央统战部。加强网络舆情监管，探索建立了涉及民族宗教舆情管理协调、网络舆情监测、网络舆情信息员制度。

【“凝聚力”活动】 2018年，全市统战系统深入开展“凝聚力”活动，为郑州市国家中心城市建设凝心聚力。

建立“三带头四纳入”工作机制，完善联谊交友制度，加强与各民主党派、非公经济代表人士、无党派代表人士联谊交友。全力参与戊戌年黄帝故里拜祖大典，邀请“一带一路”沿线20个国家和地区的重要华人社团的侨领、台湾嘉宾代表等309名海内外人士出席，持续扩大郑州的知名度和影响力。着力加强对台工作，开展“电影电视文化进台湾”和“非物质文化遗产”赴台交流等活动，增进郑台良性互动。以血缘、地缘、姓缘为基础，发挥根亲文化资源优势，举办“龙族后裔·姓氏跑团”和“我的姓氏故事”根亲文化进校园活动。积极开展郑台两地和海外侨胞民间交流往来，年内共接待来郑台胞534人次，应邀赴台交流215人次，接待来郑侨胞侨眷506人次。

持续推进“同心实践”基地建设。牵头组织“同心”实践行动工作联席会议13个成员单位、19个支持单位，先后投入资金4000余万元，助推“同心实践”基地建设；惠济区、金水区、登封市依托党派资源，打造党派社会服务品牌，组织开展法律知识培训、送医、助教、送文化等特色惠民服务活动85

2018年7月25—26日，欧洲郑州商会联合意大利SIDA集团在意大利安科纳召开“意大利企业进郑州”推介会（市委统战部/供图）

2018年8月23—24日，中央统战部调研组到郑州考察调研网络人士统战工作开展情况、新的社会阶层人士统战工作创新试点基地建设工作（市委统战部/供图）

次，赠送各类图书6000余册。实施“双招双引”行动。充分发挥对外经贸合作优势，大力开展招商引资活动，吸引跨境电商B2C京猫电子、瑞士TCM健康科技等侨企来郑投资发展；举办郑州台资企业成果展，积极参与豫台绿色农业发展合作对接会，全年意向签约台资项目3个，新增台资企业6家。中原区协调引进中国工程院院士、水害防治与水资源研究所所长武强及专家团队到中原区与中赟国际工程股份有限公司合作建立“智慧地质及地下工程地质灾害防治研究院”。汇聚扶贫济困力量。引导支持民主党派、工商联开展“因病致贫”帮扶活动，上街区、中原区探索建立“N助一”救助服务平台，累计开展社会服务70余次，救助困难家庭73户；巩义市推动“扶贫驿站”建设，建设“扶贫驿站”132个；中牟县探索“慈善爱心超市”积分化扶贫管理模式，激发贫困户脱贫内动力。鼓励非公经济人士踊跃参与光彩事业和“百企帮百村”精准扶贫活动，全市参与民营企业89家，帮扶村48个、帮扶贫困人口2144人，产业扶贫项目投资1.44亿元，捐款捐物463.8万元。组织新的社会阶层人士劳模代表开展扶贫帮困捐赠活动，捐赠图书1000余册、生活物资240余件。积极发挥统战优势，组织统战干部到登封市唐庄镇寺沟村开展精准扶贫，较好地完成了脱贫攻坚任务。全年全村建档立卡贫困户105户467人，除3户6人享受低保政策由政府兜底外，其他102户461人实现了脱贫。

充分发挥驻郑高校、企业、科研单位数量多、层次高的优势，主动与知名高校联系，进一步发挥党外高端人才作用。聘请知名专家、律师成立智囊团，为统战工作开展提供理论、法律服务；推进“郑州国际人才港”项目实施，打造中原人才引进培养高地，吸引来自13个国家的海外优秀人才入驻创业，21家企业成功登陆中小企业股权交易中心；参与举办中国·河南招才引智创新发展大会和欧美同学会海归专家河南行座谈会，邀请100多位海外院士、海归专家和省外豫籍高端海归人才来郑考察调研，达成人才项目3个，对接项目2个。

【“树标杆”活动】 2018年，中共郑州市委统战部制订下发《“树标杆”活动实施方案》，指导各县（市）区开展倡树标杆工作，成立评选机构和组织，在统战成员中树立标杆意识，通过倡树标杆活动，引导广大统战对象见贤思齐，掀起争先创优热潮，激发广大统一战线成员建设国家中心城市的正能量和使命感。

结合统战各领域不同特点，明确标准条件，分别在民主党派无党派人士中推选形成“诤友挚友篇”，在少数民族人士中推选形成“石榴籽颂篇”，在宗教界人士中推选形成“爱国爱教篇”，在非公经济人士中推选形成“健康万里篇”，在港澳台海外人士中推选形成“同根同辉篇”，在归国留学人员中推选形成“报效桑梓篇”，在新阶层人士中推选形成“好雨新笋篇”，涌现出徐平、赵永强、杨万里、陈肖纯等一大批统战系统各界别先进典型。三全集团董事长陈泽民、圆方集团董事长薛荣被评为全国“改革开放40年百名杰出民营企业家”，好想你健康食品股份有限公司、郑州医美健康产业集团、天明城乡建设开发集团有限公司等3家企业被表彰为全国“万企帮万村”精准扶贫行动先进民营企业，18名新阶层代表人士被表彰为“郑州市劳动模范”。

认真筛选业绩突出、影响广泛、能够发挥示范作用的标杆人物，总结可复制、可借鉴、可推广的统战经验。结合庆祝改革开放40周年，开展“豫新愈出彩、最大郑能量”系列宣传活动，对石聚领、党永富、吕龙等50名新的社会阶层人士代表进行宣传报道，受到社会广泛赞誉和好评。同时，依托中央统战期刊、省委统战期刊、“最大同心圆”微信公众号、“根在中原”网站等媒体进行宣传报道，不断扩大宣传的覆盖面和影响力。

（尹建侠）

政策研究

【概况】 2018年，市委政研室牢牢把握政治机关这一根本属性，坚持围绕中心、服务大局，聚焦市委中心工作，紧盯重要节点、重点问题、重点领域，坚持在调查研究、文稿起草、信息服务、改革推进上下功夫，充分发挥好参谋助手作用，以文辅政更加务实、更加精准。

坚持政治统领，第一时间学习传达习近平总书记的重要讲话和指示批示精神，深刻领会蕴含其中的立场、思想和观点，着力提高服务决策、推动改革的能力和定力。坚持理论联系实际，学用结合、以用促学，不断增强深入基层、深入群众发现问题、解决问题的能力，不断增强调查研究工作的系统性、前瞻性和创造性，理论武装更加深入、更加坚强。

注重落实党建责任，严格遵守党的政治纪律和政治规矩，严格履行意识形态责任制。注重加强队伍建设，先后组织党员干部到南水北调干部学院、湖南大学进行培训，依托单位资料室、党员活动室、互联网等平台，开展集中学习、网上学习和远程教育培训，党员干部能力素质不断提升，自身建设更加有力、更加规范。

【调查研究】 2018年，市委政研室围绕郑州国家中心城市建设大局、聚焦经济社会发展重点难点问题，积极走上去、走下去、走出去，开展针对性调研，持续提升调查研究水平。聚焦国家中心城市建设，组织完成《郑州建设国家中心城市的挑战及对策》《郑州开放带动战略实施情况报告》等调研报告；聚焦产业转型升级，组织完成《郑州市现代服务业发展调查报告》《郑州市专业批发市场转型升级调查报告》等调研报告；聚焦乡村振兴战略实施，组织完成《郑州市实施乡村振兴战略的研究与思考》等调研报告，一些对策建议被市委、市政府采纳，或转化为具体的政策措施。

【以文辅政】 2018年，市委政研室强化精品意识，不断提升文稿质量。按照工作安排，组织起草了《中共郑州市委郑州市人民政府关于加快建设国际化法

2018年4月16日，市委政研室邀请退休老干部作十九大报告辅导（市委政研室/供图）

治化便利化营商环境的意见》等文件，参与起草了《中共郑州市委关于巡视整改情况的通报》《郑州市机构改革实施方案》《郑州市党政机构改革组织推动工作方案》等文稿，牵头起草了《郑州"N+2"扶贫措施扎实落地见成效》《郑州积极推广政府和社会资本合作模式》《郑州自贸区着力构建综合政务服务体系》等经验材料。

【信息服务】 2018年，市委政研室聚焦服务决策，做好信息工作，持续提升信息服务时效，突出重点、跟踪热点、采撷亮点，帮助领导掌握决策主动权。全年编发《聚焦省会》35期，其中《杭州出台重磅政策对接"凤凰行动"》《重庆"九大工程"加快工业互联网发展》《成都开启新一轮开放之路高水平建设国际门户枢纽》《北京市积极探索实施空气质量生态补偿》等得到市委主要领导的批示。编发《改革简报》12期、《调查研究》7期，《郑州自贸片区完善机制加强事中事后监管》《郑州市试点垃圾分类让城市生活更美好》等10多篇信息被省《内部参阅》《改革简报》《改革动态》采用，为省委、市委科学决策提供了准确快捷的信息服务。

《郑州工作》办刊质量不断提升，全年发行12期，编辑出版稿件200多篇，其中市领导署名文章10篇，强有力地传递了市委声音，弘扬了正能量。2018年6月，《郑州工作》被省委办公厅评为2016—2017年度全省优秀党委机关刊物。

【推动改革攻坚】 2018年，市委政研室坚决对标中央、省委改革决策部署，加强改革统筹谋划、协同推进，着力推动改革攻坚，全市各领域各层面改革全面展开，改革工作呈现出"整体推进、重点突破、亮点突出"的局面。不断健全改革机制，出台《市委全面深化改革领导小组2018年工作要点》《郑州市2018年重大改革专项重点突破实施方案》等文件。充分发挥议事决策职能，承办全市全面深化改革领导小组会议4次。不断完善三层推动工作机制，一级抓一级，层层传导压力，形成上下贯通、层层负责的主体责任链条。不断加强重点改革事项督察督导，按照《郑州市全面深化改革考核评价办法（试行）》和改革领导小组第五次会议安排部署，对全市15个县（市）区、开发区和43家A类市直单位、17家B类市直单位的全面深化改革工作进行了考核评价。认真开展群团改革、农业农村改革等改革专项督察，以督察督促推动改革工作持续向纵深发展。

（王永涛）

2018年12月28日，市委政研室参观指导产业扶贫项目（市委政研室/供图）

编制管理

【概况】 2018年，全市机构编制部门认真落实市委、市政府决策部署，以开展党政机构改革、实施机构编制管理创新、优化机构编制资源配置等工作为抓手，不断加强改进机构编制工作。

及时办好市委、市政府交办的工作。根据《中共河南省委办公厅关于加强市县党委巡察工作的意见》精神，经市编委会研究审定后，将中共郑州市委巡察工作领导小组办公室列为市委工作部门，设在市纪委。在市政府办公厅的牵头下，市编办与市科技局共同赴青岛、苏州等地市，学习新型研发机构建设先进经验，并撰写调研报告，提出郑州市引进具有事业单位性质的新型研发机构登记管理意见，受到市领导充分肯定。为进一步规范市政府向社会力量购买服务工作，对全市各单位编外用工、政府购买专业技术岗位、公益性岗位、公安辅警、临聘教师、人事代理等聘用人员情况进行了全面调研，形成《关于政府向社会力量购买服务工作及编外聘用人员有关问题的调研报告》，拟定《郑州市政府购买服务范围审核办法》上报市政府，市领导给予高度评价。及时解决养老制度改革对已转企单位原事业身份人员编制审核难题，从维护稳定、尊重事实、执行政策的角度出发，积极向市政府提出切实可行的解决办法，并妥善解决了已转企的市杂技团原具有事业身份人员养老改革信息入库问题。大力支持实施"智汇郑州"人才工程，制订出台《关于在市属事业单位设立人才编制的意见》，按程序批准33家事业单位使用编制471名用于引进紧缺人才。及时办理全市议事协调机构初审，全年审核备案60余个市级议事协调机构。

着力培养高素质专业化机构编制干部队伍，组织全市机构编制系统110余人，分2期举办了机构编制业务培训班。注重调查研究，紧密围绕市委市政府中心工作，确定重点调研课题，深入基层一线开展调研，及时了解全市机构编制工作中存在的新问题，研究提出解决办法和建议。加强机构编制信息宣传工作，规范信息报送程序，提升信息撰写质量，全年共在各类新闻媒体、期刊网站刊登工作信息153篇。

【党政机构改革】 2018年，郑州市全力推进党政机构改革。通过认真学习中央和省市相关文件，准确把握本次机构改革的指导思想、目标原则、方法步骤和主要任务等。组建工作专班，制订改革时间表、路线图，并组成调研组，深入12个县（市）区和市直37家涉改单位开展实地调研，全面摸清改革家底。通过调研，建立了全市机构改革总体台账、职能划转工作台账、承担行政职能事业单位改革工作台账和综合执法改革工作台账4本改革专项台账，全面梳理部门职责职权。市编办梳理出市级承担行政职能的事业单位78家，摸清市场监管、生态环境保护、文化市场、交通运输、农业等5个领域29家执法队伍的基本情况，并锁定人员编制。各县（市）区也建立了相应的工作台账。对机构设置、职责调整、编制划转等改革难点进行预判，拟定《郑州市机构改革方案（讨论稿）》，在与中央、河南省机构设置保持基本对应的基础上，坚持把机构改革与建设国家中心城市总体战略相结合，与郑州现阶段发展实际需求相结合，彰显郑州特色。将机构改革与巡视整改结合起来，通过机构改革统筹解决长期积累的突出问题，全面清理核销不规范的机构和领导职数，强化机构编制刚性约束。12月13日，市委十一届八次全会审议通过《郑州市机构改革方案》；当天召开了县（市）区机构改革推进会，对县（市）区机构改革进行了安排部署。全市机构改革进入全面实施阶段。

【市纪委监委派驻机构改革】 2018年，郑州市积极推进市纪委监委派驻机构改革。根据《郑州市委办公厅印发〈关于全面落实市纪委向市一级党和国家机关派驻纪检机构的方案〉的通知》精神，在摸清市直各单位纪检机构设置、人员编制和领导职数的基础上，主动与市纪检部门沟通对接，按照全面派驻、分类设置、职能明确、权责一致的原则，科学拟定机构设置和人员编制划转方案，确保派驻机构改革既符合上级改革要求，又符合郑州市实际。改革后，市纪委监委共设立36个派驻纪检组，派驻机构统一称为市纪委监委派驻纪检监察组，由市纪委监委直接领导、统一管理，向市纪委监委负责，实现对市一级党和国家机关派驻监督全覆盖。

【城市综合执法体制改革】 2018年，郑州深入推进城市综合执法体制改革。坚持权责一致的原则，立足实际设置了市县两级及开发区城市管理和综合执法机构；争取省编办支持成立了正县级的市城市管理执法支队，整合调整了园林、规划等7家单位的行政执法职能，合理划分了市本级与所辖区执法权限；结合职责调整和人员结构等实际情况提出执法人员编制下沉意见，并根据工作需要及时调整了市城市管理执法支队内设机构。

【“五单一网”制度改革】 2018年，郑州市认真开展“五单一网”制度改革相关工作。做好公共服务事项标准化工作。市编办赴杭州等地对焦学习“最多跑一次”改革和公共服务事项标准化工作，结合郑州市实际，起草了全市公共服务事项标准化工作实施方案；抽调业务骨干配合市政务服务中心开展集中办公，推进审批服务事项（含公共服务事项）梳理工作。截至年底，共梳理公共服务事项91项，并顺利通过省级审核，全部录入河南政务服务网。做好责任清单动态调整工作。对市政务改革办转办的市交通委、市发改委、市工商局、市卫计委、市国土局、市环保局等部门申请调整的361项责任清单事项进行认真审核，并将审核意见及时报送市政务改革办。配合做好简化和规范投资项目审批流程工作。根据省、市有关文件要求，配合市发改委，对全市简化和规范投资项目审批流程工作中涉及的公共服务事项进行审核，并将审核结果报市发改委。配合做好政务服务“一次办妥”工作。按照省发改委《关于开展政务服务“一次办妥”试点工作的通知》要求，配合市数字办，对全市政务服务“一次办妥”工作中涉及的责任清单和公共服务事项清单情况进行了梳理汇总。

【县级检验检测机构整合工作】 2018年，市编办联合市质量技术监督局，制订县级检验检测机构整合工作方案，明确具体任务，重点整合了质量技术监督检验测试、食品药品检验、农产品质量安全检测、畜产品质量检验监测、粮油质量检测等领域检验检测机构。截至年底，全市共整合19家检验检测机构，各县（市）均成立了综合检验检测机构。

【事业单位分类改革】 2018年，郑州市稳妥推进行政类、经营类事业单位改革。按照省编办具体要求，结合党政机构改革，对市直承担行政职能事业单位及其承担行政职能的法定依据、改革意向等逐一进行统计梳理，对因机构改革设立、撤并和行政职能调整涉及的事业单位基本情况进行了摸底调研，初步拟定了市本级承担行政职能事业单位改革意见。根据上级编办指导意见，结合工作实际，研究分步推进郑州市生产经营类事业单位改革方案，按照省编办要求上报了全市生产经营类事业单位基本情况。

配合推进相关领域体制改革工作。按照中央和河南省关于环保机构监测监察执法垂直管理制度改革要求，认真梳理全市生态环境监测监察机构情况，研究拟定了改革方案；配合推进全市医药卫生体制改革，根据上级关于建立现代医院管理制度的指导意见，配合市医改办起草了郑州市《建立现代医院管理制度试点工作实施方案》。

【事业单位登记管理】 2018年，郑州市不断提高事业单位登记管理服务水平。全面完成事业单位法人年度报告工作，通过制订印发方案、实施现场办公、组织业务培训等方式，推动全市事业单位年度报告完成率达到100%，被省编办评为2017年度全省事业单位法人年度报告工作表现突出单位。开展事业单位信用体系建设工作，按照市政府有关要求，将信用体系建设作为登记管理工作的新增长点，坚持每季度向市社会信用信息平台——“信用郑州”报送公共信用信息，全年实现信息推送共享基本信息机关类190家、群团类9家、垂直机关类25家、事业单位814家。扎实推进事业单位法人治理结构改革试点工作，根据人事变动情况及时调整市事业单位法人治理结构改革领导小组成员；继续逐步扩大改革试点，将市第四十七中学、新密市中医院纳入省级法人治理结构改革试点重点推进单位；联合市卫计委，推进市公立医院法人治理结构改革试点工作，制订《郑州市公立医院法人治理改革试点工作实施方案》；按照上级相关文件精神，指导市图书馆和市文化馆开展法人治理机构改革。做好事业单位日常登记管理工作。依法规范办理事业单位法人设立登记77家，变更登记138家，注销登记6家，补办证书9家；办理机关、群团统一社会信用代码初领15家，变更21家；及时处理事业单位法定代表人失信被执行2家。

【服务开发区建设发展】 2018年，郑州市根据省编委通知要求，及时明确了郑东新区、经开区、高新区等管理机构规格；落实市委常委会议精神，为航空港实验区、郑东新区、经开区和高新区设置了信访督查专员；推进高新区人事薪酬制度改革，市编办按要求抽调业务骨干做好改革有关机构编制工作，按程序为高新区增加部分事业编制用于保障行政执法工作需求；市编办配合做好省委巡视工作，按照市委常委办要求，认真撰写《郑州市执行机构编制情况报告》并及时报送；大力支持自贸区郑州片区评估工作，按要求做好省自贸办委托第三方对自贸区郑州片区建设情况的评估访谈工作；配合做好省委环保督察工作，及时将航空港实验区、郑东新区、经开区和高新区环保机构设置情况报市环保督察整改工作领导小组办公室。

【保障民生事业发展】 为推进郑州市

高等教育事业发展，2018年，市编办按程序向省编办上报了郑州幼儿师范高等专科学校增加内设党政管理机构的请示，为郑州师范学院增加部分事业编制用于解决专任教师紧缺问题；为确保群众用药安全，在市食药监局增设了郑州市药品评价中心；高度重视郑州市残疾人事业发展，根据上级要求及实际运行情况，经市编委会研究批准，将郑州市残疾人康复教育中心经费形式由差额补贴变更为全额拨款。

【机构编制总量控制】 2018年，郑州市坚持严控机构编制总量。严格执行省委办公厅、省政府办公厅《关于严明全省党和国家机构改革期间有关纪律的通知》精神，除监察体制改革、纪委派驻机构改革、政策性安置和高层次人才引进外，不再受理新的用编申请和人员内部调整申请，确保机构改革期间全市各单位实有编制和在编人员信息相一致。全年完成104家机关事业单位430名军转干部入编工作，及时办理22家单位使用12名行政编制和10名事业编制接受安置随军家属22个、33家事业单位使用编制471名用于招聘紧缺人才、42家学校使用284名编制招聘录用教师、16家市直机关使用35名行政编制接收省委选调生，在全省招才引智创新发展大会上现场为市属事业单位招聘的179名高层次人才办理了人编手续。抓好县（市）区机关事业单位进人用编备案工作，建立数据催报督报制度，保证了全市机构编制信息数据的及时更新。按时完成2017年度机构编制年报统计工作，对全市现有机构、编制、人员数，以及2017年度的机构编制调整变化等情况进行了详细统计，切实做到机构编制底子清、情况明，实现机构编制管理信息系统和统计年报系统无缝对接，为机构编制管理工作提供了科学准确依据。

【机构编制监督检查】 2018年，郑州市强化机构编制审计，根据省编办、省审计厅《关于做好党政主要领导干部经济责任审计中机构编制审计工作的意见》精神，配合市纪委、市委组织部和市审计局对部分单位主要领导开展机构编制审计，维护了机构编制纪律的严肃性。大力开展机构编制法规政策宣传教育，将机构编制法规政策宣传教育纳入市委组织部主体班年度培训计划，选派业务骨干到市委党校和新密、上街、惠济等县（市）区委党校开展机构编制法规政策教育培训，增强了参训领导干部的机构编制法规意识和责任意识。按照省编办要求，根据中央巡视组上轮巡视反馈的机构编制问题，对照问题清单，逐一核实整改，并及时上报整改情况。严肃查处机构编制违规违纪问题，按程序对省编办交办的3起“12310”举报件进行了查处，并分别向省编办进行了专题汇报。

【机构编制电子政务建设】 2018年，郑州市机构编制系统积极探索“互联网+机构编制管理”工作新模式。持续做好网上名称管理工作，市编办及时为市国土局、市规划局等单位办理网站标识变更事项，避免了网站标识备案信息与网站实际信息不一致情况的发生，切实维护党政机关网站标识的严肃性。全市共注册“.政务”“.公益”中文域名5624个。强化网络安全管理，市编办与县（市）区编办签订机构编制业务网使用和密码设备管理责任书，对荥阳市、二七区、管城回族区使用管理情况进行实地督查，组织县（市）区编办共计34人参加省编办举办的持证上岗培训考试，保障了全市机构编制业务网络使用安全。全年全市机构编制系统无网络安全事故发生。继续加强机构信息化建设，完成了市编办信息化项目部分硬件设备的移柜工作，对服务器病毒进行处理，修复漏洞，信息化服务保障能力进一步提升。

（刘薇薇　王志科　朱亚浩　马胜利）

老干部工作

【概况】 2018年，全市各级老干部工作部门围绕“让党放心、让老同志满意”的目标，突出重点抓大事、集中精力解难事、紧贴需求办好事，全市老干部工作组织领导更加坚强、工作思路更加清晰、服务管理更加精细、阵地建设更加规范、作用发挥更加明显，各项工作取得了新成效。

聚焦“三项建设”，老干部组织力全面增强。坚持把政治建设摆在首位，引导老同志严格遵守党的政治纪律和政治规矩，树牢“四个意识”，坚定“四个自信”，做到“两个维护”。大力推进思想建设，通过举办党支部书记培训班、专题讲座、巡回宣讲等方式，引导老同志增强对党的创新理论的感情认同、思想认同、政治认同。创新推动组织建设，新建379个党组织，将全市3.9万名离退休干部党员纳入到1503个党组织管理服务之中。探索非隶属关系党员管理办法，在市老干部活动中心协会、老干部大学班（系）上建立临时支部，形成关系在单位、活动在协会（班级）、管理在支部、服务全社会的党建新模式，受到中组部老干部局肯定。

聚焦服务管理，老干部满意度不断提高。坚持在政治上尊重、思想上关心、生活上照顾、精神上关怀老干部，做深做细服务管理，老同志获得感不断增强。落实政治待遇，组织老同志参加省市重要会议，参观重点项目建设，让老同志了解新形势、感受新变化。出台《市属企业离休干部服务管理办法》，争取补贴经费支持，切实保障企业离休干部服务管理工作。完善离退休干部困难帮扶机制，增加体检医院、开展健康讲座，落实红军遗属享受公务员医疗待遇，切实把中央和省市委对老同志的关心关爱落到实处。

聚焦主题主线，老干部正能量广泛汇聚。围绕“改革开放40周年”主题，扎实推进“畅谈改革40年、点赞美好新时代”活动，组织老干部畅谈“真实变化、真切感受、真知灼见”，展现了爱党忧党、兴党护党的政治情怀。举办“放歌新时代，聚力新征程”文艺会演、市老干部大学30周年校庆等活动，展示发展成果，汇聚强大正能量。围绕改革创新，成立社区“五老”志愿者雷锋团队，探索“4+1”工作模式，引导青少年践行社会主义核心价值观，受到国家关工委高度评价。围绕全市中心工作，精心设计载体，引导老干部提出合理建议6715条，为国家中心城市建设贡

2018年6月22日，郑州市举办离退休干部党支部书记培训班（市委老干部局/供图）

市委老干部局组织全市离退休干部参观河南自贸区战略规划情况（市委老干部局/供图）

献了智慧力量。

【离退休干部“三项建设”】 2018年，郑州市用习近平新时代中国特色社会主义思想武装老干部头脑，“三项建设”得到有力加强。以新思想引领新时代老干部工作新实践，切实把中央和省、市委部署落到实处。

多形式学习宣传贯彻党的十九大精神。通过举办全市老干部党支部书记培训班、专题辅导、发放学习资料等方式，引导广大老干部和老干部工作者深入学习、准确把握十九大精神。通过市委老干部局网站、《工作简报》、局属单位的微信公众号、新闻媒体等载体进行广泛宣传解读，全市各级老干部工作部门举办报告会、辅导班、座谈会，推动广大老干部和老干部工作者更好地掌握党的十九大精神。中原区分层次组织离退休干部100余人，开展“不忘初心 牢记使命 学习党的十九大知识讲座”3场；为行动不便的老干部入户送学上门60余人次、利用网络为老干部传送学习资料10次。巩义市为老干部购买《十九大报告》《党章》等学习辅导资料，邀请市委党校教授为老干部讲解十九大精神，采用集中发放、送学上门等方式为全市50年党龄老党员发放党建“红歌机”。

全方位学习贯彻习近平总书记重要论述。召开全市老干部工作会议，学习习近平关于老干部工作重要论述，引导广大老干部工作者全面掌握习近平总书记对老干部工作提出的新思想、新论断、新要求。在市直部门开展了离退休干部学习习近平总书记重要讲话及著作活动，为市直机关及全供事业单位离退休干部购买书籍1万余册。表彰“两展示两争当”活动中112名时代老人、88个模范家庭、43个优秀社团、64个先进单位，并将典型事迹编印成册，印发到各县（市）区和市直各单位，进一步增强老干部工作者的责任感和使命感。

加强离退休干部政治建设、思想建设和党组织建设。坚持把学习贯彻党的十九大精神与加强离退休干部“三项建设”结合起来，引导老干部始终做全面从严治党的坚定支持者和模范执行者，得到中组部老干部局的充分肯定。在全市开展“寻访优秀离退休干部党支部书记”活动，向省老干部局推荐一批优秀离退休干部党组织书记。围绕“当前退休干部党员群体中值得关注的一些倾向”主题，在荥阳市组织召开退休干部党员代表座谈会。从组织部门代管的党费中为全市离退休干部党支部订阅了2018年度《离退休干部党支部学习参考》1000册。

各县（市）区、市直各单位党委把离退休干部党建工作纳入本地区本部门党建工作总体布局，做到同研究、同部署、同考核。上街区严格按照“4+X”模式开展主题党日活动，除“唱红歌、重温入党誓词、缴纳党费、集中学习理论文章”四项规定动作外，通过集中观看爱国教育电影、赴巩义豫西抗日纪念馆、赴红旗渠红色教育基地参观学习等活动形式，推动离退休干部党组织生活规范化、制度化。新郑市组织全市离退休干部党支部书记及老干部专干130余人在泰山村党建教育基地开展时事政治和离退休干部党建工作培训，加强党支部建设，增强党组织凝聚力。在离退休干部集中居住地、活动学习场所、兴趣爱好小组灵活设置党组织，全市离退休干部1124个党组织做到离退休干部党员应管尽管。市老干部活动中心在12个协会成立临时党支部，举办协会临时党支部书记（骨干）培训班，严格落实“三会一课”制度，有效地激发了老党员、老干部的学习活动热情，中组部老干部局领导调研时给予高度评价。组织引导全市3.5万名离退休干部党员参与“两学一做”学习教育，激励广大老干部坚定理想信念、不忘革命初心、永葆政治本色。《中国老年报》头版头条刊登了郑州市以临时党支部激发党建新活力的工作模式。

【为党和人民的事业增添正能量活动】 2018年，全市各级老干部工作部门以“两展示两争当”为抓手，扎实开展“增添正能量、共筑中国梦”活动，组织引导广大离退休干部为党委政府点赞加油、为工作大局凝心聚力。

精准谋划，提高活动针对性。以“畅谈改革40年、点赞美好新时代”为主要内容，精心设计了典型巡回演讲、调研座谈观摩、文艺创作展演、引导助力扶贫等4项内容，引导广大老同志全方位“畅谈”“点赞”。全市离退休干部围绕改革开放40周年召开座谈会465场，8958名离退休干部参加。二七区召开“我看改革开放新成就”专题座谈会20多次，走访老同志100多名，收集意见建议50余条。市工信委组织召开离退休干部党支部书记座谈会3场，组织召开离休干部阅文座谈会，收集各类意见建议25份90余条。连续5年组织“看郑州”活动，5月21日至6月6日组织全市67家单位的1287名离退休干部参观了郑州园博园，激发了退休干部更加热爱郑州、宣传郑州的热情；组织市级老干部参观郑州市创建国家食品安全城市项目、郑东新区龙湖金融岛等郑州城市建设项目，以及竹林镇、河洛古镇等乡村振兴、特色小镇建设项目，老干部切实感受到中央和省、市委以郑州为核心、引领带动河南和中原城市群发展的战略意图，加深了对党的路线、方针的理解。

创新载体，增强活动吸引力。依托老干部学习活动阵地，组织开展离退休干部“增添正能量、共筑中国梦”文艺会演及表彰大会、迎“七一”郑汴洛老年书画优秀作品联展、郑州老年诗词研究会会员赴新密进行深度采风等，集中展示近年来基层党建、扶贫攻坚、新农村建设、文化建设等方面取得的成果。市企管中心党支部对破产企业离休干部部分老党员、生活困难党员开展党建知识有奖问答活动。荥阳市组织“增添正能量 共筑中国梦”主题活动典型巡回宣讲团，先后到机关、乡（镇）进行宣讲十余次。管城区开展“我看改革40年、点赞商都新管城”活动，得到老干部高度评价。多形式搭建“畅谈”“点赞”平台，极大提高了活动吸引力。

抓实宣传，提升活动影响力。市委老干部局利用工作简报、网站等平台，对中原区、巩义市、市法院等单位开展“畅谈”“点赞”的做法予以推广，对基层开展正能量活动及时给予刊登。市老干部活动中心、老干部大学微信公众号和市企管中心的刊物等对正能量活动及时报道。市关工委发挥“五老”人员优势，开展“学党史、颂党恩、跟党走”“爱学习、爱劳动、爱祖国”“老少共筑中国梦”“传承红色基因，争做时代新人”主题教育实践活动，引导青少年践行社会主义核心价值观。国家关工委主任顾秀莲对郑州市在社区成立“五老”文化志愿者雷锋团队和“4+1”工作模式等给予高度评价。

建好阵地，改善学习活动条件。在稳步推进市老干部活动中心二期工程的同时，开展县（市）区示范老干部活动中心创建工作。印发《关于考核验收示范老干部活动中心的通知》，对参与评审的8个县（市）区进行考核验收，评选出6个示范老干部活动中心。推进工程建设的同时，市老干部大学线上线下结合，整合多方资源，巩固提升了“百班万人”成果，以喜迎改革开放40周年为主线，以老干部大学建校30周年为契机，全面抓好校庆系列活动、教学管理和党支部建设等各项工作，10月被中国老年大学协会评为“全国老年远程教育示范区”。将老干部（老年）学习活动阵地建设纳入市发改委《加快建设郑州健康养老产业实施方案》，对各县（市）区、乡镇（街道）老年学习活动场所建设场地及资金等作了明确要求。金水区进一步完善全区老干部学习活动场所建设，将老干部活动阵地、学习阵地建设纳入区公益类文化事业发展总体规划，纳入区六馆建设之内，有效解决了老干部学习和活动场地不足的问题。

【老干部服务管理】 2018年，全市各级老干部工作部门践行精准理念，服务老干部水平得到提高。积极探索新思路新办法，全面落实离退休干部各项待遇，切实把中央和省、市委对老干部的关心关爱落到实处。

老干部各项待遇全面落实。按照市委组织部、人大办公厅等部门安排，选派市级老领导作为特邀代表参加2018年省人大会议；组织市级老领导参加全市干部会议、省委巡视组会议、干部考察征求意见谈话等会议7次；选派两名市直单位离退休干部代表参加“全省离退休干部党支部书记学习贯彻党的十九大精神示范培训班”。市委安排10名市委常委分别带队慰问市级老领导，分8组带队慰问红军及红军遗属，共慰问红军、红军遗属及市级老领导120人次。出台《市属企业离休干部服务管理办法（暂行）》明确了市直各有关企业离休干部服务管理单位，企业离休干部特需费93.8万元、公用经费80.75万元和政府购买服务人员（20名）经费97万元由财政保障，切实加强了对市属企业938名离休干部的精准服务。市财政全年拨付8000余万元补发企业离休干部生活补贴。

不断完善困难帮扶机制。下发《关于申报2018年特困离退休干部的通知》，全市共收到32家市直单位申报特困离退休干部帮扶材料301份，经严格审核，符合帮扶条件的特困离退休干部共276名，其中离休干部83名、退休干部193名。各县（市）区普遍建立实施困难帮扶机制。惠济区设立特困离退休干部帮扶资金20万元；新密市对全市105位生活困难的离退休干部进行帮扶，每人发放困难补助500元。

服务保障水平有力提升。协调增加体检医院、合理设置体检项目、及时延长体检时间，高标准高质量组织全市3597名离退休干部进行健康检查，并开展健康指导、编印科学养生手册，倡导健康新理念。为保障离休干部医药费保障机制全面落实，联合相关部门对全市非全供事业单位和市属企业申报的166家单位959人次进行认真审核，确定财政负担医疗统筹费用约1150.8万元，有力保障了各项待遇的落实。2018年共举办了“四季养生”“健康长寿”等6场健康讲座，并编印1.59万本《科学养生》手册，受益老干部3万余人。市企业离休干部服务管理中心研究制订《市属破产、无主管企业离休干部服务管理工作实施方案》等，规范服务管理工作。两个干休所大力推进平安庭院建设，为老同志创造温馨舒适的生活环境，服务工作做到节日有慰问、生日有祝贺、生病住院送去关怀。新密市对全市105位生活困难的离退休干部进行帮扶，每人发放困难补助500元，并组织5700余名离退休干部进行健康体检，建立健康档案，定期回访。

（刘建中　王　卡）

党史工作

【概况】 2018年，郑州市党史工作部门以深入学习贯彻习近平总书记系列重要讲话和党的十九大精神为主线，坚持“围绕党史抓党建，抓好党建促党史”的工作思路，积极开展党史资料征编、党史课题研究、党史宣传教育等工作，完成《中国共产党郑州历史（第二卷）》样书制作和一批党史专著的整理出版工作，全面启动《中国共产党郑州市历史（第三卷）》资料征编，持续加强党史宣传教育，为加快建设国家中心城市提供坚强保证，发挥党史资政育人作用。

加强党史业务培训，以提升素质、增强能力为重点，开展岗位业务能力提升活动。采取以会代训、专题培训、外出受训等方式，提高了党史队伍整体理论水平和业务科研水平。发挥党史工作优势，积极服务中心工作，先后抽出60余人次参与群众工作队、村容村貌检查等工作，更好地服务于市委中心工作，树立了新时期党史部门和党史干部队伍的良好形象。

10月召开郑州市党史工作会议，总结2017年至2018年上半年全市党史工作，安排部署2018年及今后一段时期的党史工作，对中共新郑市委党史研究室等10个先进集体和徐爽等20名先进个人予以表彰。

【党史资料征编】 为进一步完善《中国共产党郑州历史（第二卷）》内容，2018年，由市政协组织第三方专家论证评审会，在广泛征求中央党史研究室专家、省内外专家、郑州市老领导意见的基础上，举行专题研讨。专家评审组一致认为，书稿反映了1948年10月至1978年12月中国共产党郑州市委领导郑州人民进行社会主义革命和建设的奋斗历程，写作体例规范、框架结构合理，观点精准正确、地方特色突出，内容全面翔实、文字平实精炼，既符合历史事实，又凸显时代特色，是一部能够经得起历史检验的党史基本著作。至年底，《中国共产党郑州历史（第二卷）》样书已完成，做好了《中国共产党郑州历史（第二卷）》出版准备工作。

完成了2017年度《郑州党史大事年编》《市委书记马懿工作大事记》和《市长程志明工作大事记》的出版工作。共征集书记、市长工作图片2180余幅，选用50幅；征集重要讲话、重要文章和调研报告180余篇，采用28篇。《市委书记马懿工作大事记》共计30万余字，《市长程志明工作大事记》共计38万余字，《郑州党史大事年编》共计54万字。《郑州党委工作纪事》征集稿件111篇，共计63万字。完成了2018年度《郑州党史大事年编》《市委书记马懿工作大事记》两本书稿前10个月资料和《市长王新伟工作大事记》10月份的汇总整理工作。其中，《郑州党史大事年编》共计40万余字、《市委书记马懿工作大事记》共计20万余字、《市长王新伟工作大事记》共计2万余字。完成了2018年度党史大事年编向省党史研究室的月报工作，共计380余条、12万余字，被上级采用转发130条，字数近4万字。完成了河南省委党史研究室下发的河南省党史界“纪念改革开放40周年”征文的组织撰写任务，共征集104篇征文上报省委党史研究室。完成了省委党史研究室征编《河南的抗美援朝运动》专题资料的补充工作。

【党史宣传教育】 2018年，郑州市党史宣传教育取得新进展。完成4期《郑州党史纵览》刊物的出版工作，共采用稿件130余篇、21万字，发行6000余册。把握中心工作，策划了《紧跟中央令旗走 践行使命不动摇》《在党的十九大精神指引下 做好新时代党史工作》等专题。

开展党史进校园活动。按照《郑州市开展纪念建党97周年系列活动实施方案》的安排部署，市委党史研究室积极行动、主动创新，及时制订《关于在全市开展纪念建党97周年党史教育进校园系列活动的通知》，充分发挥党史育人职能作用，深入校园，广泛宣传，利用丰富多彩的内容和形式，在全市中小学生中形成了学党史、感党恩、颂党情的良好氛围。活动期间，全市党史部门累计向中小学校捐赠党史读物40余种、1.2万余册（本），在校园内召开主题座谈会议36场，针对性选择80余所中小学校开展党史教育资源调研工作，为13所中小学校进行县（区）级“党史教育示范基地”授牌，全市中小学校共制作宣传展板2700余块，组织党史专家、优秀党员、老干部到校开展党史知识讲座20余场，组织纪念建党日主题班会820余场。直接参与相关活动的学生40余万人次，利用各种媒体平台发布活动信息140余条。党史进校园系列活动受到师生的热烈欢迎，参与活动的积极性强烈，党史教育效果明显。

开展“‘不忘初心 牢记使命’主题教育展览”准备相关工作。为贯彻落实党的十九大精神和市十一届五次、六次全会精神，市党史研究室策划了“阔步中华民族伟大复兴中国梦的新征程——‘不忘初心 牢记使命’主题教育展览”活动，直观展示十九大精神的精髓，更好地提升全市各级党组织和广大党员干部的政治站位。6月初，活动方案报经市委批准实施。

各县（市）区党史宣传工作各有特色。管城区对党史展览馆进行全面信息更新，2018年接待见学团队30余场次，为1000余人次进行了讲解；对商城遗址公园党建主题广场的党建知识版面进行内容更新，让群众自觉接受党史知识教育。新密市史志办同伏羲山旅游景区结合，开发红色旅游——中原豫西抗日纪念园，加强爱国主义教育。

（杨　波）

党校工作

【概况】 2018年，市委党校围绕郑州建设国家中心城市的目标，以党建工作统揽全局，充分发挥干部教育培训主渠道、理论宣传主阵地、党性锻炼大熔炉、决策咨询思想库作用，全年共培训各级各类党员干部7955人，公开发表出版论著共121篇（部），申报各级各类科研课题207项，结项各级各类课题76项。

积极配合开展学习《习近平新时代中国特色社会主义思想学习纲要》和《习近平谈治国理政》（第二卷），推进中国特色社会主义思想进主体班教学课堂，在2018年每个主体班次的教学计划安排中均开设有相关专题。坚决落实中央巡视河南、省委巡视郑州的政治要求，把抓好巡视反馈意见整改作为重大政治任务，成立巡视整改工作领导小组及其办公室，负责研究全校整改落实中的重大事项；研究制订了《中共郑州市委党校巡视整改工作方案》，明确了整改落实的责任领导、责任部门和配合部门、完成时限，形成详细的整改“路线图”“时间表”。高度重视意识形态工作，坚持一切教学活动、科研活动、办学活动都坚持党性原则，遵循党的政治路线，严守政治纪律和政治规矩。坚持“三个纳入”，即纳入党校重要议事日程、纳入党建工作责任制、纳入领导班子和领导干部目标管理，层层压紧压实主体责任；管好“三个阵地”，即管好宣传阵地、课堂阵地、科研阵地，彰显“党校姓党”根本原则；强化“三个机制”，即工作机制、考核机制和责任追究机制，巩固意识形态工作成果。

【干部教育培训】 2018年，市委党校共培训各级各类党员干部7955人。其中，教务部门举办各级各类培训班30期，培训学员6959人，主要班次为：5期郑州市县处级领导干部学习贯彻党的十九大精神轮训班共培训1762人，2期县处级、2期科级干部、2期中青年干部和2期选调生培训班共培训600人，1期市直机关工委党员培训班共培训123人，1期2018年度郑州市青年公务员能力提升班共培训203人，1期2018年度郑州市新任副科级干部培训班共培训68人，1期全国公益慈善组织中层管理人员培训班共培训103人，1期郑州市组织系统干部人事档案业务骨干共培训380人。举办8期新一届村（社区）“两委”主要负责人培训班，培训学员3720人。社会培训部门举办了郑州市离退休干部党支部书记培训班、金水区2017年后备干部学习贯彻党的十九大精神培训班等共8期，培训学员943人。中央党校在职研究生53名。为提高师资水平，举办了郑州市党校系统第九届教学大赛。

【科研工作】 2018年，市委党校始终坚持科研工作“四个服务”的宗旨，坚持“四个打造”原则（打造决策咨询智库、理论创新高地、科研人才高地、科研协作平台与学术交流中心），通过实施“课题带动”和“大科研战略”，建立健全一整套“科研保障机制”，科研水平得到明显提升。2018年，组织开展“改革开放四十年——郑州的实践与探索”专项调研活动，经过课题申报、撰写和专家评审，确立了22项调研课题，各项课题基本结项；围绕国家中心城市建设，立项12项调研课题，各项课题基本结项。全年公开发表（出版）论著共121篇（部），其中，论文117篇（各类核心30篇，其他CN论文87篇），著作4部。申报各级各类科研课题207项，立项96项。其中：河南省社科规划项目申报5项，立项2项；河南省政府招标研究课题申报12项，立项5项；省社科联调研课题申报29项，立项17项；市社科联调研课题申报36项，立项22项；省综治办课题22项，立项18项；省党校调研课题申报14项，立项10项；市软科学申报1项，立项1项；改革开放40年专项调研课题申报28项，立项21项；校级课题申报53项。结项各级各类课题76项，其中省社科规划项目3项、省政府招标课题2项、省软科学2项、省社科联课题20项、团省委课题7项、省综治办课题21项。《中共郑州市委党校学报》共出版学报6期，发表文章140篇，并在第1期和第6期分别新开了“学习贯彻党的十九大精神”和“纪念改革开放四十周年”栏目。坚持以教学带科研、以科研促教学，真正做到“教学出题目，科研做文章，成果进课堂”，把教学、科

郑州市举办县处级领导干部学习贯彻党的十九大精神集中轮训班（市委党校/供图）

研、调研工作统筹安排，实现教学科研咨询一体化。

【党校分校管理】 2018年，市委党校积极建立和完善分校运行管理的各项规章制度，使分校管理实现规范化、科学化和常规化。在推进班次设置、教学计划、教学内容、师资调配、教学评估、教学研讨教学“六统筹”的基础上，努力实现教学科研资源、教育培训资源的整合优化。探索实行分校体制后的党校管理办法，市委党校总校强化对各分校的指导、帮助和协调工作，各分校在强化上下联系的同时，加强横向联系，实现资源共享、优势互补，构建起郑州市党员干部教育培训大平台，推动全市党校工作科学发展、持续提升。

（李　柯）

2018年9月30日，新当选的郑州市人民政府市长、副市长进行宪法宣誓（市人大常委会办公厅/供图）

郑州市人民代表大会

综　述

【概况】 2018年是郑州市十五届人大常委会依法履职的第一年。郑州市人大及其常委会坚持以习近平新时代中国特色社会主义思想为指导，深入学习贯彻党的十九大精神和习近平总书记视察指导河南、郑州时的重要讲话精神，坚持党的领导、人民当家做主、依法治国有机统一，以国家中心城市建设为统揽，以“四重点一稳定一保证”为工作总格局，认真履行宪法法律赋予的职责，圆满完成市十五届人大一次会议确定的各项工作任务。

牢牢把握人大工作正确政治方向。始终坚持强化思想理论武装，坚持人大常委会党组集中学习制度，第一时间传达学习习近平总书记重要讲话和批示精神。及时组织人大代表学习习近平总书记关于坚持和完善人民代表大会制度的重要思想，深刻把握其精髓要义和丰富内涵，以理论清醒保证政治坚定，以思想自觉引领行动自觉。始终坚持把中央和省委、市委重大决策部署落到实处。依法推进机构改革顺利实施，按照市委十一届八次全会部署，及时作出关于市政府机构改革涉及地方性法规规定的行政机关职责调整问题的决定，确保机构改革在法治轨道上有序推进。始终坚持把党的领导贯穿于人大工作的各方面和全过程。发挥市人大常委会党组领导核心作用，对中央和省委、市委的决策部署，常委会党组及时研究提出贯彻意见和实施举措，确保党的主张通过法定程序成为国家意志，确保党组织推荐的人选通过法定程序成为国家政权机关的领导人员。坚持重大事项向市委请示报告制度，就年度工作要点、常委会会议、立法过程中的重大问题、自身建设等重要事项，共向市委请示报告21次。坚持党管干部原则与人大依法行使选举任免权相统一，依法任免地方国家机关工作人员91人次，补选省人大代表1名。

不断深化以良法促发展保善治的法治实践。突出重点领域立法。贯彻落实国务院“放管服”改革精神，审议通过关于修改郑州市政府投资项目管理条例的决定，进一步完善政府投资项目审批制度，提高政府投资监管效能。为进一步加强城市精细化管理，优化营商环境，对郑州市水资源管理条例、城市管理综合执法条例、城市公共交通条例开展立法调研，推进城市管理法制化。完善立法工作机制。科学编制五年立法规划。坚持“开门立法”，广泛征集市“一府一委两院”、各县（市、区）人大、市人大代表、人民团体及社会各界立法规划项目建议，为立法规划的科学性、民主性奠定扎实基础。认真开展地方性法规清理。落实全国人大、国务院、省人大关于开展生态环保地方性法规专项清理工作的要求，对郑州市大气污染防治条例等10件地方性法规的32个条款进行打包修改。充分发挥立法专家库作用。选聘35名专家学者，成立新一届法律咨询委员会，为常委会完善立法决策、提高立法质量提供智力保障。抓好宪法的学习宣传。扎实开展“国家宪法日”活动。全市各级人大、“一府一委两院”、新闻媒体开展系列宪法学习宣传活动，大力弘扬宪法精神，推动宪法全面贯彻实施。严格落实宪法宣誓制度。依法组织88名国家机关工作人员进行宪法宣誓，激励国家公职人员忠于宪法、维护宪法、履行法定职责。

充分彰显人大推动高质量发展的责任担当。助推经济高质量发展。贯彻落实新发展理念，密切关注郑州市经济运行质效。审议郑州市国民经济和社会发展“十三五”规划实施情况中期评估报告等，推进经济社会持续健康发展。听取审议农业产业化工作情况的报告，强调相关部门要围绕乡融合、一二三产融合发展，优化产业结构和空间布局。对高新技术企业所得税优惠政策落实情况进行评议，确保税收优惠政策落到实处。对外事服务经济工作进行评议，助力提升外事服务水平，营造对外开放良好环境。对城市设计工作进行评议，要求以国际化的视野和标准，切实创新设计理念，不断提升城市品质。助推打好“三大攻坚战”。聚焦防范化解重大风险，加开常委会会议，提前审查批准政府投资项目计划，专门听取审议市政府关于调整2018年市本级政府投资项目计划的报告，并作出相关决议。听取审议财政决算、预算执行、税收等工作报告，对市本级预算调整方案、企业国有资产管理等工作进行重点监督，审议批准授权市政府提前下达部分新增地方政府债务限额，督促相关部门坚持底 思维，提高防控能力，坚决守住不发生区域性系统性金融风险的底线。聚焦精准脱贫，对全市脱贫攻坚、美丽乡村建设情况进行专题视察调研，就进一步完善综合保障机制、精准帮扶、产业扶贫等提出意见建议，助力打赢精准脱贫攻坚战。对社会救助工作进行专题询问，督促相关部门进一步关注困难群体，强化社会救助管理体系建设，不断提升工作水平。聚焦污染防治，全面贯彻习近平生态文明思想，听取审议河长制工作情况的报告，对固体废物污染环境综合整治问题开展专题调研，督促相关部门持续综合施策，构建生态保障，共建天蓝、地绿、水清的美丽郑州。助推民生改善。贯彻落实以人民为中心的发展理念，围绕人民群众最关心最直接最现实的利益问题加强监督。推动民生重点实事落实。听取审议市政府“十件民生重点实事”办理落实情况的报告，督促中小学幼儿园建设、“两癌”筛查等民生实事项目按时保质完成，切实让人民群众享受到更多的便利和实惠。促进残疾人事业发展。听取审议郑州市残疾预防和残疾人康复工作情况的报告，要求相关部门强化残疾预防措施，优先满足残疾人基本康复服务需求，推动全市残疾预防和残疾人康复工作水平不提升。促进社会保障更加便民惠民。对社会保险工作进行评议，督促落实“最多跑一次”改革要求，优化工作流程，提升服务质量，织密织牢社会保障“安全网”。提升公共文化服务保障水平。对《中华人民共和国公共文化服务保障法》实施情况进行执法检查，并开展专项工作评议，推动公共文化服务体系建设，实现公共文化设施网络城乡全覆盖，更好满足全市人民日益增长的精神文化需求。

【人大代表工作】 2018年，郑州市持续做好人大代表工作。及时对常委会组成人员、市人大代表进行初任培训和履职培训，重点学习习近平总书记关于坚持和完善人民代表大会制度的重要思想、宪法法律知识和履职知识，切实提升常委会组成人员和人大代表依法履职能力。加强代表短信平台、“郑州人大”代表微信平台、“郑州人大”网站建设，提升《郑州人大工作》编印水平，为代表知情知政、依法履职创造条件。

拓宽代表依法履职渠道。围绕推动经济高质量发展、生态环境保护、城市建设和社会保障等方面，组织人大代表参加立法、视察、执法检查、专题调研等活动123人次。持续推进全市“代表之家”、代表工作站建设，为代表联系选民、履职交流提供平台。坚持常委会领导联系常委会委员、常委会组成人员联系人大代表“双联系”制度，组建10个人大代表专业组，坚持每次常委会会议邀请12名市人大代表列席制度，切实加强常委会同人大代表、人大代表同人民群众的联系。

加强代表议案建议办理。召开议案建议交办会议，及时交办市十五届人大一次会议代表提出的4件议案、388件建议。加强代表议案建议督办，提高认识，强化责任，真正把议案、建议办理工作落到实处；加强领导，明确任务，做到思想、领导、人员、措施、责任、工作“六到位”，保证代表建议的办理质量和实效；坚持在提高办理质量上下工夫、加强与代表的沟通和互动、在规定的时限内答复代表，把代表议案、建议办好办实。由市人大常委会承办的“关于加快推进《郑州航空港经济综合实验区条例》立法进程的议案”，省人大常委会高度重视，已将该条例纳入立法项目。

【省十三届人大一次会议郑州代表团审议活动】 2018年1月24日上午，河南省第十三届人民代表大会第一次会议在省人民会堂开幕。下午，省委书记、省人大常委会主任谢伏瞻到郑州代表团，与代表共同审议政府工作报告，听取意见建议。马懿、张立勇、白红战、杨东方、马健、孙淑芳、丁波、王广幼、郭元军、魏东、张红伟、虎强等代表先后发言。大家认为，政府工作报告总结成绩实事求是，确定目标切实可行，是一个求真务实、开拓创新、催人奋进的好报告。大家还就建设现代化经济体系、建设“空中丝绸之路”、发展实体经济、打造文化高地等提出意见建议。谢伏瞻强调，郑州要把目标任务、使命担当和问题导向有机统一起来，拉高标杆、积极作为，发挥优势、补齐短板，努力当好全省标兵、走在全国前列。要把学习贯彻习近平新时代中国特色社会主义思想作为首要政治任务，引导广大党员干部增强“四个意识”，坚决维护习近平总书记党的领袖和核心地位，坚决维护党中央权威和集中统一领导，始终在政治立场、政治方向、政治原则、政治道路上同以习近平同志为核心的党中央保持高度一致，推动党的十九大各项决策部署落地生根。要紧紧扭住科学发展不放松，进一步强化高端装备制造业和现代服务业的支撑作用，努力成为高质量发展的排头兵。要把建设国家中心城市作为重要抓手，着力把郑州打造成综合交通枢纽和现代物流中心、区域金融中心、区域科教和创新中心、区域医疗中心，全面提升城市品质和管理水平，不断增强吸引力、竞争力、带动力，努力提高在国家发展大局中的战略地位。省委、省政府将一如既往地大力支持郑州发展，希望郑州有更大的担当，发展得更好，进而辐射带动全省整体发展。

（胡凯林）

重要会议

【人大全体会议】 郑州市第十四届人民代表大会第六次会议 2018年1月9日上午，郑州市第十四届人民代表大会第六次会议第一次全体会议在省人民会堂举行，会议表决通过了大会选举办法。

1月10日下午，郑州市第十四届人民代表大会第六次会议第二次全体会议在省人民会堂举行，会议以无记名投票方式，选举产生了72名郑州市出席河南省第十三届人民代表大会代表，周富强当选郑州市监察委员会主任，刘海奎当选郑州市人民检察院检察长。

省委常委、市委书记马懿强调，全市广大党员干部、各级人大代表要进一步发挥好表率和带头作用，更好地团结带领广大人民群众凝心聚力，抓好各项工作的推进和落实。要树牢“四个意识”，把握正确政治方向。要坚持发展第一要务，把握高质量发展方向，以国家中心城市建设为统揽，以供给侧结构性改革为主线，以“三区一群”建设为引领，坚持“四重点一稳定一保证”工作总格局，着力打好决胜全面建成小康社会“三大攻坚战”，着力补好发展不平衡不充分短板，不断开创国家中心城市建设新局面。要坚持以人民为中心，抓住群众最关心最紧迫的突出问题，集中力量做好普惠性、基础性、兜底性民生建设。要持之以恒转变作风，以过硬作风促落实。白红战要求，全市各级人大及其常委会和人大代表要把思想和行动统一到市委的决策部署上来，坚定不移地坚持党的领导，坚持发展第一要务，忠实履行宪法法律赋予的职责；坚持“以人为本、立法为民”的立法理念，使立法更好地体现广大人

2018年9月27—30日，郑州市第十五届人民代表大会第一次会议举行（市人大常委会办公厅/供图）

民群众的意愿，监督推进人民群众最关心最直接最现实问题的解决；要坚定不移地加强自身建设，着力在建设全面担负起宪法法律赋予各项职责的工作机关、同人民群众保持密切联系的代表机关上狠下功夫。

郑州市第十五届人民代表大会第一次会议 2018年9月27上午，郑州市第十五届人民代表大会第一次会议开幕。根据会议议程，郑州市人民政府代市长王新伟代表市政府向大会作政府工作报告。报告共分四个部分：本届政府工作回顾；今后五年的目标任务；2018年四季度重点工作；全面加强政府自身建设。大会还书面审查了《郑州市2017年国民经济和社会发展计划执行情况与2018年计划草案的报告》《郑州市2017年财政预算执行情况和2018年财政预算草案的报告》；表决通过了大会选举办法，市十五届人大各专门委员会主任委员、副主任委员、委员人选的表决办法。

9月28日下午，郑州市第十五届人民代表大会第一次会议举行第二次全体会议。市人大常委会主任白红战作市人大常委会工作报告，市中级人民法院院长于东辉作市中级人民法院工作报告，市人民检察院检察长刘海奎作市人民检察院工作报告。

9月30日下午，郑州市第十五届人民代表大会第一次会议举行第三次全体会议。会议经表决，通过了关于郑州市人民政府工作报告的决议、关于郑州市2017年国民经济和社会发展计划执行情况与2018年计划的决议、关于郑州市2017年财政预算执行情况和2018年财政预算的决议、关于郑州市人民代表大会常务委员会工作报告的决议、关于郑州市中级人民法院工作报告的决议、关于郑州市人民检察院工作报告的决议等六个决议，以及市十五届人大各专门委员会组成人员人选名单。会议选举胡荃为市十五届人大常委会主任，王广灿、王贵欣、赵新中、法建强、张春阳、袁三军、王福松、孙黎为市十五届人大常委会副主任，周亚民为市十五届人大常委会秘书长。选举王新伟为郑州市人民政府市长，王鹏、谷保中、黄卿、李喜安、万正峰、孙晓红、吴福民、史占勇、马义中为郑州市人民政府副市长。周富强为市监察委员会主任。李志增为市中级人民法院院长。刘海奎为市人民检察院检察长。

在圆满完成议程后，9月30日下午，市十五届人大一次会议举行闭幕会。市委书记马懿指出，通过这次“两会”，进一步厘清了当前和今后一个时期的思路举措，认识更加统一、目标更加明确、任务更加清晰。市人大常委会主任胡荃表示，一定不辱使命，不负重托，围绕中心，服务大局，履职尽责，奋发有为，为完成本次会议确定的任务，为决胜全面建成小康社会、全面推进国家中心城市建设、让中原更加出彩而努力奋斗。市人大常委会主任胡荃表示，一定不辱使命，不负重托，认真履行宪法和法律赋予的职责，同全体代表一道，恪尽职守，勤勉工作，为深入贯彻全面依法治国新思想新战略，全面推进国家中心城市建设作出不懈的努力，决不辜负各位代表的重托。

2018年10月23日，市十五届人大一次会议代表议案建议交办会举行（市人大常委会办公厅/供图）

【人大常委会会议】 市十四届人大常委会第三十四次会议 2018年1月5日，市十四届人大常委会第三十四次会议召开。市人大常委会主任白红战主持会议。会议听取了市人大常委会秘书长王福松作的关于郑州市第十四届人民代表大会第六次会议筹备工作情况的报告；市人大常委会选工委主任阎铁成作的关于郑州市监察委员会副主任、委员任命和宪法宣誓程序的决定（草案）的说明。书面听取了其他相关报告、名单（草案）等。会议审议并表决通过了郑州市第十四届人民代表大会第六次会议筹备工作情况的报告；关于郑州市第十四届人民代表大会第六次会议议程（草案），主席团和秘书长名单（草案）；关于郑州市监察委员会副主任、委员任命和宪法宣誓程序的决定；关于郑州市第十四届人民代表大会第六次会议召开时间的决定。市十四届人大六次会议将于2018年1月9日召开。

市十四届人大常委会第三十五次会议 1月11日，市十四届人大常委会第三十五次会议召开。市人大常委会主任白红战主持会议。会议听取了市监察委员会主任周富强作的关于人事任免案的说明。拟任命的市监察委员会副主任、委员与常委会组成人员见面。会议审议并表决通过了人事任免案。新任命的市监察委员会副主任岳希荣、葛震远、周英，委员高志、郭秋丽、孙武、宁建海接受任命书，并进行了宪法宣誓。

市十四届人大常委会第三十六次会议 2月6日，市十四届人大常委会第三十六次会议召开。市人大常委会主任白红战主持会议。会议传达学习了省十三届人大一次会议精神。听取了市人大常委会副主任王铁良作的关于接受程志明辞去郑州市人民政府市长职务的决定（草案）的说明，并表决通过了该决定；听取了关于提请任命王战营为郑州市人民政府副市长、代理市长职务的决定（草案）的说明；听取了常务副市长王跃华作的关于人事任免案的说明，拟任命人员先后与常委会组成人员见面并作任前发言；听取了市发改委主任杨东方作的关于郑州市2017年政府投资项目计划执行情况和2018年计划（草案）的报告。会议采用无记名投票方式，全票通过了关于任命王战营同志为郑州市人民政府副市长、代理市长职务的决定；表决通过了有关人事任免事项。新任命的市人社局局长赵新民、市城管局局长李雪生、市统计局局长滕飞先后接受任命书。在王战营的领誓下，新任命人员进行了宪法宣誓。王战营作任职发言。会议表决通过了市人民政府关于郑州市2017年政府投资项目计划执行情况和2018年计划的报告，市人大常委会关于批准2018年政府投资项目计划的决议。

市十四届人大常委会第三十七次会议 4月10日，市十四届人大常委会第三十七次会议召开。市人大常委会主任白红战主持会议。会议听取了市人大常委会副主任王铁良作的关于接受王中立辞去郑州市第十四届人民代表大会常务委员会委员职务的决定（草案）的说明和关于提请任命邢金勇等8名市人大常委会工作人员职务的议案的说明；副市长李喜安作的郑州市人民政府关于提请王中立等7名同志职务任免的议案的说明，拟任命的市人民政府工作人员与常委会组成人员见面并作任前发言；市中级人民法院院长于东辉作的郑州市中级人民法院关于提请任免宋应红等34名工作人员法律职务的议案的说明，并组织拟任命人员与常委会组成人员见面；市公安局常务副局长张书军作的关于贯彻实施《中华人民共和国道路交通安全法》及《郑州市城市道路交通安全管理条例》情况的报告；市林业局局长崔正明作的关于郑州市林业生态建设工作情况的报告。会议表决通过了关于接受王中立辞去郑州市第十四届人民代表大会常务委员会委员职务的决定，市政府关于贯彻实施《中华人民共和国道路交通安全法》及《郑州市城市道路交通安全管理条例》情况的报告，市政府关于郑州市林业生态建设工作情况的报告；表决通过了有关人事任免案，并向新任命人员颁发任命书。市十四届人大六次会议选举的郑州市人民检察院检察长刘海奎、新任命的市人大常委会工作人员、市人民政府组成部门工作人员先后进行了宪法宣誓。

市十四届人大常委会第三十八次会议 5月14日，市十四届人大常委会第三十八次会议召开。市人大常委会主任白红战主持会议。会议听取了市人大常委会副主任王铁良作的郑州市人民代表大会常务委员会关于郑州市人民代表大会换届选举有关问题的决定（草案）的说明，表决通过了郑州市人民代表大会常务委员会关于郑州市人民代表大会换届选举有关问题的决定和郑州市人民代表大会常务委员会关于召开郑州市第十五届人民代表大会第一次会议时间的决定。

市十四届人大常委会第三十九次会议 6月29日，市十四届人大常委会第三十九次会议召开。市人大常委会主任白红战主持会议。会议听取了市人民政府副市长谷保中作的关于2018年郑州市防汛工作情况的报告，市人大常委会副主任王铁良作的关于郑州市第十四届人民代表大会代表变化情况的代表资格审查报告、关于郑州市人民代表大会换届选举时间的决定（草案）的说明、关于许可对市十四届人大代表兰建军采取强制措施的决定（草案）的说明；书面听取了关于脱贫攻坚工作情况报告的审议意见落实情况的报告、关于郑州市2017年政府投资项目计划执行情况和2018年计划报告的审议意见落实情况的报告。会议表决通过了市政府关于2018年郑州市防汛工作情况的报告、关于郑州市第十四届人民代表大会代表变化情况的代表资格审查报告、关于郑州市人民代表大会换届选举时间的决定、关于许可对市十四届人大代表兰建军采取强制措施的决定。

市十四届人大常委会第四十次会议 8月28—29日，市十四届人大常委会第四十次会议召开。市人大常委会主任白红战主持会议。会议听取了市中级人民法院院长于东辉作的“基本解决执行难”工作情况的报告，市财政局局长刘睿作的关于郑州市2018年第一批新增地方政府债券资金分配使用情况的报告，市环保局局长潘冰作的关于郑州市上年度环境状况和环境保护目标完成及本年度大气污染防治情况的报告，市审计局局长刘啸峰作的关于郑州市2017年度市级预算执行及其他财政收支的审计工作和2016年度市级预算执行及其他财政收支审计整改落实情况的报告，市政府法制办主任张江涛作的郑州市人民政府关于提请修改部分地方性法规的说明、关于修订《郑州市人民政府投资项目管理条例》的说明；听取了市检察院检察长刘海奎作的关于人事任免案的说明，并介绍拟任命人员与常委会组成人员见面；听取了市人大法制委员会主任委员李艳作的关于《郑州市人民政府关于提请修改部分地方性法规的议案》审议结果的报告。会议表决通过了郑州市人大常委会关于修改部分地方性法规的决定、市中级人民法院“基本解决执行难”工作情况报告、郑州市人大常委会关于批准郑州市2018年第一批新增地方政府债券资金分配使用情况报告的决议、郑州市上年度环境状况和环境保护目标完成及本年度大气污染防治情况的报告、2017年市本级预算执行及其他财政收支的审计工作和2016年度市级预算执行及其他财政收支审计整改落实情况的报告和有关人事任免案。

市十四届人大常委会第四十一次会议 9月12日，郑州市十四届人大常委会第四十一次会议召开。市人大常委会主任白红战主持会议。会议听取了市人大常委会秘书长王福松传达的习近平总书记在中央全面依法治国委员会第一次会议上的讲话精神，市人大常委会副主任王铁良作的郑州市人民代表大会常务委员会关于许可对郑州市第十四届人大代表张建昌采取强制措施的决定（草案）的说明和关于许可对郑州市第十四届人大代表屈智敏采取强制措施的决定（草案）的说明。会议表决通过了郑州市人民代表大会常务委员会关于许可对郑州市第十四届人大代表张建昌采取强制措施的决定、关于许可对郑州市第十四届人大代表屈智敏采取强制措施的决定。会议邀请省人大常委会委员、法制委员会副主任委员、法制工作委员会主任王新民作了宪法辅导讲座。

市十四届人大常委会第四十二次会议 9月25日，郑州市十四届人大常委会第四十二次会议召开。市人大常委会主任白红战主持会议。会议听取了市人大常委会副主任王铁良作的关于任命王新伟为郑州市人民政府副市长、代理市长职务的说明和郑州市第十四届人大常委会代表资格审查委员会关于郑州市第十五届人民代表大会代表资格的审查报告；市人大常委会秘书长王福松作的关于市十五届人民代表大会第一次会议筹备工作情况的报告和关于《郑州市人民代表大会常务委员会工作报告（草案）》的起草说明。书面听取并审议了市人大各专门委员会工作报告（草案），政府工作报告（草案），市政府2017年国民经济和社会发展计划执行情况与2018年国民经济和社会发展计划（草案）报告（草案），市政府2017年财政预算执行情况与2018年财政预算（草案）报告（草案），市中级人民法院工作报告（草案），市人民检察院工作报告（草案）；市十五届人民代表大会第一次会议议程（草案），主席团和秘书长名单（草案），计划、财政预算审查委员会名单（草案），议案审查委员会名单（草案），列席人员名单（草案），召开时间的决定（草案）等。会议表决通过了市人大常委会工作报告（草案）；市十五届人民代表大会第一次会议议程（草案），主席团和

2018年11月16日，市人大常委会视察郑州市大气污染防治工作（市人大常委会办公厅/供图）

秘书长名单（草案），计划财政预算审查委员会名单（草案），议案审查委员会名单（草案），列席人员名单（草案），召开时间的决定；市十五届人民代表大会资格的审查报告；有关人事任免事项。新任命的郑州市人民政府副市长、代理市长王新伟进行宪法宣誓并作任职发言。

市十五届人大常委会第一次会议 10月24—26日，郑州市十五届人大常委会第一次会议召开。郑州市人大常委会主任胡荃主持会议。会议听取了常务副市长王鹏作的关于调整2018年市本级政府投资项目计划的报告、关于郑州市2018年市本级预算调整方案（草案）的报告、关于农业产业化工作情况的报告、关于市城乡规划局郑州市城市设计工作情况的报告，市人民检察院副检察长范俊作的关于刑事侦查监督工作情况的报告，市税务局局长刘峰作的关于高新技术企业所得税优惠政策落实情况的报告，市人大法制委员会主任委员李艳作的《关于修改〈郑州市人民政府投资项目管理条例〉的决定（草案）》修改情况的说明，市人大常委会副主任王福松作的关于郑州市第十五届人民代表大会常务委员会代表资格审查委员会名单（草案）和人事任免议案的说明。拟任命的市人大常委会工作人员先后与常委会组成人员见面。会议书面听取了关于郑州市2018年1—9月份国民经济和社会发展计划执行情况的报告、关于郑州市国民经济和社会发展"十三五"规划纲要实施情况中期评估的报告、关于郑州市2017年财政决算和2018年1—9月份财政预算执行情况的报告及市人大常委会相关决议（草案）等。会议听取了郑州市人大法制委员会主任委员李艳作的关于修改《郑州市人民政府投资项目管理条例》的决定（草案）审议结果的报告；表决通过了郑州市人大常委会关于修改政府投资项目管理条例的决定。会议表决通过了郑州市2018年1—9月份国民经济和社会发展计划执行情况的报告、郑州市国民经济和社会发展"十三五"规划纲要实施情况中期评估的报告、郑州市2017年财政决算和2018年1—9月份财政预算执行情况的报告、郑州市2018年市级预算调整方案的报告，市人大常委会关于批准2018年市人民政府投资项目调整计划的决议、关于批准2017年市级财政决算的决议、关于批准2018年市级预算调整方案的决议、郑州市农业产业化工作情况的报告、郑州市人民检察院关于刑事侦查监督工作情况的报告、郑州市第十五届人民代表大会常务委员会代表资格审查委员会名单，以及有关人事任免案。会议向新任命人员颁发任命书，新任命人员进行了宪法宣誓。会议对市城乡规划局关于郑州市城市设计工作、市税务局关于高新企业所得税优惠政策落实工作进行专项评议，市人大常委会四个审议组评议发言人分别对市城乡规划局、市税务局的相关工作进行评议发言，对这两个部门的相关工作成绩表示肯定，同时提出多条有针对性的建议和意见。全体会议评议环节结束后，会议对市城乡规划局、市税务局两个部门的相关工作进行了满意度测评。经过测评，结果均为"满意"。

市十五届人大常委会第二次会议 12月26—28日，郑州市十五届人大常委会第二次会议召开。市人大常委会主任胡荃主持会议。会议听取了副市长孙晓红作的郑州市人民政府关于2018年市十件重点民生实事办理落实情况的报告、市税务局局长刘峰作的关于2018年税收工作情况的报告、市民政局局长冯明杰作的关于郑州市社会救助工作情况的报告、市人社局局长赵新民作的关于郑州市社会保险工作情况的报告、市文广新局局长宋建国作的关于贯彻落实《中华人民共和国公共文化服务保障法》情况的报告、市国资委主任黄明坤作的关于企业国有资产管理情况的报告、市人民政府外侨办副主任张树忱作的关于外事服务经济工作情况的报告、市人大常委会法工委主任李艳作的关于《郑州市人民代表大会常务委员会关于市人民政府机构改革涉及地方性法规规定的行政机关职责调整问题的决定（草案）》的说明、市中级人民法院院长李志增作的关于人事任免案的说明；书面听取了郑州航空港经济综合实验区税务局关于2018年税收工作情况的报告。会议对市人民政府关于社会救助工作情况开展了专题询问，围绕郑州市社会救助工作现状，针对坚决打赢脱贫攻坚战、低保家庭教育救助、城镇保障性安居工程、疾病应急救助、"关系保""人情保"预防等中央和省委、市委的决策部署以及人民群众普遍关注的问题，分别进行了询问。会议对市人力资源和社会保障局关于郑州市社会保险工作、市文化广电新闻出版局关于贯彻落实《中华人民共和国公共文化服务保障法》情况、市人民政府外事侨务办公室关于外事服务经济工作进行了专项工作评议，评议发言人分别对其相关工作进行评议发言，对这三个部门的相关工作成绩表示肯定，同时提出多条有针对性的意见和建议，最后实施了满意度测评，均达到了"满意"的评议结果。会议听取了关于《郑州市人民代表大会常务委员会关于市人民政府机构改革涉及地方性法规规定的行政机关职责调整问题的决定（草案）》审议结果的报告，并表决通过了该决定。表决通过了关于2018年十件重点民生实事落实情况的报告，关于郑州市社会救助工作情况的报告、关于企业国有资产管理情况的报告、关于2018年税收工作情况的报告等，以及有关人事任免案。

【市人大常委会主任会议】 市十四届人大常委会第六十次主任会议 2018年1月5日，市人大常委会主任白红战主持召开市十四届人大常委会第六十次主任会议。会议听取了市委组织部常务副部长朱河顺所作关于郑州市第十四届人民代表大会第六次会议组织机构名单（草案）的说明，市人大常委会选工委副主任蔡军龙所作关于郑州市第十四届人民代表大会第六次会议组织机构名单（草案）的补充说明和关于郑州市第十四届人民代表大会第六次会议选举办法（草案）的说明，经研究，会议原则同意将以上名单（草案）及选举办法（草案）提请市十四届人大常委会第三十四次会议审议。会议听取了市人大常委会副秘书长、办公厅主任李金鹏所作市十四届人大六次会议筹备工作情况的报告，市十四届人大六次会议议程（草案）、日程（草案）安排意见，关于市十四届人大六次会议召开时间的决定（草案）的说明和关于市十四届人大常委会第

2018年11月20日，市十五届人大代表开展集中履职学习（市人大常委会办公厅/供图）

三十四次会议议程（草案）、日程（草案）、出列席人员名单（草案）的说明。会议要求，机关各部门要认真做好会议保障工作，确保市十四届人大常委会第三十四次会议顺利召开。

市十四届人大常委会第六十一次主任会议 1月11日，市人大常委会主任白红战主持召开市十四届人大常委会第六十一次主任会议。会议听取了市委组织部常务副部长朱河顺所作关于监察委员会副主任、委员人员名单（草案）的说明，市人大常委会选工委主任阎铁成所作的关于郑州市监察委员会副主任、委员人员名单（草案）补充说明，市人大常委会副秘书长、办公厅主任李金鹏所作关于市十四届人大常委会第三十五次会议议程（草案）、日程（草案）、出列席人员名单（草案）的说明。经研究，会议原则同意将以上议案提请市十四届人大常委会第三十五次会议审议。

市十四届人大常委会第六十二次主任会议 2月6日，市人大常委会主任白红战主持召开市十四届人大常委会第六十二次主任会议。会议听取了市委组织部部长焦豫汝所作关于人事任免案的说明，市人大常委会选工委主任阎铁成所作关于人事任免案相关补充说明，市人大常委会经济工委主任李元中所作关于郑州市2017年政府投资项目计划执行情况和2018年计划（草案）审查报告，并对相应决议（草案）进行说明；听取了市人大常委会副秘书长、办公厅主任李金鹏所作关于市十四届人大常委会第三十六次会议议程（草案）、日程（草案）、出列席人员名单（草案）的说明。经研究，会议原则同意将以上议案提请常委会会议审议。会议要求，市人大常委会要在市委的领导下，一如既往全力支持市人民政府工作，密切与市人民政府的工作联系，把监督与支持有机结合起来，在支持中监督，在监督中支持，共同形成加快郑州国家中心城市建设的合力。

市十四届人大常委会第六十三次主任会议 3月27日，市人大常委会主任白红战主持召开市十四届人大常委会第六十三次主任会议。会议听取了市委组织部常务副部长朱河顺、郑州市中级人民法院副院长李广湖分别作的关于人事任免案的说明和市人大常委会选工委主任阎铁成所作相关议案的补充说明，经研究，原则同意将相关议案提请市十四届人大常委会第三十七次会议审议。会议听取了市十四届人大常委会第三十七次会议准备情况，经研究，原则同意将以上议题提请市十四届人大常委会第三十七次会议审议，相关部门要做好各项准备工作。会议听取了党组书记胡荃全文传达的习近平总书记在第十三届全国人民代表大会第一次会议上的讲话，传达学习了党的十九届三中全会主要精神和第十三届全国人民代表大会第一次会议精神。会议听取了市人大常委会秘书长王福松所作关于郑州市人大常委会2018年工作要点（草案）的说明。经研究，会议原则同意以上《要点（草案）》，并提出修改完善工作意见。

市十四届人大常委会第六十四次主任会议 4月10日，市人大常委会主任白红战主持召开市十四届人大常委会第六十四次主任会议。会议传达学习了省委书记王国生在郑州调研时的讲话精神。听取了选工委主任阎铁成作关于人事任免案的说明，经研究，原则同意将该项议案提请市十四届人大常委会第三十七次会议审议，要求选工委做好拟任人员的任职考试、宣誓等准备工作；研究了2018年郑州市人大常委会工作要点责任分解（草案），2018年郑州市人大常委会会议、主任会议议题安排意见（草案），2018年郑州市人大常委会监督工作计划（草案）。会议原则同意以上安排意见，根据实际工作情况，如需调整应及时报主任会议研究决定。

市十四届人大常委会第六十五次主任会议 5月14日，市人大常委会主任白红战主持召开市十四届人大常委会第六十五次主任会议。会议听取了市人大常委会选工委主任阎铁成所作的郑州市人民代表大会常务委员会关于郑州市人民代表大会换届选举有关问题的决定（草案）的说明，预算工委主任龙同胜所作的关于落实全省人大预算联网监督工作会议精神的报告，副秘书长、办公厅主任李金鹏所作关于郑州市十四届人大常委会第三十八次会议议程、日程、出列席人员名单（草案）的说明。经研究，会议原则同意以上报告。

市十四届人大常委会第六十六次主任会议 6月28日，市人大常委会主任白红战主持召开市十四届人大常委会第六十六次主任会议。会议听取了市安监局局长任立公所作的《关于安全生产监管工作的评议意见》落实情况的报告和市人大常委会经济工委主任李元中所作的《关于安全生产监管工作的评议意见落实情况的报告》的意见。会议指出，市政府及相关部门要深入贯彻习近平总书记关于安全生产的重要思想，紧盯“一个杜绝，三个持续下降”的目标要求，结合郑州建设国家中心城市的实际，落实好市委各项决策部署。会议听取了市卫计委主任付桂荣所作的《关于分级诊疗工作的评议意见》落实情况的报告和市人大常委会教科文卫工委主任姜朝红所作的《关于分级诊疗工作的评议意见落实情况的报告》的意见。会议要求，市政府要按照党的十九大精神的要求，积极落实健康中国战略部署，落实好各相关政策，全力推进分级诊疗工作有序发展，切实解决好百姓看病难的问题，为群众提供全方位全周期健康服务。会议听取了市旅游局副局长何宏波所作的《关于智慧旅游城市建设工作情况报告的评议意见》落实情况的报告和市人大常委会民侨外工委主任沈丕黎所作的《关于智慧旅游城市建设工作情况报告的评议意见落实情况的报告》的意见。经研究，会议原则同意以上报告。会议指出，市政府及相关部门要将智慧旅游城市建设贯穿于落实十九大精神的具体行动中，最大限度地满足人民群众对美好生活的需要，持续提升旅游管理水平和服务水平，大力提高国民旅游休闲和旅游消费质量。会议听取了市人大常委会选工委主任阎铁成所作的《关于对市十四届人大五次会议代表议案和建议办理情况报告的审议意见落实情况的报告》的意见，预算工委主任龙同胜所作的《关于郑州市2017年财政收入预计完成情况的报告的审议意见落实情况的报告》的意见、《关于郑州市国家税

2018年12月28日，市人大常委会对市社会保险工作进行专题评议（市人大常委会办公厅/供图）

务局关于2017年税收工作情况的报告的审议意见落实情况的报告》的意见、《关于郑州市地方税务局关于2017年税收工作情况的报告的审议意见落实情况的报告》的意见，副秘书长、办公厅主任李金鹏所作的关于《郑州市2017年市十件重点民生实事办理落实情况的报告审议意见》的落实情况报告的意见。经研究，会议原则同意以上报告。会议要求，市人大常委会相关工委应继续加强监督，切实增强监督实效，推动政府部门各项工作有序开展。市政府及相关部门要结合郑州市实际，有针对性的提出落实措施，进一步理清工作思路清晰，围绕国家中心城市建设不断改进工作，保民生、保稳定、促发展，为加快推进国家中心城市建设作出新的更大的贡献。会议听取郑州市十四届人大常委会第三十九次会议准备情况，听取了市人大常委会副秘书长、办公厅主任李金鹏所作的关于郑州市十四届人大常委会第三十九次会议议程、日程和出列席人员名单（草案）的说明。经研究，会议原则同意将以上议题提请市十四届人大常委会第三十九次会议审议，请相关部门做好准备工作。

市十四届人大常委会第六十七次主任会议 7月19日，市人大常委会主任白红战主持召开市十四届人大常委会第六十七次主任会议。会议听取了市公安局常务副局长张书军所作的《关于贯彻实施〈中华人民共和国道路交通安全法〉和〈郑州市城市道路交通安全管理条例〉情况报告的审议意见》落实情况的报告和市人大常委会内司工委主任杨惠春所作的《关于贯彻实施〈中华人民共和国道路交通安全法〉和〈郑州市城市道路交通安全管理条例〉情况报告的审议意见》落实情况的报告的意见。经研究，会议同意以上报告和意见，并就下一步工作提出要求。会议听取了市林业局局长崔正明所作的《关于我市林业生态建设工作情况报告的审议意见》落实情况的报告和农工委主任任广林所作的《关于我市林业生态建设工作情况报告的审议意见》落实情况的报告的意见。经研究，会议原则同意以上报告和意见，并对下一步工作提出要求。会议听取了市人大常委会城建工委主任张子亮所作的关于郑州市人民代表大会常务委员会评议市规划局关于郑州市城市设计工作实施方案（草案）的说明、预算工委主任龙同胜所作的关于郑州市人民代表大会常务委员会评议国家税务总局郑州市税务局关于高新企业所得税优惠政策落实情况工作实施方案（草案）的说明。经研究，会议原则同意以上方案，并要求相关委员会要按照方案推进专项评议工作，要做到内容丰富，重点突出，提升监督实效。会议听取了市人大常委会副秘书长、办公厅主任李金鹏所作的关于郑州市十四届人大常委会第四十次会议议题安排意见的说明。经研究，会议指出，由于郑州市换届选举工作时间调整，原定于8月常委会听取和审议的郑州市2018年上半年国民经济和社会发展计划执行情况的报告，郑州市2017年财政决算和2018年1—6月份财政预算执行情况的报告，郑州市人民政府债务限额管理等有关情况的报告三项报告应调整时间进行，请相关委员会研究具体方案提适时请主任会会议审议。

市十四届人大常委会第六十八次主任会议 8月23日，市人大常委会主任白红战主持召开市十四届人大常委会第六十八次主任会议。会议听取了市人民检察院检察长刘海奎所作关于人事任免案的说明和选工委主任阎铁成所作关于人事任免案的补充说明。经研究，会议原则同意将以上议案提请市十四届人大常委会第四十次会议审议。听取了市人民检察院检察长刘海奎所作关于设立郑州经济技术开发区人民检察院有关情况的说明。经研究，会议原则同意以上议案，指出市人民检察院要及时将相关情况向市委汇报后，再上报上级检察院审批，由市人大常委会内司工委做好后续相关工作。会议听取了市人大常委会法工委主任李艳所作关于修改部分地方性法规议案审查情况的汇报，要求市人大常委会法工委要做好与省人大常委会的对接工作，确保法规有地方特色，并与上位法不抵触。会议听取了市人大常委会内司工委主任杨惠春所作关于市中级人民法院民事执行工作情况的视察报告，经济委员会主任委员李元中所作关于修改《郑州市人民政府投资项目管理条例（修订稿草案）》的初审报告，城建工委主任张子亮所作关于郑州市上年度环境状况和环境保护目标完成及本年度大气污染防治情况的视察报告，预算工委主任龙同胜所作关于郑州市2017年度市本级预算执行及其他财政收支的审计工作和2016年度市级预算执行及其他财政收支审计整改落实情况的报告的初审报告、关于郑州市2018年第一批新增地方政府债券资金分配使用情况的报告的说明，副秘书长、办公厅主任李金鹏所作关于郑州市十四届人大常委会第四十次会议议程、日程和出列席人员名单（草案）的说明。经研究，会议原则同意将以上议题提请市十四届人大常委会第四十次会议审议。

市十四届人大常委会第六十九次主任会议 9月12日，市人大常委会主任白红战主持召开市十四届人大常委会第六十九次主任会议。会议听取了市人大常委会选工委主任阎铁成作关于郑州市人民代表大会常务委员会关于许可对郑州市第十四届人民代表大会代表张建昌采取强制措施的决定（草案）和郑州市人民代表大会常务委员会关于许可对郑州市第十四届人民代表大会代表屈智敏采取强制措施的决定（草案）的说明，副秘书长、办公厅主任李金鹏作关于郑州市十四届人大常委会第四十一次会议议程、日程和出列席人员名单（草案）的说明。经研究，会议原则同意将以上议题提请市十四届人大常委会第四十一次会议审议。

市十四届人大常委会第七十次主任会议 9月12日，市人大常委会主任白红战主持召开市十四届人大常委会第七十次主任会议。会议听取了市十四届人大常委会第四十二次会议准备情况，市委组织部部长焦豫汝作关于市十五届人民代表大会第一次会议各项名单（草案）及相关人事任免案的说明，市人大常委会选工委主任阎铁成作关于市十五届人民代表大会代表变动情况的代表资格审查报告和关于市十五届人民代表大会第一次会议选举和表决办法（草案）、关于市十五届人民代表大会第一次会议关于代表议案审议办理规定（草案）的说明，市人大常委会副秘书长、

11日，市人大常委会视察“十件重点民生实事”落实情况（市人大常委会办公厅/供图）

办公厅主任李金鹏作关于市十五届人大一次会议召开时间的决定（草案）的说明和关于市十四届人大常委会第四十二次会议议程（草案）、日程（草案）和出列席人员名单（草案）的说明。会议书面审议了郑州市人民代表大会常务委员会工作报告（草案）及起草情况的说明和市十五届人大一次会议其他各项工作报告稿、市十五届人大一次会议筹备工作情况的报告、市十五届人大一次会议议程（草案）、日程（草案）安排意见。

市十五届人大常委会第一次主任会议 10月18日，市人大常委会主任胡荃主持召开市十五届人大常委会第一次主任会议。会议听取了市委组织部常务副部长朱河顺所作关于人事任免案的说明和市人大人事任免委主任委员崔正明所作人事任免案的补充说明，经研究，会议原则同意以上议案，并请相关部门按程序提请市十五届人大常委会第一次会议审议。会议听取了市人大人事任免委主任委员崔正明所作郑州市第十五届人民代表大会常务委员会代表资格审查委员会名单（草案）的说明，经研究，原则同意以上名单（草案）；听取了市人大教科文卫委主任委员姜朝红所作郑州市人民代表大会常务委员会评议市文广新局贯彻实施《中华人民共和国公共文化服务保障法》情况实施方案（草案），人事任免委主任委员崔正明所作郑州市人民代表大会常务委员会评议市人力资源和社会保障局社会保险工作实施方案（草案），民侨外委主任委员沈丕黎所作郑州市人民代表大会常务委员会评议市外侨办外事服务经济工作实施方案（草案）；市人大人事任免委主任委员崔正明所作关于承办和督办市十五届人大一次会议代表议案及建议、批评和意见工作的说明；市十五届人大常委会第一次会议相关议题准备情况的报告；市人大常委会副秘书长、办公厅主任张辉所作关于郑州市十五届人大常委会第一次会议议程、日程，出列席人员安排意见（草案）的说明。会议听取了副市长吴福民所作关于郑州市2018年河长制工作情况的报告、市人大农业和农村委主任委员秦土旺所作关于郑州市2018年河长制工作情况的视察报告；副市长吴福民所作关于2018年郑州市防汛工作情况的报告的审议意见落实情况的报告和市人大农业和农村委主任委员秦土旺所作关于2018年郑州市防汛工作情况的报告的审议意见落实情况的报告的意见。经研究，会议原则同意以上报告及意见，要求市政府要继续做好各项工作，力争走在全省前列。会议学习传达了市十五届人大一次会议精神。

市十五届人大常委会第二次主任会议 11月28日，市人大常委会主任胡荃主持召开市十五届人大常委会第二次主任会议。会议听取了副市长马义中所作关于郑州市残疾预防和残疾人康复工作情况的报告和市人大内司委副主任委员崔豫琳所作关于郑州市残疾预防与残疾人康复工作情况的视察报告，并提出工作要求。会议听取了市中级人民法院院长李志增所作关于郑州经济技术开发区人民法院加挂河南自由贸易试验区郑州片区人民法院牌子的情况说明，关于《郑州市十四届人大常委会第四十次会议对市中级人民法院关于民事执行工作情况报告的审议意见》落实情况的报告和市人大内司委副主任委员崔豫琳作关于市中级人民法院民事执行工作情况报告审议意见落实情况的报告的意见。经研究，会议原则同意以上议案和报告。会议听取了市人大常委会城建环保工委主任柴栓庆作关于市人民政府《我市上年度环境状况和环境保护目标完成及本年度大气污染防治情况的报告》的审议意见落实情况的报告的意见，书面审议《关于郑州市上年度环境状况和环境保护目标完成及本年度大气污染防治情况的报告》的审议意见落实情况的报告；市人大常委会预算工委主任李金鹏作关于《郑州市2017年度市级预算执行及其他财政收支的审计工作和2016年度市级预算执行及其他财政收支审计整改落实情况的报告》的审议意见落实情况的报告的意见，书面审议《关于郑州市2017年度市级预算执行及其他财政收支的审计工作和2016年度市级预算执行及其他财政收支审计整改落实情况的报告》的审议意见落实情况的报告。经研究，会议原则同意以上报告和意见。会议听取了市人大常委会选工委主任崔正明所作关于市十五届人大常委会领导联系常委会委员的意见、关于郑州市第十五届人大常委会组成人员联系市人大代表的意见、关于建立市十五届人大代表专业活动组的意见及关于组织驻郑省人大代表和市人大代表集中视察的安排意见。经研究，会议原则同意以上意见。会议听取了市人大常委会信访室主任杨彦峰所作关于《郑州市人大常委会信访法律法规咨询员名单（草案）》的说明。经研究，会议原则同意以上名单（草案）。请相关部门按照程序对咨询员进行聘请。会议听取了市人大常委会法工委主任李艳所作关于《郑州市人大常委会2019年度地方立法计划（草案）》的说明和关于《郑州市人大常委会法律咨询委员会名单（草案）》的说明。经研究，会议原则同意以上计划（草案）和名单（草案）。会议听取了市人大常委会副秘书长、办公厅主任张辉所作的关于郑州市十五届人大常委会第二次会议议题安排意见（草案）的说明。经研究，会议原则同意以上安排意见。

市十五届人大常委会第三次主任会议 12月20日，市人大常委会主任胡荃主持召开市十五届人大常委会第三次主任会议。会议听取了副市长吴福民作的关于《郑州市城市设计工作的评议意见》落实情况的报告和市人大常委会城建工委主任柴栓庆作的关于《郑州市城市设计工作的评议意见》落实情况的报告的意见，指出市人民政府及相关部门要通过城市设计，改善生态环境，补足城市短板，保障和改善民生，增强城市的宜居性，努力将城市设计工作做好、做实，不断提升郑州市城市规划建设管理水平。会议听取了市中级人民法院院长李志增作的关于人事任免案的说明和关于市十五届人大一次会议代表建议办理进展情况的报告、市政府督查室主任马运生作的关于市十五届人大一次会议代表议案建议办理进展情况的报告、市人大常委会选工委主任崔正明作的人事任免案的补充说明和关于市“一府两院”代表议案建议办理进展情况的说明，要求在市十五届人大二次会议之前，要将所有的议案建议办理完毕。会议听取了市检察院检察长刘海奎作的《关于刑事侦查监督工作情况的报告审议意见》落实情况的报告、市人大常委会内司工委主任蔡仲友作的《关于刑事侦查监督工作情况的报告的审议意见》的落实情况的报告的意见，要求市检察院要进一步关注热点、难点，提高监督实效。会议审议了市十五届人大常委会第一次会议审议意见、评议意见落实情况，市人大常委会经济工委主任李元中作《关于2018年1—9月国民经济和社会发展计划执行情况的报告的审议意见》落实情况的报告的意见和关于郑州市国民经济和社会发展“十三五”规划纲要实施中期评估的报告的审议意见落实情况的报告的意见、农工委主任秦土旺作《关于农业产业化工作情况的报告的审议意见》落实情况的报告的意见、预算工委主任李金鹏作关于对《郑州市税务局高新技术企业所得税优惠政策落实情况的评议意见》落实情况的报告的意见。经研究，会议原则同意以上报告，要求市人大常委会相关工委应继续加强监督，切实增强监督实效；市政府及相关部门要有针对性地提出落实措施，围绕国家中心城市建设不断改进工作。会议听取市人大常委会第二次会议相关议题准备情况的报告，经研究，会议原则同意将以上议题提请会议审议，请相关部门做好准备工作。

（胡凯林）

监督工作

【概况】 2018年，郑州市人大及其常委会扎实推进深化改革任务落地见效，全市财政预算联网监督工作全面推开，“一府一委两院”密切联系人大代表的工作机制逐步完善。积极推动重大部署贯彻落实，专门调整工作计划，对脱贫攻坚、环保督查、扫黑除恶、营商环境、宗教工作等重大部署，及时开展视察调研、执法检查等，有效推动相关工作的落实。

【司法权力运行监督】 2018年，郑州市人大及其常委会加强对司法工作的监督。认真落实中央和省委、市委决策部署，连续两次对扫黑除恶专项斗争工作进行专题视察，督促有关部门提升政治站位，在打防并举、标本兼治上下功夫，推动扫黑除恶专项斗争向纵深发展。听取审议市中级人民法院关于民事执行工作情况的相关报告，持续推动执行难问题的解决。听取审议市人民检察院刑事侦查监督工作情况的报告，强调要突出监督重点，加大对严重暴力犯罪、黑恶势力犯罪的打击力度，建立检察机关与公安机关协同配合机制，努力让人民群众在每一个司法案件中感受到公平正义。依法作出决定，同意设立郑州经济技术开发区人民法院、人民检察院，河南自由贸易试验区郑州片区人民法院、人民检察院，为经济社会发展提供司法保障。

【规范性文件备案审查】 2018年，郑州市人大及其常委会始终坚持把规范性文件备案审查工作作为法律监督的重要内容，注重制度创新和工作督查相结合，坚持不断完善备案审查制度。常委会以信息化建设为抓手和突破口，根据全国人大、省人大常委会的要求，结合郑州市工作实际，归纳梳理需要修改完善的内容，科学设置规范性文件备案审查工作台帐，推动建设备案审查信息平台，努力实现规范性文件的电子报备，提升备案审查工作的能力和水平。全年，共接收、登记市政府、各县（市）区人大常委会向市人大常委会报备的规范性文件85件，其中，市政府规范性文件73件，各县（市）区人大常委会决定、决议12件，并分送相关专门（工作）委员会逐一进行审查，对发现的与法律法规不一致的问题，督促制定机关予以纠正，取得一定成效。

（胡凯林）

郑州市人民政府

综述

【概况】 2018年是郑州发展史上具有里程碑意义的一年。郑州市人民政府高举习近平新时代中国特色社会主义思想伟大旗帜，按照党的十九大作出的战略部署，全面贯彻落实习近平总书记视察河南、郑州时的重要指示精神，有效应对各种困难风险挑战，砥砺奋进，拼搏赶超，较好完成了市十五届人大一次会议确定的主要目标任务。以地区生产总值破万亿、常住人口破千万、人均生产总值破10万元“三大突破”为标志，郑州站在了高质量发展的新起点。

国家中心城市建设迈出坚实步伐。全面落实《郑州建设国家中心城市行动纲要（2017—2035年）》，总投资4.5万亿元的国家中心城市建设重大项目库发布，1000亿元产业发展基金设立运营，“一中枢一门户三中心”加快构建；首次进入“世界城市100强”“亚洲城市50强”；中国社科院研究机构发布的“国家中心城市指数”中，郑州市荣登潜在国家重要中心七项榜单。区域协调发展新格局加快构建。晋身国家区域协调发展新机制十二城市，《郑州大都市区空间规划（2018—2035年）》经省委、省政府审议通过，“1+4”郑州大都市区的规划、交通、产业等领域加速融合。经济贡献度进一步提升。以占全省4.45%的地域面积、10.55%的人口，创造了占全省21.1%的GDP、30.6%的一般公共预算收入、20.7%的社会消费品零售总额、32.9%的重点项目投资、74.5%的进出口总值。

【经济发展】 2018年，郑州市坚持从供给侧精准发力，保持了经济运行总体平稳、稳中有进的良好态势。主要指标稳中提质。初步核算，全市地区生产总值完成10143.3亿元；规模以上工业增加值增长6.8%；固定资产投资增长10.9%；社会消费品零售总额增长9.7%；地方财政一般公共预算收入达到1152.1亿元，增长9%，民营经济占GDP的比重达到58.9%。现代产业体系加快构建。高技术产业增加值增长12.4%，战略性新兴产业增加值占规模以上工业比重达到20%。初步形成电子信息、汽车及装备制造两个5000亿级产业集群，国家级技术创新和制造业单项冠军示范企业达到9家。服务业增加值5545.5亿元、增长8.3%。旅游接待总人数1.15亿人次、总收入突破1300亿元，郑东新区中央商务区成为“中国最具活力中央商务区”之一。金融业增加值1145.8亿元、占GDP的11.3%，郑州银行成为全国首家A+H股上市的城商行。物流业增加值780亿元、增长9%，国际物流园区晋升为国家级示范物流园区。“智能制造”提速增效。“三大改造”深入推进，制造业投资占工业投资比重达到79.5%，战略性新兴产业投资增长26.4%。新增超百亿企业2家、超200亿企业1家，“百千企业上云”近4700家。成功举办首届世界传感器大会、中国（郑州）承接产业转移系列对接活动等，引进上汽二期等一批重大制造业项目。成功创建国家服务型制造示范城市、中国消费品工业“三品”战略示范城市。

【科技创新引领】 2018年，郑州市聚焦“四个一批”，促进“四个融合”，万人发明专利拥有量13件、增长20%，科技进步贡献率达到63%。自创区建设步伐加快。大数据产业园等重大项目入驻中原科创谷，高新区管理体制和人事薪酬制度改革经验将在全省国家级开发区推广；全省首个新型产业用地试点成功落地。创新创业载体达211家，孵化载体面积突破850万平方米，在孵企业（团队）近万家，孵化水平居全国13位。“四个一批”成效明显。高新技术企业和科技型企业分别达到1329家、4283家，增长55%、32.7%；大力实施“智汇郑州”人才工程，办理人才落户近5万人；成功承办首届中国河南招才引智创新发展大会，签约项目111个，引进高层次人才293人。科技创新实现重大突破。积极推动协作创新，实施通信技术、超级电容等十大科技专项，8项成果获2018年度国家科技奖励，创历史新高。新增省级以上研发中心221家、制造业创新中心3个。

【改革开放】 2018年，郑州市重点改革加快推进。政府机构改革全面启动，因地制宜设置40个政府工作部门，新老

2018年，中欧班列（郑州）开行752班（马　健/摄）

机构顺利交替。“放管服”改革持续深化。市级政务服务办事大厅建成投用。财政资金基金化改革有序推进，公共资源交易在线监管全覆盖。国企改革攻坚行动强力实施。社会信用体系建设荣获国家“守信激励创新奖”，城市管理综合执法、医疗卫生等领域改革加快推进。“五区联动”综合发力。航空港实验区电子信息先进制造业集群向高端拓展，“双创”示范基地受到国务院表彰。自贸区郑州片区256项改革创新试点任务已超前完成五年计划的86.7%，新增注册企业4万家、占河南自贸区的80.6%。大数据综试区加快建设，中科院计算所郑州分所挂牌成立。口岸建设成效突出，内陆地区口岸数量最多、种类最全的城市地位继续保持。“四路协同”效应显现。“空中丝绸之路”越飞越广，郑州机场获批第五航权，已开通航线236条，横跨欧美亚三大经济区国际枢纽航线网络初步形成。“陆上丝绸之路”越跑越快，中欧班列（郑州）每周“去九回八”高频次运行，全年开行752班，主要指标继续保持全国前列。“网上丝绸之路”越来越便捷，EWTO核心功能集聚区启动建设，第二届全球跨境电子商务大会成功举办，跨境电商交易额增长25.1%。“海上丝绸之路”越来越顺畅，郑州至连云港、青岛、天津等港口海铁联运班列累计开行206班。

【三大攻坚战】 2018年，郑州市始终把“三大攻坚战”作为政治任务盯紧抓牢。防范化解重大风险攻坚战扎实推进。全面开展金融机构不良资产压降、非法违规金融活动打击、互联网金融风险和政府隐性债务“四清四实”专项整治行动，依法依规处置非法集资事件，稳妥处置重点领域个案重大风险，有序化解上市公司流动性危机，政府债务管理机制进一步规范。精准脱贫攻坚加快推进。脱贫退出1434户3800人，占全年目标的122%，剩余贫困人口1785人，实现除政策兜底外全部脱贫，脱贫攻坚由取得决定性进展向夺取全面胜利转变。全面打好污染防治攻坚战。认真做好中央环保督察“回头看”及省委、省政府环保督察交办问题整改工作，制定实施大气、水、土壤污染防治攻坚三年行动计划。围绕“四大结构”调整，深入开展工业企业提标改造、柴油货车污染治理、燃煤用量削减、城乡接合部环境综合整治、扬尘治理等专项行动，强力推进秋冬季大气污染攻坚，全市空气质量明显改善。PM10、PM2.5年均浓度同比分别下降10.2%、4.5%，超额完成国家和省定目标。全面推行河（湖）长制，大力实施“四水同治”工程，6个国省控断面实现水质类别提升，城市黑臭水体整治获得国家督查组肯定。

【完善城市功能体系】 2018年，郑州市国家综合交通枢纽地位进一步强化。郑州市被确定为全国12个最高等级国际性综合交通枢纽之一。《郑州国际航空货运枢纽战略规划（2018—2035年）》《郑州铁路枢纽总图规划（2016—2030年）》成功获批。郑济、郑万、郑阜高铁及郑州南站、机场至南站城际铁路加快建设；机西高速二期、商登高速（郑州段）建成通车。地铁5号线空载试运行，轨道交通运营及在建里程突破300公里。中心城区“两横两纵+环线”快速路网体系基本形成，成功创建“国家公交都市建设示范城市”。城市基础设施加快建设。百城建设提质工程深入实施。“四大文化片区”有序推进，中央文化区（CCD）“四个中心”基本完工。新建公共停车泊位5.2万个，综合管廊、清洁取暖等国家试点有序推进。市县两级城市建成区面积830平方公里，全市城镇化率达73.4%。城市精细化管理三年行动计划全面启动。城市管理范围拓展至近郊48个乡镇。四环内全面推行三级“路长制”；实施道路大中修155条、支路背街改造提升71条；入选全国35个建筑垃圾治理试点城市，城市生活垃圾分类工作进入国家46个试点城市前10位。生态建设成效明显。强力推进国土绿化提速行动，铁路沿线、干线公路、高速立交及出入市口等区域违建全部拆除，提质连通生态廊道528公里；市区新增绿地1356万平方米，建成高铁公园等公园、游园、微公园411个。第十一届园博会圆满闭幕，园博园常态化开放。贾鲁河综合治理蓝线工程基本完工，绿线工程全面启动。牛口峪引黄等三大水源工程主体建成。乡村振兴战略深入推进。27个美丽乡村和364个规划保留村生活污水集中处理设施加速推进。“大棚房”专项整治成效明显。非洲猪瘟等动物疫病防控扎实有效。

【民生保障】 2018年，郑州市坚持在发展中补齐民生短板，省市民生实事基本完成。全年财政民生支出1402.9亿元、增长17%，占全市财政一般公共预算支出的79.6%。聚焦“一老一小”提供优质服务。高度关注养老问题，全市养老床位达到4万张。全域通过国家义务教育发展基本均衡工作评估。幼儿园建成投用37所，新建、改扩建中小学38所，投用20所，大班额、上学难问题逐步缓解。聚焦就业消费提高群众收入。新增城镇就业12.4万人、农村劳动力转移就业6.12万人。居民消费价格指数上涨2.4%，“衣食住行”等八大类商品价格均保持温和上涨。居民人均可支配收入完成33105元，增长8.3%，城乡居民收入比缩小到1.8。专业市场转型升级和有序疏解步伐加快。聚焦就医住房缓解群众难题。公立医院综合改革受到国务院表彰，药品、高值耗材联合采购实现全覆盖，“家门口医疗服务”更加便捷；基本建成保障性住房9.4万套，首批2.5万套青年人才公寓开工建设，安置房网签12万套，新增回迁群众30万人、回迁率84%。房地产市场保持平稳。聚焦文化惠民满足群众需求。公共文化服务体系进一步完善，服务效能不断提升，文化艺术和产业提质发展。成功创建国家首批文化消费试点城市，成为全国最爱阅读城市之一。成功举办戊戌年黄帝故里拜祖大典、第十二届中国郑州国际少林武术节、2018郑州航展、2018郑州国际马拉松赛等活动赛事，第十一届全国少数民族传统体育运动会筹备工作有序推进。

（李林晓　高伟谦）

重要会议

【市政府常务会议】 市十四届政府第81次常务会议 2018年1月3日，市委副书记、市长程志明主持召开市政府第81次常务会议。会议听取了市政府法制办关于郑州市政府规章全面清理工作情况的汇报，指出郑州市将国务院“放管服”改革措施涉及的政府规章作为此次政府规章清理工作的重点，要求全市各相关部门要推动此次政府规章清理工作全面落到实处，并向社会公开清理结果。会议听取了市司法局关于《建立“谁执法谁普法、谁主管谁普法”责任清单制度的实施意见》制定情况汇报，指出全市各普法责任主体单位要切实加强对普法工作的领导，健全工作机构，明确责任部门和责任人员，对本部门法制宣传教育工作开展情况进行经常性检查、督导，确保普法工作取得实效。

市十四届政府第82次常务会议 1月19日，市政府召开第82次常务会议，听取市发改委关于《郑州市生态文明建设目标评价考核实施办法》《郑州市绿色发展指标体系》和《郑州市生态文明建设考核目标体系》有关情况的汇报，要求各相关单位要尽快建立生态文明建设目标评价考核局际联席会议制度，确保评价考核工作依法依规、公正有序开展。听取了市园林局关于《郑州市创建国家生态园林城市实施方案》的汇报，要求各有关部门要围绕中心城区“增绿、增水、增文化、增公共空间”，通过系列（郊野）公园、生态廊道、道路绿化和园林小区建设，同时对照《国家生态园林城市标准》，全面提升郑州市园林绿化建设和管理水平。

市十四届政府第83次常务会议 1月23日，市政府召开第83次常务会议，审议并原则通过《郑州市卫生城市管理办法》《郑州市进一步加强招商引资工作的意见》和《郑州市社区卫生服务中心建设五年规划》。

市十四届政府第84次常务会议 1月31日，市政府召开第84次常务会议，审议并原则通过《郑州市城市管理综合执法办法》和《郑州市人民政府关于推进厕所革命进一步提升城市公厕服务水平的意见》。

市十四届政府第86次常务会议 2月26日，市政府召开第86次常务会议，听取2018年度郑州市重点民生实事谋划情况汇报，审议《郑州市2018年生活垃圾分类工作实施方案》和《郑州市建设中国制造强市若干政策补充意见》。会议审议并原则通过《郑州市2018年生活垃圾分类工作实施方案》。《方案》提出，2018年底前，郑州市生活垃圾分类的法律法规和制度体系将初步形成，生活垃圾分类知晓率不低于90%，生活垃圾无害化处理率达到100%，生活垃圾回收利用率达到10%以上。审议并原则通过《郑州市建设中国制造强市若干政策补充意见》。会议还学习了《规章制定程序条例》，并研究了其他议题。

市十四届政府第87次常务会议 3月5日，市政府召开第87次常务会议，审议并原则通过了《郑州市人民政府关于进一步完善大棚户区改造工作的意见》。会议要求，全市上下要围绕市委、市政府确定的“以建为主、提升品质、扩大成效”阶段任务，进一步完善郑州市大棚户区改造工作。各开发区、县（市）区作为安置房建设的责任主体，要高度重视安置房建设工作，把安置房建设作为当前和今后一个时期全市新型城镇化和大棚户区改造的重中之重，切实抓紧抓好，实现安置房全面开工建设。市政府各有关部门要积极配合，主动服务，形成上下联动、部门协同的良好局面，及时完善相关施工手续，确保安置房如期建成，早日实现群众回迁、网签办证。会议还审议了其他议题。

市十四届政府第88次常务会议 3月13日，市政府召开第88次常务会议，听取中国（河南）自由贸易试验区郑州片区政府服务体系建设相关情况汇报，安排部署当前全市安全生产工作。会议听取了市政务服务中心关于中国（河南）自由贸易试验区郑州片区政务服务体系建设情况汇报、市安监局关于当前全市安全生产工作情况。会议要求，全市各级各部门要适时出台推进安全生产领域改革发展的具体政策意见和党委政府及有关部门安全生产工作职责，确保各项改革举措和工作要求落实到位。要继续深入开展安全生产综合整治“百日攻坚”行动，进一步努力减少和防范各类事故的发生，确保全市安全生产形势持续稳定向好。

市十四届政府第89次常务会议 3月27日，市政府召开第89次常务会议。会议听取了《关于进一步加强食品安全工作的意见》《关于落实食品安全党政同责的实施意见》起草情况的汇报。《意见》提出，到2020年，要建成与郑州市经济社会发展水平相适应的现代食品安全治理体系，食品安全监管体制机制进一步完善，诚信体系基本建立，食用农产品和食品监督检测合格率均达到98%以上。会议听取了关于《2018年郑州市城市精细化管理工作方案》和督导考核办法及相关工作的汇报。根据《方案》，2018年郑州市将开展以“细化”“序化”“净化”“美化”为主的“四化”提升行动，努力让城市更有序、更安全、更干净，不断满足人民日益增长的美好生活需要。

市十四届政府第90次常务会议 4月8日，市政府召开第90次常务会议，审议并原则通过郑州市住房租赁试点工作的相关配套政策，以及《郑州市产业集聚区企业分类综合评价实施办法（试行）》。会议要求，全市上下要以建立租购并举住房制度为主要方向，健全以市场配置为主、政府提供基本保障的住房租赁体系，切实做好试点探索工作，推动实现城镇居民住有所居目标。要坚持科学发展、客观评价、方便操作、分类施策的评价原则，科学设置评价指标体系，力求客观公正评价各产业集聚区企业发展，引导其更好提质转型升级，增强产业集聚区对全市转型发展攻坚的支撑带动作用。

市十四届政府第91次常务会议 4月13日，市政府召开第91次常务会议，审议并原则通过《郑州市生产安全事故报告和调查处理办法》《郑州市生产安全事故隐患排查治理办法》《郑州市人民政府关于做好当前及今后一段时期就业创业工作的实施意见》，并听取全市能源业转型发展暨清洁取暖试点城市建设有关情况汇报。

市十四届政府第93次常务会议 5月15日，市政府召开第93次常务会议，审议并原则通过《郑州市2018年河湖（库）长制工作要点》及其配套方案。会议指出，要坚持人与自然和谐共生的基本方略，自觉践行绿水青山就是金山银山的绿色发展理念，实现河湖（库）长制工作“全面、扎实、率先、有效”的总体目标，全面推进河湖（库）长制工作落实，打造“河畅水清、岸绿景美、人水和谐”的生态美丽郑州，助推郑州国家中心城市建设。

市十四届政府第94次常务会议 5月25日，市政府召开第94次常务会议，审议并原则通过《郑州市城市精细化管理三年行动实施方案》《2018年郑州市城市精细化管理工作实施方案》和郑州市环境保护领域违法失信行为实施联合惩戒的相关办法等，并对安全生产工作进行再动员、再部署。

市十四届政府第95次常务会议 6月8日，市政府召开第95次常务会议，审议并原则通过《2018年郑州市产业集聚区建设专项工作方案》，并听取全市平安建设工作汇报。《2018年郑州市产业集聚区建设专项工作方案》明确，要进一步发挥产业集聚区综合载体作用，力争全年全市产业集聚区固定资产投资增长10%以上，实现规模以上工业企业主营业务收入增长10%左右。会议要求，要牢固树立新发展理念，以郑州建设国家中心城市为统揽，以重大项目建设为抓手，以企业分类综合评价为基础，突出做好产业转型发展、创新驱动发展、绿色集约发展、产城融合发展“四大发展”任务，持续增强产业集聚区的吸引力、竞争力、带动力。会议指出，全市各相关部门要保持清醒认识，夯实基层基础，创新体制机制，完善组织机构，强化人员队伍，不断提高政法工作和依法治市科学化水平。

市十四届政府第96次常务会议 6月11日，市政府召开第96次常务会议，听取中央第五环境保护督察组反馈意见整改工作整体情况汇报，安排部署郑州市生态环境保护工作。会议要求，各级各

2018年5月21日，全市防汛抗旱暨河湖（库）长制工作推进会议召开（市水利局/供图）

有关部门要真改实改，确保各项生态环境保护任务不折不扣落实到位，同时要举一反三，主动查找整改自身问题。要突出重点，统筹推进，把近年来中央、省、市出台的生态文明建设各项措施落到实处，坚决打赢环境污染防治攻坚战。要坚决杜绝“一刀切”现象，站在讲政治、讲大局的高度，切实抓好整改工作，实施科学化、精细化管理。要加强领导，压实责任。严格落实生态环境保护“党政同责、一岗双责”，全力支持配合中央环境保护督察组工作，坚持边督边改、立行立改，推进郑州市生态文明建设迈上新台阶。

市十四届政府第97次常务会议 6月22日，市政府召开第97次常务会议，听取《郑州市城乡地下空间开发利用管理暂行规定》的起草说明情况，安排部署郑州市开展首条燃料电池公交示范线路工作。会议指出，地下空间开发利用要贯彻统筹规划、平战结合、综合开发、合理利用、安全环保的原则，鼓励地下多层开发和竖向分层、横向联通的立体综合开发。要优先发展地下交通、综合管廊、公共停车场等城市基础设施和公共服务设施，按照先规划、后建设的原则，实现统筹开发、有序利用。要围绕氢能尽快出台产业发展规划，明确产业布局、规模目标和政策支持措施，占据氢能产业制高点；要对示范运营工程进行跟踪服务、监控督导，发现问题及时解决，确保示范运营顺利进行，以示范运营带动产业发展。

市十四届政府第98次常务会议 7月6日，市政府召开第98次常务会议，审议并研究通过关于《深化“放管服”改革推进政务服务“最多跑一次”打造国际化营商环境的实施方案》，听取当前郑州市脱贫攻坚工作情况并安排部署下一步工作。会议要求，各级各部门要全面对标学习先进地区改革成果，贯彻落实省委、省政府“一网通办”前提下的“最多跑一次”的改革部署，重点围绕投资项目审批改革、企业开办时间压缩、审批服务便民化3个领域求突破、创亮点，加快构建“宽进、快办、严管、便民、公开”的政务服务新模式，打造形成法治有序、便企利民、优质高效的国际化营商环境，为郑州加快国家中心城市建设提供强力支撑。要坚决贯彻习近平总书记扶贫开发战略思想，按照省、市脱贫攻坚第六次推进会要求，坚持目标导向、问题导向，紧盯目标、聚焦重点，强化督查、整改提升，转变作风、狠抓落实，确保全面完成全年脱贫目标，确保除政策性托底外贫困人口全部脱贫，坚决打赢打好精准脱贫攻坚战。

市十四届政府第99次常务会议 7月19日，市政府召开第99次常务会议。会议研究了《郑州市关于规范互联网租赁自行车发展的指导意见（试行）》，要求坚持“公交优先”发展战略，以解决市民短距离出行和公共交通系统换乘接驳需求为导向，以市场配置资源、政府规范监管为手段，引导全市互联网租赁自行车规范有序发展。听取了市城管局《关于开展市区停车场建设管理专项整治工作方案》起草情况的汇报，要求以打造“畅通、整洁、有序”的市容环境为目标，采取加快建设、加强管理、长效治理的方法，努力形成规范有序、安全便利、协调发展的静态停车环境。听取了市发改委关于《加快建设郑州健康养老产业实施方案（2018—2020）》的汇报，《方案》明确，到2020年全市将基本形成结构合理、层次分明、布局完善、多业融合的健康养老产业体系，健康养老产业规模不断壮大，总体发展水平走在全国省会城市前列。听取了全市上半年经济运行分析并对下半年工作进行谋划，要求下半年经济运行工作要坚持高质量发展的根本方向，把握稳中求进总基调、突出奋发有为总要求，以供给侧结构性改革为主线，以国家中心城市建设为统揽，克难攻坚、狠抓落实，全力推动高质量发展不断取得积极进展，确保完成全年各项目标任务。

市十四届政府第100次常务会议 7月25日，市政府召开第100次常务会议，安排部署当前全市安全生产工作。会议要求，各级各单位要深入分析本地区本行业安全生产领域的突出问题，认真检查当前工作上存在的薄弱环节，强化监管、堵塞漏洞，以严防较大安全生产事故为重点，强化对重点行业、重点领域、重点人员、重点时段的安全监管，持续加大对建筑、交通、矿山、旅游等重点领域的安全生产专项整治，大力提升全市防灾救灾减灾能力，有效稳控当前安全生产形势。会议强调，当前全市已进入防汛关键时期，全市上下要深入排查风险隐患，加强汛期应急值守管理工作，务必确保汛期安全生产形势稳定。会议还审议并原则通过《郑州市人口发展规划（2016—2030）》和《郑州市防治艾滋病“十三五”行动计划》。

市十四届政府第101次常务会议 8月7日，市政府召开第101次常务会议，安排部署政府决策咨询专家库建设工作，审议并原则通过《关于深化统计管理体制改革提高统计数据真实性的实施意见》。会议还听取了市民政局关于郑州中央文化区惠达路等45条道路拟命名方案的汇报，指出道路命名既要遵循规律、方便实用，又要突出城市文脉和文化记忆，使城市道路成为地方文化特色和厚重历史的良好载体。

市十四届政府召第102次常务会议 8月15日，市政府召开第102次常务会议，审议并原则通过《关于全面放开养老服务市场提升养老服务质量的实施意见》《关于加强农村留守儿童关爱保护和困境儿童保障工作的实施意见》及《关于发展超低能耗建筑的实施意见》。

市十四届政府第103次常务会议 8月21日，市政府召开第103次常务会议，审议并原则通过了《郑州市农村人居环境整治三年行动实施方案》《郑州市道路两侧户外广告整治规范实施方案》《郑州市解决就学难消除大班额三年行动计划（2018—2020年）》。会议要求，加快补齐农村人居环境突出短板，全面改善全市农村生产生活条件；按照“统一领导、疏堵结合，依法依规、稳妥推进”工作原则，开展道路两侧户外广告整治规范工作；进一步拓展学位资源，实现县域教育均衡、城乡一体化发展，圆满完成全市义务教育阶段消除大班额目标任务。

市十四届政府召开第105次常务会议 9月3日，市政府召开第105次常务会议，审议并原则通过《郑州市人民政府关于进一步加强新闻发布工作的实施办法》《郑州市关于规范互联网租赁自行车发展的指导意见（试行）》，安排部署郑州市铁路沿线、出入市口及绕城高速出入站点环境综合整治相关工作。

市十四届政府第106次常务会议 9月14日，市政府召开第106次常务会议，审议并原则通过《郑州市政府热线资源整合升级实施方案》，安排部署实施金水河（航海路至中州大道段）综合整治提升工程相关工作，以及郑州市大气环境信用评价计分办法修改工作。会议还重点听取了关于郑州市扫黑除恶专项斗争工作情况汇报，学习传达了中央扫黑除恶第六督导组和省委第二次边督边改对接会精神，研究部署下一步整改落实意见。

市十四届政府第107次常务会议 9月20日，市政府召开第107次常务会议，审议并原则通过了关于河湖（库）长制三年行动计划、任务分解方案和一河一策方案等。会议要求，要以全面推行河湖（库）长制为抓手，以任务和问题为导向，以全面落实一河一策为主线，进一步改善全市水环境，推动全市水生态文明建设向更高水平、更深层次迈进。

市十五届政府第1次常务会议 9月30日，市委副书记、市长王新伟主持召开市十五届政府第一次常务会议，对新一届市政府班子成员进行明确分工，并安排部署近期工作。会议要求，要突出政治建设根本，坚持高质量发展主线，切实加强政府自身建设，紧盯全年各项目标任务，认真谋划好明年特别是明年一季度的各项工作任务。要统筹抓好市委十一届七次全会确定的各项重点工作，着力抓好加快先进制造业发展、城市精细化管理、“放管服”改革、新型智慧城市建设、安置房建设、轨道交通建设、四环快速化工程建设、“四大文化片区”建设等重点工作。要全力以赴、加快进度，办好涉及民生福祉的重点民生实事。

市十五届政府第2次常务会议 10月13日，市委副书记、市长王新伟主持召开市第十五届人民政府第2次常务会议，讨论并原则通过《关于开展质量提升行动的实施意见》及相关配套文件、《郑州市2018—2019年秋冬季大气污染综合治理攻坚行动方案》等系列文件，安排部署全市生态环保及秋冬季大气污染防治攻坚工作。

市十五届政府第3次常务会议 10月25日上午，市委副书记、市长王新伟主持召开市政府第3次常务会议，传达省相关会议精神，研究郑州市百城建设提质工作，研究通过了《郑州市大数据发展规划（2018—2020年）》，安排部署全市国有企业改革工作。

市十五届政府第4次常务会议 11月3日，市委副书记、市长王新伟主持召开市政府第4次常务会议，传达中央领导对河南自贸试验区的重要批示精神和省政府常务会议精神，讨论研究推进河南自贸试验区郑州片区建设新时代改革开放新高地工作，以及全市脱贫攻坚和信访等工作。

市十五届政府第5次常务会议 11月17日，市委副书记、市长王新伟主持召开市政府第5次常务会议，传达贯彻实施国土绿化提速行动建设森林河南动员大会精神，讨论并研究通过《郑州市开展河流“堵污口、清污泥、治污水、清水质”专项行动方案》《郑州市进一步加快物流业转型发展的意见》《郑州市进一步促进文化事业发展的若干政策》。

市十五届政府第6次常务会议 11月27日，市委副书记、市长王新伟主持召开市政府第6次常务会议，听取并安排部署全市消防、国企改革攻坚、就业创业及社会保险等工作。会议要求，全市消防部门要坚定不移讲政治、保安全，持续做好今冬明春火灾防控工作，时刻保持临战状态，不断提高攻坚打赢能力，大力推进执法规范化建设和便民利民措施的执行。各相关部门要结合加快推进剥离企业办社会职能和在郑省属、市属、县属“僵尸企业”处理等工作，制订2019年国企改革行动计划；建立国企改革工作推进机制，定期研究工作中存在的矛盾和问题，担当尽责，坚决打赢国企改革攻坚战，提高国有企业的竞争力、带动力。要对标国家中心城市建设需求，在大力引进高端人才的同时，制订职业技术人才、“工匠”型人才、特殊专业人才培养引进计划，满足城市发展全方位、多层次、各领域需要；研究制订扩大人才补贴范围、强化人才引进住房保障、为人才创业就业提供平台和场所等相关政策，不断优化就业创业环境；大力推进社会保险制度改革，支撑和保障经济社会健康稳定发展。

市十五届政府第7次常务会议 12月7日上午，市委副书记、市长王新伟主持召开市政府第7次常务会议，传达贯彻省政协常委视察团视察郑州国家中心城市建设座谈会精神，安排部署郑州市对口援疆工作。会议要求，各级各部门要认真学习贯彻座谈会精神，高度关注城市功能完善等关键环节，深度谋划，完善丰富各专项行动计划，推动国家中心城市高质量建设。援疆工作队要以更高昂的热情、更务实的工作、更扎实的作风做好对口援疆工作。各县（市）区要认真落实共建任务，市直各部门要主动对接，相关部门要做好物质保障和工作保障，为援疆干部开展工作创造良好环境。

市十五届政府第8次常务会议 12月12日，市委副书记、市长王新伟主持召开市政府第8次常务会议，研究促进民营经济健康发展工作。会议指出，全市上下要全面贯彻习近平总书记在民营企业座谈会上的重要讲话精神，推动民营企业高质量发展。一要拿出务实举措，充分激发民营经济创新创造活力；二要围绕重点工作，进一步细化政策措施，积极构建亲清政商关系；三要进一步落实责任，建立领导干部分包民营企业制度；四要尽快建立民营经济发展联席会商机制、分包领导定期研究企业问题工作机制；五要强化考核。

市十五届政府第9次常务会议 12月21日，市政府召开第9次常务会议，听取全省扫黑除恶专项斗争督导整改暨推进会议精神及郑州市贯彻落实情况，学习贯彻《河南省党政领导干部安全生产责任制实施细则》。会议指出，全市上下要自觉把扫黑除恶专项斗争作为一项重大政治任务，进一步强化工作重点、压实工作责任、完善机制，强化整改落实，持续推动、扎实开展。会议要求，要深刻领会《实施细则》的内涵和要求，强化贯彻落实。要严格落实一岗双责，突出工作重点，持续开展大暗访、大排查、大整治、大执法，加大宣传，做好年末岁尾安全生产工作，确保全市安全生产形势持续稳定。会议还讨论并原则通过了《关于坚持“四水同治”加快推进新时代水利现代化的实施意见》、关于2019年市本级政府投资项目计划安排情况及市本级综合财政预算安排情况等议题。

【全市旅游业转型发展工作会议】 2018年1月24日，郑州市召开旅游业转型发展大会，深入分析全市旅游业发展形势，就全市旅游业转型发展进行安排部署。市委常委、常务副市长王跃华强调，一要提高认识，高度重视旅游业转型发展。二要把握规律，理清推进旅游业转型发展新思路。把握新时代旅游产业发展新特征，坚持“以人民为中心”的旅游业发展新理念，实践探索旅游产业转型“四化”新路子，理顺政府和市场主体、社会团体之间的新关系。三是突要重点，坚决打好旅游业转型发展攻坚战。培育市场主体，打造知名品牌；丰富产品供给，拉长产业链条；完善基础设施，推进优质旅游建设；突出立体营销，抓好形象工程。四要加强领导，全力保障旅游业转型发展。树立大旅游、大产业、大协作、大发展的意识，进一步深化投融资体制、旅游管理体制的改革创新，加大政策支持力度，研究制定针对游客的各项优惠和鼓励政策，努力构建党政引导、市场主导、部门协作、社会参与、上下联动的旅游发展格局。

【全市安全生产工作电视电话会议】 2018年3月13日，全市安全生产工作电视电话会议召开，通报全市安全生产情况，安排部署当前和今后一段时期安全生产工作。市委常委、常务副市长王跃华要求，一要认清形势，提高站位，以高度的政治责任感做好全国“两会”期间及今后一个时期的安全生产工作。二要强化措施，严格执法，强力推进以安全生产综合整治为统揽的攻坚战。重点抓好企业复工复产、安全生产综合整治“百日攻坚”行动、以煤矿领域为重点的安全监管、粉尘防爆专项整治、安全生产督查检查、安全生产宣传教育培训等。三要加强领导，落实责任，努力提高安全生产工作水平。严格落实政府部门监管责任、企业主体责任，严肃实施责任追究，确保人民群众生命财产安全，确保全市安全生产形势持续稳定向好。

【全市“扫黄打非”工作会议】 2018年3月30日，全市“扫黄打非”工作会议召开，落实全省“扫黄打非”工作会议精神和市委常委会议对“扫黄打非”工作提出的明确要求，总结工作，分析形势，安排部署2018年全市“扫黄打非”工作任务。会议表彰了2017年度“扫黄打非”先进集体先进个人；各县（市）区“扫黄打非”工作领导小组组长、市“扫黄打非”工作领导小组成员单位负责人分别递交了工作责任书。

【全市民族宗教工作会议】 2018年4月2日，市政府召开2018年全市民族宗教工作会议。副市长、市公安局局长马义中指出，全市上下要牢牢抓住机遇，围绕中心，突出主线，努力推动民族宗教工作取得新进展。一要助力脱贫攻坚，持续推进少数民族和民族聚居地区经济社会发展；二要加强服务管理，不断提升城市民族工作水平；三要坚持依法行政，切实推动宗教领域突出问题解决；四要依托两项创建，大力营造团结和谐的良好氛围；五要做好防范化解，努力维护民族宗教领域安全稳定。

【全市政府法制工作会议】 2018年4月

9日，全市政府法制工作会议召开，副市长马义中指出，2017年全市政府法制工作成效显著，立法体系不断完善，决策机制不断健全，行政执法进一步规范，执法监督不断加强，化解矛盾纠纷能力不断提升。2018年各级各部门负责人要切实落实法治建设第一责任人职责，充分发挥各单位党政负责人的示范带动作用，充分发挥各级法制部门法制工作者的推动作用，着力提升全市法制队伍的政治作风业务能力，不断推动法治政府建设再上新台阶。

【全市城市精细化管理调研工作讲评会】 2018年4月9日，郑州市召开城市精细化管理调研工作讲评会，市委常委、常务副市长王跃华要求，要落实2018年全市城市精细化管理工作方案，确保各项工作全部落到实处。当前，要突出抓好五项工作。一要突出抓好脏乱差污治理。二要突出抓好三大攻坚任务，即老旧小区改造、生活垃圾分类和公厕建设。三要突出抓好重点项目治理。要坚决打赢打好大气污染防治和水污染防治攻坚战，全面提升道路清扫保洁质量，积极拓宽建筑垃圾消纳利用渠道，全力抓好建成区建筑物楼顶整治工作，扎实推进户外广告和建筑屋顶招牌规范治理，强力促进集贸市场提档升级，大力实施精品街区和样板道路建设，加大停车场建设管理力度。四要突出抓好重点区域和重要路段治理。五要突出抓好管理机制创新。

【全市农贸市场建设和提升改造暨大围合区域市场外迁工作会议】 2018年4月12日，郑州市举行农贸市场建设和提升改造暨大围合区域市场外迁工作会议，安排部署2018年工作。市委常委、常务副市长王跃华要求，要统一思想，提高站位，切实增强抓好农贸市场建设和提升改造暨大围合区域市场外迁工作的紧迫感、责任感。要突出重点，把握关键，牢牢抓住市场建设工作的“牛鼻子”，高标准抓好农贸市场建设提升工作，着力构建新型市场集群，全面提升市场管理水平。要强化担当，压实责任，确保各项工作不折不扣落实到位，切实打好农贸市场建设和提升改造暨大围合区域市场外迁工作的收官战，不断提升农贸市场服务保障市民生活的能力，加快实现“15分钟便民生活圈”。

【全市金融工作会议】 2018年4月25日，郑州市召开金融工作会议，深入学习贯彻党的十九大精神和全国全省金融工作会议精神，总结郑州市五年来的金融工作，并就做好新形势下金融工作进行安排部署，为国家中心城市建设提供有力金融支撑。市委常委、常务副市长王跃华表示，要肯定成绩、正视问题，进一步增强做好金融工作的紧迫感和责任感。要突出重点，统筹兼顾，全力做好金融服务实体经济、金融风险防范和深化金融改革。要强化领导，健全机制，严格督导，确保金融工作各项目标任务圆满完成。

【全市百城建设提质工程观摩会】 2018年5月10日，郑州市召开百城建设提质工程工作观摩推进会，通过观摩交流，进一步统一思想、明确目标，狠抓落实，深入推进百城建设提质工程。市委常委、常务副市长王跃华就下一步工作提出四点要求。一要统一思想，提高认识，切实增强做好百城建设提质工程的紧迫感、责任感和使命感。二要明确任务，统筹兼顾，科学谋划项目，全面掀起百城建设提质工程新高潮。三要突出重点，把握关键，加快推进老旧片区建设提质各项工作。四要加强领导，完善机制，切实把百城建设提质工程各项工作落到实处。

【全市安全生产工作电视电话会议】 2018年8月7日，市政府召开全市安全生产工作电视电话会议，通报安全生产工作情况，分析存在问题和面临形势，安排部署下步工作。市委常委、常务副市长王跃华指出，全市各级各部门要认清形势、提高站位，持续加压、务必做好。一要以高度的政治责任感和最坚决的态度学习贯彻落实习近平总书记关于安全生产工作重要指示精神；要按照《地方党政领导干部安全生产责任制规定》和省政府7月18日常务会议精神，由市（县）政府负责常务工作的领导干部分管安全生产工作。二要突出抓好建筑施工、道路交通、消防、煤炭等行业领域安全监管，着力抓好汛期安全防范，认真开展安全生产大检查大执法大督查活动，做好突发事故应急处置，开展新一轮安全生产对话谈心活动。三要按照省委十届六次全会和市委十一届七次全会关于推动高质量发展的要求，以最高的标准建立完善安全生产“五个体系一个平台”长效机制，推动各方落实责任，为建设国家中心城市提供坚实的安全保障。

【全市脱贫攻坚问题专项整改落实工作会议】 2018年8月15日，郑州市召开脱贫攻坚问题专项整改落实工作会议。副市长李喜安就下步脱贫攻坚工作提出要求，要重点再聚焦，聚焦排查出的88个重点村、26个问题村、2051户重点户精准施策。要工作再扎实，对照村级15个方面重点工作，一项一项抓好落实，确保精准落实到村、到户、到人不漏项。要作风再转变，沉下身心，下足绣花功夫，确保剩余5731人全部脱贫，脱真贫、真脱贫，交上一份满意答卷。

【全市生态保遗工作推进会】 2018年9月5日，市生态保遗工作领导小组组织召开生态保遗工作推进会，听取市生态保遗工作领导小组办公室关于全市生态保遗工作进展情况的通报，相关县（市）区、开发区汇报交流了本辖区生态保遗项目进展情况、主要经验做法、存在问题和下步工作计划等。副市长黄卿对各责任单位遗址生态公园项目推进情况进行了点评，并对下一步工作提出明确要求。

【全市优化政务环境工作会议】 2018年10月8日，全市优化政务环境工作会议召开，听取各改革牵头部门关于“放管服”改革工作进展汇报，并对相关工作进行安排部署。市长王新伟出席会议并讲话，要求一要强化工作理念，做到“三个坚定”“三个统一”。二要拉高工作标杆，全力推动“一网通办”前提下的“最多跑一次”改革。三要落实工作责任，严格落实“四位一体”的协调联动推进机制，构建分工明晰、责任明确、上下协同的工作格局，树立郑州标杆，为郑州建设国家中心城市作出新的更大贡献。

【第十一届全国少数民族传统体育运动会执委会工作会议】 2018年11月6日，郑州市召开第十一届全国少数民族传统体育运动会执委会工作会议，研究解决当前筹备工作中需要重点协调、解决的事项，安排部署下一阶段筹备工作任务。市委副书记、市长王新伟出席会议并讲话，要求一要提高认识，扎实有效地推进各项筹备工作；二要健全机构，迅速投入工作；三要完善机制，建立月汇报和周例会制度；四要细化方案，明确工作要求和完成时限；五要加快推进，确保每一项工作不悬空、不断档；六要强化督导，加强审计监督、纪检监察工作。

【首届世界传感器大会在郑州举行】 2018年11月12—14日，由工信部、中国科协、河南省人民政府共同指导，中国仪器仪表学会、智能传感器创新联盟、郑州高新区管委会联合发起的2018首届世界传感器大会在郑州举行。2014年诺贝尔物理学奖获得者、美国加州大学教授中村修二，中国工程院院士、清华大学教授金国藩等国际国内传感器行业知名专家出席大会。副省长刘伟、市长王新伟在开幕式上致辞。此次大会主题为“感知世界，智赢未来”，举行了主论坛——世界传感器科技高峰论坛和20场传感器细分领域分论坛，约280家国内外企业组织参展，来自35个国家和地区的传感器产学研相关机构代表约1500人参会。

11月11日，市委书记马懿、市长王新伟在郑州会见参加首届世界传感器大会的专家学者。马懿希望各位院士和业内专家为郑州发展多提宝贵意见，特别是在传感器产业发展上给予更多指导帮助，促进传感器产业更好更快发展。

【全市安委会全体（扩大）会议】 2018年11月13日上午，郑州市召开安委会全体（扩大）会议，贯彻落实近期全国、全省安全生产工作有关会议精神，总结回顾2018年以来安全生产工作，深入分析当前面临形势，安排部署下一阶段安全生产重点工作。市长王新伟出席会议并讲话，要求要常筑安全之基，进一步强化各级党委政府领导安全生产责任和各级行业主管部门监管责任，严厉问责责任缺位缺失行为，确保安全生产工作责任更加明晰、措施落实到位。要常治安全之险，各级各部门要认清严峻形势，高质量抓好第四季度安全生产大检查、安全生产督查、机构改革期间安全生产责任落实等工作，扎实推进安全生产各项重点工作，有效防范和坚决遏制各类生产安全事故发生，推动全市安全生产形势持续稳定向好。

【全市深化国有企业改革工作会议】 2018年12月5日下午，郑州市召开深化国有企业改革工作会议，贯彻落实党中央、国务院和省委、省政府的决策部署，总结成绩，分析形势，查找问题，安排部署下一步重点工作。市委常委、常务副市长王鹏主持会议，市领导张春阳、史占勇、王万鹏参加会议。市委副书记、市长王新伟出席会议并讲话。他要求，一要认清形势，重点攻坚；二要主动适应改革新要求，集中突破；三要强化领导，齐抓共管。会议还对经济运行调节、招商引资、工业企业错峰生产、安全生产、国土绿化提速行动以及军民融合发展等工作进行了部署。

【全市重大风险防范化解工作会议】 2018年12月14日，市政府召开全市重大风险防范化解工作会议。市委副书记、市长王新伟出席会议并讲话。会议指出，全市各级各部门要牢固树立以人民为中心的发展理念，深刻认识防范化解重大风险的极端重要性和现实紧迫性，切实增强打赢防范化解重大风险攻坚战的政治担当。当前，要重点处理好四类问题。一是以互联网金融风险整治为重点，全面规范金融秩序；二是以加快案件办理为突破，有效化解非法集资风险；三是以严控新增为目标，稳步推进政府隐性债务化解；四是以上市公司风险化解为重点，全面提升企业风险防范能力。就做好下一步工作，会议要求，要强化组织领导，建立强有力的防范化解领导机构；要完善防控机制，利用现代信息技术，建立重大风险网络防控预警平台；要加强对重点人群、重点行业宣传力度，提高社会防范能力；要做好帮扶解困工作，对困难群众企业组织专班帮扶；要加强人才队伍建设，强化业务培训，引进高技能专业人才，坚决打好打赢防范化解重大风险攻坚战。

（李林晓　高伟谦）

重要活动

【全省2018年科技活动周启动仪式暨郑洛新国家自主创新示范区首届军民科技融合创新创业大赛决赛在郑州举行】 2018年5月19日，全省2018年科技活动周启动仪式暨郑洛新国家自主创新示范区首届军民科技融合创新创业大赛决赛在位于金水区的河南外包产业园举办。本次大赛由河南省科学技术厅、中共河南省委宣传部、河南省国防科工局、河南省科学技术协会、郑洛新国家自主创新示范区领导小组办公室、郑州市人民政府联合主办。27项初创组项目和27项成长组项目进行了路演展示，评审专家现场打分，最终初创组“高性能空心玻璃微珠”和成长组“新一代相控阵雷达TR模块电子封装产品的产业化”获得一等奖。

2018年12月5日，全市深化国有企业改革工作会议召开（市国资委/供图）

【第13次中欧区域政策合作研讨会在郑州召开】 2018年7月18日，由国家发改委地区经济司、欧盟委员会地区与城市政策总司联合主办，河南省发改委、郑州市政府承办的第13次中欧区域政策合作研讨会在郑州召开。法国尼斯市、德国曼海姆市、意大利罗马市等欧方案例地区代表，广州开发区、天津市、重庆市、成都市、武汉市、郑州市、汕头市等14个中方案例地区代表参加会议。研讨会以“区域创新和区域经济高质量发展”为核心主题，中欧案例地区分享了开展区域创新与产业转型，实现区域经济高质量发展、质量变革、效率变革及动力变革的经验做法，并就推进中欧案例地区合作发展进行了深入交流。会议期间，举行了中欧区域政策合作案例地区签约仪式，郑州市与欧洲案例城市代表签署了11个合作备忘录及合作意向书。

【第二届国际民航组织航空货运发展论坛在郑州举行】 2018年9月6—8日，第二届国际民航组织航空货运发展论坛在郑州举行。中国民用航空局副局长王志清、国际民用航空组织秘书长柳芳出席开幕式并致辞。本届论坛的主题为“打造航空货运的未来”，围绕实现航空货运服务的全球自由化、电子商务和技术进步对未来航空货运的影响、改善航空货运连通性和供应链等前沿话题，深入探讨了航空货运发展的新趋势、新模式、新要求。

【河南省第八届少数民族传统体育运动会在郑州举行】 2018年9月6—9日，由河南省民委、省体育局主办，郑州市政府承办的河南省第八届少数民族传统体育运动会在郑州举行。本届运动会设17个竞赛项目88个小项和38个表演项目，共产生一等奖96个，256人获奖；二等奖124个，135人获奖；三等奖116个，285人获奖；表演奖23个，134人获奖。

【2018第三届中国（郑州）国际期货论坛在郑州举行】 2018年9月8—9日，2018第三届中国（郑州）国际期货论坛在郑州举行。本届论坛由郑州市人民政府、郑州商品交易所、芝加哥商业交易所集团联合主办，主题为“新征程、新理念、新作为——期货市场服务现代化经济体系建设”。在9月8日举行的第三届中国（郑州）国际期货论坛预热论坛上发布了首批国家高端智库——中国（深圳）综合开发研究院编制的《郑州金融中心综合竞争力报告》。《报告》

显示，在全国31个金融中心城市中，郑州综合竞争力排名第12位，稳居区域金融中心“第一方阵”。金融中心建设各领域相对均衡，金融产业绩效、金融机构实力、金融市场规模和金融生态环境分别排名全国第10、第14、第5和第15位。在中部地区，郑州与区域金融中心“领头羊”武汉综合竞争力的差距不断缩小，而相对于长沙、合肥、南昌的领先优势则在不断扩大。

【**市长王新伟会见罗马尼亚克鲁日省代表团一行**】 2018年10月8日，市委副书记、市长王新伟会见了罗马尼亚克鲁日省副省长马里乌斯·明札特率领的代表团一行，双方进行了亲切交流。王新伟表示，郑州是国家支持建设的国家中心城市，是“一带一路”重要节点城市，也是中原城市群核心城市。郑州作为一个致力于建设“国际化、现代化、生态化大都市”的城市，对外开放的步伐越来越快，对外开放的大门也会越开越大。郑州市将全面贯彻习近平主席提出的“买全球、卖全球”重要指示精神，深度融入国家“一带一路”建设，特别是将加强与沿线国家和国际友好城市间的务实合作，在科技、产业、教育、文化、旅游、商贸等方面不断取得新的进展。

【**第十二届中国郑州国际少林武术节举行**】 2018年10月20—23日，第十二届中国郑州国际少林武术节在登封开幕。全国政协副主席郑建邦出席开幕式并宣布武术节开幕。本届武术节遵循“以武会友，共同进步”宗旨，共有65个国家和地区240个武术团体的2212名选手参赛，设有传统、规定、对练和集体四大项，并特别增设了少林规定项目和少林对练项目。其中，郑州健儿获34个一等奖、8个二等奖、3个三等奖。武术节期间还举办了武术展演、嵩山文化展演、非遗项目展演、嵩山登山节等丰富多彩的文体活动，以及登封市招商推介暨项目集中签约仪式，现场签约涉及文化旅游、装备制造、生物医药、新材料等多个领域的重大项目22个，总投资437.3亿元。

【**市长王新伟会见诺奖得主埃里克·马斯金**】 2018年10月26日上午，市委副书记、市长王新伟在郑州会见了前来参加中国·河南招才引智创新发展大会的诺贝尔经济学奖获得者埃里克·马斯金教授。王新伟对埃里克·马斯金的到来表示欢迎，并简要介绍了郑州市情，希望通过本次大会，让天下英才在郑州齐聚，为河南、郑州经济社会高质量发展注入强大动能，希望埃里克先生深入了解郑州这座城市的人文历史和产业形态，把世界一流的经济学团队和精英人才带到郑州，用最新的经济学理论和前沿思想，帮助郑州启迪思想、开拓思路，助力郑州加快建设国家中心城市。

【**市长王新伟会见猪八戒网公司董事长朱明跃一行**】 2018年11月5日，市委副书记、市长王新伟会见了猪八戒网公司董事长朱明跃一行。王新伟表示，高新区是郑州推进高科技产业培育发展的重要平台，是展现郑州科技创新成就、产业转型升级的窗口，真诚欢迎猪八戒网等互联网企业入驻郑州高新区发展。希望猪八戒网公司能与高新区携手合作，做大做强知识产权转化平台、科技协同创新平台，集聚更多创新团队和创业实体，形成人才、资本、科技、管理等创新资源的集聚效应，打造郑州产业转型发展的新品牌。郑州市将全力支持与猪八戒网合作，并为公司在郑州的发展提供优质高效服务。

【**2018中国城市百人论坛秋季论坛在郑州举行**】 2018年11月3日，首届“一带一路”倡议下的国家中心城市建设——2018中国城市百人论坛秋季论坛在郑东新区举行，中国社会科学院副院长、学部委员、中国社会科学院郑州市人民政府郑州研究院院长蔡昉，著名地理学家、中国科学院院士陆大道等全国知名专家学者为郑州国家中心城市建设建言献策。

【**“郑州银行杯”2018郑州国际马拉松赛举行**】 2018年11月3日，“郑州银行杯”2018郑州国际马拉松赛举行。来自中国、美国、意大利、西班牙、俄罗斯、埃塞俄比亚、肯尼亚等34个国家及地区的2.2万多人参加比赛。市长王新伟主持起跑仪式。本次赛事由中国田径协会、郑州市政府主办，是郑州历史上规格最高、规模最大、参赛人数最多的国际体育赛事。比赛共设置全程、半程马拉松和5公里健康跑三个大项。经过激烈角逐，来自埃塞俄比亚的选手分获男子、女子全程赛冠军，来自内蒙古和郑州的选手分获男子、女子半程赛冠军。

【**双12创客日暨第四届中国创客领袖大会在郑州举行**】 12月12日，双12创客日暨第四届中国创客领袖大会在郑州举行。第十一届、十二届全国人大常委会副委员长陈昌智出席大会并宣布大会开幕。河南省委原书记徐光春，中国国际经济交流中心副理事长、重庆市原市长黄奇帆，全国工商联党组成员、专职副主席李兆前，民建中央副主席、上海市政协副主席周汉民出席活动。省市领导马懿、乔新江、戴柏华、龚立群、王新伟、薛景霞等参加活动。本届创客领袖大会由郑州市人民政府、河南省发改委、河南省科技厅、河南省商务厅、河南省委网信办、民建河南省委、河南省工商联支持，天明集团、金水区人民政府主办，以“新时代，中国创客和中国未来”为主题，来自全国的1800余名创客精英参加活动。大会举行了中国郑州国际创客城先导区揭牌仪式和中国创客领袖大会、金水区科技局、UFO共享办公三方签约仪式，举办了主题论坛和金融论坛，揭晓了2018中国投资十大年度人物和创客十大年度人物，发布了《2018双创白皮书》。

（李林晓　高伟谦）

【**政府信息编发和上报**】 2018年，全市政务信息工作聚焦全面开启国家中心城市建设新征程，围绕实现“四大重点”工作新突破和坚持目标导向、问题导向推进工作落实的新举措，找准信息点，拓宽信息渠道，不断提升信息服务能力，充分发挥服务各级领导掌握情况、科学决策的参谋助手作用。

2018年10月18日，市长王新伟会见罗马尼亚克鲁日省代表团一行（市委外事办/供图）

全年共编发政府信息575期，上网信息3758条。其中编发《政府工作快报》288期，《政务要闻》187期，《专报信息》83期，《市长参阅》17期。全年组织专题信息 11个，46期，245条；市领导批示政务信息29篇次；上报省政府信息528条，采用59条，信息采用量持续名列省辖市第一。

围绕市委、市政府工作部署，认真组织指导开展好政务信息工作。结合2018年省、市重点工作任务的分解和要求，制定下达了《郑州市人民政府办公厅关于下达2018政务信息工作目标任务的通知》，明确全年政务信息工作报送要点。组织召开全市政务信息工作经验交流会，围绕新一届政府工作部署，交流了工作体会，汇编了工作经验，部署了新形势下工作要求。突出服务大局谋划全年信息工作，结合重点工作推进，划分确定各部门目标任务，通过信息调研、信息会商和信息约稿，不断强化政务信息工作的针对性。2018年，结合全市三次重点项目集中开工，及时组织了全市重点项目开工、建设、服务和“放管服”改革等工作情况专题信息；结合市委市政府关于安全稳定工作的部署，组织了全市贯彻落实信访党政联席会暨安全稳定工作会议专题信息；结合推进“放管服”改革，组织专题信息；结合落实政府工作报告，组织贯彻落实专题信息；结合秋冬季大气污染防治和环境治理攻坚，组织专题信息。结合扶贫攻坚工作，全年不间断组织专题信息。紧盯重点工作，增强主动服务和超前服务意识。针对年初全市突然出现的持续性降雪，及时组织，真实反映各级各部门在应对持续降雪的工作措施；落实政府主要领导指示，组织了政府各部门、各县（市、区）和开发区贯彻落实市委经济工作会议精神专题信息；针对高考工作要求，组织了“各级各部门积极做好高考保障工作”专题信息；针对安全生产、城市提升等重点工作，组织“高温天气安全生产工作”“百城建设提质工程”“保障农民工工资发放”等专题信息。

围绕“三大攻坚”强时效，不断提升上报政务信息质量。把省、市政府领导关注的“三大攻坚”工作作为重点，组织相关部门深入基层、深入实际，聚焦目标完成情况、聚焦任务落实情况、聚焦问题解决情况，及时向省政府传递来自郑州市的工作动态，及时在政府快报反映各级各部门的最新进展。全年共完成省政府关于“环境污染治理攻坚”“中央环保督查回头看”“扶贫攻坚”“百城建设”等专题约稿及贯彻落实省政府会议精神等信息约稿61篇；组织“全国性典型经验”16篇，其中8篇被省政府刊发。做好部委信息采集报送，及时反映经济社会发展新动态、新情况、新问题，发挥政务信息以文辅政作用；及时将市领导走访国家部委的信息上报，反映郑州市推进重点工作的措施和国家部委对郑州的要求；及时将国家中心城市建设、航空港实验区建设、空中丝路建设等信息组织报送。全年，按照国办和省政府要求，配合完成信息约稿86篇，国办信息综合采用量居省辖市首位。紧盯省市重点民生实事，报送与人民群众生产生活息息相关的综合信息，对涉及群众切身利益、民生保障等社会关注的热点问题，及早调查、认真剖析。全年《政府工作快报》共采用基层单位上报的民生信息128条，组织了“中小学新建和改扩建情况”“人才公寓建设”“推进厕所革命”“国家区域医疗中心建设”“城镇新增就业”“医养结合”“房地产动态”等方面调研信息36篇。

强化提升意识，着力提升政务信息工作统筹协调水平。针对新时代信息传播的挑战和信息服务的要求，打通渠道，开展调研分析，反映各县（市、区）和市直部门的工作意见建议，盯热点、找难点、挖疑点，真正为领导决策提供依据。组织协调完成了“贯彻落实城市精细化管理工作动员大会精神情况”“中央第一环保督察组‘回头看’工作落实情况”等反馈信息。全年组织了《我市再就业培训资金使用质量和效果问题亟需关注》《我市过境车辆扬尘污染防治工作的问题及建议》等问题建议类专报信息，为市政府领导工作提供了参考，其中，《郑东新区以行动改变大气污染防治被动局面》得到市委书记马懿批示，并在该区召开了全市工作推进现场会；《郑州跨境电商服务试点优势渐行渐远》等一批专报信息得到市长王新伟批示。统筹协调完成省政府《河南自贸区郑州片区建设情况》《郑州市食品企业、汽车企业问题建议》等一批信息约稿。按照市政府办公厅安排，完成好省、市人大会议的信息保障任务。参加河南省十三届人大一次会议郑州代表团的会议简报服务保障工作，编辑大会简报7期，并结合代表意见建议，组织相关部门，共收集整理问题建议类信息16条，分别上报省政府信息调研室和市政府相关领导。对年度政务信息工作进行了总结评先表彰。其中，工作成绩突出的新密市政府办公室等18个单位，李浩丁等30名先进个人受到了表彰。召开了市直部门的信息工作人员座谈会，对完善季度政务信息工作会议，月度信息采用情况通报会等制度征求了意见；督促各单位健全信息工作队伍，围绕服务本级领导，加强学习培训，确保各级政务信息工作不断提升。同时，完善了全市信息员名册，完善短信群、建立微信群。组织开展政务信息工作人员培训，举办了2018年全市政府系统政务信息干部培训班，市政府办公厅有关处室、各县（市、区）政府办公室和部分委局办公室的117名政务信息干部参加了学习培训。

（巩　煌）

扶贫开发

【概况】 2018年，郑州市认真贯彻中央和省、市委打赢脱贫攻坚战的决策部署，深入实施精准扶贫精准脱贫方略，紧紧围绕全年实现除政策性兜底外存量贫困人口全部脱贫和已脱贫人口巩固提升两大目标，坚持质量、精准、激励、标准“四种导向”，狠抓责任、政策、工作“三个落实”，统筹推进“六个精准”，推动全市脱贫攻坚由取得决定性进展向夺取全面胜利转变。全年共脱贫1434户3800人，占省下达目标2000人的190%，剩余政策兜底贫困人口769户1785人，实现了除政策兜底外存量贫困人口全部脱贫目标。创造独具特色的郑州“N+2”精准扶贫模式，受到省委、省政府充分肯定。享受政策建档立卡贫困人口收入由2017年的7853.91元增加到2018年的10141.83元，增幅29.13%。

优化顶层设计，强化政策落实。饮水安全保障政策落实上，水利部门安排水利扶贫资金617万元，实施安全饮水巩固提升工程，受益贫困人口6617人。农村危房改造政策落实上，市城建局联合财政、扶贫部门下发了《关于做好建档立卡贫困户等重点对象农村危房改造工作的实施方案》。深入开展农村危房改造工作“回头看”，发现一户，改造一户，全年共完成872户危房改造任务。生态扶贫政策落实上，将生态护林员扶贫与生态公益林管护、森林资源管护等有机结合，全年安排生态护林员岗位218个。

【产业扶贫】 2018年，郑州市围绕村村有特色产业、有新型合作经济组织、有集体经济收入、有创业致富带头人、户户有增收项目的“五有”目标，由市发改委牵头制订了产业扶贫政策落实“1+4”推进机制；市农委在贫困村扶持建设都市生态农业示范园和高标准“菜篮子”生产示范基地项目5个，面积733公顷，土地出租收入770万元，吸纳贫困群众就业220人；畜牧部门组织发动26家涉牧企业参与产业扶贫，带动贫困户865户；扶贫部门安排专项产业扶贫项目237个。全市181个贫困村中，有180个村发展有特色产业、175个村有新型合作经济组织，培育致富带头人629人，建设电商扶贫网点949个，评选旅游扶贫示范村11个、旅游扶贫示范户21户，基本消除了集体经济空白村。

【就业扶贫】 2018年，郑州市相关行业部门积极开展就业、特色种养殖、旅游扶贫、电商扶贫等专项技能培训，共培训3.09万人次。其中，完成“雨露计划”培训6453人次。建档立卡贫困劳动力2018年就业13983人，其中，2017年底未脱贫家庭劳动力就业1330人，占有能力有意愿劳动力总数的93%。

【易地扶贫搬迁】 2018年，郑州市全面完成“十三五”省级易地扶贫搬迁任务，规划建设搬迁社区（安置点）5个，搬迁入住贫困群众5649人。搬迁后续产业发展措施进一步落细落实，社区配套基础设施和公共服务设施逐步完善，“5新”“5有”工作持续提升，搬迁群众生产生活方式发生了根本性改变。国土部门组织竞得易地扶贫搬迁土地复垦A、B券，筹措资金36.6亿元，为全省贫困县退出做出了积极贡献。

【健康扶贫】 2018年，郑州市制订下发《郑州市健康扶贫工作实施意见》《郑州市农村贫困人口大病专项救治工作实施方案》《郑州市健康扶贫三年攻坚行动实施方案》等20余个政策文件，逐户、逐人、逐病精准核实，分类救治。落实“七免一减”惠民政策，减免资金1072万元，受益2.36万人；实施大病救助44人，救治率100%；慢病签约服务1393人，签约率100%；重病兜底保障353人，救治率98.98%。

【教育扶贫】 2018年，郑州市在认真落实从学前教育到高中（含职业教育）的各类教育资助政策基础上，还对贫困家庭中考取全日制本科大学生，每生每年给予4000元补助。全年落实教育扶贫补助资金1959.7万元，受资助人数2.2万人。

【金融扶贫】 2018年，郑州市深入推广金融扶贫“卢氏模式”，完善金融扶贫“四个体系建设”，实现金融服务体系对贫困村、贫困户的全覆盖。推广“户贷户用”受益模式，实现“应贷尽贷”，累计向2.1万户发放扶贫小额贷款7.1亿元。

【综合保障脱贫攻坚】 2018年，郑州市人社部门为符合条件的2582人农村建档立卡未脱贫人口缴纳了城乡居民养老保险，建档立卡困难群众基本医疗保险实现全覆盖；纳入农村低保建档立卡贫困人口0.7万人；实施特殊救助，兑现救助保障资金495.8万元，受益人数1.9万人；残联完成了518户贫困残疾人家庭无障碍改造。

【专项扶贫】 2018年，郑州市投入市、县两级财政专项扶贫资金6.37亿元，其中市本级3.68亿元、县级2.69亿元。市、县两级财政投入占年度财政扶贫资金总投入7.29亿元的87.38%。工商企业等社会各界志愿捐赠帮扶资金6亿多元。

【行业扶贫】 2018年，郑州市下发《关于明确2018年度脱贫攻坚目标任务的通知》，23个行业部门与市委、市政府签订了脱贫攻坚目标责任书。对照责任分工，相关行业部门制定方案、完善政策、推进落实，推动行业扶贫取得新成效。加强驻村帮扶工作，派出驻村工作队490支、驻村帮扶工作人员23475人，实现了贫困村与有扶贫任务的非贫困村，以及所有贫困户的全覆盖。充分发挥定点帮扶单位发挥后盾支持作用，驻村工作队和帮扶责任人真扶贫、扶真贫，帮扶满意度达到99%。

【社会扶贫】 2018年，依托“中国社会扶贫网”，郑州市累计注册爱心人士14.6万人，广泛开展物品资金对接。市妇联组织实施“巧媳妇”工程，在13个贫困村建立儿童之家。团市委组织开展“八方援”活动，公益助学项目募集资金及物资302万元，资助贫困学生1509人。市总工会组织307名劳模、五一劳动奖获得者投身助力脱贫攻坚，受益2000余人。市慈善总会深入开展“助力脱贫攻坚，创建慈善城市”系列活动，募集资金2.78亿元，集中用于健康扶贫、教育扶贫和送温暖活动。深化“百企帮百村”帮扶行动，参与企业110家，实施社会扶贫项目122个，投资1.87亿元。

【脱贫攻坚问题整改】 2018年，郑州市抓好河南省2017年脱贫工作成效考核问题整改。河南省2017年脱贫工作成效考核反馈郑州市7个方面20项问题，郑州市主动认领国家反馈河南省问题5个方面17项。对照这些问题，举一反三抓好自查和整改，已全部整改到位。抓好中央、省委巡视反馈脱贫攻坚有关问题整改情况。认领中央第一巡视组巡视反馈脱贫攻坚问题共4个方面16大项22小项，制定整改措施39条。国务院扶贫开发领导小组督查反馈河南省脱贫攻坚问题共6个方面18项，郑州市认领6个方面16项问题，制定整改措施16条。认领省委巡视反馈脱贫攻坚问题3项，制定整改措施10条。对这些问题，郑州市均制订了整改方案，全部整改销号。抓好半年重点核查反馈问题整改情况。省脱贫攻坚2018年半年重点工作核查反馈问题3类12项，暗访反馈问题3类10项，已全部整改到位。

（王建红）

大数据管理

【概况】 2011年5月，郑州市数字城市办公室成立，隶属市政府办公厅管理。内设机构4个，分别是综合处、发展规划处、应用推进处、市民卡管理处；下设郑州市信息资源管理中心（郑州市基础地理信息中心）。市数字办有干部职工34人，市信息资源管理中心有10人。主要职责为：负责数字城市、全市电子政务、政务信息资源管理以及基础地理信息共享开发利用等工作。承担着全市信息化、智慧城市、电子政务、大数据、“互联网+”、“宽带中国”建设规划和信息化项目建设的审批管理；组织制定大数据的标准体系和考核体系；指导全市经济社会各领域的数据开放共享、开发利用和产业发展；指导全市数据安全保障体系建设。2018年，拟成立郑州市大数据管理局，按照市机构改革职能调整编制计划，数字办和信息资源管理中心人员整体转隶至大数据管理局。

【信息化建设】 2018年6月，成立郑州市新型智慧城市领导小组，由市长任组长，常务副市长任常务副组长，分管副市长、政府秘书长任副组长，统筹指导全市智慧城市、“互联网+”、大数据、宽带中国等载体建设工作的开展。6月，组织成立由王家耀院士领衔，联合高校、研究机构、企业相关信息化专家组成的郑州市新型智慧城市专家智库，为郑州新型智慧城市建设提供战略规划、体系保障、项目建设等各环节的专业咨询指导。

【编制新型智慧城市建设规划方案】 按照市委、市政府工作部署，结合《郑州市新型智慧城市建设总体规划方案（2018—2020年）》，出台《中共郑州市委 郑州市人民政府关于推进新型智慧城市建设的实施意见》《郑州市人民政府关于印发郑州市新型智慧城市建设三年行动计划工作推进方案的通知》，市发展改革委、财政局、审计局、数字办出台《关于加强新型智慧城市项目建设管理工作的通知》，为郑州新型智慧城市建设指明建设方向和项目支撑，进一步明确项目管理联合会审、项目管理流程协同、项目运行维护监督等工作内容，规范全市新型智慧城市项目（电子政务项目）建设与管理。

【数据归集与整合共享】 开展调研摸底，加快推进全市数据归集与整合共享。市数字办牵头搭建全市统一的信息资源共享交换平台，建成人口、法人、空间地理等基础资源数据库，横向联通公安、工商、民政、人社、房管、国土、住房公积金中心等重点高频政务数据职能部门，纵向联通12个县（市）区、4个开发区，累计归集数据量1.97亿条。

【智慧郑州APP（i郑州）上线】 2018年5月，市数字办牵头建设集政务服务、公共服务、便民服务等功能于一体的“i郑州”APP。按照政务服务数据整合攻坚专项行动工作要求，基本完成不动产、医疗、房管、公安、公积金、税

2018年3月19日，i郑上线仪式举行（郑州市大数据管理局/供图）

务、数字城管、教育、社保、自来水等事项共计105大项251小项的接入工作。

【举办2018中国（郑州）新型智慧城市建设暨产业发展高峰论坛】 12月20—22日，由郑州市人民政府主办的2018中国（郑州）新型智慧城市建设暨产业发展高峰论坛在郑州国际会展中心举办，市委副书记、市长王新伟出席会议并作讲话。本次论坛紧紧围绕“国内一流、郑州特色”的总目标，采用“论坛+成果展”模式，吸引到全国近200家企业参会参展，21位国内知名院士专家和23位领军企业高管在论坛上登台授课。

【网络互联互通】 深化互联网+政务服务应用，推动部门数据共享和协同应用，建成城市基础数据库群，实现一张政务服务网（依托电子政务外网网络建设的全省服务网）贯穿省、市、县（市、区）三级的服务体系，实现网络互联互通。

（赵晓亮）

人力资源和社会保障

【概况】 2018年，面对错综复杂的形势和严峻挑战，面对改革发展稳定的繁重任务，全市人力资源和社会保障系统凝心聚力、负重前行、克难攻坚，各项工作亮点纷呈，“郑州人社”在全省、全国地位得到提升，影响力得到增强。

大力开展“转作风、提效率、树形象”实践活动。坚持把党的政治建设摆在首位，组织实施“六学”专项行动，扎实开展“党的创新理论万场宣讲进基层”活动。推动各级党组织“一级一清单，一人一清单”，强化党建工作考核，严格落实意识形态和网络意识形态责任制，认真抓好巡视巡察整改工作，有力推动了全面从严治党主体责任的落实。牢固树立一切工作到支部的鲜明导向，调整健全局系统各级党组织，切实做好局机关党建示范点建设，积极探索党员积分化管理，党支部战斗堡垒作用和党员先锋模范作用得到加强。认真做好精神文明建设工作，扎实组织文明风尚传播、帮扶慰问等系列主题活动，开展十佳道德模范表彰，营造了团结奋进、积极向上、干事创业的良好氛围。广泛开展“抓重点、补短板、强弱项”大调研专项行动，形成调研报告70多篇，解决问题260多个。开展窗口单位改进作风专项行动，组织窗口服务“十佳标兵”评选表彰，窗口工作人员宗旨意识进一步增强，服务质量和效率不断提升。从严从实开展落实中央八项规定精神“回头看”专项活动，针对违规配备使用办公用房等四个方面的突出问题，逐项对照检查，逐项整改落实到位，并制定配套制度2类8项，持续推进八项规定精神落地生根。扎实开展专项以案促改活动，一体推进“三不”机制。各级党组织切实担负起政治责任和领导责任，分层次召开动员（剖析）会118次，组织3700多人次接受党性教育和警示教育，签订3700多份廉政承诺书，制定出台制度10项。用好“四种形态”，抓实监督执纪问责，层层签订党风廉政建设责任书，支持纪检组和机关纪委查处案件，开展“微腐败”整治专项行动和帮圈文化专项治理，积极健康的党内政治生活不断培厚，廉洁从政的思想根基逐步稳固，风清气正的政治生态正在形成。

【就业创业】 2018年，全市新增城镇就业12.59万人，其中失业人员再就业2.46万人、帮助就业困难人员实现就业0.77万人，城镇“零就业家庭”动态为零。城镇登记失业率2.51%。接收高校毕业生6.34万人，实现就业5.77万人，就业率91%。新增农村劳动力转移就业6.12万人，郑州市被推荐为“全国农民工市民化工作突出典型城市”表彰对象。完成去产能职工安置3423人。发放创业担保贷款8.72亿元，扶持2109人自主创业，带动就业19831人。全市孵化园区（平台）达到42家，全年入孵企业2866户，带动就业42154人。新认定4个市级农民工返乡创业示范园，新增农民工返乡创业10444人。在全省率先成立70人的大众创业导师团，完成创业培训3.87万人、返乡农民工创业培训6218人。积极参加全省、全国创业创新大赛。在省赛中，2个项目获得创业组和创新组第一名；4个项目入围国赛；在国赛中，1项获得全国二等奖，3个项目获“中国创翼之星”荣誉称号。全年使用就业专项资金2.13亿元，累计享受补贴16.13万人次。新增市级充分就业社区51家、省级充分就业社区16家。坚持线上线下相结合，为招聘双方提供快捷

2018年6月11日，郑州智慧城市专家委员会成立（郑州市大数据管理局/供图）

高效的就业服务，提供岗位23万多个，帮助4万多人实现就业。人力资源市场建设取得新进展，全市全年新增33家人力资源服务机构，为实现充分就业和优化配置人力资源，提供了优质高效的人力资源服务保障。组织贫困家庭劳动力技能培训1396人，落实技能培训补贴和生活费补贴65.78万元。公益性岗位托底安置建档立卡贫困家庭劳动力612人，发放公益性岗位补贴和社会保险补贴49.3万元。到去年底，全市16—60周岁有就业能力和就业意愿的建档立卡贫困劳动力3.55万人，已转移就业3.45万人，就业率97.18%。完善技工院校贫困学生资助机制，为12216人次发放助学金1221.6万元，68984人享受免学费5808.6万元。扎实推进郑州卢氏结对帮扶工作。组织5场就业扶贫活动，1200余人达成就业意向；组织技能和实用技术等各类培训500人。

【社会保障】 2018年，全市各项社会保险参保达到1996.63万人次。其中，养老保险参保705.53万人（城镇职工养老保险450.25万人、机关事业单位养老保险28.22万人、居民养老保险227.06万人），失业保险参保190.29万人，工伤保险参保177.9万人。五项社会保险基金收入达到400.33亿元，支出354.36亿元，累计结余726.44亿元。全面推进机关事业单位养老保险制度改革，全市4355家机关事业单位登记入库，纳入征缴拨付计划。调整完善多缴多得激励机制，增发缴费年限养老金，城乡居民基本养老保险制度进一步完善。继续阶段性降低养老、失业、工伤保险费率，全年为企业减负15.56亿元。完善被征地农民保障机制，全市纳入被征地农民社会保障范围23.98万人，累计筹集征地社保费用59.77亿元，支付征地社会保障资金13.75亿元。扎实做好困难群众城乡居民养老保险代缴工作，共为3077名困难群众代缴城乡居民养老保险费用60.4万元，有力助推扶贫攻坚。进一步提高城镇退休人员基本养老金，全市共涉及40.56万人。调整后全市城镇退休人员人均月增加养老金141.3元，人均每月养老金3071.7元；城乡居民基础养老金最低标准由原每人每月160元提高到190元，提高比例18.75%，调整后全市城乡居民人均月养老金达到239元，为全省平均水平的2.07倍，惠及全市68万60岁以上参保城乡居民。进一步提高失业保险待遇，将失业金标准由1376元/月调整为1520元/月，待遇水平位居全省首位。为1.35万人次发放失业保险金2.46亿元；全年支付失业保险稳岗补贴2亿多元，惠及企业3064家、职工18万人，分别较2017年增长29%、1014%、174%。进一步提高工伤保险待遇，工伤保险定期待遇提高10%，总体待遇位居全省第一；为5924人次支付工伤保险待遇2.34亿元。累计制发社会保障卡952万余张，开通社会保障卡缴费、待遇领取、信息查询等86项应用。开展养老金防冒领清理追缴专项行动，追回养老金1678.6万元。开展工伤保险内部控制专项检查、社会保险基金管理风险防控，做好政策执行情况检查和纠偏工作，确保了基金安全。全市认定或视同工伤案件6923件，受理各项劳动能力鉴定申请2816人，法定时间结案（结论）率100%，有力维护了工伤职工合法权益。

【人事人才】 2018年，郑州市青年人才储备计划稳定运行。青年人才补贴申报18165人（其中，硕士7560人，博士572人）。发放补贴6408.5万元，享受补贴15298人。吸引21.4万名大学生来郑就业创业。高层次人才认定体系初步构建。认定首批高层次人才284人。认定人选中，院士13名、“万人计划”领军人才18名。启动第二批认定工作。社会事业人才荟萃计划加快推进。确定270人纳入社会事业后备人才培养资助计划。高技能人才振兴计划成效显著。新增高技能人才2.26万人，完成3年培养4万名高技能人才目标的56.5%。大力实施全民技能振兴工程，规划建设全民技能振兴工程项目130多个，开展各类职业技能培训45万多人次；开展百万职工技能比武活动，140万人参加；职业技能鉴定38388人。13名选手进入世赛国家集训队，占全省入围数量的54%，改变了多年来世赛郑州市无选手入选国家集训队的局面，实现了历史性突破。大力实施“名校战略”，技工院校改革发展再创新成绩。全年招生3.92万人，占全省全年招生总量的36.5%；在校生人数首次超过11万人，学生就业率达到97%以上。编制发布《郑州市2018年急需紧缺人才需求指导目录（试行）》《郑州市人才发展报告（2018）》，是河南省、郑州市第一份人才发展报告。圆满完成“中国·河南招才引智创新发展大会”承办工作，共邀约嘉宾和高层次人才570多名，占全省邀约人数的42.5%，其中诺贝尔奖获得者1人、院士14人。达成合作意向6024人，签约人才项目111个，引进高层次人才293人，其中院士团队10个。180多人通过事业单位人才引进“绿色通道”办理了手续。做好博士后平台建设工作。博士后工作站和博士后创新实践基地达到84家，引进博士后146名。开展海外高层次人才认定工作，认定38人。深入实施专业技术人才知识更新工程，14.4万人参加继续教育学习。与市委组织部联合出台16条具体政策，支持民营经济人才队伍建设。提请市深改委审议通过深化职称制度改革实施办法，人才评价更加科学合理。推进事业单位人事管理改革，保障和落实用人主体自主权。向县（市、区）下放中小学教师中级职称评审权限；赋予高校、科研院所和公立医院高层次人才自主招聘权。探索实施事业单位岗位总量分类管理办法，创新事业单位岗位结构比例宏观调控办法，优化乡镇基层事业单位岗位管理，改革工勤技能岗位聘用制度。稳步推进机关事业单位工资制度改革，启动公立医院薪酬制度改革试点工作，调整机关事业单位人员基本工资标准，提高义务教育教师工资待遇，增加离休人员离休费。

【构建和谐劳动关系】 2018年，郑州市成立市协调劳动关系三方委员会，积极探索三方委员会办公室实体化建设，协调劳动关系三方机制作用得到积极发挥。劳动合同制度全面实施，集体协商集体合同制度稳步推进，集体合同签订率达到96%、规模以上企业劳动合同签订率达到98%。开展构建和谐劳动关系评选表彰。加强对企业劳动用工的指导

2018年10月27—28日，首届中国·河南招才引智创新发展大会在郑州举行（市人社局/供图）

2018年9月7日，郑卢帮扶第二届招聘暨创业项目推介会举行（市人社局/供图）

和服务。持续完善企业薪酬调查和信息发布制度，发布2018年全市劳动力市场工资指导价位和部分人工成本信息，调整最低工资标准。继续做好国有企业负责人薪酬制度改革工作。组织实施保障农民工工资支付工作考核，深入实施“治欠保支”行动计划，加大劳动监察执法，积极开展清理整顿人力资源市场秩序、用人单位遵守劳动用工和社会保险法律法规情况等专项执法行动，严格落实属地监管责任、“两金三制”等制度，确保农民工工资足额发放到位。全年共为2.38万名农民工追发工资2.25亿元，欠薪人数和清欠金额分别较2017年下降了57.94%、7.75%。政府应急周转金、在建工程项目工资保证金覆盖率、实名制管理覆盖率、工资专户制度覆盖率、银行代发工资制度覆盖率、按月足额支付农民工工资比例均达到了省提出的目标要求。不断提高仲裁办案效能，立案受理4646件，处理结案4740件（含上年度结转），当期结案率99.5%，同比提高1个百分点，涉及职工1.16万人，为职工和用人单位挽回经济损失1.36亿多元。已结案件中，调解结案1805件，综合调解率66.4%（含基层调解组织调解），同比提高2个百分点。坚持依法治访，全年共接待群众来信来访3705批9577人次，处理率达100%，做到了及时妥善处置群体性事件和问题隐患，维护了社会稳定。

【“放管服”改革】 2018年，全市人力资源和社会保障系统大力进行业务“瘦身”，将121项业务压减至53项，压缩比例达56%；取消59项不必要证明和重复材料，约占全市清理总量的32%。大力压缩办理时限、提高现场办结比例，局机关业务处室即办件达到17项，约占总事项比例的32%。积极承担全省人社系统改革试点任务，编制完成省市县三级审批服务事项通用目录。按照省厅“三级十同”审批服务事项目录，审批服务事项网上可办率达到90%，超额完成既定目标。开发设计“郑州职称APP”，变现场审核为网上审核，证书通过邮寄到家。开发“智汇郑州”人才工程信息系统，青年人才生活补贴、高层次人才认定、社会事业急需紧缺人才申报审核全程网络化。青年人才生活补贴70%通过网络完成申请。开通运行失业保险稳岗补贴线上申报系统，办理时限由原来的21天压减为13天（含5个公示日），真正实现了网上办和零跑腿。在全国率先推出支付宝补卡缴费功能，最快5个工作日就能收到社会保障卡。在全省率先开通社保卡就医一卡通及医保线上支付业务，门诊就诊流程时间缩短三分之一。率先在全省拓展村级社保卡服务窗口，在85个乡镇站所设立了社保卡服务窗口，在全市1952个行政村卫生室铺设社会保障卡金融服务智能终端（PDA），实现了“领取待遇不出村、居民参保登记不出村、查询信息不出村、办理部分社保卡业务不出村”。在全市91家金融网点设立社保卡经办窗口，实现了社保卡城区步行15分钟服务圈。按照“一窗受理、集成服务”的要求，率先进驻市政务服务办事大厅，实现了“咨询辅导在前、一个窗口办百件事”的目标，多次获得政务服务中心表扬。

（闵　勇）

外事与侨务工作

【概况】 2018年，全市外侨工作围绕中心，服务大局，以“三区一群”建设为引领，以四条“丝绸之路”为依托，以“一枢纽一门户一基地四中心”建设为支撑，突出抓好友城建设，加快打造内陆开放高地，统筹推进侨务工作创新发展。

做好全市大型涉外活动的组织、筹办工作。积极参与第二届全球跨境电子商务大会组织、筹备、邀请工作，成功邀请到来自全球的1600余名嘉宾，共论交流合作，共话行业发展，向世界发布跨境电商标准与规则创新促进联盟成立倡议。做好戊戌年黄帝故里拜祖大典邀请接待工作。邀请到包括中国前驻外大使兰立俊、胡逸山等在内的31位嘉宾，有力地宣传了黄帝文化和郑州发展。做好2018中国（郑州）国际旅游城市市长论坛筹备接待工作。通过详细计划、周密部署，圆满完成了来自28个国家95个城市的市长、市长代表及随员共128人的接待任务，并高质量完成了涉及英语、法语、德语等10个语种的翻译任务。协助做好第13次中欧区域政策合作研讨会、欧洲铁路交通联盟2018年度大会暨亚欧互联互通产业合作论坛活动的宴请等相关工作。成功组织由美国驻武汉领事馆、郑州市人民政府外事侨务办公室共同主办的“通向和谐之路——中美交往史1784—1979”图片展，拓展了郑州同美国在经贸、文化、教育、体育等方面交流合作的新境界。组织了荷兰广播电视协会，中阿卫视，越南人民报，印度、菲律宾、文莱亚洲通讯社等10个国家和地区的43名境外媒体记者团的采访郑州工作，用郑州声音唱好了中国故事。

加强党对外事工作的统一领导。制订下发《学习宣传贯彻党的十九大精神工作方案》《省委十届六次全会暨省委工作会议贯彻落实方案》和《市委十一届七次全会暨市委工作会议贯彻落实方案》，集中宣讲学习省委十届六次全会、市委十一届七次全会两级会议精神。落实意识形态工作联席会议制度，并组织开展了意识形态工作专题培训教育活动，对意识形态工作进行总结和分析研判。

【因公出国（境）管理与服务】 2018年，郑州市严格按照“因事定人”“人事相符”的原则审核报批党政干部临时因公出国（境）团组，紧紧围绕国家中心城市建设、郑州航空港经济综合实验区、郑欧班列等省市重点项目，积极服务全市经济社会发展大局，为485人次的党政和企业出访团组办理了出访手续，其中自组团75批339人，随省直机关团组76批146人。

7月，市政府领导率团赴卢森堡、德国、希腊参加2018中国（河南）空中丝绸之路经贸活动，全面介绍了郑州的经济社会发展情况，特别是郑州建设国家中心城市、打造中国对外开放新高地、建设国际物流中心的宏伟蓝图，刷新了与会人员对郑州的印象，增强了与郑州开展交流合作的意愿。经媒体报道后，在当地产生了较大的社会影响。

10月，郑州市政协主要领导率团

2018年5月18日，市委书记马懿会见美国莱斯大学校长一行（市委外事办/供图）

访问俄罗斯、匈牙利、捷克，宣传了黄帝故里拜祖大典，在海外华侨华人中引起巨大反响，河南、郑州、新郑和黄帝故里拜祖大典在出访国的知名度、美誉度、影响力极大增强。

【友好城市工作】 2018年，郑州市落实国际化三年行动计划，以人文交流为主导进一步巩固、深化与各国际友好城市的友好关系，以重要论坛活动为桥梁，积极推进新的友好城市关系的建立。

巩固和深化友城关系，在2018中国（郑州）国际旅游城市市长论坛期间，邀请韩国晋州市市长李昌熙、日本埼玉市商工观光部代表团等来郑考察交流；第十二届中国（郑州）国际少林武术节期间，邀请罗马尼亚克鲁日·纳波卡市、韩国晋州市代表团来郑，其中晋州市文化院与市文化馆签署了交流合作协议；晋州市还被全国友协授予“对华友好城市交流合作奖”荣誉。同时组派了市政府代表团赴韩国晋州市、日本、俄罗斯萨马拉市、美国里士满市等进行友好交流，出席了美国里士满市友好城市路牌标牌揭幕仪式、韩国晋州市江南流灯节等活动。

推进新友城建设，与应邀来郑参加第十二届河南投资贸易洽谈会的乌兹别克斯坦吉扎克州代表签订了建立友好关系意向书；与应邀来郑参加第二届全球跨境电子商务大会的法国亚眠市签订了建立友好交流城市关系意向书；与应邀来访的加拿大埃德蒙顿市签订了建立友好城市关系意向书；与应邀来郑参加2018中国（郑州）国际旅游城市市长论坛的智利伊基克市签订了建立友好城市关系意向书，与法国图卢兹市签订了旅游领域合作意向；与应邀来郑参加第12届中国（郑州）国际少林武术节的法国亚眠市签署了亚眠大学和郑州科技学院校际合作协议书。同时，利用各种渠道，确定了美国檀香山市、希腊伊拉克利翁市、斯里兰卡科伦坡市、印尼日惹市、德国杜塞尔多夫市、西班牙马拉加市等城市进一步发展友好关系的可能性。

【来宾接待】 2018年，市外侨办以配合国家总体外交大局和服务地方经济建设为目标，高标准做好外宾来郑考察的接待工作，并积极参与2018郑州航展、第二届国际民航组织航空货运发展论坛、中国·河南招才引智创新发展大会、第二届国际民航组织航空货运发展论坛、2018年首届世界传感器大会、中欧区域政策论坛等大型活动，做好邀请、接待、翻译等工作。截至年底，共接待境外来访团组62批2558人次。其中，包括塔吉克斯坦总统拉赫蒙、利比里亚总统乔治·维阿在内的国宾级团组2批；包括玻利维亚外交部部长费尔南多·瓦纳库尼·马马尼、塔吉克斯坦驻华大使帕尔维兹·达夫拉特佐达、印度国大党总书记穆库·巴尔克里什纳·瓦斯尼克、匈牙利国会议员欧拉·劳约什、非洲驻华使节团、乌兹别克斯坦吉扎克州副州长、罗马尼亚克鲁日省副省长马里乌斯·明札特、巴拿马工商部副部长、乌兹别克斯坦ASAKA银行董事会主席幕莱诺夫·卡然木在内的省部级团组22批，包括科特勒咨询集团全球总裁米尔顿·科特勒、日产动力电池有限公司首席执行官松本昌一、乌兹别克斯坦ASAKA银行董事会主席幕莱诺夫·卡然木等在内的重要商贸团组7批。

【服务郑州对外开放】 2018年，市外侨办积极服务郑州对外开放发展和外向型经济。组织各县（市）区及相关企业参加在香港举办的“2018香港欢乐春节文化庙会——中华源·老家河南”活动，承办根在河南·姓氏根亲文化展，参与物美河南·名优特精品展。其中，根在河南·姓氏根亲文化展反响热烈，众多香港同胞驻足在黄帝故里拜祖大典和姓氏树等展板前，仔细询问黄帝文化、根亲文化情况，查找自己的姓氏起源。郑州市参展的新密密玉、登封麦饭石、惠济黄河金沙澄泥砚、荥阳象棋等名优特色产品既有地方特色，也展现了中原深厚的文化底蕴，深受领导好评和香港市民青睐。帮助企业减轻出访成本，提高出访效率，积极做好APEC商务旅行卡的申办工作，全年共为企业申报APEC商务旅行卡42批152个。

【涉外管理】 2018年，郑州市涉外管理工作有序有效开展。依托涉外涉侨工作市级联席会议制度，统筹协调郑州市涉外涉侨管理工作，提升郑州涉

2018年7月16日，南非林波波省赛库胡内市市长斯坦利·拉克拉一行6人到郑州访问（市委外事办/供图）

外事件处理的执行力。协调相关单位共处理31起涉外事件。指导郑州涉外单位按规定、按程序聘请、使用、管理外籍专家，有序利用国外智力资源。成功推荐1名专家获得河南省黄河友谊奖。为吸引更多的外国专家、学者来郑州工作起到了宣传引导示范作用。严格审核，认真指导邀请外国人来郑工作，共签发外国人来郑州核实单12批70人次。

【为侨服务】 2018年，郑州市着力涵养侨务资源，提升为侨惠侨水平。积极强化对外联谊联络、促进对外交流，大力提高引智引资的质量和水平，加强侨务对外对内宣传、扩大涉侨文化交流。通过加强与海外华侨华人的联谊与沟通，增进了解，加深友谊，增加共识，促进合作。在大力做好涵养国外侨务资源的同时，把为侨惠侨作为聚侨心的重要抓手，让广大归侨侨眷切实感受到党和政府的关怀与温暖。2018年办理归侨证7个，侨眷证44个；办理高招归侨侨眷考生证明22份，中招考生证明3份。2018年度发放困难归侨生活补助金34万余元。

（张　超）

对台工作

【概况】 2018年，全市对台工作认真落实中央、省委、市委关于对台工作的各项决策部署，以落实中央惠台政策为突破口，围绕中心，持续深化郑台经贸合作；服务大局，深入推进郑台特色交流；创新方法，推动涉台教育取得新成效；凝心聚力，不断提升服务台胞台属台商台企质量，推动全市对台工作再上新台阶，为郑州建设国家中心城市作出积极贡献。市台办先后获得第十一届中国（郑州）国际园林博览会先进集体、中央台办“两刊”宣传工作先进单位和先进基层党组织等荣誉称号。

把握形势，切实加强全市对台工作组织领导。5月11日，市委常委会专题听取汇报，研究确定郑州市贯彻落实学习全省对台工作会议精神意见；5月23日，全市对台工作会议召开，传达学习2018年中央、全省对台工作会议精神和省委常委、市委书记马懿在市委常委会研究全市对台工作时的重要讲话精神,分析了前对台工作形势，总结2017年全市对台工作，安排部署了2018年对台工作任务。

【郑台经贸合作】 2018年，全市对台经济工作紧紧围绕郑州建设国家中心城市的总体部署，以产业融合为重点，以落实“中央31条惠台政策”为抓手，努力实现经济工作的新突破。全年意向签约台资项目3个，新增台资企业6家，合同利用台资1942.2万元人民币。

做好戊戌年黄帝故里拜祖大典邀宾服务工作。拜祖大典活动期间，邀请并接待台湾统一促进会、台湾中华演艺工会、台湾潘氏宗亲会、两岸经营者俱乐部、林家花园投资管理有限公司等台湾嘉宾50余名。期间，分别组织各参访团针对性地开展了参观考察，并同相关单位进行了项目对接。

参与省市涉台经贸交流工作。4月，在豫台绿色农业发展合作对接会上，郑州市共签约荥阳黄河彩虹谷田园综合体项目、蜂云汇蜂蜜农庄休闲观光项目、有机葡萄标准化栽培及新品种引种示范项目等3个项目，总投资约82.85亿元。9月，积极配合APEC首届郑州国际城市设计大会组委会，做好与会台湾专家的接待服务工作。

举办郑州台资企业发展成果展。9月中旬，郑州台资企业成果展在丹尼斯大卫城举办，该展会系“2018豫台经济文化交流展示”系列活动的一部分。国台办原主任、海协会原会长陈云林，国台办原副主任、海协会原副会长王富卿，省领导舒庆、万旭，市领导法建强、马义中、郭锝昌，台湾地区经济部门原负责人尹启铭等出席启动仪式。涉及百货、食品、服装、教育、机械加工、石墨烯、现代农业等多个领域的51家企业参展，设有包括农业、教育、服装、餐饮等十多个产品体验区，展示了郑州台资企业从无到有、从小到大不断壮大的发展历程。

扎实推进台青创业就业学习工作。全年共协调组织43名台湾青年在郑实习，在郑就业台湾青年10人，运营创业项目5个。9月，带领台湾青年4人前往江苏昆山参加2018两岸青年就业创业研讨会，和与会企业家和青年代表交流分享创业心得和经验。10月，组织20多名高学历台湾青年参加河南招才引智创新发展大会，并组织专场座谈会，邀请市人社局的相关负责人宣讲郑州人才落地配套政策，答疑释惑。11月，带领在郑台湾青年4人到北大参加创业训练营，拓展创业思维，提高其创业能力。

【郑台交流交往】 2018年，全市对台交流交往以文化为纽带，以青少年、基层民众为重点，深化交流，提升效果，着力厚植推进两岸关系和平发展的民意基础。全年共接待台湾团组27个团534人次，应邀赴台交流团组37个，215人次。

以文化为引领，加强郑台两地交流。1月14—20日，市电影电视文化交流参访团先后与台北文化教育交流协会、台湾东吴大学、中国电视公司、中华演艺总工会等进行了影视文化创作方面的交流；实地考察中兴谷堡等多家文创产业；开展微电影《回家》展映、送春联、豫剧清唱等活动，并就“根亲中原”微电影大赛、媒体人交流培训、“街舞大赛”、优秀文化作品入岛演出、教育交流等项目初步达成了合作意向。6月26日，“文同源·心相连”郑州非物质文化遗产项目暨书画作品交流展在台中文创园区举行，共展出登封窑陶瓷烧制技艺、嵩山木雕、面塑、蛋雕、剪纸等各类民间技艺、艺术瑰宝116件，《豫南之春》《探梅图》等百余位中原书画家创作的书画精品120幅。期间，赴台人员还走访了一系列台湾文化艺术单位及团体，就传承非遗生产核心技艺、加快培养传承人才以及如何将中华文化艺术传承和文化创意创新进行完美结合等课题进行深入座谈研讨。

以教育为纽带，增进郑台良性互动。1月25日，第一届“面向未来——河南省两岸基础教育研讨会”在郑州举行，来自豫台两地的100余名中小学校负责人和教育界人士参加研讨，围绕办学理念、传统文化以及特色教育等进行主题发言，研讨推进中华优秀文化深入校园、进入课堂，共创基础教育新发展的方法、路径与措施。10月15日，桃园市私立成功高级工商职业学校师生一行26人来到郑州市商贸管理学校，走进电子商务、平面设计、语文等课堂，体验剪纸、面塑、雕塑、陶艺等传统手工艺制作；双方学校负责人缔结了友好学校协议，建立了长期友好交流的合作机制。期间，学子们还赴登封、新郑等地，开启“文化寻根之旅”，感受郑州的发展变化，增进对中华文化的认同。全年郑州市共有5个教育团组、94人次赴台开展教育交流。其中，郑州师范学院交流团参访华梵大学、台北海洋科技大学等台湾高等院校；市教育局两次组团赴台参访新竹市永平小学、新竹市教育局、义守大学等单位，就教学、科研、师资队伍建设、实验室建设、国际合作与交流等方面进行广泛沟通和学习讨论，在学术交流和学生交流等方面取得共识，并达成初步合作意向。

以青年为重心，多维度推动交流往来。4月，“华夏文明·薪火相传”台湾青年学生河南修学交流活动在郑州旅游职业学院举行，来自台湾台东大学等6所高校的35名师生参加交流活动。5月18—19日，就读于北京大学、中国人民大学等北京高校的台籍学生考察团来郑考察。市台办、市人社局、市人才办等有关部门负责人详细介绍了郑州市就业、社会保障、招才引智等方面的优惠政策和措施，欢迎台湾青年来郑实习就业。7月10—12日，举办首届“文同源·心相连”郑州非物质文化遗产项目青少年台胞体验夏令营，组织十余位青少年台胞参观郑州非物质文化遗产展示馆、二七区樱桃沟御品堂陶瓷基地、国家级非遗项目“登封窑”、郑州市博物馆和金水区文化馆，详细了解并亲身体验中原陶艺、泥塑、糖人、高浮雕传拓技艺等非遗项目。7月17—18日，全国台联2018年台胞青年千人夏令营河南分营在郑州开展活动，25名台湾大学师生参观了登封少林寺、郑东新区千玺广场，并与在豫台商企业家代表、台商二代代表进行交流座谈。12月5日，组织在郑台湾青年和部分台商代表15人走进郑州二七纪念馆，参观“千秋二七”基本陈列展和近期推出的“成语郑州”篆刻与典故精品展，直观了解京汉铁路工人运动的历史和篆刻文化，使其对二七纪念塔的历史有了深入的了解，达到以文化人的功效。

拓宽交流渠道，推动多领域互动往来。依托食品、卫生行业开展交流。10月，市食品药品监督管理局一行14人赴台湾进行考察交流，访问台湾食品企业，深入了解当地食品行业建设发展历程和成果，增进两地食品工作者的互信和友谊。11月，市人大副主任法建强率医疗卫生界赴台交流，推介郑州市情，与当地医疗卫生工作者研讨经验与教训，邀请台湾医疗卫生界来郑参访交流。开展基层交流。6月，桃园基层交流团一行30人到郑州，参观“天地之中”历史建筑群；8月，桃园家长关怀教育协会一行35人来郑参访交流，与郑州市十九中座谈研讨，并参观了郑东新区展览馆、少林寺等地，了解郑州发展变迁。姓氏宗亲开展民间交流。4月，台湾潘氏文化研究会会长潘静雅等一行5人到中牟县潘安故里寻根祭祖；到市地方史志办公室，查找姓氏起源资料，寻求潘氏发源依据。11月，台湾工党主席郑昭明率郑氏宗亲到荥阳参加戊戌年世界郑氏拜祖大典，号召郑氏宗亲积极发扬爱国主义传统，弘扬中华传统文化，为实现中华民族伟大复兴的中国梦而努力奋斗。

【对台宣传和涉台教育】 2018年，全市对台工作坚持对台宣传和涉台教育并举的理念，在研究台湾社情民意的基础上，充分调动各方积极性，统筹谋划、注重创新，着力扩大对台宣传的影响力。

继续做好信息宣传工作。积极动员基层台办和基层统战员主动挖掘信息，积极开展信息收集、撰写和报送工作。至年底，共撰写信息43篇，采编各县（市）区报送信息118条，编印《郑州市对台工作信息》10期，创立“郑州台办”微信公众号并发布文章37篇。豫台视窗采稿47篇，“两刊”杂志发表专栏文章2篇。

举办“走进国家中心城市——郑州”两岸媒体联合采访活动。4月16日上午，在“走进国家中心城市——郑州”两岸媒体联合采访活动中，十余家来自两岸三地的媒体联合采访副市长吴福民。他介绍了郑州建设国家中心城市的总体思路和六个方面的功能定位，相关部门负责人就两岸记者关心的问题进行现场答复。随后，两岸媒体联合采访团先后到银基花园社区和少林寺、嵩阳书院进行实地参观和采访。活动期间，采访团成员通过报纸、网站、手机报、视频等不同平台发布各类新闻稿件60余篇，被各类媒体转载超过100余万次。

寻根微电影《祈福树》完成制作。8月28日，市台办审查微电影《祈福树》，对最后制作提出修改意见。《祈福树》讲述了一个孩子从台湾出发到黄帝故里寻根问祖的故事，影片拍摄历经5个月，由郑州市电影电视家协会、河南电影公社联合摄制。这是继《回家》、《轩辕谣》之后的第三部“寻根”系列微电影，该影片将作为2019年黄帝故里拜祖大典献礼影片，届时上线播出。

积极开展涉台教育工作。一年来，市台办以党的十九大报告有关涉台内容、“31条惠及台胞措施”、居住证办理政策等知识为主要内容，结合郑州市实际，在网站、微信等多个平台，开展了形式多样的宣传教育工作，并指导各县（市）区开展丰富多彩的涉台教育活动，努力营造全社会了解、支持对台工作的良好氛围。

【服务台胞台属台商台企】 开展迎新春走访慰问系列活动。2018年1月28—29日，海协会会长陈德铭一行到郑州慰问台商台胞，实地走访考察市台资企业协会和富士康航空港科技园、台湾友嘉集团等多家台企，向在郑台商台胞致以新春的祝福。开展走访慰问困难台胞台属活动。春节前夕，组织对全市62户困难台胞台属进行走访慰问；认真落实对困难台胞台属财政定补制度，严格申报程序，确保政策惠及每个困难台胞家庭，补贴资金发放到困难群众手中。开展“迎新春、送春联”活动。春节前夕，邀请郑州市女子书法家协会开展为台胞义写春联、送新春祝福活动，十余位书法家现场为台胞书写春联200多幅；郑州市电影电视文化交流参访团赴台期间，向台湾同胞赠送春联，送去的新春祝福。

加快推进“31条惠台措施”在郑落地实施。2018年，市台办多次召集各相关单位召开座谈会，共同研究讨论“31条惠台措施”在郑落地实施办法；邀请省台办相关处室负责人为郑州市台资企业协会进行专题政策宣导，听取台商意见，着力推进“31条惠台措施”落地见效。省市领导多次到台企走访，调研落地情况。其中，7月13日，市委常委、统战部部长杨福平到郑州市台资企业调研，详细了解在郑台商、台胞工作生活情况及中央“31条惠台措施”在郑落实情况；8月17日，省人大常委会副主任徐济超带队到郑州台企，就省内台胞投资权益保护工作开展专项调研。

做好投诉调处和来信来访工作。全年共受理投诉案件14件。针对河南晟和祥实业有限公司和丹尼斯百货所反映问题，市台办成立专门小组，多方联系相关单位，查阅相关法律法规和政策，召开会议；市委常委、统战部部长杨福平召集相关单位负责人多次召开专题协调会，市委督查办对案件进行督导办理。协调解决康师傅公司、硕达钻石有限公司因大气污染治理被迫停工事宜。全年共接访20余起台胞台属来访，涉及拆迁补偿事宜、台属子女就业、家庭困难补助申请、房屋买卖产生纠纷、证件遗失等问题，均按照政策法规，协调相关部门为台胞台属解难分忧，让台胞台属感受到党和政府的温暖。

做好台胞台属界代表人士的推荐工作。年初，在省人大、政协换届中，2名台胞台属代表人士被推荐为省人大代表、2名被推荐为省政协委员。5月，根据市换届工作安排，推荐6名台胞台属为郑州市十四届政协委员；在市妇联的换届中，推荐1名台胞界别妇女代表。

组织开展台商联谊活动。2018年，市台办多次联合市台协，举办新春联谊会、中秋联谊会、DIY蛋糕制作、咖啡研磨等联谊活动，丰富台商业余生活，密切与台商之间联系，增强台商协会凝聚力。

（张　晖）

信访工作

【概况】 2018年，全市信访系统认真贯彻党的十九大精神和习近平总书记关于加强和改进人民信访工作的重要思想，全面落实中央、省委、市委关于信访工作的决策部署，坚持以党建为统领，以信访矛盾化解“四大战役”为主线，以中央、省委巡视组移交案件办理为突破口，以落实信访工作联席会议制度为抓手，扎实开展各项信访工作，实现了三级“两会”、中央驻郑巡视、青岛上合峰会等重要敏感节点未发生来自郑州的干扰，信访群众“唯上唯大”“大闹大解决、小闹小解决、不闹不解决”的思想认识逐步得到扭转，信访秩序不断规范，全市信访总量不断下降，有力确保了全市信访总体形势持续稳定向好。2018年，郑州市信访局被河南省委、省政府表彰为全省信访工作先进单位，被市委评为综合考核优秀单位、机关党的工作先进集体、平安建设先进单位。

立足郑州发展新阶段，围绕“四重点一稳定一保证”工作总格局，发挥党建对信访工作的引领作用，通过组织“七一”纪念英烈爱国主义教育等活动，举办郑州市信访系统复旦大学和深圳大学素能提升班，不断引导信访党员干部在本职岗位上亮好身份、树好形象、当好先锋，办好涉及群众切身利益的信访问题，积极回应百姓期盼，切实增强信访干部以党的建设高

2018年3月7日，郑州市委书记马懿到新密市接访（市信访局/供图）

质量推动信访业务健康发展的思想自觉和本领能力。

群众来访：共登记接待群众到省来市走访2435批27056人。

复查复核。市、县两级共接待群众复查复核类来访2356批次，同比上升5.1%；受理、办理复查复核事项547件（复查519起、复核28起），同比上升20.0%。市复查复核办公室共接待群众来访702批（次），共接收群众复查复核信访事项申请37起。全市通过复查复核渠道协调解决疑难复杂信访事项65起，经市复查复核办督办化解案件29件。

来信办理。共受理群众来信8796件，有效重信率为10.6%，同比下降5.7%。领导阅批群众来信方面，市级领导阅批84件，其中市委书记、市长阅批17件，市委常委批示69件，占批件总数82.1%，办结率100%，满意率100%；县（市）区领导阅批群众来信760件，其中党政正职阅批459件，占比60.4%。

网上信访。共办理网上投诉、领导电子信箱、电话信访及手机信访等电子类渠道信访案件9289起，占信访信息系统录入案件总量的比重由上年同期的57.2%上升为72.4%。其中，网上投诉7513起，领导电子信箱712起，电话信访516起，手机信访548起。

满意度评价。全市共纳入满意度评价信访事项6567件，符合评价条件5054件，已评价1934件，参评率、对信访部门满意度、对责任单位满意度分别是38.3%、96.6%、94.5%。与上年同期相比，参评率下降10 %，对信访部门满意度上升1.8%，对责任单位满意度上升0.9%。

【落实信访工作责任制】 2018年，郑州市严格落实信访工作研究会商机制。市委常委会、市政府常务会5次听取信访工作汇报，推动了不动产登记、问题楼盘、非法集资、环境保护等一批重大信访问题的解决；市委、市政府主要领导4次在全市领导干部会上安排部署信访工作，有力推动了信访工作责任制的落实。严格落实领导接访包案制度。市级领导认真落实领导包案、接访下访制度，省委常委、市委书记马懿主动要求增加接访频次，带头接访下访、包案解决问题。县乡每天安排党政领导接访下访，重点时期增加接访下访频次，形成了市、县、乡三级领导干部接访下访制度化、常态化机制。2018年，26位市级领导干部到其联系或分管单位接访场所接访118天，接待来访群众代表348批844人，并研究处理复杂信访案件11起。县（市）区264名党政领导干部接待来访群众2547次1451批10024人，推动解决一大批信访疑难案件。严格落实领导阅批群众来信制度。市级领导率先垂范、督促落实，累计阅批群众来信84件，对每一封群众来信都提出明确办理意见，县（市）区党政领导阅批群众来信760件，其中党政主要领导阅批459件，有力推动了责任落实、问题解决。信访工作责任查究有效落实。郑州市认真贯彻落实《信访工作责任制实施办法》《河南省信访工作责任制实施细则》，对因责任不落实、工作不到位、履职不认真导致发生有影响信访事项的责任单位和个人，严格按照有关规定进行追责。2018年，郑州市先后对53个县（市）区、乡（镇、街道）予以通报批评，对8个乡（镇、街道）予以重点督办、挂牌督办，对58名责任人给予停职免职、党内警告、诫勉谈话等问责处理。

【信访问题化解】 2018年，郑州市把中央巡视组和省巡视组交办案件化解工作作为一项政治任务部署推进，严格按照“三个重新”“三个不局限”“三到位一处理”的工作原则认真办理，积极成立案件办理工作专班，组织业务培训，明确领导包案，加强督查督办，规范业务操作。为进一步夯实工作责任，以市联席办的名义与各县（市）区、开发区的政法委书记和市直有关单位的分管领导签订目标责任书，并按照市委和市政府领导联系分工，将涉及分包责任单位的案件以台账方式分批报送市领导予以了解和关注，切实推动了案件高效办理。3月1日以来，中央巡视组共分33批移交郑州市群众利益诉求类案件2314起，占全省移交案件总数的12.3%，已全部办结，满意483起，满意率20.9%；省委第一巡视组共分5批移交郑州市群众利益诉求类案件188起，已全部办结，满意70起，满意率37.2%。

着力攻坚信访矛盾化解“四大战役”。信访矛盾化解“四大战役”是

2018年11月29日，市长王新伟到市信访局接访（市信访局/供图）

2018年国家信访局和省信访局安排部署的重要工作，郑州市委、市政府高度重视，省委常委、市委书记马懿批示要全力打好打赢信访矛盾化解“四大战役”，有关市领导先后多次听取专题汇报，对有关工作进行谋划指导。开发区、县（市）区党委、政府将信访矛盾化解“四大战役”工作纳入重要议事日程，分别成立领导小组，主要领导靠前指挥，攻坚化解疑难信访问题。郑州市、县两级信访部门均设立“四大战役”指挥部，制订下发工作方案，完善周例会等各项制度，累计召开动员推进会100余次，督察督办6次，有效夯实各方责任，以最高标准从严从细从实做好这项工作。2018年，中央、省、市、县四级共交办案件1485起，审核汇报1343起，信访人满意783起，审核通过率90.4%，满意率58.3%。

开展赴京上访专项治理活动。从2018年6月底开始，郑州市启动了为期三个月的赴京上访专项治理工作，紧紧围绕“信访总量稳中下降、信访秩序明显好转、群众满意度持续提升”的工作目标，持续深化源头预防，严格落实重大决策社会稳定风险评估制度，实现了专项治理工作期间赴京集访、赴京个访、赴京涉访同比分别下降68%、62%、85.7%的良好成绩，并受到河南省信访工作联席会议办公室通报表扬。同时，对在信访活动中或以信访为名实施的违法行为，依法严肃处理，全市共依法处理违法涉访人员105人，其中拘留51人次，训诫54人次。

充分发挥信访联席会议制度作用，对一些涉及政策性、历史性或者案情特别复杂的案件，及时提交市委常委会或市政府常务会进行研究。为推动行业领域信访突出问题的解决，探索推行了市级分管领导主导、行业系统牵头、涉及部门配合的行业联席会议机制，成立了问题楼盘、涉法涉诉、城建拆迁等专项工作小组。2018年，郑州市累计召开17次行业联席会议，推动研究了西部生活垃圾发电厂等87起疑难信访案件的妥善解决。

【基层基础工作】 2018年，郑州市持续规范信访工作基础业务。压实首接首办责任，加强初信初访办理，严格落实《依法分类处理信访诉求工作规则》，积极引导群众通过法定途径提出诉求、解决问题。将信访基础业务规范化作为推动信访法治化的重要举措，严格信访事项受理办理，全市累计清查规范信访案件21528起，有效提高了信访基础业务规范化水平。

逐步深化信访信息系统应用。持续在全市信访信息系统应用的深度和广度上下功夫，改善软硬件配备，加强日常二期信访信息系统应用管理、服务、培训，不断提升系统的普及率和覆盖率，达到了“一统”“二化”“三覆盖”。截至年底，全市接入信访信息系统的机构1080个，用户3788个，实现了系统内信息数据共享，工作效率和工作水平大幅提升。

有效提升网上信访主渠道作用。按照中央、省委、省政府关于推进信访制度改革、打造“阳光信访”新模式的决策部署，大力推进网上信访、电话信访、领导电子信箱以及手机短信信访工作，通过提升网上信访事项办理效能，逐步引导实现“让数据多跑路，让群众少跑腿”，有效降低了群众信访成本。2018年，全市共办理网上投诉、领导电子信箱、电话信访及手机信访等电子类渠道信访案件9289起，占信访信息系统录入案件总量的72.4%，网上信访“主渠道”作用进一步彰显。

（张淑君）

接待工作

【概况】 2018年，市接待办围绕中心工作，聚焦“三个满意”，以党建工作高质量推进公务接待高质量，公务接待服务保障更加有力，有效地保障了市委市政府工作部署的贯彻落实。先后获得“郑州市综合工作先进单位”“郑州市对外开放工作先进单位”“第十一届中国（郑州）国际园林博览会先进单位”“中国河南招才引智创新发展大会筹办工作先进单位”“2018首届郑州国际城市设计大会筹备工作先进集体”“2018中国（郑州）国际旅游城市市长论坛突出贡献单位”“郑州市政府信息公开工作先进单位”等荣誉。

加强干部队伍建设。开展“重实干、强执行、抓落实”专项活动和作风纪律专项整治活动，形成真抓实干的良好氛围。抓好干部教育培训。开展“强素质、重提升、促整改”系列学习活动，举办全市公务接待系统干部素能提升培训班，组织办机关和开发区、县（市）区接待办有关人员赴青岛等地学习考察公务接待工作，推动全办干部职工政治素质、业务能力整体提升。

【接待服务和会务保障】 2018年，市接待办共完成接待任务517批，接待来宾27834人，其中，接待国家领导人22位，省部级领导531人，厅级2699人。完成了戊戌年黄帝故里拜祖大典、第二届全球跨境电子商务大会、河南省第八届少数民族传统体育运动会、全国第十一届少数民族传统体育运动会第一次、第二次筹备会等大型会议活动的筹办和接待保障工作；接待中央巡视组、全国人大常委会调研组、国务院环保督导组、省委第一巡视组等上级工作组；接待徐州市党政代表团等外地市领导来宾，接待上汽集团、美国莱斯大学等商务、外事活动，保障省、市重点项目及产业集聚区现场观摩会，完成了市党政考察团出访徐州、市领导三门峡市卢氏县调研等服务保障工作，办理车（机）票431张，在机场、车站迎送来宾579批3166人，完成了承担的重大活动保通协调任务，为市委、市政府中心工作、重点工作顺利推进提供了安全、优质、高效、节俭的服务保障。

【公务接待管理】 2018年，市接待办不断加强公务接待管理指导、监督检查。以落实《中央八项规定实施细则》为契机，进一步规范和加强接待管理，对公务活动用餐和外事、商务活动使用酒水等进行了规范和明确。严格公务接待任务运转程序。认真落实公函制度、审批制度和清单制度，实行接待任务主责人制度和限时审签制度。加强接待经费管理。按照接待标准为来宾提供食宿、用车及会见、座谈、签约等服务保障，接待费凭财务票据、派出单位公函和接待清单报销，严把费用汇总、审核、审批关。加大管理监督力度。市直机关各单位每季度向市接待办报送公务接待情况和内部接待场所使用情况，开展《党政机关国内公务接待管理规定》落实情况调研评估工作。9月，派出4个检查组，对开发区、县（市）区接待部门落实中央八项规定和实施细则情况专项督导检查，对发现的问题专题研究，制定了整改措施，推动提升全市公务接待工作规范化、专业化水平。

【公务接待改革创新】 2018年，郑州市积极推进公务接待改革创新，瞄准“来宾满意、领导满意、机关满意”，打造“热情、周到、暖心、安全”服务保障。以政治思维把方向。对每项接待任务，认真分析研究，掌握来宾意图和领导批示精神，审慎接待安排，围绕中心、服务大局的能力进一步增强。以系统思维聚合力。进一步加强和完善全市公务接待系统、市直相关单位和民航、车站、酒店等单位的联络、协同机制，形成公务接待“一盘棋”格局。以创新思维增活力。推出的嘉宾散布图、温馨服务函、欢迎、欢送短信等创意服务，得到来宾称赞和好评。注重本土化、地域性，在餐饮、考察等环节，凸显郑州元素，展示发展亮点，进一步提升了公务接待的宣传力、影响力。以开放思维解难题。大型活动“一对一”接待服务更加成熟完善，客情变化信息掌握更加及时、衔接沟通更加顺畅、服务保障更加精准、服务对象满意率更高。以底线思维保安全。在重要接待活动中，针对各种不确定因素，制定多种应急预案，实行事前推演，宏观上准确把握，细节上盯紧抓实，突发情况灵活稳妥应对，实现了接待任务零失误、零差错、零缺陷。

（李　鹏）

机关事务管理工作

【概况】 2018年，郑州市市直机关事务管理局紧紧围绕市委市政府中心工作，坚持目标、问题、效果导向，着眼服务周到、管理有法、保障到位目标，主动站位，积极进取，努力在规范管理、高效服务、发展创新、破解难题等方面使实劲、用真功，较好完成了全年工作任务，推动了事管工作创新发展。青年人才公寓建设顺利推进，办公用房、公务用车管理规范有序，公共机构节能工作稳步开展。

积极开展“双争双创”活动。坚持以“作风建设年”活动为主线，着力营造争当优秀党员、“事管工匠”，争创优秀班组、五星支部的良好氛围。一年来，通过开展业务培训、技能比武，积极参加全市百万职工技术比武竞赛，狠抓支部星级评定和党员积分管理，评选出一批先进集体和先进个人，市市直机关事务管理局分别获得全市百万职工技术比武竞赛手工木工团体第二名、中式面点团体第四名的好成绩，木工杨保国获得全市二类竞赛手工木工第三名，水工石纪德获得市“五一劳动奖章”。

【基本建设】 2018年，市市直机关事务管理局始终站位省市重点民生实事高度，全力推进省、市、区青年人才公寓建设。圆满完成省直10个项目、约97公顷建设用地选址、拆迁、规划调整、土地征收等工作。市级8个项目均已进入土方开挖，部分项目支护和降水正在同步推进。其中，漓江苑项目已率先进入主体施工，原省委党校文化苑400套单身公寓改造基本完成。各区青年人才公寓房源任务和项目均已落实、开工。全年市区两级共开工建设青年人才公寓25689套，超额完成既定目标任务。

【办公用房和公务用车管理】 2018年，市市直机关事务管理局充分履行主管部门职责，严格办公用房、公务用车监督管理。在办公用房管理方面，完成中国（河南）自由贸易试验区郑州片区办公用房购置产权证办理及资产核算移交，市政务服务大厅及配套用房租赁、调配和百花里1号院产权证办理、直管住宅区维修基金管理等历史遗留问题协调处置。全年共为8家单位调配办公用房1342.6平方米，为21家单位办理新租、续租事宜。在公务用车管理方面，积极推进企事业单位公务用车改革，严格公务用车使用监管，全年共审批新购、过户、调剂公务用车93辆，开展重大节日及重污染天气条件下车辆封存停驶督查7次，推广新能源汽车展销1次。认真落实中央八项规定精神“回头看”要求，先后2次分别深入市直机关、4个开发区和12个县（市）区及其所属机构开展专项督导检查，发现问题，限期整改，狠抓办公用房、公务用车配备使用规范管理。

【公共机构节能工作】 2018年，市市直机关事务管理局紧紧围绕推进、指导、协调、监督职能，研究制定《郑州市公共机构垃圾分类工作实施方案》，积极开展节能宣传培训、垃圾分类、示范单位创建、合同能源管理指导和能源审计等工作，全市节能意识普遍提高，室内外垃圾分类设施配置到位，能源审计结果得到充分利用。3家省级、3家国家级节约型公共机构示范单位分别通过考核验收；市中心医院合同能源管理试点建设、市本级能源监控平台升级改造项目快速推进，为深入开展公共机构节能管理积累了经验。

2018年11月28日，市市直机关事务管理局举行职工技能比武决赛（市市直机关事务管理局/供图）

【机关服务保障】 2018年，市市直机关事务管理局科学定位，精准施策，服务保障水平实现新提升。以强化标准服务、规范管理保障为重点，组织班组建设学习观摩，实地考察岗位履职、制度建设、督导监管等情况，促进相互交流和整体提升；以加强内控制度建设为重点，严格财经纪律落实，及时做好各项经费协调保障，助推工作顺利开展；以提升干部队伍能力素质为重点，扎实开展业务培训和技能比武，营造“比学赶超”的浓厚氛围；积极做好离退休人员服务保障工作，丰富业余文化生活；准确把握“三服务”要求，严格办文、办会、办事职能履行，确保了全局政令畅通、工作高效。

积极推进膳食服务水平提升。以缓解机关美好生活需求矛盾为重点，成立膳食保障提升领导小组，突出政策研究和问题破解，通过调整就餐时间、优化就餐环境、严控餐卡办理、丰富饭菜花色品种、强化售卖衔接、开展技能培训等一系列实际举措，膳食服务质量和机关满意度明显提升，全年共保障80余万人次就餐。

积极推进院区安全管理提升。通过安装ETC车辆智能准入系统、清理“僵尸车”、更换通行证、规范交通标志、实施车辆分区停放和立体停车场管理系统升级改造等办法，较好缓解了市委南北院车辆停放矛盾；建立门卫、巡逻、消防、监控动态跟踪联动机制，严格落实安保和消防设施配备标准，加强人员出入和电动车管理，确保了统管院区治安、消防安全。

积极推进统管院区环境提升。贯彻海绵城市理念，积极推进机关现代元素打造。以院区美化、亮化为目标，研究制订市委南北院整体改造设计方案，完成人行步道、道路侧石改造、地下管网维修和兴华街38号院公共绿地改造；完成导视系统更新设置，加强统管院区宣传媒介统一设置管理；牵头开展市直机关楼顶整治及建筑物屋顶标识招牌规范行动，拆除标识招牌22处。全年共完成绿化补植4500余株、绿篱2500平方米、草坪2500平方米；规范改造通信线路156条，院区整体环境进一步美化，舒适度进一步提升。

积极推进团购房小区综合提升。持续做好团购房小区团购服务后续工作，协调督促开发商完成低压配电柜配置，A区、B区、CO2区地库整修，电梯不锈钢门套、楼梯扶手施工，地下车位定位和票据更换等工作，积极协调推进供配电及其他剩余工程建设。

积极推进会议服务提升。以营造优质、高效的会议环境为重点，统筹推进市委南院综合楼会议室音响设备、窗帘、地毯更新，背景墙、照明系统改造，新装电子显示屏、楼道指示牌和会

2018年4月26日，全市公共机构垃圾分类工作会议召开（市市直机关事务管理局/供图）

议发布系统、新设两个候会区等，受到了市领导和参会人员的一致好评。

积极推进办公条件改造提升。有序组织市政协办公区主楼节能改造、人大办公楼电梯维修、政府楼外立面整修、018人防工程、棉纺路20号院整修改造等前期筹备工作；积极推进市土地储备中心、市体育局办公楼改造项目进场施工；圆满完成政府楼卫生间改造、市财政局中央空调主管网更换及市委办公厅、市人大办公厅、市退役军人事务管理局等多家单位办公用房整修工作，机关办公环境得到明显改善。

积极推进文明创建和爱国卫生工作水平提升。紧紧围绕省市工作部署，立足市直机关实际，狠抓《郑州市文明行为促进条例》贯彻实施，制定印发《市直机关2018年精神文明建设工作要点》和《市直机关2018年爱国卫生宣传工作实施方案》，积极开展文明创建、爱国卫生宣传培训和志愿者服务活动，大力引导和促进文明行为养成，圆满完成市直机关省市级文明单位复查考评工作。

【机关事务管理工作改革创新】 2018年，市市直机关事务管理局坚持开放理念，创新工作思路，提升工作标准和效能。始终把树立标准、提升效能作为推动工作发展的重要途径，重点解决制约事管职能创新发展的机制办法问题，在理顺职能上均衡发力，在规范工作运行、实施项目化管理上深入探索，对处室（部门）的职能、岗位设定及年度工作进行了梳理规范，形成了权责明晰、分工合理、运转顺畅的工作机制。

积极探索服务社会化改革路子。按照政企分开要求，加大改革力度，以理顺管理体制、完善经营机制为重点，积极推进管办分离，剥离局与企业的相互关系，改变既管又办的现状；理顺各企业的相互关系，形成统一管理、各自经营的运营机制。至年底，郑勤物业公司、府润通讯公司通过厘清管理架构，制定管办分离方案，完善监督管理办法，在探索管办分离道路上迈出了关键一步，为强化部门监管、推进企业发展积累了经验办法。

扎实开展机关事务标准化、法治化建设。准确把握新时代机关事务工作要求，大力宣传和普及标准化、法治化知识，增强标准化理念和依法办事观念，营造了干事创业的良好氛围；通讯、保卫、膳食、综合、物业、会管等处室通过制订服务标准流程，完善各项制度，进一步强化了标准意识，提高了工作效率；通过利用互联网、微信公众号和社会调查等手段，广泛收集意见建议，引入第三方开展服务满意度调查，实施数据分析，为建立行为规范、运转协调、标准严格的工作机制提供了有效保障。

（王　慧）

政协郑州市委员会

综　述

【概况】 2018年，市政协深入学习贯彻习近平总书记关于加强和改进人民政协工作的重要思想，牢牢把握新时代人民政协的新方位新使命，以助推高质量建设国家中心城市为主线，着力强化理论武装，着力加强党建引领，着力服务发展大局，着力凝聚共识力量，着力推动系统联动，着力提升质量效率，各项工作迈出了新步伐，呈现出新气象，为助推全市经济社会高质量发展作出积极贡献。

市政协十四届一次会议于9月26日—9月29日胜利召开，听取并审议批准常委会工作报告、提案工作报告，选举产生新一届市政协领导班子，听取并讨论了政府工作报告。委员们以高度的政治责任感和历史使命感，认真履行职责，通过提案、大会发言、小组讨论、反映社情民意等形式，深入协商议政，积极建言献策，展现新时代政协委员的新气象新作为。

聚焦“加强新型智慧郑州建设，为郑州国家中心城市建设提质增速”专题议政，形成调研报告14篇，提出意见建议74条。聚焦“促进实体经济创新发展，构建现代化经济体系”专题议政，形成调研报告29篇，提出大力支持民营企业发展壮大、创新招商方式、振兴发展制造业等意见建议。围绕“加快发展都市生态农业、深入实施乡村振兴战略”专题协商，提出尽快编制科学发展规划、大力发展现代农业生态旅游项目、鼓励发展种养结合型生态农业循环模式等意见建议。围绕“大力发展普惠性学前教育”专题协商，提出深化学前教育供给侧放管服改革、发挥公办幼儿园领头雁作用、加大扶持和发展民办幼儿园等意见建议，市长王新伟给予充分肯定，要求教育局牵头制订相关政策。按照市委要求，全力配合省政协“支持郑州建设国家中心城市”常委视察工作，主动对接、主动汇报，促进完善城市功能、争取“国字号”招牌落地、发展特色优势产业等13项重点建议的落实。

把助力打赢精准脱贫攻坚战作为政治责任和履职重点，组织多支力量，认真开展多种形式督导活动，为郑州市打赢精准脱贫攻坚战添助力、增合力。通过提案交办、督办重点提案、提案办理协商、提案办理考核等形式，推动了取消机场高速收费、加大电动三轮车治理、规范管理共享单车等一大批涉及群众利益热点难点问题的解决。组织委员就城市精细化管理、环境污染防治、服务业社会保险征收、科普大学等民生实事开展调研视察，提出意见建议、推动工作落实。

加强同各民主党派、工商联和无党派人士团结合作，为他们在政协发挥作用创造条件。全面贯彻党的民族宗教政策，多种形式开展调研视察，促进民族和睦、宗教和顺、社会和谐。加强与港澳台同胞、海外侨胞和归侨侨眷的团结联谊，发挥好政协在爱国统一战线中的作用。成功举办戊戌年黄帝故里拜祖大典，取得政治影响更深远、社会影响更广泛、人文价值挖掘与展示更显著、文经互动更加紧密的良好效果；总结提炼“鼎新、大公、中和”等黄帝文化精神标识与精髓，形成《关于展示黄帝文化精神标识与精髓的建议案》；加强文史工作，切实发挥文史资料“存史、资政、团结、育人”的作用。

2018年5月18日，市政协举行委员道德大讲堂活动（市政协办公厅/供图）

通过组织委员学习培训，修订委员管理办法，建立委员履职档案，组织委员参加视察调研，邀请委员列席常委会议，激发了委员履职活力。建立县（市）区政协主席座谈会制度，召开第一次会议，深化了市县两级政协工作指导关系，形成了工作合力，促进形成了党建联抓、履职联合、队伍联建、资源联享的工作局面。加强机关建设，进一步改进调研视察、接待服务、会议活动等各项工作，努力打造“三个表率、一个模范”政协机关。

【政协提案工作】 市政协十四届一次会议以来，广大政协委员、政协各参加单位和政协各专门委员会，全面学习贯彻习近平新时代中国特色社会主义思想和十九大精神，围绕市委、市政府中心工作，聚焦社会和群众关切的问题，共提出提案803件，经审查立案741件，其中，委员提案715件，集体提案26件。提案办理共涉及92个部门和单位提案办复率100%，提案人满意率97.5%，基本满意率2.5%。

围绕河南（郑州）自贸区建设、优化营商环境振兴实体经济、乡村振兴、发展生态农业、提高城市综合承载力等问题建言献策，一些提案建议已体现在政府的有关政策中。关于河南（郑州）自贸区建设的建议，郑州市编制《中国（河南）自由贸易试验区郑州片区产业发展规划》，截至2018年年底，自贸区郑州片区新增注册企业40226家、占河南自贸区的80.6%。关于优化营商环境振兴实体经济的建议，郑州市将企业服务工作纳入目标考核体系，积极打造郑州市企业服务云平台，实现政府与企业点对点的精准服务。关于加快实施乡村振兴的提案，郑州市编制《郑州市乡村振兴战略规划（2018—2022）》，市财政拟安排1.5亿元和1亿元开展扶持村集体经济和农村公共服务试点。关于发展都市生态农业的提案，郑州市构建了“一带四区五组团”都市生态农业格局，新发展都市生态农业8600公顷，新培育农业龙头企业10家。关于加快城市基础设施和公共设施建设，提高城市综合承载力的提案，郑州市深入实施百城建设提质工程，实施项目1461个，完成投资2182亿元。

围绕依法行政、构建亲清新型政商关系、加强基层党建工作、加强乡村干部作风建设、加强社会治理等问题，提出科学可行的提案，承办单位认真研究吸纳。关于构建亲清新型政商关系的提案，郑州市积极推动制订《关于构建亲清新型政商关系的意见》，建立政府与企业对话沟通机制和联系等制度，营造有利于民营企业发展的政策环境、法治环境、市场环境和社会环境。关于加强社会团体和非公企业党建工作的提案，郑州市研究出台《关于深入推进非公有制企业和社会组织党建“321工程”的实施意见》等配套文件，有效扩大了基层党组织在非公有制经济的覆盖面。关于加强乡村干部作风建设的提案，市纪委监委着力打造乡镇监察专员、村级廉情监督员两支队伍，建立县乡村三级联动网络，构建“四个监督”全覆盖新格局。关于健全社会信用体系建设的提案，郑州市拟推行个人信用积分制度，制订《郑州市个人信用积分管理办法（征求意见稿）》面向社会公众征求意见，逐步形成信用联动奖惩机制。

围绕发展文化产业和体育事业、建设文明乡村、引进域外知名高校院所、加强公共文化服务等方面的问题，从不同角度提出提案，为有关部门决策提供参考。关于加强大遗址保护的提案，郑州市编制《郑州大遗址片区保护利用战略规划》，出台了《郑州市加强文物保护利用工作（2019—2021年）三年行动方案》，不断加强郑州大遗址片区古遗址的全局化、集群化、生态化综合保护利用。关于传承优秀传统文化，用社会主义核心价值观占领农村思想阵地的建议，郑州市在98%的行政村成立了“一约五会”，将“推动移风易俗、树立文明乡风”工作纳入到农村精神文明建设考评体系和文明村镇测评体系。关于大力引进域外知名高校院所的提案，市政府出台《关于加快引进优质高等教育资源的意见》，与北京大学、同济大学、英国利兹大学等国内外名校进行密切商洽。郑州市与北京大学经济学院签订战略合作框架协议，同济大学郑州中德学院2018年第一届全日制本科生于秋季招生入学。关于进一步推进全民健身活动提案，市体育局着力构建完善郑州市公共体育服务体系和城市社区15分钟健身圈，较好地满足广大群众的健身需求。

针对社会保障、教育事业、食品安全、交通治理、养老服务等问题，委员们格外关注，提案受到市委市政府高度重视，促进了一些民生问题的解决。关于加强城市精细化管理的建议，市委、市政府高度重视，市委书记马懿、市长王新伟及分管市领导每周召开专题调研座谈会，全面启动城市精细化管理三年行动计划，城市管理范围从三环内拓展至近郊48个乡镇，四环内全面推行三级“路长制”。关于加强郑州市公厕建设与管理的建议，郑州市出台了《关于加大市区公厕建设力度进一步提升管理服务水平的意见》，将“厕所革命”列入2018年民生实事，新建改造公厕1692座。关于加快老旧小区加装电梯的建议，出台了《郑州市人民政府关于既有住宅加装电梯工作的实施意见》，各区正在按照意见要求制订实施细则，下步将全面展开此项工作。关于加强郑州市校外教育培训机构管理的建议，郑州市成立专项治理联合工作组进行了集中整治，在媒体上公布了校外培训机构第一批“黑名单”856个和“白名单”783个，努力营造良好的校外培训环境。关于加大对食品药品安全监管力度的建议，市食安办按照“双随机一公开”原则加强对食品生产经营企业、食用农产品批发市场的日常监管和信息公示，实现监管全覆盖。关于机场高速免费的提案，市交通委、市财政局积极协调，促成了豫A牌照安装有ETC设备或持有ETC非现金支付卡的小型客车在薛店站等8个收费站区间内免费行驶。关于加快郑州市养老服务业发展的建议，郑州市去年先后出台了《加快建设郑州健康养老产业实施方案（2018—2020年）》等10多个惠老助老政策文件，规范养老机构服务标准，明确相关优惠政策，促进养老机构健康发展。

围绕建设海绵城市、加强环境整治、推进垃圾处理、实施立体绿化、加快生态修复等问题，为完善政策、推动工作提出许多建设性意见。关于建设海绵城市的提案，郑州市编制《郑州市海绵城市专项规划（2017—2030年）》，全力推进海绵城市建设工作。关于加强环境整治实施蓝天碧水工程的提案，郑州市制订实施大气、水、土壤污染防治攻坚三年行动计划，确定了目标任务路线图和时间表，实施周排名、月考核和三级督导督查，全面推进郑州市生态环境保护工作。关于垃圾分类的提案，先后制订《郑州市生活垃圾分类管理工作实施方案（2017—2020年）》等20多个文件，加快推进位于中牟、荥阳、新郑境内的三处垃圾焚烧发电厂项目建设，将生活垃圾分类工作月考评纳入市城市精细化管理考评。关于实施城市立体绿化的提案，市园林局积极采纳，要求每年各城市区要结合辖区绿化建设，分别完成3000平方米屋顶绿化和3万株垂直绿化任务。2019年计划实施京广快速、紫荆山等4个立交重要节点立体绿化，2020年实施三环快速和陇海快速立体绿化。关于黄河滩区生态建设的建议，郑州市颁布《郑州市湿地保护条例》，编制郑州市“十三五”黄河湿地保护恢复发展规划，计划2021年完成郑州黄河国家湿地公园建设。

【戊戌年黄帝故里拜祖大典】 戊戌年黄帝故里拜祖大典于2018年4月18日（农历戊戌年三月初三）在新郑黄帝故里举办。大典由河南省人民政府、政协河南省委员会、国务院台湾事务办公室、中华全国归国华侨联合会、中华全国台湾同胞联谊会、中华炎黄文化研究会主办，由郑州市人民政府、政协郑州市委员会、新郑市人民政府承办。大典主题为“同根同祖同源、和平和睦和谐”。大典沿承九项仪程规制，即盛世礼炮、敬献花篮、净手上香、行施拜礼、恭读拜文、高唱颂歌、乐舞敬拜、祈福中华、天地人和。十届全国人大常委会副委员长、中华炎黄文化研究会会长许嘉璐担任主拜人，河南省政协主席刘伟担任主司仪。前来采访报道大典的媒体有《人民日报》、新华社、《光明日报》、《经济日报》、《中国日报》、中央人民广播电台、中国国际广播电台、中央电视台，人民网、新华网、中国网、央广网、凤凰网、新浪网、腾讯网，凤凰卫视、《香港大公文汇报》、香港卫视、台湾无线卫星电视台等境内外各级各类媒体以及河南省内媒体近百家。中央电视台国际频道、凤凰卫视、河南卫视、郑州电视台等电视媒体和众多网络媒体全程直播拜祖大典。除黄帝故里主场，香港、澳门、台湾、美国（旧金山）、澳大利亚（澳洲）、加拿大（温哥华）等地设分会场同期成功举办恭拜黄帝大典。

在往年大典的基础上，2018年大典筹办工作紧扣新时代新要求，进一步突出政治、经济、文化、社会等功能，在嘉宾邀请、典制规范、科学组织、价值展现、全民参与、全球互动、理论支撑、扩大宣传、优化安保、细化接待等方面创新提升，显著增强大典的全球影响力、凝聚力、感召力，持续巩固郑州“世界华人共同精神家园”的地位，有效传播中华优秀传统文化，更加强化全球华人共筑中华民族伟大复兴中国梦的文化和情感基础，有力助推“一带一路”和“人类命运共同体”建设，对促进中原崛起和郑州国家中心城市建设发挥积极作用。

【政协委员培训】 市政协秉承走出去、引进来的开放理念，扎实做好常委、委员培训工作。举办两期委员大讲堂。2018年5月18日上午，十三届郑州市政协主席王璋以“担当新使命、树立新使命、展现新作为”为主题，将学习习近平新时代中国特色社会主义思想、党的十九大和全国两会精神心得体会，以及人生历程中总结的经验教训和在学习中华优秀传统文化时的思考感悟结合起来，就做好新时代政协工作、自强不息走好漫长人生路，向委员和机关干部上了一堂极具实践意义的工作、人生指导课，深受广大委员和机关干部好评。2018年6月28日上午，市政协邀请中原工业大学教授李克兢举办“品味优雅、礼行天下”职场礼仪主题讲座。讲座上，李教授将中华优秀传统文化融入国际现代礼仪规则之中，引经据典、注重内涵、风趣幽默、引人入胜。课后，委员们纷纷表示对“礼”有了更为清晰的认知，要在今后的工作和生活中努力成为中华文明的传承者、文明礼仪的践行者、行为礼仪的传播者。

组织新任政协常委异地培训。2018年11月4至10日，市政协组织新任政协常委赴浙江大学进行了为期一周的集中培训。培训中“国学修养与干部领导智慧”“情绪压力管理”“音乐与人文素养”等课程精彩纷呈，反响尤为热烈，培训课件在委员当中广泛流传，取得了非常好的培训效果，为新一届政协高质量履职打下坚实基础。

【调研视察活动】 1月17日，市政协副主席郭锝昌带领部分市政协机关工作人员和市直相关单位负责人，赴登封市唐庄镇王河村就市政协驻村工作和登封市“六改一增”环境扶贫工作进行调研。市政协秘书长陈松林参加调研。

1月25日上午，市政协副主席张建国、吴晓君带领相关部门负责人赴新郑市，对戊戌年黄帝故里拜祖大典筹备工作进行调研。

4月2日下午，市政协主席、大典组委会常务副主任王璋带领市直有关部门负责人到新郑市，察看拜祖大典筹备工作。市政协副主席、拜祖大典组委会执行副主任张建国、吴晓君参加察看。

4月25日上午，市政协副主席郭锝昌，秘书长陈松林参加市政协离退休干部视察活动。

5月8日，市政协秘书长陈松林赴登封市王河村调研驻村帮扶工作情况。

5月10日上午，市政协主席王璋赴管城区调研政协工作。

5月10日上午，市政协秘书长陈松林赴国基路办事处调研平安建设工作。

6月7至10日，市政协副主席张建国带领市政协调研组先后赴陕西黄陵、湖北随州等地对当地根亲文化的发掘和弘扬进行了学习考察交流。拜祖大典组委会办公室、宣传部、邀请部和新郑工作部等相关部门负责同志参加了调研。

6月25至29日，市政协副主席吴晓君，带领调研组先后赴杭州、广州、深圳对智慧城市建设工作进行学习考察交流。市政协教科文卫体委员会、市政府数字办、社会保险局、市政务服务中心，社区建设服务局相关部门负责同志参加了调研。

7月3日，省政协主席刘伟一行调

2018年4月18日，戊戌年黄帝故里拜祖大典举行（市政协办公厅/供稿）

2018年7月10日，市政协组织部分政协委员视察郑州防汛工作（市政协办公厅/供图）

研郑州市政协工作，省政协秘书长王树山参加调研。市政协主席王璋，副主席郭锝昌、张建国、朱专兴、张冬平、李新有、张民服、崔凡、李玉辉、吴晓君、王顺生，秘书长陈松林陪同调研或参加座谈。

7月3日，省政协主席刘伟一行调研郑州市政协工作，省政协秘书长王树山参加调研。市政协主席王璋，副主席郭锝昌、张建国、朱专兴、张冬平、李新有、张民服、崔凡、李玉辉、吴晓君、王顺生，秘书长陈松林陪同调研或参加座谈。

7月10日上午，市政协主席王璋带领部分政协委员到荥阳、巩义等地视察郑州市防汛工作，副主席李玉辉，秘书长陈松林陪同。

8月1日，市政协副主席张建国带队赴新密市有关黄帝文化遗存开展调研，先后查看了天仙庙、药王庙，并对进一步做好黄帝文化、根亲文化的传承与弘扬提出了意见建议。

8月9日上午，河南省文明单位创建工作经验交流观摩团一行到市政协参观考察。市政协副主席郭锝昌、张建国，市政协秘书长陈松林陪同考察。观摩团一行先后参观了郑州政协文史馆、三香书屋及机关办公环境，详细了解市政协机关文明创建工作的措施和成效。

8月15日，市政协主席王璋到登封市唐庄镇王河村调研脱贫攻坚工作，看望慰问市政协驻村工作队员。市政协秘书长陈松林参加调研。

10月18日上午，郑州市政协副主席王万鹏一行先后来到管城回族区城东路实验幼儿园、郑州市实验幼儿园，对郑州市普惠性优质学前教育工作进行了实地调研和座谈。

11月28日，市政协组织部分政协委员，对郑州市民族宗教工作进行视察，市政协副主席王东亮参加视察。视察组一行先后来到惠济区清华园路天主教堂、中原区牛砦清真寺、郑州市哈桑食品有限公司等，实地察看宗教活动场所管理情况，与相关宗教工作负责人和部分教职人员进行沟通交流，详细了解郑州市民族宗教工作开展情况。

12月14日，市政协副主席岳希荣带领部分市政协委员视察了郑州市“推进科普大学开展，提升市民素质”工作。实地察看社区科普大学风和日丽分校教学设施、档案资料，并在正商明钻社区科普大学随堂听课。

【政协双月协商座谈会】 市政协2018年第一次双月协商座谈会 6月28日，市政协召开2018年第一次双月协商座谈会，邀请部分市政协委员、市政府职能部门及专家学者，围绕加快都市生态农业发展专题协商、建言献策。市政协主席王璋，副市长李喜安，市政协副主席李新有、李玉辉，市政协秘书长陈松林出席会议。会上，市农委负责人介绍了郑州都市生态农业发展情况，与会人员围绕“加快发展都市生态农业、深入实施乡村振兴战略”提出了自己的意见和建议。王璋表示，三农工作事关全局、意义重大、潜力很强。各级各部门要站位全局，认识到加快发展都市生态农业是贯彻落实十九大精神的重要举措，对推进郑州国家中心城市生态建设、统筹城乡经济发展、促进农民就业增收、提升居民幸福指数等具有重大的现实意义。要创新投入机制、突出项目带动、强化人才支撑，多措并举打好农业转型升级攻坚战。广大政协委员要履行职责，充分发挥人民政协和界别委员的独特优势，深入推进“五联手”工作机制，多层次、多角度地为都市生态农业发展建言献策，多提有价值的建议和提案，为郑州生态农业发展做出应有的贡献。李喜安指出，有关部门要认真吸纳政协委员和专家提出的建议，结合发展实际，加快出台郑州市乡村振兴战略规划，形成完善的配套政策体系；推进农业标准化建设，推动全市“三农”发展再上新台阶。

市政协2018年第二次双月协商座谈会 12月7日，市政协召开双月协商座谈会，邀请部分市政协委员，市政府相关处室、职能部门及专家学者，就“大力发展普惠性学前教育”进行专题协商、建言献策。会议指出，学前教育是贯彻党和国家战略部署的需要，是满足民生需求的需要，事关一个人的未来，事关教育公平的大计，事关一个国家和民族的未来，是促进人终身发展的奠基工程。面对新时代、新要求和人民群众的热切期盼，学前教育要坚持问题导向、完善政策措施、形成发展合力，以改革精神、创新思维，进一步破除体制机制障碍，在增量扩容和提升质量上下功夫，创造性地全面推进学前教育加快发展。各级政协组织和广大政协委员要持续围绕大力发展普惠性学前教育建言献策，持续围绕大力发展普惠性学前教育凝心聚力，持续围绕大力发展普惠性学前教育主动作为，充分发挥人民政协作为协商民主重要渠道和专门协商机构的重要作用，破解学前教育发展的瓶颈制约，让每个孩子都能享有公平而有质量的教育。

（李　杰　刘惠娟）

重要会议

【市政协十四届一次会议】 2018年9月26—29日，政协郑州市第十四届委员会第一次会议在郑州召开。

9月26日上午9时，在雄壮的国歌声中，政协郑州市第十四届委员会第一次会议开幕。市政协十四届一次会议应出席委员550人，实到536人，符合规定人数。市政协主席王璋受政协郑州市第十三届委员会常务委员会委托，向大会作工作报告。报告指出，十三届市政协高举习近平新时代中国特色社会主义思想伟大旗帜，在中共郑州市委的坚强领导下，深入学习贯彻中共十八大、十九大精神，按照省委常委、市委书记马懿“政治立场更坚定、发挥职能更充分、服务大局更自觉、优势作用更突出”的要求，紧扣市委目标导向、问题导向和“创优势、增实力、补短板、能抓住”的工作方针，牢牢把握团结和民主两大主题，坚持以五联手工作机制为抓手，发出时代好声音、弘扬社会正能量、争当积极践行者，认真履行职能，政协工作有创新、有亮点、有突破，为全市经济社会发展作出了积极贡献。一是始终坚持政治引领，共同思想政治基础更加牢固；二是始终坚持服

2018年9月26日，市政协十四届一次会议开幕（市政协办公厅/供图）

务大局，助推改革发展的成果更加丰硕；三是始终坚持创新发展，政协事业发展内生动力更加强劲；四是始终坚持履职为民，促进民生改善的成效更加明显；五是始终坚持凝心聚力，大团结大联合的氛围更加浓厚；六是始终坚持固本培元，干事创业的基础更加坚实。十三届市政协在实践探索中积累了一些有益经验，形成了一些规律性认识：做好人民政协工作，应当做好“六个必须坚持”，即必须坚持中国共产党的领导；必须坚持人民政协性质定位；必须坚持聚焦中心服务大局；必须坚持人民政协为人民；必须坚持团结民主两大主题；必须坚持在实践中创新。新一届市政协要全面贯彻中共十九大精神，把习近平新时代中国特色社会主义思想作为统揽政协工作的总纲，在中共郑州市委的坚强领导下，深入贯彻落实省委、市委一系列会议精神，紧扣两个导向和“十二字”工作方针，聚焦国家中心城市建设的目标任务，充分发挥协商民主重要渠道和专门协商机构作用，认真履行政治协商、民主监督、参政议政职能，谱写郑州市政协事业发展新篇章，为助推高质量建设国家中心城市作出新的贡献。一要牢牢把握正确政治方向，用习近平新时代中国特色社会主义思想统领政协工作；二要牢牢把握新时代郑州方位坐标，聚焦全市中心任务献计出力；三要牢牢把握协商民主要义，充分发挥协商民主重要渠道和专门协商机构作用；四要牢牢把握团结民主两大主题，广泛凝聚改革发展的智慧和力量；五要牢牢把握履职能力要求，切实加强自身建设。市政协副主席吴晓君受政协郑州市第十三届委员会常务委员会委托，向大会作关于提案工作情况的报告。报告指出，十三届市政协共收到提案3422件，经审查，立案3036件。其中，委员提案2892件，集体提案144件，均已办复。提案中的许多重要建议在市委、市政府制订的政策法规、发展规划、重点工作中得到较好体现，为推进党委、政府科学决策、民主决策，加快推进郑州国家中心城市建设发挥了积极作用。报告对新一届政协进一步做好提案工作提出了建议。

9月27日下午，省委常委、市委书记马懿参加市政协十四届一次会议联组讨论，与委员们一起讨论政府工作报告，希望全市各级政协组织和广大政协委员立足发展新时代，以新担当展现新作为，推动政协事业不断发展进步，为加快郑州国家中心城市建设、实现中原更加出彩做出新的更大贡献。市领导王璋、薛景霞等一同参加讨论。

9月27日下午，市委副书记、代市长王新伟参加市政协第十四届一次会议经济界别委员分组讨论，与委员面对面交流，围绕政府工作报告等听取意见建议。市委常委、常务副市长王跃华，市政协党组副书记郭锝昌，市政府秘书长王万鹏参加讨论。讨论会场气氛热烈，委员们结合各自工作畅所欲言，谈问题、议举措、提建议，分别围绕加快区域经济发展、提升中小企业营商环境、建设智慧城市、发展轨道交通、聚集高质量产业、加大人才引进力度、推进文化产业发展等事关全市经济社会发展的问题进行热烈讨论。

9月28日上午，市政协十四届一次会议举行第二次全体会议，听取委员大会发言。大会主席团常务主席王璋、郭锝昌、李新有、吴晓君、王顺生、薛景霞、岳希荣、王东亮、刘睿、王万鹏等和大会秘书长陈松林在主席台就座。李新有主持会议。省委常委、市委书记马懿，市委副书记、代市长王新伟，市委常委、常务副市长王跃华，市委常委、统战部部长杨福平应邀到会听取发言。7位委员作了发言。王新荣委员代表民盟郑州市委作了《加快工匠型人才培养力度，助推郑州国家中心城市建设》的发言，董建山委员作了《关于传播展示黄帝文化精神标识与精髓的建议》的发言，刘崇怀委员代表九三学社郑州市委作了《关于加快推进创建国家生态园林城市的建议》的发言，沈立承委员代表民建郑州市委作了《关于加强老旧小区“无主管楼院”物业管理的建议》的发言，张晓红委员作了《关于加强郑州市养老服务人才培养的建议》的发言，张友阳委员作了《关于加快实施郑州全城一卡通的建议》的发言，李志学委员代表民革郑州市委作了《加快推进北伐战争主题公园建设，打造郑州市爱国主义教育和海峡两岸交流基地》的发言。据了解，本次会议共收到发言材料37篇。这些发言紧紧围绕市委、市政府中心工作，围绕郑州市经济社会发展的重大问题和人民群众关心的重点、热点问题，建真言、谋良策、出实招，体现了政协委员“发出时代好声音、凝聚社会正能量、争当积极践行者”的责任担当。

9月29日上午，市政协十四届一次会议第三次全体会议举行。大会选举黄保卫为政协郑州市第十四届委员会主席。大会选举李新有、吴晓君、薛景霞、岳希荣、王万鹏、王东亮、刘睿为政协郑州市第十四届委员会副主席，选举吴耀田为政协郑州市第十四届委员会秘书长，选举丁言兆等98名同志为政协郑州市第十四届委员会常务委员。大会主席团常务主席王璋、郭锝昌、李新有、吴晓君、王顺生、薛景霞、岳希荣、王东亮、刘睿、王万鹏等和大会秘书长陈松林在主席台就座。郭锝昌主持大会。

9月29日，顺利完成各项议程后，市政协十四届一次会议闭幕。市政协十四届一次会议应出席委员550人，实到532人，符合规定人数。会议表决通过了政协郑州市第十四届委员会第一次会议关于常务委员会工作报告的决议、政协郑州市第十四届委员会第一次会议提案审查委员会关于政协十四届一次会议提案审查情况的报告、政协郑州市第十四届委员会第一次会议政治决议。市委书记马懿作重要讲话。

【政协常委会】 市政协十三届二十五次常委会议 2018年2月7日，市政协召开十三届二十五次常委会议。市政协主席王璋，副主席郭锝昌、张建国、朱专兴、李新有、张民服、崔凡、李玉辉、吴晓君、王顺生、薛景霞，秘书长陈松林参加会议。

会议审议通过了市政协十三届二十五次常委会议议程，传达了中共郑州市委十一届六次全会、中共郑州市委经济工作会议精神，审议通过了有关人事事项，听取市政协各专门委员会2017年工作情况汇报。

市政协十三届二十六次常委会

议 2018年4月10日，市政协召开十三届二十六次常委会议，传达学习全国两会精神和郑州市委常委会（扩大）会议精神。市政协主席王璋，副主席郭锝昌、张建国、朱专兴、张冬平、李新有、张民服、崔凡、李玉辉、吴晓君、王顺生、薛景霞，秘书长陈松林参加会议。

会议首先审议通过了市政协十三届二十六次常委会议议程，传达了十三届全国人大一次会议和全国政协十三届一次会议精神，传达了中共郑州市委常委会（扩大）会议精神。常委们围绕学习全国两会精神和市委常委会（扩大）会议精神，就如何做好下一步政协工作进行了分组讨论。

市政协十三届二十七次常委会议 2018年7月24日至25日，市政协召开十三届二十七次常委会议。市政协主席王璋出席并讲话。副市长刘东应邀出席会议，市政协副主席郭锝昌、张建国、朱专兴、张冬平、李新有、张民服、崔凡、李玉辉、吴晓君、王顺生、薛景霞，市政协秘书长陈松林参加会议。

会议传达学习全国政协系统党的建设工作座谈会精神、中共河南省委十届六次全会暨省委工作会议精神、中共郑州市委常委会（扩大）会议精神，郑州市贯彻落实省委第一巡视组巡视反馈意见整改工作动员会精神，听取市政府关于新型智慧郑州建设工作情况的通报，围绕“加强新型智慧郑州建设，为加快郑州国家中心城市建设提质增速”进行专题议政。

围绕贯彻落实上级指示精神和会议主题，王璋要求，全市各级政协组织要提高政治站位，加强思想建设、作风建设、纪律建设，强化巡视成果运用，切实促进政协工作全面提升。要围绕中心大局、依法依章、民主团结、促进落实、调查研究、理性有序，强化责任担当，持续提升政协履职建言水平。

市政协十四届一次常委会议 2018年9月29日，政协郑州市第十四届委员会常务委员会第一次会议召开。市政协副主席李新有、吴晓君、薛景霞、岳希荣、王万鹏、王东亮、刘睿，秘书长吴耀田出席会议。

会议审议通过了政协郑州市第十四届委员会常务委员会第一次会议议程，听取市委组织部关于人事安排情况的说明，听取市政协秘书长关于政协郑州市第十四届委员会专门委员会设置情况的说明，审议通过政协郑州市第十四届委员会常务委员会关于设置专门委员会的决定，审议通过政协郑州市第十四届委员会副秘书长任命名单，审议通过政协郑州市第十四届委员会专门委员会主任、副主任名单。政协郑州市第十四届委员会共设置11个专门委员会：提案委员会、经济委员会、农业委员会、人口资源环境委员会、教科文卫体委员会、社会和法制委员会、民族和宗教委员会、文史资料委员会、港澳台侨和外事委员会、委员管理联络委员会和城市建设委员会。

会议指出，政协常委会是政协的领导机构，政协常委是政协的中坚力量，政协工作能否顺利开展、做出成效，很大程度取决于常委会的领导作用和常委们的表率作用发挥得怎么样。就下一步工作如何开展，会议要求，政协常委们要带头增强“四个意识”，做维护核心的表率；要带头履行职能，做担当责任的表率；要带头讲团结讲民主，做合作共事的表率；要带头改进作风，做务实进取的表率；要带头坚守底线，做遵纪守法的表率。先人一步、快人一拍，当好标杆、做好表率，为推进人民政协事业创新发展做出更大的贡献。

市政协十四届二次常委会议 2018年11月20—21日，政协郑州市第十四届委员会常务委员会第二次会议召开。市委常委、副市长谷保中应邀出席并作“促进实体经济创新发展，构建现代化经济体系”工作情况通报。市政协副主席薛景霞、王万鹏、王东亮、刘睿，秘书长吴耀田出席会议。

会议邀请复旦大学经济学博士、深圳市政府发展研究中心调研员罗荣华作“实体经济，现代化经济体系的基石”专题辅导报告。会议审议通过政协郑州市第十四届委员会常务委员会第二次会议议程，传达学习中办《关于加强新时代人民政协党的建设工作的若干意见》和全国政协习近平总书记关于加强和改进人民政协工作的重要思想理论研讨会精神，听取市政府“促进实体经济创新发展，构建现代化经济体系”工作情况的通报，审议通过有关人事事项，围绕“促进实体经济创新发展，构建现代化经济体系”工作专题议政。

（李 杰 刘惠娟）

民主党派

综 述

【概况】 2018年，郑州市坚持以习近平新时代中国特色社会主义思想为指导，按照全国统战部长会议、省统战工作会议、全市统战工作会议精神，紧紧围绕全市统战工作要点，结合全省统战工作评价办法、市绩效考核目标，圆满完成党派工作各项任务。

参加中央统战部来豫调研座谈会。6月21日，中央统战部调研组来豫就“民主党派自身建设、代表人士队伍建设规划、组织发展纪要”三个文件的起草进行调研。邀请市委组织部有关负责人参加了座谈会，分别围绕民主党派代表人士发现、培养、使用、管理，民主党派成员发展等方面提出了意见建议。

开展对外友好交往。7月24日，长沙市委常委、统战部部长谭小平一行23人到郑州考察调研；8月15日，珠海市委常委、统战部部长郭才武率市各民主党派主委、副主委和市工商联、知联会、新阶联、珠海欧美同学会主要负责人一行35人，到郑州市学习考察，并与郑州市各民主党派、工商联负责人及无党派代表人士座谈交流。

做好台北市中山黄埔文经交流协会访问团参访事宜。10月9日、12日，台北市中山黄埔文经交流协会访问团一行23人到新郑黄帝故里、少林寺、嵩阳书院参访，参观宇通集团新能源厂区，市委统战部及时与省委统战部衔接沟通，与相关单位对接，搞好服务、保障等工作。

注重理论研究。开展民主党派组织发展有关重点问题的调查研究，撰写上报了《关于民主党派组织发展有关重点问题的调查研究》。撰写理论政策研究课题，完成了《新时代民主党派、无党派人士履行职能研究专项课题调研报告》《党外代表人士实践锻炼研究》《民主党派组织发展问题研究》调研报告。

参与市人大、政协换届工作。5—9月，全程参与郑州市十五届人大、郑州市十四届政协换届工作，做好代表、委员推荐提名、协商、考察等工作，收集、汇总、整理相关资料。

指导郑州中华职业教育社做好换届筹备工作。把握换届政策，分析研判班子，做好沟通协商，制订工作方案，协助筹备召开代表大会等。协助省委统战部考察河南中华职教社换届人选，推荐出席河南中华职业教育社第八次全省代表大会代表人选。

市委统战部党派处全年召开5次各民主党派专职副主委、秘书长联席会，协商沟通有关工作；及时更新《民主党派成员基本情况统计表》，上报省委统战部各类统计数据报表等。

【政党协商】 2018年，郑州市不断提升多党合作制度效能。按照中央、省委关于加强政党协商的实施意见，年初市委印发了《中共郑州市委同民主党派无党派人士2018年政党协商计划》，丰富政党协商内容，不断提高协商会、通报会、座谈会的实效和水平。至年底，开展各类政党协商活动4次，邀请各党派列席政府会议3次。市委召开2次党外人士座谈会，通报1次重要人事安排情况，市政府召开1次征求意见座谈会。

2月7日和8月21日，分别召开党外人士座谈会，通报全年全市经济社会运行情况和党风廉政建设情况、上半年经济社会运行情况和党风廉政建设情况。各民主党派、工商联、无党派代表人士分别围绕加快推进郑州国家中心城市建设、科技创新、招才引智、精细化管理、乡村振兴战略，促进农业提质增效等方面提出43条意见建议。市委领导进行了批示，十余个部门对意见建议进行了研究并采纳，建言献策更具针对性和实效性。9月26日，市委向各民主党派、工商联负责人和无党派代表人士通报重要人士安排情况并听取意见建议。

6月1日，市政府邀请各民主党派、工商联、无党派人士参加《政府工作报告（征求意见稿）》征求意见建议座谈会，围绕都市生态农业、大力推进创新型城市建设、大力发展教育等方面提出意见建议。4月27日、5月8日和7月13日，市政府3次邀请各民主党派列席廉政电视电话会议和全市第五次廉政工作会议，协助各民主党派知情明政，履行民主监督职能。

【民主党派自身建设】 2018年，全市各民主党派切实加强自身建设，不断增强履职本领。

加强思想建设。各民主党派开展"不忘合作初心，继续携手前进"主题教育活动，举办各类培训班、优良传统教育、联合中心组学习等活动，不断巩固新时代统一战线团结奋斗的思想政治基础。举办民主党派干部培训班。10月28日至11月3日，在中央社会主义学院举办郑州市民主党派干部培训班，各民主党派班子成员、市委委员、骨干成员近100人参加，是全市民主党派干部培训层次最高、规模最大的一次培训。通过培训，坚定了理想信念，提高了履职能力，展现了良好作风。建立民主党派培训计划编报和备案制度。全年各民主党派共申报、举办14个培训班，集中培训各民主党派领导班子、市委委员、参政议政骨干、基层组织负责人700余人次，实现培训工作全覆盖，提高了民主党派骨干成员的政治素质、业务能力和思想道德水平，增强了履行参政党职能的使命感和责任感。积极参加上级培训班。市委统战部组织推荐全市8名民主党派成员参加省委统战部在河南社会主义学院举办的第23期民主党派干部培训班，帮助各民主党派接受更高层次的教育培训，全面提高综合素质。举办中共中央发布"五一口号"70周年系列纪念活动。在全市统一战线举办征文、报告会、采风笔会、书画笔会、观摩、专题座谈会等七项系列纪念活动，全市各县（市）区、各开发区、市直统战系统各单位、各市属高校等30多个单位积极响应、1000余人踊跃参与，形成了领导高度重视、有关单位密切配合、统战成员积极参与的良好氛围，体现了大团结、大联合主题，展现了统一战线最新风貌，激发了广大统战成员建设郑州国家中心城市的热情和干劲。举办民主党派中心组学习活动。3月26日，市委统战部组织各民主党派、工商联、无党派代表人士举行联合中心组第40次集中学习活动，传达全国"两会"精神，学习领会习近平总书记3月4日在民盟、致公党、无党派人士、侨联联组会议上的讲话精神；10月29日，在中央社会主义学院举行各民主党派联合中心组扩大学习活动，学习习近平新时代中国特色社会主义思想专题讨论。通过学习活动，进一步坚定理想信念，巩固共同的思想政治基础。举行郑州统一战线教育基地揭牌仪式。4月28日，组织各民主党派市委主委、副主委、秘书长，致公党总支委员等40余人员参加郑州统一战线教育基地揭牌仪式。

做好组织建设工作。稳步推进基层组织换届。2018年，各民主党派对面临换届的支部进行深入调研，酝酿产生各基层支部换届人选，积极培养与党真诚合作、素质好、有影响的民主党派干部作为民主党派基层组织班子人选，确保基层组织换届后，组织体系更加合理、领导班子更加具有活力。做好组织发展工作。各民主党派严格标准质量，突出界别特色，规范工作程序。民主党派在发展新的成员之前，进行充分沟通协商。市委统战部与各民主党派就100余名发展对象的基本情况进行了沟通协商，对层次不高、界别特色不明显、年龄偏大的成员提出意见建议，对新发展成员的数量、质量进行总体上把关，确保组织发展工作健康有序，党派的活力不断得到增强。

加强制度建设。建立健全参政议政工作制度。建立参政议政工作实施办法、调研课题管理暂行办法等制度，充分调动参政议政的积极性，提升参政议政工作成效，促进参政议政工作上台阶；完善基层组织量化考评制度。建立基层支部考核办法、基层组织工作规则等制度，注重日常考评，充分调动基层组织的工作热情，不断激发组织活力，促进基层组织工作规范化、制度化。九三学社市委完善内部监督机制，建立完善市委委员履职量化考核评价办法、市委监督委员会委员履职量化考核评价办法等制度，进一步强化监督工作保障，推进社内监督进基层全覆盖。各民主党派市委机关及时核对更新党派成员信息，建立民主党派成员数据库，及时掌握动态。

【民主党派履行职能】 2018年，各民主党派积极履行职能，服务经济社会发展。

各民主党派中央、省委调研。2018年，各民主党派中央、省委调研组先后5次到郑州市开展考察调研工作。民革中央主席万鄂湘、农工党中央常务副主席何维、民建中央副主席陈文华、民建省委主委龚立群、致公党省委主委王鹏杰到郑州市围绕营商环境与行政管理体制改革、健康医疗大数据应用发展、自由贸易区建设、创新引领产业转型升级、助推河南大数据综合试验区提速发展等工作考察调研，有力地推动郑州市经济社会高质量发展。

各民主党派市委调研。年初，市委印发了《市委办公厅转发2018年各民主党派重点调研课题的通知》，为党派调研创造良好的条件。各民主党派市委组成专题调研组，主委亲自带队调研，副主委带头抓调研、作课题，全年先后开展40余次调研活动，通过召开座谈会、实地考察、访谈交流、查阅资料等多种方式，开展重点考察调研，经主委会议研究，形成调研报告，组织专家组对14个重点调研课题进行修改完善、评价推荐。

各民主党派信息工作。7月27日，组织全市党派成员100余名参加全市统战系统理论政策暨信息宣传工作培训班。7月31日，组织召开各民主党专职副主委、秘书长联席会，专题通报了各民主党派2018年上半年信息工作有关情况，筛选报送50余篇社情民意和70余篇《零讯》稿件。九三学社市委《着力解决城镇二次供水水质污染问题》建议被中央统战部信息刊物《零讯》采用，提升了全市民主党派成员的理论政策水平、参政议政能力。

各民主党派开展社会服务。各民主党派将"同心"实践活动同精准扶贫结合起来，制定了2018年"同心"实践活动计划，广泛凝聚统一战线各界人士的智慧和力量，积极引导民主党派精准开展社会服务活动，持续打造郑州市社会服务品牌，开展社会服务活动40余次，累计捐款捐物40余万元。民革市委开展法律培训等活动；民盟市委开展捐赠图书等活动；民建市委开展资助优秀贫困大学生等活动；民进市委开展慰问、捐赠等活动；农工党市委开展义诊等活动；九三学社市委开展捐赠等活动，这些品牌活动，普及了法律知识、改善了办学条件、改善了村容村貌、增进了感情交流、增强了扶贫效果，树立了民主党派良好社会形象。

（杨飞雁　石　林　沈开伟）

民革郑州市委员会

【思想建设】 2018年，民革郑州市委员会深入开展"坚持和发展中国特色社会主义学习实践活动"，组织党员认真学习全国"两会"精神，学习习近平总书记在民盟、致公党、无党派人士、侨联联组会议上的重要讲话精神，学习李克强总理所作的政府工作报告；组织近200名党员开展"看郑州、看港区"活动，增强了凝聚力；各支部还组织党员开展参观张钫故居、参观郑州政协文史馆、拜谒中山陵、参观云南陆军讲武堂等活动。

积极开展和参加纪念中共中央发布"五一口号"70周年系列活动，承办报告会并参加征文活动、书画笔会、专题座谈会等系列纪念活动，同时借助

"民革郑州市委会"微信公众号发布纪念"五一口号"的宣传学习文章和党员征文，并宣传学习"新型政党制度"，举办庆祝改革开放40周年摄影展，深入学习领会习近平新时代中国特色社会主义思想，切实增强"四个意识"，坚定"四个自信"，深化政治共识。

认真做好宣传思想工作。1月，在民革中央"不忘合作初心，继续携手前进——纪念民革成立70周年"知识竞赛中，党员李志硕获得"网络最佳人气奖"，并作为主力队员为河南代表队赢得"优胜奖"。3月，在全市统战工作会议上，副主委牛培玲荣获党外人士特殊贡献奖；党员马岩、袁东魁被评为党外人士优秀特约信息员；李志学被评为优秀信息员、优秀宣传员和先进个人。4月，省委会对五年来的宣传思想工作进行表彰，市委会获"民革全省宣传思想工作先进集体"荣誉称号，李志学、余波、嵇一伦、李健、李伟、石宇霞、胡晢峰七位同志荣获"民革全省宣传思想工作先进个人"。11月，市委会获得2018年度《团结报》发行征订工作先进集体三等奖。在民革河南省委会举办的"中山杯·豫见新时代"征文大赛中，刘显军、李凤远获一等奖，袁东魁获二等奖，李志学获三等奖，张艳霞、于凤仙、吴毅拓、马玉俊、胡玉清、徐晨革、李利获优秀奖。

【组织建设】 2018年，市委会重视基层组织建设。新发展党员31人；组建成立郑东三支部筹备组；根据民革中央、民革省委会通知精神，组织各支部积极开展示范性支部创建活动，基层组织有序健康发展；积极推进民革党员之家建设，邀请全国政协副主席、民革中央常务副主席郑建邦，河南省政协副主席、民革河南省委会主委李英杰共同为惠济民革党员之家揭牌，进一步增强民革组织凝聚力，扩大影响力；主委刘东、副主委王巧荣、秘书长张路和郑东二支部党员参加海口民革成立纪念活动，进行爱心捐赠，考察石山互联网小镇，参观宋庆龄祖居和海口民革党员之家，加强两地友好支部间的交流合作；各支部还注重与所在县（市）区统战部门加强沟通联系，开展活动。

创新开展教育培训工作。组织骨干成员50人赴北大参加培训，坚定信念、开阔视野，切实提高骨干成员综合素质；组织参政议政骨干和新党员53人赴红旗渠干部学院参加培训，继承和弘扬红旗渠精神，培训社情民意信息写作，提高思想认识，增强参政议政意识和能力。

在省、市"两会"换届选举工作中，郑州市民革党员中2人担任省政协委员，1委员当选省政协常委；5人当选市人大代表，1代表当选市人大常委会委员；30人担任市政协委员，7委员当选市政协常委；5人当选县（市）区人大代表；36人担任县（市）区政协委员，7委员当选县（市）区政协常委。

市委会与洛阳、焦作、开封等兄弟民革组织积极就机关工作、党派工作进行交流；组织机关干部学习贯彻《中华人民共和国宪法》和《中华人民共和国监察法》，学习《中国共产党纪律处分条例》，进一步严明工作纪律，加强作风建设；积极参加郑州市政协开展的精神文明创建活动，承办道德讲堂、朗诵比赛等活动，配合市政协扎实做好全国文明单位复检工作，切实加强机关建设。

市委会机关不断完善制度建设，强化内部管理，构建规范有序、廉洁高效的工作秩序。先后修订完成《民革郑州市委会公务用车管理使用办法》《民革郑州市委会机关廉政建设制度》《民革郑州市委会机关工作纪律及考勤制度》《民革郑州市委会机关考勤管理办法（试行）》《民革郑州市委会机关财务管理制度》等制度。

【参政议政】 2018年，市委会紧紧围绕中共郑州市委、市政府的中心工作和重大决策部署，用好履职平台参加政协协商，增强质量意识反映社情民意，深入开展重点课题调研，参加政党协商积极建言献策，认真履行好参政议政职能。市委会紧紧围绕中共十九大重大决策部署和2018年中央一号文件核心内容，举办乡村振兴战略专题报告会，提高民革党员思想政治素质和参政议政能力；根据市委、市政府重点工作安排，积极开展调研工作，到中牟县调研公共基础文化建设，到荥阳市樱花小镇调研特色小镇建设；按照政协常委会专题议政工作安排，成立专门调研组围绕"建立智慧停车体系，加快推动城市公共停车设施建设"和"实体经济要充分利用'一带一路'壮大发展"深入调研；接待梧州民革到郑州围绕"关于重视和改善政府投融资质量的建议"课题深入调研，与市财政局、市发改委交流座谈；号召各支部重视调研工作，二七一支部、二七二支部、高新一支部、金水一支部、管城一支部、机关支部、市直一支部、市直二支部、郑东一支部、郑东二支部、郑东三支部筹备组、师院支部等先后围绕民俗文化、大数据在智慧城市中的应用、大班额问题、郑州民营企业制造业发展、中牟现代农业发展、郑州市特色小镇建设等课题开展调研活动。市委会领导多次参加市委、市政府召开的党外人士协商会、座谈会和情况通报会，提出进一步优化创业投资环境，依托中国（郑州）跨境电子商务综合试验区加快打造跨境贸易产业小镇，提升智慧化城市管理水平，推进城市精细化管理等建议。

在市政协十四届一次会议上，市委会提交集体提案4篇，其中《加快推进北伐战争主题公园建设，打造郑州市爱国主义教育和海峡两岸交流基地》被政协选为大会口头发言；民革党员中的市政协委员积极提交个人提案，立案84件，其中李志学、齐林、岳恒旭三位委员参加关于城市精细化管理重点提案督办活动；2月，市政协表彰了十三届四次会议以来的优秀提案和先进承办单位，并表彰了一批优秀政协委员，其中市委会提交的《关于在郑州市命名一条"中山大道（路）"的建议》被评为优秀集体提案，民革党员刘五一提交的《关于具茨山岩画申请世界文化遗产的提案》、齐林提交的《加大我市高架桥、立交桥通行安全的综合治理力度最大限度保障人民群众通行安全》被评为优秀委员提案；民革党员王巧荣、王春喜、刘五一、齐林、张自福、范红娟、周朝晖、赵国卿被表彰为2017年度优秀政协委员。张晨光、王黎明、吴永生、申梓刚、姚磊等民革党员积极履职尽责受到区政协等单位的表彰。

按照郑州市"党委出题、党派调研、政府采纳、部门落实"的工作机制，市委会深入调研，完成《关于促进民营实体经济振兴的调研》和《关于加强舆论引导工作提高正能量传播效果的调研》两篇调研报告，其中关于民营经济的调研报告内容翔实、言之有据，有参考价值，被报送市委主要领导阅示。市委会积极配合省委会课题调研工作，提交了《关于郑州黄河湿地保护的调研报告》和《新时代民主党派市级组织履行职能研究》等调研报告。12月，省委会表彰了2018年在提案和发言工作中作出突出贡献的先进集体和先进个人，市委会被表彰为先进集体，党员楚喆被表彰为先进个人。

继续做好反映社情民意信息工作。5月，市委会因在2017年度全省反映社情民意信息工作中排名第一，荣获"先进集体一等奖"，牛培玲被表彰为"先进个人"，李志学被表彰为"优秀联络员"。8月，市委会组织各支部社情民意特邀信息员召开2018年社情民意工作培训交流会，加强信息员队伍建设，推动反映社情民意信息工作更进一步。市委会全年向市政协、省委会积极报送社情民意65篇，被市政协《社情民意专报》采用16篇，被省委会采用15篇，其中《建议加快推进我省新一代人工智能产业发展》被省政协采用并被副省长霍金花批示，在全省民革系统信息工作排名中继续位于前列。

【社会服务】 2018年，市委会围绕中共郑州市委脱贫攻坚工作部署，积极投身脱贫攻坚工作，扎实做好"同心"实践行动工作。同时，注重打造社会服务活动品牌，积极探索社会服务工作的创新发展，不断深化服务内容，提高服务质量，树立了民革良好的社会形象。

春节过后，市委会到登封市唐庄镇第四小学捐赠课桌椅150套、文件柜

20个，改善学生学习环境；唐庄镇村级组织换届后，为唐庄镇新一届村“三委”成员进行2次法律培训；专职副主委张自福、秘书长张路多次深入寺沟村慰问帮扶困难群众；2018年，中共郑州市委、市政府对“同心”实践行动工作进行总结表彰，市委会机关荣获2015—2017年度郑州市“同心”实践行动工作先进集体，李志学被评为2015—2017年度郑州市“同心”实践行动工作先进个人。

民革郑州中山书画院发挥优势，积极开展交流慰问活动。农历小年，十余名书画家到郑州残疾人康复教育中心为残疾人朋友写春联送万福；第28个全国助残日来临前，十余名书画家到盲人按摩学校开展助残笔会；建党节前，十余名书画家走进郑州市中心医院开展“迎七一”书画笔会活动。

春节前，民革市委会班子成员走访慰问市委会原主委张世诚等离退休老同志，代表市委会向他们致以节日问候和新春祝福；中秋节前，与市红十字会有关领导一同来到民革党员、抗战老兵陶仙舟家中，送上党和政府及社会各界的关怀和祝福。一联支部、二联支部、机关支部、商业支部、金水二支部、荥阳支部等在春节、端午、中秋等传统节日慰问老党员和困难群众；郑东三支部筹备组、师院支部、学校支部等举办教师节交流慰问活动。

中原二支部开展“关注肾脏病，关爱女性健康”义诊咨询活动；二七一支部开展“传递感恩心，情暖母亲节”义诊进社区活动，到樱桃沟小学慰问帮扶贫困学生，进行爱心捐助；郑东一支部到鲁山县马楼第十一小学开展“博爱·牵手留守儿童”捐赠活动，送去书包、文具，并捐赠现金5400元；惠济一支部开展送健康进社区进机关义诊咨询活动，共为100余名居民和机关离退休干部提供医疗服务；市直一支部开展“送戏进社区”和“送图书下乡”活动，请中牟县豫剧团演出，送书1000多册，依托爱心驿站开展衣物捐助活动；金水二支部参加“责任托起梦想，爱心成就公益”捐资助学活动；二联支部、三联支部先后参加温县山药节助农活动；三联支部、中原二支部、郑东三支部筹备组联合举办历史文化与健康科普讲座。

【促进祖国和平统一】 2018年，市委会牢牢把握两岸关系和平发展主题，围绕中共中央对台工作大政方针，以习近平总书记对台系列重要讲话精神为指引，深入研究对台工作，深化两岸交流合作，努力争取岛内民心，为实现祖国和平统一贡献了力量。

认真做好祖统联谊接待工作。4月，市委会以黄帝文化为纽带，积极开展祖统联谊活动，邀请浙江、吉林、桂林等地的民革组织参加拜祖大典；5月，接待台商到市公交总公司调研；6月，参加民革中央联络部与民革河南省委会祖统工作联合调研，学习交流祖统工作经验；8月，盛情接待第二届“台湾励志青年大陆参访团”一行17人，陪同参访团到新郑市黄帝故里参拜人文始祖并参观好想你枣业股份有限公司。

参与举办两岸大禹文化交流活动。6月，作为主办单位之一参加2018海峡两岸大禹文化研讨会筹备会，8月10日至12日，海峡两岸大禹文化学术交流活动在登封成功举行，民革河南省祖国和平统一促进委员会主任、民革郑州市委会副主委刘五一出席活动并在开幕式上讲话。台湾尧舜禹文化学会30位台湾专家参加活动。来自北京、重庆、浙江等省市的嘉宾和专家学者参加活动。

涉台参政议政工作取得新进展。《关于在郑州市命名一条“中山大道”（路）的建议》被立案办理后，“中山路”已设立路牌，现北至平安大道，中与郑开大道相交，南至郑汴物流通道，规划长10472米，宽40米。《关于加快推进北伐战争主题公园建设 打造郑州市爱国主义教育和海峡两岸交流基地的建议》在2018年政协全会上进行大会口头发言后，获得强烈反响，郑州市园林局和文物局正在加快推进有关工作，力争早日启动主题公园建设。

（张　路　刘其星）

民盟郑州市委员会

【思想建设】 2018年，民盟郑州市委以习近平新时代中国特色社会主义思想为指导，深入学习贯彻中共十九大精神、民盟中央十二大精神，省委十届六次全会、市委十一届七次全会会议精神，努力做到在中国共产党领导下多党合作有新气象、思想共识有新提高、履职尽责有新作为、参政党有新面貌的“四新要求”。民盟郑州市委被民盟中央授予“民盟思想宣传工作先进集体”称号，被民盟河南省委授予“2018年度盟务工作优秀市委会”称号和“盟动中原——助力脱贫攻坚”先进市委会称号，新郑总支、郑东新区总支荣获民盟河南省委“五星支部”称号。郑州市广大盟员立足本职，建功立业，获国家级荣誉5人次，获省级荣誉的有37人次，获市级荣誉的有86人次，其中张志华荣获中国创新设计产业战略联盟、中国工程科技知识中心联合颁发的“好设计”银奖和“中国起重机械行业技术国家级专家”，盟员任建鲲的剪纸作品两次入围全国书画剪纸展，盟员陈晓琳获2018年第二届中国考古学大会考古资产保护“金尊奖”。

紧密结合盟内实际，广泛开展调研活动，利用市委全会、骨干盟员学习报告会、支部盟员生活会以及辅导报告会、形势报告会、经验交流会和社情民意座谈会等形式，组织广大盟员深入学习中央、省、市有关会议精神和盟章盟史，深入开展坚持和发展中国特色社会主义学习实践活动。不断增强盟员对中国特色社会主义的道路自信、理论自信、制度自信和文化自信，提高政治理论水平和准确把握新形势能力。进一步增强了盟员自觉维护我国多党合作和政治协商制度的责任感和使命感，增强盟员履行参政议政职责的自觉性、主动性和创造性。

4月，组织召开学习贯彻全国“两会”精神大会，系统学习了全国政协十三届一次会议精神、十三届全国人大一次会议精神及中共中央“五一口号”原文，进一步强化了盟员的统战意识和学习能力。

4月和10月，分别在大别山干部学院、重庆大学举办参政议政培训班和骨干成员培训班。通过课堂教学、现场教学、情景教学、访谈教学、小组讨论相结合的方式，极大调动了学员的积极性，增强了青年盟员对组织的认同感，提升了参训人员的理论修养和履职尽责能力。

【组织建设】 2018年，上街总支、六中支部等18个基层组织面临换届，根据《民盟郑州市基层组织换届工作的实施意见》，制订关于基层组织的换届意见，指导基层组织加强领导班子建设，坚持德才兼备、以德为先、有较强代表性和较高公认度的选人标准，注重选拔政治素质好、参政能力强、热心盟务工作的年轻干部。同时，规范和完善换届的各项工作程序，保证换届工作的严肃性、选举的公正性和人选的群众基础，18个基层组织的换届工作圆满完成。

在保证质量的前提下，保持年发展率不低于4%的发展速度，重点做好主界别盟员的发展工作，注重吸收参政议政需要的复合型人才和新社会阶层优秀人士。2018年全年发展新盟员48人，新发展高层次人才10人。全市盟员中担任省人大代表4人（常委2人），省政协委员3人（常委1人）；郑州市人大代表5人（常委1人），市政协委员22人（常委4人）。另有多名盟员受聘担任市县特约监察员、检察员、审计员和教育督导员等。

积极参与民盟河南省委“五星支部”评选活动，下发《关于开展“五星支部”评选活动的通知》，引导基层组织参与“五星支部”评选。新郑总支、郑东新区总支荣获民盟河南省委颁发的2016—2018年度“五星支部”称号。

【参政议政】 2018年，民盟郑州市委紧紧围绕中共郑州市委、市政府中心工作，整合智力资源，扎实调研，积极建言献策。政协委员、人大代表恪尽职守，不辱使命，积极发挥参政议政和民主监督职能。

年初通过与各基层支部的细致沟通与协商，从各基层推荐的参政议政人选中选拔优秀人才，组织成立盟参政议政工作小组。2月召开民盟郑州市委参政议政工作小组成立暨第一次全体会议。盟参政议政小组成立后，先后组织召开10次小组长会议和课题讨论会，开展了10次市内专题调研活动和5次省外专题调研活动，为盟市委发现人才、开展工作搭建新平台，积极推动盟市委参政议政工作的有序开展。

根据盟市委在全盟开展“大学习”“大调研”的工作要求，积极做好盟省委招标课题、市委出题、市政协全会发言及集体提案的选题工作。建立盟市委调研选题题库；通过微信向盟内人大代表、政协委员征集选题意见，并组织召开盟参政议政工作小组一次全会及小组长扩大会议征集选题意见，最终选题意见经盟市委领导同意后报相关部门。2018年共确定12项调研选题，其中获盟省委立项调研课题2项和委托课题1项。根据盟市委确定的调研选题，制订《民盟郑州市委2018年上半年专题调研工作计划》《民盟郑州市委2018年重点调研课题工作计划》。围绕工作计划，组织盟参政议政工作小组开展10次市内专题调研活动和5次省外专题调研活动，形成了12份专题调研报告。3—4月份，围绕市政协全会大会发言和集体提案工作，由盟参政议政小组成员及相关领域骨干盟员组成5个调研小组，就“农村基础设施和基本公共服务设施建设”“郑州大遗址保护”“独生子女家庭养老”等问题到相关部门进行实地走访和座谈交流，了解情况，交流看法，梳理报告思路。围绕民盟省委立项课题，组织调研组成员赴武汉、长沙考察调研“工匠型人才培养”情况，充实丰富调研报告。4月，组织召开专题调研成果意见征询会，与相关部门的业务负责人面对面交流意见和看法，进一步完善相关调研报告，提高建议的科学性、针对性和可操作性。全年共向民盟省委、中共郑州市委统战部、市政协累计报送参政议政素材29件，其中，1件被民盟中央推送至全国政协采用，3件被民盟省委采用，市政协全会大会发言1件，常委会大会发言2件，集体提案5件。

起草《民盟郑州市委参政议政工作实施办法（试行）》《民盟郑州市委调研课题管理暂行办法（试行）》《民盟郑州市委参政议政调研课题经费补助办法（试行）》，以进一步提升参政议政工作成效。

开展交流活动。5月，长春民盟调研组一行5人到郑州调研旅游业发展情况；6月，绍兴民盟、南宁民盟到郑州开展调研座谈，畅谈工作开展情况和意见建议，推动两地盟组织的交流和提升。

【社会服务】 2018年，民盟郑州市委发挥自身优势，服务社会发展，助力脱贫攻坚，社会服务工作取得新成效。

开展同心实践活动，助力精准扶贫工作。1月，民盟郑州市委走进同心实践基地、省级贫困村登封寺沟村开展扶贫攻坚送关怀、送温暖活动，组织盟员企业家围绕清洁家园、暖心行动向村里捐助了1.7万元的资金。2月，民盟郑州市委在唐庄乡寺沟村举办走访慰问困难户暨“写春联送祝福”活动。十几名盟内外书画家为寺沟村296户村民义写春联600多幅。

推进民盟烛光行动，提升乡村教育教学水平。4月，组织民盟郑州烛光学校语文、数学、英语三科教师参加教育扶贫——农村教师公益培训活动；5月，民盟郑州市委烛光行动走进新郑市薛店镇民盟烛光小学，召开创客教育成果展示交流活动；11月，在民盟河南省委“教育扶贫——烛光行动”培训班上民盟郑州薛店烛光学校语文教师示范课《桃花心木》荣获“烛光杯”示范课大赛优秀奖；12月，在薛店镇民盟烛光小学举行“献爱心捐赠图书暨名师送教烛光活动”，民盟郑州市委捐赠了价值1万元的爱心图书并邀请名师现场授课。

开展医疗扶贫，服务医疗事业。4月，民盟郑州市委联合河南民盟省委妇女工作委员会赴荥阳市高村乡牛口峪村开展纪念中共“五一口号”发布70周年暨“盟动中原——助力脱贫攻坚”文艺书画法律援助医疗下乡活动。5月，民盟郑州市委组织医疗卫生界的11位专家在具茨山驮窑村开展医疗下乡、送药义诊活动，捐赠共计2000元的夏季常用药品和100余份宣传彩页，帮助解决偏远地区医疗诊疗水平不足的问题；组织医疗专家在新郑市金芒果希望小学开展“普及科学防病知识 养成良好生活习惯”专题健康知识讲座活动。

发挥智力优势，助力扶贫攻坚工作。5月，民盟郑州市委组织法律界盟员到同心实践基地登封市唐庄初级中学举行“法律进校园”活动，向该校捐赠了近5000元学习用品和青少年法律书籍；8月，赴登封唐庄初级中学举办盟动中原教育扶贫——心理健康讲座进校园活动的心理学讲座活动；10月，在登封市唐庄中学举行“同心关爱 共沐书香”捐赠图书暨送教进校园活动，捐赠价值近1万元的图书，邀请名师讲课并开展读书交流活动；11月，民盟郑州市委在新郑市辛店镇湛张小学举行“盟动中原——助力脱贫攻坚教育扶贫捐赠暨爱心工作站”挂牌活动，建立盟动中原郑州爱心工作站，盟员爱心企业家为64名贫困学生和学校购买了价值2万元的棉衣、文具和体育运动器材。

发挥书画优势，做好黄丝带帮扶工作。11月，民盟郑州市委和郑州市石佛强戒所联合举办“送书画艺术 品国文化学”黄丝带帮教活动。盟内外多名知名书画家现场创作了100多幅优秀作品，赠送给石佛强戒所60多位干警和戒毒人员。“黄丝带”爱心帮教活动已成为民盟郑州市委对失足人员开展“教育、挽救和感化”的重要力量，为开展法律扶贫，化解社会矛盾，促进社会和谐作出了积极贡献。

组织做好纪念中共中央“五一口号”发布70周年活动。开展纪念中共中央发布“五一口号”70周年采风笔会活动。4月，组织书画家到登封马窑村、待仙沟等地进行采风，共同用丹青笔墨来回忆党的统一战线、讴歌70年来多党合作的丰硕成果。组织盟员80余人参与各种纪念活动，组织全市盟组织开展纪念“五一口号”征文活动，征文20篇，上报统战部5篇；广泛发动郑州盟员书画家16人参与“墨韵中原——民盟河南省委第三届美术书法作品展暨纪念‘五一口号’发布70周年、改革开放40周年书画作品展览”活动，积极推荐高质量的书画作品16幅；4月，组织郑州部分盟员参加民盟河南省委主办的“不忘合作初心继续携手前进——纪念“五一口号”发布70周年、改革开放40周年”文艺演出活动。积极宣传，营造良好舆论氛围。充分利用盟市委微信公众号等平台，深入学习贯彻习近平新时代中国特色社会主义思想及“五一口号”精神，重温“五一口号”的内容、发布背景、发布经过及“五一口号”的历史现实意义。

做好与兄弟盟市委社会服务工作交流学习。8月份动员组织30多位书画界盟员参加民盟中央“纪念改革开放40周年民盟盟员美术作品展”征稿活动，在100余幅获奖作品中，郑州市刘建伟、任建鲲2位盟员艺术家作品入选。9月，积极组织书画界盟员创作作品，参加民盟武汉地方组织成立70周年纪念大会暨“不忘初心 携手前行”书画作品展活动。

（史　茜）

民建郑州市委员会

【概况】 2018年，民建郑州市委团结带领全市民建会员，以习近平新时代中国特色社会主义思想为指导，紧紧围绕中共郑州市委、市政府重大决策部署，深化政治交接，传承优良传统，加强自身建设，提高履职本领，努力展现新气象，实现新作为，各项工作取得显著成效，在民建河南省委2018年度市级组织考核中获得第一名，被评为“宣传思想工作先进单位”“参政议政工作先进单位”和“机关建设工作先进单位”。

【思想建设】 2018年，民建郑州市委坚持政治引领，共同思想政治基础更加牢固。

深入学习贯彻习近平新时代中国特色社会主义思想和中共十九大精神。市委会把学习贯彻好习近平新时代中国特色社会主义思想和中共十九大精神作为首要政治任务，制订学习计划，精心组织安排，领导班子带头学，在全市会员中掀起了学习热潮。通过召开支部主委会、座谈会、报告会等及时传达学习习近平总书记关于新型政党制度的重要思想、关于加强和改进人民政协工作的重要思想、在民营企业座谈会上的重要讲话精神和庆祝改革开放40周年大会上的重要讲话精神等。通过深入学习，使全体会员深刻领会习近平新时代中国特色社会主义思想的丰富内涵和精神实质，切实树牢“四个意识”，增强“四个自信”，坚决维护习近平总书记核心地位，坚决维护中共中央权威和集中统一领导。

深入推进主题教育活动。开展纪念“五一口号”发布70周年系列活动。承办郑州市统一战线纪念“五一口号”发布70周年书画笔会，20余名书画家现场创作了“不忘初心”“凝心聚力”“最大同心圆”等多幅书画作品，充分体现了全市统一战线大团结、大联合的主题；选派会员参加民建省委纪念“五一口号”发布70周年诗歌朗诵比赛，市委会荣获优秀组织奖，参赛选手荣获二等奖；举办座谈会、报告会、征文活动等，教育引导广大会员在重温历史中铭记合作初心，在弘扬传统中深化政治共识，推动思想建设取得实效。开展庆祝改革开放40周年主题活动。召开庆祝改革开放40周年座谈会，讲述改革开放40年来的伟大成就，共同展望新时代改革开放事业的光辉前景；开展“我与改革开放40周年”征文活动，收到来稿近50篇，精选部分文章在网站和微信公众号发布；2名会员作为全省7个典型会员代表在民建省委举办的纪念改革开放40周年座谈会上畅谈了改革开放40年来的心得体会，表达了在新时代进一步深化改革开放中贡献力量的坚定决心。开展“不忘合作初心，继续携手前进”主题教育活动。组织市委委员、支部主委、会员中的人大代表政协委员等七十余人实地观摩郑州市重点建设工程——贾鲁河综合治理工程，亲身体验郑州市建设国家中心城市取得的伟大成就，激发广大会员为加快建设国家中心城市做出新贡献的热情；组织会内女会员“三八”节观看爱国主义影片《厉害了，我的国》，进一步坚定了走中国特色社会主义道路的信仰、信念和信心。

大力加强信息宣传工作。充分发挥会刊、网站和微信公众号三大宣传阵地的桥梁纽带作用，全年共编发《郑州民建》2期，各类信息210余篇。其中《团结报》采用1篇，民建中央网站采用22篇，民建省委网站和刊物采用85篇，根在中原网站采用36篇，《郑州统战信息》采用19篇，最大同心圆微信公众号采用13篇。其中《落实民建郑州市委会提案 新郑凤台寺塔重获新生》获民建中央新闻宣传工作优秀作品奖。

持续深化理论研究工作。围绕“深化政治交接，弘扬优良传统，推动新时代统一战线和多党合作事业实现新的更大发展”主题深入开展理论研究，形成理论成果12篇，其中《关于加强民主党派基层组织建设的几点思考》获民建中央优秀成果二等奖，2篇被市委统战部采用。

【组织建设】 2018年，民建郑州市委会坚持凝心聚力，组织发展内生动力更加强劲。

加强领导班子建设。坚持“集体领导，民主集中，个别酝酿，会议决定”的工作原则，实行集体领导与分工负责相结合的制度，形成了主委负总责，每个副主委联系一个区、负责一个专委会的工作格局。严格贯彻民主集中制，所有重大会务问题由主委会集体研究决定，有效促进了决策的科学化、民主性，从根本上保证了市委会工作的顺利开展。

做好组织发展工作。全年共发展新会员37名，平均年龄39岁，其中本科23人，硕士研究生以上6人，经济界人士占76%。创新举行了新会员入会仪式，为新会员颁发中国民主建国会会员证，增强了作为民建会员的自豪感、使命感和责任感。研发建成会员信息管理系统并上线运行，实现会员基本信息的自动化、动态化管理。截至年底，全市共有会员667人，其中男会员440人、女会员227人，平均年龄55岁，本科以上文化程度者408人，占全体会员的62%，具有各级技术职称者415人，占全体会员的62%，经济界会员559人，占全体会员的84%。

举办骨干会员培训班。组织市委委员、支部班子成员、市级以上人大代表政协委员、各专委会骨干成员60余人到江西干部学院参加培训。通过专题讲座、现场教学、参观交流等多种授课方式缅怀革命先烈，学习党的优良传统。

加强代表人士队伍建设。市委会按照“吸纳一批、培养一批、储备一批”的工作思路，积极吸纳优秀代表人士入库。注重对代表人士队伍的培养，推荐他们进入各级人大、政协等平台，使他们在工作中丰富阅历，积累经验。组织骨干会员参加民建中央副主席陈文华“增强政党制度自信，弘扬民建优良传统，努力建设中国特色社会主义参政党”主题宣讲会、中央社会主义学院教授孙信“新型政党制度”专题报告会等活动；选派15名会员参加郑州市民主党派干部培训班、5名会员参加全省参政议政骨干会员培训班、1名会员参加2018年郑州市党外青年干部培训班。通过学习，进一步提升了代表人士的综合素质和履职能力。

着力增强基层组织活力。完善基层组织工作规章制度，修订《民建郑州市委基层支部考核办法（试行）》《民建郑州市委基层组织工作规则》和《民建郑州市委发展会员规程》，为进一步做好支部建设工作起到了很好的指导引领作用。按照市委会对基层支部的考核办法，对考核优秀的支部以及表现突出的先进个人进行表彰，使基层组织和广大会员呈现出比学赶帮的良好局面。惠济支部成功换届，为支部的进一步发展奠定了坚实的组织基础；高新、郑东、经开支部成功组建，填补了民建在开发区没有基层组织的空白。全年大多数支部活动达到4次以上，支部的活力正在激发。

扎实推进机关建设。先后赴民建珠海市委、民建肇庆市委，就会务工作、基层支部建设等进行了座谈交流，广泛吸取外地先进经验，促进市委会机关工作。在多项大型活动中，发挥了组织、协调和服务的作用，并在多名会员遇到困难时提供帮助。民建中央副主席陈文华到郑州调研市级组织建设，与市委会领导班子和骨干会员座谈时，对市委会工作给予了高度评价。在民建河南省委2018年度市级组织考核中，机关2人被评为“参政议政工作先进个人”。

【参政履职】 2018年，民建郑州市委会坚持聚焦中心，参政履职成果更加丰硕。

扎实有效协商议政。市委会领导积极参加中共郑州市委、市政府、市政协等召开的座谈会、恳谈会和情况通报会，围绕经济建设、生态建设、文化建设等提出意见建议2条，提交恳谈报告1篇，重点就文化郑州、小浪底水库引水入郑、精准脱贫等着力推动郑州国家中心城市建设方面建净言，献良策，推动了全市经济发展、民生改善、党风廉政建设和反腐败工作再上新台阶。

深入开展专题调研。年初，市委会召开调研委换届大会，充实了调研队伍，并根据不同行业类别和城市发展需求，划分为6个小组。新一届调研委围绕“郑州申建自由贸易港”“推进河南自贸区（郑州片区）创新发展”“深化互联网政务服务应用提升行政效能”等课题，先后赴新郑、中牟、天津、西安等地深入调研，广泛座谈，共形成调研报告5篇，其中3篇提交市委统战部、2篇提交市政协，调研报告的数量和质量均有较大提高。全年向民建省委报送调研成果11篇，其中4篇被民建省委采用。民建中央副主席陈文华莅郑考察调研自由贸易区建设期间，市委会向民建中央提交《关于郑州市经济社会发展和申建自由贸易港的报告》1篇，向市委统战部报送报告3篇，受到高度评价。

围绕中心建言献策。全市“两会”期间，6名会员当选第十五届人大代表，25名会员当选第十四届政协委员，主委孙黎当选郑州市第十五届人大常委会副主任。市委会向市政协提交集体提案6件，在全会5个大会发言中，《关于对老旧小区“无主管楼院”物业管理的思考及建议》提案跻身其中。会员中的人大代表、政协委员积极建言履职，提交代表建议4件；提交委员提案55件，其中52件被立案。10位会员被评为“政协郑州市委员会2017年度优秀委员”。《郑州日报》、《河南商报》、郑州电视台等媒体对部分人大代表和政协委员进行了专访，展现出新时代民建会员的政治担当和参政风采。

举办参政议政培训班。组织调研委成员、理论委成员、各支部信息员、新会员近80人在河南省社会主义学院参加培训。培训班既有新型政党制度及习近平新时代统战理念等精神的讲解，同时还有民建会章会史的专题辅导、调研报告与社情民意的撰写技巧等提升参政议政能力的专题讲座。通过学习，进一步增强了全体会员的使命感和责任感，提升了广大会员的政治素质和参政议政能力。

社情民意工作成绩显著。全年全市民建会员提交社情民意100余篇。其中，《团结报》采用2篇，民建中央采用3篇，省政协采用3篇，民建省委采用24篇。社情民意数量大幅增加，质量有了显著提升，采用率有了重大突破。

【社会服务】 2018年，民建郑州市委会坚持服务社会，促进民生改善成效更加显著。

扎实开展“同心”实践活动。市委会将“同心”实践活动同精准扶贫结合起来，全年共资助登封市唐庄镇24名优秀贫困大学生4.8万元，累计资助140名贫困大学生28万元。市委会领导多次深入帮扶对象家中了解情况，有针对性地制订帮扶措施，帮助贫困户提高收入水平和生活质量。组织中原三支部向寺沟村爱心超市捐赠米、面、油、日化用品等价值6000多元的爱心物资，是寺沟村爱心超市建立后迎来的第一批捐赠物资，同时为村图书室捐赠了价值5000元的各类图书和价值3000多元的挂历。选派1人作为驻村工作队队员，助力唐庄镇寺沟村脱贫攻坚。

积极服务会员企业。市委会领导多次实地考察会员企业，了解企业生产经营状况，助力企业发展。举办“银企对接恳谈会”，帮助会员企业了解最新的金融政策，为会员企业发展提供有力支持。组织企业家会员参加非公论坛、风险投资论坛、豫商大会、第二届中原品牌峰会、企业家培训班等活动，聆听宏观经济分析，探讨行业发展前景，寻找自身发展机遇。

热心参与公益事业。市委会主动联系有关支部，发挥支部的特点优势，以市委会主办、支部承办的方式积极开展扶贫帮困、助残助学等公益活动，进一步提升了民建市委会良好的社会形象和影响力。金水三支部、二七二支部、中原一支部承办了“我为我家写春联”大型公益活动、“中国嵩山霜降文化节”，将传统文化和扶贫工作有机融合，有效助推了精准扶贫工作；为在河南省肿瘤医院接受治疗的白血病患儿送去了玩具、图书和生活用品，取得良好社会影响；到新乡太阳村看望服刑人员子女，为孩子们送去了衣物和食品。其他支部和会员也积极开展各种形式的社会服务活动。全年广大会员积极开展社会服务活动，共投入扶贫资金77.97万元，捐资助学68.98万元，开展三下乡活动20次，举办各种培训讲座31次，解决了501人的就业问题。

（章　旭）

民进郑州市委员会

【概况】 2018年，民进郑州市委团结带领全市民进会员，落实民进郑州市委五届二次全会部署的各项任务，突出时代特色，注重政治引领，思想宣传工作达到新高度；加强领导，夯实基础，组织建设迸发新活力；创新机制，深入调研，参政议政取得新成果；发挥平台优势，打造特色品牌，社会服务工作展现新面貌；优化干部队伍，提高工作水平，推出郑州民进微信公众号，成立官方网站，机关建设呈现新气象。截至2018年年底，全市共有民进会员559人。其中：女会员328人；平均年龄52岁；大专以上文化程度529人，占会员总数的95%；具有中高级职称的会员483人，占会员总数的86%；文化教育出版界别会员403人，占会员总数的72%。

2018年，民进郑州市委获得“民进全国宣传思想工作先进集体”“民进全省社会服务工作先进单位”“民进全省新闻宣传工作先进单位”等称号；民进郑州市中原第四支部、金水第三支部、高新第二支部、中原第三支部、中原第六支部获得“民进全省宣传思想工作先进集体”称号；刘雁华、刘瑞峰、王国法、朱娜、姚志刚、王玲俐、雷志华、戴兰获得“民进全省宣传思想工作先进个人”称号；韩跃军获得“光彩杯先进个人”称号。

【思想建设】 2018年，民进郑州市委将学习贯彻习近平新时代中国特色社会主义思想和中共十九大精神当作一项重要的政治任务，结合思想政治教育主题年活动，先后下发《民进郑州市委关于学习贯彻十三届全国人大一次会议和全国政协十三届一次会议精神的通知》《关于印发民进郑州市委开展“不忘合作初心，继续携手前进”主题教育活动方案的通知》，号召民进全市会员加强政治理论学习，进一步统一思想，提高站位，强化组织凝聚力。

开展纪念中共中央发布“五一口号”70周年纪念活动：4月8日，组织市委委员、支部主委及部分经济界会员联谊会会员赴登封市民进河南省委会史馆举办教育基地挂牌仪式；4月20日，承办纪念中共中央“五一口号”发布70周年报告会暨民进河南省委“开明论坛”郑州行，邀请中共河南省委党校决策咨询部副主任、法学博士、管理学博士后涂小雨教授作了题为《习近平治国理政大视野》专题辅导；推荐会员征文7篇参加市委统战部优秀征文活动，其中市委委员刘雁华的征文被中共郑州市委统战部官方微信公众号“最大同心圆”刊登。

成立郑州民进读书会，每期一个主题，定期编发读书会会报，2018年共开展读书会活动5次。通过搭建平台，积极引导会员读书学习，进一步提高政治理论水平，加强党派自身建设，为会内其他工作开展奠定坚实基础。

【组织建设】 2018年，民进郑州市委参照民进省委会及其他地市级组织下设组织架构，市委会成立了经济界会员联谊会，在市委会指导下开展活动，极大地调动了会员参与会务活动的积极性。3月15日，郑州民进经济界会员联谊会成立暨第一届理事会召开，利用这一平台，市委更好地开展会社会服务工作。

圆满完成基层组织换届工作。12月22日至25日，中国民主促进会郑州市基层组织换届、成立大会在郑州召开。24个基层组织圆满完成了换届任务；新组建6个支部，分别是航空经开支部、惠济三支部、高新三支部、二七三支部、中原七支部、金水九支部。30个基层组织配齐了1正、2副班子成员，产生了新一届领导班子，为下步工作开展打下了坚实的组织基础。

2018年新发展会员18名，本科以上学历者占100%，教育界别占61%，中级以上职称者占44%。

【参政议政】 2018年，民进郑州市委对调研活动提出了更高要求，整理出台年度参政议政工作台账，充分发挥人才优势，围绕年度重点调研课题及社会难点热点问题开展社会调研，为市委市政府决策提供参考。3月15日，举办参政议政专题座谈会，邀请20余名经济界会员就《打造良好营商环境，激发郑州市经济活力》进行研讨，共梳理出问题建议15条，归纳整理后提交民进省委会。

3月27日至29日，民进郑州市委会主委赵学庆，副主委汪德峰、张强等带领部分人大代表、政协委员及经济界联谊会成员前往郑州市中小企业局、民进武汉市委会调研中小企业发展问题，总结郑州市中小企业发展经验，为中小企业发展遇到的问题寻找出路。6月25日至26日，主委赵学庆带队赴上海就郑州市政协十三届二十七次常委会议调研课题《关于创新教学模式“智慧课堂”的建议》开展调研。7月3日，赴市教育局就同一课题开展调研，最终形成了调研报告，为推动郑州市智慧教育提出建议。8月1日至3日，围绕“新时代民主党派履行职能研究”“民主党派代表人士实践锻炼研究”“民主党派组织发展问题研究”3个课题，市委会组织赴长沙市开展调研。8月13日至17日，市委会组织赴杭州、湖州调研美丽乡村振兴。8月28日，围绕郑州市政协十三届二十八次常委会调研课题“强化工业项目用地保障，为郑州市工业发展提供发展基础”赴郑州市国土资源局开展专题调研。8月31日，围绕年度重点调研课题“关于进一步强化河南省学前教育公益性的建议”赴惠济区调研。9月6日至8日，民进郑州市委组织郑州民进经济界会员联谊会的企业家们赴东莞围绕“引导非公有制经济人士有序政治参与研究”课题进行调研。2018年，市委会完成年度调研任务，形成高质量调研报告7篇。

9月26日至30日，政协郑州市十四届一次会议、人大郑州市十五届一次会议相继召开，民进19名委员、3名代表参加会议，共提交提案43件、建议3条，涉及教育、文化、城建、医疗等各方面，较好履行了政协委员、人大代表职责。

【社会服务】 2018年，民进郑州市委响应会中央号召，充分发挥界别优势，整合会内优质资源，继续打造教育帮扶品牌，在做好“同心助教”活动的同时，适时开展微公益，为推动郑州市打赢脱贫攻坚战助力。

5月15日，举办“同心助学”——郑州市沙口路小学与登封市唐庄镇第一小学手拉手活动，组织双方学生共计120名参观郑州自然博物馆。5月31日，在六一儿童节即将来临之际，民进郑州市委副主委、秘书长李建霞带领社会服务工作专委会成员及机关工作人员赴登封市唐庄镇第四小学开展慰问活动，为该校捐赠体育用品一批。6月14日端午节前夕，市委会机关赴西里路社区慰问贫困户。11月17—18日，举办“同心助学”唐庄镇教师培训班，培训教师60人。11月28日，民进郑州市委在郑州大象陶瓷博物馆举办“同心助学”手拉手活动，为登封市唐庄镇第二小学和郑州市金水区沙口路小学共计100余名小学生搭建交友平台，促使他们结成手拉手小伙伴，并一起参观大象陶瓷博物馆。

（戴　兰）

农工党郑州市委员会

【概况】 2018年，农工党郑州市委坚持以习近平新时代中国特色社会主义思想为指导，深入学习贯彻中共十九大精神和十九届二中、三中全会精神，农工党十六大精神和中共郑州市委十一届七次、八次全会精神，紧紧围绕郑州国家中心城市建设，围绕推进健康郑州和美丽郑州建设、打好精准脱贫和污染防治攻坚战建言献策出力，着力加强适应新时代要求的中国特色社会主义参政党地方组织建设，履职能力和自身建设的科学化水平有了新提升。

【思想建设】 2018年，农工党郑州市委扎实开展主题教育活动，强化理论武装。

开展“三学一做”（学党章、学准则、学条例，争做合格党员）学习教育。研究制订农工党郑州市委学习教育实施方案。通过多种形式，深入学习贯彻习近平新时代中国特色社会主义思想、习近平总书记关于统一战线、多党合作、人民政协的重要论述和中共十九大以来发表的系列重要讲话精神。3月24日，市委召开学习贯彻全国两会精神暨“三学一做”学习教育推进会，传达学习全国两会精神和习近平总书记在全国两会期间的重要讲话精神，对贯彻落实两会精神作出部署，就推进“三学一做”学习教育进行再安排，推进学习两会精神与学习教育相互融合。河南省政协副主席、农工党河南省委主委高体健莅临大会传达全国两会精神，并作“三学一做”学习教育辅导报告。各级组织注重探索务实管用的活动载体，不断深化学习教育，成效日益显现。农工党郑州市委主要领导在省委举办的“三学一做”学习教育研讨会上作了《精心组织扎实推进，切实开展好“三学一做”学习教育》经验交流，5位党员向研讨会提交了研讨文章，李龙海作了大会发言。农工党郑州市委组织市委委员和骨干党员收听收看庆祝改革开放40周年大会实况，聆听习近平总书记的重要讲话。通过开展“三学一做”学习教育，进一步引导党员干部增强“四个意识”、坚定“四个自信”，在政治立场、政治方向、政治原则、政治道路上同以习近平同志为核心的中共中央保持高度一致。

开展纪念中共中央发布“五一口号”70周年和纪念农工党成立30周年系列活动。农工党郑州市委主要领导在农工党省委召开的纪念中共中央发布“五一口号”70周年座谈会作了题为《“五一口号”——建设新中国的集结号》的发言。4月26日，承办郑州市各民主党派、工商联、无党派代表人士纪念“五一口号”发布70周年看郑州活动。同时，举办纪念中共中央“五一口号”发布70周年主题征文活动，广大党员踊跃撰文，重温多党合作光辉历程，畅谈弘扬农工党爱国优良传统的体会。4月22日，召开中国农工民主党郑州市委员会成立30周年纪念大会，回顾发展历程，对功勋党员、坚持和发展中国特色社会主义学习实践活动优秀基层组织和先进集体、优秀党员和先进个人进行了表彰。同日，与农工党省委联合举办纪念中共中央“五一口号”发布70周年暨农工党郑州市委成立30周年文艺演出，充分展示农工党员坚持走中国特色社会主义政治发展道路的坚定信念，昂扬奋进的精神风貌和不忘合作初心、继续携手前进的使命责任担当。

开展“不忘合作初心，继续携手前进”主题教育活动和“三学一讲”专题活动，学习《中国人民共和国宪法》、农工党十六大精神、《中国农工民主党章程》和多党合作历史，领导干部讲党课。市委班子分别在不同场合，为基层组织讲党课，促进了理论学习，强化了政治引领，凝聚了思想共识。

【组织建设】 2018年，农工党郑州市委不断加强自身建设，提高参政能力。

加强市委班子建设。把解决自身问题作为领导班子建设的重要内容，坚持民主集中制，在班子会上加入民主生活会内容，自我约束与相互监督相结合，不断增强领导班子的自我净化、自我完善、自我革新、自我提升的能力。主委、副主委根据工作分工，积极参加基层组织和专委会的活动，对各基层组织和专委会的工作指导和联系无断档。

政治安排实现突破。2018年是市人大、市政府、市政协换届之年，农工党郑州市委主要领导当选为郑州市政协十四届委员会副主席，省委副主委孙晓红当选为副市长，专职副主委李凤芝当选为郑州市十五届人民代表大会常务委员会委员，副主委郑方燕、潘泽林等8名党员当选为郑州市政协十四届委员会常务委员。4名农工党党员当选为市人大代表，23名当选为市政协委员。

加强骨干队伍建设。2018年6月9—14日，在遵义干部学院举办骨干党员培训班，开展革命传统教育，农工党郑州市委委员、人大代表、政协委员、各支部主任及青年骨干党员80余人参加培训。10月15—18日，组织基层组织负责人参加农工党河南省基层组织负责人培训班，20余名基层组织负责人围绕新时代中国特色社会主义参政党基层组织建设、撰写高质量提案等课题进行了系统学习，提高了做好基层组织工作的能力。10月22—25日，举办农工党郑州市委参政议政培训班，来自基层组织的骨干党员和部分新党员70人参加了培训，提高了参政本领。10月28日至11月3日，组织农工党市委委员和骨干党员15人参加了郑州市民主党派干部培训班，通过培训提高大家的理论素养和政治水平。

做好组织发展工作。按照“三个为主”的原则，严把质量关，有计划发展知识层次高、代表性强和社会影响大的中青年骨干入党。全年共发展党员32人，平均年龄39岁。其中博士2人，硕士10人；高级职称6人；医药卫生19人，人口资源界别1人，生态环境界别2人，主体界别68.75%。高层次人才17人。发展了市委参政议政急需的经济界、行政人员入党，为农工党郑州市委增添了新鲜血液。10月23日，举行2018年度新党员入党仪式。截至2018年12月底，全市共有农工党党员678人，其中医药卫生、人口资源、生态环境等主界别459人，占67.7%。县级以上党员干部10人；省政协委员7人，省人大代表1人；市政协委员23人，市人大代表4人；县（市、区）政协委员37人，县（市、区）人大代表3人。

加强基层组织和专委会建设。对届满的20个支部进行换届。根据组织发展和工作需要，成立了农工党高新支部、郑东支部、市第九人民医院支部。在基层组织较为集中的市辖区，分别成立了金水、中原、二七、管城等4个基层委员会。一批德才兼备、群众公认的优秀党员走上了基层领导岗位。

加强专委会建设，各专委会开拓思路，创新工作方法，积极探索新的专委会工作机制，专委会的工作活力与作用发挥日益凸显。卫生与健康委员会与妇女老龄工作委员会围绕“社区养老服务体系建设”“大健康体系构建”联合开展调研，形成2篇调研报告，其中《关于完善我市社区养老服务体系的调查与建议》作为市委专题调研报告呈报中共郑州市委主要领导。生态与农业工作委员会先后组织学习讨论观摩活动4次，组织开展黄河滩区生态环境综合整治工作调研活动，参与省委、市委专题调研活动3次，提交提案或提案素材4件；社会与法制工作委员会加强制度建设，先后开展学习研讨活动2次，提交调研报告5篇，其中一篇转化为农工党郑州市委集体提案；文化与旅游工作委员会围绕“文化传承与旅游发展”开展调研；经济工作委员会围绕“食品工作转型发展”开展调研。

加大宣传工作力度。借助现代媒体技术拓展宣传平台，积极探索创新专委会工作方法，宣传工作有了新突破。农工党郑州市委微信公众号推送活动信息118篇，向农工党河南省委、郑州统战、政协郑州市委员会网站等省市平台报送信息100余篇，在省市重点媒体刊发播出新闻10余篇次，全年编辑出版《郑州农工》杂志4期，编印《中国农工民主党郑州市委员会成立30周年纪念册》和《精彩2018——农工党郑州市委2018年工作汇编》，全面记录反映了农工党郑州市委及基层组织的工作，树立了农工党郑州市委的良好形象。农工党郑州市委荣获农工党中央2018年度《前进论坛》发行工作先进单位。

加强与兄弟地市市委工作交流。农工党郑州市委主要领导和专职副主委首次参加农工党部分地市级组织联席工作会议，学习交流工作经验，建立了紧密联系，为下一步调研交流搭起平台。年初，农工党郑州市委组织部分基层组织负责人到新乡市参观访问，与农工党新乡市委及基层组织交流工作经验。先后与农工党上海市委、江苏省委、南京市委、湖州市委、莆田市委等地组织开展广泛交流。农工党益阳市委、济南市委先后来郑围绕“农业产业化转型升级”“高标准打造国际内陆港”等开展调研。农工党安阳市委组织市委委员来郑围绕都市休闲农业开展调研，并与农工党郑州市委就如何做好参政议政工作交流工作经验。

【参政议政】 2018年，农工党郑州市委加大调研力度，更好履职尽责。

高度重视政治协商。农工党郑州市委领导高度重视，认真准备，先后在党外人士座谈会、恳谈会上围绕推进城市精细化管理、智慧城市建设、重度残疾人集中托养、加快推进郑州宜居健康城建设、建立湿地农业联审联批机制、规范郑州市城市社区养老用房标准、完善强化市各民主党派与政府相应职能部门联合调研机制等方面提出意见建议。在市政协举办的两次双月协商会上，农工党郑州市委领导及部分政协委员围绕“构建大健康体系，提升市民幸福感”“大力发展普惠性学前教育”等主题建言资政。其中《构建大健康体系，提升市民幸福感》在郑州电视台政协视窗录制专题访谈节目。

深入开展调查研究。围绕中共郑州市委、市政府中心工作，反复论证，选定调研课题，组织精干力量，深入调研。围绕社区养老服务体系建设，省市联动，由农工党郑州市委主要领导带队赴上海、南京学习考察，主持撰写了调研报告《关于完善我市社区养老服务体系的调查和建议》，根据此调研报告提升形成的《关于完善我省社区养老服务体系的建议》，在省政协十二届二次会议上作大会发言。围绕田园综合体和美丽乡村建设，农工党省委与市委组成联合课题组，市委主要领导带队先后赴浙江湖州及二七区、新郑市开展调研，主持撰写了调研报告《建设田园综合体助力乡村振兴，为郑州国家中心城市建设增光添彩》。

积极议政建言。在郑州市政协第十四届一次会议上，农工党郑州市委提交《关于加紧建立我市基本医疗保险门诊统筹制度的建议》《关于推进我市普惠性幼儿园建设的建议》《打造生态健康示范区完善国家中心城市功能》《关于加快郑州市冷链物流业发展建议》等4件集体提案，23名政协委员提交35件个人提案，受到市政协及有关办理单位的高度重视。3名人大代表在郑州市第十五届人民代表大会第一次会议上提交3件个人议案（建议）。

农工党郑州市委围绕市政协常委会议题开展调研，向大会提交专题报告。围绕“加强新型智慧郑州建设，为加快郑州国家中心城市建设提质增速”向市政协十三届二十七次常委会提交大会发言。农工党郑州市委向农工党河南省委报送提案素材4件，向农工党河南省委、郑州市政协、中共郑州市委统战部报送社情民意信息14件，《零讯》信息1件。

务实推进民主监督。农工党郑州市委主要领导多次参加省政协常委视察团到南阳市视察调研脱贫攻坚工作，农工党省委对驻马店市平舆县“精准健康扶贫”的专题调研和对南阳市7个贫困县开展的监督性调研。根据农工党省委统一安排，农工党市委主要领导率市委调研组赴南阳市淅川县开展对口脱贫攻坚民主监督工作，就贫困户的建档立卡情况，家庭成员的基本信息、收入来源，帮扶政策的落实是否到位，以及对帮扶小组的满意度等情况做了深入细致的访谈，为省委提供第一手信息材料。全市农工党党员中的各级各类特约（邀）人员在执法检查监督、政风行风评议等工作中认真履行职责，有效发挥了民主监督作用。

【社会服务】 2018年，农工党郑州市委增进民生福祉，塑造社会服务品牌。

打造“同心实践行动”农工品牌。在持续做好登封市唐庄乡雅新园艺农场技术服务、为郑州市统一战线同心实践基地登封市唐庄乡争取农业项目资金、中国环境与健康周和国际科学与和平周定点义诊服务等传统社会服务项目的基础上，拓宽社会服务内涵，围绕打赢脱贫攻坚战，开展帮扶活动。农工党郑州市委组织广大党员为登封市唐庄镇寺沟爱心超市捐赠衣服800余件。农工党员企业家代表孙桂琴、任基科、张道库、张顺庆、林全安，自2018年开始进行“一对一”帮扶，为帮扶中、小学生资助2000—4000元不等的学习费用。新党员、河南汇星行汽车销售有限公司徐国强向“统战同心，爱心超市”捐赠价值1.5万元的爱心物资。

基层组织社会服务丰富多彩。各支部根据各自的实际情况，分别开展了形式多样的社会服务和社会公益活动。市第二人民医院支部、市妇幼保健院支部多次开展公益讲座，提高社会的健康意识和疾病防治知识；二七支部多次深入贫困山区开展爱心帮扶活动，为困难群众送去温暖；市中心医院支部、市直二支部、市直四支部、郑州人民医院支部多次开展义诊体检活动，深受广大群众好评。

（张亚平）

九三学社郑州市委员会

【概况】 2018年，九三学社郑州市委全面贯彻中共十九大和九三学社十一大精神，按照九三学社中央“思想更加坚定、履职更加坚实、组织更加坚强”的中国特色社会主义参政党建设目标要求，严格贯彻九三学社河南省委以思想建设、组织建设、制度建设、作风建设为主体，以社务工作评价为抓手，以社内监督为保障的“一体两翼”工作布局，凝聚共识、主动担当，积极展现新面貌、取得新时效、实现新作为，以高质量履行参政党职能，全力助推郑州国家中心城市建设的高质量发展。在社省委社务工作量化评价中继续排名第一，获2018年度工作先进集体、思想宣传工作先进单位、参政议政工作先进单位、组织工作先进单位。

【思想建设】 2018年，九三学社郑州市委始终把思想建设作为自身建设的核心，以巩固思想政治共识为抓手，深入学习贯彻中共十九大精神、习近平新时代中国特色社会主义思想、九三学社十一大精神等，不断提高思想引领和宣传水平，多党合作的共同思想政治基础进一步夯实。

加强思想引领，凝聚政治共识。社市委召开庆祝改革开放40周年座谈会和学习习近平总书记改革开放40周年大会讲话精神座谈会，开展“纪念五一口号 弘扬优良传统”主题教育活动、纪念“五一口号”70周年辅导报告会、主题征文活动，参加社省委和市委统战部举办的纪念中共中央发布“五一口号”70周年书画展等系列活动，开展“学社章社史，做合格社员”活动，要求广大社员积极参与社中央举办的社章社史知识竞赛，激励社员牢记义务和权利，坚定理想信念，引导广大社员在重温历史中铭记初心，在弘扬传统中深化共识，进一步夯实新时代多党合作共同思想政治基础。积极参与社中央“五四运动与九三学社初心”专题研讨会，报送征文3篇，其中《不忘初心 方得始终》获书面印发交流。

加强思想宣传，传递党派正能量。注重新媒体与传统媒体的有效结合，围绕社组织自身建设、履行职能、社务工作“双促进”开展重点报道。《人民政协报》、人民政协网、《团结报》、团结网采用12篇，“根在中原”网站、“最大同心圆”微信公众号采用30篇，社中央网站采用34篇，社省委网站采用63篇。新浪、《协商论坛》、党的生活网、中国新闻网、人民论坛网、《郑州晚报》等其他主流媒体采用233篇。外宣采用创历史新高，继续保持社省委思想宣传量化评价排名第一的成绩。开通微信公众号，充分发挥网站和公众号的宣传主阵地作用，全年网站上传宣传稿件153篇，微信公众号推送文章143篇。编印《郑州九三》社讯4期。

加强思想理论研究。在人民政协网、《团结报》、协商论坛及社中央网站各发表理论文章1篇，在中共市委统战部微信公众号“最大同心圆”发表理论文章2篇。积极参与社中央思想建设调研课题“九三学社青年社员思想观念及价值取向研究”问卷调查活动，提交问卷100多份，为社中央做好新时代青年社员工作提供多条意见和建议。

【参政履职】 2018年，九三学社郑州市委发挥优势、突出重点、聚焦问题，广泛动员社内外力量，开展参政议政和社会服务工作，全面提升履职本领。

围绕中心工作开展调研与建言。完成社省委调研课题1项。提交省政协全会大会发言2件、省政协常委会发言1件、省政协全会集体提案6件、省政协月协商座谈会材料1件。提交市政协双月协商座谈会材料3件。完成“党委出题，党派调研”重点调研课题2项。在市政协全会上，作大会发言《关于加快推进创建国家生态园林城市旧的建议》，提交书面发言材料4件，集体提案6件，委员个人提案89件。在市政协十三届二十七次常委会议上作发言《建设智慧社区 增强老百姓获得感》，在市政协十四届二次常委会议上作发言《振兴发展制造业 助推国家中心城市建设》。全年报送社情民意信息115篇，其中赵永强撰写的《着力解决城镇二次供水水质污染问题的建议》被中央统战部《零讯》采用，实现社市委《零讯》信息采用零的突破，也是2018年市委统战部所报送社情民意信息中唯一一篇被《零讯》所采用的。

召开专题培训座谈会，提升社内政协委员人大代表履职能力。学习习近平总书记关于加强和改进人民政协工作重要思想理论以及《中国人民政治协商会议章程》，邀请专家作《如何提高政协委员参政议政的质量和水平》的专题报告，使社内政协委员人大代表进一步提升综合素质，更好地履行职能，提出高质量建言，促进高质量发展，切实提高参政议政水平。

【社会服务】 2018年，九三学社郑州市委拓宽领域，打造社会服务品牌效应。按照社省委的要求，与巩义市涉村镇签署“同心共建美丽乡村”合作协议，结合巩义市和涉村镇实际情况全方面谋划，整合资源，搭建平台，全力助推涉村美丽乡村振兴战略。聚力脱贫攻坚，多次到登封唐庄镇寺沟村帮扶对象家中走访调研，对贫困户宣传政策，出主意、想办法，制订精准帮扶脱贫计划并逐项落实，做到真扶贫、扶真贫、真脱贫。社市委委员王霞为寺沟村捐款1.2万元，用于村容道路整修。开展“同心”农业科技脱贫攻坚专题培训活动，助推市委统战部同心实践基地唐庄镇科技兴农水平不断提高。与社郑州大学委员会持续开展结对子活动，共同为智慧社区建设建言献策。与社河南省农科院委员会持续开展结对子活动，共同为巩义市圣君农林科技有限公司提供新品种、新技术服务。与社河南省卫计委委员会签订框架合作协议，以郑州市管城回族区百爱社区养老服务中心为首批合作单位，开展“世界糖尿病日”健康讲座与义诊活动，进一步推进社会服务品牌“社区居家养老”建设。

【组织建设】 2018年，农工党郑州市委贯彻“人才强社”战略，加快组织建设的科学化、规范化进程，不断提高社的组织化水平，为坚实履职提供保障。在市人大和政协换届过程中，31名社员被确定为市政协委员，其中常委6名；7名社员当选市人大代表，其中常委1名。

扎实推进领导班子建设。社市委坚持主委会学习制度，学习党的各项方针政策、领导重要讲话和相关会议精神，参加市委统战部组织的各民主党派、工商联中心组学习，努力提升“五种能力”。贯彻执行民主集中制，召开主委会议7次，对社内重大事宜进行研究。召开领导班子谈心会，沟通思想、交换意见、增进共识。继续推进班子成员分工合作机制，主副委根据分工，主动联系分管专委会和基层委员会，积极协助，相互配合。社市委领导班子统筹全社工作的能力明显提升，领导力进一步加强。

优化组织人才结构。社市委坚持组织发展“三个为主”的原则，规范程序、保证质量、优化结构。召开新社员座谈会和积极分子培训会各1次，举办新社员入社仪式。全年发展社员39人，平均年龄40岁，其中，博士4名、硕士12名、本科21名；高级职称13名、中级职称16名。科技界10人，占25.64%；医药卫生界11人，占28.21%；高等教育界4人，占10.26%。截至2018年年底，共有4个基层委员会、27个支社，社员585人。

完成基层组织换届或新组建任

务。对届满到任的4个基层委员会、22个支社、筹备新成立的4个支社，在民主推荐的基础上，社市委换届工作领导小组提出候选人初步建议人选，并对候选人进行多方协商、考察，征求意见，确定建议名单。借鉴中共领导干部任前考试的经验做法，举办拟任基层组织负责人任前考试和谈话。探索加强自身建设、增强基层组织活力，提高基层组织负责人的政治素养与理论水平，增强其作为中国特色社会主义事业亲历者、实践者、维护者和捍卫者的政治责任感和使命感，筑牢基层组织建设的基础。各基层组织召开会议，选举产生了新一届领导班子，顺利实现基层组织政治交接。

完成工作委员会和专委会调整。打造专业履职队伍，依据骨干社员的行业特点、研究方向和人才结构，设置4个工作委员会和10个专门委员会，选任各类专业人才171名。各工委和专委会依据职能积极开展工作，与社省委联合组队参加了郑开国际马拉松比赛，与市妇联一起举办了和睦家庭创建大型公益讲座，举办了“弘扬传统文化 悦读修身修心”读书活动，举办了第一期九三商都讲堂，重阳节组织老社员感受郑州生态建设成效——普兰斯薰衣草花海，开展生态文明调研等。

加强干部队伍建设。市委会加强对市委委员、监督委委员、基层组织负责人、工委、专委会负责人及骨干社员的培训工作，通过与社省委、中共市委统战部协商沟通，选派2人参加河南省委统战部民主党派干部培训，选派26人参加九三学社河南省委骨干培训，选派1人参加市委统战部党外青年干部培训，选派15人参加市委统战部党外骨干成员培训。举办骨干成员培训班1期、参政议政培训班1期，培训社员120多人次，进一步提高骨干社员的政治素质和参政议政水平。

全面推进量化评价体系，推动履职能力提升。不断优化量化评价体系，增强科学性、公平性。以量化评价为抓手，注重评价结果对履行职能、自身建设的典型引领作用，注重评价结果对基层组织、骨干社员的正向激励作用，注重评价结果对整合资源，提高组织化、整体化水平的导向作用。把量化评价结果作为选人、用人、奖励的重要依据。

加强学习交流。社市委先后与云南、宁波、西安、成都、惠州、兰州、西宁、柳州等进行社务工作交流，学习借鉴外地先进经验，为进一步提升社务水平提供有力保障。

【社内监督】 2018年，九三学社郑州市委创新推进社内监督工作。在社中央社内监督工作研讨会上，社市委作经验交流发言《充分发挥社内通报制度的作用》，引起与会人员的高度关注。制定《社市委委员和社市委监督委员会委员联系基层组织实施办法》《社市委监督委员会委员履职量化考核评价办法》，修订《社市委委员履职量化考核评价办法》《基层组织社务工作评价细则》，改进社务工作通报制度，进一步强化监督工作保障。开展社内监督进基层工作，16个支社召开履职报告会，15个支社召开领导班子谈心会，市委委员、监督委委员58人次参加，基层社组织的凝聚力、向心力、感召力进一步提升，基层社务工作水平整体再上台阶。对基层组织换届工作进行全程监督，确保换届的严肃性、选举的公正性。

（尚秋霞）

群众团体

工会

【概况】 2018年，全市各级工会坚持以习近平新时代中国特色社会主义思想为指导，紧紧围绕加快郑州国家中心城市建设，持续深化"四重点一稳定一保证"工作总格局，坚持稳中求进工作总基调、突出奋发有为总要求，以职工队伍思想政治建设为引领，准确把握新时代工人运动主题，深入开展职工建功立业活动；全面开展职工普惠服务，把广大职工对美好生活的向往作为工会组织的使命担当；全面落实职工代表"十项制度"，持续提升企业民主管理规范化水平，坚决维护职工合法权益；加强工会基层组织建设，持续扩大工会组织和工会工作有效覆盖。截至2018年年底，全市已建工会组织32002家，涵盖单位44227家，有会员2505098人，其中新建工会820家、新发展会员55029人；有省级基层工会规范化建设示范点28家；郑州市企业、职工获全国、省级五一劳动奖状（奖章）、工人先锋号等荣誉37个，市总工会选树表彰了38个市五一劳动奖状获得单位，252名五一奖章获得者；市总工会向全国和省、市级劳模发放救助金、慰问金总计404万元。

【职工队伍思想政治建设】 全市各级工会以党的十九大精神为统揽，引导广大工会干部深入学习贯彻习近平新时代中国特色社会主义思想，强化"四个意识"，坚定"四个自信"，着力加强工会意识形态工作的领导权和主动权，坚决在政治上思想上行动上同以习近平同志为核心的党中央始终保持高度一致。持续深化职工大宣讲大教育活动，认真开展"学习宣传十九大，劳模工匠带头讲"宣讲活动，以劳模工匠带头讲，职工群众有话说宣讲形式，切实推动党的十九大精神入脑入心。全年，市总工会开展示范性宣讲活动13场，其他各级工会开展宣讲活动600余场。举办"中国梦·劳动美——学习贯彻习近平新时代中国特色社会主义思想和党的十九大精神"全市职工演讲比赛，微信活动页面点击量10.3万次，视频点击量7.2万次。进一步弘扬劳模精神、劳动精神、工匠精神，通过电台有声、电视有影、报纸有文、网络有载、长廊有图、公交有线等形式进行专题宣传报道，推出一批爱岗敬业、无私奉献，为全市经济社会发展作出突出贡献的先进典型。切实履行意识形态工作责任制，强化与劳模先进人物、创新创业领军人才等交流沟通，增进政治认同，实现正面发声。聚焦基层，服务职工，推动职工书屋建设，组织文艺演出下基层活动，企业文化、职工文化更加丰富多彩。

2018年4月27日，郑州市总工会开展庆祝五一国际劳动节暨学习贯彻十九大精神宣讲活动（市总工会/供图）

【职工建功立业活动】 围绕推进新型城镇化，开展"当好主人翁、建功新时代"主题劳动和技能竞赛活动。结合全市重点工程建设，持续做好"五比一创"劳动竞赛活动。围绕培育现代产业体系，聚焦主导产业和实体经济，积极筹备举办郑州市第十五届职工技术运动会，着力提升竞赛的技术含量和参与率，在项目工种设置、参赛职工群体上向产业结构调整企业倾斜，设置竞赛工种（项目）130项，涉及工业、交通、能源、建设、商贸、旅游、电力、教育、卫生、金融等40余个行业和领域，参与岗位练兵、竞赛选拔职工32万人次；围绕开放创新双驱动，以劳模和工匠人才创新工作室为引领，持续做好"郑州大工匠"培养选树工作。推动就业培训、就业服务、创业培训工作，实施职工创新创业行动，进一步激发职工"双创"活力。围绕污染防治和生态建设，牢固树立"绿水青山就是金山银山"理念，坚持"大生态、大环保、大格局、大统筹"原则，在重点企业开展"三比两降"节能减排竞赛活动，全市2413家企业，近40万名职工群众参与活动。依托郑州工会会员卡，持续开展

2018年6月21日，郑州市举行推进货车司机入会集中行动暨送清凉活动启动仪式（市总工会/供图）

困难，实施以技能扶贫、产业扶贫、项目扶贫、就业扶贫、结对扶贫、智力扶贫和先进集体扶贫为主要内容的劳模助力脱贫攻坚“6+1”行动，全市307名劳模、五一劳动奖章获得者帮扶困难职工2081人。开展“春送岗位、夏送清凉、金秋助学、冬送温暖”等品牌帮扶活动，“春风行动”活动组织专场招聘会16场，免费服务33292人次，解决农村劳动者就业8071人；“金秋助学”活动筹集助学资金344.4万元，发放助学金275.85万元，资助1248名困难职工子女顺利入学，其中资助困难农民工子女330名；元旦、春节期间，筹集慰问款物总额1213万元，走访困难企业183家，慰问困难职工、困难劳模8582户；提供就业技能培训2064人次，帮助8928人实现创业或就业。指导中国职工保险互助会郑州办事处开展6种保障活动，为897名遭受意外伤害、患重大疾病的会员办理赔付，赔付金额共计312.8万元。

“会员坐公交工会来补贴”活动，鼓励职工低碳环保绿色出行，全年累计参与工会会员13.68万人次，市总工会发放补贴金额63.42万元。认真做好全市劳模、五一劳动奖推荐评选工作，评选推荐342名郑州市企业劳动模范参加全市表彰；组织召开庆祝五一国际劳动节暨学习贯彻党的十九大精神宣讲活动，全年，郑州市有“全国五一劳动奖章”获得者3名，“河南省五一劳动奖状”获得单位8个，“河南省五一劳动奖章”获得者14名，“郑州市五一劳动奖状”获得单位38个，“郑州市五一劳动奖章”获得者252名。

【职工合法权益维护】 制订印发《关于深入基层加强调查研究工作的意见》，为做好工会维权服务工作提供依据。推动普法宣传工作，通过开展各类法律宣传活动，接待职工法律咨询服务2000余人次，开展以“尊崇宪法、学习宪法、维护宪法”和“弘扬法治精神、共建美好生活”为主题的职工网上法律知识竞赛活动，参与职工8万余人次。持续做好郑州市职工法律援助律师团队伍建设，无偿为广大职工提供优质法律援助服务368起，服务职工群众406人次。持续深化推进劳动关系和谐企业创建活动，评选最佳雇主单位50家。开展行业（区域）集体协商，建立企业工资集体协商制度，全市有44284家企业同职工签订工资集体合同。深化“公开解难题、民主促发展”主题活动和厂务公开民主管理示范单位创建活动，全面落实职工代表“十项制度”，持续提升企业民主管理规范化水平。全市各级工会围绕共建共治共享社会治理格局，做好系统平安建设和综合治理工作，加强系统“平安细胞”工程建设，充分发挥职工信访及“12351”职工维权热线平台作用。2018年，市总本级共接待调处职工群众来信、来访、来电496起，涉及职工668人次。开展农民工工资支付情况专项检查，联合相关职能部门责令企业支付农民工工资及赔偿金21170万元。做好职业病防治工作，深入开展安全生产隐患排查治理活动，保障职工劳动安全、生命健康权益。

【职工普惠服务】 通过工会会员卡集成更多服务项目，以线上服务为引领，拓展集职工信访、维权帮扶、技能培训、互助保障、婚恋服务等多功能为一体的多层次、全方位、一站式线下服务实体平台。截至2018年年底，全市各级工会实名制采集录入会员信息156万人，办理工会会员卡124.5万张，洽谈优惠商家1639家。五元观影、购书补贴、绿色出行、返郑补贴、亲子游园、应急救护培训等会员普惠活动实现常态化、品牌化。抓好困难职工解困脱困工作，按照情况精准、措施精准、程序精准、效果精准思路，解决困难职工实际

【工会基层组织建设】 以“党建与工建、组建与规范、提高与创新”为思路，按照“抓重点、补短板、强弱项”工作要求，推进非公企业、社会组织工会组建工作，加强区域（行业）工会联合会和联合基层工会建设，不断扩大对中小微企业的组织覆盖。推进货车司机、快递员、护工护理员、家政服务员、商场信息员、网约送餐员、房产中介员、保安员等群体入会，农民工入会工作实现新提升。开展基层工会规范化建设，规范基层工会选举工作，进一步完善会员（代表）大会制度，推动职工之家建设。加强工会干部教育培训，引导广大工会干部特别是领导干部增强“八个本领”，努力建设一支高素质专业化工会干部队伍。2018年，市总工会共举办培训班53期，参加培训学员2822人。同时，积极做好中国工会十七大、省工会十五大代表、委员候选人推荐、考察工作，突出代表、委员的广泛性、

2018年12月5日，郑州市工会第十四次代表大会开幕（市总工会/供图）

先进性，高质量完成市工会第十四次代表大会的组织人事工作。

（慕秋石）

共青团

【概况】2018年，郑州市各级团组织，聚焦主业主责，勇于担当作为，团结带领广大团员青年突出学习宣传贯彻党的十九大精神这条主线，以“一条主线 七彩青春”为统揽，聚焦改革攻坚，全面从严治团，团的各项工作实现了新发展。团市委被授予全国春运“情满旅途”活动成绩突出集体、郑州市综合工作先进单位、人民满意公务员集体、第十一届中国（郑州）国际园林博览会筹办工作先进集体、创业就业先进单位、宣传工作先进集体、志愿服务工作先进典型、党建工作先进单位等近20项荣誉，被河南省第八届少数民族传统体育运动会筹委会通报表扬，连续4年获得全市综合工作优秀单位或先进单位。

【青少年思想引领】筑牢理想信念。开展“党的创新理论万场宣讲进基层 深入实施青年大学习行动”宣讲活动，组建宣讲团走进学校、企业、社区等，举办市级宣讲活动20场，举办改革开放40周年百姓宣讲活动5场，受众达8000余人。在广州中山大学组织团干部业务知识培训，举办全市共青团学习习近平总书记“7·2”重要讲话精神、团十八大精神、省委十届六次全会暨省委工作会议精神、市委十一届七次全会暨市委工作会议精神专题学习班和学习会，覆盖市、县（市）区、乡（镇）街道、村（社区）及各战线团干部2万余人。全市少先队系统广泛开展“争做新时代好队员”“你好，新时代”“践行社会主义核心价值观”“小雷锋在行动”等主题教育活动，全年累计1000余场次，进一步引导全市少先队员听党话、跟党走。

开展分类引导。持续开展培育践行社会主义核心价值观活动，组织300余名青年志愿者走进社区、学校、工地、商场，开展“凝聚青春力量 共创文明郑州”郑州共青团系统学习践行《郑州市文明行为促进条例》志愿宣传活动，覆盖青年范围不断扩大。举办“不忘初心跟党走”主题活动100余场，引导广大青年青春建功新时代。开展市级学习党的十九大精神座谈会10余场，与2000余名团干部和团员青年面对面交流。深入探索实施青少年马克思主义者工程，开展郑州共青团青年马克思主义培育工程座谈会，创建一批“郑州共青团青少年马克思主义者培养教育基地”。

加强网络宣传。新浪网、腾讯网、人民网“郑州共青团”微博粉丝总量累计25万余人，以“新时代新青年”“团的十八大”“清明祭英烈”“青年大学习”等为主题开展网络舆论引导，同时，以“携手世界出彩河南”等为主题开展网络评论工作，引导青年在网上积极发声，弘扬正能量。“郑州共青团”微信公众号受众达11万人，利用微信公众号平台开展“今日中国如你所愿”等系列主题宣传活动100余期，推送信息200余条。举办改革开放40周年郑州变化图片展，增强青少年对郑州的归属感和发展建设的参与感；联合团省委举办2018年河南省网络安全宣传周青少年日活动，进一步构建清朗网络空间。

【服务中心工作】组织青年争当经济建设排头兵。围绕国家中心城市建设，全市各级团组织成立青年突击队360余支，组织青年突击队员8500余人，开展各类青年突击队行动5次。组织开展青年文明号开放日、青年文明号送温暖等活动8次。在全市范围内开展“青年安全生产示范岗”评选活动，以模范的榜样力量，带动广大青年团员在各个岗位上争先创优。

动员青年争当助力脱贫攻坚突击队。围绕团省委“八方援”活动，全市各级团组织助力脱贫攻坚行动，通过生产扶贫、人才扶贫、教育扶贫等形式，广泛开展文化科技卫生“三下乡”“共青团联系服务农村青年月”“脱贫攻坚青春同行”公益行等活动，搭建“八方援”电商学习平台，完善“驿商汇创业孵化器”项目，举办农村青年创业沙龙和路演，向贫困青少年捐助资金和物资12余万元，培训青年致富带头人、农村贫困青年500余人。

引领青年争当社会文明建设生力军。参与“双迎攻坚”工作，实施“绿风尚”生态环保攻坚行动，广泛开展以“凝聚青春力量 共建美丽郑州”“弘扬五四精神 引领绿色风尚”“绿色屋顶 蓝色天空”等十余个主题环保教育实践活动，活动期间植树2万余株，参与青少年2万余人次。举办豫哈青少年夏令营郑州市分团活动。服务大型赛事，累计组织近2000名青年志愿者，服务拜祖大典、世界X-CAT摩托艇锦标赛、2018中国（郑州）国际旅游城市市长论坛等工作。圆满完成第八届全省少数民族运动会志愿者招募及培训任务。

【团组织改革】加强改革顶层设计。按照市委群团改革总体部署，积极履行改革主体责任，制定改革任务台账和清单，明确时间进度，细化任务措施，稳步推进改革工作。以强“三性”、去“四化”为目标，聚焦破解基层团组织“四缺”问题，全面加快县级共青团改革。加强与县（市）区党委和团委的沟通协调，推动12个县（市）区出台共青团改革方案和青年工作联席会议制度。

团市委改革任务基本完成。经编办批准，团市委成立青年发展部、社会联络部、基层组织建设部。制订机关挂兼职干部配备方案，打造专兼挂团干部队伍，进一步增强机关活力。郑州市印发《郑州市青年工作联席会议制度》《政府购买服务指导性目录》，形成重视青年工作、支持青年事业发展的工作合力。加强基层工作力量，全市建成“青春家园”209家，实现街道全覆盖，通过争取政府购买服务岗位、社会自筹等方式，稳步推进青少年事务社会工作专业人才队伍建设，市级主要改革事项基本完成。其他各级团组织改革有序推进。印发实施学联、少先队、高校和中学4个改革专项方案。4月，完成青学联换届工作。各县（市）区团组织改革全面启动，在破解基层共青团缺阵

2018年3月27日起，团市委、市少工委在全市各级少先队组织中广泛开展“我们的节日·清明”主题活动（团市委/供图）

2018年6月7日，团市委组织青年环保志愿者开展郑州青少年2018年生态环保攻坚集中宣传服务活动（团市委/供图）

地、缺经费、缺人员、缺编制“四缺”问题方面，部分县（市）区团委探索出有益经验。

【服务青年就业创业】 实施“创出彩”青年创新创业创优行动，开展“创新论坛”“创业导师面对面”“创新创业大赛”等活动，举办创新创业培训辅导活动4场、交流活动3场、青年创业咨询会1场，60余名知名企业负责人、2500余名青年参与活动。举办青年人才专场招聘会3场，全国600余家企业参会，提供工作岗位近8000个，参与青年1.3万余人。

【维护青少年合法权益】 实施预防青少年违法犯罪专项组联席会议机制，举办开学第一堂法治课。举办青少年模拟法庭、法制教育报告会、法治进社区活动等宣传教育活动23场，覆盖青少年4万余人次。深化青少年自护教育，开展消防逃生演练、生命应急救护等活动。开展预防未成年人溺亡专项治理活动50余次。开展“六员进校园”系列活动，举办“心理疏导员”进校园心理辅导专题讲座82场、团体心理辅导50余场、家长沙龙20余场，服务青少年及家长15万人次。加强“12355”青少年服务台建设，开展各类减压讲座45场，服务全市中、高考学生1.8万余名，郑州“12355”被河南省委宣传部确定为河南省学雷锋活动示范点。

【帮扶困难青少年群体】 开展“希望工程1+1”贫困学生结对资助、“精准扶贫 温暖冬天”活动，实施“小苗郑青”公益系列活动、希望工程“圆梦行动”、“精准扶贫 1+100”等公益助学项目，落实“希望图书室”筹建工作，共募集善款及物资价值总额290余万元。深化阳光帮扶行动，持续开展春运志愿服务、“四点钟课堂”、“阳光助残”、关爱弱势群体等志愿服务活动。全年，开展公益活动50余场，受益青少年10万余人。

【基层团组织建设】 巩固传统领域团建，持续推进中学中职共青团“强基固本”工程和高校活力团支部工程。结合全市村（社区）“两委”换届选举，启动并有序推进全市村（社区）团组织换届选举工作。扎实推进“智慧团建”工作，各级团组织加强对基本信息、基础团务、组织生活管理的网上平台。严把团员入口关，实行“一员一号”，全年新发展团员2.84万名。深化团干部“1+100+X”直接联系青年工作，以200余个微信、QQ青年交流群为基础，拓宽联系渠道，直接联系青年十余万人。全年，累计开展共青学堂、读书学习交流会、写作比赛、应知应会测试“四位一体”学习活动32次，参与团干部600余人次。

（王淑楠）

妇女联合会

【概况】 2018年，郑州市妇联深入贯彻落实党的十九大和十九届二中、三中全会精神，认真学习省委、市委全会精神，以改革为强大动力，深入实施“六大行动”，开展“五个万家”活动，推进“三大工程”，妇联工作持续良好态势。市妇联获得中国妇女发展基金会“母亲健康快车”感恩15年最佳伙伴、2017年河南省免费筛查民生实事工作表现突出单位、河南省第一书记选派工作先进单位、第十一届中国（郑州）国际园林博览会先进集体、河南省妇联2017—2018年度妇联宣传工作读书活动最佳组织单位、全市党建工作先进单位、郑州市脱贫攻坚先进集体等荣誉称号十余项。

【思想政治引领】 以思想政治引领作为首要任务，安排部署，营造浓厚学习氛围。高质量学习宣传十九大精神。开展“巾帼心向党·建功新时代”系列宣教活动，广泛深入开展百千万巾帼大宣讲，在全市举办学习宣讲活动632场，制作发放宣传海报2万余份，组建“向阳花”巾帼宣传队28支，开展接地气、冒热气的宣传教育活动。贯彻落实中国妇女十二大、省妇女十三大精神。线上线下合力宣传，利用电子屏、宣传栏、微信微博等平台造势，在“三八红旗集体”等女性团体开展宣传活动1000余次，组织全国、省妇女代表走基层，访实情。利用各种形式宣传上级妇联精

2018年8月30日，团市委、市学联组织开展郑州市中学生“开学第一课”高中阶段示范活动（团市委/供图）

2018年6月8日，郑州市“花儿朵朵开”公益慈善项目首个花儿友好学校揭牌（市妇联/供图）

神，赞美新生活，歌颂新时代。贯彻落实省委、市委精神。认真学习贯彻省委十届六次、八次全会精神及市委十一届七次、九次全会精神，印发宣传海报6000份，深入学习贯彻十九大精神及习近平新时代中国特色社会主义思想，为加快建设国家中心城市凝聚巾帼力量。

【巾帼双创行动】 实施巾帼双创行动，服务就业创业。搭建平台，优化服务。市妇联与有关单位联合举办妇幼健康技能竞赛、创业大赛等竞赛活动，以竞赛提技能、促发展；承办并参加上级妇联主办的创业培训、竞赛活动，为创业女性、企业搭建发展平台。开展“春风行动”，组织女性专场招聘会62场，线上线下帮助1.27万余名妇女就业；实施网上就业创业项目，新发展“创客丽人”近万名。培树典型，示范带动。深化“巾帼文明岗”创建活动，选树郑州市“巾帼建功”先进集体、“巾帼文明岗”、“巾帼建功”标兵、郑州市“十大科技女杰”、“巾帼科技带头人”，推荐并获评省“巾帼文明岗”13个、省巾帼建功标兵12名。用好政策，扶持发展。切实做好妇女创业担保贷款工作，全年发放贷款1.23亿元，扶持1119名妇女创业发展。

【巾帼脱贫行动】 实施巾帼脱贫行动。开展脱贫技能培训。依托各类巾帼特色示范基地，开展种植养殖、服装加工和手工编织等技术技能培训110期，培训妇女5630人，其中建档立卡贫困妇女526人次；开展“巧媳妇”巾帼家政技能免费培训18期，培训妇女661人。强化产业扶贫。实施巧媳妇工程，组织开展巧媳妇基地创建活动，创建河南省巧媳妇创业就业示范基地2个，市级媳妇创业就业示范基地27个，帮助妇女就业5784人。助推健康脱贫。推动落实好省、市妇女“两癌”免费筛查实事项目，组建“两癌”政策暨健康知识巡讲团，举办专题宣讲18场，全面提升妇女群众政策知晓率和健康认知水平。开展“关爱女性”——“两癌”慈善救助活动，为418名贫困“两癌”妇女减免医疗费用150.7万元，争取上级妇联“两癌”救助金146万元，救助妇女146名。帮助11位贫困母亲申请河南福彩公益金11万元。对口扶贫。结合村“两委”换届工作，抓党员培训，强“两委”素质；以产业技能扶贫为抓手，送岗位进村，组织电商、种植培训，助销农产品近200万元。同步改善村容村貌，建设妇女儿童公益图书馆。

【乡村振兴巾帼行动】 实施乡村振兴巾帼行动。市妇联将乡村振兴巾帼行动纳入2018年重点工作，制订印发《郑州市乡村振兴巾帼行动实施方案》，认真组织落实。举办助力乡村振兴巾帼大培训，开展果蔬花卉栽培等专期培训8期，同时组织人员参加全国妇联专题培训，参训妇女590人。以“五美庭院”建设为抓手，采取多种方式向广大妇女和家庭传播卫生清洁等知识。开展“最美绿色家庭”评选活动，让身边人讲好身边的环保故事。

【巾帼维权行动】 实施巾帼维权行动，履行妇联基本职能，维护妇女儿童合法权益。设立妇女儿童维权微信群“绿城娘家人”，实时为群众提供法律和心理咨询服务。全年，处理妇女信访982起，1100人次。实施“中彩金”法律援助项目，全年共受理法律援助案件66起，结案上报73起，申请律师办案补贴13万余元。深化“花儿朵朵开”项目，普及防拐卖（骗）、防性侵等“花儿安全知识”。启动“和睦家家欢”志愿服务项目，为形成家家和睦、邻里互助、社会和谐的新风尚发挥作用。

【巾帼关爱行动】 实施巾帼关爱行动。推进2018年政府重点民生实事项目。在100个社区实施“绿城妈妈”环保服务项目，新建“儿童之家”100所，免费进行宫颈癌检查10.14万人、乳腺癌检查10.11万人、HPV检测5.02万人，免费产前筛查10.6万人，新生儿“两病”筛查14万人、听力筛查13.9万人，超过省定筛查率，各项目免费筛查人数居全省第一。挂牌建立郑州市第二个“阳光母亲”康复俱乐部。

举办“花开新时代”——第十二届郑州市“十大女杰”颁奖典礼、“放歌新时代 放飞新梦想”——2018年郑州市庆“六一”主题活动；选树一批郑州市妇女儿童工作先进集体及市妇女儿童工作先进个人、“十佳儿童”、“十佳家长”，营造关心关爱妇女儿童、重

2018年11月19日，郑州市妇女第十六次代表大会开幕（市妇联/供图）

2018年12月10—11日，郑州市妇联举办2018“绿城妈妈”社区环保服务项目培训班（市妇联/供图）

视支持妇儿事业的良好社会氛围。

【巾帼成才行动】实施巾帼成才行动，强化培训，做好服务，提升妇女参政水平，建设高素质女性人才队伍。通过建立人才库、创业培训、典型选树等针对性服务，解放和增强女性人才活力。开展全国妇联“精彩人生女性终身学习计划”第二批试点城市创建工作，发展注册女性学员1.32万人。提升妇女参政水平。郑州市新一届人大、政协中女性代表、委员比例较上届有了很大提升，超过妇女发展规划指标。结合村、社区组织换届工作，助推女性进“两委”，全市妇联主席进村、社区“两委”比例达到100%，村委会成员中女性占比较上届上升10%；女村委会主任占比较上届上升0.31%。

【文明家风传播工程】开展文明家风传播工程。2018年，2户家庭获得全国五好家庭荣誉称号，3户家庭获得全国“最美家庭”荣誉称号，4户家庭获得河南省“最美家庭”荣誉称号，8户家庭获得河南省“绿色家庭”荣誉称号。表彰市级最美婆婆、最美媳妇、最美子女等最美家庭角色261名。通过设立光荣榜、开展故事讲述会家规评议会、举办家风家教故事征文、实施“幸福家·家庭成长计划公益行动”等方式，强化家庭教育，弘扬家风传承。

【“法进万家”活动】结合平安建设大局，推进“八位一体”妇女维权服务模式，开展百场普法大讲堂、“和睦家庭”创建活动，加快“12338”妇女维权信息服务平台建设，常态化开展“七进社区”服务活动。三八妇女节期间，在绿城广场举办大型维权宣传活动，开展法律咨询、心理咨询和免费义诊，服务妇女群众2000多名。

【“书香万家”活动】开展书香万家活动。以“书香万家 阅动绿城”为主题，举办“名家来身边”“美丽阅读季”等活动，线下感受名家风采，线上彰显榜样力量。积极参与“书香郑州万里行”活动，助推书香郑州建设。

【妇联改革】全面贯彻中央和省委、市委关于群团改革的决策部署，将妇联组织链条与工作触角向全区域延伸，使妇联组织覆盖面和影响力不断扩大。召开市妇女第十六次代表大会，选举形成“专+挂+兼”的妇联领导班子队伍。市直机关妇联改革全面完成。下发并落实《关于县级妇联改革方案的指导意见》，工作经验在全省推广。指导县（市）区妇联完成自身改革，按章规范换届，同步推进村（社区）妇联与“两委”换届。以网络化增强发展力，社会化增强凝聚力，品牌化增强影响力，扁平化增强亲和力，项目化增强带动力，做大做强妇联朋友圈，通过转变方法、创新方式进一步提升工作效果。建立健全并实施双月下基层、“1+5+200”“1+5+100”微信联系妇女等制度机制，打通服务妇女群众的“最后一公里”。

（王燕燕）

科学技术协会

【概况】2018年，郑州市各级、各类科协组织以习近平新时代中国特色社会主义思想为引领，紧紧围绕建设国家中心城市工作目标和“四重点一稳定一保证”工作总格局，积极履行“四服务”职能，大力推动深化改革，强“三性”，去“四化”，各项工作取得新发展。理论宣传教育深入扎实，思想政治建设坚强有力。按照全面学习、深刻领会、重点把握、联系实际、不断深入的要求，注重用理论武装占据思想阵地，牢牢把握意识形态领域领导权，推动全面从严治党向纵深发展，确保党的各项工作在科协组织得到贯彻落实。建家交友活动精准到位，服务科技工作者生动具体。准确把握科技工作者之家的职能定位，创新联系服务科技工作者的体制机制，深入发掘、展示和宣传科技工作者先进典型事迹，营造尊重人才、尊重知识的深厚氛围。科技创新脉络不断扩展，促进经济社会发展成效显著。

围绕国家中心城市建设，引领全市科协工作者投身经济社会发展主战场，充分发挥科技第一生产力的作用，推动产业升级换代。深化改革持续推进，履职尽责能力进一步增强。严格落实中央、省、市委群团改革部署，按照党的十九大提出的新使命、新要求，主动识变、应变、求变，增强履职尽责能力，各项重点工作取得新进展。

【科协基层组织建设】结合产业发展现状，以科技密集型企业、高校和科研院所为重点，推动科协组织向基层延伸，全年新成立企事业科协7家。探索非公企业科技联合体在郑州的实践，深化科协组织覆盖和服务覆盖。郑州奥特科技有限公司启动机械设备健康管理行业企业科技联合体成立筹备工作，成为全国首批非公企业科技联合体发起单位。实施“智汇郑州”人才工程，成立郑州人才发展促进会。

【科技创新服务】 企业技术交易服务。市科协技术合同登记处上半年共办理了各类技术合同认定登记861项，实现技术交易总额8.1万元，较好地促进了科技成果转化。积极完善信息服务平台。《企业难题需求库》新增企业导向性需求信息258项，《科技成果库》新增成果911项。推进院士专家工作站建设。探索在郑州市骨干企业、医院、院校、科研院所等单位推进院士工作站建设工作，批准成立河南黎明重工科技股份有限公司院士工作站。加强科技智库建设。市科协下发《关于开展2018年郑州市科技工作者建言献策活动的通知》，共征集、整理、上报建言献策提纲18篇。服务创新驱动发展战略。市科协坚持以学会建设为主体工作，以服务创新驱动发展战略为主线。举办“全国信息科学发展高端论坛暨科技项目合作大会”等专业高层论坛、各项学术交流活动220余次，参与活动科技工作者2.8万余人次，交流各类论文600余篇。科技创新培训。全市各级各类学会共举办业务培训班60期，培训科技人员3.5万余人次。

【全民科学素质提升】调动社会各界积极因素，实施重点人群科学素质行

2018年11月2日，全国信息科学发展高端论坛暨科技项目合作大会在郑州举行（沈　潜/摄）

动，促进市全民科学素质水平总体提升。发挥市素质办的牵头和综合协调作用，统筹29个成员单位、12个县（市）区制订《2018年郑州市百项全民科学素质行动计划》。组织市民参加全国全民科学素质网络竞赛活动，完成郑州市公共文明素养提升专项工作任务。积极落实河南省科协“百千万科普工程”工作任务，郑州市科协获得“百千万科普工程”优秀组织单位荣誉称号，28项科普作品被评为河南省“百千万科普工程”优秀原创科普作品。在河南省全民科学素质工作考核中，郑州市获优秀等次。

【社区科普大学建设】 创新社区科普大学品牌建设。首次面向全国开展科普文艺作品征集活动，汇总37个作品印制《优秀科普文艺作品成果汇编》。在郑州电视台开辟《老花镜课堂》专栏，把社区科普大学课堂搬上电视荧幕。组织社区科普大学骨干培训班、通讯员培训班、社区科普大学有氧健身操比赛展示活动，建立社区科普大学分校电子档案，编印《梦工场——郑州市社区科普大学分校剪影》。完成《科学辟谣》《网络生活》两本新教材的开发编印，充实教学内容。全年，累计完成社区科普大学科普知识培训3420个课时（次），其中实践课1140个课时（次），培训社区居民15万人次。实施“社区科普益民计划”，评选奖补社区科普大学示范点108个。

【青少年科普】 2018年，郑州市全面加强青少年科普工作。举办第24届郑州市青少年科技创新大赛，承办河南省第18届青少年机器人竞赛。市科协组织青少年科技创新人才参加河南省第32届青少年科技创新大赛和第33届全国青少年科技创新大赛，郑州科技馆举办“魅力科学课堂”、“你好，科学”电视节目、郑州市第二届中小学生科技运动会等科普教育活动。全年，共接待观众80余万人次。

【科普基础设施建设】 郑州科技馆新馆建筑主体建设完工，项目建设进入展厅布展阶段。新密市、荥阳市持续加强青少年科普体验中心建设。巩义市、登封市、新郑市、中牟县、管城区等县（市）区科普公园、科普画廊建设取得新进展。中原区、金水区、二七区、上街区创新开展“低碳行、科普游、探寻郑州古文明”科普活动。

【科普信息化建设】 培育科普信息化新兴业态，细分科普服务产品，泛在和精准满足公众多样性、个性化获取科普信息的要求。制作科普微电影《3D小精灵》《穿越时空的朋友》，在主流视频网站合规播放。搭建网络科普互动空间，举办反邪教微视频大赛。科普之声电台栏目内容愈发丰富，充分发挥科普阵地作用。郑州市形成了集线下科普大屏、科普V视与线上各类微信公众号、政务微博、今日头条号结合的立体化全方位的科普信息化宣传矩阵。

实施科普中国“百城千校万村”行动，全市命名科普中国e站467个、分享转载科普中国文章25.8万余篇，居全省第一。郑州市科协被中国科协评为2017年科普中国·百城千校万村行动市级优秀组织单位，5个单位开展的百千万行动被评为全国优秀案例。

【主题科普教育活动】 2018年9月15日，河南省暨郑州市全国科普日主场活动在郑州市紫荆山公园启动。全市以“创新引领时代，智慧点亮生活”为主题，开展活动230项，参与活动群众5万人次。同时各县（市）区举办了形式多样的科普日活动。市科协在全市地方高校开展应届毕业生反邪教“最后一课”教育活动，5万余名高校应届毕业生参加活动，撰写学习心得3.5万余份。

【科协改革】 市科协认真学习习近平总书记关于群团改革工作的重要指示精神，贯彻中央、省委、市委群团改革工作座谈会部署，以高度的政治责任感和强烈的政治担当，积极谋划，扎实推进。拟定《郑州市科协系统深化改革实施方案》，明确郑州市科协改革任务书、路线图、时间表。各县（市）区科协积极推进各项改革工作，巩义市科协改革方案已经印发。

【科协组织建设】 组织实施以重点活动资助项目为抓手的学会服务能力提升专项活动，通过各学会申报、初步筛选、项目答辩和专家评审，评选出50个重点项目，创建了一批社会信誉好、发展能力强、学术水平高、服务成效显

2018年12月24—26日，郑州市科学技术协会第七次代表大会召开（沈　潜/摄）

著、内部管理规范的示范性学会。

（沈　潜）

归国华侨联合会

【概况】 2018年，郑州市各级侨联组织以习近平新时代中国特色社会主义思想为指导，深入学习新时代习近平关于侨务工作的重要论述，党中央关于侨联工作的决策部署，坚持围绕中心、服务大局，持续深化侨联改革，搭建为侨服务保障平台，开创侨联工作新局面。召开郑州市侨联第九次归侨侨眷代表大会。举办"党建带侨建"工作现场推广会暨"侨胞之家"观摩学习交流会。搭建双创服务、对外联络、社会服务、文化宣传等各类平台，提高侨界青年的凝聚力、影响力、向心力。首次承办"亲情中华"河南郑州夏令营取得了圆满的成功。挖掘中原历史文化，宣传郑州"侨"文化。持续探索为侨服务职能。加强"侨胞之家"阵地建设。管城区打造各具特色侨胞之家，获得全国侨联系统先进组织荣誉称号。

【侨务服务】 创新侨务服务的方式，制作"零距离、聚侨心"联系服务卡1000张，为近距离服务归侨侨眷提供畅通平台。在侨光医院建立侨界人士就医就诊绿色通道。开展"送温暖、献爱心"春节走访慰问活动，走访慰问高龄空巢老人和困难归侨侨眷428户，发放慰问品、慰问金价205932元。10月16日，在郑州牟山湿地公园举办"迎重阳，观新貌 九九重阳欢聚一堂"主题联谊活动，近百名老归侨参加活动。中牟县侨联引导侨商参与社会扶贫。引导全县侨界企业爱心人士注册"中国社会扶贫网"，提高贫困需求信息对接率，实现侨界爱心人士注册全覆盖。

【外联工作】 结合拜祖大典等重大活动，开展邀商、接待工作。全年接待海外及港澳地区回乡开展探亲、祭祖、商务洽谈活动华侨、郑氏社团成员500多人。参家全省"圆梦中华——知名侨商中原行"活动，共享发展机遇。参加"陆桥沿线城市侨领服务'一带一路'合作联盟"会议，与"一带一路"沿线地市侨联签订战略合作协议。参与承办、协办海内外冯氏文化节（荥阳）活动、海内外（登封）许氏宗亲大型祭祖活动、"一带一路"国际文化旅游产品评选博览会等活动，洽谈对接和引进侨商投资项目。首次申请承办"亲情中华"河南郑州夏令营，39名加拿大华裔青少年参加活动。截至2018年年底，郑州市侨商会共接待法国河南商会、日本河南商会、瑞士河南商会、美国河南商会等侨商侨胞100多人次。

【侨联组织建设】 构建侨商组织网络，成立县（市）区级侨商组织2家，吸收会员180余人。引导组织侨商与海内外10多个侨商社团建立联系，在美国、英国、瑞士、法国、日本五国设立侨商海外联络中心。搭建新侨组织平台，12月27日，郑州市侨联青年委员会正式成立。以换届为契机，在县（市）区、开发区、市直有关单位、市属高校开展侨情数据摸底排查工作。参与两会换届，推荐侨界政协委员，积极发挥侨界人士参政议政的作用。

【侨联组织换届】 召开郑州市侨联第九次归侨侨眷代表大会，以党的十九大、十九届三中全会精神，以及省委十届六次全会、十届七次全会、市委十届七次全会精神为指导，细化责任和任务，扎实推进侨联改革和换届工作。同时，市侨联指导巩义市侨联、上街区侨联、荥阳市侨联完成换届，并对县（区）侨联事业的发展提出了总体要求。

【郑州"侨"文化宣传活动】 挖掘中原历史文化，宣传郑州"侨"文化。2月8日，由郑州市侨联等单位协办的"让老外爱上郑州——新春名家悦书会"活动在郑州文庙尊经阁拉开帷幕。4月16日，由郑州市侨联等单位承办的"亲情中华·出彩中原" ——"一带一路"海内外知名书画家作品邀请展在郑州升达艺术馆开幕。 由中共郑州市委对外宣传办公室、郑州报业集团主办，郑州市教育局、郑州市归国华侨联合会协办的百集"我的姓氏故事"面向全球选拔出100位不同姓氏的孩子讲述本姓氏故事。9月20日，由郑州市侨联与单位联合主办的"老外爱上郑州——金秋赏月 中外情圆"中秋诗词朗诵会在郑州图书馆举行。9月24日，"诵家训、谈家风"活动在郑州图书馆举行。组织"龙族后裔·姓氏跑团"参加郑州国际马拉松赛，通过郑马进一步提升广大侨界青年的爱国热情。

（韩　莉）

市侨联组织以"迎重阳，观新貌 九九重阳欢聚一堂"为主题的联谊活动（市侨联/供图）

工商业联合会

【概况】 2018年，全市各级工商联深入学习贯彻习近平新时代中国特色社会主义思想和党的十九大精神，以习近平总书记重要讲话精神为引领，围绕中心，主动作为，广泛调研，多次向市委、市政府建言献策，及时反映企业家们的所思、所想、所需、所盼，为民营企业解决前进中的问题、发展中的困难。主动融入市委、市政府中心工作，全程参与郑州市促进民营经济健康发展大会筹备和支持民营经济发展一系列政策制定，为全市民营企业高质量发展贡献力量。

【宣传教育】 印发《关于深入开展非公有制经济人士理想信念教育的通知》，举办"郑商大讲堂"营商环境专题讲座，组织企业家参加纪念"五一口号"发布70周年系列活动。金水区工商联、管城区工商联与高校联合举办专题培训班，惠济区工商联分批次开展"企业大讲堂"活动。2018年，郑州市工商联上报省工商联网站宣传信息400余篇，居全省工商联首位；在国家级媒体上发表信息、文章7篇，省级7篇，市级92篇，获得"2018年度民营经济新闻宣传工作先进单位"。

【招商引资】 2018年，依托欧洲郑州商会，在意大利召开"意大利企业进郑州"推介会，邀请当地企业来郑投资。

邀请十余名意大利企业家参加“2018中国（郑州）产业转移系列对接活动”，推动“意大利中心”项目在郑州国家知识产权创意产业试点园区签约落地，此项工作被评为“2018年度全省工商联十大亮点工作”。完成“戊戌年黄帝故里拜祖大典”邀商任务，邀请到全国500强企业代表28人，以及马来西亚、香港等地知名商会、企业代表，与部分企业初步达成合作框架协议。

【调查研究】 制订《郑州市工商联调查研究工作制度》。重点围绕优化营商环境、构建亲清新型政商关系、服务民营经济高质量发展进行系列调研。完成上规模民营企业调研、民营企业军民融合发展情况调研、防范化解风险调研、民营企业参与污染防治调研。组织工商联界别政协委员向市政协十四届一次全会提交提案49件，立案43件，其中《解决民营中小企业融资难的建议》被评为市政协年度优秀提案；《关于推进我市物流智慧化建设的建议》获得省工商联系统优秀调研成果二等奖。

【服务民营企业】 开展文明优质服务主题活动。市工商联与建设银行郑州自贸区分行签订合作协议，通过加强合作共同探索破解民营企业融资难题。召开“服务企业融资、促进实体经济发展”银企对接会。服务企业招才引智，召开“智汇郑州”郑州市非公企业界人才工作座谈会，组织13家民营企业参与中国·河南招才引智创新发展大会。

加强对外经贸服务，支持企业参与“一带一路”建设。支持育林控股参与“中巴经济走廊”项目——瓜达尔港“绿色港城”建设，签订产业园区项目框架协议，建设“瓜达尔热带干旱经济植物联合重点实验室”，开展巴基斯坦动物疫病防控业务。育林控股作为“一带一路”建设先进代表，参加全国工商联国际合作委员会成立大会及全国工商联境外工业园区建设大会。荥阳市工商联举办“一带一路”优惠政策暨中非资金运用研讨会。

【对口扶贫】 开展贫困地区结对帮扶工作，市工商联先后与南阳市淅川县，信阳市淮滨县、浉河区，三门峡市卢氏县结成帮扶对子，组织机关干部、会员企业赴对口帮扶地区、当地企业实地调研，摸清致贫原因，对接合作项目，积极引导民营企业进行产业帮扶、消费帮扶。组织好想你枣业、万邦国际等企业与淅川县签订帮扶协议，达成投资意向；医美集团为南阳、信阳贫困地区捐赠530套价值1600万元的健康理疗器械。支持豫发集团、通冠重工、昌煜实业等企业开展跨区域精准扶贫活动，从市工商联精准扶贫基金库拨付专项资金552万元，用于永城市、郸城县、伊川县等地产业基地建设、道路亮化等扶贫项目。截至2018年年底，全市入列“万企帮万村”精准扶贫行动全国台账管理系统的民营企业总数105家，精准帮扶55个村，帮扶贫困人口4923人，累计投入产业资金1.44亿元，公益捐赠586.98万元。登封市、巩义市、二七区等地工商联多策并举，汇聚合力，积极组织会员企业参与精准扶贫活动，取得良好成效。

【光彩事业】 参与省慈善总会“慈善助老·衣暖人心”项目，组织会员企业及各级工商联机关、各行业（异地）商会共350余家，捐助衣物4万余套，价值216万元。康利达集团关注“郑州慈善日”活动，以及革命老区建设先后捐款1000万元。中牟县工商联引导会员企业参与扶贫济困、捐资助学等活动，捐款捐物共计价值300多万元。中原区工商联组织企业“点对点”帮扶救助困难家庭。上街区工商联与有关部门联合开展大型用工招聘活动，为困难人员提供就业岗位。

【市政协委员推荐提名工作】 市工商联党组加强对推荐提名市政协委员工作的领导，严肃换届纪律，邀请市纪委、监委驻统战部纪检监察组参加有关党组会议。坚持全程留痕，对推荐提名的市政协委员人选严格把关、认真审核，做到全程记录，可追溯、可倒查。提名政协委员21名，并对全部政协委员人选中的76名非公有制经济代表人士，进行了政治表现及社会公益事业两个方面的综合评价。

【市属商会指导】 认真贯彻落实中共中央办公厅、国务院办公厅印发的《关于促进工商联所属商会改革和发展的实施意见》，加强对商会的指导、引导和服务，指导商会加快改革发展步伐。创新体制机制，打破商会登记注册中的行政级别和行政区域限制。举办商会诚信建设专题座谈会。协助成立郑州市襄阳商会、周口商会、鹿邑商会，指导郑州市邓州商会、南安商会、东阳商会做好换届工作。新密市工商联18个基层商会全部进驻所属乡镇（街道）机关办公。

【“五好”县级工商联建设】 制订《郑州市工商联2018年“五好”县级工商联建设工作实施方案》，加强督导，选树标杆。加强工商联会员组织工作信息统计工作，落实“网上工商联”信息系统的分级管理，对所管理的会员进行信息录入，实现工商联会员管理的信息化，更好地指导会员单位开展工作。新郑市工商联以党建引领发展，在全市会员企业、基层商会中构建特色鲜明的非公党建体系。

（荆　涛）

红十字会

【概况】 2018年，郑州市红十字会在市委、市政府的正确领导下，认真贯彻落实《中华人民共和国红十字会法》，坚持依法建会、依法治会、依法兴会，不断拓宽人道主义服务领域，在“红会送医”、应急救护培训、红十字青少年、人道救助、遗体器官捐献等方面取得优异成绩。

截至2018年年底，市红十字会有工作人员35名，机关内设办公室、赈济部和宣传部，下设中国造血干细胞捐献者资料库河南省分库郑州市工作站。2018年，根据工作业务需求，成立郑州市红十字医用组织库中心、郑州市红十字应急救护培训中心2个民办非企业单位，负责遗体器官捐献、应急救护培训等业务开展。

【红十字会品牌项目建设】 博爱家园——社区红十字应急救护学雷锋志

2018年5月10日，市工商联举办“郑商大讲堂”营商环境专题讲座（荆　涛/摄）

2018年郑州市人体器官捐献宣传活动（市红十字会/供图）

愿者培训活动项目扎实推进。9月16日至22日，组织了1期“博爱家园—红十字应急救护志愿者”师资培训班，培训街道办事处、社区志愿者100名。截至11月底，在市区范围内培训骨干应急救护员1102名。《无界的爱》市电视台周播项目。《无界的爱》关注郑州红十字事业发展综合性周播电视新闻栏目，全年制作播出22期。通过权威资讯发布，热点深度报道，特色专题展示，观众与媒体互动，全景记录、展现郑州红十字事业发展印记。开展红十字应急救护培训项目。截至2018年年底，完成普及讲座100场，培训救护员1000名。

【应急救护】依托应急救护培训中心，开展培训工作。郑州红十字应急救护培训中心，严格按照培训中心章程，积极开展培训工作，共开展救护员培训56场次，培训救护员3560人，开展救护普及讲座150余场次。参加全省红十字知识与应急救护技能竞赛。5月6—7日，组织市属学校代表赴新乡参加河南省第六届红十字青少年“博爱中原 文明河南”红十字知识与应急救护技能竞赛，郑州市第十八中学代表队包获得中学组团体一等奖、演讲竞赛一等奖和应急救护技能操作一等奖，郑州师范学院获得大学组团体二等奖。

【人道救助和防灾减灾】开展“博爱送万家”活动。2018年春节，共筹措价值16.2万元的慰问物资800份，为困难群众度过欢乐祥和的春节提供了帮助，弘扬了人道主义精神。开展爱心助医活动。红十字“小天使基金”、红十字“天使阳光基金”、医疗公益救助金累计发放救助金180万元，救助白血病、先天性心脏病患儿69人。开展爱心助学活动。天明集团向天明博爱基金捐款150万元，用于资助市四中、市一〇一中学天明博爱班300名高中生1年的学费及生活费。

防灾减灾工作方面。5月7—13日，开展“行动起来，减轻身边的灾害风险”主题系列活动。8月19日，新密市、荥阳市、中牟县、郑东新区发生洪涝灾害，及时收集灾情，并向省红十字会报灾。

【“三献”工作】造血干细胞捐献继续领跑。2018年，招募造血干细胞志愿者1209人，成功捐献23例，成功捐献总数累计267例，居全国省辖市首位。遗体、人体器官捐献工作成绩斐然。市红十字会大力开展遗体、人体器官捐献工作宣传动员、报名登记、缅怀纪念、看望救助工作，在郑州市政府简报上刊发信息简报，利用时间节点在多种媒体开展宣传报道，积极协调郑州市公交总公司在20个公交站发布了“生命的礼物”公益广告。截至11月30日，成功捐献遗体16例，角膜17对，协调见证器官捐献176例，获取大器官500余个，挽救器官衰竭患者500余人。

【志愿服务】围绕“主题活动日”开展志愿服务。组织开展“5·8”世界红十字日，“5·12”防灾减灾日，世界献血者日、预防艾滋病宣传日等主题活动，不断提高市民对志愿服务的了解、理解和支持。红十字水上救援志愿服务。

水上救援志愿服务队与110、119联动，实施现场救援43次，打捞溺水者遗体18具，救活溺水者3人。开展水上安全教育讲座49场。

推进“红会送医计划”，组织开展送医活动25次，义诊群众2400余人，帮带医护人员260余人。举办1期项目实施医院医师培训班。

【红十字青少年工作】举办郑州市红十字青少年应急救护知识与技能大赛。4月14—15日，市红十字会联合市教育局，举办2018年郑州市红十字青少年应急救护知识与技能大赛，47支市属、区属中学代表队和5支市属大学代表队参加比赛。

组织红十字青少年夏令营。7月3—7日，市红十字会联合市教育局组织市属中学24名优秀红十字青少年在济源市示范性综合实践基地开展夏令营活动。参加全国红十字应急救护知识竞赛活动。组织市属学校及团体会员单位参加全国红十字防灾避险知识竞赛。共获得组织一等奖28个、二等奖21个，个人一等奖2名、二等奖3名。

【宣传工作】充分运用各类媒体。精心策划新闻专题，多方位展示全市红十字事业发展的新成效。全年，在各大媒体刊发各类新闻信息137篇；编发红十字简报23期；累积刊发各类博客、微博信息242条。在《郑州日报》刊登专版及郑州市红十字会捐赠款物情况公示并发表文章，更好地宣传红十字各项业务，并做到募捐工作公开透明。积极运用现场活动。以“5·8”世界红十字

2018年郑州市红十字青少年应急救护知识与技能大赛（市红十字会/供图）

日、“世界献血日”、“世界急救日”等纪念性节日为契机，积极开展形式多样的宣传活动。

（新 展）

残疾人联合会

【概况】2018年，全市各级残联在市委市政府正确领导和省残联有力指导下，在各级各部门和社会力量的积极支持下，坚持以习近平新时代中国特色社会主义思想为指导，深入贯彻党的十九大和十九届二中、三中全会精神和市委十一届七次、八次全会精神，强化政治引领，积极践行以人民为中心的发展思想，抓要事谋大事，上下联动、齐心协力，克难攻坚、积极作为，残疾人的获得感、幸福感进一步提升，全市残疾人事业和残疾人工作取得了新的发展。

召开市残联第五次代表大会。市残联按照省委组织部、省残联《关于河南省各级残疾人联合会换届工作的指导意见》要求，加强领导，制订方案，认真筹备，周密组织，于2018年12月召开市残联第五次代表大会，圆满完成市残联换届任务。各县（市）区、开发区召开代表大会，开展换届工作、建立残联组织，其中高新区残联未到换届时间，其他各残联全部完成换届工作。同时乡镇（街道）配齐配强残联理事长，村（社区）普遍建立残疾人协会。

民生实事全面落实。市政府将为残疾人免费配备辅助器具和为视力、听力、言语残疾人发放通讯消费补贴列入2018年度民生实事。截至2018年年底，全市共有18926名符合条件的残疾人申领到了每人每月30元的通信消费补贴，市、县两级共投入资金681万元；全市为残疾人免费配备辅助器具 1.06万件（例），其中假肢 600 例，市、县两级共投入资金1399万元，惠及10569名残疾人。

贫困残疾人脱贫攻坚扎实推进。出台《2018年助力贫困残疾人脱贫攻坚实施方案》《着力解决因残致贫家庭突出困难的实施方案》，将符合条件的农村贫困残疾人纳入建档立卡范围，切实抓好残疾人证办理、惠残政策措施落实、基本康复服务、家庭无障碍改造等工作，认真履行残联组织在脱贫攻坚中的专项责任。截至2018年年底，全市共4877名农村贫困残疾人被纳入建档立卡范围，4163名农村贫困残疾人实现了脱贫。6月，市残联、中牟县残联被市委、市政府评为脱贫攻坚“先进集体”。

免费办理残疾人证工作方面。继续实行残疾评定费用和残疾人证工本费用免费措施。同时，各县（市）区、开发区残联强化服务意识，加大惠残政策宣传，优化办证程序，采取上门办证、电话预约等便民方式，探索、推进“一网通办”新途径，方便办证，提高办证效率。全年，投入办证资金180万元，新办理残疾人证11919件。全市持证残疾人累计154694人，残疾人持证率29.7%。

【残疾人救助】全面落实困难残疾人生活补贴和重度残疾人护理补贴“两项补贴”制度。1月起，采取社会化发放形式按月发放，全年下拨市县两级资金6120万元，救助符合条件的残疾人50598人次。郑州市两项补贴在全省各省辖市中标准最高。重度残疾人和精神、智力三级残疾人特殊生活补贴。参照当地城乡低保标准，累计发放特殊生活补贴2.4亿元，帮扶重度残疾人和精神、智力三级残疾人43641名。“三无”残疾人生活救助。按照每人每月300元的标准，帮扶无劳动能力、无固定收入、无法定抚养人或赡养人“三无”残疾人947名，累计发放生活补贴340万元。低保家庭精神病患者医疗救助。按照每人每年1200元的补贴标准，投入资金183.15万元，为全市1796名低保家庭精神病患者提供服药补贴。在此基础上，部分县（市）区出台本地救助政策，为患者提供住院、服药等康复救助。贫困残疾人家庭无障碍改造。全年，投入资金181万元，实施无障碍改造632户。

残疾人照料、托养救助。出台《郑州市阳光家园计划实施方案》，全年各级投入资金370万元，机构托养、日间照料、居家托养残疾人2167人次。

郑州市庆祝第九次全国肢残人活动日活动（市残联/供图）

【残疾人康复服务和残疾预防】全市61505名有康复需求的残疾人得到了康复服务，康复服务率90.45%，其中13042名残疾人得到辅助器具适配服务，服务率87.43%。实施0—14岁残疾儿童康复救助，在省拨经费基础上，市、县两级财政投入康复资金1144.7万元，为1227名残疾儿童提供康复救助，其中0—6岁残疾儿童661名。切实落实残疾人家庭医生签约服务工作，全市签约率达到83.7%。市残联在二七区举办省会城市残疾预防日宣传活动。开展出生缺陷、疾病预防、伤害预防等方面工作，残疾人基本公共服务水平持续提升。

【残疾人教育】开展未入学适龄残疾儿童调查统计工作，通过随班就读、特殊教育学校就读、送教上门等形式，落实适龄残疾儿童少年学习教育。开展2018年度普通高招残疾考生基本情况调查，做好残疾考生考试、录取等服务工作。通过彩票公益金等助学项目，资助贫困残疾大学生42名，累计发放助学金36万元。

【残疾人就业创业】市残联组织农村残疾人实用技术培训，举办残疾人云客服、手工艺术品制作培训班。各县（市）区、开发区残联结合市场需求和残疾人特点，切实抓好经常性残疾人职业技能培训。2018年，全市各级残联培训残疾人6091人，其中4761名残疾人实现就业创业。加大按比例安排残疾人就业工作力度，积极推行“一网通办”，全市共计审核用人单位64938家，基本实现应审尽审，按比例安排残疾人就业工作取得新的突破。加强残疾人就业创业帮扶，推动残疾人集中就业、居家就业、社区就业、基地就业和自主创业。举办郑州市2018年度残疾人职业技能选拔赛，选拔18个项目，共33名选手参加省第六届残疾人职业技能竞赛，取得团体第三名。

【残疾人文化体育】郑州电视台新闻综合频道开播郑州新闻手语节目。市、县两级均在图书馆设立盲人阅览

实施斯达克"世界从此欢声笑语"中国(河南)项目(市残联/供图)

室。开展残疾人文化进家庭进社区"五个一"活动，组织各类别残疾人观看电影、参观游览、读书演讲等活动。举办郑州市第六届残疾人运动会。参加全省第七届残疾人运动会，获得25枚金牌、10枚银牌。组织特奥运动员及家长座谈会，推动"自强健身示范点"建设。实施康复体育关爱家庭计划，为120户重度残疾人家庭配发体育康复器材。组织开展全国助残日、国际残疾人日等活动，营造关心关爱残疾人的良好氛围。

【残疾人合法权益保障】 开展宪法学习宣传活动，加强"一法一办法"等法律法规普法宣传。发挥"12345"市长热线作用，及时办理交办事项。充分发挥残疾人法律援助站作用，为500多名残疾人提供法律咨询服务，法律援助残疾人100余名。开展残疾人发放机动轮椅车燃油补贴工作，补助残疾人969名。开展绿城通关爱卡办理、免费年审以及残疾人团体交通人身意外保险购买服务等工作，受益残疾人1.8万名。

【斯达克"世界从此欢声笑语"(河南郑州)项目】 市残联协调专项经费300万元，用于斯达克"世界从此欢声笑语"(河南郑州)项目实施。市、县残联密切协作、周密组织，做好人员培训、信息发布、患者筛查、耳模取样、集中验配各个环节的工作，为2786名听障患者适配助听器5342台。

(李传忠)

文学艺术界联合会

【概况】 2018年，市文联在市委、市政府的坚强领导下，紧紧围绕贯彻习近平新时代中国特色社会主义思想和党对文艺工作的一系列方针政策为主线，以党建工作推动和保障文艺工作发展，坚持"以人民为中心"的创作导向，文艺创作活动丰富多彩，作品百花齐放。坚持正确政治方向，扎实开展各项党建工作，组织广大文艺工作者认真学习习近平总书记关于文艺工作的一系列重要讲话、重要信件、重要论述。切实履行对各团体会员、文艺工作者和新的文艺组织、新的文艺群体团结引导、联络协调、服务管理、自律维权基本职能，积极发挥在行业建设中的主导作用，组织完成10个市文艺家协会换届工作。服务大局，全力抓好文艺精品创作。钟海涛《绮丽·本色——钟海涛题朱仙镇木版年画书法作品》获得全省性民间文艺最高奖"金鼎奖"——"第三届河南省民间文艺金鼎奖"民间文艺学术著作奖。围绕中心，扎实开展系列主题文艺活动。围绕重大时间节点开展文艺活动。围绕庆祝改革开放40周年等，开展"庆祝中国改革开放40周年——中外摄影对着拍"等系列文艺展演。围绕培育和践行社会主义核心价值观，开展电影、戏曲、曲艺、音乐基层巡演、书法、美术、摄影巡回展等。围绕中心工作开展文艺活动。为服务郑州创建全国文明城市，举办"文明郑州"全国摄影展等系列活动；为挖掘郑州历史文化，举办"写郑州"大型征文活动；围绕宣传推介郑州开展文艺活动。会同中国摄影家协会等单位，共同举办"中国国际摄影艺术节"、"中国国际摄影艺术展览"、"中国中西部曲艺大赛"、"根亲中国"微电影大赛、"一带一路"书法篆刻展、"一带一路"国际电影交流展以及"出彩郑州"中国画线描展、郑州国际设计周等活动；配合黄帝故里拜祖大典，举办"根亲中国"系列文化活动。

【文艺惠民】 扎实开展"送欢乐下基层""到人民中去"文艺志愿服务，开展"向人民汇报"艺术成果展演等品牌活动。组织文艺名家和广大文艺工作者深入郑州农村、矿区和生产建设一线采风创作，挖掘鲜活素材，推出优秀作品。市文联探索建立文艺志愿服务长效机制，成立郑州市文艺志愿者协会，探索创新慰问演出、文艺支教、专家辅导、展演展示、结对帮扶等服务形式，推动文艺志愿服务取得显著成效。各团体会员、各级文联组织积极作为，大力推进文艺志愿服务体系建设，创新组织形式和服务方式，开展丰富多彩、卓有成效的文艺志愿服务。

【文联建设】 认真贯彻"爱国、为民、崇德、尚艺"文艺界核心价值观，严格遵守《中国文艺工作者职业道德公约》，倡导讲正气、树正风、走正道。深入研究郑州市文联深化改革方案，突出问题导向，着力转变观念、转变职能、转变作风，着力推进体制机制创新，不断提升团结引导水平和行业服务管理水平。发挥郑州文艺网、公众号等文艺媒体的舆论监督作用，坚决抵制和批驳文艺领域各类不良倾向和不正之风。积极关注包括自由职业者在内的新文艺群体的思想工作状况，加强互动联系，及时展示成果，交流思想，进一步畅通文艺工作者各类诉求表达的渠道。大力推进信息化建设，初步形成"网上文联"新格局。截至2018年年底，各文艺家协会市级会员总数5714人。

【戊戌年黄帝故里拜祖大典系列文艺活动】 以"弘扬华夏文化、凝聚民族精神"为主题，以"同根同祖同源，和平和睦和谐"为宗旨，由中共河南省委宣传部、河南省归国华侨联合会、河南省文学艺术界联合会、中国致公党河南省委员会共同主办，河南省美术家协会、河南省书法家协会、河南省华侨国际文化艺术交流协会、河南省华侨书画院、郑州市文联联合承办的戊戌年黄帝故里拜祖大典系列文艺活动亲情中华·出彩中原——"一带一路"海内外知名书画家作品邀请展、印说百家姓·同圆中国梦——百名篆刻家优秀作品展、贵姓——全球华人姓氏文化汉字创意设计展于4月16日在郑州升达艺术馆开幕，展览至4月22日结束。

【郑州市文学艺术界联合会第七次代表大会】 12月24日，郑州市文学艺术界联合会第七次代表大会在郑州市嵩山饭店召开。大会审议并通过市文联第六届委员会的工作报告，修改并通过了郑州市文联新的章程；选举产生了由66名委员组成的郑州市文联第七届委员会，以及主席、副主席。350名来自全市各地、各文艺家协会的代表和50名社会各界特邀代表出席大会。

(周春晖)

法治

政法委及综治

【概况】2018年，市委政法委带领全市政法机关深入学习贯彻习近平新时代中国特色社会主义思想和党的十九大精神，坚决执行中央、省委、市委决策部署，紧盯国家中心城市建设目标要求，围绕“四重点一稳定一保证”工作总格局，完成稳定安全信访各项工作，全市社会大局高度稳定，没有发生在全国全省有影响的案（事）件，为郑州市全面建设国家中心城市营造安全稳定的社会环境。

2018年，中央巡视组移交的2314起群众利益诉求类案件全部办结；交办的4186起涉法涉诉信访案件全部办结，息诉3743起，息诉率89.4%，全省排名第三。省委第一巡视组移交的188起群众利益诉求类案件已全部办结；交办的196起涉法涉诉信访案件全部办结。

组织开展政治轮训，在厦门大学、哈尔滨工业大学分期分批组织开展“习近平新时代中国特色社会主义思想”专题培训班，对市、县两级政法委书记、副书记、市直政法单位分管领导、政治部主任等437名政法干部开展专题培训。各县（市）区、政法各单位结合自身实际开展培训，参训2.3万多人次，实现党员干部和政法干警培训全覆盖。在全市组织系统“迎七一，学、考、赛”活动中，政法系统代表队获得市直代表队第一名、全市三等奖。

落实从优待警政策，做好因公牺牲伤残特困干警救助工作，2018年度前两批救助资金规范、及时发放。坚持每年评选表彰“人民满意的政法单位”“十大绿城卫士”，激发政法干警干事创业热情，涌现出“全国特级优秀人民警察”刘成晓、“五一劳动奖章获得者”刘成俊等一大批先进模范人物，管城区院检察长张东被最高人民检察院记一等功，二七区检察院被最高人民检察院表彰为“全国模范检察院”。

【维护社会大局稳定】全市政法机关始终坚持把维护政治安全、政权安全作为头等大事，牢固树立总体国家安全观，全面加强反暴恐、反渗透、反颠覆、反邪教工作，不断提升预测预警预防能力，确保全市政治安全、社会大局高度稳定。

严厉打击暴恐违法犯罪活动。深入推进实施“滤网计划”，公安机关破获涉恐案件22起，对不履行《反恐怖主义法》的单位开出罚单32起。

严密防范渗透颠覆活动。搜集上报情报信息4万余条，破获国保现行案件471起，打击处理非法活动团伙44个共1278人，反颠覆、反渗透成效突出。

深入开展反邪教斗争。宣教活动不断升级，反邪教警示教育纳入全市党员干部教育培训计划，全市反邪教警示教育基地建成开放，成立了全省首个宗教界反邪教协会组织——新密市反邪教协会基督教分会。打击力度不断升级，“敲门行动”“追逃查失”行动成效显著。2018年，郑州市共破获邪教案件76起，有力确保了不发生邪教现实危害。

【信访维稳】全市政法机关和信访维稳部门，不断压实信访稳定责任，全力以赴化解矛盾、维护稳定。在全市政法、信访部门的共同努力下，圆满完成重要敏感节点安保任务。

压实信访稳定责任。严格落实领导接访下访制度，市级领导公开接访群众329批807人，推动解决一大批信访疑难案件。严格责任查究，全年先后对40个县（市）区、乡（镇）街道予以通报批评，对44名责任人给予停职免职、党内警告、诫勉谈话等问责处理。制定下发《关于2018年维护社会稳定工作的意见》，明确工作目标任务，做到责任到地，责任到人，推动维稳责任落实。

拓宽网上信访渠道。引导群众多上网、少走访，逐步把网上信访作为解决信访问题的主渠道。全年网上投诉、领导电子信箱、电话信访及手机信访等

2018年12月28日，郑州市法学会召开第八次代表大会（市委政法委/供图）

电子类渠道信访案件9572起，同比增长23.5%，占所有信访渠道办理总量的比重由上年同期的69.8%上升为80.5%，网上信访“主渠道”作用进一步彰显。

依法规范信访秩序。为维护法律权威，依法依规整治信访秩序，市委政法委成立了“依法打击处理非法集资和违法非访行为专家指导组”，指导开展依法打击违法非访行为工作。专家指导组建立周例会周研判月测评机制，定期对全市违法非访行为打击工作进行分析和测评，对重点疑难案件开展跟踪指导、协调督办，并把依法打击违法非访行为工作纳入全市年度平安考核内容，真正压实工作责任。有效维护了郑州市正常信访工作秩序，赴京访各项数据均大幅度下降，赴京上访势头得到有效遏制。

抓好特定利益群体稳控。下发《关于建立完善特定利益群体重点人员“四定四包”责任制的通知》，压实稳控化解责任。坚持做好情报信息收集、分析研判制度和“日报告、零报告”制度，做到情报互通，研判客观，形势掌握。

落实风险评估机制。完善社会风险评估机制建设，定期派出工作组督促各县（市）区、市直单位落实风险评估，做到应评尽评。2018年各地各单位共实施重大决策事项67起，评估率达到100%。

【扫黑除恶】 深入开展“扫黑除恶”专项斗争，坚持凡黑必扫、凡恶必除、凡乱必治，严惩黑恶势力，深挖幕后“黑伞”，真正做到黑恶必除，除恶务尽，专项斗争侦查打击工作取得良好成效。在11月19日全省扫黑除恶专项斗争督导整改暨推进电视电话会议上，市委常委、政法委书记于东辉作典型发言，介绍郑州市扫黑除恶专项斗争工作经验。

成立组织，加强领导。2018年，市委常委会先后6次研究部署扫黑除恶专项斗争，以市委名义下发了《郑州市扫黑除恶专项斗争工作方案》，市级财政设立1000万元专项基金用于扫黑除恶专项斗争。成立以政法委书记为组长，法院、检察院、公安局、司法局、纪委、组织部、宣传部等多部门参与的扫黑除恶专项斗争领导小组，集中协调、集中发力，全面深入开展全市扫黑除恶专项斗争。设立市扫黑除恶斗争领导小组办公室，按照“政治素质高，业务能力强”的要求，从政法、宣传、税务、人社等部门抽调14人作为副组长和工作人员，集中办公、统一管理，充实扫黑办工作力量。牵头组建法律政策专家人才库，聘用政法战线资深检察官、法官，成立扫黑除恶专家指导组，加强对重大、复杂、疑难案件的办案指导。

建章立制，规范工作。建立定期协商机制、线索摸排和移交机制、案件评查机制、换届审查对接机制、案件督办等机制，统一执法思想、加强协调配合、形成整体合力。为有效推进专项斗争工作，扫黑办每月听取县（市）区、纪检监察、组织、政法等相关部门扫黑除恶情况汇报，分析研判形势，研究解决突出问题，确保工作层层落实到位。

精确打击，打准打狠。市政法机关充分发挥主力军作用，坚持“有黑扫黑、有恶除恶、有乱治乱”，瞄准农村黑恶犯罪开展“亮剑”行动，共打掉农村黑恶势力犯罪团伙46个，有效遏制农村黑恶犯罪；瞄准群众身边黑恶犯罪掀“飓风”，一举打掉“黑保安、黑出租、黑物业、黑中介、黑停车场和黑渣土车”等“六黑”犯罪团伙19个，破案319起，抓获犯罪嫌疑人369名，查扣涉案资产1472.98万元，扣押各类车辆81辆；瞄准新型犯罪挥“铁拳”，在全国率先实现打击暴力收车犯罪的突破，在公安部组织的全国打击非法收车专题会议上介绍经验，全国10多个省市来郑考察学习。

深挖彻查，摧毁基础。侦办机关加强与工商、税务、银行、证券、房管等部门的协作配合，确保黑恶势力涉案资产查清挤净，及时扣押、冻结，全市共查封、扣押、冻结涉案资产4.57亿元，仅马某喜黑社会性质组织一案就追缴涉案资产价值2亿多元。积极挖掘黑恶势力保护伞，市扫黑办及成员单位向纪检监察机关移送“保护伞”线索244件，全市纪检监察机关共查处涉黑涉恶腐败和“保护伞”问题104起，处理76人。

高度重视，迅速整改。把抓好中央督导反馈意见的整改落实作为践行“四个意识”、落实“两个维护”的重大政治任务，对照在依法严惩、综合治理、深挖彻查、组织建设四个方面涉及郑州市的7项问题，立行立改，逐项落实，既全面抓好每项整改任务，又对关键要害的问题深化整改，整改工作扎实推进。

截至年底，全市公安机关共立案侦办黑社会性质组织案27起，打掉恶势力犯罪集团案33起、恶势力团伙案55起，抓获涉黑涉恶犯罪嫌疑人3600名；检察机关共受理审查逮捕黑恶势力犯罪案件118件1052人，批准逮捕118件939人，已受理审查起诉99件861人，提起公诉80件646人；全市法院共受理黑恶势力犯罪案件42件，已审结16件，正在审理中的26件，并对4起涉黑涉恶案件进行了公开宣判。

2018年11月26日，郑州市政法系统“三同步”工作机制及舆论引导培训班在上海交大开班（市委政法委/供图）

【平安建设】 以营造和谐稳定的社会环境为目标，夯实打牢平安建设基础，持续推进治安防控体系建设、矛盾纠纷排查化解、平安宣传各项工作，平安建设工作取得新成效。

打击犯罪净化环境。深入开展社会治安重点地区排查整治，全年开展排查活动575次，排查发现社会治安重点地区866个，通报整治97个社会治安突出问题，查处治安案件数30387起，扭转了部分地区社会治安严重混乱的局面。市公安机关提升打击效能，严打各类犯罪，净化社会治安环境，现行命案发62破62，破命案积案14起，破案率100%。市检察机关依法批准逮捕各类犯罪嫌疑人6637人，提起公诉14728人。市法院系统共受理各类案件341119件，审执结266828件，审结率78.2%。市中院依法公开审理全国人大教育科学文化卫生委员会原副主任委员王三运受贿一案，受到中央、最高法院充分肯定。

推进治安防控体系建设。把“雪亮工程”作为维护省会安全稳定的重要抓手，大力推进公共安全视频监控建设，推动视频信息与城建、环保、市政、交通等部门互联互通，实战和联网能力得到显著提升，受到了省委政法委和群众的高度肯定，市委常委、政法委书记于东辉代表郑州市在全省雪亮工程建设推进会上作典型发言。截至年底，全市共联网社会资源4200个单位，联网高清摄像头8.5万余路。通过视频监控协助或直接侦破各类案件3723起，抓获犯罪嫌疑人2794人，服务群众求助1.17万起。积极推动物联网技术应用，在全市全面推广电动自行车防盗车牌安装工作，累计安装登记45万辆。

夯实平安建设基础。稳步推进社会心理服务体系建设，把社会心理服务体系建设列入2018年全年综治和平安建设工作考核重要内容，全市除拆迁的乡镇（街道）和村（社区）外，其余乡村两级综治中心基本建成心理服务平台，1.6万余名心理咨询师、社会工作者和志愿者开展相关服务工作。平安"细胞创建"工作健康发展，全市37个平安建设"细胞工程"创建项目做到有组织、有目标、有措施、有宣传、有奖惩、有成效，已创建基层平安单位1800余家。积极推进综合治安保险工作，先后在10个县（市）区开展综合治安保险工作，投入保费572.2万元，受理报案1450起，赔付210万元，实现了群众、企业、政府共赢效果。

化解矛盾纠纷。在市、县、乡、村四级构建了无缝隙、全覆盖的矛盾纠纷预防化解工作中心，教育、卫计、国土、住建、交通、人社、环保、旅游等领域建立矛盾纠纷调处化解工作平台136个，形成了信访联治、矛盾联调、工作联动的工作格局。大力学习推广新时代"枫桥经验"，形成并完善了"封调禹顺""一村一警"等一批特色经验，受到中央政法委充分肯定。持续开展矛盾纠纷大排查大化解行动，排查易引发"民转刑"案件的矛盾纠纷2005起，化解1885起，没有发生在全省、全国有影响的案事件。着力开展人民调解组织规范化建设活动，全面提升人民调解社会公信力，截至10月底，全市各类人民调解员共受理调解案件46195件，调成45449件，调成率98%。

开展专项工作。"六员进校园、合力保平安"专项行动持续开展，全市"六员"帮助学校排查隐患3581条，解决问题2673个；精神障碍患者救治救助工作持续推进，全市2953名重型精神障碍患者"以奖代补"资金442.95万元全部拨付；大力开展预防未成年人溺亡专项行动，成立预防未成年人溺亡专项治理工作办公室，开展为期4个月的专项治理工作，全年共发生未成年溺水死亡事件2起5人，溺亡事件发生率同比下降70%。构建高速铁路联防联控网络，成立了由副市长、市公安局局长马义中为主任的郑州市铁路反恐联防联控指挥部，建立市、县、乡级三级高速铁路联防联控工作平台，实行"巡铁"一体化，得到省护路办高度评价。

深化平安建设宣传。平安建设宣传月期间，全市开展各类集中宣传活动401次，进社区、进学校、进基层等便民服务活动2000多次，发放各类宣传资料等120多万份，直接受益群众约100万人次。传统媒体和新媒体同步发力，法制日报《省会政法》专刊全年刊发政法综治新闻信息460余篇，"郑州市政法综治"微信公众号影响力显著提升，平安创建氛围更加浓厚。

严格公共安全管理。组织开展"史上最严"的道路交通秩序综合治理，实行交通秩序管理"路长制"，持续推进"三教育一采集"活动，查处各类交通违法168万起，同比增长55.5%。涉及电动三轮车、四轮车、自行车的事故917起、死亡36人、伤1155人，同比分别下降11.01%、14.29%、11.22%。树立"省会消防无小事"的理念，抓早抓小抓苗头，消防安全形势整体向好，火灾四项指数（接报火灾数量、火灾死亡人数、火灾受伤人数、直接财产损失）同比分别下降10%、89%、100%和26%。

【法治郑州建设】 把法治郑州建设摆在重要位置，继续深化司法体制改革，做好各项改革试点工作，坚持服务发展、服务群众，开展普法宣传教育，不断提高全市法治化水平

推进试点工作创新。认罪认罚从宽制度试点工作开展以来，通过加强协调，依法推进，在实践中形成了"五联六化工作机制""一站式诉讼模式""远程视频开庭"等成功做法和经验。"五联六化工作机制"被最高人民法院以专报形式向全国推广，全国认罪认罚（厦门）会议对郑州市试点工作予以充分肯定。

服务经济社会发展。服务经济发展环境，市法院助力政府处置僵尸企业，成立清算与破产审判庭，审理破产清算案件99件，依法严厉打击侵犯知识产权犯罪，提起公诉36件58人，有力净化了经济运行环境。郑州知识产权法庭被评为"全国法院知识产权审判工作先进集体"。助力污染防治，市检察院全面开展公益诉讼工作，摸排收集公益诉讼线索212件，立案169件，中牟县人防办怠于履职案、新密市大隗镇老耆沟村造纸污泥污染案入选全省检察机关公益诉讼"十大典型案例"，省环保厅对郑州检察公益诉讼保护环境的工作成效致函感谢；市法院审结环境资源类案件79件，对违规排放有毒有害物质的3家企业发布环保禁止令，回应群众"青山绿水蓝天"期待。

强化法治宣传教育。全力做好"七五"普法工作，线上充分发挥新媒体网络优势和主流媒体优势，将法治文化宣传融入媒体，辐射大众。市法院制作的《少年法庭》专题片在中央电视台法制频道播出，社会反响强烈。线下开展各类普法宣传活动，全年共开展各类主题法治宣传教育活动2500余场次，发放法治宣传教育资料210万余份，群众法治素养进一步提高。

提升法律服务能力。市司法局把公共法律服务平台建设作为民生实事，全市建成县级公共法律服务中心16个，乡镇（街道）公共法律服务工作站205个，村（社区）公共法律服务室3011个。截至年底，全市法律援助机构为群众提供免费法律援助咨询99676人次，同比增长15%。市检察院加强未成年人司法保护，办理的代某德猥亵儿童案等3起案件获评河南省未检系统十大精品案件。市法院多次开展送法进军营、慰问军烈属等活动，被授予"中部战区和七省市维护国防利益和军人军属合法权益工作先进单位"。

【政法宣传】 紧抓舆论引导、扫黑除恶专项斗争宣传，贯彻落实"三同步"工作机制，不断扩大政法宣传的覆盖面、传播力和影响力，正面宣传实效性进一步增强，政法机关形象进一步提升，政法工作舆论环境进一步改善。

讲好郑州政法故事。加强与主流媒体合作和新媒体运用，宣传了一批如"全国特级优秀人民警察"刘成晓、"五一劳动奖章获得者"刘成俊、因公牺牲民警李耀红的优秀事迹。

强化政法宣传。相继开展清明节纪念英烈、"全民国家安全教育日"、"6·26"禁毒宣传日等系列宣传活动，加强群众国家安全和平安建设意识。大力开展扫黑除恶专项斗争宣传活动，通过媒体和社会面宣传，集中宣教扫黑除恶内容、意义、举报方式，向政法干警发放《扫黑除恶专项斗争普及读本》，将扫黑除恶宣传遍及郑州的大街小巷，营造出良好舆论氛围。

做好舆情引导处置。贯彻落实依法办理、舆论引导、社会面管控"三同步"工作要求，严格落实"一岗三责"，建立工作专班和研判机制，聘请法学专家、媒体记者、知名律师、网络大V建立政法宣传舆论工作"智库"，提高舆情处置能力，成功处置"空姐乘坐滴滴顺风车遇害案""电梯吸烟劝阻案"等重大网络舆情。中央政法委将"电梯吸烟劝阻案"作为教科书式的成功案件在全国"三同步"经验交流会上进行推广。

【科技创新】 坚持执法为民，服务为民，以科技信息化提升政法工作的科学性、精准性和实效性，着力构建快捷便利的互联网+服务体系，为人民群众提供高效便捷的服务，让群众有实实在在的获得感。

坚持以科技创新服务工作开展。市检察院建成覆盖全市的"远程提审、远程开庭、远程送达"智能办案系统，

实现用20%的力量办理80%的一般案件，有效缩短了办案时间，提高了办案效率。市公安局研发协同办公系统，警务事项网上审批，实现了“让民警少跑腿，让工作更智慧”。Y库建设应用经验全国推广，全国男性家族排查系统数据库建设落地郑州。

坚持以科技创新服务群众需求。公安机关持续深化“放管服”改革，围绕“就跑一次”持续推动便民服务，上线运营“郑州警民通”微信公众号，累计开通业务11类167项，“就跑一次”服务包含24类97项工作，为群众网上服务4186万次，群众公安机关办事办证跑趟次数下降70%以上。“就跑一次”政务服务模式受到副省长、公安厅厅长舒庆高度肯定，《人民公安报》头版头条进行了宣传报道。研发推出警务自助服务一体机，自主办理查询、预约、办证、缴费等26项业务，实现了“派出所”开到群众家门口，国务委员、公安部部长赵克志给予高度肯定，《人民日报》予以宣传报道。市法院建成“互联网+”电子诉讼平台，推进网上立案、缴费、查询等，实现让“信息多跑路、让群众少跑路”。

（刘　茜）

立　法

【概况】 2018年，郑州市立法工作坚持以习近平新时代中国特色社会主义思想为指导，坚持和加强党对立法工作的领导，牢固树立“四个意识”，地方立法工作始终保持正确的政治方向。紧紧围绕市委中心工作和市人大常委会工作部署，编制年度立法计划和五年立法规划，并将年度立法计划报请市委常委会议研究讨论，作为立法计划编制实施的必经程序。市人大常委会2019年地方立法计划已经市委常委会研究通过。建立健全立法工作向市委请示报告制度，以更准确地领会市委的立法意图，找准地方立法工作的切入点、结合点、着力点，把市委决策不折不扣地贯彻到立法工作中，把党的路线方针政策贯彻落实到立法工作的全过程和各方面。

认真做好法规草案一审后的各项具体工作。法规草案经市人大常委会会议一审后，根据审议意见及有关工委初审报告，对法规草案进行初步修改，并组织召开专家论证会；根据专家学者意见，对法规草案再次进行修改，送省人大常委会法工委征求省直单位意见；根据省人大常委会法工委反馈的意见，会同各有关方面，对法规草案进行系统修改；最后形成法规草案二审稿，连同修改情况说明和有关参阅资料，供法制委员会统一审议。法规草案二审后，及时汇总常委会组成人员的审议意见，对草案二审稿进行研究修改，提出草案表决稿，连同审议结果报告及有关参阅资料，供法制委员会统一审议。常委会会议通过法规后，及时起草文件，整理材料，报省人大常委会审批。在审批法规环节，积极配合省人大常委会法工委做好有关工作。法规被批准后，及时起草和印发实施通知，办理登报公布等有关事宜。

根据《郑州市人大常委会法律咨询委员会工作规则》规定，新一届市人大常委会组成后，需要重新聘请法律咨询委员会成员。2018年11月初，市人大法工委制订工作计划，向省内高等院校、科研机构、国家机关、企事业单位和行业协会等单位发函，请择优推荐人选。各有关单位高度重视，认真研究，按照要求报送人选名单。坚持政治坚定、精通业务、作风优良、廉洁自律等原则，按照具有丰富立法、司法实践经验的专家及国内各界有较高学术水平的专家学者，在委员会中所占比例大体相当的要求，选聘了新一届法律咨询委员会35名专家并颁发聘任证书，为郑州市立法咨询工作提供了智力保障。

重视发挥人大代表在立法中的作用。在研究立法选题时，注重从代表议案和建议中确定立法项目，特别是注意把代表多次提出立法议案和建议的项目，确定为地方立法重点，如《郑州市文明行为促进条例》就是从代表议案中选取的立法项目。在法规草案起草过程中，法工委注重征求并认真研究提出议案的人大代表的意见和建议；召开有关法规草案的座谈会、研讨会和进行调查研究时，邀请有关人大代表参加；常委会审议法规草案时，邀请相关领域的各级人大代表列席会议，听取他们的意见。

加强沟通协商，理顺工作关系。在立法过程中坚持提前介入，认真听取和研究各方面的意见，加强沟通、协商，集思广益，努力达成共识；遇到分歧较大的问题，充分听取意见，反复研究协商，力求提出既符合立法宗旨又能够为各方所接受的解决方案，供常委会参考；对于法律关系复杂、分歧意见较大的法规草案，采取积极慎重的态度，不急于提交表决，不简单地以少数服从多数来决定问题，而是认真进行研究论证，同各方面反复研究、协调、协商，以最大限度地取得共识，使有争议的问题得到了较好的处理，使通过的法规更加符合实际，通过后能够顺利实施。

坚持并不断完善立法咨询制度。法律咨询委员会作为市人大常委会的一个重要咨询服务机构，在提高郑州市地方立法质量等方面发挥了重要作用。为保证立法项目选择的准确性，切实把好“入口关”，就年度立法计划建议项目征求专家意见。为保证立法质量，每件法规案在二审前都要召开法律咨询委员会会议，认真听取专家意见。每次会后，都及时汇总整理专家学者的意见，并依据专家学者的意见，对法规草案进行修改。此外，还经常就郑州市地方立法工作中的疑难问题向法律咨询委员会顾问进行咨询。

坚持法规草案表决前评估制度。为做好法规草案审查修改工作，提高立法质量，在法规案审查修改中，法工委组织召开由市人大常委会委员、市人大代表、部分市民群众和基层工作者等参加的表决前评估会，针对草案文本质量、法规案出台的时机、法规案的针对性和可操作性、法规案与上位法是否相抵触、郑州市现行相关配套措施能否及时调整到位及法规通过后的经济效益、社会效益等问题进行详细、科学论证。

努力推进立法民主化进程。每制定一件地方性法规，除了在《郑州日报》和郑州人大网站全文公布法规草案，公开征求社会各界和广大群众的意见外，还将法规草案审议修改稿及时发送省人大对口部门、市政协、市中级人民法院、市人民检察院和各县（市）区人大常委会征求意见；向市人大代表发函征求代表意见，并组织召开相关部门征求意见座谈会，充分了解情况，为进一步完善法规内容提供扎实的参考依据。

加大立法调研力度。贯彻落实习近平总书记“大兴调查研究之风”的指示，在地方立法工作中不断加大调研力度。注重发挥人大代表、基层人大等密切联系群众的优势，推进立法决策科学化、民主化，切实提高立法质量，增强立法实效。

2018年，按照全国和省人大常委会的要求，对中华人民共和国电子商务法（草案）、中华人民共和国人民法院组织法（修订草案）、中华人民共和国人民检察院组织法（修订草案）、河南省老年人权益保护条例（草案）、河南省水污染防治条例（修订草案）等70余件法律法规草案征求意见，并整理上报。

【落实地方立法计划】 为贯彻落实常委会年度地方立法计划，市人大法工委于年初拟订常委会审议立法项目安排意见，提请主任会议研究；印发年度地方立法计划通知，明确每个项目的起草单位、提请单位、初审单位及其相应的责任，要求市政府及有关部门严格执行计划，按时提请各项法规案。在各有关方面的共同努力下，制定《郑州市文明行为促进条例》、修订《郑州市政府投资项目管理条例》，对《郑州市大气污染防治条例》等10余部法规进行打包清理，并及时提请市人大常委会对“市人民政府机构改革涉及地方性法规规定的行政机关职责调整问题”作出决定。此外，全年共开展立法调研3件，较好地完成年度地方立法任务。

《郑州市文明行为促进条例》通过立法鼓励善行义举、惩戒失德行为、约束不文明行为，既发挥法规的规范作用，又发挥道德的教化作用，以法治方式推进社会文明，建立健全文明建设长效机制，将社会主义核心价值观的相关要求转化为具有约束力的法律规范，推进了法治和德治的有机结合。

努力实现立法与改革决策相衔接，做到重大改革于法有据。贯彻落实国务院“放管服”改革工作，国家和省先后出台“关于深化投融资体制改革的意见”等文件，对政府投资项目管理提出了新要求。常委会及时修订《郑州市政府投资项目管理条例》，立足于改革政府投资项目审批制度，简化审批流程、完善审批程序，为郑州市及时跟进改革发展形势、提高政府投资效能、优化营商环境提供了法治保障。

结合郑州市生态文明建设和环境保护实际需求，对涉及生态文明建设和环境保护的地方性法规全面深入地进行专项自查和清理。根据法规清理结果，及时对不适应、不协调、不一致的法规进行调整。坚持问题导向，对《郑州市大气污染防治条例》等10部法规进行修改，用最严格制度最严密法治保护生态环境，通过地方立法推进生态文明建设法制化进程，为生态文明建设和环境保护提供强有力的制度支撑和保障。

根据《深化党和国家机构改革方案》的要求，地方机构改革在2019年3月底前基本完成。考虑到实施《郑州市机构改革方案》涉及地方性法规规定的行政机关职责和工作的调整，需要修改有关地方性法规。为平稳有序调整地方性法规规定的行政机关职责和工作，及时对市政府机构改革涉及地方性法规规定的行政机关职责调整问题作出决定，明确有关问题，确保行政机关履行职责、开展工作的连续性、稳定性、有效性，特别是做好涉及民生、应急、安全生产等重点领域工作，保证机构设立重组、职责调整和管理执法的合法性，使机构改革在法治轨道上有序推进。

此外，还做好《郑州市城市公共交通条例》（修订）、《郑州市水资源管理条例》（修订）、《郑州市城市管理综合执法条例》（制定）等3件立法调研项目的跟踪督促工作，要求有关单位按时完成调研论证环节的各项工作。

【地方立法计划编制】 2018年8月，常委会办公厅印发《关于报送2019年度地方立法计划项目的通知》。11月，市政府办公厅函告2019年度拟提请市人大常委会审议的地方性法规建议项目。市人大法工委及时对有关单位报送的16件立法建议项目进行认真梳理、研究和论证，组织召开申报单位说明会。随后，市人大常委会主任胡荃听取了专题汇报，与市委、市政府主要领导进行沟通，提出指导性意见。11月26日，市人大法工委专门征求省人大常委会法工委的意见，并就个别项目请示全国人大常委会法工委。随后根据各有关方面的意见，起草计划（草案）。11月28日，市十五届人大常委会主任会议第2次会议研究通过《郑州市人大常委会2019年度地方立法计划》。2019年郑州市共制定地方性法规3件，调研4件。

【五年立法规划编制】 为做好新一届人大常委会的立法工作，保证地方立法有序推进，市十五届人大常委会组成后，迅速启动五年立法规划编制工作。为保证项目征集的代表性和广泛性，2018年10月下旬发出征集立法建议项目的通知并在有关媒体上公告，面向社会各界征集建议项目；向全体市十五届人大代表分别发函，征集立法建议项目，并请各位代表就如何做好新一届人大常委会立法工作提出意见；同时，向市政府各部门及市直有关单位发出通知，要求申报建议项目。开展立法规划建议项目的调研论证、审定报批，确定本届市人大常委会地方立法工作的指导思想和基本框架，为今后五年郑州市加快推进国家中心城市建设、实现中原更加出彩提供有力的法治保障。

【代表议案建议督促办理】 市十五届人大一次会议以来，市人大常委会交付法工委承办督办的议案建议共4件，其中议案1件，由法工委承办。建议3件，其中1件承办、2件督办。法工委对办理议案、建议高度重视，按照“专人负责，逐件落实”的原则，认真审阅、研究，制订出督办（办理）工作方案；对于承办的“关于加快推进《郑州航空港经济综合试验区条例》立法进程的议案”，法工委认真调研，积极协调，常委会领导高度重视，多次作出安排部署，明确提出工作要求。2018年年底，条例制定被列入省人大常委会五年立法规划，并被列为2019年度立法计划正式项目，实验区相关部门完成起草工作，法规内容初步成熟，相关立法工作正在有序推进之中。

对于承办和督办的建议，法工委多次与承办部门、提案代表进行沟通、联系；积极督促市政府法制办等有关部门办理议案、建议，并及时答复代表。另外，法工委根据常委会要求，还认真组织开展立法调研暨法制代表专业组活动、专题视察等活动，制订年度活动计划，从而进一步提高征求意见的广度和深度，充分发挥人大代表在地方立法中的作用，增强条例的地方特色和可操作性。

（胡凯林）

法治政府建设

【概况】 2018年，全市政府法制机构坚持以习近平新时代中国特色社会主义思想为指导，深入学习贯彻党的十九大精神，紧紧围绕全市中心工作，以推进依法行政为主线，以基本建成法治政府为目标，以实施“1211”法治政府建设推进机制为抓手，提升全市政府法制工作整体水平，为建设国家中心城市提供坚实的法治保障。

高度重视工作谋划。落实省、市政府工作要求，提请印发《郑州市2018年推进依法行政建设法治政府工作要点》，对35项年度重点工作进行安排部署。

加强法制教育培训。严格落实市政府常务会议学法制度，提请印发《郑州市人民政府2018年度领导干部学法计划》，安排学习《宪法》《监察法》等重要法律。举办领导干部依法行政能力提升、政府法制干部能力素质提升、行政执法人员执法能力提升三个层次的培训班，全面提高政府工作人员法治思维和依法行政能力。

扎实开展依法行政考核。市政府依法行政考核方面，提请印发2017年度考核结果通报和先进集体通报，针对考核存在问题，下发整改通知，督促整改落实；起草《2018年度依法行政考核实施方案》，筹备2018年度考核工作。落实省政府依法行政考核发现问题整改工作，提请市政府召开会议专题研究部署，起草印发整改通知，督促全市各级各部门整改到位。

及时报告法治政府建设情况。向省政府、市委和市人大常委会报送郑州市《2017年度法治政府建设情况报告》，并在市政府网站公开。及时督导全市各级各部门法治政府建设情况及报告公开情况。

全力支持“放管服”改革。贯彻落实党中央、国务院关于减证便民、优化服务的工作部署，组织开展证明事项清理，在已完成初步清理工作的基础上，起草汇报材料，切实做到没有法律法规规定的证明事项一律取消。认真开展权力清单动态调整，对市交通委等11家单位上报的377条动态调整事项进行法制审核，提出审核意见62条。

加强理论研究。筹备成立郑州市法治政府建设研究会，已完成章程制度、人事组织、课题库征集、前置审批和成立大会筹备等前期性工作。

【政府立法】 稳步推进立法项目。地方性法规方面，组织制定《郑州市文明行为促进条例》，组织修改《郑州市政府投资项目管理条例》，针对《郑州航空港经济综合实验区条例》进行了立法调研和专家论证。组织对《郑州市大气污染防治条例》等10部地方性法规的个别条款进行打包修改。政府规章方面，严格落实2018年度立法计划，制定完成《郑州市城市管理综合执法办法》《郑州高新技术产业开发区暂行规定》等4件政府规章；对《郑州市停车场管理办法》等政府规章组织立法调研、公开征求意见、专家论证、办业务会集体研究，持续推进立法程序。

落实长效清理机制。坚持定期清理和专项清理相结合。按照立法安排，组织对郑州市现行有效的66部地方性法规和112件政府规章进行集中清理，清理结果经批准后已向社会公布。按照上级统一部署，组织开展涉及产权保护、排除限制竞争、军民融合发展、自贸试验区建设发展等领域政府规章专项清理，确保上下一致，政令畅通。

加强立法能力建设。组织召开政府立法业务培训会，对各县（市）区政府、市直各部门分管法制工作领导和法制机构负责人进行立法业务培训。组织召开市政府立法咨询委员会专家论证会十余次，认真听取市政府立法基层联系点意见建议，主动通过互联网平台公布立法征求意见稿，着力提高立法质量。

科学编制立法计划和立法规划。组织开展2019年度地方性法规立法建议项目申报工作，提请申报建议项目20件。征集2019年度政府规章立法建议项目和2018年～2022年立法规划建议项目，稳步推进2019年度政府立法计划和2018年～2022年立法规划编制工作。

【执法监督】 深入推进服务型行政执法。起草印发《关于做好郑州市2018年推进服务型行政执法建设工作的通知》，安排部署年度重点工作，提出开展规范化建设、调研活动和创新发展三项工作任务。为切实做好三项工作任务，前往新密市畜牧局、新郑市卫计委等单位，对5年来服务型行政执法开展情况、示范点再培育再提升情况等进行调研，总结经验做法，征求意见建议，为推进下步工作寻找突破；对全市已确认的76个服务型行政执法示范点进行再培育再提升，适时择优向上级推荐。规范行政处罚裁量权，基本完成郑州市裁量标准制订工作，保证行政处罚的公平性。

全面落实行政执法责任制。加强整体设计，印发《关于做好2018年度全面落实行政执法责任制工作的通知》。组织推荐河南省第二批行政执法责任制示范点，对筛选的行政执法部门进行现场验收，提出整改意见。落实重大行政处罚备案审查制度，审查完成422起，要求对24起涉嫌违法的重大行政处罚进行自行纠正。做好具体行政行为目录备案和行政执法情况统计工作。加强执法人员管理，依法办理行政执法证件，杜绝无执法资格人员持证上岗。做好行政执法投诉受理，接待群众来信、来访、来电等300余人次，处理投诉事项43起。规范行政处罚裁量权，基本完成郑州市裁量标准制订工作，保证行政处罚的公平性。

完善郑州市依法行政督导平台。将服务型行政执法工作、行政执法责任制工作、依法行政推进机制和能力建设等工作纳入平台，通过平台显示全市各执法单位相关内容，使用三种颜色标注工作完成情况，通过督导平台做到对执法部门的监督，也促使执法部门间互相监督，起到了监督效果。

研究制定行政执法“三项制度”。在国务院在全国推行行政执法公示制度、执法全过程记录制度、重大执法决定法制审核制度（简称“三项制度”）试点之后，郑州市在2017年荥阳市、惠济区、市工商局、市食药监局、市环保局试点的基础上，抽调骨干力量起草郑州市“三项制度”相关文件，不断总结试点经验，学习借鉴外地市成功实践，对文件进行修订完善，按照程序审批签发，通过“三项制度”贯彻落实，促进执法部门有效履行职责，推进行政执法公开透明、合法规范。

【规范性文件审查清理】 强化规范性文件备案审查力度。将所有规范性文件纳入审查范围，受理备案文件463件，审查备案文件463件，印发备案情况通报3期，向省政府法制办和市人大常委会报送备案文件73件，办理公民提出的规范性文件审查建议3起，纠正违法或不当文件2件。

切实做好规范性文件合法性审核。审核文件447件，提出法制审核意见267条，组织重要规范性文件法律专家论证会2次，为市委、市政府依法决策、科学决策提供法治保障。

统筹推进规范性文件专项清理。落实国家、省工作部署，印发专项清理方案，全面细致梳理，集中审查论证，加强沟通协调，按时公布清理结果及报送，做好7项规范性文件专项清理，现已完成其中涉及著名商标制度、自贸区、公平竞争审查、生态环境保护、产权保护5项规范性文件专项清理，为全市全面深化改革营造良好的法治环境。

【行政应诉】 依法办理涉法事务。办理市政府行政应诉案件73件，办理涉及市政府的行政复议案件117件，办理市政府办公厅各秘书处转办件738件，参加各类具体事务协调会120余次，为全市中心工作和重大事项顺利推进把好法律关。

推进政府法律顾问制度。依照《郑州市人民政府法律顾问选聘工作方案》，按程序选聘14名法律专家和律师担任市政府法律顾问，选出93名法律人才入选“郑州政府法治智库”。在全市普遍建立起以政府法制机构人员为主体、吸收专家和律师参加的法律顾问队伍，推进政府法律顾问制度全覆盖、服务事项全覆盖和服务过程全覆盖，切实发挥法律顾问在制定重大行政决策、推进依法行政中的积极作用。

加强行政应诉规范化建设。起草印发《郑州市行政应诉案件档案管理办法（征求意见稿）》，向各县（市）区和市直部门征求意见建议，切实规范和加强全市行政应诉案件档案管理工作。建立典型案例发布机制，严选、发布30余起典型案例，为行政机关改进行政执法提供重要参考。

【行政复议】 办好行政复议案件。受理行政复议案件672件，其中转办214件，审理458件，审结362件。办理行政复议决定引发的行政诉讼案件267件，办结172件。

推进行政复议规范化建设。起草印发《郑州市行政复议案件审理机制适用规则》等规定，采取“承办制、会审制、合议制和论证制”四种模式审理案件。对行政复议委员会全体会议、案件审理会议议事规则等数十项工作制度梳理完善。制定《行政复议及其诉讼工作指导手册》，规范行政复议及其诉讼程序中用到的格式文书。探索信息化建设，编制建立行政复议信息系统的程序环节和主要内容。

严格规范办案流程。严格贯彻案件“首问负责”“一次性告知”“限时办结”等制度。坚持对行政机关年度内首起案件必听证，对重大复杂疑难案件必听证，组织对87件案件进行听证。优化听证回避、质证、辩论等制度，充分保障当事各方陈述、申辩的权利。加大现场调查力度，多次深入登封、新密等地山区进行现场勘查。

强化内部层级监督功能。强化回执制度，作出行政复议决定书履行情况回执单60件，要求败诉机关限期回复。建立不定期检查回访制度，对行政复议决定执行情况进行全方位检查，定期通报、跟踪督导。制作印发行政复议专报。

打造精品展示形象。制作行政复议典型案例汇编，指导基层办理案件。组织开展第五届行政复议精品案件评选活动，评出全市年度十大精品案件，扩大行政复议的法律效果和社会效果。

（刘汗青）

公安

【概况】 2018年以来，全市公安机关始终坚持以习近平新时代中国特色社会主义思想为指引，把学懂弄通做实党的十九大精神作为首要政治任务，牢牢把握“对党忠诚、服务人民、执法公正、纪律严明”总要求，始终把维护国家政治政权安全置于首位，主动进攻、先发制敌、制小得大、以点控面，全面打赢政治安全保卫战。紧紧围绕市委“四重点一稳定一保证”总格局，认真贯彻省公安厅党委“五个公安”建设和“1+3+5”的总体战略布局，全面落实以人民为中心的发展思想，抓党建、带队建、促工作、保平安，不忘初心，牢记使命，勇担重任，持续发力，圆满完成各项公安工作任务，以实际行动践行“做新时代党和人民忠诚卫士”的庄严承诺、为郑州建设国家中心城市保驾护航。市公安局连续四年被市委市政府评为“综合工作优秀单位”，连续三年被省公安厅评为“全省公安工作先进省辖市公安局”。省委政研室专题调研，《河南内参》刊发郑州公安经验。

【扫黑除恶】 坚持把扫黑除恶专项斗争作为重大政治任务，积极发挥排头兵、主力军作用，全警动员，全线出击。中央督导组、公安部、省公安厅交办涉黑恶线索全部查结，扫黑除恶综合成绩排名全省第一，战果遥遥领先。领导重视高效运转。制定《郑州市公安局扫黑除恶工作意见》，市县两级公安机关党委充分履行扫黑除恶政治责任，大员上阵，靠前指挥，副市长、市公安局局长马义中及其他班子成员经常性深入分包联系单位，调研指导、督促重点案件侦办和线索核查工作，压实了责任，提高了效率。重点领域打出声威。城市地区重点打击欺行霸市、强买强卖、敲诈勒索、聚众滋事的“行霸”“市霸”；农村地区重点打击把持基层政权的“黑村官”和利用家族势力欺压百姓的“村霸”“恶霸”。市公安局发挥专案攻坚优势，组织开展“铁拳”“亮剑”“飓风”三个专项行动，此类涉黑违法犯罪在郑州市基本绝迹。线索核查落实有力。及时对外公布10部24小时举报电话，配备专人负责接待群众上门举报。在“郑州警民通”微信公众号开设黑恶举报专栏，公布郑州CID微信公众号举报栏和举报信箱等方式，畅通黑恶线索网上举报渠道。内外协作配合密切。与检法机关联合下发《关于办理非法收车类黑恶势力犯罪案件的意见》，为打击非法收车黑恶犯罪提供法律保障；建立扫黑除恶通报会商制度，重大黑恶案件都提请检察机关提前介入。与市纪委监察委建立线索双向移交和查办线索反馈机制，与市委组织部建立情况通报交流机制，为农村“两委”人员培训班授课，开展警示教育。对于发现打掉的黑恶团伙犯罪，主动向地方党委、政府报告，向行业主管部门通报，向市委组织部、市卫计委、市房管局、市城管局、火车站综治办等部门书面提出整改建议。

【打击违法犯罪】 牢固树立“以打开路、以防为先、打防并举、打防结合”理念，始终保持对违法犯罪主动进攻的高压态势。打击常量显著提升，刑事立案持续下降，综合打击效能保持高位，打击暴力犯罪成绩领先。认真落实“九长必到”“多警连侦”“快侦快破”等工作机制，实现“命案必破、质量必保”。快速侦破航空港区“5·7”滴滴司机杀害空姐案，及时消除社会影响。深入开展“扫黑恶、缉枪爆、打盗诈”雷霆行动。打击常态犯罪尽职尽责。紧盯省会郑州刑事犯罪的季节性、规律性、行业性特点，深化不同领域的专项打击整治。

【安全管理】 始终坚持源头管理和排查整治齐头并进的指导思想，全面落实治安、消防、交通、监所各项安全管理措施，压实责任，跟踪问效，全年没有发生造成重特大影响的安全事故。

持续强化治安安全管理。全力开展枪爆违法犯罪打击整治。坚持旅馆业“四实登记”，推进“物流寄递业治安管理信息系统”安装。逐步实现开展重点易制毒化学品整治专项行动，深化打击“食药环”违法犯罪，全力奋战大气污染防治攻坚战。

持续强化交通安全管理。开展史上最严的“城区道路交通秩序综合治理”，市直部门联动、分局警种协同、交警兵团作战，源头、路面、路段全方位管控，严厉处罚和教育警示并重，形成“政府主导、部门联动、社会参与、企业主责、公安推动、综合治理”的交通安全管理格局。在火车站、郑大一附院、省人民医院、二七商圈、熙地港等重点区域持续开展集中整治，交通秩序明显改善。强力打击涉牌、涉证、酒驾、醉驾、毒驾、“三超一疲劳”等严重交通违法行为，在全省交警系统现场会上作典型发言。与华为、阿里、高德、百度等平台大数据深度融合，深化推进智慧交通建设，全市57条道路上布设视频检测器1675台、地磁检测器1219台，完成63套LED文字点阵屏和45套复合式交通光带诱导屏建设，新增实时、动态路况抓拍设备275处，增加协调控制路口130余处，建设行人闯红灯违法检测系统12处、机动车鸣笛抓拍系统10处，试点安装了发光人行横道线，信号控制、缉查布控、交通诱导等工作达到全国先进水平。全面加强道路交通安全源头管控，约谈重点企业1000余家，全面排查整改路面交通安全隐患，围绕道路交通安全基础设施以及山区、临崖、临水、桥梁、隧道、国省道平交路口等道路安全隐患点段，治理安全隐患500余处。

全面强化消防安全管理。积极面对改制转隶、消防安保交织叠加的现实考验，保持思想不乱、工作不断、队伍不散、干劲不减、火灾不增，全年共接处警5648起，抢救疏散被困人员2815人、挽救财产价值9401.4万元。编制实施《郑州市“十三五”消防事业发展规划》等系列文件，创新推出了消防网格化管理、小型消防站建设机制模式，经验做法全国推广。立足“大应急”“全灾种”职能转变，按照“立足郑州、辐射全省、专兼结合”原则，探索建立覆盖全市的应急攻坚处置圈，组建高层、地下、山岳、水域、化工等专业应急救援队伍，开展大型商业综合体、医院、学校、仓储等针对性实战演练3000余次。建立“党政领导分包、政府挂牌督办、兵团联合作战”的火灾隐患整改机制，固化运用“大排查、大执法、大约谈、大曝光”工作措施，持续开展大型商业体、文物古建筑、电动自行车等专项治理，共检查单位7.7万余家，发现整改火灾隐患18.3万余处。全年火灾四项指数同比分别下降10.9%、11.1%、62.5%和23%，成功处置了“2.1”绿地原盛国际办公楼火灾、“3.31”连霍高速氟化氢槽罐车泄漏等急难险重事故。

全面强化监所安全管理。深入开展“治理监管场所悬挂点”“安全隐患集中排查整治”等专项行动，全市监管系统连续4年安全无事故。

【公安基层基础建设】 深入推进公安发展“十三五”规划和公安装备建设五年规划实施落地，大力开展公安基层基础设施和基层民警休息用房建设，全面

2018年5月9日，郑州市公安局举行“就跑一次”新闻发布会（市公安局/供图）

2018年5月23—24日，2018腾讯“云+未来”峰会在广州举行。副市长、市公安局局长马义中发表题为《就跑一次，我们再出发》的主题演讲（市公安局/供图）

提升公安基层基础工作的规范化、标准化、专业化。

规范执法保障持续提升。紧紧牵住执法规范化建设这个公安工作“牛鼻子”，加大执法投入，成立执法办案中心管理机构，持续推进执法办案场所的建设、使用、管理和考核工作，建设了高标准的执法办案中心21个，改造符合标准办案区149个，执法办案场所达标率达到100%，所有案件全面实现“四个一律”。推进“智慧法制”系统建设，研发语音辅助智能审讯笔录系统，实现语音识别、笔录自动生成，进一步减轻民警工作强度。强力推广执法记录仪配备使用，更新增配在执法记录仪1401部、4G执法记录仪300部，一线执法民警配备率达到100%。遵循“公开是原则，不公开为例外”指导思想，利用“郑州警民通”，将案事件办理信息向特定群体进行主动公开，实现案件当事人实时查询案件办理的进展情况，以最大的公开促进最大的公正。加强扫黑除恶、反恐防恐、网络新型犯罪、大气污染治理等法律运用研究。强化执法监督、教育培训，先后举办法治业务培训班12起，培训法制骨干600余人。

警务机制保障创新提升。秉持“警务围着民意转、民警围着百姓转”工作理念，坚持好发展好新时代“枫桥经验”，深化“一村（格）一警”社区警务机制，优化整合基础网格，全市升级改造了警务室、警务工作站，社区民警、社区辅警下沉作业，社区民警兼任社区（村委）副书记，实现了“一格一警，网格布警；一村一警，村村见警”，“局外事”变成了“分内事”，聚合起“忠诚公安”的强大政治优势，发动依靠群众、了解社情民意、排查风险隐患、化解社会矛盾、查找执法漏洞、夯实警务基础、提升打防能力、服务温暖百姓、巩固基层政权，切实将服务管理的触角延伸至基层社会治理的每一个末梢，基层自治组织的公共服务能力得以持续增强。充分发挥警务工作站的战斗堡垒作用，全面推动治安联防、矛盾联调、问题联治、事件联处、平安联创，组建基层治理组织，建成治安巡逻队、治保会，化解矛盾纠纷、为公安机关提供线索，激活了社区警务末梢神经。在新密市、新郑市探索推行了“两队一室”勤务模式，彻底扭转了“打不胜打、防不胜防”的被动局面。全省公安机关坚持发展新时代“枫桥经验”高质量推进“一村一警”工作现场会在郑州召开。

警务保障坚强有力。严格落实“两法一规”，坚持“面向一线、精准保障”原则。牢固树立“城市发展规划到哪里，公安基层所队就建设到哪里”的工作理念，编制《郑州公安基础设施建设项目“十三五”规划》，印发《全市公安派出所基础工作攻坚实施方案》。全市二级以上派出所占比达95%，全面消除了5人以下派出所。始终把基层民警休息用房建设作为惠警工程，按照“乡镇基层民警每人一间房、城市基层民警每人一张床”的要求，为基层单位增加乡镇民警休息用房、民警休息床位、改造房屋。全省公安机关基层基础建设暨基层民警休息用房建设现场会在郑州召开。推进公安装备建设五年规划实施，按照实战、实用原则，配备了一批符合警务需要的高精尖装备。积极协调，更新全局执法执勤用车。

【警务信息化建设】 全面落实警务智能化建设要求，始终把大数据作为公安工作创新发展的大引擎，着力打造数据警务、建设智慧公安。

加快重点项目信息化建设。深化推进郑州公安大数据中心，全面整合警种业务数据、各政府部门业务数据、互联网等社会数据，形成了以大数据应用为核心，集警务全息搜索、综合分析研判、智能可视化调度、人工智能为一体的警务新模式，

加速专业手段信息化建设。刑事技术信息研判中心的指纹、DNA、足迹等侦查等技术手段在案件侦查中的支撑作用充分发挥。

强化源头管控信息化建设。大力推进社区警务智能工作平台建设，为社区民警提供信息查询服务。自主研发风险隐患动态管控系统，分类分级动态防控和全流程闭环防控，基层民警通过警务通、警民通小程序以及“郑州群众”APP等移动端全面感知风险点、隐患点，随时采录情报信息、接收预警推送、开展化解处置。积极运用物联网技术，将电动自行车防盗车牌安装列入郑州市2018年民生实事全面展开，已安装173.07万余辆，电动车被盗找回率由3%提升到32%。推广“N+3+1”智能安防小区物联网建设，《住宅小区安全防范系统技术规范》标准全省首创，《平安社区技术规范标准》填补了国内空白，为公安实战轨迹信息研判提供基础数据支撑，在全市建成智能小区200余个。

深化内部管理信息化建设。本着“让民警少跑腿，让工作更智慧”的理念，研发上线协同办公系统，拓展打通移动审批功能，多个部门、大部分事项实现网上流转、网上审批，全面提升了警务运行效率，大大缩短了基层民警的工作时间。坚持以“为民惠警”为中心，大力推动新一代警务通建设，为各警种提供更加丰富的应用资源、更加便捷的使用体验，切实提升了警务效能和公安机关核心战斗力。

【“放管服”改革】 以“就跑一次”为主线，深入推进“践行十九大、民警听民声”主题活动，全面深化“放管服”改革，运用科技手段，创新工作方法，解决民生诉求，形成长效机制，使人民获得感、幸福感、安全感更加充实、更有保障、更可持续。

做好简政放权的“减法”。坚持“一站式”服务，高效完成行政审批中心向政务服务大厅整体迁移，涉及治安、交警、禁毒等部门的10类行政审批服务事项，实行审管分离，一站式受理，先后推出电话预约、延时服务和午间不间断服务等举措，落实了“首问负责制”，做到了“一窗对外，全流程贯通”。坚持“清单式”管理，对照法律、法规、规章，依法确认登记公安机关权力清单666项，其中行政事业性收费清单73项，行政审批事项清单14项，编制了市级公安行政审批目录、权责清单、服务流程图及办事指南，通过政府门户网站等媒介向社会公开公布，推行阳光警务。依法清理市级行政审批、行

政许可事项19项，精简率达58%，取消繁文缛节和不必要证明事项47项，并逐项进行规范和流程再造，单项行政审批时间缩减了30%以上。

做好依法监管的“加法”。全面推进“双随机一公开”抽查监管机制，建立了随机抽查事项清单、随机抽查对象名录库和执法检查人员名录库，制订实施细则，实行动态调整，执法人员、执法对象随时抽取，结果全部对外公开公示，依法确定“双随机”监督检查事项8项，随机抽查对象消防类217家、治安类306家、其他类30家。充分运用互联网、物联网、云计算、大数据等新科技信息化技术手段，大力推进公安监管系统建设，相继建成了民爆物品管理、旅馆业信息管理、枪支安全管理、网吧管理、易制毒化学品监管等信息化监管系统，进一步加大对相关危险物品、特种行业以及相关企事业的信息化监管检查力度，实现了一网管控，有效提升了公安机关对监管对象存在问题隐患的发现、预测、预警能力和监管效能，大大提高了社会单位履行责任的工作效率和效果。

做好优化服务的“乘法”。深化户籍制度改革，在中心城区和县（市）区全面实施差别化落户政策，全面放宽落户限制，新增落户人口50余万人。建立居民身份证异地受理、挂失申报和丢失招领制度，在全市197个户籍窗口和35个居民身份证异地受理点全面实施，服务群众30余万人次。通过互联网交通安全综合服务平台，23项车驾管业务实现网上预约申请办理，开通了邮政快递业务和“支付宝”“微信”缴费功能，注册量达166万人次。全面开展省内异地考生预约考试业务和机动车异地检验业务，积极推行机动车检测站和驾驶人考场社会化。出入境管理部门推广了微信排队、预约、填表以及手续检索等功能，上线电子数据自动录入系统，推行“容缺受理”机制，开通异地证件办理业务，受理异地申请达13.2万件。相继港区、高新区、新郑和巩义市开展境外人员办理业务，在市政府办证大厅增设港澳台居民业务，对市区8个出入境接待大厅下放港澳台二次签注制证权限，建设预受理系统25套，引进自助预受理设备4台，投放自助签注设备15台，全市17个接待大厅均实现港澳台二次签注制证，不断满足群众“就近办证”实际需求，

做好痼疾顽症的“除法”。聚焦“马上办、一次办、就近办、网上办”要求，坚持“刀口向内”，推动公安行政服务理念、制度、作风的深层次全方位变革。上线运行“郑州警民通”，开通业务11类167项，关注用户动态保持在520万以上，为群众提供网上服务4186万次，《人民公安报》头版头条宣传报道。紧紧围绕“就跑一次”，依托腾讯云在全市所有的246个服务窗口建立了“就跑一次”通道，打造了全国首个“网上警务面对面”咨询系统，全面梳理推出涵盖治安、交警、网监、消防、反诈、出入境、行政审批7个警种部门能够实现“就跑一次”事项24类97项，累计服务群众230万人次，群众到公安机关办事办证的跑趟次数下降70%以上，累计节约群众时间200余万小时，节约成本500余万元。自主研发警务自助服务一体机，为群众开具临时身份证明、无犯罪证明等26项便民服务，前期30台投放社会，打造市民家门口的派出所，引起社会各界的广泛赞誉。在2018腾讯“云+未来”峰会上，郑州公安“就跑一次”政务服务模式全国推广，郑州公安互联网+工作荣获全国警务创新奖。国务委员、公安部部长赵克志调研期间，对“就跑一次”工作给予充分肯定，中央深改办和公安部分别推广郑州做法。

【公安队伍建设】 紧紧围绕“抓党建、带队建、促工作、保平安”总体思路，全面推动“六队建设”，以党的建设高质量推动了公安工作高质量，市公安局党委被市委评为“党建工作先进单位”。

强化政治建设。牢固树立“四个意识”，坚定“四个自信”，坚决做到“两个维护”，强化忠诚核心、拥戴核心、维护核心、捍卫核心的思想自觉、政治自觉和行动自觉，切实打牢高举旗帜、听党指挥、忠诚使命的思想根基，永葆人民警察的忠诚警魂。始终把理论学习摆在突出位置，全年全市各级公安机关党委中心组共开展集中学习535次，有6篇理论文章和学习体会被《郑州工作》予以刊发。组织全体民警学习“党员修养荐读”文章270余篇，印发十九大报告手抄笔记，举办9期中层干部轮训班、9次专家辅导讲座等，努力做到先学一步、学深一层、干在实处。制订党建配套文件15份，完成局属9个党总支、270个党支部换届改选。市公安局“五个聚集”抓党建的经验被公安部转发，经开分局明湖派出所被公安部确定为党建工作调研联系点。

建强专业队伍。严格落实好干部标准，围绕“好干部”标准和“六重”用人导向。警卫处、市局纪委、保安公司、消防支队改制工作顺利推进，人员转职工作圆满完成。

注重教育培训。先后在公安大学、复旦大学、浙江大学、喀什地区公安局警务技能训练基地举办培训班12期，培训领导干部、党员业务骨干870余人；在重庆大学、济源愚公移山干部学院等地举办了5期党务干部培训班，培训基层党支部书记和支部委员330余人；在北京大学、复旦大学举办2期全市公安纪检监察干部培训班，培训纪检监察人员170余人；对166名新特警队员进行军事化管理；在警察训练部自主举办各类业务培训班53期，培训党员民警3360余人，拓宽了工作视野，提升了业务技能。在2018年河南公安特（巡）警系统比武竞赛活动中，特警支队荣获团体第一名，男子组第一、二、三名，女子组第一名，再次获“大满贯”。在2018年公安部中部协作区公安特警五项比武活动中，特警支队在水上多目标射击、抢滩登陆作战科目均获得第一名。新密市局在第二届国际警察手枪射击比赛中取得团体第5名的优异成绩。

做实暖警惠警。稳步推进公安体制机制改革和公安机关人民警察职务序列改革。认真落实民警带薪休假、健康体检、生日祝福等制度。组织开展十佳系列、党员之星等先进评选，全市公安机关共有113个集体、551人立功受奖，460人被评为各类先进，付长涛被评选为“温暖郑州十大人物”，入围“出彩河南公安人”评选。

2018年10月17日，市公安局举行2018高校普法宣传巡演活动（市公安局/供图）

强化典型宣传。大力加强警营文化建设，先后举办“昂首新时代——郑州公安2018颁奖典礼”、长跑（健步走）等系列文体活动，激发了队伍昂扬斗志，凝聚了团结奋进正能量。召开新闻发布会15次，组织媒体集中采访活动46次，在中央电视台推出专题报道17条，在各级新闻媒体上刊发稿件6000余篇。组织宣传小分队，到全市高校开展10场普法巡演，在市人民公园连续开展25场“送节目、送服务、听民声”警民共建周末主题文化活动。成功处置各类涉警舆情320余起，没有造成重大负面影响。推出的公安文艺作品，获公安部一、二、三等奖各2个。

持续正风肃纪。以“五个一”活动为载体，深入推进“纪律作风建设年”活动和“以案促改”主题警示教育活动，组织服刑人员现身说法，持续开展警示教育，洗涤了灵魂、转变了观念。三级党组织层层签订《党风廉政建设暨全面从严治党治警责任书》，下发了《全市公安机关党组织提醒约谈函询工作实施办法》，查纠各类问题1800余起。开展“帮圈文化”专项排查整治，引导大家系好廉洁的“安全带”，把好用权的“方向盘”，时刻紧绷廉政这根弦。

（王　静）

检　察

2018年7月31日，市检察院召开公益诉讼暨打击破坏环境资源犯罪新闻发布会（市检察院/供图）

【概况】 2018年，全市检察机关高举习近平新时代中国特色社会主义思想伟大旗帜，牢固树立“四个意识”，坚定“四个自信”，做好“两个维护”，把改革叠加形成的系列挑战，作为做优做强做实做好法律监督的机遇，立足检察职能调整，攻坚克难、务实重干，忠实履行职责，检察工作迈出新步伐、取得新成效。

【服务经济社会发展】 服务国家中心城市建设。深入落实服务保障国家中心城市建设11条意见，对重大项目、产业发展提供司法保障。牵头制订服务保障民营企业高质量发展27条意见，依法、平等、全面保护民营企业和民营企业家合法权益。保护自主创新，助力自主创新示范区建设，严惩侵犯知识产权犯罪，提起公诉73人。对郑州中央文化区建设等投资3000余亿元的重点项目，尝试选派38名检察服务专员，提供“一对一”专属服务，保障国家中心城市建设重点项目的顺利推进。

服务打好“三大攻坚战”。服务化解风险攻坚。严厉打击破坏社会主义市场经济秩序犯罪，提起公诉1267人；稳妥处置非法吸收公众存款、集资诈骗等涉众型经济犯罪，提起公诉381人；在办案中坚持依法打击与追赃挽损并举。服务精准脱贫攻坚，积极参与扶贫领域职务犯罪专项整治，深化落实服务保障乡村振兴战略18条意见，明确责任，扎实推进；结合检察职能开展“法治扶贫”，对因案致贫、因案返贫的刑事被害人或者近亲属及时实施司法救助，发放救助资金125万余元。服务污染防治攻坚，参与“携手清四乱·保护母亲河”专项行动和淮河流域（河南段）生态环境保护战略协作，持续开展破坏环境资源犯罪专项立案监督，督促公安机关立案29人，提起公诉222人，有力保障碧水蓝天。

服务保障民生。对群众反映强烈的食品药品安全问题，开展专项立案监督活动，督促公安机关立案22人，批准逮捕生产、销售假药劣药等犯罪嫌疑人73人，提起公诉101人。联合教育、食品药品监管等部门，在全市开展“校园食品安全”专项监督活动，发出检察建议21份，确保孩子们吃上放心饭。依法维护农民工合法权益，通过办案追回拖欠农民工工资750余万元。开展“温情司法关爱岗”活动，对涉案家庭97人进行心理辅导、法律援助、复学复业等人文关怀。

【平安建设】 重拳出击扫黑除恶。强化责任担当，以“破网打伞”为主攻方向。成立涉黑恶犯罪检察组，采取专业化办案，集中行使“捕、诉、监、防、信”职能，以专克难。批准逮捕涉黑恶犯罪嫌疑人620人，提起公诉786人，弘扬了社会正气，增强了人民群众安全感。通过办案向纪委监委移送“保护伞”线索19件，向有关部门发出检察建议20份，努力铲除黑恶势力滋生土壤。

贯彻宽严相济刑事政策。树立总体国家安全观，突出打击严重刑事犯罪。开展打击颠覆破坏活动、暴力恐怖活动、邪教犯罪活动，批准逮捕各类犯罪嫌疑人7267人，提起公诉17602人。其中批准逮捕严重暴力犯罪、多发性侵财犯罪等犯罪嫌疑人3443人，提起公诉5723人。落实非羁押诉讼、认罪认罚从宽等制度，决定不批捕1740人、不起诉486人，向法院提出认罪认罚从宽量刑建议8788人，最大限度减少社会对抗，促进社会和谐。

促进社会综合治理。以加强未成年人司法保护为抓手，开展防治校园欺凌专项工作，依法严厉打击侵害未成年人犯罪，批准逮捕334人，提起公诉463人；落实“谁执法谁普法”责任制，两级院检察长带头参加“精准普法集中巡讲”活动，担任法治副校长，开展“送法进校园”活动280余场，受教育师生、家长10万余人。管城区检察院涉案未成年人帮教保护信息平台获评“全国未成年人检察工作创新实践基地”；建设12309检察服务中心，打造新时代“枫桥经验”检察版。针对重复访、集体访等突出问题，开展“矛盾纠纷排查化解和信访案件评查”专项活动，逐案进行反向审视，加强检察长接访、律师参与化解信访等工作，真诚解决群众反映的问题。中央巡视组交办的44起案件全部办结，息诉40起。

【公正司法】 强化刑事立案、侦查和审判监督。坚持惩治犯罪与保障人权并重、实体公正与程序公正并重，对侦查机关应当立案而不立案的，督促立案77件；对不应当立案而立案的，督促撤案55件；对应当逮捕而未提请逮捕的，追加逮捕222人；对应当起诉而未移送起诉的，追加起诉119人；对认为确有错误的刑事裁判提出抗诉44件。两级院检察长通过列席同级法院审委会，围绕疑难复杂案件或者其他重大司法问题，面对面交换观点，阐述意见，真诚沟通，充分论证，统一司法标准和办案尺度，同心协力把案件办准办好。

强化刑罚执行和监管活动监督。注重保障被羁押人员合法权益，监督纠正刑罚执行和监管活动违法143件次；督促清理久押不决案件，监督纠正超期羁押112人。完善刑罚变更执行同步监督机制，监督纠正不当减刑、假释、暂予监外执行947人。加强社区矫正监督，监督纠正脱管漏管138人，促进社区服刑人员教育转化。强化财产刑执行监督，监督执行426人，执行金额5196万余元，成功办理西藏自治区人大常委会原副主任乐大克财产刑执行监督案件，督促执行515万余元。开展监狱巡回检察试点工作，探索“清单式”巡回检察新模式，促进监管改造质量提升。

强化民事行政监督。受理生效裁判监督案件747件，对确有错误的民事生效裁判提出抗诉22件，提请省检察院抗诉105件，发出再审检察建议68件、纠正违法检察建议19件。对313件裁判正确、不符合抗诉条件的案件，耐心释法说理，促进服判息诉。积极监督支持法院解决“执行难”问题，开展执行监督专项活动，发出检察建议49件。开展非诉执行专项监督，依法办理行政非诉执行监督案件48件。深化虚假诉讼专项整治，立案虚假诉讼案件52件，涉案金额1.5亿余元，10名当事人因涉嫌虚假诉讼犯罪被立案侦查，严厉打击为谋取不正当利益的“假官司”，维护司法公正。

【公益诉讼】 统筹协调促进全面履职。成立公益诉讼领导小组，每月召开例会，通报办案情况，研究疑难复杂问题，制作责任清单，逐项进行解决。实施一体化办案机制，统筹调配全市办案力量，集中办理公益诉讼案件。建立公益诉讼检察组，专门办理公益诉讼案件。向党委、人大请示报告，争取重视和支持，全市两级党委、人大先后出台了支持检察机关开展公益诉讼工作的规范性文件。2018年，全市共受理案件线索239件，立案235件，启动督促履职等诉前程序175件，提起公益诉讼11件。

建章立制提升办案质量。建立约谈机制，把解决问题作为着力点。诉前检察建议，详细阐明公益受损情况。约谈主体责任人，明确责任和整改内容，把提起诉讼作为最后监督手段。建立质量控制机制，对案件办理的关键节点实施管控，确保提出检察建议的具体落实。建立案件线索统一移送机制，发现国家工作人员涉嫌职务犯罪的，依法移送纪检监察机关，增强监督刚性。

突出重点增强办案效果。聚焦生态环境治理，推动解决水资源保护、大气污染防治等突出问题。2018年8月，省环保厅对郑州检察公益诉讼保护环境取得成效致函感谢。聚焦维护国家利益，对国有土地使用权出让领域的问题，深挖细查，挽回国有资产损失9064万余元。聚焦食品药品安全，开展“保障千家万户舌尖上的安全”公益诉讼专项监督，针对网络餐饮的突出问题，及时发出检察建议，推动完善食品药品安全监管机制，保障人民群众吃得安全、吃得放心。

【检察队伍建设】 坚持不懈加强政治建设。组织党组中心组学习25次，贯彻落实习近平新时代中国特色社会主义思想和党的十九大精神。采取专题辅导、知识竞赛等形式，实现全员覆盖。坚持重大事项请示报告制度，凡涉及重要工作部署、重大会议活动等，及时向市委请示报告；建立政治理论学习、干警思想动态定期分析、党员固定党日活动、组织生活会等党建制度，制订党建工作责任、党风廉政建设工作责任、意识形态工作责任等三个清单，压实党建工作责任，提升党建工作规范化科学化水平。

全面从严管理队伍。聚焦“四风”经常抓。做到经常性对照、经常性提醒、经常性督察、经常性查处和警示。全年开展检务督查16次，对5名干警做出党政纪处分及组织处理。以案促改具体抓。结合发生在身边的违纪案件，列出问题清单，建立整改台账，狠抓整改落实。开展巡察对照抓。先后对中原区检察院等4个基层院开展巡察，通过巡察解决突出问题；持续抓好中央、省委巡视反馈意见整改落实，开展6个专项活动，建立16项长效机制，确保整改质量效果。结合自身针对抓。开展“规范司法行为、全面从严治检、推动转型发展”大讨论活动，打赢挤水分、重规范、强纪律“三场硬仗”，努力实现业绩没有水分、办案文明规范、队伍纪律严明。

加强专业化智能化建设。培育专业能力方面，开展实务研讨、网络教学，举办“首届公诉人与律师诉辩大赛”等岗位练兵活动，组织80余名员额检察官到吉林大学脱产培训，着力提升检察官履职能力水平。信息化建设方面，建成覆盖全市的“三远一网”智能办案系统，以机器换人力，以智能增效能，最高检察院检察长张军来郑视察调研时予以肯定。自主研发的“案件质量评价系统”，在全省检察系统推广应用，全国多地检察机关学习引进。

持续深化检察改革。落实司法办案责任制，加强员额检察官监督考核，执行入额领导干部直接办案规定。全市检察机关26人退出员额，32人补充入额。适应职务犯罪办理新机制，组建职务犯罪检察组，加强与纪委监委的协作配合，审查起诉职务犯罪142人，依法起诉了甘肃省委原书记王三运、市人力资源和社会保障局原局长戴春枝等一批有重大影响的案件。圆满完成为期两年的认罪认罚从宽试点任务，对11127人适用认罪认罚从宽制度，检察环节适用率达49.71%，先后在全省、全国会议上介绍试点经验。

2018年8月15日，全市检察机关举办学习党的十九大精神知识竞赛（市检察院/供图）

【自觉接受监督】 自觉接受人大及其常委会监督。坚持向市人大及其常委会报告重要工作部署、重要工作情况，专题报告侦查监督工作。加强人大代表联络工作，通过开展走访座谈、征求意见等活动，推动代表联络全覆盖；邀请代表参加检察长会议、检察开放日、精品案件评选等重大活动100余人次，发送各类检察工作资料3000余份，为代表监督检察工作提供便利。认真办理代表意见建议，深入研究落实举措，加强与代表沟通，赢得了代表的认可。

自觉接受政协及社会各界监督。坚持定期向政协委员通报工作情况，诚恳听取意见建议。精心办理政协委

2018年12月4日，市检察院参加国家宪法日宣传活动（市检察院/供图）

员关于加强民事行政监督的提案，逐条抓好落实，逐项反馈结果。健全人民监督员履职保障机制，确保人民监督员作用充分发挥，人民监督员监督案件15件18人。

深化检务公开。公开法律文书11652件，发布重要案件信息2640件，公开案件程序性信息23150件。开辟检务公开新途径，充分运用检察官方微博、微信、客户端，动态发布检察信息，定期向代表委员发送《郑州检察手机报》，寄送《郑州检察要况》，让代表、委员及时了解全市检察工作动态，理解和支持检察工作。让检察融入人民，让人民了解检察。

强化内部监督制约。每月综合运用流程监控、质量评查、业务数据分析研判等手段，进行全方位、全流程监督检查。全年，对司法办案流程中存在的问题提出纠正意见800余次，随机抽取近2000起案件进行集中交叉评查，对发现的问题实名通报反馈，深入反向审视，倒逼规范提升。加强律师执业权利保障，认真解决律师会见难、阅卷难等问题，安排辩护人、诉讼代理人阅卷3914次，接受案件信息查询4627次。

【“1+6”检察公益诉讼中牟样本在全国检察系统推广】 中牟县检察院把公益诉讼作为检察工作新的增长点和转型发展的着力点，聚焦重点领域，把握重点环节，强化法律监督，加强检察建议办理，努力打造以办案为中心，以政策、案源、理论、科技、协作、实效为支撑的“1+6”检察公益诉讼中牟样本，初步实现公益诉讼流程规范化、监督精准化、保障制度化、队伍专业化。

中牟县检察院探索打造“1+6”检察公益诉讼中牟样本的做法，得到上级院的肯定和支持。在5月8日的全省民行工作会议、6月1日的2018年河南检察公益诉讼学术研讨会、11月22日由《检察日报》主办的全国检察公益诉讼工作研讨会上，中牟县分别做了典型发言。

【金水区检察院在未成年罪犯减刑假释庭审中首创监护人到庭制度】 2018年7月27日，金水区法院开庭审理郑州未成年犯管教所服刑学员康某某假释案，检察机关、刑罚执行机关派员出庭。与通常庭审活动不同的是，康某某的父母作为监护人，也被通知到庭，不仅全程旁听庭审过程，而且经审判长许可，检察员可以就未成年罪犯成长经历、犯罪轨迹、性格特征、原判裁定执行、监护人监管条件和帮教措施等涉及未成年罪犯减刑假释的问题，对监护人进行专项调查和询问质证，监护人可以向法庭提供相关证据，并就庭审活动不当情况提出意见建议。这是金水区检察院会同法院、刑罚执行机关，将监护人到庭制度引入未成年罪犯减刑假释庭审的试点，在全国尚属首创，有其重要的法治意义和实践意义。这次庭审活动，引起社会广泛关注，人民网、中新社等全国20余家新闻媒体进行专题报道。

（范传斌　李留成）

法　院

【概况】 2018年，全市法院坚持以习近平新时代中国特色社会主义思想为指导，深入学习贯彻党的十九大和习近平总书记视察指导河南、郑州时的重要讲话精神，在市委正确领导、市人大及其常委会有力监督、市政府大力支持、市政协民主监督和社会各界关心支持下，紧紧围绕“四重点一稳定一保证”工作总格局，牢牢把握公正司法主线，狠抓审判执行第一要务，深入推进司法改革，持续加强队伍建设，各项工作取得新进展。全年共受理各类案件348807件，审执结310258件，同比分别上升11.73%、15.42%，其中，市中级人民法院共受理各类案件47852件，审执结42525件，同比分别上升17.99%、16.31%。司法改革、少年审判、知识产权审判、信息化建设等多项工作获最高法院表彰，涌现出65个先进集体和237名先进个人。

认真落实中央、省委、市委决策部署，严格执行重大事项报告制度，向市委、市委政法委请示报告解决执行难、信息化建设、司法改革等工作17次，切实把讲政治、顾大局落实到执法办案具体行动中。始终把人大监督作为依法履职、改进工作的重要保障，贯彻落实市人大及其常委会各项决议，定期报告法院工作。组织“代表委员看亮点”视察活动18次、人大专项视察活动3次，邀请代表委员旁听庭审、见证执行1328人次。认真开展代表委员结对联络，发送手机报50期，走访代表委员739人次，听取意见建议。及时回应代表委员关注事项，办结代表委员建议、提案10件。

【保障经济发展重大战略】 围绕国家中心城市建设，出台优化营商法治环境服务保障意见，推出28项司法服务举措，审结与经济发展密切相关的各类案件85722件。着力防范化解金融风险，审结金融合同、民间借贷、证券期货等案件49573件。大力支持民营企业和民营经济发展壮大，健全产权司法保护机制，审结权属争议、股权纠纷等涉产权案件4386件，让企业家放心投资、安心经营。紧跟自贸区建设，完善郑州片区法律服务体系，选任港澳籍人民陪审员，建立外国法查明工作机制，妥善审理郑欧班列运输纠纷、保税中心合同纠纷等相关案件1139件。依法保障供给侧结构性改革，主动对接政府部门，建立“僵尸企业”识别机制，开辟快速审理通道，审理此类案件69件。市中院被评为“全市国企改革攻坚工作突出贡献单位”。

【保障创新驱动发展】 发挥郑州知识产权法庭职能，全面推进民事、刑事、行政“三合一”审判，审结各类知识产权纠纷案件3371件，保护高质量发展新动能。加大对各类侵权行为的打击力度，对28名被告人适用从业禁止令，审结侵犯著作权纠纷案件1153件，审结茅台、六神、道口烧鸡等知名企业商标权纠纷案件1451件，审结专利权、技术服务合同等纠纷案件658件，保障大众创业、万众创新。市中院被国家版权局评为全国查处侵权盗版案件有功单位。

【参与生态文明建设】 坚持“绿水青

山就是金山银山”理念，加强对森林、湿地、流域、农田、城市五大生态系统的司法保护，审结环境资源类案件762件。严厉制裁乱垦滥伐、破坏耕地、污染环境等犯罪行为，判处犯罪分子173人，对环境监管失职的被告人孙小伟判处有期徒刑三年。健全司法与执法联动机制，对违规排放有毒有害物质、倾倒建筑渣土的5家企业发布环保禁止令，判令承担清理污染、补栽林木、施放鱼苗等责任，促进生态环境修复。集中管辖环境资源行政公益诉讼案件，维护环境公共利益，为高质量发展提供绿色生态屏障。

【推进法治郑州建设】 监督支持行政机关依法行政，保护行政相对人合法权益，审结各类行政纠纷案件5948件。创新司法建议方式，在行政裁判文书中列明司法建议内容，增强司法建议的公开性和可监督性。认真落实行政案件异地管辖，扎实开展行政机关负责人出庭应诉活动，行政机关负责人出庭应诉1245人次，促进行政争议有效化解。坚持开展法律“六进”活动，深入乡村、社区、广场等发放法律宣传资料3.5万余份，举办法律咨询、巡回开庭937场次，引导群众养成办事依法、遇事找法、解决问题用法的法治观念，形成守法光荣、违法可耻的社会氛围。

【维护社会稳定】 认真贯彻宽严相济刑事政策，审结各类刑事案件17241件，判处犯罪分子18572人。严惩严重暴力犯罪，审结故意杀人、绑架、抢劫、强奸等案件2554件，审结扰乱医疗秩序、醉酒驾驶、黄赌毒等案件5178件。对抢劫杀害6名妇女的被告人刘某龙判处死刑；对残忍杀害在校学生的被告人韩某判处死刑。严惩非法集资、电信诈骗等涉众型经济犯罪，审结此类案件267件。对集资诈骗9.7亿元的被告人张某亚判处无期徒刑。审结减刑假释案件2583件，促进罪犯悔过自新、回归社会。

【扫黑除恶】 严格落实中央部署，提高政治站位，坚持扫黑除恶与“破网打伞”相结合，审结涉黑恶犯罪案件85件698人。突出打击重点，从严惩治把持基层政权、欺行霸市、暴力讨债等涉黑涉恶犯罪，3次组织集中宣判涉黑涉恶犯罪案件24件，营造扫黑除恶强大声势；综合运用追缴、判处财产刑等手段，铲除黑恶势力经济基础，判处财产刑3436万元，对21人没收个人全部财产。对组织领导黑社会性质组织、严重破坏大中原水果市场经营秩序的被告人马某杰判处有期徒刑十九年。对利用家族势力把控基层政权、称霸一方的恶势力团伙纠集者潘某锋判处有期徒刑七年零三个月。

【推进反腐败斗争】 坚持“打虎”“拍蝇”，审结贪污、贿赂等职务犯罪案件336件，判处刑罚575人，其中县处级以上29人，推动形成反腐败斗争压倒性态势。公开开庭审理全国人大教育科学文化卫生委员会原副主任委员王三运受贿一案；以受贿罪判处三门峡市委原书记赵海燕有期徒刑十一年；以贪污罪、受贿罪、巨额财产来源不明罪判处郑州市人力资源与社会保障局原党组书记、局长戴春枝有期徒刑十四年，彰显党和国家有腐必惩、有贪必肃的坚强决心。

【保障民生权益】 大力弘扬社会主义核心价值观，维护社会公序良俗，审结各类传统民事案件105158件。判决备受社会关注的“电梯内劝阻吸烟案”劝阻者不承担责任，鼓励维护公共利益行为，传递正能量，引领新风尚，该案被评为2018年度全国法院十大民事行政精品案件。探索建立家事案件冷静期、案后跟踪回访制度，与行政机关、妇联等建立协作机制，发出反家暴人身安全保护令57份，审结家事纠纷案件16194件。扎实开展农民工系列维权活动，审结相关案件2980件，追回劳动报酬1.3亿元。加大未成年人司法保护力度，严厉打击校园欺凌、暴力侵害等违法犯罪行为，审结相关案件1282件；与市教育局等11个部门联合会签《加强中小学生校园欺凌综合治理方案》，合力建设安全、阳光校园。持续推进涉军维权，维护军人军属合法权益，圆满完成军队“停偿”工作司法保障任务，审结相关案件181件，促进军民融合发展。

【提升诉讼服务水平】 严格落实立案登记制，当场立案率97%以上。积极构建多元化立案模式，网上立案、自助立案、跨域立案35587件，让数据多跑路，让群众少跑腿。升级线上、线下两个诉讼服务中心，提供网上查询、现场咨询等诉讼服务63万人次。加大司法救助力度，为当事人缓减免诉讼费1692万元，发放司法救助金838万元，彰显司法关怀。

【执行工作】 2018年，全市法院紧盯“用两到三年时间基本解决执行难”目标，突出执行强制性，加强执行规范化、信息化，强势推进，重拳出击，共受理执行实施案件106503件，执结案件88586件，案件执结率83.17%，有财产可供执行案件法定期限内结案率94.98%，无财产可供执行案件终本合格率98.27%，“基本解决执行难”取得实质性成果。

强化执行联动机制建设。主动向市委汇报执行工作，市县两级党委、政府出台支持解决执行难实施意见，建立联席会议制度，形成执行联动机制。市综治办将执行工作列为全市综治和平安建设工作重要指标，实行量化考核。与市公安局联合出台《关于协助法院查扣车辆意见》，由公安交管部门协助法院查扣被执行人车辆。联合不动产登记部门成立执行查控中心，集中查控土地、房屋等信息。借助市信用中心“红黑榜”，将失信被执行人信息嵌入郑州市诚信建设系统。强化内部联动，加强与立案、审判、司法技术等部门协调配合，有效提升执行合力。全市执行联动机制基本形成，二七区执行联动大格局经验做法被最高法院确定为第四批人民法院司法改革典型案例。

强化执行规范管理。全面运行执行案件流程管理系统，加强节点管控，实现动态监测、全程留痕。完善“一案一账号”，做到案款精准对应，强化执行权监管。出台《司法评估拍卖管理办法》，实行先评估后收费，全年网拍

2018年10月19日，最高法院到郑州市调研督察司法改革专项工作（市中级人民法院/供图）

2018年11月13日，中国社科院基本解决执行难第三方评估组到郑州中院听取河南法院基本解决执行难第三方评估工作汇报（市中级人民法院/供图）

成交2631件，成交金额58.9亿元。探索利用淘宝、京东大数据平台，对246件执行标的物进行网上询价，简化评估流程，缩短评估周期，及时保障胜诉当事人实现合法权益。

强化执行信息化应用。按照全国一流标准，建成集网络查控、监督管理、远程指挥等功能于一体的执行指挥中心，实现远程指挥，助力强制执行。探索运用“执行天眼”系统，通过分析被执行人历史活动轨迹，准确掌握其位置信息。与中国司法大数据研究院合作，依托“易执行”，借助今日头条、腾讯新闻等平台，精准推送失信被执行人信息5302条。

强化失信行为惩戒。设立“打击拒执犯罪警务办公室”，公安机关协助查询被执行人身份信息，有效打击规避执行、抗拒执行行为。扎实开展“春雷行动”“夏季雷霆”“秋季风暴”“冬季飓风”等活动，在被执行人住所地张贴失信惩戒公告1.2万余份，在电视网络、广场集市、机场车站等公开曝光失信被执行人信息68272条，强制腾房1195套，拘留、罚款3673人次，追究拒执犯罪584人，7346名失信被执行人慑于压力主动履行义务。

【司法改革】健全人员分类定岗、院庭长办案、法官员额选任退出等机制，增补员额法官105名，85%的人力集中在办案一线，法官人均结案539件，形成了多办案、快办案、办好案的浓厚氛围。深化以审判为中心的刑事诉讼制度改革，严格落实证据裁判规则和非法证据排除规则，完善证人、鉴定人、侦查人员出庭作证机制，落实律师辩护全覆盖，商请法律援助机构指派辩护律师8128人次，确保庭审实质化。圆满完成全国人大常委会关于认罪认罚从宽制度试点工作，当庭宣判率98%，服判息诉率98.6%。创新发展“枫桥经验”，健全矛盾纠纷多元化解机制，推行诉前分流、诉调对接，诉前成功化解各类纠纷5340起。大力推行案件繁简分流，适用简易程序、小额诉讼程序审结案件109926件。登封法院繁简分流“五分法”入选最高法院司法改革案例。

【审判管理体制创新】推行分案机制改革，严格实行电脑随机分案，排除人情关系干扰。中院机关实施双向选择，坚持以案定额为主、以岗定额为辅，组建38个审判团队，法官、辅助人员实现合理组合，激发团队合力。建立双向问题清单制度，每月收集有关审判管理、院务管理等方面意见建议，制作清单，提交党组会研究，及时发现问题、解决问题；党组每月集体研究分析全市法院审判执行运行态势，向基层法院、中院各部门发出问题清单，限期整改。

【智慧法院建设】充分释放信息化建设成果，建成智能办案辅助系统，发挥大数据、云计算、人工智能在案件信息检索、法条案例推送、文书生成校对等方面的作用，实现无纸化办公办案、诉讼案件全流程网上办理，减少法官重复劳动，提高审判效率。健全审判流程、裁判文书、执行信息、庭审直播四大公开平台，公开审判流程信息、执行信息35项，公布裁判文书307846份，直播庭审8467次，以司法公开促进审判质效提高。郑州打造智慧法院的经验被最高法院推广。

【队伍建设】加强思想政治建设，组织院领导上党课173次、专家辅导59次、主题研讨65次，教育引导广大干警学深悟透习近平新时代中国特色社会主义思想，矢志不渝做中国特色社会主义事业的建设者、捍卫者。加强基层党组织建设，贯彻执行党支部工作条例，全市法院431个审判团队建立党小组，实现党建工作全覆盖；实施组织力提升工程，组织3期基层党支部书记集中轮训，开展五星党支部评选活动，不断增强基层党组织战斗堡垒作用。市中院被评为“全市党建工作先进单位”。

提升司法业务能力。实行法官业绩每月量化考核，评选月度、季度、年度办案标兵，激发争先创优意识，4名法官被评为全省法院审判业务专家。建立刑事、民事、行政、审监专业法官会议，集体“会诊”重大疑难案件，统一裁判尺度。扎实开展大学习大调研，围绕审判执行热点、难点问题，组织理论研究、学术研讨，39篇调研成果获奖，18起案件被评为全国、全省优秀案例。

持之以恒正风肃纪。严格执行中央八项规定及其实施细则精神，开展集中整治形式主义、官僚主义专项活动，对照中央、省委巡视整改意见，查摆问题，立行立改，坚决做好巡视整改“后半篇”文章。建立审判管理与纪检监察衔接机制，逐案核查上诉移送超期、长期未结案件。严格落实干预过问案件全程留痕制度，开通手机廉政彩铃，时刻敲响警钟，减少人情干扰。加强警示教育，汇编违纪违法典型案例，扎实推进以案促改工作。用好监督执纪“四种形态”，对侵害群众利益、违纪违法案件线索一查到底，发出函询、监察建议77件次，21名干警受到党政纪处分。

（李　尧）

司法行政

【概况】2018年，郑州市司法局围绕职能定位，完善体制机制，创新工作方法，强化履职能力，努力提升司法行政工作水平，为郑州全面建成国家中心城市提供优质高效的法律服务和法治保障，全市司法行政工作获得各级党委、政府的充分肯定。先后被司法部表彰为“全国人民调解工作先进集体”“国家司法考试工作先进单位”“首次国家统一法律职业资格考试工作表现突出单位”；被省政府表彰为“河南省依法行政示范单位”；被市委、市政府表彰为“综合工作优秀单位”“依法行政工作先进集体”“平安建设先进集体”“全市信访工作先进单位”“综合工作优秀单位”“社会信用体系建设工作先进集体”；被省司法厅表彰为“司法行政新闻宣传工作先进集体”。被郑州市依法治市领导小组工作办公室表彰为“全市法治宣传教育和依法治理工作先进集体”，被市法律援助中心被表彰为“省优秀法律援助中心”。

【平安郑州建设】 突出抓安全管理，共对狱所进行各类检查、夜查50余次，排查出安全隐患和问题90余条，下发整改通报13期，指导演练8次，召开安全研判会4次，编发安全研判报告12期，保持场所持续安全稳定。严格落实“三课”教育，规范执行“5+1+1”制度，开展心理测评和团体心理咨询以及社会帮教等活动，注重发挥习艺劳动矫治功能，先后开设了5个技能培训项目，各狱所教育课时全部完成。按照省厅关于开展“交、揭、查”专项活动的通知要求，3个强制隔离戒毒所积极动员、安排部署，共收集案件线索160余条，上报有价值案件线索7条。扎实做好社区矫正和安置帮教工作。全市社区服刑人员在册人数4514人，其中管制51人、缓刑4377人、假释15人、暂予监外执行71人、重新犯罪5人，重新犯罪率0.11%，低于全国0.2%的平均数。积极开展社区矫正戒毒人民警察参与延伸用警试点工作。制订《关于开展社区矫正延伸用警试点工作实施方案》，对延伸用警试点工作进行安排部署，支队干警参与点验社区服刑人员3598人，延伸用警试点工作开局良好，为郑州市全面铺开延伸用警工作奠定了基础。认真做好刑满释放人员安置帮教工作，全市共接收刑满释放人员1310人，安置帮教率达98%，重新犯罪率控制在1%以内。服刑人员的信息核查率96%，核查成功率97.5%，重点帮教人员接送率100%，无脱管、漏管现象。

【人民调解】 着力提升人民调解预防化解矛盾纠纷的能力，规范和加强人民调解组织、队伍、业务、制度和经费保障等各项工作，确保人民调解职能作用充分发挥，在2017年的基础上打造出一批十星级调委会，全市各类人民调解员共受理调解案件62206件，调成60845件，调成率97.8%；组织人民调解员参与村社区两委换届工作，对可能引发的矛盾纠纷进行重点包案，限期化解，为换届选举工作营造良好的社会环境；组织人民调解典型案例编写报送，共搜集人民调解典型案例210余篇，择优向省厅报送31篇，12348中国法网采用了6篇；做好医患纠纷矛盾化解，共接待咨询1870次，来电来函1801次，发放宣传资料2440份，受理调解188起，调解成功149起；组织做好人民陪审员选任工作，联合市中级人民法院、市公安局共同印发《郑州市人民陪审员选任工作方案》等文件，认真组织人民陪审员报名、考察、公示等工作，共通过2369人，圆满完成了首批选任任务。

【法律服务】 着力推进公共法律服务体系建设。推动将全市四级公共法律服务实体平台建设纳入郑州市十件重点民生实事。全市共建成县级公共法律服务中心16个，乡镇（街道）公共法律服务工作站205个，村（社区）公共法律服务室3040个，配备法律顾问1018人，实现了村居法律顾问全覆盖。

大力发展律师法律服务业。全市现有律师事务所410家，其中市直99家、县（市）区311家。全市共有执业律师5657名。律师共担任各级政府、企事业单位、社会团体及公民个人等法律顾问1732家，全年办理各类案件78291件（诉讼68860件，非诉讼9431件），调解成功1259件，提供法律援助8916件，参与公益事业和社会活动11216件，法律咨询和代书法律文书24137件，向社会捐款535万元。积极服务经济社会发展，做好涉法涉诉信访案件矛盾调解、化解工作，全市共有712名律师参与、化解与代理了951起案件。积极服务党委政府重大决策，组织了由40名涉外律师为成员的郑州市涉外律师人才库，在自贸区法律服务建设上，做好法律顾问制度推行工作。大力扶持“互联网+”经济，引导律师事务所把握互联网经济发展趋势，鼓励律师开展线上服务活动。加强律师协会建设，完成了市律师协会的换届工作。

公证工作紧紧围绕郑州国家中心城市建设任务，以公证体制改革为重点，以强化公证质量为保障，以服务全市经济社会发展、化解社会矛盾为目标，充分发挥公证职能作用，做好改制前后公证赔偿制度的衔接和公证业务的延续工作，确保公证机构正常运转。全年共办理各类公证144651件，公证业务收费6200万元。积极开展司法鉴定业务，认真进行规范化执业建设，全年共办理司法鉴定案件4428件，业务收费515.56万元，采信率达到99%；完成司法鉴定援助业务92件，减免鉴定费用3.12万元。积极适应国家统一法律职业资格考试改革，认真研究，积极筹备，周密安排，确保了2018年国家统一法律职业资格考试实现“零失误”的目标。

【法律援助】 加大法律援助案件办理力度，全市法律援助机构共办理法律援助案件17401件，较去年同比增长16.8%。其中，民事案件6416件，刑事案件10918件，刑事案件占比63%，律师办案占比95%。涉及农民工的案件4776件，共为农民工挽回损失或取得利益3416万元。为群众提供免费法律援助咨询，共接待群众来电来访法律咨询111846人次，较去年同比增长7.1%，其中接待农民工咨询11533人次。加大刑事法律援助工作力度，积极推进认罪认罚和审判阶段律师辩护全覆盖两项试点工作，共为认罪认罚案件提供法律帮助10085人次，在场见证签署具结书6127人次。在法院适用普通程序审理的刑事案件中法律援助提供辩护共计7123件，接近上年同期案件量的三倍，各县（市）区法院适用普通程序审理的刑事案件的平均辩护率为98.4%以上，审判阶段律师辩护全覆盖试点工作成效明显。

【法治郑州建设】 全力做好“七五”普法规划中期督导检查，按照省普法办要求，制订检查方案，查漏补缺，推动“七五”普法深入顺利开展。创新普法模式，持续推进“学法网络学院”平台建设不断完善，充分发挥微信、网络等新媒体普法优势。注重将法治文化宣传融入主流媒体和新媒体，推动郑州电视台、郑州日报社、郑州广播电台设立法制专栏和版面，为公众提供更多更便捷的法治渠道，构筑多视角、多形式、全方位的法制宣传格局，夯实法治郑州建设的基础。2018年全市共开展各类主题法治宣传教育活动2500余场次，发放法治宣传教育资料210万余份，有效增强了群众的法治意识，不断满足人民群众对法治的需求。持续加强法治文化阵地建

2018年5月29日，郑州市公共法律服务大厅投入使用（市司法局/供图）

2018年12月4日，郑州市开展国家宪法日集中法治宣传活动（市司法局/供图）

设，组织开展群众性法治文化活动，最大限度地满足新时代群众法治文化需求。加强乡村和社区治理体系建设，深化法治村（社区）创建活动，推动基层民主法治建设，促进城乡经济社会和谐发展。

（陈盼盼）

仲　裁

【概况】 2018年，郑州仲裁委员会办公室以习近平中国特色社会主义思想为行动指南，强化责任担当，把仲裁工作放在新时代中国特色社会主义事业发展全局中谋划，努力为经济社会发展提供优质高效的仲裁服务。2018年全年共受理案件2996件，标的额35.46亿元。

围绕市委建设平安郑州有关决策部署，强化“以创促建，构建和谐仲裁”的理念，将平安建设与基层党建、文明创建、案件办理相容共建，通过有效化解社会矛盾，推动创建工作的深入开展，进一步提升平安建设的满意度。加强仲裁工作制度化、规范化建设。将制度化建设有效运用在仲裁工作作风建设中，建立长效规范化管理机制，以软件管理及精神文明创建为抓手，使管理精细化、业务精准化、服务精心化。

【仲裁案件办理】 2018年，郑州仲裁委办公室狠抓办案质量，提高办案效率。

加强办案队伍建设。抓好业务学习，坚持在学中干，在干中学，加强自身素质，提高办案能力和水平。加强案件研讨，组织召开复杂疑难案件专家咨询会议，对疑难案件进行点评、剖析，提出意见和建议，促使疑难纠纷得到有效的化解。强化业务培训，9月14日举办“2018年度仲裁员工作会议”。通过参加业务培训班、专家讲座、案例研讨和仲裁员沙龙等多种形式，提高办案人员的水平。

加强案件受理工作。坚持“案件受理多样化，结案方式多元化”，不断扩大受案范围，完善受案服务和绿色通道，加快立案审查，保证当日立案，次日移送。

提高案件质量水平。积极开展标兵秘书评比及优秀秘书评比活动，强化工作责任心。以案件质量为核心，完善仲裁秘书管理规范。严把案件质量关，实行案件汇报及重大案件讨论制度，严格管控案件流程，加强限案管理，做好疑难案件和集团案件的办理，确保仲裁案件公平与统一；充分发挥专家咨询作用，建立案件研究机制，有效化解疑难纠纷；加强仲裁文书规范化落实力度，严格执行仲裁文书制作规范，坚决维护裁决书的严肃性；坚持案件总结自查工作，每月汇总上报案件报表，组织秘书对办案情况进行梳理，对疑难复杂案件及办案中发现的问题及时沟通、解决；通过新软件试运行，各处业务人员积极学习使用，查漏补缺，加强案件流程控制，确保新旧软件运行的快速对接，严控案件受理、送达、组庭、开庭、裁决等过程的时间接点，明确责任，有效控制审限。

做好信访工作。修订完善《郑州仲裁委员会办公室信访工作制度》，建立《郑州仲裁委员会办公室信访工作台账》，结合仲裁工作特点，畅通信访渠道，强化信访程序，积极主动调处，做到息诉罢访，妥善处理各类案件。落实《郑州仲裁办信访评估制度》和《郑州仲裁办信访预警机制》，成立信访稳定小组，针对不特定的突发事件，及时处理，将矛盾解决在萌芽状态。

【仲裁宣传推介】 2018年，郑州仲裁委办公室广泛宣传仲裁法律制度，不断拓展服务领域。

健全仲裁宣传工作机制。运用仲裁宣传平台，突出仲裁优势和特色，争取政府和相关部门的支持，加强与媒体的合作与联系，加大宣传和推介力度，采取多种形式规范标准合同文本，约定仲裁条款，提高仲裁条款签订率。在重点领域开展推介活动，积极拓展金融、电子商务、涉外经济活动等经济领域，延伸仲裁服务范围。设立投融资分会，引导、协助、指导所属行业或者地域内的当事人选择通过仲裁解决合同纠纷，宣传推广仲裁法律制度。组建涉外和自贸区仲裁员队伍。从现有仲裁员名册中遴选职业操守好，专业能力强的部分仲裁员组成涉外自贸区仲裁员小组，开展宣传推广活动，研究涉外和自贸区仲裁程序以及难点热点。

加大现代化网络信息平台建设。及时更新官方网站工作信息和动态，刊载相关仲裁制度、仲裁案例、仲裁法律知识等信息，方便登陆者及时获取最新法律知识和仲裁动态。业务软件定期维护升级，推进精细化管理，严格办案时限，保障办案程序规范化、合法化，加快审批流程，缩短办案时限，有效提高办案效率。

【服务河南自贸区建设】 2017年9月，郑州仲裁委设立"郑州仲裁委国际商事仲裁院"，积极为自贸区建设提供法律服务。2018年3月，仲裁院受理了河南自贸区首个仲裁案。积极配合省法制办对自贸区法治建设工作。6月中旬，省法制办牵头，成立《河南自贸实验区仲裁规则》起草小组，郑州仲裁办积极配合，抽调业务骨干参与起草工作。9月26日，在中国（河南）自由贸易试验区郑州片区管委会举办“发挥仲裁优势，服务自贸区建设”仲裁员座谈会，向涉外和自贸区仲裁员宣传介绍国际商事仲裁院、就涉外审判程序培训仲裁员，邀请省高院法官就涉外审判与国内审判的区别以及涉外审判中应当注意的程序问题作了专题讲座。

（安　睿）

军事

郑州警备区

【概况】 2018年，警备区各级深入学习贯彻习近平强军思想，以学习贯彻党的十九大精神为主线，举旗铸魂看齐追随，聚焦主业练兵备战，聚力转型提质增效，从严治党正风肃纪，圆满完成了年度各项工作任务，全面建设取得新的发展进步。被军委国防动员部表彰为报废弹药调运销毁工作先进单位，被省军区表彰为战备训练先进单位、征兵工作先进单位。

【思想政治建设】 把学习贯彻十九大精神作为头等大事和首要政治任务，遵照“学懂弄通做实”重要指示，举办为期一周的十九大精神专题培训班；采取多种形式，组织官兵认真学习习近平主席沙场阅兵、海上阅兵等系列讲话，推动学习经常化；把十九大精神贯穿到民兵调整改革、民兵集中轮训备勤等重点工作，部队建设呈现新气象新面貌。扎实抓好“传承红色基因、担当强军重任”主题教育，警备区领导按分工进行四个专题授课辅导，邀请戴旭、姜春良教授做国家安全形势报告，师团两级认真组织“和平积弊大起底大扫除”活动，召开议战议训会集体查找不足，较好地凝聚了官兵聚力抓好主责主业的决心意志。巩义市人武部培育民兵战斗精神14法，被上级转发。坚持围绕中心搞报道、树导向，全区共被各类新闻媒体报道600余篇，其中《解放军报》整版2篇，《中国国防报》头条2篇、整版3篇，董红利、刘顺发的先进事迹在军地引起较大反响，新闻报道工作位居省军区师级单位前列。

【应急应战能力建设】 坚决贯彻习近平主席开训动员令，始终保持大抓练兵备战的强劲态势，推动各项工作向能打仗打胜仗聚焦。先后4次召开党委扩大会议专题议训，围绕“首长机关训练、民兵调整改革、基地轮训备勤”等课题深入查找矛盾问题，集智研究对策措施。扎实组织警备区、人武部两级首长机关开展“冬训”活动，承担省军区集中轮训与常态备勤试点任务，完成12个县（市）区和全区专武干部轮训，受到上级一致好评。金水区、新郑市民兵参与应急事件处置，第一时间赶到现场出色完成任务，获得中部战区、省军区首长充分肯定。金水区人武部率先承担轮训任务并探索总结“民兵训练16法”、编印军规48条，对民兵形象重塑再造。成立训练监察组严格训风演风考风，警备区年度战备训练综合排名全省第一。军地合力，先后组织5个波次的督导检查，圆满完成年度民兵调整改革任务。圆满完成军委国防动员部赋予的报废弹药调运现地教学观摩活动，受到国动部、省军区和观摩代表的充分肯定。狠抓应急演练，认真组织防汛勘察和联防联训，应急应战能力不断提升。

【国防动员准备基础建设】 围绕“完善国防动员体系”目标，强化首任首责，积极主动作为，着力夯实动员准备基础。大力开展征兵工作“一争优、两归零、一提高、一挂钩”活动，严密组织“体检政审时、役前训练时、定兵公示后、新兵回访时”四个重要时段的全覆盖、无死角廉洁征兵明察暗访，圆满完成新兵征集任务，大学生征集无一例责任退兵、无1起廉洁问题举报，大学生兵员征集做法在全省高校征兵工作试点会议上作了介绍。二七区人武部制作微动漫《齐大勇入伍记》、管城区人武部探索廉洁征兵监督员10项制度、中牟县人武部探索建立大学生征兵储备机制，效果明显。深入开展专武干部资格认证专项考核和兼职问题清理整顿，组织2期专武干部集训，遴选15名基层武装部长参加省军区集训比武，取得优

郑州警备区到高校开展国防教育（关团结/摄）

异成绩。健全市县两级国防教育领导和工作机构，落实党管武装述职、党委议军、过“军事日”、国防教育大讲堂等制度，不断提高各级领导干部履行国防义务的意识和能力。持续深化全民国防教育，重点抓好组建国防教育讲师团队伍、开展征兵宣传进校园活动等6项工作，成立“强军兴军、青春逐梦”国防教育暨征兵宣传演讲团，深入30所高校巡回演讲，激发了大学生的参军热情。

2018年7月17日，全国民兵报废弹药销毁调运试点现场教学在郑州警备区训练基地举行（朱宝震/摄）

【班子队伍建设】 认真抓好军委党的建设会议精神学习贯彻，专题召开警备区党委扩大会议查问题、定措施、建台账、抓整改，坚持开展人员教育管理“四个一”活动，发挥组织功能管党员、管干部，较好地培树了新风正气。扎实开展党的纪律教育，反复组织学习军委纪委311号文件、党纪处分条例等法规和通报，以房峰辉案、张阳案和违纪违法案件通报，深入开展警示教育，组织全体党员干部到省廉政文化教育基地现地教学，对照“六个必须”认真召开党委民主生活会和专题组织生活会，引导党员干部知敬畏守规矩明底线。金水、管城人武部、干休五所党委班子精诚团结，发挥作用明显。在干部任用、评功评奖等热点敏感问题上，坚持公开公平公正，上下比较认可。新密市人武部探索建立职工平时考核方法，对职工实行量化考核，成效明显。研究制订《警备区纪委工作规范》，紧盯“四风”新动向，严格对照“微腐败”、形式主义、官僚主义、和平积弊问题清单，常态开展明察暗访。针对上级明察暗访指出的问题，认真组织调查核实，严肃追责问责，开展财务问题大清理大整顿活动，进一步教育震慑部队。常态落实警备区领导分工帮抓团级单位制度，在中牟县人武部组织召开人武部规范化建设现场观摩会，提升了党委班子抓工作、搞建设的实际能力。

【部队安全管理】 严格落实安全管理“十项制度”，组织春节“两会”期间拉网式安全大检查和问题“回头看”、“贯彻落实新条令，塑造军队好样子”、安全大检查和“百日安全竞赛”等一系列安全教育整顿活动，确保部队安全稳定。突出抓好“人、车、枪、弹、密、酒、钱”的管理，师团两级先后投入115.5万元，对民兵武器仓库和营区监控系统进行补充完善、升级改造。建立网络舆情监控值班制度，规范干休所保密室建设，对危险品进行全面排查，对协议定点印刷企业逐一进行调查摸底，堵塞失泄密隐患。驻郑6个干休所归警备区直接领导管理后，研究制订《关于加强干休所领导管理工作的实施意见》，探索建立“党委统一领导、分管领导主抓、首长分工联系帮抓、机关对口指导、老干办协调督导、人武部协作帮建、干休所自主建设”的管理模式，建立日报告、周检查、月例会、季讲评、半年分析形势、年终评比表彰等制度机制，扎实开展合心合力合编教育和安全管理教育整顿，研究推进综合整治和遗留问题解决，确保了干休所管理服务工作规范运转。干休一所着力解决影响老干部生活保障棘手难点问题，干休二所完成省军区规范化建设试点任务，干休三所一对一为老干部服务，干休四所统一标准内容提升服务质量，干休五所、六所扎实开展合编合心合力教育，均取得较好成效。

【综合保障】 认真落实党委理财规定，坚持“六个两”“五合规”等有效做法，严格编制执行年度预算，抓严抓实经费管理，按规定组织工程、物资、服务采购招标，确保程序合法合规，提升经费保障效益。狠抓郑州审计中心生活费审计问题整改，举一反三全面开展生活待遇类经费自查整改工作。深入开展“省军区系统七个行业风气整治”，先后出台《公寓住房管理规定》《卫生医疗管理规定》，改善服务保障质量。扎实组织官兵住房和办公用房清理工作，对3户不合理住房进行清退。全力以赴推进停偿工作，提前关停大鸭梨酒店项目，委托管理海天大酒店，督导干休所按时间节点完成了停偿善后工作。军委停偿工作检查组2次到郑州检查停偿工作给予好评。累计投入250多万元，组织民兵训练基地整修、机关体能训练室改建、办公楼电梯加装、公寓住房整修、军营理发室、器械场、洗车场建设等，训练生活条件进一步改善。

【军民融合发展】 发挥桥梁纽带作用，加强与市委、市政府沟通协调，推动思想观念、人才建设、科技信息、工程建设、制度机制等方面的融合，做好市县两级军民融合领导机构和工作机构组建前期筹划工作。协调推动军转干部安置、随军家属三年集中安置计划落实，继续安置69名随军家属，受到驻军官兵一致好评。对过去两年扶贫落实情况逐一进行检查验收，指导各单位制订精准扶贫方案计划，师团两级累计投入资金245.7万元，主要用于帮建贫困小学、扶持贫困村，巩义、登封、新密人武部在迎接省军区检查时总评为好。联合印发《关于全面推广“信阳模式”进一步加强涉军维权工作的若干意见》，协调解决涉军案件纠纷52起。坚持开展“大走访大慰问大宣传”活动，春节期间军地各级投入资金449.5万元，走访慰问了郑州籍现役官兵家庭和军烈属、退役军人家庭等3万余户，营造了尊崇优待军人的鲜明导向。

【郑州警备区党委第四届第十五次全体（扩大）会议召开】 1月18日，警备区召开党委第四届第十五次全体（扩大）会议，总结2017年度工作，部署调整改革任务和新年度工作，观摩中牟县人武部规范化建设，组织党管武装工作述职，表彰先进单位和个人。警备区领导，各县（市）区党委第一书记和受表彰的先进代表，以及警备区党委委员、机关干部参加会议。

【郑州市2017年征兵工作总结暨2018年大学生征兵任务部署会召开】 4月10日上午，郑州市2017年征兵工作总结暨2018年大学生征兵任务部署会议召开，总结讲评2017年全市征兵工作、安排部署2018年大学生征兵任务、通报表彰2017年高校征兵工作先进单位、传达学习《郑州市征兵量化考评实施办法》和《郑州市大学生征集有关经费保障暂行办法》，警备区领导，机关处以上领导和全体干部，市内62所高校（校区）分管征兵工作负责人，各县（市）区人武部军政主官和军事科负责人等参加会议。

【国防教育暨征兵宣传活动】 警备区高度重视，集全区之力抽调精兵强将进行集中攻关和封闭强化训练，圆满完成了此次任务，全面展示了近年来郑州市国防后备力量建设成果，受到中央军委国防动员部领导的充分肯定。

【年度征兵工作】 5月起，警备区坚持聚焦主业真抓实干，着眼提升兵员质量，确保征兵“五率”达标，抢抓大学生毕业择业有利时机，利用近1个月时间、深入郑州市30所高等院校扎实开展以巡回演讲、国防讲座、政策解读为主要内容的“强军兴军、青春逐梦”国防教育暨征兵宣传活动，直接受众3万余人，有力激发了大学生参军入伍热情。7—10月，郑州警备区以“一争优、两归零、一提高、一挂钩”（即量化考核争优，力争零退兵、零违纪，进一步提高大学生征集率，将征兵任务完成情况与单位表彰奖励挂钩）活动为抓手，圆满完成新兵征集任务。征集的新兵中，大学生占比超标准完成上级赋予的比例要求。按照“城乡一体、同役同酬”原则，大幅提高优待金标准，普通兵家庭年度优待金达到35953元，在全国同类城市中排在第一方阵。各级为返校参加体检的大学生报销差旅费和生活补助200余万元。

【郑州警备区党委第四届第十七次全体（扩大）会议召开】 9月19日，警备区党委召开第四届第十七次全体（扩大）会议，深入学习贯彻军委、军委国防动员部党的建设会议和省军区党委扩大会议精神；深入分析警备区上半年工作形势，认真查找警备区党建工作存在的矛盾问题，研究部署党建工作和下半年重点工作。警备区党委委员、纪委委员，干休所主官及机关全体干部参加会议。

（孙晓全）

武警郑州市支队

【概况】 2018年，武警部队郑州市支队党委团结带领全体官兵攻坚克难、埋头苦干，政治引领成效显著，安全根基日益稳固，基层基础逐步夯实，保障效益明显提升，党的建设全面加强，圆满完成了各项任务，部队总体安全稳定，取得阶段性重大胜利。武警部队副参谋长李维杰、武警部队纪委副书记汪象华等领导分别莅郑调研，对武警郑州市支队的工作给予充分肯定。

【思想政治建设】 把学习贯彻习近平强军思想作为首要政治任务，抓好每月党委中心组带机关理论学习，积极探索分层教育做法，稳步推进主题教育，扎实开展经常性教育，官兵“四个意识”更加坚定，读习主席的书、听习主席的话、做习主席的好战士更加自觉。深入开展卫士风采系列文化活动和“读书、娱乐、健身”三项群众性文化活动，在总队创纪录活动中获得三个第一。建好用好强军网、微信公众号等载体，在中央、省部级以上报刊媒体发稿287篇，被武警总队评为新闻工作先进单位。积极推进手机安全使用平台试点建设，深入搞好“七项清查”，开展法律服务到基层活动，常态化落实法纪教育、心理服务和重点关注人员挂销号机制，大力开展扶贫攻坚活动，有效防范政治性问题，郑州市支队政治工作部被武警总队评为先进政治机关。

【执勤处突与军事训练】 着力强化备战打仗意识，立起鲜明导向。坚持党委议训制度，强力推进“智慧磐石”工程，高标准完成警卫勤务试点观摩任务，认真落实执勤“三抓”要求，持续整治执勤隐患，执勤安防系数显著提升。严密组织“魔鬼周”极限训练、勤训轮换等集训演训活动和群众性练兵比武，狠抓“一关两官”训练，训练场地设施建设全部达标，70%以上奖励指标用于军事训练和中心任务，练兵备战效益进一步提升。获评总队新训干部骨干集训和新兵教育训练结业考核第一名、参谋业务比武第三名、预备特战队员集训优胜单位。圆满完成黄帝故里拜祖大典等重大临时勤务以及武装押解勤务、货币押运勤务等各项执勤安保及处突备勤任务。王坤荣立二等功，九中队荣立集体三等功。支队被总队评为正规化执勤等级评定优秀支队。

【平安建设】 牢固树立“安全靠建、管理要严”理念，深入开展创安倒计时、“条令年”、百日安全竞赛等活动，组织安全大检查6个波次，排除安全隐患500多处。召开落实《正规化管理规定》试点现场会，常态化开展“四不两直”检查，播放检查录像9次，指导整改问题200余条，部队“五个秩序”更加规范。围绕安全工作“18个关键要素”，紧盯“人”这个核心，遵循规律，把握阶段重点，创新办法措施，积极做好教育管控工作，安全基础不断夯实。支队被表彰为武警部队“暑期百日安全竞赛”活动优胜单位和总队安全工作“四无”单位。

【基层建设】 制订《贯彻落实武警党委1号文件十六条措施》和“两个要点、七个计划”，选准配强大中队主官，注重规范大队工作运转，抓实《纲要》、大中队主官、党支部书记培训，常态开展干部住班、党员干部上哨、“八小”活动和经常性岗位练兵，“三个一线”能力有效提升。大队建设、干部住班等经验在总队推广。加大精准帮建力度，常委分片包、科室挂钩建、大队一线带，组织4次按纲建队考评、4批102人次蹲点帮建和3批26人次精准帮建，3个连续五年未达先中队摘掉后进帽子。八中队

2018年4月29日，武警郑州市支队开展新条令宣传（武警郑州市支队/供图）

2018年春运期间，武警郑州市支队担负车站巡逻任务，保障群众安全出行（武警郑州市支队/供图）

被总队评为基层建设标兵中队，2个大队、9个中队被评为基层建设先进单位，周德位、邹璐璐、付得成3人分别被评为标兵基层干部和标兵执勤个人。

【综合保障能力建设】 持续抓好“一组五队”建设，组织“一长五员”比武集训400余人次，重大临时勤务、“魔鬼周”极限训练伴随保障。承办总队保障机关和保障大队工作规范化试点任务，军械库、卫生队、八中队后勤正规化建设作为总队试点推广。扎实推进“清仓归零”活动，抓好生活费专项审计、总队党委巡察发现问题纠治，整改率100%。强力推进大项工程建设和停偿遗留问题解决，累计投入2726.1万元，承诺并办好“十件实事”，解决基层生活“五难”问题，激发了官兵干事创业热情。参加总队后勤专业兵比武取得团体优胜单位和司务长队伍优胜单位，保障部被总队评为先进保障机关。

【党的建设】 持续加强政治能力训练，严密组织“六个必须”党委民主生活会、清理房张问题专题组织生活会，践行“三个维护”更加坚定自觉。召开支队第一次党代会和党的建设会议，落实“三会一课”制度，开展党员“八问”活动，党的意识得到加强。认真贯彻民主集中制，严肃党内政治生活，以上率下树好清正自律形象，公平公正处理热点敏感问题，全年调整营以下干部69人，选晋士官225名，选送技术学兵154人，发展党员108名。大力纠治“微腐败”、不正之风和形式主义、官僚主义，严肃处理15名违规违纪官兵，问责3个党委、支部，政治生态持续巩固。迎接武警总队党委巡察、军委经济责任审计并受到肯定，武警总队年终考评郑州市支队党委班子整体优秀，满意率100%。

（王润强）

人民防空

【概况】 2018年，郑州市结合人防建设实际，扎实推进各项工作。“四个规划”编制进展顺利，完成人防建设发展“十三五”规划、重要经济目标防护建设总体规划、贯彻省委《实施意见》的意见，《城市地下空间暨人防工程综合利用编制》完成中期成果，城市平战综合防护建设发展规划有序推进。圆满完成人防综合演习；市本级预备指挥所建设项目纳入市政府2018年度城建投资计划；市本级和6个区人防办建成机动指挥所，各县（市）机动指挥所项目启动。

【工程管理】 2018年，郑州市在人防工程管理中立足民生，召开年度防汛纳凉工作会议，签订《人防工程防汛安全责任书》。6月7日，郑州市人大主任白红战、党组书记胡荃带领人大代表40余人，视察人防防汛工作。实施“2001工程”漏水抢险，按照专家论证会意见，开展对“7401工程”的综合治理。继续开放人防工程供市民群众避暑纳凉，共开放人防工程避暑纳凉点20处，接待纳凉群众近4万人次。

【演习演练】 完成人民防空综合演习任务。4月26日，郑州市紧贴信息化条件下人民防空反空袭作战职能使命，按照“实名、实职、实案”要求，组织完成综合演习任务。开封、新乡、焦作、许昌市4个地市人防办和人防专业队等担任协同救援演练。此次演习设立一个观摩主会场、一个导控中心、一个信息传输中心、9个分演习场，利用郑州市人防指挥信息网络平台，并通过全省人防综合指挥信息系统平台，省人防指挥部及其各省辖市、直管县等异地同步收看。

联合组织人防机动指挥通信系统跨区支援协同演练。6月22—29日，由西安市人防办牵头，郑州、太原两市人防办参与，组织了“西安、郑州、太原人防机动指挥通信系统跨区支援协同演练”。重点演练复杂地形条件下远程机动、信息采集和传输、指挥所开展、多地市信息平台构建、跨区支援协同演练等课题，以及伤员紧急救治、按图进行、行军组织等技能训练。通过演练全面检验人防队伍的组织指挥能力和行动控制能力。

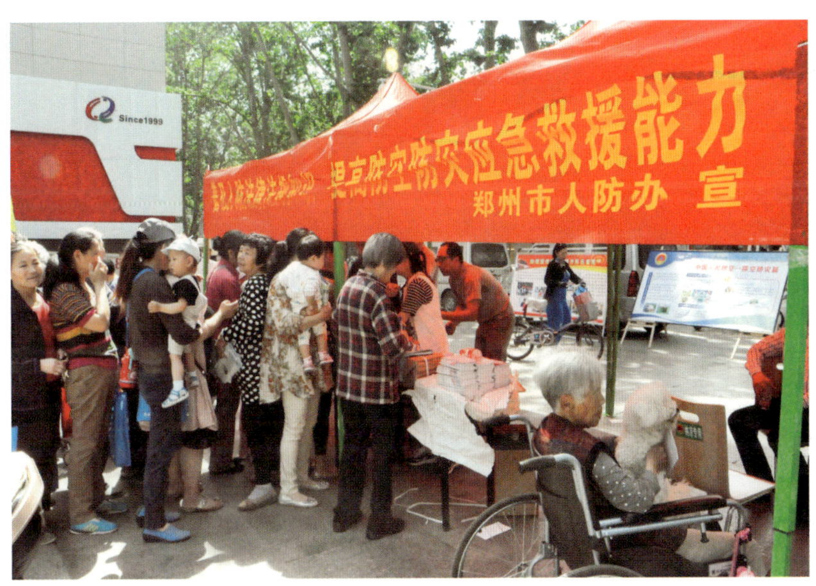

2018年5月11日，郑州市人防办开展系列人防法律法规宣传活动（市人防办/供图）

2018年6月1日，郑州市人防办组织召开2018年防汛纳凉工作会议（市人防办/供图）

【信息保障】 完成透地D波通信融入人防机动指挥平台建设任务。组织中原区、金水区、二七区、管城区、惠济区、上街区，以及市人防信息保障中心、2001工程管理所，完成了D波通信建设的车辆、装备和设备验收。

完成人防专业队整组及专业队、重点目标单位骨干训练工作。5月13—18日，在新乡市组织完成郑州市人防专业队整组及专业队、重点目标单位骨干训练工作。训练明确了各成员单位2018年人防专业队整组任务，突出专业理论授课、军事地形学训练、战场自救互救训练、队列和体能训练、特种救援训练，通过理论授课、教学训练、观摩展演，为各成员单位组织专业队人员训练明确了目标和任务，统一了训练的方法、路子、标准。

【审批建设】 2018年，郑州市在人防工作中深化“放管服”改革，推进便民化服务，报批阶段一次性告知、审批阶段容缺受理、批复阶段尽快告知、报监阶段提前介入，受到服务对象的广泛好评。认真落实“日清”“周结”等制度，所有报建项目均在规定的时限内审批完毕，部分项目达到了当天受理、当天上传，当天办结，受到广泛好评。采取各种措施持续推进人防工程建设，全年市本级竣工人防工程面积完成年度目标的138.79%，各县（市）竣工人防工程面积完成年度目标的107.21%。

【人防宣传】 2018年，郑州市结合人防业务工作进行宣传报道。在《河南日报》《中国国防报》《中国人民防空》等省部级以上报刊杂志发表文章10余篇，在《河南人防》《郑州日报》《大河报》，以及国家、省、市网络媒体发稿100余篇。在郑州广播电台、郑州市电视台、河南广播电台、河南电视台等媒体播放郑州市人防建设的成果，进一步增强了人防宣传的覆盖面和影响力。做好重点时段的宣传工作。结合“5.12”防灾减灾日、“9.18”警报试鸣日、“12.4”国家宪法日等开展人防集中宣传教育活动。大力开展人防教育“五进”活动，并对“五进”示范单位建设情况进行了重点检查，推动人防宣传工作深入开展。同时，在纳凉场所通过播放宣传视频、发放宣传物品和资料等方式，开展人防宣传，收到良好效果。

（张春波）

农　业

综　述

【概况】 2018年，郑州市农委认真贯彻落实中央、省委、市委农村工作会议精神，紧紧围绕国家中心城市建设，坚持“四重点一稳定一保障”工作总格局，大力实施乡村振兴战略，深入推进农业供给侧结构性改革，以“生态产业化、产业生态化”为抓手，强力推进生态农业建设，持续深化农业农村综合改革，加快构建现代农业产业体系，积极探索城乡融合发展新机制，促进一二三产融合发展，农业转型升级步伐加快，农业农村工作保持稳中有进的良好态势。2018年，粮食产量达144.06万吨。夏粮种植141.12千公顷、总产量69.86万吨，秋粮种植140.09千公顷、总产量74.2万吨；蔬菜播种面积73.33千公顷、总产量280万吨；水果种植总面积17.84千公顷、总产量25.7万吨。渔业利用水面7.67千公顷，水产品产量11.5万吨。全市主要粮食作物耕种收综合机械化水平达到82.3%，其中小麦耕种收综合机械化率达到99.2%，玉米机收率86.2%，农作物秸秆综合利用率达92%。2018年，全市第一产业增加值完成147.1亿元，同比增长2.1%；三次产业结构为1.4：43.9：54.7。农村居民人均可支配收入21652元，同比增长8.4%。城乡居民收入比缩小到1.8。

【一二三产融合发展】 重点实施绿色标准化可追溯“菜篮子”工程、休闲农业和乡村旅游提升发展工程、绿色食品加工业提升工程等重点工程项目，全年，郑州市休闲农业新增星级企业17家，总数达到61家，全年接待游客3400万人次，实现营业收入40亿元，同比增长14%。实施信息进村入户工程，全市1334个行政村基本实现益农信息社全覆盖。截至2018年年底，全市市级以上龙头企业总数超过270家，其中国家级龙头企业13家，省级龙头企业54家。

【城乡一体化建设】 全力推进产业发展、环境建设、乡风文明等各类建设，确定新密市为乡村振兴战略示范县（市），新郑龙湖镇、新密超化镇、登封徐庄镇、巩义小关镇、荥阳王村镇、中牟官渡镇为试点乡镇。美丽乡村试点项目达到30个，其中17个项目建设任务已全部结束，其余项目按计划有序推进。城乡融合共享特色田园乡村建设方面，全市已通过评审项目4个，入库项目17个，计划项目28个，计划总投资450亿元。

【农村产权改革】 全面完成农村土地承包经营权确权登记颁证工作，农村集体产权制度改革扎实推进，选取126个村（居委会）开展全市农村集体产权制度改革试点。开展农村集体资产清产核资工作，完成清产核资单位11085个，完成比例55.6%。

【“大棚房”问题专项清理整治行动】 “大棚房”问题专项清理整治行动，共排查16个县（市）区，151个乡（镇）街道和3个国有农场、林场，排查农业设施38891座，面积3226.8公顷，认定涉及“大棚房”违规项目46起，违规设施2292个，总面积33.57公顷，涉及8个县（市）区、开发区。其中Ⅰ类违规设施370个，面积4.18公顷，占比12.4%，主要集中在新郑市和惠济区；Ⅱ类违规设施456个，11.08公顷，占比33%，主要集中在新郑市和荥阳市；Ⅲ类违规设施1466个，18.32公顷，占比54.6%，主要集中在新郑市和荥阳市。截至2018年年底，46个违规项目的非农设施全部依法整改到位，恢复了农业生产条件。

（王晓静　刘　伟）

农业产业化经营

【农业产业化龙头企业认定和监测】 2018

2018年3月8日，市委农村工作会议召开（市农委/供图）

高标准粮田（市农委/供图）

年，继续组织开展农业产业化龙头企业认定和监测工作，在挖掘培育新企业的同时，对已认定企业的运行情况进行监测评估，及时剔除部分经营不善或带动能力弱的企业，实现有进有出、动态管理，确保龙头企业队伍健康发展。全年新培育市级龙头企业14家，市级以上龙头企业总数达到286家，其中国家级龙头企业12家、省级龙头企业54家。

【农业产业化集群培育】2018年，新培育市级集群1个，市级以上集群总数达到31个，其中省级集群19个、市级集群12个。在提升壮大农业产业化集群的基础上，积极引导组建农业产业化联合体，思念速冻食品等9个联合体被确定为首批“省级农业产业化联合体”。

（王晓伟）

【新型农业经营主体】截至2018年年底，全市经工商登记注册的农民合作社总数5482家，其中市级示范社308家、省级示范社14家、国家级示范社23家；家庭农场经工商登记注册总数491家，其中市级示范家庭农场41家、省级示范家庭农场17家。合作社和家庭农场已经成为发展都市生态农业，实现农民增收和农业适度规模经营的中坚力量。

（张　胜）

【休闲观光农业】举办郑州首届“中国农民丰收节”活动。组织郑州市休闲农业企业创建2018年全国休闲农业与乡村旅游星级示范企业。截至年底，全市休闲农业新增星级企业17家，总数达到61家，休闲农业接待游客3499万人次，同比增长9.3%，营业收入达40.14亿元，同比增长14.2%。

（朱桂霞）

农业数字经济

【互联网+精准农业】截至2018年年底，精准农业物联网建设已完成中牟、新郑、荥阳、惠济等县（市）区50多个农业物联网示范基地建设，涉及水产、花卉、设施农业等领域。精准农业物联网技术已应用于农业生产中，实时检测、采集、分析作物生长的温度、湿度、光照度、土壤养分等检测参数，实现农业生产的科学性与合理性。信息进村入户工程项目建设进展顺利，全市已建成益农信息社1604个、遴选信息员1600多人，实现了普通农户不出村、新型农业经营主体不出户就可享受“买、卖、推、缴、代、取”等生产生活服务。

【农产品电子商务】截至2018年年底，郑州市共建成各类村级电商公共服务点1300多个，达到县、乡、村三级电商服务网络全覆盖标准，实现“网货下乡”和“农产品进城”双向流通。同时鼓励企业在淘宝网、京东商城、苏宁易购、顺丰优选等大型电商平台设立特色特产馆，拓展生鲜农产品、特色产品“农超对接”“基地+社区直供”等多种形式，实现贫困地区优质农产品与城镇消费群体对接。

【农业信息系统建设】2018年，完成更新农业自然资源、农业生产管理、农业科技等数据库数据2000条。同时，将以包括农产品监测监控系统、农业执法大队办公平台、农业项目资金使用审批系统和农业办公指挥调度平台为核心的郑州市农村信息化综合服务系统同农产品及农业技术展示推广平台进行整合，进一步提升农业信息服务能力。

（陈　阳）

农产品质量安全管理

【农产品质量安全县创建】5月，金水区被省农业厅命名为省级农产品质量安全县，11月，顺利通过国家级农产品质量安全县验收。中牟县和荥阳市被省农业厅确定为河南省第二批省级农产品质量安全县创建试点单位。10月，省厅农产品质量安全县创建领导小组和郑州市农委组成联合工作组，针对新郑市、新密市、登封市的创建工作开展督导检查。上街区、惠济区、中原区、二七区、管城区按照省厅印发的“河南省农产品质量安全区考核办法”，加快推进各区农产品质量安全县创建工作。

【“三品一标”管理】2018年，郑州市加强无公害、绿色、有机和地理标志农产品认证管理，强化品牌培育，鼓励品牌认证，同时实施免费环评、免费检测等优惠政策，并对取得“三品一标”的主体进行资金扶持。全年新申报无公害农产品51个，绿色食品12个；完成续展21个，年检46个。截至2018年年底，全市有效期内“三品一标”总数达到320个，其中，无公害农产品175个、绿色食品112个、有机农产品24个以及地理标志9个。强化证后监督和标志使用管理，全面开展“三品一标”用标专项整治行动，加大对获证产品的抽检力度，对违规用标的行为进行严厉打击。

【农产品质量安全追溯体系建设】以“互联网+农业”为抓手，全面启动农产品质量安全追溯体系项目建设，建成1个市级追溯监控指挥中心和9个县（市）区分中心，382个农产品生产企业和蔬菜专业村追溯网点，基本实现农产品质量安全从农田到市场全程可追溯。

【农产品质量安全检测】截至2018年年底，郑州市农委在农产品批发、农贸市场和大型超市设立农产品质量安全检测室172个，派驻检测员326名。全年，共抽检蔬菜189万批次，水果13.3万批次，水产品3.8万批次，原（杂）粮6.5万批次，干菜（果）6.6万批次，茶叶4.9万批次，抽检豆芽9.1万批次，食用菌5.3万批次，累计238.5万批次，速测合格率均在99%以上，销毁不合格农产品17813公斤。

（杨清选）

【农资打假】2018年，郑州市农委组织各县（市）区农业执法部门出动执法车辆1556台次，出动执法人员7165人次，检查市场300次，检查企业128家、农资经营店2000余户，受理举报案件48起，查处制售假劣农资黑窝点60余个，

绿色蔬菜产业示范区（市农委/供图）

立案查处案件24件，查获、没收、销毁不合格产品数量120余吨。规范农资生产经营行为，实施农资备案制度，共备案种子品种420个，化肥品种30个，农药品种246个。

（杨习丽　康文静）

【“12316”三农热线】 2018年，“12316”三农热线共受理2100多次，内容涉及咨询、投诉、举报和技术服务，发送“三夏”、“三秋”、技术、供求等方面短信30万余条。受理农资打假案件3起，农产品质量安全案件38起，受理农业技术、农业政策、农业法律法规及社会生活方面咨询300多起，办结率、落实率达100%，服务满意率达99%以上。

（陈　阳）

农技推广

【基层农技推广体系建设】 基层农技推广队伍服务能力得到提升，全年组建小麦、玉米、谷子、花生、蔬菜等多个产业专家组14个；在南京农大、农业农村部干部管理学院组织能力提升培训，培训100余人；遴选技术指导员242人，每个农技指导员负责指导3个左右行政村。农业科技示范基地项目建设进展顺利，建成科技示范基地9个，每个科技示范基地示范3项以上农业优质绿色高效技术，同时与河南农业职业学院、中国农科院郑州果树研究所、市蔬菜研究所等市级以上科研单位开展技术合作。开展绿色高效技术推广工作，推广农业主推技术28项，并优先在农业科技示范基地中示范推广。同时，强化农业科技示范主体培育，遴选能力较强、乐于助人的新型农业经营主体带头人（新型职业农民）、种养大户、乡土专家等作为农业科技示范主体，共遴选农业科技示范主体390家。

【新型职业农民培育】 2018年，全市培育新型职业农民1977人，其中新型农业经营主体带头人1170人、专业技能和专业服务型807人；认定新型职业农民98名；参加省农业农村厅农业职业经理人、现代青年农场主培训17人；认定新型农业经营主体带头人47人。新型职业农民培训基地建设方面，新增荥阳市强国羽翼无人机第二训练基地，中牟县河南晨明生态农业科技有限公司被认定为省级综合类培训基地。

（贺全九）

【农民田间学校建设】 应用“发展”理念，定位立足农村一线、服务要素覆盖，促进职业农民培育、推动职业农民认定，促进新型经营主体培育、推动产业结构调整，加强政策研究，完善制度设计，推动提升农民田间学校标准化建设和管理应用，进一步丰富全市“一体多元”职业农民教育培训体系，构建农业广播电视系统基层工作新格局。明确基本建设完善、服务导向明确、组织管理规范、示范带动良好等要求，提出基于社会评价为主要参考的市级示范性农民田间学校评选标准，进一步提升农民田间学校公益性综合服务导向。2018年，全市严格教学培训和实训场地建设标准，累计规范建设农民田间学校47所，实现农业主导产业培训服务全面覆盖，特色产业培训服务基本覆盖。

【农业广播电视系统外宣交流】 遵循传播规律、区分结构层次、明确目标定位，精准落脚农广系统建设、职业农民培育、特色产业推介“三位一体”站位，围绕农广各项事业范围不同、定位不同、导向不同特点，综合各级广播和电视媒体平台不同、受众不同、传播不同特点，按照层级管理、梯度建设、错位推广思路，加强预设选题定向开发，形成了中央、省、市、县四级广播和电视媒体宣导主题突出、点面结合、内容充实、侧重不同、互为补充、涵盖全面的好形势。2018年，中央电视台军事农业频道《农广天地》栏目制作播发了郑州市职业农民优秀代表、中牟县春峰果蔬专业合作社理事长李峰专题纪录片，完成了荥阳市广武山林果专业合作社理事长王润沛专题纪录片拍摄制作。河南省广播电视台农村频道《田间课堂》栏目在郑州制作和直播2期节目。优选推荐7所农民田间学校、5名职业农民优秀代表，纳入河南省农业农村厅刊印计划，在全国农民教育培训工作现场会交流。以《用好广电媒体资源增 辉助力农广事业》为题，在全省农业广播电视系统汇报交流。

（韩　军）

农产品质量安全检测（市农委/供图）

农村改革

【承包地经营权确权办证】郑州市基本完成了农村承包地确权登记颁证工作任务，全市共确权到户面积236.87千公顷，完善合同户数75万份，颁发土地承包经营权证书74.9万本。市确权办对巩义市农村承包地确权登记颁证成果进行市级检查验收；督促各县（市）区继续规范档案整理，提高“一户一档”完成率；各县（市）区及开发区均完成农业部数据汇交任务；市级农经信息化应用平台建设方案通过市数字办审核。同时开展农村土地承包经营权确权登记颁证“回头看”自查自纠，全市共收到信息差错证书23129本，完成纠错22859本。

（张　胜）

休闲农业——春天的丰乐樱花园（市农委/供图）

【产权制度改革】2018年，全市共落实产权制度改革专项工作经费9283.02万元，其中清产核资工作经费2283.3万元。确定郑州市农村集体产权制度改革试点名单，在全市6县（市）及航空港区挑选126个村（居委会）开展全市农村集体产权制度改革试点，计划2019年年底前完成全部改革任务。抓好改革试点，国家级试点巩义市已基本完成产权制度改革工作，其他各试点按计划有序推进改革任务。截至2018年年底，全市完成产权制度改革集体经济组织数1147个，共量化资产总额203.6亿元，确认成员身份数136.1万个，累计股金分红总额11.7亿元。

【清产核资工作】郑州市及所辖各地以党委政府名义印发清产核资实施文件27个，成立清产核资工作领导机构17个。全市各级累计组织农村集体资产清产核资会议及培训224次，培训人员近2万人次。19720个乡、村、组完成清产核资工作，占总数的97.54%。巩义市、上街区、登封市、管城区已全部完成清产核资。共清查账面资产总额277.7亿元，核实资产总额662.4亿元，清查集体土地总面积476.07千公顷，其中农用地面积337.4千公顷。

（马　良）

种植业

【概况】2018年，郑州市大宗农产品生产保持平稳态势，粮食生产获得较好收成。2018年，全市农作物播种总面积3251.18千公顷，其中全年粮食作物播种面积281.15千公顷，较上年增加2.61千公顷；全年粮食总产140.25万吨，较上年增产3.01万吨，增2.19%。其中夏粮播种面积142.94千公顷，产量70.19万吨，秋粮播种面积138.21千公顷，产量70.05万吨；全年粮食平均亩产332.57公斤，较上年的328.48公斤增1.25%。油料作物播种面积29.72千公顷，总产11.88万吨；棉花面积880公顷，产量0.09万吨。（以上数据不含巩义市）

【耕地地力保护补贴】2018年，郑州市完成耕地地力保护补贴耕地192.51千公顷，35980.31万元，平均每亩124.6元。通过惠民补贴“一折（卡）通”系统进行发放。提高农民种粮积极性，促进农业发展和农民增收。（以上数据不含巩义）

【蔬菜生产】2018年，郑州市拥有常年菜田16.67千公顷，季节性菜田生产面积31.33千公顷。全市完成蔬菜播种面积73.33千公顷，完成蔬菜总产量280万吨，较上年分别下降2.75%、1.75%。温棚蔬菜生产面积基本保持稳定，略有减少。近郊蔬菜面积持续萎缩，大蒜面积略增。2018年，生产面积较大的种类分别是大蒜、黄瓜、番茄、大白菜、萝卜、芹菜、辣椒、胡萝卜、小白菜、豇豆、菠菜等；面积略增的有大蒜、番茄、菠菜等，减少的有花菜、菜豆等。2018年，因天气合适，大蒜生产情况良好，单产有所增加，但前期出现卖难问题。

（赵建波）

新密市于湾村干净整洁的新型农村社区（市农委/供图）

【果树生产】2018年，全市果树种植面积17.84千公顷，较上年增长0.98%，产量25.7万吨，较上年下降4.67%。樱桃、石榴、葡萄、桃种植面积继续呈上升势头，草莓设施生产面积有所增加。受2017年冬季冻害和2018年早春“倒春寒”影响，樱桃、葡萄、石榴产量下降较多，其中樱桃受影响较大，减产一半以上，葡萄、石榴减产30%左右。

（王　峰）

【花卉生产】2018年，郑州市花卉种植面积6.2千公顷，同比增长0.21%，年销售额8.6亿元，同比增长1.2%。其中：鲜切花生产面积140公顷，年销售额0.6亿元；盆栽花卉生产面积300公顷，年销售额1.3亿元；观赏苗木生产面积3.27千公顷，年销售额5.21亿元；食用与药用花卉生产面积2.27千公顷，年销售额1.39亿元；草坪生产面积166.67公顷，年销售额0.05亿元；干燥花66.67公顷，年销售额0.05亿元。

（张　洁）

休闲观光农业（市农委/供图）

【农作物病虫草害发生与防治】2018年，农作物主要病虫草害为中度发生年份，发生面积620.19千公顷次（不包括蝗虫），开展防治面积639.49千公顷次（不包括蝗虫），占发生面积的103.11%，挽回粮食损失8375.69万公斤，挽回油料损失582.22万公斤。

发生情况：小麦病虫害为中度发生，轻于常年，发生面积266.7千公顷次，其中麦蚜、小麦纹枯病、麦蜘蛛中度发生，局部偏重发生；玉米病虫害中度偏轻发生，发生面积89.53千公顷次；花生病虫害中度发生，发生面积51.33千公顷次。

防治情况：重点做好小麦条锈病、赤霉病的防控工作。（1）以市农委办公室文件形式下发了“关于加强小麦中后期病虫害监测防控工作的通知”及“关于加强小麦赤霉病预防工作的紧急通知”。（2）开展小麦统防统治工作。全市开展统防统治总面积89.33千公顷，其中政府购买服务面积0.83千公顷，出动飞机66架次，防治面积8.73千公顷。（3）全市召开防治现场会13次,利用广播、电视、报纸宣传14次，培训农民6.666万人次，印发资料13.4万余份。

【东亚飞蝗综合治理】2018年夏秋，蝗中度发生，发生面积28千公顷，达到防治指标面积16.7千公顷，开展防治16.7千公顷，占达标面积的100%，防治效果达80%以上，有效地控制了蝗虫为害，达到了“不起飞，不成灾”的目标。

【植物检疫】全市开展小麦产地检疫面积3.59千公顷，占报检面积的100%，产检合格面积3.49千公顷。签发省间调运检疫证书3357批次，省内调运检疫证书4149批次，共调运检疫合格种子2136万公斤，调运检疫占报检的100%。

【农作物病虫害专业化统防统治】截至2018年年底，全市有植保专业化防治组织39个，拥有机械962台。2018年，专业化防治主要作物有小麦、玉米、花生、蔬菜等，总防治面积130.67千公顷次。

（王　震　胡　锐　邢彩云
李丽霞　李元杰）

专家实地为农民技术服务（市农委/供图）

【耕地质量监测】全市耕地质量综合监测站点总数达到14个。全年新增13个，其中荥阳6个、中牟5个、登封2个。新郑市1个监测点对各个生育期小麦、玉米动态监测及产量实地测产、秸秆的测重等工作，处理农产品数据40余个，处理土壤数据20余个，填报数据200余个。

（郭长江　杨玉庆）

【农业综合开发】2018年，省批复郑州市国家农业综合开发高标准农田建设项目2.2千公顷，其中，荥阳市0.7千公顷、新密市0.8千公顷、登封市0.7千公顷。项目总投资4415万元，其中，中央财政资金3153.57万元，省财政资金1084.83万元，市财政资金176.6万元。开发任务完成后，项目区可新增灌溉面积1.46千公顷，改善灌溉面积0.27千公顷，新增除涝面积0.19千公顷，改善除涝面积0.35千公顷，新增节水灌溉面积1.66千公顷，年节约水量281.46万立方米，增加农田林网防护面积0.37千公顷。通过开发治理，项目区每年新增粮食618万公斤，新增种植业总产值1261.15万元，农民收入增加总额921.38万元。

（孟祥斌）

水产业

【概况】2018年，全市水产养殖面积8.02千公顷，水产品产量11.31万吨，产地水产品抽检合格率达到100%，保障了市民“菜篮子”水产品安全有效供给；通过调整养殖结构，优质黄河鲤鱼、鮰鱼、鲈鱼、河蟹、小龙虾、观赏鱼等绿色优质安全和特色农产品供给进一步增加，水产品市场供应更加丰富，水产养殖效益稳步提高。

黄河鲤鱼（市农委/供图）

【湿地农业】2018年，全市发展湿地农业生产面积0.67千公顷。大面积生态鱼塘、稻田和藕塘作为郑州市生态建设规划的“五大生态系统”之一，发挥人工湿地的生态功能，湿润空气、降霾除尘，为城市增水、增湿、增绿。

【渔业生态建设】2018年，郑州市水源地水库放流草鱼、鲢鳙鱼苗种300万尾，发挥“以渔控草”“以渔控藻”的生态功能，保障全市供水安全，改善水域生态环境。

【创新金融支农新模式】通过担保、保险、基金等形式，支持乡村振兴项目。2018年，农业担保项目167个，担保发生额8.5亿元，截至年底，在保项目246户，在保余额8亿元。发展特色农业保险，2018年度全市共开展7大类31种特色农业保险产品，为郑州农业建设提供约20亿元风险保障。

（王丙友）

畜牧业

【概况】2018年，郑州市各级畜牧部门紧紧围绕“产业发展、疫病防控、质量监管”三大重点，创新思路、强化措施，狠抓落实，较好地促进了全市畜牧业平稳发展。2018年，全市肉、蛋、奶产量分别稳定在23.2万吨、15.3万吨、23.3万吨，同比增减幅度分别为-1.7%、-2.3%、-2.8%。全市约有各类规模以上畜禽养殖企业1600多家，比“十二五”期间的4500多家养殖场减少约60%，较2017年减少约200家。通过国家、省、市农业产业化办公室认定的畜牧产业化龙头企业总数99个，其中国家级4个，省级17个，市级78个，比“十二五”期间的130多家减少了约23%。

（李　健　杨　楠）

【畜产品质量安全监管】2018年，全面深入开展生猪定点屠宰资格清理，换发企业生猪定点屠宰证书10个，取消企业生猪定点屠宰资格8家。截至2018年年底，全市共有屠宰场14家，其中生猪定点屠宰企业12家，肉牛屠宰企业1家，禽类屠宰企业1家。开展生猪屠宰“扫雷行动”，各级畜牧兽医主管部门共执法291次，其中与当地食药、公安等部门组织联合执法113次，重点打击私屠滥宰、注水或注入其他违禁物质等违法行为，捣毁私屠乱宰窝点15个，立案7起，移交1起，共查获涉案物品0.881吨，货值1.05万元，处罚金2.11万元；定点屠宰场屠宰出场猪肉产品质量合格率达到100%；与屠宰企业签订责任书22份。制订下发《郑州市畜牧局2018年畜产品质量安全专项整治行动通知》，在全市开展“瘦肉精”专项整治、兽用抗菌药专项整治、饲料和饲料添加剂专项整治、生猪屠宰监管专项整治、生鲜乳质量安全专项整治、畜牧业投入品打假专项治理以及禽蛋质量安全集中治理等7个方面的专项整治。专项整治期间，全市出动执法人员8700人次，检查生产经营企业5100多家次，查处动物卫生监督案件16起、兽药案件27起、饲料案件10起、畜牧案件1起、诊疗案件8起、畜禽屠宰案件 3起，其中办结63起，共处罚金39.66万元。

（刘宏亮　郎社强）

【动物疫病防控】2018年，市、县两级疫控机构共监测样品63385项（次），其中市本级检测样品20851项（次）。开展血清学监测抗体13634份次，开展病原学检测7217份次，抽检非洲猪瘟病原5017份。5个省级动物疫病净化创建场监测样品1860份次。全年上报疫情评估分析报告12份，下发疫情预警通报12份。成功处置1起输入性猪O型口蹄疫疫情、1起输入性生猪非洲猪瘟疫情和16起羊布鲁氏菌病疫情。市、县两级疫控机构共开展流行病学调查2316场（次），填写调查问卷2316份。其中市本级调查198家（次），填写调查问卷198份，上报流调月报表12份。在开展常规流调的同时，共开展紧急流调10次。人畜共患病防控工作方面，检测结核病样品800份，布病样品8406份；牛结核病检出2头阳性病例，布病检测到5份牛阳性样品，检测羊阳性样品172份，阳性牲畜全部进行无害化处理。2018年，全市屠宰检疫生猪199.52万头，同比增长26.8%；无害化处理生猪0.39万头，“瘦肉精”抽检尿样7.56万份；检疫许可33.7万张。屠宰检疫家禽416.01万只，同比增长64.28%，无害化处理家禽0.32万只，同比增长18.52%；检疫许可0.23万张，同比增长91.67%。屠宰检疫肉牛709头，“瘦肉精”抽检尿样147份，发放检疫许可证585张。市属屠宰企业共检疫生猪151.52万头，同比增长34.91%；无害化处理生猪0.36万头，同比增长28.57%；“瘦肉精”抽检尿样5.45万份，同比增长15.96%；发放检疫许可证16.72万张。全年，查验车辆1.27万辆，同比增长9.5%，检验生猪白条52.1万头，同比增长16.6%，检验鲜肉产品8873.7吨，同比增长6.7%，检验冻品301.9吨，同比增长0.4%；换证62万张，同比增长19.2%；瘦肉精抽检共620批次；含水量检测共330批次，其中送第三方检测100批次。

（刘　炜　彭志领）

【畜牧综合执法】2018年，全市各级畜牧安全执法部门共查处各类案件139起，办结133起，其中动物卫生监督（诊疗）案件58起，综合执法案件81起，移交公安机关涉及刑事犯罪的案件11起，处罚金106.3万元。市本级查处案件28起，办结22起，其中动物卫生监督（诊疗）案件3起，综合执法案件25起，处罚金48.12万元，其中移交公安机关涉及刑事犯罪的案件9起，下发整改通知书50余份。

（彭志领）

林业

【概况】2018年，郑州市贯彻落实《关于加快郑州都市型林业产业发展促进绿色增长的意见》，用优惠政策鼓励企业和林农投入林业产业，推动林业经济发展，全市完成林业总产值50.7亿元，全年新增林业产业化重点龙头企业48家。造林抚育任务超额完成。全市累计完成营造林12.85千公顷，其中完成

2018年义务植树活动（市林业局/供图）

新造林7.65千公顷，完成森林抚育5.2千公顷。生态廊道绿化任务顺利完成。完成新建和提升生态廊道244.4公里，生态廊道连通工程432公里。森林（湿地）公园建设稳步推进。2018年全市计划新建续建森林公园项目（博物馆）11个，其中郑州森林公园项目建成开园，2个项目开工建设，启动前期工作项目8个；计划新建湿地生态系统恢复工程5个，其中已开工建设项目1个（中牟雁鸣湖万亩湿地公园），启动前期工作项目3个，郑州花园口湿地恢复工程因建设区域全部位于黄河治导线范围内，省、市黄河河务局均不予办理批复手续。全民义务植树活动深入开展。郑州市全民义务植树工作以"植树造林、绿化郑州"为主题，全市各级共设立现场植树点35个，参加义务植树人数392万人次，栽植树木1568万株，全民义务植树尽责率达95%以上。组织开展冬季植树造林活动，全市参加植树人数约7.6万人次，植树31.8万棵。市本级园区管理经营成效明显，全年共接待游客365万余人次。

【森林资源管理】 按国家和省要求开展全国第九次森林资源连续清查，截止到9月15日，全市森林资源外业调查质量清查结果全部通过国家检查验收。全市各级森林公安机关组织开展"飓风1号""护绿行动""春雷2018""2018整治林地"等专项行动，严厉打击各类涉林违法犯罪活动，侦破涉林违法刑事案件66起，查处行政案件133起，清理非法征占林地项目3个，清理木材、野生动植物非法交易场所39处，清理木材加工经营场所47处。林政稽查大队在林区巡查600余车次、出动执法人员1000余人次，出现场293次，立案调查案件11起、办结9起，打击违法当事人20名，责令违法当事人补种林木280株。组织开展越冬前后虫情调查工作，根据调查情况及时发布林业有害生物发生趋势预测，5月18日—6月3日，组织2架直升机对美国白蛾、杨小舟蛾、杨扇舟蛾等林木食叶害虫进行超低量喷雾195架次，防治8.67千公顷。完成中央第一环境保护督察组"回头看"20件督办问题的现场查看、督促整改、资料上报等工作。认真落实森林防火各项责任制，加大森林防火宣传力度，坚持定期或不定期开展森林火灾隐患排查，全年全市无重、特大森林火灾发生，无人员伤亡事故发生。

郑州市绿博园"问花节"活动（市林业局/供图）

【林业改革】 制订郑州市2018年度集体林权制度改革工作方案。同时按照中央、省国有林场改革精神要求，扎实推进国有林场改革工作，全面开展方案落实评估工作，对照方案，现场督导，逐条核查，确保改革工作每个环节任务的落实。积极培育农民林业专业合作社、家庭林场等新型林业经营主体，拓宽经营渠道，全年新增农民林业专业合作社（含家庭林场）25家，规范化合作社5家。2018年，全市林下经济产值达到8.75亿元。

【科技保障】 2018年，郑州市林业科技支撑作用发挥明显。市林业局组织林业技术人员开展75次送科技下乡暨林业科技扶贫工作，向专业合作社和林农推广林业新品种3个、实用技术3项，开展技术培训和现场指导30多期（次），受益林农近1000余人。完成林业育苗300公顷，繁育苗木300万株，培育花卉25万盆，引进苗木花卉新品种12个，推广新技术2项。

（姚　林）

农业机械化

【概况】 2018年，郑州市共落实各级财政农机购置补贴资金8998.02万元，全市主要农作物耕种收综合机械化水平82%，比上年提高0.5个百分点。其中小麦机械化收获面积126.22千公顷，机收率98.62%；玉米机械化收获面积109.39千公顷，机收率86.19%。小麦秸秆机械化还田面积123.72千公顷，还田率96.67%；玉米秸秆机械化还田面积115.17千公顷，还田率90.74%。小麦机播率稳定在99.9%；玉米机播率95.55%。农作物秸秆综合利用率92%。全市经工商注册农机专业合作社总数160家，规模经营耕地40.07千公顷。全年完成保护性耕作面积68.67千公顷，深松整地作业12.67千公顷；农机培训21950人次，召开新技术新机具现场演示会、技术培训会62场次。新创省级"平安农机"示范乡镇6个、示范合作社4个，各类农机专业合作社、协会等合作组织拖拉机和联合收割机挂牌率、年检率和驾驶员持证率（简称“三率”）均为100%。农业机械化水平得到大力提升，农机服务组织化程度和社会化服务能力大幅提高，农机安全生产形势保持平稳。

截至 2018年年底，全市农机总动力440.8万千瓦（含巩义市）。各类农用拖拉机拥有量达到10.36万台、动力182.52万千瓦，大型及以上拖拉机拥有量5192台，中型拖拉机拥有量9481台，小型拖拉机拥有量88999台、动力91.66万千瓦，拖拉机配套农具拥有量16.47万部。耕整机拥有量1498台（套），机引犁拥有量68570台，机引耙拥有量61689台，旋耕机拥有量12126台，深松机拥有量801台。播种机拥有量24986台，其中免耕播种机2764台，较上年增加153台，增长5.86%；精量播种机20991台。农用水泵拥有量95803台，节水灌溉类机械拥有量11653套。收获机械化科技含量逐年提高，联合收获机趋向大型化发展速度加快，拥有量9866台，动力72.36万千瓦。稻麦联合收割机保有拥有量6376台、动力47.61万千瓦，玉米联合收获机拥有量3490台，动力24.76万千瓦。其中自走式玉米联合收获机拥有量3362台，占玉米联合收获机的96.33%。大豆收获机拥有量7台、动力0.03万千瓦，油菜籽收获机拥有量11台、动力0.06万千瓦，马铃薯收获机拥有量43台、动力0.01万千瓦，花生收获机拥有量1697台、动力0.48万千瓦，青饲料收获机拥有量214台、动力1.37万千瓦，牧草收获机17台、动力0.01万千瓦，秸秆粉碎还田机拥有量10188台，增速3.9%，秸秆捡拾打捆机拥有量171台、动力0.16万千瓦。机动脱粒机拥有量1.77万台、动力6.49万千瓦，谷物烘干机拥有量99台、动力0.21万千瓦，种子加工机械拥有量37台、动力0.03万千瓦，保鲜储藏设备拥有量96台（套）、动力0.96万千瓦。设施农业设备得到快速发展且向系统化管理方向迈进，温室面积达到5082.65万平方米，其中连栋温室66.17万平方米，日光温室850.35万平方米，塑料大棚4158.2万平方米。农产品初加工动力机械拥有量3.47万台、动力30.39万千瓦，其中柴油机796台、动力1.02万千瓦，电动机3.39万台、动力29.35万千瓦。农产品初加工作业机械拥有量2.35万台（套），其中粮食初加工机械1.81万台，油料初加工机械3341台，棉花初加工机械1803台，果蔬初加工机械211台（套）。畜牧养殖机械拥有量9646台（套）、动力5.49万千瓦，其中饲草料加工机械6221台（套）、动力4.04万千瓦，畜牧饲养机械3126台（套）、动力0.95万千瓦，畜产品采集加工机械119台（套）、动力0.19万千瓦。水产机械拥有量12419台、动力5.18万千瓦，其中增氧机5925台、动力3.86万千瓦，投饲机6303台、动力1.10万千瓦。农田基本建设机械2318台、动力18.64万千瓦。农用飞机拥有量达到67架，是上年的2.4倍。

2018年，全市机耕面积163.85千公顷，其中，小麦机耕面积91.23千公顷、玉米机耕面积9.58千公顷、大豆机耕面积1.59千公顷、油菜机耕面积3千公顷、花生机耕面积10.37千公顷、棉花机耕面积0.65千公顷。全市机播面积276.79千公顷，其中，小麦机播面积135.37千公顷、玉米机播面积109.39千公顷、大豆机播面积3.54千公顷、油菜机播面积2.13千公顷、花生机播面积14.2千公顷。全市主要农作物机收面积257.29千公顷，其中，小麦机收面积133.61千公顷、玉米机械化收获面积101.27千公顷、大豆机收面积2.83千公顷、油菜机收面积1.34千公顷、花生机收面积12.33千公顷。机电灌溉面积195.42千公顷，机械植保面积134.54千公顷，机械脱粒粮食137.39万吨。全年，共完成机械深耕面积97.29千公顷，机械深松面积14.85千公顷，机械化免耕播种面积146.24千公顷，精少量播种面积146.99千公顷，机械深施化肥面积68.74千公顷，机械铺膜面积19.03千公顷，农田机械节水灌溉面积36.59千公顷，机械播种牧草面积0.41千公顷，机械收获牧草数量4.82万吨，机械化秸秆还田面积243.93千公顷，秸秆捡拾打捆面积2.61千公顷，机械化青贮秸秆数量11.04万吨，农田基本建设作业量27.68万立方米，农用航空器作业面积13.16千公顷，农机专业合作社作业服务面积258.13千公顷。全年，共完成农机跨区作业面积60.24千公顷，其中，跨区机耕面积7.15千公顷，跨区机播面积2.71千公顷，跨区机收面积44.27千公顷。其中，跨区机收小麦29.63千公顷，占跨区机收面积的66.94%，跨区机收玉米6.69千公顷。全年共完成设施耕整地机械化面积4.23千公顷，设施灌溉施肥机械化面积1.29千公顷，设施环境调控机械化面积0.31千公顷，免耕播种面积172.85千公顷，其中，小麦免耕播种面积44.95千公顷、玉米免耕播种面积107.43千公顷。

【“三夏”机收会战】 2018年“三夏”期间，夏收夏种平稳顺利，小麦适时收获率高，夏玉米播种同步跟进。从5月27日小麦开镰收割到6月15日夏玉米播种基本结束，顺利实现了小麦丰产丰收和秋作物适时播种。“三夏”期间，检修各类农业机械24万台（套），设立农机服务站点50个，免费发放联合收割机跨区作业证1000张。同时，全市各级农机部门不断完善接待、检修、信息、中介、技术、安全、供应、投诉、帮扶等10项服务措施，市、县、乡三级农机部门开通24小时服务电话，随时接受咨询并提供帮助，为“三夏”生产创造良好条件。“三夏”期间，全市共投入各种农业机械25万台（套），其中夏收主力机械联合收割机5000台（含引进的联合收割机），夏种主力机械玉米播种机2万余台。参与农机会战农机专业合作社130家，签订农机作业合同18290份，帮扶面积2.33千公顷，免费发布手机信息3000余条。全市机械收割小麦127.99千公顷，播种玉米126.92千公顷，“三夏”农机会战取得圆满成功。

【“三秋”农机战役】 2018年“三秋”期间，全市农机部门早谋划、早行动，积极落实信息服务、物资供应、农机技术服务、农机帮扶、作业协议签订等措施，机械供应充足，秋收秋种平稳顺利。在“三秋”期间，全市成立60个农机服务小分队，共检修各类农业机械33万台（套）。投入各类农业机械35万台（套），其中拖拉机11.2万台，玉米收获机3500余台（含引进）；共培训各类农机人员12091人次；召开不同形式现场会22次，签订作业合同21312份，农机帮扶面积2千公顷。

【农机购置补贴】 2018年，郑州市落实各级财政农机购置补贴资金8998.02万元，市农机局严格按照农机补贴政策要求，将农机购置补贴政策实施工作纳入常态化规范化管理，制订补贴实施方案，使补贴实施细节更加精确，补贴范围重点突出，实施操作程序更加优化；全面推广将农民购机补贴申请资料受理及补贴资格认定工作下放到乡（镇）街道，进一步简化、规范程序，营造便民政务环境，同时从源头上堵塞初始漏洞；认真落实“主要领导负总责、分管领导负全责、工作人员直接负责”的工作要求，层层签订工作责任书，明确任务和责任，形成一级抓一级，层层抓落实的责任机制；坚持基层纪检部门参与农机购置补贴工作全过程，公布各级举报、监督电话，强化行风建设，自觉接受社会监督，严厉查处违规行为，切实维护农民权益。

【秸秆综合利用及禁烧】 2018年，禁烧工作继续落实在人防基础上，利用技防设备和“互联网+”技术打造“蓝天卫士”电子监控系统，使早发现、早制止、早处置，把隐患消灭在萌芽状态落到实处，有力强化了第一时间处置突发事件的能力。在重点监控时段，取得国家、省、市级监控报告零火点的好成绩，位列全省领先方阵，并被省政府通报表扬，完成了全年秸秆综合利用和禁烧既定目标任务，为郑州市营造蓝天白云做出了应有的贡献。

领导高度重视，部署安排周密。市委、市政府高度重视农作物秸秆禁烧和综合利用工作，将其作为全力保护人民生命财产安全、打赢大气污染防治攻坚战、建设国家中心城市的重要政治任务常抓不懈。5月15日，郑州市印发《郑州市人民政府办公厅关于切实做好2018年农作物秸秆禁烧和综合利用工作的通知》；9月5日，印发《郑州市人民政府办公厅关于切实做好2018年秋季农作物秸秆禁烧和综合利用工作的通知》。文件明确要求各县（市）区深入贯彻落实党的十九大关于加强生态文明建设和乡村振兴战略部署，进一步提高思想认识，进一步强化宣传培训，进一步强化责任落实和督导检查，强化信息沟通，严格落实考核问责，切实做好秸秆禁烧和综合利用工作。

加大宣传教育力度，营造禁烧氛围。全市各级政府开展了形式多样、内容丰富的宣传活动：充分利用报纸、广播、电视、互联网、两微一端、短信平台等方式，大力宣传秸秆禁烧的政策、法律法规，秸秆综合利用的意义、途径、效益，引导群众充分理解并主动参与禁烧工作；帮助群众转变传统习惯，增强农民对秸秆禁烧和资源化利用的积极意识。新郑市创新秸秆禁烧宣传方式和秸秆利用监管方法，举办秸秆禁烧宣传文艺会演，将秸秆禁烧重要性以“三句半”“快板书”“小品”等形式呈现给群众；巩义市在电视、网络等媒体播放河洛大鼓《打赢秸秆禁烧攻坚战》宣传视频，以生动活泼的大鼓形势，宣传秸秆禁烧；新密市通过本级广播、电视台在黄金时段每天滚动播放禁烧宣传片；各地将文化元素融入宣传中，取得了较好的宣传效果。“三夏”“三秋”重点时段，全市共出动宣传车辆3716台次，制作宣传彩旗、横幅157608条，发放宣传册、宣传单130多万份，组织宣传员14787名，市、县、乡三级督导员3950名，设立禁烧监督岗2300余个，真正实现了秸秆禁烧和综合利用宣传标语悬挂到路边村头，宣传车巡回到田间地头，彩页手册分发到村民手头，媒体宣传深入到全社会公民心头的“四个到位”。市禁烧办设立禁烧短信平台，“三夏”“三秋”重点时段发送短信80余条，及时将禁烧工作动态、领导指示等内容发布到市、县、乡、村相关人员手机（841名）。

运用网格化监管，确保责任落实。各县（市）区政府对农作物秸秆禁烧和综合利用工作实行网格化管理，实行各级一把手负总责，主管领导具体负责，明确各类焚烧源的牵头管理单位，层层分解工作任务，签订目标责任书，切实落实各项措施。形成了市级督查组包县（市）区、县（市）区领导包乡镇（街道）、乡镇（街道）干部包村、村干部包组、组干部包户的三级网格、四级平台、五级联动机制，建立从上到下、横到边纵到底的网格化管理工作模式。全市各县（市）区与所辖乡镇（街道）签订责任书153份，三级网格下沉人员16622人，逐地块落实禁烧责任，严防死守，确保网格全覆盖。

加大巡查、督查力度，高压严控秸秆焚烧。“三夏”“三秋”重点时段，市政府成立3个督导组进行重点工作巡视，市禁烧办抽调农机、环保、气象、林业、畜牧等部门人员成立5个督察组，配备卫星定位导航仪、摄像机、照相机等调查取证设备。禁烧办成立2个机动组进行明查暗访，应对突发事件。各督察组对分包县（市）区禁烧防控措施落实情况进行检查，深入乡村基层、田间地头，坐镇一线，全天候拉网排查，发现问题，及时处置，不留死角、不留隐患、看死盯牢。

加快“蓝天卫士”平台建设，助力远程禁烧监控。2018年，郑州市禁烧工作在落实人防基础上，利用技防设备和“互联网+”技术继续完善“蓝天卫士”电子监控系统，建设“蓝天卫士”电子监控平台115个，设立监控探头1000个，安装可视电话37部，加强对秸秆焚烧现象的监控管理。全市共组建“蓝天卫士”电子监控应急小分队1825个，参加队员7346人，应急小分队做到接“蓝天卫士”报警20分钟内及时到达火点现场，使早发现、早制止、早处置，把隐患消灭在萌芽状态落到了实处，有力强化了第一时间处置突发事件的能力。全市各级禁烧办实行24小时值守制和领导带班制，及时上传下达有关部署和要求；设立举报电话，随时处理举报问题。郑州市形成了卫星监控信息运用、“蓝天卫士”电子监控系统、媒体互动、110、119联动、一线实地巡查和热线举报“六位一体”模式严控焚烧；对禁烧控制不力出现的焚烧火点及时查处、督促整改，并通过短信平台、工作简报予以通报，坚持“有烟必查、有火必罚、有焚必报、有报必究”。

拓宽秸秆综合利用渠道，从根本上解决秸秆利用出路。各级政府和市（县）区有关部门增强对秸秆综合利用的紧迫感和责任感，利用政府补贴引导、鼓励拓宽秸秆综合利用途径，从源头上解决焚烧问题。（1）优先补贴秸秆综合利用机具，提升秸秆机械化处置能力。在全市农机购置补贴方案中，对列入河南省补贴目录的新型大型收获机、秸秆还田机、秸秆粉碎机、秸秆捡拾压捆机、大型青贮机等农作物秸秆综合利用类机具，市农机局实行优先敞开补贴。（2）实施秸秆还田作业补贴，鼓励秸秆机械化还田。郑州市农作物秸秆以小麦、玉米为主。全市各县（市）区结合实际均出台相应配套政策鼓励引导农民实施秸秆还田。登封市对完成秸秆综合利用目标任务的乡镇（街道）给予夏季每亩3元、秋季每亩10元的还田作业补贴；金水区对实施秸秆还田的办事处，给予每亩20元的补助。2018年，全市小麦秸秆机械化还田面积123.67千公顷，还田率96.6%；玉米秸秆机械化还田面积115.13千公顷，还田率90.7%，秸秆机械化还田成为郑州市主要农作物秸秆综合利用的主渠道。（3）多措并举，以疏为主，从治本上解决禁烧难题。郑州市出台关于农作物秸秆综合利用的政策和措施，各县（市）区、各有关部门贯彻落实部署要求，不断加大政策支持力度，创新财政资金扶持方式，完善秸秆收储运体系建设，郑州市农作物秸秆肥料化、饲料化、燃料化、基料化、原料化“五化”利用取得明显成效，综合利用水平逐年提升。2018年，郑州市农作物秸秆综合利用率达到92.5%。根据《郑州市人民政府关于印发郑州市进一步加强农作物秸秆禁烧和综合利用工作方案的通知》文件精神，经市秸秆禁烧和综合利用工作领导小组研究决定，表彰新郑市、新密市、巩义市、惠济区、高新区、金水区、管城区、上街区、中原区、二七区等在2018年秸秆禁烧和综合利用工作中表现突出的10个县（市）区，并分别给予了30万～90万元不等的工作奖励。

引导企业及合作社发展秸秆产业。11月7日，市农机局联合市财政局联合印发《郑州市2018年度农作物秸秆综合利用项目资金申办指南》，设立专项资金用于奖励和扶持农作物秸秆“五化”利用项目、秸秆综合利用产业化发展项目、秸秆收储运体系建设等。对投入固定资产500万元以上，并且年度服务农用地面积0.67千公顷（收购秸秆1万吨）以上的秸秆综合利用企业、农民（农机）专业合作组织给予40元/吨补贴。

【农机专业合作社建设】 2018年，市农机局继续落实财政扶持政策，大力发展以农机专业合作社为代表的各类农机专业服务组织。“三夏”“三秋”期间，全市农机部门积极引导协调农机合作社开展跨区作业、订单作业；全市农机合作社与有关乡村及种粮大户签订作业合同，广泛推行订单作业，提升全市农业生产机械化效率，提高规模化作业效益。合作社在开展跨区作业、订单作业的基础上，广泛探索土地承包、土地托管、带地入社等经营模式，截至2018年年底，全市经工商注册且运营良好的农机专业合作社共有160家，合作社规模经营土地面积40.07千公顷。“三夏”“三秋”期间，全市农机合作社在农机部门的指导下，积极与有关镇、村及种粮大户签订作业合同，推行订单作业，提升全市农业生产机械化效率，提高规模化作业效益。“三夏”“三秋”期间，全市农机合作社共签订作业合同4万余份，协议作业面积200千公顷。同时，农机部门组织农机合作社、农机大户及其他农机服务组织积极为军、烈、鳏、寡、孤、独等困难户提供帮扶作业服务。全年农机合作社共帮扶2万余户，面积达4千公顷。

【机械化保护性耕作】 2018年，郑州市保护性耕作实施面积68.67千公顷。推广新机具4014台，其中：新增小麦收获机 96台，新增玉米联合收获机242台、大中拖950台；新增根茎收获机械136台、玉米免耕施肥播种机201台、深松整地机50台、小麦免耕施肥播种机202台、秸秆还田机433台；新增旋耕机615台；新增微耕机407台、秸秆青贮机械20台、小麦秸秆打捆机81台、植保机械40台（其中遥控植保飞机6台）。积极实施深松整地作业项目，抓住春播前和秋收后两个重点时段，强化政策引导、技术指导、任务督导，积极组织农机深松整地作业，全年机械深松面积13.67千公顷。

【农机教育培训】 培训与国家农机补贴惠农政策实施相结合。全市农机部门把抓好新购机农民培训摆在了首要位置。对农机管理人员重点开展国家惠农政策、农机化法律法规、农机购置补贴政策等知识培训。开展送教下乡活动，把农机培训送到田间地头，方便了农机手培训，降低了培训成本，使培训形式更适合农民，培训内容更贴近农民，保证了农民在买得起的基础上用得好、出效益。培训与农机推广相结合。利用召开农机新技术、新机具现场演示会、发放农机宣传“明白纸”等形式，广泛开展玉米机收、免耕播种、保护性耕作、深松整地、根茎挖掘、设施农业等农机新技术培训。切实加强对大型、新型机具主要环节的技术指导，提高新机具、新技术的推广效果，提高农机手推广使用新机具、新技术的能力，确保最大限度地提高和发挥新机具的效率。培训与重要农时生产相结合。为确保重要农时农机生产安全顺利高效进行，对农机大户、农机专业合作社社员和新购买农机具的农民，开展农机驾驶操作、维修保养、跨区作业、安全生产和经营管理知识培训，增强农机手的操作水平和安全意识，促进农业增产和农民增收。

【农机新机具、新技术推广】 2018年，郑州市农机推广部门坚持以“绿水青山就是金山银山”的发展理念。开展农机新技术的试验、示范和推广工作，以郑州市主要农作物小麦、玉米全程机械化推进行动为重要抓手，着力主攻花生、大蒜等薄弱经济作物短板环节，大力推广应用深松整地技术、保护性耕作技术和秸秆综合利用机械化技术，围绕产业结构调整，进一步提高了农机化装备水平、作业水平、科技水平、服务水平。

结合农业生产的实际，充分利用购机补贴政策，加大对农业生产薄弱环节农业机械的补贴力度。重点做好玉米联合收获机、大型拖拉机、免耕播种、深松机和生物质燃料压块机的推广应用。全年，共召开新技术新机具现场演示会、技术培训会62场，参与农民2.18万人次，推广各类新型农机具4014台（套）。狠抓农机新技术新机具试验，为示范推广夯实基础。2018年，郑州市辖区农机实验示范基地采用传统种植模式、免耕施肥播种模式、深松模式+免耕施肥播种模式播种小麦、玉米，市农机局组织专家组及技术指导员现场指导，对小麦、玉米等主要粮食作物生长性状进行监测及测产等工作。因地制宜，积极引进、示范推广经济作物生产机械化技术，加快花生、大蒜、红薯等经济作物生产的产前、产中、产后机械化步伐。以项目为依托带动全市农机推广工作上台阶，上水平。采用对比试验、宣传引导、技术培训、现场观摩、政策倾斜、建立示范基地等措施，通过讲给农民听、做给农民看、帮着农民算、带着农民干的过程，让农民亲眼看到采用新技术的作业效果、节本事实、增收情况。全年，保护性耕作实施面积达到68.67千公顷。开展基层农机推广服务体系建设、运行机制创新、科技培训及重大实用技术的配套集成为主要内容的农机推广工作，“中国农技推广APP”的推广使用为全市农业经济持续健康发展提供了有力的技术支持。通过培育农机科技示范户，辐射带动一大批农户积极应用农机化新技术，让广大农民真正了解玉米机械收获技术、花生大蒜等根茎作物机械化收获技术、机械化深松技术以及保护性耕作技术带来的效益。

【农机安全监理】 2018年，郑州市农机安全监理所根据农机安全监理和安全生产的工作目标，先后开展农机系统“安全生产大检查”“农机安全生产月”和“平安农机”创建等各项活动，在工作中严格落实各项农机安全管理措施，并不断加强安全宣传教育，从而确保了全市农机安全生产形势稳定良好。2018年，共受理农业机械登记许可2050个，其中，拖拉机1267台、联合收割机326台，接受驾驶人考试申请457个。共计检验拖拉机10209台，联合收割机3648台。全市享受购机补贴的自走式动力机械上牌率达到98%；各类农机专业合作社、协会等合作组织拖拉机和联合收割机挂牌率、年检率和驾驶员持证率（简称“三率”）均达到100%。新创省级“平安农机”示范乡镇6个、示范合作社4个。

【科技创新与农机科普】 郑州市各级农机部门围绕农业生产粮食增收，大力推广保护性耕作技术、小麦玉米免耕播种技术、小麦玉米机械化收获技术、农作物植保技术、秸秆还田技术、红薯花生土豆机械化挖掘技术、生物质燃料模压成型技术、谷子机械化收获技术、机械化挖坑技术和设施农业技术，做好农机科技创新、农机科普宣传工作。玉米机械收获实现重大突破达到86.19%，小麦机收达到98.62%。针对保护性耕作、玉米机收重点项目，加强科普宣传和培训。采用各类电视、报刊和农机信息网宣传。印制保护性耕作知识培训教材、免耕播种机的使用与调整、知识问答、操作规程等书籍和宣传资料30000多份。针对项目区重点宣传和培训结合，送教下乡与培训班结合，举办培训班30期，培训农民23450人次，科技人员送教下乡30余次，召开现场演示会62次。围绕“科技促进文化创新发展”“普及科学技术知识”“丰富群众科学文化生活”“送科技到基层农村”等活动主题，制作大型展板8块，发放宣传资料3000余份，通过普及科学知识，展示科技成就，宣传方针政策，展示郑州市农机推广的新成果、新技术。市农机局获得2018年度全国农机科普先进集体标兵、河南省农机推广先进单位等荣誉称号。

【“平安农机”“为民服务创先争优”示范窗口示范岗位创建】 2018年，郑州市不断提高农机安全生产监管力度和依法行政水平，逐步构建农机安全生产的源头管理、执法监控、宣传教育“三大防线”，郑州市“平安农机”创建工作再上一个新的台阶，根据省农机局和省安监局创建“平安农机”示范乡镇、示范合作社的考评要求，郑州市扎实开展“平安农机”示范创建活动，新创建省级“平安农机”示范乡镇6个、示范合作社4个；市级“平安农机”示范村16个、示范户340户。开展“为民服务创先争优”示范窗口和示范岗位标兵创建活动，推行以一张笑脸相迎、一句问候暖心、一杯热水接待、一颗热心服务、“一站”服务满意为主要内容的“五个一”服务标准，建立承诺服务制、首问负责制、责任追究制，提供“一站式”服务等，做到依法行政、程序规范、权责统一、高效便民。

（刘　赢）

水利建设

【概况】 2018年，全市水务部门认真贯彻落实中央、省、市各项决策部署，坚持以水生态文明建设为统揽，以河长制、湖长制工作推进为主线，以民生水利发展为重点，加大投入，强化管理，统筹协调，深化落实，全市治水管水兴水各项工作取得新进展、新成效,市水务局被表彰为综合工作优秀单位、党建工作先进单位。

水资源管理。按照最严格水资源管理制度要求，扎实做好取水许可、计划用水管理、地下水压采等工作，在全省实行最严格水资源管理制度考核中被评定为优秀等级，完成全市最严格水资源管理制度考核工作。开展第三次全国水资源调查评价，出台《郑州市水资源综合规划（2018）》。

生态水系运行管理。2018年，共向生态水系调引黄河水3.26亿立方米，利用南水北调汛期退水实施生态补水7500万立方米，有力保障城区河道生态景观用水需求。以城市河流清洁行动为载体，通过巡查督察推动问题整改，提升管养能力，加强河道管护，扎实推进“水清河美”专项治理，城市水生态环境明显改善。

河湖水系综合治理。贾鲁河综合治理工程按照“安全、生态、景观、文化、幸福”的五河共建理念加快实施，河道整治工程原批复投资全部完成，主体工程和配套设施基本完工；生态绿化工程完成投资20亿元，土方倒运和微地形整理已接近尾声，苗木种植和管道铺设全面展开。索须河花王桥至中州大道段生态景观提升工程基本完工，中州大道至祥云寺段主体工程建成，拦蓄水建筑物工程有序推进。

水土保持生态建设。实施登封、新密2018年度国家水土保持重点工程，完成生态清洁小流域年度建设任务，全年治理水土流失面积42平方公里。按照水土保持监督检查全覆盖的要求，完成市域内在建项目水土保持监督检查和水土保持补偿费征缴工作。

农业水价综合改革。制订郑州市农业水价综合改革年度实施计划，加快推进2018年度22.27千公顷农业水价综合改革任务，其中省定13.33千公顷、市定8.94千公顷；有序开展供水计量设施安装和“三证一书”发放等工作。

【防汛抗旱减灾】 防汛抗旱责任制全面落实。坚持防汛抗旱行政首长责任制，签订防汛抗旱承诺书。举办防汛抗旱行政首长培训班，增强防汛抗旱指挥决策能力。编制市领导分包县（市）区防汛工作督导检查提示函，就防汛要求、关键事项、薄弱环节等重点提醒，增强防汛督查的针对性和有效性，相关做法在全省推广实施。防汛隐患排查整治扎实到位。派出9个督导检查组，依托4级河长制，对全市141座水库、124条河流和山洪灾害防治区全面开展隐患排查，针对266处问题隐患，以一县（市）或一事一单形式下发通知，督办整改。着力抓好南水北调中线防洪影响处理工程建设，加快实施双洎河等5个中小河流治理项目，全面落实各项度汛措施，确保汛期安全。防汛应急保障能力持续提升。修订防汛抗旱预测预警、会商研判、应急值守、信息报送等制度规定，形成权责明确、标准明晰、管理规范、协调有序的工作机制。组建技术指导专家组，落实应急抢险队，做好防汛物资储备，精心组织开展黄河滩区迁安救护、黄河军民联合防汛抢险、水库防汛应急抢险、南水北调工程防汛抢险、山洪灾害防御等5类专项演练。定期组织汛情研判，认真做好防汛值守，全市防汛抗旱减灾能力明显增强。

（赵　研）

城区河道防汛。制订防汛工作方案，组建近200人的防汛抢险队伍，处理塌方等险情；全面检修沿河橡胶坝等防汛设施，落实橡胶坝操作、检修责任人，确保橡胶坝随时启闭自如，泄洪畅通；实行24小时值班制度，时刻监视汛情。全年共处理大的汛情13次，处理维修塌方13处，保证“两河一渠”安全渡汛。

（王永刚）

南水北调干渠防汛。市南水北调办制订2018年干渠防汛度汛方案及应急预案，并报市防汛办，对全市南水北调沿线各防汛隐患点统一排查，对排查出的隐患点督促协调有关责任单位进行整改。同时做好南水北调干渠红线外的防汛隐患点排查工作和安全保卫工作，排查隐患、加强宣传、采取措施、确保安全。

（罗志恒）

抗旱减灾工作有序开展。做好各项抗旱准备，申请中央和省级特大抗旱资金155万元，下拨市本级抗旱资金200万元，用于新密等县（市）抗旱应急水源工程建设，督导荥阳市加快抗旱应急水源工程进度。及时研判旱情发展，重点抓好登封市大冶镇抗旱服务，累计送水2400余吨，有效缓解2000余人临时饮水困难。

（赵　研）

【水源工程建设】 牛口峪引黄工程完成投资23.5亿元，管道铺设全线完成，泵站主体工程完工，正在进行设备调试，总体形象进度完成87%。环城生态水系循环工程完成投资7.5亿元，管道铺设已完成，泵站工程主体完工。石佛沉砂池至郑州西区生态供水工程基本完工。郑州市西水东引工程引水线路初步确定，进入水资源论证和可研报告编制等前期工作阶段。

【农田水利基础设施建设】 农田水利现代化示范乡镇项目加快实施，荥阳市汜水镇项目完成76%，中牟县万滩镇项目完成61%，登封市石道乡项目实施方案获批复。农田水利项目县建设继续推

贾鲁河花园路段（市水利局/供图）

进，2018年度中牟县、登封市、荥阳市建设任务全部完成。高效节水灌溉成效明显，荥阳李村灌区节水配套改造项目主体建成，恢复和改善农业节水灌溉面积2千公顷，中牟、新密两县（市）共完成省定高效节水灌溉建设目标2.53千公顷。

【水行政执法】市水务局严格落实重大案件局长办公会集体研究制度，加强行政执法责任制和服务型行政执法建设，规范水行政处罚和指导文书，推进行政指导方式应用。全年，开展执法巡查265次，受理举报162起，完成执法卷宗72卷，罚款56万元。全省水利系统法治政府建设工作现场会在郑州召开，郑州市法治水利建设和服务型水行政执法典型经验在全省推广。

【水行政审批工作】不断完善和规范行政审批事项办理规程，制订出台《郑州市水务局行政审批工作现场查勘制度》《郑州市水务局行政审批工作联席会议制度》。水行政审批服务事项和审批办工作人员全部进驻市政务服务办事大厅，开展文明优质服务活动，依法依规，严把关口，认真做好取水许可、入河排污口设置等水行政审批工作。全年，办理行政许可事项83件，满意率达98%以上，提前办结率100%，在市行政审批工作11次月通报中，10次位居第一层次。

【水文化建设】对全域水文化遗产开展调查摸底和建档登记，编制《郑州水文化遗产（初选）名录》，梳理水文化遗产123处、190项。以“保护为主、强化利用、保用结合、彰显文明”为原则，编制《郑州水文化遗产保护利用规划》，针对不同流域、主题和特色，规划建设水文化保护和展示平台。高标准完成贾鲁河综合治理“文化”专项设计，并以此为示范，深入挖掘河湖历史文化内涵，积极探索将水文化元素融入水利工程规划、设计和建设，提升水利工程文化品质。完成陆浑灌区郑州段水文化展示中心项目选址和实施方案编报。依托贾峪河及常庄水库库区生态修复治理工程，科学调研论证，谋划建设郑州水生态文明博览园和水博馆。

【水利脱贫攻坚】精准排查2018年拟退出建档立卡贫困人口和低收入人口，全面解决饮水不安全问题；逐户排查登封、新密和中牟3县（市）疑似饮水不安全和饮水困难贫困户，完成整改任务。同步加快推进2018年度非贫困村饮水安全巩固提升工程。安排水利扶贫切块资金617万元，加强贫困村饮水安全和节水灌溉等水利基础设施建设。

（赵　研）

南水北调

【概况】2018年，郑州市南水北调工作紧紧围绕“把水用好、把水质保护好、把工程管理好、把移民发展好、把形象树立好”的总体要求，坚持一手抓党风廉政建设，一手抓工程管理及移民发展，完善规章制度，制订操作规程，各项工作均取得了较好成效。南水北调水源保护方面，基本完成南水北调干线征迁验收，积极协调解决干线征迁遗留问题。南水北调配套工程基本完工，运管机制逐步完善，工程运行安全平稳，2018年，供水5.54亿立方米。继续实施强村富民战略，积极推进丹江口库区移民安置验收，加强移民后扶工作，组织开展移民扶持项目质量和进度双提升活动，抓好移民后扶项目验收，促进移民收入稳步增长。加大移民避险解困督导力度，做好移民脱贫攻坚工作。开展移民矛盾问题排查化解，维护移民和谐稳定发展。

【干线征迁验收及两岸保护】干线征迁验收及两岸保护工作全部完成。按照年度计划目标和省移民办工作要求，完成南水北调中线干线征迁县级自验、市级初验和省级验收工作。配合郑州市有关部门迎接中央第一环保督查组“回头看”工作，并完成迎检任务。市南水北调办公室联合河南分局郑州段各管理处、沿线县（市）区调水办对干渠沿线一级水源保护区内的水污染源进行排查，下发协调整改通知，并进行督查检查；根据国家生态环境部印发《关于开展2018年城市黑臭水体整治环境保护专项行动的通知》，协调郑州管理处对贾鲁河南水北调1.5公里处黑水体开展治理工作。协调处理干渠征迁遗留问题，对干渠沿线征迁中出现的矛盾纠纷进行排查化解。督促指导各县（市）区按省移民办要求对征迁未完成项目进行督促，对新增影响项目进行指导。配合沿线建管单位加快跨渠桥梁移交并完成干渠沿线村道、机耕道跨渠桥梁维护费补助协议签署及专项资金下拨工作，制订2018年干渠防汛度汛方案及应急预案，对郑州市南水北调沿线各防汛隐患点进行统一排查，督促隐患点有关责任单位进行整改。认真做好南水北调水源保护区调整工作，收到总干渠保护区内新建、扩建项目位置确认函221份。干渠两侧水源保护标志标牌建设按计划有序推进。

【干渠配套工程建设】干渠配套工程建设基本完工，工程质量安全可控。完成配套工程市本级和10个县（市）区征迁资金梳理工作。解决征迁遗留问题10余起，协调相关单位完成户外用地、勘测定界招标和林地可研报告编制工作。尖岗水库入库工程完工并投入使用，出库工程主体已完成，管道裂缝处理和围堰拆除工作有序推进；南四环随洞工程改顶管工作井已完成；上街区末端管理房建成投用。泵站电力安装有序推进，22号泵站5月初顺利通电，向尖岗水库供水200万立方米。港区20号口门8月正式通电；21号、24号口门供电线路安装全部完成。配套工程管理处、所建设按计划稳步推进。新增供水目标工作稳步推进。新密市完成工程建设任务正式使用南水北调原水，登封引水工程正式开工建设；经开区正式签订水权交易协议，项目启动工作有序推进，新郑与南阳签订水权交易，先期从老观寨水库取水供龙湖水厂方案获省南水北调办正式批复，前期工作已启动。工程质量安全可控。2018年，共评定单元工程1839个，累计评定单元工程总数12390个，完成全部单元工程总量的92.1%；累计验收分部工程83个，完成全部分部工程总量的60%。从开工至2018年未发生质量和安全事故，工程质量全部达到合同约定标准。

【干渠配套工程运行管理】工程效益日益显著。进一步完善运管规章制度，加大现场检查抽查，并对运管情况进行通报，建立问题台账，督促进行整改，做到运行管理规范化、标准化；加强运行管理队伍建设，进一步优化配置资源，充实运行管理岗位人员；组织部分泵站基本设施建设的优化完善工作，加强泵站值守、安全监控、场区绿化、水质防护等管理，提高运行管理手段和成效；根据有关规定和工作要求，市南水北调办公室委托河南省河川工程监理有限公司组织进行招标，通过招标程序确定正式的泵站代运行单位，同中州水务控股有限公司签订运管合同，结束20#、21#、22#、23#共4座市区泵站临时委托代管状态，组织各方进行泵站运管交接，保持泵站调度和设备巡查的连续性，保障供水平稳运行状态；组织专家授课，集中对运行管理人员进行培训，进一步提高运行管理人员整体素质和业务能力。对设备设施的使用运行和维护进行规范管理，动态监控，做到有问题及时维修，零部件及时更新、更换，同时在维修期间做好统筹协调。2018，年配套工程运行基本平稳，水量调度及时，保障了供水安全，共实现供水5.54亿立方米，并通过南水北调总干渠退水闸向河道内生态补水约7500万立方米，自通水至2018年12月31日，累计实现供水16.3亿立方米。郑州市南水北调配套工程投入使用4年，基本实现安全平稳运行。

【推进强村富民战略】推进丹江口移民安置验收及完工决算审计问题整改落实，并顺利通过国家验收。移民村压矿手续办理、养殖园区、公益性墓地投资结转、移民村污水处理排放、计划调整、预留费用结转使用等工作得到全面落实，完成水保环保单项验收，移民账面资金明显消化，资金核销率进一步提升，整改完工决算审计问题893万元，调整移民安置计划投资1133万元；协调成立移民安置国家终验工作领导小组，对移民安置样本县加大工作指导力度，对验收样本点设施及档案资料进行定期检查验收，郑州市移民安置档案验收、技术验收全部通过国家终验。积极推进各项移民后扶工作开展。在全市开展为期4个月移民扶持项目质量进度双提升活动，活动涉及项目投资2.9亿元，通过活动开展促进了2.03亿元资金项目的落实，项目及投资完成率达70%以上。组织验收4县移民后扶项目83个，验收后督促各县进行整改；下达小水库移民后扶基金562万元、结余资金2561万元、直补资金4170万元；督促各县编制上报2017—2018年度104个移民后扶项目实施方案并通过第三方评审；协调15个县（市）区及开发区完成移民后扶信息系统数据更新上报工作，2018年，新增15个移民后扶信息采集样本村并完成信息采集，配合省办完成对郑州市后扶工作的监测评估和稽察，对贫困移民、避险解困移民信息进行精准核实与帮扶。截至2018年年底，丹江口库区移民人均纯收入达到1.7万元。

加大移民避险解困工作督导力度。市南水北调办公室协调市政府督查室、政府办公厅三处、市财政局介入对移民避险解困项目推进缓慢的县（市）进行督查，明确各安置点搬迁安置时间节点；协调郑州市发改委、市财政局、黄委设计院等对荥阳市乔楼镇、崔庙镇2个避险解困安置点进行设计变更审查与批复，对登封市避险解困变更事项进行审查批复。做好移民脱贫攻坚工作。根据市水务局水利脱贫三年行动计划，本着帮扶政策叠加、合力助力脱贫攻坚的原则，市南水北调办公室与省办对接，郑州市在省扶贫部门底册登记贫困移民99人，涉及登封市、荥阳市、新密市、新郑市，计划2018年实现脱贫49人，2019年实现脱贫34人，2020年实现脱贫16人。维护移民社会和谐稳定。在全市开展移民信访矛盾问题排查化解活动，排查移民矛盾问题17起，结案11起，妥善处理6起。荥阳市上集社区农业移民征地款使用问题、上集社区移民扶持项目实施问题、新郑市观沟村财产户李俊华房屋维修问题、中牟县雁鸣湖镇财产户补助发放问题等有效化解，维护了移民社会大局和谐稳定。

【资金管理】加强各项资金制度建设，严格财务收支管理，按章办事，为资金使用管理做好保障。2018年较2017年减少资金支出7.8万元，达到减少支出5%的比例。修订完善制定内部控制制度，建立内部控制体系；建立健全关键岗位责任制，明确关键岗位职责权限；制订完善相关的制度和办法，明确合同管理、预算编制、收支管理、政府采购等业务流程及审批程序、资料收集等详细规定，进一步提高财务管理水平。配合各级审计和检查。2018年，共接待各级审计6次，先后完成审计署、国调办、省移民办、省财政厅、市纪委、市水务局等对郑州市南水北调工程征地移民资金、配套工程建设、征迁资金使用管理情况及“小金库”专项清理整治等审计6次，组织完成郑州市财政南水北调土地奖补资金内部审计工作，针对审计中出现的问题，采取深入各县（市）区，召集各地南水北调办、乡镇（街道）主管领导、财务人员，以会代训、以审代训的形式，对问题逐条逐项进行整改，逐条落实整改情况，督促各单位落实整改措施，确保全市南水北调工程建设各项资金使用规范、安全高效，没有发生大的违规违纪问题，国家审计署和国调办审计都给予充分肯定。规范市本级财政资金管理工作，完成预算、决算的公开工作。在资金管理运行中，严格执行各项财经纪律，在规范资金管理的前提下，保障资金供应，确保工程建设的顺利开展。初步完成南水北调库区安置财务完工决算编制工作，同时全面展开南水北调干线征迁安置完工财务决算编制工作。

【宣传工作】制订2018年全市南水北调宣传工作重点，成立宣传工作领导小组，充分利用广播、电视、报纸、网络等媒体加强南水北调宣传工作；按照省办要求，通过《郑州日报》《郑州晚报》宣传《河南省南水北调配套工程供用水和设施保护管理办法》。在生态补水方面，《河南日报》《河南商报》《郑州日报》《大河报》等新闻媒体加大宣传力度，宣传生态补水效果。南水

南水北调总干渠（市南水北调办公室/供图）

郑东新区水系（市南水北调办公室/供图）

北调通水4周年，《郑州日报》《东方今报》开设专栏，郑州电视台、郑州电台进行了专题报道。

（罗志恒）

黄河治理

【概况】2018年，郑州河务局强化《河南省黄河防汛条例》宣传贯彻，全面落实各项防汛责任制，属地政府落实防汛经费100万元，有效抢险84坝次，实现涉河安全零伤亡，确保工程安全和防洪安全。加强河道巡查和执法，参与实施绿盾行动、采砂专项整治和河湖“清四乱”，拆除违章建筑145万平方米。郑州黄河“一带五苑”普法阵地建设初见成效，花园口“一轴四区”法治文化示范基地全面建成，成功创建郑州市首批法治宣教基地。堤顶道路改建按时完工，巩义河务局通过国家一级水管单位验收，创建水利部“文明工地”、黄委“文明工地”和样板工程各1处，全国绿化模范单位创建通过省绿委办核验。推进融合属地发展，堤顶道路改建政府配套5490万元全部到位，争取市政府河长制经费133万元，省道312项目取得重大突破，黄河文明博物馆建设和伊洛河口治理项目有序推进。深化企业改革，推行工程公司负责人年薪制、绩效管理和天诚公司改制。“一闸三（泵）站”建设和“一滩一边一转”战略顺利实施，新水价全面落实，全年引水5.32亿立方米，水费收入突破4000万元，全局实现经济总收入3.95亿元。

【黄河防汛】强化《河南省黄河防汛条例》宣传贯彻，全面落实各项防汛责任制，郑州地区沿黄各级政府落实防汛经费100万元。郑州河务局配合辖区政府组织开展2次滩区迁安救护演练和1次“三位一体”军民联防抢险演练。联合沿黄地方落实群防队伍3.38万人，提前启动24小时防汛值班，辖区河段全年出险84坝，共计203次，其中较大险情1次，险情均得到有效抢护，累计抢险用石3.25万立方米，保障了工程安全和沿黄群众生命财产安全。

【工程建设与管理】完成黄河下游防洪工程项目收尾工作，花园口闸除险加固工程通过竣工验收。黄河下游防洪工程（河南段）郑州堤顶道路工程第十标段顺利完工，完成土方开挖99360立方米，土方回填50880 立方米，水泥稳定碎石518465立方米，水泥稳定土148239立方米，水泥稳定冷再生131694立方米，沥青面层8351立方米，土工格栅72298立方米，合同总价8652万元。牛口峪引黄涵闸建设项目、牛口峪引黄工程补偿项目、国道107改线官渡大桥、国道234黄河大桥和国道207黄河公路大桥补偿项目等5个涉河项目，全部由局属工程公司中标承建。国道207黄河公路大桥补偿项目，完成散抛石6073立方米，铅丝石笼2603 立方米。牛口峪引黄工程补偿项目，合同金额393万元，已完成85%，后续工程计划于牛口峪引黄闸完工后完成。国道234黄河大桥防洪影响补救措施工程，合同金额502万元，已完成45%，计划于2019年4月底前完工。巩义河务局通过国家一级水管单位验收，荥阳河务局完成维修养护招标试点任务。创建水利部“文明工地”、黄委“文明工地”和样板工程各1处，获评黄委“示范工程”2处。全国绿化模范单位创建通过省绿委办核验。主动促请河长巡河，郑州市及所属县（市）区各级河长均进行多次巡河，各级争取河长制经费及投入355万元。

【融合地方发展】堤顶道路改建政府配套资金5490万元全部落实。花园口景区基础设施提升等两个政府投资项目完成招投标和合同签订。堤防生态建设工程1500万元，列入市政府2019年投资计划。省道312项目初步达成建设补偿意向，黄河文明博物馆配套工程建设有序推进，沿黄旅游通道、九堡至狼城岗滩区防护堤项目列入政府议事日程。

【水行政管理】强化河道监管联防联控，全年开展河道巡查633次，制止查处水事违法行为411起，警告165人。全年，开展采砂专项整治行动21次，清理游乐设施46处，清除违法建筑145万平方米 。围绕“世界水日”、“中国水周”、“12·4”国家宪法日等，集中开展普法宣传活动。郑州黄河法治文化建设取得良好成效，“一带五苑”普法长廊系列群初步建成，花园口“一轴四区”法治文化示范基地全面建成，普法成效受到水利部及黄委、省局高度评价，成功创建郑州市首批法治宣传教育基地荣誉称号。

【引黄供水】2018年，非农水全额执行新水价政策。加强涵闸管理工程，赵口闸获评全河涵闸管理考核第一名。“一闸三（泵）站”项目顺利落地实施。推进“一滩、一边、一转”。对赵口灌区地表水和黄河滩区地下水利用情况进行了实地调研排查。落实两起“农转非”供水执行非农水价，两起临时应急供水执行协议水价，巩义石板沟水厂违规取水处置取得有效进展，雁鸣湖周边用水管理逐步规范。全年，累计引水5.51亿立方米，实现水费收入4200万元，超额完成年度目标任务。

【科技创新】获得省局科技进步奖5项，分别为“牵引式防汛抢险大型长管袋装袋抛投一体机研制及应用”“遥控式水上超声波轻型测深仪”“可见激光施工放样仪的研制与应用”“智能化水尺观测系统及配套设备研制与应用”和“渗灌技术在黄河防洪工程草坪上的应用”。获得河南河务局科技成果评审一等奖1项，二等奖3项，三等奖1项。通过黄委“三新”认定9项，其中惠金河务局5项，中牟河务局3项，荥阳河务局1项。3篇论文在省局科技论文交流中获奖。郑州黄河花园口风景区获评河南省“水利科普教育基地”称号。

（张　巍）

工 业

综 述

【概况】 2018年，全市工信系统在市委、市政府的正确领导下，以习近平新时代中国特色社会主义思想和党的十九大精神为指导，深入贯彻落实上级各项决策部署，服从服务全市“四重点一稳定一保证”工作总格局，以供给侧结构性改革为主线，大力实施“制造强市”战略，着力推进“三个转变”，制造业高质量发展迈出新步伐，各项工作取得明显成效。

坚持把稳增长作为工业经济发展的首要任务。2018年，全市规模以上工业同比增长6.8%。全市七大工业主导产业增加值增长7.6%，对全市工业增长的贡献率达到93.9%，初步形成电子信息、汽车及装备制造两个5000亿级产业集群。

工业结构持续优化，高载能产业占比下降到40%以下，战略性新兴产业占比提升至20%以上。中牟汽车产业集聚区成功创建国家新型工业化产业示范基地。

绿色发展取得新成效，万元工业增加值能耗下降14.78%，大幅超额完成年度目标任务。新增国家级绿色示范工厂8家、省级绿色示范工厂3家。中机六院等3家企业进入省级绿色制造体系建设第三方机构名单，龙翔电气、中航电动汽车2家企业进入节能技术装备及国家能效之星2018产品目录，华威耐材、华润电力等13家企业被评选为2018年度节水型企业。

2018年郑州市规上工业增速趋势图

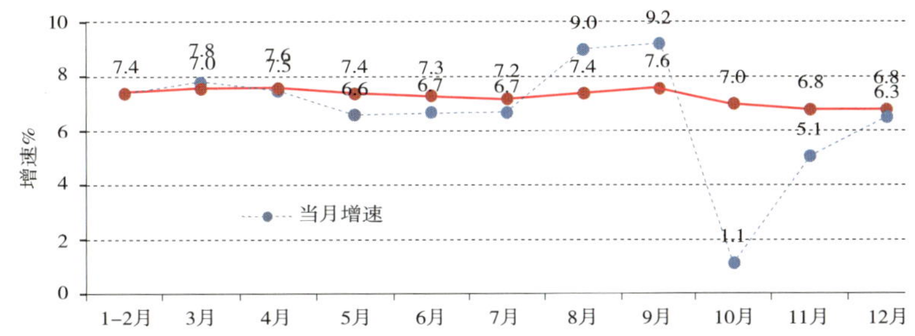

【工业运行监测】 完善运行监测机制。发挥全市工信系统信息服务平台作用，坚持工业“周问询、旬报告、月分析、季总结”监测制度，抓好重点区域、重点行业、重点企业运行监测调度。突出抓好66户龙头企业、200户重点企业运行数据监测分析，掌握企业生产经营情况及县(市）区工业运行态势，进行综合预判分析，对可能出现的苗头性、趋势性问题提前预警。强化运行调度调节。坚持每月召开工业经济运行分析会，分析研判全市工业经济运行态势，研究解决存在的困难和问题，全年组织召开全市工业经济运行分析会10次，其他市级层面工业运行调度（推进）会8次。针对5月份增速下滑、中美贸易摩擦加剧、工业下行压力不断加大等严峻形势，适时启动荥阳市、新密市、登封市、新郑市4个稳增长专案，细化工作举措，化解被动局面，扭转增速过快下滑的态势，为全年增长6.8%奠定了良好基础。强化生产要素保障。建立健全企业生产要素监测和应急调度工作机制，协调解决企业在电力、天然气、用煤、运输等方面存在的问题和困难。建立重点保障企业名录库，与供电、天然气供应、煤炭生产、公路铁路运输等单位建立联动机制，全方位保障重点企业生产需求，累计为重点工业企业办理各类入市通行证9100余张。加强运行督导考核。建立市工信委班子成员分包县（市）区和县（市）区分包联系重点工业企业的“双联系”制度，每月对县（市）区经济运行、项目建设、研发投入、安全生产等重点工作进行督导，压实工作责任。会同市发改等相关部门，加强对县（市）区主要工业指标的考核和重点工作推进督办，确保市委、市政府各项决策部署落到实处。

2018年规上工业投资累计增速情况

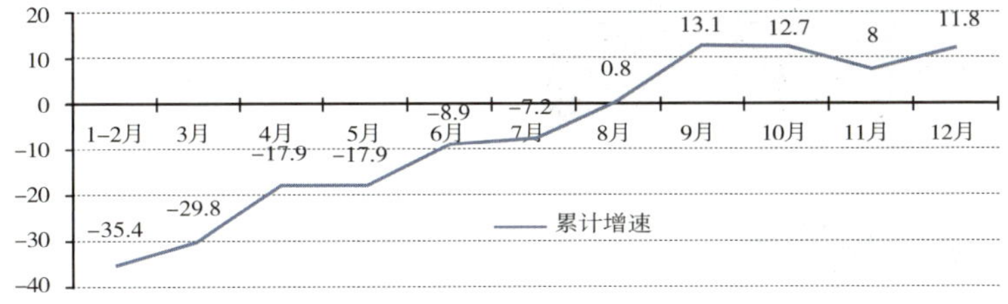

【产业优化升级】 加强规划引领。制订实施电子信息、汽车及零部件、新型材料、装备制造、烟草等5个重点产业转型升级行动计划，研究出台信息安全、智能传感器、动力电池、盾构

2018年规上工业利润总额和主营业务收入增速情况

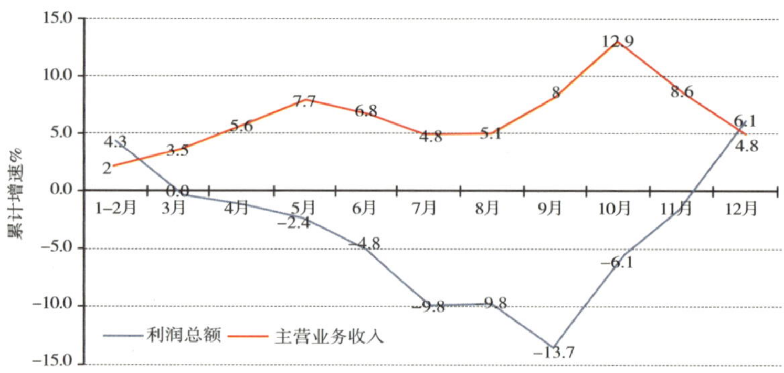

装备、数控机床等5个新兴产业培育专案，明确产业转型升级的重点和方向。大力推进“三大改造”。坚持智能制造引领，全年新增宇通新能源客车智能工厂等省级智能工厂5个、海马汽车郑州工厂焊装车间等智能车间14个，10家企业入围河南省第一批智能制造系统解决方案供应商，智能化改造累计投资112.8亿元。实施规模以上工业企业技改项目680个，工业企业技术改造投资累计增长35.4%。强化企业培育。大力培育战略性企业，支持百高百强企业发展，着力推进中小企业上规模。建立“小升规”重点培育企业库，全年新增规模以上企业超过200家。首超百亿企业2家、首超200亿企业1家，全市超百亿企业总数达到13家。加快落后产能淘汰整合。坚持工业污染治理与工业稳增长双统筹，双促进。深入排查全市水泥、电解铝行业产能情况，积极化解钢铁过剩产能。推动企业搬迁改造，加快三环内、大围合区域工业企业外迁，截至2018年年底，59户规模以上工业企业完成外迁（停产）。启动危化品搬迁改造和重污染企业搬迁工作，推进区域性行业整合。严格落实错峰生产和错峰运输，深入开展环保夜查，为全市大气污染防治工作做出了重大贡献，市工信委被市政府表彰为先进单位。

【创新驱动战略】 加快创新平台建设。加快制造业创新中心建设，成功创建3家省级制造业创新中心，占全省的60%，两个单位入选第二批省级培育单位，新增工业新型成像技术创新中心等9家市级培育单位。汉威科技、新天科技2家企业被评为国家级技术创新示范企业，郑钻、恒星2家企业成功创建国家级制造业单项冠军示范企业，国家级技术创新和制造业单项冠军示范企业总数达到9家。截至2018年年底，累计建成市级以上研发中心2318个，其中，国家级40个、省级737个。高技术产业快速增长。旭飞光电“光电显示用高均匀超净面玻璃基板关键技术与设备”项目获国家科技进步一等奖，中铁装备“异形全断面隧道掘进机设计制作关键技术及应用”项目获国家科学技术进步二等奖。2018年，高技术产业完成增加值增长12.4%，高于全市工业平均增速5.6个百分点，拉动全市工业增长3.5个百分点。加快创新人才引进培育。严格落实《郑州市重点产业人才支撑计划实施细则》和《郑州市优秀企业家领航计划实施细则 》等政策，开展重点产业急需紧缺人才申报及评审工作，全年引进重点产业急需人才1570人。

【招商引资】 坚持把制造业招商引资作为“一号工程”，着力推进重点项目建设。一是强化工业招商引资。制订2018年工业主导产业招商工作方案，明确招商引资重点。利用第十二届中国（河南）国际投资贸易洽谈会、2018年中国（郑州）承接产业转移系列活动、2018两岸智能装备制造郑州论坛等平台，加强意向投资项目对接洽谈，成功引进上汽年产100万台发动机、华锐光电显示、奥克斯集团空调等一大批制造业项目，制造业招商总额突破1960亿元，创造历年以来的最高水平。成功举办2018首届世界传感器大会、首届Real World国际（郑州）网络安全大赛，扩大郑州制造影响力，提升招商引资新优势。

【工业重点项目建设】 坚持“项目带动、项目化推进”，优化项目审批流程，持续强投资。郑州市工业项目管理监测服务系统建成投入运行，项目监测服务水平显著提升。中铁智能装备产业园、华锐光电等206个项目开工建设，合晶一期、裕展精密等211个项目竣工投产。全市工业投资增长11.8%，分别高出全国、全省5.3、9.8个百分点，扭转了近年来持续下滑态势。投资结构显著优化，制造业投资占工业投资比重达到79.5%，战略性新兴产业投资增长26.4%，其中高端装备制造、新一代信息技术投资分别增长380.5%、734.7%。

【融合发展】 加快制造业与互联网融合。制订实施《郑州市工业互联网发展规划（2018—2025年）》《郑州市智能制造和工业互联网发展三年行动计划(2018—2020年)》和《郑州市建设网络强市实施方案》。开展两化融合管理体系贯标对标，河南永安水泥、郑州比克电池、中国石化河南石油分公司成为国家两化融合管理体系贯标试点企业，新增贯标企业5家，221家企业启动贯标工作，661家企业开展两化融合管理体系贯标工作，两化融合贯标、对标数量均居全省首位。汉威科技、宇通客车等20多个企业（项目）入选国家“双创”平台试点示范、智能制造综合标准化与新模式应用、制造业与互联网融合发展试点示范、物联网集成创新与融合应用、工业强基工程等国家级试点示范。新天科技、郑州金惠计算机等30多个企业（项目）入选省制造业与互联网融合发展试点示范、省级特色电子商务平台、省级优秀电子商务平台等省级试点示范。成功举办智能制造和工业互联网对接大会，发布全市首批12家“企业上

2018年6月12日，市委、市政府召开全市工业发展工作座谈会（王　凯/摄）

花花牛乳制品生产线（市工信局/供图）

云”云平台服务商推荐名单和19家培育名单。实施“百千企业上云”计划，推动全市4693家企业上云。

推进制造业与生产性服务业融合。制订实施服务型制造实施方案，全市制造业企业对服务化转型的认知和重视程度不断提升，骨干企业加速向制造服务化、产品服务化转型。成功创建国家级服务型制造示范城市，郑州市是全国首批、长江以北城市唯一的入选城市，在全国服务型制造大会上推广了郑州经验和模式。宇通客车“面向运企机务管理的Vehicle+车联网综合服务平台”、领秀梦舒雅服饰“以渠道营销为载体的女裤定制化服务项目”成为国家级服务型制造示范企业。河南恒纯农业科技、黛玛诗时尚服装等24家企业（项目）入选省级服务型制造示范企业、示范项目、示范平台，带动更多企业从生产型向“生产+服务”型转变。

推进军民融合。成功创建巩义市省级军民融合产业基地，协调推进河南郑州军民融合产业创新基地（荥阳）、郑州军民融合创新创业科技园（马寨产业集聚区）等军民融合园区建设，强化国防科技关键核心“卡脖子”技术攻关，军民融合发展水平不断提升。

【优化营商环境】 完善政策体系。制订出台郑州市建设中国制造强市若干政策补充意见，重点产业人才支撑计划和优秀企业家领航计划等实施细则，出台加快制造业高质量发展“1+N”政策，形成以《郑州市关于加快制造业高质量发展的若干意见》为总领，涵盖工业投资、企业培育、招商引资、工业用地、审批服务等多个领域的政策体系。强化政策宣传和落实。举办市、县两级制造强市政策宣讲活动近40场次，基本做到全市规上工业企业全覆盖。同时，利用广播、电视、网站、微信等媒体广泛宣传各类惠企政策。认真落实国家、省、市支持先进制造业发展和转型发展攻坚相关政策，有力支持了企业发展。强化企业服务。健全企业服务联席会议制度，建立企业服务平台，创新企业服务方式，开展企业家接待日活动，推进千名干部帮千企，全年协调解决企业问题1074个，问题解决率达98%以上，位居全省前列。组织开展“四项对接”活动188场，其中，组织产销对接活动45场，签订产销协议560个，协议金额约11亿元；开展银企对接35场，有效缓解企业融资难题；组织企业参与省、市各类用工对接70场，签订就业（意向）协议人数8850人；开展产学研对接38场，推进企业与高校、科研院所等单位的合作。实施优秀企业家领航计划，开展“企业家接待日”、企业转型升级公益论坛等活动，集中培训企业高管近1000人次。

【机构改革】 2014年，根据《中共郑州市委郑州市人民政府关于市政府职能转变和机构改革的实施意见》，设立郑州市工业和信息化委员会，为市政府工作部门。至2018年，完成全部改革事项。

主要职责。（一）研究制定全市新型工业化发展战略和政策，协调解决新型工业化进程中的重大问题，拟订并组织实施全市工业、信息化发展规划，推进产业结构战略性调整和优化升级，推进信息化和工业化融合。（二）制定并组织实施全市工业行业规划、计划和产业政策，提出优化产业布局、结构的政策建议，起草相关地方性法规、规章草案，拟订行业技术规范和标准并组织实施，按照规定权限，负责行业准入及许可的相关工作，指导行业质量管理工作，研究拟订全市工业和信息化承接产业转移的措施方案，推进工业和信息化行业对外合作与交流，组织开展承接产业转移工作。（三）监测分析全市工业运行态势，统计并发布相关信息，进行预测预警和信息引导，协调解决行业运行发展中的有关问题并提出政策建议；负责工业应急管理、产业安全和国防动员有关工作；负责全市工业企业减负工作。（四）研究拟订全市重大工业项目布局规划；负责提出全市工业、信息化固定资产投资规模和方向（含利用外资和境外投资）、国家与省对口部门和本市用于工业和信息化财政性建设资金安排的意见。负责有关工业和信息化项目竣工验收和后评价工作。（五）组织实施国家高技术产业中涉及生物医药、新材料、航空航天、信息产业等的规划、政策和标准，指导行业技术创新和技术进步，以先进适用技术改造提升传统产业，组织实施国家、省和市有关科技重大专项，推进相关科研成果产业化，推动全市软件业、信息服务业和新兴产业发展；组织开展企业技术中心建设；组织实施品牌战略；承担全市振兴装备制造业组织协调的责任，组织拟订重大技术装备发展和自主创新规划、政策，依托国家、省和市重点工程建设协调有关重大专项的实施，指导引进重大技术装备的消化创新，推进重大技术装备国产化。（六）指导推进全市先进制造业发展，做大做强电子信息、汽车及装备制造等战略支撑产业，培育壮大新一代信息技术、高端装备制造、新材料、生物及医药、新能源、新能源汽车、节能环保等战略性新兴产业，改造提升现代食品制造、品牌服装及家居制造、铝及铝精深加工等传统优势产业，着力构建以战略性新兴产业为引领、以战略支撑产业为主体、以传统优势产业为基础的新型工业体系。（七）负责全市电力行业监督和管理工作。依法监管电力供应和使用，规范电力市场秩序，研究拟订电力经济运行综合调控目标；负责全市工业和信息化行业节能和资源综合利用的监察管理工作，组织实施全市工业、信息化的行业节能、资源综合利用和清洁生产促进工作，组织协调相关重大示范工程和新产品、新技术、新设备、新材料的推广应用。（八）推进全市工业和信息化体制改革和管理创新，提高行业综合素质和核心竞争力，推进企业家队伍建设，指导相关行业企业加强安全生产管理。（九）负责组织推进全市产业集聚区建设，会同有关部门研究制定并组织实施产业集聚区政策措施，负责组织实施新型工业化产业示范基地建设，协调解决产业集聚区建设发展中的重大问题。（十）负责中小企业发展的宏观指导，拟订促进中小企业发展和非公有经济发展的相关政策、措施并监督检查执行情况。（十一）统筹推进全市信息化工作，组织制定相关政策并协调信息化建设中的重大问题，协调推进电信、广播电视和计算机网络融合，指导协调电子商务发展，推进物联网、云计算、大数据等基于信息技术的新兴业态发展，推动跨行业、跨部门的互联互通和重要信息资源的开发利用、共享。（十二）负责相关信息安全管理工作，协调维护全市信息安全和信息安全保障体系建设，指导监督政府部门、重点行业的重要信息系统和基础信息网络的安全保障工作，协调处理信息安全重大事件。（十三）负责全市国防科学技术工业行业管理工作。（十四）做好已取消行政审批事项的服务和监管工作。（十五）承办市政府交办的其他事项。

内设机构。设有办公室、政策法规处、组织人事处、工业经济运行调节局、产业结构调整处、投资和技术改造处、节能与综合利用处、安全生产处、对外产业合作处、园区处、科技处、新兴产业处、消费品工业处、郑州市食品工业办公室、原材料工业处、市信息化工作办公室、郑州市国防科学技术工业办公室、企业处、信访处、郑州市电子电器产业局、郑州市汽车产业和装备制造局等21个内设机构和机关党委、离退休干部工作处。

（牛志永）

汽车及装备制造产业

【概况】 截至2018年年底，郑州市拥有宇通客车、上汽乘用车郑州分公司、广州风神郑州分公司、郑州日产、海马汽车、少林客车等6家整车生产企业，150余家零部件核心配套企业，形成年整车产能达120万辆的完整汽车产业链，产业规模超过1100亿元，是全球最大的客车生产基地。其中宇通稳居全球最大客车生产企业，整车出口和新能源汽车产量均超过全国的40%，产品批量出口欧美等国外市场，全球市场占有率达到15%。2018年，全市汽车及装备制造业规模以上工业增加值增长5.5%，工业销售产值增长6.5%。全市实际整车产量64万辆，增长33%，其中，新能源汽车产量3.92万辆，增长12.9%；改装汽车1.18万辆，增长58.4%；城市轨道车辆120辆，增长233.3%。全市装备产业规模超过2000亿元，是国内最大盾构装备和高端液压支架的研发生产基地，其中中铁装备是全球具备生产硬岩掘进机并拥有知识产权的三大企业之一，自主研发国内最大直径15.8米泥水平衡盾构机，总产量和市场占有率保持国内第一。郑煤机高端液压支架国内市场占有率超过60%。

【《郑州市汽车及零部件产业转型升级行动计划(2017—2020年）》】 郑州市政府印发《郑州市汽车及零部件产业转型升级行动计划(2017—2020年》，同时公布《郑州市汽车及零部件产业转型升级重点项目表》，其中包含整车产业项目7个，总投资210亿元；零部件产业项目17个，总投资233.8亿元。

《计划》中提出，到2020年，全市汽车及零部件产业实现销售收入2500亿元，工业增加值750亿元，整车企业产能达到200万辆，汽车产量超过100万辆，培育销售收入超500亿元以上企业2家。新能源汽车产能达到20万辆，实现销售收入500亿元，占汽车产业比重明显上升。持续推出具有国际先进水平的乘用车型，到2020年末，汽车及零部件行业争创1～2个省级制造业创新中心。突出发展新能源汽车和智能网联汽车。重点支持宇通客车和少林客车发展纯电动客车，郑州日产发展纯电动乘用车、纯电动皮卡，海马轿车发展纯电动、混合动力乘用车，东风日产郑州工厂申请新能源汽车生产资质并投产新能源车型，郑州红宇、宇通重工等发展特种用途纯电动专用车。积极推进宇通新能源客车基地、郑州日产2万辆新能源汽车、海马商务汽车公司5万辆新能源汽车、河南少林客车公司年产1万辆新能源客车等项目建设，到2020年，全市新能源汽车产量超过10万辆。加快推进上汽集团60万辆乘用车郑州基地项目、海马轿车三工厂年产15万辆轿车项目等一批战略性项目，进一步提升现有整车企业规模，突出打造海马、东风风度、启辰、荣威、名爵等自主品牌，顺应市场需求，推出自主品牌的高端畅销车型，同时加大国内外知名整车引进力度，着力建设全国重要的乘用车生产基地。针对传统整车，重点跟踪和招引广汽、长安汽车、长城汽车、吉利汽车、奇瑞汽车等整车及零部件产业项目，积极引进1-2家世界排名前列的知名汽车制造商企业落地郑州。针对新造车企业，依托郑州市整车产能，重点跟踪和招引小鹏汽车、拜腾汽车、蔚来汽车等互联网汽车企业。加快与新造车企业合作在郑州生产智能网联汽车。针对零部件企业，重点引进潍柴集团、广西玉柴、万向集团、宁德时代、比亚迪、日产电池、上海电驱动、华域汽车电动等零部件企业，以点带面完善产业链。重点加强人口密集的公共区域和符合条件的居民小区内停车场的充电基础设施建设，构建布局合理、运行规范、安全高效的电动汽车充电基础设施体系。到2020年，规划建设公交换电站3座、加氢站5座、公交充电站近400个、各类充电桩超过5万个，满足约10万辆电动汽车的充电需求。支持企业借助资本市场、债券市场等拓宽融资渠道，支持符合条件的汽车及零部件企业在境内外上市融资或通过发行公司债券融资。支持建立市场运作的汽车及零部件产业专项投资基金，探索财政资金以股权、债权形式注入企业，引导产业投资基金、创投基金以及各类社会资本进入汽车及零部件产业领域。用地保障方面，对汽车产业重点项目用地指标予以重点保障，对引进的重大项目，市、县（市）区优先给予土地供应。主导产业为汽车及零部件产业的园区和产业集聚区，要将工业用地主要用于汽车及零部件产业的发展。

（许军校）

电子信息产业

【概况】 2018年，全市有电子信息企业超6000家，其中规模以上电子信息企业287家；经认证的软件企业334家，占全省软件企业总数的80%以上，产业规模接近4000亿元。拥有富士康、中兴、酷派、天语等手机整机生产企业66家，年产手机近2亿部，手机出货量占全球的1/8，是全球最大的苹果手机生产基地。依托信大捷安、山谷网安、金惠计算机等企业，形成了特色突出的信息安全产业链。中原物联网体验中心建成启动，形成了完整的物联网产业链。2018年，全市电子信息工业规模以上工业增加值增长12.5%，工业销售产值增长9.0%。

【《郑州市电子信息产业转型升级行动计划（2017—2020年）》】 郑州市印发《郑州市电子信息产业转型升级行动计划（2017—2020年）》，计划到2020年建成4000亿级智能终端(手机)产业集群、300亿级信息安全产业集群、300亿级应用电子特色产业集群、100亿级智能传感器及终端产业集群。《计划》提出，郑州市将积极构建“143”新型电子信息发展体系，全面提升郑州电子信息产业竞争力。到2020年，全市电子信息技术产业实现销售产值5000亿元，年均增长15%左右；力争建成产业链相对完整、在全国具有较强竞争力的电子信息产业基地；建成4000亿级智能终端(手机)产业集群、300亿级信息安全产业集群、300亿级应用电子特色产业集群、100亿级智能传感器及终端产业集群；力争智能手机产量占手机总产量比重达70%；争创3—4个省级制造业创新中心。

（许军校）

新材料产业

【概况】 2018年，郑州市规模以上新材料企业总数600余家，产业规模达到2000亿元，新材料产业规模以上工业增加值增长19.6%。郑州地区耐火材料产量占全国近50%，占全省产量约70%，为全国耐材主要产地之一。超硬材料产业规模及技术水平位于国内领先地位，拥有华晶、四方达、三磨研究所、郑钻等知名企业，是全国唯一的“国家火炬计划超硬材料产业基地”“超硬材料及制品区域特色国家高技术产业链”建设基地核心区域，人造金刚石国内市场占有率接近20%，立方氮化硼国内市场占有率达到80%。

【《郑州市超硬材料产品质量提升行动实施方案（2017—2020年）》】 郑州市印发《郑州市超硬材料产品质量提升行动实施方案》，计划到2020年，产业核心竞争力明显增强，建成超硬材料产业质量提升示范区，总产值超150亿元，销售收入达2000万元以上的企业40家以上。

《实施方案》提出，要提高产业集聚发展水平，优化产业布局，实施扶优扶强，带动小微企业上规升级，创建质量提升示范区。依托郑州市新材料产业园，建设集产品展销、仓储物流、信息发布、电子商务为一体，经营范围涵盖原材料、成品、配套产品的线上线下专业市场。加大政策扶持力度，对行业龙头、入驻新材料产业园的重点企业在土地供应、贷款贴息、项目安排、企业并购、上市推介、申报名牌、形象宣传等方面给予优先安排和扶持帮助，帮扶企业扩大规模。

在新材料产业园打造技术创新服务平台，充分发挥全国磨料磨具标准化技术委员会、国家磨料磨具质量监督检验中心、超硬材料磨具国家重点实验室(筹)作用，引导企业与高校、科研院所进行科技合作，共建研发平台，进行科技协作，发展科技联合体企业，积极打造具有国际竞争力的高新技术产业集群。积极扶持国家级质检中心、产业计量测试中心、技术标准创新基地、技术标准验证检验检测点、新材料行业技术服务中心建设，打造一批重点实验室，推动产业园区等产业集聚地设立专业实验室和检测站。

同时，郑州市推动超硬材料龙头企业积极主导、参与国际、国家、行业、地方标准制修订工作，不断扩大产业标准“话语权”。鼓励优势企业申报国家级技术标准创新基地、技术标准验证检验检测点、制造业创新中心、新材料行业技术服务中心，巩固超硬材料产业优势地位。建立健全标准体系，形成科研开发与标准化相互协调、相互促进的良好机制。

（许军校）

生物及医药产业

【概况】 2018年，全市有生物医药生产企业400余家，涵盖生物制药、化学制药、现代中药、医疗器械、健康产业、兽用药品等6个门类，产业规模超过200亿元。2018年，全市生物及医药产业完成规模工业增加值增长12.8%。医药重点园区临空生物医药园建设有序推进，新增签约国内知名企业（项目）23个。该领域拥有院士工作站6家、国家级企业技术中心2家、工程技术研究中心1家、工程研究中心（工程实验室）1家；省级企业技术中心25家、工程技术研究中心21家、工程研究中心（工程实验室）23家。郑州市是全国重要的小容量注射剂生产基地，代表企业润弘、遂成分别年产水针剂4亿支、10亿支。安图生物综合实力在全国同行业名列前茅，其体外诊断系列产品规模居全国前列。太龙药业双黄连口服液、双金连合剂等产品全国驰名，远大生物的人用狂犬病疫苗产品市场占有率居全国前八位。

【优化产业布局】 郑州市拥有国家级企业技术中心2个、国家级工程技术研究中心1个、国家地方联合工程实验室1个，省、市级企业技术中心42家（省级28家），省、市级工程技术研究中心51家（省级15家），省、市级工程实验室（工程研究中心）58家（省级19家）。一批龙头骨干企业研发投入逐年增加，安图生物上半年研发投入占企业销售收入的10.7%。同时，郑州市创新平台建设成效显著，航空港实验区临空生物医药园投资5亿元建设“新药筛选检测平台、动物药物评价平台、大分子中试生产服务平台、小分子CMC制剂研究平台、细胞技术服务平台”五大公共技术服务平台，面向全国为企业提供全流程的创新研发生产支撑。

（许军校）

铝及铝精深加工产业

【概况】 2018年，全市规模以上铝工业企业127家，增加值同比增长12.9%，产业规模达到1300亿元，主要产品中：氧化铝218.9万吨、电解铝42.3万吨、铝材404.8万吨，分别占全省的19%、16%和47%。截至2018年年底，已形成从氧化铝、电解铝、铝板带箔等传统产品，到汽车高铁用铝、电力电子用铝、铝材家具建材等完整的铝精深加工产业链。中国铝业河南分公司是全国重要的氧化铝生产基地。明泰铝业是中国最大的铝板带箔加工生产企业。巩义市成为我国北方最大的普通铝板带箔加工基地。

【产业转型升级】 加快绿色化转型。鼓励有条件的企业利用太阳能、风能发电自发自用，降低用电成本。对利用太阳能、风能等清洁能源发电自发自用的铝工业企业，按照设备投资额的20%给予补助，单个企业年度最高奖励不超过1000万元。鼓励和支持企业进行再生铝应用的技术攻关，破解污染问题，建立再生铝回收体系，鼓励相关县市建设再生铝示范园区，提高再生铝应用比例，实现资源综合利用。鼓励企业创建国家级、省级绿色工厂，对省级及以上绿色工厂(园区)豁免秋冬季错峰生产，不纳人应急管控。聚焦“延链”，加快高端化转型。大力实施“以铝代钢、以铝代铜、以铝代木、以铝代塑”计划，加快铝及铝合金8个系列产品发展。聚焦“提质”，加快精品化转型。实施铝工业“标准+”“品牌+”“质量+”计划，推进铝工业提质增效，塑造郑州铝工业在新时代产业变革中的新名片。支持铝精深加工和终端制品企业提高吨铝产品附加值，对经认定的高端终端铝加工产品，按照吨销售收入的2%给予补贴，单个企业年度补贴最高不超过1000万元。支持铝工业企业开发高纯氧化铝、多品质氧化铝等新材料产品，对经认定的高端氧化铝产品，按照吨销售收人的2%给予补贴，单个企业年度补贴最高不超过1000万元。以上两项补贴资金专项用于企业研发。统筹布局，加快集群化转型。重点推进“1区+2集群”建设，着力形成“原材料+制成品”特色集群模式，加快全市铝工业集约集聚发展。围绕建设世界级铝精深加工及终端制品基地，重点推动巩义建设省级铝工业转型发展示范区，形成“具有较大国际影响力的铝产品品牌中心、研发中心、教育中心、新产品发布中心和生态铝产业示范基地”。重点打造登封铝工业产业集群和上街—荥阳铝工业产业集群，支持登封、上街、荥阳立足优势、错位发展，形成集群特色鲜明、主导产品突出、发展优势互补、良性竞争共赢的产业发展新格局。同时，多渠道解决铝工业融资难、融资贵问题，充分利用1000亿元的国家中心城市产业发展基金，设立铝工业转型升级子基金，重点支持巩义及相关县(市)区铝工业转型升级重大技术研发和项目建设。市财政安排专项资金，通过增加中小企业担保机构注册资本、强化与金融机构建立合作等方式。鼓励有条件的龙头企业设立财务公司，提高企业资金运作效率。

（许军校）

现代家居和品牌服装制造业

【概况】 2018年，全市有各类现代家居和品牌服装制造业生产企业3000多家，其中规模以上企业80余家，产业规模达到300亿元。全市品牌服装产业以时尚女装、中老年女装、个性电商女装等产品为主，是全国最大的女裤生产基地，女裤年产量占全国产量50%以上；现代家居产业以板式家具、定制家具为主，大信橱柜已成为我国家具行业大规模个性化定制的龙头企业。

【参加2018中国国际服装服饰博览会】郑州市服装协会组织服装制造企业赴上海参加2018中国国际服装服饰博览会。梦舒雅、娅丽达、逸阳、快乐屋、郑州四棉、曼宝莱、兰黛赫本、十六方、麦颜、福尔莱嘉、玖尺等10多个本土品牌集中亮相，参展面积达近1300平方米，鲜明地向世界展示郑州服装从女裤向女装蝶变的新风采。郑州市服装协会获得本届博览会"推动大奖"，郑州"梦舒雅"获得"品质大奖"，"逸阳"获得"展台设计大奖"。

（许军校）

食品工业

【概况】2018年，全市规模以上食品工业完成增加值与2017年持平，产值下降2.9%。主要产品产量：小麦粉产量148.74万吨，下降11.5%；精制食用油产量25.97万吨，下降7.7%；速冻米面食品产量125.5万吨，增长3.2%；乳制品产量28.49万吨，增长25.5%；啤酒产量63.38万千升，下降3.3%；软饮料产量196.92万吨，增长3.2%；卷烟产量1525.36亿支，增长0.6%。

行业优势突出。郑州市食品工业形成一批在全国、全省具有较强影响力的优势行业。郑州速冻食品企业在全国速冻食品行业市场占有率常年保持60%以上，郑州市成为全国最大的速冻食品生产、研发基地和物流中心。枣制品规模全国第一，方便面行业约占全国20%的市场份额，小麦粉、肉类屠宰加工、卷烟等行业也具有一定影响力。

企业实力不断增强。坚持培内与引外相结合，实施推进战略性企业培育计划，着力培育本土大企业大集团，拥有三全、思念、好想你、白象等一批行业龙头企业，引进双汇、中粮、益海嘉里、雪花等一批国内外知名企业。三全、思念在国内速冻米面食品市场占有率均超过30%，好想你枣制品市场占有率全国第一，阳光油脂成为我国中西部地区最大的食用油脂和植物蛋白生产加工企业，博大面业挂面生产规模位居全国前三强。

创新能力不断提升。新产品开发成效显著，企业把握市场需求不断优化产品结构，呈现多元化、优质化发展态势，好想你食品推出红枣湘莲银耳汤等真空冻干技术系列产品，达利食品的豆本豆饮料，东元食品的即食生吃类发酵火腿，万家推出婴幼儿面粉系列品牌、思念食品的小汤圆、儿童面点等一批新口味、新包装产品深受市场欢迎。

集聚效应优势明显。郑州市明确食品工业主要布局二七区、新郑市、惠济区，积极引导重点企业和项目向园区集中。分别在马寨食品工业集聚区、新郑新港产业集聚区、惠济经济开发区形成以饮料、休闲零食、速冻米面等产业为主的特色园区。随着达利食品、光明乳业、雪花啤酒等一批国内知名企业生产基地的建成投产，金星年产50万吨啤酒、好想你休闲零食等一批重点项目的开工建设，集聚区产业规模和竞争能力大幅提升。

【优化营商环境】加强运行监测，把握发展动态聚焦冷链食品、粮油加工等重点产业，强化龙头带动作用，培育发展新优势，及时掌握分析企业生产完成情况。有针对性的开展郑州市食品工业企业发展情况调查、食品工业企业追溯体系建设、速冻米面行业产业链等专题分析，提升决策的科学性。

出台扶持政策，助力产业发展。编制《郑州市建设中国制造强市若干政策的补充意见》与实施细则，研究制定提升产品质量保障能力的相关政策，进一步鼓励企业参与绿色、有机食品等产品认证，开展ISO22000、诚信管理等体系认证，不断强化食品工业发展的政策保障。组织召开120家食品企业参会的建设中国制造强市食品工业专场政策宣讲会，解读政策申报内容、条件、流程与要求，助力企业做好申报工作。

加大财政补贴扶持力度，强化政策保障。加快落实《郑州市人民政府关于印发郑州市建设中国制造强市若干政策的通知》《郑州市人民政府关于郑州市建设中国制造强市若干政策的补充意见》等产业发展扶持政策。根据文件精神开展财政补贴扶持资金的审核相关工作，根据县（市）区工信部门初审、专家评审意见和第三方审计结果，对三全食品、好想你等22家食品企业申报的28个项目落实奖补资金1084.59万元。

【企业服务】实时更新食品工业转型升级重点项目库，进一步加强对重点项目的统计、督查，按照"签约项目抓落地，落地项目抓开工，开工项目抓进度"的原则，做好重点项目的跟踪与服务工作。分析全国食品工业发展情况与趋势，瞄准行业百强，着重强链补链，分析研判行业龙头企业来郑投资意向，协助做好招商引资相关工作。

【重点在建项目】三全食品股份有限公司项目：计划总投资2.2亿元的全流程智能制造新模式应用项目，建设速冻食品全流程智能化工厂，实现企业从原料采购、加工制造、实验室检验、仓储物流、企业ERP、销售到电子商务全产业链的集成。上海金丝猴食品有限公司项目：计划总投资11.7亿元的年产3万吨新技术健康功能型糖果巧克力及2.6万吨休闲豆制品、1.44万吨蛋糕项目。河南达利食品有限公司项目：计划总投资2亿元的扩建二期项目，年新增3万吨饮料、1万吨休闲食品产能。

（部　峰）

阳光油脂产线（市食品办/供图）

煤炭工业

【概况】2018年，全市煤炭行业深入贯彻落实市委市政府决策部署，坚持以安全发展为中心，以安全管理为龙头，以安全基础建设为抓手,以技术支撑为保障，以科技创新为动力，以重大灾害治理为主线，以"打非治违"为手段，夯实基层基础，推进产业升级，提升安全水平，全市煤炭工业取得长足发展。全市煤矿共生产原煤1937万吨，同比增长20.5%，约占全省煤炭总产量16%；共实现产值98.85亿元，同比增长18.2%；实现工业增加值32.7亿元，同比增长17.2%，全行业实现扭亏为盈。截至2018年年底，郑州市有煤矿106家，产能4313万吨/年。按管理类型分：省骨干（含参照）煤炭企业直属煤矿31对，地方煤矿30对，兼并重组煤矿45对。按灾害类型分：煤与瓦斯突出矿井29家，其中省骨干14家，兼并重组煤矿7家，地方煤矿8家；高瓦斯矿井11家，其中省骨干2家，兼并重组煤矿6家，地方煤矿3家；邻突非突矿井28家，其中省骨干2家、兼并重组煤矿21家、地方煤矿5家；水文地质类型复杂、极复杂矿井8家，其中省骨干6家，兼并重组煤矿2家。

【安全生产】“两个责任”进一步夯实。全面落实企业安全生产主体责任。各煤炭企业建立健全覆盖全岗位的安全生产责任清单，制订考核标准和责任追究办法，坚持照单履职、失职追责，积极开展不间断自查自纠自改，层层压实安全生产责任，推动企业主体责任落实。着力落实政府安全监管责任。各级煤炭管理部门创新安全监管方式，深化网格化覆盖、专业化支撑、信息化提升监管机制，推行“一网四线五双”的网格化监管、灾害严重矿井专家技术服务督导和煤矿信息化平台网络巡查监管机制，三网有机互补，立体交叉，形成合力；推行井下密闭构筑物台账式动态管理，落实采掘作业和“三表三图”审核备案制度，从源头有效管控井下隐蔽工程；建立安全督导巡查制度，重点对县（市）区及煤炭主体企业贯彻落实行业政策、领导干部履职尽责、中心工作推进情况进行督查，推动政府监管责任落实；登封市开展“三讲三做三实”活动、新密市开展“六大”活动，各级政府监管效能持续提升。

专项整治成效显著。瓦斯治理全面强化。加大瓦斯抽采力度，全年完成瓦斯抽采820万立方米，利用量460万立方米，超额完成省下达任务。全市29家煤与瓦斯突出矿井中4家采用开采解放层、17家采用底抽巷等瓦斯区域综合治理措施；登封市建立煤与瓦斯突出矿井帮扶机制，实行技术共享、责任共担；郑煤集团突出矿井推广中高压水力割缝钻孔增透高效抽采技术，提高抽采浓度和效率，缓解抽掘采接替关系。水害防治扎实有效。强化隐蔽致灾因素普查，充分利用物探、补钻等方式进行水文地质补充勘探，全面评估水害类型，明确防治重点。严格落实“有掘必探、物探先行、钻探验证”规定和“三专两探一撤”措施，夯实矿井水害防治基础。顶板灾害整治整体推进。50家煤矿采面采用端头支护，提高巷道支护强度，预防顶板事故。

煤矿安全检查规范高效。首次编制《全市煤矿年度监督检查计划》，紧紧围绕重点地区、重点矿井、重点灾害，提前告知煤炭企业检查时间、检查内容，督促先行自查自纠自改，做到有法可依、有章可循。以查隐患、促整改、防事故为重点，开展“一通三防”暨瓦斯防治、雨季“三防”及防治水、机电设备管理、教育培训等9次专项执法监察，层层履职尽责、严格执法检查，对30余家煤矿进行立案处罚，处罚总金额200多万元，安全生产秩序得到进一步规范。

【煤矿双基建设】煤矿安全生产标准化建设取得新进展。深入开展“安全生产标准化提升年”活动，积极构建“双重预防工作机制”和“三位一体”的安全生产标准化体系，推进安全高效矿井建设。全市复工复产63家煤矿中5家省属骨干煤矿率先建成一级标准化，37家煤矿建成二级标准化，14家煤矿建成三级标准化，全市先进产能煤矿占比进一步提高，矿井本质安全水平得到显著提升。

“机械化减人，自动化换人”成效显著。召开推进动员会、现场观摩会、生产厂家技术研讨会，推广综采综掘、采面端头支架和两巷超前支护等新工艺、新技术、新装备。全市28家煤矿完成综采改造，63家煤矿实现综掘，赵家寨、金岭、恒泰等13家煤矿实现变电所、泵房等岗位无人值守以及重大灾害的预警预报和监测监控，矿井安全保障能力大幅提升。

煤矿信息化建设深入推进。各县（市）区煤炭管理部门和煤炭企业筹集专项资金，对煤矿监控信息平台进行升级改造，实现与市煤矿监控信息平台互联互通，做到视频监视、实时监测、远程控制，有效提升了安全监管的科学性。

安全教育培训持续深化。狠抓工人入井前培训，全年共培训3万余人次。狠抓管理人员上岗前培训，共组织各类人员培训班116期，培训4080人。狠抓“五职矿长”管理，建立矿级领导召回复训机制，夯实履职尽责能力，对73名业务不达标、履职不到位矿级领导进行召回复训。

【煤炭产业结构调整】年度去产能煤矿关闭任务超额完成。推行“四位一体”联动工作机制（即：由市政府、市直相关单位、县区政府、省属煤业集团组成协调工作组），落实以一个总体实施方案，财政奖补、关闭退出验收、职工安置、国土资源政策等4个配套政策为主要内容的“1+4”政策支撑体系，召开动员推进会，层层签订目标责任书，强力推进煤炭去产能工作。2018年，全市关闭退出煤矿10家（全省24家），压减产能210万吨（全省825万吨），分别占全省全年关闭退出矿井数量和压减产能的41.7%和25.5%，超额完成省政府下达的年度去产能目标任务。2016—2018年，全市实际关闭退出煤矿90家（全省225家），压减产能1798万吨（全省5225万吨），分别占全省关闭退出矿井数量和压减产能的40%和34.3%，超额完成省政府下达的三年化解煤炭过剩产能任务。煤炭企业转型升级步伐加快。煤炭主体企业积极推动产业转型升级，坚持“以煤为基、多元发展”，注重拉长产业链，提升煤炭价值链，提高煤炭发展质量，增强煤炭企业综合实力和市场竞争力。煤炭企业兼并重组深入推进。全市8家煤矿的合并开采设计方案通过省工信厅审批，矿井数量减少，单井生产规模提升。

【监管队伍建设】全面落实党要管党、全面从严治党主体责任。加强各级党组织对煤炭行业发展的领导，全力打造“忠诚、担当、干净”的煤炭监管队伍。全面实施队伍素质提升工程。在全市煤炭系统持续开展以全员专业化、骨干专家化、部门负责人综合化为主要内容的监管队伍“三化”建设，打造政治站位高、政策水平高、业务能力高的“三高”监管队伍。全面加强作风

米村矿生产区（市煤炭局/供图）

建设。切实转变工作作风，深入推进“放管服”改革，不断优化企业发展环境，服务水平显著提高，社会满意度大幅跃升，市煤炭局社会评议位居全市第15名。

（王少宗）

烟草工业

【概况】郑州市烟草专卖局、河南省烟草公司郑州市公司组建于1983年8月。至2018年，下设卷烟营销中心、卷烟配送中心和郑烟实业有限公司3个生产经营机构，辖北城区、西城区、南城区和航空港区4个直属分局（分公司）及登封市、新密市、荥阳市、巩义市、新郑市、中牟县、上街区7个县级烟草专卖局（分公司）。全年销售卷烟40.72万箱，同比增加1.09万箱，增长2.75%，增幅居全国36个重点城市第2位；实现税利35.85亿元，同比增加1.91亿元，增长5.63%；实现单箱销售收入34672元，同比增加 1649元，增长4.99%，增幅在全国36个重点城市由2017年的第17位上升到第9位。全市累计建成现代零售终端2996个、终端示范街51条、客户自律小组2118个、小组之家117处，实现了有效经营客户全覆盖。开发精益营销“一张纸工作法”，“124”访送模式获省局（公司）精益课题一等奖，并在全省推广应用。

【市场监管】深入开展大户治理，严格分类监管，落实分包责任制。深化“APCD”工作法应用，开展烟草市场综合治理，建立联席会议、信息沟通、监督互控“三项机制”，开展“利剑2018—护航中原”“百日攻坚”等专项行动。全年查处涉烟违法案件2709起，查获违法卷烟5867.35件，案值4738.33万元，查获烟叶2.87万公斤，烟丝1.81万公斤。侦办部督、国标、省标网络案件8起，移送司法机关依法刑拘78人，逮捕45人，判刑20人。其中，登封“4·10”部督网络案件侦办工作受到公安部、国家局的通电嘉奖。

以依法严管违法违规卖烟大户为抓手，突出真烟非法流通治理。全年调查真烟外流线索67起，对237名涉案客户做出相应处理。全年调查处理有效预警3058起。通过送货车辆抽查、客户到货确认抽查等，监管卷烟百分之百入户落地。强化规范经营学习教育，严格落实规范经营要求。

2018年11月23日，市烟草专卖局到新郑市局（分公司）指导专卖工作（市烟草专卖局/供图）

【企业管理】深化三级对标工作，扎实开展“管理诊断基层行”活动，全面开展6S管理，积极参与行业组织的精益评选活动，广泛开展精益课题、QC课题研究。招标监督工作25项，节约采购成本27.24万元；工程及维修项目结算审计51项，审减金额86.27万元。扎实开展“法治烟草”建设和网络安全体系建设，完善督查考评机制，落实安全生产责任制，实现全年安全无事故，保持企业大局稳定。

【公益事业】2018年，郑州市烟草专卖局（公司）共捐款21.07万元（个人捐款2.935万元），用于各项社会公益活动。

公益捐助。2018年10月、11月，在第三届“中华慈善日”和2018“郑州慈善日”活动期间，先后向郑州市慈善总会、中牟县慈善总会、新郑市慈善总会合计捐款10.935万元，其中个人捐赠2.935万元。

公益活动。2018年11月，捐款2.4万元，用于登封市局（分公司）党建活动室建设。

救济贫困。2018年9月，捐款6.6万元，救助孟州市会昌办侯庄村因病致贫的村民。11月，捐款0.54万元，用于春节慰问新郑市局（分公司）所驻村贫困户；捐款0.596万元，用于登封市局（分公司）驻村工作组帮扶贫困户。

（唐加强）

交通运输业

铁路

综述

【概况】中国铁路郑州局集团有限公司（以下简称郑州局集团公司或集团公司）地处中原，位于全国路网中心，初步形成全国铁路“双十字”铁路客运枢纽，是“米”字形高速铁路网交会点。管辖线路横跨河南、山西、山东、陕西、湖北、安徽6省，通过16个分界口与周边北京、西安、武汉、太原、上海、济南局集团公司相邻，所辖营业线路及枢纽纵横交织成网，构成东达沿海、南通两湖、西连秦晋、北接京津的铁路网络。

线路管辖范围：京广线北于柏庄、安阳间485.800公里处与北京局集团公司分界，南于小商桥、孟庙间807.000公里处与武汉局集团公司分界；陇海线东于虞城县、张阁庄间354.000公里处与上海局集团公司分界，西于太要、潼关间935.500公里处与西安局集团公司分界；焦柳线南于耿坡、鄗营间474.099公里处与武汉局集团公司分界；新兖线东于算王庄、菏泽南间148.000公里处与济南局集团公司分界；京九线北于曹县、梁堤头间650.273公里处与济南局集团公司分界，南于木兰、王楼间718.300公里处与上海局集团公司分界；太焦线北于夏店、大平间190.682公里处与太原局集团公司分界；邯长线东于长治北、北舍间215.491公里处与北京局集团公司分界；王北联络线东于王里堡、北舍间9.000公里处与北京局集团公司分界；侯月线北于嘉峰、端氏间147.273公里处与太原局集团公司分界；宁西线西于商南、西坪间248.285公里处与西安局集团公司分界，东于月河店、小林间562.000公里处与武汉局集团公司分界；孟宝线东于平顶山西、余官营间94.900公里处于武汉局集团公司分界；徐兰高铁西于灵宝西、华山北间950.627公里处与西安局集团公司分界，东于砀山南站299.020公里处与上海局集团公司分界；京广高铁北于安阳东站510.330公里处与北京局集团公司分界，南于许昌东站780.712公里处与武汉局集团公司分界；瓦日线西于长子南站501.417公里处与太原局集团公司分界，东于台前北站835.768公里处与济南局集团公司分界；其他线路都在局管范围内。

管辖运营线路正线及联络线71条，主要包括京广、陇海、焦柳、京九、宁西、太焦、侯月、新兖、新焦等铁路干线，运营线路营业长度2389.7公里，总延展长7340.058公里，其中正线延展长4814.984 公里，同比增加17.289公里，为南阳疏解区改造新增联络线8.248公里及新建汤阴宜沟联络线9.041公里；站段岔特线延展长2525.074 公里，同比增加1.347公里；正线60型钢轨4692.078公里，占正线总延展97.4%；正线无缝线路延展长4551.978公里，占正线总延展94.5%；道岔8714组，其中正线道岔3331组；正线曲线3257条计1466.658公里。运营线路桥隧总换算长268215米，桥梁3318座计251132米，其中特大桥72座、大桥317座；隧道171座计107932米，其中3公里以上长隧道5座；涵渠7204座计203655米。

合资线路正线及联络线27条，包括新密、安李、石林、徐兰高铁、京广高铁、郑开城际、郑机城际、郑焦线、瓦日线及相关联络线，线路营业里程1548.4 公里，线路总延展长3398.526公里。其中：正线延展长2947.846公里，同比持平；站段岔特线延展长450.68公里，同比增加31.012公里；正线60型钢轨2947.846公里，占正线总延展98.4%，正线无缝线路延展长2888.148公里，占正线总延展98.0%；道岔1373组，其中正线道岔588组；正线曲线784条计

2018年1月26日，高铁乘务员在郑州东站进行迎接春运集体宣誓（陈有会/摄）

1092.121公里。合资线路桥隧总换算长682592米。桥梁521座计899887米，其中特大桥138座、大桥94座；隧道65座计157205米，其中3公里以上长隧道17座；涵渠1306座计33918米。

配属机车1322台，其中内燃机车219台、电力机车1103台。配属客车2071辆，配属CRH型动车组89列/111标准组。管内信号设备总里程4189.026公里，复线区段3717.124公里，其中自动闭塞区段3681.98公里、半自动闭塞区段505.063公里、自动站间闭塞1.983公里。管内有站场286个，其中计算机联锁站244个；联锁道岔9970组，其中集中联锁道岔9924组；驼峰场17个，其中自动化驼峰7个。通信设备换算总计372090.55皮长公里。

2018年，运营汇总固定资产期末原值10844849.28万元，较2017年增加649611.44万元。其中：运输业固定资产期末原值10815844.65万元，较2017年增加652945.82万元；其他固定资产期末原值29004.63万元，较2017年减少3334.38万元。

【组织机构改革】 2018年1月27日，印发《郑州局集团公司关于变更机关内设行政机构和公司所属相关单位冠名的通知》，对集团公司机关内设行政机构和公司所属相关单位冠名予以变更，将集团公司机关冠郑州铁路局名称的行政机构、学协会的冠名，统一变更为中国铁路郑州局集团有限公司；集团公司机关各类机构及其内设机构，凡另挂冠有郑州铁路局名称牌子的，其牌子冠名一并变更为中国铁路郑州局集团有限公司；将集团公司所属冠郑州铁路局名称单位的冠名，统一变更为中国铁路郑州局集团有限公司。同日，成立中国铁路郑州局集团有限公司董事会办公室，与集团公司办公室、党委办公室为1个机构3块牌子。

2018年8月16日，将郑州铁路局安李支线公司冠名变更为中国铁路郑州局集团有限公司安李支线公司。8月21日，设立郑州南站工程建设指挥部，为集团公司直接管理的建设项目管理机构，其工程建设管理业务受集团公司建设管理处指导。8月24日，将概预算审查所的管理关系由集团公司直接管理调整由计划统计处归口管理；将总工程师室鉴委办公室更名为设计审查科。

2018年11月14日，印发《集团公司 集团公司党委关于改革优化集团公司机关经营管理机构编制的通知》，对集团公司机关经营管理机构编制进行改革优化，将企业管理和法律事务处更名为企业管理和法律事务部，将运输处更名为运输部、客运处更名为客运部、货运处更名为货运部、机务处更名为机务部、车辆处更名为车辆部、工务处更名为工务部、电务处更名为电务部、供电处更名为供电部、设备监造处更名为设备监造部、计划统计处更名为计划统计部、财务处更名为财务部（收入部）、人事处更名为人事部、劳动和卫生处更名为劳动和卫生部、审计处更名为审计部、经营开发处更名为经营开发部、职工教育处更名为职工培训部、建设管理处更名为建设部、物资管理处更名为物资部、土地房产管理处更名为土地房产部、社会保险管理处更名为社会保险部、离退休管理处更名为离退休管理部；将行政监察处更名为监察处，与集团公司纪委合署办公，其机构编制纳入党群机构管理；将节能与环保监测职能并入客货运输统计所，更名为统计和节能环保所；将采购招标所更名物资设备采购供应所，由物资部归口管理，受经营开发部业务指导；将人才交流站更名人才交流培训站；将工程质量安全监督站更名工程质量监督站。

2018年6月，郑州局集团公司开展安全生产月活动。图为郑州车站青年志愿者向旅客宣传安全知识（赵　庆/摄）

【郑州局集团公司物资供应总段企业化改革】 2018年7月17日，下发《集团公司关于做好物资供应总段企业化改革有关工作的通知》，明确物资供应总段企业化改革自本通知印发之日启动，2018年7月起进行市场化模拟运行，同时加快建立以公司章程为核心的制度体系，2019年起全面按照新的机制运行。7月26日，召开物资供应总段推动企业化改革动员会，制订下发总段改制方案，根据7项扶持政策，明确分工和时限要求，确保企业化改革顺利推进，并依托郑铁物资公司经营业务，对工商营业范围进行扩充变更。9月20日，在物资供应总段六届四次职工代表大会上，讨论通过《企业化改革方案》和《公司章程》。随后，按照公司化运作模式，深化劳动组织改革，制定机构编制方案，干部职工按新的编制岗位初步整合到位，并对各部门职责范围进行明确，实现平稳过渡、有序衔接。12月29日，《郑州局集团公司关于物资供应总段企业化改革方案有关问题的批复》，对《郑州局集团公司物资供应总段关于企业化改革的请示》给予批复：中国铁路郑州局集团有限公司物资供应总段企业化改革后名称为郑州铁路物资有限公司；改革后为依照《公司法》注册、由中国铁路郑州局集团有限公司出资的1人有限责任公司；改革后规范建立公司法人治理结构，设董事会（8人组成），其中董事长（为公司法定代表人）1人、董事7人（含职工董事1人）；设经理层（6人组成），其中总经理1人（原则上与董事长分设）、副总经理5人；设监事会（3人组成），其中监事会主席1人、职工监事1人；设党委会，党委书记、副书记、委员的职数根据上级党组织批复设置，党委书记、副书记及其他党委委员按照《党章》等有关规定选举产生或由上级任命。党委书记、董事长由1人担任；职工代表大会及群团组织按照有关规定设立职工代表大会以及工会、共青团组织，既有组织待新公司成立后依法更名。

【郑州南站工程建设指挥部设立】 根据《中国铁路总公司关于同意郑州铁路局设立郑州南站工程建设指挥部的批复》，经集团公司党委会研究、董事会审议通过，下发《郑州局集团公司 集团公司党委关于设立郑州南站工程建设指挥部的通知》，决定自2018年8月21日起，设立中国铁路郑州局集团有限公司郑州南站工程建设指挥部，为集团公司直接管理的建设项目管理机构，建制级别为正处级。负责郑州南站枢纽工程建设管理任务，其工程建设管理业务受集团公司建设管理处指导，其他工作受集团公司有关部门指导。设立中国共产党中国铁路郑州局集团有限公司郑州南站工程建设指挥部工作委员会、中国共产党中国铁路郑州局集团有限公司郑州南站工程建设指挥部纪律检查工作委员会、中国铁路工会中国铁路郑州局集团有限公司郑州南站工程建设指挥部工作委员会和中国共产主义青年团中国铁路郑州局集团有限公司郑州南站工程建设指挥部工作委员会，分别受集团公司党委、纪委、工会和团委领导。核定编制总数45人，内设综个机构。同时，撤销郑州工程指挥部内设的新建郑万和郑阜铁路郑州南站项目指挥部。

【郑州局集团公司融媒体中心成立】2018年12月18日，郑州局集团公司党委召开郑州局集团公司融媒体中心成立大会，将中原铁道报社、集团公司有线电视台进行优化整合，成立郑州局集团公司融媒体中心。其主要任务是，承担集团公司现有《中原铁道报》、有线电视台、对外网站、微博、微信、郑铁融媒APP客户端、职工网上家园、入驻媒体账号等各媒体平台的策划、采编、审核、刊发（播）和日常运行维护管理工作，以及重要会议报道，重要言论、政策文件的撰写、解读等工作；同时，按照铁路全媒体“1+18+N”矩阵联盟建设要求，加强与人民铁道报业集团公司和集团公司所属单位融媒体工作室的日常业务联系。

【安全生产管理】2018年，集团公司将高铁、旅客列车安全作为政治红线和职业底线，以“五个年建设”为动力，把迈向全路第一方阵作为目标，认真贯彻落实总公司党组和集团公司1号文件精神，夯基垒台、强基达标，积厚成势、砥砺奋进，实现安全年。年内，集团公司新的防洪应急预案正式实施，将汛期安全防线提前、进一步细化各项防洪措施、明确各级防洪工作责任。2018版《中国铁路郑州局集团有限公司普速铁路行车组织规则》《中国铁路郑州局集团有限公司高速铁路行车组织细则》正式施行，新版《行规》《行细》紧贴铁路发展形势，内容更加科学合理，并首次采用全路统一的章节及条款结构，更方便干部职工学习应用。年末集团公司实现连续安全生产747天，实现第14个防洪安全年。

坚持止滑稳固，出台《关于进一步加强安全管理工作的若干指导意见》，提升把握安全生产规律的准确性，各项工作举措更加有效，安全生产趋稳向好。坚持教育引领，强化安全责任意识，组织“不忘初心、牢记使命，交通强国、铁路先行”主题宣讲、中青年管理骨干“新时代、新担当、新作为”培训等活动，倡导“确保安全人人有责、在岗在位必须履责”等理念。充分利用警示教育室，开展常态化安全教育、案例教育，干部职工责任意识进一步增强。坚持系统负责，发挥各专业系统引领发展推动作用，延伸管理触角，及时掌握各单位安全管理、生产组织和

2018年5月16日，郑州局集团公司举办“不忘初心、牢记使命，交通强国、铁路先行”主题演讲比赛决赛（王晨璐/摄）

现场作业状况，监督检查的重点更加突出，检查计划更加翔实，督导效果更加明显，系统评价工作成为安全生产的有效助推手段。坚持对规对标，安全管理短板得到补强。各专业部门坚持每半年组织1次对规对标补短板活动，查漏补缺，固化成效；坚持对严重“两违”、红线问题露头就抓、露头就打，建立常态化整治机制；坚持对干部履职过程对规分析，及时纠偏，管理短板得到补强。

坚持“三室”建设，物防技防能力得到完善。充分利用既有教学设施、网络系统，建成站段、车间、班组安全警示室，搭建警示教育平台。各运输站段成立综合分析室，完善制度，量化任务，严格评价，强化作业行为分析和设备质量分析。建成站段安全调度指挥中心，强化生产组织，增强远程监控功能，实现应急处置精准指导和现场故障集中会诊。坚持建线达标，安全管理能力得到提升。以京广高铁示范线和京广、陇海标准线建设为抓手，分解任务，明确项目，一季一考评，促进安全意识、安全管理、现场作业、业务素质、设备质量、安全环境“六个达标”。建成16个高铁综合维修工区，开展培训活动，业务培训6万余人次、专项培训57万余人次，整治高铁环境隐患1144处，普速环境隐患1009处。坚持卡控关键，现场作业薄弱环节得到管控。突出施工安全、列车径路设备质量控制、轮运转设备管理、调车作业“四大安全关键”，多措并举，加强管控。全年，“四大关键”事故同比下降75%。坚持考核导向，干部履职效果得到显现。建立健全全员安全生产责任制，完成12029个管理岗位和7848类作业岗位的安全生产职责。坚持关口前移，双重预防机制得到深化。建立4级安全风险库和3级安全隐患库，形成风险管控和隐患整治的双重防线。利用日分析、周通报、对话会、月度分析会以及季度安委会等多个平台，提示风险，通报问题，闭环管理。同时，坚持超前防范和奖罚并重，“安全第一”导向得到体现，并以“星级职工”评定为平台，突出职工业务技能、遵章守纪、安全绩效、工作完成4个方面，在68个主要行车工种中全面实施，同时将评定结果与技能鉴定、技师聘任相结合，放大效果，提高职工保安全的主动性和自觉性。

【铁路建设管理】2018年，总公司下达集团公司年度投资计划242.6 亿元，年度投资实物完成100%。强化安全意识。组织各层面记名式传达、学习质量安全红线管理规定、安全353号、170号文件，收集行业质量、安全事故案例，组织开展现场会、座谈会等形式的警示教育。健全机制严格检查。对管内铁路建设项目进行全过程、全覆盖、无遗漏检查督导，每月建设部、项目管理机构集中组织检查，发现整改一般质量安全和管理问题2304件，涉及质量安全红线问题163件，整改销号162件。开展安全专项治理。组织完成在建项目T梁钢支架人行道、墩台吊篮排查、冬期停工复工和春融期施工质量安全情况专项检查、在建项目铁路隧道防灾疏散救援工程建设情况排查、“安全生产月”和拉网式风险隐患排查整治、工程转包分包和“黑中介”清理等专项活动，建设项目监控大队开展常态化检查，分时段紧盯安全重点隐患排查和风险管控，实现安全年。加大处罚严厉打击。经济处罚参建施工、监理单位涉及质量安全红线问题责任人20人次，处罚金8.46万元，清退不合格劳务队3批次，清场不合格建筑材料19批次，认定参建施工、监理单位一般不良行为40项，并纳入信用评

价。遗留项目扫尾清零。南阳站房包括南阳疏解区和南阳站改工程完工，郑州东动车所郑万场投用。洛张电化改造工程环水保完成自主验收，客专项目土地证办理完成1716.85公顷。

重点更改项目投产。黄河南岸行车调车实训基地、郑西客专综合维修工区6站轨道车库改造等“强基达标、提质增效”项目建成投用。郑州东动车所公寓等项目兑现工期目标。建设项目有序推进。郑万、郑阜、郑济、太焦、商合杭高铁和郑州南站在建项目6项，其中郑万、郑阜、商合杭高铁主体工程、架梁完成，铺轨按计划节点推进。承建外委项目47项，完工投产郑州豫一路、安阳西北绕城跨安李铁路等10项工程。9月19日15时30分，新建郑州南站站房及相关工程承轨层试桩15000千牛（自平衡）荷载试验第一根试桩加载成功，标志郑州南站站房及相关工程建设正式拉开序幕。10月24日凌晨1时45分，郑万铁路跨徐兰高铁斜拉桥转体完成，填补了国内小曲线、大纵坡、大偏心转体斜拉桥施工空白。

【郑万高铁首座高风险长大隧道贯通】 2018年5月14日，郑万高铁首座高风险长大隧道——七峰山隧道贯通，工程历时24个月。七峰山隧道位于河南省南阳市方城县境内，全长5152米，是郑万高铁河南段4条隧道中最长，也是全线一级高风险隧道及重点控制性工程，地处伏牛山脉东段，穿越4个断层，存在较大破碎带、岩溶融水等高风险，技术难度高。郑万高铁全长818公里，设计行车时速350公里，全线设郑州东、郑州南、长葛北、禹州东、郏县、平顶山西、方城、南阳南、邓州东、襄阳、东津、南漳、保康、新华、兴山、巴东北、巫山、奉节、云阳、万州北20个车站。

【运行图调整】 2018年4月10日零时起，集团公司启用新的列车运行图，新增始发高铁列车2对：郑州东往返成都东G2213/2214次、郑州东往返重庆西G2215/2216次。变更运行区段车次2对：宝鸡南至北京西G4016/4015次延长至兰州西，南宁至西宁K748/749、K750/747次运行区段调整为南宁至张家界。停运列车11对：沈阳北至福州K668/665、666/667次，北京至南昌T91/92次，太原至杭州K908/905、K906/907次，太原至张家界K1885/1888/1885、K1886/1887/1886次，包头至赣州Z298/295、Z296/297次，商丘（郑州）至银川K2503/2502、K2501/2504/2501次，汉口至天津T320/317、T318/319次，西安至济南K1630/1629次，济南至张家界K1677/1678次，新乡至商丘K7955/7958次。 7月1日全路实施新的列车运行图，集团公司新增直通旅客列车5对，列车变更运行区段10对，列车运行线路调整10对，改周末线列车5对，直通动车组列车重联运行及其他变化9.5对。同时，高峰线旅客列车微调8对，其中新增高峰线4对、取消高峰线2对、变更运行区段2对。客专列车开行实现一日一图，由“日常图”“周末图”“高峰图”组成的开行方案，分别对应日常、周末、高峰运行线。

【运输任务完成情况】 2018年，集团公司运输进款完成361.5亿元，同比增加19.8亿元，增长5.8%；旅客发送量13601.3万人，同比增加845.6万人，增长6.6%；周时1.48天，同比持平；换算周转量2701.5亿吨公里，同比增加137.5亿吨公里，增长5.4%；货物发送吨16353.4万吨，同比增加874.7万吨，增长5.7%。其中：煤炭发送量11435.8万吨，同比多运655.2万吨，增长6.1%；日均装车7245车，同比多装235车，增长3.4%。

【节假日运输】 2018年元旦小长假（2017年12月29日至2018年1月1日）集团公司发送旅客165.43万人，同比增加32.02万人，增幅24%，刷新历史同期纪录；货运装车日均完成6962车，同比增加229车，其中1月1日装车7450车，扭转了节假日装车量下滑局面。

2018年春运（2月1日—3月12日），在图定列车正常开行基础上，集团公司管内开行临客61列，预售车票20.04万张。春运40天，集团公司发送旅客1470.8万人，同比增加63.9万人，日均发送旅客36.77万人；发送货物1684.7万吨，同比增加136.18万吨；完成货车旅速39.8公里/小时，同比提高3.4公里/小时；周时完成1.42天，同比压缩0.1天，相当于节约运用车110076车、货车使用费1364.9万元。其间，集团公司党委对接路外媒体，在中央级媒体刊发重点稿件247篇。郑州东站春运共发送旅客269万人，同比增加53万人，增幅24.5%，创该站春运旅客发送纪录。3月27日，郑州局集团公司党委在全路召开的春运工作总结暨主题宣讲活动推进会上作《聚焦春运理念 突出郑铁特点 高质量讲好新时代铁路春运故事》经验介绍。

清明小长假（4月5—7日），集团公司发送旅客202.6万人、收入17727万元，分别同比增长4.9%、13%；高铁发送旅客76.7万人、收入9789.5万元，分别同比增长9%、21.2%。4月5日发送旅客61.4万人，创2018年单日客发量新高。

“五一”小长假（4月28日—5月1日），集团公司优化调整列车运行图及运力资源，采取图定套图定、图定套临客、临客套临客及新编车底等方式，加开临客列车49对。其中：直通17对、管内32对；高铁（含城际）28.5对、普速20.5对。累计发送旅客214万人、收入18152万元，分别同比增长6.7%、6.6%。

端午小长假（6月15—18日），集团公司发送旅客188万人，同比多发送17.4万人，增幅10.2%（其中跨集团公司直通旅客发送85.3万人，同比增加14.0万人，增幅19.6%）；客票收入17713万元，同比增加3158万元，增幅21.7%；货物发送量完成180万吨，同比增加12.6万吨，增幅7.5%（其中零散货物同比增加2.9万吨，增幅9.9%）；货运收入18313万元，同比增加1494万元，增幅8.9%。

“十一”黄金周（9月28日—10月7日），集团公司累计发送旅客519.5万人，同比增长16.0%；累计收入49607.2万元，同比增长19.4%。其中，郑州车站累计发送旅客137.2万人次，同比增长7.4%；郑州东站增开临客动车组264列，日均开行426列，发送旅客90万人，同比增长26.5%。10月1日，集团公司发送旅客65万人，再创单日发送旅客历史新高。

【集团公司首列新型城际动车组“落户”郑州】 2018年2月5日，集团公司首列CRH6A型动车组在郑徐高铁郑州东至商丘间往返“试跑”，标志新型城际动车组正式“落户”郑州，并进入运营前的联调联试阶段。CRH6A型动车组是为城际铁路研制的新型轨道交通运输产品，既不同于高速动车组又不同于地铁车辆，具有运能大、起停速度快、乘降方便快速、疏通迅捷有效、乘坐舒适、安全可靠和节能环保等特点。全车8节车厢，每节车厢长约25米，可容纳1400余人。

【全路首例“模块化”旅客安检新系统在郑州东站启用】 2018年2月23日 郑州东站启用全路首例“模块化”旅客安检新系统，整合“人脸识别”与行李、人身安检等功能，使人身检查与机检行李同步进行。旅客从10个安检通道“刷脸”验证到拎包进入候车大厅十几秒钟即可完成。

【“铁路工业游”新闻发布会举行】 2018年7月6日，郑州局集团公司“铁路工业游”新闻发布会在郑州举行，近20家主流媒体记者走进铁路站段厂区，近距离参观高铁列车检修流程，体验开真火车，标志“豫见铁路·探寻大枢纽—铁路工业游”项目正式启动。该项目旨在培养民众爱国、爱路情怀，依托铁路资源推出集文化教育、观光体验、休闲娱乐为一体的区域性“铁路工业游”项目，集铁路文化推介、科普知识宣传和观光体验为一体，是铁路运输生产和旅游资源开发融合发展的新举措。

【中国（河南）自由贸易试验区内进境粮食指定口岸正式运营】 2018年9月26

2018年9月15日，援疆号旅游专列发布会举行（贾　昊/摄）

日10时，国内首次采用多式联运方式的满载545.49吨进口加拿大亚麻籽货运专列抵达中铁集装箱郑州中心站，标志中国（河南）自由贸易试验区进境粮食指定口岸正式运营。该口岸是中国内陆地区第一家、也是中国唯一一家不靠海、不临江、不沿边的粮食口岸，位于中国（河南）自贸区郑州片区、EWTO核心功能集聚区、国家自主创新示范区。

【国内首条比利时中欧班列开通】 2018年，开通运营国内首条比利时中欧班列，郑州至欧洲腹地的“陆上丝绸之路”向西延伸500公里，连通了欧盟、俄罗斯和中亚地区24个国家的126座城市。中欧班列（郑州至列日）运输货物主要以汽车零配件、生活用品、精细化工材料、高档服饰等，是继郑州至汉堡、郑州至慕尼黑、郑州至阿拉木图、郑州至塔什干后的第5条新线路，进一步丰富了中欧班列（郑州）“朋友圈”、加速郑州融入“一带一路”建设和提升郑州扩大开放迈向国家中心城市的步伐。中欧班列（郑州至列日）服务范围包括比利时、法国、荷兰、德国、卢森堡、意大利等国家及地区，与德国汉堡、慕尼黑枢纽形成更牢固的物流集疏“金三角”。在国务院批复设立“郑州铁路一类口岸”之后，郑州市先后取得“进口肉类口岸”“全国邮政第四口岸”“汽车整车进口口岸”“进口粮食口岸”等功能性口岸，郑州成为内陆地区功能性口岸最多的城市。

【中欧班列（郑州）运邮开行】 2018年11月20日，中欧班列（郑州）运邮开行仪式在郑州铁路口岸举行，一列搭载9800余件邮件的中欧班列（郑州）从中铁集装箱郑州中心站驶出，开往波兰马拉舍维奇，抵达后再分拨至波兰、荷兰、捷克、英国、法国、意大利6个国家的寄递目的地，标志着河南省国际邮件陆路运输通道正式打通，实现了中部省份国际邮件利用中欧班列通道直达欧洲。此次中欧班列（郑州）运邮的启动，使郑州成为继重庆、东莞、义乌之后，中欧班列运输邮件第4个、中部省份第1个试点城市。此举可充分发挥郑州区位和交通优势，利用中欧班列（郑州）线路将全国出口至欧洲、中亚等方向的国际邮件在郑州集疏、直达境外，实现陆路国际运邮“全国聚集、一点通关”。河南省委、省政府还将规划建设郑州邮政口岸综合枢纽基地，拓展节点网络，构建覆盖全球、陆空并进、服务全国的国际邮路通道网络，通过实施“邮政口岸+”战略，为中欧班列（郑州）运邮常态化开行提供强有力支撑。

【中欧班列（郑州至东盟越南）国际货运线路开通】 2018年12月7日，中欧班列（郑州至东盟越南）国际货运线路正式开通。中欧班列（郑州至东盟越南）是中欧班列（郑州）继欧洲线路（汉堡、慕尼黑和列日等）、中亚线路（塔什干、阿拉木图等）开行之后，新增的第3个地区性线路。也是继中欧班列（郑州）东向亚太的铁公海多式联运通道、西向新疆阿拉山口和北向内蒙古二连浩特通道之后，开辟的第四个方向——广西凭祥对接东盟的南向通道。至此，中欧班列（郑州）立足中国内陆腹地河南，辐射连通东、西、南、北通道，真正实现以铁路口岸为枢纽，内外联动、东西互济的开放格局。中欧班列（郑州至东盟越南）首发，目的站是越南河内，去程货物为机械设备、电子产品等，回程货物为水果、大米、干果和水产品等。线路运行常态化后，辐射带动整个东盟十国，将与东盟农林水产品的产业优势高效合作，实现国际物流大通道的共建和共享。

【旅游业务】 2018年，先后推出知青专列、戏迷专列、草原专列、援疆专列等主题专列，进一步提升“中原快车”旅游专列品牌的知名度和影响力。全年累计开行旅游专列44趟，发送游客3.4万人次，实现收入3353万元，同比增加746万元；创利510万元，同比增加100万元。

（翟丽敏　何艳蕊）

郑州车站

【概况】 2018年1月27日，根据《郑州局集团公司关于变更机关内设行政机构和公司所属相关单位冠名的通知》精神，郑州铁路局郑州车站更名为中国铁路郑州局集团有限公司郑州车站。车站中心里程为京广线K676+153，技术性质为区段站，业务性质为客运站。

截至2018年年底，车站设行政科室12个、生产班组48个、经营实体1个。党群组织设党委、纪委、工会、团委，由党办、纪委、工会、团委、宣传科、融媒体中心6个部门组成党群工作室。有直管党（总）支部8个（党总支7个、党支部1个），班组党支部36个，党小组42个；工支会9个，工会小组75个；团支部6个。年末，车站职工总数1608人，其中女职工694人、干部220人、共产党员853人、共青团员58人。文化程度：研究生7人、本科271人、大专486人、中专82人、高中及以下762人。干部技术职务：高级9人、中级46人、初级77人。工人技术等级：高级技师2人、技师43人、高级工179人、中级工557人、初级工462人。2018年，郑州车站获得河南省五一劳动奖状、集团公司创建劳动关系和谐企业活动暨厂务公开民主管理示范单位、集团公司“安康杯”竞赛优胜单位称号。

【主要技术设备】 2018年，车站有客车到发线13条，道岔223组，零星车存车线5条，机车走行线2条。郑州客整所场区（1场）有到发线9条，道岔29组。上水栓1–10道设46个、11–12道设50个、13道设25个。有候车室13个，其中普通候车室8个和军人母婴软席候车室、商务候车室、备用候车室、东贵宾室、西贵宾室各1个。第一候车室2295平方米，候车能力1913人；第二候车室2241平方米，候车能力1868人；第三候车室2295平方米，候车能力1913人；第四候车室2241平方米，候车能力1868人；第五候车室2295平方米，候车能力1913人；第六候车室2241平方米，候车能力1868人；第七高铁动车候车室1700平方米，候车能力1417人；第八高铁动车候车室1660平方米，候车能力1384人；商务候车室480平方米，候车能力400人；军人母婴软席候车室1120平方米，候车能力934人；备用候车室1165

平方米，候车能力971人；东贵宾室1195平方米，候车能力996人；西贵宾室841.5平方米，候车能力702人。有站台13座，其中1、4、5、6、7、10、11站台每台面积6780平方米，2、3、8、9站台每台面积6667平方米，12、13站台每台面积5932.5平方米。售票大厅2个，其中东售票大厅面积1920平方米、西售票大厅面积1540平方米。

【列车调图】“4·10”调图。郑州站日图定列车162.5对、325列，白班142列（减少2列）、夜班183列（减少4列），其中开行动车组40对、80列（办理客运业务35对、70列，确认列车及空送车底5对、10列）。新图实施后，车站图定日均运能约3.8万张，较调图前减少2984张。变化原因：K1366次(汉口至大同)、K2503/2502次（商丘至银川）、K7956次（郑州至新乡）、C2821次（郑州至新郑机场）停运和1月15日焦作方向城际列车更换车底编组定员减少。“7·1”调图。郑州站日图定列车177对、354列，其中开行动车组50.5对、101列。新图实施后，车站图定日均运能约4.3万张，较调图前增加4767张。变化原因：增开K1596次（郑州至烟台）、K8004次（郑州至商丘）、K7976次（郑州至新乡），4月15日增开C2966次、C2968次、C2970次（郑州至焦作），6月15日增开C2914次、C2972次（郑州至焦作），G2001次编组变更运能增加和停运K337次（郑州至昆明）。

【运输安全管理】截止到2018年12月31日，郑州车站实现连续安全生产9213天。

规范制度建立长效机制。规范和明确各层级各岗位安全生产责任制，修订完善137个管理岗位、175个作业岗位安全生产责任制。公布车站“违标”“失职”管理文件，完善“违标”“失职”目录，建立考核办法。制订定期返还制度（对科室及站领导检查的作业违标按标准考核后，3个月内责任人未再次发生违标行为的，第4个月返还扣款金额），全年共返还514人次。印发《郑州车站 郑州车站党委关于印发〈郑州车站强化“十项措施”落实实施方案〉的通知》，明确强化安全生产第一意识、持续开展对规对标补短板活动等10项举措具体内容、要求。分层构建车站、业务科室、车间3层安全风险库，每季度对安全生产全过程进行辨识研判，确定安全风险、制定管控措施，安委会审核通过后全站公布。根据变化特点，动态更新安全风险库，每季度开展安全隐患排查，对存在的隐患进行梳理汇总，纳入隐患库问题73件，整改销号71件，整改中2件。

制订激励机制防控“冷门”风险。建立发现处置隐患奖励机制，印发《郑州车站关于对全站干部职工发现安全隐患防止事故实行快奖重奖的通知》《郑州车站关于发现安全隐患及时汇报处置的通知》，做到事事有人管、人人都有责。全年表彰奖励安全有功人员68人次计2.88万元。排查“冷门死角”作业及地点，梳理调车作业、客停线存放车辆等存在的安全风险，下发《郑州车站关于修订〈郑州车站“冷门死角”作业硬性卡控措施〉的通知》。

强化现场作业控制。针对9项安全生产关键制订安全管控措施，明确管控责任部门，并纳入管理人员安全综合管理系统履职项目。全年，针对典型问题召开专题交班会15场，发布安全预警12份，下发检查考核通报12份，针对严重违标等典型问题下发专题通报12份。细分安全风险项点，明确检查重点，落实全天候、全覆盖巡视检查制度，采取明察与暗访相结合、现场检查与音像监控系统相结合等方式检查。全年，查处整改违反《红线管理办法》2件、现场违标2731件、管理失职240件。强化消防安全风险控制，制定网格化管理模式，做到网格定位、责任到人、全员负责。每日专人负责辖区消防安全巡检，车站不定期联合公安部门排查消防安全隐患。全年组织消防隐患排查21次，下发通报21起，排查解决消防问题346件。

筑牢客运安全防线。抓好安全秩序、设施设备、候车乘降、售票组织、文明服务等客运关键，完成各阶段运输任务。建立健全安全管理制度,制订、印发《关于进一步规范客运系统手机管理的通知》《郑州车站站台安全一体化管理办法》《郑州车站站台作业车辆管理办法》《关于强化站区改造施工安全监督管理的通知》。提升现场应急处置能力，重新修订、完善列车晚点、停运等25种客运非正常情况应急预案。在强化应急演练方面，主要针对不同时期风险源开展应急演练。强化关键时段安全管控，在中非论坛和上海进博会等特殊运输时期，对会议期间发往北京和上海方向的旅客实行专厅候车，严格落实二次安检查危制度，并重点对专厅候车区域安检设备配置、值机人员盯屏等关键作业环节进行检查。在“双节”等旅客运输高峰时段，加强旅客乘降安全盯控，强化客流疏导。在“双11”高铁快运运输期间，强化高铁快件安检查危、站台装卸作业以及作业车辆安全检查，每日指派专人盯控站台装车作业、联控对接制度落实情况。2018年上半年集团公司客运系统安全评估获客运系统第一名。

【运输生产】2018年，车站完成旅客发送3443.2万人，同比增长2.1%，运输收入完成30.47亿元。元旦小长假4天（2017年12月29日至2018年1月1日），发送旅客43.8万人。春运40天（2月1日至3月12日），发送旅客361.84万人，运输收入3.33亿元。从正月初六开始，客流连续13天保持在10万人以上，单日最高客发量12.8万人。春运期间，查获各类危险品（违禁品）8325件，帮助重点旅客1900余人次，收到表扬信40余封、锦旗5面，寻回旅客遗失物品500余件。根据网络订票比例，在进站口、售票厅等区域增设自助取票机，安排专人加强窗口旅客购票指引和自助取票机使用引导，实现微信扫码支付功能。候车厅设置就餐台，供旅客临时就餐。清明小长假4天（4月4—7日），发送旅客56.2万人，实现运输收入3916万元。“五一”小长假4天（4月28日—5月1日），发送旅客62万人，同比增长3.5%，其中4月29日发送旅客20万人创新高。车站加开临客39趟，主要开往北京、上海、洛阳、焦作、周口等方向。针对客流大、短途客流集中的情况，开放1室2间（吸

2018年5月15日，郑州车站组织2018年度职业技能竞赛决赛客运工种技能竞赛（李　静　李国栋/摄）

烟室、开水间和卫生间），在进站口设置重点旅客休息区·医疗点。(5)端午节小长假4天（6月15—18日）发送旅客54万人，运输收入4021万元。(6)暑运62天（7月1日至8月31日）发送旅客629.9万人，日均10.16万人，以旅游观光、休假疗养、学生客流为主，流向集中在桂林、大连、秦皇岛、成都、贵阳、西宁、哈尔滨等旅游城市。加强“三品”检查，升级改造进站口安检模块，改进进站口设施布局，及时增开安检通道，确保旅客进站快速便捷。中秋小长假4天（9月21—24日），做好热门方向列车、重点列车、加开临客、城际列车的车票预售和策划营销，利用站内揭示揭挂和微博、微信等自媒体平台实时更新票额信息，动态发布列车信息，方便旅客乘车出行。“十一”黄金周10天（9月28日—10月7日），发送旅客137.2万人，同比增长7.4%，其中10月1日发送旅客19.8万人创新高。

【客运服务】 高标定位，推进客运提质计划工作。车站领导班子多次组织召开专题会议，研究客运提质工作实施方案、部署推进要求、明确工作重点。成立由站长、党委书记任组长的工作领导小组，设立办公室，由主管副站长任办公室主任。结合车站实际，以及站车环境建设、畅通工程等10个方面，制订《郑州车站客运提质计划推进实施方案》。制订年度推进计划，逐条抓好措施细化，分阶段推进实施。组织车站中层干部召开客运提质动员会，在各车间开展“我是郑站人、更是铁路人”大讨论活动，组织召开创建“服务型车站”总结表彰会暨“客运提质”工作推进会。印发《关于开展畅通工程专项行动的通知》，围绕畅通旅客进站、出站、中转3条流线，由站长牵头，组织对站区开展排查，确定导向升级、候车厅改造等第一批16个重点项目；在东、西进站口设置急客优先通道，确保开车前30分钟旅客安全、快速进站。动态调整商业及服务设施数量，优化站内商业和广告设置，更换站区引导标识问题233处，规划商业布局，把控商业、广告合同期限，拆除候车厅商铺，拓展旅客候车空间。

打造亮点，开展厕所达标活动。组织召开专题推进会明确要求，投资238.4万元对候车厅、站台厕所进行改造。制订站领导厕所包保方案，形成由车站班子、机关干部、车间干部层层包保机制。制订《郑州车站厕所网格化管理及双向化考核实施方案》《郑州车站厕所环境卫生管理考核办法》等一系列制度和办法，制订检查推进计划，增设智能化设备，借鉴上海站经验，在新改造的候车厅卫生间门口设置厕位智能显示屏，实时显示使用情况，并在厕所门口增设人脸识别取纸机，为旅客提供入厕用纸。

用心服务，深化服务品牌创建。创新服务平台。微信公众号信息平台根据不同时段客流特点和安检要求及时向旅客进行信息发布，在“双节”旅客出行高峰时段实时发布错峰取票提醒，在重要会议期间告知旅客2次安检内容和流程，在站区施工期间告知站区施工时限和临时进站线路。完善服务设施。在西站房安检查危区域上方新增LED全彩电子屏4块，以视频动画方式滚动播放乘车须知和携带物品规定。更新4个出站口上方电子屏播放内容，增加火车站地区乘车服务指南；在进站口原职工进站验证通道基础上，增设“急客”通道功能，提供快速进站服务。装修改造东进口重点旅客服务区，更换服务区内服务设备。在进、出站口和候车厅设置自动闸机，确保电子客票推行工作顺利进行。提高服务质量。完善中转换乘服务，增设引导标识71处，制订下发《郑州车站中转换乘旅客组织办法》，在中转换乘高峰时段及时增开换乘通道。根据旅客出行需求和新客运规章要求，结合现场工作实际和现有技术设备，优化列车晚点信息发布流程、晚点信息修正时限和发布内容确认核实等。完善重点旅客服务，对需要接送站服务的旅客推出接送重点旅客服务卡，方便旅客亲友接车送站。对身有残疾或行动不便的旅客，实行旅客购票、进站候车和站台乘车全过程重点服务，并落实联系制度，做好重点旅客在各区域、各岗位的交接和帮扶工作。2018年，下发服务质量通知书36份，其中严重服务质量问题2份；月度通报12期，专题通报1期，调查处理上级转各类投诉11起（查实1起）；考核车间及包保干部12人、班组长8人。规划客运列车晚点信息预告方案，于11月1日正式实施，旅客晚点列车投诉事件大幅减少。针对暑期部分列车更换机车时间长、列车车厢温度高的问题，联系运转车间尽量压缩更换时间。在中通廊加装列车候车位置查询机，解决旅客找候车位置难的问题。客运服务台、站长值班室、售票值班主任等重要服务岗位公布24小时值守投诉电话，并在春运、小长假等特殊时期下发通知，加强对值守电话的监督力度，及时受理旅客投诉。按照车站旅客投诉管理办法，严格落实首诉负责制，做到件件有着落、事事有回音，确保旅客来信、来访、来电、来邮等渠道各类投诉反映，在规定受理期限内妥善处置。针对上级批转投诉，最大限度地做好化解工作，防止因处理不及时或不妥当引发旅客投诉升级和媒体炒作。

（杨　瑛）

郑州东车站

【概况】 2018年1月27日，根据《郑州局集团公司关于变更机关内设行政机构和公司所属相关单位冠名的通知》（郑铁劳卫〔2018〕35号）要求，郑州铁路局郑州东车站更名为中国铁路郑州局集团有限公司郑州东车站。7月19日，经车站、车站党委研究决定，撤销技术设备科、电算站，成立技术科、设备信息科。年末，郑州东车站管辖枢纽站1个（郑州东车站）、动车所1个（郑州东动车所）、高铁线2条（京广、徐兰）、城际线2条（郑开、郑机）、到发场3个（郑州东站京广场、徐兰场、城际场）、城际运营站3个（郑开城际绿博园站、宋城路站、郑机城际新郑机场站）、高铁中间站4个（京广高铁许昌东站，徐兰高铁开封北、兰考南、民权北站）、城际关停站4个（郑开城际贾鲁河、运粮河站、郑机城际南曹站、孟庄站）、线路所6个（二郎庙、曹古寺、疏解区、马头岗、文苑南路、鸿宝线路所）。车站机关位于郑州市郑东新区心怡路199号，邮政编码:450000。

郑州东车站工作人员帮助旅客购买车票（郑州东车站/供图）

2018年末，车站设行政科室9个、生产辅助部门2、生产车间3个、经营实体1个；党群组织设党委、纪委、工会、团委，下设党群工作办公室。有党总支4个，党支部27个，党小组13个；车间工支会9个,工会小组62个；团总支1个，团支部7个。职工总数917人，其中女职工413人、干部163人、共产党员429人、共青团员166人。文化程度：大专及以上669人、中专100人、高中及以下148人。干部技术职务：高级7人、中级35人、初级91人。工人技术等级：工人技师31人、高级工60人、中级工266人、初级工346人。

【主要技术设备】 郑州东站。京广场股道16条（正线2条、正线兼到发线2条、到发线12条）、道岔61组（均为融雪道岔）；城际场股道4条（其中正线兼到发线2条、到发线2条）、道岔16组（均为融雪道岔）；徐兰场股道12条（正线兼到发线4条、到发线8条）、道岔63组（均为融雪道岔）。上水设备分布在京广场1至8道和13至16道、城际场17至20道、徐兰场21至24道和27至32道，共226个遥控上水装置。有进站口5个、人工实名制验证窗口19个、自动验证机30台；VIP候车厅21个，重点旅客候车区1个，商务旅客候车区2个，母婴候车区1个，儿童游乐区1个，军人候车室1个；在用售票厅7个，高峰时段售票窗口23个，日常时段售票窗口15个，自动售票机58台、自动取票机64台，检票口32个，候车座椅5400个，安检仪31台，旅客“云服务”终端机15台，安全监控系统、客运导向系统、信息查询系统、客运广播系统、列车到发管理系统、消防控制系统、中央空调系统各1套，监控摄像头920个，通过监控指挥中心50个50英寸拼接屏对各区域实时监控、录像。动车所：股道73条（动车组到发线70条）、道岔219组（均为融雪道岔）。

城际铁路。郑开城际铁路全线有股道12条（正线兼到发线8条、到发线4条），道岔12组（均为融雪道岔），有进站口3个，售票厅2个，售票窗口8个，自动售票机7台，检票口4个，候车座椅387个，安检仪4台，站台屏蔽门系统1套，安全监控系统、客运导向系统信息查询系统、客运广播系统、列车到发管理系统、消防控制系统、中央空调系统各2套，监控摄像头149个。郑机城际铁路全线有股道10条（正线兼到发线6条、到发线4条），道岔13组（均为融雪道岔），进站口2个，售票厅1个，售票窗口2个，自动售票机15台，自动取票机10台，检票口2个，查询机8台，候车座椅1100个，安检仪4台，站台屏蔽门系统2套，安全监控系统2套，客运导向系统、信息查询系统、客运广播系统、列车到发管理系统、消防控制系统、中央空调系统各1套，监控摄像头211个。

郑州东车站工作人员组织旅客有序进站（栗伟超/摄）

中间站。开封北站有股道4条（正线兼到发线2条、到发线2条），道岔14组，进站口1个，实名制验证口2个，售票厅1个，售票窗口4个，自动售票机6台，检票口2个，候车座椅1536个，安检仪2台，安全监控系统、客运导向系统、信息查询系统、客运广播系统列车到发管理系统、消防控制系统、中央空调系统各1套，监控摄像头76个。兰考南站有股道4条（正线兼到发线2条、到发线2条），道岔16组，进站口1个，实名制验证口通道5个(其中自动验证通道4个、人工验证通道1个)，售票厅1个，售票窗口3个，自动售票机3台，临时身份证自助打印终端1台，检票口1个，候车座椅436个，安检仪2台，安全监控系统、客运导向系统、客运广播系统、列车到发管理系统、消防控制系统、中央空调系统各1套，监控摄像头79个。民权北站有股道4条（正线兼到发线2条、到发线2条），道岔8组，进站口1个，实名制验证口1个，售票厅1个，售票窗口3个，自动售票机3台，检票口1个，候车座椅720个，安检仪2台，安全监控系统、客运导向系统、客运广播系统、列车到发管理系统、消防控制系统、中央空调系统各1套，监控摄像头60个。许昌东站有股道5条，到发线3条，道岔14组，进站口1个，实名制验证口2个，售票厅1个，售票窗口8个，自动售票机6台，自动取票机4个，检票口1个，候车座椅1000个，安检仪2台，安全监控系统、客运导向系统、信息查询系统、信息查询系统、客运广播系统、列车到发管理系统、消防控制系统、中央空调系统各1套，监控摄像头65个。

【运输安全管理】 建机制、强基础。完善规章制度。完善制定快奖、重奖办法，安全生产责任制考核办法、安全红线管理办法等11个制度。细化各项标准。明确管理失职、作业违标目录及考核标准，制订131个岗位的安全生产责任制。升级设备设施。在安全生产指挥中心增配列车运行图查询系统，CTC邻站透明终端，使应急指挥有据可依。维修灭火器3600余具，大修整治郑州东站消防电气部分和消防水部分设备问题计10项。

卡关键、保安全。强化风险控制。每季度分析研判全站安全风险，利用日分析、周通报、月总结，做到每日抓问题、每周抓苗头、月度抓倾向、次月抓预防，实时更新风险项点及防控措施，卡控薄弱环节。全年公布车站级安全风险库5次，排查出安全风险10大类计32项，安全风险总体可控。突出隐患管理。坚持问题导向，建立车站、车间（中间站）两级安全隐患库，利用车站周交班会督办、整治安全隐患，同时，利用“大站区协调会”督促相关单位治理隐患。全年，公布车站级安全隐患库5次。创建正向激励。重新修订《郑州东车站关于干部职工发现处置安全隐患实行快奖重奖的通知》，全年奖励33人次计1.1万元。加强“三室”建设。2018年，车站调配人员，增强分析室、安全生产指挥中心力量，进一步强化现场作业盯控，应急处置管理。围绕非正常接发列车处置、大面积列车晚点等情况，完善制订应急预案14项。遇非正常情况，采取微信、电话等方式通知相关车站领导、科室、中间站、车间，做到反应及时、启动迅速。应急指挥中心建设方面，对施工“天窗”修、非动车组上线运行、上水作业、客运站台等关键作业进行实时盯控和检索回放分析，有效遏制不良作业习惯。全年，分析室发现问题637件，违标问题805件。对惯性问题、典型问题进行通报追踪，采取专题分析会、专题汇报等方式督促整改。

强创新、增亮点。客运方面投资200余万元，开发郑州东站分析预警及应急管理系统，整合列车到发时刻信息、候车厅人数、进站人数统计、重要来客、重点旅客信息，通过对当前进站人数、每趟列车进站人数及候车厅当前人数进行实时监控，实现决策支持及应急管理。行车方面开发列车运行计划自动生成系统，根据每日客调命令与“基本图”进行检索对比，自动生成每日列车运行计划，同时实现对当日开行DJ、0G、高峰线、周末线及基本旅客列车分类统计，降低行车人员劳动强度，确保数据正确性。截至2018年12月31日，郑州东车站实现连续安全生产4327天。

【运输生产管理】 实施“安检模块化”改造，完善标识系统、优化走行流线。2018年2月23日，郑州东站启用全路首例“模块化”旅客安检新系统，整合人脸识别与行李、人身安检等功能，使人身检查与机检行李同步进行。旅客从10个安检通道“刷脸”验证到拎包进入候车大厅10余秒钟即可完成。截至2018年年底，车站设置14个单元模块，开通28个安检通道，日常每小时每通道通过人数由原来的400人提升至600人。对郑州东站导向标识进行重新设计规划，共补强候车厅、站台、出站层等处落地灯厢、立柱、吊挂、贴附标识135块，拆除旧标识1300余块。

持续抓好“厕所革命”。大力开展“厕所革命”，实行“网格化管理、标准化公式、双向化考核”模式，在全站各处卫生间制作安装网格化管理揭示公示栏40个，更换厕所破损地砖460块、墙砖230块、水池感应器16个、便池感应器38个，厕所无障碍求助系统6个，补强更新警示标识38处、引导标识26处。投资23万元更换全站厕所通风系统12处。

打造特色服务品牌。做好重点旅客接送、引导、上下车帮扶，落实“铁路畅行”常旅客服务承诺，健全商务座旅客服务体系，改善到站引导、验证安检、候车休闲、检票乘车等全流程服务质量，结合旅客需求，提升服务细节体验，打造特色鲜明、品质一流的服务品牌。

改善客运产品供给。在阶段调图中，充分利用股道能力，积极争取增加始发车开行对数，加大北上广蓉等热门方向开行密度。配合实施城际列车公交化开行，准确对接航空、地铁、公交等多种交通方式，方便旅客接续、换乘，更好地服务经济社会发展。2018年，全力推进车站市场化经营，收取苏州创旅天下信息技术有限公司、北京创安咨询服务有限公司、河南省商务厅、河南省工业和信息化委员会、河南省旅游局、南京永达户外传媒有限公司、上海赫程国家旅行社有限公司进出站引导、专用停车场、商务候车厅使用等服务费用共计65.06万元。

2018年，车站运输生产任务超额完成，发送旅客3414万人，运输收入55.8亿元，分别超计划594万人、16.2亿元。2018年5月1日，宋城路站发送旅客9590人，2018年12月9日，许昌东站发送旅客10873人，均创车站历史新高。

（粟伟超）

郑州北车站

【概况】 2018年1月27日，根据《郑州局集团公司关于变更机关内设行政机构和公司所属相关单位冠名的通知》要求，郑州铁路局郑州北车站更名为中国铁路郑州局集团有限公司郑州北车站。郑州北车站位于京广、陇海线交会处，在河南省郑州市西北部，是集团公司管内唯一路网性编组站。郑州北编组站站区南北长6.63公里、东西宽0.8公里，下行驼峰位于京广线K669＋526以西710米，陇海线（陇客高线）K574＋625以北2.4公里。车站按技术性质分类为编组站、按业务性质为货运站，按业务量为特等站。站型为双向纵列式三级八场，各种线路229条，其中到发线61条、调车线91条、联络线及段管线77条，线路总延长390公里。主要担负南北京广、东西陇海4个方向货物列车和军用列车到达、编组、始发、中转及货运检查作业，各专用线、段管线取送和装卸作业，检修车取送作业，机械保温车加油作业，超限货物车辆检查作业，货物装卸、整理、换装作业。具有点多、线长、面大、调度指挥集中、车场分工明确、进路排列灵活、解编流量大、有调比重大、折角车流多、作业复杂及综合自动化程度高等特点。

截至2018年年底，车站设行政科室9个、辅助生产机构3个、生产车间5个、设备管理车间1个、生产班组56个。党群组织设党委、纪委、工会、团委，下设党委办公室。有车间党总支5个、机关党总支1个，车间党支部1个、班组党支部27个、科室党支部9个；工支会8个；团支部6个。年末，在职职工总数1464人。其中女职工158人、干部164人、共产党员661人（在岗634人）、共青团员95人。文化程度：大专及以上558人、中专及技校208人、高中及以下698人。专业技术职务：高级11人、中级50人、初级88人。工人技术等级：高级技师2人、技师114人、高级工280人、中级工434人、初级工273人，占全站技术工人总数89%。

【主要技术设备】 截至2018年年底，车站有电子计算机服务器10台，生产微机342台，自动化驼峰3座，内燃调车机14台，道岔1026组，信号机875架，TDJ-302减速顶12076台，无能源液压停车器201台，站场工业电视监视系统3套，各种线路229条、总延长约390公里。

【运输安全管理】 2018年，车站建立风险防控和隐患排查的双重机制，从建好、用好“三室”出发，通过进一步深化“人防、技防、物防”安全管理手段，合理分配安全管控资源，重新规划、构建“三个三”安全保障体系，发挥“三驾马车”职能，管好三种时态（过去、现在、将来），实现将安全管理职责从人人有责转变为具体负责，全面掌控车站安全关键。建立全员254个岗位安全生产责任制，让安全教育、安全管理、安全风险防控体系得到规范和强化。全年，下发安全文件、通知161项，其中制定作业办法20项、安全卡控措施12项。通过改进安全生产管理，改善安全生产条件。2018年，CIPS管理系统平稳运行，集控系统顺利开通，实现运输生产自动化。自主开发日分析系统平台，将各部门发现的问题按照调车安全、行车安全、劳动安全等15项内容进行划分，以时间、班组、问题分类为关键因素录入。通过大数据分析运用，找出作业的关键人、关键环节、关键时段、关键班组、关键车间，为车站卡控安全重点提供方向。站区安全环境整治工作中，按照“较小区域硬化、较大区域绿化、巨大区域美化”原则，明确线路整治等一系列标准，对站区整治项目进行分批施工。全年，处理垃圾14334立方米，砍伐清理杂树31860棵，回收清理枕木路料35672根，清理杂草22129平方米，清理污土52004立方米，拆除违建40处。截止到2018年12月31日，车站实现连续安全生产334天。

【运输生产】 2018年，日均办理21825辆，开行远程技术直达列车6752列，组织编开计划外列车1759列，完成中时7.2小时。按照稳既有、争新增的经营思路，积极走访周边重点企业，通过合理运用价格策略、提升服务质量，成功挖潜出高附加值、长距离、大运量的优质运输项目。全年，运输收入完成8095万元，装车完成6676车，发送吨完成33.9万吨，超额完成全年货装任务。

（王　栋）

郑州客运段

【概况】 2018年1月27日，根据《郑州局集团公司关于变更机关内设行政机构和公司所属相关单位冠名的通知》要求，郑州铁路局郑州客运段更名为中国铁路郑州局集团有限公司郑州客运段。2月8日，郑州客运段成立综合分析室；4月16日，成都车队易名为重庆车队、银川车队易名为苏州车队、苏州车队易名为杭州车队、杭宁车队易名为宁波一队、宁波车队易名为宁波二队；8月30日，昆明车队易名为烟台车队；12月24日，撤销新闻报道中心，成立融媒体工作室。郑州客运段是担当客运乘务和运转乘务的综合段，担当东到上海、厦门、福州、杭州、温州、宁波、青岛，西至乌鲁木齐、成都、重庆、银川，北抵北京、沈阳北，南达广州、深圳、海口、昆明等方向的特快、快速旅客列车42.5对（路局直通28对、管内列车14.5对），郑州至北京西、上海虹桥、西安北、大连北、温州南、青岛、恩施等方向的高铁和动车组列车53对（高铁50.5对、动车2.5对）及城际列车53对的乘务工作任务。2018年7月1日调图后，郑州客运段担当旅客列车由原来的127.5对增加到148.5对，通达辐射全国27个省、市、自治区，郑州地区担当列车126.5对（高铁、动车、城际均在郑州地区）、洛阳地区担当列车11.5对、新乡地区担当列车10.5对。2018年，输送旅客11176万人，开行旅游列车37列，完成劳效9.36万辆公里/人。

截至2018年年底，郑州客运段设行政科室11个、乘务中心2个、综合检查大队1个、综合分析室1个、融媒体工作室1个、车间3个、公司1个，下属客运车队28个。党群组织设党委、纪委、工会、团委，下设党委办公室；有党总支35个，党支部196个，团支部18个。职工总数6426人，其中女职工1589人、干部354人、列车长502人、共产党员2505人、共青团员66人。文化程度：研究生15人、本科392人、大专1345人、中专及技校753人、高中及以下3921人。干部技术职务：高级5人、中级33人、初级71人。工人技术等级：高级技师3人、技师26人、高级工520人、中级工3128人、初级工1762人。有其他从业人员1669人，其中集体乘务职工589人、劳务派遣工1080人。2018年，郑州客运段获得集团公司安全优质标杆单位、标杆领导班子、职工之家、创建劳动关系和谐企业暨厂务公开民主管理示范单位等称号。

【主要技术设备】 机械设备126台，其中锅炉6台、装载机1台、洗涤设备 61台、客货电梯11部、汽车47 辆（生产用车41辆、乘用车6辆）；电气设备236台。年末固定资产总额 3183.5万元。

【客运乘务】 创新乘务组织。按照“均衡合理、优化组合、便于管理”原则，根据新图开行需求及人员分布等实际情况，合理安排乘务交路，围绕“调图、节假日、周‘4+3’”等不同时期，优化整合车上和地面工作流程，探索“科学严谨、灵活多样、快速反应”的乘务组织新模式，满足开车需求。优化人员配置。坚持“盘活存量、用活增量”原则，推进用工制度改革，打通高铁和普速人员流通渠道，解决结构性冗员和缺员并存的矛盾，挖掘人员潜力，促进劳动效率提升。加强生产指挥。完善安全生产调度指挥中心管理制度、岗位职责、作业流程，健全生产指挥整体功能，实时掌控车上和地面生产现状，实现快速、精准、高效指挥，提升生产调度、命令传达、信息采集、应急处置等效率，确保运输生产组织安全顺畅运转。2018年，郑州客运段输送旅客11176万人，同比增幅20.4%；开行临客6377趟，同比增幅58.2%；开行旅游列车37列，同比增幅5.7%；担当军运238趟，同比增幅35.2%。完成劳效9.36万辆公里/人。

【客运收入】 2018年，完成堵保收入29367万元，为年度计划的119.4%，攻坚阶段完成27488万元，完成目标的106.8%。其中2月24日单日完成422万元，突破2017年338万元单日车补记录，再创历史新高。

【安全管理】 强化安全意识。锁定防火防爆、人身安全、食品安全、车门安全、乘降组织、应急处置6项关键，把确保高铁和旅客安全作为政治红线和职业底线。经常性开展全员、全覆盖的安全警示教育和法制宣传教育，将“万无一失”的理念贯穿到运输生产全过程。全面推行“红线管理+积分清零”违标控制模式，健全干部职工违章违纪积分信用管理体系，严格追究安全责任意识不强引发的严重违标和触碰红线行为，强化现场管控，确保安全责任得到落实。夯实管理基础。建立健全覆盖各个岗位的安全生产责任制，动态修订完善各岗位、各工种的岗位职责、工作标准、履职考评、绩效考核等各项指标。坚持过程控制和结果考核并重，实现以能力决定岗位、以岗位决定收入。建强用好安全分析室，加强动态分析，用好分析结果，将信息化成果融入安全管理，深化人防、物防、技防“三位一体”安全保障体系建设，实施风险管控和隐患排查治理双重预防机制。增加科技投入。引入“管内高铁（城际）站、普速站站台视频监控系统”项目，便于利用信息化手段，随时掌握各趟列车在站的旅客乘降及行车组织信息，提升安全生产管控能力。对郑州地区6对、新乡地区2对、洛阳地区3对，共计11对车体的风挡视频监控进行重新装置，确保性能良好。制订安全生产调度指挥中心筹建方案，将生产组织、应急处置、安全管理、质量监控、干部履职、作业评价等全过程管理数据纳入系统平台，逐步实现数据管理模式，提升客运乘务组织工作的管控水平。截止到2018年12月31日，郑州客运段实现连续安全生产4266天。

（史媛媛）

2018年12月4日，郑州客运段组织职工进行列车长招聘考试（刘 歌 任 良/摄）

轨道交通

【概况】 2018年，轨道交通建设站位国家中心城市高质量发展建设大局，立足建设“轨道上的郑州”总体要求，确立品质地铁、智慧地铁、文化地铁“三铁”发展战略，对标“国际领先、国内一流”的轨道交通建设理念，工程建设、运营管理、资源开发、自身建设“四位一体”高质量协同发展。全市在建9条线路，总长218公里，涉及工地170处，全部工程建设健康平稳高效开展，建设品质、站后工程安装工艺水平达到国内一流水平。全年，完成投资301亿元，占市国资委下达目标任务的121%。

构建政策支撑体系，资源开发良性局面全面铺开。全力推动“轨道+物业”发展模式落地生根，郑州市出台《关于进一步加快轨道交通发展的意见》《郑州市轨道交通段（场）及沿线站点毗邻区域土地综合开发建设导则》（试行）等综合性开发支撑政策，其中《郑州市轨道交通段（场）及沿线站点

2018年12月29日，郑州轨道交通5号线进行空载试运行（市交通局/供图）

毗邻区域土地综合开发建设导则》的出台，为上盖物业规划编制、建筑设计和项目审批、建设管理等提供了有效政策保障，同时郑州市成为国内第二个出台《导则》的城市，走在全国前列。5号线一段一场、人民医院站等7个上盖物业综合开发项目进入控规和详规编制阶段。龙湖上第项目已竣工交付，黄河路站安置房项目已开工建设，郑轨风尚西苑项目已完成施工及监理招标。全年，置业开发完成投资2.34亿元。郑州地铁集团有限公司与郑州报业集团合作，成立合资公司，以《中原地铁报》为依托，拓宽业务经营范围。通过不断丰富文化纪念品形式，不断提升附属资源收入，全年附属资源收入1.25亿元，同比增长56.9%。

【工程建设管理】 勘察设计。以提升勘察结果的客观度、精确度、翔实度为基础，极大降低设计变更率。进一步突出设计龙头地位和灵魂作用，以正确处理好"十种关系"为根本准则，以运营实践改进设计成果、设计质量，不断提升功能性、突出人性化、增强美观度、凸显艺术感、展现文化范。5号线、2号线二期、市民文化服务区地下交通市政工程设计梯次提升，后续线路实现蝶变式升级。

土建施工。征迁工作部门和工程建设项目管理部门相互配合，形成大征迁工作格局，共同推动前期障碍性难题破解，重点突破了5号线车辆段郑州铁路局用地、华隆置业土地征收、2号线开元路停车场国防输油管线迁改等征迁难题。全年，完成房屋征收24万余平方米、土地征用87.75公顷、绿化移植25.2万平方米，迁改弱电、市政管线等设施6.4万米。坚持问题导向、目标导向。坚持"抓重点、重点抓，规范抓、抓规范"工作思路，实施"过程发现问题、过程解决问题、过程销号问题"的过程管理策略，积极践行新理念、新技术、新材料、新工艺"四新"理念，弘扬工匠精神，推行"四化"方针，以全工序、全环节的标准化体系建设为载体促进施工效率提升，以高品质运营的严苛视角和工艺标准要求"倒逼"建设品质提升。以最严厉的管理手段和最客观公正的管理态度管理参建单位。全年，因参建单位履约践约不到位共处罚金额5741万元，参建单位履约践约意识和对郑州地铁市场的重视程度得到进一步增强，一流管理人员和一流施工队伍的配置率显著提高。5号线实现空载试运行，2号线二期、市民文化服务区地下交通市政工程实现全部车站主体结构完工、"洞通"、"轨通"，3号线一期工程实现12座车站主体结构完工、区间完成45%，4号线工程实现19座车站主体结构完工、区间完成76%，城郊铁路二期工程实现除郑州南站外所有车站主体结构完工，6号线市政配套工程、10号线、机许市域铁路郑州段工程建设工作健康有序推进。坚持"管源头、控过程"。深入开展质量提升专项行动。以"后续线路不发生渗漏水"为目标，从施工主材、施工关键环节着手，严把混凝土拌和比、管片质量和防水首件验收关，针对易发生渗漏水的孔洞封堵环节，建立孔洞封堵项目经理负责制，严把封堵质量，确保责任可追溯。建立完善"人防+技防"质量安全风险管控模式，进一步织密安全管理网。安全风险管理、隐患排查治理、地铁设施保护、视频监控集成系统运行平稳。搭建郑州市轨道交通安全生产门户系统，实现施工现场可视化、数据分析信息化、预消警规范化、隐患整治闭合化。"双重预防"机制试点工作深入开展。运营深度介入工程建设，成效显著。全年，运营介入工程建设近6万人次，发现质量瑕疵、改进提升等各类问题共计2.6万余项，均在建设过程中基本得到及时解决、整治和改进，为高品质运营打下了坚实基础。全面提升工地形象。制订《建设工程精细化管理工作方案》，全面开展工地出入口、围挡、喷淋、保通路、现场布置等全系统优化提升。升级围挡标准，创新采取绿色草皮墙体，规范公益广告内容、设置，被市政府确定为"郑州标准"全市推广。积极适应大气污染防治新常态。持续深入推进"381工程"，全方位、多角度统筹大气污染防治与工程进度关系，进一步加强大气污染防治管理考核，全年因大气污染防治不力处罚参建单位410余万元，有力督促参建单位将"8个100%"要求切实执行到位，实现工程建设与大气污染防治"双统筹、双促进"。

设备选型和安装。以5号线为模板实施标杆引领，全线不设样板站，按照"样板工序、首件定标"原则，全过程应用BIM技术，形成可复制、可借鉴、可推广体系标准，并在2号线二期、城郊铁路二期和市民文化服务区地下交通市政工程优化推行，逐步形成可复制、可借鉴、可推广的郑州方案。按照"统一标准、统一型号、统一品牌"原则，选购洁具、灯具、五金配件等，最大限度地降低备品备件种类和数量。

【实施"智慧地铁6+2"战略】 全面布局规划，稳步推进"智慧地铁6+2"战略，深入开展"最高等级"施工标准管理体系、一体化信息集成平台、一体化资产管理体系、"全闭环"BIM系统、核心系统国产密码替代技术研究、物资仓储管理系统、全自动无人驾驶技术、网络化运营研究应用工作，并取得阶段性成果。2月14日，商易行APP正式上线，郑州地铁全面实现无卡扫码进站，正式开启智慧乘车时代。坚持"自主创新、协同创新、联合创新"和"企产学研用"创新体系，郑州地铁集团有限公司与华为、星环科技、卡斯柯、交控科技、北京交通大学等前沿高科技企业和专业高等院校开展战略合作，建立创新联合体，为科技创新搭建支撑平台。筹建创新研发中心，成功申报省、市级大数据与人工智能实验室和市级BIM重点实验室，筹划通信与运行控制国家工程实验室分实验室郑州FAO2.0测试及培训平台。研究制订《科技创新规划（2019—2021）》《科研项目管理办法》《科研创新奖励管理办法》，科技创新政策体系日趋完善。

【运营服务】 以晶晶服务品牌为引领，探索实践个性化、多样化的服务模式69项，打造独具特色、多维立体的服务品牌。郑州地铁集团有限公司与郑州火车站、新郑机场等单位开展联建共建，为广大市民提供一站式"爱心"接力，社会美誉度不断攀升，乘客满意度达93.98分，创历年最高。通过"排队候车推广日"等活动，以倡导排队小行动撬动城市大文明，引领城市文明新风尚。推行拥挤度自动监测技术，实现调度指挥到乘客的实时信息交互。推出《数据慧眼》，开展乘客出行敏感性分析、票卡结构黏合度分析等多维研究，优化云闸机设置方式与数量，最大程度提高乘客进出站效率。充分利用自媒体，传播地铁好声音，弘扬地铁正能量，郑州地铁社会美誉度、认可度日新日高。截至2018年年底，线网客运量累计约8.24亿人次，2018年日均客运量达79.87万人次，同比增长15.56%，最高单日客运量122.91万人次，公共交通分担率达22%，各项运营指标均优于国家标准。

【运营安全】 郑州地铁集团有限公司以创建“省级安全文化建设示范企业”为契机，形成并逐渐固化“360”安全文化体系，构建涵盖综合应急预案、专项应急预案和现场处置预案三级安全预案体系，为网络化运营安全预案体系奠定坚实基础。顺利通过安全生产标准化年度核查，获得全国“设备管理优秀单位”称号，创造连续安全运营1800天记录。通过优化完善“双重预防”机制、加大安全监察力度、推动RAMS项目研究等，建立问题库、危险源库、安全性信息库“三库一体”的管理体系以及涵盖决策层、管理层、执行层的三级安全管理网络。通过信息化监控、应用设备监测预警等手段，控制人员的不安全行为、设备的不安全状态、环境的不安全因素以及管理上的缺陷，形成“人、机、环、管”四位一体安全管理闭环。

【企业管理】 郑州地铁集团有限公司“四化”管理取得新成效。勘察设计类、工程管理类、质量安全类、文明施工类、运营需求类等标准化体系逐步形成，为各项工作提供了模板化“教材”。制订《公司工作标准和工作流程编制方案》，编制各岗位工作标准和工作流程，实现岗位工作标准化、程式化，使员工工作方向、标准更加清晰。以建设“适度超前、稳定可靠、技术先进”的信息化系统为核心，全面加强信息化体系建设，工程管理信息化、内部管理信息化、运营培训信息化等实现统筹推进。

“四同步”理念实现新发展。在深入践行并初步实现“四同步”理念的基础上，将资产同步移交纳入“同步”工作范畴，“四同步”发展为“五同步”，在破解行业痛点、难点方面实现再跨越、再升级。顺利完成运营线路、调度中心建安类工程竣工结算及4号线、5号线等项目阶段性结算工作，送审245.53亿元，公司内部审定218.32亿元，审减率11.08%，政府审定215.86亿元，审减率1.13%，完成除前期管线迁改类外已运营3条线路政府审计和在建线路跟踪审计目标任务，审计效率处于同行业前列。资产管理方面，强化资产形成期管理，编制“以全寿命管理为主线、一体化推进为手段”的资产管理工作方案，以着重解决计量、现场、结算、移交一致性难题为重点，在行业首创“形成期资产库”系统平台，填补了公司资产形成期管理空白，为全面实现“五同步”目标提供了信息化平台支撑。基本完成1号线一期资产盘点和移交工作，1号线二期、2号线一期、城郊铁路一期基本完成资产盘点工作，即将进入录入环节。以5号线为起点，资产移交与“三权”移交基本实现有序同步推进。

招标工作实现新提升。积极探索实践大标段招标模式，优选一流施工企业，降低管理风险，由“招完标”向“招好标”转变。编制《城市轨道交通工程报批报建前置条件图》，确保相关工作有章可循。对已完成项目投标人业绩、资质进行统计整理形成大数据，建立重点专业投标人信息库，为后续线路各类招标项目资格条件设置、合同相对人选择方式提供重要的参考依据。2018年，完成招标、比选项目84项，中标金额约56.61亿元，无责任流标事件发生。合同管理工作遵法有章推进，做到了“三全三准”，合同审签及时率达到100%。

融资工作实现新突破。公司获得国际A3（A-）和国内AAA信用评级，为郑州市属企业首次获取且省内最高等级信用评级，进一步增强了公司融资活力，以较低利率成功发行三年期5亿美元债券，为非主线业务资金需求提供了资金保障。2018年共申请到位各类资金约337亿元，有效满足了各类资金需求。

（郭艳娜）

郑州地铁集团举行乘客面对面活动（刘彦峰/摄）

公路运输

综 述

【概况】 2018年，全市交通运输系统上下统筹推进建设、管理、服务等各项工作，圆满完成年度目标任务，为郑州国家中心城市建设作出了积极贡献。

交通基础设施建设扎实推进。S323线新密关口至登封张庄段改建工程、S236连霍高速至G310段改建工程、机西高速二期等8个项目建成通车，G310中牟境改建工程等4个项目主体完工，新增高速公路45.1公里，新改建国省干线公路201公里。G310线郑州西南段改建工程、S312郑州境改建工程（郑汴交界至G107东移段）等12个项目开工，新建项目里程187公里。围绕服务郑州大都市区发展格局，郑州市与焦作市签订交通项目建设合作备忘录，共同推进焦平高速项目前期工作；编制《郑州市环城货运通道规划建设方案》。

行业治理能力不断提升。法治交通建设不断加强，健全行政执法公示、执法全过程记录、执法决定法制审核等制度。“放管服”改革不断深化，梳理行业审批事项“三级十同”目录，对74项审批事项进行流程再造；推进“证照分离”，业务办理时间缩减至3个工作日。围绕客货运市场、超限超载和路域环境等重点领域开展执法，查处各类违法违规客货运车辆、超限超载车辆17486台次，共处罚款4286万元，比2017年分别增长104.7%和183.5%。

【交通路网】 截至2018年年底，全市公路通车里程11729.3公里，其中，高速公路626.9公里，一级公路519公里，二级公路1781.1公里，三级公路1165.8公里，四级公路6925.8公里，等外公路710.7公里，路网密度达每百平方公里

157.53公里，处于全国领先水平。

【**公路养护管理**】全市干线公路优良路率达86.4%，养护工程高质量实施，四港联动大道弓马庄等3处积水点整治、S323线新密境苟堂关口至超化樊寨段大修、S323线登封境游方头桥危桥改造等工程任务完成。服务区建设领航全省，S317线登封和G343线大金店停车区具备多种服务功能。"三基"建设持续深化，全年改造S227线杨庄4个道班。"三位一体"道班创建规模逐步扩大。农村公路已形成县、乡、村三级养护管理体制，农村公路日常养护率达到100%。

【**运输服务保障**】全年，累计完成公路客运量7266万人次、客运周转量94亿人公里；完成公路货运量2.2亿吨、货运周转量544亿吨公里，同比增长16%和11.1%，增幅高于全国、全省平均水平。城市公交、地铁、出租车分别完成客运量9.36亿人次、2.9亿人次和1.64亿人次，地铁单日最高客运量达到123万人次，在改善城市出行结构中发挥了重要作用。编制完成《郑州市城乡道路客运一体化发展规划（2018–2022）》。

【**交通扶贫攻坚**】交通运输脱贫攻坚成效突出。深入推进交通运输精准脱贫，郑州市政府印发《关于加快农村公路建设2018—2020年三年行动计划的实施意见》，出台配套政策措施，加大资金支持力度。市交通局印发《脱贫攻坚三年行动计划（2018—2020年）》，将"四好农村路"建设与脱贫攻坚深度融合，注重典型示范引领，积极推进创建工作，登封市被命名为"四好农村路"省级示范县。2018年，新改建农村公路215公里，为年度目标的165%，完成18个乡镇、30个贫困村道路升级改造；实施农村公路安防工程172公里、大中修工程275公里，农村公路列养率100%。大力推进赶集班、学生班、电话预约班等农村客运服务新模式，104个贫困村开通预约客车。

【**大气污染防治**】完成交通运输污染防治攻坚战，道路扬尘防控不断强化，干线公路机械化清扫率重点路段达100%、其他路段达85%以上，农村公路机械化清扫率达70%以上。在建项目全部落实"八个100%"，推进机动车污染控制，行业大气污染防治工作受到省、市肯定。

【**智慧交通**】按期完成交通一卡通互联互通工程，"轩辕通"实现与全国互联互通。郑州交运集团"豫州行"网约车平台线下落地，郑州公交全面支持微信、支付宝和银联云闪付服务；郑州地铁商易行APP上线，在全国首创手机二维码扫码乘车。"12328"交通运输服务监督热线获得"河南省交通劳动奖状"。

【**出租车行业服务管理**】有序推进网约车新政落地实施，全市网约车平台企业达17家，网约车总数1.77万辆，网约车与传统出租汽车加快融合发展。完成2017年度、2018年度文明的士之星评选工作，共1706名优秀驾驶员获得文明的士之星荣誉。

【**交通法治**】依法行政方面，及时出台年度法治建设工作要点，明确责任部门、任务分工、时间节点，保证成果能落实、可检验。推进《郑州市客运出租汽车管理条例》《郑州市城市公共交通条例》等立法工作。行政审批工作扎实开展，全年新办危险货物运输从业人员资格证521个、换发500个；审批公路建设项目施工许可证7个；办理（更换）巡游车行政许可证18487件;办理网约车行政许可证22134件，超额完成网约车许可证件办理任务（计划完成6000个）。

行政执法方面，健全行政执法公示、执法全过程记录、执法决定法制审核等制度。"放管服"改革不断深化，梳理行业审批事项"三级十同"目录，对74项审批事项进行流程再造；推进"证照分离"，业务办理时间缩减至3个工作日。按期完成交通执法派驻工作，12个执法大队全部进驻各辖区（管委会）。聚焦制约行业发展、影响行业形象的突出问题，行业精细化管理工作深入开展。信用交通建设扎实推进，市运管局、市客运执法支队探索实施信用信息共享交换、信用产品应用及信用修复机制，受到交通运输部肯定。深入开展客运市场秩序整治、扫黑除恶专项斗争、超限超载治理、公路路域环境和大气污染治理等专项整治行动，查处违法违规客货运车辆1.75万台次，累计处罚款4286万元，同比分别增长104.7%和183.5%。移交查处一批客运市场欺行霸市、涉黑涉恶违法犯罪行为线索。在全省率先推行科技治超系统建设，建成动态监测系统70处，治超执法信息实现共享联动，全年共检测货运车辆214万台次，认定超限超载车辆1.9万台次，其中非现场执法系统认定6745台次，累计卸货24.7万吨，处罚款2727万元，查处"百吨王"390台，科技治超走在全国前列。全年，未发生一起行政许可复议和诉讼。

【**规范性文件管理**】市交通局严格管理规范性文件，以完善审核备案制度为根本，全方位审核市交通局系统法律法规授权组织出台的红头文件、行政合同和重大行政决策，严格落实审查签字制度，确保规范性文件全方位管理，行政行为合法有效。对涉及重大事项或者关系人民群众切身利益的问题，在制定规范性文件时，充分利用网站、新闻媒体、征求意见会等形式，及时公开内容，广泛征求意见、建议。全年，共审核、备案规范性文件19件，审核备案合同12件，并及时在市规范性文件备案系统、市政务信息公开网公布，进一步规范和提高了规范性文件管理质量和水平。

【**"畅通郑州"工程建设**】2018年，"畅通郑州"工程建设进展顺利。高速公路建设：郑州机场至周口西华高速公路二期建成通车，与焦作市签订交通项目建设合作备忘录，共同推进焦平高速项目前期工作。市域快速通道项目建设：10条市域快速通道已全部通车。环城高速出入口项目建设：新增17座环城高速互通式立交，已建成14座，其余互通立交项目按计划推进。

【**干线公路建设**】干线公路建设紧紧

2018年9月12日，交通部到郑州市督导网约车整改情况（市交通局/供图）

围绕“创新、协调、绿色、开放、共享”的发展理念，坚持改中求进的总思路，扎实推进项目建设，大力实施道路环境综合整治，干线公路通行能力和保障水平进一步提升。工程建设任务全部完成，完成投资约9.8亿元，占年度目标的100%，建成公路总里程约21公里。G107线郑州境东移（一期）改建工程主体具备通车条件。S317郑开交界至航空港区改建工程、S312改建工程（郑汴交界至G107东移段）2个开工项目进展迅速。

项目前期工作高效有力，S312郑州境改建工程（G107东移至江山路段）等8个项目前期工作加快推进，路桥集团承担的焦平高速公路（荥阳至新密段）、郑少高速公路扩宽、3座黄河桥新建工程项目前期工作积极跟进。公路服务质量持续提升，全年投资约1.75亿元，全市干线公路优良路率达86.4%，同比超出约2个百分点。

【农村公路建设】 农村公路建设任务超额完成。2018年，郑州市政府下达的农村公路建设目标任务为新建改建农村公路130公里。按照省、市有关要求，郑州市各级交通和农村公路管理部门采取有效措施，全年共完工农村公路建设项目215公里，超额完成年度目标。农村公路养护工方面。全年，共整修路肩边坡8.6万平方米、疏通边沟5500公里、处理塌方30060立方米、处理裂缝9.1万平方米、处理坑槽6.7万平方米、量验9060.25公里、巡路保洁40万公里。完成安防工程172公里，完成农村公路大中修工程项目93个。郑州市农村公路列养率达100%，县道优良路率85.6%。

（张朝霞）

道路运输生产

【概况】 2018年，全市道路运输完成客运量7266万人次、客运周转量94亿人公里；完成公路货运量2.2亿吨、货运周转量544亿吨公里，较上年分别增长16%和11.1%，增幅高于全国、全省平均水平，运输服务保障能力稳步提升。完成重点时段、重要物资、重大活动运输保障任务，运输服务水平明显提高。加快构建多式联运格局，入选国家级多式联运示范工程3个、省级4个；推进无车承运人试点，入选国家级无车承运人试点企业7家、省级11家；开通甩挂运输线路43条，运输资源得到集约配置。实施“政府买单、个人免费、社会受益”的高速公路通行政策，政府购买高速公路服务不断扩大，郑州市实现市域内51%的高速公路免费通行，年免费车流量4500万余车次。驾驶员培训实现计时培训服务新模式全覆盖。实施机动车维修企业备案管理，启动维修企业电子档案建设，维修企业质量监管不断加强。

【驾培制度改革】 市交通局与市交警支队联合召开全市驾驶员培训、考试“双平台对接”联席会，于10月份全面完成省“计时培训”管理平台数据对接工作，实现“计时培训、规范约考”，保证了驾驶员培训质量。

【运输安全生产】 安全生产监管持续强化。坚守安全红线，落实监管责任，筑牢安全防线，完善安全生产部门联动、责任落实、隐患排查治理闭环管理、应急保障等工作机制。集中开展“安全生产五大专项整治”，持续开展“平安交通百日行动”等专项行动，全年排查企业3104家，责令停产停业主体责任不落实企业5家，关闭企业4家；排查安全隐患4502个，并要求限期完成整改。水上交通、交通项目建设安全继续保持良好态势。应急救援机制不断健全，以防汛、客货运输、公共交通、防暴恐、消防等为重点，开展应急演练495次，应急管理成效明显。

【信用体系建设】 市交通局对25家危运企业、44家客运企业及219所驾校进行质量信誉考核，其中：危运AAA级1家，AA级17家，A级7家；客运AAA级2家，AA级34家，A级8家；驾校AA级82所，A级137所。对7万多从业人员进行诚信考核，行业诚信意识明显提升。强化信用信息共享，建立健全信用档案，制订行业“红黑榜”发布制度、失信主体“黑名单”制度，及时将交通违法行为列入失信记录。开展诚信考核工作，及时处理公安及各地交通部门抄告的违章信息，并将其诚信考核等级逐一录入运政网，促进行业诚信建设。全年，共处理抄告信息144091条，处理诚信考核人员74852人次，注销、吊销、撤销从业资格证件12891人次。

【客运结构调整】 根据长途客运安全评估和市场需求评估，市交通局及时对全市800公里以上的56条线路、78台车辆进行注销，注销线路数占比达53.8%，完成了省运管局下达的年内消减10%目标任务。

【无车承运人试点】 郑州市在全省率先组织开展道路货运与物流企业信息化调研，积极探索“互联网+货运”发展模式。帮扶传统物流企业主动求变、率先布局，通过互联网手段和组织模式创新，探索货运市场资源集约整合和行业规范发展道路。2018年，郑州市5家企业被列入河南省第二批无车承运人试点企业。

（张朝霞）

交通行业管理

【道路运输市场管理】 客运市场管理。以交通运输执法领域扫黑除恶专项斗争及郑州市道路交通秩序集中整治行动为契机，强化与公安机关协作执法，明确以郑州火车站、郑州机场、郑州高铁站等交通枢纽地区为重点区域，以旅客出行高峰期为重点时间，以仿冒及“克隆”出租汽车从事非法营运、网约车无两证营运等为打击重点，持续保持高压态势，通过将市区内地铁始发站点、高校周边、商贸中心、长途汽车站周边一公里等地区列入执法“必巡点”，强化路检路查和执法监管，实施精准打击；通过开展交通运输行政执法行动，切实规范执法行为，提高服务质量，实现市场秩序明显改观、经营环境明显改善、服务质量明显提高、监管力度明显加大、执法效能明显增强的目标。2018年，客运市场查扣违法违规营运车辆6586台次，其中小型客车5667台次、大型客车919台次，共处罚金

2018年5月17日，郑州焦作交通运输合作协议签字仪式举行（市交通局/供图）

2316.86万元。

货运市场管理。在各辖区重点路段开展路检路查，依靠大气污染治理联合执法卡点，严查货运车辆和危险品运输车辆的违规运输行为，同时配合相关单位开展“非洲猪瘟”运输车辆和散煤运输车辆管控工作。2018年，查处违法营运货车3868台次，罚款金额646.23余万元，其中违规营运3819台次，非法营运49台次。

【超限超载货运车辆治理】 推进车辆超限超载动态检测系统建设，建成70处动态检测系统，郑州市科技治超水平全国领先。2018年，全市共检测货运车辆214.4万台，查处超限超载车辆6136台，卸货24.7万吨，交警部门对6090名驾驶员实施33080分处罚（含各县市区数据）；处罚非现场违法超限超载6745台次，处罚款1763.53万元（含各县市区数据）。

【机动车维修行业服务管理】 按照《关于取消一批行政许可等事项的决定》要求，市机动车修配管理处停止行政许可工作，同时做好维修企业备案管理前期准备工作。维修企业质量监管方面，市交通局联合市环保局开展I/M制度的推进落实工作，制订《郑州市电子档案系统建设方案》，开展电子档案建设工作，截至2018年年底，实现对接449家，对接率85%，上传数据357万余条。开展维修市场检查，全年检查、巡查维修业户630余家次，下达责令整改通知书57份。严格车辆技术管理，上传车辆技术等级评定信息，完成车辆等级评定55012台，其中客车6153台，普通货车47906台、危险品运输车953台。客车类型等级复核4198台。

【水上交通安全监管】 春运、“两会”、“五一”、清明节等重点时段，实行节前巡查，节中重点检查，并对重点水域进行现场值守。结合黄河湿地整治，在荥阳市、惠济区、中牟县等地开展非法船舶专项治理和水上巡航活动，累计出动200余人次，发现非法停泊点10余处，检查各类船舶100余艘，查处各类非法船舶10余艘。开展各类大型专项安全宣传活动近10次。3月26日“兰舟行·2018”河南省水上交通安全知识进校园系列活动在荥阳市龙门实验学校正式启动，先后深入中牟万滩镇一中、万滩镇第一小学、中牟县大孟镇平安路学校等10余所学校，通过采取互动式、体验式教学以及向学生发放课程表、视力表、圆珠笔等宣传品，全面提升中小学生水上出行安全意识和自我保护能力。

【水上应急搜救】 市交通局组织“平安交通，海事先行”郑州中牟2018年水上搜救演习，参与中牟贾鲁河“6·24”应急救援行动。指导启航公司举办郑州市第十五届职工技术运动会气垫船应急救援技能竞赛。2018年，郑州市4支水上应急救援队伍受到中国海上搜救中心表彰奖励。

【交通河长制】 全面梳理明确交通海事承担全市河长制工作职责分工和目标任务，成立市、县（市）区两级交通海事推进河长制工作防治港口码头船舶污染水域组织机构，制订完善各项制度，普查登记河湖库航区的港航码头设施、建筑物和各类船舶翔实信息、数据，在重点航区、码头设立交通海事防治船舶污染水域公示牌。

【工程建设管理】 郑州市下发《郑州市交通工程施工安全专项治理行动实施方案》《关于在全市开展交通重点项目质量安全综合督导检查的通知》，开展2次质量安全督导检查。按照交通部《公路工程建设项目招投标管理办法》《2018版公路工程标准施工招标文件》等规定，严格招投标监督管理，切实履行好专家抽取、现场监督、招标备案等行业管理职责，确保招投标程序完备、内容合法，全年，共完成招标项目13个。

【路政管理】 开展公路路域环境专项治理工作，全年共清理公路沿线非法广告标志牌458块，拆除违章建（构）筑物99处，整治加水站点112处，治理打场晒粮105处，清理违章占道231处，查处路政案件30起，路政案件结案率达到100%。开展2018年路政宣传月活动，悬挂路政宣传横幅、标语218条，制作宣传展板85块，出动宣传车150余台次，发放路政宣传材料1.7万余份。

（张朝霞）

交通企业

【郑州交通运输集团有限责任公司】 主要经济指标完成情况。2018年，实现收入15.46亿元，为年度目标的150.1%。实现利润1367.66万元，为年度目标的124.33%。实现税金6137.68万元。完成旅客发送量1990万人，完成客运量1666万人次，客运周转量25.57亿人公里。完成货运量374万吨，货运周转量6.86亿吨公里。行车安全四项指标均低于上级考核指标。百万车公里责任事故率0.1次，责任亡人率0.006人，责任受伤率0.04人，经济损失率0.17万元，均低于年度安全防控指标。内部治安、场地消防等其他方面实现安全无事故。

客运营运服务。组织春运、暑运、“十一”等重点时段运输生产，节假日运输收入及客流较2017年同期略有增长。承接拜祖大典、旅游市长论坛等相关会议运输服务。开通郑州至晋城、长治城际班线公交。推进传统客运车辆结构和经营结构调整。新能源车辆占比进一步增加，全年新增和更新纯电动客车70台。推进城际约租客运发展。集团新乡、南阳、孟州线路约租车总数达到100余台。推进旅游客运发展。集团加入中道旅游产业联盟，牵头组建河南金象旅游发展有限责任公司，联手全省各地市运输企业，共同合作开发旅游市场。

物流发展。以零担网络为基础，实现传统物流向现代物流转型。金象物流立足本土市场，着力网络布局、开发省内外专线233条。依托“一带一路”倡议，借力发展多式联运。郑州交通运输集团有限责任公司与中国铁路郑州局集团有限公司、中国铁路乌鲁木齐局集团有限公司共同开发大宗货源公铁联运业务，开行入疆、出疆快运班列，成功中标新希望产品的项目运作代理，进疆、出疆货源稳定增加。健全、优化无车承运人试点平台功能，完善平台发展模式。开发第三方、第四方无车承运人平台，平台注册车辆2.6万辆，注册用户3万多人。普货公司巩固现有项目，确保不流失，同时介入专线、配送、快递等物流业务；危险品公司持续开展以涉密运输业务为特色的开发工作；冷链公司积极开发大型品牌食品厂家的物流配送项目。

强化综合板块效益管理，有效分担主业压力。房产租赁管理中心进一步推进租赁资源整合和经营模式商业化转型。利用政府补助资金和企业自筹资金推进“三供一业”社会化移交管理。出租车公司继续扩大港区出租车发展，新增纯电动节能车型30台。中原大厦坚持差异化经营理念，健全完善管理精细化机制，以提质增效促进内涵式发展。交通医院借力医疗改革，扩大经营规模，积极探索“医养结合”新型医疗模式。金象燃气进一步提高生产效能，扩大市场份额。

【郑州市交通规划勘察设计研究院】 主要经济指标再创新高。完成经营开发合同额3.85亿元、营业收入2.67亿元，首次实现两项经济指标双双破2亿元。签订首个破亿元合同郑州市四环线及大河路快速化工程，签订郑州公路市场首个单项目分标段招标设计项目G310线郑州西南段改建工程，签订市政市场的EPC总承包项目二七区紫云路等21条代建回购道路建设工程。加强经营性分院管理，新组建河北分院，成立西藏办事处，加强对贵州、武汉、江西等区外市场考察。郑州市交通规划勘察设计研究院与北京鑫旺路桥公司、洛阳市规划建筑院、新乡市公路院等单位签订战略合作协议。

业务生产能力稳步提升。累计完成产值1.88亿元，创历史新高。参与全国市政道路投资规模和单体工程量最大项目郑州市四环线及大河路快速化工程。开展G310线郑州西南段改建工程，包含南水北调桥、高架桥等个桥梁。

资质管理工作成果显著。截至2018年年底，拥有的甲级资质达到9项，整体资质实力在地市级设计院中居于前列。2018年，公路工程咨询甲级资信和市政工程咨询乙级资信顺利通过审核，新取得测绘（无人飞行器航摄）乙级资质增项。信用评价工作取得新进展，成为省内首批入选交通运输部“2018年公路水运工程建设领域守信典型企业目录（红名单）”企业。

科技研发能力有效提升。顺利通过国家高新技术企业新一轮认证，通过郑州市全预制装配化桥梁工程技术研究中心平台认定。参与编制河南省住房和城乡建设厅BIM工程建设标准，完成朝阳沟水库特大桥等项目的BIM模型建设，开展了BIM技术在山区公路设计中的应用与研究等课题。进行科技创新成果申报，取得2项发明专利、9项实用新型专利，设计院取得的专利证书累计达到24项。

（张朝霞）

航空运输业

河南省机场集团有限公司

【概况】2018年，河南省机场集团有限公司围绕“两大枢纽”建设目标，深度融入“空中丝绸之路”“三区一群”和郑州国家中心城市建设，坚持开放引领，务实创新，推动郑州航空枢纽高质量发展。航空运输规模持续扩大。全年，完成旅客吞吐量2733.5万人次，排名超越厦门机场提升至全国第12位；同比增长12.5%，增速居全国大型机场（客运量2000万人次以上）首位；其中国际地区旅客吞吐量达到171.5万人次，同比增长33%。完成货运吞吐量51.5万吨，同比增长2.4%，排名居全国第7位。客、货运量居中部地区“双第一”，客运量超出武汉283.5万人次、超出长沙206.9万人次；货运量分别是武汉、长沙的2.32倍和3.31倍。安全运行态势平稳可控。全年，共保障飞机安全起降20.96万架次，同比增长7.1%，增速位居全国大型机场首位；4个季度安全运行评价指数分别为99.6、96.6、93.7、98.7，其中第一季度位居全国首位、第四季度位居第4位；未发生机场责任原因事故征候以上不安全事件，安全指标达到行业管控标准；成功处置“4·15”非法干扰航空器事件。旅客服务质量大幅提升。全年，航班放行正常率85.56%，同比提高2.86个百分点，高于行业平均水平5.43个百分点；投诉率为百万分之九点五，投诉数量同比下降49.32%；被民航局确定为无纸化便捷出行示范单位。枢纽规划建设成果丰硕。《郑州国际航空货运枢纽战略规划》成功获批，三期扩建工程前期工作有序推进，机场总体规划修编进入评审审批环节。

【航空货运】航空网络通达性显著增强。新引进6家货运航空公司，新开8条航线，新增6个通航点，在郑运营货航企业总数21家，其中外籍15家。开通货运航线34条，其中国际航线29条。通航城市40个，其中国际城市28个。协助民航局参加中卢双边航空会谈，卢货航郑州航权配额由每周21班增至35班，并新增其在美国、欧洲、澳洲通航点及第五航权额度。覆盖全球的枢纽航线网络加速形成。

物流集聚效应进一步凸显。新增货代企业10家，总量达到151家，其中国际货代企业116家。促使UPS将京津冀、川渝、香港等地货物调拨至郑州机场集疏，全年完成货运量1.22万吨，同比增长59.4%，形成UPS全国第三大转运中心。保障国际服装企业ZARA货物1.7万吨，同比增长88.9%。在运输联想、微软产品基础上，新引进华为、Facebook、索尼等电子产品，全年共完成货运量8500余吨，同比增长18%。集疏国际快邮件1.9万吨，同比增长10.4%。加强国际与国内、腹舱与全货机转运衔接，全年完成空空中转货量9000余吨，同比增长50%以上。2018年，通过郑州机场进出口货值占全省总货值的39.3%。

通关便利性大幅提高。推进海关MOU协议落实，开发海关监管辅助系统，完成莱比锡海外货站货物测试，推进郑—卢安智贸试点航线。参与郑州药品进口口岸评估考核工作。配合海关开展压缩通关时间“百日会战”，郑州机场货物进出口通关时间分别压缩36.6%、34.9%，通关效率位居全国前列。

保障基础性优势持续巩固。完成西货站查验中心改扩建工程，安装部署第二条快件分拣线，升级改造智能卡口，调整优化库区功能，有效提高货物保障效率。建设航空物流信息平台，实现新舱单系统、代理人系统、保税仓系统上线运行；完善多式联运数据交易服务平台，新增在线约车、物流数据跟踪等服务功能。民航局《关于促进航空物流业发展的指导意见》明确在郑州机场开展物流信息化、标准化等综合试点工程。

【航空客运】航班时刻容量进一步提升。争取政策资源，夏航季换季后时刻增量达到7.6%。加强航班时刻清查，提高时刻利用率，全年航班执行率达90.3%，同比提高4.2个百分点。民航局批准郑州机场高峰小时容量由41架次调增至43架次，为2019年客货运发展奠定了坚实基础。

航线网络覆盖面进一步扩大。新引进5家客运航空公司，新开39条航线，其中2条洲际定期客运航线（悉尼、莫斯科），新增19个通航城市。截至2018年年底，在郑运营客运航空公司总数55家，其中境外企业20家；通航城市116个，其中国际地区23个；客运航线208条，其中国际地区27条，洲际定期客运航线4条，航线网络通达性持续提升。

多基地运营实现新突破。西部航空郑州分公司正式挂牌成立，郑州机场进入“双基地”运营新阶段。吸引天津航、深航等在郑增投过夜运力，客货运过夜运力新增4架，总量达到57架。

中转市场规模快速扩大。联合西北5家机场、9家航空公司共同成立“豫—西北机场中转联盟”，在联盟内

2018年8月3日，西部航空河南分公司挂牌（河南省机场集团/供图）

开展行李直挂等服务，深挖重点客源地中转市场。联合天津航开通“通程航班”业务，完成中转服务预约系统上线准备，压缩中转最低衔接时间。全年，保障中转旅客114.6万人次，同比增长31.4%。

【安全生产】坚守安全底线，提高风险防控水平。树立系统安全理念，加强安全管理体系建设，落实民航局确保安全运行平稳可控26条措施，扎实推进法定自查自纠，常态化开展隐患排查治理，全年完成安全隐患整改192项。持续抓好重点风险管控，开展机坪运行安全整治等专项行动，建立飞行区准入评价体系，优化整合围界、道口及区域监护的监控资源，完成南跑道平行滑行道病害专项维修治理。加强“三基”建设，申报并获得安检Ⅰ类培训资质和危险品培训资质，货运安检站完成局方备案，全年组织安全教育培训1200余场次，参训人员近5万人次。加强应急常态化、专业化管理，优化整合应急、消防、急救保障资源，强化与地方力量应急联动，全年开展应急演练14次，有效提高应急处置实战能力。

【运营保障】加强三级运管体系建设，与民航局运控中心实现数据对接，优化整合运管席位，提高整体协同效能。完成航空器机坪管制移交，健全航班放行协调机制，统一航空公司运行服务保障标准，实施非正常情况下航班计划动态调整，机场运行效率显著提升。完成4F级许可证换发。加大空域协调力度，新增2条临时进出港航线，基本解决北三边空域问题。持续深化“同一个机场”建设，建立运管委协同联动机制，提前建成投用A-CDM系统，全面引入空管航班运行数据，大幅提高空地保障协同性；推出“总经理热线”服务平台，融合航司运营管家项目，为驻场单位提供一站式全流程服务。大力推进绿色机场建设，推广桥载设备替代APU项目，实施施设备“油改电”计划。郑州机场成为国内第四家获得国际机场协会碳排放认可计划（ACA）一级认证的机场。

践行真情服务，增强旅客获得感。深化“智慧机场”建设，基本实现行李保障全流程可视化监管，大力推广信息化自助服务和“人脸识别”，改进无纸化乘机服务流程，民航局“无纸化”乘机现场推进会在郑州机场成功召开。实施服务质量管理体制机制改革，强化TOC功能，增强投诉快速处置和现场化解能力，投诉率和投诉数量明显下降。落实民航局便民服务举措，开展航站楼24小时综合流动问询和摆渡车公交化运营，机场餐饮同城同质同价得到旅客广泛认可。规范网约车管理，实现与出租车良性协同发展。协助海关实现客运7×24小时通关、边检站推广使用信息化自助通道，提高国际旅客通关效率。

（郭　臣）

中国南方航空河南航空有限公司

【概况】2018年，中国南方航空河南航空公司坚决贯彻落实习近平总书记对民航安全的重要批示指示精神，健全航班运行保障机制，着力提升不正常航班处置能力，航班正常率大幅提升。以“三二四五三”战略框架为引领，全力爬坡过坎，快步推进大运行建设、南航e行等改革工作。把安全责任作为政治责任，坚守安全底线，全年安全飞行首次突破十万小时，实现第26个安全年。

【飞行保障】中国南方航空河南航空公司获评2018年基地早出港航班正常先进单位。运行指挥部在风险航班治理、重点航班保障和航延处置等方面采取科学有效措施，派驻人员到空管现场协调，挽回延误航班440班次，引入外部信息和视频监控系统，紧盯航班放行时机，提升地面保障效率。飞行部全年共完成帮飞任务6000小时，人均飞行小时数在南航集团排名前列。地面服务保障部组建以科室主任和分队长为成员的现场监察团队，定期开展晚关舱原因分析，地服责任晚关舱比例大幅下降。

【航空客运】依托航线补贴开拓新市场、不断进行运力优化。加大对新疆、西北、东北地区的运力投放，为整体经营提供有力支撑。把握市场旺季增收增盈。实现旺季运力精准投放和运价科学调控，提升飞机利用率抢抓旺季收益。紧抓新的收益增长点。通过丰富航线产品、提高销售价格等手段，全年日本航线收入突破1亿元。

【航空货运】精准开发联程货源，进一步扩大网络运输范围。全年，实现国内联程同比增长28%，分子公司排名第二，窄体机航站排名第一。加强电商业务营销力度。深入走访调研电商类客户，合理配置舱位和运价资源。

【营销服务】营销服务融为一体，服务质量显著提升。完成营销与服务深度融合。在候机楼增设专用值机柜台，提供针对大客户、重要代理人的送机服务。高端旅客、重要旅客的服务信息从销售端到空地服务端的传递更为顺畅。地面服务保障部、客舱部都能从发展大局出发，配合并有效促进营销工作的开展。开展服务质量专项提升，多项服务举措有效应用。针对短信差评率高的问题进行专项整改，全年短信差评率考核完成124%，排名提上升5位。坚持真情服务理念，持续推进打造“木棉国际”精品航线、航延电子化赔付、高端旅客一站式改签、上线“行李再确认”系统、行李立起来、飞机常态化深度清洁等服务举措，整体服务质量显著提升。

【安全工作】2018年，中国南方航空河南航空公司获评2018年南航集团综合安全管理先进单位。运行安全管理部被评为南航集团先进安委会办公室；飞机维修厂、地面服务保障部、后勤保障部在各系统内被评为安全管理先进单位。其中飞机维修厂连续两年杜绝了机务原因导致的差错及以上等级不安全事件，2018年机务系统考核综合排名第一、安全排名并列第一，年内连续实现8C和9C检能力的两次突破，维修能力取得长足进步。飞行部严守安全底线，各级飞行干部作风实现有效转变，在南航集团安全工作会上获得表彰。

（刘海英）

安全飞行技术保障（南航河南公司/供图）

商贸流通

综述

【概况】2018年，全市商务系统围绕市委市政府中心工作，立足中部崛起和中原城市群建设，瞄准一线，不断赶超，多项工作实现“河南领跑、中部超越、全国示范”，主要商务指标在全国26个重点城市排名不断攀升。

一是引资规模持续扩大。全市实际吸收外资42亿美元，同比增长3.7%，在全国省会城市排名第七位，占全省的比重达到23.6%；引进市外境内资金2108.3亿元，同比增长7.8%，总量排名全省第一；利用外资与引进域外境内资金2397亿元，占GDP的比重不断上升。二是对外经贸稳步增长。2018年，在贸易摩擦不断加剧的形势下，全市对外贸易保持稳定上升态势，进出口完成4136亿元，同比增长3%，连续7年排名中部第一。支持企业加强对外产能合作，“走出去”步伐进一步加快，全年全市境外投资额达到6.9亿美元，同比增长51%。三是消费品市场平稳增长。2018年，郑州市社会消费品零售总额总体平稳、稳中趋缓，全年实现社会消费品零售总额4111亿元，同比增长9.7%，增速高于全国0.5个百分点。消费新业态发展迅猛，全市电子商务交易额7100亿元，同比增长18.3%，网络零售交易额1095亿元，同比增长18.9%。

【拓宽开放领域】一是加强国际友好城市交往。2018年，郑州市代表团分别赴韩国晋州市、日本埼玉市、俄罗斯萨马拉市、美国里士满市等城市进行友好交流。郑州市与乌兹别克斯坦吉扎克州、法国亚眠市、加拿大埃德蒙顿市、智利伊基克市签订建立友好关系意向书。二是推进金融领域开放。加快推进金融业开放，举办福布斯中国潜力企业创新峰会、中国（郑州）国际期货论坛、全球跨境电子商务金融服务论坛等国际对接合作活动，不断提升金融业影响力。三是深化文化旅游领域交流。举办第三届中国（郑州）国际马戏嘉年华活动，参加“欢乐春节”演出、拜祖大典黄帝文化宣传等6项对外文化交流活动，持续扩大文化贸易和文化交流。借助2018年中国（郑州）国际旅游城市市长论坛，与7个国外旅游城市签订合作协议，2018年接待入境游客52.7万人次，实现外汇收入2.1亿美元。四是扩大教育、卫生领域合作。引入优质国际资源助推郑州市教育发展，郑州中德学院揭牌成立，海嘉国际学校项目全面启动，西亚斯外籍人员子女学校开工建设。2018年，市属医院执行对外合作项目93项，其中，国（境）外合作项目17项。

【招商引资】坚持开放创新，以招商集聚全球高端要素资源，以项目落地建设促进新型产业体系构建，引领产业转型升级。2018年，全市新签约项目465个，签约总额4792.9亿元，增长5.4%。全市新开工项目378个，投资总额2875.8亿元，同比增长4.8%。引导外来投资从能源、电力、铝加工等传统产业向电子信息、装备制造、新材料、金融等优势产业发展。中铁盾构、上汽乘用车、中车四方地铁车辆、惠科薄膜晶体管液晶显示器、合晶科技单晶硅片、富士电梯、修正医药、华锐光电、耀德电子、比克电池、海尔热水器等一批先进制造业项目先后落地，强化郑州市产业基础，延伸产业链条，填补产业空白，推动产业结构调整和转型升级，招商引资工作向高质量发展的目标不断迈进，落户郑州的境内外世界500强企业达到181家。

举办第十二届中国（河南）国际投资贸易洽谈会。共邀请参会客商1380人、重要客商344人。其中，邀请世界500强客商20家，主要有埃森哲信息技术、甲骨文、DHL、上汽集团、中远海运、华润集团等；国内500强客商25

全球CEO发展大会联合主席龙永图在第二届全球跨境电商大会上致辞（市商务局/供图）

2018年5月10日，第二届全球跨境电商大会在郑州召开（市商务局/供图）

家，主要有海尔集团、绿地集团、苏宁集团、京东集团等。全市共征集36个签约项目（含巩义和航空港实验区），拟投资总额1872.88亿元，签约项目囊括先进制造业和高成长服务业。其中，惠科11代液晶面板项目、郑州商都历史文化区项目等15个项目参加投洽会开幕式现场集中签约。

【商贸业】 加快推进特色商业街区、品牌消费集聚区建设，打造重点商圈，培育大型商贸流通企业，推动餐饮、家政等服务业提质发展，促进商贸流通业转型升级。2018年，郑州市拥有国家级、省级、市级特色商业街区2条、4条、15条，省级品牌消费集聚区10个，“中华老字号”3个，“河南老字号”9个，9家企业获得省级“百强餐饮企业”称号。消费新业态发展迅猛，电子商务保持连年高速增长势头，成为商贸流通业发展新亮点，全年培育市级电子商务示范企业122家，全市电子商务交易额7100亿元，增长18.3%，网络零售交易额1095亿元，增长18.9%。

【会展业】 利用现有会展资源，不断提高办展质量，努力实现会展经济从扩大规模向提升质量效益转变。2018年，全市共举办展览239个，与上年基本持平；展览面积281.4万平方米，同比增长8.9%；其中，举办国际性展会15个，3万平方米以上展览23个，引进全国性展会9个，新创办展会8个，会展业实现经济社会效益约340亿元。郑州国际会展中心和中原国际博览中心的展场出租率分别达到43%、40%，在全国处于较高水平。2018年，郑州会展业先后获得中国最具竞争力会展城市、中国最佳会展目的地城市、中国会展名城、2018年度金五星优秀会展城市等奖项。

【第二届全球跨境电子商务大会】 5月10日，按照省政府部署，由商务部国际贸易经济合作研究院、中国国际电子商务中心、河南省商务厅、郑州市人民政府共同主办的第二届全球跨境电子商务大会（以下简称“大会”）在郑州举办。本届大会巩固首届会议成果，围绕“一带一路”建设，秉承首届世界海关跨境电商大会《北京宣言》，从产业链优化、监管创新、风险防控、金融服务与贸易便利化等方面，深入探讨跨境电商国际贸易新机遇、新趋势与新规则，深化E贸易制度创新、业态创新、服务创新、环境创新，促进全球跨境电子商务自由化、便利化、规范化。

本届大会参会单位652家，共1346人，是首届大会的6倍。其中重要客商308人，政府代表团186人，是首届大会的3倍。参会单位和客商按类别分，一是11个国际城市，分别是卢森堡大公国经济部物流司司长、加拿大乔治王子市副市长、法国亚眠市副市长、加拿大埃特蒙顿机场总裁、芝加哥董事、印第安纳州南本德经济发展局、保加利亚共和国驻上海总领事馆经济参赞、韩国全罗南道省所长、韩国忠清北道省部长、俄罗斯海参崴海关局副主任、巴西圣灵洲市城市代表。二是2家国际组织，分别是世界刑警组织有组织和新兴犯罪局副局长、联合国欧洲经济委员会经济合作与贸易司司长。三是7家国际商协会，分别是美国供应链协会、大韩贸易投资振兴公社、中日经济文化交流协会、澳中贸易促进会、香港跨境电子商务协会、美国电商物流联合会、圣彼得堡中俄青年创业协会。四是跨境电商综试区、自贸区城市，郑州市分别赴综试区、自贸区和跨境电商零售进口试点城市进行邀请，全国综试区、自贸区和跨境电商零售进口试点城市均组团参加会议，共计186人。五是研究机构及学院。包括全球CEO发展大会、中国国际经济交流中心、海关总署研究中心、中金鹰和平发展基金会、对外经济贸易大学等10家。六是境外知名企业，包括PayPaL（贝宝）、ebay（易贝）、UPS、亚马逊、加拿大ACC投资有限公司、美国国家航空、大韩航空、中华航空、卢森堡货航等22家。七是国内知名企业，包括阿里巴巴、京东、聚美优品、网易考拉、小红书、唯品会、浪潮、中外运、普天集团等17家。

河南省副省长何金平主持开幕式，省委常委、郑州市委书记马懿，大会终身主席龙永图，商务部外贸司正司级商务参赞支陆逊，联合国欧洲经济委员会经贸司司长伊冯娜·希格罗，商务部国际贸易研究院副院长曲维玺分别致辞，倡议成立跨境电子商务标准与规则创新促进联盟。高峰会中，省商务厅厅长张延明主持，副省长何金平、阿里巴巴集团副总裁邢悦、卢森堡驻上海总领事吕可为、比利时瓦隆大区外贸和外国投资总署海外首席运营官康蓬年、中国出入境检验检疫协会第一副会长项玉章、世界刑警组织有组织和新型犯罪局副局长张道明、暨南大学现代流通研究中心执行主任陈海权演讲，EWTO研究院学术委员会副主任李忠榜发布跨境电商零售发展蓝皮书。1600余名嘉宾参加开幕式暨高峰会。大会发起成立跨境电子商务标准与规则创新联盟，发布跨境电商零售发展蓝皮书，进一步提升郑州在跨境电商领域影响力，充分放大“郑州模式”效应。

本届大会，12家境内外知名商协会、企业代表共同倡议发起成立跨境电子商务标准与规则创新促进联盟，共同聚焦跨境电子商务可持续发展，探索推进跨境电子商务的标准与规则创新，推动世界贸易发展方式转变，朝着自由贸易和普惠贸易目标迈进。

本届大会，中国检验认证集团总裁、EWTO研究院学术委员会副主任李忠榜现场发布《跨境电商零售发展蓝皮书》。该蓝皮书显示，郑州跨境电子商务的发展重要因素之一就是成本和效率。和沿海的城市相比，郑州跨境电子商务在成本和时效上都具有明显的优势，跨境电商的物流成本整体来说每单要便宜8至11元。研究表明，郑州的跨境电子商务成本降低来自于集约化优势，包括集装箱满载率、仓储利用率、资金周转率等都高于全国平均水平。

作为本届大会的一大亮点，总建筑面积达8.9万平方米的E贸易博览交易中心首次对外开放，展览展示通过智能化、数字化、信息化等前沿技术，在全国率先打造永不落幕的数字贸易交易会。参会的千余名嘉宾及客商实地感受郑州“买全球、卖全球”的秒通关速度和整合跨境电商全产业链的强劲脉动。

《郑州日报》、郑州广播电台等市级媒体持续开展大会宣传报道。在市内主干道共设置道旗灯箱广告249杆，比上年增加近20%。市内11000余辆出租车和具有LED播放功能的500余辆公交车播放大会欢迎标语。同首届大会相比，新增地铁、微信H5、企业网站和公众号宣传。微信H5宣传访问2万余人次，全市50余家电子商务企业通过网站、公众号宣传大会。

（郭家栋）

供销合作

【概况】 郑州市供销合作社主要承担着贯彻落实党和政府有关农村经济和社会发展的方针、政策，参与研究和实施农村商品流通的政策和规定，负责对重要农业生产资料、农副产品、烟花爆竹和再生资源的经营、组织、协调和管理，担负着棉花、化肥、农药等物资的市级储备工作。市供销社系统有5个县（市）供销社，72个乡（镇）基层社，10个直属企业，2个直属事业单位。

2018年，各项目标任务圆满完成。全年销售农业生产用化肥25万吨。全市达标乡镇级超市161个；新建新型农村社区超市6个、网店9个。新领办创办农民专业合作社11个，领办创办农民专业合作社联合社2个。充分发挥新媒体优势，开辟助农新途径。周六“资源回收日”宣传持续开展。规范建设再生资源分拣中心3-5个，完成再生资源综合加工利用中心的前期准备工作。持续巩固和谐稳定工作局面，稳妥推进企业改革改制，企业生产经营安全无事故。

【综合改革】 在市政府支持、协调下，市供销合作社采取督查督导、发文督办、专班专人跟踪指导等办法，强力推动全市各县（市）加快制订出台贯彻中发11号、豫发20号、郑发3号文件精神深化供销社综合改革文件。截至2018年年底，全市应出台文件的县(市)全部出台文件，推动实施综合改革。

【为农服务】 2018年，市供销合作社系统为农服务质量持续提高。一是开展土地托管，创新农业生产服务。截至2018年年底，全市供销系统土地托管、流转面积10266.7公顷，其中2018年新增托管、流转土地5333.3公顷。二是推进农村电商向农村延伸。新郑市供销社依托好邻居日用消费品公司，发展日用消费品现代经营网络，为农村提供安全、方便、快捷的服务。登封市供销社以登封供销义乌小商品配送中心为依托，构建由县到村的商品物流配送体系，有效解决长期制约农村电商发展最后一公里的问题。新密市供销社依托电子商务中心完成100多种农民专业合作社特色产品及外贸优质产品进驻供销社网上平台。荥阳市供销社创新农资服务方式，与深圳电商企业合作，构建荥阳“田田圈”农业综合服务平台。三是基层组织体系建设有序推进。全系统强社带弱社、中心社带偏远社的基层社发展格局初步形成。四是开展对口帮扶。主动与卢氏县供销社对接，建立健全沟通联系机制，搭建交流平台，寻找帮扶工作结合点，洽谈合作意向，助推卢氏县供销社早日完成脱贫攻坚工作。

【再生资源回收利用体系建设】 一是推动立法进程，把修订《郑州市再生资源管理办法》列为2019年立法工作力争完成项目。二是持续开展“资源回收日”活动。运用微博、百度等平台，通过与中国搜索的深度合作，再生资源官方微博粉丝达到20万以上，“资源回收日”话题阅读总量超过2亿次。全市“资源回收日”活动累计开展1000余场次，发放宣传资料近8万份，累计收集可回收资源1087.12吨。三是推进公共机构生活垃圾分类工作。四是加强再生资源市场整治提升工作。受理群众举报、市政府交办案件等，处理相关案件12起。配合中央第一环境督察组“回头看”督导工作，完成督查组交办案件15件。

【职业教育改革】 以新校区建设和内涵建设双驱动的发展思路稳步推进职业教育改革。新校区土地组卷报批取得阶段性进展，项目可研报告经过两轮专家预审，建设方案深化细化更加科学合理。进一步理顺管理体制，整合师资队伍，打造重点专业，发挥专业带头人在专业发展中的头雁效应，切实加强校园文化建设，不断提升办学内涵和办学水平。

【平安建设】 抓稳定促和谐保平安。有效解决一批历史遗留问题，化解一批重大不稳定因素，确保系统大局和谐稳定。有效推进市土产杂品总公司未来路家属楼房产证办理、市惠源实业公司欠缴职工养老统筹、棉麻总公司资产过户等历史遗留问题的解决。解决了原下属企业河南磐龙酵素菌生物工程有限公司一职工到龄办不了退休手续、5名职工缴不了养老保险统筹金问题，消除了重大不稳定因素。经过协调，7月，郑州市全面禁放烟花爆竹后市财政对社属企业补偿有关事项得以妥善解决。经郑州市人民政府第100次常务会议研究同意，确定对河南省供销烟花爆竹有限公司和郑州市万家烟花爆竹有限公司共计给予补偿1102.8万元，化解了重大不稳定因素。同时狠抓安全生产工作责任制，确保生产经营安全无事故。

（李　培）

粮油购销

【概况】 2018年，全市主要粮食工作目标完成情况是：全年全社会粮食收购量完成全年任务的327%；主食产业化率达到158%；主食产业化和粮油深加工项目投资额责任目标2亿元，完成5.1亿万元，占全年任务的257%；国有粮食企业净资产收益率≥0；粮油加工转化率责任目标达到183.6%；粮食流通统计工作按要求完成，市县两级地方储备粮储存安全，“一符四无”粮油率达到100%，超目标任务5个百分点，确保全市粮油储备数量真实、质量完好、储存安全。在推进依法行政，粮食质量监管工作评估，信息报送和政务公开工作，执行粮食政策，粮食会计基础工作，军粮供应管理工作；政风行风建设，平安建设、信访稳定和机要保密，遏制重特大安全事故，严防重大负面舆情事件，树立全局观念、完成上级交办的工作任务等共性和定性目标方面整体运行良好。

【粮食安全保障】 按照《郑州市地方储备粮管理办法》，协调财政局、农发行及时下达2018年度地方储备粮轮换计划；加强市级储备粮轮换工作监管，对出库、入库、备仓等中间环节进行现场验收；积极组织轮换单位摸行情、早调研、抢市场、筹资金，圆满完成2018年的市本级粮食轮换任务，经质检所扦样质检，所有轮入粮食均高于中等以上质检标准。为保证全市粮食储存安全、库存粮油实现“一符四无”、储备粮实现“一符三专四落实”，坚持规范管理、强化监督，加强“一规两则”的学习培训。严格落实储粮安全责任制，明确单位“一把手”为储粮安全第一责任人，并建立分级责任制。夏粮入库时，及时开展通风降水，严格执行薰蒸审批制度、“一三七”粮情检测制度等，从而保证储粮安全各项基础性工作更扎实。重点推进计算机粮情检测、机械通风、环流薰蒸等新技术的普及运用，市本级储备粮承储企业实现保粮新技术运用的仓容达到100%。对市本级储备粮油承储企业联合财务审计处实行季度例行检查，粮食收购和高温季度实行不定期检查，从而确保市本级储备粮储得好、调得动、用得上。根据产量及工作安排，确定郑州市质量调查采样总数为86个，覆盖各县（市）区相关乡镇的28个村，品质测报样品16个。明确原粮质量安全重点，强化监管基础，根据要求紧密结合郑州市工作实际，提出原粮质量安全重点工作目标、任务和要求，做好粮食质量安全检验监测能力建设规划实施情况中期评估工作，梳理总结实施情况和建设成效，查找存在问题，提出解决办法及建议。指导粮食质量监测中心完成郑州市2018年度收获小麦质量调查报告。

【粮食购销】 执行国家粮食收购政策，在最低收购价收购未启动的情况下，引导各类企业入市收购，关注辖区售粮农民需求，及时安排国有仓储企业利用粮食轮换的机会，敞开收购农民手中余粮，避免农民出现“卖粮难”的情况，确保郑州市整个夏收期间秩序平稳。2018年，全市共收购小麦125.6万吨；玉米2.4万吨。为落实《河南省人民政府关于全面落实粮食安全省长责任制的实施意见》文件要求，作为36个大中型城市之一，郑州市粮食局联合市发改委、市财政局、农发行河南省分行营业部下发《关于转换部分市级成品粮储备方式的通知》，确定由郑州市军粮供应中心、郑州粮油食品集团投资有限公司两家企业承储新增市级成品粮储备。2018年，郑州市成品粮储备建设任务已全部完成。按照《粮食流通统计制度》要求，及时准确汇总上报夏粮、秋粮五日报和涉粮企业统计月报，共上报夏粮五日报24期、秋粮40期；积极宣传统计制度，引导涉粮企业纳入粮食流通统计范围，新增入统企业7家；完成2017年全市社会粮油供需平衡调查工作，全市共确定498户居民为样本户，经调查：2017年全市粮食总产为161万吨。加强市场价格监测，对小麦、面粉、食用油等主要品种价格进行实时监测，密切关注市场变化，全年粮食价格基本稳定。进一步提升军粮保障水平，狠抓军粮供应质量，优化服务方式，主动服务部队，切实做好品种串换，保证全天24小时供应。

【监督监查】 严格按照程序办理《粮食收购许可证》，履行行政复议职责。2018年以来市本级受理粮食收购资格许可19家，其中到期换证3家，变更5家，新办证11家。市粮食局遵循公开、公正、公平、便民和效能的原则，简化办理程序，提高办事效率，推进服务质量不断提升。进一步完善规范首问责任制、限时办结制、公开承诺制等一系列的规章制度，提高行政审批效率，规范工作秩序，在原有服务的基础上，进一步创新服务方式，拓展便民服务项目。对粮食收购资格申报者严格审核，严格把关，公开程序和内容，合格一家，受理一家，按照办理时限要求，按时发放粮食收购资格许可证。加强日常监管，及时组织对夏粮收购、秋粮收购、粮食出入库、统计制度执行情况、政策性粮食出库和供应等方面的专项检查，推动了粮食监管工作的规范化、制度化，确保各项政策制度的有效落实。做好夏粮收购监督检查工作，根据省里的部署和安排，6–9月，郑州市结合今年夏粮收购形势，在全市范围内开展夏粮收购监督检查工作。成立夏粮收购督导组，分别对郑州市下辖的12个县（市）区的夏粮收购工作进行督导检查。2018年,在本辖区内从事收购活动的粮油经营者149个，其中政策性粮油委托收储库点23家。郑州市共监督检查263次，参加检查人员985人次，检查收购主体519个，其中检查政策性粮油委托收储库点78家。做好12325热线宣传工作，下发《郑州市粮食局关于印发12325热线管理工作实施方案的通知》，对各县（市）区12325热线管理提出工作要求，要求全系统热线工作要主动作为，履职尽责，严格程序，依法依规。为加大12325全国粮食流通监管热线宣传力度，在国家粮食和物资储备局执法督察局制作的“1+7”宣传图的基础上，市粮食局加印宣传图页近4000份。通过内容多样的宣传活动，同时利用网站、新闻媒体宣传，扩大12325的知晓度和覆盖面。

【粮食安全责任制】 根据河南省粮食安全责任制考核工作领导小组《关于认真开展2018年度河南省粮食安全市长县长责任制考核工作的通知》文件精神，郑州市全面总结上年经验，召开协调会，统筹部署、细化分工，明确县（市）区政府主体责任，对市有关部门细化职责分工，建立健全配套措施，共同落实和完成粮食安全各项任务，形成稳定和发展粮食生产，维护粮食安全的合力，夯实粮食安全责任制的组织基础。

2018年年底，郑州市严格按照省考核办要求，统筹部署、高度重视考核自评工作，多次组织召开专题会议，要求领导小组成员单位各司其职、各负其责，对牵头、配合工作开展自查评分工作，结合评分要求，对目标任务再分解再细化，对照自评工作中存在的不足，充实资料、补足短板。同时，通过建立县（市）区考核工作联络、报送机制，上下联动，分项落实，要求各成员单位和县（市）区粮食安全考核工作小组严格标准和程序，对目标任务分解细化，逐项抓好落实，充实相关自查评分依据，对评分细则中的定量和定性打分、县（市）区材料报送、打分依据装订、时间节点等问题进行了明确，保障了县（市）区的粮食安全责任制考核的工作有序推进。

【产业发展】 仓储智能化建设基本完成。郑州市2个智能化升级项目——中原、兴隆二库项目按照河南省仓储智能化验收有关规定完成相应验收。省粮食局和财政厅下达郑州市产后服务体系项目，申请河南省2017年度粮食产后服务中心建设项目补助资金576万元。其中中原库为一类中心，总投资660万元，原址改造一栋高大平房仓（长97.33米，宽24米，建筑面积2357平方米，装粮高度7米，设计仓容1.1万吨），硬化仓房周围道路地坪，配置相应的环流熏蒸、通风系统及智能化粮情检测系统，配备粮食清理、输送设备及粮食检验化验设备，该项目已进行基础施工。新密产后服务体系有一个二类中心、一个三类中心，原址改造仓容5000吨及配套设备，建设便民服务超市，计划总投资360万元，已完成招标。做好“河南省好粮油”各项工作，申请2017年度河南省好（放心）粮油（主食）加工企业贴息和补助资金507万元，已发放到位。2018年，郑州市共有8家企业被命名为河南省好粮油（主食）加工企业，17个产品被命名为河南好粮油（主食）产品，为全省数量最多的地市。其中第一批确定为郑州思念食品有限公司等5家公司，第二批确定为三全食品股份有限公司、中粮（郑州）粮油工业有限公司、中储粮油脂（新郑）有限公司3家公司；另外郑州思念食品有限公司和三全食品股份有限公司被命名为中国好粮油一类省级示范企业。组织开展粮食科技周活动，以“科技创新，强业兴粮”为宣传主题，开展

2018年1月4日，全市粮食安全责任制工作协调会召开（市粮食和物资储备局/供图）

郑州市粮食局到荥阳市石板沟村开展慰问活动（市粮食和物资储备局/供图）

了形式多样的宣传咨询服务活动。通过宣传展板、悬挂条幅、印发宣传材料、摆设展台、陈列多种粮食样品等方式，宣传“粮油健康营养、爱粮节粮”等粮食文化，活动共发放宣传资料800多份。切实增强广大群众的粮油健康消费意识和粮油鉴别能力，对加强发展粮油科技、增加优质产品、保障主食安全和正面引导营养健康消费起到积极的作用。

【项目建设】 智慧化园区项目建设稳步推进。适应粮食信息化发展新要求，以粮油食品大宗货物为支撑，以粮食口岸推进粮食产业国际化，以北斗农业信息技术保障推进粮食安全追溯体系智能化，发挥郑州“一带一路”节点城市优势，规划建设郑州粮油食品智慧园区。进境粮食指定口岸正式封关运营。2018年2月，郑粮雏鹰集装箱查验场获得国家质检总局批准封关运营，标志着可全面开展粮食进口业务。同时，郑粮雏鹰保税仓库设立获海关行政许可，有力提升和完善了智慧园区的综合功能。加强与北斗农业的合作。利用北斗农业强大的技术和人才优势，以新郑市为试点，建设服务于农业的北斗卫星定位导航基站，打造县域特色农业经济品牌。同时，在智慧化园区建立北斗卫星定位导航系统，增强园区的智能化、信息化水平。依托口岸开展粮食进口业务。完成4000吨澳麦海铁联运测试，为河南省进口粮食企业打通海铁联运物流通道奠定坚实基础。

（吴　晓）

会展业

【概况】 2018年，郑州市会展工作深度融入“一带一路”建设，突出高质量发展，坚持专业化、国际化、品牌化、信息化发展方向，提升行业规模品质，打造优质发展环境，郑州会展业影响力、辐射力、带动力和美誉度持续提升。

2018年，郑州市共举办展览239个，与上年基本持平；展览面积281.4万平方米，同比增长8.9%；其中，举办国际性展会15个，3万平方米以上展览23个，引进全国性展会9个，新创办展会8个，会展业实现经济社会效益约340亿元。郑州国际会展中心和中原国际博览中心展场出租率分别达到43%、40%，在全国处于较高水平。2018年，郑州市先后获得中国最具竞争力会展城市、中国最佳会展目的地城市、中国会展名城、2018年度金五星优秀会展城市等称号。

【国际会展名城建设】 2018年，市政府出台《关于加快郑州国际会展名城建设的意见》，提出建设国际会展名城的中长期目标，并指出发展目标、重点任务等。为确保各项任务落实到位，委托中国会展经济研究会编制《郑州市建设国际会展名城战略规划》，为郑州建设国际会展名城指明发展思路、发展路径、工作方法。

【展会高质量发展】 2018年，郑州市加强与国内外知名会展机构对接，引进培育高规格展会。与全球最大的展会主办单位——博闻集团（英国）签署战略合作，加强展览业务的全方位合作，推动优质会展项目落地，促进郑州与博闻集团实现优势资源配置。举办中国国际非开挖技术研讨会、李曼中国养猪大会暨世界猪业博览会、保险业精英圆桌大会等一批国际展会。本地品牌展览规模实现快速增长，3万平方米以上的展览数量和面积较上年分别增长35%、22%，中博建材展、中原广告展、郑州糖酒会、定制家居及门业展、郑州工业装备展、郑州化妆品及美容院线展等项目规模增长均超过20%。

2018年会展发展氛围更加强劲。举办世界旅游城市市长论坛、全球跨境电商大会、河南招才引智创新发展大会、国际民航货运发展论坛、中国（郑州）新型智慧城市建设暨产业发展高峰论坛、世界传感器大会、城市规划大会等高规格展会，创办郑州国际教育装备博览会、郑州影视乐器展、甘薯产业博览会等一批符合本地产业发展、具有发展潜力的展会项目。

【会展与产业结合】 2018年，郑州市紧密结合河南省主导产业、郑州市五大战略产业和七大工业主导产业，引进举办相关行业品牌展会，推进核心产业的展会项目发展，扩大核心产业影响力。与全国农机产品订货交易会、李曼中国养猪大会暨世界猪业博览会等建立合作关系，推动河南现代农业强省建设。创办世界传感器大会，促进中国智能传感谷落户郑州；举办河南互联网大会，推动建设数字河南、网络强省；举办全球跨境电商大会，助力郑州跨境电子商务发展。此外，中国（郑州）国际汽车后市场博览会、中原畜牧业交易会、郑州工业装备博览会、定制家居及门业展、郑州糖酒会、中原广告展等展会的举办，促进了相关产业的快速发展，形成会展推动产业升级、产业反哺培育会展的良好发展局面。

【优化会展发展环境】 2018年，共受理申请会展奖励项目78个，严格做好会展业发展专项资金申请项目的受理、审核、评估和申报等工作，按程序完成2017年下半年和2018年前三季度奖励项目的审核拨付，共有52个项目获得财政资金支持，涉及会展项目、企业认证、人才培训等方面，发挥资金杠杆作用，推动全市会展行业健康发展。对全市展馆进行安全生产监督检查，重点检查消防设施、临时施工、电线电器等，排除安全隐患，确保展馆安全运营。

【提升会展业影响力】 不断创新会展宣传模式，制作《郑州会展》宣传册，通过网站、微信公众号等形式，推介郑州会展环境，方便客商了解掌握展会信息。参与各类会展行业重点活动，在国际会展业CEO上海峰会、中国会展经济合作论坛、机械展览联合会年会、中国会议产业大会、中国会展经济研究会年会、中国国际会展文化节等行业活动期间，通过设置展台、会刊软文和硬性广告等形式，开展宣传推介。在中国国际进口商品博览会、中国会议产业大会期间，首次组织本地企业组团参会参展，加强行业交流，对接洽谈合作。

【硬件设施建设】 2018年，郑州会展部门与航空港区等部门联系，推进郑州新国际会展中心、郑州华南城展览中心等一批会展设施项目规划建设。郑州新国际会展中心建设项目一期登录厅和南部8个展馆在建，其中6个馆完成主体结构、4个馆完成钢结构吊装，室内装修在做深化提升设计。

【重大展会筹备】 2018年，郑州会展部门先后参与了河南省投资贸易洽谈会、全球跨境电子商务大会、旅游城市市长论坛、国际民航货运发展论坛、招才引智创新发展大会、郑州全国商品交易会、新型智慧城市建设高峰论坛等重大活动的筹备工作。在中国（河南）国际投资贸易洽谈会筹备工作中，共组织推荐107家企业参展。参与筹备第二届全球跨境电子商务大会，邀请跨境电商试点城市参会，负责搭建分论坛会场，设计制作16个城市形象展示墙。督促郑州国际会展中心保持各项设施设备正常运转，加强会场服务，保障各项活动顺利举办。

（郭家栋）

物流业

【概况】 2018年，郑州市深入贯彻落实省物流业转型发展会议要求，紧紧围绕现代国际物流中心建设总目标，以强化物流基础设施建设、打造郑州特色物流、培育市场主体、加快重点项目建设、推动物流业降本增效为重点，构建现代物流服务体系。全年全市物流业需求规模不断扩大，社会物流成本水平继续降低，社会物流总费用与GDP的比率持续回落，供给结构持续优化。

2018年，全市社会物流总额达到23604.53亿元，同比增长10.3%；物流业增加值787.75亿元，增长10.4%，占服务业增加值的14.2%，占GDP的7.8%；社会物流总费用1493.96亿元，增长8.8%，与GDP的比率为14.7%；物流业总收入1314.49亿元，增长16.8%；货物运输量2.76亿吨，货物周转量864.36亿吨公里，分别增长15.8%和10.1%。

【物流园区建设】 2018年2月，郑州国际物流园区晋升为国家级示范物流园区，全市共有省级示范物流园区5个，国家级示范物流园区3个。其中，郑州国际航空物流园区、河南保税物流中心、郑州国际物流园区获批国家级示范物流园区，郑州国际陆港、河南万邦国际农产品物流园获批省级示范物流园区，郑州国际陆港中欧班列国际物流园、郑州国际物流园、新郑市传化物流小镇等园区获批首批省级现代服务业专业园区。

【冷链物流】 郑州市着力打造“全链条、网络化、严标准、可追溯、新模式、高效率”的现代冷链物流体系。全市冷库库容300万立方米，冷藏车辆5050辆，果蔬、肉类、水产品、速冻食品冷链流通率分别达24%、45%、46%、38%。郑州国际陆港、鲜易供应链、华夏易通、双汇等企业入选全国冷链物流百强。

【快递物流】 郑州市不断完善快递基础设施网络，加快建设网点健全、设施先进、绿色智慧、服务优质、安全高效的快递物流服务体系，着力发展快递包机和多式联运业务。2018年，全市快递企业业务量累计完成68246.34万件，同比增长38.88；业务收入累计完成74.9亿元，同比增长29.89%，分别在全国排名第17位和第15位。

【多式联运体系构建】 郑州机场国际物流多式联运数据交易服务平台、河南保税物流中心“买卖全球网”“贸易单一窗口”平台、郑州国际陆港公司中欧班列（郑州）多式联运综合服务信息平台的互联互通和信息共享，基本实现公路、铁路、海港等运输方式与国际航空、境外陆运等各运输环节的有效衔接，为在郑州开展多式联运物流业务的企业提供最优解决方案。陆港公司“一干三支”海公铁多式联运项目、机场集团打造“空中丝绸之路”空陆联运示范工程和中铁物流“服务自贸区战略构建中原‘米’字形高铁物流网络铁公空多式联运示范工程”入选国家多式联运示范工程。

【供应链体系建设】 建立标准托盘循环共用体系，物流信息标准化、物流装备标准化、企业运营和服务流程标准化取得初步成效；创新供应链平台，推动资源整合，实现供应链绩效提升。万邦、思念、华夏易通等21家企业的21个项目入选首批供应链体系建设试点项目。

（马成科）

对外经贸

综 述

【概况】 2018年，郑州市对外经贸工作实施市场多元化战略，应对中美贸易摩擦，引导企业开拓新兴市场，加快优化国际市场布局，重点开拓非洲、拉美及“一带一路”沿线新兴市场，为外贸企业与国内、外知名企业和客商开展合作创造条件。组团参加首届中国国际进口博览会。组织518家采购企业1519名采购人员参加大会，达成41个采购合同和意向，采购金额206亿元，参会人数、成交金额均居全省第一。鼓励企业开展跨国投资。支持有国际竞争力和品牌影响力的企业参与国际竞争，成果不断显现，郑州煤矿机械集团并购亚新科公司和德国博世电机，介入新能源汽车起动机和发电机业务；河南美景集团投资1.98亿美元并购美国穆尼飞机，开拓通用航空市场。推进境外经贸合作区建设。以“一带一路”建设为重点，支持企业争创省级、国家级境外经贸合作区，优化境外经贸合作区国别产业布局，提高合作区水平。德国帕希姆中欧空港产业园、塞拉利昂国基工贸园、坦桑尼亚环维多利亚湖资源综合利用产业园3个境外经贸合作区被纳入商务部统计范围。

引资规模持续扩大。2018年，全市实际吸收外资42亿美元，同比增长3.7%，在全国省会城市排名第七位，占全省的比重达到23.6%。在贸易摩擦不断加剧的形势下，全市对外贸易保持稳定上升态势，进出口完成4136亿元，同比增长3%，连续7年排名中部第一。支持企业加强对外产能合作，“走出去”步伐进一步加快，全年全市境外投资额达到6.9亿美元，同比增长51%。

【四条“丝绸之路”建设】 “空中丝绸之路”越飞越广。落实习近平总书记重要指示精神，加快郑州—卢森堡“空中丝绸之路”建设，构建“双枢纽、多节点、多线路、广覆盖”的发展格局。郑州机场成为全国第二个实现航空、铁路、高速公路零换乘的机场，在全球前20位货运枢纽机场中开通15个航点，货运运力、全货机航线数量、航班量及通航城市数量均居中部第1位，全国第5位，初步形成横跨欧美亚三大经济区、覆盖全球主要经济体的国际枢纽航线网络。“陆上丝绸之路”越跑越快。中欧班列（郑州）坚持以“一主两翼”体系为核心，拓展加密至欧洲的主体货运通道，开辟至中亚、东盟的分支货运通道，持续扩大“东联西进”覆盖辐射范围。中欧班列（郑州）网络遍布欧盟、俄罗斯及中亚地区24个国家126个城市，境内合作伙伴2300多家，境外合作伙伴780多家，全年开行752班，累计货值32亿美元，货重34万吨，主要指标保持全国前列。在原有航空、铁路、公路、邮政、跨境电商口岸的基础上，又相继获批肉类、食品药品医疗器械、汽车整车、粮食等指定口岸，郑州成为我国功能性口岸最多的内陆城市。“网上丝绸之路”越来越便捷。跨境电商向“买全球卖全球”目标迈进，成功举办两届“全球跨境电子商务大会”，全国首创“网购保税1210”监管服务模式，实现首家跨境零售O2O现场提货，搭建跨境电商交流合作平台，启动建设EWTO核心功能集聚区，引导建立相关贸易制度和规则。2018年，全市跨境电子商务交易额86.4亿美元，增长25.1%。“海上丝绸之路”对接越来越顺畅。通过铁海联运与海上丝绸之路对接，依托郑州国际陆港和郑州铁路集装箱中心站等场站、装备及信息系统，实现铁、海、公、空多种运输方式一体化发展。郑州至连云港、青岛、天津等港口的海铁联运班列已累计开行近400班。

口岸建设

【概况】 至2018年底，郑州市有郑州航空口岸和郑州铁路口岸两个国家一类口岸，依托这两个口岸，申建了包括进境水果指定口岸、进境冰鲜水产品指定口岸、进境食用水生动物指定口岸、汽车整车进口口岸、进口肉类指定口岸、进境粮食指定口岸、澳洲活牛进口指定口岸、邮政国际邮件经转口岸、药品口岸等9个功能性口岸，其中药品口岸正在申建中。

2018年，进口肉类、汽车整车、水果、冰鲜水产品、食用水生动物、进境粮食指定口岸国际邮件转运等口岸运行良好。其中，肉类指定口岸郑州查验区进口3.5万吨，货值11215.35万美元，分别增长22.5%、52.9%；邮政国际邮件转运口岸进出口量5482.86万件，增长58.79%；进境冰鲜水产品指定口岸进口897.52吨，同比增长31.4%。铁路口岸汽车平行进口试点加快推进，郑州进境粮食指定口岸常态运营。郑州市成为功能性口岸最多、种类最全的内陆城市。

【获批汽车平行进口试点】 2018年1月31日，国家等八部委联合印发通知，批准郑州铁路口岸开展汽车平行进口试点，这是郑州市对外开放工作取得的又一重大成果。

【进口羊驼空运抵郑】 2018年4月，郑州航空港试验区申请建设国家级进境动物隔离场顺利通过现场验收，获国家质检总局备案，并准予开展业务。11月12日，首批澳大利亚空运进境681只羊驼抵达新郑国际机场，创造了我国单次进口羊驼数量的新纪录。

【进境粮食指定口岸投入运营】 2018

年2月26日，国家质检总局同意郑州进境粮食指定口岸经开区查验场、郑粮雏鹰查验场两个查验点正式封关运营。9月26日，河南进境粮食指定口岸经开查验区迎来首班粮食进口专列，首批进口粮食为来自加拿大的545吨亚麻籽。10月25日，载有190吨埃塞俄比亚芝麻的货运班列顺利抵郑。

【药品进口口岸通过现场评估考核】 2014年1月24日，国家食药总局复函支持郑州申建药品进口口岸。2018年11月28日，国家药品监督管理局组成专家组，对河南省人民政府申请增设郑州为药品进口口岸涉及的口岸监管局和口岸药检所进行了现场评估考核，11月30日，在评估考核结果反馈会议上，考核组宣布郑州市通过药品进口口岸现场评估考核，待国家正式批复后即可开展工作。

（马成科）

投资促进

【概况】 2018年，郑州市进一步加强陆桥沿线城市、国内友好城市交流与合作,驻郑单位联络服务，圆满完成投资促进和对外联络服务各项工作任务。

关注、收集和交流新亚欧大陆桥区域经济发展信息，做好与国家新亚欧大陆桥协调机制办公室、商务部经济技术交流中心、陇海兰新经济促进会、陆桥沿线城市的交流联络工作。为抓住国家“一带一路”建设的战略机遇，加强与国家新亚欧大陆桥协调机制办公室、商务部经济技术交流中心、陇海兰新经济促进会、陆桥沿线城市的交流联络工作。5月，接待现代汽车投资有限公司人员来访，牵线搭桥，促成合作。9月，参加陇海兰新经济促进会秘书处主任办公会，出席会议的领导和代表们密切交流，针对城市间的合作与共赢进行广泛而深入的讨论，统一思想，凝聚力量，为促进会在2019年开展各项工作奠定坚实的基础。与沿线城市和陇海兰新经济促进会共同做好课题调研，为有关部门对沿线地区的工作指导提供参考意见和建议。

【国内友好城市、友好合作城市交流与合作】 主动“走出去”，开展友好城市交流活动，通过交流座谈、实地考察等形式，学习和借鉴在对外开放、招商引资等方面的成功经验。通过走访，加深城市间了解，增进友谊，并就双方下一步开展广泛合作进行深入交流。

邀请友好城市参加在郑州市举办的重大经贸、文化活动。3月，西安市投资合作局来郑州航空经济综合实验区调研学习，通过友好城市间的交流合作，学习和借鉴友好城市在对外开放、经济发展等方面的成功经验，加强两市之间的联系，增进两市之间的友谊。

【驻郑单位联络服务】 日常业务咨询、人员接待、业务受理及证件办理工作。2018年，共办理外地驻郑办事机构备案登记证206家，其中，新备案登记外地驻郑办事机构31家,换证175家。接受驻郑机构电话咨询1000多次，接待办证人员600多人次。郑州备案登记驻郑办事机构2578家，其中外地市、县级政府设立办事机构25家；世界500强企业设立办事机构有三一重工股份有限公司驻郑州办事处、联想（深圳）电子有限公司驻郑州办事处和北京华为数字技术有限公司驻郑州办事处3家，国内500强企业设立办事机构13家，上市公司设立办事机构92家，注册资金在亿元以上的企业设立办事机构242家，涉及传统行业和战略新兴行业30多个。

外地驻郑办事机构及其总部的走访和邀商工作。2018年上半年，走访三一重工集团有限公司驻郑州办事处、中国太原煤炭交易中心驻郑州办事处和深圳英维克科技公司驻郑州办事处。下半年，走访中铁一局集团有限公司驻郑州办事处、深圳科源集团有限公司驻郑州办事处和河南阿杰食品有限公司驻郑州办事处。通过走访，进一步了解企业及驻郑机构的发展情况和需要解决的实际问题，主动牵线搭桥，多方协调，为驻郑机构及企业提供好服务。

搭建平台，做好驻郑机构综合协调服务工作。5月22日，组织召开2018年中韩企业经济合作交流会，韩国现代汽车投资有限公司、宇通集团有限公司及外地企业驻郑办事机构共30多位代表参加会议。会议重点介绍郑州汽车产业发展情况及优惠政策，就重点项目进行对接和交流。

主动协调、提升服务，加强调研、规范管理。主动协调涉及驻郑机构联络服务工作的省工商局、省商务厅、市组织机构代码办、市人社局、市税务局、市文明办、银行等单位，为驻郑机构做好服务。规范驻郑机构档案管理工作，归档2017、2018年办证、换证档案和驻郑机构电子档案库。

（李星炘）

旅游业

综 述

【概况】2018年，全市共接待国内游客总人次为11276.98万，同比增长12.3%；国内旅游收入为1349.42亿元，同比增长13.1%；接待入境游客52.74万人次（入境过夜旅客45.59万人次），同比增长4.8%；实现外汇收入2.07亿美元，同比增长5.0%。2018年旅游接待总人数11329.72万人次，同比增长12.3%；旅游总收入1363.496亿元人民币，同比增长14.1%。郑州旅游经济实现持续稳定增长。

【举办2018中国（郑州）国际旅游城市市长论坛】5月27—30日，2018中国（郑州）国际旅游城市市长论坛在郑州市举办，主要有三个方面的新成效。一是规格更高。共邀请到28个国家94个城市、国内37个旅游城市市长参会。世界旅游联盟首次作为支持单位参与。二是主题鲜明。论坛以“共享经济时代下的城市优质旅游”为主题。与会嘉宾围绕旅游创新、旅游共享等议题进行广泛深入的研讨。三是更加聚焦郑州。在“一带一路”旅游城市市长峰会上，市委常委、常务副市长王跃华作《深化合作、携手并进，共创优质旅游新时代》主题发言；市委常委、副市长谷保中作《让旅游创新开创城市发展的新时代》的演讲。论坛期间举办“郑州之夜”旅游推介会和郑州城市风采秀演艺活动。

【旅游产业转型升级】一是加强政策引导。1月24日，市政府召开全市旅游业转型发展大会，出台《郑州市旅游产业转型升级行动方案(2018–2020年)》等一揽子政策文件。二是加强调研指导。市委常委、副市长谷保中带领旅游业转型发展联合调研小组，先后赴登封、荥阳等地调研，加强对旅游业转型发展的深度研究和一线指导。三是加强教育培训。6月，在暨南大学旅游学院举办郑州市旅游产业转型升级专题培训班，主要就全域旅游、旅游业转型升级等重大课题开展学习。四是持续推进转型发展。12月28日，市政府召开全市旅游业转型发展推进会，市委副书记、市长王新伟出席大会并作讲话，进一步明确加快旅游业转型发展的意义、重点环节和措施办法，对推进旅游业转型发展进行再动员、再部署。

【旅游产业发展】一是项目建设取得新进展。全市纳入月报的旅游项目43个，计划投资1200亿元，2018年实现投资100亿元。新密银基旅游度假区和航空港区园博园成功创建国家4A级景区，新郑市“好想你”红枣小镇、新密市豫西抗日纪念园两家成功创建国家3A级景区。二是乡村旅游取得新成效。新密市米村镇、中牟县雁鸣湖镇成功创建省级旅游特色生态示范镇。郑州市评选出最具发展潜力旅游特色示范村镇（街区）9家、乡村旅游星级经营单位30家。三是厕所革命持续推进。制订新三年旅游厕所建设计划，完成建设216座旅游厕所的年度任务。

【旅游宣传营销】一是丰富活动宣传。赴广州开展“天地之中·功夫之都”主题旅游推介活动，赴云南大理、丽江、普洱等城市开展旅游宣传推广与战略合作。二是深化区域联动。参加2018中国（上海）国际旅游交易会和内蒙古首届旅游博览会、2018中国旅行服务产业发展峰会暨“一带一路”城市旅游联盟旅游分享会。先后接待来自保定、赤峰等20余个城市来郑旅游推介和来自法国、澳大利亚、深圳、西安等30多个境内外来访旅游团队。三是提升黄河文化游品牌形象。成立郑州黄河文化旅游融合发展协作体，推出中华文明溯源之旅、文化名人修学之旅、历史遗迹探寻之旅、大河风光体验之旅和生态养生休闲之旅等5条精品线路。

孤柏渡景区（市文化广电和旅游局/供图）

黄帝故里（市文化广电和旅游局/供图）

【旅游市场管理】 一是进一步规范旅游市场秩序。组织开展“利剑行动”、旅游行业“扫黑除恶”专项斗争等旅游市场秩序综合整治行动，共出动检查人员188人次，检查旅行社39家，旅游景区17家次，下发责令整改通知书27份。受理旅游投诉案件23件，处理涉旅纠纷148件，为旅游者挽回经济损失2.3万元。二是推进旅行社和导游管理体制改革。全面启用全国旅游监管服务平台，推行信息化服务和大数据监管。完成2044名申领电子导游证人员的资料审核和34名领队人员的备案工作，完成郑州考区导游考试组织工作。三是全面推进旅游标准化建设。组织完成全市星级饭店复核工作。做好旅游标准化创建复核，完成指导全市24家企业创建市级旅游标准化示范单位。四是做好旅游安全工作。组织开展春节、五一、暑期、国庆、旅行社责任险、旅游包车、导游专座、消防等系列旅游安全整治行动，实现旅游安全无事故。

【旅游公共服务】 一是智慧旅游建设稳步推进。全面启动智慧旅游产业运行监测与公共服务平台建设，新版官方网站、官方微信公众服务平台上线运行。二是导游管理服务水平有新提升。完成戊戌年黄帝故里拜祖大典、第十一届中国（郑州）国际园林博览会等省市大型活动的政务接待讲解服务工作。三是旅游咨询服务更加完善。10月，设立在郑州东站和郑州站的两处旅游咨询服务点正式运行。四是旅游年卡影响力日渐提高。2018年共销售郑州旅游年卡8300张，年卡景区刷卡5.1万人次。

【旅游扶贫】 举办全市贫困村旅游扶贫培训班。制订《旅游示范村镇评定标准》《乡村旅游经营单位评定标准》。实现20家旅游企业带动30个贫困村通过发展乡村旅游脱贫致富。做好结对帮扶卢氏县旅游业工作，协调组织知名旅行商、新闻媒体前往卢氏县进行结对帮扶的考察交流，全力协助卢氏县政府在郑组织的“中国天然氧吧（卢氏）约您深呼吸”旅游主题推介活动。

（代亚柠）

旅游管理

【郑州市旅游业转型发展大会召开】 1月24日，郑州市旅游业转型发展大会召开。市委常委、常务副市长王跃华，河南省旅游局副局长周耀霞，市委常委、副市长谷保中出席会议。会上，王跃华就如何努力走出一条符合发展规律、凸显郑州特色的旅游业转型发展路子作指示。会议印发《郑州市旅游产业转型升级行动方案（2018—2020）》，出台《郑州市旅游产业转型升级奖励暂行办法》等一系列配套奖励政策。

【多部门联合督导检查节前旅游安全工作】 2月12日，市旅游局、市质监局等多部门联合，到中原福塔、郑州华强文化科技有限公司督导春节前旅游安全工作，确保春节期间旅游市场安全有序。

检查组先后察看中原福塔观光电梯、郑州华强文化科技有限公司大型娱乐设施的日常运行情况，对重点部位，关键环节仔细深入检查，详细了解景区旅游安全保障措施、应急预案及安全责任落实等多方面情况，同时就春节期间的旅游安全和应急服务保障工作进行专项部署。

【开展“旅游维权直通车”活动】 2月19日，河南省旅游质监所、郑州市旅游质监所联合在荥阳古柏渡飞黄旅游区开展“旅游维权直通车”活动，保障广大游客度过一个欢乐祥和的新春佳节。

活动中，省、市旅游工作者向游客讲解旅游法律法规、旅游维权等知识，发放《文明旅游、理性消费——旅游出行提示》《旅游维权手册》《谨防不合理低价游——旅游服务指南》等宣传资料，现场接受游客的旅游咨询投诉。宣传文明旅游是大家的义务，关系到每位游客的切身利益，倡导以“文明旅游——每个人都是一道亮丽的风景线”为主题的文明公约。

【全市旅游系统工作会议召开】 3月30日上午，全市旅游系统2018年旅游工作会议召开。市旅游局领导班子全体成员，各县（市）区旅游行政主管部门负责人，部分旅游企业负责人和优秀导游员代表等参加会议。

市旅游局党组书记、局长李芳在会上作工作报告。报告回顾总结2017年全市旅游产业发展情况，分析旅游产业发展形势，明确2018年“坚持以习近平新时代中国特色社会主义思想为指引，坚持以人民为中心，坚持创新、协调、绿色、开放、共享，以国家中心城市建设为统揽，以供给侧结构性改革为主线，加快推动转型升级和全域发展”的工作思路和2018年度发展目标。

【戊戌年黄帝故里拜祖大典讲解接待】 2018年4月18日（农历三月初三），戊戌年黄帝故里拜祖大典在新郑黄帝故里举行。来自世界各地的近万名华人华侨代表齐聚新郑，共同拜谒人文始祖轩辕黄帝。

根据拜祖大典组委会统一部署，市旅游局主要负责导游抽调、培训及管理任务。经过一周的封闭训练，拜祖活动当天，80名导游员为各方宾朋提供优质的讲解服务，把黄帝文化、中华民族的根文化和博大深厚的中原文化向海内外的嘉宾进行讲解。

【旅游安全工作检查】 7月9日下午，旅游安全工作检查组到登封市大熊山仙人谷景区检查旅游安全工作。检查组听取景区负责人对旅游安全工作的汇报，现场查看了旅游标识、旅游安全警示设置情况，查阅景区安全工作有关记录，细致询问景区应对游客高峰时段的措施和办法。检查组要求一要强化安全意识。加强安全教育培训，营造旅游行业人人讲安全、抓安全、保安全的浓厚氛围。二要强化安全责任。要明确部门监管责任，落实企业主体责任，各负其责、各尽其职、分段把守，把安全工作落实到人头，落实到细节。三要加强安全检查。要持续推进“旅游包车安全整治、高风险项目安全规范、景区流量控制”等专项治理行动。

【全市旅游厕所建设工作推进会召开】 8月21日，全市旅游厕所建设工作推进会召开。市旅游局党组书记、局长李芳，局党组全体成员、机关各处室、直属单位主要负责人，各县（市）区旅游管理部门主要负责人、黄河风景区管委会有关人员参加会议。

会上，市旅游局通报全市旅游厕所建设最新推进情况。李芳对郑州市旅游厕所建设工作给予肯定，并就进一步加快推进旅游厕所建设进度提出明确要求：一是提高站位，进一步凝心聚力推动旅游厕所建设工作。各县（市）区要从办好民生实事角度再次压实责任，确保完成年度指标任务。二是强化举措，千方百计加快推进旅游厕所建设工作。2018年全市计划新建、改扩建旅游厕所必须按省旅游局要求在10月底之前完工。各县（市）区要按照时限要求，再次明确目标任务、细化分工，将责任落到实处。

【“过大年回老家”主题活动启动】 根据河南省旅游局确定的“2018年过大年回老家”主题旅游推广活动，新郑市在龙湖镇泰山村千稼集设立“2018年回老家过大年”郑州分会场，并策划“70年代”春节主题庙会，让游客穿越激情燃烧的岁月，回归纯真的“年味儿”。2月6日，2018“过大年回老家”郑州分会场活动暨千稼集“70年代”春节庙会在新郑市千稼集景区正式启动。

“过大年回老家”活动已连续举办三年，是河南省营造春节旅游氛围，促销惠民的重要平台。该活动旨在通过各地市联动策划春节民俗文化节会活动，形成独特的中原春节气氛，吸引游客深度体验“老家河南”各地年味儿。

【组织收听收看省旅游包车客运市场安全工作电视电话会议】 5月17日上午，河南省旅游局、河南省交通运输厅联合召开全省旅游包车客运市场安全工作电视电话会议，对全省旅游包车客运市场安全生产工作进行部署。省旅游局局长姜继鼎、省交通运输厅副厅长唐彦民分别作讲话，省旅游局副局长朱建伟主持会议。会议传达副省长何金平有关批示精神，通报近期全省旅游包车运输安全情况，梳理分析旅游包车市场存在的问题，并针对下一步工作进行安排部署。会议要求，各级旅游、交运主管部门要高度重视，进一步加大执法力度，竭尽全力避免旅游包车安全事故发生，极力扭转旅游包车市场面临的严峻形势。

市旅游局局长李芳、市交运委副主任薛河川，市旅游局副局长刘根成、刘源，市旅游局、市交运委有关监管部门和执法机构负责人，各县（市）区、开发区旅游主管部门、全市各旅行社、各旅游客运企业分别收听收看。省电视电话会议结束后，市旅游局、市交运委联合组织召开全市旅游包车客运市场安全工作电视电话会议。李芳作总结讲话：一是各级各单位要严格落实旅游安全生产责任制，旅游、交通执法单位要加强联合执法力度，开展旅游包车市场秩序专项执法检查，切实做好旅游包车安全监督管理和执法检查。二是各旅行社要建立旅游包车隐患排查制度，强化旅游标准化建设，进一步规范旅游包车租用管理。三是要进一步加大旅游安全宣传教育培训力度，不断增强各级各方面人员的安全意识，从而做到防微杜渐，消除安全隐患，确保旅游包车用车安全。

【庆祝“5.19中国旅游日”暨文明旅游宣传活动】 5月19日上午，由郑州市旅游局、金水区委、区政府主办的“2018年中国旅游日郑州市主题活动暨文明旅游宣传活动启动仪式”在绿荫公园举办。郑州市组织形式多样的活动来庆祝这一旅游盛事。一是举办文艺会演活动，扩大旅游宣传范围。二是制作并免费发放全域旅游宣传品，增强群众对全域旅游的认知度。三是现场开展“以强化普法宣传、共创品质旅游”为主题的旅游相关法律法规宣传咨询活动。

【国际旅游城市市长论坛项目签约活动】 5月29日上午，2018中国（郑州）国际旅游城市市长论坛重要活动——河南省投融资优选旅游项目推介及招商引资项目签约仪式在郑州国际会展中心举行。38个重点旅游项目与省外大型投资商现场签约，签约总金额1152.9亿元。

郑州市共签约旅游项目2个，签约总金额195亿元，分别是郑州复华登封国际度假区项目和郑州中牟婚庆庄园项目。复华登封国际度假区项目签约金额180亿元，规划建设度假世界（酒店群、秀场、会议中心）、未来世界（mall+奥莱商街）、野生动物园（动物园+配套），以及康养小镇、文化小镇、田园小镇3个特色小镇等。婚庆庄园项目签约金额15亿元，建设内容为婚礼堂、婚纱摄影基地、宴会厅、玫瑰庄园等。活动中推介一批重点旅游招商引资项目，郑州市共发布3个，分别为登封市“世界功夫中心”项目、新郑市黄帝故里园区建设工程和中牟县游客服务中心项目。

【组团参加内蒙古首届旅游产业博览会】 9月1—5日，郑州市组团赴包头参加内蒙古首届旅游产业博览会，新密市、荥阳市、中牟县旅游行政管理部门随团参会。

展会期间，郑州市重点推出中国功夫体验游、黄河文化风情游、华夏文明寻根游、都市风光休闲游等精品旅游线路产品。郑州参展人员与其他城市旅游部门、参会旅行商和市民游客进行交流互动，发放各类宣传资料、纪念品万余份，展示郑州市“天地之中 功夫郑州”的城市旅游形象，提升郑州旅游的知名度和影响力，加深参展旅游企业和包头市民对郑州市旅游产品的认知度。

【黄河文化旅游融合发展协作体成立】 10月29日，由郑州市旅游局主导发起，黄河沿线巩义市、荥阳市、惠济区、中牟县旅游部门和黄河风景名胜区管委会共同参与的黄河文化旅游融合发展协作体召开成立大会。市委常委、副市长谷保中出席活动并讲话，市政府副秘书长商建东主持会议。成立大会上，市旅游局局长李芳指出，成立协作体旨在整合黄河郑州段沿线旅游资源，加快推动市域内旅游一体化发展，共同打造推广“黄河旅游”整体品牌，形成富有郑州特色的黄河旅游产品和精品线路，促进黄河旅游主题产品深度开发，不断提高郑州旅游的知名度和影响力。

【“天地之中，功夫郑州”旅游推介会在哈尔滨举办】 12月20日，“天地之中，功夫郑州”郑州旅游推介会在哈尔滨举办。黑龙江省文化和旅游厅监督管理处处长张孝春，哈尔滨市政府副秘书长王宪民，哈尔滨市旅游发展委员会办公室主任王银海；郑州市政府副秘书长商建东，郑州市政府办公厅九处处长陈立志，郑州市旅游局党组书记、局长李芳，副局长李明伟、刘海青等出席会议。哈尔滨160余家知名旅行商、10家新闻媒体、郑州市有关县(市)区旅游行政管理部门、重点景区的代表共同参加本次推介会。推介会由李明伟主持。王宪民在致辞中表示，对此次“天地之中、功夫郑州”旅游推介会的举办表示热烈的欢迎。哈尔滨和郑州将以此次旅游推介会为契机，进一步加强两地政府及旅游部门的交流和旅游企业间的合作，实现共享共赢的良好局面。

【“安全生产大暗访、大排查、大整治、大执法”行动】 为贯彻落实省市“安全生产大暗访、大排查、大整治、大执法”会议精神，切实做好旅游企业的安全生产。12月27日，在元旦即将到来的关键节点，郑州市旅游局组织对金水区和上街区的旅游企业开展安全生产明察暗访行动。对旅游企业消防安全责任制是否落实、是否合理制定安全规章制度、消防灭火器材配备是否符合国家标准、是否掌握基本的应急处理技能等进行深入检查。

【郑州市旅游业转型发展推进会召开】 12月28日上午，市政府召开全市旅游业转型发展推进会，总结郑州市旅游业转型发展情况，表彰先进，交流经验，安排部署下阶段重点工作。市委副书记、市长王新伟出席会议并讲话。省文化和旅游厅厅长姜继鼎，市领导谷保中、王万鹏、刘睿出席会议。

王新伟对郑州市旅游业转型发展取得的成绩予以肯定。他指出，要深入学习贯彻习近平总书记关于发展旅游业的重要指示精神，切实树牢“抓旅游就是抓民生、抓旅游就是抓发展、抓旅游就是抓乡村振兴和脱贫攻坚、抓旅游就是抓城市形象”的理念；要认清形势，既要看到问题和短板，又要看到自身资源禀赋和优势，坚定发展旅游业的信心；要把握规律，抢抓国家中心城市建设带来的旅游发展新机遇；要明确目标，到2020年，郑州市旅游产业对经济发展综合贡献率大幅提升，率先在全省建成国际文化旅游名城，国际旅游目的地城市建设取得明显成效，力争进入国内旅游城市第一方阵，在全省乃至全国旅游城市发展中做标兵、出重彩。

王新伟要求，要加快推进实施《郑州市旅游产业转型升级行动方案（2018—2020）》，重点做好六项工作。一要突出规划引领，推进全域旅游发展。二要突出“旅游+”建设，以多元化开发文旅项目为抓手，推进旅游与文化、历史、山水、康养等深度融合发展。三要以休闲特色街区和夜间经济为抓手，发展都市旅游。四要以乡村民宿为抓手，围绕都市生态建设、都市农业和美丽乡村建设做文章，坚持旅游扶贫并举，推进乡村旅游发展。五要叫响郑州旅游品牌，着力打造“功夫郑州”、黄帝文化、“最美黄河”、中岳嵩山等国际、国内旅游品牌，制定专项规划、加大政策扶持，打出旅游品牌。六要以标准化建设为抓手，积极推动旅游设施、服务标准化，加强服务诚信体系建设、智慧旅游建设、旅游市场综合整治，提高旅游厕所建设管理水平。

（代亚柠）

“五一亲亲乐”活动（黄河生态旅游风景区管委会/供图）

黄河生态旅游风景区

【概况】 2018年，黄河生态旅游风景区全年供水17838万立方米(其中城市生活用水2965万立方米、生态用水14113万立方米，工业用水760万立方米),同比增长2.9%；实现供水收入1.025亿元，同比增长6%。全年游客售票量62.67万人次，同比增长12.65%，实现门票收入3126万元，同比增长7.14%；旅游综合收入3713.27万元，同比增长17.9%。全年自收人员费用支出7113.61万元，自收在职人员人均年收入14.52万元（包含工资、五险一金、政策性收入），做到了应发尽发；建设费用支出共7271.61万元（其中财政投资4892.33万元，自收费用2379.28万元）；水电费支出2938.81万元，采购支出1075.99万元，补植补栽、宣传演艺支出960万元，业务费、劳务费、环卫、办公、培训等日常运转支出共2804.89万元。被河南省民委评为河南省第三批民族团结进步示范单位，被中共郑州市委、郑州市人民政府评为2017年度综合工作先进单位；被郑州市人民政府安全生产委员会评为2017年度安全生产工作先进单位，被郑州市人民政府授予2017年度“月季花杯”竞赛活动城区银杯奖。

“桃园三结义”实景演出（黄河生态旅游风景区管委会/供图）

【供水产业】 转变供水生产思路，主动对接开拓市场，稳妥应对新格局新变化新挑战。积极参与郑州市水生态文明建设，对接市水务局，加大索须河、南四河生态供水量；协调市河务局，增设浮动泵船，及时启动浮动泵站，确保枯水期引水正常。密切关注牛口峪泵站和圃田泽环城生态水系循环工程建设进度，研判市场信息提早应对。争取政策支持，做好新沉沙池、浮动泵站的建设及桃花峪闸底板改造等工作。投入使用“星海湖2号”“星海湖3号”两条高效环保型挖泥船。加强供水安全管理，加大安全检查力度，妥善解决化工路南明渠水位下降、师家河倒虹吸北侧进口漏水等安全隐患，保证供水安全；及时检修水泵电机，加大设备维保维养，确保供水生产；挖泥清淤57.5万立方米，平整沿渠堤面2万米，捆扎沿渠损坏围网1万米，清理渠堤两侧杂草、垃圾等杂物约6000立方米,保证水清渠美。多措并举强化水源地保护。坚决落实水源地专项督察整改，制订《郑州黄河生态旅游风景区水污染事故应急处置方案》；拆除跑马场、临河饭店和星海湖区域游乐项目；关停生存岛和孔雀园，并启动拆迁程序；取缔邙山西沉沙池进水口下游100米处的非法采沙场；对源水口和两个沉沙池水源地实施全封闭隔离管理；协调高新区管委会、惠济区政府、荥阳市政府、黄河河务局，排查、整治供水沿线存在的水污染现象；加强管理及时打捞清淤，保证沉沙池150万立方米库容。

【旅游产业】 制订契合实际的旅游转型升级行动方案，活化文化倾力打造实景演艺活动，旅游发展向多元化、休闲化、创新化、体验化方向转变。成立旅游产业转型升级领导小组，邀请专家团

2018年4月5日，黄河生态旅游风景区举办飞花风筝节活动（黄河生态旅游风景区管委会/供图）

队对全区旅游转型升级发展行动方案进行完善提升。倾力打造实景演艺活动，先后推出“百贤祭祖”和“桃园三结义”场景演出，累计演出达284场次，受到游客一致好评，有效刺激市场、展示文化；正在策划“力士脱靴”“大禹治水”演艺方案，同时正在与河南文旅云电视融媒体有限公司洽谈，打造以“炎黄”为主题的大型实景演出项目。与市地产集团洽谈，打造“千条窑洞”，形成富有特色的休闲度假产品，切实解决游客吃住问题，丰富民宿特色旅游，拉长旅游消费链条。做好智慧景区建设项目，完成主要景点的无线网络全覆盖。做好营销宣传活动。在郑州市区繁华路段投放各类宣传广告70块，结合项目及演艺活动在郑州人民广播电台交通广播黄金时段投放广告，在今日头条、凤凰网等自媒体上发布软文44篇，阅读量达77.63万人次，利用景区官微、今日头条、大豫网等平台撰写原创文章104篇，阅读量达20.9万人次等等，通过传统媒体和新媒体相结合的方式，提升广告投入的效果；开展“飞花风筝节”“清明节拆礼盒”“五一亲亲乐”“端午包粽子”“百位中华历史名人像有奖问答”等游客参与性和互动性较强的营销活动，提升关注度，收获经济效益和社会效益。提升旅游服务质量。做好旅游标准化建设，并以此作为提升旅游服务质量的重要抓手，顺利通过市旅游局“旅游标准化建设示范单位”复审审核；通过多种形式的业务培训，提高管理人员和服务从业人员的素质；持续开展服务质量监督检查，不断改进工作中的薄弱环节，加强软硬件建设，提升游客的满意度；受理游客投诉18起，有效处理率100%。形成“黑车黑导”常态化治理机制。采取日常巡查、定点值守、深入走访、重点关注的方式，有力震慑违法势力，坚决遏制“黑车黑导”现象回潮，有效净化旅游秩序。

【园林绿化】 围绕加强生态文明建设、满足人民对美好生态需求的总思路，通过园林绿化科学选配精品精管，扮靓景区营造美好生态环境。完成全年绿化栽植任务。共栽植乔灌木158407棵，藤本植物132360棵，地被植物10607平方米，竹子6250根，栽植摆放时令花卉52万余盆。另外移栽乔灌木887棵，地被1010平方米，竹子150根。在建项目共栽植乔灌木12346棵，竹子18470根，地被植物110250棵，草坪4.05万平方米，草本花卉5127平方米，此外还完成三年园林计划编制工作。配合项目做好园林栽植的指导监督，共发现问题20余项，及时向相关项目建设部门进行反馈，确保栽植效果。细化管养标准和考核标准，做好园林栽植的精品精管；加强环卫保洁和厕所管理力度，营造干净整洁旅游环境。加强专业技术力量整合，组建园林科研组，成为园林科研、引种驯化、人才培养的主阵地。改造温室花卉管理房，分设热带雨林区与沙漠地带区，提高观赏效果；提升新迁盆景园品质，年底具备对外开放条件。

【项目建设】 紧抓项目建设这个牛鼻子，坚持项目拉动、项目化推进。八部委部际联席审查会原则上通过黄河生态旅游风景区总体规划，再次修改通过后上报国务院。百位中华历史名人像项目、大禹山改造项目、气垫船码头改造项目完工。水源地改造项目接近收尾。南入口改造项目、玫瑰谷绿化项目开工建设。骆驼岭环境改造项目、砖雕文化展示苑项目、沉沙池南岸护砌项目、现状干渠改造项目完成可研编制；山间道路改建项目、花卉培育基地项目、生态停车场和游客服务中心项目、石佛沉沙池向贾鲁河输水项目、酒文化展示苑项目、数字黄河展示项目正加快办理前期工作手续，部分项目建议书已报市发改委。

【安全生产】 明确安全生产责任分工，落实安全生产主体责任，严格执行安全生产管理相关制度，在全区范围组织开展供水生产、森林防火、消防、防汛、涉水、用电、交通等专项安全生产检查20次，先后开展安全生产综合整治百日行动、全区安全生产大检查大督查活动、安全设施警示标志专项整改等，强化安全生产教育培训，提高安全意识，全年安全生产良好无事故。

【督查督办】 持续做好督查督办工作，紧盯任务督导跟踪，全年完成督查督办报告12期，取得良好成效；严格执行质量监督检查长效机制，全年检查6次，查出问题20项，督促回访确保整改落实，整改率达90%；新制订“片长制”方案，将于2019年开始执行；按照时限圆满完成审计整改工作，起草完成内控制度初稿、财务支出管理办法初稿，进一步规范财务使用，扎牢严控监管的笼子；完成郑州炎黄旅游开发有限公司、郑州黄河旅游服务有限公司、大河明珠旅行社3家三产公司的注销，启动郑州黄河园林绿化工程公司、河南豫建风景园林建设公司的脱钩改制；推进信息化办公，实施OA办公系统应用；完成索道票价核定，并通过物价局审核；对遗留问题项目的督办基本结束。

（王　萍）

金融业

综 述

【概况】 金融产业规模效益稳步提升。2018年金融业增加值实现1145.8亿元，占GDP比重为11.3%，对经济增长的贡献持续提升。存贷款余额分别达2.2万亿元、2.1万亿元，均居全国省会城市第6位，余额存贷比、新增额存贷比分别达97%、226%。保费收入达709亿元，占全省的31%，居中部6省会城市第1位。截至2018年年末，郑州市上市公司、新三板挂牌公司、中原股交中心挂牌公司分别达43家、159家、1456家，形成梯次上市、梯次培育的良好局面。金融产业在产生增加值、创造税收、服务实体经济发展等方面均发挥重要作用，中国金融中心指数排名显示，郑州金融业综合竞争力在全国31个金融中心排名，5年上升7个位次，从2013年的第19位上升至2018年的第12位，国家区域金融中心建设取得阶段性成果。

金融机构体系进一步完善和壮大。银行、证券、保险及各类新型金融机构集聚发展，截至2018年年末，郑州市拥有各类金融机构共计373家。郑州农商行获银保监会批筹。郑州银行在A股成功上市，成为全国首家A+H股上市城商行。郑商所上市交易期货期权品种达19个，举办第三届中国（郑州）国际期货论坛，进一步扩大在国际期货市场上的影响力。

【第三届中国（郑州）国际期货论坛举行】 9月9日，第三届中国（郑州）国际期货论坛在郑州举行。论坛的主题为“新征程、新理念、新作为——期货市场服务现代化经济体系建设”。论坛由郑州市政府、郑州商品交易所、芝加哥商业交易所集团联合主办。中国证券监督管理委员会副主席方星海出席开幕式并讲话，副省长戴柏华致开幕词，市领导王鹏、万正峰出席开幕式。

【郑州银行在深交所挂牌】 9月19日，郑州银行在深交所挂牌上市，成为全国首家A+H股上市城商行。A股首发（IPO）发行新股6亿股，发行价4.59元/股，募集资金总额27.54亿元。发行完成后，总股本达59.22亿股，其中A股44.04亿股，H股15.18亿股。

2018年9月19日，郑州银行在深交所上市（市金融局/供图）

【郑商所PTA期货实施引入境外交易者业务】 2018年为我国期货市场直接对外开放元年。11月16日，郑州商品交易所发布公告，中国证监会批准郑商所PTA期货实施引入境外交易者业务。实施时间自北京时间2018年11月30日09:00起。

（欧长银）

银 行

人民银行

【概况】 2018年，人民银行郑州中心支行牢固树立“面向基层、面向社会、面向地方政府、面向金融机构、面向人民群众”的履职理念，坚持新发展理念，把握“高质量发展”的特征，大力推动金融改革创新，优化改进金融服务，以支持地方经济社会发展为己任，助推郑州经济高质量发展、国家中心城市高质量建设。坚持稳中求进的工作总基调，执行稳健中性货币政策，保持流动性合理充裕，实现金融运行整体平稳，金融发展稳中有进，突出表现为增势良好、份额扩大，强实抑虚、结构优化，效率提升、价格趋降，改革推进、开放深入，风险可控、总体稳健。

【存款情况】 2018年，在全省存款增长放缓的情况下，郑州市存款增势保持平稳，存款首位度进一步提升。年末各项存款余额21767.2亿元，同比增长7.0%，占全省各项存款余额的比重为

2018年8月9日，中国人民银行郑州中心支行举办中国普惠金融理论创新座谈会（人民银行郑州中心支行/供图）

34.1%；较年初新增1417.6亿元，占全省新增额的比重为29.5%。

一是住户、非银行业金融机构存款增长较快。截至2018年12月末，全市住户存款余额7157.3亿元，同比增长9.5%，较上年同期提高5.7个百分点，高于各项存款2.5个百分点；较年初增加618.4亿元，同比多增378.1亿元，占各项存款新增额的43.6%，较上年同期提高25.8个百分点。截至2018年12月末，非银行业金融机构存款余额2145.4亿元，同比增长11.5%，较三季度末提高19.5个百分点，较年初增加221.1亿元，占各项存款新增额的15.6%。2018年，全市特殊目的载体存放增加247.7亿元，带动非银行业金融机构存款较快增长。二是非金融企业、广义政府存款增长放缓。截至2018年12月末，全市非金融企业存款余额8818.9亿元，同比增长4.6%，较三季度末、上年同期分别回落0.3、2.6个百分点；较年初增加385.1亿元，同比少增184.7亿元；占各项存款新增额的27.2%，较上年同期回落15.1个百分点。截至2018年12月末，全市广义的政府存款余额3637.6亿元，较年初增加192.8亿元，同比少增62.6亿元；占各项存款新增额的13.6%，较上年同期回落5.4个百分点。

【贷款情况】 2018年，郑州市贷款增长保持较高的集中度，金融资源配置效率进一步提高。年末各项贷款余额21202.2亿元，同比增长17.8%，高于全省3.2个百分点，较上年同期提高1.2个百分点；较年初新增3206.2 亿元，同比多增636.2亿元。各项贷款余额、新增额占全省的比重分别为44.3%、52.7%；余额存贷比、新增额存贷比分别为97.4%、226.2%。

一是住户贷款增势突出。截至2018年12月末，全市住户贷款贷款余额7818.3亿元，同比增长22.9%，高于各项贷款5.1个百分点；较年初增加1466.8亿元，占各项贷款新增额的45.7%。二是单位中长期贷款保持较快增长。截至2018年12月末，全市非金融企业中长期贷款余额9135.7亿元，同比增长14.8%；较年初增加1163.9亿元，占各项贷款新增额的36.3%。三是薄弱环节和领域信贷支持力度进一步加大。截至2018年12月末，全市小微企业贷款余额2779.3亿元，同比增长12.9%，高于全省高5.5个百分点；较年初新增305.5亿元，占全省小微企业贷款新增额的47.6%。涉农贷款余额4556.9亿元，同比增长15.6%，高于全省4.7个百分点；较年初增加571.9亿元，占全省涉农贷款新增额的30.4%；民营企业贷款余额3722.5亿元，同比增长7.3%，高于全省1.5个百分点；较年初增加444.9亿元，占全省民营企业贷款新增额的43.2%。

【社会融资规模】 2018年，郑州市社会融资规模增量达3742亿元，同比多243.8亿元，继续居河南省首位，较排名第二的洛阳市多3163.4亿元，占河南省社会融资规模增量的48%。社会融资规模增长结构特点：一是表内贷款大量增加，银行贷款仍是郑州市实体经济融资主要渠道，2018年实体经济获得银行表内贷款增加3275.5亿元，同比多增662.3亿元，占社会融资规模的87.5%，较上年同期提高12.8个百分点。二是受资管新规等政策应影响，表外融资保持缩减态势，全年表外融资减少102.8亿元，同比少增717.7亿元；其中，委托贷款减少356.2亿元，同比少增358.5亿元，信托贷款增加162.2亿元，同比少增363.5亿元，未贴现的银行承兑汇票增加91.2亿元，同比多增4.3亿元。三是直接融资占比提升，非金融企业直接净融资433.1亿元，同比多268.7亿元，占社会融资规模的11.6%，较上年提升5个百分点。其中，企业债券融资420.6亿元，同比多288.3亿元；非金融企业境内股票融资12.5亿元，同比少19.6亿元。

【货币信贷管理】 人民银行郑州中心支行主动作为、精准发力，切实提高政策的前瞻性、灵活性、针对性，疏通货币政策传导的“最后一公里”，取得明显成效。

稳调控、疏渠道，提升货币政策实施效果。做好金融机构信贷调控，强化信贷政策与地方政策的统筹协调，围绕郑州市国家中心城市建设，综合运用货币政策工具，引导金融机构加大对郑州市实体经济信贷投放。出实招、破难题，着力缓解民营和小微企业融资难、

2018年11月8日，中国人民银行郑州中心支行召开河南省深化民营和小微企业金融服务工作电视电话推进会（人民银行郑州中心支行/供图）

融资贵。制订《关于进一步深化小微企业金融服务实施细则》《关于金融支持民营经济加快发展的指导意见》，从货币政策精细化管理等方面制定一揽子激励政策清单。谋划拟定《民营和小微企业金融服务“百千万”三年行动计划》，推动形成财政奖补、税费减免、差异化金融、监管、货币信贷政策扶持的“几家抬”政策合力。开展政策宣讲暨政银企对接系列活动，定期进行跟踪监测和效果评估，确保各项政策落到实处。

【金融稳定】 将防控金融风险放在更加重要的位置，一手抓风险防范、一手抓金融改革，以有效的预防措施防范于未然、以有力的改革举措化解风险，筑牢金融安全稳定防线，确保一方金融平安。

降杠杆、促改革，加快“僵尸企业”处置。参与“僵尸企业”处置，通过破产重整、债务重组等方式分类处置企业债务，协助全市34户“僵尸企业”（含省定企业）完成处置。将化解债务风险、降低企业财务杠杆作为支持国企改革的着力点，腾退出更多信贷额度用于支持有市场、有竞争力的骨干企业发展。强监测、早处置，风险化解与金融改革并行。坚持监测预防与风险处置并行，重点加强对农村中小金融机构、影子银行、地方政府债务等高风险领域排查和防控，及时提示风险。积极推动郑州市区、市郊联社加快改革步伐，推动郑州农商行顺利筹建并指导做好开业相关工作。稳调控、稳预期，持续做好房地产金融宏观审慎管理。重点支持居民首套自住经济型、适用型购房需求，严格履行重点城市房贷自律决议，控制房贷最低首付比例，推动居民房贷杠杆稳中有降。2018年1–12月，郑州市首套房贷款平均首付比例33%。

【金融管理与服务】 将满足人民群众对优质金融服务的期盼向往作为央行工作的出发点和落脚点，不断加强金融基础设施建设，创新金融服务方式，优化下沉金融服务内容，提高金融服务水平。

网上办、限时间，全面推进优化企业开户服务。指导商业银行开展新设企业“注册登记+银行开户”服务，设立小微企业开户“绿色通道”，整合业务表单，大力推广电子渠道预约开户和在线预审核。截至2018年12月末，郑州市80%以上的银行机构实现网上预约开户，小微企业开户实现“2+2日”办结，企业开户时间平均缩短2个工作日。强布局、谋突破，不断完善货币发行和流通体系。7月，人民银行总行正式批复郑州中心支行新建具有战略储备功能的发行库，标志着郑州市再添重大金融基础设施，为建设金融中心奠定坚实基础。促便利、惠民生，大力提升央行支付服务质效。全面推进移动支付便民示范工程，在公交地铁、公共缴费、医疗卫生、集贸市场等领域为郑州居民提供安全、便利的支付服务。为推进郑州便民支付场景建设，郑州中心支行多次协调有关单位，推进郑州公交移动支付。截至2018年12月末，郑州“云闪付”公交便民服务每日使用量达到33万次。“云闪付”服务已惠及20个商圈、20个街区和1000余家商场超市，为郑州国家中心城市和“智慧城市”提供全方位金融基础服务。保安全、提效率，做好国库服务。以资金安全为底线，上线第二代国库信息处理系统，实现财关库银横向联网全覆盖，大大缩短税款在途时间，保证税款及时足额入库，有效提高财政资金使用效率。

（朱海峰）

工商银行

【概况】 2018年，中国工商银行郑州分行贯彻落实中央金融工作会议精神，按照工总行“提升三大能力、实施五大工程”、省行“加速推进转型发展、加快建设优秀分行”战略部署，围绕存款和质量“两大攻坚战”、全量客户拓展、中收转型等工作重点，开展“补短板、促转型”工作，转型发展迈上新台阶，连续7年保持“全国文明单位”称号。

2018年末，工商银行郑州分行各项存贷款余额、中收、利润，储蓄存款日均增量、同业存款、各项贷款、公司贷款和个人贷款增量等主要业务指标保持同业四大行首位。全部存款新增144.5亿元，其中储蓄存款新增55.5亿元；对公存款新增66.1亿元。各项贷款新增263.8亿元，其中公司贷款新增103亿元；个人贷款新增163亿元。工总行经营绩效年度考核保持最高等级A++；获省工行经营绩效贡献奖、EVA贡献奖；辖内商都路、航空港区等6家支行获省工行先进集体称号；商都路、南阳路等5家支行获省工行城区经营贡献支行称号，荥阳和中牟支行获省工行经营绩效十强县支行称号。

【客户拓展】 2018年，工商银行郑州分行新增个人有效客户38.6万户，增幅6.9%；新开有效结算账户1.3万户，增幅85.4%；信用卡有效客户新增12.8万户，增幅20.5%；融e行客户新增29.3万户；融e购非金融交易额达到58.8亿元；融e联客户新增35.7万户。

【信贷结构】 2018年，工商银行郑州分行在服务实体经济和民生领域方面主动发挥社会责任，国有及民营中型以上企业融资（不含房地产）新增294亿元；银监普惠、人行降准和人行MPA口径贷款分别完成目标任务的105%、252%和279%；信用卡消费额新增355.6亿元；分期投放69.6亿元。

【管理品质】 2018年，工商银行郑州分行持续开展正风肃纪“回头看”活动，正风肃纪工作进入常态化阶段，全年全行共开展警示教育447场次，受教育人数14962人次。开展“以案说纪 以案说规 以案促查 以案促改”主题警示教育活动，活动期间共组织开展集中学习、微信群讨论439次，召开座谈会204场次，举办讲座1次，演讲比赛1次，向省行报送典型案例分析5件、微小说4篇、微视频2个。持续开展理想信念教育、职业操守教育和纪律规矩教育，充分运用好监督执纪“四种形态”，坚持从严执纪问责，通过抓典型、造声势，露头就打，在全行形成“严”的态势。

2018年4月18日，工商银行郑州分行举办“践行新思想 拥抱新时代”五四青年演讲比赛（工商银行郑州分行/供图）

2018年8月15日，工商银行郑州分行组织营销团队参加第二届中原批发商大会（工商银行郑州分行/供图）

在省工行内控合规专业考评中居于首位，全年持续保持无案件、无重大风险事故发生。

【服务品质】 2018年，工商银行郑州分行网点迁址及原址改造19家；客户投诉较上年下降33%，全年无有责投诉；五级分类一二类优质网点占比60%，新增4家旗舰网点；存量智能银行达到142家，实现有条件网点覆盖率100%，顺利完成人脸识别、指纹认证等10余项升级优化工作，客户操作交互体验不断优化；成功投产"工小智"智能客服品牌，有效节约服务成本、提高服务效率，加深对客户需求的洞察与情感联结；全年建设完成7家外汇业务特色网点、1家场景化创新网点、1家商户特色网点及1家军银融合示范网点，进一步丰富服务内涵，增强客户体验。辖内陇海路支行营业室被中国银行业协会授予文明规范服务"千佳"示范网点，东区、金水和财富广场支行荣获总行"五星级服务网点"称号。

（邱　峰　王双亮）

农业银行

【概况】 2018年，中国农业银行郑州分行围绕郑州市"推进国家中心城市建设"发展战略，全面提升金融服务地方实体经济、"三农"和民生的质效，全力打造郑州区域主流银行和领军银行，抓党建强队伍，谋改革促转型，拓客户夯基础，严管理控风险，经营管理各项工作有序推进。扎实推进"一工程、四转型"，发展基础不断夯实，"万马奔腾"考核居系统内第1位，"提质扩户增值"工程考核零售指标系统内第1位、整体第7位。

【经营业绩】 至2018年年底，人民币各项日均存款余额819.2亿元，较年初净增7.23亿元，人民币各项贷款余额835.38亿元，较年初净增150.38亿元，其中个人贷款余额426.1亿元，较年初净增130亿元，增量在总行省会城市行均排第2位。实现中间业务收入3.33亿元，实现拨备前利润、拨备后利润20.17亿元、20.41亿元，分别同比增加2.04亿元、4亿元。总行省会城市行考核保持前7位次，省行综合绩效考核位居第3位次。

【体制机制改革】 稳妥推进体制机制改革，全行战略定位、服务目标更加清晰，考核更加精准有效。郑州分行于2018年2月10日正式挂牌成立；对城区支行进行优化整合，取消单点行，将15个支行整合为10个管辖型（分）支行，其中5个支行对接郑州行政区划，2个支行分别为国际业务和票据业务特色支行，2个支行分别对接国家级经济技术开发区和郑州航空港区，原郑东支行升格为郑州自贸区分行，对接河南自贸区；加大机关本部直接营销能力，成立大客户部、信用卡分期中心、电子商务营销中心三个直营中心；建立完善党的巡视巡察机构，完成网点建设管理职能整合划转，全面上收了城区行离行式自助设备加配钞和清分智能。通过机构改革，分流机关人员110名充实到网点人员和客户经理队伍。构建以综合绩效考核为核心的全覆盖绩效考核体系，建立了机构绩效考评、领导班子领导人员考核、薪酬分配"三合一"联动机制。突出了综合绩效考核的战略引领地位，提高了资源配置的针对性和精准度，加大了经营业绩、履职成效与高管人员"面子""票子""帽子"的挂钩考核力度。

【项目营销】 营销重点项目19个、金额78.13亿元；新准入楼盘97个，导入网捷贷优质单位513个、8611户；新增小微法人贷款客户60户、金额5639万元；投放金融精准扶贫贷款2.1亿元，超额完成省行年度计划。顺利上线郑州住房公积金管理中心"网捷贷公积金模型"项目，实现专项债券资金、"石榴贷"、"校园贷"等新产品新业务营销突破。

【重点业务】 开展重点机构客户摘牌营销及专项拜访活动，新增机构重点客户52户、国际结算客户33户，成功营销郑州市公共资源交易中心等重点账户，代发工资金额89.9亿元，营销结构性存款51.19亿元、活利丰78.3亿元、大额存单22.8亿元，信用卡业务收入突破1亿元大关，网络金融业务收入近1亿元。

2018年2月10日，农行河南省分行营业部举行揭牌仪式，正式更名为农行郑州分行（农行郑州分行/供图）

【客户维护】 对公结算账户、对公有效结算账户、对公有效客户超额完成省行年度任务；掌银活跃客户、消费商户、专业市场商户完成率系统内第一，个人加权贵宾客户、信用卡有效客户、代发工资、个人消息服务账户净增系统内第二。

【网点转型】 "千网项目"整体考核系统内第6位，7家网点进入全省前30名。全面上收离行式自助银行集中管理，持续优化网点布局，迁址更名2家、撤销1家、新设1家，2家无高柜网点试点运行，东风路支行营业室微改造被选为全省农行试点。

【风险管控】 信贷质量和风控能力实现"达到或超过同业水平"的阶段性发展目标。强力传导了"控险为要、合规先行"等风险理念，从严开展重点领域"七项检查"、移位扫雷行动、尽职监督检查和责任追究，不良贷款持续"双降"，"三化三无""三化三铁"创建系统领先，"三线一网格"考核居系统内先进行列，获评总行安全保卫先进集体。

（刘永刚）

建设银行

【概况】 2018年，建设银行郑州金水支行紧扣住房租赁、普惠金融、金融科技"三大战略"，坚持"以员工为中心、以客户为中心"的发展理念，深入推进党建深化、创新引领、科技领先、青年成长、员工关爱、风控强化、普惠万家、行外拓客"八大行动计划"，持续打造商户、分期、行外吸金、信用卡、手机银行、百亿私行、口碑最佳等"十大亮点工程"，深化党团主题实践、加速渠道转型，使各项主要指标均居系统首位，各项业务亮点纷呈，服务实体经济和社会民生成效显著。

【主营业务】 2018年，金水支行实现账面利润16.9亿；存贷款业务强劲增长，一般性存款时点余额868亿元，较年初新增86.2亿元；各项贷款余额610亿元，较年初新增58.2亿元；个人贷款、贷款发放、贷款新增、贷款余额继续高居系统首位。个贷投放连续4年突破百亿元；中间业务收入稳定，中间业务净收入实现44717万元；客户指标遥遥领先，对公有效客户存量实现48102户，较年初新增5114户，个人有效客户存量实现379万户，较年初新增29万户。

【战略发展】 2018年，建设银行郑州金水支行战略性业务保持快速增长趋势。小企业普惠金融贷款余额17.39亿元，较年初新增12.75亿元；小企业普惠金融贷款户数2681户，较年初新增1746户。住房租赁业务中上线房源10万套，在线交易800笔，企业平台上线13家。个贷贷款新增38.9亿元，贷款发放、贷款新增、贷款余额蝉联系统首位。移动金融替代率占比91%；手机银行产品覆盖度50.96%。国际业务实现跨境人民币结算8.35亿元；结售汇实现3.8亿美元。商户业务迅猛发展，全量商户数达到42332户，较年初新增24008户，规模较年初翻一番。

【机制建设】 组建业务团队，全面推进业务发展，一是成立五大客户服务中心。推行经营部门下沉战区，以战区为横轴，本部部门为纵轴，架构金水矩阵管理新模式。二是开展"百团大战、逐鹿中原"活动，通过成立团队，对标客户对点到人，为客户提供全方位的综合金融服务方案。三是组建百人拓客突击队，择优选拔员工针对性开展外拓，使拼抢同业更有队伍、有方法、有目标。优化财务管理，完善全方位考核激励模式，结合金水支行实际，对绩效考核办法进行修订完善，增加对产品、资产和资产质量的考核，促进建行竞争力和可持续发展能力的不断提升。制订八大行动计划，推动转型创新稳步前进，创新思路、革新理念，创新提出"八大行动计划"发展方略。通过党建引领，守牢转型发展根基；通过创新驱动，营造创新转型氛围；通过青年成长，打造转型发展队伍；通过科技先行，助添转型发展动能；通过关爱员工，激发转型发展活力；通过风控强化，奠基转型发展基础；通过行外拓客，获取转型发展客群。

【风险管理】 2018年，建设银行郑州金水支行实现资产质量的大幅上升，不良、逾期贷款的双降。通过加强资产质量监控，全力以赴控不良、压逾期，一户一策，多措并举，较好完成资产质量管控工作，使贷款质量较年初大幅上升，超额完成省分行下达资产质量控制计划。

【客户服务】 建设银行郑州金水支行以支持郑州现代化建设为己任，不断探索业务发展新模式，深入推进转型创新，随着多年来业务的快速发展和不断扩张，与中国烟草、宇通集团、中建七局、郑煤集团、河南水利投资集团、河南豫资集团、上汽集团等多家知名企业建立深厚的合作关系，不仅为广大客户有效提供信贷支持，还在投行业务方面大胆创新，多渠道、多方位满足客户需求，树立建行品牌效应。

致力于为郑州地区教育客户提供最为合适和贴身的综合化服务。分别与郑州大学、河南财经政法大学、郑州轻工业大学、河南农业大学、华北水利水电学院、河南中医药大学、河南教育学院、河南牧业经济学院等十余所高校建立包含信贷支持、日常结算、代收学费、代发工资、财务顾问、网上银行、ATM机等各个产品领域的全方位的金融综合服务方案，树立服务民生、支持民生建设、支持和谐社会的良好品牌形象。

为多家三级甲等医院提供多项产品和特色服务，如河南省肿瘤医院、河南省人民医院、郑大三附院、河南省职工医院，其中为郑大三附院量身定制的线上线下全渠道智慧医院为全省"智慧云医"项目推广树立了标杆。充分运用银医系统，形成"互联网+行业+银行"的跨界新融合，协助医疗卫生领域快速拓展提质；为郑州市财政局开发非税收入微信代收平台，成为河南省首家开通非税微信代收渠道的银行，为全省非税新模式征缴树立标杆；社保业务"承接扩量"工程成绩显著，成功营销"铁路工伤保险"等5个险种的省级社保财政专户，进一步完善了金水支行省级社保各险种的资金承接账户；成功营销中部战区通信旅基本户和装备账户，成为该部队的唯一合作银行。

【品牌特色】 2018年，建设银行郑州金水支行集中精力抓渠道转型，启动智慧转型加主题分类改造计划，全省首家智慧3.0旗舰网点落成，汽车主题、家主题、健康主题3个全国首家主题银行开幕，打造出11家小精尖的轻型化网点，释放人力、整合资源，以全新面貌问世出炉，为业务的提质增效打下了坚实基础，在品牌特色的打造上走出一条创新之路。

"汽车"主题银行利用金融科技的力量，以平台连平台，平台加平台的方式，搭建线上汽车主题银行APP，把线下与汽车相关的行业和公司搬到线上，线上活客获客，线下提供服务平台，为车主提供全流程、全链条服务，将产品嵌入各个用车场景，打造车（Car）、银行（Construction Bank）、金融（Finance）及其他增值服务的"CCF＋"服务模式，为造车买车卖车、车友车圈车链，提供一揽子金融服务。

"家"主题银行丰富和便利周边客户生活，将商户与客户的生活点滴融合成一站式金融服务，有老人的关爱举措，有男士、女士的专属活动、有儿童的聚会，气氛温馨融洽，让银行充满了家的味道。

"健康"主题银行，以郑大一附院为根据地，围绕医院、职工、病人及家属、商户、医药供应商等客群，在医、食、住、行、融等各个环节匹配建行产品及服务，打造医院金融生态圈。

智慧3.0旗舰网点依托"新一代"系统，借助金融科技体系，努力打造出集成大数据、人工智能等金融科技场景应用的交互性智能银行，用智能化和多样化的新形象为客户提供服务。

（李　佳）

中国银行

【概况】 2018年，中国银行河南省分行牢记中管金融企业根本定位，积极发挥国有大型商业银行融资优势，全力服务和支持郑州市经济社会建设和民生事业改善，各项业务均衡发展，资产质量保持稳定，经营大局健康、平稳、持续。

【存款业务】 紧盯郑州市重大项目、重点企事业单位客户、个人中高端客户，加强产品业务创新，不断提升客户服务水平，带动存款稳定增长。截至2018年年底，中国银行郑州地区人民币存款较年初新增63.72亿元，增长4.87%。其中，人民币公司存款新增37.75亿元，增长4.57%；人民币个人存款新增35.39亿元，增长7.77 %。

【贷款业务】 积极筹集信贷资金，全力支持实体经济发展。截至年底，中国银行河南省分行郑州地区人民币贷款较上年增加233.11亿元，增长16.97%，高于全省平均贷款增速2.39个百分点。公司贷款方面，不断加大对郑州市基础设施建设、普惠金融、绿色能源、高新技术等产业支持力度，年底郑州地区人民币公司贷款新增105.73亿元，增长14.82%。个人贷款方面，以服务和改善民生为重点，积极创新消费金融业务产品，统筹推进住房贷款、消费贷款、经营性贷款、“三农”及助学贷款协调发展，全力满足个人客户融资需求。年底郑州地区个人贷款新增127.37亿元，增长19.29%。加强银政企联动，提高实体经济服务能力。年内分别与河南省教育厅、地质矿产勘查开发局等签署全面战略合作协议。

【网络金融】 充分利用移动互联、大数据、生物识别等技术，持续优化手机银行。实现人脸识别自助注册，推出签证通、外币现钞预约、校园消费贷款、国家助学贷款等功能，支持超过200项银行主要金融服务，真正做到“一机在手，共享所有”。截至年底，郑州地区手机银行月均活跃客户19.07万户，企业网络金融活跃客户4.47万户，网络金融交易规模达到29568亿元。

【投行业务】 拓展融资渠道，全力支持郑州市实体经济发展。全年累计向郑州地区投放非标理财资金25.43亿元。发挥债券承销优势，积极为郑州企业在境内外筹措低成本资金。全年共为郑州地区客户发行境内债券9支、金额106亿元；境外债券2支、金额4.42亿美元。

【普惠金融业务】 深入贯彻落实郑州市关于大力支持中小企业发展的工作要求，结合郑州地区中小企业特点，不断创新产品与服务，有效破解中小企业“融资难、担保难”问题。与河南省人民政府共同主办“2018工商企业跨境投资与贸易项目对接会”，全力助推河南中小企业“走出去”“引进来”。截至年底，郑州地区中小企业贷款余额544.19亿元。

【渠道建设】 持续加快网点转型发展，提升网点智能化水平。截至年底，郑州地区智能柜台投产网点96家，网点覆盖率100%，投放智能柜台设备221台。郑州地区新设普惠金融机构3家。加快郑州郊县助农POS、助农取款服务点和惠农支付服务点建设，积极构建覆盖城乡的多元化服务体系。成功升格郑州航空港分行、郑州自贸区分行、郑州经济技术开发区分行。

【风险管理】 资产质量保持基本稳定。2018年，郑州地区累计压退潜在风险授信12.08亿元，清收化解各类不良资产13.06亿元，年底贷款不良率控制在0.44%，较2017年底下降0.11个百分点。授信结构逐步优化。郑州地区增长类行业授信占比67.86%。

【内控案防】 组织开展“风险管理与内控合规建设提升年”活动，扎实开展系列检查及内控案防专项治理，及时消除风险隐患。完善整改工作机制，加大问责力度，推动治本整改。组织召开覆盖全员的警示教育大会，持续开展覆盖全部基层机构的“合规巡讲天天在路上”活动。举办河南省分行郑州地区第二届职工运动会，提高员工队伍向心力、凝聚力、战斗力。全年未发生重大实质性操作风险事件和案件。

（孙　博）

郑州银行

【概况】 2018年，郑州银行股份有限公司（以下简称“郑州银行”）主要指标稳中有进。截至年底，郑州银行表内资产4493亿元，较年初增长245亿元，增幅5.77%；存款余额2625亿元（不含同业存款及应计利息），较2018年初增长80亿元，增幅3.15%；贷款余额1584亿元，较2018年初增长307亿元，增幅24.07%；全年实现净利润30.15亿元；不良贷款率2.47%，拨备覆盖率151.41%，资本充足率13.11%，主要监管指标均符合要求。

截至年底，郑州银行共有4833名在职员工，其中正式员工4460名，外聘员工347名，返聘员工26名；正式员工中，40岁及以下年龄占比81%，本科及以上学历占比90.65%。郑州银行共有168家机构网点，其中包含南阳、新乡、洛阳、商丘、安阳、许昌、漯河、信阳、濮阳、平顶山、驻马店、开封12家地市分行。

在麦肯锡“2018中国Top 40家银行价值创造排行榜”中，郑州银行经济利润排全国商业银行第15位；在英国《银行家》“2018年全球银行1000强”榜单中，郑州银行一级资本排名第245位，首次进入前300强；在中银协陀螺评价体系中，位列资产规模2000亿以上城商行综合评价第6名；获评《金融时报》2018金牌榜“年度十佳城市商业银行”；冠名首届“郑州国际马拉松赛”。

（郭　凯　桑　奎）

【公司治理】 2018年6月15日，郑州银行2017年度股东周年大会在郑州召开，选出第六届董事会董事、第六届监事会监事，完成董事会、监事会换届工作。2018年9月19日，郑州银行在深圳证券交易所挂牌上市，首开全国城商行A+H股上市先河，共计发行A股股票6亿股，发行价格为4.59元/股，募集资金27.54亿元，扣除发行相关费用后全部用于补充核心一级资本。2018年，郑州银行对公司章程及独立董事管理办法、董事会审计委员会工作细则、董事会提名委员会工作细则、董事会战略发展委员会工作细则、重大信息内部报告办法等制度进行修订，并新制订董事、监事和高级管理人员所持郑州银行股份管理制度、董事会审计委员会年度报告工作规程、独立董事年度报告工作制度、董事会秘书工作制度、年度报告信息披露重大差错责任追究制度等公司治理文件。

（王永丰　桑　奎）

【集团化发展】 截至年底，郑州银行控股的河南九鼎金融租赁有限公司总资产突破160亿元，发起设立的7家村镇银行（中牟郑银村镇银行、新密郑银村镇银行、鄢陵郑银村镇银行、扶沟郑银村镇银行、新郑郑银村镇银行、浚县郑银村镇银行、确山郑银村镇银行）总资产逾200亿元。

（郭家驹　桑　奎）

【金融改革】 2018年，郑州银行加快改革发展步伐，持续优化组织结构，新设授信管理部，将金融同业部合并至金融市场部，更名大数据中心为数据管理部，增设资产负债管理部、机构客户中心、定价管理中心、集中作业中心、财务共享中心；将北环路、电厂路等7家支行调整为二级行。

（郭　凯　桑　奎）

2018年5月20日，郑州银行新一代信息系统上线（郑州银行/供图）

作关系，2018年新增发行信用卡15.5万张，营收突破亿元大关。

（王睿 桑奎）

【中间业务】 2018年，郑州银行继续大力推进中间业务的开展，在业务上以投资银行类业务、贸易融资类业务、理财类业务、信用卡业务为主要抓手，实现中间业务收入的持续增长。2018年郑州银行共实现中间业务收入18.35亿元，较2017年增加1.14亿元，增幅6.6%。

（王克礼 桑奎）

【理财业务】 2018年，郑州银行成功发行河南省法人银行首支定开型净值理财产品金梧桐"鼎信"1号，累计发行理财产品550期，较2017年增加76期，其中保本浮动收益型产品216期，募集金额272.13亿元；非保本浮动收益型产品334期，募集金额686.47亿元。截至年底，郑州银行理财产品存续259支，存续规模454.94亿元，其中保本产品存续规模91.22亿元。

（李钊 桑奎）

【存款业务】 截至年底，郑州银行存款余额2625亿元（不含同业存款及应计利息），较上年增长80亿元，增幅3.13%。其中，对公存款余额1832.69亿元（含外币53.53亿元），较上年减少40.24亿元；储蓄存款余额791.96亿元，较上年增加120.02亿元，增幅17.86%。

（李宸霄 桑奎）

【贷款业务】 截至年底，郑州银行各项贷款余额1587.18亿元，较2018年初增长309.55亿元，增幅24.23%。贷款余额前五大行业为：批发和零售业488.74亿元，占贷款总额30.79%；房地产业212.18亿元，占贷款总额13.37%；制造业147.82亿元，占贷款总额9.31%；建筑业111.12亿元，占贷款总额7.00%；水利、环境和公共设施管理业79.58亿元，占贷款总额5.01%；个人贷款(不含个人经营性贷款)270.41亿元，占贷款总额17.04%。

（李秋宜 桑奎）

【中小企业贷款】 2018年，郑州银行坚持将"中小企业融资专家"作为主要业务定位，持续加大对中小微企业支持力度。创建小微营销"白名单"，落地"E采贷""简单贷"，入选郑州市科技局"郑科贷"合作银行，与百度有钱花、大数金融、盛世大联、众睿资服达成合作。修订尽职免责制度，突出对不尽职、严重不尽职行为的清单式管理，以及客户经理第一责任人管理。2018年共进行三个批次尽调检查，涉及1021户信贷业务，落地零售信用风险模型体系优化提升项目、信贷工厂建设项目、同盾反欺诈应用项目。截至年底，单户授信总额1000万元以下（含）小微企业贷款余额为228.22亿元，同比增长48.15亿元，同比增速26.74%，高于全行贷款同比增速2.51个百分点，小微企业贷款户数5.64万户，同比增加2.26万户。

（柳洋 桑奎）

【个人业务】 2018年郑州银行启动麦肯锡零售转型项目。建立销售管理、标杆行陪跑、买单绩效、培训通关四项机制，组建零售业务实践推广团队、手机银行敏捷开发团队、县域经纪人三支队伍，零售业务发展焕发新活力。聚焦贵宾、中老年、工会卡等十类客群重点发力，丰富营销活动形式，2018年新增150万个人客户，个人AUM增加220亿元。开通95097全国服务电话，完成客服系统扩容；创新闪购、拼团、一键续期等理财购买模式；推出梦想储蓄、1+1账户等低成本负债产品；上线鼎鼎付、非税易等收单类产品；与苏宁、大河网等建立合

【金融创新】 2018年，郑州银行坚持创新发展，持续提升客户金融获得感。创新管理方面，发布《郑州银行创新项目管理办法》和《郑州银行创新项目后评价实施办法》；全年验收创新项目54项，其中金融科技创新实验室入驻9个项目，"豫享家"、影子绩效等8个项目已顺利出库；全年征集有效创意298条，成功转化40项。课题研究方面，《县域基层网点盈利发展模式研究》等28项课题全部结项，其中14项课题已落地转化，转化率50%。业务资格获得方面，全省法人银行率先获批B类独立主承销商、信用风险缓释工具核心交易商、信用风险缓释凭

2018年11月30日，郑州银行主办的中国商贸物流银行联盟第二届峰会在郑州举办（郑州银行/供图）

2018年10月23日，“郑州银行杯”2018郑州国际马拉松赛新闻发布会举行（郑州银行/供图）

证创设机构、信用联结票据创设机构等业务资格，推出银行间外汇市场首笔差额交割远期交易（NDF）、河南省法人银行首支定开型净值理财产品金梧桐“鼎信”1号。

（陈宏辉　桑　奎）

【资产保全】 2018年度，郑州银行固化风险资产催清收考核、检视和管理机制，将资产保全部打造成为专业化“坏账银行”；引入“赛马”机制，开展清收竞赛，分户到人，一户一策，盯人盯户盯进度，2018年度清收盘活27.23亿元、清收利息及法律费用1.66亿元；2018年度核销资产17.57亿元。

（闫　艳　桑　奎）

【信息科技】 2018年，郑州银行成功上线新一代信息系统，搭建以客户为中心的全新系统架构；更名大数据中心为数据管理部，制订数据管理三年规划，上线统一监管报送系统、数据补录平台；组建敏捷团队，成熟敏捷开发机制，聚焦全行重点科技需求快速迭代。在中国人民银行、公安部、银保监会、证监会联合主办金融业网络安全攻防比赛中，郑州银行获三等奖。

（杨　莉　桑　奎）

【人才建设】 2018年，郑州银行成立人才兴行工作领导小组，持续加强队伍建设。实施“猎鹰计划”，首次大规模引进外部人才332人；招聘重点高校大学生33人，人才结构进一步优化。通过网络课堂、封闭训练、“职场魔方”等形式，开展分层培训2.48万余人次，人均培训时长达到52小时。系统规范人才选拔、培养、评估、任用与淘汰各项制度15项，明确独立审批人等4类岗位等级与准入标准，梳理总行岗位职责说明书615个，开展人才盘点962人次。

【特色金融】 2018年，郑州银行“商贸物流银行”建设取得新成效。2018年4月发起成立全国首家商贸物流银行联盟，郑州银行董事长王天宇当选联盟主席；11月在郑州举办第二次联盟高峰论坛，和数十家银行同业、大型电商和物流企业共话发展，商贸金融特色初步在全国叫响。固化细化检视机制，大力开展主动授信，推动上下游客户、机构客户营销，全年落地战略客户47户、机构客户243户、上下游客户2200户，33家商贸物流标杆行达标17家；完成发债72.8亿元，发行资产支持专项计划79.75亿元。“五朵云”商贸物流线上平台研发基本完成，其中“云融资”业务余额达到4.6亿元；“云交易”上线8款产品，部分产品及客户体验实现业内领先。

（郭　凯　桑　奎）

保险

中国人寿保险

【概况】 2018年，中国人寿保险股份有限公司郑州市分公司深入贯彻集团、总、省公司战略要求，按照“重价值、强队伍、优结构、稳增长、防风险”经营方针，深化改革、开拓创新，实现“双领先”的经营思路，对标市场、强化转型升级，实现业务快速发展、队伍快速扩充、经营管理再上台阶。2018年全市系统实现总保费44.02亿元，长险首年期交保费9.11亿元，长险首年标准保费3.74亿元，短期险业务实现2.83亿元，续期保费31.68亿元，同比增长34.38%。

【业务发展】 坚持队伍驱动业务，销售队伍扩量提质明显。全年新增人力16618人。个险渠道锁定“铁血双率”，对标有效人力指标，提升星级人力，做强精英队伍稳平台；全力推动全员客养和小说会、白板会，推动业务持续稳定发展。团险渠道搭建大短险专销平台，有效组织推动大短险业务发展。健康险方面，顺利续签基本医疗（原新农合）经办协议，在郑州市社保局对经办工作考核中评定为“优秀”等级。银保渠道紧跟个险建设经验，建立队伍管理新体系。业管客服条线提高服务能力，服务转型收效显著。加大新一代系统推广应用力度，充分利用e宝、e店、e柜等系统，全面实现无纸化出单和理赔、保全自助服务，提升全流程自动化率，提高理赔出险支付时效，推动公司从人力驱动向人力与科技双轮驱动转型，不断增强公司可持续发展能力。同时2018年在郑东新区设立新柜面,填补东区无网点的空白。

【风险管控】 严防风险底线，坚持合规经营，强化执纪问责，筑牢思想底线，为公司发展提供坚强的政治保证。在审计监督方面，组织两次专项审计，开展经济责任审计和反洗钱审计。组织开展“治理销售乱象 打击非法经营”专项自查自纠工作和“防范化解重大风险攻坚战”风险大排查工作，以合规经营严守经营成果。

（王　卓）

邮 政

【概况】 2018年，邮政集团公司郑州市分公司圆满完成省分公司下达的利润目标，为三年发展规划赢得良好开局。落实中央巡视整改要求，提升政治站位，进一步深化普遍服务是邮政立业之本的认识。严格落实监管要求，坚决不触碰“两条红线”。全力巩固并持续保障普遍服务达标，建制村持续通邮率、乡镇邮政局所覆盖率、四项普服业务开办率均达到100%。强化普通邮件质量管控，扎实开展平常邮件质量大提升、投递三大歼灭战、平常信函丢损率压降等活动，普邮全程时限实现达标，平信丢损率大幅下降。县以上城市党政机关全部当日送达《人民日报》。机要通信连续多年保持质量全红。一是加强邮件安全管理。强化制度建设，开展薄弱环节靶向治理，全市邮件丢失数量从元月份的312件下降到日均不足2件。二是加强服务质量投诉治理。聚焦投诉热点，规范作业流程，督导条线整改。全年受理咨询、投诉较上年下降37.8%，客户满意度进一步提升。三是扎实开展平邮质量提升活动，同城T+1指标同比提升8.5%，T+2指标同比提升6.2%,省内T+3、T+5指标同比提升4%，全市平常邮件服务时限明显缩短，服务质量显著提升。

【金融业务】 应对省会市场激烈竞争和存款理财化趋势，以存款为核心，通过抓实基础客群开发、旺季营销和项目带动，深化转型发展，累计新增余额15.18亿元，实现稳定增长。协调发展保险理财业务，强化资产配置功能，累计新增保费23亿元，居全省第6位；坚持优先发展中邮保险业务，实现期交保费1.35亿元，居全省第1位；坚持“蓄客”和效益并重，理财总销量56.57亿元，居全省第3位，时点保有规模31.14亿元，居全省第1位。电子渠道蓬勃发展，新增手机银行21.7万户，替代率92%，均居全省第2位。新增ETC发卡6.28万张，居全省第1位，客户抓取量显著提升。转型发展取得实效，金融业务累计实现收入6.03亿元，较上年增长2.4%。

【寄递业务】 包裹快递板块深化寄递改革，加强资源整合，理顺体制机制，提升客户体验，强化市场开发，累计完成业务量6939万件，同比增长39.26%。标快业务狠抓揽投平台营销能力提升，聚焦商务市场8+X行业客户，融入地方政府“互联网+政务”改革大局，完成业务量911万件，同比增幅0.34%，实现收入1.33亿元。快包业务聚焦郑州产业带、产业群，加大本地标志性品牌客户开发，完成业务量3663万件，较上年增幅40%以上，实现收入1.46亿元，毛利率较年初提升8.4个百分点，发展质效持续提升。国际业务以跨境产业园区为依托，加强平台运营效益，完成业务量2209万件，较上年增幅56.26%，实现收入3.27亿元，郑州枢纽作用凸显。

【农村电商】 坚持以平台建设为核心，完善商品体系，提升运营质量，推进线上线下深度融合，实现收入1.24亿元，居全省第1位。以批销业务为带动，通过平台实现批销额2.1亿元，收入7763万元，占总分销收入比重的65%，平台运营能力明显提升。全市累计建设邮乐购店2207个，邮乐小店4.73万个，马上团客户社群22个，营销渠道逐渐丰富。开展“电商扶贫”和“农产品进城”，邮政知名度和美誉度进一步提升。

【基础业务】 围绕“传承、协同、创新”，优化升级产品、项目和运营渠道，打造邮政文化传媒品牌，推动业务创新转型，实现业务收入2.18亿元。函件业务丰富线上线下媒体资源，拓展

2018年6月1日，郑州市邮政分公司向郑州市民政局捐赠41000瓶牛奶（郑州市邮政分公司/供图）

警邮合作便民服务中心（郑州市邮政分公司/供图）

账单品类，成熟运作基础长效业务，实现收入6358万元，完成预算的106%。集邮业务紧抓生肖项目热点，推动区域项目开发，“集邮网厅+专厅”线上线下融合发展，累计实现收入1.02亿元，仅集邮网厅就实现收入2035万元，较上年增长34%。报刊业务强化图书礼品市场、微信订阅市场、高收益期刊市场开发，累计实现收入5215万元。

【协同发展】 一是总部客户开发初见成效。公安交管项目落地推广，开通代办交管业务网点131个，平台效应逐步显现；与中国移动、中国铁塔深度合作，实现资源共享、优势互补、业务融合。二是深入推进汽车产业链项目，函件、金融、集邮、寄递等业务资源共享、联动发展，实现收入1346.86万元。三是以构建“场景式营销”为核心，打造常寨“红领巾”主题邮局、南环路“亲子教育”邮局、玉凤路大河邮政书吧、花园路快乐老人大学等场馆，着力搭建“邮政+”增值服务体系生态圈，带动金融客户30%以上增长，实现经济效益和企业社会形象双提升。

【助力打好“三大攻坚战”】 在防范化解重大风险方面，开展案件防控亮剑行动、风险大排查等专项活动，持续加大金融案防工作力度，实现全年零案件目标。深入开展“平安邮政”创建工作，强化资金、消防、交通、邮件等安全管理，保障中国国际进口博览会等重要活动期间寄递渠道安全畅通。在助力精准脱贫方面，全年累计助农销售额3200万元；布放助农取款点973个，做好普惠金融服务，更好地满足群众金融需求。在助推绿色发展方面，制订《绿色邮政建设行动三年规划大纲》，推进绿色包装、绿色运输工作，打造绿色邮政形象。

【改革工作】 寄递翼改革平稳落地。按照集团公司、省分公司统一部署，遵循“一个主体、整合资源、分层运作、清晰核算”的思路，组建市、县两级寄递事业部，机构人员整合到位，处理场地和邮路调整全部完成，揽投站点、客户资源整合稳妥推进。激励机制日趋完善。搭建涵盖一线生产、营销、技术和内部支撑人员的全员绩效考核体系，形成操作序列“基本工资+计件薪酬”，专业序列绩效与岗位重点指标挂钩，管理序列绩效与重点经营指标挂钩考核的分配机制。强化关键生产经营岗位考核激励。出台支局（所）分类分级考核办法，金融网点平均年终绩效较上年增长67.5%，纯邮政网点较上年增长60%。

【基础能力建设】 加大普遍服务能力投入力度，改造纯邮政网点38处，群众用邮环境进一步改善。提升金融基础服务能力，加快网点改造升级和自助设备布放步伐，完成网点改造58处，新增CRS等自助设备20余台，网点现代化、智能化、多元化的服务优势更加明显。强化寄递基础服务支撑，完成生产场地改造11处，新建北环出口邮件分拣处理场地，生产处理能力进一步提升。新增“私车公助”车辆120台，累计建成自提代投点6042个，减轻投递压力，提升投递能力。

【信息化管理】 推进集团公司和省分公司信息化工程项目推广上线，自主研发车辆管理、金融业务通报、物资库存管理等信息化系统，实现管理效能提升。丰富并完善大数据应用场景，先后为金融、投递、报刊等业务提供数据分析70余次，推动业务与科技的有机融合。

（贺　琳）

通　信

移动通信

【概况】 2018年度，中国移动通信集团河南有限公司郑州分公司（以下简称郑州移动）牢固树立以客户为中心和高质量发展的经营理念，持续推动“大连接”战略在郑州深入落地，围绕“一个中心”、坚持“两个全面”、狠抓“四轮驱动”、实现“五个突破”、落实“八项工作”，扎实推进稳增长、提能力、惠民生、强党建等各方面工作，持续优化产品结构、客户结构、成本结构，着力加强信息基础设施建设，持续推进网络提速降费，切实增强网络安全保障能力，不断提升信息通信服务水平。

2018年，郑州移动深化“四轮驱动”融合发展，全面提升移动市场、政企市场和家庭市场经营能力，努力加快发展步伐，巩固市场主导地位，打造行业领先优势。深入贯彻集团公司基础电信业务从规模经营向基于规模的价值经营加速转变，信息通信市场从“要素”竞争向“要素+能力”竞争加速转变的发展要求，坚持以客户为中心和高质量发展的理念，扎实开展细分场景营销工作，聚焦营销体系完善和营销能力提升两大核心目标，围绕全渠道运营和全业务销售，构建全触点协同运营体系，持续提升全渠道销售能力，打造竞争领先优势；做深做实做细网格化管理，压实发展责任，激活一线基层生产单元。在市场竞争中不断锤炼直销渠道、实体渠道、异业合作三支队伍的营销能力；遵循市场发展规律，结合城市发展需求，坚持市场细分营销，千方百计提升有销量渠道数量，精益求精落实规定动作，锲而不舍完善营销体系，推动企业高质量发展迈入新阶段。

【客户服务】 2018年，郑州移动围绕“客户稳定、价值提升”两大核心，着力构建分层分级保拓体系，抓产品拿大单，聚焦重点行业，强化重点项目拓展，全年签约千万级以上大单8个，签约数较上年翻番，电动自行车综合治理项目创下国内首个过亿元的应用移动NB-IoT技术大单，获集团公司2018年集客市场拓展最佳实践一等奖，成为落实“大连接”战略的全国典范；IDC紧盯北、上、广、深互联网聚集区抢新增，圈子营销抢份额；短彩信专业团队强化支撑提升效率，集中管控优选客户；物联网聚焦本地市场深耕和国内市场外拓，依托电动车项目快速上量，全省率先实现“物超人”，迈入重点业务跨越式发展新阶段。

【网络建设】 2018年，郑州移动秉承“网络质量是通信企业生命线”的理念，围绕打造网络综合竞争优势这一核心，重点做好“提升承载能力、改善客户网络感知、促进网络市场协同和网络能力转换、强化基础管理”四类重点工作，全力以赴支撑公司转型发展。落实河南省工业互联网发展要求，加快体系化技术布局，强化5G技术实践应用。郑州5G实验网第一期计划建设30个基站，在郑东新区龙子湖智慧岛及郑大一附院等区域部署完成10个5G站点。在2018数字经济峰会暨5G重大技术展示与交流会上移动5G网络首次亮相，进行远程医疗、无人驾驶等5G应用的演示；5G网络在郑州国际马拉松赛事现场，对人员集中的终点区域有效支撑高清摄像头的实时直播、VR等业务现场体验；同时，在郑东新区郑大一附院东西院区建成开通2个5G站点，用于移动B超、远程问诊等医疗项目，率先打造“可接触、可互动、可体验”的5G应用。

【企业管理】 2018年，郑州移动率先启动市、县（区）二级组织体系优化工作，按照“运营管理集中、生产服务下沉”的原则，在部分县城和乡镇深入实施网格化管理，将区域内的政企客户、营业厅、社会渠道、直销渠道、宽带小区、家客集客装维等一线营销服务触点下沉至网格，进一步划小单元、压实责任。郑州移动持续提升精细管理水平，监控成本效益，提升资源精准投放，围绕企业重点、热点和高风险领域开展专项审计和专项稽核，获河南省内部审计先进集体称号。同时，公司深化法治移动建设，加强安全管理，坚持“安全第一、预防为主、综合治理”的工作方针，落实安全生产主体责任，强化安全防范措施，加大安全隐患治理，提高应急保障能力。

（陈　星）

联通通信

【概况】 2018年，中国联通郑州市分公司坚持以问题为导向、用数据论业绩、向管理要效益，全面激发基层单元潜能，不断释放划小改革活力，全面实施互联网化转型，进一步促进发展模式向轻成本、轻触点方向转变，公司各项工作成效明显。全年主营收入完成46.38亿元，移网用户达到500.04万户，宽带用户达到201万户。2018年，郑州市分公司顺利通过国家级精神文明单位复审，岗位创新与质量管理工作3项成果获“行优”，被评为河南省“3·15”质量诚信双优示范单位，同时获得1个省级“五一”劳动奖章和2个市级“五一”劳动奖章，2个集团级职工创新工作室。

【业务经营】 2018年，郑州市分公司经营转型实现新突破。在移网业务方面，紧跟产品演进，主推产品由混合型向流量型转变，逐渐形成畅爽冰激凌套餐+流量王套餐+2I套餐的互联网化产品体系。聚焦重点业务，重点突出权益型产品，分渠道利用存费送券、购机送券等形式，推动中高端套餐发展。以王卡地推为切入点，利用蜂行动工具对合伙人赋能，提升异业触点销售能力。组建四级生产运营责任体系，2I业务的生产运营模式由原来的“一点集中”转为“异地集中+本地下沉”的方式，订单交付由原来的“集中邮寄”逐步转为“末梢码上购派送”，确保订单产能100%归属网格。存量用户保有价值提升，线上渠道结合合约续约、移滚固等营销活动，通过电话外呼扩大存量客户的保有度。线下渠道通过助销弹窗识别客户，辅助存量二维码提升受理效率。以预存分摊话费赠送礼品的形式开展专项维系活动，通过分摊周期增强用户黏性。

在固网业务方面，狠抓宽带新增，针对存量50元及以上套餐的移网单卡客户，统一搭建生产流程、统一集中大数据分析，锁定8万户意向客户集中下单，拉动宽带发展5.4万户。狠抓宽带到期维系，紧盯包年到期续存率、融合合约到期续存率两项指标，自有营业厅设置拆机挽留专席，对进厅办理拆机客户逐户挽留。

【网络建设】 针对2018年入围的EPC总承包服务商，编制《郑州联通宽带、政企项目(EPC)建设方案编制要求及会审流程》等文件，进一步规范工程建设方案编列的原则。不定期组织各建维中心召开专题会议，督促工程建设进度、明确工程管理规范。严格按照省公司EPC总承包服务商招标施工区域执行，依托网络建设互联网化转型及大数据方法论，建立网格导向下投资管理体系，实施互联网化迭代建设模式，努力实现宽带接入投资效益和效率最大化。全面打造匠心网络，强化移网、宽带质量提升，有效地提升用户感知。

【企业管理】 2018年，郑州市分公司创新机制，推进组织体系建设，基本形成“小管理、大操作、强协同”的组织架构。成立建维支撑中心虚拟组织，强化网络支撑保障。持续推进划小改革，在综合网格划小基础上陆续开展政企网格、营业网格、渠道网格的划小改革。在成立业务中台的基础上成立宽带中台，搭建了客户与一线需求在公司内部高效传导的倒三角服务支撑体系。打通了员工退出五条路径，实行长期不在岗人员的名单制管理。在落实U成长计划上，将新入职员工调至创新业务部门轮岗实习，明确培养计划和直接导师。

【客户服务】 深入推进大服务机制，聚焦服务口碑、提升了客户服务新感知。落实宽带服务承诺，组织开展多项网络质量及装维服务提升活动，完成省公司布置的“智慧家庭工程师”初级认证工作，提升装维整体服务水平。全年持续开展移网网络NPS攻坚活动并成立专项工作组，通过零业务整治、4G扩容、拆迁站管控、故障站处理等措施，有效降低3/4G投诉，减少零业务小区，使得郑州公司4GRRU在服率由年初的96.2%提升至98%以上。

【2018中国（郑州）国际旅游城市市长论坛活动通信保障】 5月27–30日，2018中国（郑州）国际旅游城市市长论坛在郑州国际会展中心举行。活动期间，会展中心、省博物院、登封少林寺等活动场馆及接待宾馆的专线业务、固网、移网都是通信保障的重点。郑州市分公司及早与执委会对接，积极筹备，完成客户机房巡检、线路隐患排查、保障方案制订、移网信号优化、抢修人员安排等一系列工作，完成2018中国（郑州）国际旅游城市市长论坛活动期间的通信保障工作。

【拜祖大典通信保障】 2018年4月，一年一度的拜祖大典在新郑市举行，郑州市分公司制订完善的通信保障与应急预案，提前完成活动现场、周边道路涉及的3/4G网络小区和邻区参数的全面核查与优化调整，加派移动应急通信车1台，开通转播电路2条，大典现场移动网络和重保电路各项指标表现良好，受到组委会认可和好评。

【智慧党建融平台】 2018年，河南省委组织部对郑州基层党员远程教育站点运行情况和“互联网+智慧党建”融平台使用情况进行抽查验收。本次验收从2439个计划内站点中随机抽取100余个，对站点阵地建设、网络速度、融平台使用熟悉程度、视频会议流畅程度等方面作了检查，全部通过验收。网络带宽测速均在100M左右，各站点管理员能够熟练操作使用融平台，视频会议系统播放流畅率达到100%。新郑党建沙盘平台、荥阳党建云平台、二七区基层党建云平台等得到验收组好评。

【“全民服务在行动”专项活动】 2018年，郑州分公司在各营业厅统一服务形象、统一服务口号、统一宣传展示、统一使用服务结束语，严格落实服务规范执行要求，将服务理念融入服务行动，用服务行动升级服务理念。各区域中心组织装维经理进行“全员服务在行动”专题培训，强化装维人员在接触用户过程中“真诚服务 用心服务”意识，开展技能演练，将规范化标准服务融入全流程。县分公司开展多场次专题培训及研讨，围绕改善提升客户口碑制订优化提升措施，加强触点服务管控，提升触点人员主动服务意识。

（袁　野　高刘芳明　窦雪燕）

电信通信

【概况】 2018年，中国电信郑州分公司围绕“三大目标”“三大任务”，深化转型升级，持续推动质量变革、效率变革、动力变革。在通信管理局的领导下，成为集团公司战略业务单元（SBU），突破份额生死线，迈向发展新阶段。全年公司业务收入22亿元，同比增幅10.2%，用户规模持续增长，移动网用户达到252.2万户，同比增长16.85%，宽带用户达到68.7万户，同比增长10.9%。

【深化改革】 2018年，中国电信郑州分公司延展专业化运营思维，在强化以专业细分为主旨的专业序列运营体系的同时，建立围绕高增长及新兴领域的专业发展团队体系和强化支撑探索的专业支撑体系，进一步提高生产率。专业发展团队自成营销单元，认购责任田，对收入负责。专业支撑团队聚焦政企市场专业需求响应，与市场拓展相辅相成。公众市场专业发展方面，针对不同类型的渠道商，聚焦强商引领，广泛布局触点，建立针对性的渠道运营中心；针对线上市场的日益扩大，为扩大线上影响，以新思维拓新市场，建立负责线上经营的运营中心。各中心独立运营，以细分市场渠道商群为营销触点，深入挖掘细分市场潜力。政企市场专业发展方面，针对ICT及物联网两个新兴业务领域，以专业化拓展为核心，探索专业领域发展道路，引领全区政企板块力量实现突破，建立ICT业务运营中心及物联网运营中心，团队自主发展兼顾专业支撑全区。政企领域专业支撑方面，不断强化解决方案中心力量，提升成熟、传统业务支撑能力。同时，针对云和集成业务，成立云业务团队及集成业务团队，以专业人员支撑提供专业解决方案。

【转型升级】 面对行业增长远低于郑州市生产总值增速，行业价值持续走低的局面，中国电信郑州分公司进一步深化转型，在集团公司的战略引导下，在河南公司“1331”工作举措的正确领导下，贯彻新发展理念和供给侧结构性改革要求，以规模发展为基础，以价值经营为根本，网络设施更智能、用户质态更好、收入质量更高、客户体验更优、群众获得感更强，能够更好彰显央企责任和作用的发展，为经济社会发展和人民美好生活提供更加优质高效的服务为目标，改革创新，走高质量发展之路。以客户需求为导向，构建起融合、融通、融智“三位一体”的价值经营体系。通过基础业务融合、云网融合、应用与服务融合、主实业协同、海内外协同，发挥升维效应，以融合推动规模发展；以能力共享、渠道共用、数据互通、业务互促为重点，促进业务生态融通互促；以新一代BSS3.0 建设和应用为契机，加快推进精确管理、精准营销、精细服务，以融智促进效率提升。

【网络建设】 不断加强通信基础设施建设，新增4G基站640个，城域网出口带宽扩容至1600G，IDC出口扩容至2200G。持续提升覆盖及网络服务质量能力，在集团公司组织的移动及光网质量双提升专项工作中，分别获得集团公司和省公司移动及光网质量双提升优秀团队称号。

【重要活动网络保障】 中国电信郑州分公司在2018年继续履行中央企业社会责任，完成春节期间、郑开马拉松活动、新郑黄帝拜祖大典、2018年高招考试等网络保障工作，确保网络通畅，全力支持社会民生活动。

（朱　青）

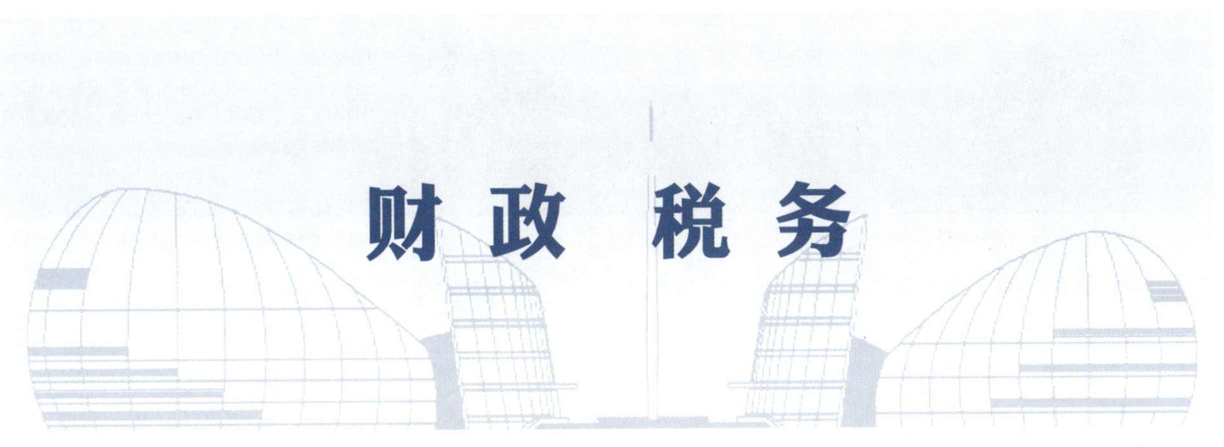

财政税务

财政

【概况】 2018年，全市一般公共预算收入完成1152.1亿元，为预算101.4%，增长9%，增收95.4亿元。其中，税收收入完成859.5亿元，为预算99.3%，增长10.9%，增收84.3亿元；税收占一般公共预算收入的74.6%，比上年同期上升1.2个百分点；非税收入完成292.6亿元，为预算108.4%，增长3.9%，增收11.1亿元。2018年，全市一般公共预算支出完成1763.3亿元，为预算98.5%，增长16.4%，增加248.4亿元，其中教育等9项民生支出完成1402.9亿元，占一般公共预算支出的79.6%。

2018年，全市财政支持打好三大攻坚战，持续防范化解债务风险，打好精准脱贫攻坚战、污染防治攻坚战。财政支持新型城镇化建设、现代产业体系构建、开放创新战略实施、生态郑州建设四大重点工作。持续加大社会保障和就业体系、公共卫生和医疗事业发展、教育事业发展、文化体育惠民政策等民生投入。健全税收征管体制、全面实施预算绩效管理，持续深化国库管理制度改革、投融资体制改革、“放管服”改革。

【防范化解债务风险】 2018年，郑州市持续防范化解债务风险。落实《郑州市政府债务管理纳入政绩考核实施办法》，做好“债务和政府中长期支出事项监测平台”试点工作。争取专项债券资金，全年发行92.2亿元，用于支持棚户区改造及土地储备项目。制订全市政府债务风险防范化解方案。截至2018年年底，全市政府债务限额2368.4亿元，余额1783.4亿元，各级政府债务余额均在限额以内，无风险预警地区和风险提示地区，圆满完成既定目标任务，债务风险总体可控。

2018年5月11日，郑州市财政局、上海浦发银行郑州分行联合举办郑州市政府采购合同融资产品推介会（市财政局/供图）

【精准扶贫】 建立健全扶贫资金投入保障机制，2018年拨付扶贫专项资金5.6亿元，全市扶贫项目实施和扶贫资金支出进度96.6%，超额完成上级部门确定的92%的支出任务。

【污染防治】 2018年，拨付资金20.6亿元，支持污水处理厂建设及运营，全年共完成生活污水处理6.8亿吨。拨付资金8.3亿元，购买更换新能源公交车800台，做好节能与新能源汽车推广应用工作。拨付资金6.7亿元，推进北方地区冬季清洁取暖试点城市建设，支持电力行业削减燃煤75万吨，全市空气质量明显改善。

【财政支持新型城镇化建设】 2018年，拨付资金79.5亿元，支持轨道交通建设、南四环至南站城郊铁路工程及米字型高铁建设。拨付资金104.9亿元，保障西四环快速化工程、贾鲁河截污工程等项目建设资金。筹措保障性住房建设资金40.5亿元，基本建成保障性住房9.4万套，首批2.5万套青年人才公寓开工建设，安置房网签12万套，新增回迁群众30万人、回迁率84%。拨付资金37.2亿元，支持国家自主示范创新区郑州片区和商都历史文化区建设。

【财政支持现代产业体系构建】 2018年，拨付资金23.8亿元，支持主导产业发展，促进工业结构调整和转型升级，全力保障“工业强市”和“信息化强市”战略目标实施。安排产业扶持资金7.8亿元，支持高成长服务业、现代物流业、商贸流通业等新兴服务业产业发展。

【财政支持开放创新战略实施】 2018年，筹措资金6.8亿元，支持郑欧班列高质量开行752班，开辟中亚班列、东盟班列等新线路。省、市两级共投入专项扶持资金12亿元，支持机场集团做大做强和国际航空货运枢纽建设，支持开

2018年6月5日，省财政厅、民政厅、卫计委联合调研组到郑州市调研健康养老产业转型发展工作（市财政局/供图）

拓民航洲际航线。拨付资金2亿元，支持EWTO核心功能集聚区建设、“跨境电商+新零售”等电商服务模式创新。安排专项资金7.4亿元，重点支持重大科技专项实施。拨付郑州大学“双一流”建设项目资金2亿元、新华三大数据项目资助资金1亿元，支持名校名企建设。

【财政支持生态郑州建设】 2018年，安排大生态建设专项资金37亿元，围绕“大生态、大环保、大格局、大统筹”，做好资金保障。拨付奖补资金14.9亿元，支持县（市）区森林公园、湿地保护、生态水系、生态廊道、生态文化公园等97个重大生态建设项目，完成城市园林绿化和生态水系建设。拨付资金2.3亿元，支持全市新造林0.77万公顷，完成森林抚育0.52万公顷，巩固提升林业生态建设成果。

【社会保障和就业支出】 2018年，全市财政社会保障和就业支出115.2亿元，增长21.8%。拨付资金28.5亿元，完善社会救助体系，农村低保标准和城市低保标准分别提高到每人每月430元和630元；特困人员供养基本生活标准按照最低生活保障标准的1.5倍执行；全面落实双拥优抚安置政策；切实保障残疾人福利；继续对80岁以上老人发放高龄补贴。拨付资金25.5亿元，稳步提升社会保险待遇，城乡居民基本养老金标准由每人每月160元提高到190元，城镇职工退休人员养老金月增加141.3元，人均达到2823.8元。拨付资金2.4亿元，认真落实就业再就业财政补贴政策，全市实现新增城镇就业12.4万人、农村劳动力转移就业6.1万人。

【公共卫生和医疗事业支出】 2018年，全市财政医疗卫生与计划生育支出97.9亿元，增长7.8%。拨付资金56.4亿元，提升基本公共卫生服务均等化水平，城镇居民医保和农村新农合财政补助标准由每人每年450元提高到490元，基本公共卫生服务财政补助标准由每人每年50元提高到55元。拨付资金14.2亿元，继续推动公立医院综合改革，全市所有公立医院全部取消药品加成；落实分级诊疗制度，支持家庭医生签约服务；实施健康精准扶贫，补助减免农村建档立卡贫困人口住院起付线。

【教育事业支出】 2018年，全市财政教育支出213亿元，增长21%。拨付资金152.5亿元，全面落实城乡义务教育生均经费政策和减免学杂费、书本费等各项助学政策，改善贫困地区义务教育薄弱学校基本办学条件，推进城乡义务教育均衡发展。建成投用幼儿园37所，新建、改扩建中小学38所，投用20所，大班额、上学难问题逐步缓解。拨付资金28.1亿元，落实高等职业院校生均拨款制度及免学费政策，推动职业教育和高等教育健康发展。

【文化体育惠民政策落实】 2018年，全市财政文化体育与传媒支出13.9亿元，增长7.6%。支持“舞台艺术进乡村、进社区”，免费为基层群众演出优秀戏曲（剧）1000场。积极落实公共图书馆、博物馆、美术馆、群众艺术馆、乡镇文化站及社区文化中心免费开放制度。加快推进城乡体育健身场所建设，支持全民健身活动深入开展。

【健全税收征管体制】 2018年，实行综合治税季报制度，扩大涉税信息共享范围，全年共享涉税信息单位达到17家、1.5亿条，实现应用成效17.2亿元。开展税收专项治理，会同税务部门探索建立房地产、建筑业一体化项目管理系统。

【预算绩效管理】 2018年，将绩效目标设置作为预算安排前置条件，申报绩效目标873个，涉及资金145.2亿元。继续扩大绩效评价实施范围，组织部门绩效自评价项目97个，开展第三方绩效评价项目12个，并将绩效评价结果作为政策调整、改进管理和预算安排的重要依据。开展绩效目标公开，将各部门申报的2018年绩效目标随部门预算统一在市政务服务网站公开，促进部门绩效管理理念转变，加快推进预算和绩效管理一体化。

【市县级财政事权和支出责任划分改革】 2018年，启动市与县（市）区财政事权和支出责任划分改革。印发市与县（市）区财政事权和支出责任划分改

2018年7月25日，市委巡察办对市财政局十一届市委第三轮巡察整改落实工作进行专项督查（市财政局/供图）

2018年12月18日，市财政局组织全体干部职工收听收看庆祝改革开放四十周年大会（市财政局/供图）

革实施方案，逐项研究市与县（市）区财政事权清单，加快构建依法规范、权责匹配、协调配合、运转高效的市以下财政事权和支出责任划分体系。

【国库管理制度改革】 2018年，全市各级全面实现电子化运行。对市级预算单位银行账户实现网上申报、网上审批，简化账户审批手续。将市本级预算单位除零余额账户、工会、党费账户外的银行账户，嵌入预算执行动态监控系统进行锁定。在全市范围推行规范使用财政专户资金管理信息系统，提高专户管理信息化水平。

【投融资体制改革】 高效规范推广运用PPP模式，推动融资平台公司市场化转型改革，探索建立PPP项目实施方案竞争机制，加强项目库管理，扎实推进PPP项目规范运作。截至2018年年底，全市实现落地项目42个，总投资1758亿元，其中：市本级落地项目14个，总投资1113.2亿元，PPP投资752.2亿元。郑州市被国务院评为“2017年度全国推广政府和社会资本合作（PPP）模式工作有力、社会资本参与度较高的市、县”。深化涉企资金基金化改革，构建以郑州国家中心城市产业发展基金为核心的政府投资基金制度体系，打造总规模1000亿元的国家中心城市产业基金。

【“放管服”改革】 2018年，推广“互联网+非税”缴费工作，推进“支付宝”平台改造升级。全面开展收费基金清理规范工作，确保“清单之外无收费”。扎实推进会计行政审批领域“放管服”改革，会计师事务所基本信息全部实行网上报备。探索政府购买服务引入社会中介机构参与评审机制，公开选聘81家工程造价咨询机构建立中介机构备选库，切实加快评审进度。将市直单位政府采购限额由20万元提高到50万元，公开招标数额标准由100万元提高到200万元，进一步提高预算单位政府采购的自主性和灵活性。

（陈惠芬）

税务

【概况】 2018年，国家税务总局郑州市税务局一手抓征管改革，一手抓税收工作，持续推进各项工作再上新台阶，相继获得全省税务系统绩效管理优秀单位、个税改革工作优秀单位、新机构、新职责、新业务、新作为知识网络竞赛优秀组织奖，河南省财政厅资产管理先进单位、郑州市就业创业及社保保险工作先进集体等荣誉称号；作为全省的全国文明单位观摩点，接待全国各地学习交流35批700余人次，树立起良好社会形象。

2018年，国税、地税征管体制改革后，全市税务系统有干部职工4995人，其中，在职人员3648人，离退休人员1347人；大学本科及以上学历2552人，占在职人员的71%；班子成员15人，其中1名正职，8名副职，1名纪检组长，总经济师、总会计师各2名，1名党委委员，分管稽查工作。市局机关设置科室21个，事业单位3个，派出机构6个；下辖7个市辖区局和5个县级市局。税收管理区域主要是五县区和老城区，共管理和服务纳税人55万户，主要分布在商业、金融、房地产、电力、电信等行业，房地产、建筑业税收占比较高，制造业以传统工业为主、高成长行业为辅，新兴服务业占比较低。分行业看，房地产、建筑业在税收中占比高达49%，比全市房地产税收占比高出11.7个百分点，比全省高出19.2个百分比，比全国高出27.2个百分点；制造业税收占比11.9%，其中建材3.6%、装备制造1.5%、汽车0.9%、有色0.8%、电气0.7%，商业占比11.7%，金融占比7.2%。

【征管体制改革】 2018年6月，国税、地税征管体制改革，全市税务系统将“认真学习弄明白、坚决执行不走样、服从组织勇担当”作为落实改革总要求，建立“1+9+12+N+1”改革组织体系，既不抢跑，也不拖延，全面完成各项改革任务。7月5日、7月20日，市、县、乡三级新税务机构先后挂牌。9月25日、10月25日，市、县税务机构“三定”工作收官。与改革前比，全系统机构压缩188个，其中，副处级机构压缩4个，正科级机构压缩11个，副科级机构压缩149个，股级机构压缩24个；税

2018年8月8日，省、市税务局到郑州二七区局督导调研河南省政务服务“一网通办”工作（市税务局/供图）

2018年9月19日，郑州市人大常委会听取郑州市税务局税务专项工作评议汇报（市税务局/供图）

务分局从改革前的215个减少到112个，减少近50%，实现机构改革“合并”与“瘦身”协同共进。117名科级干部转为副职或非领导职务，占全体科级干部的24%，2名副处级干部被安排在科级岗位上，107名科级干部被安排在股级岗位上，但队伍整体上思想不乱、工作不断、干劲不减，组织收入没有受到影响，纳税人办税秩序没有受到影响，受到上级肯定。

【税费收入】 2018年，共组织各项税费收入1364.78亿元，同比增长12.7%，增收154.21亿元。其中，税收收入完成988.86亿元，同比增长9.3%，增收84.11亿元；地方级收入完成538.37亿元，同比增长10.3%，增收47.49亿元。非税收入完成375.92亿元，同比增长22.9%，增收70.1亿元，其中社会保险费收入完成349.88亿元，同比增长23.2%，增收65.93亿元。2016—2018年，市局地方级收入增速连年提升，2016年为7.1%，2017年为7.6%，2018年为10.3%，实现两位数增长，为全市经济社会发展和民生改善提供财力保障，获市政府表彰。2018年，面对房地产行业“限购、限贷、限售、限价”的复杂形势和中美贸易战背景下服务经济发展的特殊需要，全市税务系统坚持依法征税，强化经济税源分析，加强税收征管、风险评估，不断提升组织收入质量。同时，推进增值税、个人所得税、环保税、水资源税等税制改革不断深化，落实各项税收优惠政策，累计办理各类减免税费369.63亿元，降低企业负担，支持企业发展。

【纳税服务】 全市税务系统牢固树立“机构改革，服务先行”的理念，围绕优化营商环境，多次专题研究部署，组织开展“新起点、新面貌、新服务”主题实践活动，制订《郑州市优化企业纳税服务工作方案》，配套制订《纳税服务约谈监督办法》《办税服务厅领导值班制度》《举报投诉管理制度》等3个办法，推动营商环境改善。办税流程进一步优化，276项即办事项和条件即办事项，纳税人可一次办结，实现“最多跑一次”，占全部事项的89%；其余34项流转类事项，除高新技术企业认定、房产交易环节税收、个别收费项目外，全部实现网上办理，凡纳税人在网上提出申请的，均实现“最多跑一次”。办税便利化程度进一步提升。国税、地税机构合并前，先合并办税服务厅，5月1日起，全市86个办税服务厅（室）全部实现“一厅通办”，综合服务窗口实现“一窗通办”，纳税人办税不受改革影响。网上办税效率进一步提高，建立网上办税业务集中处理中心，全市纳税人通过网上办理的行政审批事项占总数的86.05%，占全省网上审批事项的67.76%，办理总量居全省第一，高于全省平均水平21.9个百分点。全面完成市政府交办的优化营商环境重点工作，统筹推进“三级十同”事项和“一网通办”工作，配合“一窗受理、并联办理”房产交易试点工作。在税务总局2018年委托第三方组织的纳税人满意度调查中，郑州市得85.23分，在全国省会城市中排名第6，在中南片区6个省会城市中排名第1。

【税收征管】 全市税务系统把“内部衔接顺畅、外部运转统一”作为检验改革成果的抓手，抓住不放。统一征管方式流程。机构合并前，下发《关于明确税收征管有关事项的通知》，对十项征管措施进行统一。国税、地税征管体制改革机构到位后，精细开展管户对照、管户调整等工作，合并优化税务专网架构，统一信息安全防护体系，稳步推进金税三期系统“并库”试点工作，统一征管方式逐步建立。加强税种管理。狠抓防虚打虚工作，“硬指标挤水分、硬手腕抓整治”，共接收上级部门增值税发票风险任务派单854户，较上年降低76%，执法风险持续降低。加强企业所得税日常管理和后续管理，加强预缴和年度汇算清缴管理，汇算入库税款65.88亿元，同比增长17.1%，增收9.62亿元。加强土地增值税信息分析比对，有序推进清算审核，入库土地增值税61.99亿元，同比增长18.2%，增收9.56亿元。加强非居民税收管理，入库税收3.07亿元。居民两险集中征缴平稳有序，征收规模和征收进度全省领先。强化风险管理。通过第三方数据分析应用，建立3个大行业、19个行业细类模型，提高风险识别指向性和精准性。完成各类风险派单38批，开展酒店住宿业、房地产行业、影视行业、政府类投资项目等专项治理，查补入库税款、滞纳金27.4亿元；开展扫黑除恶工作，严查各类涉税违法犯罪活动，稽查入库9.55亿元。

【依法治税】 全市税务系统坚持“法无授权不可为、法定职责必须为、法无禁止皆可为”的法治理念，强化底线思维，提高依法行政水平。夯实法治基础。及时清理规范性文件46份，在挂牌当日同步发布公告，确保新机构执法依据和执法口径统一规范。深化行政争议处置，维护纳税人合法权益，实现全年“零败诉”。全市5个单位被明确为全省服务型行政执法示范点；5个单位被明确为全省税务系统服务型行政执法示范点，市局被表彰为郑州市法治宣传教育和依法治理工作先进集体。强化执法监督。全面应用内控平台，通过执法督察、疑点核查等方式，倒查执法环节的突出问题，选取2个单位开展重点督察，发现执法问题7项；严格执行执法责任制，对39人执法过错进行责任追究，让“红红脸、出出汗”成为常态，为服务经济发展、规范税收秩序提供坚强保障。

（张海鹏）

城乡建设与管理

建设行业管理

综 述

【概况】2018年，郑州市市政重点工程建设累计完成投资205.27亿元；全市建筑业完成产值4225亿元，占全省37.2%，增速20.9%、位居全省第一，建筑业增加值708.6亿元，上拉全市GDP一个百分点；全市勘察设计业完成合同金额88.2亿元，同比增长13.5%；全市纳入装配式建筑项目库500余万平方米，其中2018年开工建设约247.7万平方米，超额完成省厅下达目标任务；全市通过施工图设计审查项目1311个，面积1862万平方米，已全部落实绿色建筑标准。完成绿色建筑评价标识项目55个，面积699.8万平方米；全年共创鲁班奖8项，其他省优、市优工程质量奖160余项，创省、市级安全文明工地242项；全市完成4类重点对象存量危房改造913户；市建委连续四届荣获"全国文明单位"称号。

【市政重点工程建设】四环线及大河路快速化工程桩基、墩柱、承台等下部结构基本完成，工程全线启动箱梁架设。北三环东延（东四环以西）高架主线及部分匝道、东三环快速化工程隧道段、农业路快速化（铁路代建段）地面道路主线及部分匝道、金水路西延（西站北街至西三环）主线等工程全部通车；全年开工建设支线路网工程67条、建成通车38条。"两纵两横两环"快速路网系统建设进入新阶段，城市路网结构更加优化，城市道路"微循环"更加畅通，城区交通状况明显改善，城市承载力持续提升，为郑州国家中心城市建设奠定了坚实的硬件基础。

【村镇建设】2018年，郑州市村镇建设加快推进。18个中心镇（不含巩义市新增的5个中心镇）基础设施建设项目完成135项，完成总投资约32亿元。第一批市级特色小镇建设项目累计开工32项，完成投资26.2亿元。登封市4个村被列入第五批省级传统村落名录，登封市3个村和巩义市1个村顺利通过第五批国家级传统村落名录公示。按照"农村贫困人口住房安全有保障"的目标要求，开展建档立卡贫困户等重点对象危房改造工作，全市完成4类重点对象存量危房改造913户。

2018年11月30日，郑州市东三环（107辅道）快速化工程隧道段建成试通车（市城建局/供图）

【房屋征收】2018年，郑州市依法实施房屋征收。围绕保障四环线及大河路快速化、轨道交通等市政重点工程，各个辖区征迁工作稳步推进，签订资金拨付协议13个，协议面积约280万平方米，涉及群众3200户，累计拨付征迁补偿费用约15.6亿元。涉及全市27个市政重点工程项目的征拆问题已解决836处，完成率95%。

【行政审批制度改革】2018年，市建委扎实推进行政审批制度改革。制订《郑州市工程建设项目审批制度改革工作方案》《郑州市建设项目联合验收实施方案》《郑州市施工图设计文件联合审查实施方案》，合并办理施工许可证、质量监督、安全监督手续，实现施工许可证、企业资质审批"一网通办"。同时，按要求顺利完成审批服务事项及有关人员入驻市政务中心工作。

（陈恩军）

建筑业管理

【概况】2018年，郑州市建筑业规模和产值再创新高。建筑企业产值达到百亿元以上的有8家、50亿元以上的有18家、20亿元以上的有41家；7家建筑企业获评总部企业，占全市总部企业数量的三分之一。一级资质央企中交一工局

四环线及大河路快速化工程箱梁拼装（市城建局/供图）

七公司从外地迁入郑州市，中铁二十一局集团有限公司在郑州市设立一级总承包资质子公司“铁建中原工程有限公司”。坚持“管行业也要管发展”的理念，不断健全完善支持建筑企业做大做强的扶持和奖励政策，重新修订《郑州市人民政府关于促进建筑业持续健康发展的实施意见》，对51家业绩突出的建筑企业实施财政资金奖励3200万元。积极扶持企业开展科技创新，全年发布QC成果200项。信用体系建设不断完善，重新修订出台《郑州市建筑企业信用信息管理办法》，实现对各类建筑企业的信用管理全覆盖，组织开展企业信用综合评价，共认定AAA级信用企业199家，发布“红黑榜”信息6期、百余条。农民工工资治欠保支工作方面，共受理解决拖欠案件220起，涉及工资约1.5亿元，创劳务用工实名制标准化工地40个。依法行政水平稳步提升，向市综合执法局移交建筑领域全部处罚权355项，并建立执法监督和行政处罚的衔接机制。

【勘察设计和标准定额管理】 2018年，全市勘察设计业完成合同金额88.2亿元，同比增长13.5%。郑州市政府出台《郑州市人民政府关于既有住宅加装电梯工作的实施意见》。市规划局起草《郑州市楼顶整治“平改坡”改造专项活动实施方案》。同时组织开展农村抗震住宅优秀设计方案竞赛活动，印发《郑州市农村抗震住宅设计示范图集》。定额服务方面，市规划局按时发布材料价格信息，新增管廊和轨道电缆、穿线管等新材料125种。

【招标投标监管】 2018年，建筑行业招投标监管更加有效。严厉打击围标、串标等违法行为，为企业公平参与市场竞争提供保障。修订完善非依法必须招标工程建设项目直接发包管理措施，扩大直接发包范围。更新计算机辅助评标系统，为全面推行计算机辅助评标打下基础。全年完成监管项目551项，监管的工程建设项目依法必须招投标进场交易率100%。

【工程质量监管】 工程质量安全标准化建设工作方面，进一步巩固提升标准化建设成果，培育了一批工程质量安全标准化示范工地。同时完成《郑州市工程质量管理标准化交流手册》《郑州市轨道交通工程质量监督标准手册》《市政排水检查井盖及防沉降构造图集》编印，成果被省住建厅在全省予以推广。工程质量三年提升行动扎实开展，严格落实质量终身责任制，规范参建各方质量行为，持续加强工程质量监管，着力开展工程质量常见问题防治，工程质量和监管水平持续提升。全年共创鲁班奖8项，其他省优、市优工程质量奖160余项，郑州市工程质量监督站被省人社厅、住建厅评为2018年度全省住房城乡建设系统先进集体。

【建设安全监管】 2018年，郑州市建设安全和文明施工监管更加严格。各相关部门健全完善安全生产责任体系，狠抓建筑施工关键部位、关键节点、关键岗位的安全隐患排查整治，不断加大联合执法、联合惩戒力度，建筑施工安全生产形势平稳，未发生较大以上安全生产事故。全年，共创省、市级安全文明工地242项。

（陈恩军）

城乡规划与管理

城乡规划编制

【概况】 2018年，市城乡规划局以国家中心城市建设为统揽，以国际化、现代化、生态化为方向，紧紧围绕“十大主攻方向、九大支撑性工程、六项基础性工作”，围绕以人为核心的新型城镇化，加快城乡规划编制，优化空间布局，塑造特色风貌，提升建设品质，严格规划管理，完善工作机制，圆满完成了各项既定目标任务。

【中国（河南）自由贸易试验区郑州片区空间布局规划（2017—2035）】 2018年11月16日，《中国（河南）自由贸易试验区郑州片区空间布局规划（2017—2035）》经市人民政府批复。本次规划将自贸区郑州片区的功能定位确定为：国际现代化综合交通枢纽、

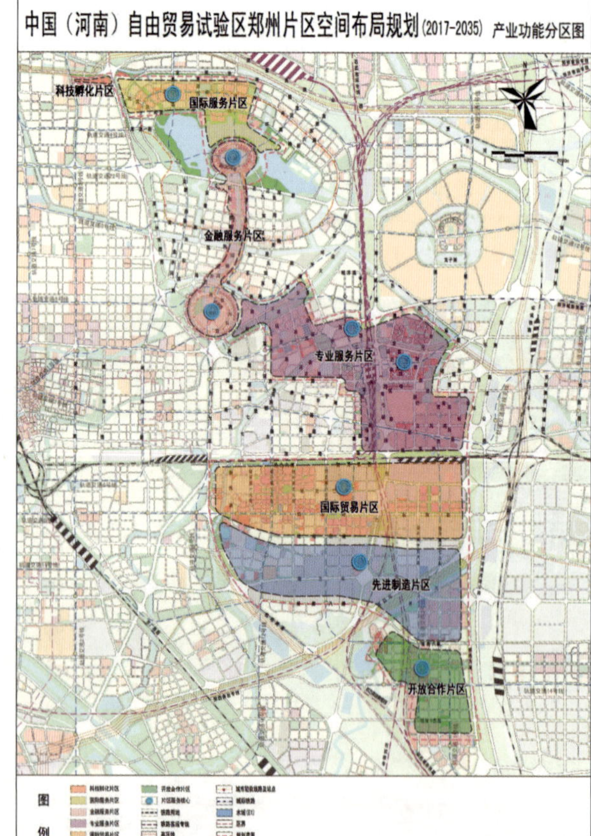

中国（河南）自由贸易试验区郑州片区空间布局规划（2017—2035）产业功能分区图（市自然资源和规划局/供图）

"一带一路"国际物流中心、国家重要先进制造业基地、内陆现代金融中心、中西部对外开放窗口。本次规划基于现状、产业和城市建设等相关要求，对自贸区内部分区域进行了规划调整，最大限度增加产业类用地，满足产业发展要求。规划与《中国（河南）自由贸易试验区郑州片区产业发展规划》同步编制，在产业规划的基础上，明确了自贸区产业空间布局。结合用地布局的调整，对重点区域交通基础设施进行提升，优化区域客货运输系统，加快推进重要节点打通工程，构建与自贸区功能定位相一致、有效支撑自贸区空间布局、承载产业发展的综合交通系统。规划以环境质量基本稳定，产业结构与布局科学合理为目标，打造适应自贸区发展的"生态、低碳、循环、高效"产业模式以及"绿色、健康、宜居、快捷"的人居环境，实现社会、经济、环境协调可持续发展。

郑州国际化枢纽城市战略研究暨规划

市域门户枢纽布局规划图

中国城市规划设计研究院

郑州门户枢纽布局规划图（市自然资源和规划局/供图）

【郑州铁路枢纽总图规划（2016—2030年）】 2018年12月16日，《郑州铁路枢纽总图规划（2016—2030年）》获中国铁路总公司和河南省人民政府联合批复。规划范围：北起京广线黄河南岸站（京广K651+516对应郑济高铁DK17+000），南至京广线薛店站（京广K709+304对应郑万高DK49+149.73）；东起陇海线占杨站（陇海K540+539），西至陇海线上街站（陇海K605+418.98）。规划年限：规划年度2030年，远景展望2050年；近期工程2020年。规划目标：规划年度形成衔接石家庄、济南、徐州、阜阳（合肥）、武汉、重庆、西安、太原等8个方向，京广、徐兰、郑万、郑太、郑阜、郑济高铁、京广、陇海铁路等干线，以及郑州至开封、机场、洛阳等城际铁路引入的环形放射状大型铁路枢纽。规划主要内容：（1）客运系统布局：郑州、郑州东、郑州南、小李庄站"四主"客站格局、郑州北（规划客站）、大关庄、岗李站预留发展为重要客运节点条件。（2）货运系统布局。规划形成"1+2+N"三级物流节点网络。其中圃田（含占扬）为一级物流基地；上街、薛店为二级物流基地；广武为三级物流基地，规划圃田西等城区内既有铁路货场转型升级为城市物流配送中心，郑州东、郑州南等动车段所预留办理高铁快运作业条件。（3）解编系统。郑州北为枢纽编组站，规划年度维持现有三级六场站型及规模；远景预留郑州北编组站外迁至普速外绕线新密北规划建设用地条件。

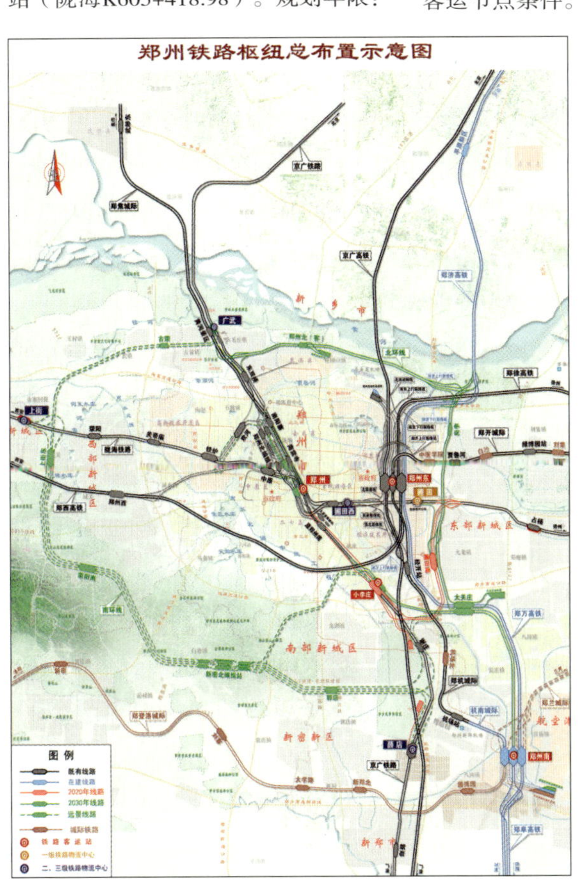

郑州铁路枢纽总布置示意图（市自然资源和规划局/供图）

【郑州国际化枢纽城市战略研究暨规划】 2018年12月20日，《郑州国际化枢纽城市战略研究暨规划》通过郑州市规划委员会第51次会议审议通过。规划范围：郑州市域，7446平方公里。研究范围：郑州大都市区，包括郑州市域、开封、新乡、焦作、许昌四市。规划年限：近期2020年，远期2035年，远景展望至2050年。规划目标：（1）构建覆盖中部、辐射全国、连通世界、服务全球的综合交通枢纽；（2）建立支撑中国崛起的世界先进制造基地与现代服务基地；（3）打造开放高效、魅力宜居的国家中心城市。规划主要内容：（1）强化国际枢纽：构建多网融合、多式联运的国际枢纽；（2）重构运输体系：推动网络化高铁客运组织，重组区域物流体系格局；（3）升级产业功能：促进产业体系与枢纽类型的相互匹配；（4）创新区域模式：以多层次轨道系统支撑城市区域化新模式；（5）支撑开放架构：通过枢纽地区推动开放型城市格局的形成；（6）提升城市魅力：以多层次交通组织特色空间和居民活动网络。

【郑州大都市区互联互通交通体系规划】 2018年12月20日，郑州大都市区互联互通交通体系规划通过市规划委员会第51次会议审议通过。规划范围：郑州大都市区，包括郑州市域、开封、新乡、焦作、许昌四市。洛阳作为中原城市群的副中心，与郑州交通互联互通也在本次规划研究范围之内。规划年限：近期2020年，远期2035年。规划主要内容：（1）进一步提升国际化枢纽功能。以服务于"一带一路"建设的现代综合交通枢纽和国际物流中心为目标，积极提升国际性综合交通枢纽功能。（2）研究中原城市群"双环十字多联"城际铁路体系，实现中原城市群内高铁网络全覆盖。同步加密城际铁路网络，实现大都市区县级层面全覆盖。（3）与周边地市形成"3+3+4"互联互通骨干交通体系。既与周边地市不少于3条铁路（高铁/普铁/城际）、与周边地市不少于3条高速公路、与周边地市不低于4条国省干道。（4）主城区形成

“环+放射”骨干交通体系，支持主城区功能提升。

【郑州市商都历史文化区城市设计】 2018年12月18日，《郑州市商都历史文化区城市设计》经市规委会审议通过。规划范围：二七路、德化街、钱塘路、陇海东路、城东路、金水路围合区域，面积约6平方公里。功能定位：规划确定商都历史文化区“华夏文明历史传承区、商都古城保护复兴区、郑州人文发展创新区”三大功能定位，力求打造服务中原、辐射全国、影响世界，以商文化为特色，以文化产业为支撑，打造世界级文化旅游目的地。规划主要内容：商都历史文化区采用“法定规划支撑、城市设计导向、产业策划平行、控制性详细规划对接、专项规划协调”的“多规协同”规划体系，以城市设计为引领，实现设计至实施全过程一体化模式。城市设计依据上位规划，落实文物古迹保护和历史文化街区保护与利用的相关规定，严格遵循保护控制内容，按照全域与局部、保护与开发、谋划与塑形、支撑与保障的规划理念和思路，对商都历史文化区的发展态势、文化内涵、现状资源、功能业态、目标定位、空间布局、系统规划、实施路径等进行深入研究，提供具有可操作性的实施方案。

【郑州市古荥大运河文化区城市设计】 2018年3月9日，《郑州市古荥大运河文化区城市设计》经市四个重点文化片区建设工作领导小组会研究通过。规划范围：北至黄河大堤路和省道314，南至大河路和开元路，东至八堡东路，西至西四环路，面积约32平方公里。功能定位：以文化为标志，以荥阳古城和大运河为空间载体，整合生态、生产、生活要素，将古荥大运河文化区定位为“中国大运河文化传承枢纽地，郑州沿黄生态文明示范带”。规划主要内容：规划结构为“一城一河如意延展，三区七点一脉相连”。“一城一河”指荥阳故城和大运河通济渠郑州段。“三区七点”中的“三区”指汴河遗址片区、索须河西片区、索须河东片区；“七点”指汴河遗址片区中的惠济桥节点、道河交汇节点，索须河西片区中的天河路节点、文化路交汇节点，索须河东片区中的南大坝干渠节点、金京东环节点、河口交汇节点。

【郑州市二砂文化创意园区城市设计】 2018年8月3日，《二砂文化创意园区城市设计深化方案》经市委常委会研究通过。规划范围：郑州市中原区华山路西，中原路南，西三环以东，颍河西路以北，面积共计约56公顷。目标定位：园区建设将依托中原城市群优秀旅游、历史文化资源优势，充分借力郑州建设国家中心城市契机，通过文化创意产业的引领，将园区打造成为中原乃至全国文化创意产业高地，成为体验和感受新中国现当代工业历史与城市记忆的目的地和城市休闲生活与产业共融的样板。规划主要内容：二砂文创园区研究范围由原二砂厂区进行扩展至现规划范围，包括三磨所华山路西侧地块及万达广场周边的地铁站及公交枢纽。依托厂区原有的建筑格局与景观轴线，采取“一带一路一体两翼”的规划结构。借助TOD（以公共交通为导向的开发）理念，将园区内部交通与城市快速交通形成联动。在产业规划上，重点打造数字文化、创意设计和工艺美术等几大产业，致力于将园区打造成为以生产型文化创意为核心的产业创新基地。

【郑州市中央文化区北部片区城市设计】 2018年6月27日，《中央文化区北部片区城市设计深化方案》经市规委会审议通过。规划范围：中央文化区北部片区位于郑州西部，中原路以北、站前大道以东、郑上路以南、雪松路以西围合区域，南水北调总干渠横贯基地南部，与“四个中心”遥相辉映。片区内部结构清晰，轴线中正，规划范围包含16个分地块，总用地面积约171公顷。功能定位：中央文化区北部片区城市设计依据《郑州市民公共文化服务区城市设计》，立足城市发展需求和居民生活需求，依托“四个中心”的文化区位优势，运用新技术、新材料、新工艺建设，集市民服务中心、市民休闲娱乐、企业总部、商务办公等功能于一体的城市级文化服务核心区。建筑方案：项目初期规划建设其中10个地块，地上建筑高度从60米到220米层级递增，各用地容积率从3.5到9.0逐级增高，为保证高完成度的建设效果和城市区域形象，项目建设采用整体开发的模式，各地块建筑整体设计、同步建设。截至2018年年底，各地块单体建筑设计方案基本完成。

【郑州市“300米见绿、500米见园”三年建设规划】 2018年12月18日，《郑州市“300米见绿、500米见园”三年建

中央文化区总平面图（市自然资源和规划局/供图）

设规划》经市人民政府批复。规划范围：与《郑州市城市总体规划（2010—2020年）》确定的中心城区范围一致，建设用地面积为400平方公里，人口为450万人。规划目标：营造生态宜居、自然和谐、诗情画意的“美丽绿城”。规划通过建设分布均衡、内涵丰富、景观优美、独具特色的城市居民游憩绿地体系，以满足市民的居住、生活、游憩需要，助力“国家生态园林城市”与国家中心城市建设，提升郑州市城市品质，让生活更美好。定量目标：分公园绿地与游憩绿地两个层面。公园绿地服务半径覆盖率，至2019年公园绿地服务半径覆盖率达到95%；2020年公园绿地服务半径覆盖率达到100%。游憩绿地服务半径覆盖率，至2020年实现300米服务半径100%覆盖。规划内容：规划主要内容包括绿地现状及分析、相关规划解读、规划总则、绿地布局规划、建设引导、分期建设计划、实施策略与建议以及绿地规划及分期建设附表。

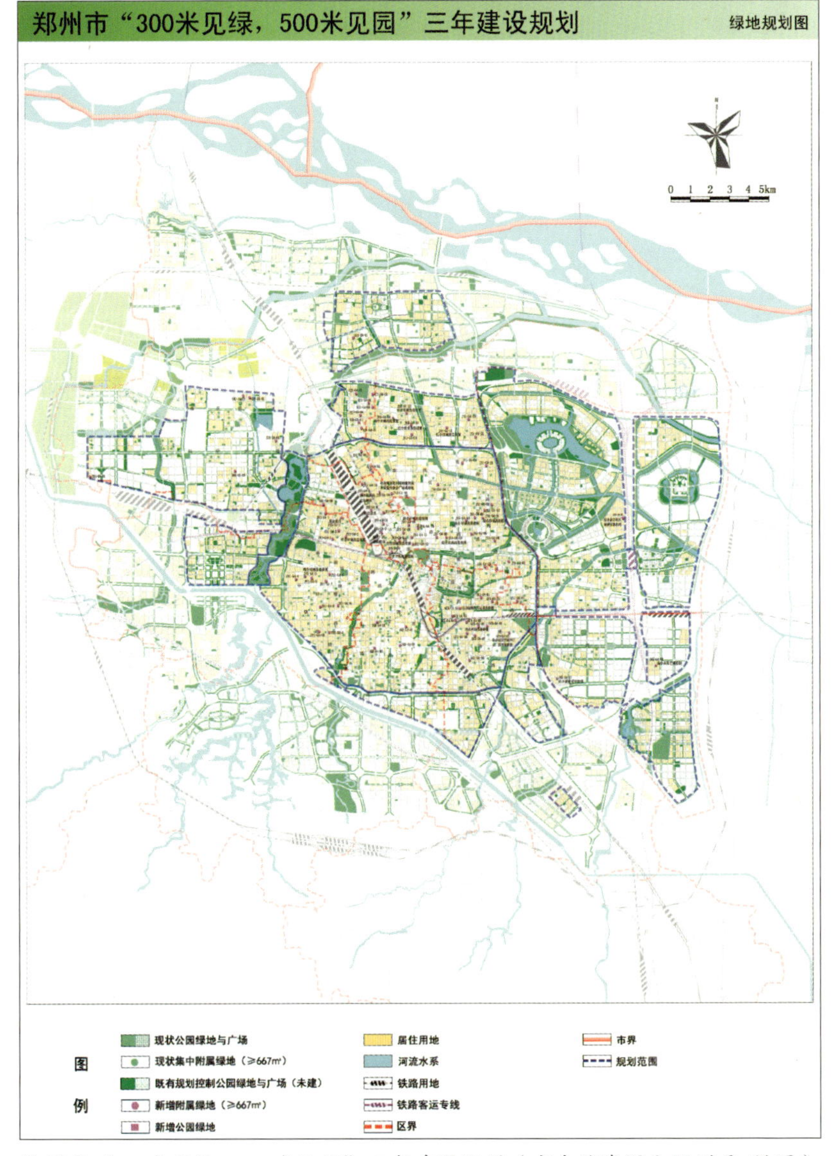

郑州市“300米见绿，500米见园”三年建设规划（市自然资源和规划局/供图）

【郑州市公共交通专项规划】 2018年9月11日，《郑州市公共交通专项规划》经市人民政府批复。规划范围：本次规划范围为郑州都市区范围，重点规划范围为郑州市主城区大围合区（黄河—绕城高速—新G107，面积约1225平方公里）。规划年限：近期2020年，远期2030年。规划目标：以“公共交通引领城市发展”为战略导向，构建一体化的综合城市公共交通运输体系，确立公共交通发展的主体地位，打造国际化公交都市，支撑国家中心城市建设，将郑州建设成为国际水准、国内领先的国家中心城市，使“畅通、高效、安全、环保、公平、和谐”的现代公共交通成为城市最具有吸引力的交通出行方式。规划方案：规划快速公交走廊522公里，主城区形成“三环七横七纵”的快速公交走廊网络，与轨道交通一同作为骨干公交，并实现主要客运走廊快速公交全覆盖；规划常规公交专用道达到1081公里，主城区形成“十二横二十纵”的常规公交廊道网络，基本实现主干道公交专用道全覆盖；规划公交场站324个，总面积538.7公顷。每标台公交车均面积超过300平方米；规划公交车辆总体规模不少于12870标台；规划加强城乡公共交通联系，方便城乡居民出行。行政村通公交比例达到100%；乡村公交站点1000米半径覆盖人口率达到90%。

【郑州都市区主城区停车场专项规划】 2018年11月1日，郑州都市区主城区停车场专项规划经市政府规划联审联批会审议通过。规划范围：郑州市主城区（绕城高速、万三公路、S312围合区域）；面积约1100平方公里。规划年限：近期至2021年，远期至2030年。规划主要内容：该规划对停车现状及缺口进行普查，研究郑州市规划期内停车规划战略及策略，对现行机动车配建停车指标进行优化完善，在预测目标年停车需求的基础上，梳理整合六线、控规、总规，落实路外公共停车场用地控制，对停车产业化、智能化提出相应的建议，并针对老城区停车缺口严重片区提出相应的补缺途径。主要分为制定停车发展战略、制定停车分区发展策略、制定建筑物停车配建标准、城市公共停车场规划、路内停车规划、停车管理政策以及近期建设规划。

【畅通郑州白皮书（2019—2021）】 2019年1月8日，《畅通郑州白皮书（2019—2021）》经市人民政府常务会议研究通过。规划主要内容：《畅通郑州白皮书（2019—2021）》主要内容包括形势与目标、枢纽提升工程、都市交通高质发展四大举措等三部分内容。

【郑州市轨道交通5号线工程沿线站点交通接驳规划】 2018年4月3日，《郑州市轨道交通5号线工程沿线站点交通接驳规划》通过市政府规划联审联批会。规划主要内容：根据《郑州市总体规划（2010—2020年）》、《郑州市城市轨道交通线网规划修编》，结合轨道交通线网近期建设规划，对5号线线路功能进行体统分析。结合站点交通衔接方式、周边片区的用地性质及服务范围，依据《城市轨道沿线地区规划设计导则》，对5号线各站点进行功能定位；对各站点接驳设施包括公交枢纽站、公交首末站、公交停靠站、小汽车停车场、的士停靠站、非机动车停车场、步行通道等进行合理布局。本次规划接驳公交场站3处、小汽车接驳停车场6处、公交停靠站200处、的士停靠站110处、非机动车停车场43784个车位。

【郑州市金水区、惠济区、管城区海绵城市示范区建设规划】 2019年3月4日，《郑州市金水区、惠济区、管城区海绵城市示范区建设规划》通过市政府批复。本次规划增加的海绵城市示范区

大都市区轨道交通体系方案

---- 大都市区轨道交通网络规划图

充分发挥各层级轨道网络功能，按照轨道节点的服务范围及客流强度进行分类，形成三级枢纽体系。
一级枢纽：高速铁路主要换乘枢纽。共四个，分别为郑州站、郑州东站、郑州南站、管城站。
二级枢纽：高铁及城际次级换乘站。新乡东、开封北、许昌东、焦作站等。
三级枢纽：市域铁路主要站点。组团级站点及市区内部一般站。

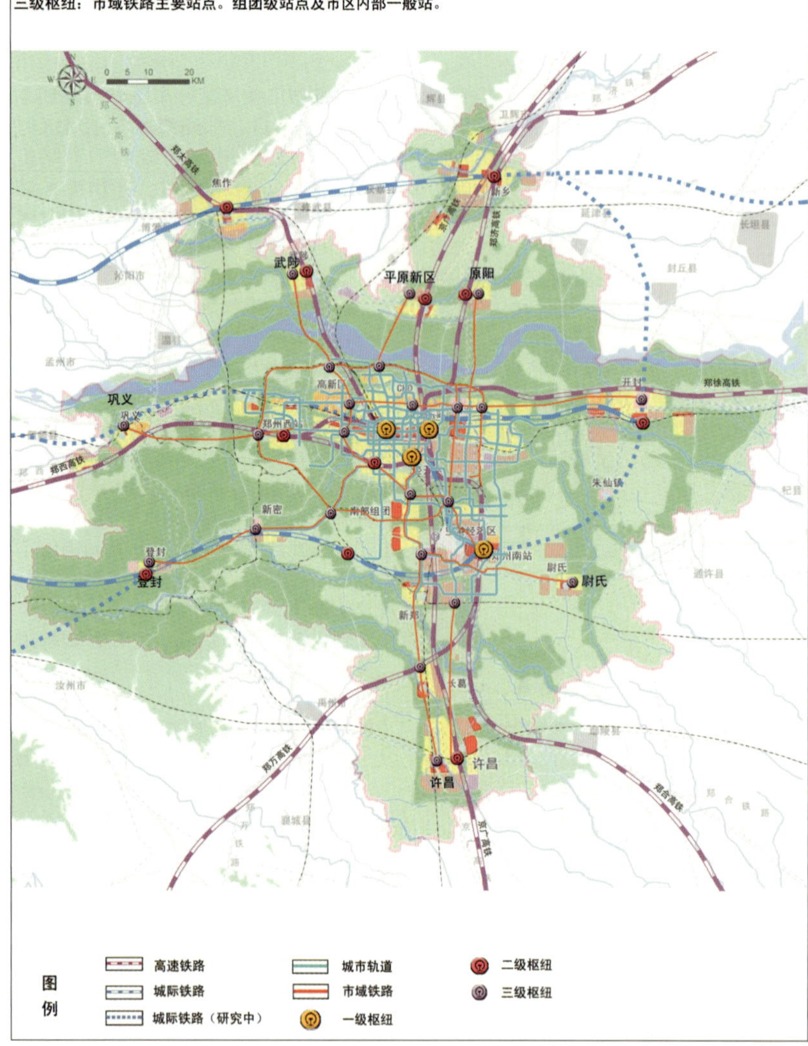

大都市区轨道交通体系方案（市自然资源和规划局/供图）

分别为金水区科教园区、惠济区贾河牌庄村和商都历史文化区。金水区科教园区：规划范围东至经三街，西至中央大道，北至金城大道，南至金宝路，占地面积约5.1平方千米。采用源头削减、过程控制、末端治理的规划策略，以目标为导向，高标准建设海绵城市，广泛采用低影响开发设施，将76%的降水就地消纳和利用，把该区域打造成生态宜居的新区海绵城市示范区。惠济区贾河牌庄村：规划范围东至天河路，西至江山路，北至大河路，南至开元路，占地面积约4.6平方千米。采用源头削减、过程控制、末端治理的规划策略，以目标为导向，结合合村并城改造，广泛采用低影响开发设施，控制78%的降水就地消纳和利用，将示范区打造成为合村并城改造海绵城市典范。商都历史文化区：规划范围东至城东路，西至杜岭街和顺城街，北至金水路，南至城南路，占地面积约3.9平方千米。将示范区项目按照建筑小区、公园绿地、道路分类，根据现状和规划情况确定海绵规划方案指引，合理确定地块和道路的海绵规划指标，结合绿地规划4处区域调蓄设施，最终能够达到62%的整体年径流总量控制率目标。

（谢　科）

城乡规划管理

【规划审批】 2018年，郑州市对规划编制、技术审查、行政审批和公共服务等城乡规划行政权力事项进行深层次、全覆盖改革，“一书两证”审批时间压缩78%；建立规划直通车制度，实施控规审查事项“多会合一”，研究解决疑难项目问题330余项。编制控规293个，批复控规109个，控规全覆盖目标基本实现；核发“一书两证”1080项，技术审查473项，公示1385件、验线407件、核实169件；完成238条道路管线综合规划的编制、审查、公示和批复工作，并全部提交建设单位。

【管理服务】 2018年，市规划局组织完成畅通郑州白皮书（2019—2021）、郑州市第五次城市综合交通调查、交通发展年度报告、郑州市交通影响评价技术标准研究等；完成《郑州市城市规划管理技术规定（2018修订版）》的修订及培训工作；完成《关于既有住宅加装电梯的指导意见》起草工作；牵头对“居住公寓”规划建设管理进行规范；组织开展城乡规划编制单位从业活动“双随机一公开”抽查检查工作；完成2017年城市建成区面积统计工作，配合住建部核查遥感监测图斑306项；开展规划“一张图”动态更新工作，共完成1371项成果的质检、规整与入库；制订完成《郑州市城市建设档案管理办法》，全年完成建设工程竣工档案验收初验和终验815项，“一书两证”规划审批档案入库1113卷，审批图纸入库976卷，控规档案入库5328卷。接待查询1152人次、5200卷次。

【城市设计试点工作】 2018年，郑州市继续推进城市设计试点工作。编制城市设计管理办法、指导意见、设计导则、规定、技术标准和图则要素等政策。构建完善技术平台。完成对既有城市设计成果评估工作和“五大文化片区”城市设计成果，城市设计工作顺利通过市人民代表大会常务委员会评议，满意率100%。全市综合管廊已形成廊体59.5公里，完成投资额约57亿元。8个试点项目征迁总长约43公里，已完成征迁约40公里，形成廊体39公里，完成投资额约39亿元。完成《郑州市海绵城市专项规划》《郑州市海绵城市示范区建设规划》市政府批复、批后公示等工作。修订完成《郑州市海绵城市规划建设管理指导意见》《郑州市海绵城市规划建设管理办法》规范性文件。试点区域海绵化建设区域24.7平方公里，完成项目投资额约60亿元。

（谢　科）

市政建设与管理

综　述

【概况】 2018年，市城市管理局紧紧围绕贯彻落实城市精细化管理三年行动计划，以营造安全、整洁、有序、文明的城市环境为目标，以理念转变、职能转变、机制转变和标准提升“三转一提”为抓手，坚持高标准推治“差”，全覆盖治“脏”，深层次治“乱”，强手段治“软”，各项工作取得了明显成效，为推动国家中心城市建设作出了积极贡献。

【市政设施管理】道路设施完好率显著提高，实施道路大中修155条，整治窨井14729座，完成支路背街改造提升71条，排查整治道路病害11806处，修复破损保通路1066处，拆除、瘦身施工围挡28处，规范设置绿草皮围挡183处，完成城东路熊儿河桥、航海路金水河桥等6座桥梁、24座城市雕塑加固维修和嵩山路金水河桥、高阳桥等48座桥梁、43座城市雕塑检测，彩虹桥大修按计划稳步推进。城市照明设施提升工程建设方面，完成50条道路路灯改造提升，维修路灯2.8万余盏，整修路灯设施4.5万处，完成6000余盏LED光源节能改造，启动了主城区“七桥一路”亮化提升改造，全市综合亮灯率达到98%以上。持续推进河道和黑臭水体整治，加强“两河一渠”河道清洁治理和园林景观整治，完成了金水河、熊儿河清淤，排查整治偶发性排污132次，水体检测501点次，市区建成区黑臭水体已全部消除。扎实开展道路绿化景观改造提升，栽植乔灌木2082株、绿篱17083平方米、地被20006平方米，新装树穴篦子14286个，维修、更新花坛侧石2435米，绿化带缺株断垄、黄土裸露、侧石破损、树池篦子残缺等现象得到有效改观。

【公用事业发展】强化供水保障，全年完成供水量4.39亿立方米，出厂水水质合格率100%，管网水水质合格率99.95%，最高日供水突破145.37万立方米，创历史新高；侯寨水厂完成厂区设备安装，桥南水厂、龙湖水厂开工，新建改造配水管网102.17公里。持续扩大燃气供应规模，中心城区次高压燃气管道及配套调压站、四环高压燃气改造及配套工程、薛店至港区高压燃气管道工程加快实施，新建改造燃气管网130公里，新增民用户20万户，销售气量11亿立方米，同比增长8%。大力提升集中供热能力，郑东新区热源厂“煤改气”建成投运，新增供热能力500万平方米；豫能热电有限公司配套主干热网工程基本贯通、新密裕中电厂百万机组“引热入郑”工程前期工作完成，“三供一业”分离及新力电力自供用户改造项目按照完工纳入集中供热，新建改建供热管网71.66公里，集中供热普及率达到85%以上。有序推进污水污泥处理设施建设，郑州新区污水处理厂污泥消化工程已完工正在调试运行，马头岗污水处理厂一期一级A升级改造工程已具备通水条件，南三环中水公园工程、再生水利用三环管线配套工程已完工，双桥污水处理厂配套污泥处理设施建成试运营，新增污泥处理能力600吨/日。

【县级城市管理】各县（市）和上街区把提升县级城市管理水平三年行动计划和百城建设提质工程结合，以“路畅、街净、河清、城绿、居美”为目标，强化措施，扎实推进，城乡基础设施不断完善，城市功能日益健全，城乡品质显著提升。各县（市）以及上街区不断加强水、气、暖、生活污水处理等公用事业生产供应能力，供水、供气、供热普及率分别达到了80%、85%、35.6%以上，城区生活污水处理率达到87%以上。农村人居环境持续改善，各县（市）基本建立了“户投放、村收集、统一转运、集中处理”的农村生活垃圾收运处理体系；220个规划保留村建设农村生活污水集中处理设施全面开工建设，已完工123个；按照住建部统一部署，高标准提前完成了143个乡（镇）街道，共计1974个行政村农村人居环境调查和信息系统录入工作。

【路长制管理模式】城区103个乡（镇）办所辖的2495条（段）责任道路全部纳入“路长制”管理考核范围，设置总路长、副总路长各9名，一级路长145名，二级路长738名，四环范围内“路长制”工作实现了全覆盖。实行“一长两员三会四包”的“1234”工作模式，每条（段）道路设置“一长两员”“一长”，即责任路长；“两员”，即巡查员和监督员。分路段设置“三会”，即党员议事会，商户联合会和部门协调会。“四包”，即落实门前四包责任——包卫生，包秩序，包绿化，包门头规范、立面整洁。“路长制”的确立初步破解了“多头管理、各自为战”的城市管理弊端。

【执法体制改革】整合建设、规划、房管、城管、园林等部门执法机构，组建成立郑州市城市管理执法支队，新增执法职能460项；接收道路红线内花坛花带和行道树管理养护，数字化城市管理监督平台，停车场建设管理，共享单车管理，大气扬尘管控，道路硬隔离、交通防护栏管理养护等近10项管理职责。按照“条块结合、以块为主、属地管理，权责一致”的原则，进一步下放城市综合管理事权。16项城市管理审批权和事权、财权下放完成，同时11项城市综合管理事权下放工作按计划有序推进。依法行政方面，实施《郑州市城市管理综合执法办法》，完善“郑州市城市管理综合执法文书样本”，建立行政处罚案卷评查制度。行政审批改革持续深化，推进“一网通办”前提下“最多跑一次”改革，市城管局进驻市政务服务大厅，全年共受理行政许可事项3117件，核发许可证12153份，按期办结率、群众满意率均为100%。

【城市管理应急处置】修订完善城市防汛、除雪应急预案，汛期来临前对全市排水设施进行疏挖和维护，对城区积水点、排水管网进行拉网式排查。机械化除雪水平高于往年，在除雪过程中坚持突出机械化除雪作用，边下边清边运，基本实现雪停路通，城市交通基本正常。应急中心共受理群众反映各类问题4745件，办结率100%，满意率100%。数字城管平台共接受案件237.4万件，派遣率98.05%，有效派遣率99.54%。城管微博全年共发布微博5019条，回复网友评论4518条，微博点击量3157万人次，共回复处理网友各种问题3010余件，其中职能内问题2150余件。2018年，郑州市城管微博获评“全国十佳政务服务案例”“全国十大城管微博”。

（王永刚）

市政设施养护

【概况】2018年，郑州市市政工程管

2018年6月5日，市市政工程管理处在东明路道路大修施工现场破除老旧路面（市城市管理局/供图）

2018年1月3日夜，郑开大道市政管理处利用滚刷机进行机械除雪（市城市管理局/供图）

理处共完成沥青路面养护维修58.32万平方米，人行道养护维修6.54万平方米；道路大中修沥青路面复浇132.78万平方米，人行道铺装13.6万平方米；疏挖排水管道239.26公里，疏挖检查井和进水井12.74万余座（次）；泵站污雨水抽升1467.66万吨；桥梁防撞墙保洁26.82万平方米，护栏保洁30万米。

【城市道路大中修改造】开展东明路大修和航海路等35条道路中修。东明路（丰产路至货栈街）道路大修工程于4月1日进场施工，12月9日完成主体工程，12月28日完成主线道路底层沥青摊铺并开放通行，铺装沥青7.95万平方米、人行道3.41万平方米、平石10.52公里，安装侧石14.79公里、护栏8公里、树池石962套，铺设排水管道2.41公里，砌筑检查井81座。航海路道路中修工程于6月4日进场施工，截至12月底，共完成沥青路面铣刨复浇123.73万平方米、人行道铺装9.05万平方米。

【桥梁和泵站设施管养】依据《城市桥梁养护技术标准》，定期对桥梁进行结构检测，对不合格桥梁申报立项，进行加固或大修，全年共检测桥梁35座，加固桥梁6座，防撞墙保洁26.82万平方米，护栏保洁30万米。在泵站设施管理方面，依托泵站监控平台，随时掌握泵站设备运行情况，针对设备隐患立即采取措施，达到泵站设施周期性养护维修目标，全年泵站污雨水抽升1467.66万吨，处置泵机等问题664起。

【市政设施防汛除雪】汛期前，完成全市雨水排水设施全部疏挖养护，明沟疏挖和垃圾清理，对68条、125公里道路进行检测，对检测出的26处地下空洞及时进行抢修，安装窨井防护网3000余套。2018年汛期，郑州市区共有3次强降水，按照预案，及时做到了人员设备到位，采取相应措施，确保道路通畅，平安度汛。在冬季除雪工作方面，修订完善清除冰雪应急预案和除雪考评标准，机械化除雪水平大幅提高。在社会动员方面，累计出动专业除雪设备95台次，辅助设备203台次，除雪抢险人员1210人次，确保了管辖范围内道路畅通。

【城市道路绿化】4月20日，市城市道路绿化管理处挂牌成立，178.7万平方米道路绿地和10.65万株行道树划归市城市道路绿化管理处管理养护。

行道树危情排查、修剪整形和复壮。全年清除建设路、中原路、霞飞路、丰产路等道路死株、危树202株。整形修剪建设路、黄河路、商城路、人民路等86条（段）道路行道树，剪除干枯枝、下垂枝、病虫枝约4.8万株次。修剪嵩山路、京广路、黄河路、郑花路等道路遮挡交通信号灯、指示牌行道树487株次。对人和路、端午路、三峡路、郑航北街、花园路等道路行道树抹芽约4.5万株次。复壮金水路、人民路等道路50年以上高龄法桐，共计养护150株。

开花植物、绿篱和草坪造型修剪。修剪京沙快速、花园路、河医游园、中州大道、南三环等86条（段）道路桥区花灌木15.4万株次；修剪郑上路、中原路、建设路、政一街、中州大道、三全路、京沙立交桥区等道路桥区内绿篱，累计约252万平方米。修剪京沙立交桥区游园、河医游园、紫荆山游园等处草坪，累计约16.4万平方米。

植物浇水和施肥。共计浇水4883车次，有浇灌设施的绿地浇水累计约263万平方米，施肥共计3840公斤。

植物病虫害防治。物理防治，在斑衣蜡蝉发生较多的淮河路、郑密路、五龙口南路，对1258株千头椿涂抹粘虫胶；在草履蚧发生较多的嵩山路，对578株法桐涂抹粘虫胶，利用粘虫胶阻隔害虫上树。化学防治，在病虫害的发生期，通过喷洒毒死蜱、吡虫啉等药剂，防治方翅网蝽、蚜虫、白粉病等多种病虫，累计喷洒农药138车次，防治绿地面积90余万平方米，防治行道树35000余株。生物防治，采用以虫治虫的生物防治方法，采购30万头管氏肿腿蜂在建设路、中原路、迎宾路、南阳路、东风路等道路开展防治，利用管氏肿腿蜂对天牛幼虫的寄生特性，防治危害法桐星天牛和光肩星天牛。

绿化设施维修及日常保洁。对道路花坛设施进行定期修护、维修，更新长江路、建设路、京沙立交桥区游园等处水管780米，更换维修阀门120个；维修迎宾路、郑花路、中原路等道路侧石约1300米；维修京沙快速路等道路栏杆2680米。清理花坛、道路垃圾杂物1367车次，松土除草约279万平方米。

城市道路绿化改造提升。补植补栽苗木：完成中原西路、郑上路等54条（段）道路、高架环岛内缺株断垄严重植物补植，共计栽植乔灌木2082株、绿篱类17083平方米、地被20006平方米。维修、加装树穴篦子：完成霞飞路、中州大道北延等新建道路树穴篦子加装，对人民路、金水路、建设路、中原路等道路的损坏、翘起、缺失树穴篦子进行维修更换，共计新装树穴篦子14286个。维修、更新花坛侧石和护栏：完成文化北路、未来路、紫荆山路、嵩山南路等路段侧石维修工程，共计2435米；解决中原西路花坛土高、侧石低等问题，整修面积13888米。9条景观交通性道路绿化改造提升：对秦岭路、英协路、客技路、化工路等9条道路绿化主题不明确、景观效果差的道路进行改造提升，以市花月季为主，增加造型植物、彩叶植物、宿根花卉，通过增加植物品种、更换老化植物，形成植物配置丰富的郑州特色道路景观。

【城市照明设施】2018年，市城市照明灯饰管理处共巡查道路1498条，维修路灯2.84万余盏，设施整修4.56万余处，更换、补装灯具7000余套（其中夜景灯饰5900套），敷设、更换低压电缆5.5万余米，整修、补装灯门3350余处，箱变维护及外壳美化32台，灯杆擦洗2100根，灯杆刷漆430根。综合亮灯率98.3%，设施完好率95.1%。监控室受理各类来电2969件，其中，受理110指挥中心等其他网络电话492个，市民反映问题、上级通知和各类建议咨询553个，数字城管1669个，处理率、回复率均为100%。

城市照明设施综合整治。对高压及配电设施、高低压线路、灯杆灯具及监控终端设备运行情况进行整治，共完成设施整修2930处，包扎电缆头600处，易积水地区保险上移207处，拆除架空线缆570米，校正灯杆、灯具60处，清理路灯检查井600余座，砌、修路灯检查井100余座，补装灯座门400余处，处置应急突发事件2起，出动机械设备1160台次，维修人员3600人次，综

2018年6月，洒水车对南三环绿化带进行冲洗、浇灌（市城市管理局/供图）

合亮灯率达到98.30%以上。

路灯设施精细化管理。制订《2018年郑州市城市照明精细化管理提升工作方案》，在37条道路开展精细化管理整治，共更换灯杆593基、灯具2001套，手井改造1450套。依据市精细办《市政设施精细化管养提升活动方案》，完成52条背街支路照明设施整治提升工程。

路灯设施大排查大整改大提升。共巡查道路150余条段，巡查发现路灯单灯故障330余盏，线路故障30余处，出动人员318人次，出动车辆107台次，检修道路278条，维修路灯531盏，维修设施925处，维修补装灯座门101处，处理低压故障129起，处理高压故障7起。

【城区河道管理】 河区绿化升级。市城区河道管理处对东风渠花园路至经三路地段进行绿化升级及补植补栽，共栽植紫玉兰140株、日本晚樱80株、银杏17株，补植模纹图案1300平方米。重大节假日和重要活动期间在滨河公园重点桥段、主要景点摆放、栽植时令草花80913株，改造草坪259672平方米，补栽草坪斑秃71884方米，绿篱修剪784654平方米，草坪修剪150.06万平方米，花木修剪102232株，施肥48.1吨，病虫害防治48遍，清理干枯枝34414株，清理死树645株。

环境卫生整治。加大清扫保洁力度，加强河道水面景观维护，查报污水排放现象，新建公厕38座，实行专人管理公厕设施，保持河道洁净、公厕整洁，河区无明显烟头、瓜果皮等杂物，确保滨河公园园容园貌整洁有序。完成金水河和熊儿河清淤工程，金水河清淤起点航海路，终点中州大道，全长12.6公里，河道清理淤泥约5万立方米；熊儿河清淤起点航海路和京广路，终点中州大道，全长11.6公里，河道清理淤泥约4万立方米。

行政执法。全年，清理劝阻各种违章占道经营摊点10676人次，乱贴乱画717处，劝阻踏踩草坪行为2655人次，清理乱倒垃圾103处，处理私搭乱建22处、违章施工45处，劝阻违规遛狗11161人次，回复举报投诉44次。

河区设施养护。共检修供水设施66处次，供电设施953处次，橡胶坝等相关设施1025处次，为市民的出行、休闲、娱乐等提供了舒适环境和安全保障。

【环城快速公路管理】 道桥养护。市环城快速公路管理处全年完成快速路路面坑槽修补 8119.5平方米，人行道板修补862平方米，设置阻车桩8根，处理沉陷104立方米，维修栏杆49米，更换伸缩缝16米，维修限高架136次。完成中州大道金洼干沟桥、中州大道贾鲁河桥、中州大道魏河桥、中州大道农业路立交、中州大道东风渠桥、中州大道货站街桥、南三环大学路立交、南三环京广路立交、嵩山路—黄郭路立交、中州大道南三环立交桥、西三环科学大道立交桥、西三环郑上路立交桥、京广快速高架（中原路—北环）等13座桥梁外观检查和荷载试验 。彩虹桥大修改造项目进展顺利，病害处置工程，维修桥面1.6万平方米，铁路防护棚搭建工程全部完成。

环卫保洁。机械清扫面积965695.59万平方米，人工清扫面积203693.88万平方米，冲洗道路面积299510.12万平方米，清理绿化带76803.64万平方米，清理道路遗撒99840处，清理突发垃圾40248立方米，清理小广告26728处，清运生活垃圾60268立方米，清洗防撞墙、隔离带5364万平方米，清洗声屏障2365万平方米，清洗防眩板269944片。

市政设施行政执法。清理快速路两侧桥墩、桥体上小广告及条幅862处，规范环道施工工地63处，清理立交桥下闲散人员632人次，协调交警处理环道交通事故45起，制止环道立交桥下乱搭乱建临时建筑16起，发现环道路面各种井盖缺失121处、路面较大坑槽63起，并及时通知相关部门及时维护。

【二七广场管理】 设施维护。市二七广场管理处按照“勤检查、勤保养、勤维修”的原则，维修灯具76次，制作升级喷泉高喷系统1套（包括四套深水泵），制作可移动式栅栏2套，更换维修配电箱18处，更换维修喷泉水泵22个，维修草坪栅栏250米，更换维修地砖620平方米左右（含喷泉微晶石地砖）。维修更换加固下水篦子，整理维修琴键灯玻璃地砖（含框架），疏通整理下水设施，维修整理仓库（包括新增仓库一座），调试、维修监控系统，调取监控资料，维修广场城市家具，维修草坪用水管，更换维修加固廊桥玻璃与不锈钢部件共计418余次。

环卫保洁。每日清扫（晨扫）面积4.7万平方米，冲刷面积约1500平方米，每日流动保洁面积约23.5万平方米，每日擦拭廊桥玻璃面积约4500平方米，内侧玻璃随脏随擦，城市家具等各项设施每日一擦，垃圾箱内胆每周清刷。地面保洁落实“3105”工作法（即主动外扩3米，5分钟保洁制度）。严格按照以克论净标准细化工作。每日清运垃圾3次，日清垃圾约3吨，全年共清运垃圾约1095吨。

绿化美化。按照季节的变化和实际情况，进行苗木补栽、草花更换、绿篱修剪、施肥、除病虫害，浇水等。全年共更换苗木3.9万棵，其中角堇3000棵，甘蓝1.2万棵，蝴蝶花1.2万盆，太阳花1.2万盆。

综合整治。全年共清理占道经营、出（突）店经营、盲流乞讨人员、违规共享单车、乱停乱放机动车、非机动车辆、黑摩的、跳尬舞、违规网络直播、违规扫微信等不文明行为3.6万余人次；收缴乱发小广告5万余份，拆除违章设置大型户外广告16幅。

【郑开大道市政管理】 市政设施管理。市郑开大道市政管理处完成郑州市城市道路设施中小修工程（二期）郑开大道（K16+500—K22+500段）项目施工。共铣刨、复浇SMA面层22.1万平方米，拆除更新侧、平石21.6公里，维修加固雨水口300座，施划交通标线7928米，完成计划工程总量的100%。

路灯维护管养。全年，共更换电缆2750米，维修路灯751座，更换灯泡650盏、镇流器274个、电容器386个、触发器382个、灯口389个、保险盒422个，排查低压线路66公里、高压线路85公里，处理低压故障点178处、清理接线井722座、高压故障点12处，维护保养变压器21台，检查灯杆2120基次，设施完好率达到98.5%以上，明灯率达到

2018年7月16日，郑州市城市隧道综合管理养护中心工作人员对京广北路隧道照明灯具进行改造（市城市管理局/供图）

98%以上。

环卫保洁。全年清理垃圾1800吨，每月对1972座水井进行疏挖。市郑开大道市政管理处督促环卫公司及时清理积水，对道路进行检查，查看积水、塌方情况、电线灯杆倾斜等安全隐患。

【城市隧道综合管理养护】2018年，市城市隧道综合管理养护中心大力推进城市精细化管理，切实提高隧道管养标准化、信息化和机械化水平，全面做好隧道土建、排水、强弱电、消防、通信、监控等设施的维护保养，保证了所辖隧道设施设备完好率达到98%以上，确保各条隧道的安全畅通。

隧道设施养护。土建结构设施方面，市隧道中心维修沥青路面、大理石地砖、墙面装饰板481.74平方米，维修养护防火板41179.5平方米，维修养护护栏16256米。供配电及照明设施方面，市隧道中心维修养护箱式变压器65台次、插座箱163台次、各类配电箱513个、隧道LED灯具2586盏、光电标志灯736盏。排水设施方面，市隧道中心维修养护泵机438台次。消防与通风设施方面，市隧道中心检修消防泵房设施14台，更换干粉灭火器1201具，维修养护卷帘门92扇次、消火栓箱3160个次、风机133台次、空调60台次。通信与监控设施方面，市隧道中心维修养护摄像头858台次、显示大屏44块、PLC（Programmable Logic Controller，可编程逻辑控制器）远程控制单元86套。特种设备方面，市隧道中心维修养护各类电梯525台次。保洁方面，市隧道中心共保洁土建设施面积747547平方米。

隧道精细化管理。开展隧道环境综合整治，市隧道中心对所辖隧道保洁面积达61.3万平方米，清理共享单车约670辆，配合环境监测部门开展京广路隧道环境监测工作，对乱涂乱画、违规摆摊、违规悬挂横幅、违规用电等现象进行依法处置。

科技创新和技术引进。2018年，市隧道中心自主发明创造取得国家实用新型专利证书2项，分别是手持式隧道内用继电器直观快速检测仪、多功能反光安全马甲；2项发明进入专利申报程序，分别是手持式LED模组测试仪、隧道智慧泵站系统；4项处于研发阶段，分别是配电柜智能检测仪、非接触式漏电检测仪、新型消防箱、隧道环境综合检测仪等。

（李栋 景一轩 张莉莉 陈钦 杨皓华 李亚锋 刘鹏飞 杜冉）

市容环境卫生

【市容管理】2018年，市城市管理执法支队从各执法单位抽调人员，组建办公室、法制科、财务科和质量安全案件督查室等临时科室，按照“管理制度不变、工作职责不变、目标任务不变”的总要求，各项工作有序开展。2018年，累计出动执法人员12.47万人次，出动车辆1.73万台次，督察整改问题215.63万起，累计下达各类执法文书1906份，下达处罚告知（决定）书652份，受理信访、举报、交办件等各类案件4261起，立案查处622起。

市容督察。组织开展城市精细化管理、餐饮油烟和露天烧烤、夜间工地管理和渣土清运、沿街散发小广告及拦车乞讨、城镇燃气安全、户外广告综合整治、道路施工及保通路整治、机动车和非机动车停放管理、道路交通秩序综合整治、房地产市场专项整治、铁路沿线综合整治、餐厨垃圾专项整治等十余项市容督察整治活动。截至2018年年底，共检查城市道路5.89万条次，累计检查渣土清运车辆3.47万台次，暂扣违规车辆1299台次；检查工地2.61万处次，发现并整改问题2099处，下达执法文书998份。督办整改沿街散发小广告2596人次、拦车乞讨1130人次；督办整改无序停放机动车58.31万台次、非机动车45.31万台次、共享单车42.86万台次。

扬尘污染防控。4月，抽调100名执法人员组建郑州市扬尘污染防控办公室，创新方法，总结提升。实行通报批评、诫勉谈话、组织处理、纪律处分等4种责任追究形式，依规施行6种行政处罚，不断创新控尘举措。截至2018年年底，郑州市扬尘污染防控累计立案4280起，控尘工作稳步推进，控尘成效持续显现，年度内PM10下降幅度居河南省第一。

违法建设治理。累计申请查封施工现场22起、停水停电113起，下达各类执法文书458份，向各区政府送达《及时拆除新增违法建设决定》135份，依法拆除违法建设25处、2.84万平方米。

建设工程管理。围绕“一个中心”、坚持“两网”结合、设置“三级”责任平台、加强“四级动态监控”、狠抓“五个规范”，创建“办案笔记”微信公众号，采用“以案说法”等方式培训，提升执法效能，构建“执法、管理、服务”三位一体的行政执法新模式。完善“执法全过程记录”，建立执法巡查、举报投诉等多项台账，每月对案件完成情况逐一销号登记，做到执法过程高效透明。截至2018年年底，累计下达各类执法文书967份，监察工程面积约1332.29万平方米，立案239件。

房产市场检查。3月，对市内五区在建在售开发项目全面排查，共检查开发项目108个，掌握市区在售项目基本情况，形成完善的执法台账。9月，根据《开展房地产市场专项整治行动方案》要求，分3个组对在建有售楼场所的开发项目和代理经纪机构进行专项检查，发现违法线索及时立案，对群众投诉较多、违法严重的企业，依法从快从严查处。截至2018年年底，累计接访1430人次，受理各类案件359起，立案34起。

园林绿化执法。开展义务咨询、法律法规解答、免费发放宣传手册等活动，结合日常执法巡查，深入绿化队（所）和办事处，主动与管养部门和巡防队员结合，准确掌握园林绿化底数，加强应急能力建设，完成中州大道与郑汴路、桐柏路与航海路、西四环与中原路等多起毁绿案件的查处工作。截至2018年年底，累计受理各类交办投诉195起，立案12起。

市政设施监管。按照《郑州市占用挖掘城市道路及保通路建设管理办法（暂行）》和《文明城市创建建筑工地标准》要求，全面开展排水、破路审批勘验和占道施工、擅自掘动、施工围挡等工作，与管养单位配合协作，对违法破路、私接乱埋、破坏排水设施行为开展联动巡查，与交警部门联合，不断加强在建工地保通路精细化监管，责令整改超占、超期施工围挡。截至2018年年底，共受理各类信访交办件417起，巡查各类问题2395起，整改保通路983处，围挡瘦身2.23万平方米，清洗规范路名牌6597块，核发《城市污水排入排水管网许可证》26份、占道破路证1921份。

质量安全督查。开展联合执法，对案件深入现场调查、建立台账、定期复查，及时查处上级交办、部门移送、群众信访等案件157起，包括工程质量24起、安全生产23起、劳务用工1起、扬尘污染109起，其中立案157起、下达处罚告知书68份。

养犬管理。共印制“依法文明养犬、共建和谐社区”“按时做好免疫、及时办证年检”宣传彩页共计5万张，制作发放文明养犬宣传物品1万份，制作文明养犬公益广告宣传片1部。组织入社区文明养犬宣传和办证年检3800余次，查处违规养犬案件1937件，下发责令整改通知书4158份，较好地推进了规范养犬管理工作的开展。

【环境卫生管理】 2018年，市环境卫生处以实现城市精细化管理为目标，有序开展全市环境卫生质量管理相关工作。环境卫生检查督导。2018年，共检查市内道路10553条（段），公厕3309座（次），垃圾中转站1015座（次）；检查县（市）道路540条（段），公厕324座（次），垃圾中转站216座（次），及时发现、督促各区解决问题12481处，确保环卫基础设施正常运转、服务市民，市区环境卫生水平得到稳步提升。城乡清洁行动。检查发现各区及开发区垃圾积存点37处，共计463立方米；清扫保洁不净路段4段，共计51平方米；对各区政府，管委会下发整改通知书41份。

（刘雪景　张红伟）

数字化城市管理

【概况】 截至2018年年底，郑州市市级数字化城市管理覆盖区域为市内5区、4个开发区公共区域及上街区部分区域共计1394平方公里，市级数字城管平台划分责任网格857个，按管理等级将市区道路划分为9127个不同级别路段。郑州数字城管平台接入数字城管平台区级和局委二级平台共18家，链接街道乡（镇）街道等终端部门214个，涉及郑州市各区、开发区、44个市直委局及有关专业职能部门。郑州市数字化城市管理针对11大类，226小类城市管理部件和事件问题，通过数字城管“发现问题、受理立案、任务派遣、问题处置、现场核查、案件结案、考核评价”闭环的7个工作流程，建立数字化城市管理新机制。

【数字化城市管理监督】 2018年，郑州市数字化城市管理平台共受理案件2374243件，立案2363418件，立案率99.54%；应结案2297271件，结案2041363件，结案率88.86%；按期结案1877041件，按期结案率81.71%，返工15264件，返工率0.66%；延期738件，延期率0.03%。“12319”热线共受理电话524606件次，电话协调件356993件，协调转交处置部门案件164436件。

【数字城管案件派遣】 2018年，市数字化城市管理指挥中心信息平台共接受数字化城市管理案件2352093件，派遣案件2352093件，派遣率100%；完成督查案件749266件，督查率100%；接收各类转督办案件3579件，下发督办通知书135份，督办协调率100%，高标准超额完成各项责任目标。

【智慧城管建设】 郑州市城市内涝监测预报预警系统硬件和软件基本建设完成，全息市政和智慧城市共享基站项目立项材料完成审批，路灯信息化升级项目完成项目建议书初评工作，全市各区有序开展智慧停车项目，方案设计、设备采购、试点安装等工作稳步推进。“市民城管通”APP、微信公众号“郑州智慧城管”已投入使用。

（张　勇　周　洁）

郑州火车站地区管理

【概况】 2018年，在市委、市政府领导下，火车站地区管委会紧紧围绕安全、整洁、有序、文明“四个站区”建设，扎实推动站区建设和管理，城市管理实现新突破，群众出行环境更加优化，窗口面貌大幅提升。城市精细化管理考核年度排名第二，月排名6次第一。获得郑州市园林绿化先进集体、“月季花杯”园林绿化竞赛铜杯、第二季度卫生城市管理工作红旗单位、“爱国卫生杯”竞赛铜杯、市无烟单位、2018年河南省“安全生产月”活动先进单位等荣誉称号。顺利通过平安建设先进单位复审和省级文明单位复审。

【交通综合整治】 按照全市道路交通秩序综合治理统一部署，深入开展道路交通秩序综合治理，坚持执法和科技手段双管齐下，落实联席会议制度、公安城管、公安交通联合执法机制，开展多层面联合执法，着力整治“七类”车等各类黑车及机动三轮车、摩的违法营运行为，安装出租车闸机识别管理系统，设置卡口管理，严禁黑车驶入，摩的及各类黑车得到较好管控，机动三（四）轮基本取缔。全年，查扣非法营运车辆303台，机动三轮、摩的1064辆，“三教育一采集”处理教育1万余人次，清理共享单车8.8万余辆次，清理非机动车2.7万余辆次。

【城市精细化管理】 全面启动城市精细化管理三年行动计划，围绕“治脏、治乱、治差”，深入实施“路长制”，重点围绕街面秩序、市容环境、公共设施城市管理事项开展工作，实施严格督导，全面提升精细化管理水平。开展标识、标牌专项整治和楼顶综合整治，拆除违规屋顶标识标牌33处、2200平方米；开展道路两侧户外广告整治规范工作，排查整治96处户外广告和招牌，城市形象较大提升。开展市容乱点集中整治，着力整治占道（突店）经营、流动摊点、小广告等，举办假冒伪劣商品现场展示会，推行体验式执法，实施沿街门店门前“三包”责任管理，提升城市管理质量。整治地面、地下躺卧、乞讨乱象，开展“广场净化”行动、“露天旅馆”整治行动，提前启动冬季关爱救助专项行动，全力做好社会救助服务。开展大气污染防治，加大油烟污染、工地扬尘管理，排查77家餐饮单位，整改10家。实施“公厕革命”，对辖区5座三类公厕进行了升级改造。整治环境卫生，开展“全城清洁”行动，提高环卫作业质量，推进生活垃圾分类处理，开展试点工作，为全面实施积累经验。加大市政设施养护，基础保障能力显著提高。发挥“天眼”作用，加大视频巡查力度，推进城市管理精细化、精准化。2018年，清理流动商贩3800起、占道经营5000余起；开展“全城清洁”行动54次、出动人员3200人次；清运生活垃圾4110立方米，清除小广告5000余处，清理卫生死角5100处，擦洗护栏10万余米；开展救助105人次。城市精细化管理考核全年在市直局委组中6次排名第一。

【社会治理】 社会治理深入推进。以平安建设为抓手，推进社会治理精细化，全力抓好安全生产、扫黑除恶、社会治安、反恐维稳、信访稳定等，确保站区安定有序。安全生产形势持续向好，全年未发生安全生产事故，获得2018年河南省“安全生产月”活动先进单位称号。社会综合治理取得新实效，反恐维稳、“扫黑除恶”专项斗争深入推进，刑事拘留88人，行政拘留126人，顺利通过平安建设先进单位复审。食品卫生安全形势良好，全年开展监督检查780次，规范整治小吃摊群72家，抽检食品56批次，办理群众举报22件，监督覆盖率达100%。

【文明创建】 以《郑州市文明行为促进条例》贯彻实施为抓手，突出做好9项重点治理工作，坚持抓好“看到的、闻到的、听到的、问到的”，着力治脏、治乱、治差、治污、治堵，坚持每月召开1次联席会，抓常、抓实、抓细、抓长，全面落实创建工作标准，以

2018年10月25日，火车站地区管委会举行环卫工技能竞赛（郑州火车站地区管委会/供图）

创建工作的经常化实现城市管理的长效化。顺利通过省级文明单位复审。

【基础设施建设】 基础设施建设加快推进。东、西广场片区交通总体改善工程4个子项目完成立项，进入可行性研究报告编制阶段。火车站及周边城市设计编制工作按计划有序推进。

【智慧城市建设】 加强智能化手段运用，提升城市管理智能化水平。推进“智慧停车”试点建设。站区“爱泊车”智慧停车系统建设方案获批。加快推进智能化安防系统建设。进一步完善站区“天眼”系统建设，加快推进新型人脸识别系统、广场移动全景监控系统建设。

（周明君　程锦锦）

园林绿化

【概况】 2018年，郑州市园林绿化系统深入学习贯彻十九大精神和习近平新时代中国特色社会主义思想，以国家中心城市建设为统揽，以国家生态园林城市创建为目标，以省会铁路沿线等交通路网绿化提升工程为抓手，按照市委“大生态、大环保、大格局、大统筹”工作要求，扎实推进各项工作，成功举办第十一届中国（郑州）国际园林博览会闭幕式，顺利通过国家生态园林城市初审，全年市区新建绿地1355.77万平方米，建成公园、微公园、游园411个，开工建设生态廊道3条（段），超额完成民生十大实事工作任务，建成区绿地率、绿化覆盖率、人均公园绿地面积分别达到35.84%、40.83%和13平方米。全市新创建省级园林单位、园林小区26个；新创建市级园林单位、园林小区74个。

【国家生态园林城市创建】 2018年2月7日，郑州市召开生态建设暨创建国家生态园林城市动员大会，正式启动国家生态园林城市创建工作。创建工作启动后，35家成员单位围绕生态园林城市6方面93项考核要求，制订“1+31”工作专案，出台《领导小组办公室工作例会制度》《公园、微公园、小游园建设标准和技术导则》《郑州市城市道路绿化规划设计建设导则》《郑州市城市绿化树种推荐名录》《郑州市创建国家生态园林城市工作督导考核办法》，建立“周例会、月通报、季评比、年考核”工作推进机制；编制完成《郑州市绿道连通提质规划》《郑州市300米见绿500米见园三年建设规划》《郑州市郊野公园专项规划（2018—2035）》，建成411个公园、微公园、小游园；生活垃圾分类工作迅速推进，在全国46个试点城市排名第10位；公共交通站点500米覆盖率达到100%，获得“国家公交都市示范城市”称号；海绵城市建成面积23.5平方公里，顺利通过省级海绵城市试点中期考评；大气污染治理成效明显，2018年全市PM10、PM2.5年均浓度分别降至106微克/立方米、63微克/立方米，较3年前分别下降36.5%、34.3%，下降率居全省第1位和第2位。2018年9月，经省住建厅评审，推荐郑州市创建国家生态园林城市。

【公园游园建设】 编制完成《郑州市300米见绿500米见园三年建设规划》，持续推进贾鲁河综合治理西流湖段工程、南水北调生态文化公园、雨水公园、南环公园、名师园、青少年公园等市级公园建设，强力推进区级公园建设，建成公园、微公园、小游园411个。

2018年，市区新建5000平方米以上公园42个。其中，中原区5个，包括庙沟遗址公园、秀水河公园、御湖宸院公园、郑上路与南水北调桥西北角公园、郑上路西流湖地铁站东侧公园；二七区5个，包括刺绣园、绿地城、康桥园、晟园、宏图园；金水区5个，包括四月天公园、翠园公园、美盛公园、美景世玠公园、西亚斯科技公园；管城回族区3个，包括潮湖生态郊野公园、十七里河市政公园、八郎寨遗址公园；惠济区4个，包括塞尚公园、惠济体育公园、伍月画苑公园、古荥大运河指挥部公园；郑东新区4个，包括小营点军台遗址生态文化公园、安平路高铁公园、林静园、丘韵园；高新区5个，包括须水河带状公园、火炬街公园、恒大城公园、万科星光广场、碧湖园；郑州经济开发区5个，包括九大街经北二路公园、三大街南三环西北角公园、滨河公园、滨河新城公园、旭飞公园；郑州航空港区5个，包括健康文化园、乡怡园、绿雕园、樱花园、凌霄园；上街区1个，太溪湖公园。新建微公园、游园320个。其中，中原区40个，二七区40个，金水区32个，管城回族区13个，惠济区29个，郑东新区40个，高新区40

城市绿景（市园林局/供图）

个，郑州经济开发区40个，郑州航空港区40个，上街区6个。

【园林绿化管理】2018年，根据市委、市政府创建国家生态园林城市总体工作部署，以“增量、提质、升级”为管理标准，加快推进国家中心城市建设，深入开展国家生态园林城市创建工作，市园林局印发《郑州市园林绿化管理大提质竞赛活动实施方案》，进一步提升园林绿化内涵品质及精细化管理水平，先后在碧沙岗、动物园、植物园、工人文化宫、人民公园、科研所、郑东新区7家单位，以“特色花展打造”“杨柳飞絮防治”“优质服务（公厕管理）”“花境打造暨志愿服务站建设”“景观文化打造”“主题公园打造暨水系景观提升”“道路、游园精细化管理”为主题，组织7次观摩活动，有效营造了相互学习、互相借鉴、比学赶超的浓厚氛围。

在市直专业单位开展“五级五星”竞赛活动，其中，省工人文化宫、郑州市碧沙岗公园、郑州市人民公园获得优秀单位；郑州市城市园林科学研究所、经纬广场、动物园、植物园、紫荆山公园获得先进单位。组织县（市）区、开发区及有关委局举办月季花杯竞赛活动，其中，中牟县、巩义市、郑东新区、二七区获得金杯；荥阳市、新密市、中原区、航空港经济综合实验区、高新区、管城区、上街区、金水区、市城管局获得银杯；登封市、新郑市、郑州经济开发区、惠济区、黄河生态区、市水务局、市交通委、郑州火车站地区管委会获得铜杯。

【志愿服务工作】建立健全市园林局系统学雷锋志愿服务组织。建成文明使者志愿服务站14座，郑州市园林绿化志愿服务支队基层组织17个，登记在册园林志愿者1889名，站点开展活动3636次，志愿服务时长19597.5小时，服务群众173595人次，市级以上新闻媒体报道216次，站点注册活跃志愿者1609人。做好学雷锋志愿服务主题公园建设，河南省工人文化宫开展以“一份引领、一份情怀、一份关爱、一份书香、一份健康”为特色的“五个一”志愿活动，打造郑州市首个学雷锋志愿服务主题公园。

【园林绿化依法行政工作】2018年，市园林局按照郑州市城市执法体制改革要求，对需移交的行政处罚权和行政强制权进行认真梳理，2018年3月16日，将18项行政处罚权和1项行政强制权正式移交给郑州市城市综合执法局。加强建设工程项目绿化设计方案审验，规范行政审批流程，办理各类行政许可442件；严格执行法制审核制度，审核行政文件259份、行政合同288份；协调法律事务6起，行政诉讼2起。严格落实行政审批制度改革。按照“最多跑一次”“放管服”改革要求，市园林局承担的行政审批事项由3项压缩至1项，办结时限压缩至3天；组织梳理“最多跑一次”事项清单，该清单被省住建厅作为样板在全省推广执行。

2018年5月31日，第十一届中国（郑州）国际园林博览会闭幕式举行（市园林局/供图）

【文化园林建设】举办“绿满商都 花绘郑州”17个花展活动，展示园林文化。其中，河南省工人文化宫举办紫薇花展，碧沙岗公园举办海棠文化节、蜡梅梅花盆景展、盆景展，人民公园举办郁金香花展、牡丹芍药展、盆景展、金秋菊展，植物园举办迎春花展、牡丹芍药展、月季花展、向日葵展，紫荆山公园举办紫荆花展、蜡梅梅花盆景展、荷花展。花展期间，共接待游客800余万人次。

按照市委市政府要求，市园林局对春节、五一、国庆期间节日氛围营造工作进行认真安排。春节期间，13个市级公园共组摆鲜花8万盆，制作园林小品50余处，开展公园广场文化活动100余场。五一节期间，13个市级公园共组摆鲜花8万余盆，制作园林景点60余个，举办各项文化和花事活动20余场。国庆期间，各公园广场布置景观花坛、园林小品120余处，摆放草花近80万盆，举办节日文化活动48项100余场。

【对外展示交流活动】2018年，市园林部门积极参加对外交流活动，展示郑州园林行业风采。其中，参加2018中国开封中日韩盆景交流展，碧沙岗公园获综合金奖1个、铜奖2个，单项金奖1个、银奖2个、铜奖1个；参加“景粹中国·九省市盆景联展”，碧沙岗公园获综合铜奖1个；参加上海第十六届中国梅花蜡梅展览会，绿文广场获得金奖3个、银奖3个、铜奖1个；参加中国（杭州）第八届菊花精品展，人民公园获展位布置优秀奖，获盆景金奖1个、银奖1个；参加第32届全国荷花展，紫荆山公园获得碗莲栽培技术金奖、铜奖各1个；参加第七届中国·鄢陵蜡梅梅花文化节插花大赛，动物园、西流湖公园获得布展金奖，绿文广场《小园梅香》获特等奖，其他作品共获金奖10个、银奖12个、铜奖9个；参加南阳月季展，碧沙岗公园、紫荆山公园、动物园、植物园共获特等奖13个、一等奖18个、二等奖12个、三等奖10个；参加河南省第四届翰园情菊花插花花艺大赛，绿文广场、园林科研所、动物园、紫荆山公园、人民公园、植物园共获一等奖7个、二等奖15个、三等奖14个。

【园林绿化规划设计】2018年，市园林局围绕全市创建国家生态园林城市工作，起草《郑州市创建国家生态园林城市工作方案》。完成郊野公园规划选址实地调研和基础资料分析工作，编制《郑州市郊野公园建设导则》（征求意见稿）、《郑州市郊野公园建设技术导则》（征求意见稿）、《郑州市郊野公园专项规划（2018—2035）》初步方案。编制完成《郑州市绿道连通提质规划》《郑州市300见绿500米见园三年建设规划》。

【园林科研】申报2018年度课题通过建委建设科技项目立项的分别是：人民公园《古树国槐活体支撑及复壮技术的应用研究》、植物园《几种植物生长调节剂对大叶女贞控果影响的比较研究》、碧沙岗公园《耐阴地被植物的选育和应用研究》和城市园林科学研究所《郑州地区夏季高温环境下月季栽培技术及其应用》4项课题。申报课题全部鉴定结题。人民公园《古树国槐活体支撑及复壮技术的应用研究》课题，填补了国内大树复壮领域的空白。郑州市动物园科研项目《河南省野生动物建设概况与发展对策研究》《基于福利条件的河南省猫科动物迁地保护模式建设》获得河南省林业厅科学技术进步二等奖。其中《河南省野生动物建设概况与发展对策研究》项目是首次对河南省野生动物园建设发展的研究，为河南省政府管理部门针对野生动物园的建设与管理政策提供了参考依据，是河南省野生动物迁地保护事业的独创性成果。

【植物病虫害防治】 市园林局印发《郑州市园林局关于加强全市园林植保工作的通知》，对全市园林植物病虫害防治管理工作进行督促、指导落实。开展美国白蛾防控管理工作，做好专项普查，按时上报美国白蛾代次普查情况，保障园林绿化成果。

【动物繁育与管养】 全年共繁殖动物25个品种147头（只），其中，繁殖I级4种23头（只），II级14种49头（只）；春季鸟类孵化工作取得阶段性成果，孵化各种禽类183只；引进动物I级5种19头（只），II级6品种42头（只），共计13种218头（只）。全年未发生动物脱笼、逃逸、伤人等重大安全事故。

【第十一届中国（郑州）国际园林博览会闭幕】 由住房城乡建设部和河南省人民政府共同主办，郑州市人民政府、河南省住房和城乡建设厅、中国风景园林学会、中国公园协会共同承办的第十一届中国（郑州）国际园林博览会于2017年9月29日开幕，2018年5月31日闭幕，历时245天，累计接待游客268万人次，单日最高接待10.7万人次。园博园郑州园获得室外展园综合奖大奖、单项奖展园设计奖大奖、优质工程奖大奖、植物配置奖优秀奖、建筑小品奖大奖。郑州市园林局获得住建部颁发的展园建设最佳单位奖，郑州市人民政府获得住建部颁发的优秀组织奖、特别成就奖和特别贡献奖，实现了“理念超前、科技领先、特色浓郁、影响深远”园林盛会的办会目标。

（满　超）

公用事业

城市供电

【概况】 2018年，国网郑州供电公司紧密围绕郑州国家中心城市建设和能源转型发展需要，积极践行政治、经济、社会“三大责任”，为郑州市经济社会高质量发展提供了坚强供电保障。全年，发展总投入62.9亿元，同比增长75%，是前两年的总和；电网基建投资56亿元，创历史新高。售电量420.4亿千瓦时，供电营业总户数334.3万户，综合线损率6.45%。连续14年获全国“安康杯”竞赛优胜企业，“雷锋号”电力抢修队被中宣部命名为“全国学雷锋活动示范点”。

【电网建设】 2018年，国网郑州供电公司围绕郑州市能源转型和国家中心城市发展定位，高标准完成郑州国家中心城市电力保障体系研究，确立郑州电网“三步走”发展目标，2020年建成中部领先电网，2025年建成国内一流电网，2035年建成世界一流电网，为郑州电网长远发展提供重要依据。主配网工程量均创历史新高。主网新开工500千伏经纬变等输变电工程100项，超2017年3倍；竣工投产220千伏嵩博线、才俊变等输变电工程32项；桐柏、雪莲等12项历史遗留工程项目顺利实现开（复）工。全年，新增变电容量172.7万千伏安、输电线路长度258公里，电网供电能力提升250万千瓦，优化经开区、巩义市、新密市等地区电网网架结构，度夏期间满载、过载主变台数同比下降50%；110千伏电网整体容载比由1.95提升至1.99，中部领先城乡电网建设迈出坚实步伐。在全省率先完成“煤改电”工程，累计投资5.38亿元，惠及电代煤用户13.4万户。投资1413万元，完成中牟黄河滩区和新郑具茨山居民易地搬迁外部电力配套项目建设，满足4500余户居民用电需求。配合市政开展电力设施迁改工程173项，完成金水路西延等38项迁改工程和15个地铁站点电力迁改任务，地铁5号线实现空载试运行。实施四环快速化、经三路等迁改工程，全年迁改投资总额11.27亿元，改造35千伏及以上输电线路78条，新建杆塔185基，入地19公里。持续推进郑东新区核心区坚强智能电网示范区建设，二七商圈电力无线专网顺利建成。

【电力供需情况】 供电情况。截至2018年年底，郑州地区共有±800千伏换流站1座、500千伏变电站5座、220千伏变电站33座、110千伏变电站186座、35千伏变电站58座，主变545台，变电容量3429万千伏安。35千伏及以上线路共719条，总长度5752千米。

用电负荷情况。2018年，郑州电网最大负荷创历史新高，地区最大负荷1174万千瓦，市区最大负荷568万千瓦，同比分别增长6.96%、9.05%。

【郑州市全社会用电量情况】 2018年，郑州市全社会用电量560.32亿千瓦时，同比增长3.15%。其中，第一、二、三产业及城乡居民生活用电量分别为6.48、309.83、137.96、106.05亿千瓦时，同比分别增长3.02%、-2.78%、0.15%、31.76%。

【供电服务】 2018年，国网郑州供电公司积极推行“放管服”改革业扩报装新模式，全面开展“三减四零”办电新服务，完成新装增容27.15万户，办电时限压缩62.5%。着力优化营商环境，入驻15个政务服务办事大厅，联办过户业务1900余件，利用房产、身份信息推送实现客户“一趟都不跑”。优质高效完成上汽整车厂二期项目、轨道交通、省直青年人才公寓等113个省、市重点项目和民生项目报装接电任务。在2018年国务院大督查中，郑州地区用电报装指标在全国36个大中城市中名列前茅，郑州电网获得营商环境全国网27个省（市）第二名。构建“强前端，大后台”的服务格局，组建供电服务指挥中心和城东、城西等7个供电部，构建123个供电服务网格，提升服务质量和效率，配网故障抢修平均时长较2017年降低18.4分钟。认真落实国家降低一般工商业电价部署，市场化交易电量

2018年，郑州电网完成发展总投入62.9亿元，电网建设创历史新高（国网郑州供电公司/供图）

2018年度夏期间，郑州电网成功应对历史最大负荷考验（国网郑州供电公司/供图）

达113.46亿千瓦时，全年减少客户电费支出11.05亿元。深入开展“天网”反窃电专项行动，查处窃电及违约用电2472起，追补电费3747万元。圆满完成郑开国际马拉松、中欧区域合作研讨会等232项保电任务。攻坚克难，历时15个月完成驻豫央企35个小区，5503户的“三供一业”移交分离工作。

【安全生产】 2018年，国网郑州供电公司认真落实党中央、国务院安全生产工作部署，以持续推进本质安全建设为中心，细化编制公司417种岗位安全责任清单，完善安全责任体系。扎实开展“六查六防”、电力建设施工安全年、电气火灾综合治理等安全专项行动，加强信息安全管理，安全基础不断夯实。创新组建公司安全稽查专家队伍，从严查处15项严重违章行为，保证2300多个工程项目施工作业安全。精心组织迎峰度夏工作，积极应对天中直流消缺引起的电网供电能力不足和“温比亚”台风等风险，电网成功经受住1174万千瓦历史最高负荷考验。强化设备精益运维，完成23处输配电线路“三跨”、12台ABB断路器机构等重点隐患治理；完成技改大修292项，改造输电杆塔206基、高耗能主变11台、三环内智能柱上断路器1056台、路中杆990基，实现一级电缆隧道在线监测全覆盖；220千伏输电线路跳闸率和变电设备故障率同比分别下降16.7%和18.2%；配电线路停电率177次/百条、同比降低21.5%；配网故障报修率62件/万户、同比降低43%。长周期安全生产记录突破6400天，继续位居全国省会城市首位，连续17年未发生被上级考核的安全事件。获得国家电网有限公司安全生产先进集体荣誉称号。

【企业创新】 2018年，国网郑州供电公司大力实施创新驱动发展战略，推动企业创新发展。潘庄变4.8兆瓦分布式电池储能示范工程建成投运，初步探索电网侧电池储能商业运营模式。全面启动配电网大数据应用示范工程建设，创新成果《基于大数据的配电网智能化调度管理》获国家级二等奖、省部级一等奖；变电检修室远动QC小组获全国优秀质量管理小组称号，“便携式带电接火专用工具的研制”项目获水利电力质量协会一等奖、国家电网公司二等奖；《电力输电线路舞动灾害防控体系关键技术与工程应用》获河南省科技进步二等奖；《强直弱交受端电网动态耦合作用及控制关键技术与应用》获国家电网有限公司科学技术三等奖；《高压输电线路电动自爬式进出强电场装置的研制与应用》获全国能源化学地质系统优秀职工技术创新成果三等奖。

（王　静）

城市供水

【概况】 截至2018年，郑州市已建成水厂7座：柿园水厂、石佛水厂、东周水厂、刘湾水厂、郑州航空港区一水厂、罗垌水厂、中法原水公司，供水能力总计177万立方米/日。郑州市城市供水水源以南水北调水为主、以黄河地表水和黄河侧渗地下水为补充，以水库水为备用。供水覆盖范围包括郑州市区、郑东新区、航空港区以及荥阳市区等区域，供水面积580平方公里，供水用户130多万户，服务人口585余万人。郑州自来水投资控股有限公司拥有华山路营业厅、中原路营业厅、经七路营业厅、商城路营业厅、商鼎路营业厅等5个营业厅，并通过公司门户网站网上营业厅、企业微信平台、郑州APP等向市民提供报装、过户、报修、水费查缴等服务。全年，总供水量4.39亿立方米，售水量3.74亿立方米，供水产销差率为14.97%，基本漏损率9.96%；水质综合合格率99.95%，管网水压力合格率99.59%；最高日供水量145.37万立方米，平均日供水量120.45万立方米，人均供水量24.62万立方米，给水全员劳动生产率44万元/人；新增供水管网436.93公里，供水管网总长度达到4683.7公里；完成基本建设投资3.92亿元；完成专项投资计划1175.58万元，执行率98.92%，完成率94.62%。

【供水工程建设】 完成郑州市金融岛水厂工程项目立项；完成侯寨水厂工程厂区、中途泵站、取水泵站土建主体工程施工和主要设备安装，敷设原水输水管道25公里；桥南水厂厂区完成初设批复和厂区临建工程，敷设输配水管道3公里；龙湖水厂完成初设批复，敷设输水管道5.8公里；完成罗垌水厂配套调蓄池工程土地预审、初设批复；刘湾水厂工程竣工决算编制提交市审计局审批，完成全部厂外配套管网工程审计定案，以及75%厂区工程审计定案；完成户表改造项目结算资料上报，完成4个批次施工结算审核；推进管网已完工程竣工审计，完成50公里市政管

郑州市2018年全社会用电量统计表

表2

单位：亿千瓦时

类别	2018年1至12月份累计		
	电量	同比增长（%）	占比（%）
全社会用电量	560.32	↑3.15	—
第一产业	6.48	↑3.02	1.16
第二产业	309.83	↓–2.78	55.30
第三产业	137.96	↑0.15	24.62
城乡居民生活	106.05	↑31.76	18.93

网竣工验收。2018年，完成配水管网工程101.9公里，其中新建75.6公里，改造26.3公里。

【供水安全】推进安全风险防控试点工作，制订《郑州自来水投资控股有限公司安全风险分级管控及评价体系实施细则》，抓好人员作业风险、供水设备风险防控。开展安全风险防控体系建设，从供水源头到水厂运行、从危化品管理到应急救援，实行“四个清单”模式，深入细致排查，完善应急救援体系，组织水源地等专项检查22次，实战演练38次，有效防控安全事故发生。加强全员安全教育，开展岗位技能安全培训，组织93名特种作业人员取证培训，持证上岗合格率达100%。完善工程建设安全管理制度，加大协调推进力度，落实工程建设安全责任制，确保工程质量安全，按照大气污染防治和环保督查要求，加强现场文明施工，达到8个100%。

【供水营销管理】开发微信、支付宝水费预存功能，拓展网上服务能力，网上缴费占比达到67.95%，第三方交费比例达到94.33%，用户在线交费方式便捷性、高效性和适应性增强。开展洒水包干模式用水分析，重点对非定点取水、非备案车辆取水等行为进行查纠，逐步推进装表计量，杜绝违章用水现象。开展TM卡表普查，及时回收超用水量。加强城市拆迁区域用水情况调查，规范都市村庄小产权房用水，及时追缴供水设施补偿费用。开展消火栓用水情况排查整治。2018年，针对偷盗水及损坏、破坏供水设施行为，处理各类举报641起，行政拘留5人。

【供水服务】积极参与“一网通办”，进驻市政务服务中心办事大厅、航空港政务服务大厅，简化审批工作流程，编制公共服务事项综合受理清单，使申报申请资料由原来的13项减少到2项，审批环节由7项减少到4项，时限由26天变为即时办理。实现网上客服微信公众号、网页端网上营业厅上线，新增网上报装、业务办理、人工客服、欠费查询、账单推送等18项功能，开通公有云服务，完成郑州供水统一编码系统，完成手机APP移动抄表系统开发测试。开展城市供水特色服务活动及形式多样的学雷锋服务活动，切实解决百姓用水“最后一公里”的问题，推进公司“供水服务春暖万家”“白师傅便民服务队”等品牌建设，组织第26届“世界水日”、“中国水周”、“市民走进水厂参观”、“征集节水金点子”等活动，增强社会各界和广大市民的水资源保护意识。开展向张威同志学习活动并成立“郑州供水短袖哥学雷锋服务队”。

（朱　林）

城市燃气

【概况】截至2018年年底，郑州华润燃气拥有天然气门站7座，接收能力24亿立方米；储配站2座，LNG（液化天然气）气柜2座，储气能力230万立方米；CNG（压缩天然气）加气站15座，LNG加气站7座；高压管线343公里，中压管线2248公里，庭院管网5599公里；管理居民用户218万户，工商业用户9840户，燃气汽车3.89万辆。

【气源保障】2018年，郑州华润燃气面临的气源形势异常严峻。供应方面，上游不保量不保价，淡季需求增加，供不应求，价格上涨；需求方面，热源厂冬季负荷、大型工业用户等需求增加，季节性供需矛盾更加突出。郑州华润燃气公司做好风险评估，积极引入中海油气源，与中海油气公司签订1亿立方米天然气供应合同。同时郑州华润燃气公司与河南纵横燃气管道有限公司、河南蓝天燃气股份有限公司、河南省煤气（集团）有限责任公司、开封新奥燃气有限公司、中石化中原天然气有限责任公司等多家公司签订代输协议，与开封新奥燃气有限公司、中石化中原天然气有限责任公司等多家公司签订互联互通协议并联通管网，保障郑州市天然气气源的多通道供应。

【输配系统建设】四环高压管道改迁工程。按照《四环快速路管线综合规划》，郑州华润燃气公司对西四环、南四环、东四环及大河路高压管线进行整体迁改，划分为4个标段，涉及高压燃气管道迁改的工程量为80公里。截至2018年年底，同步完成4个标段共30多公里的高压管道改迁任务。中心城区次高压西段工程。该工程主要解决因主城区燃气用户激增而形成的“四周高、中心低、漏斗形”的供气结构问题。截至2018年年底，西段工程建设完成8公里，河医调压站和航海路调压站主体建设完工。

【供气安全】持续关注重点隐患整改，全年整改用户闲置阀门2970处，督促用户更换危险热水器2955台，管网泄漏自查率达到96.97%。采取多种形式，开展“安全生产月”工作，组织安全生产知识竞赛、安全教育培训，培训人数达到1500余人；通过“安全生产宣传咨询日”活动，向市民发放宣传手册、接受用户咨询；深入街道、小区，开展居民安全宣传、免费安全检查、百尊灶具维修等业务；6月28日，在中原万达开展城市综合体燃气泄漏事故应急抢险演练，提升城市综合体燃气安全意识及事故应急处置能力。

【技术创新】2018年，在河南省市政公用业协会主办的技术创新比赛中，“城镇燃气智慧建设项目实践”“基于SCADA系统实现调压站的安全调控”“天然气压差液化在城市燃气应急调峰中的应用”3个项目获得一等奖，“智慧计量仪表及智能管控平台研究”“不停输设备推广应用及作业标准化研究”“LNG加气站BOG回收利用”3个项目获得二等奖，“河南信息统计职业学院合同能源管理”项目获得三等奖。郑州华润燃气公司《基于SCADA系统实现调压站的智能化调控》荣获华润燃气创新项目二等奖。“基于协议转换的燃气扩频远传表抄表系统”在获得软件著作权后，又获得实用新型专利证书。“燃气表防护箱”取得实用新型专利。

【优质服务】2018年，接待客户来电1448593件，接通率81.37%，处理及时率100%。受理各渠道的客户诉求757551件，均及时回复办结，办结率100%。拓宽充值缴费渠道，利用支付宝圈存模式引入新的第三方，支持IC卡表客户通过支付宝进行线上缴费操作，共开通支付宝线上缴费写卡网点160余个，其中包含24小时服务网点26个。郑州华润燃气公司继续与利安、银联合作，设置充值点300余个；在IC小区物业布置银联自助机，帮助小区及附近IC卡客户进行自助充值，截至2018年年底，布设银联自助机网点小区15个。

（李慧敏）

集中供热

【概况】2018年，市热力总公司结合建设国家中心城市、清洁取暖试点城市等新任务、新形势，加快建设步伐、提升发展质量、推动科技创新，全面开启郑州市集中供热新局面，圆满完成2018年工作目标任务。截至2018年年底，共有热源13座，总供热能力3883兆瓦，热电联产占70%，燃气热源占30%，集中供热已全面实现无燃煤，热源结构更加清洁高效。新增供热面积661.34万平方米，入网总面积达1.4亿平方米，实际供热总面积8600万平方米，建成区集中供热普及率达85%以上，服务集中供热用户100多万户。新建改建集中供热管网56.76公里，改造老旧管网14.9公里，热网总长达2300公里，热网覆盖率达90%以上。新建换热站51座，投入运行热力站1906座；共完成供热量2463万吉焦，总供热量再创有集中供热历史以来历史新纪录。2018年供暖季，室温合格率95.9%，设备完好率99.48%，抢修及时率100%，热线电话回复率、办结率均为100%。继续实施驻郑央企、在郑省企以及市管企业“三供一业”分离移交工作，截至2018年年底，改造完成128个小区，涉及约4.3万户，总面积

413.12万平方米。

【工程建设】郑州豫能热电热力配套主干热网工程。主干热网工程项目热源规模为2台66万千瓦供热机组。截至2018年年底，长度约14公里、管径1.4米的零次主干热网基本贯通，隔压站主体框架成型，主要设备安装70%。新密裕中电厂百万机组“引热入郑”工程。项目热源规模为2台100万千瓦供热机组。截至2018年年底，项目完成备案、环评等手续。郑东新区热源厂“煤改气”项目。该项目5台58MW燃气热水锅炉于2018年10月底建成首次点火成功，11月8日正式投运供热，新增500万平方米的供热能力。

【供热生产】提前升温。11月1日冷态运行启动，7日外围“引热入郑”机组开始投热，8日管网开始按照每小时不超过3摄氏度的速度升温。智慧供热。市热力公司与浙江大学热工与动力系研究所合作，建立智慧城市供热系统仿真分析与调度控制平台。8月，供热调度方案编制完成，拟定数十套应对方案与应急预案。在供热运行过程中，郑州热力坚持总体平衡、重点突出的原则，协调热电厂和气源供应，调整供热调度方式，加强技术攻关，多措并举改善供热质量。

提升供热系统。2018年，共投资5158万元，实施371项大修技改项目，热力站自动化覆盖率达到96.22%；扩大智能阀控系统、单元流量远程自动调节装置的应用范围，将热网远程调节从一次网延伸到二次网；自主研发的移动式换热站、楼宇热力站、燃气锅炉巡检测漏机器人等实际应用效果显著，为实现均衡供热、保障供热质量奠定基础。投资4300多万元，对航空港综合实验区、郑东新区、东明路、政七街、枣庄、北郊、二马路等热源厂24座燃气锅炉实施低氮改造，将氮氧化物排放浓度由100毫克/立方米降至30毫克/立方米，并成功点火投入正常生产运行。安全生产。创新安全管理制度、推进安全生产标准化，修订《安全生产事故应急预案》，细化安全生产目标，层层签订安全生产责任书。开展《安全生产法》宣传周活动，提高职工安全技能和安全管理水平，特殊工种岗位持证上岗率达100%，特种设备和车辆取证及检测率达到100%。排查老旧管网，立行立改，采取多种措施消除隐患。编制老旧热网改造方案，保障供热系统安全平稳运行。

【技术创新】2018年，市热力公司加大科技投入，在清洁供热、科技项目、自主研发等方面取得进展。推进清洁供热试点项目，落实北方地区清洁取暖规划的技术路线，推进郑州市老旧供热管网改造、郑东新区热源厂“煤改气”烟气回收系统等6个清洁取暖项目，获得国家清洁取暖试点城市专项奖励资金11781万元，并通过专家评审。对大型蓄热罐储热、污水源热泵、燃气模块机组等清洁供热方式进行技术论证，选取试点实施。提升企业的自主研发能力，推进“郑州市清洁供热节能减排工程技术研究中心”申报建设工作，以及市级技术研究中心项目、科学技术协会项目前期准备工作。对供热系统提升的技术难点和关键点攻关，开展燃气热源厂低氮改造技术、烟气余热回收技术、热力管道阴极保护防腐技术等专题研究。健全科技创新项目库，储备《智慧管网安全监管系统在城市供热领域的应用示范》《吸收式大温差换热机组在热力站的应用示范》等9个科技创新项目。实施“小发明、小创造、小革新、小设计、小建议”五小创新项目。

【供热服务】便民措施。2018年，市热力公司拓宽服务用户渠道，服务热线系统升级为90路数字光纤，热线座席由21席增加至45席，开通215部片区服务电话，结合郑州热力网站、微信公众号等媒体推送供热常识和资讯，全年，共收到用户来电、邮件、留言等约18.5万件，微信平台回复约2.6万条，接到郑州市数字化管理系统网络专线、市长电话室、心通桥等转办件等7000余件，办结率100%。“郑州热力”微信公众号改版，开发在线交费、户号查询、在线报装、在线过户、费用查询等服务功能，微信公众号关注用量超过20万人。增加银联“云闪付”交费方式，同步开通微信、支付宝开具电子发票功能，在客服大厅增设自助发票打印一体机，简化业务办理流程。供热宣传。利用中原网舆情数据平台，实现舆情研判和引导，按照早发现、早介入、早处置的原则，完善突发事件舆情引导处置机制。采取媒体通气会、座谈会、现场观摩等形式，结合郑州热力官网、微信公众号等途径，宣传集中供热的最新资讯，传播社会正能量。放管服。贯彻落实国家、省、市关于“放管服”改革相关要求，完善用户报装系统，截至2018年年底，实现15个工作日零跑腿办理、用户信息变更即时办结。同时按要求进驻政务服务中心和不动产登记大厅。

（荆　理）

城市公共交通

【概况】城市公交、地铁、出租车分别完成客运量9.36亿人次、2.9亿人次和1.64亿人次，地铁单日最高客运量达到123万人次，在改善城市出行结构中发挥了重要作用。编制完成《郑州市城乡道路客运一体化发展规划（2018—2022）》。公交专用道建设方面，制订出台公交专用道规划建设管理办法，完成22条、全长305公里公交专用道建设工作。2018年10月，新建公交专用道全部投入使用。

【“国家公交都市建设示范城市”创建】“国家公交都市建设示范城市”创建成功。郑州市从2012年起，开展“公交都市”创建，以公共交通引领城市发展为战略导向，把“公交都市”创建与“畅通郑州”建设进行战略融合，实施“九大工程”，创建工作取得阶段性成果，城市出行结构得到改善，拥堵状况有效缓解。创建过程中，郑州市38个单位和部门参与创建工作，以快速公交、地铁、新能源车、路网改造、场站、信息化等为重点，累计投入1540余亿元，建成公交场站35处，常规公交专用道305公里，地铁运营和在建里程突破300公里，常规公交线网里程1479公里，快速公交线网里程1045公里，处于全国领先水平，公交日均客运量超过330万人次。与2012年创建初期相比，郑州市公共交通机动化出行分担率提高近20%，绿色公交车辆比率提高40%，快速公交成网率提高21%，一卡通使用率提高34%。12月13日，2018年全国城市交通工作暨“公交都市”建设推进会在广州召开，郑州市获得交通运输部授予的“国家公交都市建设示范城市”称号。

【线路开辟和线网优化】全年，新开公交线路36条，优化调整线路72条，其中，夜班公交线路调整升级为28条，开通至航空港区的公交线路3条，增开常西湖新区公交线路1条。

【公交运营服务】严格督导服务水平和卫生情况。全年，累计检查车辆105628台次，车厢服务合格率99.80%，车辆卫生合格率98.28%。加强服务培训，各运营公司共开展服务类培训2753期，参培人员192517人。开展服务评比活动，以“提升公交品质、建设人民满意公交”为主题，开展“文明服务”“星级服务”“百佳公交之星”“三无线路”“无违章车队”等评比活动。积极传播公交正能量，对外发表稿件5153篇，利用郑州公交信息网发布好人好事、便民动态信息12762篇。

【公交智能化】开通微信扫码、支付宝扫码、银联支付等支付方式，微信乘车码开通用户363万人，支付宝电子客票开通用户355万人，银联支付开通用户100万人，移动支付交易量达1.29亿人次、交易额1.33亿元。研发客流分析、监控及排班技术，提升运营效率，保障乘客出行。

【轨道交通】截至2018年年底，郑州市运营公共交通轨道线路4条，即地铁1号线一期、2号线一期、1号线二期、城郊铁路一期，全年完成客运量2.8

BRT同台同向免费换乘（市交通局/供图）

亿人次，日均客运量78.92万人次，同比增长14.18%，单日最高客运量高达122.91万人次，创线网单日客流新高。

【出租汽车行业改革】 加快推进网约车平台审批。按照交通部合规化要求，审批克穷、曹操等网约车平台的许可，截至2018年年底，郑州市有经审批合规网约车平台企业17家。巡游车转型升级方面。结合全市交通秩序综合治理行动，组织年度服务质量信誉考核工作，根据《关于促进我市出租汽车行业管理服务水平提升工作实施意见》，结合建立完善退出机制、全面提升出租汽车科技化监管水平、强化出租汽车驾驶员教育培训、建立出租汽车行业信用体系建设等方面制订方案，稳步推进落实。加快网约车许可工作。市交通局与公安、车管部门以及营运车辆检测中心进行对接，加快网约车从业人员背景审查，建成从业人员考务中心，为从业人员提供标准化考场，全年共有8551人顺利通过考试，拿到从业资格证件。按照《郑州市网络预约出租汽车许可证件办理程序》的要求，发放网约车运营证件13468个，发放网约车驾驶员从业资格证6908个。完善“五单一网”系统建设，建立客运管理处行政许可全流程在线办事服务系统，深化行政审批制度改革和郑州市政务服务网运行，及时对客运管理处“五单一网”行政审批事项和行政权责清单进行动态调整。

郑州市公共交通专项规划（市自然资源和规划局/供图）

【网约车服务平台运营】 有序推进网约车新政落地实施，全市网约车平台企业达到17家，合规运营网约车总数1.77万辆，共服务约20万人次。“96556”电叫预约平台成功定制492起网约车服务。推进智能化手机APP功能，拓展、完善服务渠道。

【文明的士之星评选活动】 “文明的士之星”评选活动以促进出租汽车行业健康、稳定、发展为宗旨，以推进文明交通、畅通郑州为目标，针对行业驾驶员的经营行为、服务质量、安全意识以及履行社会责任等方面进行综合评定。通过对出租汽车行业驾驶员在无私奉献、拾金不昧、见义勇为、扶危救困等方面挖掘梳理，顺利完成2017年度、2018年度“文明的士之星”评选工作，共有1706名优秀驾驶员获得“文明的士之星”荣誉称号。

（张朝霞）

城市环境雕塑建设

【概况】 2018年，市环境雕塑建设研究所继续以“两学一做”制度化常态化为抓手，强化队伍建设，真抓实干，推进基层党组织建设，全面落实年度各项责任目标和重点工作的开展完成。完成辖区112件城市雕塑巡查维护任务3.2万余件次，巡查范围东至郑东新区，西至西四环，南至南四环，北至黄河风景名胜区。深度维修城市雕塑24件，整治城市雕塑一般性问题104件次。开展大型城市雕塑结构安全排查36件次，委托专业机构实地检测城市雕塑安全状况43件。雕塑巡查维护率达到100%。全年，争取大型城市雕塑城建项目专项维修资金50万元。

【《郑州市城市雕塑专项规划》编制工作】 市环境雕塑建设研究所组织开展《郑州市城市雕塑专项规划》的立项规划前期工作，组织专业技术人员收集调查国内城市雕塑规划开展情况，为郑州市城市雕塑专项规划提供支持。对嵩山路两侧生态廊道全长5.6公里范围进行调研、论证和规划设计，围绕“嵩山历史文化”主题，从“武术文化”“天文文化”“人文文化”“地质文化”4个方面，运用现代设计语言，塑造嵩山路的文化景观风貌，完成该项目的立项审批、可行性研究报告和初步设计等前期工作。

【焦裕禄主题雕塑创作活动】 2018年8月，市环境雕塑建设研究所联合郑州市城市管理局、中共河南兰考县委宣传部、郑州市文联、郑州市中原区文明办、河南省雕塑学会、郑州大学美术学院雕塑系、郑州市美术家协会、郑州市美术家协会雕塑艺术委员会等机构发起“念奴娇·追思焦裕禄”主题雕塑创作营活动，通过组织实地采风和作品征稿，从100余件应征方案中评选出40件作品方案入围参加创作营集中创作。12月16日，“念奴娇·追思焦裕禄”主题雕塑作品展在市环雕所雕塑艺术馆开幕展出，同时举行了“焦裕禄主题”雕塑作品创作交流研讨会。入选的40件（组）雕塑作品分别从焦裕禄生平事迹、照片资料、人民群众对焦裕禄的评价、兰考城市变化等方面对“焦裕禄精神”进行解读。

（周宏昶）

房地产业

综　述

【概况】2018年，全市商品房销售3860.3万平方米，同比增长20.76%；其中商品住房销售3470.1万平方米，同比增长24.07%；全市商品房备案价格8605元/平方米，同比增长2.74%；其中商品住房备案价格8261元/平方米，同比增长3.94%；全市商品住房累计可售面积为2207.69万平方米（208225套），消化周期7.6个月，处于合理区间；安置房累计签约11.79万套，1160.2万平方米，公租房累计签约1.35万套，75.92万平方米。二手房交易情况。全市二手房交易面积为601.96万平方米，同比下降10.01%；二手房均价12551元/平方米，同比增长2.99%。

审计发现问题整改工作。成立保障性安居工程审计发现问题整改工作领导小组，制订整改工作方案，明确负责人和联系人，建立了整改台账。2017年，保障性安居工程审计共发现问题148个，截至2018年年底，已整改137个，整改完成率92.57%。

推进解决经济适用住房有关问题。市住房保障局对经济适用住房项目中的相关问题提出可操作性的意见，加快相关手续办理，争取早日将经济适用住房遗留问题全部解决，全年共轮候供应经济适用住房房源3108套；市政府下发《关于明确经济适用住房差价款补缴标准的通知》，使经济适用住房通过"补差"上市交易"停摆"的问题得到较好解决。

【物业管理】2018年，郑州市利用"双随机一公开"加强事中事后监管，严格落实《郑州市物业管理招标投标办法》和招投标专家管理制度，着力推进建管分离。截至2018年年底，全市新增物业管理面积1879.7万平方米，新增市级物业管理示范项目53个；城市建成区建筑物摸排建档9166栋，整治建筑物楼顶8722栋。

2018年3月14日，全市住房保障和房地产管理工作会议召开（市住房保障和房地产管理局/供图）

推进老旧小区整治提升工作。郑州市下发《郑州市老旧小区整治提升工作实施方案》，提出工作标准、任务计划和资金保障意见；各区政府开展老旧小区示范点建设，完成整治示范点的选址、造价预算和工程招投标工作。

社区物业管理。认真组织宣传贯彻《河南省物业管理条例》，指导社区开展物业管理工作，规范业主大会业主委员会建设，加强矛盾纠纷的调解处理，推进物业管理重心下移。

五是创建物业管理示范项目。开展物业管理项目创优达标活动，组织行业专家对申报郑州市物业管理示范称号的72个项目进行了考评验收。

规范房屋安全管理。加强房屋安全管理工作机制建设，"四位一体"房屋安全管理机制基本建成；严格落实防汛制度，严密组织房屋安全隐患排查整治，确保城市房屋安全度汛；开展房屋安全普查，进一步摸清房屋安全管理工作底数。

【"红色物业"建设】根据市委要求，市住房保障局起草"红色物业"实施方案，从突出建强"红色物业"服务实体、突出党建引领和物业服务深度融合、突出"红色物业"品牌行动效应、突出"红色物业"人才建设四个层面，通过抓物业服务实体和物业人才建设，努力突破发展瓶颈，促进物业企业党建工作迈上新台阶。

【维修资金归集使用管理】创新维修资金管理措施，优化维修资金业务"一口受理"，利用网银实现资金划转，开展社区现场办公，提高维修资金业务办理便捷性，减少群众跑腿次数和办理时间。截至2018年年底，全市共归集维修资金20.37亿元。其中市本级交存户数12.58万户，交存面积1800万平方米，共归集维修资金10.38亿元。全市共划拨使用维修资金8598.21万元。其中市本级使用划拨 8341.93万元，用于532个小区，2667幢房屋的维修和设施设备更新维护，惠及业主27.76万户。

【百城提质工程】 按照百城提质工程创建要求，市住房保障局要求全市实行规范物业管理的小区，物业服务企业作为责任人，全面推进生活垃圾分类工作，从单独投放有害垃圾、分类投放其他生活垃圾、建立与分类品种相配套的收运体系、积极开展宣传动员社会参与四个方面，推动生活垃圾减量化、资源化、无害化，促进资源回收利用。

【优化营商环境】 “三网融合”深度推进。深化“一网通办”“最多跑一次”改革，推进房屋交易、税收、不动产登记“一窗受理”并联审核，下发《郑州市住房保障和房地产管理局、郑州市税务局、郑州市国土资源局关于印发房屋交易、税收、不动产登记“一窗受理”工作流程、职责及收件材料清单的通知》。进一步提高办事效率，将房屋交易办理时限从3个工作日压缩至两个工作日。

房管信息化建设步伐加快。市住房保障局完成《房管局电子政务建设白皮书》编制工作，签订《“智慧房产”建设战略合作协议》，向住建部上报《利用信息化手段解决企业和群众办事难》的报告；上线郑州市房地产经纪行业综合服务和监管平台，实现机构与人员管理的信息化、自动化和房地产经纪服务的网上办理。

推进审批服务便民高效。市住房保障局持续清理规范繁文缛节和不必要证明，完善便民服务措施，编制服务指南和便民手册，并积极与市政务办协调对接办公系统，提前入驻市政务服务中心正式开展“一窗受理”业务办理，做到资料一次收取、数据一次录入、信息共享互用，实施了容缺审核；在市区6个大厅基本实现房屋交易、税收、不动产登记“一窗受理”全业务办理。

便民服务措施丰富多样。市住房保障局持续优化房管办事大厅绿色通道服务、错时服务、延时服务、自助查询服务；利用便民服务车开展上门服务，深入居民小区和开发企业现场办理房屋交易合同备案和面签、受理审核确认交易手续、开具个人房屋状况查询等业务，全年共深入新建小区开展商品房现场面签206次，累计办理房屋面签8万余件；市房产档案馆接待群众咨询77.64万人次，档案查询132653卷，开具房屋权属信息证明637078份。

【人才购房政策落实】 举办“享‘智汇郑州’政策红利，圆青年人才安居梦想”人才安居保障政策现场宣传活动16次，接受咨询1500余人次，发放宣传资料2万余份，录制“大河房管面对面”4期，在省市媒体刊发报道60篇次；市住房保障局办事大厅开设人才服务专窗16个，市内五区受理非郑州户籍人才购房9434件，窗口及房管热线接受青年人才购房、顶尖人才、国家级人才申请免租住房政策咨询4700余人次。

（文保成）

房地产行业管理

【概况】 2018年，郑州市重视区域差异，实施精准调控，房地产市场管理取得新成效。坚持“调控目标不动摇、力度不放松”的要求，做好限购、限贷、限售、限价等调控政策的落实。结合市场动态对各县（市）商品房市场调控工作进行指导，根据各区域各类房源供应情况，探索实施分区域精准调控的具体办法，实现房地产市场均衡发展。关注城镇化建设，加快安置房网签节奏，加大安置房网签签约量。重点监测房地产开发项目备案价格，及时发现市场销售异常问题，预防捂盘、滞销、擅自涨价等扰乱市场行为。加强对房地产开发企业的动态监管，督促企业及时更新企业注册信息、人员信息、业绩信息等基础资料，采取企业申请注销和强制注销等方式，完善房地产开发企业资质强制退出机制。

【房屋产权交易】 2018年，全市共完成房屋产权交易业务14.28万件，商品房买卖合同备案8.01万套，商品房预售款监管备案458.37亿元；办理楼盘表确认1339起，住宅18万套1443万平方米，商业9万间513万平方米；完成各类测绘成果备案6344件7316万平方米。受理担保贷款16386户，担保资金107.73亿元；受理存量房资金监管44254件，监管资金116亿元。

【房地产市场专项整治】 开展专项整治，规范市场秩序。将扫黑除恶专项斗争与房地产市场整治工作相结合，与开发、中介、租赁、物业等行业管理相结合，开展扫黑除恶专项斗争舆论宣传和线索排查，对全市房地产市场进行检查，集中检查房地产开发企业和中介机构800多家，房地产项目300余个，对存在的问题进行了及时处理，保护了群众合法权益，促进行业规范健康发展。

【房地产行业信用体系建设】 2018年，郑州市进一步规范房地产行业信用信息的征集、发布和使用，实现信用信息资源共建共享，切实强化社会监督，促进行业自律。全年，共记录房地产开发企业信用信息941条，其中良好信息69条、不良信息109条、一票否决信息3条；共有17家企业信用升级，20家企业信用降级，列入黑名单企业7家。

【住房租赁市场管理】 机构化、规模化住房租赁企业培育初见成效。全年，新增各类住房租赁企业3106家。住房租赁平台功能更加完备。依托全市房屋租赁信息服务与监管平台，持续完善平台功能，强化平台推广使用。在全市范围内全面启动房屋租赁合同网上登记备案和房屋租赁企业网上备案工作，并在全省建立房屋租赁企业信用评级制度。

住房租赁试点配套政策不断完善。郑州市政府印发《郑州市人民政府办公厅关于印发郑州市人才公寓建设和使用管理暂行办法的通知》《郑州市人民政府办公厅关于印发郑州市

2018年5月11日，市房管局与光大银行举行房屋租赁政银合作签约仪式（市住房保障和房地产管理局/供图）

利用安置住房用作租赁住房暂行办法的通知》《郑州市人民政府办公厅关于印发郑州市国有建设用地新建租赁商品住房供应管理暂行办法的通知》《郑州市人民政府办公厅关于印发郑州市利用自有土地建设租赁住房工作暂行办法的通知》等相关政策性文件。市住房保障局印发《关于印发〈郑州市房屋租赁行业信用管理办法（试行）〉的通知》，并联合市直相关部门起草《人才公寓分配管理实施细则》《支持住房租赁市场发展专项资金奖补暂行办法》。

住房租赁管理机制不断创新。在二七区创建房屋租赁服务站点试点，第一个服务站点投入运行，并实现和公安部门的联合办公，第二个服务站点选址已经确定；中原区率先和交通银行合作，在交行网点设立房屋服务站点，并具备办公条件。政银合作助推租赁市场发展。市住房保障局与建设银行河南省分行、交通银行河南省分行、中国光大银行郑州分行签订合作协议，在培育机构化、规模化住房租赁企业，支持住房租赁市场发展等多方面达成合作意向。公共服务支持力度持续加大。进一步完善公积金、教育、卫计、就业等公共服务配套政策，鼓励和支持住房租赁消费。2018年，全市租赁住房家庭子女入学达到6.9万人，累计达到13.3万人；申请提取公积金支付房租11195人，提取金额7700.26万元。同时，为承租方提供卫生健康服务等政策均有效落实。

【公共租赁住房分配管理】 加大公共租赁住房分配力度。以改善城镇中低收入家庭、新就业无房职工、来郑务工人员住房条件为主要目标，创新住房保障形式，积极推进住房保障货币化，大力提升住房保障供应能力。理顺公共租赁住房管理模式。加强公共租赁住房入住、租金收缴、物业服务等后期管理，构建权责统一、程序规范、公开透明、运转高效的公共租赁住房后期运营管理模式。市住房保障局起草《关于进一步完善公共租赁住房保障制度的通知》《郑州市公共租赁住房运营管理实行政府购买服务的实施意见》《关于进一步加强公共租赁住房统筹供应管理的通知》，同时完成对县（市）区政府和市政府有关部门的意见建议征集。

（文保成）

房地产开发

【概况】 全市完成房地产开发投资3258.4亿元，同比下降3%；商品房新开工面积4363万平方米，同比下降20.1%；商品房竣工面积1946万平方米，同比增长27.4%。商品房投放情况。全市商品房投放3513.2万平方米，同比下降0.08%；其中商品住房投放2704.9万平方米，同比下降0.26%。

2018年6月8日，市房管局与中国联通举行“智慧房产”战略合作签约仪式（市住房保障和房地产管理局/供图）

【保障性住房建设】 2018年，全市棚改项目新开工建设21951套，省定年度目标任务完成率102.22%；基本建成保障性住房94038套，目标任务完成率156.73%。其中，棚户区改造基本建成87947套。

明确保障性安居工程建设目标任务。市政府高度重视保障性安居工程建设工作，印发《关于印发郑州市2018年十件重点民生实事任务分解的通知》，将保障性安居工程建设工作纳入郑州市2018年民生“十件实事”，把住房保障工作列入年度工作量化考核内容，各县（市）区向市政府递交住房保障目标责任书。市住房保障局明确各县（市）区住房保障目标任务，要求各县（市）区确定各项任务的时间节点，提前做好准备工作，强力加以推进。加强任务督导。市住房保障局定期对全市保障性安居工程建设推进情况进行观察和督导，每月对工作进展情况汇总整理上报，对工作中存在的问题及时沟通协调，保障目标任务顺利推进。

【租赁住房建设】 2018年，公共租赁住房基本建成6091套，公共租赁住房分配20185套，发放公共租赁住房租赁补贴409万元。全市新开工青年人才公寓35765套。首批利用集体建设用地建设的1000套租赁住房全部开工。9600套国有土地新建租赁住房任务已基本落地。全市筹集3692套富余安置住房用于。

（文保成）

住房公积金管理

【概况】 2018年，郑州住房公积金管理中心按照国家、省委省政府关于深化住房公积金制度改革的方向定位，以扩大住房公积金制度受益范围、开展新市民住房问题研究、支持缴存职工基本住房需求为中心，规范资金运作，强化风险管控，不断提升全系统管理和服务工作水平，推动了郑州住房公积金事业的健康快速发展。

【主要业务】 截至2018年年底，全市（不含机构未调整到位的管理机构，下同）共14526个单位建立公积金制度，实缴人数145.6万人，全年，新开户单位1589户，新开户缴存职工320143人。全市住房公积金归集额、归集余额增长较为迅速。住房公积金当年归集136.03亿元，同比增长19%。全市历年累计归集824.92亿元；归集余额379.77亿元，同比增长14.5%。全市住房公积金当年提取88.05亿元，同比增长28%。历年累计提取445.15亿元。当年发放住房公积金贷款32.91亿元，同比增长1%，个贷使用率82.1%。历年累计发放贷款495.04亿元，贷款余额311.66亿元。当年实现增值收益4.07亿元，同比增长4%。

【资金使用】 根据郑州市房地产市场发展态势，采取相对紧缩的贷款政策，大大缓解流动性资金不足的压力。2018年，资金使用率有所下降，资金紧张状况得到缓解，截至年底，管理中心公转商融资余额11亿元，比最高时期减少35亿元，个贷使用率保持在合理区间，资金使用总体上更趋平衡。

【新市民公积金政策调整】 成立新市民住房课题调研组，聚焦新市民反映强烈的住房难题和住房公积金问题，选取新郑市作为样本采集点，开展课题调研，完成问卷调查访问量560份，汇总形成综合调研报告，为上级决策和政策调整提供依据和参考。2018年，对提取政策进行规范和调整，重点支持职工购买自住住房提取住房公积金的需求，规范职工与单位终止劳动关系提取和转移公积金的相关规定，简化离职提取的手续。调整后政策更加符合实际，更加突出公积金的住房保障功能。

2018年3月30日，郑州住房公积金2018年度工作会召开（郑州住房公积金管理中心/供图）

【信息化建设】 2018年，郑州住房公积金综合管理系统一期工程顺利上线运行。实现与住建部住房结算系统互联和资金实时结算，运行更安全，办理更便捷。经审核后的提取业务，提取资金实现“秒级”到账。公积金贷款审批业务办理时间压缩40%，审批工作效能显著提升。郑州住房公积金系统数据库符合住建部发布的相关行业标准，相关功能完整，顺利通过住建部“双贯标”验收，进一步促进郑州市住房公积金业务数据体系科学化、标准化、规范化建设。

【“放管服”改革】 坚持把“优服务”作为“放管服”改革的落脚点。不断在转变职能、优化服务、创新工作等方面下功夫、出实招。在2018年全市35个审批职能部门行政审批每月绩效综合排名中，郑州中心取得4次第一、6次前三、全年始终位于前列的成绩，被郑州市政府表彰为“放管服”改革工作先进单位。

取消证明材料，按照“能减尽减”原则，取消收入证明、关系证明、离职证明等不必要类证明14项。精简申办要件，职工租房、离职、退休、偿还公积金贷款提取公积金、提前还贷和职工个人账号合并、转移及修改个人账户信息等8项业务实现“一证办”（身份证）。推进网上办理，数据实时向政务共享交换平台推送。退休、离职、偿还公积金贷款提取公积金3个高频事项已初步实现网上办理。同时大力推进窗口服务向手机、自助查询终端等互联网介质延伸，在各办事大厅配置自助查询终端机，实现职工可凭身份证查询缴存、提取、贷款等12项自助服务功能。推进智慧城市建设，对接i郑州APP平台，实现服务信息互联互通、在线可查可预约。接入全国异地转移接续平台实现实时在线办理，全年办理转入业务6391笔，1.48亿元；办理转出业务3162笔，6032万元，实现“账随人走，钱随账走”，提升住房公积金服务的便捷性和有效性。

推进办事网点全覆盖，实现“就近办”。在郑州市区设置4个办事大厅（另设县、区分支管理机构及办事大厅7个）、24个银行代办网点的基础上，积极入驻市政务服务大厅和二七区政务服务大厅，实现业务数据全城共享，一网（中心内网）通城办理。推进互联网+公积金服务，实现“掌上办”。推出公积金微信公众号和支付宝城市服务，均实施“刷脸”认证方式，免密码绑定个人公积金账户，足不出户即可进行公积金动态查询、业务政策查询、个人缴存查询、提取情况查询、贷款情况查询、业务预约办理、办事网点信息查询、贷款计算等。截至2018年年底，有32万余名职工关注郑州公积金微信公众号，116万余名职工通过上述渠道成功绑定个人公积金账户并办理相关业务。改进预约服务方式，实现“省心办”。预约服务实现官方网站、微信公众号、支付宝城市服务“三位一体”，郑州市区办事网点日均预约量达近700人，全年有5万余人成功预约办理个人业务。推行一系列特色服务，实现“特殊办”。推行群众二次办理无需排队、预约服务、上门服务、延时服务、午间不间断服务、节假日加班服务等，对孕妇、老人、有急事的群众开通绿色通道特事特办。对单位集中业务提供上门办或专场办，全年办理集体件1500余笔，上门办理30余次，受到广大房地产企业和缴存职工一致好评。2018年，市区网点共受理业务23万件，12329客服热线电话总量750944个，平均每天3237个，处理网络回复4205次。

【公积金专项检查整治】 为切实维护住房公积金缴存职工的合法权益，市住房公积金管理中心与市房管局联合印发《关于维护住房公积金缴存职工购房贷款权益的通知》，进一步规范房地产市场秩序，净化房地产市场环境，8月22日—10月15日，对全市主要在售楼盘进行检查，累计对186个楼盘进行现场检查。其中，市区检查55个项目，县（市）区检查131个项目。通过及时登记贷款楼盘信息、提高贷款办理效率、加强住房公积金贷款宣传、畅通投诉举报渠道、加大联合督查惩戒力度等措施，有效发挥住房公积金制度作用，切实维护缴存职工合法权益。

【惠民工作与企业减负】 深入劳动密集型企业宣讲公积金政策，开展政策宣传活动，增强职工群众对住房公积金惠民政策的了解。同时，根据住建部、财政部、中国人民银行《关于改进住房公积金缴存机制进一步降低企业成本的通知》精神，认真开展2018年度住房公积金缴存基数、缴存比例调整工作。继续执行关于规范住房公积金缴存比例、降低企业成本相关规定，将阶段性降低企业住房公积金缴存比例政策期限延长至2020年4月30日。进一步加强对困难企业申请降低住房公积金缴存比例或缓缴的指导，切实帮助困难企业降本减负。2018年，共有111家企事业单位降低缴存比例，涉及缴存职工8020人，减负2160万元。

（王清泉）

生态与环境保护

综 述

【概况】 2018年，郑州市牢固树立绿色发展理念，扎实推进生态文明建设。污染防治攻坚战取得阶段性成果。大气污染治理呈现“七降一增”良好态势，其中PM10、PM2.5累计均浓度分别为106微克/立方米、63微克/立方米，较上年同期分别下降10.2%、4.5%。大力实施水资源、水生态、水环境、水灾害“四水同治”工程，水环境质量持续改善，市区建成区黑臭水体全部消除。土壤污染状况详查基本完成，污染地块修复治理有序推进。“双替代”完成17.1万户，区域清洁采暖项目完成16个，实现供暖面积352.1万平方米，全社会煤炭消费总量同比削减约245万吨。生态林业建设进展顺利。国土绿化提速行动强力推进，新造林7667公顷，完成森林抚育5000公顷，超额完成年度任务。新建和提升生态廊道244.4公里，连通生态廊道528公里。10个万亩以上森林公园建设加快推进，龙子湖湿地公园和高铁公园建成投用，郑州市森林公园建成开园。生态水系建设加快推进。河长制、湖长制工作机制全面建立，制度体系不断完善。贾鲁河综合治理“蓝线”工程主体基本完工，宽阔水面景观初步形成，绿线工程全面掀起绿化建设高潮；牛口峪引黄、环城生态水系、石佛沉砂池至郑州西区生态供水等三大水源工程主体建成，河湖水系生态治理成效逐步显现，河道采砂整治成效进一步巩固;全年向城区河道调水3.8亿立方米，城市水生态环境质量不断提升。雁鸣湖万亩湿地等一批千亩以上湿地公园规划建设。园林绿化工作稳步推进。全市新增绿地1356万平方米，建成各类公园、微公园、小游园411个，荥阳京襄城、中牟牟山等5个郊野公园开工建设，26处生态遗址公园、贾鲁河综合治理工程西流湖段、青少年公园等项目进展顺利。第十一届中国（郑州）国际园林博览会圆满闭幕，国家生态园林城市创建工作通过省住建厅初审推荐。

【依法行政】 严格环境准入。严格建设项目环境管理，积极推进重点项目环评审批，市本级审批建设项目全部执行环评制度，污染物排放全部达标。推进产业园区规划环评工作，规范项目有序建设，从决策源头防止环境污染和生态破坏。推进落实《排污许可管理办法（试行）》（部令第48号），按时完成有重点行业排污许可证核发任务。21个重点行业33家企业完成清洁生产审核评估工作。严格环境管理。按照全省统一部署，扎实推进生态保护红线划定征求意见工作和“绿盾2018”自然保护区监督检查专项行动。开展第二次全国污染源普查清查工作，建立健全组织领导和工作机制，选拔聘用“两员”2836名，已按照时间节点完成清查。开展全市环境安全隐患排查整治，修订完善应急预案，建立突发环境事件应急信息库，高效处置荥阳市“3·31”运输车辆氟化氢泄露、二七区老郑密路侯寨老桥附近不明混合物排入尖岗水库旁边废弃坑塘事件等2起与环境相关的突发事件。严格环境监管执法。认真落实驻厂监管和“双随机”制度，积极开展环境监管执法交叉检查，推进开展三项行业专项排查、企业无组织排放管理“回头看”、“散乱污”企业核查、零点夜查、打击园区企业环境违法行为等专项行动，强化环境监察执法，下达行政处罚决定书1440份，同比增加97%；罚款金额4960.4万元，同比增加97.3%，处罚数量和罚款金额均排在全省前列。辐射安全事故零发生。危险废物无害化处置率达100%。

【环保基础建设】 加强监测系统建设，6个县级空气监测站、55个重点乡镇空气监测站和195个微型空气质量监测站完成建设联网，重点监控企业自行监测完成率和发布率均达到95%以上。认真落实《郑州市环境监测预警响应实

空气质量监测站（市生态环境保护局/供图）

施办法》，及时发出重点污染源超标预警、空气质量预警。强化监测站点管理，对上收事权的7个县（市）区市控空气自动监测站点进行统一管理，推行第三方运维。加强环境应急管理，强化对全市89家化学原料及化学制品制造企业、32家医药制造企业、6家涉重金属企业、6座尾矿库的监管，高效处置2起与环境相关的突发事件，未发生因企业违法排污和其他突发事件处置不当引发的环境污染事件。

【环保宣教】 开展“郑州环保世纪行”活动，定期召开新闻发布会和通气会，开设大气污染防治专栏，主动接受公众监督。加强微博、微信联动互补，致力于打造“互联网+环保”的新局面。推行有奖举报，出台《郑州市环境污染有奖举报暂行办法》，将工地扬尘、露天烧烤、黑渣土车、“散乱污”等行为统一举报到“12369”环保平台，再按职责交相关职能部门办理。截至2018年年底，累计受理有奖举报电话16097个，落实有奖举报1162件、发放奖金55.94万元。

（张正权）

绿色发展

【绿色工业发展】 工业绿色发展取得新成效，万元工业增加值能耗下降14.78%，大幅超额完成年度目标任务。新增国家级绿色示范工厂8家、省级绿色示范工厂3家。中机六院等3家企业进入省级绿色制造体系建设第三方机构名单，龙翔电气、中航电动汽车2家企业进入节能技术装备及国家能效之星2018产品目录，华威耐材、华润电力等13家企业被评选为2018年度节水型企业。

【建筑节能】 2018年，郑州市全面执行绿色建筑标准，1311个项目，共计面积1862万平方米，通过施工图设计审查，全部落实绿色建筑标准。完成绿色建筑评价标识项目55个，面积699.8万平方米。既有建筑节能改造工作方面，确定5个县（市）的6个村庄为第一批农房既改示范项目，其中登封市示范村完成200户、3.66万平方米。城镇居住建筑既改完成3.3万平方米。超低能耗建筑加快发展，郑州市出台《关于发展超低能耗建筑的实施意见》，市规划局编制的《被动式超低能耗居住建筑节能设计导则》被确定为河南省地方标准。截至2018年年底，郑州市已建成及在建被动式超低能耗居住建筑项目共3万余平方米。新型墙材和散装水泥推广方面，郑州市在全省率先将新型墙体材料纳入标识管理，全市新型墙材生产比例为96%、应用比例达到98%以上，新增“禁实”乡（镇）4个；推广散装水泥1488万吨、预拌混凝土1767万立方米、预拌砂浆283万吨。

（陈恩军）

【电能替代】 2018年，国网郑州供电公司认真贯彻落实郑州市大气污染防治攻坚战有关工作部署，编制公司《2018年大气污染防治攻坚战实施方案》，明确9个方面21项工作任务。积极配合燃煤电量削减和中心城区“煤电机组清零行动”，坚持实施绿色调度，超额吸收区外来电145亿千瓦时，新力电厂异地迁建配套电网工程顺利投运，燃煤电厂发电量较2017年减少16亿千瓦时，同比下降3.96%。积极配合污染企业生产管控，落实3012户应急管控企业、381户错峰限产企业用电情况，组织538人次配合现场督查检查，依法对相关企业执行停限电措施。大力推进电能替代，推广分散电采暖、热泵、电动汽车等替代项目397项。全年实现替代电量20亿千瓦时，建成电动汽车充电站15座、充电桩176个，初步形成覆盖郑州高速服务区、市区向郊县延伸的充电网络，建成全国首个居民小区电动汽车智能有序充电项目。减少燃煤消耗90万吨，减少二氧化碳排放160万吨，减少二氧化硫、氮氧化物、粉尘等污染物排放2.4万吨。

（王　静）

【道路绿化建设】 2018年，开工建设西三环北延和107辅道两条，共栽植苗木14.1万株、地被117.7万平方米，完成绿化面积220.1万平方米。其中，西三环北延栽植苗木5.6万株、地被25.7万平方米，完成绿化面积61万平方米；107辅道栽植苗木8.5万株、地被92万平方米，完成绿化面积159.1万平方米。各区新建道路、支线路网绿化80条，分别是，长安路（杭州路—龙门路），嵩阳北路（杭州路—龙门路），银河路（丰庆路—普庆北路），刘庄街（弓庄南街—紫辰路），五里堡中街（刘庄街—新郑路），刘庄中街（刘庄街—新郑路），安徐庄中街（紫东路—安康路），银莺路（安康路—紫荆山南路），德风街（未来大道—灵隐路），信誉路（紫荆路—帆布厂街），福利院路（北三环—铁路道口），长兴北路（体育中心西门—连霍高速路口），科达街（花园路—连霍高速中州大道），惠民街（豫泰路—中州大道），香山路（北四环—铁源路），香苑路（鲁河路—金河路），新城路（文化路—天河路），中央东路（纪元路—新苑路），滨河路（北四环—英才街），新苑路（长兴北路—金河路），迎宾路（花园路—银通路），龙源十街（龙湖外环路—龙湖内环路），龙翔四街（朝阳路—鑫胜路），龙翔五街（朝阳路—鑫胜路），鑫融路（龙翔三街—如意东路），鑫睿路（北三环—如意东路），鑫胜路（龙翔五街—如意东路），众意西路（渠北路—北三环），龙腾一街（渠北路—瑞雨路），春雷路（龙湖外环西路—龙腾二街），渠北路（龙湖外环西路—西运河），湖心路（博学路—龙子湖湖心岛环路），普惠路（商都路—康宁街），普济路（商鼎路—商都路），福禄街（东风路—中兴路），健安街（普惠路—心怡路），体育场路（榆林南路—创业路），玉裁一街（湖心一路—湖心五路），玉裁二街（湖心一路—湖心二路），锦绣街（湖心环路—玉裁一街），德贤东街（湖心环路），德贤西街（湖心环路），龙源十五街（龙湖外环路—龙湖内环路），龙源十六街（龙湖外环路—龙湖内环路），龙翼八街（龙湖外环路—龙湖内环路），龙翼九街（龙湖外环路—龙湖内环路），龙北一路（龙源二街—龙翼九街），东运河东侧道路（龙湖中环—

道路绿化（市园林局/供图）

朝阳路），龙北二路（龙源十街—龙翼一街），龙北四路（龙北三路—龙源十三街），龙北三路（新龙路—龙源十三街），才高街道路（正光路—金水东路），贺庄西路（平安大道—豫兴大道），贺庄西路（郑开大道—平安大道），凤阳路（文明路—雁鸣路），凤阳路（雁鸣路—新燕路），康庄路（绿博大道—永盛路），白杨路（前程大道—绿博大道），铁牛路（雁鸣路—忠贤路），郑开南辅道（通商路—郑信路），郑开南辅道（郑信路—锦绣路），望东路（前程路—万三路），文明路（豫兴大道—平安大道），红叶路（科学大道—枫香街），翠竹街（垂柳路—西三环），三全路（西三环—垂柳路），池北路（西三环—银杏路），春藤路（科学大道—冬青街），碧桃路（化工路—站北街），须水河东（梧桐街—玉兰街），云杉路（化工路—药厂街），蕙兰路（化工路—梧桐街），昆仑路南延绿化（丹江西路—310国道），长度114.9公里，绿化面积35.77万平方米，栽植乔木3.06万株。

【单位及居住区绿化建设】2018年，全市新创建省级园林单位7家：中共郑州市纪律检查委员会、中共新郑市委党校、登封市林业局、新密市气象局、郑州香堤湾酒店、郑州市磴槽集团有限公司、郑州磴槽企业集团金岭煤业有限公司。新创建省级园林小区19家：中牟县晨胧华庭小区、长基雁月湾小区、正商双湖湾碧雅苑小区，登封市磴槽弘园小区、创佳紫薇城小区，新密市美景素心园小区，荥阳市海龙华城小区，郑州市锦绣山河玉畅园小区、中实润城小区、天佑小区、英协花园别墅区、康桥金域上郡5号院、广汇PAMA小区、中豪汇景湾小区、海马壹号公馆、海马公园（二期）、海马公园（三期）、中力七里湾小区，上街区德宝城墅小区。

新创建市级园林单位16家。金水区：河南省直属机关老干部休养所；管城区：金岱产业集聚区管理委员会；新密市：第二高级中学；荥阳市：卫生和计划生育委员会、供销合作社联合社；新郑市：好想你健康食品股份有限公司、中德产业园、郑州航美正兴科技园有限公司、薛店镇卫生院、孟庄镇卫生院、中医院、新郑政通路幼儿园；巩义市：水利局、残疾人联合会、孝义街道办事处、农业农村工作委员会。新创建市级园林小区58家。中原区：保利百合小区、和昌澜景小区、保利心语小区、中原万达广场住宅小区、启福尚都A区；二七区：康桥金域上郡3号院小区、锦绣山河玉琪园小区、长江一号小区、正商城和园1号院小区、正商城和园3号院小区、泰宏建业国际城12号院、建业密码国际小区、锦绣山河玉华园小区；金水区：国泰一品庄园小区、国泰罗马假日小区、普罗旺世波特兰小区、大观国际居住区、清水苑小区；管城区：绿都澜湾桂园小区、中岳七里香堤小区、正商新蓝钻C区、永恒理想广场小区；惠济区：正弘澜庭叙小区、民安北郡小区、正商兴汉花园小区、碧源月湖奕园小区、碧源月湖景园小区、锦艺四季城香榭苑小区、永威迎宾府小区；高新区：万科城采薇苑小区、荣邦城小区、恒大翡翠华庭小区、华强城市广场小区；上街区：三湾街社区、颐和美丽园小区、森海正阳门小区、二十里铺社区；新密市：大鸿城壹号小区、香蜜花都小区、和园小区；荥阳市：中森林语美墅小区、泰成悦府一期小区、意墅蓝山六期悦蓝山小区、清华大溪地七号院小区、清华大溪地九号院小区；中牟县：翡翠明珠小区、绿博半岛小区、绿都褐石街区小区、春和景明小区、尚东庭小区；新郑市：浩创米兰小镇小区、浩创剑桥郡小区、浩创梧桐郡小区、西亚斯御璟小区、新尚轩辕湖小区、一江弘城小区、碧水蓝天小区；巩义市：郎曼新城小区。

【各区园林绿化建设】2018年，各区、管委会积极推进绿地建设，累计新增绿地1355.77万平方米，新植乔木70.56万株、灌木230.18万株，屋顶绿化6.62万平方米。其中，中原区新建绿地150.02万平方米，新植乔木13.8万株；二七区新建绿地100.2万平方米，新植乔灌木6.94万株，屋顶绿化1.48万平方米；金水区新建绿地101.2万平方米，新植乔灌木15.2万株，屋顶绿化0.9万平方米；管城区新建绿地190.66万平方米，新植乔灌木45.5万株，屋顶绿化0.6万平方米；惠济区新建绿地119.09万平方米，新植乔灌木16万株，屋顶绿化2.7万平方米；上街区新建绿地41.98万平方米，新植乔灌木5万株，屋顶绿化0.2万平方米；郑东新区新建绿地202.9万平方米，新植乔灌木32.7万株；高新区新建绿地146.14万平方米，新植乔灌木20.7万株，屋顶绿化0.3万平方米；经开区新建绿地103.37万平方米，新植乔灌木33.6万株，屋顶绿化0.44万平方米；航空港实验区（新郑综合保税区）新建绿地200.21万平方米，新植乔灌木25万株。

【县（市）园林绿化建设】2018年，各县市大力推进公园绿地建设，全年各县（市）新增绿地面积2019.74万平方米，新建生态廊道16条（段），绿化面积586.62万平方米，绿道连通298.27千米，屋顶绿化面积2.49万平方米。

新建5000平方米以上公园6个。其中中牟县1个（学苑路与文通路交叉口公园）、登封市1个（文化公园）、荥阳市1个（南水北调东侧带状公园）、新密市1个（郑少高速新密北站带状综合公园）、新郑市1个（常青路公园）、巩义市1个（东区幼儿园公园）。新建游园43个。其中中牟县7个、登封市8个、荥阳市6个、新密市10个、新郑市6个、巩义市6个。

各县市新建道路、支线路网绿化35条，分别是：嫘祖路（南环路—郑韩路），凤苑路（学院路—子产路），姬水路（解放北路—万福路），棋源路（康泰路—郑上路），勤政路（三公路—京城路），繁荣街（公安局大门—三公路），飞龙路（康泰路—索河路），平安大道东延（广惠街—雁鸣大道），广惠街北延（平安大道—S314），新月路西段（丁村—岳庄），星辰路北段（新月路—泄洪渠），东漳路（雁月路—东村村委），富贵一路（牡丹一街至规划路），晨阳西路（牡丹二街至规划路），晨阳东路（牡丹二街至规划路），牡丹一街（富贵一路至晨阳路北），牡丹二街（富贵一路至晨

新能源公交车充电示范站（市交通局/供图）

阳路北），博丰路（紫薇路至牡丹七街），物流北辅道（紫薇路至牡丹七街），牡丹七街（物流北辅道至规划路），广惠街（滨河路至郑开大道），富贵九路（紫寰路至规划路），富贵十路（紫寰路至规划路），富贵十一路（人文路至规划路），荟萃南路（嵩山大道—友爱路），诚信路（西大街—嵩山大道），人民路（东大街—东站北街），青峰路（溱水路—育才街），玉屏路（开阳路—北文峰路），屏阳西路（溱水路—现状边沟），祥云街（长乐路—平安路），未来大道南延（洧水路—郑登快速通道），工信大道南北延（工信大道南北两侧），溱洧大街（仁和路—东环路）。长度38公里，绿化面积13.06万平方米，栽植乔木2.18万株。

（满　超）

【智慧绿色交通】 智慧交通蓬勃发展。按期完成交通一卡通互联互通工程，“轩辕通”实现与全国互联互通。郑州交运集团“豫州行”网约车平台线下落地，郑州公交全面支持微信、支付宝和银联云闪付服务；郑州地铁商易行APP上线，在全国首创手机二维码扫码乘车。“12328”交通运输服务监督热线获得“河南省交通劳动奖状”。绿色交通深入推进。37个绿色交通城市建设试点项目基本完成，高分通过国家验收。购置新能源公交车1138台，清洁能源和新能源城市公交车保有量达到6237台，占公交车总量比重达98.4%。启动新能源纯电动出租汽车和物流配送车辆推广工作。完成交通运输污染防治攻坚战，道路扬尘防控不断强化，在建项目全部落实“八个100%”，推进机动车污染控制，行业大气污染防治工作受到省、市充分肯定。

（张朝霞）

【“绿惠万家”活动】 市妇联组织实施“绿城妈妈”社区环保项目，在100个社区开展垃圾分类等五大环保行动，引导市民自觉践行绿色发展方式和生活方式。评选表彰市级“最美绿色家庭”170户；举办“相约绿博园·家庭乐跑”活动，倡导低碳出行；连续11年组织开展“巾帼林”义务植树活动，为植树造林贡献巾帼力量。

（王燕燕）

环境治理

【概况】 2018年，郑州市着力解决危害群众健康和影响可持续发展的突出环境问题，郑州空气质量持续改善，河流水质不断提升，同时经济总量跨入“万亿俱乐部”，实现了经济发展与环境保护的“双统筹双促进”。空气质量持续改善。大气环境质量综合指数和6项考核因子全部实现同比下降，优良天数同比增加，实现“七降一增”，7月、8月、9月3个月均达到国家二级标准，实现历史性突破。PM10、PM2.5年均浓度分别为106微克/立方米和63微克/立方米，完成省定目标任务，同比下降率分别为10.2%和4.5%，下降率位列全省第2位和第5位。河流水质不断提升。7个国省控断面水质达标，6个断面较年度目标实现水质级别的提升，其中，贾鲁河中牟陈桥断面和梅河老庄尚断面水质为Ⅲ类，提升2个水质类别；黄河花园口断面、贾鲁河尖岗水库断面均为Ⅱ类，提升1个水质类别；双洎河新郑黄甫寨断面、丈八沟梁家桥断面水质均为Ⅳ类，提升1个水质类别；实现国家实施河流断面考核工作后郑州最好成绩。

塔吊空中360度喷淋降尘（郑州报业集团/供图）

【大气污染防治】 2018年，郑州市继续推进大气污染防治攻坚、燃煤削减等工作。煤炭消费总量大幅度削减，全市11家燃煤电厂同比削减119万吨；12台燃煤大锅炉、30台煤气发生炉拆改任务全部完成；“双替代”17万户改造任务，完成170979户（含巩义），超额完成年度目标；计划新增集中供热面积719万平方米，实际新增供热面积749.1万平方米，建成区集中供热普及率达到85%。深化工业污染治理。开展“散乱污”专项执法督查，新发现散乱污企业33家，均已整治到位。11家工业企业完成外迁。开展重点行业深度治理和示范工程建设，39家碳素企业超低排放示范工程完工；9家水泥企业超低排放改造完成，其中3家特种水泥采用SCR脱硝技术，该项工作走在全国前列；参照北京市标准，在全省率先完成279台天然气锅炉低氮改造。加强机动车污染治理。持续开展“1039+2”行动，10套道路遥感抓拍车辆1025.9万辆次，39个人工卡点升级为50个人工卡点，共检测车辆6.9万台次，查处超标重型柴油车3066辆，每辆处以5000元罚款。巡查各类非道路移动机械施工工地、工厂企业5769家，抽查非道路移动机械5574台，抽检用油样品1436个，对使用油品超标的55家单位和39个工地公开约谈。印发《关于市区道路交通管理措施的通告》，在绕城高速区域实行重型载货车辆禁行；发布《关于机动车单双号限行的通告》，自11月21日—12月31日，市区四环以内实施机动车单双号限行。严厉打击黑加油站，查处黑加油站209家，流动加油车339辆，查扣油品480吨。严格工地扬尘治理。严控施工工地扬尘污染，治理标准提高到“8个100%”，严格落实开复工验收制、一票停工制、三员管理制，建立“工地警长”“路段警长”制度，联合执法；实施企业信用评价，录入失信警示建设项目21个、警示企业76家，将10个建设项目和44家企业列入黑名单。强化重污染天气应急管控。科学实施错峰生产，管控598家企业实施秋冬季错峰生产。实行重污染天气日会商制度，及时准确分析研判空气质量，提前两天发布预警，及时启动管控措施；坚持“一厂一策”实施停产、限产，强化在线监控和现场督查，强化削峰减排。

【土壤污染防治】 2018年，全市深入开展土壤污染防治。制订《郑州市净土保卫战三年行动计划（2018—2020年）》《郑州市土壤污染治理与修复规划》，印发《郑州市2018年土壤污染防治攻坚战实施方案》《郑州市土壤污染防治攻坚战奖惩考核工作办法（试行）》等14个配套方案。做好建设用地风险管控工作。全市列入污染名录地块3个，其中1个已经完成治理与修复效果评估，1个按计划有序推进治理与修复工程，1个治理与修复方案编制工作进展顺利。加快推进土壤治理与修复省级试点项目。郑州兰博尔科技有限公司退役厂区土壤治理与修复项目，作为省级试点项目，已完成工程量的70%。开展涉重金属行业企业排查整治工作。完成21个耕地点位超标区域排查；对全市涉重金属重点行业企业进行全面排查，将27个企业列入重点排查区域。强化土壤环境重点监管企业工作。建立郑州市2018年土壤环境重点监管企业名单，建立土壤环境重点监管企业自行监测进展情况周调度制度，65家重点监管企业开展自行监测。

（张正权）

【农产品产地环境治理】开展全国第二次污染源普查工作，10月，开展地方事权种植业、水产养殖业情况调查工作；11月，开展种植业典型地块调查、秸秆入户调查工作，11月底完成典型地块入户、秸秆入户调查。开展农产品产地土壤环境质量例行监测工作，采集农产品数量58个，全部送到指定的第三方机构进行检测。

（马怀志）

【化肥零增长】2018年，全市农作物化肥用量实现零增长，亩均化肥使用量44.9千克（折纯）；测土配方施肥覆盖村达到100%，测土配方施肥技术入户率达到81%以上，农作物肥料利用率达到38%以上，农作物秸秆养分还田率达到50%，机械施肥率达到35%。全年，推广测土配方施肥面积364.67千公顷。其中，小麦122.67千公顷、玉米110.67千公顷、花生18千公顷、大蒜20千公顷、蔬菜46千公顷、果树12千公顷、其他35.33千公顷。科学制定修改肥料配方29个，其中小麦9个、玉米6个、花生1个、大蒜2个、瓜果蔬菜11个。

（郭长江　杨玉庆）

【秸秆禁烧】2018年，禁烧工作在继续落实人防的基础上，利用技防设备和"互联网+"技术打造"蓝天卫士"电子监控系统，早发现、早制止、早处置，把隐患消灭在萌芽状态落到了实处，有力强化了第一时间处置突发事件的能力。在重点监控时段，取得国家、省、市级监控报告零火点的好成绩，位列全省领先方阵，并被省政府通报表扬，完成全年秸秆综合利用和禁烧既定目标任务，为郑州市营造蓝天白云作出了应有的贡献。

领导高度重视，部署安排周密。市委、市政府高度重视农作物秸秆禁烧和综合利用工作，将其作为全力保护人民生命财产安全、打赢大气污染防治攻坚战、建设国家中心城市的重要政治任务常抓不懈。5月15日，郑州市印发《郑州市人民政府办公厅关于切实做好2018年农作物秸秆禁烧和综合利用工作的通知》；9月5日，印发《郑州市人民政府办公厅关于切实做好2018年秋季农作物秸秆禁烧和综合利用工作的通知》。文件明确要求各县（市）区深入贯彻落实党的十九大关于加强生态文明建设和乡村振兴战略部署，进一步提高思想认识，进一步强化宣传培训，进一步强化责任落实和督导检查，强化信息沟通，严格落实考核问责，切实做好秸秆禁烧和综合利用工作。

加大宣传教育力度，营造禁烧氛围。全市各级政府开展了形式多样、内容丰富的宣传活动：充分利用报纸、广播、电视、互联网、两微一端、短信平台等方式，大力宣传秸秆禁烧的政策、法律法规，秸秆综合利用的意义、途径、效益，引导群众充分理解并主动参与禁烧工作；帮助群众转变传统习惯，增强农民对秸秆禁烧和资源化利用的积极意识。新郑市创新秸秆禁烧宣传方式和秸秆利用监管方法，举办秸秆禁烧宣传文艺会演，将秸秆禁烧重要性以"三句半""快板书""小品"等形式呈现给群众；巩义市在电视、网络等媒体播放河洛大鼓《打赢秸秆禁烧攻坚战》宣传视频，以生动活泼的大鼓形势，宣传秸秆禁烧；新密市通过本级广播、电视台在黄金时段每天滚动播放禁烧宣传片；各地将文化元素融入宣传中，取得了较好的宣传效果。"三夏""三秋"重点时段，全市共出动宣传车辆3716台次，制作宣传彩旗、横幅157608条，发放宣传册、宣传单130多万份，组织宣传员14787名，市、县、乡三级督导员3950名，设立禁烧监督岗2300余个，真正实现了秸秆禁烧和综合利用宣传标语悬挂到路边村头，宣传车巡回到田间地头，彩页手册分发到村民手头，媒体宣传深入到全社会公民心头的"四个到位"。市禁烧办设立禁烧短信平台，"三夏""三秋"重点时段发送短信80余条，及时将禁烧工作动态、领导指示等内容及时发布到市、县、乡、村相关人员手机（841名）。

运用网格化监管，确保责任落实。各县（市）区政府对农作物秸秆禁烧和综合利用工作实行网格化管理，实行各级一把手负总责，主管领导具体负责，明确各类焚烧源的牵头管理单位，层层分解工作任务，签订目标责任书，切实落实各项措施。形成了市级督查组包县（市）区、县（市）区领导包乡镇（街道）、乡镇（街道）干部包村、村干部包组、组干部包户的三级网格、四级平台、五级联动机制，建立从上到下、横到边纵到底的网格化管理工作模式。全市各县（市）区与所辖乡镇（街道）签订责任书153份，三级网格下沉人员16622人，逐地块落实禁烧责任，严防死守，确保网格全覆盖。

加大巡查、督查力度，高压严控秸秆焚烧。"三夏""三秋"重点时段，市政府成立3个督导组进行重点工作巡视，市禁烧办抽调农机、环保、气象、林业、畜牧等部门人员成立5个督察组，配备卫星定位导航仪、摄像机、照相机等调查取证设备。禁烧办成立2个机动组进行明察暗访，应对突发事件。各督察组对分包县（市）区禁烧防控措施落实情况进行检查，深入乡村基层、田间地头，全天候拉网排查，发现问题，及时处置，不留死角、不留隐患、看死盯牢。

加快"蓝天卫士"平台建设，助力远程禁烧监控。2018年，郑州市禁烧工作在落实人防基础上，利用技防设备和"互联网+"技术继续完善"蓝天卫士"电子监控系统，建设"蓝天卫士"电子监控平台115个，设立监控探头1000个，安装可视电话37部，加强对秸秆焚烧现象的监控管理。

全市共组建"蓝天卫士"电子监控应急小分队1825个，参加队员7346人，应急小分队做到接"蓝天卫士"报警20分钟内及时到达火点现场，使早发现、早制止、早处置，把隐患消灭在萌芽状态落到了实处，有力强化了第一时间处置突发事件的能力。全市各级禁烧办实行24小时值守制和领导带班制，及时上传下达有关部署和要求；设立举报电话，随时处理举报问题。郑州市形成了卫星监控信息运用、"蓝天卫士"电子监控系统、媒体互动、110、119联动、一线实地巡查和热线举报"六位一体"模式严控焚烧；对禁烧控制不力出现的焚烧火点及时查处、督促整改，并通过短信平台、工作简报予以通报，坚持"有烟必查、有火必罚、有焚必报、有报必究"。

（刘　赢）

【水污染防治】2018年，郑州市全面推进水污染防治。加快重点工程建设。完成中牟县堤里小清河河道综合整治项目、丈八沟河道综合整治项目，潮湖湿地公园示范区、港区梅河综合治理工程、新郑城关污水处理厂二期工程等重点工程。加强沿岸工业企业监管。市控以上重点排水企业全部安装自动监控设施，24小时自动监控。对重点企业实施专人负责、驻厂监管；实施"河段长"制度，明确责任到人；建立水质超标预警和紧急应对机制。全市排水企业污染防治设施正常运行率达到98%以上。开展城市黑臭水体整治。开展黑臭水体环保专项行动，市区建成区4个黑臭水体全部整治到位。开展集中式饮用水水源地环保专项行动。开展地表水型饮用水源地环保专项行动，6个台账内和24个台账外问题全部提前整治到位。重点工作有序推进。

双桥污水处理厂（惠济区史志办/供图）

农村环境综合整治109个村任务全部完成；606家地下油罐防渗改造任务全部完成；规模畜禽养殖场粪污设施配套率87%、综合利用率93%，超额完成省定82%和68%以上的目标。

【污水处理】 2018年，郑州新区、五龙口、马头岗、南三环、马寨、陈三桥、双桥污水处理厂共处理污水68311.8万吨，累计削减氨氮23090.31吨、BOD131573.26吨、COD224469.37吨、SS250232.62吨。八岗、马头岗污泥处理厂累计处理污泥649131.79吨，持续稳定向新力电力、燃气发电厂、荥阳国电、金水河、东风渠供应优质再生水，全年中水利用35070.26万吨。

工程建设。陈三桥污水处理厂二期工程完工。郑州新区污水处理厂一期工程消化土建及安装已全部完成，具备试运行条件。郑州新区污水处理厂二期工程初步设计顺利通过专家评审。南曹污水处理厂可研报告通过专家评审。马头岗污水处理厂厂外再生水管线工程规划通过审批，可研报告编制完成。郑州市中心城区地下综合管廊再生水管线工程，初步设计通过专家评审。“绿水工程”项目纳入“四水同治”市政府九大工程。郑州豫能热电2x660MW燃煤机组再生水管线工程完成建设任务，具备全线通水条件。马头岗污水处理厂一期一级A升级改造工程基本完成建设任务，具备通水条件。郑州市再生水利用三环管线实现全线贯通，完成全线通水工作。双桥污水处理厂工程，除开元路段再生水管线需随道路建设同步实施外，已全部完成建设任务。南三环中水公园工程按计划完工。再生水利用三环管线配套工程基本完工。桐柏路再生水管线南延工程完成前期工作，具备招标条件。马头岗污水处理厂二期项目、郑州市污泥应急处理工程已部分完成验收，进入决算审计程序。

科技创新。深度脱氮、脱色技术成功进行工程化验证，脱色后再生水色度降低至自来水色度标准，在国内率先实现真正意义上的地表Ⅲ类、Ⅳ类水体排放标准。“一种污水处理曝气系统”“一种污水除磷精确加药系统”“一种污水消毒精确加药系统”“一种污水处理曝气用鼓风机远程控制系统”4项实用新型发明专利，于2018年7月5日通过国家知识产权局审核，被授予“实用新型专利权”。持续推进“十三五”水专项《污泥好氧发酵+土地利用处理处置全链条技术工程实证评估与技术集成优化》科研项目，完善项目具体实施方案，开展污泥好氧发酵工艺技术路线工程实证研究。完成郑州市重大科技专项《污泥好氧发酵可循环调理剂分离回用关键技术和装备研发及产业化》项目的结题验收工作，该项目研究开发了3种可循环调理剂改性技术。完成郑州市民生科技进步工程《污泥无害化生物处理工艺及其产品土地利用研究》项目结题验收工作，该项目优化了城镇污水处理厂污泥好氧发酵过程，同时对污泥产物进行土地利用试验，破解市政污泥资源化利用难题。“城镇污水处理厂污泥热解气化技术”顺利通过专家评议，该技术被列为城镇排水行业新技术、新产品推广项目，多次参展国内大型环保行业博览会。

（孙卫宁　钱超峰）

【养殖污染防治】 2018年，郑州市畜牧局将禁养区畜禽养殖场关停巩固工作纳入全年工作目标，下达郑州市2017年禁养区规模畜禽养殖场（小区）第一批关闭搬迁补助资金5957.12865万元。同时，扎实推进生态循环养殖模式，以项目建设推进生态循环养殖模式，确定畜禽标准化养殖项目31个，总投资3752.4万元，申请市级补助2439.3万元。申报实施2018年“粮改饲”项目，下达项目资金324万元。中央环保督察“回头看”交办涉牧案件办理方面。坚持以案促改、标本兼治原则，全市规模畜禽养殖场养殖废弃物资源化利用涉牧民生实事任务清单中的492个养殖场，已有450个配套建设了规范的粪污处理设施，配套率约为91%，粪污综合利用率达到97%，落实查办中央环保督查“回头看”和省委省政府环保督察交办的涉牧案件58件。

（李　健　杨　楠）

生态保护

【河长制、湖长制工作】 河长制湖长制组织体系和工作机制不断健全。着力完善河长制湖长制工作政策体系，出台《郑州市全面推行河湖（库）长制三年行动计划（2018—2020）》《郑州市全面推行河湖（库）长制主要任务责任分解方案》和8个专项方案，制订《河湖库巡察员管理办法》。根据分级分片的原则，进一步健全湖（库）长组织体系，设立湖长335名、库长307名、湖（库）巡察员232名。按照河流分段、湖库分片的原则，市、县、乡三级河（湖、库）警长，“河长+警长”河湖管理机制初步形成。

河长湖长管河护水责任进一步加强。编发市级河长巡河提示函，组织各级河长湖长认真开展河湖巡查，及时协调解决河湖管理保护存在的各类问题隐患。建立问题发现和督办机制，搭建举报受理平台，制订督察暗访方案，推行明察暗访常态化，针对发现问题，及时下发督办函，督促整改到位。对市级河长分管的26条河流，设置73个县（市）区交界水质断面监测点，每月定期检测水质，动态评价河长工作。对县级河长实施差异化考核，各级河长湖长管河护水责任进一步加强。全年，开展河湖巡查24264次，签发河长令9份，督办整治各类问题1768个。

河湖整治各类专项行动深入开展。以“堵污口、清污泥、治污水、净水质”专项行动为重点，落实“排查、履责、统筹、机制、督导、宣传”六到位措施，推动“河湖库清四乱、河流百日清洁行动、入河排污口规范整治、黑臭水体整治、河湖库划界确权、打击非法采砂和破坏湿地”等河湖整治各类专项行动深入开展。累计清理河道1481公里，规范整治排污口138个，取缔关停非法采砂场12处，清理非法采砂船只17艘，恢复林地122.53万平方米，河湖库管理区和

巡护员巡河（市水利局/供图）

保护区用地初步明确，“四乱”问题逐个销号，全市河湖水生态环境明显改善。

河长制湖长制基础性工作创新推进。在深入理解水利部一河一策编制指南的基础上，制订郑州市一河（湖、库）一策方案编制审批办法和编制导则，结合实际，务实创新，融入“四水同治”和“五河共建”理念，对全市推行河长制湖长制的111条河流、16座湖泊、141座水库分别编制一河（湖、库）一策方案，经总河长会议研究审议，由河长签发实施，为加强全市河湖管理和保护提供了指导和依据。河长制信息平台建设稳步推进，基础软件开发完成。

【节水型社会建设】 指导推动县域节水型社会创建，登封市、新密市、新郑市和郑东新区通过达标验收。印发《郑州市节水型社会建设专项资金使用管理办法（试行）》，规范水平衡测试、非常规水利用等节水补助项目实施，抓好各类节水载体创建，全市新创建节水型单位21个、节水型企业13个、节水型社区26个。组织“世界水日”“中国水周”“城市节水宣传周”等活动，在46所中小学开办水育课堂，广泛深入开展水法宣讲、节水宣传和水情教育，营造全民爱水节水浓厚氛围。

【地下水超采综合治理】 2018年，处置取水井317眼，压采地下水732万立方米，大幅超额完成压采任务。完成地下水压采技术评估，水务局联合市城管委印发《关于规范和持续推进公共供水管网覆盖范围内自备井封井工作的通知》，制订2018—2020年封井计划，加快推动地下水资源实现采补平衡。

（赵　研）

【生态农业建设】 稳步推进环城都市生态农业和湿地农业项目建设，2018年，全市新发展环城都市生态农业建设项目8.6千公顷，实施稻鱼、莲鱼综合种养486.67公顷，鱼塘湿地公园项目200公顷。加快推进农村人居环境整治，全市189个规划保留村完成农村生活污水集中处理设施建设。

（王晓静）

【黄河流域渔业资源养护】 2018年，完成黄河郑州段黄河鲤国家级水产种质资源保护区定界立碑工作，组织增殖放流活动，黄河干流渔业资源得到进一步恢复。年底开展打击违法电鱼专项执法行动，基本消除违法电鱼行为。

（胡金文）

【湿地保护】 中央环保督察反馈问题整改工作已基本完成。

清理整治郑州黄河湿地自然保护区内61家采砂场和214家农家乐、渔家乐等餐饮娱乐经营项目，累计清运平整砂堆181.82万立方米，栽植树木10.8万棵，恢复湿地133.33公顷。完成“绿盾2017”“绿盾2018”自然保护区问题点位核查整改点位266处，拆除房屋5749间，植树13.59万棵，种草51.02万平方米，累计投入资金2.33亿元。投资500万元启动保护区勘界定标、标识系统建设，完善保护区基础设施。加大保护区经费投入，启动保护区监控系统项目，探索建立湿地生态效益补偿机制。

（姚　林）

经济监督与管理

发展计划管理

【经济社会发展概况】2018年，郑州市全面贯彻落实党的十九大精神和习近平总书记调研指导河南、郑州时的重要讲话精神，认真落实市委十一届六次、七次全会精神和政府工作报告部署，把握稳中求进总基调、突出奋发有为总要求，以国家中心城市建设为统揽，落实高质量发展要求，全面推进"四个着力"，持续打好"四张牌"，深入开展"三大攻坚战"，坚持"四重点一稳定一保证"工作总格局，坚持目标导向、问题导向和"创优势、增实力、补短板、能抓住"的工作方针，认真实施郑州市十五届人大一次会议批准的国民经济和社会发展年度计划，统筹推进稳增长、促改革、调结构、惠民生、防风险各项工作，全市经济运行总体平稳、稳中有进、稳中向好，高质量发展取得进展。2018年，全市实现生产总值10143.3亿元，增长8.1%，分别高于全国、全省1.5个、0.5个百分点。其中，第一产业增加值147.1亿元，增长2.1%；第二产业增加值4450.7亿元，增长8.1%；第三产业增加值5545.5亿元，增长8.3%；三次产业结构比调整为1.4：43.9：54.7。规模以上工业增加值增长6.8%；固定资产投资增长10.9%；地方财政一般公共预算收入1152.1亿元，增长9%；社会消费品零售总额4268.1亿元，增长9.7%；进出口总额4105亿元，增长2.2%；实际吸收外资42.1亿美元，增长4%；居民人均可支配收入增长8.3%；新增城镇就业12.4万人；居民消费价格上涨2.4%；单位生产总值能耗降低7%。国民经济和社会发展年度计划执行情况总体良好，发展的科学性与协调性持续增强。

（一）国家中心城市建设加快推进，战略地位持续提升。一是谋划推进更加深入。全面贯彻落实省委十届六次全会暨省委工作会议精神，市委召开十一届七次全会，提出"以党的建设高质量推动经济发展高质量，全力推进国家中心城市建设，为实现中原更加出彩作出应有贡献"，出台《关于深入推进产业转型升级促进经济高质量发展的实施意见》《关于推进新一轮高水平对外开放的意见》等一系列政策文件，国家中心城市建设的实现路径更加清晰、政策体系更加完善。二是发展支撑持续增强。《郑州大都市区空间规划》经省委、省政府审议通过；郑州、焦作两市签署1+6融合发展合作协议；郑开双创走廊、开港产业带、许港产业带等6个专项规划正在报审；《省委省政府支持郑州建设国家中心城市的意见》即将出台。中国社科院郑州研究院发布"国家中心城市指数视角下的郑州方位""E贸易时代跨境电子贸易规则研究"等系列研究成果，为国家中心城市建设提供有力智力支持。成功举办郑州国家中心城市建设重大项目库发布暨产业基金启动仪式，发布入库项目3489个、总投资近4.5万亿元，设立运营了总规模1000亿元的国家中心城市产业发展基金。三是社会预期不断向好。11月3日中国社科院发布国家中心城市指数，郑州市金融、交通、贸易、医疗等7个部分功能列为潜在的国家重要中心。11月18日国家出台《关于建立更加有效的区域协调发展新机制的意见》，明确支持以郑州等12个城市为中心，引领各大城市群发展，带动相关板块融合发展。12月21日《国家物流枢纽布局和建设规划》发布，郑州上榜陆港型、空港型、生产服务型等国家物流枢纽承载城市名单。郑州市在全国金融中心城市和最佳商业城市排名中均位列第12位。

（二）现代产业体系加快构建，产业竞争力持续增强。一是产业转型攻坚深入推进。出台进一步明确主导产业布局的意见，着力优化全市产业发展布局。围绕"三个转变"，以12个产业为重点，转型发展攻坚战扎实推进，"1+5+1"政策深入实施，郑州市在全

2018年7月18日，第13次中欧区域政策合作研讨会上，郑州市与法国尼斯市签署合作协议（市发展改革委员会/供图）

郑东新区中央商务区（郑东新区管委会/供图）

省考评中名列前茅。严格落实减税降费政策，规范涉企收费，创新政务服务，降低交易成本，全年预计降低企业成本超过120亿元。二是"制造强市"战略深入实施。中国制造2025试点示范城市建设顺利推进，成功创建国家服务型制造示范城市、中国消费品工业"三品"战略示范城市。工业投资增长11.8%，扭转了近年来持续下滑态势。大力实施新兴产业培育专案，七大工业主导产业增加值增长7.6%，高技术产业增加值增长12.4%。非苹（果）手机产量突破1亿部，汽车产量达到58.9万辆。成功举办首届世界传感器大会和中国（郑州）承接产业转移系列对接活动，引进上汽二期、奥克斯、宝莱特等一批重大项目，合晶一期、裕展精密等211个重大项目竣工。"三大改造"深入推进，技改投资增长35.4%，国家级技术创新示范企业和制造业单项冠军示范企业达到9家。出台实施加快制造业高质量发展"1+N"政策体系，深入开展"四项对接"等活动，制造业营商环境明显改善。三是现代服务业提质增效。金融业活力持续迸发，增加值达到1145.8亿元左右，郑州农商银行获批筹建，郑州银行成为全国首家A+H股上市的城商行。物流业提档升级步伐加快，增加值达到780亿元左右，初步构建起"全链条、网络化、可追溯"的现代冷链物流体系。科技服务业加速发展，龙子湖智慧岛落户企业突破200家。成功举办国际旅游城市市长论坛、第十二届中国国际少林武术节，全市旅游接待总人数达到1.15亿人次，旅游总收入突破1300亿元，分别增长13.6%、14.3%。会展业影响力走在中部城市前列，郑州市被评为国家文化消费试点先进城市。四是都市生态农业平稳发展。新发展环城都市生态农业15万亩，新培育市级农业产业化龙头企业10家，创建全国休闲农业与乡村旅游星级示范企业22家，全市休闲农业营收40亿元、增长14%，一二三产融合发展的水平不断提升。五是产业发展载体建设稳步推进。郑东新区中央商务区获得"中国最具活力中央商务区"殊荣，中牟汽车产业集聚区成为国家级新型工业化产业示范基地，郑州国际物流园区晋升为国家级示范物流园区。

（三）三大攻坚战初战告捷，决胜全面小康基础更牢。一是防范化解重大风险攻坚战扎实推进。防范和处置非法集资、互联网金融风险等专项行动深入开展，上市公司流动性危机化解有序推进，政府债务管理机制进一步规范，债务风险防范化解有序推进。加大住宅用地供应量，全年供应2504.7公顷，增加45%；全市商品住房库存消化周期为8.1个月，处于合理区间。二是污染防治攻坚战取得阶段性成果。大气污染治理呈现"七降一增"良好态势，其中PM10、PM2.5累计均浓度分别为106微克/立方米、63微克/立方米，较上年同期分别下降10.2%、4.5%。大力实施水资源、水生态、水环境、水灾害"四水同治"工程，水环境质量持续改善，8个国控省控断面水质大幅改善，有6个提升1-2个水质类别；6个国控断面中，Ⅰ-Ⅲ类水质占比66.7%，同比上升26.7%，市区建成区黑臭水体全部消除。土壤污染状况详查基本完成，污染地块修复治理有序推进。"双替代"完成17.1万户，区域清洁采暖项目完成16个，实现供暖面积352.1万平方米，全社会煤炭消费总量同比削减约245万吨。三是精准脱贫攻坚战持续深化。深入推进"N+2"精准扶贫，脱贫质量和水平稳步提升，年内脱贫1434户3800人，实现除需政策性兜底人口1785人外全部脱贫，脱贫攻坚由取得决定性进展向夺取全面胜利转变。结对帮扶贫困县工作深入开展，22项重点工作和197个帮扶项目启动。

（四）新型城镇化建设步伐加快，城乡发展更加协调。一是畅通郑州建设持续深化。《畅通郑州白皮书（2019—2021年）》编制完成。第三期轨道交通规划（2019—2024）完成评估，正式上报国家发改委待批；中心城区轨道交通加密成网，2号线二期5座车站主体结构封顶、区间贯通，3号线一期、4号线等在建线路有序推进，5号线实现空载试运行，运行线路总里程达到134公里；机场至郑州南站城际铁路二期加快推进。"大三环"快速路实现闭合，新改建国省干线和农村公路320公里，"两纵两横+环线"快速路网体系基本形成，机西高速二期、商登高速郑州境建成通车，高速公路通行效率大幅提升。"窄马路+密路网"城市支路与街巷微循环系统加快建设，67条支线路网道路全部开工建设，38条建成通车。成功创建"国家公交都市建设示范城市"，依法规范路权、完善慢行网络，居民"公交+慢行"绿色出行模式逐步形成。二是公共设施进一步完善。清洁取暖、综合管廊、海绵城市等示范试点工作有序推进，新增"海绵城市"面积23.5平方公里。侯寨水厂主体工程基本完工，桥南水厂开工建设，新建改造配水管网97.3公里；中心城区次高压燃气管道及配套调压站、新力电厂外迁集中供热配套管网、裕中百万机组"引热入郑"集中供热配套管网等基础设施建设项目加快推进，新建改造燃气管网112公里，新增供热面积1600万平方米；陈三桥污水处理厂二期等工程正在积极推进，双桥污水处理厂配套污泥处理设施建成试运营，新增污泥处理能力600吨/日。新建公共停车泊位5.2万个，建设新能源汽车充（换）电站157座、充电桩7380个，购置新能源公交车650台。南部生活垃圾焚烧发电厂一期工程投入试运行，东部垃圾焚烧发电项目建设快速推进。三是百城建设提质工程深入实施。以水润城、以绿荫城、以文化城、以业兴城"四篇文章"持续深化，生态环境治污、交通秩序治堵、市容卫生治脏、公共服务治差城市"四治"成效明显，以老旧小区整治提升为重点的老城区有机更新加快推进，城市高质量发展实现新提升。全年实施百城建设提质工程项目1461个，完成投资2182亿元。四是城市精细化管理水平不断提升。城市管理体制改革持续深化，精细化管理三年行动计划全面启动，路长制管理模式初步形成。"厕所革命"强力推进，新建改造公厕1692座，超额完成建设任务。155条道路完成大中修，71条支路背街完成改造提升，铁路沿线违建全部拆除、绿化工作加快推进。成功入选全国35个建筑垃圾治理试点城市。五是乡村振兴战略加快推进。谋划乡村振兴"1+1+N"规划体系，27个美丽乡村加快建设，1037个基层综合性文化服务中心、148个乡镇公厕建设改造项目建成投用，364个规划保留村生活污水集中处理设施建设完成。

（五）绿色发展理念牢固树立，生态文明建设扎实推进。一是生态林业建设进展顺利。国土绿化提速行动强力推进，新造林7666.7公顷，完成森林抚育5200公顷，超额完成年度任务。新建和提升生态廊道244.4公里，连通生态廊道528公里。10个万亩以上森林公园建设加快推进，龙子湖湿地公园和高铁公园建成投用，郑州市森林公园建成开园。二是生态水系建设加快推进。河长制、湖长制工作机制全面建立，制度体系不断完善。贾鲁河综合治理“蓝线”工程主体基本完工，宽阔水面景观初步形成，绿线工程全面掀起绿化建设高潮；牛口峪引黄、环城生态水系、石佛沉砂池至郑州西区生态供水等三大水源工程主体建成，河湖水系生态治理成效逐步显现，河道采砂整治成效进一步巩固;全年向城区河道调水3.8亿立方米，城市水生态环境质量不断提升。雁鸣湖万亩湿地等一批千亩以上湿地公园规划建设。三是园林绿化工作稳步推进。全市新增绿地1356万平方米，建成各类公园、微公园、小游园411个，荥阳京襄城、中牟牟山等5个郊野公园开工建设，26处生态遗址公园、贾鲁河综合治理工程西流湖段、青少年公园等项目进展顺利。第十一届中国（郑州）国际园林博览会圆满闭幕，国家生态园林城市创建工作通过省住建厅初审推荐。

（六）重点领域改革持续深化，市场活力进一步释放。一是“放管服”改革扎实推进。营商环境不断优化，出台《关于加快建设国际化法治化便利化营商环境的意见》，十大专项提升行动、32项配套工作出台部分专案，“一网通办”前提下的“最多跑一次”改革强力推进，房屋交易、税收和不动产登记“一窗受理、并联办理”、企业投资项目“12410”等重点领域改革攻坚行动成效明显，878个审批服务事项集中进驻市级政务服务办事大厅，“只进一扇门”“最多跑一次”基本实现。二是投融资体制改革持续深化。财政资金基金化改革有序推进，政府投资基金的资源集聚和引导带动作用有效发挥。市场准入负面清单试点加快实施，公共资源交易实现在线监管全覆盖。三是国企改革攻坚行动强力实施。国企分类改革全面推进，13家市管工业企业改制大头落地，企业办社会职能加快剥离，34家“僵尸企业”处置超额完成，市管三级企业混改比例达47%，中原环保成为全省唯一入围全国国企改革“双百行动”的市级企业。同时，农村土地承包经营权确权颁证工作全面完成，农村集体产权制度改革扎实推进；机构改革有序推进，社会信用体系建设荣获国家“守信激励创新奖”，医疗卫生体制、“互联网+政务服务”等领域改革加快推进。

（七）开放创新双驱动战略深入实施，发展新动能加快培育。一是开放水平持续提升。枢纽能级不断增强，《郑州国际航空货运枢纽战略规划（2018—2035年）》《郑州铁路枢纽总图规划（2016—2030年）》相继获批，机场开通航线236条、辐射全球近200个城市，货邮吞吐量达到51.3万吨、客运吞吐量达到2733.5万人次，分别位列全国大型机场第7位、第12位。机场三期工程开工建设，郑济、郑万、郑合高铁和郑州南站等工程加快推进，米字形高铁网加速成形。航空港实验区建设深入推进，郑州—卢森堡“空中丝绸之路”加快建设，全省首个大型涉外服务综合体卢森堡中心开工建设，卢森堡旅游签证（郑州）便捷服务平台投入运营。自贸区建设加快推进，256项改革创新试点任务超前完成五年计划的86.7%；新增注册企业4万家，占河南自贸区的80.6%。口岸体系进一步完善，汽车平行进口试点城市获批，进境粮食指定口岸通过验收并正式运营，药品口岸顺利通过考核。中欧班列（郑州）全年开行752班，运邮试点成功获批并开展业务。跨境电子商务全年交易额达到86.4亿美元、增长25.1%。中欧区域政策合作案例地区建设成效明显，组织举办欧洲铁路交通联盟2018年度大会暨亚欧互联互通产业合作论坛，成功承办第13次中欧区域政策合作研讨会。成功举办黄帝故里拜祖大典、全球跨境电商大会、2018国际旅游城市市长论坛和郑州航展，组织文艺团队到意大利等7个国家交流演出。二是创新能力显著增强。自主创新示范区建设稳步推进，国家大数据综合试验区核心区建设加快推进，联通中原数据基地、大数据产业园等重大项目入驻中原科创谷，国家专利河南审协中心建成投用，郑州商标审协中心正式落户，国家质检中心郑州综合检测基地（一期）正式入驻；高新区体制机制改革取得重大突破，河南首个新型产业用地试点成功落地；“四个一批”引进培育力度不断加大，高新技术企业由856家增加到1329家，科技型企业由3242家增加到4283家，新建省级以上研发中心221家，承办中国·河南招才引智创新发展大会，引进高层次人才293人，万人发明专利拥有量由10.8件增加到13件，科技创新对经济增长的贡献率达到63%，中国科学院计算技术研究所大数据研究院暨郑州分所揭牌，浙江大学中原研究院落户郑州。创新创业环境持续优化，郑州市在中国城市创孵指数中排名第13位。

（八）重点项目建设稳步推进，固定资产投资持续增长。突出项目带动、项目化推进，扎实推进省市重点项目和重大产业项目建设，努力扩大有效投资。一是固定资产投资稳定运行。完善落实政府投资项目储备、推进台账等制度，加快PPP项目建设，安排市本级政府投资项目264项，年度计划843.7亿元，带动固定资产投资增长10.9%。着力稳定民间投资，激发民间有效投资活力，郑东新区智慧岛“四岛合一”项目建设模式入选河南省民间投资典型案例。二是省市重点项目建设成效突出。2018年郑州市共选报列入省重点项目610个，总投资1.5万亿元，项目数量、总投资规模占全省比重分别达到56%和50.8%。全年开工省市重点项目185个，为年度目标的101.1%；完成投资4703.6亿元，为年度投资计划的104.5%。谋划实施市级重大产业项目128个和县区级重大产业项目466个，总投资5942亿元，全年完成投资1226亿元，总体上达到时序进度。三是要素保障持续强化。研究出台《关于拓展发展空间保障工业用地需求若干措施》，优先保障重大项目用地需求。争取上级资金，安排项目17个，争取国、省资金21825万元，其中，国家资金13176万元，省级资金8649万元。充分发挥政府资金导向作用，引导资金投向实体经济，社会融资

郑州国际陆港（郑州经开区管委会/供图）

规模增量达到3500亿元左右。四是企业服务不断强化。大力培育战略性企业，支持百高百强企业发展，全年新增规模以上入库企业150家，新增超百亿企业2家、超200亿企业1家；“百千企业上云”计划顺利实施，上云企业近4700家。组织开展产销、银企、用工、产学研“四项对接”活动188场，帮助企业签订购销合同560个，协议金额约为11亿元；银企对接35场，有效缓解企业融资难题。

（九）民生福祉持续改善，社会事业不断进步。重点民生实事扎实推进，市级重点民生实事45个项目基本完成，全年投入资金达到126.7亿元。一是教育事业优先发展。新建、改扩建中小学38所，投用20所，新增中小学学位5.9万个；41所幼儿园开工建设，超额完成年度任务。二是医疗卫生保障水平不断提高。公立医院综合改革受到国务院表彰，家庭医生签约服务全面实施，各公立医疗机构药品采购“两票制”达到98%以上，乡、村两级医疗机构和城市社区卫生服务机构标准化建设全面开启。三是就业和社会保障持续加强。新增城镇就业12.4万人、农村劳动力转移就业6.1万人，城乡低保标准分别由每人每月600元、380元提高至630元、430元，各类社会保险参保人数达到1987.6万人次，城乡居民医保制度整合完成，社会保险标准化建设通过人社部“先行城市”验收。四是城市文化繁荣发展。四大文化片区加快建设，“四个中心”主体工程基本完工，市政配套项目加快推进。文化惠民工程扎实推进，组织“舞台艺术进乡村、进社区”文艺演出1200场，引进精品剧目20台，农村公益电影放映2.4万场，“书香中国万里行”活动走进郑州，举办郑州国际马戏嘉年华。五是保障性安居工程建设加速提质。新开工棚改安置房21474套，基本建成保障性住房9.4万套，安置房网签12万套，回迁群众30万人；公共租赁住房基本建成6091套，向社会分配19664套，全市首批2.5万套青年人才公寓全部开工建设。同时，安全生产、食品药品安全、社会治理等工作进一步加强，人民群众安全感和满意度持续上升。

2018年，郑州市主要指标完成情况基本符合预期，特别是实现地区生产总值破万亿元、常住人口破千万、人均生产总值破10万元的三大突破，标志着郑州市综合实力迈上新台阶、收入水平实现新跨越、迈入特大城市行列，为国家中心城市建设进一步夯实基础。

郑州市发展存在的差距和问题：一是产业层次偏低，发展质量不高；二是资源环境约束加剧，综合承载能力不足；三是企业经营成本较高，实体经济困难增多；四是区域竞争日趋激烈，争先发展的压力较大；五是营商环境提升缓慢，各项改革亟待深入。

（王保来　欧阳春晖　段广宇）

【新型城镇化建设】 2018年，郑州市围绕“城市现代化国际化生态化、县域城镇化、城乡一体化”工作主线，以项目为抓手，扎实工作，城市基础设施支撑能力进一步增强，完成新型城镇化工作各项目标。

“畅通郑州”工程进展顺利。2018年，成功创建国家“公交都市建设示范城市”，引导居民形成“公交+慢行”绿色出行模式。地铁5号线实现空载试运行，轨道交通运行线路总里程达到134公里，运营及在建里程突破200公里，中心城区加密成网，第三期轨道交通规划（2019—2024）7条线路160公里上报国家发改委待批。农业路快速化主线结构贯通，北三环东延快速通道的四港联动大道以西桥梁主线贯通，107辅道主体隧道完工，四环线及大河路、渠南路等一批重点工程加紧建设，中心城区“大三环”快速路实现闭合，“两纵两横双环”快速路网体系基本形成，城市快速路通车里程突破150公里。主城区支线路网工程累计新开工67条，完工38条，新增通车33公里，道路微循环系统进一步完善，全国主要城市拥堵指数排名从2014年第四季度的第9位降至2018年第二季度的第54位。

城市管理服务水平不断提升。围绕提升城市服务能力，加快推进市政道路、市政设施综合整治和城市集中供水和污水处理设施建设，城市管理水平明显增强。一是提升城市道路管养水平。东明路大修完成总工程量的81%，银通路大修完成总工程量的53%；计划道路中修128条，已开工道路中修153条，完工106条，同步整治窨井11133座；二是供水保障不断加强。共完成供水量3.64亿立方米，同比增长7.08%，最高日供水突破145.37万立方米，创历史新高。侯寨水厂完成土建主体施工，主要设备安装，计划年底前建成通水;桥南水厂开工建设，龙湖水厂建设前期手续加快推进，新建改造配水管网97.3公里；三是污水污泥处理设施建设有序推进。郑州新区污水处理厂工程污泥消化工程完成土建施工，马头岗污水处理厂一期一级A升级改造工程、南三环中水公园工程项目基本完成各项建设任务；陈三桥污水处理厂二期等工程有序推进，双桥污水处理厂配套污泥处理设施建成试运营，新增污泥处理能力600吨/日。

园林绿化建设成效显著。以“引领绿色发展，传承华夏文明”为主题的第十一届中国（郑州）国际园林博览会，2017年9月30日开幕，2018年5月31日闭幕，历时245天，各项工作安全有序运行，累计接待游客268万人次，单日最高接待10.7万人次。年初计划的47个综合性公园全部建成，微公园、小游园建设项目完成364个。连通生态廊道（绿道）528公里。“两河”生态绿地建设顺利推进，其中南水北调生态文化公园2018年完成绿化面积227万平方米，累计完成1048万平方米。

保障性住房建设进展顺利。新开工棚改安置房21474套，基本建成保障性住房6.6万套，安置房网签近12万套，全年回迁群众30万人；向社会分配公共租赁住房7000套，全市首批2.5万套青年人才公寓全部开工建设。

（李沛颖）

【服务业】 2018年，郑州市服务业增加值完成5545.5亿元，同比增长8.3%，占全市生产总值的54.7%，服务业固定资产投资同比增长10.9%。物流业、金融业、商贸业、文化创意旅游业等支柱产业稳定发展，电子商务、信息服务业等新兴产业保持良好发展势头、房地产业平稳健康发展。

2018年11月2日，郑州市政府与中铁投资集团有限公司签订《郑州市地下空间领域开发合作框架协议》（市发展改革委员会/供图）

物流业。2018年，全市物流业增加值达到780亿元，同比增长9%。货物周转量864.4亿吨公里，同比增长10.1%。快递业务量6.8亿件，同比增长38.9%。一是物流园区建设有序推进。郑州国际物流园区晋升为国家级示范物流园区，全市共有国家级示范物流园区3个，省级示范物流园区5个，物流业集聚发展进一步强化。二是本地骨干物流企业不断壮大。集聚和培育物流龙头企业，做优品牌，形成一批技术水平先进、主营业务突出、核心竞争力强的大型现代物流企业集团，截至2018年，郑州市注册资金1000万元以上的物流企业1400余家，规模以上物流企业277家，A级物流企业81家。

金融业。2018年，金融业增加值完成1145.8亿元，同比增长5.8%。金融机构存、贷款余额分别为21767.2亿元、21202.2亿元，同比分别增长7%和17.8%，均居全国省会城市第6位，贷款增速在9个国家中心城市中居第1位；保费收入708.8亿元，同比增长8.1%，在中部6省会城市中居第1位，金融业对郑州市经济增长的贡献度持续提升。一是银行组建和上市工作。郑州农村商业银行获批筹建，郑州银行9月在A股上市，成为全国首家A+H股上市城商行。二是持续防范金融风险。印发《关于开展涉嫌非法集资风险专项排查活动的通知》等多个文件，排查企业2.9万家，研究非法集资案件60余起。三是推动多层次资本市场稳健发展。推进企业挂牌上市提速工程，完善郑州企业上市挂牌融资绿色通道制度，新增郑州银行1家上市公司、12家新三板挂牌公司，上市挂牌公司总数202家，直接融资631亿元。

商贸业。2018年，批发和零售业增加值完成798亿元，同比增长4.3%；住宿餐饮业增加值完成380.4亿元，同比增长5.8%。全市社会消费品零售总额完成4268.1亿元，同比增长9.7%。一是大力推进品牌消费集聚区建设。郑州市拥有国家级、省级、市级特色商业街区分别为2条、4条、15条，省级品牌消费集聚区10个。二是深入推动会展业发展。郑州国际会展中心和中原国际博览中心的展场出租率中部第一，全国领先。全年举办展览240个，展览总面积280万平方米。三是跨境电子商务发展迅速。举办全球跨境电子商务大会，跨境电商向“买全球卖全球”目标迈进，首创“网购保税1210”监管服务模式，实现首家跨境零售O2O现场提货，启动建设EWTO核心功能集聚区，全年全市跨境电子商务交易额完成86.4亿美元，同比增长25.1%。

文化创意旅游业。2018年，全市旅游接待总人数突破1.14亿人次，旅游总收入突破1387亿元人民币，同比分别增长13.1%和16.1%。全市规模以上文化企业556家，从业人员达到8.09万人，

2018年11月2日，郑州国家中心城市建设产业基金启动（市发展改革委员会/供图）

实现营业收入689.4亿元。一是持续推动文化消费试点工作。2018年，文化消费试点工作参与市民达576万人次，信息平台交易额3029万元，补贴金额1458万元，拉动文化消费1.35亿元，郑州市被评为国家文化消费试点先进城市。二是大力推动旅游业发展。出台《郑州市旅游产业转型升级行动方案(2018–2020年)》《郑州市旅游产业转型升级奖励暂行办法》等文件，促进旅游业转型升级，助推全域旅游发展。举办2018中国（郑州）国际旅游城市市长论坛。5月27—30日，2018中国（郑州）国际旅游城市市长论坛在郑州市举办，28个国家94个城市的市长、国内37个旅游城市市长参会，世界旅游联盟首次参与。

科技服务业。一是科技创新综合实力显著增强。2018年全市专利申请量达到7万件，专利授权量达到2.3万件；万人发明专利拥有量达到13件。二是创新引领型企业不断发展壮大。2018年全市有高新技术企业1329家；新培育科技型企业1041家，全市累计培育科技型企业4283家。三磨所、河南思维等一批创新龙头企业继续带动行业发展，汉威、新天科技等高新技术企业规模不断壮大。三是创新创业综合体形成较大规模。全市创新创业载体数量达248家，孵化载体总面积突破850万平方米，各类孵化载体在孵企业（团队）数量近万家。以创新创业综合体为带动，加速器、孵化器、众创空间梯次发展的良好局面初步形成。

房地产业。2018年，房地产业增加值完成693.9亿元，同比增长8.5%，房地产开发投资同比下降3%。一是进一步规范郑州市房地产行业信用信息的征集、发布和使用，实现信用信息资源共建共享，切实强化社会监督，促进行业自律。全年共纳入信用监管房地产企业2402家，计入企业良好信息147件、不良信息144件、一票否决信息6件。全市3A级企业30家，2A级企业934家，A级企业1419家，B级及以下企业19家。二是大力培育住房租赁市场。出台《郑州市国有建设用地新建租赁商品住房供应管理暂行办法》等政策，大力培育住房租赁市场，新增各类住房租赁企业3106家。

【服务业促进工作】 一是市政府办公厅印发《2018年郑州市服务业发展工作专案》，提出以推进服务业供给侧改革为路径加快现代服务业发展，推动生产性服务业向专业化和价值链高端延伸，推动生活性服务业向精细化和高品质转变，着力推进金融、现代物流、文化创意旅游和健康养老等产业，加快推进服务业专业园区等载体建设，增强服务业局部带动能力，为建设国家中心城市奠定坚实的经济基础。二是下发《郑州市2018年服务业发展主要预期目标的通知》，将全市服务业增加值和服务业固定资产投资增速目标分解到各县（市）区，并定期督促各县（市）区按时序进度完成年度目标任务。三是在全市产业发展大会上通报表彰2017年服务业发展突出贡献企业、先进单位和先进个人，鼓励先进鞭策后进，调动各级各部门加快发展服务业的积极性和主动性，促进服务业健康发展。

【服务业运行分析】 服务业发展工作小组充分发挥作用，及时做好服务业行业指标的分解下达、督促协调等工作。根据服务业发展态势，做好服务业月度和季度运行分析，动态跟踪、深度研判服务业运行态势，为领导决策提供科学依据。2018年，共撰写服务业运行分析10期，印发服务业要情专报19期，对服务业发展情况进行分析研判，为市政府决策提供参考。

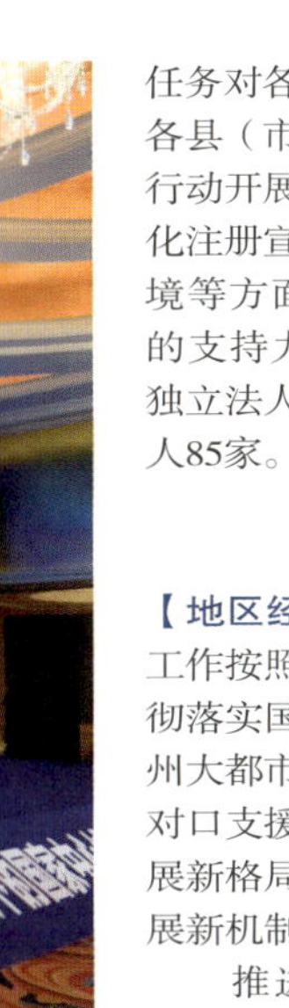

2018年11月3日，郑州市举办首届“一带一路”倡议下的国家中心城市建设——2018中国城市百人论坛秋季论坛（市发展改革委员会/供图）

【服务业专业园区建设】 一是做好2017年全市服务业专业园区考核。2017年省服务业“两区”考核中，郑东新区中央商务区、二七区特色商业区等6个服务业“两区”进入综合排序“20强”，新郑市特色商业区由一星级晋级二星级，巩义商务中心区晋级一星级。市服务业专业园区考核中，郑州国际文化创意产业园、天地之中文化旅游专业园区等6个园区进入“三强”“三快”园区。二是制订2018年郑州市服务业专业园区建设专项工作方案。根据2018年省服务业发展工作要点的要求，起草2018年郑州市服务业专业园区建设工作方案，提出2018年全市服务业专业园区的总体思路、发展目标、重点任务、建设七类省级园区和保障措施等，为园区发展指明方向。三是坚持做好服务业“两区”台账报送工作。每月定期督促各县（市）区、开发区报送服务业“两区”台账，掌握服务业“两区”建设情况；召开服务业“两区”督导会，部署安排阶段性工作。四是加快推进第二批省级服务业专业园区建设。组织各县（市）区、开发区围绕现代物流、电子商务等七个领域开展省级服务业专业园区申报工作，召开第二批省级服务业专业园区专家评审工作推进会，传达第二批省级服务业专业园区评审的相关精神。郑州市共有7个园区入选第二批省级服务业专业园区。2018年，服务业专业园区固定资产投资同比增长10%，主营业务收入同比增长10.2%。

【服务业重大产业项目建设】 继续推进结转2016年和2017年市级服务业重大产业项目，2018年谋划47个市级服务业重大产业项目，并对本年度重点推进的市级服务业重大产业项目进行实地督导查看，重点摸清项目开工情况及推进过程中存在的问题。对所有服务业重大产业项目进行台账化管理，实行月报送制度，及时掌握服务业重大产业项目发展情况。2018年，全市服务业重大产业项目进展情况良好，重点推进的市级47个服务业重大产业项目完成投资244.7亿元，投资进度110%。

【服务业综合考核】 一是做好2017年度服务业和建筑业综合考核工作。根据《郑州市服务业和建筑业发展综合考核办法（试行）》，制订《关于开展郑州市2017年度服务业和建筑业发展综合考核工作的通知》。按照考核方案，考核工作从3月开始，通过单位自查、审核认定、评分排序三环节，依据考核办法确定的指标体系和计分办法，对照年度目标，依据市直相关委局认定数据，对全市15个县（市）区、开发区和31个产业相关部门进行评分排序，评选先进集体和先进个人，完成2017年度服务业和建筑业发展综合考核工作，对全市服务业和建筑业发展综合考核的24家先进集体和60名先进个人进行表彰通报。二是下发2018年度建筑业发展综合考核目标，将2018年服务业和建筑业发展目标分解到各市直单位和各县（市）区、开发区，督促各责任单位完成年度目标任务。

【独立法人工作】 根据省发展改革委《关于进一步做好鼓励引导市场经营主体在我省设立独立法人机构工作的通知》，按照《郑州市开展企业成长促进行动实施方案》责任目标，郑州市确定2018年需完成80家新设立独立法人的目标。为确保完成全市目标任务，一是围绕金融业、物流业、电子商务、建筑业、PPP项目、研发机构等重点领域，明确行业主管单位，落实相关责任人，按照时间节点要求，制订台账，全面启动新设法人机构工作；二是将全市目标任务对各县（市）区进行分解，并督促各县（市）区结合各自实际情况，迅速行动开展工作。三是加强经营主体法人化注册宣传力度，从政策优惠、服务环境等方面加大对市（境）外市场主体的支持力度，鼓励引导其在郑州市设独立法人，2018年，郑州市新增独立法人85家。

（汪丽霞）

【地区经济工作】 2018年，地区经济工作按照市委、市政府的工作部署，贯彻落实国家区域协调发展战略，围绕郑州大都市区建设、中欧区域政策合作、对口支援等重点工作，构建区域协调发展新格局，郑州市跻身国家区域协调发展新机制12城市。

推进郑州大都市区建设。2018年，郑州市贯彻落实河南省《中原城市群实施方案》和《2018年中原城市群一体化发展工作要点》，深入推动大都市区规划衔接、交通一体、产业协同、生态共建、服务共享、功能互补，不断提升郑州大都市区在中原城市群发展中的核心带动作用。一是研究编制《郑州大都市区空间规划》以及许（昌）港（区）产业带、郑开创新创业走廊产业带等专项规划，省委、省政府审议通过《郑州大都市区空间规划（2018–2035年）》，进一步明晰发展目标、战略路径、主要任务。二是会同开封等4市共同研究推进郑州大都市区建设的思路和举措，牵头编制《2018年郑州大都市区行动方案》，梳理2018年郑州大都市区建设重大工程项目、重大事项。组织召开2019年郑州大都市区工作谋划座谈会，对2019年–2021年拟实施的跨区域重大规划、重大工程项目进行研究谋划；三是与许昌市研究编制《郑许一体化发展规划（2017–2020年）》，就郑许一体化空间布局和构建一体化交通、产业、生态、城镇、开放、公共服务体系等方面问题进行沟通。四是推进郑州新乡融合发展。组织参加郑新融合发展论坛，就推进郑新深度融合及大都市区建设有关问题进行探讨和交流。五是推动郑州焦作深度融合发展。组织召开郑焦两市座谈会，共商融合发展问题，先后多次就签订郑焦融合发展“1+N”协议具体事宜进行对接沟通。11月16日，组织举办郑焦融合发展合作协议签约活动，郑州、焦作两市签署《加快推进郑焦融合发展框架协议》和产业、旅游、养老、人才、卫生、干部交流等6个专项合作协议。

深入推进中欧区域政策合作案例地区建设。依托中欧区域政策合作案例地区工作平台，积极融入“一带一路”建设，进一步推进郑州与欧盟城市在交流互访、物流交通、产业、文化教育、科技创新和可持续发展等领域合作。一是研究推进中欧区域政策合作案例地区建设问题。制订《郑州市推进中欧区域政策合作案例地区建设工作方案（2018–2020年）》，就推进案例地区建设的思路、目标进行谋划并明确主要任务，市政府于9月14日印发；二是参加中欧区域政策合作相关会议。4月，市发改委主任杨东方带队赴北京参加中欧区域政策合作研讨会，会上就郑州市开展中欧区域政策案例地区建设情况作典型发言。11月26日，赴欧盟驻华使馆参加中欧城市间合作商业论坛，郑州作为中方唯一城市代表作主旨发言；三是组织中欧会议和活动。7月17–18日，组织举办欧洲铁路交通联盟2018年度大会暨亚欧互联互通产业合作论坛，承办第13次中欧区域政策合作研讨会，并组织欧洲案例城市来郑考察活动。其间，分别与法国尼斯市、意大利罗马市、德国曼海姆市以及国际铁路联盟、波兰国家铁路货运公司等城市和机构签署11项协议，在可持续发展、科技创新、智慧城市、铁路交通等领域开展合作达成意向。四是组织赴欧盟案例城市进行访问。10月8–17日，随国家发改委地区经济司赴欧盟开展中欧区域政策和案例地区合作交流，宣传郑州的优势，与布拉格市、艾米利亚市沟通，探讨在欧盟—中国区域经济合作机制的框架内，深化推进可持续发展项目、文化教育、科技创新、旅游等领域合作。

争取重点流域水环境综合治理项目中央预算内资金。一是组织郑州市重点工程项目申报中央资金。多次与国家、省发改委衔接汇报，指导帮助项目单位完善申报材料，陈三桥污水处理厂（二期）工程项目被列入2018年中央预算内投资计划，获得资金2380万元。二是组织中央预算内投资项目服务督导。按照省发改委《关于做好重点流域水环境综合治理中央预算内投资项目建设管理的通知》和《关于对重点流域水环境综合治理项目进行全面服务督导的通知》精神，组织对2014–2018年度7家项目单位10个项目的建设进度情况、中央预算内资金使用情况、项目运行情况进行全面服务督导。配合完成国务院大督查对中央投资项目督查工作。

扎实开展对口支援新疆工作。按照省委、省政府和市委、市政府援疆工作部署和省委书记王国生、省长陈润儿赴新疆调研考察期间的指示要求，紧紧围绕新疆社会稳定和长治久安总目标，扎实推进产业援疆、技术援疆、文化交流、帮扶援助等各项工作。一是与省援疆办沟通，及时汇报郑州市援疆工作情况，衔接援疆工作任务。同时，加强与前方工作队及伊州区对接，及时了解受援方需求，研究制订2018年援疆工作重点，进一步明确各部门工作任务。二是组织市直有关部门举办哈密招商引资郑州专场说明会、人才培训、哈密旅游推介宣传、豫新两地“童心桥”小学生夏令营和慈善捐助等一系列活动。三是推进结对共建。为落实省党政代表团赴新疆考察期间与哈密市政府签订的结对共建框架协议，10月，郑州市援疆办与哈密市伊州区人民政府签订结对共建框架协议；12月，市政府内部明电印发《关于做好郑州市县（市）区与哈密市伊州区乡（镇）街道开展结对共建工作的通知》，明确郑州市的16个县（市）区、开发区与伊州区的18个乡镇（街道）结对共建任务。

（杨　昊）

【产业集聚区“二次创业”】 2018年，围绕提升发展质量和效益，全市产业集聚区（含13个产业集聚区和10个工业专业园区，下同）牢固树立新发展理念，突出抓好产业转型发展、创新驱动发展、绿色集约发展、产城融合发展“四大发展”任务，“吸引力、竞争力、带动力”稳步增强，为全面促进产业集聚区“二次创业”提供有力支撑。一是坚持稳步发展，夯实载体支撑。2018年，产业集聚区规模以上工业增加值增长9.6%，全员劳动生产率约30万/人，建设用地GDP产出约为47万元/亩，产业集聚区规模以上企业主营业务收入总量、固定资产投资总量分别占全市的51.7%、35.2%。中牟汽车产业集聚区成为国家级新型工业化产业示范基地，经济技术产业集聚区的国际物流园区晋升为国家级示范物流园区，新郑市新港产业集聚区晋升为省级经济技术开发区。2018年，产业集聚区加速推动产城融合发展，带动全市城镇化率达73.4%。

二是坚持项目带动，增强发展后劲。围绕主导产业定位，优化招商机制、加强招商力量、创新招商举措，切实提高招商引资实效。2018年，产业集聚区签约亿元以上项目116个，10亿元以上项目37个，主要有航空港集聚区总投资400亿元的惠科第十一代薄膜晶体管液晶显示器件生产线项目、新密市集聚区总投资60亿元的郑州科创产业园、高新技术集聚区总投资55亿元的深圳创新科总部基地及大数据存储设备研发生产基地、新郑市新港集聚区总投资26亿元的耀德科技新型电子元器件中部研发生产示范基地等。围绕重大项目落地，完善项目落地服务运行机制，以优质服务切实推动重大项目建设。2018年，在建亿元以上项目373个，完成投资1356.6亿元。年内新开工亿元以上项目68个，竣工投产项目35个，年内实际利用市外资金649.7亿元。郑州市白沙集聚区先后入驻河南地矿科技产业园、建设科技园和大数据应用企业园企业39家，大数据产业园、科技产业园初具规模。

三是坚持创新驱动，加快技术升级。深入实施创新驱动发展战略，提高协同创新能力。2018年，实现高新技术产业增加值349.9亿元，同比增长12.4%，申报高新技术企业135家。鼓励企业加大研发投入，提升企业创新能力，科技创新亮点纷呈，高新技术集聚区举办2018首届世界传感器大会；经济技术集聚区中铁装备研制的中国最大直径（15.8米）泥水平衡盾构机填补国内空白，郑煤机研发的8.8米超大液压支架多项关键技术为世界首创，旭飞光电研发的光电显示项目获得国家科技进步一等奖；登封市集聚区登电银河SMD项目获国家级数字化车间认证和河南省“十百千”机器换人示范应用倍增工程，狮虎新材料新上项目打破日本垄断；中岳非晶研发的超宽超薄纳米晶带材获省政府科技进步二等奖。

四是坚持企业转型，助力集群提质。开展企业分类综合评价，有序推动企业对标改造、提档升级，助力产业集聚区高质量发展。2018年，产业集聚区5个千亿级产业（电子信息、装备制造、汽车及零部件、新材料、现代食品加工）集群不断升级，生物医药、大

奥体中心建设项目（市重点项目建设办公室/供图）

数据、新一代人工智能、智能终端等新兴产业集群初具规模。鼓励有实力的企业智能化、技术化、绿色化升级，马寨集聚区大力推动企业技术改造、产品研发、设备自动化，花花牛、康师傅、京华制管等企业生产效率进一步提高，河南苏宁云商以云技术为支撑，融合线上线下，全面颠覆传统销售方式。上街装备产业集聚区加快实施“腾笼换鸟”，通过参股、租赁等方式引进共泰五金、万润再生资源、郑奥实业、三煜重工等10余个项目，盘活企业闲置厂房5.03万平方米。

五是坚持配套完善，提升保障能力。持续推进以交通路网为先导的道路、供水、供电等基础设施建设，综合承载能力进一步增强。2018年，基础设施投资完成279.8亿元，新建道路154.2公里、供水管网251.8公里、供气管网149.2公里、供电管网136.9公里；郑州市白沙集聚区侧重基础设施建设，以“五纵七横”骨干路网为引领，不断拓展发展空间。深入推进产城融合发展，促进产业发展和城市功能有机融合，提升宜居宜业水平。中牟汽车集聚区6个社区实现回迁群众1.5万人，同时为集聚区4000余名企业职工解决住房保障问题；荥阳市产业集聚区新开工安置房61万平方米，建成2585套安置房，并完成回迁工作。

（孟俊岭）

【省市重点项目建设】 2018年，全市重点项目建设工作共谋划实施省、市两类重点项目938个，总投资2.18万亿元，年度计划投资4500亿元。其中，省重点项目610个，总投资1.51万亿元，年度计划投资2800亿元；市重点项目328个，总投资6706亿元，年度计划投资1700亿元。全年计划新开工项目183个，计划竣工项目106个，续建项目561个，前期项目88个。

主要指标完成情况。2018年省市重点项目各类指标完成再创历史新高，年度投资、累计开竣工项目以及联审联批事项，均圆满完成年度任务，郑州市重点项目建设工作在全省年终综合考评中排名第一位。超额完成全年投资任务。2018年省市重点项目完成投资再创历史新高，达到4703.6亿元，为年度目标4500亿元的105%。顺利完成项目开工、竣工任务。2018年累计开工项目184个、竣工项目106个，开工率、竣工率分别为100.5%和100%。提前完成联审联批任务。2018年联审联批事项1182个，提前在9月底全部完成。

（李　健）

国土资源管理

【国土空间规划】 根据国土资源部、省国土资源厅的工作部署和要求开展新一轮国土空间规划工作，组建规划编制办公室开展前期资料收集工作。编制完成“十三五”土地整治规划，并组织专家组进行评审，经郑州市政府审批后，完成数据库备案工作。围绕新型城镇化和产业发展目标，根据各县（市）区项目建设的实际需要，对全市一些重大项目选址通过土地利用总体规划局部调整满足建设项目用地需求，既保证社会经济发展，又保证项目用地符合土地利用总体规划，完成7个县（市）区9个批次规划局部调整方案、数据库备案工作。

【新增计划指标管理】 根据省国土资源厅下达郑州市（不含港区）2018年土地利用年度计划指标1666.67公顷，单独配备航空港区1000公顷的计划指标，严格加强土地调控、严格新增建设用地审查报批政策的落实，并通过与项目审批机关沟通有关符合国家产业政策、规划布局、市场准入标准以及审批、核准程序是否完备和合规等情况，保障完成郑州市（不含港区）使用新增建设用地计划指标1902.67公顷，航空港区使用新增建设用地计划指标136.51公顷。

【土地报批征收】 做好国家、省、市重点项目建设用地保障工作，郑州市2018年拟开工的省、市201个重点项目全部完成联审联批。完成郑万铁路、郑济铁路、郑州南站、东动车所改扩建等米字型高铁、城际铁路项目的征地拆迁工作。全市完成建设用地上报176个批次5825.16公顷，其中市本级上报27个批次1223.86公顷，各县（市）上报149个批次4601.3公顷。全市批回233个批次7366.67公顷，征收5406.67公顷。

【土地利用保障】 2018年，全市供应土地8960公顷，签订价款1587亿元。其中市本级供应土地3393.33公顷，签订价款912亿元。全市住宅用地供应量2631公顷，较2017年全年住宅用地增加53%，完成年度调控目标。全市2009-2015年批而未供土地处置任务目标2349.2公顷，实际处置2941.13公顷，完成率125%。全市闲置土地处置任务面积2529.87公顷，已处置涉嫌闲置用地3829.27公顷，完成率155%。全市单位国内生产总值建设用地使用面积环比下降9%，超额完成全市“十三五”期间年度平均下降目标4.61%。2018年受理复垦券审核券134件，其中需使用复垦券60件230.13公顷；核销复垦券42件153公顷。

【产业用地储备】 围绕产业集聚区建设抓好工业用地的超前储备，提升产业用地储备的前瞻性，结合产业用地政策及发展目标，完成工业用地133.33公顷的前期储备，为产业用地及时供应创造了条件。

【租赁试点】 按照住房租赁市场试点工作实施方案要求，起草制订《郑州市国有建设用地新建租赁商品住房供应管理暂行办法》等文件，将租赁商品住房建设用地纳入年度供应计划，通过实施集体土地建租赁住房、招拍挂配建竞自持比例、人才公寓建设等配套政策，为租售并举的住房制度提供用地保障。按照《利用集体建设用地建设租赁住房试点方案》要求，选定郑东新区作为建设试点，由郑东新区成立试点工作领导小组并定期召开专题会议，研究解决集体建设用地建租赁住房选址、规划手续审批及用地补偿问题等，已供应集体建设用地1宗，面积5.33公顷。

【增减挂钩】 根据省厅和市政府关于郑州市土地利用管理突出问题集中整治

2018年4月3日，郑州市2018年国土资源执法监察暨智慧国土现场观摩会在新郑召开（市自然资源和规划局/供图）

2018年5月18日，国家自然资源部到郑州市开展全域督察外业核查工作（市自然资源和规划局/供图）

行动的要求，全力督促各地加大拆旧复垦力度，归还挂钩周转指标，全面完成增减挂钩周转指标归还任务。严格审查各地申报的挂钩项目，及时上报省厅审核批复，全年全市共复垦验收16批，新增耕地共240.78公顷；申报挂钩项目28批，建新面积669.12公顷。

【耕地保护】 落实最严格耕地保护制度。寻找“保护资源、保障发展”的契合点，落实耕地保护目标责任，报请市政府下发《关于印发县（市、区）政府耕地保护责任目标考核办法的通知》，通过土地整理开发、违法用地拆除、地籍变更调查、增减挂钩（含复垦B券）易地购买、易地补充耕地和定点合作开发后备资源等工作，实际落实耕地保护面积283720公顷，比上级下达的283606.67公顷目标超出113.33公顷。大力保障建设用地耕地占补平衡、永久基本农田补划。跟踪服务郑万铁路、郑济铁路、商登高速、机场高速改扩建、机场三期工程、高铁南站工程等重大建设项目，完成补划永久基本农田面积186.67公顷，耕地占补平衡指标1813.33公顷，助推重点项目建设项目用地报批。有效拓宽补充耕地渠道。优先申请国道310、国道107二期、高铁南站、郑州新区污水处理厂二期、京东亚洲一号等国家、省重点建设项目省级统筹指标万余亩；探索定点开发模式，与灵宝市深度合作实施2000公顷耕地后备资源整理开发项目，基本完成验收入库，用于郑州市建设项目用地报批；支持各县（市）区发挥自身优势，做好耕地占补平衡指标储备工作，协调6000多公顷易地占补平衡指标完成省厅备案程序；深度挖潜自身耕地后备资源，报请市政府下发《关于下达县（市）区政府补充耕地任务的通知》，郑州市土地整治项目共立项1726.67公顷，计划新增耕地1453.33公顷，完成验收的新增耕地近万亩。

【变更调查】 2017年，国家下发郑州市遥感监测图斑11362个，面积9611.49公顷。按照省厅实事求是、应变尽变的要求，全部变更图斑4943个，面积4090.55公顷，部分变更图斑118个，面积198.01公顷，变更率44.54%，通过国家验收，并于2018年7月投入使用。2017年度全国城镇土地利用数据库通过国家检查验收。

【测绘管理】 加强统一管理。严格测绘资质材料审核，初审上报新申请测绘资质单位24家、基本信息变更44家，业务范围变更31家，资质升级7家，注销资质单位8家，核减业务范围1家。加强基础测绘成果使用管理，按照《河南省测绘成果管理规定》和河南省基础测绘成果资料使用审批程序，为5家单位办理了测绘成果使用手续。完善测绘任务网上备案制度，严格执行测绘项目备案管理制度，共计备案项目907个,总计金额6883.01万元。加大检查巡查。开展2018年“双随机”测绘资质巡查工作，全力配合省局检查组对13家抽查单位复查核查。完成全市33家测绘资质单位检查，对存在问题的单位下发整改通知书，并跟踪整改，进一步规范测绘地理信息市场秩序。加强测量标志巡查管护，郑州市市区范围内保存完好测量标志13个，包括三角点1个、水准点10个、GPS点2个。推进卫星导航定位基准站建设。按照省国土资源厅《总体规划》部署和省局基准站建设计划要求，完成全市10个新建站点的建设并完成站点备案。全面推进2000国家大地坐标系转换。郑州市完成全市国土资源系统空间存量数据的转换工作。

【矿产资源管理】 根据省国土资源厅关于推进绿色矿山建设工作要求，郑州国土资源局联合市财政局、市环保局、市质监局、市金融办联合下发《关于印发郑州市加快建设绿色矿山工作方案的通知》，全面开展“三区两线”及特定生态保护区露天矿山开发环境综合整治和自然保护区矿业权清理工作，同时，根据省国土资源厅要求，督促登封、新密、新郑、荥阳4个涉矿县（市）编制县级绿色矿山工作方案，取缔关闭无证开采25家，全市各矿山矿区的建设、整改和提升正有序推进。按时完成2017年度矿山储量动态检测报告的审查复验工作，储量动态检测固体矿种矿山197家，动态检测率100%。按时完成2017年度固体矿产资源统计工作，统计率100%。组织开展矿业权人勘查开采信息公示工作，完成2017年度矿业权人勘查开采信息公示工作，应填报公示矿业权数237个（采矿权224个，探矿权13个），实际填报公示矿业权数236个（采矿权223个，探矿权13个），公示率为99.6%，1家矿山企业因无法联系企业负责人未填报公示，所在县（市）按规定将其列入异常名录。全市共有65家矿山企业被列入异常名录，其中2016年度未整改到位不予移出的37家，2017年度新增28家。加强矿产资源勘查开采日常监督管理工作，出台《建立健全和完善矿产资源勘查开采监督管理台账、档案和报表制度的意见》，日常监督管理工作的整体水平得到提高。聘请中介机构对部分矿山企业矿产资源储量动态检测及资源开发利用情况进行实测检查，完成对21家矿山储量动态检测核查和23家矿山资源开发利用情况检查。开展矿产资源勘查开发督察工作，调整和推荐郑州市第五批地方级矿产督察员。全年全市范围内实际督察矿山35个，勘查项目2个，填写现场检查表37份，超出督察计划方案8个矿山，完成率128%，按时完成年度督察工作任务。完成对南阳市、驻马店市、三门峡市的异地矿产督察，实地督察天瑞集团南召水泥有限公司南召县青山水泥灰岩矿区东矿段等7个矿山和3个勘查项目。全年受理建设项目压覆矿产资源审查件15宗，出具建设项目压覆矿产资源初审意见和证明共15宗。全部在规定时限内办结，办结率100%。

【“三块地”改革】 全面贯彻落实全省土地利用综合改革工作会议精神，并就如何充分释放城镇规划区内建设用地、农村耕地和乡村建设用地开发利用潜力（简称“三块地”改革）进行专题研讨和集中部署，成立办公室统领全市“三块地”改革工作，强化政策引导、统筹协调和检查督导各县（市）区（开发区）开展好改革工作，研究制订推进“三块地”改革实施意见，起草《郑州市城乡地下空间开发管理暂行规定》

2018年5月29日，国家自然资源部执法局到中牟县就示范区13家企业“回头看”及卫片核实工作进行调研（市自然资源和规划局/供图）

《郑州市国有建设用地新建租赁商品住房供应管理暂行办法》《郑州市拓展发展空间保障工业用地需求若干措施》，全面安排部署“三块地”改革相关工作，推进土地利用管理突出问题专项整治，盘活城镇规划区内建设用地、开展土地综合整治、推进农村集体建设用地改革。郑州“三块地”改革初见成效，选取新郑市老旧工业区77家企业低效用地改造，通过政府融资平台筹集11.5亿元资金开展土地整理开发工作，腾出并盘活建设用地66.67公顷。新密市煤矿塌陷区土地整理选定4个乡镇进行试点，拆旧复垦潜力较大；中原新区土地一级开发项目试点工作，完全实现由政府主导；登封市在耕地后备资源开发储备、城乡建设用地增减挂钩拆旧复耕方面进行探索实践。

【不动产登记】 打造不动产登记“郑州品牌”，多次受到自然资源部、河南省政府表扬，不动产登记“最多跑一次”改革走在全省前列。及时报请市政府制发《郑州市房屋交易、税务、不动产登记“最多跑一次”改革工作方案》，优化整合职责职能，市本级设立38个不动产登记、房屋交易、税费征缴“三合一”“综合受理窗口”，10月25日，全市全部实现“一窗受理、并联办理”，7项业务实现“1小时办结”，房屋交易、不动产登记全流程办结时限由省政府确定的7个工作日压缩为5个工作日，全业务实现同城通办，提前完成省政府确定的改革目标，受到省政府通报表扬。持续破解历史遗留。6月份出台《郑州市人民政府关于处理国有建设用地上不动产登记相关问题的补充意见》，解决“因土地、规划、竣工验收等历史遗留问题无法办理不动产登记”问题。开展多种便民服务。坚持“领导早高峰带班”制度，设立“党员示范岗”，实行“午间延时”服务，“微信预约、免费复印、短信提醒、网上交费”等便民措施受到群众欢迎。开展“互联网+不动产登记”，54项业务可实现网上办理，预告登记实现“网上申请、自动审核、现场核验、当场发证、只跑一趟”。全年市本级共受理不动产登记申请事项1666772件，办结1636286件，办结率98.17%。实施服务窗口前置。全市21家银行开设28个抵押便民服务窗口,启用不动产抵押电子登记证明，企业和群众办理抵押贷款业务时间从“周”跨越到“小时”。不动产登记司法查控窗口前置到市中级人民法院，省高院主要领导给予高度评价。农村房屋登记工作在全省领先。按照全省统一部署，全面开展农村房屋权籍调查，通过公开招标确定数据库整合和质量核查技术单位，实行周报月报制度定期督导通报。全市完成13万余栋农村房屋权籍调查，提前完成年初确定的30%权籍调查任务。

【土地利用管理问题集中整治专项行动】 根据济南国土资源督察局对郑州市开展的全域土地督察，针对涉及不实耕地、城镇空闲土地、违法用地、拖欠征地补偿费和欠缴土地出让金等问题，深入开展土地利用管理突出问题集中整治行动。按照《郑州市人民政府关于开展土地利用管理突出问题集中整治行动的通知》和《郑州市人民政府关于成立郑州市土地利用管理突出问题集中整治行动领导小组的通知》有关部署要求，全市土地利用管理突出问题中不实耕地1801.36公顷，整治到位1236.47公顷，完成比例为68.64%；城镇空闲土地10666.13公顷，整治到位4787.92公顷，完成比例44.89%；全天候遥感监测发现违法用地2025.37公顷，整治到位（省厅审核通过）1489.91公顷，完成比例73.56%；城乡建设用地增减挂钩项目未归还指标数1244.35公顷，全部整治到位。全市耕地保有量突破目标红线的4个县（市）区涉及面积5973.33公顷，整改面积1286.67公顷。2017年度卫片执法图斑11496个9600公顷，经核查，其中合法图斑3024个3326.67公顷；设施农用地等其他用地图斑4193个4640公顷；违法图斑4279个1866.67公顷。全市整改到位违法用地图斑2023个837.69公顷。

【“大棚房”问题清理整治】 根据省政府办公厅《关于全面清理整治农业大棚改建“大棚房”等违法占地行为坚决遏制农地非农化乱象的紧急通知》要求，市委、市政府批示要求清理整治“大棚房”问题。市国土资源局下发制订整改实施方案，派遣督导组出动人员50余人次，排查全市“大棚房”问题项目47个，违法违规“大棚房”2356个，涉及占地面积33.6公顷。整改到位或基本整改到位的违法违规“大棚房”1925个，涉及面积24.73公顷，整改完成率82%。其余问题项目仍在持续督导整改。

【耕地破坏鉴定】 严厉打击破坏耕地违法犯罪行为，郑州市耕地破坏鉴定委员会对91宗破坏耕地案件作出鉴定，认定造成种植条件被破坏的耕地面积66.18公顷（其中市本级21.87公顷）、基本农田面积107.56公顷（其中市本级48.05公顷），案件全部移送公安机关立案侦查。

【扶困脱贫攻坚】 落实市委、市政府关于打好脱贫攻坚战的决策部署，围绕产业扶贫和易地扶贫搬迁制订《郑州市国土资源局2018年脱贫攻坚工作方案》，印发《关于开展脱贫攻坚工作和作风建设深化年活动调研督导的通知》，发挥国土资源政策、项目、资金在脱贫攻坚战中优势，全力助推有关贫困村生产生活。参与复垦券交易筹措扶贫脱困资金。2018年全市竞得复垦券（A、B券）1215.64公顷，筹措资金36.6亿元，助推贫困地区经济发展及易地搬迁工作。保障产业扶贫及易地扶贫搬迁。全年保障扶贫产业项目用地245.53公顷。2016年、2017年登封市省级易地扶贫搬迁项目完成群众入住。2016年中牟县黄河滩区居民迁建项目正在进行村民搬迁入住。2017年中牟县黄河滩区居民迁建项目土地报批手续完结，供地手续在办理，达到入住条件，完成群众搬迁。

【公共权益保障】 加强地质灾害防治工作，全面组织开展地质灾害隐患排查核查工作，确定全市地质灾害各类隐患点442处。主要分布在登封、新密、荥阳、新郑、上街、惠济、二七、管城等县（市）区。加强与省地质环境监测院

和郑州市气象局的技术合作，发布3级（黄色）以上地质灾害预警预报33次。聘请河南省地质环境监测院、河南省地质测绘总院和河南省地矿局水文二队等专业机构6名地质灾害防治类专家科学指导和帮助地质灾害防治工作。执行征地有关法律政策，充分做到征地程序合法合规，征地信息公开透明，全力维护被征地农民的合法权益。依申请政府信息公开570件，答复率100%。做好行政复议和诉讼工作，年度以来处理行政诉讼、复议案件183宗。坚持抓好重点敏感时期的信访稳定工作、矛盾排查纠纷化解工作、信访积案集中化解工作和信访基础业务规范年活动，全年通过接待来访群众，化解信访积案，市领导接访群众，协调解决群众合理诉求。在全市国土资源系统开展“沉淀”信访案件全面排查清理百日行动，完成所有“沉淀”案件的清查和处理工作。

【审计建设】 制发《关于做好郑州市在线实时联网审计建设工作方案的通知》，全面推进以“365天、天天监督”为特征，以“在线审计、实时审计”为目标的联网审计建设，开展大数据联网动态审计，实现在线实施监督、实时分析预警、重点核实核查并及时督促整改，实现审计监督全覆盖工作目标。根据省国土资源厅通知要求，完成刘维德离任审计问题整改工作，整改完成率84%。认真做好省厅反馈历次审计署、审计厅发现问题整改督导、汇总、上报工作，通过会议推进，实地督导，协调沟通，整改77项，整改完成率93%，超额完成省厅下达的80%的整改目标任务。

【城市地质调查】 根据市政府第79次常务会议要求，加快郑州城市地质调查工作，经过实地考察学习成都经验，多次与中国地质科学院水文地质环境地质研究所、河南省地调院等技术单位交流和座谈，并经多方面专家技术指导和组织专家评审，编制完成《郑州市多要素城市地质调查示范实施方案（2018-2020年）》，初步完成项目总经费概算约2.815亿元，其中，中央财政资金6000万元，地方财政资金约2.215亿元。

（李前进）

工商行政管理

【概况】 2018年，市工商行政管理部门牢固树立新发展理念，坚持高质量发展的根本方向，紧紧围绕市委、市政府中心工作和上级工商部门部署的重点任务，更加注重将工商工作融入大局，更加注重创新引领，更加注重有为有位，更加注重作风转变，拔高标准，强化责任，狠抓落实。先后被评为郑州市环境污染防治攻坚战考核优秀单位、依法行政工作先进集体、信用体系建设工作先进集体、防范打击和处置非法集资工作先进集体、中国（河南）自由贸易试验区郑州片区建设工作先进集体、第十一届中国（郑州）国际园林博览会筹办工作先进集体等，连续四次获“全国文明单位”称号。郑州市消费者协会被评为全国消协组织先进集体。

【商事制度改革】 持续深化“多证合一”改革，在自贸区郑州片区试点推进“证照分离”改革，加大企业登记全程电子化改革推进力度，按照“能下放的坚决下放”原则，将有限责任公司及非公司企业法人登记权、企业冠省名称核准权等下放至县（市）区局，全市企业登记全程电子化业务办理逐月递增，增速越来越快。截至年底，市工商部门通过全程电子化办理企业登记达到80万户次；牵头全市压缩企业开办时间专项改革，推动市政府出台《郑州市进一步压缩企业开办时间工作实施方案》，在国家规定企业开办时间到2018年底压缩至8.5天的基础上，将郑州市企业开办时间压缩至4天，加强与公安、税务、人社及政务办的密切协作，全市2018年8月底实现压缩企业开办时间4天的初步工作目标。创新审批服务方式，实行企业住所登记承诺制，试行企业名称自主申报制度改革，推广容缺受理模式和免费邮寄营业执照，实现市场主体从名称核准到营业执照领取的“零见面”；靠前服务河南自贸实验区郑州片区和郑州航空港经济综合实验区建设，自贸区郑州片区入驻企业突破4万户，注册资本4751.7亿元，企业数量占河南自贸区总数的83%。2018年8月份，全市累计市场主体数量超过100万户，一跃成为全国第8个超百万的省会城市，每百人拥有市场主体超过10户。2018年，全市新增市场主体25.2万户、新增注册资本6910亿元，同比增长10.3%、5.2%。截至年底，全市各类市场主体达到107.5万户，较上年增长18.16%、较商事制度改革前增长128%；注册资本3.9万亿元，较上年增长18.81%、较商事制度改革前增长209%。企业类市场主体达到50万户，约占据市场主体总量一半，是商事制度改革前的3倍。

【商标品牌战略】 全面落实《郑州市实施商标品牌战略2016—2018年行动计划》，完善商标梯次培育体系，实施成长型企业商标战略帮扶，抓好产业集群品牌培育，落实奖励政策，推动商标品牌战略提档升级。国家知识产权局郑州商标受理窗口共办理申请1899件，位居同批次全国受理窗口第2名。全国第4个京外商标审查协作中心落户郑州市，郑州知识产权集聚中心优势地位进一步提升。2018年，全市新增注册商标1.6万件，同比增长21%。其中，新增地理标志注册商标1件。全市注册商标总量突破22万件，占全省总数39.87%，位居中部六省城市首位；驰名商标总数达到62件，占全省总数24%。

【政银企共同发展平台搭建】 先后与工行、建行、中行、交行、兴业银行、浦发银行建立战略合作关系，破解企业融资难题，服务小企业发放贷款400多亿元。扎实做好动产抵押登记工作，帮助盘活企业资产，全年共办理动产抵押登记177件，帮助企业融资54.2亿元。

【非公党建】 以中共郑州市非公有制经济组织委员会批复为契机，成立推进非公党建工作领导小组，在全市推行“一二六”工作法，建立非公党建工作指导站161个、确定党建指导员546名，组织排查非公有制经济组织486729户，

2018年3月13日，第36个国际消费者权益日来临之际，市工商局走进《政府热线直通车》节目（市市场监督管理局/供图）

排查出党员31866人，建立党组织8097个，培育出圆方集团、鑫山实业、好想你枣业、三全食品等一批非公经济党组织先进标杆，引领扩大党在非公经济组织的覆盖面。

【信用监管】 推进市场主体年报工作，全市企业、个体工商户、农民专业合作社三类市场主体年报率分别达到90.88%、95.08%、96.2%，连续两年全面突破90%，受到省工商局表彰；牵头全市48个成员单位加强涉企信息归集共享。发挥企业信用信息归集共享联席会议制度作用，健全工商部门带头引领、各成员单位协同、各县（市）区协力推进的工作格局。全市通过国家企业信用信息公示系统（河南）共归集各类涉企信息121万条，信息归集总量位居全省前列；牵头全市“双随机一公开”监管改革。建立联席会议制度和周报告、周通报、量化考核、一对一解决问题等工作机制，制订实施方案，召开推进会议，探索建立“一单、两库、一细则”，确定各职能部门随机抽查事项214项，全市执法人员入库1.8万人。全年工商部门全覆盖不定向抽查比例从3%提高至5%，对3.4万户市场主体进行抽查并公示抽查结果，完成率为100%；积极推进失信联合惩戒。截至年底，全市共有14.33万条企业列入异常名录记录，58567条企业移出异常名录、594条移出严重违法信用修复记录。相关异常名录和失信信息实现与信用郑州平台的互联共享，先后对法院和税务部门交换并嵌入系统的3287人次失信被执行人和重大税收违法案件当事人进行任职资格限制。

【散煤治理】 强化秋冬季燃煤散烧治理攻坚，对生产、销售、运输、使用等环节进行全面排查，坚持露头就打、处罚到位。截至年底，全市共取缔加工销售点239处，回收散煤2026.12吨，回收煤炉用具2035套，并持续对销售点进行动态监管。坚持长效督查机制，领导全部下沉，带队6个暗访督导组，综合运用“督导、暗访、曝光、问责”等方式督促履责。第四季度，局坚持每周进行一次暗访检查。全年先后组织督导暗访61次，局领导班子成员带队夜查散煤12次，下发批评通报19期，先后对发现问题的责任单位扣减财政预算1100万元。合理安排型煤厂生产供应，5个县（市）的9家生产仓储供应中心、48家配送网点投入生产运营，秋冬季累计生产型煤19291吨、销售19283吨，实现全市乡村64.82万户全覆盖，有效满足不具备电、气替代散煤条件地区群众能源消费需求。

【打击传销行动】 深入推进“无传销社区（村）”创建和防止传销进校园工作，切实加强直销监管，与公安部门协同牵头打击传销领导小组各成员单位，大力开展打击传销专项行动，全力查办传销案件，全市异地聚集式传销得到明显遏制，打击网络传销违法犯罪行动取得明显成效。工商部门查处传销案件5起，罚没金额301.4万元；公安部门破获传销案件49起，捣毁取缔传销窝点60个，教育遣散传销人员863人，打击处理200余人；检察院批准逮捕38人；法院审理传销违法犯罪案件8起。

【扫黑除恶】 动员系统上下并发动群众开展黑恶势力线索集中滚动排查，张贴统一宣传标语、口号，发放扫黑除恶宣传资料，并设置举报箱。严格资格审查，通过扫黑除恶联络员联席会议制度，依法严禁涉黑涉恶犯罪分子登记开办企业和在企业登记任职。

【广告专项治理】 立案查办各类广告案件320起，罚款790万余元。其中，办结的防脱育发露虚假广告案、万科发布低俗广告案被国家市场监管总局列为2018年全国虚假违法广告典型案例。

【重点市场监管】 持续强化成品油市场监管，共计抽检572家加油站、1054批次成品油、88批次车用尿素，查处违法案件17起，对确定销售不合格油品的8家加油站通过新闻媒体予以公开曝光。牵头全市8个部门开展烟草市场综合整治，2018年共取缔无证商户254家，查处涉烟案件2288起。加强反不正当竞争执法，强化网络交易专项整治，加强农资、合同以及重点商品质量监管，加大商标专用权保护力度，大力推进线上线下一体化监管，积极配合开展城区道路交通秩序综合治理、黑加油站整治等专项行动。全年抽检农资498批次、其他重点商品503批次，不合格率分别为5.37%、32.6%，查处商品违法案件183起，查处不正当竞争案件14起、商标违法案件290起、网络违法经营案件199起，在全国首届市场监管执法电子取证大比武中获团体第三名。

【消费维权】 积极推进12315互联网平台高效运行，实现在线解决消费纠纷，推进消费维权协同共治。加强12315投诉举报抽查回访，提升消费者满意度。全年受理消费者咨询、投诉、举报19.8万件，帮助消费者挽回经济损失2305.27万元。

（李晓鹏）

审计监督

【概况】 2018年，全市审计机关共完成审计和审计调查项目904个，查出违规金额103.29亿元，管理不规范金额375.18亿元，发现非金额计量问题1541个，审减政府投资额25.15亿元，促进财政增收节支51.43亿元；移送有关部门处理事项35件，涉及人员545人；高标准落实“一审双报告”制度，不断做好“审计后半篇文章”，提出审计建议2332条，被采纳1522条；提交审计报告、专项审计调查报告982篇，全面提升审计成果的利用层次，其中《航空港区重复设立社保基金经办机构》《郑州市相关单位违规开办企业》等8篇报告被市委书记马懿等主要领导批示。市审计局被中共河南省委、河南省人民政府联合表彰为河南省人民满意的公务员集体；被《中国审计报》表彰为全国审计宣传工作先进单位；被中共郑州市委、市政府联合表彰为脱贫攻坚工作先进单位；被河南省审计厅、人社厅联合表彰为全省选树先进典型集体；被河南省审计厅表彰为全省审计工作先进单位。在全省优秀审计项目评比中，市局《郑州市供水节水技术中心2004至2016年度财

2018年8月20日，郑州市召开市场主体突破“百万”户暨进一步压缩企业开办时间新闻发布会（市市场监督管理局/供图）

2018年度郑州市审计工作会议召开（市审计局/供图）

政财务收支审计项目》和惠济区审计局《惠济区林业局原局长任期经济责任审计项目》被评为2018年度全省优秀审计项目。

【助力“三大攻坚战”】 2018年，郑州市审计部门坚持精准聚焦、靶向发力，服务打好决胜全面建成小康社会的防范化解重大风险、精准脱贫、污染防治“三大攻坚战”。将“三大攻坚战”审计当做“一把手”工程，放在工作的重中之重进行部署，发挥审计专业性强、触角广泛、反应快速等优势，深入揭示风险隐患，充分发挥监督职能，推动打好“三大攻坚战”，推动国家各项政策落地落实，赴新乡市政府债务审计组和赴新郑市扶贫审计组被省厅评为先进集体。

【重大决策部署情况跟踪审计】 以推动中央和河南省重大政策措施落实到位，促进经济高质量发展为目标，郑州市审计部门实时对2018年度政府工作报告重大部署跟踪审计，强化贾鲁河综合治理、“河长制”落实等水生态文明建设、中央文化区CCD“四个中心”、轨道交通建设等项目建设审计力度，推动重大政策措施落实。

【预算执行审计】 郑州市审计部门紧紧围绕向市人大提交的市级预算执行审计报告，专门成立“全市预算执行审计工作领导小组”，对中央和省市相关财政税收政策的落实情况、市县政府财政收支平衡状况、综合治税保障机制运行、重点税源征收管理、社会保险费征收体制改革等内容进行专项审计，并对30家市属单位开展预算执行审计。通过围绕贯彻落实积极财政政策，促进提高财政支出的公共性和普惠性，使财政资金更多向科技创新驱动、民生改善等领域倾斜，有效提升了财政资金使用绩效。报告被市委、市政府主要领导批示，市人大常委会对审计工作报告给予高度评价，认为报告“涉及内容全面细致，反映问题务实到位”，并高票通过，被《郑州日报》、大河网等主流媒体推送关注。

【经济责任审计和自然资源资产审计】 2018年，郑州市审计部门共对36家单位开展经济责任审计，重点审查地方政府和财税部门执行国家宏观调控政策、财税法规政策情况以及财政收支决算的真实性、合法性和规范性，重点关注领导干部按照法定职责和程序行使经济决策权、经济政策执行权、经济管理和监督权以及遵守廉政规定等情况，注重揭示和反映违法违规及失责问题。面对自然资源资产离任审计审“山”审“水”的要求，结合领导干部经济责任审计，以对中原区、荥阳市领导的自然资源资产审计等项目为抓手，大胆探索国土部门与审计协作机制，提升大数据分析技术的应用，不断完善指标评价体系和定责标准，注重从体制机制方面提出审计建议，突出生态环境问题与领导干部履职尽责情况的关联，促进领导干部树立绿水青山就是金山银山的意识。

【民生项目审计】 根据市委、市政府和省厅统一安排，进一步加大对涉及民生的重点领域、重点部门、重点资金和重点项目的监管，对新郑市、登封市的基础教育、保障性安居工程、食品安全监管检测资金、医疗保险基金等重点项目进行重点跟踪审计，揭示基础教育等多个专项资金管理使用中的问题，围绕打通政策落实的“最后一公里”，首次实现对开发区、县（市）区的2263个村、804个社区居委会的换届选举审计全覆盖。坚持做好审计“后半篇文章”，形成多篇审计情况反映，为市委、市政府和省厅决策提供依据，在促进完善基础教育资金管理体制机制，推动市委、市政府关于城镇棚户区和城乡危房改造及配套基础设施建设决策部署的贯彻实施，提升食品安全保障水平，增强医疗保险基金效能方面发挥作用，增强审计的威慑力。赴新郑市基础教育审计组、参加保障性安居工程审计的市审计局投资处、中牟县、新郑市、金水区、上街区审计组被省厅评为先进集体。

【在线联网审计建设】 按照市委、市政府和省厅深化改革任务安排，市审计局年初就把在线实时联网审计建设工作作为2018年的重点中心工作，成立专门领导小组，召开局长办公会专题研究在线实时联网审计建设工作，市委、市政府出台《郑州市在线实时联网审计工作总体方案》和《郑州市在线实时联网审计工作实施方案》，坚持面向审计一线实际需求，以提升审计工作能力，提高审计工作质量和效率，防范审计风险，实现审计全覆盖为根本目标，高标准打造郑州特色的智慧审计应用平台。

（张向伟）

市审计局组织参与垃圾分类活动（市审计局/供图）

物价管理

【价格调控】 2018年，郑州市价格总水平基本稳定。按照省、市政府工作报告确立的价格预期调控目标，把保持价格总水平基本稳定作为首要任务。郑州市居民消费价格指数（CPI）与上年同期相比，累计上涨2.5%，比全国36个大中城市平均消费价格高0.3个百分点，累计涨幅在全国36个大中城市中列31位，完成将居民消费价格涨幅控制在3%左右的预期调控目标。

【价格监测】 一是推进市级价格信息服务平台建设，建立健全涵盖生产、流通、销售各环节的价格监测网络。不断加强价格监测数据的互换交流，采取直接对接相关数据库的方式，提高数据直采比例，构建物价、农业、畜牧、统计等多部门数据共享平台。二是提升动态反映和分析预测水平。一方面加强对粮油、肉蛋奶、基本蔬菜品种等生活必需品价格的动态监测，重点做好重要节假日前后以及重大自然灾害、突发事件后的市场动态反映。另一方面不断提升价格分析预测能力，发现苗头性、趋势性问题及时报告预警。完成《郑州市粮油市场价格调研》《郑州市农资市场价格调研》等专项调研分析工作。春节后市场价格动态分析被《郑州晚报》采用，并得到省价格监测中心的表扬。三是增加价格监测的频次和覆盖面。全市共设监测点99个，监测品种670种，累计收集整理及上报监测报表2256次。其中向国家价格监测中心和省发改委累计上报各类监测报表684次，完成监测快报62期，向国家发改委、省发改委等报送价格动态信息68条，向市委、市政府上报动态价格信息16条。

【平抑市场价格】 提升关键时期平抑市场价格能力。执行市场价格异常波动调控预案，及时采取信息引导、储备吞吐、联动补贴等调控措施，构建稳定市场价格长效机制，缓解市场价格的周期性波动。物价部门会同市商务局使用财政专项资金开展2018-2019冬春及双节肉蛋菜应急储备工作，肉蛋菜应急储备完成总量11780吨，其中，猪肉储备2780吨，鸡蛋储备1000吨，蔬菜储备10个品种计8000吨，保证节日市场供应和市场价格基本稳定。同时参与郑州市“菜篮子”工程建设，发挥价格政策和信息的引导作用。

【低保户救助和保障】 根据郑州市十大重点民生实事中“为全市低保家庭每月减免5立方米水费”的要求，上半年为全市6168户城市低保家庭发放水价补贴832680元，下半年为全市6106户城市低保家庭发放水价补贴824310元。根据“向全市‘低保户’、农村‘五保户’家庭每月补贴10度电费”的要求，上半年共为全市52698户低保家庭和农村五保家庭发放电费补贴295108.8元，下半年共为全市51441户低保家庭和农村五保家庭发放电费补贴288069.6元。根据“向全市‘低保户’提供30立方米以内低价天然气”的要求，共为全市295户低保家庭办理天然气补贴退款20185.3元。

【停车场差别化收费】 进一步完善停车场差别化收费政策。发挥价格杠杆的导向和调节作用，切实规范停车收费行为，维护机动车停放者和停车场所经营服务者的合法权益，根据停车场运营实际情况，开展机动车停放差别化收费管理修订完善工作。协调市规划局重新施划市区机动车停放收费区域，先后召开市直机关座谈会、市内各区座谈会、人大代表政协委员座谈会、消费者代表座谈会、新闻媒体座谈会，市属公立医院座谈会等6次座谈会，广泛征询各方意见，向市政府上报《郑州市物价局关于起草郑州市市区机动车停放服务收费管理办法的报告》。

【重点国有景区门票降价让利】 合理降低重点国有景区门票价格。根据中央、省关于完善国有景区门票价格形成机制的工作要求，在不断加强景区明码标价规范、价格政策宣传和价格诚信经营的基础上，进一步将郑州市所辖国有景区绿博园门票价格由30元/人降为20元/人，黄河生态旅游风景区门票价格由60元/人降为48元/人，同时督促指导各县（市）区价格主管部门按时按量做好所管理权限范围内的4A级及以下国有景区门票降价工作。“十一”期间，郑州市4A级景区共接待游客约65.16万人次，门票降价让利780余万元。

【价格监督】 将日常巡查与专项检查相结合，严厉打击价格违法行为。针对特定行业和关键领域，集中开展节日市场、教育收费、停车收费、供水、供气、供暖、电信等多项价格专项检查，重点对在中高考期间宾馆服务行业、涉企收费、殡葬服务收费、商品房销售价格行为进行大范围、高密度的集中检查。全年各类检查共查处221件价格违法案件，罚款175.85万元。

价格举报工作。全年12358价格举报电话接收各类咨询、投诉、举报共计12951件，办结12487件，办结率为96.4%。

完善网络舆情应对机制，加强网络舆情矛盾化解和综合应对能力。全年共受理各类网络舆情367件，及时回复率100%，及时办结率99.35%。其中，心通桥16件，郑州市物价局门户网218件，市长信箱37件，市长电话94件；河南政务外网2件。

【依法行政】 以法制政府建设为目标，强塑法治价格观念，强建法治价格队伍，规范价格执法行为，推动依法行政工作深入开展。一是加强法治机关制度建设。完善依法行政工作责任制，依法行政评议考核机制、行政执法责任制等。严格审核各类价格行政程序的合法性，推动价格行政决策的科学化、民主化、法制化。二是做好规范性文件审查备案工作。着力推动规范性文件数据库建设，加强动态化、信息化管理水平，对不符合保留条件的规范性文件，及时做好清理工作。市物价局全年共上报保留规范性文件42个。三是完善价格争议行政调解制度，建立健全行政复议和诉讼预防机制。运用行政调解手段化解和消除价格矛盾，对无法达成和解的，积极应对或及时依法公正做出行政复议决定。同时加强对行政复议和诉讼重点事项和领域的前期研判，及时改进，及早预防。2018年，市物价局共受理行政复议7起，经过听证和调解，审结7起。共应对行政复议案件22起，应对行政诉讼案件2起，无败诉情况发生。

【成本监审】 一是不断严格成本监审程序规范和制度建设。按照行业和重要商品服务分类，分别制订针对城市公共交通客运、农业供水价格、民办中小学教育、公办高中阶段中外合作办学教育、民办中职中专学历教育、学生公寓收费、公立医疗机构床位费的成本监审办法。二是完善价格成本监审工作机制改革。推动引入第三方进行成本监审，制订上报《郑州市物价局制定价格成本监审第三方审核服务暂行办法》。三是服务经济社会建设，合理制订价费标准。完成对郑州绿博园门票、停车场收费、黄河风景区门票、郑州市动物园门票、上街自来水和郑州市豫翔实验学校、郑州市明新中学、郑州经开区创新学校等28所民办学校的定价成本监审工作，涉及成本57.83亿元，核减不合理支出16.5亿元。四是加强成本调查工作。对本级及下属5个县（市）区，共五大类、12种产品，开展农产品成本调查品种和样本情况普查及汇总，重新核对、清查和上报更新所属139户调查户信息，完成对2017年度农副产品收益资料的校对和编印。同时根据省发改委、省教育厅《关于开展全省普通高校教育培养成本调查监审工作的通知》要求，及时组织协调，归集审核郑州市34所高校的成本调查信息，全力确保调查工作顺利进行。

【价格认定】 一是着力提升涉案物品价格认定能力。深入开展“学习提升年”系列活动，强化提升“月集中学习”效果，针对价格认定热点问题，设定调研课题并开展交流研讨。同时组织开展业务能力“劳动竞赛”，按月进

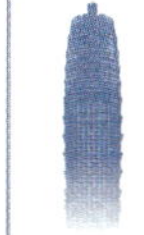

行考核排名，激发干部职工实干钻研的积极性。二是加强认定卷宗的规范管理。开展“价格认定质量评查回头看”活动，指定专人对2016–2018年的价格认定卷宗，逐项逐卷进行核查比对，分类建立完善电子卷宗档案，重点排查价格认定结论案值在起刑点、量刑点和灭失物的精确合法性，切实增强工作人员的风险防控意识，防范潜在问题。三是严格依法开展价格认定业务。全年共办理价格认定业务2327件，标的总额5487.4万元。其中刑事案件涉案财产价格认定的2249件，标的总额4743.49万元；涉纪财物价格认定的8件，标的总额327.68万元，行政案件涉案财产价格价格认定的70件，认定总值416.23万元。

【资源性产品价格改革】 一是城市供水价格改革。严格落实居民用水阶梯水价政策，确保水价政策运行平稳，同时完成郑州市及所属县（市）区污水处理费调整工作。其中，登封市2017年调整完成，荥阳市、新密市及新郑市市区调整标准为：居民用水调整至0.95元/立方米，非居民用水和特种用水统一调整至1.4元/立方米。新郑市乡镇、中牟县调整标准为：居民用水调整至0.85元/立方米，非居民用水调整至1.20元/立方米。二是做好电力价格改革。落实企业优惠电价政策，工商业及其他用电类别电价自4月1日起由原电价标准降低0.533分/千瓦时；自5月1日起因增值税税率调整，再次降低0.55分/千瓦时，峰谷分时电价同步相应调整。自7月1日起，工商业及其他用户单一制电价再次下调，平均降低6.24分/千瓦时，其他用电类别销售电价不作调整。全年3次电价下调预计为工商业用户节约电费支出约3.4亿元。三是疏导市区居民天然气销售价格。根据国家、省发展改革委关于理顺居民用气门站价格的要求，在调研测算，专家论证和风险评估的基础上，经市政府同意，对市区居民管道天然气第一阶梯（每户每月用气量50立方米及以下部分）价格由2.25元/立方米调整至2.56元/立方米；第二阶梯（每户每月用气量50立方米以上部分）按与第一阶梯1：1.3的差率调整至3.33元/立方米。居民气价理顺后，对市区低保家庭和分散供养特困家庭每户每月减免5立方米的气费，由市财政予以补贴。对市区“煤改气”用户，采暖季期间在第一阶梯50立方米用气量的基础上再增加100立方米气量，由燃气企业承担。四是改革非居民用管道天然气销售价格。一方面降低价格，根据天然气增值税税率下调的实际情况，将非居民用管道天然气销售价格由2.78元/立方米下降为2.76元/立方米。另一方面建立联动机制，在规定非居民用管道天然气销售基准价的基础上，分阶段规定在非采暖季期间燃气企业进行价格调整时的审批制度和自主定价权限，及在采暖季期间价格主管部门调整销售价格的疏导权限，保证价格政策制定的严谨性和灵活性。

【农业水价综合改革】 市物价局作为郑州市农业水价综合改革领导小组成员单位，履行协调统筹、组织推动和督促考核等职责。与市水务局、市农委、市财政局、市国土资源局联合下发《郑州市农业水价综合改革实施计划》。对县（市）区加强督导检查力度，深入新郑市、中牟县试点地区，实地查看农业水利建设情况，指导出台适合本地区实际情况的农业水价改革规范性文件。同时进一步完善成本监审办法，制订《郑州市农业供水价格定价成本监审办法（试行）》，规范农业供水价格定价行为，确保农业水价综合改革工作平稳开展。在2018年河南省农业水价综合改革绩效考评中，郑州市农业水价综合改革工作总分为85分，名列全省第一名。

【价格审批体制改革】 一是深化“放管服”改革。服务于“最多跑一次”改革建设，严格对照《河南省发展改革委省市县三级审批服务事项通用目录》，对本系统审批服务事项进行全面梳理规范。市物价局制订审批服务事项“三级十同”清单，包含主项4个，子项19个。二是建立健全动态调整的目录清单制度。进一步精简政府定价项目，制订完善《郑州市政府定价的经营服务性收费目录清单》和《郑州市政府定价的涉企经营服务性收费目录》，及时在局门户网站更新公布，方便群众知悉，实现清单之外无政府定价的收费。三是强化制度建设，创新工作机制。制订《郑州市物价局行政审批工作管理办法》，探索建立对政府定价项目的试行价格机制，提高政府定价的科学性和严谨性。同时完善行政审批例会、限时办结、服务承诺、首问负责、一次性告知、责任追究等行政审批制度，对行政审批工作进行全面规范。四是开展行政事业性单位收费情况报告工作。进一步落实行政事业性收费单位基本情况和收支情况报告制度，向“国家市场价格监管系统”统计上报郑州市及所辖县（市）区2017年共407个行政事业性收费单位数据，涉及收费金额27.2238亿元，其中，涉企收费金额16.978亿元，取消或停止收费金额4853.17万元。全年，市物价局共完成129项行政审批，行政审批事项平均提前5个工作日办结，提前办结率达100%，按期办结率100%。

【公平竞争审查工作】 市物价局为郑州市公平竞争审查联席会议成员单位和工作牵头单位，会同市法制办、商务局、工商局、财政局联合下发《关于转发河南省发展改革委、法制办、商务厅、工商局、财政厅〈关于印发〈2018年河南省清理现行排除限制竞争政策措施的工作方案〉的通知〉的通知》，组织开展全市的清废工作，各成员单位的存量清理工作基本完成，增量审查工作进行中。起草制订郑州市公平竞争审查制度落实情况专项督查工作方案以及全市公平竞争审查工作培训方案，并组织召开全市公平竞争审查工作培训会。同时不断加强督导力度，督促各县（市）区及时制订工作方案、成立工作机构，全面推进公平竞争审查工作。

【价格指数】 2018年，全市经济运行继续保持在合理区间，价格总水平温和上涨。2018年1–12月，郑州市居民消费价格总水平累计上涨2.4%，涨幅较上年上升0.6个百分点，比河南省（2.3%）高0.1个百分点，比全国平均水平（2.1%）高0.3个百分点，比全国36大中城市的平均水平（2.2%）高0.2个百分点，在全国36个大中城市中居第9位。

【“八大类”价格】 2018年，郑州市八大类价格累计比七涨一平：食品烟酒价格上涨2.1%（其中，粮食类价格下降1.3%，鲜菜类价格上涨6.4%，畜肉类价格下降4.3%，水产品类价格上涨3%，蛋类价格上涨11%，鲜果类价格上涨3.7%），衣着类价格上涨1.1%，居住类价格上涨0.6%，生活用品及服务类价格上涨1.6%，交通和通信类价格与上年持平，教育文化和娱乐类价格上涨3%，医疗保健类价格上涨13%，其他用品和服务类价格上涨2.7%。

【粮油价格】 2018年，国内粮食市场价格平稳运行，郑州市粮食类价格保持平稳，1–12月，累计比为–2.3%。纬四路农贸市场特一粉（5公斤装）和精制粉（5公斤装）平均价格分别为2.2元/500克和2.0元/500克，农贸市场主销粳米价格基本稳定在2.8元/500克左右，与上年平均价格持平。2018年国内食用油供应充足，价格相对平稳。大商超市销售的金龙鱼花生油价格为119.9元/5升，金龙鱼大豆油（非转基因）价格为69.9元/5升，金龙鱼调和油价格为59.9元/5升，均与上月、上年同期价格持平。

【生猪和猪肉价格】 2018年，生猪市场震荡运行，较上年同期价格下降明显。1–12月，生猪出场价分别为：7.58元/500克、6.47元/500克、5.23元/500克、5.07元/500克、4.9元/500克、5.75元/500克、6.26元/500克、6.65元/500克、6.03元/500克、600元/500克、5.45元/500克、5.38元/500克，全年平均价为5.87元/500克，较上年下降20.5%。猪肉价格下降原因：主要原因一是大型养殖企业产能扩张，最近两年猪肉市场供给明显增加，生猪供给充裕。二是春节后猪价持续快速下跌，养殖户陆续淘汰母猪增加市场供给量。三是受非洲生猪疫情影响，给正处于上升通道的生猪价格造成打击，生猪价格再次出现下跌。四是随着人们生活水平的日益提高，老百姓更加注重膳食均衡，猪肉需求逐渐进入阶段性疲软期。

【牛羊肉价格】 2018年，牛羊肉价格均有所上涨，1-12月，农贸市场牛肉主销价格分别为：25.64元/500克、27.65元/500克、29元/500克、27元/500克、27元/500克、27元/500克、27元/500克、27元/500克、27元/500克、27元/500克、27.43元/500克、28元/500克。全年平均价为27.2元/500克，较上年全年均价上涨8.47%。1-12月，羊肉主销价格均价为30.6%，较上年全年均价上涨8.55%。

【鸡蛋价格】 2018年，鸡蛋市场行情波动频繁，上半年蛋价呈现高位回落的趋势，鸡蛋批发价从1月的4.42元/500克跌至3月的3.19元/500克，跌幅27.8%。经过5个月的回调期，8月终端需求好转，受节日效应的影响及院校开学备货提振，产区各地持续高温导致蛋鸡产蛋率下降明显，加上部分地区因环保禁养限养政策，存栏再减，现货蛋价上涨幅度明显，8月，批发价涨至4.56元/500克，成为年内最高点。10月之后，鸡蛋价格再次下滑，到12月，鸡蛋批发价下跌到3.78元/500克，较8月下降17.1%。

【蔬菜价格】 2018年，蔬菜价格上涨明显，1-12月，蔬菜指数分别为：-18.7%、-1.6%、-0.8%、3.4%、6.4%、7.9%、13%、6.9%、17.3%、21.2%、15.9%、18.3%。纬四路农贸市场29种蔬菜全年平均价为4.5元/500克，较上年上涨25.7%。万邦批发市场27种蔬菜全年平均价为1.72元/500克，较上年上涨10.3%。蔬菜价格上涨原因：一是蔬菜价格具有较为明显的大小年特征，2017年蔬菜价格相对较低，导致2018年种植面积减少，出现价格上涨；二是2018年雨水较多，蔬菜种植受到影响。

【工业生产资料价格】 2018年，郑州市重要生产资料市场均呈不同幅度波动，12月下旬监测的大部分有色金属、化工产品价格同比环比双降，建筑材料、农资化肥等价格环比持平，同比有不同程度上涨。12月下旬，铜、铝、铅、锌、锡、镍每吨价格分别为4.79万元、1.37万元、1.85万元、22.28万元、14.47万元、9.09万元，与上年同期价格相比，变化幅度分别为-11%、-4.2%、-3.1%、-10.7%、4.3%、-4.3%。12月下旬，高压聚乙烯（薄膜级）、聚丙烯（拉丝）、聚氯乙烯（电石法生产）、ABS树脂（通用级）、甲醇价格分别为9100元/吨、8900元/吨、6430元/吨、12700元/吨、2700元/吨，与上年同期价格相比，变动幅度分别为-13.7%、0.6%、-4.7%、-23.5%、-5.9%。12月下旬，普通硅酸盐水泥（42.5强度 散装）、复合硅酸盐水泥（32.5强度 袋装）价格分别为650元/吨、28元/50千克，与上年同期价格相比分别上涨6.6%、1.8%。因水泥企业执行错峰生产，水泥、熟料库存普遍趋紧。

【农业生产资料价格】 农资价格较上年有所上涨，肥料价格上涨明显。受环保政策的影响以及原料价格的上涨是助推价格上涨的主要原因。12月下旬，监测的18种农资价格，均与上月价格持平。尿素、碳酸氢铵（含氮17%，国产）、磷酸二铵（含氮磷总量64%，国产）、过磷酸钙（含磷16%，国产）、氯化钾（含氧化钾60%，进口）、三元复合肥（氯基，含氮磷钾各15%，国产）、草甘膦异丙胺盐（41%水剂瓶装）、乙草胺（900克/升乳油瓶装）分别为2.2元/千克、0.75元/千克、3.4元/千克、0.8元/千克、2.4元/千克、2.5元/100毫升、2.4元/100毫升，与上年同期相比变化幅度分别为：22.2%、7.1%、3%、60%、9.1%、4.2%、-4%。

【家用电器价格】 2018年，家用电器价格较上年有所上涨，部分家电受季节性影响较大。12月，家电类价格整体下降，彩电（42寸液晶）、电冰箱（210-250立升）、空调（1.5匹冷暖）和洗衣机（滚筒式）价格分别为4299元/台、2899元/台、3899元/台、2299元/台，与上年同期价格相比，变动幅度分别为0、7.4%、0%、-4.2%。

【服务类价格】 2018年，全市水、电、市内电话费、公交车票、居民公有住房租金、教育收费等公用事业价格和医疗服务价格保持稳定，居民电价为0.56元/度，居民用管道燃气（第一阶梯）价格自8月1日起由2.25元/立方米调整为2.56元/立方米，比上年价格上涨13.8%。自来水综合水价第一阶梯为4.4元/立方米;第二阶梯为5.95元/立方米;第三阶梯为10.6元/立方米。

【医疗服务价格改革】 一方面，按照河南省发改委、河南省卫计委、河南省人社厅《关于进一步完善我省公立医疗机构病房床位价格管理工作的通知》文件要求，组织调查组，对市管14家公办医院病房床位价格情况进行实地调查和详细统计。郑州市市级公办医院总床位共15050张，三人及以上床位共8837张，占总床位数的58.7%，为公办医院病房楼床位价格调整工作提供了确切的依据。另一方面，按照河南省发改委、河南省卫计委和河南省人社厅《关于推进按病种收费改革工作及有关事项的通知》文件要求，市物价局组织协调卫计委、人社局、财政局等相关单位召开全市按病种收费备选目录征求意见座谈会，同时联合卫计委，广泛征询相关企事业单位的改革意见，对上报的109个拟定病种数据进行汇总分析，出台《郑州市物价局郑州市人力资源和社会保障局郑州市卫生和计划生育委员会关于推进我市公立医院按病种收付费改革的通知》，明确改革方案的各项实施细则。

（左一平）

质量技术监督管理

【概况】 2018年，市质监局按照“四重点一稳定一保证”工作总格局，深入践行新发展理念，紧紧围绕质量变革，全面部署开展质量提升行动；紧盯特种设备和消费品质量两大安全，筑起安全的长城，保障民生安全；结合质监职能职责，找准服务产业转型升级的着力点、突破口，不断夯实质量技术基础，以点带面，促进全面提升；主动推出一批群众认可的硬招实招，有效打通“放管服”改革的“最先一公里”和“最后一公里”。

市质监局牵头起草《郑州市人民政府关于开展质量提升行动的实施意见》，推动市政府办公厅印发《郑州市百城千业万企对标达标提升专项行动实施方案》《郑州市纺织服装质量提升专项行动实施方案》和《郑州市超硬材料质量提升专项行动实施方案》，市级层面形成“1+3”质量提升工作格局。市质监局成立质量提升领导小组，印发《2018年“质量提升行动年”实施方案》。选取超硬材料、纺织服装、智能仪器仪表、装备制造等10个优势产业，先期制订《郑州市“百个产业集聚区、百种重点产品和服务”质量提升行动工作实施方案》。各县（市）区结合辖区产业实际，坚持一区一案，确定12个重点产业开展质量提升工作。中原区获批创建河南省纺织服装产品质量提升示范区。郑州市入围全国首批百城千业万企对标达标试点城市，率先启动对标达标工作。联合全国磨料磨具磨削标委会、河南纺织研究院等开展质量分析、把脉会诊，成功召开“郑州标准”对标国际高峰论坛、超硬材料及制品对标达标研讨会、纺织服装对标达标研讨会，开展超硬材料、服装等对标达标研究。郑州市“试点先行、压茬推进、总结经验、逐步完善”的做法，在国标委召开的全国对标达标电视电话会议上作典型发言交流推广。牵头开展政府质量考核工作，进一步压实各级政府的质量责任，组织评选第七届市长质量奖。参与省会城市反恐、精细化城市管理等标准制订，发布城市精细化管理地方标准。上街社区党建标准化示范区影响进一步扩大，接待省内外观摩达1000余人次。

2018年2月6日，郑州市举办百城千业万企对标达标提升专项行动启动仪式（市市场监督管理局/供图）

开展质量管理体系标准换版宣贯培训，动员组织企业参与省长质量奖角逐，建立企业守信红榜激励和失信黑榜惩戒制度。推进国际物流园区“全国电子商务物流产业知名品牌创建示范区”、荥阳五龙产业集聚区申报“建筑机械制造产业河南省知名品牌创建示范区”和高新区“全国卫星导航应用产业知名品牌创建示范区”，中铁装备公司荣登装备制造业品牌价值百强榜。

【质量安全监管】 2018年，全市特种设备总量139993台，其中锅炉778台、压力容器15790台、电梯92731台、起重机械23493台、厂车6834辆、大型游乐设备360套，总量占全省的25%、居第1位。深入开展特种设备安全大检查及专项整治活动，全年累计排查企业3120家，下达安全监察指令书133份，安全隐患整改率100%。狠抓使用单位特种设备安全责任制落实，以二七区、经开区为试点，建立特种设备安全风险分级管控和隐患排查治理双重预防体系。探索电梯安全监管“保险+服务”试点，中牟县首期300台电梯纳入维保质量管控和安全事故赔付保障。2018年，郑州市电梯应急处置中心共接96333电梯应急救援热线12843起，其中处置电梯困人事件12052起，平均每天处置电梯困人事件33起，电梯应急处置率和救援成功率均达100%。维保单位到达现场平均用时14.3分钟，比国家规定的30分钟缩短近52%。现场实施救援平均 3.2分钟。与市国资委共同主办2018年郑州市第四届职业技能竞赛电梯安全维修工大赛，展技能风采、铸郑州工匠。指导方特欢乐园全省第1家成功申报河南省特种设备应急救援技术中心，兼备大型游乐设施宣传教育、实操实训、预测预警、应急救援等功能。圆满完成民生实事项目，“一瓶一码”为40万只气瓶加装智能角阀，初步构建了气瓶充装质量安全追溯体系。组织开展获证危险化学品、危险化学品包装物和容器、电线电缆、电动自行车等16类产品的综合整治，召开整治会议17次，确定整治重点区域4个，检查生产企业880家，对18个产品质量安全隐患责令企业采取有效措施予以整改，对457家企业707个批次的产品进行了抽样检测，合格率98.8%。在专项整治中，责令停产整顿企业34家，立案查处案件2起，移交公安机关处理1起。“12365举报投诉中心”共接处案件858起，全部进行调查核实处理。指导城区集贸市场全面配备公平秤，公平秤强制检定率100%，市场电子计价秤、台秤等计量器具的强制检定率达到95%。创建12家“河南省诚信计量示范单位”、10家计量合格确认企业。强化水表、电表、燃气表、医疗计量器具等民生计量器具监管，有效维护群众切身利益。

【质量技术服务】 加快构建城市发展格局，推动成立郑、汴、新、焦、许“1+4”郑州大都市区标准联盟，召开成立大会，签署联盟章程和协议，开展系列活动。郑州市质监局牵头起草《有机蔬菜冷链物流配送规范》城市联盟标准，参与起草8项城市联盟标准，更好服务对外开放和物流业快速发展。对2016、2017年度45家（次）国家标准、行业标准主要起草单位进行了奖励，资金达到1360万元。加快构建现代产业体系，协助三磨所申报创建国家磨料磨具产业计量测试中心项目获得总局批准。加快推进国家新能源汽车及零部件质检中心项目筹建，《项目建议书》《合作协议》等重要文件起草完毕，进行筹建思路、融资方案论证。河南卫星导航与定位服务产品质检中心项目进展明显，规划过渡检测场地对接到位，土地开始清表，相关招拍挂工作正在进行。郑州市与中国计量科学研究院合作的《时间与空间上的大气污染物排放量监测》项目顺利落地并稳步实施，初步选定3个大气污染物高空监测站点。加快筹建郑州计量先进技术研究院（中国计量科学研究院郑州中心），初步明确机构的职能定位、建设步骤、运行模式等。高新区创建“国家检验检测认证公共服务平台示范区”通过省局推荐，国家市场监督管理总局完成初审。河南保税集团获批国家级高新技术标准化试点项目，好想你枣业股份有限公司获批国家级精准扶贫标准化试点，新郑西泰山村获批国家农村综合改革标准化试点。在跨境电子商务、反恐、文化旅游、物流、自然科普、共享经济等领域开展标准化试点建设，郑州市公安局反恐支队、郑州市绿博园等24家单位获批省级服务业标准化试点。组织河南省中大门网络科技、海通物流、UU跑腿等7家单位申报国家级服务业标准化试点，试点数量在全省遥遥领先。推进国际物流园区“全国电子商务物流产业知名品牌创建示范区”和高新区“全国卫星导航应用产业知名品牌创建示范区”建设，相关资料上报到省质监局、国家质监总局，等待审核验收。开展“认证检测乱象”专项整治，落实“万家企业质量管理体系升级行动”，新版GB/T 19000（ISO 9000）换版覆盖率达到95%以上。走好开放创新路子，推动郑州市与中国计量科学研究院开展战略合作，服务主导产业质量提升、质量基础设施建设，打造在全国可推广、可复制的大气污染物治理“郑州模式”。加快智慧质监建设，率先在全国开展加油机远程动态智能监管创新，选取中石油、中石化等11座加油站开展试点。

【“放管服”改革】 在创新服务举措上做“加法”，实施行政审批服务标准化，提供预约延时服务、上门服务、集中办理，实施网上审批、合并审查、容缺审批、超时默认，最大限度方便群众办事。在压缩审批项目上做“减法”，根据上级要求，及时取消制造（修理）计量器具许可，停止计量标准复查考核收费，修订《特种设备使用登记办理标准》。在提高服务效率上做“乘法”，加快互联网+行政审批信息化建设，制订《政务服务一次办妥实施方案》，梳理一次办妥服务清单、优化办事流程，逐步实现“不见面审批”“一次办妥”。截至年底，共办理行政审批业务5808件（其中特种设备行政审批事项5783件，计量类许可事项25件），同比增长50.6%，发放各类证书证件33443张，日平均发放各类证件152张。17类省级发证的产品实行申报材料“一单一书一照一报告”制度，发证时间由30日逐步压缩到12日、7日，最快当天拿到证件。开展河南自贸区郑州片区质监窗口行政审批标准化建设，成立自贸区工作领导小组办公室，专门派驻自贸区管

2018年10月12日，郑州市牵头推动成立郑州大都市区（五城）标准联盟（市市场监督管理局/供图）

委会，得到管委领导的肯定。在消除审批障碍方面做“除法”，审批业务全部通过市政务服务平台办理，接受市纪委电子监察监督，严格按照工作流程逐级审批，共上报“日清”229次、“周结”报告48次，审批案件准确率、归档率达到100%，未出现“体外循环”现象。市质监局行政审批绩效综合排名位居前列，行政审批公示23665条，在郑州市信用网站排名第2位。

【质监宣传】 质量月期间，与郑州日报社联合开设《县（市）区委书记谈质量》专栏，连续刊发15位县（市）区委书记质量发展理论文章，凝聚质量共识，对加快形成地方党委领导下的质量工作新格局起到推进作用。编发《郑州质量技术监督工作快报》，利用市局官方网站和微信推出质量工作动态信息，组织编印《郑州质量》（双月刊）和《域外质量情报信息》，获得市领导和省内同行肯定。加快郑州绿谷质量文化公园建设步伐，探索开展郑东新区“质量社区”示范点创建等，让市民充分感受到质量就在身边。精心策划开展中国品牌日、世界计量日、世界认可日宣传活动，举办“三个转变”助推高质量发展座谈会、大型计量报告会等。“5·10”“6·9”等重要节点在《郑州日报》《中国质量报》等主流媒体上组织刊发了《郑州高质量发展铺开新画卷》等一系列报道，在社会上引起强烈反响，营造出浓厚的质量氛围。

（樊宏颜）

安全生产监督管理

【概况】 2018年，全市安监系统认真贯彻落实习近平新时代中国特色社会主义思想特别是关于安全生产的重要思想，紧紧围绕国家及省市关于安全生产工作的决策部署要求，牢固树立安全生产“红线”意识和安全发展理念，健全完善安全生产“党政同责、一岗双责、齐抓共管”责任体系，全面强化安全生产监管执法和专项治理整顿，强力推进安全生产领域改革创新，严厉打击违规违法行为，全方位构筑遏制事故立体防线，实现“一杜绝，四下降”的良好成绩，全市安全生产形势持续稳定向好。

【安全生产责任体系】 坚持抓好顶层设计，相继制订出台《关于推进安全生产领域改革发展的实施意见》《党委政府及有关部门安全生产工作职责》《生产安全事故报告和调查处理办法》等推进郑州市安全生产领域改革发展的具体政策意见，推动完成市、县两级全部由常务副职分管安全生产工作，通过大力开展安全生产谈心谈话活动、“红黄蓝”分类挂牌管理和警示约谈制度、诚信体系建设、“黑名单”管理等，认真组织实施安全生产巡查督导、安全生产年度目标考核、安全生产网格化管理、事故调查处理等，有效解决了安全生产责任落实等重大问题，形成了层层抓好安全生产工作的良好格局。

【重点行业领域专项整治】 以遏制防范较大以上事故为目标，先后组织开展安全生产大检查暨隐患排查治理、隐患排查治理清单化管理、危险化学品安全专项治理、工贸行业粉尘防爆专项整治、汛期安全生产大检查、安全生产百日攻坚、安全生产“大检查、大执法、大督查”“利剑-2018”等一系列专项执法行动，积极协调督促各相关行业主管部门在煤矿、建筑、交通、消防、旅游等行业领域开展专项整治，特别是遏制建筑施工和道路交通领域事故多发、频发势头，有效发挥各级各部门职能作用，全市行政执法检查立案619起，依法做出罚款1700余万元。

【安全生产基础】 围绕夯基垒台，坚持标本兼治，积极推进全市双重预防机制建设、安全生产信息化建设、“放管服”改革、安全郑州创建等，相继组织开展危险化学品和烟花爆竹安全监管工作暨双重预防机制建设工作推进会、2018年度综合应急救援演练活动，进一步夯实安全生产基层基础。危化行业、非煤矿山行业领域双重预防机制建设全面完成省试点任务，综合监管平台、视频会议系统，应急（调度）值班室、协同办公OA系统从建设到推广应用走在全省前列，“三级十同”行政审批制度改革被省厅誉为“郑州模板”。

【公共安全宣传教育】 充分发挥舆论宣传引导作用，持续办好《安全第一线》栏目和《安全生产 警钟长鸣》报纸专栏，以弘扬“生命至上、安全发展”为主题，积极在全市开展安全生产月、《职业病防治法》宣传周、“碧源·安全河南杯”、防灾减灾宣传周等安全生产宣传教育活动，精心组织安全生产文化宣传“七进”活动，按照省“教考分离”的要求，进一步加强和规范安全生产考试和培训工作，严格组织全市安全生产资格考试和抓好“三个岗位人员”（特种作业、主要负责人和管理人员）的安全教育培训，切实提高群众安全生活意识，强化公共安全预防体系，提升防灾减灾能力。

【应急管理改革】 全市机构改革工作启动以来，以不打折扣、不搞变通的工作原则，严格按照国家、省、市关于机构改革指示精神，进一步摸清底子，制订科学合理改革方案，确保全市安全生产监管系统机构改革工作扎实顺利进行。机构改革期间，坚决扛起确保地方机构改革期间安全稳定政治责任，以临战应战、决战决胜的精神状态，筑牢风险防控和应急救援防线，坚决防范遏制事故发生，为地方机构改革期间全市安全稳定做出贡献。至年底，除航空港区、高新区、经开区、郑东新区四个开发区外，12个县（市）区完成组建，职能划转和人员转隶平稳有序，全市应急管理组织体系初步形成。

（唐志宾）

国有资产监督管理

【概况】 2018年，市国资系统紧紧围绕“四个全面”战略布局和市委、市政府中心工作，全面落实中央、省、市关于深化国有企业改革的决策部署，加快国企改革进程，不断加强党对国有企业的领导，完善国有资产监督管理

体系，优化国有资本布局结构，持续推动国有经济的不断发展壮大，各项工作取得进展，先后被省委、省政府表彰为省级文明单位、全省国企改革攻坚战先进单位、全省国资监管先进单位。

【完善深化国企改革配套政策】 拟定《郑州市市管企业招标采购监督管理办法》；起草国企改革“1+N”配套文件《郑州市市管企业违规经营投资责任追究暂行办法》《市管企业主要负责人履行推进法治建设第一责任人职责规定》《关于加强和改进企业国有资产监管工作的实施意见》。

（夏建新）

【市管企业战略规划发展】 坚持市管企业发展规划滚动调整制度，指导市管企业抓好涉及郑州市国家中心城市建设、产业结构优化升级、拓展企业发展空间等方面投资项目的谋划。根据“十三五”规划的整体框架、上级安排和企业实际，组织市管企业合理编制企业年度投资计划，并逐年完善三年滚动规划；严格履行年度投资计划、投资事项的决策程序和报备手续；建立完善企业投资管理制度；组织企业制订创新发展专项规划，加大科技研发力度，加强创新能力建设。

【市管企业年度投资计划编制】 指导市管企业建立投资计划管理制度，严格计划编制、论证、决策、执行、调整等程序，对市管企业年度投资计划进行备案。2018年度计划投资项目共计371个，投资总额6209.89亿元，其中，固定资产类项目309个，投资总额5845.6亿元；股权、产权类项目63个，投资总额364.29亿元。

【投资监管制度体系建设】 组织市管企业进行“1+4”投资管理制度培训。强化企业投资全程全面监管，围绕投资管理制度建设、中长期规划调整、年度投资计划编制、项目投资开展、科技创新等六个方面，采取企业自查、现场检查和集中座谈相结合方式，对企业落实“1+4”投资监管制度情况开展督导，促进各企业投资监管工作依法合规。不断加强重大投资事项监管，严格按照《郑州市市管企业投资监督管理办法》等文件规定，对市管企业上报的重大投资项目进行审核把关。

（王松峰）

【国有资产统计和财务预决算】 召开全市国有资产统计暨企业财务预决算工作会议，部署相关工作，印发相关报表，讲解报表编制要求；解答报表编报过程中的各种问题，督促市管企业全面推行财务预算；审核、汇总、分析各有关单位上报的报表数据，汇总生成郑州市企业国有资产统计和财务决算报表，资产统计工作3月底前完成，企业财务决算工作5月底前完成。

【市管企业目标管理】 对市管企业上一年度党的建设、经营业绩和平安建设等工作目标完成情况开展考核，严格现场考察，并根据经营业绩和综合评议，研究确定污水净化等14家目标管理先进单位。

依据市管企业年度审计报告、工作总结和相关评议，对市管企业上一年度经营业绩进行测算，研究评定考核等级。考核结果显示，市管企业较好完成业绩目标，实现国有经济整体平稳健康运行。

【市管企业财务动态监测】 加强企业财务快报的时效性、准确性和完整性，及时审核复查数据，分析数据波动较大原因，实现全级次全口径报送；充分挖掘财务数据信息价值，增加资产负债率分析内容，及时反映企业存在的问题与风险。

（陈云仲）

【企业负责人薪酬制度改革】 对17户市管企业其他班子成员2016年度年薪收入实施备案管理，并对2016年度市管企业负责人年薪收入结果进行信息公开发布；对10户市管企业负责人2016年度以前的任期责任风险金进行清算兑付；组织17户市管企业开展2017年度年薪收入专项审计，结合年度考核结果进行审算。

【国有资本经营预算工作】 根据市管企业中一级母公司合并口径，编报完成市管企业2019年度国有资本经营预算建议草案，预算收入7448.7万元。组织市管企业上缴国有资本收益，2018年实际完成国有资本收益收缴入库18646万元。

【指导国企工资分配】 对市管企业2016、2017年度收入分配情况及工资分配管控机制进行摸底调查；完成对2户市管企业2018年度工资总额预算的审核。

【市管企业公车改革工作】 多次进行调查摸底，指导符合参改条件的38户市管企业制订公车制度改革实施方案，完成企业范围、参改人员、参改车辆的申报预审等项工作。同时做好对县（市）区及部分市直部门国有企业公车改革的政策指导。

【建立健全企业职工福利保障体系】 指导1户市管企业建立企业年金制度；组织开展市管企业农民工工资支付情况专项检查，做好市管企业清理拖欠民营企业账款的排查督促工作；组织市管企业开展各种类型的高技能人才培训和培养，2018年度，市管企业共完成各类职业技能培训172702人次，培养高技能人才7611人次，参加职业技能鉴定考核535人次。

【完成政府专项工作】 对4个企业主管部门、15户市属困难企业2018年度“双节”补助的审核报批发放，涉及3802名困难职工，补助金额380.2万元，发放省、市政府领导慰问困难企业资金60万元。完成2018年度市属国有、集体困难企业退休人员专项补贴的受理审核、上报发放，78637名退休（退职）职工人享受财政补贴4720.51万元。完成2018年度郑州市国有企业职教幼教退休教师生活补贴汇总发放工作，涉及退休教师1252人，财政资金总额985.45万元。完成2018年度市属国有破产（困难）企业退休人员基本医保统筹的联合审核报批工作，136户市属国有破产（困难）企业49865名退休人员享受到

2018年11月13日，国家发展改革委价格成本调查中心在中原环保五龙口水务分公司调研（市国有资产管理委员会/供图）

2018年11月22日，市人大常委会组织视察国有企业（市国有资产管理委员会/供图）

财政补贴25620.49万元；配合市老干部局做好2019年度市属困难企业离休干部医保统筹审核工作，141户市属企业和市直非全供事业单位共计958名离休干部享受到财政补贴医保费共计1150.8万元。

（刘　欣）

【行政事业国有资产管理】 根据市政府对《郑州大酒店消防队场地使用费的意见》的批示精神，召开专题会议并形成《会议纪要》，将处理意见上报市政府。经市政府批准，火车站地区消防大队场站问题得到解决。对郑州工程技术学院与同济大学、中德职业教育联盟联合建设郑州中德学院所涉及的国有资产处置事项提出建议；对郑州市房地产租赁服务中心资产管理事项提出处理建议；对郑州军安房地产有限公司历史遗留问题提出办理建议；对齐礼闫戒毒所所属企业郑州白鸽树脂磨料厂清算注销工作提出意见。根据市领导在市审计局《郑州市部分行政事业单位开办企业问题的情况反映》上的批示精神，协调有关单位，配合做好相关整改落实。配合做好郑州市深化文化体制改革工作，与市委宣传部等有关单位密切联系，协调推进按时完成。做好深化医疗卫生体制改革的相关工作，按照市医改办《关于做好全面推开城市公立医院综合改革准备工作的通知》的要求，对涉及公立医院改革中，国有资产管理事项提出意见建议。

（赵　雷）

【国家出资企业产权登记】 2018年，共办理郑州自来水投资控股有限公司等24家企业的产权变动登记,涉及认缴资本金共计18.07亿元，实缴资本金共计16.95亿元，及时掌握企业产股权及相关信息变动情况。

【国有资产评估项目备案】 共组织郑州百文集团有限公司等国有资产评估备案项目15项，净资产评估备案总额52703.95万元。

【企业国有资产交易监管】 印发《关于开展市管企业国有资产交易、担保融资、防风险等工作检查的通知》，在企业自查的基础上，对14家市管企业国有资产交易、担保发债等事项进行现场检查，及时向企业反馈发现的问题，解答企业在产权管理中遇到的难题。指导市管企业结合实际制订国有资产交易监督管理办法，对33家市管企业的国有资产交易监督管理办法予以备案。

【服务企业多渠道融资】 先后批复同意公用事业集团、控股公司、地产集团等企业公开发行公司债券近300亿元。批复同意郑州自来水投资控股有限公司为污水净化有限公司马头岗污水处理厂项目贷款提供担保，批复同意公用集团为郑州公用众城路桥建设管理有限公司贷款授信20亿元出具差额补足函，支持郑州市公用事业和经济社会发展。

【防范化解企业债务和金融风险】 制订《关于打好防范化解企业重大债务风险攻坚战的工作方案》，指导企业填写市管企业债务及融资情况调查表，及时整理汇总各企业的债务及融资情况和民营企业合作情况。下发《关于开展市场化债转股企业情况统计调查的通知》，对市管企业资产负债情况、企业主要债权方情况及实施债转股工作意向再次进行统计调查。要求企业合理控制资产负债率，提升防范和化解金融风险能力。

【工业企业改制重组】 欧丽集团改制方案经市企改办批复立项后，完成财务审计、职工安置审计和资产评估，经产权交易市场公开交易，河南海格经纬信息技术有限公司以351万元受让欧丽集团10.58%的国有股权，签署产权交易合同。市政府市长办公会原则同意郑州投资控股有限公司所持郑州勘察机械有限公司100%国有股权按照非公开协议转让方式转让给河南省国有资产控股运营集团有限公司，委托审计评估中介机构对勘机公司进行财务审计和资产评估，完成评估备案。河南投资集团有限公司对中原制药厂职工进行妥善安置，中原制药厂整体移交河南投资集团有限公司。

【企业破产和清算工作】 协助拖拉机厂、开普集团和中牟造纸厂破产清算组做好资产处置等工作；嵩岳集团解散注销清算完成工商注销登记，清算剩余资产1073.13万元，经市政府批准划转至郑州控股公司；协助油化文创项目前期资产梳理和电缆技校搬迁有关工作。

【现代企业制度建设】 完成郑州市盐业公司审计评估工作，并对评估结果进行备案，郑州市公共交通总公司审计评估工作有序进行，保安服务公司及下属企业公司制改制方案经市政府批准后，完成审计评估及评估备案工作，指导企业制订改制方案。

【优化上市公司股权结构】 10月，中原环保股份有限公司与河南资产管理有限公司、郑州公用事业投资发展集团有限公司签订战略合作框架协议，三方协商同意建立长期战略合作关系，河南资产成为中原环保的战略投资者，进一步健全中原环保法人治理结构，完善市场化经营机制，稳妥推进股权多元化和混合所有制改革，实现持续良性快速发展。

【公用事业资产整合】 按照市政府批示精神，启动公用集团下属子公司净化公司所属郑州新区污水处理厂污水处置经营资产置入中原环保工作，同时谋划双桥污水处理厂污水处理经营资产交易工作。选聘专家评审组对王新庄污水处理补偿报告进行专家评审，出具《关于王新庄污水处理厂回购方案中审计情况的意见》，截至基准日2016年9月底，王新庄污水处理特许经营协议终止补偿金额为87772.44万元。

（安　培　常艳丽）

【“僵尸企业”处置】 除全面完成省定30家“僵尸企业”处置任务外，新增完成“僵尸企业”处置4家，总处置户数达到34家，按时超额完成任务。其中，破产清算14家，清算注销12家，盘活脱困3家，兼并重组2家，破产重整1家，整体划转1家，转事业单位1家。共处置资产总额34.16亿元，处置债务总额52.86亿元，安置职工3133人。10月23日，在全省深化国企改革工作会议上，郑州市被通报表彰为全省3家国企改革攻坚“突出贡献单位”之一。

【剥离企业办社会职能】 截至2018年年底，在郑三级国有企业涉及的4.4万户供水、9.1万户供电、8.2万户供热、7714户供气、14.5万户物业全部签订分离移交协议，按时完成省定分离移交任务。在郑三级国有企业所开办的7个教育机构、11个医疗机构、1个社区管理机构全部移交改制到位。

【市管工业企业改制】 列入省定“僵尸企业”处置任务的6家市管工业企业完成处置；实施战略重组、清算注销、改制退出的7家市管工业企业改制工作基本完成或正在进行。

【市属企业改革】 市属企业改革全面铺开，9个市直部门报送深化国企改革方案并开始推进落实，其他有关部门所属企业的改革工作抓紧对接推进。

【混合所有制改革工作】 通过入股设立方式，2018年完成地铁集团、地产集团等4家市管企业及子公司层面新设混合所有制企业的战略投资者引进和新公司设立工作。河南国创文化发展有限公司混改，已启动所持白鸽集团股权剥离、选择中介机构等工作，混改工作推进时间表已经制订。截至年底，市管企业和三级以上子企业中实现股权多元化和混合所有制的企业占市管企业各级企业总户数的48.9%。

（鲍　阳）

【法治宣传和依法治理】 组织机关工作人员参加宪法宣誓仪式，举办宪法知识讲座；组织郑州银行、自来水公司、热力总公司等9家市管企业参加全市国家宪法日集中法治宣传；组织委机关工作人参加2018年度国家工作人员宪法知识学习考试，90分以上达到100%；组织60名市管企业法务人员以及县（市）区国资监管机构负责人参加吉林大学“国有企业法律风险防范”专题培训；全年共组织市管企业参加国务院国资委法治讲堂（分会场）培训六期，各市管企业法务人员共计160人次参加培训；对县（市）区国资监管机构提出的40余项业务进行详细法律指导。

【“七五”普法督导】 12月，集中对郑州银行、郑州热力、公用集团、地铁集团等14家具有代表性企业，以查看资料、听取汇报、座谈交流、现场考试等形式进行“七五”普法检查督导。

（陈　磊）

【人才工作】 组织国有企业代表赴深圳参加第十六届国际人才交流大会招募人才。参与中国·河南招才引智创新发展大会，组织市管企业完成人才项目需求信息申报，开展2018年度优秀企业家领航计划申报工作，成功推荐领军型企业家5名，成长型企业家1名。

【职业技能培训】 搭建技能培训研修交流平台，与人社局联合在安徽芜湖举办市国资系统技术骨干培训班，培训企业技术骨干60人。组织开展郑州市第四届职业技能竞赛电梯工安装维修工大赛。

【巡视整改工作】 落实中央、省、市巡视（察）整改工作精神，制订整改方案，采取积极有效的整改措施，向巡视整改办公室报送整改进度，至2018年年底，按时全面完成整改。

（张　怡）

【党建工作】 印发《关于在全市国有企业开展“四个意识”专项教育的实施方案》，要求企业围绕“四个意识”，通过组织一次专项学习、开展一次专题研讨、上好一次专题党课、列出一份整改清单、开展一次问题查摆等方式，不断增强“四个意识”、坚定“四个自信”。

开展基层党支部书记轮训，培训基层支部书记502人。落实“国企党务干部培训三年行动计划”，共培训100名市管企业党组织书记和60名党务干部。组织党员发展对象培训班3期240人、新发展党员238名。举办十九大精神专题研讨培训班2期，各市管企业领导班子成员、党务部门负责人和国资委机关人员共255人参加培训。以“两学一做”学习教育常态化、制度化为契机，开展各类党员培训867场，培训党员25502人次。组织企业参加全市微党课比赛，市国资委党委推荐的5名参赛选手获得1项二等奖、2项三等奖。

印发《关于在市管企业开展“党的创新理论万场宣讲进基层”活动的实施方案》通知，召开市国资系统“党的创新理论万场宣讲进基层”活动启动暨示范宣讲会议。宣讲活动从4月中旬开始至12月底，市管企业共开展宣讲1089场次，参加35145人次。市国资委党委被评为全市“党的创新理论万场宣讲进基层”活动先进集体。

对企业领导干部民主生活会进行督导，印发企业领导干部民主生活会方案及督导方案，并于2月上旬按照党建联系点分工组成7个督导组，分别参加各企业民主生活会，对民主生活会召开情况进行全覆盖督促检查和指导；落实全面从严治党主体责任。7–8月，分8个督导组对26家市管企业进行专项督导检查，通过听取汇报、查阅资料、座谈、查看党建台账、实地察看党员学习活动场所等方法对市管企业全面从严治党主体责任落实情况和落实民主集中制情况进行专项检查。

印发《关于进一步规范落实“三会一课”制度的通知》，建立企业基层党组织“三会一课”制度备案及记录调阅工作制度；5月23日，围绕“三会一课”制度落实等内容，以理论授课、情景教学、示范点观摩等方式开展专题培训，各企业共330人参加培训。10月12日，举办市管企业党员管理工作业务培训班，围绕党建主要业务工作，对76名市管企业党务工作人员进行培训。

按照市委组织部“三集中”工作要求，在排查调研的基础上，12月21–31日，地铁集团等8个市管国有企业一级党组织完成换届工作。召开年度市管企业党组织书记抓基层党建工作述职评议会议，专题听取市管企业党组织书记抓基层党建工作述职，并作评议。

加强企业党校建设，系统内基层

2018年12月5日，全市深化国有企业改革工作会议召开（市国有资产管理委员会/供图）

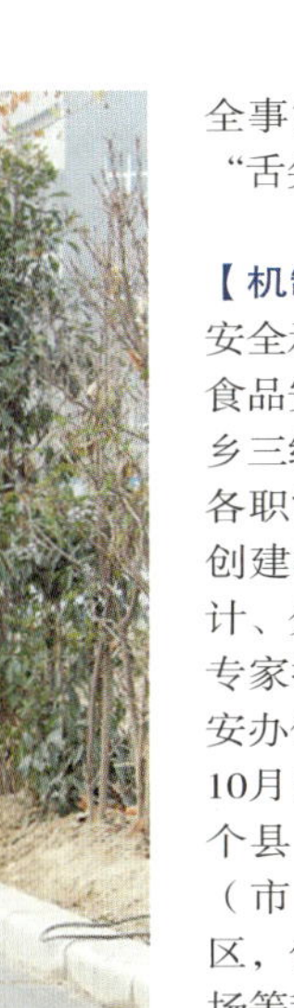

2018年12月20日，国家住房和城乡建设部到中原环保五龙口水务分公司调研指导工作（市国有资产管理委员会/供图）

党校达到15家，总面积35110平方米，全年培训党员115期14198人次；22家企业单独设立党建办公室并配备党务工作者471名、党员活动室234个，配备各类书刊14430册、电教设备180台。

（文　锋）

【平安建设工作】 加强组织领导，委党委坚持每季度党委会研究1次平安建设相关工作，并督促45家市管企业成立平安建设领导组织，为平安建设工作提供组织保障。20家规模以上企业建立企业综治工作站，30家基层单位设立企业综治工作分站，市管企业反邪教协会实现全覆盖。国资系统专兼职从事平安建设工作人员达到1200多人，督促各市管企业将平安建设工作经费纳入企业预算，形成上下联动、步调一致的平安建设工作体系。加大宣传力度，坚持政策宣传、法律宣传和创新宣传相结合，将安全生产、信访稳定、扫黑除恶的政策文件作为宣传重点，利用宣传标语、宣传栏、公交站台、地铁站点、显示屏、板报、网站等阵地，就平安建设政策进行集中立体式宣传。加强督促考核，将平安建设纳入机关处室和企业年度目标考核，签订目标责任书，年底实行一票否决。

【信访稳定工作】 把“群众满意不满意、高兴不高兴、答应不答应”作为衡量工作好坏的唯一标准，切实解决涉及群众切身利益的问题。将信访工作与群众关注热点相结合，与国企改革攻坚相结合，与维护大局稳定相结合。做好重大节日活动期间的信访稳定工作，将矛盾化解在基层，人员稳控在当地。2018年共接待群众来访108批304人次，办理各级交办信访案件8起，均按程序办理，系统信访案件数量明显下降。

【安全生产工作】 强化日常防范，实施源头管控，督促指导市管企业切实履行主体责任，全面抓好安全生产工作。突出重要节点。在重要节假日期间，及时组织市管企业开展安全生产大检查近20次，进一步规范生产经营秩序。突出重点行业。围绕和市管企业相关的公交、地铁、自来水等重点行业，下发安全生产工作文件65份，及时发现和纠正违规行为，杜绝重大安全生产责任事故发生。突出亮点“工程”。指导各市管企业扎实开展“平安工地”“平安车间”“平安班组”创建活动，涌现出王静班组、白师傅服务队、丁凯车间等先进集体和个人，国资系统形成“学先进、创平安”的良好氛围。

（王　莉）

食品药品监督管理

【概况】 截至2018年底，郑州市食品药品监督管理局辖区有食品生产企业830家，保健食品生产企业18家，食品经营企业49762家，持证餐饮服务单位37000家；药品生产企业32家，药品批发企业83家，药品零售企业3618家，连锁总部65家，医疗机构3800家；医疗器械生产企业208家，医疗器械经营企业7516家；化妆品生产企业23家，化妆品经营企业3907家。

2018年，郑州市严把从农田到餐桌、从实验室到医院的每一道防线，带队伍、强监管，抓源头、控风险，促规范、补短板，创经验、出亮点，争一流、做示范，一大批事关全局的节点性、标志性大事要事取得重大突破，食品抽检合格率稳定在98.2%以上，人民群众对食品安全满意度达到74.5%，守住了不发生重大食品药品安全事故的底线，有力保障了人民群众“舌尖上的安全”。

【机制创新】 郑州深入推动国家食品安全示范城市创建，结合省政府提出的食品安全省和食品安全县创建，在市县乡三级形成食安办和创建办联动模式，各职能部门各司其职，对照49项271条创建标准展开工作，通过月报告、统计、分析、排名，强化考核督导，借力专家指导，于2018年5月顺利通过省食安办创建中期评估，考核成绩为A类。10月17日至11月8日，邀请专家组对14个县（市）区进行评估，督促11个县（市）区争创省级食品安全县（市）区，包括听取汇报、查阅资料、抽查现场等程序。评估工作基本完成，经过专家组汇总、梳理，形成工作报告。针对食品药品监管的特殊性，紧盯重点产品、重点行业、重点领域，大力提升食品药品质量安全水平。

【食品生产监管】 在食品生产领域，抓源头管控，在全市所有的食品生产企业大力推进透明车间建设（以可视化、信息化为手段，充分利用互联网、物联网、大数据等先进技术，将企业食品原辅料购进查验、生产加工过程、质量安全控制、产品销售及溯源等信息全程实时记录），推行重点企业审计255家，通过多种方式向社会公开，强化企业自律、促进主体责任落实、提升公众食品安全信心、助推产业发展。规范整治食品生产小作坊346家，运用一证通等技术，制订小作坊生产规范，升级生产基础设施，形成小作坊整治郑州特色，较好解决小作坊脏、乱、差等顽疾。2018年7月，省局在郑州市召开全省小作坊整治现场会，推广郑州市经验做法。10月下旬到11月初，市食药监局主办了郑州市第十五届职工技术运动会食品检验工职业技能竞赛，全市600多家食品企业、约700名参赛选手参加了本次竞赛。

【食品经营监管】 在食品流通领域大力推行信息化建设，抓住大型商场超市、食用农产品批发市场这一关键节点，以贯彻国家食药监总局22号令为抓手，审时度势，通盘谋划，以第三方公开评价，倒逼企业落实主体责任。在全市推行信息化管理市场、商超建设，指导企业开发“溯本通”追溯系统，使用二维码解决流通监管追溯难题。截至年底，全市8家大型食用农产品批发市场、82家农贸市场和45家大型食品商超实现信息化管理，真正实现食品和食用农产品来可追，去可查。同时，连续两年将百家食品安全示范店建设申报纳入市政府十大民生实事，建设食品安全示范店200余家，全市食品流通秩序明显好转。2018年9月，省食药监局在郑州市召开全省落实主体责任现场会，推广郑州市在食品流通领域实施信息化建设的经验做法。

【餐饮服务环节监管】 餐饮环节开展餐饮质量大提升活动，在全市打造“明厨亮灶”餐饮服务单位4778家，年底前对全市2000余家幼儿园、学校食堂实现“明厨亮灶”。在全市建设食品安全示范街25条。2018年完成国际国内大型招商会议、中央领导来豫、省市两会等重大活动餐饮保障100余次，保障人数3000多人，做到零事故、零风险。

【药品化妆品生产监管】 药化生产以省政府提出的药品质量提升为重点，结合郑州市药品生产企业多、全、小的现状，落实三个责任（企业主体责任、部门管理责任、地方政府属地管理责任），开展9个方面专项整治，实行双随机检查、针对性抽检，对辖区所有药品生产企业逐一核查，提升药化生产质量。2018年共对药品化妆品、医疗机构制剂针对性抽样99批次，查出整改问题335项，促进行业的健康发展。

【药品化妆品流通监管】 药化流通以防控不合格药品流入市场为重点，控制源头，规范药品批发企业和连锁总部，做到“六个统一”（门头、配送、标识、制度、系统、计算机）。全市系统对所有的药品经营企业、医疗机构检查覆盖率均达到100%，提前完成全年目标任务，有效应对长春长生疫苗等药品突发事件。在2018年5月24日起开展的药品流通领域违法违规购销药品专项整治中，发现涉嫌违法违规购销药品906家，下达责令整改通知书993份，先后对严重违规的2家零售连锁总部进行行政约谈，并撤销其GSP证书。发现非法经营药品“黑窝点”4个。省广播电视台、《大河报》《河南商报》《郑州日报》《郑州晚报》等省内主流媒体对郑州市药品流通领域违法违规购销药品专项整治行动进行广泛报道，人民网、新华网、网易网等国内媒体进行转发报道。创新监管模式，探索“互联网+药品流通”新模式，率先在全省探索远程问诊电子处方和自动售药机工作，通过平台快速对90批次不合格药品、766批次不合格化妆品进行召回部署。郑州药品进口口岸，建立药品进口备案质量管理体系文件，编印相关法规汇编和内部培训教材，进行人员培训和考核，按要求提前具备药品进口口岸所在地食品药品监督管理部门应具备的条件，2018年11月24日–25日迎接国家局现场验收评估。

【医疗器械监管】 医疗器械监管大力推行GMP建设，推动企业诚信建设，围绕风险隐患点，对企业进行排查。通过对企业进行法规培训、参观学习、示范引导、检查约谈，开展“四检查四打击”专项行动等8项专项整治，检查10369家次，约谈36家，警告45家，责令整改638家，标注或注销326家，立案82起。在无菌植入类、第三类高风险医疗器械生产企业中，有16家企业采取透明展示或视频技术形式达到“互联网+透明车间”标准。强力推进生产企业GMP实施，74家停产整改，取消生产备案5家。确保年底前，所有生产、经营企业全部达到GMP标准。

2018年5月15日，郑州市召开食品和食用农产品市场食品安全信息化建设现场会（市市场监督管理局/供图）

【稽查执法】 郑州市在稽查工作中坚持“一优、二强、三统一”，提升稽查办案能力，探索试点了“稽查管理联动、协作机制联动、资源共享联动”的“三联动”联合稽查模式，案件查办质量和效率大幅提升。截至2018年11月16日，全市食品药品各类案件共立案3288件，同比增加188%；全市累计共完成罚没款6302.7万元，同比增加392%；移交公安132起，同比增加300%；刑拘47人，同比增加362%；郑州市两级共收到投诉举报8790件，回复率100%。

【智慧食药监管】 大力推进智慧食药项目和全市检测所能力提升，市检测所食品检验参数达到800个以上，在全省市一级检测所中处于领先地位。推动省级食品药品监管示范所创建，全市基层监管站所建设自2016年4月启动后，169个所全部达标，通过省级验收，建成省级示范所14个。其中郑东新区如意湖所，在国务委员王勇、国家市场监管总局局长张茅调研时，得到充分肯定。

【抽检监测】 郑州市整合抽检力量，成立抽检处，整体规划，形成抽检合力，紧盯监管难点、薄弱点，以网络食品销售和农贸市场为重点，积极引进第三方检测机构，自主建立快检实验室，开展“两个五万”批次抽检，有力震慑违法违规行为，全市市场流通的食品药品质量得到明显提升。加强药械不良反应监测，ADR方面完成4172份，ACR方面完成445份，药物滥用监测完成465份。同时在全市推动哨点医院建设，3家医院通过国家级联盟哨点医院初审，2家化妆品哨点医院争创全省模范哨点医院，3家医院被确定为省级药物滥用监测试点医院。

【应急管理】 组织食品安全应急预案修订，印发食品安全突发事件应急预案，组织两次食品药品安全突发事件演练，健全食品安全突发事件各级应对运行机制，应急管理能力逐步提升。全年未发生严重不良社会影响的舆情。

【行政审批】 落实放管服，优化行政审批流程，运用网络手段，完成行政审批的“三级十同”工作，一网通办。实行一口受理、综合受理、面对面肩并肩辅导、容缺受理、延时受理、预约受理、网上预审，邮寄免费送达等便民服务措施，9月底初步实现了“最多跑一次”，截至2018年10月31日，共完成行政审批9311件。

（苏 阳 杨 央 廖真强）

民营经济管理

【概况】 2018年，郑州市认真贯彻落实中央、省市经济工作会议精神，落实“保增长、调结构、促转型”的各项措施，积极应对错综复杂的经济形势，以供给侧结构性改革为统领，千方百计稳增长、循序渐进调结构、抢抓机遇促转型，全市中小企业基本保持总体平稳、

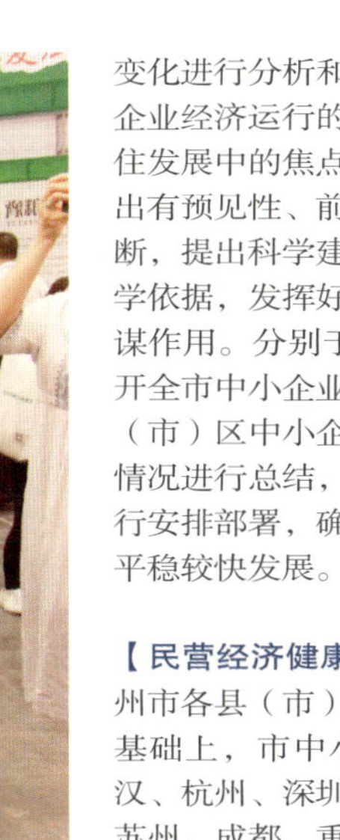

2018年7月24日，2018年河南省暨省会郑州食品安全宣传周主场活动和“河南好粮油、放心粮油”宣传周启动仪式在郑州国际会展中心举行（市市场监督管理局/供图）

稳中有进、进中提质的良好发展态势。2018年，郑州市中小企业完成增加值6465亿元，同比增长8.7%；规模以上工业中小企业完成增加值2140亿元，同比增长6.5%，第三产业完成增加值3360亿元，同比增长8.7%；累计完成税收556亿元，同比增长13.5%；民间投资完成5034亿元，略高于上年；社会消费品零售额完成3124亿元，同比增长11.1%。中小企业总数达14.5万家，从业人员超过225万人。

【中小企业经济总量】 截至2018年底，郑州市中小企业完成增加值6465亿元，同比增长8.7%，高出GDP增速。其中，第二产业完成增加值3035亿元，同比增长7.1%，第三产业完成增加值3360亿元，同比增长9.6%。中小企业经济总量继续扩大，整体层面保持向上平稳增长的发展态势，中小企业成为郑州市经济增长的重要支撑，是郑州国家中心城市建设的重要力量。

【规模以上工业中小企业发展】 随着经济环境、市场需求的不断优化，郑州市规模以上工业中小企业在供给侧改革、转型升级的推动下，结构趋优，保持平稳发展。2018年，规模以上工业中小企业完成增加值2140亿元,同比增长6.5%，占全市规模以上工业增加值总量的64%，其中，中型企业完成915亿元，同比增长5.8%，小型企业完成1225亿元，同比增长8.3%。推动工业增加值增长的主要原因：一是需求增加，推动企业生产和销售增长；二是工业品价格持续稳定；三是企业结构优化，经营成本降低；四是产能过剩、产品积压、经济效益降低等问题得到进一步扭转。

【民间投资】 截至2018年底，郑州市民间投资完成5034亿元，占全市城镇固定资产投资总额66%。民间投资继续保持较大总量规模，主要有三方面原因：一是在加快郑州国家中心城市建设的政策背景下，投资力度得到加大；二是经济形势进一步向好，企业投资意向增加；三是调结构及供给侧改革的顺利进行，企业有了新的投资方向，有能力投、有意愿投、有地方投。

【中小企业税收】 2018年，全市中小企业累计完成税收556亿元，同比增长13.5%，占全市税收总额62.8%。保持快速增长的主要原因为经济增速平稳增长、企业经济效益的向好，国家实施营改增政策等因素的推动。同时，受一系列税费减免利好政策的影响，郑州市中小企业特别是小微企业负担进一步减轻，在企业自身规模发展壮大的同时，为税收总量增长做出了更大贡献。

【消费品市场发展】 截至2018年年底，郑州市中小企业累计完成消费品零售额3124亿元，同比增长11.1%，占全市社会消费品零售总额的70%，其中，批发业完成335亿元，同比增长9.8%；零售业完成2095亿元，同比增长10.2%；住宿业完成17亿元，同比增长7.6%,；餐饮业完成395亿元，同比增长10%。

【中小企业运行监测和预警】 2018年，郑州市科学分析发展趋势，研究、制订各县（市）区非公有制经济和中小企业发展年度目标，并做好目标督查工作。做好中小企业、非公有制经济运行监测工作。完善中小微企业统计体系，并组织县（市）区相关统计人员参加专题培训，对全市各县（市）区及各乡（镇、街道）企业数量、主要经济指标变化进行分析和整理，做好全市中小微企业经济运行的预测预警工作，及时抓住发展中的焦点、热点、重点问题，做出有预见性、前瞻性和指导性的分析判断，提出科学建议，为领导决策提供科学依据，发挥好中小企业统计监测的参谋作用。分别于2018年年初和7月份召开全市中小企业运行分析会议，对各县（市）区中小企业、非公有制经济运行情况进行总结，并对下阶段主要工作进行安排部署，确保郑州市中小企业保持平稳较快发展。

【民营经济健康发展促进】 在深入郑州市各县（市）区企业一线广泛调研的基础上，市中小企业服务局先后到武汉、杭州、深圳、天津、福州、厦门、苏州、成都、重庆等省市中小企业工作部门开展有针对性的考察学习，积极研究促进中小企业发展的政策措施和先进理念，起草《关于促进民营经济健康发展的若干意见》《关于营造企业家健康成长环境弘扬优秀企业家精神更好发挥企业家作用的实施意见》，经过多次召开不同范围的座谈会，广泛征求广大企业和市直相关部门的意见建议，出台40条促进民营经济健康发展的政策措施，并以市委市政府文件形式印发实施。

组织郑州市非公有制企业参加省委省政府召开的促进非公有制经济发展大会和先进非公有制企业评比工作，郑州市11家企业获评行业领军型非公有制企业，13家企业获评成长创新型非公有制企业，受到省委省政府表彰，获评企业位居各省辖市第一，确保郑州市非公有制经济在全省的龙头地位。为深入贯彻落实全省促进非公有制经济健康发展大会精神，市中小企业服务局及时拟定《全市促进民营经济健康发展大会工作方案》，2018年12月25日，召开全市促进民营经济健康发展大会，省委常委、市委书记马懿，市长王新伟出席大会并分别作重要讲话，市委常委会全体领导及市人大、市政协主要领导出席会议，会上下发郑州市促进民营经济发展的“1+N”系列政策措施，为做好各项有关工作指明方向。

【中小企业产业结构调整】 帮助全市广大中小微企业调整产业结构，根据郑州市中小企业“专精特新”意见及认定办法，按照“做强、做大、做优”原则，以“微升小、小升中、中升大”为主要发展方向，选择认定105家发展前景好、成长性高、具有一定行业地位、特别是在战略性新兴产业领域内的中小企业，给予重点扶持，支持中小企业走“专精特新”发展道路。积极推荐郑州市10家民营企业申报河南省“行业领军型企业”，37家民营企业申报河南省“成长创新型企业”。组织推荐郑州市42名青年企业家申报省青年企业家库，其中22名企业家入选。

【小微企业双创基地建设】 为进一步营造全市中小企业的创业创新氛围，积极培育、包装、引导全市小型微型企业创业创新示范基地争创省级和国家级基地，2018年推荐4家机构申报国家级小型微型企业创业创新示范基地，2家单位获国家“双创”基地称号，实现郑州市国家级小微企业“双创”基地零的突破。同时，开展市级双创基地的申报评选工作，并对原有7家市级双创基地进行复核。

【中小企业公共服务平台建设】 为进一步发挥中小企业公共服务平台更专业、全方位、多功能服务中小企业的优势，组织23家省级示范平台申报国家中小企业公共服务示范平台，组织12家申报省级中小企业公共服务示范平台，认真开展市级中小企业公共服务示范平台的申报评选和原24家市级平台的复核工作。

【双创导师团组建】 为适应新时代郑州建设国家中心城市的要求，帮助解决中小微企业发展中的困难和问题，进一步促进全市中小企业健康快速发展，启动郑州市中小企业创业创新导师团的组建工作，公开向社会遴选优秀专家，经过自主申报、专家评审、网站公示、审核要求等程序，共有101人获聘。下一步，将根据全市广大中小企业不同需求和工作实际，及时组织导师团成员开展公益性服务工作。

【“精准”服务】 下基层开展税法知识专家辅导报告会。为深入宣传贯彻2018年5月1日开始实施的涉及小微企业的惠企税改新政，将“专家大讲堂”搬到基层，带领市中小企业专家服务团有关专家走进新郑市中德产业园，拉开“中小企业专家三进（进平台、进基地、进园区）巡回服务活动”序幕。围绕《互联网时代中小企业营销创新和实践》《中小企业税改新政必知》《企业开票系统演变及对纳税人信用等级影响》等方面做政策解读和专题分享，园区内60余家中小企业负责人参会，并与专家当面咨询交流。对中小企业经营管理人员进行培训，帮助企业进一步提升科学管理水平、拓宽经营视野，促进创新发展。5月，组织全市90名中小微企业家和县（市）区主管部门人员，在苏州大学举办郑州市中小微企业综合素质提升班。10月，组织100名“专精特新”中小企业、中小企业公共服务示范平台负责人和县（市）区主管部门人员，在中南大学顺利举办郑州市中小企业“专精特新”与“公共服务”高级研修班。做好承办2018年“创客中国”河南省中小企业创新创业大赛郑州分赛的相关工作。“创客中国”中小企业创新创业大赛是国家工信部每年一度的全国性赛事活动，圆满完成市中小企业服务局承担的河南省大赛启动仪式和首场分赛全部工作。在10月份全国总决赛上，郑州市推荐的优秀项目获二等奖，取得河南省在该项赛事的历史最好成绩。组织郑州市2家中小企业的合作项目参加第四届河南省中小企业产学研对接活动北京洽谈签约会，投资额共计为2680万元。同时，组织2家中小企业参加中小企业经营管理领军人才培训，组织75家企业参加2018年河南中小企业网上百日招聘高校毕业生活动。组织召开郑州市中小微企业金融培训会。为进一步帮助中小微企业加强金融意识，强化企业财务管理，解决中小微企业融资难、融资贵问题。9月26日，组织召开郑州市中小微企业金融培训会，来自全市的金融机构，中介服务机构、中小微企业等200余家负责人，各县（市）区中小企业主管部门负责人参加会议。

【中小企业融资服务】 开展第七批贷款财政补贴工作，5家中小企业获得贷款2870万元。同时，印发通知、召开专门会议对第八批进行安排部署，并进行汇总整理。组织企业参加“河南省供应链金融推进会”。为加快推进产融结合和供应链创新与应用、发挥金融机构和供应链核心企业优势，有效化解企业链企业融资难融资贵问题，收集、统计上报全市供应链核心企业情况，并组织郑州市15家供应链核心企业参加“河南省供应链金融推进会”。组织中小企业新三板知识培训。联合中原证券、瑞华会计师事务所等共同举办，召集郑州市28家有挂牌意向的中小企业共59人参加培训，会后组织专家实地现场指导，对有关企业给予中肯建议和指导。积极参与郑州市创建国家社会信用体系建设示范城市工作，做好企业信用信息归集共享工作。按照全省统一部署，开展小微企业融资成本调查工作。

【惠企政策宣传】 举办新修订的《中华人民共和国中小企业促进法》宣贯培训会,邀请郑州大学企业研究中心主任孙学敏教授对新《促进法》进行详细解读。编印《中小企业相关政策汇编》，收集整理从2015年以来国家、省、市出台的促进中小微企业、民营经济发展相关政策文件，编印《中小企业相关政策汇编》3000本，及时发放到县（市）区中小企业服务部门和中小微企业，帮助中小企业服务部门和广大中小微企业知晓、熟悉、掌握和用好各项惠企政策。以重大节目和大项活动为时机，开展宣传活动。以改革开放40周年宣传活动为契机，7月13日，在郑州人民广播电台举办的大型主题报道栏目《壮阔东方潮 奋进新时代——庆祝改革开放40周年》中，对郑州市中小企业发展情况进行专题报道。利用联合国确定的“中小微企业日”，在全市组织“中小微企业日”主题宣传活动，送政策进县区进园区进企业，并邀请中小企业服务团专家开展专题讲座。及时报送《中小企业快报》信息，及时反映郑州市中小企业工作有关动态，共印发上报信息36期，被市政府信息处采用7期。

（耿朝阳）

市场发展管理

【概况】 2018年，借助郑州国家中心城市建设政策叠加优势，郑州市市场发展工作紧紧围绕“助推郑州市场经济快速发展”这一中心，以持续保障和改善民生为重点，共新建、提升、改造标准化农贸市场26家，市场发展整体保持良好态势。

2018年，郑州市共完成全市市场外迁及转型提升34家，释放城市发展空间，完善城市功能，从道路交通、发展空间、创业就业、城市品位等多个方面助力国家中心城市建设。同时，协助做好市场周边重型柴油运输车辆进出市场的管控工作，有效减少碳氧化合物排放量，改善城市生态环境，提升市民的生活质量。

【现代市场体系建设】 2018年，通过资源整合，打造“一区两翼”市场集群，全市市场集群项目开建总面积1728.6万平方米，建成总面积1271.53万平方米，开业总面积735.8万平方米，总投资额约649.37亿元。全年营业额约1200亿元，上缴利税80多亿元，安置商户5万余家，解决就业人员25万余人。现代市场体系建设促进现代商贸产业发展，千亿级市场集群逐步形成，增强郑州全国商品流通集散中心地位。

【智慧市场建设】 2018年，郑州市依托大数据、云平台优势，探索智慧商贸新模式，建立信息化管理中心、PC端和移动互联端管理平台，基本实现集贸市场即时视频管理、电脑和手机远程管理服务，实现随时随地掌控集贸市场管理现状、机制保障、食品安全保障措施等，大大提升市场管理服务的效率和能力，市民餐桌安全得到保障。

【集贸市场治理】 2018年，郑州市集贸市场治理工作5次蝉联郑州市城市精细化管理市直单位第一名，被中央文明委考核测评组誉为郑州市在全国文明城市创建工作中的一张靓丽名片，创造了集贸市场建设管理的“郑州模式”。重庆、徐州、荆门等9个城市来郑考察市场建设提升及规范化管理工作。中央电视台、新华社、人民网、河南电视台等主流媒体对郑州市市场发展工作相继进行宣传报道。

（周春雅）

统计工作

【概况】 2018年，全市统计系统落实中央领导对统计工作的重要指示批示精神，牢固树立“四个意识”，不断增强“四个自信”，坚决做到“两个维护”，围绕郑州国家中心城市建设要求，按照“四重点一稳定一保证”工作总格局，持续深化统计政风行风建设，坚持以高质量统计服务高质量发展，组织实施各项统计调查及重大国情国力普查工作。统计显示，2018年全市经济社会发展实现GDP总量突破万亿、常住人口突破千万、人均GDP突破十万“三大突破”。

【第四次全国经济普查】 2018年，郑州市第四次全国经济普查工作电视电话会召开，印发《郑州市人民政府关于认真做好第四次全国经济普查工作的通知》。全市统计系统深入学习讨论领会经济普查方案，确立做好郑州市四经普“1122”工作总思路，即：建立“一”支强有力的普查队伍，围绕二三产业增加值这“一”主线，破解常规统计不全面、不充分“两不”难题，打好单位清查、普查登记“两大”战役。8月底前，15个县（市）区政府、开发区管委会均成立经济普查领导小组和办公室，184个乡镇（街道）均成立经济普查组织机构；全市商调、聘用普查员6120人，普查指导员1411人，辅助调查员2609人，总计10140人；将第四次全国经济普查所需经费列入年度财政预算，落实经费保障，优化办公条件；通过郑州市经济普查专网、微博微信公众号、发放宣传物资、手机短信、新浪“微访谈”全方位宣传经济普查，12月10日郑州市第四次全国经济普查宣传月全面启动；经过入户清查、查遗补漏、审核排重、编码改错等环节，全市共清查登记法人单位340743家、产业活动单位27367家，个体经营户498929家，其中有证314878家，与三经普相比，法人单位增长376.8%，产业活动单位增长146.7%、个体户下降0.5%，有证户增长26%。法人单位占全省的26.5%，由第三次全国经济普查占全省的八分之一提高到四分之一强，单位清查成效显著。

【统计服务】 坚持“服务导向”提升广度，改版传统统计产品提高实用性，编印出版《郑州统计年鉴（2018）》《郑州农村发展报告》《郑州统计视点》，发布《2017年国民经济和社会发展统计公报》，2018年撰写统计分析信息247篇，百余篇统计信息被省市主流媒体、政府网站、《中国信息报》刊载，三篇课题获郑州市社科联优秀论文二等奖，二篇课题在全省统计系统优秀课题评选中获三等奖。坚持“问题导向”提升深度，加强预警预判，针对突出问题上报《领导专报》，建立市委、市政府主要领导统计要情汇报机制，密切跟踪郑州市经济社会发展重点领域阶段性特征，10余篇专题分析获得郑州市主要领导批示，引起市委市政府高度重视，对郑州市经济社会健康发展起到了有效地推动作用。坚持“需求导向”提升精度，深化“放管服”改革，对郑州市审批服务便民化工作开展专项调查评估；坚持打好“三大攻坚战”，提供统计数据保障；立足统计数据编印《砥砺奋进四十载 阔步迈进新时代》一书，全面总结宣传郑州改革开放四十年发展成就；围绕全面建成小康社会、国家中心城市建设、高质量发展、GDP破万亿目标加强数据对比分析；按照河南省统计局要求，建立绿色发展、郑洛新国家自主创新示范区郑州片区、中国（河南）自由贸易试验区郑州片区统计制度；为市委市政府规划、方案、意见的出台提供意见建议；配合做好《郑州市人民政府关于进一步加强服务业建筑业统计工作的意见》考核奖励工作；落实保障房网签政策，如实反映政策实施效果；对全市经济运行的趋势判断受到市委市政府领导的高度关注并写入市委、市政府各类报告。

【统计入库】 “四上”单位入库审批工作扎实开展，建立周例会、月研判、季通报制度，充分利用部门信息加强筛选跟踪，加强单位摸排和动态维护，2018年全市“四上”单位入库1137家。基本单位名录库动态维护质量显著提升，加强对县（市）区的指导，抓好正常经营单位的实地核实和平台录入工作，进一步完善名录库维护更新通报制度，充分利用“五证合一、一照一码”改革中部门单位信息和抽样调查单位信息，切实提高基本单位正常处理率。经济功能区调查单位管理水平不断提高，认真贯彻管理规定，规范工作程序，做好经济功能区入区调查单位审核、纸质审批材料报送和申报系统填报等工作，审核通过率达到95%以上。统计地理信息系统建设日益加强，及时做好产业集聚区地图道路更新、园区单位标注和数据上报，充分利用地理信息系统地图进行产业集聚区入区单位的核实、定位、申报，在地理信息系统平台宣传集聚区发展成果，大力推进统计地理信息系统更新维护和运用工作。

【统计改革】 继续推进“三公”统计，完善各专业“三公”统计实施办法及数据评估方案，改进适用于县（市）区的可信度评分办法，建立查询、审核、评估、记录制度。有序推进“三新”统计改革创新，出台《郑州市统计局新产业新业态新商业模式统计监测制度（2018）（试行）》，对2017年全市“三新”经济增加值总量、“三新”重点领域增加值和指数进行初步测算。着力推进重点领域统计方法制度改革，国民经济核算、工业、能源、固定资产投资、劳动工资、科技研发等重点领域改革不断深化。全面推进四下企业调查改革，制订局队业务分工调整优化相关工作方案和工作细则，四下企业调查改革顺利开展。积极推进绿色发展统计改革，探索建立符合郑州实际的绿色发展指标体系和绿色发展统计报表制度，进行绿色发展指标测算。

【法治建设】 把贯彻落实中央《关于深化统计管理体制改革提高统计数据真实性的意见》《统计违纪违法责任人处分处理建议办法》《防范和惩治统计造假弄虚作假督查工作规定》和《中共河南省委办公厅 河南省人民政府办公厅关于深化统计管理体制改革提高统计数据真实性的实施意见》列入《郑州市统计局2018年度法治政府建设工作要点》，加强统计法治制度机制建设，强

郑州市第四次全国经济普查启动（市统计局/供图）

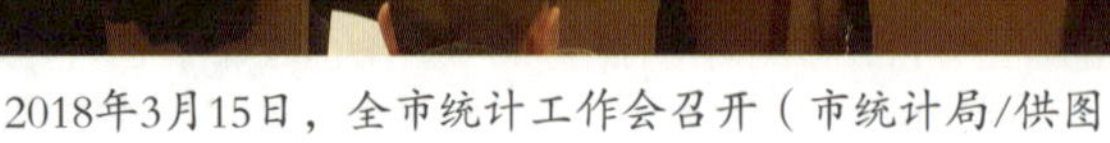

2018年3月15日，全市统计工作会召开（市统计局/供图）

化统计执法监督，加大依法行政、依法统计、依法治统法制教育、培训、宣传力度，全力推进服务型行政执法建设和服务型统计执法示范点培育，建立统计执法案例指导和案卷评查制度，在政府网站继续完善公开权力清单、责任清单。

【合作交流】 密切部门合作，进一步完善《郑州市部门统计数据报告制度》，强化46个部门间数据共享；申报或参与市政府重大课题研究；配合市委市政府及相关部门开展各项调研、座谈、督导、考核近百余次；对县（市）区年度目标完成情况进行数据认定，对五职招商、质量强市、对外开放、大气污染防治、生态文明建设等重点工作提供数据保障。加强区域交流，积极参与全国省辖市、副省级城市及沿海开放城市和全国省会城市、重点城市两个综合统计交流网的填报与交流工作，参加2018年第十一届中部省会城市经济形势座谈会，建立区域间统计工作交流学习和数据资料共享机制。建强开放窗口，通过郑州市人民政府网、政务服务网、郑州市统计局内外网、微博微信主动公开信息3800余条；全年共提供各类咨询服务200余件；以“走进四经普”为主题开展“第九届中国统计开放日”活动；开展3期在线访谈对接群众统计需求；统计学会换届工作圆满完成。

（郝惊迪）

海关工作

【概况】 2018年，郑州海关认真贯彻落实中央重大决策部署以及河南省委、省政府和海关总署工作要求。落实全国海关机构改革和党的领导体制改革各项要求，扎实推进机构改革。持续深化改革创新，关检申报系统整合、“查检合一”等业务融合有序推进，通关流程和环节大幅精简优化。开展全员培训，推进关检全面深度融合，全面提升关警员的政治能力、业务能力和执法能力。开展内务规范强化月活动，持续深化准军事化海关纪律部队建设。全面推进“五关建设”，主动发挥海关职能作用，不断提升海关监管质量和服务效能，促进河南开放型经济发展。全年河南省进出口总值5512.7亿元人民币，增长5.3%。其中，出口3579亿元，增长12.8%；进口1933.7亿元，下降6.2%；对“一带一路”国家进出口1187.9亿元，增长23%。7月10–11日，海关总署副署长张际文到河南调研。9月17日，海关总署副署长王令浚在郑州参加“一带一路”国家海关贸易便利化高级研讨班开班式。10月16日，海关总署纪检监察组组长许罗德到郑州海关调研。11月12–13日，海关总署署长、党委书记倪岳峰到河南调研。

【海关监管】 2018年，郑州海关从通关查验等多个条线综合施策，开展“百日会战”，实现压缩整体通关时间三分之一。持续推动“放管服”改革，关区34个行政服务大厅均实现“一个窗口”受理，海关企业注册备案融入地方“一网通办”。“减证便民”不断优化，企业和群众所需提交单证材料由132种缩减至40种，海关年报与市场监管部门年报合并申报。“双随机、一公开”全面实施，随机布控比例保持90%以上，“双随机”由布控查验拓展至关税、稽查、检验检疫等业务领域。开展打击“洋垃圾”走私“蓝天2018”专项行动，强化进口固体废物原料监管。开展专项稽查，对2家贸易公司依规撤销其注册登记。加大对毒品、枪支弹药、象牙及其制品等违禁品的布控查缉力度，业务现场查获象牙制品52件，各类涉案枪支配件308件。加强跨境电商正面监管，建立以企业为单元，事前、事中、事后全链条的监管制度体系，综合运用企业准入、盘库核查、贸易调查、缉私稽查等手段规范跨境电商行业秩序。持续加强后续监管，稽核查作业完成率均达100%，稽查查发率56%，核查有效率42%，稽查补税2138万元，增长20%。全年共监管进出口货运量1233.2万吨，同比减少8.7%；进出口货值725.3亿美元，同比增长4.9%；监管集装箱131521箱次，同比增长30%；集装箱载货量1048806吨，同比增长18.9%；监管进出境航班15663架次，进出境人员182.29万人次，同比分别增长0.32%和0.37%。

【海关检验检疫】 2018年，郑州海关认真履行检验检疫职责，完成查检人员数据库的整合、查检人员资质梳理和原检验检疫辐射探测设备摸底工作。口岸排查发现症状825人次，确诊病例192人次，有效维护口岸卫生安全。截获进境植物有害生物198种、2003种次，有效维护国门生物安全。检出不合格进口食品化妆品43批、货值62万美元，妥善处置进口乳品、出口果汁等食品安全舆情和突发事件9起，有效维护进出口食品安全。检出不合格工业品161批，货值2367万美元，不合格率为0.8%和0.16%，有效维护进出口商品质量安全。落实国务院部署要求，牵头起草《河南省完善进出口商品质量安全风险预警和快速反应监管体系切实保护消费者权益实施方案》并印发实施。加强全链条管控，有效防控非洲猪瘟疫情，助力河南省成功摘掉“非洲猪瘟疫情省份”帽子，恢复活猪供港业务。全年共完成出入境货物检验检疫71949批次，同比增长3.2%；出入境货物检验检疫货值190亿美元，同比减少14.3%。

【海关税收征管】 2018年，郑州海关加大自报自缴、汇总征税等便利措施推广力度，自报自缴应税报关单数比例达到80.26%，汇总征税报关单比例达到10.95%。创新税收担保方式，集团财务担保、关税保证保险等试点顺利实施。加大税收优惠政策宣传力度，推广减免税无纸化，汇总征税实现较大幅度提升，在剔除关区31.5%应税报关单采用“分送集报”的同时，汇总征税报关单的比例达到10.95%。税收担保创新试点工作加速推进，在保证税收安全的基础上促进税收征管流程的优化，实现通关时间的压缩。加强税收安全管理，上报税管中心参数、指令、模型的设置和完善建议37条，开展验估2033票，通过验估、监控、稽查补税6.84亿元，确保税款应收尽收。全年关区实现税收实际入库231.7亿元，同比减少17.8%；审批减免税额5.1亿元，同比增长16.1%。

【海关缉私】 2018年，郑州海关持续保持打击走私高压态势。开展“国门利剑2018”联合专项行动，侦办系列走私冻品案，抓获走私犯罪嫌疑人20余名，打掉4个走私冻品团伙，查证涉案走私冻品近1.5万吨，查扣涉案走私冻品300余吨。开展打击“洋垃圾”走私“蓝天2018”专项行动，针对“洋垃圾”走私风险，进一步密切与风险防控中心及业务现场的协作。着力探索跨境电商渠道走私案件办理新思路，立案侦办跨境电商渠道走私犯罪案件6起，案值逾3亿元，涉嫌偷逃税2743万元；借助省打私办平台优势，进一步完善各相关部门间的情报共享机制，侦办走私毒品案一起，缴获冰毒3000克、海洛因2956克。全年共立案侦办走私犯罪案件14起，增长27.3%，案值29688万元，增长119.9%；立案走私行为案件32件，同比减少8.6%，案值231.8万元，同比增长194.7%；查扣各类象牙制品283件25.69千克；罚没收入（实际入库）4324.4万元，同比增长703.1%；抓获犯罪嫌疑人54名，其中，4起案件被列为海关总署挂牌督办案件，1起案件被列为公安部督办案件。

【海关统计分析】 2018年，郑州海关结合海关总署发布的统计分析重点关注项目，紧紧围绕“一带一路”、“跨境电子商务”、“航空港综合实验区”等宏观政策实施效果的跟踪分析，强化外贸企业发展状况、新型贸易业态、关区特色商品的分析研究，累计为相关部门提供数据咨询50余次。发挥海关统计的监测预警职能作用，开展关区内进出口贸易多角度、多层次动态监测分析，撰写综合、专题类分析文章177篇，涉及主要商品种类20余种，被海关总署《海关要情》采用47篇，被中央领导批示3篇。全年累计统计报关单（接单）527217份，同比增长7.8%；审核报关单记录条数236.4万条，同比增长13.9%。

【支持“空中丝绸之路”建设】 2018年，郑州海关从贸易便利化、关企合作等27个方面支持郑州国际航空货运枢纽建设。创新国际转运货物分拆拼装监管模式，吸引UPS等大型集成物流企业在郑州机场设立国际转运中心。支持飞机保税租赁业务落地实施，促进新兴航空产业发展。创新“境外检、口岸放”等模式，促进郑州机场成为大中活动物、进口服装、智能终端等产品的集散中心，西班牙高端服装快销公司Inditex将郑州机场作为中国第三大分拨中心，进出口服装货值12.57亿元，较上年同期增长98.3%。率先在旅检渠道实施“7×24小时”通关，支持“通程航班”开通，促进客运发展。UPS全国第三大分拨中心在郑州机场成功落地，欧美区进口快件全部转由郑州申报通关。全年共监管进出航空口岸货运量36.36万吨，同比增长7.7%；保税航油21.89万吨，同比增长14.3%。

【支持“陆上丝绸之路”建设】 2018年，郑州海关创新监管模式，开展进口转关核销“先放行、后改单”试点工作，加大H986等非侵入式查验设备的使用力度，提高中欧班列监管效能。支持班列运邮、集装箱拆拼等特色业务开展，冷链运输全国领先。促进中欧班列快速发展，新增线路3条，开行频次达到每周“九出八进”。全年共监管中欧班列（郑州）688班，货运量30.28万吨，货值29.22亿美元，同比分别增长46.07%、33.31%和34.91%。

【支持“网上丝绸之路”建设】 2018年，郑州海关持续推进跨境电子商务健康发展，确立“以电商企业为单元”的管理理念，紧扣“三单真实性”和“身份真实性”两个监管重点，“网购保税+实体新零售”改革试点不断深入。强化正面监管和风险防控，研究出台跨境电商规范发展指导意见和措施。完善跨境电子商务质量安全监控和追溯管理体系，有效防范跨境电商业务风险，推动河南跨境电商由高速增长向高质量发展转变。全年共监管跨境电商零售进出口清单9507.3万票，增长4.2%；商品货值120.4亿元，增长5.7%；征收税款13.9亿元，增长3.2%。

【支持河南自贸试验区建设】 2018年，郑州海关积极推进河南自贸试验区总体方案试点任务落实，推进自贸试验区监管服务体系建设，25项海关监管创新制度全部复制推广。积极推进自贸试验区海关监管制度创新，首创原产地证书“信用签证”管理模式入选全国“十大案例”，推出包括“O2O”在内的4项跨境电商监管创新措施。2018年，河南自贸试验区实有进出口企业2378家，实现对外贸易总值343.7亿元。

【海关科技应用及电子口岸建设】 2018年，郑州海关围绕“科技兴关”战略，推进智慧海关建设。推进关区H986设备、CT机设备、X光机设备及辐射探测设备的联网工作。向海关总署申报的“海关跨境大数据应用创新实验室”获批。制订实验室建设方案，引进“全国海关大数据通用分析平台”和“跨境电商数据分析子系统”。完成原检验检疫24个信息化系统的统一标识工作和网络、视频会议系统互联互通。持续完善监控指挥中心应用，特殊监管区域视频监控互联互通，业务大厅高清数字巡查监控系统实现全覆盖。移动指挥单兵系统、UC（统一通信）系统和HGIS（海关地理信息支撑系统）顺利接入。移动办公系统推广应用和财务通模块开发上线。支持“互联网+海关”应用，推进门户整合、用户整合、数据整合和应用整合，开展海通网升级工作。支持政务服务“一网通办”，启动河南省电子口岸入网无纸化项目。支持大企业数据应用，积极推广税费支付、舱单及运输工具、特殊监管区域及保税物流申报等项目数据应用。对企业入网档案进行首次清理，整理档案41259份，实现电子化管理。全年共办理电子口岸入网手续3760家，制发IC卡17767张，电子口岸累计入网企业25449家。

【海关机构改革】 2018年3月，十三届全国人大一次会议审议通过了国务院机构改革方案，明确“将国家质量监督检验检疫总局的出入境检验检疫管理职责和队伍划入海关总署”。郑州海关按照海关总署的统一部署，成立郑州海关机构改革工作领导小组（下设7个专项工作组），有效保证机构改革工作的顺利推进。4月20日，原河南出入境检验检疫局系统统一以郑州海关名义对外开展工作，一线执法的公务员和参照公务员管理的人员统一着海关制服、佩戴关衔。6月20日，制订《郑州海关机构改革集中办公方案》，严格落实海关总署关于直属海关集中办公“三集中”规定。12月14日，海关总署印发《海关总署关于郑州海关职能配置、内设机构和人员编制规定的通知》，核定郑州海关内设正处级机构15个。另设立机关党委（思想政治工作办公室、党委宣传部、党委巡查工作办公室）、监察室（党委纪检组）、离退休干部办公室等3个正处级机构。核定郑州海关下设正处级隶属海关单位24个。

【海关通关一体化改革】 2018年，郑州海关制订《郑州海关关检业务优化整合落实工作方案》《郑州海关现场关检综合业务融合作业实施方案》，跨境、旅检、查检合一等业务整合试点全面融合有序推进。新版旅客通关系统升级上线，查验管理系统（二期）全面推行，查验异常结果处置系统完成部署应用。支持推动邮政企业运用“互联网+”开展行邮物品自主申报、自主缴税改革，实现线上办理、线下通关。报关报检资质融合顺利实施，整合申报系统顺利切换，企业注册、报关更加高效。优化整合关检作业场所（场地），实现运输工具监管“查检合一”，开展查验联合作业和综合业务融合试点，货物监管效能明显提升。“一次申报、分步处置”深入实施，应税报关单95.87%以上实现税收风险的放行前零干预，有效提升通关效率。深化以企业为单元的加工贸易监管改革，选定15家企业参与单耗自核试点，开展仓储货物按状态分类监管，降低企业仓储物流成本。上线运行金关二期保税系统，实现关区加工贸易监管业务通关一体化。风险防控中心运行顺畅，实现逐步转入安全准入领域，全年风险防控共查发涉及安全准入风险报关单238份。

（姚长江）

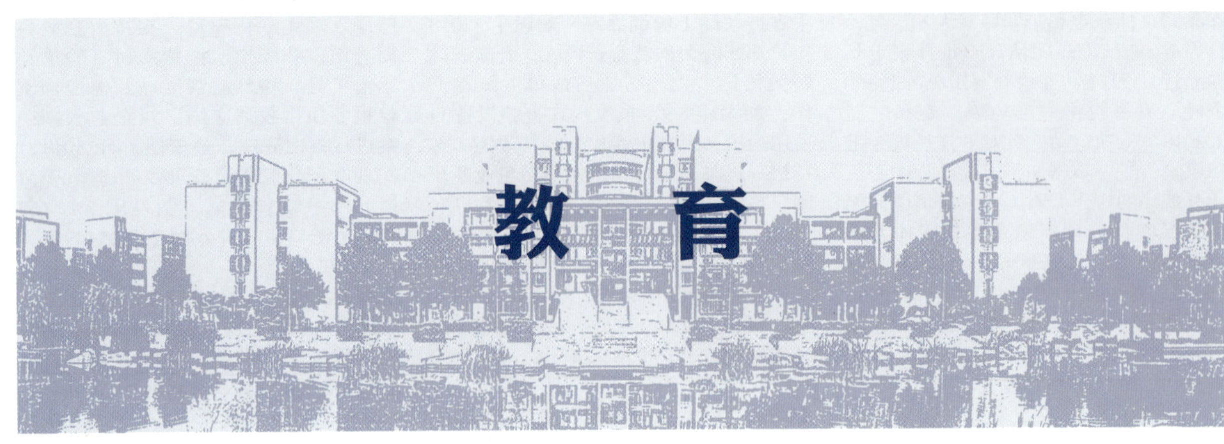

综 述

【概况】 2018年，郑州市有各级各类中初等教育学校1545所，在校生184.25万人。其中：普通高（完）中126所，在校生196541人；普通初中342所，在校生402241人；中等职业学校（含省属中专学校）123所，在校生324536人（其中全日制在校生313519人）；小学940所，在校生917414人；特殊教育学校13所，在校生1642人；工读学校1所，在校生120人。全市各级各类中初等教育学校有教职工112297人，其中专任教师99803人。有幼儿园1651所，在园幼儿397683人，教职工51900人，其中专任教师27651人。（以上数据包括巩义市）

【教育经费投入】 2018年，郑州市教育经费总投入为2975107万元，其中，国家财政性教育经费2363139万元，包括一般公共财政预算教育经费2308792万元、政府性基金预算安排的教育经费54036万元、企业办学中的企业拨款198万元、校办产业和社会服务收入用于教育的经费113万元，民办学校中举办者投入32395万元，社会捐赠经费534万元，事业收入564600万元，其他教育经费14439万元。

2018年，郑州市一般公共财政教育经费比2017年增长30.92%，2018年郑州市全市经常性财政收入比2017年增长9.06%，一般公共财政教育经费比例比经常性财政收入增长比例高出21.86个百分点。

【中初等教育主要水平指标】 小学：学龄人口入学率100%，净入学率103.70%，小学五年巩固率104.77%。初中：学龄人口入学率100%，净入学率114.12%，初中三年巩固率104.83%。

【中初等教育规模】 小学教育。全市共有小学940所，比上年增加18所；毕业生131624人，比上年增加7058人，增长5.67%；招生164277人，比上年增加6841人，增长4.35%；在校生917414人，比上年增加44859人，增长5.14%；小学平均规模976人，平均班额49.23人。

普通初中教育。全市共有普通初中342所，比上年增加22所；毕业生116034人，比上年增加6676人，增长6.1%；招生141487人，比上年增加11220人，增长8.61%；在校生402241人，比上年增加32066人，增长8.66%；普通初中平均规模1176.1人，平均班额51.82人。

普通高（完）中教育。全市共有普通高（完）中126所，比上年增加4所；毕业生63165人，比上年增加3892人，增长6.57%；招生68463人，比上年增加2931人，增长4.47%；在校生196541人，比上年增加4229人，增长2.20%；普通高中平均规模1560人，平均班额54.05人。

表3

2018年郑州市各级各类学校生均教育事业费情况表

项目	2018年（元）	2017年（元）	增长（%）
普通高中	19181	15749	21.79
普通初中	14216	11979	18.68
普通小学	7452	6102	22.12
中职学校	11886	10054	18.22

表4

2018年郑州市各级各类学校生均一般公共预算公用经费情况表

项目	2018年（元）	2017年（元）	增长（%）
普通高中	7762	5905	31.44
普通初中	4446	4033	10.23
普通小学	2301	1900	21.23
中职学校	6552	5273	24.25

2018年10月31日，全国教育大会精神宣讲电视电话会议召开（市教育局/供图）

中等职业学校：全市共有中等职业学校123所（包含省属中等专业学校），与上年持平；毕业生90151人，比上年增加1599人，增长1.81%；招生125223人，比上年增加5938人，增长4.98%；在校生324536人，比上年增加21888人，增长7.23%。

学前教育：全市共有独立设置的幼儿园1651所，比上年增加40所；离园（班）幼儿123697人，入园（班）幼儿117504人，在园（班）幼儿397683人，比上年增加6480人，增长1.66%。

特殊教育和工读学校。全市共有特殊教育学校13所，毕业学生250人，招生373人，在校生1642人；工读学校1所，在校生120人。

【中初等教育师资队伍建设】 教职工队伍规模。全市各级各类中初等教育学校教职工总数112297人，其中专任教师99803人。普通中学教职工53252人，普通高中专任教师18156人，普通初中专任教师28709人。小学教职工（含小学教学点）43289人，专任教师41143人。中等职业学校教职工15266人，专任教师11346人。特殊教育学校教职工466人，专任教师426人。工读学校教职工24人，专任教师23人。另有幼儿教育教职工5.19万人，专任教师27651人。

专任教师学历达标情况：普通高中99.39%，普通初中99.64%，小学99.99%，幼儿园（含学前班）98.67%，中等职业学校85.77%。

普通中小学每一教师负担学生数。全市中小学每一教师负担学生数（生师比）分别为：普通高中10.83，普通初中14.19，小学20.32。

【中初等教育基本办学条件】 校舍建筑面积：全市各级各类中初等教育校舍建筑面积2038.90万平方米。其中，普通中学校舍建筑面积972.22万平方米，中等职业学校校舍建筑面积445.6万平方米，小学校舍建筑面积614.46万平方米，特殊教育学校校舍建筑面积6.72万平方米。生均校舍建筑面积：普通高中21.75平方米，普通初中13.54平方米，中等职业学校13.73平方米，小学6.7平方米，特殊教育学校40.95平方米。

图书资料情况：全市各级各类中初等教育学校藏书4248.97万册，其中，普通高中594.39万册，生均30.24册；普通初中1096.98万册，生均27.27册；中等职业学校592.35万册，生均18.25册；普通小学1957.01万册，生均21.33册；特殊教育学校8.24万册，生均50.18册。

（张梦晗）

基础教育

【概况】 小学教育。市内各区及开发区有小学420所（不含市直学校），9136个班，在校生467296人，平均班额51.15人。中原区53所，1119个班，在校生65025人，平均班额58.11人。其中，公办学校51所，1031个班，46—50人93个班，51—55人160个班，56—60人193个班，61—65人256个班，66人及以上250个班，在校生61995人，平均班额60.13人。二七区69所，1295个班，在校生67330人，平均班额51.99人。其中，公办学校65所，1158个班，46—50人106个班，51—55人165个班，56—60人245个班，61—65人137个班，66人及以上227个班，在校生62767人，平均班额54.20人。管城区46所，1004个班，在校生54080人，平均班额53.86人。其中，公办学校42所，917个班，46—50人75个班，51—55人87个班，56—60人146个班，61—65人238个班，66人及以上167个班，在校生51233人，平均班额55.87人。金水区72所，2092个班，在校生110940人，平均班额53.03人。其中，公办学校55所，1621个班，46—50人177个班，51—55人236个班，56—60人396个班，61—65人283个班，66人及以上354个班，在校生93996人，平均班额57.99人。惠济区39所，751个班，在校生35224人，平均班额46.90人。其中，公办学校36所，587个班，46—50人67个班，51—55人120个班，56—60人108个班，61—65人56个班，66人及以上59个班，在校生29786人，平均班额50.74人。高新区22所，570个班，在校生28900人，平均班额50.70人。其中，公办学校21所，472个班，46—50人81个班，51—55人114个班，56—60人66个班，61—65人101个班，66人及以上22个班，在校生25184人，平均班额53.36人。经开区30所，498个班，在校生21330人，平均班额42.83人。其中，公办学校28所，440个班，46—50人61个班，51—55人41个班，56—60人15个班，61—65人19个班，66人及以上35个班，在校生19708人，平均班额44.79人。郑东新区43所，1091个班，在校生54042人，平均班额49.53人。其中，公办学校41所，942个班，46—50人138个班，51—55人165个班，56—60人125个班，61—65人101个班，66人及以上138个班，在校生48721人，平均班额51.72人。航空港区46所，716个班，在校生30425人，平均班额42.49人。其中，公办学校46所，671个班，46—50人153个班，51—55人58个班，56—60人90个班，61—65人30个班，66人及以上0个班，在校生29249人，平均班额43.59人。

初中教育。市内各区及开发区有初中132所（不含市直学校），2553个班，在校生124956人，平均班额48.94人。中原区23所，349个班，在校生17050人，平均班额48.85人。其中，公办学校14所，201个班，46—50人70个班，51—55人16个班，56—60人13个班，61—65人15个班，66人以上0个班，在校生9357人，平均班额46.55人。二七区24所，379个班，在校生18724人，平均班额49.4人。其中，公办学校12所，214个班，46—50人42个班，51—55人29个班，56—60人19个班，61—65人39个班，66人以上0个班，在校生10664人，平均班额49.83人。管城区8所，137个班，在校生6045人，平均班额44.12人。其中，公办学校6所，121个班，46—50人38个班，51—55人7个班，56—60人0个班，61—65人0个班，66人以上0个班，在校生5236人，平均班额43.27人。金水区15所，295个班，在校生13368人，平均班额45.32人。其中，公办学校10所，222个班，46—50人54个班，51—55人51个班，56—60人17个班，61—65人5个班，66人以上0个班，在校生9997人，平均班额45.03人。惠济区9所，244个班，在校生12613

2018年10月12日，郑州创客文化艺术节举行（市教育局/供图）

人，平均班额51.69人。其中，公办学校4所，126个班，46—50人2个班，51—55人52个班，56—60人14个班，61—65人14个班，66人以上12个班，在校生6825人，平均班额54.17人。高新区10所，317个班，在校生15712人，平均班额49.56人。其中，公办学校7所，227个班，46—50人32个班，51—55人59个班，56—60人31个班，61—65人24个班，66人以上4个班，在校生11276人，平均班额49.67人。经开区9所，235个班，在校生12269人，平均班额52.21人。其中，公办学校6所，169个班，46—50人59个班，51—55人36个班，56—60人26个班，61—65人39个班，66人以上1个班，在校生9212人，平均班额54.51人。郑东新区22所，均为区属公办学校，328个班，46—50人68个班，51—55人56个班，56—60人43个班，61—65人15个班，66人以上16个班，在校生15770人，平均班额48.08人。航空港区12所，269个班，在校生13405人，平均班额49.83人。其中，公办学校11所，179个班，46—50人51个班，51—55人74个班，56—60人11个班，61—65人0个班，66人以上0个班，在校生8845人，平均班额49.41人。

高中教育。市内各区及开发区有高中13所（不含市直学校），327个班，在校生16309人，平均班额49.87人。中原区1所，23个班，在校生1354人，平均班额58.87人，为公办学校。二七区2所，55个班，在校生2465人，平均班额44.82人，为公办学校。管城区1所，28个班，在校生1579人，平均班额56.39人，为公办学校。金水区无区属高中。惠济区1所，30个班，在校生1970人，平均班额65.67人，为公办学校高新区2所，69个班，在校生3231人，平均班额46.83人。其中公办学校1所，31个班，在校生1472人，平均班额47.48人。经开区1所，3个班，在校生100人，平均班额33.33人，为民办学校。郑东新区1所，13个班，在校生537人，平均班额41.31人，为公办学校。航空港区4所，106个班，在校生5073人，平均班额47.86人，均为民办学校。

【学生德育】召开2018年全市德育建设工作会，安排部署全年德育建设工作，持续完善郑州市德育体系，打造郑州德育品牌特色。充分发挥校园德育阵地作用，广泛开展文明校园创建和“文明班级、文明教师、文明学生、文明宿舍”评选活动。郑州市被省教育厅表彰省级文明班级2个、文明宿舍1个、文明教师8名、文明学生10名。组织开展系列教育活动；郑州市推荐的郑州中学李子昂同学被评为2018河南“最美孝心少年”候选人。全面打造书香校园，遴选推荐两批省级书香校园共12个（占全省比例10.3%）、书香班级共11个（占全省比例7.1%）。启动第二批市级书香校园、书香班级评选。

【健康教育】爱卫常态化管理方面。突出抓好无烟学校（单位）和健康单位建设工作，着力培育广大师生良好卫生习惯，提升师生卫生素质和健康水平。2018年，市教育局被市政府授予“爱国卫生杯”铜杯奖；卫生城市管理上半年季度评比，市教育局获得一季度卫生城市管理红旗单位称号。举办郑州市红十字青少年应急救护知识与技能大赛，共有52支代表队200余人参加。参加河南省第五届红十字青少年“博爱中原 文明河南”红十字知识与应急救护技能竞赛，通过系列活动开展，提升青少年应急救护的技能，弘扬红十字精神在青少年中的认识，帮助在校学生树立正确的世界观、人生观、价值观。开展国防教育宣传工作，加强学生军训工作规范管理，进一步拓展学生军训综合育人功能，提升青少年国防意识和军事素养。以创建国家食品安全示范城市为重点，做好学校卫生工作。推进学校全面参与“互联网+明厨亮灶”工程，通过调研、培训、督导等方式完成郑州市创建国家食品安全示范城市中期绩效评估工作。

【校园体育】发挥校园足球改革试验区示范引领作用，提升学校体育工作水平。郑州市被教育部确定为全国第二批校园足球改革实验区，金水区、新密市先后被教育部确定为全国校园足球改革试点县（区）。截至2018年年底，全市共有全国青少年校园足球特色学校217所。2018年，举办8次专项培训，共90课时，4040人次；学校班级、年级联赛、校长杯、冠军杯、区长杯、市长杯等比赛场次年均达到12681场以上，参赛队伍4183支，参赛运动员126579人次，参与活动的学生达30余万人次。开展阳光体育，落实每天一小时校园活动。为提高学生综合素质，增强学生体质，培养学生运动兴趣，2018年，郑州市中小学生阳光体育竞赛活动共设篮球等12项运动项目，其中健美操项目参赛队伍和参赛人员再创新高，共有140多支队伍参加了本项比赛。

【校园美育】以发展学生核心素养为目标，升华美育课堂品质形态，在《郑州市教育局关于中小学校美育课程体系建构的指导意见》的基础上，组织开展郑州市美育优质课比赛，强力推进学校美育课程体系建设。遴选第三批美育示范学校，辐射带动，先进引领，效果凸显。组织开展郑州市第七届教育艺术节，面向全体学生，全员参与，让学生感受美、体验美、创造美。组织开展郑州市教师书画作品展和教师合唱比赛，充分展现全市教师丰富多彩的精神文化生活和积极向上的精神风貌。启动“传统文化进校园”活动，确定20所“戏曲进校园”活动示范学校和10所郑州市“戏曲进校园”十佳示范学校。

【课程建设】召开郑州市中小学课程与教学工作会，总结2017—2018学年全市基础教育教学工作取得的成果，利用大数据，对郑州市本学年基础教育教学质量逐一分析，表彰普通中小学教学创新先进单位和先进个人。以课程与教学工作会为指导，分别召开普通高中、市区公办初中、市区公办小学三个学段的质量分析会，通报评价情况，并进一步提出指导性建议。以“指向核心素养的课程变革”为主题，召开第十四届校本教研工作推进会，会议以论坛形式聚焦全市中学校在核心素养课程建设方面取得的成果，通过分享与研讨，促成课程与教学改革的深度发展。

【道德课堂】2018年3月和9月，分别开展两次道德课堂建设诊断交流活动，通过诊断交流，发现落实学科核心素养的先进典型，总结提升经验办法。

【对外交流】 主动开展教育对外开放交流。建立对外合作办学项目年检制度，每年检查结果和招生计划及项目延期申报审批挂钩，确保对外合作办学项目依规有序开展。市教育局组织局属学校共545名师生赴英国、德国、意大利、日本、新加坡、台湾等国家和地区进行暑期文化交流，继续开展移动课堂项目，选拔市属学校近百名师生赴美国、澳大利亚进行课堂体验学习，组织开展中韩学生友好访问活动。持续实施“郑州—新加坡校长圆桌会议”项目，成为双方教育同仁思想碰撞、观点交流、共同提升、携手并进的重要平台。完成“汉语桥—美国校长访华团”接待工作和中美校长论坛工作，双方将在增进师生交流，合作开设汉语课程等方面进一步加强合作。

【学前教育】2018年，郑州市政府首次把全市幼儿园建设项目列入“十大民生实事”，全年市区新建改扩建幼儿园41所。市政府发布实施《郑州市第三期学前教育行动计划（2017—2020年）》，认真贯彻《中共中央国务院关于学前教育深化改革规范发展的若干意见》，开展学前教育发展问题考察调研，科学制订2020年前学前教育发展目标。

【义务教育】 郑州市政府印发《解决就学难消除大班额三年行动计划》，采取强力措施消除大班额。2017年秋季开学，郑州市义务教育阶段起始年级已经消除超大班额，非起始年级超大班额情况也有所下降。启动“新优质初中”创建和培育工程，办好家门口学校，有效解决“择校热”。推进“义务教育区域教育质量健康体检与改进提升项目”，持续提升义务教育教学质量。推进登封市、中原区迎接国家义务教育均衡县评定，截至2018年年底，郑州市所有县（市）区均通过国家验收。

【高中教育】 开展普通高中多样化发展示范校创建活动，在首批省、市级高中多样化示范校的基础上，1月评审公布郑州市第十九中学等13所学校为第二批“郑州市普通高中多样化发展试点学校”，12月组织专家对第二批试点学校开展中期督导，扩大郑州市“一校一品”特色高中群，满足学生多样化、个性化的学习需求。

【特殊教育】 启动第二期特殊教育提升计划（2017—2020），并于5月起每月填报进展情况，确保计划落实到位。截至2018年9月底，全市累计投入资金3080万元，新建特殊教育资源中心1个，资源教室8个；新改扩建特殊教育学校竣工1.1万平方米，新增公办学位180个；购置图书180册，购置教学康复设备32台套。

【语言文字工作】 开展郑州市第五批语言文字规范化示范校创建活动，评选郑州市语言文字规范化示范校100所。协助10所中小学校参加第六批省级语言文字规范化示范校评估验收。组织6个县（市）区开展2018年全国县域普通话普及情况调查工作。组织面向社会人员的普通话水平测试3批；面向职业类学校学生的普通话水平测试46批。开展第21届全国推广普通话宣传周活动。组织开展2018年郑州市“汉字比赛”活动、“经典照亮人生”诵读比赛活动。

（张梦晗）

职业、成人、高等教育

【中职教育】 郑州市完成中职学校布局调整工作，全市82所中职学校调整合并为58所，并报省教育厅备案。推进中职学校特色化、品牌化建设，持续深化校企合作、产教融合，确定第二批现代学徒制试点学校，成立校企合作指导委员会。开展年度中职学校班主任省级培训、省“双师型”教师培养培训和骨干教师省级培训，加强双师教师队伍建设。组织郑州市中等职业学校技能大赛、中华传统文化竞赛等多项竞赛活动，以赛促教，提升职业教育的整体质量。

【成人社区教育】 2018年，承办河南省社区教育示范区和试验区标准化建设研修班，高新区、管城区顺利通过河南省社区教育示范区评估验收，航空港区、登封市、荥阳市、中牟县启动创建河南省社区教育示范区、实验区工作，服务发展，社区教育工作再上台阶。开展2018年社区教育实验项目中期检查、郑州市社区教育实验基地和技能工作室评审检查、成人（社区）教育优秀论文评选等活动，组织成人社区学校优质课评选、社区教育典型案例征集等活动，加强建设、构建继续教育特色品牌。

【高等教育】 围绕内涵建设项目评估评审，加强市属高校建设，促进高等教育良性发展。聘请省、市高校专家，对郑州师范学院等14所地方高校2016、2017年度立项的示范性实训基地（中心）、信息化示范院校、创新创业教育示范院校、技术技能名师工作室等42个建设项目进行届满评估和中期检测。组织省属高校专家对地方高校2018年度申报的17个示范性实训基地、91位优秀中青年骨干老师及38项教学成果等3项内涵建设项目进行评审。对各高校申报的25个优秀基层教学组织项目及77项大学生双创训练计划项目进行评审，评审工作组织严密，标准严格，程序规范。引进优质高等教育资源，市政府与北京大学经济学院合作项目中原教学科研基地落地中牟；郑州工程技术学院与同济大学中德工程学院合作项目郑州中德学院2018秋季开始招生。

（张梦晗）

民办教育

【优化环境】 国家、省、市扶持民办教育发展政策措施得到进一步落实，民办教育专项资金切实惠及民办学校，继续深化行政审批领域“放管服”改革，通过再次梳理行政审批中介服务事项进行、处置行政审批“放管服”问题线索、建设民办学校社会信用信息平台以

2018年11月21日，乒乓球世界冠军邓亚萍到金水区纬三路小学指导孩子们打乒乓球（市教育局/供图）

及做好民办学校设立、变更和终止审批工作，保障行政审批“放管服”改革优化、深化、便民化。全年，新审批学校1所，其他变更及终止事项13件。对民办学校的党组织组建情况、党员数量进行了全面摸底，梳理民办学校党组织隶属关系。

【规范管理】加强常态管理，落实年度检查、开学检查、学校信访投诉查处等制度，确保学校平稳健康发展。同时加强民办学校信访稳定工作，畅通信访渠道，及时处理信访问题线索，维护相关人员权益。稳步推进校外培训机构专项治理。严格落实教育部办公厅等四部门、省教育厅等四部门关于开展校外培训机构专项治理行动的相关要求，印发专项治理行动实施方案，设定治理目标，提出治理要求，明确任务分工，并强化督查，加强指导，切实推动治理行动取得实效，截至2018年年底，治理工作已基本完成。开展“公参民校”治理“回头看”和专项财务审计工作，按照《郑州市教育局关于进一步规范公办学校参与举办民办学校办学行为的意见（试行）》规定的“四独立”基本条件，进行再排查再治理，下半年委托第三方会计师事务所对市管“公参民校”进行财务审计，促进“公参民校”健康发展。

【民办学校内涵提升】组织召开全市民办中小学内涵提升交流会，进一步加强全市民办中小学教育教学质量建设，促进民办中小学内涵提升。对民办学校校长围绕十九大精神学习、民办教育促进法修订解读、依法治校等内容进行研修培训，提升民办教育工作者综合素质。对民办学校安全管理人员进行校园安全管理培训，提升民办学校安全管理人员的能力素质和专业水平，提高民办学校安全防范能力。对民办学校办公室主任进行专题培训，提升民办学校办公室主任辅助决策、协调化解矛盾、应急处置等能力，促进学校更加科学发展和规范管理。开展民办中小学骨干教师遴选工作，建设一支数量适当、品德高尚、素质优良、具有持续发展能力和辐射示范、引领作用的民办教育骨干教师队伍。

（张梦晗）

师资队伍建设

【乡村教师激励政策】落实省、市政府工作要求和乡村教师队伍建设的重要部署，把乡村教师支持计划列入重点工作，全面实施乡村教师激励政策。加大乡村教师生活补助发放工作力度，建立健全工作制度，明确发放范围、发放标准、经费保障、资金预算申报，对补助人数、补助标准和发放等情况进行动态监控。2018年，市财政预算资金9622.8万元，各县（市）区按照1：1配套比例，全市预算资金总额1.92亿元。

【教师人事管理】规范完善绩效考核、职称改革、岗位聘任衔接机制。加强校级干部岗位设置的管理，增加校级干部高级岗位指标11个。为正高级人员设岗提供绿色通道，简化申报程序，办理中小学系列三级岗8人、四级岗7人。按照岗位聘任条件和标准完成教师职务晋升、转岗等工作，市直系统办理人员岗位设置393人、变动927人、减员91人。进一步深化职称改革，积极宣传中小学教师职称制度改革意见，完善教师业绩库信息，将教师职称评定中认可的业绩约10万条全部输入业绩库，基本实现网上查阅功能。完成郑州市中小学职称评审工作，中小学高级教师职称收到申报材料104份，经讲课答辩和审议表决通过99人，通过率为95.19%；中专高级教师职称共收到申报材料14份，经讲课答辩和审议表决通过14人，通过率为100%；中小学一级教师职称共收到申报材料204份，经讲课答辩和审议表决通过185人，通过率为90.69%；中专中级教师职称共收到申报材料92份，经讲课答辩和审议表决通过89人，通过率为96.74%。

【师德师风建设】开展师德师风大检查活动和幼儿园师德师风专项检查活动。市教育局出台《郑州市教育局关于在全市教育系统开展师德师风大检查活动的通知》。要求新学期，各县（市）区，各学校，按照“学习动员、讨论检查、签订责任书、加强督导以及弘扬高尚师德”等5个方面，分阶段分步骤实施，全面排查全市中小学教师有无违反师德管理规定的现象，进一步加强对全市师德师风工作的分析和研判，规范教师从教行为，增强广大教师教书育人的责任感和使命感，切实解决当前出现的师德突出问题。要求各县（市）区成立检查领导小组，检查本区域内所有的公、民办幼儿园，对检查发现的问题及时处理整改，将问题消灭在萌芽状态。开展师德师风专项督导评估活动，市教育局派出4个督导组，对中原区等11个县（市）区以及4个开发区的9所市教育局直属及市属事业学校开展师德师风专项督导。开展丰富多彩的师德教育主题活动。开展“不忘初心，立德树人”师德主题教育征文、优秀案例和演讲比赛活动；联合中共郑州市委宣传部开展2018河南最美教师候选人推选和2018郑州最美教师评选活动；开展2018年郑州最美教师颁奖典礼活动。

【教师培训】坚持高端项目做精做强，精品项目做实做细，常规项目做全做好。“中原千人计划”中原教学名师、中原名师、省级名师、省级骨干教师培养成效显著。郑州外国语学校郑美玲教师入选“中原千人计划”，郑州市两名教师被河南省教育厅授予2018年度中原名师称号，全市73名教师被确定为河南省名师，562名教师被确定为河南省骨干教师，有26名教师确定为河南省名师培育对象，43名教师确定为河南省骨干教师培育对象。2018“国培”共有乡村教师访名校项目、乡村校园长培训项目、示范性项目，惠及全市900名乡村教师。“省培”包括示范性项目、一般性项目和专项项目3项，共有280名教师参加培训，省教育厅实施的高中骨干教师专项培训计划中，郑州市共有90人参与培训。市级培训项目分层次精准化推进，完成2018年18个项目的集中专项培训，培训人数6007人。

【名师队伍建设】郑州市有中原名师工作室10个，郑州市杰出教师工作室10个，网络名师工作室25个，名师工作室48个。各层级名师在较好完成本职工作的同时，还承担了“国培”、“省培”项目以及部分市级培训授课任务，辐射带动作用显著，为促进郑州教育的均衡发展、优质发展作出了重要贡献。

【校长队伍建设】实行校长、书记“一肩挑”，开展校长职级制改革研究。出台校长培育三年行动计划，推进优质初中校长跟岗研修和学习培训，加强校长能力培训提升，启动第三批郑州市小学名校长培养工程。市教育局举办3期局属单位党支部书记、党建专干及优秀共产党员、党务工作者党性教育培训、102名副校级后备干部能力提升项目培训班、基层党组织“迎七一学、考、赛党员业务知识竞赛”。持续推进“万名党员进党校，锤炼党性铸忠诚”行动。

【班主任队伍建设】在市级班主任建设基础上，遴选推荐河南省优秀班主任18名；评选推荐省级名班主任工作室主持人9名，8所学校被命名为省级名班主任工作室；推荐首届河南省中小学班主任基本功大赛候选人，全市9名班主任获奖，占获奖总人数的12.9%，郑州市教育局被评为优秀组织奖。2018年，郑州市被命名为河南省班主任工作实验区。

（张梦晗）

教育管理

【教育督导与评估】落实县级政府职责，推进区域义务教育均衡发展，顺利完成国家义务教育质量监测抽样监测工作，“全面改薄”专项督导顺利完成。开展郑州市第一轮幼儿园办园行为督导

2018年9月10日，2018郑州最美教师颁奖典礼举行（市教育局/供图）

评估工作，面向3~6岁儿童提供保育教育服务的幼儿园(包括附设幼儿班、幼教点以及未取得办园许可的幼儿园)，以薄弱幼儿园为重点。各县级教育督导机构按照市督导办评估工作要求制订了本县（市）区幼儿园办园行为督导评估工作计划，指导幼儿园进行自评。幼儿园达标升级工作有序开展，2018年，申报上等级幼儿园共计168所，参加复评验收的共计39所，市督导办2018年共组织评估幼儿园97所。市教育局直属学校第二轮三年发展规划（2015—2018）终结性督导评估顺利完成，从学校管理创新、队伍建设、课程与教学、办学特色、校园文化、设施建设、德育建设、教育科研等主要方面，客观评价了学校三年来为实现规划各项预定目标采取的措施和效果。开展各县（市）区中小学校三年发展规划抽验评估工作及第二轮市教育局直属学校三年发展规划课题研究工作，加强督导队伍建设和信息化建设，提高督导内驱力。

【教育信息化建设】 围绕教育部《教育信息化2.0行动计划》总体要求，市教育局制订《郑州市教育信息化2.0三年行动计划（2019—2021）》。对各县（市）区及市教育局直属学校校园网和班班通网络进行24小时值守监控，确保学校正常网络使用需求；开展系统内网络巡查，保障郑州教育城域网运行通畅。扩充资源、应用拓展，全面提高网络学习空间人人通应用水平，郑州教育云资源公共服务平台教学资源达105万余条，总容量16T，注册教师用户9.5万人、学生用户46万人，家长用户47万人，资源平台月活跃用户1.5万人，平台各栏目访问量411万次，资源总用量达到607万次。稳步推进、做好服务，确保招生考试信息化应用安全稳定，通过多种形式，利用校园版考务管理系统，做好网上评卷与数据分析工作，为继续深化中小学教育质量综合评价改革实验提供基础数据支撑。

【学校布局规划建设】 2018年，市区共新建改扩建中小学校38所，往年建设项目投入使用22所，超额完成市政府明确的任务目标。推动高中段学校建设，郑州四中高中部新校区、郑开学校新校区、郑州四十七中高中部东校区、郑州一中航空港校区等4所学校全部开工。中职学校布局优化调整顺利，郑州市经济贸易学校、郑州市信息技术学校按期入驻职业教育园区（郑州旅游职业学院新校区），郑州市艺术工程学校、郑州市商贸管理学校搬迁至郑州旅游职业学院老校区。积极推进郑州市国防科技学校、郑州市电子信息工程学校、郑州市职业教育公共实训中心和郑州市科技工业学校迁建项目。

【招生考试工作】 组织2018年理化生实验操作考试，郑州市区共5万余名在籍初中毕业生报名参加。发布《2018年郑州市市区普通高中招生工作意见》，组织2018年中招考试的报名、考试、录取等相关工作，2018年，共有4.9万名初中毕业生报名参加市区中招考试，普通高中招生3.6万人，总招生数占报考毕业生人数的73.42%。市教育局指导5县（市）及上街区组织好中招考试。指导市内各区完成小学、初中入学工作。科学制订郑州市市区小学毕业生初中入学工作和小学入学工作通知。指导协调各县（市）区完成2018年义务教育阶段招生入学工作，明确全面实施消除大班额专项计划，严格控制小学一年级、初中七年级起始年级的班额。2018年，全市义务教育阶段学校招生25.1万人。其中，小学15.4万人，初中9.7万人，免试就近入学的学生达到了90%以上。郑州市义务教育阶段学校新生入学已全部实现66人以上超大班额零增量，56人以上大班额比例明显下降。妥善安排好随迁子女入学工作。积极安排随迁子女入学，义务教育阶段全年全市共接收随迁子女新生入学共6.7万人，其中，小学4.4万人，初中2.3万人；中招时凡郑州市市区初中学校在籍就读的应届初中毕业生，均可报考郑州市市区普通高中，全年市区共录取随迁子女11611人，占市区录取总人数的32.2%。入学后，保证随迁子女与本市学生“同班就读，同步发展”。

【校园安全】 举办平安建设宣传月、“119”消防宣传月等重大教育宣传活动，配合预防未成年人溺水专项治理活动，加大宣传教育力度。继续遵循“力度不减、标准不降”的原则做好安全检查工作。扎实开展常规性安全检查，县（市）区、学校坚持开展安全自查，适时开展专项检查。在校园安全风险防控体系建设过程中，齐抓共管、凝聚力量做好学校安全工作。开展校园及周边治安综合治理工作。组织召开了校园周边交通秩序综合治理工作推进会和郑州市教育局校园周边道路交通秩序综合治理点评会，对市内几个重点区域的学校周边进行督查暗访。开展“六员进校园 合力保平安”活动，下发《关于做好“六员进校园 合力保平安”推进会准备工作的通知》，组织召开工作推进会，表彰优秀“六员”工作者和单位。郑州市教育局联合市综治办、人民法院、人民检察院、公安局等11部门印发《郑州市加强中小学生欺凌综合治理实施方案》的通知。《方案》明确了学生欺凌防治详细实施内容及措施，深入细致开展学生欺凌防治专项治理工作，做到加强领导、完善制度，开展教育、注重预防，学生欺凌校园暴力综合治理工作取得明显成效。

【依法治教】 坚持教育行政机关法律咨询专家委员会制度，完善教育部门和学校的常年法律顾问制度，持续实施领导干部学法计划，全面落实行政执法责任制，强化服务型行政执法建设。加强规范性文件法制审核工作，截至2018年11月，审核规范性文件9件。市教育局第一季度规范性文件审核备案工作受到郑州市人民政府办公厅通报表扬。制发《郑州市教育局关于开展第六批省级依法治校示范校创建工作的通知》，开展依法治校示范校创建；制发《郑州市教育局关于组织开展第三届“学宪法讲宪法”活动的通知》，在全市教育系统开展学宪法讲宪法活动，并开展表彰活动。

（张梦晗）

科技

综述

【概况】 2018年，郑州市科技工作认真贯彻落实全国、全省科技工作会议精神，围绕“四重点一稳定一保证”工作总格局，深入实施创新驱动发展战略，坚持以支撑国家中心城市建设为统揽，以建设郑州国家自主创新示范区为引领，加快培育引进创新引领型企业、平台、人才和机构（“四个一批”），不断壮大创新主体，加快汇聚创新资源，着力强化科技服务，持续优化创新创业环境，大幅提升自主创新能力，引领支撑全市经济高质量发展。

科技创新综合实力显著增强。2018年，专利申请量达到7.5万件，同比增长48.4%；专利授权量达到3.1万件，同比增长45%；万人发明专利拥有量达到13.1件，同比增长21.3%。新认定公示高新技术企业671家，有效高新技术企业达到1331家，占全省总数的39.8%，比上年增长55.5%；新培育科技型企业1041家，比上年增长32.1%。“智汇郑州·1125聚才计划”引育创新创业高层次人才236人，其中顶尖人才团队7个。科技进步贡献率达到63%。

创新引领型机构活力有效激发。中科院过程所承担政府和企业项目19项，合同额达3195万元；郑州信大产业技术研究院与45家企业签署合作协议，已成立、入股12家企业。

民生科技不断发展。组织实施惠民计划项目20项，加大对全市人口健康、公共安全等先进适宜技术的推广应用支持力度，让更多的科技创新成果走进基层，惠及百姓。深入推进科技扶贫工作，开展科技特派员助力脱贫攻坚活动，组织成立6个科技特派员服务队，选派75名市、县科技特派员。编印科技创新政策汇编，深入开展科技型中小企业“双提升”暨高新技术企业“中原行”、研发投入、科技金融、技术合同登记等科技政策宣讲及业务培训活动，举办郑州市科技活动周、科技下乡等活动。

【自创区建设】 确定“一区四园多点”的整体框架。经省政府常务会议研究通过，郑州片区确定了“一区四园多点”的整体框架，即：以高新区为核心区，以航空港区、郑东新区、经开区、金水区为辐射园区，以核心区和辐射园区之外的41个高校、科研院所和有国家级创新平台的重点企业为辐射单元。核心区高新区体制机制改革取得重大突破。实施管理体制与人事薪酬制度改革，职能部门由36个合并压减到10个，实现全员聘任；出台《郑州高新技术产业开发区暂行规定》，为高新区扩权赋能；出台《关于高新技术产业开发区新型产业用地试点的实施意见》，在全省率先推出新型产业用地（M0）试点，首次试行工业用地兼容商业用地新政策。重点项目引领作用突出。中铁工程装备集团、安图生物、宇通客车和信大捷安等单位承担的5个专项、共13个课题，被列入河南省首批创新引领型产业集群专项，共获得省级科技财政支持8550万元，带动研发总投资近8亿元。

【创新企业培育】 创新引领型企业不断发展壮大。推荐申报省级科技创新龙头企业15家，科技小巨人（培育）企业90家。推荐申报高新技术企业700家，获批公示671家；新培育科技型企业1041家，累计培育科技型企业4283家。三磨所、河南思维等一批创新龙头企业继续带动行业发展，汉威、新天科技等高新技术企业规模不断壮大。

【创新型平台建设】 新建各级各类研发中心325个，其中，省级工程技术研究中心124个，省级重点实验室15个，省国际联合实验室16家；市级工程技术研究中心98个，市级重点实验室52个，市级企业技术中心36个。全市累计建设市级以下研发平台2733个。

郑州宇通客车股份有限公司荣获中国工业大奖（郑州经开区管委会/供图）

【科技人才队伍建设】 2018年，第三批“智汇郑州·1125聚才计划”新入选人才236人，项目88项，其中，两院院士领衔的顶尖人才团队7项，创新创业领军团队19项，创新领军人才31项，创业领军人才6项，创新紧缺人才15项，创业紧缺人才10项，郑州市给予奖励资金总额1.75亿元。“聚才计划”累计入选项目323个，引进海内外高层次创新创业人才771人，其中两院院士23人、高层次专家74人、长江学者7人。

【科研机构引进】 郑州市与国内知名院所和高校对接，中国科学院计算所郑州分所（大数据研究院）落户郑东新区，与浙江大学就共建研究院达成共识。郑州市与北京大学、北京航空航天大学等知名院校合作共建新型研发机构。全市引进培育研发机构17家，获省科技厅备案13家，河南省重大新型研发机构4家。

【科技创新服务】 各类创新服务平台作用发挥明显。国家专利审协河南中心开展社会服务项目30余项，培训知识产权人才3000余人次；国家技术转移中心项目累计完成投资额3.59亿元；河南郑州国家农业科技园区顺利通过科技部验收；河南省中国科学院科技成果转移转化中心、河南省技术产权交易所在促进科技成果转化和技术交易方面发挥了突出作用。积极吸引“高端技术转移服务机构”集聚，浙江大学、上海交通大学、西安交通大学等在郑州市建立技术转移中心，新建科技公共服务平台6家，新建郑州市技术转移服务机构3家，新增技术交易机构126家，截至2018年年底，全市国家网技术合同认定登记4349项，技术合同成交额82.34亿元，较上年增长160%。实施“开放共享服务绩效评价制度”，提升大型科研仪器使用效能，共享使用数量达到5536台（套）。

知识产权战略深入实施。推进国家知识产权强市、知识产权运营服务试点城市、知识产权服务业集聚发展示范区、专利导航产业实验区、国家知识产权创意产业试点园区建设，深入开展知识产权宣传活动、执法维权“护航”专项行动，不断加强知识产权创造、运用、保护、管理和服务。

科技金融结合日趋紧密。推进“郑科贷”业务，设立5000万元的科技贷款风险补偿准备金，遴选8家合作银行，缓解科技型中小企业融资难问题。实施科技金融资助项目108项，补助资金1184.96万元，缓解科技型企业融资贵的问题。推动政策性担保机构建设，市科技局出资5000万元参股郑州市中小企业担保有限公司，专项为科技型企业贷款融资提供担保服务。

【科技计划管理改革】 开发“郑州市科技业务管理系统”，进一步提升“互联网+政务服务和科技计划管理”水平，完成科技计划和科技活动的全流程信息化管理，实现“数据多跑路，企业少跑腿”的申报方式。强化创新驱动发展战略研究和顶层设计，资金使用通盘考虑全市各类科技投入和各类科技资源配置，2018年，重点围绕科技型企业和高新技术企业培育、研发投入补助、重大科技创新专项、创新创业载体建设、科技服务奖补、技术转移、科技金融、惠民计划、国际科技合作等，实施6大类别17个专项计划，全年共评审研究各类科技项目资金89337.38万元，比2017年科技项目资金增长80%。已完成9批市级科技计划项目经费拨付，支持项目1899项，下达经费39008万元。争取省级以上项目602项，资金32165.71万元。

改革涉企财政科技经费使用方式，建立适应创新规律的科研项目和资金管理机制，引导各类创新主体将创新资源更多投入到研发活动，鼓励企业按照国家战略和市场需求先行投入开展研发，逐步由原来的竞争性、点对点的支持转变为以奖代补、后补助支持，支持范围由竞争性的择优选拔向满足基本条件的普惠制转变。2018年，郑州市采取后补助方式的科技经费占总费用的94.3%。总结科技评审采取政府购买服务的工作经验，逐步推行并实现科技行政管理部门与科技计划项目评审脱离，采取政府购买服务的方式，逐步将项目评审、过程管理和验收等事项交由规范的第三方专业机构负责。创新科技计划管理模式，总结“郑州市协同创新重大专项（郑州大学）”经验，适时推广郑州市协同创新重大专项模式，拉动研发投入，加强产学研合作，促进高等院校科技成果转化。

【创新创业环境】 创新创业氛围日益浓厚。举办“郑创汇·国际创新创业大赛”“第七届中国创新创业大赛河南赛区比赛”“首届世界传感器大会”“双12双创日暨第四届中国创客领袖大会”“强网杯”大赛等活动，其中“郑创汇·国际创新创业大赛”共举办5期月赛和2017年度总决赛，海内外1300多个创新创业项目报名参赛，线上传播量超过120万人次，品牌效应显现，大赛中脱颖而出的“一步用车”“UU跑腿”等项目，业务已拓展到全国近百个城市。

创新创业综合体形成较大规模。2018年，全市新认定（组建）省级孵化器10家，占全省50%；新备案省级众创空间10家，占全省的43.5%；新备案省级专业化众创空间2家，占全省的40%。截至2018年年底，全市已建成各类创新创业载体211家，总面积突破850万平方米，在孵企业团队超过1万家，其中，政府主导的20个创新创业综合体基本建成，总面积585万平方米，入驻企业3737家，引进高层次领军人才565名、人才团队813个，培育新三板上市企业28家，拟上市企业32家。

创新创业孵化体系基本构建。全市形成了以创新创业综合体为带动，科技企业孵化器、众创空间为支撑的三级孵化体系。河南省大学科技园在美国硅谷成立办事处。中美国际创业港科技企业孵化器在硅谷建立异地孵化器，实现双边同步孵化。2018年，首都科技发展战略研究院中国城市创孵指数排名，郑州居第13位。

（张志刚）

防震减灾

【概况】 2018年，郑州市防震减灾工作深入学习贯彻落实党的十九大精神，认真落实国务院防震减灾工作联席会议和省、市防震抗震指挥部会议工作部署，紧紧围绕“四重点一稳定一保证”工作总格局和市委、市政府中心工作，大力推进监测预报、震害防御、应急救援等防震减灾体系建设，为全市经济社会高质量发展和国家中心城市高质量建设提供地震安全服务和保障。

震情短临跟踪工作。根据郑州市及其周边地区震情形势，进一步坚持和强化“震情第一”的观念，市、县（市）区地震监测部门根据2018年国家和河南省震情会商结果，制订各级《2018年度震情短临跟踪工作方案》。市地震局完善全市震情短临跟踪领导和工作机制，切实加强异常落实和震情短临跟踪工作。2018年，郑州市测震、前兆、宏观观测资料未发现异常。

群测群防工作。市地震局完善地震宏观观测点观测制度，强化职责，加强对各县（市）区宏观观测点管理的督查，定期核实宏观观测点数量、观测人员情况、通信方式、观测项目、观测地点等。对县（市）区宏观观测点管理工作进行督查，实现宏观观测点属地化管理。并将宏观观测点检查结果向县（市）区地震部门进行通报，同时向省地震局报告。截至2018年年底，全市建成68个地震宏观观测点，每个地震宏观观测点常驻1名宏观观测员。

应急避难场所建设。市政府投入资金1000万元，加快推进应急避难场所建设和已有设施的提升改造。2018年，新建应急避难场所8处，升级改造应急避难场所5处。

防震减灾科普教育基地、科普示范学校、示范社区建设。市地震局制发年度防震减灾科普示范学校、示范社区创建工作方案，推进防震减灾科普示范学校和地震安全示范社区创建工作。2018年，郑州市创建省级防震减灾科普学校3所，创建全国综合减灾示范社区8个。

【贯彻落实党的十九大精神和习近平防灾减灾救灾新理念】 市地震局坚持把学习宣传贯彻十九大精神作为重中之重，坚持用习近平新时代中国特色社会主义思想武装头脑、指导实践、推动工作。坚持以人民为中心的发展思想，认真贯彻落实习近平总书记关于防灾减灾救灾重要论述、《中共中央 国务院关于推进防灾减灾救灾体制机制改革的意见》和《中共河南省委 河南省人民政府关于推进防灾减灾救灾体制机制改革的实施意见》，认真履职尽责，协调配合，扎实做好防震减灾各项工作。

组织召开全市防震抗震指挥部会议暨创建国家防震减灾示范城市推进会议，贯彻落实党的十九大精神和习近平新时代中国特色社会主义思想以及习近平防灾减灾救灾重要论述，传达贯彻落实国务院防震减灾工作联席会议和省防震抗震指挥部会议精神，对全市的防震减灾工作安排部署，对郑州市创建国家防震减灾示范城市工作进展情况进行阶段总结和安排部署。按照《河南省2018年防震减灾工作台账》要求，确定13项防震减灾和创建国家防震减灾示范城市重点督办工作，每个季度督查1次进展情况。制订、发布一系列开展监测预报、抗震设防要求管理深化放管服改革、防震减灾示范创建、应急救援、创建国家防震减灾示范城市的方案和指导性文件。

【地震监测预报预警】 加强地震监测台站的运维和管理工作。市、县（市）区地震监测部门及时处理上报前兆、测震等地震数据，按时上报前兆、测震月报，按要求完成前兆数据异常跟踪分析等工作。市地震局加强运维巡检工作，对尖山、航海地震台和新郑、新密等县（市）地震台前兆仪器进行定期巡检和维护，做好汛期台站保护工作，保障仪器正常运转、观测资料连续可靠。

推进地震台网建设工作。2018年，郑州市全面启动县（市）地震台站新增观测项目宏观勘选工作。市地震局制订郑州市新建地震台站方案，开展郑州市地震台网中心二期建设。同时组织对各县（市）及上街区台站建设进行调研督导和新增观测项目宏观勘选。上街地震台新增的观测项目已投入运转，尖山地震台和登封市、荥阳市、新密市地震台完成了宏观勘选，对新郑市地震台站新增项目建设选址工作进行督导推进，中牟地震台已开工建设。按照省地震局的要求，市地震局完成全市地震台站接入政府电子政务外网工作，并启动河南省国家地震预警和烈度速报项目郑州市台站建设工作，核实全市台站位置，有序开展预警台站建设。

落实会商改革要求，提高会商质量。按照《郑州市震情会商改革方案》，市地震局组织防震减灾中心和台站技术人员，认真分析地震资料，研判震情形势，按时召开周、月、季度、年中和年度等系列地震会商会议。组织编写郑州市及其邻近地区2018年下半年和2019年度地震趋势会商研究报告。参加河南省和河南省中东部协作区2018年下半年和2019年度地震趋势会商会。

地震联防工作。郑州市参加晋冀鲁豫交界区第56、57次地震联防会，会议期间召开联防区震情会商会，联防区成员单位专家分析联防区的地震形势。促进了晋冀鲁豫交界区地震交流，实现了资源信息共享，不断提升联防区的防震减灾工作水平。

【震害防御】 推进抗震设防要求管理改革工作。按照市委、市政府部署，市地震局组织全市各级地震监测部门到杭州市、嘉兴市进行学习考察，围绕简政放权、放管结合、优化服务改革要求和“审管分离、受审分离”的工作思路，推行“双随机、一公开”工作机制，实施“一口受理”措施，创新政务服务新模式，不断深化“放管服”改革，推进服务便民工作。服务河南自由贸易试验区郑州片区建设，协调做好优化抗震设防政务服务环境和管理服务工作，增强郑州市建设工程应对地震灾害的抗御能力。全年，共办理建设工程抗震设防要求确认书844项。

推进地震小区规划和活断层勘查工作。督导航空港区、新密、荥阳、上街等开发区、县（市）区落实计划推进任务。市地震局会同郑州航空港区相关部门与中国地震局对接，郑州航空港区活断层探测与地震危害性评价项目已经形成实施方案，项目前期准备工作有序进行。

推广减隔震技术应用。根据住建部《关于房屋建筑工程推广应用减隔震技术的若干意见》要求，市建委、市地震局加强减隔震技术的推广应用，促进房屋建筑工程抗震防灾能力得到进一步提升。郑州市民活动中心、郑州美术馆、档案史志馆、郑州市奥林匹克体育中心等重点工程项目均采用了减隔震技术。

【震害应急管理】 完善应急预案体系建设。市地震局结合震情形势，市、各县（市）区地震监测部门制订下发《2018年郑州市地震应急准备工作方案》，对2018年的地震应急准备工作进行安排部署，做好地震应急的各项准备工作。根据实际，市地震局修订完善《2018年郑州市地震应急工作预案》《郑州市地震系统应急预案》《郑州市地震局地震预案》等预案。同时指导各县（市）区制订本级《地震应急工作方案》和完善本级《地震系统应急预案》。

地震应急指挥系统建设管理。市地震局完成地震应急指挥系统日常维护，以及应急现场工作队员手持应急通使用操作培训，参加省地震局组织的应急通系统、灾情评估系统、海事卫星电话和视频会议系统等的月运维测试，保障地震应急指挥技术系统安全、正常、规范运行，保障地震应急高效有序响应。推进县（市）区地震应急指挥系统建设，下发《关于加快地震应急指挥系统建设的通知》，各县（市）区积极申请应急指挥系统建设经费、制订规划设计和建设方案，为应急指挥系统建设做好前期准备。新密市投资11万元，完成应急指挥系统建设，并实现省、市联网。

地震灾害救援力量建设和演练。市地震局认真落实地震现场工作队“四定”措施，组织现场工作队员开展快速反应、迅速集结、地震流动监测、地震应急通V3系统操作等科目训练，加强对现场工作装备的维护保养。同时举办3期防震减灾业务和应急管理能力培训班。并组织郑州市应急救援队伍参加焦

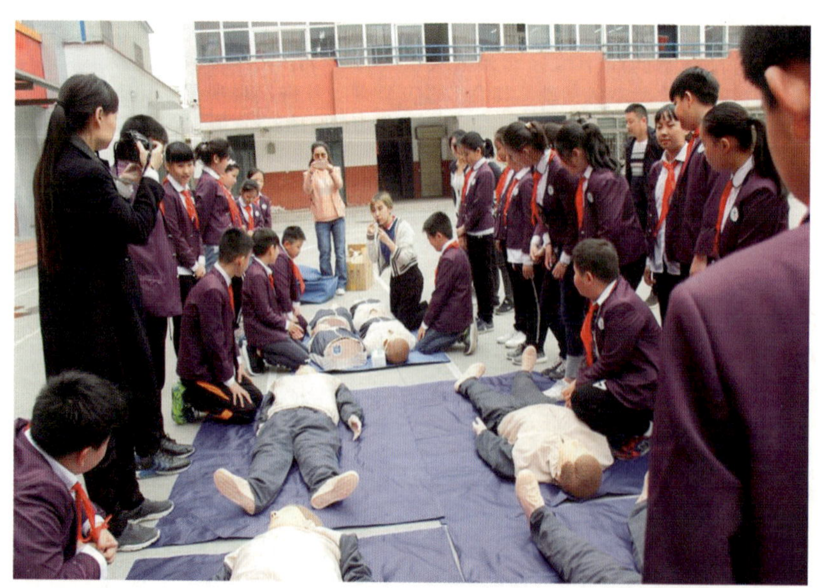

2018年5月12日，市地震局组织开展防震减灾移动科普宣传进校园活动（张 伟/摄）

2018年12月13日，全市地震应急管理业务培训班举行（王家岭　应急处/供图）

作市地震局承办的豫北应急联队演练。5月，下发《关于组织开展地震应急疏散演练活动的通知》，各县（市）区中小学校全部按要求完成了至少1次以地震发生为背景的防灾避险演练活动。完成全市地震灾害综合应急救援力量和专业应急救援力量统计和调整补充，并指导其开展相关应急救援演练。截至2018年年底，市本级有综合应急救援队4支，共675人；专业应急救援队14支，共1600余人。

灾害预评估系统建设。郑州市建立健全突发事件调查评估系统，市地震局按照《地震灾害损失预评估与应急处置要点工作指南》要求，确定荥阳市、新密市、上街区、二七区和管城区为2018年灾害预评估先行试点。每月定期收集和上报县（市）区综合国情数据库信息资料，包括建筑特征、交通概况、重要目标、避难场所、地质构造、历史地震等内容，全面及时掌握基础设施、重要资源抗御地震的灾害信息，完善重要基础设施风险隐患数据。

【防震减灾宣传教育】 广泛开展防震减灾宣传教育活动。创新宣传形式，结合创建国家防震减灾示范城市和汶川地震十周年、“7·28”唐山大地震纪念日活动，广泛开展防灾减灾宣传，做到报纸有文字、电台有声音、电视有影像、网络有信息，并充分利用微博、微信等新媒体开展宣传。开展防震减灾移动科普进校园和学校地震应急疏散演练等活动，借助河南卫视、郑州电视台、郑州人民广播电台、《郑州日报》等媒体开展宣传报道。全年，各项宣传活动布放宣传展板200余块，发放宣传资料7万余册。

开展防震减灾知识“六进”活动。重点加强在学校、社区、企业、农村的宣传活动，通过发放宣传资料、悬挂横幅、张贴宣传图片、开设宣传橱窗、出黑板报等形式，有针对性地开展防震减灾宣传活动。通过开展农村民居地震安全示范点和农村地震安全服务站建设工作，深入乡村广泛开展宣传活动。截至2018年年底，全市建立农村民居地震安全示范点和农村地震安全服务站4个。

【制作、推广动画影视宣传短片】 市地震局创新宣传形式，策划制作6集以“六进”活动为主要内容的防震减灾知识宣传教育片。纪念“5·12”汶川地震活动期间，市地震局联合多家新闻媒体，以及市交通委、市教育局、市卫健委等多家单位，在公交、地铁、客运站、医院、学校、社区等公共场所进行播放，广泛宣传。同时，利用微信公众号、网站进行播放，进一步扩大了宣传覆盖面。

【开展移动科普体验馆活动】 纪念“5·12”活动期间，市地震局联合北京市联创立源科技有限公司，立足郑州市中小学校，在二七区长江路小学、中原区实验小学开展防震减灾知识宣传活动，主要内容包括，移动科普体验馆和逃生自救体验馆体验。省、市电视台及广播电台对该项活动进行了宣传报道。

【国家防震减灾示范城市创建】 做好创建推进工作。年初，郑州市召开2018年全市防震抗震指挥部会议暨创建国家防震减灾示范城市推进会议；11月，在上街召开创建国家防震减灾示范城市现场观摩和推进会议，对创建国家防震减灾示范城市工作进展情况进行现场观摩、阶段总结和安排部署。

营造创建浓厚氛围。市地震局编发《郑州市创建国家防震减灾示范城市简报》12期，在市地震局网站发布创建国家防震减灾示范城市工作动态。并利用地震安全示范社区、科普示范学校和防震减灾教育基地等平台，与新闻媒体合作，结合创建工作，开展丰富多样的防震减灾创建宣传活动。新密市通过在广播电视台开辟“创城之声”专题节目，及时发布创建信息。

创建各项任务有序推进。按照“创城”工作指标体系任务要求，市地震局加强对各县（市）区创建工作的监督指导，印发9个创建国家防震减灾示范城市工作文件，加快推进“创城”工作开展。重点对创建方案、防震减灾科普教育基地、地震小区划及活断层调查等工作进行技术指导及监督检查，郑州航空港区活断层调查工作已经形成方案，项目前期准备工作有序展开。郑州市加强建设工程减隔震技术应用的推广，提升房屋建筑工程抗震防灾能力。推进地震安全示范县、示范企业创建工作，督促上街区、新密市防震减灾示范县（市）区创建工作。市地震局联合规划、城建、房管等相关部门，制发实施方案，推进城镇既有房屋的抗震性能普查工作。市地震局以倒推方式制订计划实施方案，详细分解目标责任，制订进度工作台账，落实工作责任。

（陈启佳）

气象服务

【概况】 2018年，郑州市气候影响评价总体属一般年景。全年平均气温偏高，降水量略偏少，日照时数略偏多；气候总体适宜，未出现极端灾害性天气，总体气候特点对整个国民经济的影响是利大于弊。

【气温】 全市平均气温偏高。2018年，郑州平均气温15.9℃，较常年同期偏高1.1℃，比上年偏低0.2℃。其中冬季平均气温2.3℃，较常年同期偏高0.5℃，比上年同期偏低1.5℃；春季平均气温17.2℃，较常年同期偏高1.8℃，比上年同期偏低0.1℃；夏季平均气温28.2℃，较常年同期偏高2.1℃，比上年同期偏高0.9℃；秋季平均气温16.0℃，较常年同期偏高0.8℃，比上年同期偏高0.4℃。

年极端最低气温-10.4℃，2018年1月28日出现在新密。较常年同期偏高4.3℃，比上年同期偏低3.1℃。年极端最高气温39.4℃，2018年7月25日出现在郑州市区。较常年同期偏低1.9℃，比上年同期偏低1.6℃。2018年夏季全市高温日数13天（登封）-33天（荥阳、中牟）；全市平均高温日数为27天，在近10年内，和2013年、2017年并列为第一多高温日数。

【降水】 全市降水量略偏少。2018年，郑州平均降水量576.8毫米，较常年同期偏少8%，比上年偏多5%。其中

1961—2018年平均气温历年变化曲线（℃）

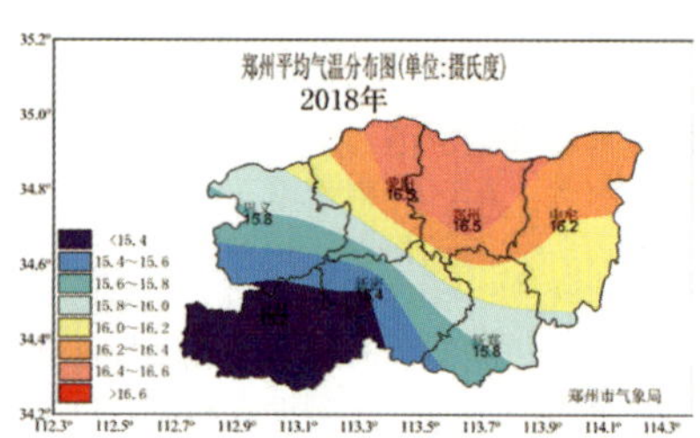

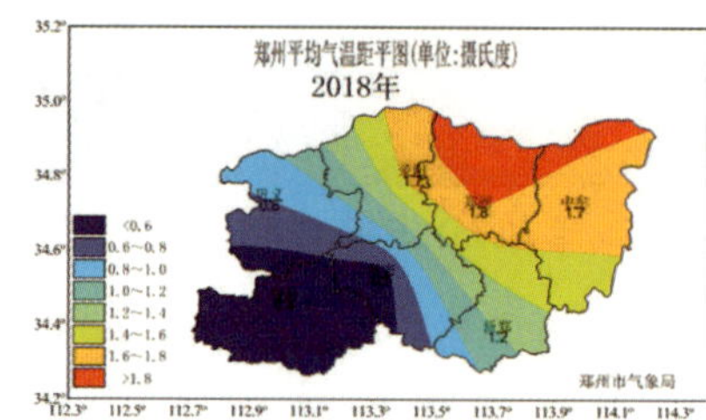

2018年平均气温（左）及距平（右）分布图

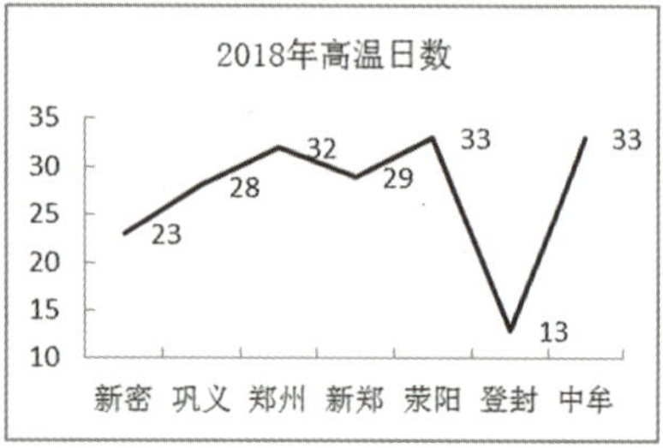

2018年全市高温日数（天）

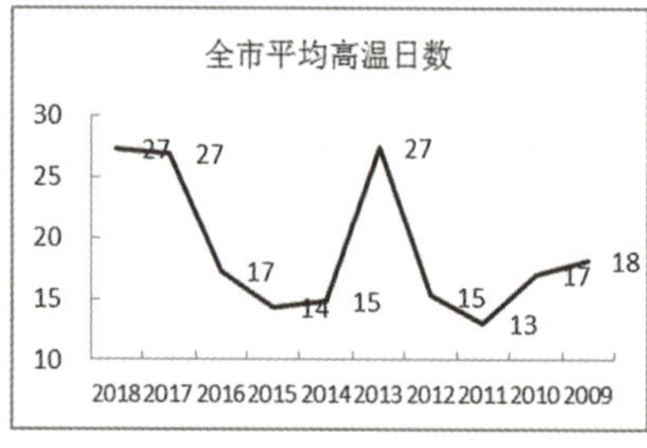

近10年全市平均高温日数（天）

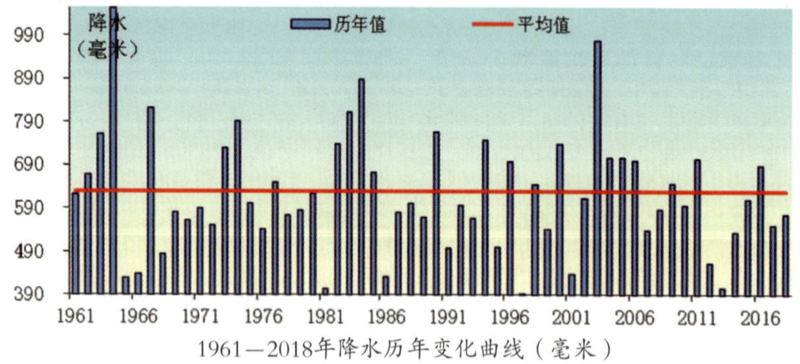

1961—2018年降水历年变化曲线（毫米）

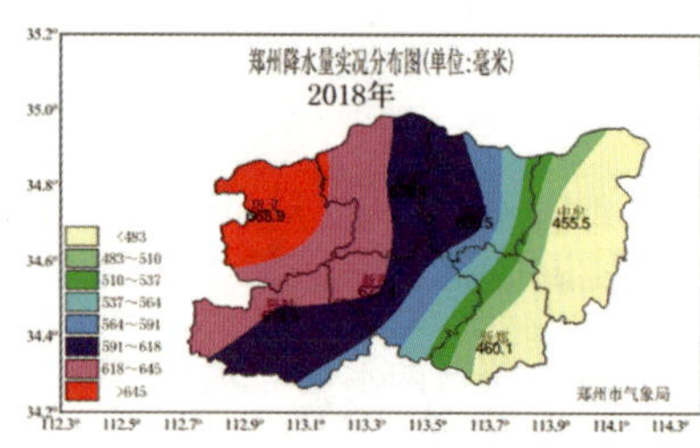

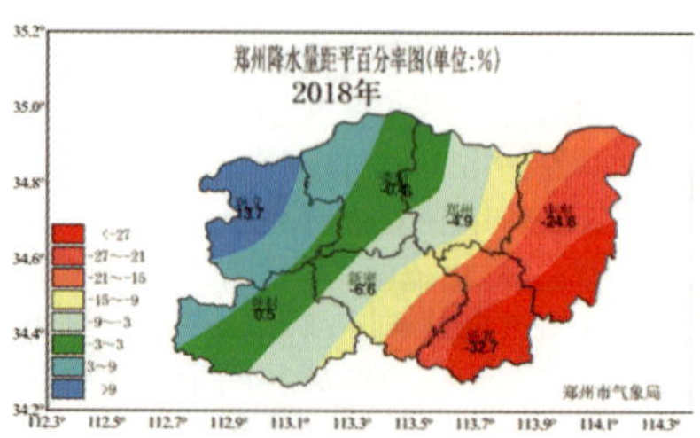

2018年降水（左）及距平百分率（右）分布图

冬季平均降水量27.4毫米，较常年同期偏少17%，比上年同期偏少48%；春季平均降水量167.9毫米，较常年同期偏多43%，比上年同期偏多69%；夏季平均降水量256.2毫米，较常年同期偏少26%，比上年同期偏少3%；秋季平均降水量117.5毫米，较常年同期偏少13%，比上年同期偏少26%。

【日照】 全市日照时数略偏多。2018年，郑州平均日照时数2027.6小时，较常年同期偏多29.4小时，比上年同期偏少43.5小时。其中冬季平均日照时数458.3小时，较常年同期偏多46.3小时，比上年同期偏多69.0小时；春季平均日照时数562.7小时，较常年同期偏少21.4小时，比上年同期偏少63.5小时；夏季平均日照时数627.3小时，较常年同期偏多77.4小时，比上年同期偏多19.6小时；秋季平均日照时数470.8小时，较常年同期偏多6.1小时，比上年同期偏多72.2小时。

【主要天气气候事件及影响】 暴雪、寒潮、大风降温。1月2—7日，郑州市出现两次大范围降雪过程，为2018年冬季范围最大、强度最强的降雪过程。其中3日08时到4日17时全市出现大雪，局部暴雪天气，降水量8.7—17.6毫米，积雪深度 7—15厘米；1月6日08时至7日05时全市出现中到大雪天气，降水量3.2—6.9毫米；郑州观测站5日凌晨最低气温-9.2℃。积雪对交通出行造成不利影响，部分高速公路实行短时交通管制。大风降温对设施农业、养殖业有一定不利影响，据市民政局统计，此次过程未造成灾情发生。降雪有效补充了大田土壤水分，改善了土壤墒情，对小麦安全越冬和降低病虫害越冬基数有利；降雪及大风有利于提升空气自洁能力，有利于污染物的扩散。3月15—16日，受冷空气影响，郑州市出现明显的大风降温天气过程，有6级左右偏北风，局部地区阵风9级，气温较前期大幅度下降，16日早晨最低气温3.5摄氏度。此次大风对市民出行等户外活动安全性造成不利影响；市区多棵大树刮断阻挡道路，多条施工围栏及护栏刮翻，墙砖脱落，砸坏一些交通工具等；巨型广告牌倒塌造成交通阻塞；施工地钢架防护网被狂风刮翻。此次天气过程未对农业生产造成明显不利影响。4月3—7日，先后受两股较强冷空气影响，郑州有明显的大风降温天气过程。出现7—8级东北风，局地阵风9级以上，并伴有浮尘或扬沙；气温较前期大幅下降，郑州市区7日最低气温-1.7摄氏度。此次过程对冬小麦和果树有一定不利影响，对清明假期的交通出行和户外活动造成不利影响。

夏季暴雨。6月24—26日，受副高边缘及低层切变线的影响，郑州市全区出现1次雨量分布不均的天气过程，

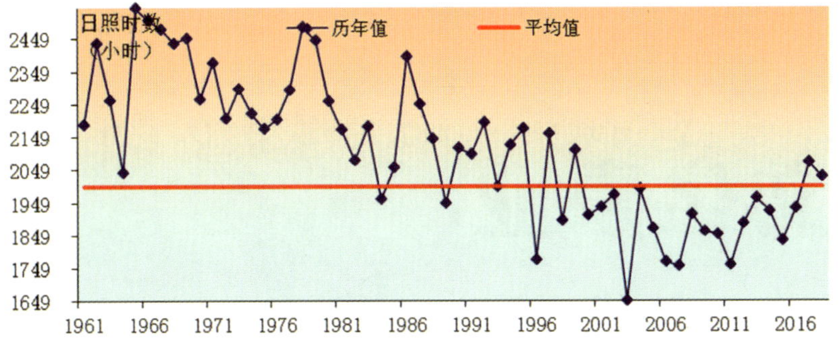

1961—2018年平均日照时数历年变化曲线（小时）

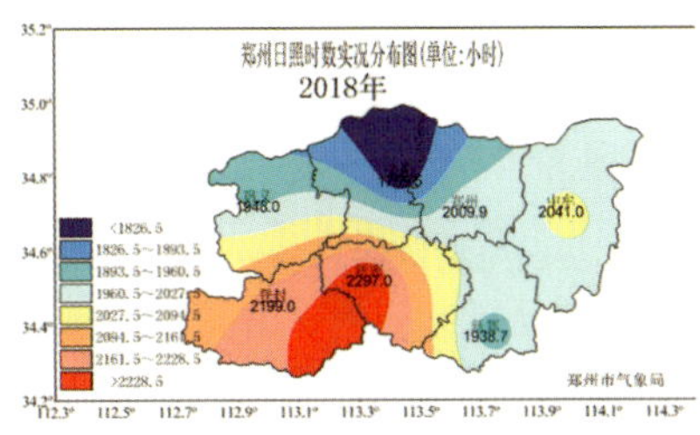

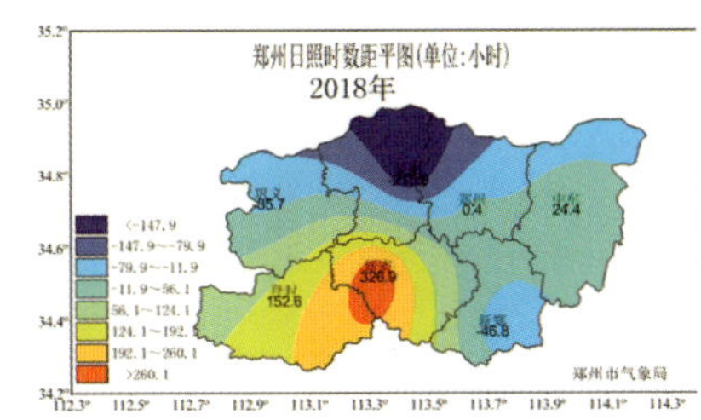

2018年平均日照时数（左）及距平（右）分布图

25日夜里伴有雷电，其中巩义市、荥阳市、郑州市区、中牟县局部出现暴雨。8月3—6日，受台风“云雀”影响，郑州市全区出现雨量分布不均的阵雨、雷阵雨天气，较强降水时段集中在5日早晨到夜里。巩义市、登封市出现了暴雨，登封市的颍阳出现了大暴雨，降水量131.7毫米。8月18—19日，受台风“温比亚”外围环流影响，郑州市普降大到暴雨，郑州市东部、西部山区出现大暴雨，最大降水量157.6毫米。受台风影响，17日夜里到18日全市出现平均风力5级、阵风7—8级的东北风，西部的登封出现了极大风速为23.8米/秒的9级阵风。根据市民政部门统计，此次过程造成新密市、荥阳市、中牟县和郑东新区不同程度受灾：受灾人口13223人；农作物受灾面积856.12公顷，其中农作物成灾面积346.79公顷；倒塌房屋户数4户，共11间；倒损树木560棵，道路毁坏240米，电线杆毁坏6根，石堰、路堰塌方510米。造成直接经济损失545.06万元，其中农业损失387.06万元，基础设施损失100万元，家庭财产损失58万元，无人员伤亡。

【气候对行业的影响评价】 气候与农业。2018年冬季没有出现对小麦生长造成严重影响的极端天气。1月份降雪有效补充了土壤水分，改善了土壤墒情，对小麦安全越冬和降低病虫害越冬基数有利；但雨雪天气气温较低，光照不足，对大棚蔬菜瓜果生长较为不利。春季光、温、水条件对冬小麦生长整体有利，4月上旬的强降温天气过程，对冬小麦和果树有一定不利影响。夏季总体光照充足、温度适宜，大部分地块土壤墒情较好，有利于玉米、花生等秋作物生长。8月中旬的暴雨、大风天气过程，少量玉米发生倒伏，但面积小、影响轻。秋季的气候条件对农业生产总体来说利大于弊。9月中、下旬的降水对秋作物收获进度略有影响；其余时间段多晴好天气，光照充足，有利于收获、晾晒、整地播种，以及冬小麦苗期的生长。

气候与旅游。元旦假期，无明显雨雪天气过程，对出游有利。春节期间，有两次弱降水过程，其余时间以多云天气为主，对春节外出旅游、走亲访友、返程等无明显不利影响。清明假期，受两股较强冷空气影响出现了大风、降温天气，对交通出行和户外活动造成不利影响。“五一”假期，5月1日出现了雷阵雨天气，其余时间段天气适宜，适合市民外出旅游。“十一”黄金周，以晴好天气为主，温度适宜，总体有利于出游。

气候与交通。冬季短期的降雪、寒潮、雾、霾天气对交通出行造成一定的影响，其余时间整体对交通有利。夏季由于降水时空分布不均，在市区内强降水地段，短时间内出现积水现象，对城市交通有一定不利影响。11月10—13日，12月1—3日，郑州地区出现大雾天气，多条高速公路实施交通管制，对道路交通、车辆出行造成不利影响。

（张俊杰）

社会文化

【概况】 2018年，在市委、市政府的领导下，全市社会文化建设立足国家中心城市建设大局，现代公共文化服务体系建设向纵深推进，文艺精品创作成绩斐然，文化产业发展提速，文化市场发展繁荣有序。

公共文化服务体系建设。郑州大剧院、市民活动中心、美术馆、杂技馆等重大文化设施建设项目进展顺利，郑州图书馆新馆智能化数字图书馆二期项目完成立项，艺术宫改造一期工程顺利完工。基层综合性文化服务中心建成比例达92.89%。“百姓文化云”市本级和6县（市）平台建设完成投用。图书馆总分馆制建设进展迅速，已建成分馆208个。

文化惠民。组织“舞台艺术进乡村、进社区”文艺演出1000场，农村公益电影放映23508场，精品剧目演出30场，受益群众线上线下总计45万人次。“传统文化进校园”组织活动80场。

群众文化。“天中讲坛”举办大型公益讲座41期，举办“情韵郑州”群众文化活动系列讲座、展览、培训达160期，受益群众10万余人次。举办文化志愿者“朗读之星”评选活动和“最美文化志愿者”系列评选活动，带动文化志愿队伍更好地向群众提供服务。先后组织“出彩河南人”第四届优秀群众文艺精品展演、“少儿文化艺术节”、“群星耀中原”、“世界读书日”、“听爷爷讲故事·非遗援助计划”等群众文化活动，不断为群众提供文化活动平台。

非物质文化遗产保护。举办国家级非遗项目“超化吹歌”进课堂、省级非遗项目展、首届“文同源·心相连”郑州非物质文化遗产项目台胞台属体验夏令营等体验活动。组织郑州市“文化和自然遗产日”暨惠济区第三届非物质文化遗产等展演活动255场次，参与群众25.7万人次。积极推进《郑州市非物质文化遗产保护办法》立法过程。市非遗名录体系建设工作共评选出10个大类的69个项目，累计109个项目保护单位通过认定。

艺术创作。现代豫剧《朝阳城》、大型舞剧《精忠报国》成功首演。新编历史曲剧《小小把城官》剧本立项。复排传统豫剧《风流才子》。新密市创排廉政历史剧《春秋相国》、登封市创排扶贫题材剧目《老栗树》、荥阳市创排历史戏《楚汉风云》。在省第八届专业舞蹈大赛中有4部作品获得一等奖，2部作品获得二等奖，专业组总成绩第一。

文化交流。第三届中国（郑州）国际马戏嘉年华演出活动，演出50场，俄罗斯等9个“一带一路”沿线国家的马戏杂技表演团体参与。第六届中国（郑州）国际街舞大赛吸引12个国家，以及国内30个省、市、区的上万名街舞选手参赛。举办了第四届“中国·郑州国际标准舞全国公开赛暨世界巨星表演晚会”“郑州国际摄影展”等国际性、全国性文化活动。组织院团赴意大利、加蓬等7国，完成文化部“欢乐春节”出访演出任务。完成援建斐济图书馆中国图书阅览区项目。组织非遗项目赴内蒙古呼伦贝尔、吉林延边举办“春雨工程”文化志愿者边疆行活动。“大地情深”活动和文化消费试点工作引进《孔子》《梁祝》《朱鹮》等国家优秀舞台剧目演出10余场。

依法行政。市文广新局行政审批事项全部实行网上审批，接受市审改办的实时监察、预警提醒、催办督办、绩效考核。所受理的事项均提前办结，办结率达100%。

【群众性文化活动】 “天中讲坛”举办大型公益讲座41期，“情韵郑州”群众文化活动举办系列讲座、展览、培训

《新版白兔记》成功演出（市文化广电与旅游局/供图）

等活动160期，受益群众10万余人次。“田园二七文化志愿服务”“天中讲坛”等项目进入省级公共文化服务示范区（项目）验收阶段。举办文化志愿者“朗读之星”评选活动和“最美文化志愿者”系列评选活动；先后组织“出彩河南人”第四届优秀群众文艺精品展演、“少儿文化艺术节”、“群星耀中原”、“世界读书日”、“听爷爷讲故事·非遗援助计划”等群众文化活动。

【公共文化设施建设】 郑州大剧院、市民活动中心、美术馆、杂技馆等重大文化设施建设项目进展顺利，郑州图书馆新馆智能化数字图书馆二期项目完成立项，艺术宫改造一期工程顺利完工。基层综合性文化服务中心建设完成总工程量的92.89%。“百姓文化云”市本级和6县（市）的平台建成投运。图书馆总分馆制建设进展迅速，已建成分馆208个。

【文化产业】 认真贯彻落实《郑州市开展引导城乡居民扩大文化消费试点工作实施方案》，截至2018年10月底，文化消费试点工作参与市民达576万人次，信息平台交易额3029万元，补贴金额1458万元，拉动文化消费1.35亿元，郑州被评为国家文化消费试点城市先进城市。市文广新局组织8家企业申报第七批“河南省文化产业示范基地”，河南一涵汴绣有限公司等4家企业被命名为“河南省文化产业示范基地”。推进天地之中文化旅游专业园区、中原科技创新文化产业园、郑州国际文化创意产业园“三大园区”建设，集中入驻企业486家。2018年，成功申报省级高成长服务业专项引导资金扶持新型文化业态项目17个，补助资金2014万元。设立2亿元文化产业专项资金，大力扶持文化企业发展壮大。先后组织60家文化企业参加首届中原文化旅游博览会、第十三届中国（义乌）文化产品交易会、第十四届深圳文博会、第五届成都创意设计周等活动，参展企业与15家外商达成合作意向，投资额达10亿元。征集新型文化业态招商引资项目37个，投资额达429.3亿元，项目涉及文化创意、演艺娱乐、动漫游戏、文化旅游、艺术品与工艺美术、网络文化、文化会展、数字文化服务等文化类各相关领域。

【《郑州市支持戏曲传承发展的实施方案》出台】 市文广新局深入调研，起草了《郑州市人民政府办公厅关于支持戏曲传承发展的实施方案（代拟稿）》，并多次进行了修改完善，协调市政府印发《关于支持戏曲传承发展的实施方案》，为戏曲艺术的长期发展，制定了规划。起草印发了《关于制定艺术创作规划的通知（2018—2020）》。

【文艺研究创作】 全年创作成果丰硕，共获得省级奖1个、市级奖9个。戏剧、影视和小型舞台作品创作取得新成果。创作舞台剧本7部、影视剧本3部，创作小品3个，参与摄制影视作品13部、微电影2部、话剧1部。音乐、美术和文学创作迈上新台阶。全年新创歌曲多首，创作美术作品20余幅，创作文学作品多篇。文艺理论研究扎实开展。出版戏曲艺术普及教材《戏曲艺术入门》，出版学术专著《河南戏曲现代戏研究》，开展课题研究2项，编辑出版季刊《中州艺术》4期、作品选1本，组织召开研讨会、座谈会4次，创作理论、评论文章30多篇。参加河南省第八届专业舞蹈大赛暨第四届河南舞蹈“洛神奖”评奖活动，郑州市4个作品获得一等奖，2个作品获得二等奖，三人舞《岁月》获得三等奖，总成绩位居专业组第一，市文广新局获得组织奖。组织全市文艺院团参加第七届河南省专业声乐器乐大赛“文华奖”暨第四届河南音乐“金钟奖”评选活动。在该活动中，郑州市12名选手进入复赛，其中10名选手进入决赛，最终获得一等奖1名、二等奖8名、三等奖1名，市文广新局获得优秀组织奖。组织剧目《新版·白兔记》参加“天中杯”河南省第八届黄河戏剧节，获一等奖。

【文化交流】 根据文化部“欢乐春节”工作安排，由河南省文化厅组团，郑州歌舞剧院与中岳少林禅拳文化表演团、中国嵩山少林寺武僧团合作，组成河南文化艺术团，于2018年1月26日至2月19日赴意大利、卢森堡、葡萄牙、爱尔兰和非洲塞内加尔、科特迪瓦、加蓬执行文化部2018“欢乐春节”出访演出任务，受到一致好评。1月18日，哈密伊州区歌舞团到郑州歌舞剧院进行参观交流。4月19日，奥地利巴德伊舍市市长汉尼斯·海得一行4人到郑州歌舞剧院进行文化交流访问。组织非遗项目和书画作品赴台湾开展展览交流，赴内蒙古呼伦贝尔、吉林延边举办“春雨工程”文化志愿者边疆行活动。“大地情深”活动和文化消费试点工作引进《大宅门》《孔子》《洪湖赤卫队》等10台国家优秀舞台剧目演出20余场。

（李晓培）

【图书发行】 2018年，郑州市新华书店以深化改革为动力，以发行网点建设为重点，以打造品牌形象为突破口，市场占有份额不断扩大，综合竞争实力不断加强，销售总量持续增长。拥有省内经营面积最大、功能最完备的旗舰店卖场郑州购书中心及6家综合性卖场（中原万达店、国基路美盛店、桐柏路店、大学路店、特价书店和上街书店），总营业面积26300平方米。

重点图书、教材教辅征订发行。保持高度的政治责任意识，及时组织做好重点图书的征订发行工作。与权威出版社合作，筛选一批党政类学习辅导读物，其中包括《习近平新时代中国特色社会主义思想三十讲》《习近平谈治国理政第二卷》《习近平的七年知青岁月》等重点书目；第一时间印制重点图书书目单，深入机关、学校、企事业单位进行重点图书宣传工作，并提供送书上门服务，有效满足各方学习需求。努力扩大主流教材和地方教材的市场份额，认真执行国家关于教材出台的方针政策，按照规定订齐订足各科教材，在教材发行中不断完善服务手段，确保“课前到书，人手一册”。

图书营销活动。以营销创新为抓手，着力开辟“新策略、新战法、新理论”，荣获“2018年度全国书业十大创

2018年12月20日，郑州市传统文化进校园活动走进郑州市盲聋哑学校（市文化广电与旅游局/供图）

2018郑州市非物质文化遗产项目暨书画作品赴台交流（市文化广电与旅游局/供图）

新营销人”“2018年度全国书业十大最受欢迎公众号”等两项全国大奖。突出有效营销,通过营销组合拳进行新店宣发，使新开的国基路店、桐柏路店、郑州一中店等成为刷屏河南的网红书店。策划运作朱迅、张嘉佳、六小龄童、刘同等一系列大咖见面会，均成为其全国巡回签售的人气和销售冠军，既创造了良好的销售业绩，又得到社会各界的热烈响应。创新营销战法，灵活应对市场,通过与“小羊肖恩、超级飞侠”等文化IP合作，把大型卖场整个少儿楼层打造为主题楼层；坚持开展“公益营销”，自主开发“我们都是追光者”公益讲座，由营销部团队主讲，走进大学、中学、小学举办23场讲座，直接听众超8000人。

发行网点建设。新开业郑州购书中心国基路店、郑州购书中心桐柏路店，以全新的装修风格和功能规划，充分满足区域市场消费需求。全力推进“实体书店进校园”工作，有6所校园书店建成并投入使用。2018年12月，郑州七中校园书店作为河南省校园书店代表，接受国家教育部领导视察，全面展示了校园书店“阅读实践基地”经验。

（李菁）

【斐济中国文化中心中文图书阅览专区援建项目】 按照国家文化和旅游部安排部署，由郑州市承担斐济中国文化中心中文图书阅览专区援建项目，9月下旬，由市文广新局带队，郑州图书馆专业人士随行，组成代表团赴斐济对当地的图书馆现场指导，并参与揭牌仪式，中华人民共和国驻斐济大使钱波对代表团的到来表示欢迎。

（李晓培）

戊戌年黄帝故里拜祖大典

【概况】 2018年4月18日，戊戌年黄帝故里拜祖大典在郑州市黄帝故里举行，来自30多个国家和地区的近8000名华夏儿女参加大典。戊戌年黄帝故里拜祖大典由河南省人民政府、政协河南省委员会、国务院台湾事务办公室、中华全国归国华侨联合会、中华全国台湾同胞联谊会、中华炎黄文化研究会联合主办，郑州市人民政府、政协郑州市委员会、新郑市人民政府承办，主题延续保持为“同根同祖同源，和平和睦和谐”。

大典仪程仍遵循国务院公布的国家级非物质文化遗产名录规制，共九项：盛世礼炮、敬献花篮、净手上香、行施拜礼、恭读拜文、高唱颂歌、乐舞敬拜、祈福中华、天地人和。主司仪由河南省政协主席刘伟担任，主拜人由十届全国人大常委会副委员长、中华炎黄文化研究会会长许嘉璐担任。参加拜祖大典的领导和嘉宾有：全国政协副主席王正伟，十届全国人大常委会副委员长、中华炎黄文化研究会会长许嘉璐，十一届全国人大常委会副委员长桑国卫等国家领导人；中国国民党前副主席蒋孝严等；民革中央副主席兼秘书长李惠东，民盟中央副主席龙庄伟，民建中央副主席陈文华，民进中央副主席王刚，农工党中央副主席兼秘书长曲凤宏，致公党中央副主席张恩迪，九三学社中央副主席兼秘书长印红，全国工商联副主席黎昌晋等民主党派中央和全国工商联领导；全国台联会长、党组书记黄志贤，中央台办、国台办副主任龙明彪，中国侨联副主席朱奕龙，中华炎黄文化研究会常务副会长张希清、常文光，特别顾问赵德润等大典主办单位领导；全国政协提案委员会副主任郭庚茂等国家机关和有关单位领导；青海省委副书记刘宁，青海省常务副省长王予波，甘肃省政协副主席德哇仓等兄弟省、自治区、直辖市领导；解放军退役将军代表；台湾退役将军访问团；外交官代表；国内各大媒体负责人及其他社会各界代表；中共河南省委书记、省人大常委会主任王国生，河南省省长陈润儿，省政协主席刘伟等河南省四大班子领导；省委常委、郑州市委书记马懿，郑州市人大常委会主任白红战，郑州市政协主席王璋，郑州市委常委、常务副市长王跃华等郑州市四大班子领导等。境内外近百家媒体报道大典盛况。

【大典仪程】 2018年4月18日9时50分，大典主司仪刘伟宣布戊戌年黄帝故里拜祖大典开始。大典共有九项仪程：

——盛世礼炮。全体肃立，鸣炮21响。

戊戌年黄帝故里拜祖大典——天地人和（市政协/供图）

——敬献花篮。王正伟、桑国卫、王国生、陈润儿、黄志贤、龙明彪、朱奕龙、张希清、马懿、白红战、王璋、王跃华、刘建武、马志峰等分四组敬献花篮。

——净手上香。中国国民党前副主席蒋孝严，香港铜锣湾集团董事局主席陈智，世界华人企业家联合会荣誉主席、中国侨商会副会长叶惊涛，欧洲中国和平统一促进会副主席、欧洲华侨华人社团联合会第十届主席曹燕灵，俄罗斯中国和平统一促进会常务副会长原毅，全非洲中国和平统一促进会会长李新铸，美国海外炎黄子孙拜祖大典组委会负责人、河洛医科大学校长、北加州河南同乡联谊会会长杨磊，中国旅美科技协会总会会长潘星华，美国美中经贸促进总会主席杨功德，分三组敬香。

——行施拜礼。参加拜祖大典的全面向黄帝像三鞠躬。

——恭读拜文。大点主拜人许嘉璐恭读拜祖文。

——高唱颂歌。由歌唱家张英席、陈明领唱，成人合唱队、少儿合唱队与现场来宾共唱《黄帝颂》。

——乐舞敬拜。舞蹈演员在古乐中表演中国古典舞，表达世代子孙对人文始祖的敬仰之情。

——祈福中华。民革中央副主席兼秘书长李惠东，民盟中央副主席龙庄伟，民建中央副主席陈文华，民进中央副主席王刚，农工党中央副主席兼秘书长曲凤宏，致公党中央副主席张恩迪，九三学社中央副主席兼秘书长印红，全国工商联副主席黎昌晋；十二届全国人大常委会副秘书长、外事委员会副主任委员，中国留学人才发展基金会理事长曹卫洲；中国国际问题研究基金会总负责人，前驻瑞典、加拿大等国大使兰立俊；《光明日报》副总编张碧涌；《中国日报》副总编康兵；中央电视台中文国际频道总监李欣雁；《人民政协报》总编周北川；国医大师、天津市中医药研究院名誉院长张大宁；中国工程院院士，国医大师、天津中医药大学第一附属医院名誉院长石学敏；“悟空”地面科学应用系统副总设计师范一中；蛟龙项目原总指挥长、中国科学院深海科学与工程研究院首席顾问刘心成；国家社科基金重大项目首席专家、北京大学经济学院院长孙祁祥；十九大代表，郑煤机铸锻公司锻造工黑晶；“大包干”带头人严宏昌之子、安徽省小岗村党委委员严余山；中国古都学会原会长朱士光；世界孔子后裔联谊总会副会长、中华孔子学会孔子后裔儒学促进委员会副会长孔令玉；上汽集团乘用车郑州分公司党委书记、总经理丁波；中国扶贫开发协会书画院副院长张继山；中国好人榜上榜人物，郑州市二七区爱华中学总顾问、班主任导师周士良；全国道德模范、深圳市全胜公司董事长张全收等27名嘉宾，在祈福树上悬挂由个人签名的祈福牌，并在由中国书法家协会会员、中国文物雕塑艺术委员会常务理事、中国书法艺术委员会教授梁光彩先生誊写的《拜祖文》长卷上用印。

——天地人和。5名来自祖国大陆和香港、澳门、台湾，以及海外其他国家和地区的华裔小朋友登上拜祖台，放飞和平鸽，表达对轩辕黄帝的敬仰和对中华民族伟大复兴、对世界和平和睦和谐的美好祝愿。

在热烈祥和的气氛中，戊戌年黄帝故里拜祖大典典礼告成。

【戊戌年黄帝故里拜祖大典拜祖文】 维公元2018年4月18日，岁次戊戌，三月初三。全球炎黄子孙俊彦，汇集于中华始祖轩辕黄帝故里故都，以庄严神圣之心，怀追远感恩之情，仰拜我文明始祖于具茨山下、溱水河畔。中华炎黄文化研究会会长许嘉璐沐手振衣，谨以天下我祖苗裔之名，肃立恭颂我始祖轩辕黄帝功德。

辞曰：

华夏文明，源远流长。
我祖勋德，恩泽八方。
启迪蒙昧，开辟蛮荒。
伟烈丰功，万古流芳。
教民耕牧，莳谷树桑。
婚丧有礼，历数岐黄。
始作舟车，初制度量。
举贤任能，整纪肃纲。
修德怀远，封土固疆。
肇守一统，和合共襄。
明德亲民，历尽沧桑。
筚路维艰，多难兴邦。
譬如积薪，后来居上。
千秋风流，共赋华章。
天下为公，民本为上。
振兴斯土，百年梦想。
传承创新，博采众长。
自尊自觉，自信自强。
脱贫纾困，户户小康。
改革无已，亿民所望。
日新月异，愈益开放。
卌载一瞬，岁岁辉煌。
浩浩九州，大河之南。
秣马执辔，崛起中原。
先祖垂宪，黾勉今贤。
壮哉郑州，辐射致远。
十八名城，腾跃争先。
接南承北，东西相挽。
多业并举，黄淮期盼。
中州亿众，重任在肩。
世法天地，道法自然。
和而不同，君子择善。
港澳来归，合力向前。
两岸稍隔，血脉相连。
分久必合，世传万年。
国荣俱荣，蚍蜉撼难。
紧拥共赢，俯仰皆宽。
前路漫漫，何辞万难。
人类兴衰，同命相连。
有进无退，唇亡齿寒。
厚德载物，远近歆瞻。
鄙弃零和，至诚至善。
一带一路，文明互鉴。
大小仁智，并肩扬帆。
龙腾云起，智者同欢。
大同必达，日月经天。
恭此，敬以告慰我祖，伏惟尚飨！

【第十二届黄帝文化国际论坛】 2018年4月16—17日，第十二届黄帝文化国际论坛在西亚斯国际学院举行。本届论坛由中华炎黄文化研究会、中国先秦史学会、中华黄帝故里建设促进会、郑州市人民政府、政协郑州市委员会主办，新郑市人民政府、河南省黄帝故里文化研究会承办。论坛主题为“黄帝文化与新时代”，旨在以党的十九大精神为指引，传承和弘扬以黄帝文化为核心的中华优秀传统文化，持续巩固和提高黄帝故里作为世界华人寻根拜祖圣地、中华民族共有精神家园的地位和影响力，进一步增强海内外炎黄子孙的凝聚力和向心力。南京师范大学文学院教授、硕士生导师，《中国诗词大会》点评嘉宾郦波；上海师范大学人文学院古典文献学教授、博士生导师、古典文献学学科带头人，兼任古籍整理研究所所长、文化典籍系主任、中国李白研究会会长、上海市妇女学会副会长朱易安；著名军事专家、资深媒体评论员、中国军事文化研究会网络研究中心主任、军委科技委兼职委员，原军事科学院研究员杜文龙；著名国学专家、养生专家、文人书法家张其成；中央电视台著名导演、制片人田梅；港珠澳大桥管理局党组副书记、行政总监韦东庆；国乐大师、著名琵琶演奏家方锦龙；世界《黄帝内经》文化促进会会长王寅；中华炎黄文化研究会首席顾问、河南省委原书记、中央马克思主义理论研究和建设工程咨询委员会主任徐光春先后进行演讲。国务院参事室新闻顾问、中央文史研究馆馆员赵德润，黄帝文化学者刘文学两人被授予轩辕奖。

【“一带一路”海内外知名书画家作品邀请展】 2018年4月16日，戊戌年黄帝故里拜祖大典“亲情中华·出彩中原”——“一带一路”海内外知名书画家作品邀请展在升达艺术馆开幕。本次展览由省委宣传部、省归国华侨联合会、省文联、中国致公党河南省委员会共同主办，省美术家协会、省书法家协会、省华侨国际文化艺术交流协会、省华侨书画院等单位联合承办，旨在通过名人名家作品展示中原文化的人文历史，扩大中原文化在国际上的影响力。展览共展出刘大为、苏士澍、谢志高、李宝林、王丹、马国强、杨杰、宋华平、谢冰毅、赵卫、吴东民等国内著名书画家，及邓作列、赖瑞龙、许由、韩虒等海外著名书画家创作的120余幅精品力作。

同日，“印说百家姓·同圆中国梦——百名篆刻家优秀作品展”“贵姓——全球华人姓氏文化汉字创意设计展”同时在升达艺术馆开幕。

【第十二届中国（河南）国际投资贸易洽谈会】 4月17日，由河南省人民政府、中国国际贸易促进委员会、中国人民对外友好协会共同主办，以“开放创新、合作共赢”为主题的第十二届中国（河南）国际投资贸易洽谈会在郑州国际会展中心开幕。省委书记、省人大常委会主任王国生，省委副书记、省长陈润儿，中国人民对外友好协会会长李小林，世界贸易组织副总干事易小准，全国人大外事委员会副主任委员曹卫洲、全国工商联副主席黎昌晋，中国科学院院士、国际纯粹与应用化学联合会主席周其凤等领导和嘉宾出席开幕式。开幕式上举行了重大合作项目签约，现场集中签约重大项目132个、总投资2993亿元。本届投洽会共举办6场重点活动、9场专题活动、2场境外商协会经贸活动、5场兄弟省市区经贸对接活动和投资贸易展览展示，近2万名国内外客商参会。全省共达成合作项目321个，投资总额4399亿元。其中，郑州共达成36个签约项目，拟投资总额1872.88亿元，签约项目囊括了先进制造和高成长服务业。

【“老家河南”文化活动周】 作为戊戌年黄帝故里拜祖大典文化活动的重要组成部分，4月17日晚，大型话剧《红旗渠》在河南艺术中心大剧院上演，拉开了“老家河南”文化活动周优秀舞台艺术展演活动的序幕。省委常委、宣传部部长赵素萍，甘肃省政协副主席德哇仓，省政府副省长戴柏华，市委常委、宣传部部长张俊峰，副市长刘东等观看演出。“老家河南”文化活动周由省委宣传部、省文化厅、市委宣传部等联合主办，包括优秀舞台艺术展演、优秀影视作品展映（播）、优秀书法美术摄影篆刻作品展以及精品图书展等4大类11项活动。

（赵 伟）

文物管理

【概况】 2018年，郑州市文物工作坚持以习近平总书记关于文物工作系列重要论述为指导，深入贯彻落实党的十九大精神、省市全会精神和“三级”文物工作会议精神，以破解文物事业发展不平衡不充分瓶颈问题为重点，以“四大文化片区”等重点文化工程为抓手，着力在加强文物保护利用和文化遗产保护传承上下功夫，全力构建中原文化遗产保护传承体系，打造国家历史文化名城文物保护示范区，积极为国家中心城市、华夏历史文明传承创新示范区、让中原更加出彩等战略提供文化支撑和引领，开创文物事业发展新局面。

【四大历史文化片区】 市文物局印发《关于推进商都历史文化区文物工作专项方案》，编制完成城隍庙、文庙、夕阳楼、商城宫殿区考古遗址公园博物馆建筑等专项工程方案和夕阳楼、塔湾路等拟拆迁地块的红线划定工作，指导实施郑州商城东城垣本体保护展示工程和郑州商城东南城垣环境提升工程；协调推进具备条件区域的文物勘探和考古发掘工作。配合完成古荥大运河片区各项规划，推进郑州运河遗产博物馆项目、古荥汉代冶铁遗址博物馆改陈项目和数字化布展项目。完成二砂文化创意园区砂轮厂旧址文物保护规划初步审定，加强园区建设意向方案与国创公司、中原区政府等相关部门协调沟通。指导百年德化文化片区完成项目规划方案初步设计。

【生态保遗工程】 召开2018年全市生态保遗工作会议，成立全市生态保遗工作领导小组，进一步完善工作领导、推进、协调、考核等多项组织领导机制。印发《郑州市生态保遗工程规划建设导则》《郑州市生态保遗工作考核暂行办法》《郑州市生态保遗工程项目评估办法》《郑州市生态保遗工程2018年项目月考核台账》，建立月巡查督导制度，加快项目推进。全年开展生态保遗项目26处，其中续建10处、新建16处；完成生态绿化面积112.2千公顷，超额完成12.24公顷；完成投资12.32亿元，申报奖补6.76亿元。

【考古前置改革】 2018年1月1日，《郑州市关于招标拍卖挂牌出让国有土地使用权考古调查勘探发掘前置改革方案》实施，文旅部《每日舆情摘报》《中国文物报》对郑州市考古前置改革方案进行专题报道，中办、国办《关于加强文物保护利用改革的若干意见》吸纳“郑州经验”在全国进行推广。建立经开区、自贸区文物勘探工作站，积极服务省市重点项目建设。全年，完成勘探面积1996.7万平方米、发现遗迹2563处，考古发掘项目116个、清理各时期遗迹4323个。

【世界文化遗产保护】 严格按照《世界文化遗产保护管理办法》的要求，持续加强登封“天地之中”历史建筑群保护管理工作，启动观星台保护维修工程，完成少林寺法堂、中岳庙东、西御碑亭及照壁维修工程招投标前期工作，指导登封市政府少林寺塔林保护维修方案编制、上报、评审，协助省文物局完成世界文化遗产巡视组巡视登封“天地之中”历史建筑群迎检工作。积极推动郑州大运河文化带建设，加强大运河通济渠郑州段保护管理和研究工作，完成《郑州大运河文化带建设文物保护专项报告》上报国家文物局审批工作。

【文物保护规划编制】 做好大遗址保护工作，持续推进文物保护专项规划方案编制工作，完成南洼遗址保护规划上报和芦村河遗址、原武温穆王壁画墓保护规划核准工作。完成人和寨遗址、织机洞遗址等6个保护规划，完成无缘寔公禅师塔、清微宫等5个保护方案的报批和桧阳书院、史氏民居等4处市级文物保护单位维修方案评审。积极开展文物本体保护工程，苑陵故城内城墙本体保护工程、荥阳故城南城墙保护工程、新密古城寨南城墙保护工程、新密古城

2018年2月9日，郑州市2018文物工作会议召开（市文物局/供图）

2018年9月28日，国家文物局应急管理部到郑州市开展消防安全检查（市文物局/供图）

寨西城墙保护工程等多项工程顺利竣工，启动并持续推进中牟老火车站、永泰寺塔等16处古建筑文物保护工程。推进港区、新郑、中牟、荥阳文保单位保护区划地图测绘项目。遴选推荐第八批国保单位项目33项。

【文物科技保护】 市文物局联合中国社会科学院考古研究所埃及卡尔纳克北部孟图神庙考古发掘项目被列入国家“中华文明走出去”战略规划。联合中科院考古所等8家科研单位开展科研项目12个，完成织机洞遗址等10个项目申报。推进市文化遗产综合管理信息系统建设。举办中国传统文化研究座谈会、中原地区文明化进程研究座谈会、阿富汗国家宝藏展暨“一带一路”文化遗产保护学术报告会等研讨会，开设“天中讲坛”大型公益性文化讲座。

【博物馆建设】 国有博物馆建设方面。郑州博物馆新馆和“两院”项目主体封顶，陈展工作全面启动。继续推进大河村遗址公园一期工程、郑州运河遗产博物馆、郑州纺织工业遗址博物馆和“百年郑州”展览等项目。完成31家博物馆信息公开和3家国有博物馆免费开放绩效考评工作。大河村遗址博物馆、二七纪念馆、新郑市博物馆、巩义市博物馆等4家晋升为国家二级博物馆。举办“南水北调中线工程河南段文物保护成果展”“阿富汗国家博物馆藏珍宝展”“哈萨克民俗风情展”等多个大型展览。全年各类博物馆共举办展览82个，接待观众286万人次。

非国有博物馆建设方面。加强民办博物馆发展，举办非国有博物馆馆长培训班，印发《郑州市非国有博物馆绩效考核细则》《郑州市2018年非国有博物馆绩效考核方案（草案）》。围绕非国有博物馆的政策解读、非国有博物馆的现状及其管理、非国有博物馆发展的实践与探索、中原文化与中华文明的关系等内容，采取主题讲座、观摩教学、交流发言等形式，成功举办全市非国有博物馆馆长培训班，进一步提高非国有博物馆管理人员的业务能力和办馆水平。郑州大象陶瓷博物馆晋升为国家三级博物馆。

【文物交流互鉴】 组织专家赴罗马尼亚进行彩陶文化学术交流，加强与罗马尼亚文化交流与文明互鉴交流。举办《长渠缀珍——南水北调中线工程河南段文物保护成果展》《天山下的来客——哈萨克民俗风情展》《云霞霓裳——郑州博物馆藏中原服饰绣品展》《阿富汗国家博物馆藏珍宝特展》等展览，共接待市民35万人次。协调成都金沙遗址博物馆、中国丝绸博物馆做好“玉汇金沙——夏商时期玉文化特展”“锦程—中国丝绸与丝绸之路”文物借展工作。组织文博单位参加第八届全国“博博会”。

【文物安全】 贯彻落实中央和省、市主要领导批示精神，成立工作专班，分组对全市16个县（市）区及开发区文物安全工作进行集中排查，摸清安全底数，建立问题台账，及时督导整改。积极开展四个专项行动。全年公安机关打掉文物犯罪团伙3个、抓获犯罪嫌疑人18人、破获案件14起，追缴被盗文物9件；文物部门联合工商部门开展全市文物流通市场专项整治“百日行动”，对全市各大古玩市场进行排查，检查各类市场商家8685户次。开展郑州、洛阳两地专项整治行动交叉检查，集中对全市博物馆等公众聚集密集场所消防工作进行排查。1份文物行政处罚案卷被评为“2018年度全国文物行政处罚案卷评查优秀案卷”，1份案卷被评为“2018年河南省行政执法十大指导案例”。

【文物宣传】 加大文物宣传力度，结合“文化和自然遗产日”，组织10场“文物知识进校园”宣讲巡演，开展文物保护“六入”宣传活动。举办文庙迎新年撞钟、中华文明探源——古代文明系列讲座等活动。拍摄完成《发现郑州·先秦篇》等公众考古学传播系列宣传片。编辑出版《郑州大遗址片区保护利用战略规划》等文物书籍。参加“世界古都论坛”等多个全国性学术活动并作典型经验交流。办结省市人大、政协建议提案共26件。

（李生刚）

2018年5月13日，全国政协委员视察大河村遗址博物馆（市文物局/供图）

社会科学工作

【概况】2018年，市社科联（院）坚持以习近平新时代中国特色社会主义思想为指导，围绕市委、市政府中心工作，结合郑州市国家中心城市建设等重大理论和现实问题，积极开展理论宣传和调查研究，加快成果转化应用，发挥"参谋""智库"作用，较好完成了年度各项工作任务。

【重大课题调研】突出应用价值，围绕经济社会发展瓶颈规划重点课题，研究能力得到提升。组织完成5项重点课题的课题调研、中期评审和数据综合与初稿撰写等工作；编写并上报《决策参考》7期。同时完成《郑州国家中心城市建设研究》出版工作。组织完成2017年度社科调研课题结项、评奖以及2018年度社科调研课题立项等工作。完成2017年度课题结项972项，评出优秀社科调研课题一等奖86项，二等奖106项，三等奖125项，同时筛选部分优秀社科调研课题汇编完成《郑州经济社会发展研究》；并对986项郑州市2018年度社会科学调研课题予以立项。

【虢文化论坛】10月24—26日，首届"虢文化论坛"在陕西省宝鸡市举办。论坛围绕虢文化的历史遗存、文物考古及其所蕴含的思想内涵及人文精神等方面进行了深入交流。郑州市社科联、宝鸡市社科联、三门峡市社科联联合开展调研研讨、征稿、评审论证等工作，共向社会征集论文111篇，评出一、二、三等奖共87篇。

【社科优秀成果】10月18—20日，市社科联组织开展郑州市2017—2018年度社会科学优秀成果评奖工作，郑州市委办公厅、市政府办公厅联合下发《关于郑州市2017—2018年度社会科学优秀成果的通报》，决定授予《世界文化遗产——中国大运河通济渠郑州段》等74项成果为郑州市社会科学优秀成果一等奖，《郑州商城遗址保护》等90项成果为郑州市社会科学优秀成果二等奖，《郑州史迹调查与研究》等95项成果为郑州市社会科学优秀成果三等奖。

【社科宣传普及】郑州市社科联下发《关于开展社科知识大篷车进基层活动的通知》。要求各社科普及教育基地、社科学会、协会、研究会可根据自身单位实际，围绕党的十九大精神和习近平新时代中国特色社会主义思想举办宣讲报告会。截至2018年年底，全市共完成社科知识大篷车活动15场，中州大讲堂郑州讲堂20场。9月10—17日，组织开展2018社科普及周系列活动。活动期间市社科联组织了"学习贯彻习近平在全国宣传思想工作会议上的讲话专家座谈会""习近平新时代中国特色社会主义思想专题学习研讨会"；"文明基层行"系列活动，社科普及基地"免费一日游"活动，文化、文物知识宣传展示活动，编发社科普及读物，同时联合郑州市法学会、中原区组织法制文化基层行活动。

【理论研讨】围绕中心工作，理论研讨百花齐放。根据省委、市委党建工作的有关要求，2018年6月5日，市社科联与市委宣传部联合举办"学习贯彻习近平新时代中国特色社会主义思想理论研讨会"。各县(市)区分管理论的宣传部副部长、理论科长，航空港区、郑东新区、高新区、经开区分管理论的宣传部副部长，市直机关相关单位人员参加。

【郑州市社科联第五次代表大会】2018年12月27—28日，郑州市社会科学界联合会第五次代表大会召开，大会审议并通过了市社科联第四届委员会工作报告、修改并审议通过了市社科联新的章程（草案）、选举产生市社科联第五届委员会。省社科联主席李庚香，市领导张俊峰、法建强、万正峰、岳希荣等出席会议。大会总结回顾第四次代表大会以来的工作，并提出未来五年市社科联工作的指导思想和工作任务。

【《中州纵横》杂志】2018年，《中州纵横》杂志坚持正确导向，突出"十九大"精神的贯彻落实，瞄准理论前沿，立足郑州特色，增加宣传习近平中国特色社会主义思想的重要内容，围绕"举旗帜、聚民心、育新人、兴文化、展形象"，顺利完成了2018年度6期杂志的编辑发行任务，较好发挥了宣传平台的正确导向作用。突出社科刊物特色，增强专题栏目文章的理论性、预见性、可读性，发挥党和政府联系社科工作者以及广大群众的桥梁和纽带作用。

（张丽新）

郑州市社科联群众工作队开展"文明郑州基层行 助推美丽乡村建设"活动（市社科联/供图）

档案工作

【概况】2018年，结合学习十九大精神和习近平新时代中国特色社会主义思想、国家中心城市建设、脱贫攻坚等中心工作，全市各级档案部门统筹谋划，积极作为。截至2018年年底，市档案馆藏档案1492287卷，市、县两级档案馆共接待各类查阅档案人员41.6万人次，查阅档案57万卷（件、册）。

档案宣传。充分利用《郑州记忆》固定展的爱国主义教育基地这个平台宣传档案工作，全年接待社会各界参观人员6350余人次，各级各类媒体报道97条次。与郑州航院联合制作《兰台春讯》微电影，纪念我国改革开放四十周年，反映档案利用在服务社会、服务群众方面的重要意义。

重点建设项目档案验收、培训。市档案局组织召开《郑州市南水北调干线工程征迁安置档案验收工作培训》会议，各县（市）区档案局和南水北调办工作人员共计80人参会，并对郑州市本级和7个县（市）区中线干线征迁安置项目档案进行了初验。跟踪服务郑州市2018年度政府投资建设项目。对G107线移改建二期工程、罗垌水厂、白庙强制隔离戒毒所、王新庄污水处理厂、南三环污水处理厂和马寨污水项目进行业务指导和案卷审核。截至2018年年底，市本级完成5个项目档案专项验收、2个项目竣工综合验收。

【档案馆馆藏】 2018年，市档案馆先后征集到知青老照片58张、知青实物3件，梨园影像志展览图片255张，家谱、志书、回忆录、规划图等各种图书资料150余册。接收市直单位文书档案案卷级1630卷、文件级9730件、专门档案20870卷、实物档案326件、照片档案304张。征集摄影家周淑丽、“丑学之父”苏笑神等名人档案资料、作品、实物40余件。各县（市）区档案局（馆）接收各门类档案334.7万卷（件）。

【档案数字化应用】 2018年，市档案馆完成第六批馆藏档案数字化，共完成数字化15482卷，目录录入19141条，原文扫描868682页，扫描老照片216张。接收11家企事业单位电子档案数据，共挂接、质检、移交20265卷（件），电子目录45457条，全文扫描1135807页，数据容量共计135.2GB；接收备份光盘33张，数据总量100.61GB。截至2018年年底，全市各级档案馆共接收151家单位全宗电子档案，馆藏档案数字化扫描279.2万页。馆藏档案数字化加工有效存储容量69TB，已占用40TB。截至2018年年底，数字档案馆局域网存储数据为：目录172万条，原文1670万页，案卷（件）总数42.1万。其中案卷级13万卷，文件级31.7万件。

【数字档案馆建设】 郑州市数字档案馆建设项目依据国家档案局《全国档案信息化建设实施纲要》的要求，按照“统筹规划、分步实施、开发利用、资源共享、标准一致、安全保密”的总体思路，坚持以档案信息网络建设为基础，以档案信息资源建设为核心，以实现档案资源社会共享为目标的原则进行规划和建设。该项目于2011年1月经市发改委批准立项，总投资1200万元，2011年8月4日经市财政局采购办批准，采用公开招投标方式确定：河南金鹏实业有限公司为硬件建设中标单位，中标产品以惠普品牌为主，郑州量子伟业信息技术有限公司为郑州市数字档案馆软件开发及档案数字化加工项目中标单位，河南中道电子信息工程监理咨询有限公司为监理方中标单位。

【档案安全】 对市物价局、财政局、总工会等10个全宗的永久和长期档案共2.1万卷（件），分6次进行消毒作业。对馆藏数字化数据全面质检并备份，共质检、修正375卷，目录3.3万条，备份数据513.07GB。截至2018年年底，完成全部馆藏局域网ftp数据磁带备份备两套，数据量7.89T*2，同时在信阳完成数据异地备份。

【档案执法与宣传】 开展档案管理、业务建设、安全保管等方面行政执法检查，检查单位57家。“6·9”国际档案日，开展档案宣传活动，印制各类档案宣传手册、彩页3000余册，展板50块，宣传手提袋1000个；市档案局联合郑州市轨道交通有限公司打造地铁档案专列，在郑州地铁1号线宣传“档案见证郑州改革开放40周年”，利用珍贵的历史照片，以图文并茂的形式，集中展现了郑州历史风貌和人民生活的发展，吸引更多人关注档案、走近档案。

【档案馆库建设】 市档案史志馆项目。该项目是郑州市“四个中心”建设项目之一，地上建筑面积4万平方米，其中史志馆地上建筑面积6000平方米；档案馆地上建筑面积3.4万平方米平方米，地下建筑面积1.5万平方米，库房面积1.8万平方米，库区可馆藏400余万卷（册）。截至2018年年底，新馆大楼土建工程室内部分轻质隔墙基本完成；水电管线、设备安装工程完成65%；装饰工程完成北立面GRC面板安装、车道雨棚满焊及打磨喷漆，西立面洞口玻璃和东立面南侧GRC面板的安装；墙体外挂板材完成45%；消防工程及空调工程基本完成，配套装饰装修施工作业已经开展；智能化工程各系统收尾排查完成50%，一至六层层补线完成50%。负一层缆线桥架完成90%，负二层配管完成60%。县（市）区档案馆新馆建设。登封市新馆规划建设面积5500平方米，地面二层已完工；金水区档案新馆规划面积9223平方米，主体已经封顶；上街区档案局确定新馆面积2000多平方米，项目进入装修招投标阶段；新郑市档案新馆立项、规划、设计、土地手续、环评等前期准备工作全部完成，9月份动工；新密市档案馆经确认选址，各项工作按计划也有序推进。

（魏　勇）

国际档案日地铁站内灯箱档案宣传展板（市档案馆/供图）

地方史志工作

【概况】 2018年，郑州市史志工作围绕学习贯彻落实习近平新时代中国特色社会主义思想和党的十九大精神，服务郑州国家中心城市建设大局，开拓创新，真抓实干，积极推进方志馆建设、开展年鉴精品工程和名镇、名村志文化工程，试行地方志资料年报制度、编纂地情报告，加强史志业务培训，狠抓巡察和巡视整改，各项工作不断取得新进展新成效，多次受到中国地方志指导小组办公室（以下简称中指办）、省史志办表彰。

方志资源开发利用。《郑州地情活页》季刊全新改版，全年编印4期。依托《郑州年鉴》资源，编印《概览郑州》。《郑州大事月报》全年定期连续编发12期，总期数84期。

方志馆建设加速推进。截至2018年年底，郑州史志馆主体工程已完工，项目建设进入内部装修阶段。4月30日，郑州市政府正式批复市史志办筹建国家方志馆中原分馆的请示。6月25日，郑州市政府办公厅下发《关于成立国家方志馆中原分馆项目建设筹委会的通知》。截至2018年年底，筹建各方按计划有序推进各项工作。

着力强化史志队伍建设。扎实组织业务培训。5月，市史志办与中指办在中国社科院联合举办郑州市地方志业务培训班。中指组秘书长，中指办党组书记、主任冀祥德出席开班典礼并作专题讲座，中指办领导和专家结合郑州市实际进行了系统教学，极大提高了史志工作队伍素质。积极利用社会资源。设立不同层级史志专家库。启动高校联合研究，与郑州大学、河南大学相关专业合作，促进方志理论研究和学科建设水平的提高；利用工作平台，吸纳地方志人才资源，建立离退休干部专家库。

狠抓以巡察反馈问题整改为重点的各项党建工作。2018年，市史志办党组根据市委巡察情况反馈会部署要求，及时成立办党组巡察整改工作领导小组，研究制订整改方案，认真组织召开专题民主生活会，以抓好巡察问题整改为契机，逐步健全完善党内组织生活、“三会一课”、干部任用、财务管理等制度措施，巡察反馈3个方面，14项具体问题全部进行严肃认真整改。同时，根据市委要求，对照中央和省委巡视反馈的共性问题进行了集中整改，建立台账，对账销号，按时向巡改办上报整改周报和月报，既对相关问题进行了整改，又对年初巡察整改的成果进行了巩固深化，各项党建工作得到不断加强。

【乡镇村志编修】 实施郑州市名镇志、名村志文化工程。制订《郑州市名镇志、名村志文化工程实施方案》，下发《郑州市地方史志办公室关于印发全市第一批名镇志、名村志名单的通知》。举办1期郑州市乡镇村志编纂业务培训班，各县（市）区史志办主任、工作人员及25部乡镇（街道）志、村（社区）志编纂人员共计80余人参加培训。组织开展12个县（市）区专题调研活动，明确“整体推进、分类管理、重点突破”的工作思路，逐次推进编纂出版工作。与省美协、郑州大学建筑学院、《河南日报》农村版签订合作协议，探索修志形式创新，有效提高志书质量，打造精品佳志。截至2018年年底，在编20余部，出版15部。

【郑州市名镇、名村志文化工程】 实施郑州市名镇、名村志文化工程，以习近平新时代中国特色社会主义思想和党的十九大精神为引领，围绕新型城镇化、乡村振兴战略等主题，通过聚焦一批有鲜明特色的基层名镇（街道）、名村（社区），充分反映郑州解放70年来、特别是改革开放40年来的巨大变化，更好地发挥地方史志工作存史资政育人作用，服务中原经济区和郑州国家中心城市建设。

【《郑州地情报告（2018）》编辑出版】 贯彻落实《全国地方志事业发展纲要（2015—2020）》，郑州市地方史志编纂委员会启动《郑州地情报告（2018）》编写工作。下发《郑州市地方史志编纂委员会关于开展〈郑州地情报告（2018）〉编写工作的通知》，明确指导思想、总体方案、编纂要求等事项，指导、督促30多个市直单位、4个开发区、12个县（市）区完成《郑州地情报告（2018）》稿件的撰写、报送工作，共征集总报告、专题报告、调研报告60多篇。2018年12月，《郑州地情报告（2018）》正式出版，共收录总报告、专题报告、调研报告49篇，40余万字，系统记述了2018年度本行政区域政治、经济、文化、社会、生态文明建设等方面情况。

【地方志资料年报试行工作】 贯彻落实《全国地方志事业发展纲要（2015—2020）》《郑州市地方志工作规定》，郑州市地方史志编纂委员会启动地方志资料年报试行工作。下发《郑州市地方史志编纂委员会关于做好2018年度郑州市地方志资料年报工作的通知》，拟定《资料年报主要内容和编写要求》，编制、印发相关的学习参考资料和资料年报范本。在此基础上，认真审核各单位提交的纲目、已完成报送的年报资料，及时提出具体的意见建议，反馈报送单位进行补充完善。指导、督促45个市直单位、4个开发区、12个县（市）区完成2018年度地方志资料年报工作，收集到61个单位报送的2017年年报资料纸质版61套，电子版文档20.4GB。

【地方综合年鉴编纂】 以实施精品年鉴工程为抓手，加强对县（市）区年鉴编纂的指导，推进市县两级全面、持续完成《全国地方志事业发展规划纲要（2015—2020年）》“一年一鉴、公开出版”目标。《郑州年鉴（2018）》参加2018年全国年鉴精品工程评选活动，实现年内公开出版发行。全书150余万字，图片400余幅，记述了2017年度郑州市在经济建设、政治建设、文化建设、社会建设、生态文明建设等方面情况。《郑州年鉴（2017）》在第五届全国地方志优秀成果（年鉴类）评审活动中获得二等奖。12个县（市）区年鉴编纂工作全部实现“一年一鉴”、连续出版、公开出版。

【专业志指导】 指导郑州市财政局专业志编纂。组织召开评稿会，系统审核《郑州市财政志（1991—2015）》志稿，总篇幅110万字。指导市政工程总公司的修志工作。审核《郑州市市政工程总公司志》志稿，总篇幅140多万字。指导郑州市教育局《郑州市中小学体育志》编纂。指导编纂单位成立机构、明确人员、制订方案，适时启动《郑州市中小学体育志》编纂工作。审核《郑州市中小学体育志》篇目和资料征集提纲。通过座谈、培训、解答咨询等方式，指导其开展资料收集工作。

【信息化建设】 门户网站改版升级。2018年，市史志办门户网站加入郑州市政府网站集约化平台实行集中管理，9月正式改版上线。改版后网站栏目调整为11个一级栏目、40个二级栏目。志鉴数字化工作。2018年，数字化郑州地区地方综合年鉴13部、共计1155万字。截至2018年年底，郑州地情数据库收录志鉴百余部1.8亿余字。门户网站和“郑州地情数据库”网络信息安全管理。制订《郑州市地方史志办公室网站管理暂行办法》《郑州市地方史志办公室门户网站信息审核发布制度》等规定，对发布的信息严格进行保密审查。根据市大数据管理局和市公安局网监支队的要求，定期开展门户网站、地情数据库网络防范层级和安全隐患排查，以问题为导向查找问题、解决问题、消号问题。同时坚持每季度网站信息安全自查，并向有关部门按时报送自查报告。

【史志资料管理】 库存资料更加丰富，新购精品志书、年鉴和修志编鉴参考用书2753册。资料服务和交流赠阅渠道进一步拓宽。全年，向社会各界提供借阅各类名镇志名村志、郑州市部门志、企业志、行业志等书籍100余部；赠阅《郑州市志》《郑州年鉴》等地情书籍2000余部。同时，结合乡镇村志编修，完成河南省美协画家采风作品的收画送画工作。

【依法治志】 认真抓好《郑州市地方志工作规定》贯彻落实，先后出台20余项相关制度措施，完善地方史志工作制度。贯彻落实《全国地方志事业发展规划纲要》等，将地方史编写工作纳入地方志工作范畴的要求。2018年1月，郑州市编办正式批复郑州市史志办增设地方史工作处，明确地方史工作职责，形成志鉴史并举的新的发展格局。

（高　畅）

新闻出版与传媒

新闻出版

【概况】 2018年，在市委、市政府的领导下，新闻出版工作以习近平新时代中国特色社会主义思想为指引，深入贯彻落实党的十九大精神，立足国家中心城市建设大局，服务现代公共文化服务体系建设，文化产业发展提速，文化市场发展繁荣有序。拟定《河南省版权交易中心建设规划与实施方案》。河南省版权交易中心于2018年7月19日在郑州郑东新区正式挂牌运营。全市办理著作权登记600件。围绕脱贫攻坚工作要求，市文广新局督导各县（市）区积极与图书配送单位沟通，完成全市2242个农家书屋的图书补充工作。开展"我的书屋我的梦"活动，征集作品百余篇。

截至2018年年底，郑州市有印刷企业609家，其中出版物印刷企业156家，数字印刷企业16家，专项制排版、装订企业21家，包装装潢印刷品印刷企业244家，其他印刷品印刷企业172家，年总产值68.5亿元，营业税金及附加2.5亿元，年利润总额3.7亿元。全市共有发行单位1478家，其中1116家零售经营单位，362家批发经营单位，从业人员2万余人，注册资本40.64亿元，资产总额136.4亿元，销售数量26.95亿册（张盘份），销售总额86.9亿元，营业收入103.0亿，上缴税金1.4亿元，实现利润5.6亿元。

【文化市场管理】 市文广新局成立深化"放管服"改革推进审批服务便民化领导小组，制订诚信建设"红黑榜"制度（试行）。制定《郑州市文化市场综合执法支队"双随机一公开"抽查工作细则》，将"双随机一公开"工作常态化。始终保持"扫黄打非"工作高压态势，组织开展了"闪电"系列集中整治行动、"剑网—2018"专项整治行动、网络表演专项整治行动等12次专项整治行动，累计出动执法人员近3万人次，检查各类文化市场经营场所1.3万余家次。侦办大案要案，成功侦办了"1·18"非法发行出版物案、"6·01"侵犯他人著作权的出版物案。

【绿城读书节】 4月23日，郑州市第十五届绿城读书节启动仪式在郑州图书馆举行。活动期间开展全民阅读"书香七进""捐书扶贫进乡村"等多项活动。其中"绿城读书券"活动已吸引超过5万市民参与，累计核销购书券9327张，带动图书消费95万余元；郑州图书交易会吸引来自全国各地的392家发行单位参展，展出图书8000余种，订货码洋接近8亿元；"书语童画"少儿绘画比赛共吸引1100多名儿童参赛，选取并展出了250余幅作品；送书扶贫进乡村系列活动向登封大金店镇文村小学和东华镇安爻小学，捐赠价值2.5万元的图书，向荥阳瓦窑坡村捐赠了价值4800余元的图书。"走进春天，爱上阅读"儿童户外阅读活动在龙湖公园和足球公园举行，500余名4~12岁儿童共同诵读《三字经》《唐诗》等国学经典。9月14—16日，举办第十六届全国民间读书年会活动，来自全国各地的80余位作家、出版家、藏书人齐聚郑州，共同探讨全民阅读的发展和未来，活动中举行了《暨阳书缘》《纸阅读文库》的首发式，徐雁向小小说传媒授予"华夏书香地标"牌匾。截至2018年年底，第十五届绿城读书节各项活动直接参与或影响的市民已超过15万人次。

（李晓培）

传媒

【概况】 郑州市媒体宣传工作重点抓好十九大宣传、"脱贫攻坚"、郑州建设国家中心城市、"一带一路""两会"、拜祖大典等重大节点主题活动宣传。配合全市阶段性重点工作，做好

2018年4月23日，郑州市第十五届绿城读书节启动（市文化广电与旅游局/供图）

郑州市2018年文化志愿者“朗读之星”成人组决赛举行（市文化广电与旅游局/供图）

生态建设和环境治理工作、食品安全、普通高校招生考试等20多项工作的宣传报道，有力支持全市的中心工作。开展卫星电视广播地面接收设施专项整治行动，排查地点360余处，查收地面卫星接收设施52台（套）。开展打击治理“黑广播”违法犯罪专项行动，为公安、无线电管理等部门提供违法犯罪线索26条。开展虚假违法广告播出整治工作，责令停播违法违规广告28条。全市电影放映经营单位为119家，比上年同期增长22.7%。全市电影票房总收入为8.17亿元，比上年同期增长12.4%。

（李晓培）

【郑州报业集团】 2018年，郑州报业集团深入学习贯彻习近平新时代中国特色社会主义思想和党的十九大精神，认真落实省委十届六次全会暨省委工作会议决策部署，扎实践行市委十一届七次全会暨市委工作会议安排谋划。在市委的正确领导和市委宣传部的有力支持下，集团牢固树立“四个意识”，坚定“四个自信”，始终牢记“党媒姓党”“政治家办报”要求和“举旗帜、聚民心、育新人、兴文化、展形象”的使命任务，勇担“双重责任”，不断提升政治自觉，牢牢把握意识形态工作主动权，用新闻宣传讲好郑州故事、河南故事，以实际行动践行“两个维护”，为郑州加快建设国家中心城市凝心聚力，为中原更加出彩增光添彩。

新闻宣传。2018年，郑州报业集团统筹所属媒体，以习近平总书记关于新闻舆论工作的系列重要讲话精神为指导，坚定正确舆论导向，坚持正面宣传为主，把做好宣传主业作为第一要务，把社会效益放在重要位置，结合省会发展阶段特征和工作大局，推出一大批专栏、专题、特别报道，持续推进媒体深度融合，加快推进县级融媒体中心建设，着力提升党媒传播力、引导力、影响力、公信力，受到中央、省市宣传部门肯定。2018年，集团先后获得“中国报业融合发展创新奖”“2017—2018年度中国报业深度融合创新发展十强单位”等荣誉，《郑州日报》获评“2017中国传媒融合发展十大城市党报”，中原网获评“中国新闻网站（新媒体）最具公信力50强”“亚洲品牌500强”企业。

习近平新时代中国特色社会主义思想和党的十九大精神宣传。集团所属各媒体与新媒体矩阵开设《新时代、新作为、新篇章》《新春走基层》《幸福都是奋斗出来的》《扶贫攻坚》等栏目，推出纪念习近平总书记考察指导河南工作《回响》特刊、纪念改革开放40年“壮阔东方潮，奋进新时代·风华郑茂”等系列专题报道和特刊，开通网上党建频道“思享汇”，精心打造网上宣传十九大精神核心栏目。

全国“两会”报道。在省委宣传部的领导和郑州市委宣传部的统筹安排下，郑州市属五大媒体联手，组建“郑州融媒体”宣传报道舰队，党报、都市报、广播、电视、互联网及“两微一端”新媒体联动互动，围绕习近平总书记重要讲话精神和大会主题开展宣传报道，坚持“融、广、聚、亮”四字方针，全方位、全周期、立体化、多角度报道全国“两会”，讲好河南故事。“两会”期间，集团推出习近平总书记调研指导河南工作四周年主题大型报道《奋斗新时代 春意满中原》，《郑州日报》推出16版大型特刊《磅礴伟力》，《郑州晚报》推出32版大型特刊《答卷》等媒体报道，全景展示在总书记重要指示精神引领下，河南经济社会不断取得的新发展、新作为。

改革开放40年报道。集团推出《天地之中、春满山河》、《我与改革开放40年》系列报道，通过采访多位经历郑州发展的市民，讲述郑州这座城市的发展故事和幸福故事，坚持从小切口展现这座城市的大情怀，展现普通市民眼中改革开放40年的重要成就。

系列评论。2018年，报业集团策划推出大量系列评论，其中《贯彻省委十届六次全会暨省委工作会议、市委十一届七次全会暨市委工作会议精神》系列评论、《站位新阶段 展现新作为》系列评论、《坚决打赢打好三大攻坚战》系列评论等，旗帜鲜明、立场坚定，体现了党报的强大舆论引导职能，省市领导批示肯定。

拜祖大典报道。集团所属各媒体在做好大典各项议程的常规性报道基础上，推出“轩辕黄帝”微信表情包和公仔，成为郑州第一个具有浓郁地方特色的表情包，提升了黄帝形象与思想的传播。截至2018年7月初，轩辕黄帝表情包下载量达到660万次，发送量近4000万次。

民生报道。《郑州晚报》社会新闻报道基本以民生报道为主，强调社会新闻题材正面报道为主，负面新闻正面做，一些“郑能量”“出彩河南人”等好人好事题材见多。同时先后推出“违规广告牌整治”“楼顶整治”“交通整治”“扫黑除恶”“智慧郑州”招才引智等系列报道。“独家责任”一系列题材独特和视角独特的报道，在全国引起较大反响。

郑报融媒新闻超市3.0系统正式上线。为打造全媒体报道体系、满足全媒体、全技能型记者采编需要，集团着力打造郑报融媒新闻超市3.0系统，新系统突出全媒体、全方位报道技术，通过手机软件可完成现场直播报道、前后方联动报道等功能。

县级融媒体中心建设。8月31日，集团与郑州5市1县、6个市辖区、4个开发区集中签署框架协议，合力推进县级融媒体中心建设。截至2018年年底，各县（市）区建设工作有序推进。

融媒体创意产品生产。全国“两会”期间，集团联合市委网信办推出重磅策划《郑州八度》系列城市微视频，从“温度、速度、态度、热度、尺度、厚度、角度、气度”这八个角度看郑州，传递出生活在这座城市中的人们满满的获得感、幸福感、安全感，短时间内视频阅读量超过800万次。《这里是河南》系列短视频、H5《遇见总书记》《当郑州遇见纽约》等多个新闻产品在网上获大量转发、点赞。

新媒体品牌建设。集团所属“郑直播”、冬呱视频推出的作品和服务影响力持续提升。冬呱视频参与制作并推出的郑州城市系列宣传片、“少林寺”系列短视频、“热门模仿”系列短视频、“出彩郑州人”系列短视频、“大美郑州”系列短视频、“郑州一分钟”短视频等产品深受网友喜爱，点击量持续增长。截至2018年年底，郑直播累计完成直播600余场，多次被新华云等评为优秀合作单位，品牌影响力显著提升。

媒体助政。2018年，集团依托自身的平台优势、技术优势、人才优势，探索媒体助政新方式。《郑州之窗》在做好中英文版的同时，增加俄语、西班牙语、法语等语种，扩大《郑州之窗》的覆盖面和影响力，使郑州的信息真正传播到国际。集团所属中原网运营的“遇见郑州”“网信郑州”“新郑宣传”“郑州脱贫攻坚”“魅力经开”“郑州市城市管理”等官方微信稳步发展，其中，“遇见郑州”在河南政务微信影响力月榜中稳居前20名，“新郑宣传”多次入选河南政务微信影响力月榜。

（宋　华）

【郑州电视台】 2018年，郑州电视台在市委、市政府和市委宣传部的正确领导下，坚持以习近平新时代中国特色社会主义思想为指导，牢固树立政治意识、大局意识、核心意识、看齐意识，紧扣学习宣传贯彻习近平新时代中国特色社会主义思想和党的十九大精神这条主线，围绕中心、服务大局，严格落实意识形态工作责任制，做大做强主流舆论，稳步推进媒体融合，为市委、市政府中心工作和全市工作大局提供了有力的思想舆论保证。

舆论宣传。做好习近平新时代中国特色社会主义思想宣传，组织开辟“在习近平新时代中国特色社会主义思想指引下新时代新气象新作为”等3个专栏。高质量完成拜祖大典、全国全省全市“两会”报道、郑州国际马拉松等重大活动报道。围绕市委、市政府中心工作，先后制作《改革开放四十年》《决战大气污染》等40多个专栏，营造浓厚的舆论氛围。在全国“两会”报道中，由郑州电视台推荐的河南人大代表李灵，做客央视大型对话节目《新闻1+1》。联合全国40家电视台完成“献礼改革开放40周年”40集大型系列纪录片《四十城　四十年》之《郑州在路上》，在40家电视台同时展播。策划制作十集大型系列节目《致敬新时代·郑州四十年：见证》。联合市纪委举办“新时代新征程新使命”郑州市监察委员会成立特别节目。举办市委组织部“迎七一 学考赛”组工业务电视知识大赛。推出《走基层 访民生：新时代 幸福都是奋斗出来的》7集系列报道，获得社会广泛关注，新媒体点击量达10余万人次，网友评论跟帖2000余条，《河南阅评》针对该报道刊发了信息。贾鲁河整治系列报道、关注普通人的“小人物大情怀”等3篇报道被《河南广播电视收听收看月报》采用。2018年，郑州电视台获省级及省级以上奖项38件，其中国家级奖项1件、省级一等奖作品7件，获奖作品的数量和质量再创新高。

弘扬社会主义核心价值观。举办第二届“温暖郑州十大民生人物评选”活动，规模、参与人数及影响力进一步扩大。《突发火灾孕妇被困　电工爬楼救人》等十多篇反映郑州好人、郑州大爱的报道被央视新闻栏目采用，“最美维修工”、全程用写字与聋哑母亲进行沟通的最美护士等先进典型传遍全国。开设《文明郑州》栏目，助力郑州市文明创建工作提档升级，开播首期收视率和收视份额双双位于郑州地区所有省、市地面频道收视首位。《清风茶社》改版升级，影响力进一步增强。

对外宣传。《“一带一路”倡议五周年，“空中丝绸之路”让郑州机场“忙”起来》在央视财经频道《经济信息联播》播出；《焦点访谈》播出《“一带一路”的共赢之道》，关注了郑州到卢森堡的“空中丝绸之路”；《百城百县百企调研行——庆祝改革开放40年 郑州：扩大开放 迈向国家中心城市》在《朝闻天下》播出；《想到北京看升旗 心向国旗心向党——河南郑州援疆干部助力新疆小学生北京圆梦》，分别在央视《新闻直播间》和河南卫视播出。完成4个小时的2018年“文化跨年夜 出彩郑州人”直播活动，在央视《新闻联播》《新年新世界》直播、《朝闻天下》《共同关注》等栏目中以不同角度播出4次，其中，跨年灯光秀，郑州新城市形象片《郑州，一个都说“中”的地方》从2月1日开始，在央视多个频道不间断播出。黄帝故里拜祖大典现场盛况在央视中文国际频道完成50分钟直播，并在《新闻联播》播出。《郑州国际马拉松今日开跑》，分别在央视《中国新闻》、《体育新闻》、河南卫视中播出。2018郑州航展期间，投入直播车配合央视直播团队，央视《新闻直播间》《东方时空》《24小时》《午夜新闻》《朝闻天下》《中国新闻》《经济信息联播》栏目先后报道11次。截至11月底，郑州电视台在央视发稿总数120篇，河南台发稿670篇。

【新闻客户端“看郑州”】 新闻客户端“看郑州”坚持移动优先、内容为王。截止到11月22日，“看郑州”进行各类直播247场，总观看人数超过400万人次；共发布推文12550条，视频推送7824条，下载量60284人次。阅读量过万的稿件 1289 篇，阅读量过10万稿件43 篇，单条推文最高阅读量为230万人次。在融合过程中，“看郑州”依托电视直播优势，重大活动、重大事件、热点新闻在网络同步直播，相互带动，打造直播品牌，吸引用户。第十二届中国郑州国际少林武术节报道，“看郑州”发挥直播优势，共推出三期直播，直播和回看浏览量达到27万人次，创造“看郑州”最高点击记录。与扬州广播电视台合作，为其客户端“扬帆”提供武术节开幕式直播信号，总点击量突破1.1万人次。国庆假期返程日，郑州电视台、郑州人民广播电台联合推出“为您高空导航返程路”融媒体联合直播。“看郑州”推出两路直播信号供观众选择，实现电视台电台融媒体视频、音频、图文联合直播。黄帝故里拜祖大典、全国全省全市“两会”、文化跨年夜等重大活动、重大主题报道，实现台网联动，大小屏相互补充。“看郑州”运用图文直播、短视频、海报等融媒手段，联合微信公众号、微博公号、头条号构成全媒体矩阵，实现多角度、立体化、全方位传播，线下线上融合更加紧密，达到宣传效果最大化。“2017温暖郑州十大民生人物”评选活动，网络投票总数近79万、访问量达124万人次；“全城寻找耳蜗”新闻信息点击量突破70万人次。“文化跨年夜 出彩郑州人”全媒体报道获得河南省广播电视新闻奖网络新闻一等奖。

【郑州人民广播电台】 2018年，郑州台五套频率收听表现稳定。索福瑞、尼尔森等第三方数据显示，郑州台综合收听份额为43.68%，与上年持平，其中5月第3周综合收听率达47.16%，超过省台2.36个百分点。新闻广播综合收听份额为21%，较2017年上升2.26个百分点，继续保持省会广播综合收听市场首位优势，交通广播在尼尔森的调查数据中，稳居省会第一。创优方面，在第28届中国新闻奖评选中，郑州电台新闻中心报送的新闻作品《谁帮他们打开心结》获得中国新闻奖三等奖。郑州电台殷洁获得第五届河南省“好记者讲好故事”演讲比赛“最佳选手”称号。2017年度河南省新闻奖、文艺奖、播音主持奖、论文奖评选中，12件作品获得一等奖，获奖数量居各地市台第一位。《穿云破雾终归来》等4件新闻作品获一等奖、《老汤》等4件文艺及广播剧作品获一等奖，两件作品获得播音主持一等奖，两件作品获论文奖一等奖。少儿节目《小铃铛》2018年5月受到总局表彰。微广播《中药传奇》在上海广播节第十四届“东方畅想”全球华语广播短音频创新大赛中获得最具潜力奖。融媒体产品《法则》跻身蜻蜓FM广播剧榜单全国前三。郑州新闻广播主持人大龙和宋玮获得“蜻蜓FM 2018年度娱乐类和资讯类优秀主播”称号。2018年，郑州电台总收入约2.2亿元，其中基建收入约1.1亿元，经营收入约1亿元。与上年相比基本持平。

2018年，郑州电台围绕市委、市政府中心工作以及市委宣传部工作部署，按要求完成重大报道60多个，在品牌栏目《郑州早新闻》等多档新闻节目中对郑州市贯彻落实中央精神、重大决策部署、重点活动、重要成就等开设专栏进行充分报道。开设《在习近平新时代中国特色社会主义思想指引下——

新时代 新作为 新篇章》《聚焦两会》《新时代，幸福都是奋斗出来的》《用声音记录历史》《诚信建设万里行》《奋斗新时代 春意满中原》《以党的建设高质量推动经济发展高质量》《脱贫攻坚在行动》《少林武术节融媒进行时》《践行文明条例 建设文明郑州》《为了民族复兴 英雄烈士谱》等专栏。针对改革开放四十年，在多档新闻栏目中开设《潮涌中原》《壮阔东方潮 奋进新时代》等专栏对河南省、郑州市在改革开放浪潮中涌现的典型人物以及事件进行重点宣传报道。

全国“两会”报道。郑州电台报道团队在发挥传统广播快速及时的优势基础上，积极从新媒体方面着手，利用《会面》新闻客户端、“郑说广播”公众微信号等新媒体平台，同时通过郑州人民广播电台、郑州新闻广播等官方微信、微博等多种形式推送，形成全媒体传播矩阵。充分发挥音频聚合优势，在蜻蜓FM开设《郑州融媒2018全国两会报道》专区，将郑州市主流媒体的播出音频、电视音频、报纸新闻内容，及时上传，点击量超过40万人次。

郑州市“两会”报道。郑州市第十五届人民代表大会第一次会议和政协郑州市第十四届委员会第一次会议报道中，充分发挥传统广播快速及时的优势基础上，从新媒体入手，通过会面新闻客户端、微信、微博、抖音等多种融媒体传播方式，紧扣会议议程，聚焦大会主题，全媒体发力，多角度、全景式、深层次报道大会盛况，唱响郑州发展“好声音”。《用声音记录历史》系列报道，围绕郑州城市建设、工业发展、交通出行、游园建设等，通过各种典型音响在稿件中的穿插运用，展示郑州改革开放40年来的喜人变化。

媒体助政。与市纪委联合开办了党风廉政建设“两个责任”专题节目《廉政时空——阳光绿城 廉洁郑州》。“随行广播”配合市委、市政府，完成“河南省三大改造（郑州部分）现场观摩会”“河南省百城建设提质工程现场观摩”“全国戏曲工作现场会”“郑州市百城建设提质工程现场观摩”、“2018全省智能制造观摩点评”等13场次随行广播任务。

民生报道。服务社会、新闻广播、经济广播、交通广播都在积极发挥广播媒体的互动性、服务性优势，强化品牌栏目的公益价值。集中力量做好《百姓热线》《早餐可乐》《政府热线直通车》等栏目，充分发挥广播传媒优势，通过电波在党和政府与人民群众之间架起一座“空中桥梁”。新闻广播《百姓热线》“找到了”服务平台，通过庞大收听人群开展寻人寻物为市民提供服务。2018年，成功帮助市民找到10多位走失的老人。新闻广播与市长电话室联办的《政府热线直通车》节目，强化一把手现场办公的节目样态，有效解决百姓诉求。经济广播《廉政时空》5月初开播，截至12月底，有近20个局委的党委书记、纪委书记走进直播间，微信互动量累计超过1万条。与市教育局、市农委、市人社局、市科协、交警支队等单位开办联办节目，搭建政府与百姓沟通的桥梁。举行小学入学广播主题日—2018教育局长现场办公会为适龄儿童家长提供报名咨询，现场解疑答惑。交通秩序综合治理广播主题日让市民参与到郑州交通秩序治理中。联合郑州市文物局举办“文物知识进校园”活动，参与师生超过10万人。

现场直播。2018年，充分发挥广播传播优势，对多个重大新闻事件进行现场直播报道，先后对“戊戌年黄帝故里拜祖大典”“2018郑州航展”“第二届全球跨境电子商务大会”“阿富汗国家宝藏在郑州博物馆开展仪式”“第十一届中国郑州国际园林博览会闭幕式”“首届郑州国际马拉松”“第十二届中国郑州国际少林武术节”进行了现场直播。形成重大新闻事件“件件有参与，事事不缺位”的现场报道格局，强化树立主流媒体的舆论引导作用。

对外宣传。外宣发稿方面，2018年，郑州电台在中国之声发稿工作中获得省会城市台和全国城市台发稿双第一，同时实现在中国之声省会台发稿“十九连冠”。在中国之声共发稿1005篇，其中，在重点栏目《新闻和报纸摘要》、《全国新闻联播》共发稿170多篇。《借助与上合国家的合作，中部大省河南登上国际舞台》等稿件在中国之声《新闻和报纸摘要》栏目作为头条播出，全方位展现了改革开放40年来郑州的城市发展和变革。在中央广播电视总台华语中心播发24期《今日郑州》专题。做好黄帝故里拜祖大典国际大联播和少林文化推广的同时，与中国国际广播电台联合启动了“郑州城市形象海外推广活动”。举办《亚太热歌榜中榜音乐盛典》等提升郑州对外形象的大型活动。

为更好的了解听众需求， 2018年4月份，组织开展了新一轮的“总监面对面”活动，活动期间，听众积极通过各类媒体参与活动，初步统计，五套频率参与微信互动听众达到35626人次，参与微博互动36.9万人次。

公益广告宣传。创意制作上百条各类题材和内容的公益广告，内容涉及社会主义核心价值观相关公益片花、中国梦公益广告、文明交通、郑州市文明守则系列、节约能源、降低消耗、减少污染物排放等等。已播出“讲文明树新风”公益广告四万六千多条（次），累计播出一百五十多万秒，公益广告活动多次受到市文明办、市工商局的肯定。在中共河南省委宣传部、省精神文明建设指导委员会办公室、省工商行政管理局主办的省公益广告征集中，有6篇作品分获一二三等奖；在全国城市电台信息交流委员会有5篇作品分获一二三等奖。

【移动视频传播】 郑州电台积极融入移动传播市场，新闻中心6月开通抖音官方号“说中就是中”，以讲好郑州故事、传递社会正能量为主线，重点对郑州的经济发展、重大活动、好人好事进行短视频宣传。为郑州男孩找耳蜗的短视频点击量超过千万，点赞超过60万。短视频的运用进一步增强了电台新闻报道的传播力、影响力。截至2018年年底，交通广播抖音“胡辣汤”点击近两亿人次，点赞达500万。2018年，听见项目部视频团队发布视频项目子品牌“π视频”，拍摄制作献礼郑州“两会”MV《不忘初心》；拍摄制作由登封市纪委出资的反腐教育题材的宣传片《黑洞》，并在全市机关单位范围内组织观看学习；拍摄《春节你为什么不回家》系列，点击量达到60多万人次。

【西区广播中心和发射塔项目建设】 西区新广播中心按计划进行基建工作，12月底完成地上三层主体结构。截至2018年年底，广播中心项目共完成投资约1.18亿元，约为工程总投资的18%。发射塔可研报告10月份得到郑州市发改委批复，进入发射塔设计招标阶段。

（汤理科　陈天培　张玉华）

医疗卫生

综 述

【概况】 2018年，郑州市卫生与健康工作坚持稳中求进总基调，精准对接人民群众健康需求，综合医改持续深化，医疗服务能力不断改善，健康管理拓展完善，中医药事业传承发展，民生实事有效落实。全市公立医院综合改革工作被国务院通报表彰。郑州市被国务院表彰为全国公立医院综合改革成效明显地市，并在全国中部片区公立医院综合改革培训暨座谈会上作典型发言。《郑州构建互通式医联体破解表面结盟形式主义》《郑州市破解医护比例畸形矛盾告别“护士荒”“护理难”》等做法被新华社内参刊发。郑州市卫生健康工作被中央电视台、健康报等国家级主流媒体宣传报道94次。

【健康管理与促进】 依托各级疾控机构、综合医院、基层医疗机构，建立健康管理指导中心、健康管理服务中心、健康管理办公室“三级健康管理网络”。成立郑州市健康管理指导中心，确定金水区、管城区、新郑市、中牟县和市中心医院、郑州人民医院为首批试点。成立县（市）区健康管理指导中心10个，健康管理服务中心14个，健康管理办公室49个。郑州人民医院成立健康医学中心，打造包含慢病防治、健康体检、家庭医生服务、特需服务、健康教育在内的多元化健康平台，获批“全国健康管理示范基地”，累计服务群众10万余人次；市中心医院成立健康管理服务中心，依托慢病信息化管理系统，成立高血压、糖尿病、冠心病、脑卒中等慢病多学科管理团队，为群众提供一体化疾病防治服务。

组织卫生健康大讲堂3500余场，推广全民健康生活方式，普及慢性病、多发病防治知识，受众45万余人次。深入开展健康促进示范县（市）区、健康促进医院创建工作，新郑市、惠济区顺利通过国家评审，推荐金水区总医院、中牟县人民医院等8家医院创建省级健康促进医院。开展“健康中原行”等健康普及系列活动，获“首届河南省健康科普能力大赛”优秀组织奖。

2018年3月29日，郑州市健康管理指导中心揭牌成立（市卫健委/供图）

【中医药工作】 完成9家基层医疗卫生机构中医综合服务区（中医馆）项目建设。成立中药、骨伤等5个市级质控中心；荥阳市通过全国基层中医药工作先进单位复审；市一院、郑州人民医院和市九院3家医院被评为全国综合（专科）医院中医药工作示范单位；荥阳市中医院、中牟县中医院通过二级中医医院等级评审；市骨科医院颈肩腰腿痛科等4个河南省第四批重点中医专科通过省中管局验收；组织申报2019年度国家级中医药继续教育项目19项，遴选推荐2019年全国中医药特色技术传承人才培训项目3个，获河南省中医药科技成果奖12项，获批2018年度河南省中医药科学研究专项课题立项22项；建立市级名中医工作室10个。持续开展基层中医药人才培养三年行动计划，举办培训班6期，培训210人；组织郑州市第十五届职工技术运动会中医药技术竞赛；参加全省中医药技能大赛，获一等奖5个、二等奖6个。积极开展中医药文化“三进”活动，联合市教育局在3个县区6所学校试点开展中医药文化进校园活动，组织开展“中医药健康你我他”“中医中药中国行”“中医名医名家走基层”等活动，举办《郑州中医名家讲堂》4期，线下线上受众达14万余人。

【人才学科建设】 医疗卫生领域纳入全市“三区一领域”人才发展体制创新试点。市委人才办资助193名医疗卫生后备人才到国家知名医疗机构进修培养，占全市社会事业人才培养总数的71.5%。引进高端人才574名，14人被认定为郑州市首批高层次人才，8人分别被省卫生健康委确定为行业经济管理领军人才和会计领军人才；新增享受国务院、省、市政府津贴专家12人，省、市学术技术带头人22人。选派57名管理和技术人才到国（境）外知名医疗机构研修学习交流、36名临床医学重点（培育）学科后备带头人到北京大学8个附属医院进行为期一年的导师制培养。学科建设影响力逐年增强。中国医学科学院医学信息研究所发布的中国医院科技影响力前100名排行榜上，市一院烧伤科、郑州儿童医院儿科学、市六院结核病学、市中心医院口腔学、市七院心血管外科学榜上有名。市一院、市中心医院胸痛中心获“2018年度质控金奖”；市中心医院卒中中心被授予全国“示范高级卒中中心”“五星高级卒中中心”称号。2018年，全市获批省医学科技攻关项目292项，同比增长520%。新增1个省级院士工作站（河南省儿童内镜质量控制院士工作站）、1家省级工程研究中心（河南省儿童神经发育工程研究中心），8个市级重点实验室；获河南省医学科技进步奖36项、省科技厅科技进步奖8项，创历年新高。拥有郑州市科技惠民项目7项，占全市社发领域58.3%。新增1家国家级住院医师专科培训基地，2家“3+2”助理全科医师规范化培训基地。

【对外合作交流】 市三院与杭州树兰医疗管理集团开展深度合作，郑州儿童医院、市中心医院、市九院、市中医院等多家医院分别与国内外知名医疗机构建立合作关系。市属医院与国内50余家知名医学院校和医疗机构开展合作项目93项，引进和开展新技术133项。解决人事代理人员无法出国（境）学习培训难题，拓宽人才输出培养范围。完成援赞比亚第21批医疗队组建任务，被评为河南省援外医疗工作先进集体。

【信息化建设】 编制完成《郑州市智慧健康工程项目整体设计方案》，工程进入实施阶段。推进基层医疗卫生机构管理信息系统建设，覆盖全市所有基层医疗机构；智慧公共卫生信息系统全面投入使用，实现疾病实时动态监测预警和健康危险因素实时监测；生活饮用水在线监测信息系统运行稳定，全年共采集数据210.2万条；持续开展数字化医院建设，市中心医院、郑州儿童医院被授予首批“河南省A级数字化医院”称号。

【卫生执法监督】 规范公立医院法制监督机构设置和职能任务，全面提升医疗机构法治工作水平，受到国家卫生健康委调研组的高度评价。对93家市管医疗机构执业资质、人员资格、医疗废物、传染病防治等进行综合检查，促进医疗机构依法规范执业；实施“双随机一公开”，完成国抽任务2152家，在全省率先开展市抽工作，抽查792家；整顿和规范卫生健康领域服务秩序，对793家违法违规单位依法进行处罚，查处取缔“黑诊所”57家；开展社会信用体系建设，将医疗机构纳入信用管理范围，探索开展“信易批”“信易监督”模式；食源性疾病监测哨点向基层延伸，实现全覆盖；将“三小”门店纳入城市精细化管理，开展专项整治，提升卫生管理水平。深入推进“一网通办”前提下“最多跑一次”“放管服”改革，办理法定时间压缩超过三分之一，全面推行医师、护士、医疗机构电子化注册工作。

【计划生育服务管理】 持续深化生育登记服务管理改革，生育登记服务下沉到社区，方便群众就近办理；落实部门信息共享机制，强化人口出生监测分析，及时掌握人口出生动态。市卫生与计生委先后在全国计划生育工作座谈会和全国人口监测分析研讨培训会上作交流发言。全面落实计划生育家庭扶助保障政策；“新家庭计划——家庭发展能力建设”项目成效明显，建设儿童之家34个，开展主题宣教活动1085场（次）。流动人口服务管理水平大幅提升，郑州市及管城区、惠济区、郑东新区、航空港区、中牟县和新郑市6个县（市）区被国家卫生健康委评为流动人口卫生计生动态监测调查优秀单位，二七区、金水区被评为全国流动人口基本公卫均等化示范县（市）区，惠济区兴盛花木城流动人口计生协会被确定为全国流动人口协会示范点。

【扶贫攻坚工作】 持续实施“七免一减”健康扶贫措施。出台《健康扶贫三年攻坚行动实施方案》，实施健康扶贫工作规范化标准化制度化建设。全市建档立卡贫困人口共2.36万人，累计减免金额1072万元；组织全市二三级公立医疗机构对口帮扶贫困村，专家开展上门义诊200余场次，发放“健康大礼包”10.7万余份、价值423.2万元。实现了“三个100%、两个90%”；贫困人口100%参加城乡居民基本医疗保险，每个贫困村100%拥有一个标准化村卫生室，家庭医生签约服务100%覆盖所有贫困人口，医疗费用报销比例和县域内就诊率均在90%以上。大病集中救治127人，救治率100%。对口帮扶卢氏县工作成效初显。确定卫生健康帮扶项目9类26项（占全市帮扶项目总数66项的39.4%），帮扶资金1.197亿元（占全市帮扶资金的39.7%）；累计开展医务人员培训14批1200余人次；8家市属单位与卢氏县14家医疗机构建立医疗合作关系。郑州市健康扶贫工作受到省卫生健康委通报表彰并授予健康扶贫突出贡献奖，被市委、市政府评为“2017年度全市脱贫攻坚工作先进单位”。

【爱国卫生运动】 开展卫生城市管理工作红黑旗单位评选和爱国卫生杯评选活动，每周组织各级公共单位、专业队伍、物业公司、沿街商户、居民群众开展义务清洁活动，城乡环境得到明显改善。新郑、登封、荥阳3个市和雁鸣湖镇等11个乡镇通过国家卫生城市（乡镇）复审。出台《郑州市建设健康城市三年规划（2018—2020年）》《郑州市健康城市建设评价指标管理办法》《郑州市健康单位评审与管理办法》等文件，形成健康乡镇、健康单位、健康村、健康家庭的评选“一二三四”建设机制；全年评选出“健康单位”54个、“健康家庭”110个，确定25个省市级健康乡镇试点单位。坚持环境治理为主、药物消杀为辅，积极开展环境卫生治理，投入资金600余万元，防制设施覆盖率达到95%以上；组织对建成区病媒生物密度控制水平进行评价指导，全市城区病媒生物密度控制水平均达到C级以上，17个街道达到B级标准。

（王向阳）

2018年5月26日，第三届全国卫生健康微电影节在郑州举行（市卫健委/供图）

医改工作

【政府办医】 政府办医责任进一步强化，在建项目续建资金纳入政府保障。公立医院收支结构明显改善，2018年药占比29.61%，同比下降4.78个百分点；检查化验收入占比26.39%，同比下降0.06个百分点；医务性收入占比31.48%，同比提高3.88个百分点；百元耗材24.35元，同比下降2.53元。15家二级以上公立医院和10家社会办非营利医院开展现代医院管理制度试点，完成章程制订工作。全面实施公立医院绩效考核，对综合考评成绩靠前的县级公立医院分别给予10万—30万元奖励，市属市管公立医院分别给予10万—50万元奖励。市中心医院、郑州人民医院纳入全国日间手术试点，市中心医院完成日间手术4235例，占择期手术量的12.4%，手术术式达128个病种，住院次均费用降低24%；郑州人民医院完成日间手术3017例，住院次均费用降低18%。医保部门在市中心医院、郑州人民医院、市一院、登封市人民医院4家医疗机构开展医保一卡通线上支付。

【采购改革】 全面开展药品和高值耗材联合采购、联合议价，市域药品价格同比平均下降11.2%、高值医用耗材价格同比平均下降12.91%，同比可分别节约采购费用约3.22亿元、2.28亿元；全市所有公立医疗机构推行药品采购“两票制”，药品执行比例达到98.41%（精神药品、麻醉药品、毒性药品、放射药品等特殊药品以及短缺药品除外）；持续做好45种重点监控药品监管工作，实施专项处方点评及消耗金额前20名药品备案制度，加强营养性辅助性药品监管，促进合理用药，减轻群众看病就医负担。健全市级、县（市）区级和公立医疗机构三级监测预警网络，落实零报告制度，保障短缺药品供应。开展基层医疗机构处方点评，规范基本药物专项补助，巩固基本药物制度实施成果。

【医疗联合体建设】 全市24个医联体成员单位达1349家，覆盖省内18个省辖市，辐射6个省份；19个远程诊疗中心开展远程诊疗服务16万余例；开展双向转诊5.1万余例，其中下转近1.8万例，占比35%，同比增长13.8%。中牟县、登封市、新郑市、荥阳市通过托管、签约基层医疗机构等方式组建医共体，探索医共体内绩效考核、业务建设和人财物等统一管理模式。

【智能化签约】 智能化签约覆盖所有县（市）区，依托手机客户端提供在线签约、预约、咨询、健康管理、慢病随访等服务。各县（市）区根据情况通过为签约服务人员配备“互联网+家庭医生签约服务”手机终端、信息化设备，建设家庭医生签约服务信息化系统、定制个性化基础服务包和专项服务包开展个性化服务等方式，提高签约和履约质量。截至2018年底，全市成立签约服务团队1720个，签约居民560.52万余人，其中智能化签约居民260万余人。

（王向阳）

医疗服务管理

【概况】 国家儿童区域医疗中心与北京儿童医院开展深度合作，顺利启动与郑州大学联合招录培养博士后工作；全职引进博士10人、柔性引进高端人才4人、引进国内外知名学科团队20个；疑难重症病种收治覆盖率达78.08%、核心技术开展覆盖率达76.98%，均超过国家标准（70%）。器官移植中心完成移植手术224例，成功率100%，年移植手术总量居全省第二。心血管中心获批省内唯一“中国房颤中心示范基地”，独立完成心脏移植手术、已成功实施7例，独立完成省内首例一站式经导管主动脉瓣置换术、全程手术直播属国内第五家，“左心耳封堵术”全球直播。儿童、器官移植医疗中心市域外患者就诊率达70%以上，烧伤、肝病、心血管病、骨科等诊疗中心市域外患者就诊率达50%以上。

【医疗质量管控】 扎实开展“提升医疗质量 改善医疗服务”深化年活动，设立“医务社工部门”、设置“健康教育显示屏”、聘请“行风监督员”，开展“健康食堂”“卫生厕所”“暖心热水”专项行动，统一规范卫生间、饮用水、淋浴等设施设备，市属医疗机构10家独立设置医务社工部门，7家独立设置清真食堂，群众就医舒适度明显提升。新建成儿科、临床检验、病案、临床药学等7个市级质控中心，医疗质量控制体系逐步完善。建立胸痛中心、卒中中心8个，打造快速救治平台。市一院、市三院、郑州人民医院、市九院、郑州儿童医院、中牟县人民医院、巩义市人民医院、郑州仁济医院、金水区总医院、中原西路社区卫生服务中心等10家医疗机构被国家卫生健康委医政医管局和《健康报》报社联合授予“2018年度改善医疗服务示范医院”。

【医疗项目建设】 立项市属医疗卫生重点项目20个，其中在建项目9个，前期项目11个，累计完成投资20.36亿元。市十院迁建项目竣工投用，市七院心血管病房楼项目开工建设，市一院外科病房楼装修改造项目和市七院病房楼及门诊医技楼改造项目正式立项。全面完成百城建设提质工程工作目标，受到郑州市百城建设提质工程工作领导小组通报表彰。市卫生健康委被市政府评为2018年重点项目建设先进集体。

【基层卫生服务】 全面落实“369”基层卫生人才工程，招聘特招毕业生、特岗全科医生等160人，完成全科医生转岗培训181人；住院医师、中西医结合等6大类基层人才培养项目培训800余人；组织137名基层骨干到三级医疗机构学习进修。启动实施社区卫生服务中心建设五年规划，完成新建、改造和迁建社区卫生服务中心21家；登封市、中牟县、荥阳市人民医院和新郑市公立人民医院4家医院8个专科通过2020—2021年河南省县级临床重点专科初审，登封市人民医院肿瘤科、荥阳市人民医院妇科通过省级考核验收；完成全市34个县级医院临床重点专科中期评估；登封市、中牟县、新郑市人民医院通过二

2018年10月27日，郑州市第三人民医院和树兰医疗管理集团签署深度合作协议（市卫健委/供图）

级甲等医院评审。金水区基层医疗卫生机构与二、三级医院医保用药衔接试点顺利推进，全区备案非基本药物79种。以“五个一”为抓手（一本《应知应会》、一套宣传海报、一部宣传片、一段公益广告、一本合格证书），深入开展“基本公卫基层行”活动。开展国家基层高血压防治管理指南线下培训，线上线下累计培训1.3万余人次，基层高血压防治管理能力得到提升。制订《郑州市基层医疗卫生机构服务项目量化标准指导意见（试行）》，在全市推广基本公卫服务项目“当量法”绩效考核模式。全市建立居民电子健康档案811.4万余份，0—6岁儿童管理率91.37%；高血压患者规范管理率87.46%、糖尿病患者规范管理率82.79%；严重精神障碍患者规范管理率82.11%。

2018年12月1日，郑州市举行世界艾滋病日大型宣传活动（市卫健委/供图）

【妇幼健康管理】 建设危重孕产妇救治中心17家、新生儿救治中心18家，实现县区全覆盖，登封市妇幼保健院、中牟县妇幼保健院被评为河南省县级危重孕产妇救治中心、危重新生儿救治中心标准化建设达标单位；在全市范围内推广使用母子健康手册；推进公共场所母婴设施建设，把母婴室配备建设纳入《郑州市文明行为促进条例》，全市配置场所269处。市妇幼保健院被授予国家级母婴安全优质服务示范单位、河南省孕产期保健标准化专科单位，成为郑州市首家开展“试管婴儿”技术的市级医院；荥阳市妇幼保健院被评为省级儿童早期发展标准化基地。

【健康老龄化工作】 制订《郑州市健康老龄化规划（2018—2020年）》《加快建设郑州健康养老产业实施方案（2018—2020年）》，加强老年健康服务能力建设，受到国家卫生健康委“十三五”健康老龄化中期评估组高度评价。建成4所老年病医院和护理院，23家二级以上综合医院开设老年病科。139家养老机构中设置医疗机构的有25家，与医疗机构签订医疗服务合作协议的有114家，实现养老机构医疗卫生服务全覆盖。市九院被评为全国首批“老年友善医院”“老年医疗照护培训基地”“国家老年疾病临床医学研究中心协同网络基地单位”。老年福利政策有效落实，在全省率先实现80岁以上老年人高龄津贴全覆盖。

（王向阳）

疾病防控与紧急救援

【预防接种】 加强预防接种门诊规范化管理，推进免疫规划示范区建设，荥阳市、中牟县通过河南省免疫规划示范区考核验收，所有县（市）区全部配备疫苗冷链设备。稳妥处置长春长生疫苗事件，积极开展疫苗续种补种工作，受到国家卫生健康委、中国疾控中心督导组的充分肯定。

【疾病防治】 落实传染病预警监测及疫情审核分析制度，实时动态监测，未发生重大疫情。完善艾滋病防治三级监测网络体系，实施艾滋病高危人群网格化服务管理，艾滋病医防结合一体化纵深推进；加强碘缺乏病、地方性氟中毒和布病动态监测，地方病得到有效防控。坚持做好职业健康体检，扎实开展职业健康执法年活动，重点行业领域专项治理工作深入推进。宣传贯彻《职业病防治法》，认真做好职业病防治及其危害因素监测工作。明确部门分工，强化县（市）区监管责任，严重精神障碍患者管理逐步规范。加强全市基层疾控人员队伍素质培训，组织开展疾控岗位练兵比武活动，在河南省第五届疾控岗位练兵和大比武中，职业卫生和精神卫生均获得团体第一。

【卫生应急救援】 有效处置公共卫生事件2起，处置3人以上突发事件916起、救治3296人；圆满完成马拉松、拜祖大典、省八届民运会等72次重大活动医疗卫生保障任务。开发郑州院前急救信息共享平台，实现3秒接听、40秒派车、平均8分半到场，院前院内无缝衔接。

（王向阳）

体育

综述

【概况】2018年，郑州市连续组团参加河南省第十三届运动会和河南省第八届少数民族运动会，取得优异成绩。全年举办万人以上规模赛事11项、千人以上规模赛事21项，省级以上重大赛事（活动）40余项次。首次将全年市级举办的“全民健身我参与、体育强市我添彩”百项群众体育活动计划，在郑州媒体上向社会公布，全民健身更加踊跃。首次面向社会公开评选“十大精品赛事”（活动）。首届中国郑州国际马拉松赛成功举办，向打造有郑州特色的品牌国际马拉松赛事奋勇冲击。郑州市全年体彩销售额突破46亿元。

【发展成果】2018年，郑州市老体协、郑州市惠济区老体协、郑州市新密市老体协、郑州市中牟县老体协被中国老年人体育协会表彰为全国老年体育工作先进单位。6人被中国体育协会授予全国老年体育贡献奖，3人被评为全国健康老人。郑州市体育局被省体育局评为“2017年度体育宣传工作先进单位”，并获得“2016—2017年度体育好新闻征文活动组织奖”。市体校副校长甄凯被省体育局表彰为先进个人。郑州市武术协会举办的“体彩杯”2017年郑州市武术（套路）锦标赛被评为2017年度河南省十大武术活动。

（孙　婧）

竞技体育

【后备人才培育】坚持实施“立足省运、服务全运、力争奥运”发展战略，以优化青少年竞技体育后备人才培养体系为主线，局属训练单位、训练点、传统项目学校、体育俱乐部四级训练体系进一步完善。本周期共完成运动员注册9000余人次，超额完成制定的8000人次目标。2018年郑州市运动员共获得6个世界冠军、2个亚洲冠军、10个全国冠军。积极落实“跨界选材”工作，截至年底，有200多名运动员入选国家高山滑雪、单板滑雪、自由式滑雪和冲浪项目国家集训队，选拔备战2022年北京冬奥会。抓好教练员、运动队训练常规管理，打造一支凝聚力、向心力、荣誉感强、能打胜仗的教练员队伍。以《国家高水平体育后备人才基地》评估细则为工作标准，做好2017—2020周期国家重点高水平体育后备人才基地创建年度相关工作。

航海体育场（郑州经开区管委会/供图）

【郑州市运动员参加省第十三届运动会】河南省第十三届运动会于2018年9月12日至9月21日在周口市举办，郑州市组团参加青少年竞技组22个项目和社会组13个大项的比赛，参赛运动员1497名。在本届运动会上，郑州市运动员顽强拼搏，奋勇争先，青少年竞技组取得金牌143枚、银牌126枚、铜牌112枚，总分3927分的优异成绩，金牌总数、奖牌总数，总分位列全省第一，获得体育道德风尚奖和竞技人才培养贡献奖；社会组获得74个一等奖、44个二等奖、22个三等奖、7个优秀奖，总分1135分，位列全省榜首。郑州市体育代表团获得体育道德风尚奖，实现运动成绩和精神文明双丰收。市委、市政府致贺信，号召全市上下以郑州体育代表团为榜样，为全力推进国家中心城市建设作贡献。《郑州日报》头版头条报道并刊发贺信。

【承办第八届全省少数民族传统体育运动会竞赛表演工作】第八届全省少数民族传统体育运动会于2018年9月6日至10日在郑州市举办，市体育局负责承办来自各省辖市、院校的34支代表团1500多名运动员参加的竞赛和表演项目组织工作。全局上下同心同力，从场馆确定到器材准备，从赛事场布置到赛事组织，不断完善方案，认真落实每个环节工作

2018年6月3日，“美利达·正新杯”第二十三届国际奥委会主席杯全国百城市（郑州登封赛区）自行车赛举行（市体育局/供图）

要求，确保任务明确、责任到人，各项赛事活动圆满成功。

【全国少数民族传统体育运动会筹备工作】 第十一届全国少数民族传统体育运动会将于2019年在郑州举办，市体育局承担竞赛表演任务。在总结2018年省民族运动会工作经验的基础上，制订竞赛表演部工作方案，成立设有7个工作机构的领导小组，明确职责分工。截至年底，比赛场馆确定，各项目裁判长陆续到郑指导比赛场馆维修改造工作，各项筹备工作有序推进。

【第十二届中国郑州国际少林武术节】 第十二届中国郑州国际少林武术节由国家体育总局武术运动管理中心、河南省体育局、郑州市人民政府主办，于2018年10月19日至23日在登封市举行。本届武术节共有65个国家和地区、240支运动团队、2212名运动员参加，其中一带一路成员国22个，规模创历史新高。在国家和地区分布上，亚洲国家和地区22个，欧洲国家17个，非洲国家14个，南美国家5个，北美国家5个，大洋洲国家2个，美国、德国、法国、英国、俄罗斯、澳大利亚均有团队参加，具有普遍代表性。从参赛选手年龄结构来看，本届武术节选手最大年龄79岁，最小年龄2岁，年龄跨度达77周岁，充分体现武术故乡的魅力。本届武术节通过精心的筹备，严密的组织，为广大武术爱好者奉上一场精彩圆满的体育盛会，受到参赛运动员广泛赞誉，对世界武术运动的发展产生积极影响，使武术节这一宣传郑州、宣传河南的国际名片更加靓丽。少林武术节连续三届被国家体育总局授予“体育旅游精品赛事”称号。

（孙　婧）

10月21日，体彩·环中原2018自行车公开赛暨第三届环龙湖自行车公开赛举行（王明阳　张文举/摄）

群众体育

【全民健身活动】 2018年，郑州市以“全民健身我参与、体育强市我添彩”为主题，贯穿全年开展市政府重点民生实事“百项群众体育赛事”。坚持立足全国办赛事，借助社会力量办赛事，创新发展办赛事。全年举办赛事172项，其中国际级赛事12项，国家级赛事18项，省级赛事15项，市级赛事128项。万人以上规模赛事11项，千人以上规模赛事21项。全市群众体育氛围浓厚，周周有活动，月月有赛事，季季掀高潮。其中，2018郑州国际马拉松、2018郑州龙湖国际半程马拉松、第二届楚河汉界世界棋王赛、2018全国桥牌团体赛、世界名校赛艇挑战赛暨大学生赛艇挑战赛、中国乒乓球协会会员联赛（郑州站）在《人民日报》、《中国体育报》、中央电视台、卫视及各大网络平台都有报道。“简化少林拳”进课堂在市区各小学全面普及、中学广泛开展；象棋、围棋、国际象棋“三棋”列入市区部分学校“校本课”，特别是荥阳市的中小学均开设象棋课，而且有社团、有比赛。郑州市培育发展的“快乐家庭”羽毛球比赛特色突出，中国羽毛球协会拟于2019年在全国推广。2018—2021年连续四届亚洲羽毛球精英巡回赛总决赛申办成功，落户郑州。向中国羽毛球协会提交了申办2024年汤姆斯杯暨尤伯杯比赛的意向书，并进行初步的沟通。

【全民健身工程】 积极打造城市社区15分钟健身圈，重点民生实事任务中全民健身工程4大项243小项目标圆满完成。其中，农民体育健身工程200个、社区多功能运动场20个、社区健身活动中心20个、户外全民健身活动广场（示范园）3个，全部按照建设标准全部完工并投入使用。郑州奥林匹克体育中心即将完工，郑州市民健身中心、北区市民健身中心项目取得新进展。百城建设提质场馆建设工程有序进行，市内各区“一场一馆”或“两馆”建设持续推进，各县（市）“两场三馆”建设受到当地政府领导高度关注并积极推进。

【全民健身组织】 2018年，郑州市和11个县（市）区均建立全民健身协调领导小组。全市拥有市级单项体育协会30个，经批准成立的市级体育俱乐部84个，体育总会、社会体育指导员协会和老年人体育协会实现全覆盖，所有乡镇街道均建立体育组织和老年人体育协会；基层健身指导站点达4016个，社会

登封市大冶镇中心镇区体育广场鸟瞰图（登封市大冶镇/供图）

体育指导员增至30954人。体育单项协会在全民健身中送政策、送服务、送指导，体育俱乐部为全民健身提供场地、提供便利，社会体育指导员组织、带领、引导市民积极参与全民健身。体育协会、俱乐部、社会体育指导员和其他群众体育组织成为郑州市开展全民健身活动、丰富群众体育生活的生力军。

【国民体质监测】 2018年，郑州市国民体质监测样本采集工作全部结束，全年上传至省体育局的有效数据为3352人，超额完成省局年初下达的监测任务。定点开展日常化、公益性体质测定、运动能力评估和科学健身指导服务，继续实施体育进社区、体育下乡等全民健身志愿服务活动，宣传科学健身知识，推广科学健身方法，开展科学健身服务，推动郑州市全民健身计划深入开展。

（孙　婧）

体育产业

【市场培育】 第十二届中国郑州国际少林武术节、2018郑州国际马拉松、第二届楚河汉界世界棋王赛、世界名校赛艇挑战赛暨大学生赛艇挑战赛等有影响力的体育赛事，发挥积极的辐射带动效应，促进体育产业与文化、旅游等相关产业融合发展，衍生官网运营、企业融资等一系列体育产品，社会效益明显。中国郑州少林国际武术节连续三年获得“中国体育旅游十佳精品赛事”称号。

【基地建设】 郑州市奥林匹克中心和郑州市民健身中心进入收尾阶段，奥体中心建成后对郑州市体育赛事、体育休闲、体育旅游、体育会展、体育文化业的发展具有强有力的推动作用。登封市以武术为主要门类的体育产业迅猛发展，2018年登封市被评为国家级武术体育产业（示范）基地，郑州少林塔沟教育集团被评为国家级武术体育产业（示范）单位。登封4个单位被河南省体育局评为河南省体育产业（示范）单位；荥阳市正在建设世界象棋文化之都，积极推进与世界各洲际象棋组织战略合作，实施“全国百城千县万乡全民棋牌推广工程”，2018年举行第二十届亚洲象棋锦标赛启动仪式暨亚洲象棋联合会成立40周年纪念活动和第二届楚河汉界世界棋王赛暨第二届中国象棋文化节；上街航空运动产业不断发展；巩义市、新密市的冰雪运动产业发展势头强劲。

（孙　婧）

新密市来集镇翟坡社区健身示范园（市体育局/供图）

民生工程

【概况】 2018年，市政府及有关部门强化执政为民理念，积极回应群众期盼，坚持把“十件重点民生实事”办理落实作为改善民生的重要载体，精心谋划，强力推进，确保民生实事顺利落实。市委书记马懿、市长王新伟多次听取市“十件重点民生实事”办理工作汇报并作重要指示。各分管副市长、秘书长多次组织召开市“十件重点民生实事”办理工作推进会、重大事项协调会，及时解决工作推进中存在的制约性难题。市政府专门成立由常务副市长任组长、市政府秘书长为副组长、市属有关部门主要负责人为成员的市“十件重点民生实事”办理工作领导小组，确保整体项目按时间节点推进。截至年底，“市十件重点民生实事”45个项目完成41项（含17项超额完成），4个项目推进滞后。2018年实事办理有以下几个特点：一是更加贴近民生。如2018年新增安置房网签、群众回迁、幼儿园建设、公共厕所建设、电动车综合整治、养老院建设等项目，与百姓的住房、教育、医疗、出行等息息相关。二是投资持续增大。从2002年投资4.91亿元开始，民生实事投资逐年增加，2006年超过10亿元，2017年达到98.70亿，2018年达到126.73亿，十七年来累计投入957.81亿元。三是突出热点难点。围绕就业、就医、入学、关爱城乡特殊人群、生态环境治理、文化惠民、便民服务等，扎扎实实解决好群众反映强烈的热点难点问题。

【2018年十件重点民生实事完成情况】 （一）持续提高扩大就业安居服务水平。新增城镇就业12.36万人，开展再就业培训6.07万人。城镇“零就业”家庭动态为零。全年开工建设(含购买)青年人才公寓2.56万套。实施保障性安居工程。棚户区改造建设开工21951套，基本建成86691套,公共租赁住房实际分配入住19664套，均超额完成目标任务。推进安置房网签。实现安置房网签11.6万套；年内回迁安置群众20万人以上。

（二）持续提升医疗卫生保障水平。免费为具有郑州户籍的适龄妇女进行宫颈癌筛查101772人、乳腺癌筛查101412人、人类乳头状瘤病毒（HPV）DNA检测50000人。免费为具有郑州户籍的孕妇进行血清学筛查9.84万人、产前超声波筛查9.7万人；免费为具有郑州户籍的新生儿进行35种遗传代谢病筛查5.5万人、耳聋基因筛查9.81万人、听力障碍初筛12.7万人、苯丙酮尿症、先天性甲状腺功能低下症共筛查12.85万人。免费为群众开展结直肠癌筛查31364人。免费为具有郑州户籍的14502名白内障患者实施复明手术。

（三）持续提高教育体育供给水平。全市开工新建（改扩建）幼儿园37所；开工新建（改扩建）中小学38所；积极推进往年中小学校项目建设，今年建成投用中小学22所,新增加学位3.67万个。推进群众体育百项赛事活动，建成城镇社区多功能运动场20个、社区健身活动中心20个；为120个行政村和80个贫困村农民体育健身工程进行了升级改造。开工建设县区级户外全民健身活动中心3个。建成连通生态健身步道316.25公里，绿道50公里已全面开工建设。

（四）持续加大关爱城乡特殊人群。免费为全市有需求的残疾人配备辅助器具1.06万例，其中假肢安装600例。为年满16周岁、具有郑州市户籍并持有第二代残疾证的视力、听力、言语残疾人，按照每人每月30元的标准，发放了通讯消费补贴。向全市“低保户”每户每月发放5立方米用水价格补贴、提供30立方米以内低价天然气，为城市“低保户”和农村“五保户”家庭每户每月补贴10度电。

（五）持续改善生态环境。推动空气质量持续改善，截至12月24日，我市城区优良天数162天。持续改善水生态环境，4个国控断面中，贾鲁河尖岗水库断面、黄河花园口断面、伊洛河七里铺断面均达到Ⅲ类水质，颍河白沙水库断面未达到Ⅲ类水质，全市建成区基本消除黑臭水体。新增提升生态廊道220公里，连通生态廊道424.87公里。新增绿地1304.36万平方米，建成集游览观赏、休闲健身等多功能于一体的公园、微公园和游园265个，确保建成区绿化覆盖率达到40%以上。

（六）持续加强畅通郑州建设。市区开工建设支线道路67条、竣工通车38条，均超额完成目标任务。完成128条中小修道路，东明路大修工程主体完工，银通路大修工程完成各种管线改造。轨道交通2号线二期土建工程主体竣工，并实现洞通；地铁5号线将于12月29日实现空载试运行。市区新增停车泊位52599个，建成各类充电桩7378个。

（七）持续大力实施文化惠民工程。加快市民公共文化服务区“四个中心”建设。奥体中心体育场、体育馆、游泳馆，文博艺术中心大剧院、美术馆、档案史志馆，市民活动中心科技馆、群艺馆、杂技馆、青少年活动中心、妇儿活动中心、健康中心12个项目已基本建成。开展“舞台艺术进乡村、进社区”千场文艺演出活动，惠及300个村、200余万人；实施农村公益电影放映工程，免费放映电影23508场，观影人员达307万人次。免费为群众演出精品剧目（节目）30场，深受广大市民群众欢迎。郑州商都遗址博物院和文物考古研究院土建工程完工，陈展项目启动。实施生态保遗工程，建成遗址生态文化公园9处。

（八）持续强化便民服务设施建设。市区、县城、乡镇（中心村）建成区新建和改建公共厕所1534座，旅游场所新建改建公共厕所218座。打造15分钟便民生活圈。新建改造标准化农贸市场15个全部建成投用；开工建设便民服务中心43个。城乡社区建成100所“儿童之家”，为留守、流动儿童及其家庭提供教育、卫生等服务。建成100所社区“绿城妈妈”项目，开展社区环保服务活动。建成1个市本级公共法律服务大厅、12个县（市）区级公共法律服务中心、169个乡（镇）街道级公共法律服务工作站、2623个村（社区）级公共法律服务工作室，实现村（居）民法律顾问全覆盖的工作目标。

（九）持续提升社会综合治理水平。创建10条餐饮服务食品安全示范街、100家食品安全示范店。对全市50.9万只液化石油气钢瓶加装智能角阀，建立安全监管网络。建成电动自行车防盗综合管理平台，免费为市民电动自行车安装号牌已全面展开，有效预防打击盗窃电动自行车违法犯罪行为。

（十）持续促进城乡公共服务均等化发展。为364个规划保留村建设农村生活污水集中处理设施，此项工作已全面展开。新改建农村公路197.44公里。实施农村特困人员供养服务机构综合提升工程，开工新建14所，综合提升改造29所。

（李林晓　高伟谦）

城乡居民生活

【城镇居民收入】 2018年，全市城镇居民收入水平进一步提高，全年城镇居民人均可支配收入达到39042元，比上年增加2992元，增长8.3%。

工资性收入持续增加。2018年，城镇居民人均工资性收入23459元，比上年增加2133元，增长10.0%。主要原因：在于全市大力推进就业创业，不断增加就业岗位。2018年，全市城镇新增就业12.54万人，就业人数的增加，带动了工资性收入的增长。同时，为促进大众创业、万众创新，2018年，全市发放创业担保贷款8.53亿元，直接扶持2109人自主创业，带动就业19831人。

财产性收入持续增长较快。2018年，城镇居民人均财产性收入为6672元，比上年增加1637元，增长32.5%。主要原因：居民家庭投资理财方式增多，理财渠道不断扩展，财产净收入增长较快，成为居民收入增长的新动力。

经营净收入比上年有所下降。2018年，全市城镇居民人均经营净收入3890元，比上年下降10.8%。

转移净收入比上年有所下降。2018年，全市城镇居民人均经营净收入5021元，比上年下降5.7%。

【农村居民收入】 2018年，郑州市委、市政府认真贯彻落实《中共中央国务院关于实施乡村振兴战略的意见》精神，坚持农业农村优先发展，加快现代农业建设进程，农村居民收入得到切实提高。全市农村居民人均可支配收入突破2万元，达到21652元，比上年增加1678元，增长8.4%。

工资性收入 长11.2%。工资性收入对收入增长贡献最多，是农村人均可支配收入的第一大来源，占农村人均可支配收入的比重为65.8 %，比上年提升6.6个百分点。拉动可支配收入增长7.2个百分点，对可支配收入增长的贡献率高达85.2%。

经营净收入比上年有所下降。2018年，全市农村居民人均经营净收入为4466元，比上年增长6.9%。

财产净收入稳定增长。2018年，全市农村居民人均财产净收入1519元，比上年增加343元，增长29.2%，占农民人均可支配收入的7.0 %，比上年提升1.6个百分点。拉动可支配收入增长1.7个百分点，对可支配收入贡献率为20.4%。

转移净收入持续增加，2018年，全市农村居民人均转移净收入1430元，比上年增加237元，增长19.9%，占农民人均可支配收入的6.6 %，比上年提升1.1个百分点。拉动可支配收入增长1.2个百分点，对可支配收入贡献率为14.1%。

【城镇居民消费支出】 2018年，郑州市委、市政府认真贯彻党的十九大精神，切实保障改善民生，经济实现平稳健康运行，推动城镇居民消费支出持续增长。全市城镇居民人均消费支出26256元，比上年增长5.1%。

衣食住行仍然是居民消费的主体，恩格尔系数下降。2018年，衣食住行四大类人均消费支出为18608元，比上年增加852元，增长4.8%，占消费支出的70.9%；恩格尔系数为22.1%，比上年27.8%下降了5.7个百分点。

文化娱乐生活日益充实。随着人们对教育文化的重视、文化体育设施的开发以及社区文化娱乐市场的发展,居民业余时间文体娱乐活动内容多样，带动了居民教育文化娱乐支出的增长。2018年，城镇居民教育文化娱乐人均支出为2917元，比上年增长4.9%，占消费支出的11.1%。当前市民更加注重教育投入，在基本生活得到充足保障的前提下，文化娱乐这一较高层次消费继续增长。

健康投资成为城镇居民消费的一大亮点。随着生活水平的提高，城镇居民对健康的关注度越来越高，居民用于医疗保健的支出出现大幅增长。2018年,郑州城镇居民人均医疗保健支出2160元，比上年增长37%，增幅领跑八大类消费。

【农村居民消费支出】 2018年，郑州市农村居民消费水平在收入稳步增长的基础上稳步提升，生活质量持续提高。全市农村居民人均消费支出为15105元，比上年增加256元，增长1.7 %。

2018年，郑州市农村居民人均食品烟酒消费支出3620元，比上年增长10.8%，占人均消费支出比重（恩格尔系数）24.0%。

人均衣着消费支出1080元，比上年下降6.0%，占人均消费支出比重7.2%。

人均居住消费支出4449元，比上年增长14.5%，占人均消费支出比重29.5%。

人均交通通讯消费支出2077元，比上年下降19.7%，占人均消费支出比重13.8%。

人均生活用品及服务消费支出967元，比上年下降1.2%，占人均消费支出比重6.4%。

人均文教娱乐用品及服务消费支出1305元，比上年下降7.1%，占人均消费支出比重8.6%。

人均医疗保健消费支出1292元，比上年增长6.7%，占人均消费支出比重8.6%。

（赵　猛）

社会救助

【脱贫攻坚】 2018年，市民政局充分发挥社会救助在脱贫攻坚中的兜底保障作用，全力推进农村低保与脱贫攻坚工作的政策衔接、对象衔接、标准衔接，农村低保兜底作用凸显，为全市贫困群体稳定实现“两不愁、三保障”发挥了积极作用。结合郑州市贫困线标准确定2018年农村低保提标标准，低保兜底保障能力进一步增强。联合财政、扶贫办等部门下发《郑州市脱贫攻坚三年行动中切实做好救助兜底保障工作方案》，再次明确民政行业承担的工作职责。11月22日，在中牟县组织召开全市兜底保障脱贫现场会。截至年底，全市农村低保兜底保障建档立卡贫困对象4904人，全年支出低保资金1652万元。市民政局驻登封市白坪乡煤窑沟村工作队谋划的十件实事项目基本落实，累计投入资金15.85万元，截至9月底，煤窑沟村61户建档立卡贫困户共250人全部实现脱贫。

【城乡低保】 与市财政局联合印发《关于提高城乡低保标准和特困人员供养标准的通知》，全市农村低保标准由每人每月380元提高至430元，城市低保标准由600元提高至630元。截至12月底，全市共有城乡低保对象24881户、43203人，其中，农村低保对象17056户、32246人，城市低保对象7825户、10957人。全年共发放城乡低保资金1.85亿元，其中，农村低保资金1.086亿元、城市低保资金0.7678亿元。

【特困人员供养】 提高供养标准，

2018年7月1日开始，城市特困人员供养基本生活标准调整为每人每年不低于11340元；郑州市内各区农村特困供养人员，根据人均耕地面积情况（0.02公顷），基本生活标准按照城市特困人员供养标准100%、70%核定；五县（市）农村特困人员供养基本生活标准每人每年不低于7740元。推进农村特困人员供养服务机构提升改造，通过组织召开专题会议以及推进会、建立月报告制度、赴兰考县参观学习先进经验、进行现场督查和情况通报等方式，有力促进了提升改造工作，截至12月底，14个新建项目全部开工，29所综合提升改造项目全部完工，市民政局承担的市十大民生实事基本完成。加强敬老院安全管理，采取各县（市）区自查和市民政局督查相结合的方式，对全市辖区内敬老院进行了一次拉网式安全排查，做到“全覆盖、无遗漏”，确保敬老院的安全。截至12月底，全市共有城乡特困供养对象10294人，其中集中供养2475人、分散供养7819人，全年发放特困供养资金9284万元。

【医疗救助与临时救助】 配合市人社局做好困难对象大病补充保险参保工作，统计汇总全市特困人员救助供养对象、城乡低保对象相关信息数据，确保符合条件的困难对象参加大病补充医疗保险。督促各县（市）区制订出台临时救助实施细则，细化救助措施，并根据对象困难程度、支出金额等因素分类分档进行精准救助。全市全年医疗救助18012人次，支出4037万元；临时救助困难群众9016人次，发放救助金902万元。

【信息核查】 联合市国土资源局等部门，做好社会救助家庭不动产登记信息和家庭收入情况核对认定工作，明确信息查询方式、查询内容、查询程序和查询时间，完善社会救助家庭经济状核对机制，促进社会救助对象的精准认定。全年全市核对低保申请家庭40696户、71042人，查出问题并退出低保1076户、2702人，检出率为2.64%；核对低收入申请家庭2866户、6881人，查出问题并退出低收入130户、353人，检出率为4.53%；核对公租房申请家庭23829户，38227人，查出与所报收入不符人数为4771人，检出率为12.48%。

（段朝译）

老龄事业

【政策法规建设】 为加快推动郑州市老龄工作开展，研究制订上报出台《郑州市人民政府关于印发加快建设郑州健康养老产业实施方案（2018—2020年）的通知》《郑州市人民政府办公厅关于印发全面放开养老服务市场提升养老服务质量的实施意见》《郑州市人民政府办公厅关于印发郑州市居家和社区养老服务改革试点实施方案的通知》《郑州市财政局、发改委、民政局、老龄办关于印发郑州市政府购买养老服务暂行办法的通知》《郑州市民政局、财政局关于印发郑州市资助民办养老机构实施办法的通知》《郑州市民政局、财政局关于印发郑州市城乡养老照料设施建设资助和运营管理暂行办法的通知》《郑州市老龄办等9部门关于印发郑州市关于加强农村留守老人关爱服务工作实施方案的通知》《郑州市老龄办等13部门关于印发郑州市开展人口老龄化国情市情教育实施方案的通知》等文件，明确郑州市养老服务体系建设的目标任务，完善政策措施，规范为老服务相关事项，为推动郑州市老龄工作开展提供政策支撑。

2018年老龄业务培训暨居家和社区养老试点工作推进会（市民政局/供图）

【机构建设】 委托郑州市规划院初步完成《郑州市养老设施布局专项规划（2018—2035）》编制工作，为养老事业发展提供科学指南。开展养老机构服务质量建设专项行动工作，进行安全隐患排查，组织开展“119消防宣传月”宣传活动，对存在安全隐患的部分养老机构进行约谈，并下发了《整改通知书》。抽查专项资金使用情况，确保补贴资金专账管理、规范使用。组织召开了老龄工作培训会，提升养老机构管理人员能力水平。完善居家和社区养老护服务制度，完成购买居家和社区养老护服务承接主体招标工作。

【服务体系建设】 以开展居家和社区养老服务改革试点城市为契机，大力推进养老照料设施建设，出台《郑州市城乡养老照料设施建设资助和运营管理暂行办法》，明确养老照料中心的建设补贴标准，面积200平方米及以上补贴10万元，面积每增加100平方米增加补贴5万元，最高不超过100万元，争取、下拨中央和省级奖补扶持资金3000多万元，2018年全市新建成并投入使用日间照料中心70家。严格落实养老机构建设运营补贴和养老护理员补贴制度，发放补贴资金655.6万元，全市新增养老机构3家，全年新增养、托老床位2500多张。

【老年福利关爱工作】 高龄津贴发放及年审工作有序推进，按照有关规定，采取微信、视频等信息化方式对享受高龄津贴的老年人进行年审，推进全市高龄津贴有序发放，全年共为郑州市8.1万名老年人发放高龄津贴9636.59万元。开展“营造敬老爱老社会氛围、纪念改革开放40周年”主题“敬老月”活动。重阳节前夕，开展慰问百岁老人“大走访”活动，为百岁老人送上慰问金和慰问品，并开展文体娱乐、健康咨询、义演义诊、志愿者服务等敬老爱老助老系列活动。结合养老服务领域涉嫌非法集资的主要特点，印发“涉及养老机构领域非法集资防范注意事项公告”，多种形式开展老年人防诈骗宣传教育活动。

【老干部工作】 积极开展“增添正能量 共筑中国梦”主题活动，制订下发《关于在郑州市民政系统离退休干部中开展“增添正能量 共筑中国梦”主题活动实施方案》，开展“看民政”活动4次，参与主题书法摄影展、正能量先进事迹宣讲3次，参与人数230余人次，充分展示离退休干部的精神风貌；依托“益民”老干部助老助困爱心慈善基金，围绕民政工作开展关爱活动。充分发挥老干部政治优势、经验优势和威望优势，传播“好声音”，助力郑州市民政建设。组织参加元宵节游艺、老干部运动会和局系

郑州市民政系统第十七届老年人运动会颁奖仪式（市民政局/供图）

统第17届老年人运动会，丰富老干部精神文化生活;完善和创新离退休干部服务模式，提高服务质量，老干部政治待遇和生活待遇进一步提高。民政局离退休干部支部被评为全市先进基层党组织，“益民”慈善志愿者工作站获“优秀社团”称号。

（段朝译）

防灾减灾

【概况】 2018年郑州市先后发生2次风雹灾害、1次洪涝灾害，造成郑州市中牟县、荥阳市、登封市、新密市、惠济区、郑东新区的25个乡镇受灾，全市受灾人口21453人，农作物受灾面积1392.9865公顷，受损房屋42户87间，直接经济损失807.94万元。及时完成2017年度防灾减灾评估工作，救助去冬今春受灾困难群众14685人，下拨救灾资金431万元，下发棉被4060条、毛毯560条、大衣560件。完成今冬明春受灾困难群众排查摸底工作，经初步统计，需救助受灾群众6126人，其中需口粮救助人口5574人、衣被救助人口2620人、取暖救助人口891人，需其他生活救助人口352人，共需资金277.36万元。

【体系建设】 指导各县（市）区组织开展“5.12”防灾减灾宣传活动；配合省减灾委、省民政厅在郑东新区如意湖办事处如意湖广场开展防灾减灾综合演练；参与溃坝后堵决口、水上救援、紧急转移安置等黄河防汛演练。开展一系列宣传活动，让广大群众进一步了解和掌握防灾减灾知识，提升家庭和邻里自救互救能力。按照“横向到边、纵向到底、全面覆盖”的要求，着力提高灾害信息员报灾理论及实操能力，先后组织3期技能培训，共培训灾害信息员、救灾科长、民政所长、社区负责人704人次；组织85名乡（镇）级灾害信息员参加民政厅举办的灾害信息员培训。扎实开展汛前准备工作，将灾害应急救助责任分解到人，督促各县区对应急队伍、物资、装备、技术等方面的准备情况进行自查，严格落实情况通报和汛期值班制度，灾害预警、预报和应急处置能力进一步提高。

【示范社区争创工作】 完成对19个新创建“综合减灾示范社区”的检查验收、公示，并在申报系统上完成审核上报，8个社区被评为“全国综合减灾示范社区”，15个社区被评为“河南省减灾示范社区”。

（段朝译）

社会福利

【残疾人两项补贴制度】 联合市财政局、市残联印发《关于进一步规范残疾人两项补贴发放工作的通知》，进一步规范郑州市残疾人两项补贴发放工作。联合市残联下发《关于对残疾人两项补贴制度落实情况进行督查的通知》，采取“六查”形式对15个县（市）区残疾人两项补贴工作进行督查，确保补贴发放及时。截至12月20日，郑州市15个县（市）区按照文件要求全部实现按月足额发放，全年共为12246名困难残疾人发放生活补贴资金1819.363万元，为40059名重度残疾人发放护理补贴资金4576.82万元，共计6396.183万元。

【社会福利机构建设】 市第八人民医院西区新建医院项目累计完成投资7240万元，完成计划投资的144.8%。市残疾儿童康复中心新建项目总用地面积约30亩，总建筑面积约18570平方米，总投资约9022万元，现已完成项目选址工作，设计方案招标工作正在进行中。

【精神障碍患者社区康复试点建设】 为进一步发展郑州市精神障碍社区康复服务工作，根据《河南省民政厅 河南省财政厅 河南省卫生和计划生育委员会 河南省残疾人联合会关于加快精神障碍社区康复服务发展的实施意见》，市民政局依托市第八人民医院开展严重精神障碍社区康复试点建设工作，已建成四个康复试点（二七区一个、中原区一个、惠济区两个），康复设备配备完善，组织社工到四个社区康复试点开展初期的康复工作，并开始对社区选定的康复人员进行初步精神康复工作。

【弃婴、“三无人员”、艾滋救助政策】 扎实做好弃婴、“三无人员”安置工作，市儿童福利院共接收救助弃

市儿童福利院“我们的节日”端午节活动现场（市民政局/供图）

婴（儿）89名（包括服刑人员子女2名），安置儿童224名；市社会福利院收养“三无”人员61人，其中，救助站转交27人，社区办事处转交5名，市儿童福利院转交29人。截至12月份，市八院收治“三无”精神病人258人，慈善救助病人385人次，救助资金148.9万元。认真落实艾滋病救助政策，全年共下拨艾滋救助专项资金855.91万元。

【福彩发行】 利用《郑州晚报》、《郑州日报》、户外大屏、公交候车厅、长途汽车站、郑州福彩微信公众号等媒体开展福彩信息活动宣传，开展各类票种促销活动，积极开展开展公益资助活动，提升福彩公益形象。全年销售福利彩票17.58亿元（含港区6832万元），同比增长2.53%，完成省民政厅下达的17.5亿元的任务指标。

（段朝译）

慈善事业

【概况】 2018年，郑州市慈善事业规范运作流程，创新资金募集，突出扶贫济困，推进慈善救助，各项工作取得良好成绩。全年募集善款89773927.51元，支出76396469.08元，惠及困难群众近10万人次。在第四届中国慈善年会上，郑州慈善总会被中国慈善联合会通报表彰。“善爱德荣、兴业润世”“职责义务、奉献使命”“尊法兴善、依法管善、全民慈善、社会共享”等慈善理念深入人心。“中国慈善联合会人才培养基地”落户郑州，助力全国慈善行业人才队伍建设。

组织开展一系列《慈善法》学习宣传培训活动，提高各级各部门和从业人员依法从事慈善工作的认识，推动慈善事业沿着法制化轨道健康发展，传播了“全民慈善”的理念，在绿城郑州掀起依法行善、依法治善的良好社会氛围。

慈善信托备案变更1家，新增项目3家。组织开展“慈善敬老·夏日送清凉”活动，共筹集善款36.36万元，为全市16个县（市）区集中供养的3030名特困老人每人量身订做一套夏装。成功举办“郑州慈善日”系列活动，活动当天募集善款2.78亿元。慈善超市和社会捐助站点建设稳步推进，全市共新建慈善超市20家。郑州慈善总会2018年募集善款8977万元，支出8297万元，惠及困难群众近50万人次。承办了2期“中国慈善联合会人才培养基地”培训班，共培训慈善会、基金会、社会服务机构等社会组织的负责人和业务骨干300余人。由郑州慈善总会实施的“传递温暖 呵护夕阳”——大学生担任养老护理员慈善项目和二七区慈善总会实施的“温暖二七”全民公益慈善项目入围第十届“中华慈善奖”候选名单。

【弘扬慈善文化】 加大对慈善工作的宣传力度，充分利用报刊、广播、电视等媒体和互联网，通过慈善周周行、爱满绿城、郑州慈善风云榜等专题专栏，大力宣传各类慈行善举和正面典型，着力推动慈善文化进机关、进企业、进学校、进社区、进乡村，引导社会公众关心慈善，支持慈善，参与慈善，为慈善事业发展营造良好的社会氛围。联合省会新闻媒体结成爱心大联盟，开展“慈善一小时”大型公益活动，大力宣传郑州慈善总会倡导的33条慈善行为，让全市市民参与到慈善行为之中。注重发挥自媒体作用，制作宣传片、微电影，升级改造郑州慈善官网，管理维护郑州慈善总会微博、微信、头条、抖音等官方号，丰富宣传手段。编辑出版《郑州慈善诗词集》《郑州慈善风采录》。定期编发《各地慈善动态》，定期印发《郑州慈善》期刊，宣传慈善理念，传播慈善文化。

2018“郑州慈善日”活动仪式暨第四届“郑州慈善风云榜”颁奖盛典举行（郑州市慈善总会/供图）

【慈善评选表彰活动】 开展慈善评选表彰活动，弘扬社会正能量。自2014年开展第二届“郑州慈善风云榜”和“郑州慈善大奖”评选活动以来，每两年评选一次，通过网络投票等环节，评选出对郑州慈善事业做出突出贡献的企业、单位、个人、志愿者等近200个，设立“风云企业排行榜”“风云爱心单位排行榜”“风云爱心个人排行榜”“风云志愿服务排行榜”“风云基金排行榜”“风云项目排行榜”“风云新闻事件排行榜”等奖项。通过评选表彰慈善典型，弘扬中华民族传统美德和社会主义核心价值观，激发全社会的慈善热情，鼓励先进、树立榜样，激励更多的单位和个人投身慈善事业，以实际行动构建和谐郑州。

【“郑州慈善日”系列活动】 “郑州慈善日”自2007年设立以来，已经连续开展11年。每年，市委办公厅、市政府办公厅都联合下发《关于开展“郑州慈善日”活动的通知》。省、市领导对慈善日活动都给予了高度重视和支持，出席慈善日活动仪式，带领机关领导干部带头捐赠。各行业主管部门分别组织召开各行业动员会，发动企业家奉献爱心、回报社会。

【慈善基金】 创新募捐形式，打造冠名基金，实现募捐机制长效化。郑州慈善总会依法拓展慈善活动领域，为更多的爱心企业、爱心人士提供参与慈善的新途径，让更多的困难群众得到实实在在的帮扶。2013—2018年，先后设立助医、助学、助残、助困、助老、救急难、社区基金、个人冠名基金等各类慈善基金101个。郑州市中心医院“银杏相伴·健康同行”慈善基金、郑州人民医院“郑医·生命之光”慈善基金、郑州市第二人民医院医疗救助慈善基金等30余个医疗基金,为群众提供方便快捷贴心的慈善助医服务。郑州日产汽车有限公司“牵手工程”慈善基金、康利达集团设立的“薛景霞教育慈善基金”等各类助学基金的设立，让更多的贫困家庭的莘莘学子圆梦大学。“精准扶贫，健康中原”慈善基金，募集1700万元善款助力全市第一书记驻村的贫困村脱贫。各类慈善基金的相继成立，扩大慈善基金救助的覆盖范围。

【“互联网+慈善”模式】 “互联网+慈善”模式兴起，为精准扶贫与脱贫攻坚工作注入新活力。郑州慈善总会利用腾讯公益、支付宝、微信、微博等现代互联网技术，将传统慈善募捐和互联网相融合。“互联网+慈善”模式拓宽了慈善参与面和募捐范围，使募捐对象不

2018年郑州慈善项目正式起航（郑州市慈善总会/供图）

再局限于本区域。在筹集善款的同时，吸引更多的网友关注、推送、点赞，提高了慈善的社会参与度。共募集善款480余万元，捐款人数15万余人次，救助社会困难群体千余人，为贫困大病患者开辟了快捷通道。其中，爱的暖冬包、鹤壁一家八口烧伤、无肛少女等网络筹款项目引起了社会各界及《中国社会报》《光明日报》，人民网、凤凰网、腾讯新闻、省市23家媒体的广泛报道。网络众筹以实现公益、解决个人困境为出发点，不断突破常规，为贫困家庭解决了燃眉之急。

【推进慈善项目运行】 稳步推进慈善项目运行，以品牌项目吸引社会捐赠。先后开展了“助医、助学、助困、助残、安老、精准扶贫、困境儿童帮扶、慈善文化建设、慈善志愿者发展”等九大类慈善项目80余个，使用慈善资金9700余万元。其中“第二起跑线”脑瘫儿童康复行动慈善项目、“慈善惠民病房”贫困精神病人救助项目荣获“中华慈善奖”；“大学生担任养老护理员”项目被河南省文明办评选为“2018河南省优秀志愿服务项目”先进典型；音乐之光“聆听世界，触摸光明”盲童救助项目荣获第五届中国公益慈善项目大赛社会创新项目百强，在“大国攻坚 决胜2020”精准扶贫论坛上，被评为精准扶贫能力建设模式推荐项目；聋艺画廊——聋人创业慈善项目、“全国聋人相亲节”在全国引起反响。为做好慈善项目的监管工作，郑州慈善总会监事会，坚持对慈善项目、慈善基金督导检查，对项目和基金管理人员进行财务和管理培训，督促他们依法依规管好用好善款善物，做到专款专用、专物专用，不挤占、不挪用，切实净化慈善环境，维护慈善总会社会公信力和影响力。

【对口援疆工作】 开展对口援疆工作，慈善传递绿城大爱。2017年郑州市民政局、郑州慈善总会联合各县（市）区、开发区和相关爱心单位先后注入290万元，设立“郑州援疆慈善帮扶基金”，为郑州慈善援疆工作的顺利开展提供保障力量。郑伊慈善超市”援疆慈善项目、“守护天使”困境儿童帮扶援疆慈善项目、“童心桥”郑哈两地儿童互动夏令营慈善项目、“白内障免费筛查治疗”援疆慈善项目、“心通道”心理援疆慈善志愿者服务项目等慈善项目相继展开，在物资支援和资金支持的同时，将更多的郑州公益慈善项目支援到新疆，形成输血和造血、硬件建设和软件建设的有机结合，逐步推进经济援疆、项目援疆、人才援疆、医疗援疆协同发展。

【慈善城市创建】 创建慈善城市，创新城市治理。2018年，第五届“中国城市公益慈善指数”发布，在全国慈善百强排行榜上，郑州慈善综合指数位居第17位，在中部城市中排在第2位。多年来，郑州市把慈善事业纳入经济社会发展总体规划，列入各级党委、政府重要议事日程。每年的政府工作报告中都体现了慈善的内容，《郑州市人民政府关于促进慈善事业健康发展的实施意见》出台。各县（市）区、开发区相继成立慈善组织和乡村基层慈善工作站（点），形成市、县、乡（镇、街道办）、村（社区）慈善组织的全覆盖，有力彰显了慈善事业的社会保障补充作用。

创建慈善城市，促进文明程度提升。郑州慈善事业的蓬勃发展，慈善理念的宣传，慈善项目的推进，带动了人们对慈善事业的了解，加快了城市文明程度的提升。从2013年，中央电视台新闻联播头条播发的郑州“一碗面温暖一座城”的故事，讲述郑州人相约吃面，为一位罹患骨癌的面馆店主李刚筹措手术费，到郑州“送水哥”坚持多年免费为农民工送水引发爱心接力等。这些爱心故事在全国产生了很大反响。

【慈善人才培养】 创建中国慈善联合会人才培养基地，不断夯实慈善人才队伍基础。2017年，中国慈善联合会选址郑州，建设“中国慈善联合会人才培养基地”，并在2018年举办两期来自全国150个城市慈善组织代表参加的“中国慈善联合会人才培养基地”培训班。大力培养发展一批管理型、领军型慈善人才，为慈善事业发展提供强有力的组织人才队伍支撑。

【慈善志愿队伍建设】 推进慈善志愿队伍建设，健全慈善组织网络。加快推进建立完善的慈善志愿服务体系。倡导企业、学校、机关、社区等各类人员参加慈善志愿活动。全市各类志愿者已经达到城市人口的10%，与郑州慈善总会合作的“医疗、环保、助残、助学、助老、抗癌”等各个领域的慈善服务队伍近百支，每年以郑州慈善名义开展的志愿服务活动千余次，参与志愿者数十万人次，郑州市志愿服务指数位居全国前列。连续开展四届“志愿四方杯”公益慈善项目创投大赛，扶持基层志愿者组织开展慈善志愿服务。持续推进慈善志愿者工作站建设，汇聚爱心、完善网络，健全体系，加强慈善组织建设，推动慈善组织向农村、向社区延伸，形成乡村、企业上下贯通、左右相连的慈善组织网络，确保慈善工作的全面顺利开展。

（赵娅慧）

双拥优抚安置

【概况】 组织开展慰问优抚对象活动，共慰问各类优抚对象3.18万人次，发放慰问金323万元，发放大米、面粉、食用油等慰问品价值826余万元，发放新春年画、慰问信3.28万余张，发送节日祝福短信2.8万余条。积极走访慰问郑州驻军，共赠送慰问金530万元，慰问品价值286余万元。组织退役军人和其他优抚对象信息采集工作，已完成25万余人次。完成全市义务兵家庭优待金发放工作，全市为7621人发放资金2547万元。

【军供军转军休服务保障】 积极与任务部队、接兵部队联系，主动提供军供军转保障，顺利完成全年军供军转保障任务。军供综合保障楼建设项目稳步推进。认真落实军休干部“两个待遇”，积极组织开展文体活动，军休干部服务管理质量稳步提升。

（段朝译）

社会治理

【全市村（社区）“两委”换届选举工作】 2018年3—7月，郑州市圆满完成村（社区）“两委”换届选举工作。全市207个乡（镇）、街道的2263个村、804个城市社区全部完成村（社区）党组织、村民委员会、居民委员会换届选举任务，选出村“两委”成员15082人，其中村党组织委员8976人，村党组织书记2251人，村委会成员8414人，村主任2226人；选出社区“两委”成员7720人，其中，社区党组织书记804人、居委会主任790人。村“两委”中妇女干部3340人，占比22.15%，实现每村都有1名以上女干部的目标。郑州市换届工作亮点经验和在换届中建立的“后评估”机制等创新做法得到省换届办充分肯定，《中国社区报》在头版两次进行大篇幅报道。

【村（社区）“两委”干部集中培训】 村（社区）“两委”换届结束后，全市集中时间精力、统筹资源资金，市委组织部牵头、民政局配合对全市新当选的近5400名村（社区）党组织书记和村（居）委会主任进行为期2个月的集中轮训。培训共分6个类别、13期次，在市委党校和新郑市同时进行，采取两测、两谈、两观摩的形式，把知识测试、座谈交流、实地观摩贯穿培训全过程始终，切实达到以考促学、以学促知、以知促行的目的。此次培训得到国家相关媒体的关注，《中国社区报》等国家级报刊在主要版面进行大篇幅报道。

【扫黑除恶专项斗争】 结合换届选举，抓好扫黑除恶工作的宣传，共发放宣传海报10余万份、宣传页近100万张、警示教育片223套，集中宣讲5921场。结合候选人资格审查，把好村干部入口关，严格按照“十不宜”的要求，做好资格审查，至换届结束，全市共有835名候选人被取消入选资格。结合信访办理认真做好涉黑线索移交，与市扫黑办建立工作协作机制，全面开展涉黑涉恶线索移交协作互动。换届期间共向“扫黑办”移交案件9起，涉及线索数十条，已有4名涉黑涉恶人员被当地公安机关立案抓捕。

【基层自治体系建设】 各县（市）区以市委办公厅、市政府办公厅印发的《关于进一步深化城乡社区协商的实施意见》为依据，及时指导辖区村（居）建立健全城乡居民协商工作机制。结合村（居）“两委”换届契机，全面组织《村规民约》修订工作。村（居）“两委”换届后，及时发放基层群众性自治组织特别法人统一社会信用代码证书，集中时间、集中力量对村（居）赋码信息数据进行核对完善，村（居）赋码及校核工作全部完成。

【社区建设】 积极开展老旧小区社区治理工作，及时研究制订实施方案，扎实推进社区整治，老旧小区环境、秩序得到明显改善。根据省民政厅通知要求，积极开展规范化社区建设，郑州市上报的中原区阳光新城社区等80个社区，经过省民政厅实地验收，全部通过，通过率100%。2018年全国基层政权和社区治理工作会议期间，民政部、各省（直辖市、自治区）民政厅（局）领导100余名与会人员实地考察郑东新区普惠社区、管城回族区区级社区服务中心、管城回族区西大街街道办事处党群服务中心3个示范观摩点，对管城回族区社区服务的“三三共筑”模式给予高度肯定。

【社工工作】 研究出台《推动全市民办社会工作服务机构孵化基地的指导意见》，联合市财政局、市人社局印发《关于推进全市社会工作督导人才队伍建设的意见》，联合市财政局出台《郑州市政府购买社会工作服务资金管理暂行办法》，打牢社工工作政策基础。依托郑州市社工孵化基地开展社工专业培训，全年共开展专业培训、分享沙龙、参访交流、公益体验、考前培训、项目大赛等各类活动70场，服务3500余人次，媒体报道60次，先后接待民政部基层政权会议代表、省民政厅领导、市委组织部等各级学习考察人员等58次，接待1000余人，孵化成效明显。积极推动各县（市）区相关单位开展政府购买社工服务，全市累计投入4004余万元，其中，市级政府投入资金620余万元购买12个社工岗位和19个社工项目。组织社会工作督导培养对象选拔培养，共选拔督导培养对象100名，其中24名社工通过考核并入选郑州市社会工作督导人才库；举办工程师考前培训、志愿服务培训、医务社会工作培训等多个培训班，累计培训学员640名，全市社会工作人才队伍专业化水平进一步提高。承办全市公务员大讲堂活动，组织开展“百名基层民政干部看社工活动”，进一步加深民政干部对社会工作的理解和认识。通过“郑州社会工作”微信公众号、《中国民政》、《中国社会工作》、《郑州日报》、《郑州晚报》等媒体宣传志愿服务活动，全市支持社会工作发展氛围进一步浓厚。

【社会组织管理】 严格遵守行政审批“两集中、两公开和五单一网”制度，全市共办理社会组织行政审批489项（其中市本级163项），合法率100%。全面开展社会组织年检，截至12月底，全市社会组织登记总量达4169家，年检通知率100%，年检率93%。加强社会组织综合监管，依法约谈未按时换届的社会团体75家，并下达警告处罚通知书；对89家未按时参加年度检查的社会组织下达整改通知，已列入异常名录26家；开展“两随机一公开”专项抽查，抽查社会组织526家，抽查率13%。积极开展社会组织培训，共举办各类工作培训50多场次，参训6500余人次。持续开展好社会组织便民服务活动，组织召开社会组织负责人座谈会，先后组织社会组织“3·15”诚信宣传服务、便民服务团进社区活动、便民服务暨公益捐赠活动12次；组织盐城商会定点儿童福利院爱心捐赠1次；市家装商会赴卢氏县官道镇扶贫捐赠1次。累计参与社会组织近200家，现场服务群众近3000人，捐赠各类物资及现金近30万元。

（段朝译）

专项社会事务

【区划和地名管理】 全力推进地名普查工作，截至12月底，共采集11大类58个子类的4.2万条地名信息，完成地名普查阶段性工作。严格命名备案程序，多方协调沟通，以群众需求为出发点有序推进地名管理工作，全市全年完成道路命名246条。进一步完善城镇住宅区和建筑物备案程序，全市全年完成城镇住宅区和建筑物备案277个。先后完成市、县两级界线联合检查、界线纠纷隐患排查、市、县两级界桩更换、平安边界创建等工作，完成市级界线34颗界桩和县级界线50颗界桩的更换工作。

【婚姻登记】 严格婚姻登记员资格审查，并组织全市婚姻登记员培训，提升业务技能，进一步推进婚姻登记规范化、信息化。全市全年共办理婚姻登记15.16万对，其中，结婚7.85万对，离婚4.48万对，补领婚姻证件2.83万对，办理涉港、澳、台婚姻登记40对。

【殡葬管理】 组织开展郑州市第四届“人文共祭 爱传万家”清明共祭活动，共有26个家庭，100多人参加集体祭活动。树葬活动开展11年以来，共有958个家庭与市殡葬协会签订树葬协议，7500多人次参加活动，1218具骨灰回归自然，2018年共有90个家庭参加，117具骨灰埋在常青树下。同时，积极探索草坪葬、花坛葬等节地生态安葬方式。积极推进惠民殡葬，2018年，全市火化遗体31746具（包括巩义市），火化率53.14%，全市惠民资金投入2413.073万元，惠及人29234人。

其中郑州市投入1385.6044万元，惠及14867人，6县（市）投入1027.4686万元，惠及人14376人。

【流浪乞讨人员救助管理】 严格落实“八位一体、五级联动”救助管理长效工作机制，开通“郑州市流浪乞讨人员救助”微信公众号，救助管理工作“街面发现难、救治难、安置难”问题得到有效解决。截至12月底，全市共救助流浪乞讨人员9283人，市救助站服务5457人，救治流浪乞讨急（危）重症病人、有明显特征的精神障碍人员和传染病人773人，共出动人员13.06万人次，出动车辆4.29万车次，发放衣物3918件。

【孤弃儿保障】 进一步提高郑州市孤儿救助标准，城镇、农村社会散居孤儿每人每月分别提高至1280、1000元，机构内儿童保障标准为每人每月1860元。截至年底，全市共有孤弃儿童1087名，其中社会散居孤儿305名，机构内儿童782名，全年共发放孤儿救助专项资金624.63万元。开展孤弃儿童养育情况大排查，维护孤弃儿童合法权益。完成荥阳马沟儿童福利院和二七区“关爱之家”的取缔、整改工作。采取委托第三方机构评估的模式，对收养家庭进行综合评估，有效地保护了被收养儿童的合法权益，全年共办理收养登记36例。

【农村留守儿童关爱保护】 2018年以来，全市民政系统按照上级关于农村留守儿童关爱保护工作一系列指示要求，开展农村留守儿童“合力监护、相伴成长”关爱保护专项行动，开展“一对一”“一帮一”防溺亡专项治理工作，开展全国农村留守儿童关爱保护和困境儿童示范保障创建活动，市民政局筹资25万元通过政府购买社工服务方式在登封市白坪乡开展农村留守儿童关爱保护服务活动，先后多次联合多部门对农村留守儿童关爱保护工作展开督查，确保农村留守儿童关爱保护工作顺利推进。截至12月底，全市共排查出农村留守儿童1345人，困境儿童5801人（其中孤弃儿童1087人），对排查出的缺少有效监护的农村留守儿童，由乡镇人民政府（街道办事处）、村（居）民委员会督促指导其家长选择经评估具有监护能力的受委托监护人，并签订“留守儿童委托监护责任确认书”。

【法制建设和行政审批】 认真落实“谁执法谁普法，谁主管谁普法”普法责任制实施方案，持续强化“民政法治宣传周”特色普法品牌活动，严格落实民政执法人员持证上岗和资格管理制度，局系统持证人员共97名，通过组织法治专题培训和建立法律顾问工作制度，进一步增强依法行政、依法办事和依法办案能力。广泛开展“民政系统服务型行政执法建设推进情况”主题调研，不断深化提高服务型行政执法水平。认真梳理执法依据，印发《郑州市民政局关于印发行政处罚裁量标准的通知》，严格规范裁量权行使。严格落实规范性文件审查备案制度和行政执法情况统计报告制度，2018年共制订下发规范性文件13份，签订行政合同67份，实施行政执法行为386件（其中行政许可142件，行政确认244件）。认真开展人大建议、政协提案办理工作，全年共办理建议提案49件，其中人大代表建议14件、政协委员提案35件，所有建议提案都已经办理完毕，满意率为100%。深化放管服改革，梳理编写民政系统“三级十同”清单市本级15类32项事项通用目录，编制办事指南和辅导手册，深化事项要素标准化建设，推进政务服务“最多跑一次”，11项事项全部进驻大厅办理，打造民政审批服务的良好环境。

【安全生产】 牢固树立安全发展观念和红线意识，严格落实安全生产责任制，始终把安全稳定做为压倒一切的首要任务，与各项业务同步开展、整体推进。按照“党政同责、一岗双责、齐抓共管、失职追责”以及“三管三必须”要求，与局属28家单位签订安全生产目标责任状，压实安全生产责任。坚持狠抓经常与突出重点相结合，在经常性排查的基础上，突出冬春季节、暑期、汛期、祭奠节日等关键节点和养老结构、社会福利机构、军休所等重点场所的安全隐患排查，确保重点时期、重点区域、重点人群安全稳定。广泛开展安全生产咨询、安全知识普及、安全常识讲座等宣传教育活动，以民政服务机构从业人员“四懂四会”和“四个能力”为目标，开展安全技能培训，举办各类应急救援演练96次。结合省厅习近平总书记对鲁山“5.25”特别重大火灾事故重要批示贯彻落实情况“回头看”活动和市安全生产综合整治百日攻坚活动，在全市各社会福利机构、养老机构、救助机构、医院、军休所等人员密集场所，广泛开展安全专项整治，共排查整改隐患问题214项，有效防范各类安全问题，全市民政系统安全稳定形势持续稳定。

（段朝译）

民族与宗教

【概况】 郑州市是一个典型的少数民族散杂居城市，是全国第三批“少数民族流动人口服务管理示范城市”。全市有回、满、蒙古、壮、土家等53个少数民族成分，常住人口21.8万人，少数民族流动人口约6万人。有1个民族区和1个民族乡：管城回族区和荥阳市金寨回族乡。少数民族人口在万人以上的县（市）区6个，千人以上的乡（镇、街道）50个，少数民族村（社区）85个。民族中小学14所。全市有佛教、道教、伊斯兰教、天主教和基督教等五大宗教。

2018年以来，郑州市民委（宗教局）围绕中央、省委、市委民族工作会议和全国、全省、全市宗教工作会议精神这条主线，推进民族宗教事务治理法治化，促进各民族交往交流交融，加快民族聚居地区经济社会发展步伐，解决民族宗教领域重点突出问题，努力维护全市民族团结、宗教和睦和社会稳定，较圆满完成各项工作目标任务。2018年，全国政协副主席、中央统战部副部长、国家民委主任巴特尔，国家民委副主任李昌平，省人大常委会副主任徐济超等领导先后到郑州市调研民族工作；10月份中央调研组、省委调研组先后到郑州调研宗教工作，对郑州市的民族、宗教工作给予了充分肯定。

【工作机制建设】 市、县（市）区两级党委政府对民族宗教工作高度重视，不断完善工作机制，加强对民族宗教工作的领导。成立郑州市民族宗教工作领导小组，由市委常委、统战部部长杨福平任组长，明确15个领导小组成员单位的职责分工，加强对民族宗教工作的统一领导和指挥协调。2018年市委常委会和政府常务会先后5次专题研究宗教工作，省委常委、市委书记马懿11次对宗教工作作出批示，提出明确要求。市委常委、统战部部长杨福平，副市长、公安局长马义中等领导深入基层调研督导20多次。建立县（市）区、乡（镇、街道）、村（社区）三级民族宗教工作网络和乡（镇、街道）、村（社区）两级责任制，层层明确目标任务和责任人员，压实各级党委、政府主体责任、书记第一责任、统战宗教部门直接责任、各部门齐抓共管责任，确保宗教工作目标任务落实到基层。市委、市政府出台《关于加强和改进新形势下宗教工作的实施意见》，将宗教工作纳入各级党委（党组）书记抓党建述职评议，纳入各级领导班子考核内容，纳入全市意识形态工作责任制，纳入市委巡视巡察内容，督促各级党组织落实政治责任，学习、掌握政策法规，重视和做好宗教工作。全市先后多次召开宗教工作会议和专题会议，深入贯彻落实全国、全省宗教工作会议精神，全市民族宗教工作得到有力加强。

【民族团结进步创建活动】 深入开展民族团结进步创建活动。以“共筑中国梦”为主题，推进郑州市民族团结进步创建系列活动持续引向深入，推荐河南省第三批民族团结进步示范区（单位）6个，打造民族团结进步示范点10个。组织惠济区、中原区、登封市民族企业开展民族团结志愿者爱心捐赠活动，联合金水区人民政府在聂庄社区开展“翰墨飘香迎新春”活动。指导管城回族区民宗委、教体局、在回民一小开展“传统情 民族风 中国梦”新年民乐音乐会。借全国、全省民运会筹办的有利时机，充分利用广播、电视、报纸、网络等新闻媒体，对民族工作和民族政策进行宣传报道，营造民族团结的良好氛围。在重庆大学组织举办两期民族干部培训班，对全市120名少数民族干部和民族工作干部进行系统培训。

【宗教政策法规学习培训】 将宗教政策法规常识纳入全市中心组理论学习，编印发放《市委理论学习中心组学习资料》《郑州市党政干部宗教工作学习资料》等6000多册，市、县（市）区两级举办中心组理论学习、专题培训会80多次，培训党员干部1.2万余人次。以学习《宗教事务条例》为重点，开展“宗教政策法规宣传月”等活动，全市各级举办培训班264期次，培训人员1.83万余人次。加强对宗教界的教育培训，举办培训班164期次，培训人员7350人次，提高其知法守法能力。制订2018年度法制宣传教育计划，把民族宗教政策法规课列入市民委2018年举办的各类培训班次的必训课程，重点加强对民族宗教政策法规的宣传教育培训。将领导干部学法用法列为委党组中心组学习的重要内容，重点加强对宪法及宪法修正案的学习，全年委领导学法4次。各县（市）区、机关各处室以学习培训为契机，规范行政执法行为，提高行政执法水平。充分发挥网络、微信等新媒体独特优势，有效地发挥市民委（宗教局）门户网站在法治宣传教育方面的作用。

【少数民族脱贫攻坚】 认真贯彻落实《郑州市民委关于推进少数民族精准扶贫精准脱贫工作的实施意见》，指导基层民族工作部门建立贫困户档案，制订精准扶贫计划，实施差别化扶持政策，加快少数民族和民族聚居地区脱贫攻坚步伐。2018年以来下拨市级少数民族补助费300万元，帮扶13个项目。争取省级少数民族发展资金162万元，用于民族聚居地区基础设施建设，进一步加强少数民族和民族聚居地区道路、水利、电力、学校等基础设施建设。着力补齐少数民族聚居地区的基础设施建设短板，提升城市民族工作精细化程度、人居舒适度和群众满意度。加强项目、资金跟踪问效和督促检查，以建立项目资料档案汇编为抓手，对近年来项目落实情况进行严格督查，召开2次部署和督促现场会，促进项目落实，确保资金发挥实效。配合省民委完成对省拨资金项目的检查验收。

【全国、全省民运会筹办工作】 把全省民族运动会作为全国民族运动会的预演，成立第八届全省少数民族传统体育运动会筹备工作委员会，制订筹委会工作方案，妥善安排筹委会和执委会集中办公，做好新闻发布会、筹备工作会等大型会议的服务保障、组织协调和会务工作。河南省第八届少数民族传统体育运动会于9月6—10日在郑州成功举办。全省18个省辖市、10个省直管县（市）、6所高等院校组成的34个代表团、来自21个民族的运动员参加了珍珠球、毽球、蹴球、陀螺等17个竞赛项目和38个表演项目的比赛。郑州市代表团参加了13个项目的比赛，获8金6银4铜，同时获得体育道德风尚奖和优秀组织奖，创历史最好成绩。

全力筹备2019年全国少数民族传统体育运动会。郑州市成立以市长为主任的执行工作委员会，制订《第十一届全国少数民族传统体育运动会执委会工作方案》，抽调骨干力量成立执委会办公室，其中竞赛表演部、大型活动部、新闻宣传部、接待部、财务招商部、社会工作部、纪检审计部等实行集中办公。2月2日在郑州召开全国民运会第一次筹备工作会议，通报筹备工作进展情况，讨论本届运动会总规程、组织管理办法和有关工作方案。6月在北京召开全国少数民族运动会新闻发布会，发布会徽、会歌、主题词、宣传画等征集作品。其他筹备工作正在有序推进。

【清真食品监管】 指导县（市）区民族工作部门加强和规范清真食品牌证审批业务，严把清真牌证审批关。组织开展元旦、春节“双节”期间和穆斯林“斋月”期间等2次清真食品专项执法检查，共检查各类清真商户3000家，对存在顶牌或违规经营的10多家商户进行取缔，对90多家存在问题的商户进行限期整改。市级层面受理群众举报20起，全部及时办结。组织清真食品企业深入民族村开展节日扶贫慰问活动，引导企业积极回馈民族团结事业。

【少数民族流动人口服务管理】 加强与少数民族流动人口输出地民族工作部门、劳动就业部门的沟通对接，了解西部地区少数民族经商人员基本情况，及时通报涉及少数民族流动人口的管理情况。妥善协调处理5起矛盾纠纷。针对新疆籍在郑务工人员汉语基础薄弱、语言沟通不畅的实际，举办在郑新疆籍务工人员国家通用语言学习班。组织“民族团结一家亲、雪地寒冬送温暖”“少数民族流动人口志愿服务走进郑州火车站”“新疆美食城员工慰问敬老院孤寡老人”“关爱环卫工，真情送温暖”等爱心公益活动。举办2期全市少数民族流动人口政策法规培训班，培训人员约300人，着力提高其知法、守法意识。

【民族宗教法治化建设】 加强行政执法工作。制订《市民委“谁执法，谁普法，谁主管，谁普法”实施方案》，进一步压实责任。加强执法管理，严格执行持证上岗、亮证执法。对本机关现有持证人员进行执法证培训和年检。督促各处室及各县（市）区民族宗教工作部门严格按程序执法，按照规范的格式建立完善行政执法档案。加强行政执法监督，健全投诉举报处理机制，落实执法责任追究制度，强化行政执法监督效果。指导机关各处室及各县（市）区民族宗教部门制作行政执法及行政指导案卷。做好行政复议工作，今年以来办理行政复议1件。做好“双随机一公开”相关工作。按照省、市要求，制订《市民委“双随机，一公开”行政执法工作实施方案》，以全委持有“河南省行政执法证”的行政执法人员数据库为基础，进一步完善执法检查人员名录库。将清真食品生产经营单位及宗教活动场所纳入名录库。在此基础上，进一步建立健全制度，对“双随机”进行清单管理。制订“双随机”抽查事项清单、检查人员权责清单，制作统一的执法检查表格，督促执法人员切实履行法定职责。做好行政审批工作。本着“公开、透明、便民、高效”的原则及“放管服”的要求，积极做好行政审批“一口受理”，最大限度的方便群众办事。今年以来共办理公民民族成分变更33件。按照省民委的统一部署，我们在前期“五单一网”行政权责清单梳理的基础上，经梳理，确定公民民族成分变更（地市级审批权限，县区初审）、清真食品生产经营许可（县区审批权限）两项审批事项为“三级十同”通用目录清单，按照“三级十同”的标准梳理各项要素，进一步规范办理规程和办事指南。对各县（市）区民宗局进行“三级十同”规范录入标准培训，对县、区操作后台严格审核，最终实现“一网通办”下的“最多跑一次”。

（薛　强）

园区建设

郑州航空港经济综合实验区（郑州新郑综合保税区）

【概况】 2018年，航空港实验区地区生产总值突破800亿元，达到800.2亿元，增长12%，为郑州市GDP破万亿作出了积极贡献；电子信息业产值突破3000亿元，达到3084.2亿元，增长7.6%；外贸进出口总额突破500亿美元，达到527亿美元，全省、全市占比持续保持在60%、80%以上；跨境电商业务单量突破2000万单，达到2114.4万单，全市占比由2016年的3.28%提升至2018年的21.8%，比重三年提高5.6倍；产业发展实现新突破，合晶单晶硅项目投产，华锐液晶面板项目开工，光力科技半导体封装划片机、DW电子先进集成电路芯片靶材、富士康中州研发中心等项目入驻，填补全省空白。

地区生产总值增速12%，全市排名第一；一般公共预算收入完成42.4亿元，增长16.8%，高于全市7.8个百分点，增速全市排名第一；综保区外贸进出口总额完成3415.4亿元，实现封关以来“七连增”，稳居全国综保区第一方阵；郑州机场客货运规模持续保持中部地区“双第一”；PM2.5、PM10累计浓度下降率在全市县（市）、开发区中排名第一。

【综合交通枢纽】 郑州高铁南站地铁换乘站完工，南站站房工程初步设计获批复，机场三期北货运区开工建设。洪泽湖大道高速出入口和京港澳高速、省道102、华夏大道组合式互通立交建设进展顺利。国道107郑州境东移（三期）改建完成31%，省道317郑州开封交界至实验区改建工程完成27%，华夏大道南延项目一期顺利完工，机西高速二期投用，实验区高速交通环全面形成，实验区至市区高速实现免费通行，对外联络更加通畅。

【航线网络】 《郑州国际航空货运枢纽战略规划》发布实施，这是全国唯一一个以货运为主的战略规划，将郑州机场定位为全球航空货运枢纽、现代国际综合交通枢纽、航空物流改革创新试验区以及中部崛起的新动力源。国务院发文支持郑州机场利用第五航权，国际竞争力大幅提高。截至年底，郑州机场共有客运航空公司55家，客运航线208条，通航城市116个；货运航空公司21家，开通货运航线34条。全年旅客吞吐量2733.5万人次，增长12.5%，增速在全国2000万级以上22个大型机场中排名第一，行业排名全国第12位；货邮吞吐量51.5万吨，货运规模稳居全国第七位。

郑州新郑国际机场（郑州航空港实验区管委会/供图）

【口岸功能和服务水平】 药品口岸通过专家组评审。河南进口肉类指定口岸总报检量3.53万吨，增长33.3%，查验量居全国内陆地区第一位；进口冰鲜水产品指定口岸全年查验量、货值分别增长33.5%、46.7%；航空口岸国际邮件增长59%，其中进口国际邮件增长40%，出口国际邮件增长60%；活牛口岸业务持续拓展，首批681只澳大利亚种羊驼顺利入境，各口岸覆盖范围、查验规模持续扩大。

【国际营商环境】 主动融入并积极推动与自贸区联动发展，承担的202项改革创新试点任务完成105项，复制推广上海等自贸区53项改革试点经验完成48项；“飞地”注册企业26家，注册资本12.2亿元。领事馆片区完成城市设计，河南联合签证中心即将投入运营。富士康、宝聚丰供应链、嘉瑞供应链、易通跨境供应链、捷迅保税物流、华讯方舟、双合盛供应链等7家企业列入全省进出口50强，数量稳居全省第一。

【富士康产业集群】 按照“保存量、抢增量”原则，持续强化与富士康合作，智能手机项目第二个五年期产能产值安排初步确定，为富士康的持续稳定发展奠定基础；中州研发中心研发团队

航空港实验区智能终端手机产业园（郑州航空港实验区管委会/供图）

已超百人，生活小镇主体封顶，富士康在实验区集聚度进一步提高。

【智能终端（手机）产业】 手机产业园四期建成投用，总建成面积达到110万平方米。智能终端（手机）产业新签入区项目19个，累计入区项目达到208个；新增投产项目6个，累计投产项目67个，其中整机项目36个、配套项目31个；另有正在装修的项目39个。2018年全区手机产值完成3083.8亿元，增长7.3%。智能终端手机产业发展呈现三大变化，即企业投资由轻资产向重资产转变、手机产品结构智能机占比持续增大、订单委外生产向本地生产转移。

【航空物流产业】 以冷链、快递、电商物流为突破口，积极培育引进以郑州机场为基地的大型货运承运商和物流集成商。新签约引入安博空港仓储服务中心、绿地全球进口商品中部运营中心等项目，ZARA（飒拉）时装分拨中心货运量快速增长，全年航空货运量占其国内市场份额1/3，顺丰河南转运中心投入运营，“双十一”期间日处理快递超过80万单，申通快递河南转运中心日均处理快递约60万单。

【新兴产业】 初步构建金融租赁产业政策体系、运作体系，SPV公司达到15家，2018年新交付经营性租赁飞机4架。宝聚丰供应链公司获海关AEO高级认证企业资质，成为河南省唯一一家获此认证的外贸综合服务平台，2018年完成进出口额50.2亿元，排名全省第四，同比增长191.3%。生物医药产业园一期投用，21家企业进驻装修并安装设备，生物医药大分子公共服务平台基本建成。新药研发取得突破，鸿运华宁在研创新抗体药19个，其中肺动脉高压、II型糖尿病等三个突破型创新药在多国开展临床实验。第三方服务类项目已有博睿医学、嘉宝仁和、郑州百桥、江苏衡谱等一批企业入驻。

【市政设施】 强力推进市政基础设施建设，自来水第二水厂一期竣工验收，南区第一给水加压泵站建成；第一污水处理厂三期启动建设，第三污水处理厂再生水工程完工；2016年开工的6座变电站全部建成，2017年开工的6座变电站主体完成83%；新铺设供水管网25公里、电力排管39公里、燃气管网57公里；新增通车里程40公里，新开工道路30公里，城市承载能力进一步增强。全面实施路长制，强力推进违建、广告牌、村容村貌等专项治理及餐厨垃圾清运，城市精细化管理水平持续提升。

【生态环保】 “十三五”环保规划方案通过专家评审，总体规划环评取得省环保厅批复。园博园正式获批国家AAAA级旅游景区，河东南区“三纵三横”生态廊道和梅河干流、梅河支流、高路河等生态水系建设快速推进，全年新增绿化面积200万平方米，全区绿化面积达到1800万平方米，建成区绿地率达到27.1%，生态环境得到持续改善。

污染防治攻坚取得阶段性成果。2018年空气质量指标实现“两降一增”，PM10年累计浓度106微克/立方米，下降7.8%，低于年度目标值9微克/立方米，目标完成率在全市县（市）区组中排名第一；PM2.5年累计浓度63微克/立方米，下降1.6%，低于年度目标2微克/立方米；全年优良天数169天，同比增加10天。省控梅河、丈八沟责任目标考核的三项因子均达到Ⅳ（四）类水质标准，全区饮用水水质达标率98%以上，完成省市确定的水质改善目标。

【棚户区改造】 南水北调运河以东区域第一至第九安置区58个项目地块已开工建设50个地块，正在进行主体施工或装修地块42个，封顶313栋楼，封顶率超过90%。新增回迁项目5个，涉及12个村1.61万人，完成安置房网签4891套。

【政务服务】 整合全区各部门办事大厅的新行政服务中心投入使用，网上办事率92.1%，达到“只进一扇门”、现场办理“最多跑一次”，提高行政效率，降低企业成本，方便群众办事。持续深化商事登记制度改革，将企业设立登记、新办企业首次申领发票、刻制公章和办理社会保险登记时间大幅度压缩至4天以内，市场主体总量持续增长，达到23677户，同比增长41.9%，增速排名全市前列。

【“双创”工作】 郑洛新自创区航空港辐射区正式获批。航空港实验区首支创投基金正式成立，拨付“双创”扶持资金超过6000万元。中科院软件所郑州

多式联运（郑州航空港实验区管委会/供图）

中国中原人力资源服务产业园（郑州航空港实验区/供图）

基地启动建设。双创综合体建成面积超过300万平方米，培育认定孵化平台超过10家，入驻“双创”项目和创客团队360个；全年新增省、市级研发平台20家，累计达到96家；高新技术企业累计达到30家，科技型中小企业达到169家，获得国务院与河南省政府表彰。

【招才引智】 实施“人才+项目”战略，以“智汇郑州·1125”聚才计划为抓手，在全省率先打造“国际引智展示中心”，建设“全球眼”人才大数据库，打造人才资源共享和信息发布平台；搭建“线上全天候+线下一站式”人才服务模式。制订出台《关于实施人才强区战略打造人才集聚高地的若干意见》《关于优化人才发展服务的若干措施》等人才专项服务政策，在住房保障、场租补贴、贡献奖励等10个方面为人才提供全方位服务，已引进院士4名、国家级专家8名、“智汇郑州”聚才计划人才86名，设立院士工作站3个。

【脱贫攻坚】 坚持将脱贫攻坚摆在全区工作的重要位置，在精准施策与政策落地上下功夫，大力推进转移就业脱贫，全区建档立卡低收入人口中1/3以上依靠转移就业实现脱贫。截至2018年底，全区14个低收入村建档立卡815户、3163人全部实现脱贫。

【社会事业】 启动中小学建设25所，其中新建7所，续建9所，前期工作9所，建成后将新增学位4.71万个。郑州六中航空港校区设计已完成，郑州一中航空港校区开工建设，省实验小学、省实验中学裕鸿国际学校实现招生。市中医院港区医院可研报告已批复，市中医骨伤病医院港区项目、区公共卫生服务中心开工建设，省立医院二期已经封顶，市第一人民医院港区医院即将投入运营。积极开展智能化家庭医生签约服务，全区安装使用手机APP居民达到2.93万户，累计签约14.66万人。开通四条实验区至市区定制公交，常规公交客运量同比增加51.4万人次，人民群众获得感、幸福感持续提升。

2018年，航空港实验区承办的7大类12小项省民生实事、9大类32小项市民生实事全部完成；全区安排的10个方面16小项民生实事已完成14项，另外2项跨年度工程正加快推进。

2018年，全区区级以上上访批次下降10.4%，全年未发生一起赴京非正常上访。扫黑除恶专项斗争保持高压态势，13类特殊利益群体人员底数清、情况明、信息准，未发生特殊利益群体人员串联聚集、进京非访等情况，没有发生邪教组织破坏活动。社区矫正管理规范，人民调解作用发挥明显，社会大局持续稳定。进一步压实安全生产责任，依法严厉打击各类违法违规行为，生产安全、消防安全、食品安全形势良好。严格落实村委候选人联审联批程序，换届工作圆满顺利。

（王　丹）

郑东新区

【概况】 2018年，郑东新区全年固定资产投资完成额同比增长16%，规模居全市首位，增速全市第二；地区生产总值完成538亿元，同比增长8.4%。地方公共财政预算收入完成90.5亿元，同比增长10.4%；全口径财政收入完成293.5亿元，同比增长15%。实际利用外资完成5亿美元，利用域外资金161亿元，分别完成年度目标任务的102%和110%。

【金融业】 新引进珠江村镇银行等各类金融机构22家，核心区累计引进持牌类金融机构334家，全区入驻各类金融机构1300余家。PTA期货成功引入境外投资者，棉花期权正式上市，全市首家商业保理公司——河南晋瑞商业保理公司开业运营，河南资产融资租赁等3家企业获批内资融资租赁试点。境内外挂牌或上市企业22家，辖区企业通过资本市场新增融资超265亿元。郑州银行成为全国首家A+H股上市的城商行。中原基金岛新增中金资本、光大德尚等基金机构81家，累计达132家，管理规模突破2000亿元。“一号工程”金融岛取得突破性进展，外环建筑群确定地下空间交通组织、4栋公共建筑和2栋超高层建筑方案。内环20栋楼宇18栋主体封顶，华信期货总部大厦等项目加快建设。

【信息产业】 围绕构建“政策洼地、服务高地、创新福地、创业宝地”，推动智慧岛国家大数据综合试验区核心区建设步入快车道。签约引进中国科学院计算技术研究所、海康威视、软通智慧、释码大华、杭州世导、中芬创新基地等一批大数据龙头企业，累计引进大数据企业200余家，带动集聚相关科技企业2893家，注册资本金突破200亿元。与独角兽企业APUS签约，在郑东新区设立全球第二总部。云湖智慧城、科学谷完成规划设计和项目储备，正式进入实施阶段。成功举办2018数字经济峰会暨5G重大技术展示交流会，在全省的示范引领作用持续增强。

【高端服务业】 新引进特斯拉河南总部等4家国内外500强企业，累计入区世界500强企业65家、中国500强企业93家。全球四大会计师事务所全部落地，中介服务业发展实现新的提升。瑞吉、洲际、万豪、希尔顿逸林等4家高星级酒店入驻，累计入驻高星级酒店17家。全年培育税收超亿元楼宇40栋，文化产业大厦等特色楼宇32栋，新增出租面积132万平方米，建成楼宇出租率达92%。

【开放创新】 2018年，郑东新区科技创新步伐不断加快。河南豫鹰众创空间被评为省级众创空间，新增在孵企业200家，累计在孵小微企业2500余家。全年新增高新企业44家，累计达84家，同比增长110%；新增科技型中小企业73家，累计达216家，同比增长51%；12家企业入选第三批“1125聚才计划”。全区专利申请量突破1万件，郑州云海科技全年申请和授权专利数全省领先。大力实施人才强区战略，智慧岛被确定为全市大数据人才管理改革试点。先后通过国际人才交流大会、招才引智清华行等活动，新引进院士4名、青年人才901人，其中博士97名。累计引进高层次专家(团队)7个，院士10名，建立院士工作站24个。

郑州龙湖水利风景区（郑东新区管委会/供图）

【城市建设】 2018年郑东新区新型城镇化建设有力推进。坚持“以建为主、建管并重，提升品质、扩大成效”，持续提升城市建设水平。高标准完成宝能国际金贸中心、清华启迪科技城、白沙园区总部产业园等重点区域城市设计，完成各类规划编制140项。高效率完成800万平方米安置房、便民中心、中小学、商业综合体等项目规划审批，保证项目高品质建设。全年安置房建设完成投资116亿元。圃田嘉园等7个安置区新增回迁面积357万平方米，累计达816万平方米，新增回迁人口2.4万余人，累计回迁6.8万人，回迁率65%。顺利完成1.6万套安置房网签，完成市定目标的185%。困扰群众多年的老安置区不动产证办理顺利启动。新型城镇化建设持续位居全市第一。聚焦龙湖、白沙、新时代广场等重点区域，新开工基础设施项目61个，完成投资62亿元，累计建成道路585公里。龙湖金融岛外环地下空间工程开工建设，东站东广场地下空间综合利用工程有序推进，白沙综合管廊一期主体完工，二期启动招标。跨贾鲁河10座桥梁加快建设。列子小镇生态建设全面启动。深入实施乡村振兴战略，姚湾、后湾、后洼3个移民村生活污水集中处理设施正式投用，建成村（社区）文化服务中心16个，农村土地承包经营权确权颁证工作全面完成，“美丽乡村”蓝图初步显现。

【城市管理】 2018年，郑东新区城市环境更加优美，顺利完成文明城市测评。深化“路长制”改革。确立“路长负总责，多员共担当，部门作保障，社会齐动员”工作格局，探索出“五好十差路段”评比、安置区周边考核评比、脏车免费清洗等举措，以“六个看不见”为标准，直面薄弱环节，全面启动安置区周边整治，推动庙张街、相济路等一批道路旧貌换新颜，成为全市学习的样板。道路交通秩序综合治理成效显著，先后取得2个全市第一、3个开发区第一，创新的“5个+”工作法在全市推广。进一步完善城市配套设施。持续推进公厕革命，启动新建公厕350座，第一批建成投用140座，59座正加快推进，第二批151座已完成招标。公共自行车项目二期完成建设，建设站点302个，配置自行车1万辆。新建公共停车场27处，新增停车泊位6260个。开通CBD、智慧岛便民服务车，打通日常出行的“最后一公里”。启动智慧城市建设，在全市率先引入智慧停车系统，建成智慧市政指挥平台，启动智慧环保平台建设，智慧岛智慧化积极推进。

郑东新区夜景（郑东新区管委会/供图）

【生态环保】 持续推进国土绿化提速，新开工安平路高铁游园、象湖生态文化公园二期等项目17个，新增绿化318万平方米，高铁公园、森林公园建成开园。大力实施屋顶绿化，新增绿化16万平方米，完成市定任务近5倍。黄河湿地集中整治行动拆违20万平方米。铁路沿线拆违33万平方米，任务量和拆迁速度均居全市第一。生态水系建设全面收尾，莲湖、象湖C区、三河治理、贾鲁河综合治理工程绿化加速推进。云湖完成规划设计，十八里云溪启动施工招标。龙湖水利风景区成功获批国家级水利风景区。

全力打好环境污染防治攻坚战。创新推行塔吊喷淋、“五好十差”工地评选、办事处轮值调度等一批行之有效的新举措，扭转了大气污染防治工作的被动局面。全年空气优良天数165天，同比增加27天，空气综合指标和六项监测指标同比明显下降，东区大气治理经验得到省市主要领导的认可。积极推进“四水同治”，全面落实河长制，开展入河排污口、黑臭水体、河湖“三清一净”整治行动，全年排查整改污染源头310处，水质状况总体良好。

【脱贫攻坚】 积极做好卢氏县和新郑市“一乡一镇一村”精准扶贫工作，积极参与后河食用菌出菇、老虎寨文旅等产业项目建设，入股卢氏农商行项目提交银保监会审核。大槐树村62户贫困户实现全员脱贫。

【民生事业】 2018年，郑东新区民生事业发展更加协调。一期15处便民服务中心全部开工，体育公园、宏图街等7处建成投用，岗王路、郑信路等7处主体完工。二期16处1处开工建设，3处完成方案设计。清华附中、外籍人员子女学校、上师大附中实现当年签约、当年开工，枫杨外国语中学确定选址，龙湖区域成为全省优质基础教育资源最丰富区域。锦绣路小学、省实验二中等12

郑州国际马拉松（郑东新区管委会/供图）

客车、东风日产、海马汽车、上汽乘用车等4家整车厂和6家专用车厂。上汽一期建成投产，二期当年建设、当年主体工程完工，上汽“双百”项目实现开工，全年生产整车18万辆，产值突破100亿元。宇通项目快速推进，新能源动力电池正式投产，工程技术中心开工建设，奠定良好的发展基础。全区2018年整车产量达到55.3万辆、同比增长22%；实现产值850亿元，同比增长15%；产量和产值分别占郑州市的82%、90%。

【装备制造业】 区内拥有宇通重工、中铁盾构、海尔等一批龙头项目，建成全球最大矩形盾构和液压支架生产基地，初步形成国内重要的装备研发和生产基地，2018年完成产值380亿元。

【现代物流业】 依托铁路港、公路港积极发展大物流，规划“10个百亿”精品园区，引进京东、中海油等5个总部经济项目，全力推动现代综合物流公路港建设。全年完成主营业务收入840亿元，同比增长12%。其中，医药物流占据全省半壁江山，国际物流园区晋升为国家级示范物流园区。全年新增上汽、九州通两家超百亿企业，全区百亿级企业达到10家，继续保持全省最多。与此同时，以上汽、宇通等为代表的“双十工程”快速推进，一批立足当下、影响长远的产业项目实现实质性进展。

【项目建设】 全年共实施“双十工程”项目392个，新开工项目167个，竣工项目112个，完成投资185.4亿元。实施超亿元产业项目106个，完成投资143亿元。纳入省市考核的43个重点项目超额完成目标，省市下达的54项重点项目联审联批任务全面完成。全年新签约项目57个，引进境内域外资金82.8亿元，超额完成年度目标。

所学校实现秋季招生，新增学位2.26万个。建成区学校实现外教全覆盖。中小学教学水平跃居全市前列。泰康·豫园、中美（河南）荷美尔肿瘤研究院、北大医疗产业园等项目有序推进，龙湖国际医院确定选址。全区医疗床位达1.2万张，每千人拥有床位8张，高于国家标准。优质医疗资源的集聚度和覆盖面全省领先。持续扩大被征地农民参保覆盖面，新增参保人员2156人，参保率100%。加大就业创业扶持力度，新增城镇就业2602人。加快推进住房租赁市场试点，完成公租房分配4168套。加强劳动监察，处理劳动纠纷1240件，追讨工资1500余万元。

【社会治理】 121个村（社区）两委实现平稳换届。健全信访维稳“7+1”工作机制，东区连续两年被评为全市信访工作先进单位。非法集资高风险案件零增长，存量案件消化80%以上。深入开展互联网金融专项整治，对21家机构进行分类处置。平安建设基础不断夯实，视频监控二期建成投用，“两基地两中心”（反邪教警示教育基地、禁毒教育基地、综治信息化中心和社区矫正中心）效用初显。深入开展扫黑除恶专项斗争，打掉村霸7个，铲除涉黑保护伞7个，黑社会性质团伙1个。全面推进法治政府建设，重大决策法治化水平进一步提高，行政应诉胜诉率95.6%，法治保障进一步增强。民族宗教事业开创新格局，落实“四规范一打击一治理”突出问题整治，得到省市高度肯定。持续筑牢消防安全、施工安全、食品安全底线，国家食品安全示范城市创建工作深入开展。

（李 盼　赵文煜）

郑州经济技术开发区

【概况】 2018年，经开区地区生产总值达到732亿元，稳步向千亿级迈进，人均GDP达到26万元（按照常住人口27.3万计算），全区税收收入总量239亿元。公共财政预算收入完成68.4亿元，同比增长15.6%，总量和增速在全市16个县市区均排名前三。经开区坐拥河南自贸区、郑州经开综保区、郑州跨境电商综试区“三区叠加”开放优势，国际陆港初具规模，汽车、粮食、邮政等指定口岸成功运营，中部首家多式联运海关监管中心开始运营，“四港一体”的多式联运物流体系初步建立，成为丝绸之路经济带上重要的物流通道枢纽。

【汽车及零部件产业】 区内拥有宇通

上汽乘用车郑州分公司（郑州经开区管委会/供图）

2018年9月29日，中国最大直径（15.80米）泥水平衡盾构机在郑州下线（郑州经开区管委会/供图）

【对外开放】 “陆上丝绸之路”越跑越快，国际陆港完成货运吞吐量16.06万标准集装箱，中欧班列（郑州）再创佳绩，新开通了郑州—比利时等线路3条，集疏范围进一步扩大，全年开行752班（去程416班、回程336班），同比增长50%以上，总货值32.4亿美元，货重34.7万吨，继续保持全国领先地位。三大口岸建设成效突出，粮食口岸正式通过国家验收，全年测试进口粮食735吨。汽车口岸全年进口汽车290辆，项目二期海关监管区完成施工。中欧班列（郑州）运邮试点正式运营，标志着河南国际邮件陆路运输通道正式打通。

“网上丝绸之路”越来越便捷，2018年进出境商品1.2亿包、货值116亿元。进口保税模式走货量全国第一。信息化水平全国最优，业务量全国第一。积极推动“三互”和“三个一”，实现了“秒通关”。首创的“1210通关模式”成为全国复制推广的“郑州模式”。成功举办了第二届全球跨境电商大会，发布跨境电子商务新标准和新规则，抢占市场主动权。成功举办进博会河南“网上丝绸之路”现场签约会，签约金额224亿元。全面启动出口包机业务，形成陆上、网上、空中“三条丝路”互为支撑的跨境电商生态体系。

河南自贸区建设前景良好。河南自贸区郑州片区经开区块面积41.22平方公里，占郑州片区面积的56%。注册企业5000余家，国务院下发的40条改革事项已经率先复制推广，首创的O2O线上线下创新模式有望全国复制。经开综保区规划面积3.807平方公里，包含A、B、C三个片区，B区2018年启动开发建设。

【创新驱动】 依托国家自主创新示范区和全国双创示范基地，深入实施创新驱动发展战略，进一步增强科技创新引领作用，提升支撑平台服务能力，优化创新创业环境。将瞪羚企业园等3个双创综合体项目列入“双十工程”进行重点推进，2018年工业高新技术产业产值完成1240亿元，同比增长10.3%。中铁装备研制的中国最大直径（15.8米）泥水平衡盾构机顺利下线，标志着中国盾构的设计制造迈向高端化；郑煤机研发的8.8米超大液压支架多项关键技术为世界首创；旭飞光电研发的光电显示项目获得国家科技进步一等奖。中美国际创业港、中兴新业港等项目建成投入使用，全区双创载体建设面积达150万平方米。获批国家、省级科技进步奖5项，认定高新技术企业97家、科技型企业360家，申报“智汇郑州·1125聚才计划”项目16项，拥有博士后科研工作站14家。新获批市级以上各类研发机构23家，同比增长64%，获批数量创历年来新高。成功举办“2018年全国大众创业万众创新活动周（河南分会场）”活动，创新创业活力持续迸发。

【民生事业】 全年民生支出39亿元，占公共预算支出的70%（公共预算支出55.82亿元），民生投入创历年之最。全年新开工安置房项目20个、355.8万平方米，建成并完成回迁项目9个，总建筑面积238万平方米、18034套，回迁群众约4.8万人、为历年最多；完成安置房网签6314套，超额完成市定目标。电力设施工程推进有力，供电公司经开供电部正式挂牌成立，填补经开区没有电力机构的空白。教育文化工程强力推进，成功引进郑州外国语学校，全年实施学校建设项目19个，开工学校历年最多。加快推动郑大二附院新院区、郑州七院滨河院区建设，医疗卫生水平不断提升。全区配套功能进一步完善，城市承载力显著增强，人民群众的获得感进一步提升。

【生态环保】 坚持把大气污染防治放在优先地位，严格落实8个100%要求，领导带队夜查，持续加大大气污染治理力度，率先在全市建设挡风抑尘墙，扬尘治理效果显著。全区PM2.5、PM10较上年分别下降5.88%、13.74%，优良天数156天。坚持“绿水青山就是金山银山”的发展理念，采取强力措施，铁路沿线和高速沿线违章建筑基本拆除完毕，亚丰市场完成拆迁，区域违法建设取得较大的成效。全面启动铁路沿线、高速互通立交等五个重点区域绿化工作，新增、提升绿地面积103万平方米。全面落实“河长制”管理机制，加大对区域水系的治理，全区水环境质量得到明显改善。

【城市精细化管理】 积极开展城市精

郑州经开区着力引进现代物流总部经济项目。图为京东智能物流分拨系统（郑州经开区管委会/供图）

经开区区容区貌（郑州经开区管委会/供图）

细化管理工作，完成了第八大街拓宽改造、航海东路（第九大街—四港联动大道）提升改造等一批项目，新增公园游园29个、绿地面积100万平方米，基础设施建设得到提升。全面推行“路长制”管理模式，覆盖全区100余条主次干道和背街小巷，大力开展交通秩序综合治理工作，道路环境得到明显改善。通过增绿化、增景观，常抓不懈，规范管理，逐步打造整洁、有序、文明的城市形象。

（武晓奕　郭　威　刘英奎）

郑州高新技术产业开发区

【概况】 2018年，高新区紧紧围绕2025年建成千亿级世界一流高科技园区的奋斗目标，全方位推进“四链一城”实践路径，以体制机制改革创新为动力，实现改革发展双统筹、双促进，国家自创区建设开局良好。全年地区生产总值完成348亿元，增速10.3%，高于郑州市2.2个百分点；完成规模以上工业总产值498.6亿元，同比增长16.7%；全口径收入137.96亿元，首次实现超百亿；一般公共预算收入完成41.1亿元，首次突破40亿元，增长12.52%，高于全市平均增速3.5个百分点，收入质量达到86%。

【法规建设】 全省首个开发区层级的法律规章《郑州高新技术产业开发区暂行规定》10月12日由市长签发，2019年1月1日正式实施。《暂行规定》明确管委会派出机关的性质，同时赋予管委会较为完备的县区级行政管理权限2486项和市级经济管理及相关行政管理权限2496项。通过赋权，将更好地实现高新区“以产业发展为主”的功能定位，保证高新区实现管辖区域内的社会事务管理基本做到有法可依，促进高新区加快向“产城融合”的方向发展。

【新兴产业用地试点工作】 2018年12月，《关于高新技术产业开发区新型产业用地试点的实施意见》获得市政府批准，标志着河南省第一个明确针对新型产业用地的试点新政正式落地郑州高新区。新型产业用地考虑到园区配套的需求，降低建筑密度，提高绿地率标准，适应新型产业用地远期的发展需要，能够更好地吸引高端人才。同时，在传统工业用地类型中增加“新型产业用地（M0）”，有效破解新型产业发展用地瓶颈制约，将为全市今后发展各类战略性新兴产业探索路径、提供经验，也将更好地满足高新区新型产业的发展需求。

【政务服务改革】 2018年，高新区全面做好618项国务院部门行政审批事项、取消的283项中央指定地方实施行政审批事项、434项国务院部门职业资格许可和认定事项、323项行政审批中介服务事项的落实衔接工作；全面取消非行政许可事项共26项；取消政府性基金收费等。通过正向梳理和反向排查的方式，结合“三级十同”梳理标准，全面梳理各部门审批服务事项，梳理出全区（含派驻机构）审批服务事项502项，全部录入河南省政务服务网权力事项库，实现“一网通办”。同时，率先实现房屋交易和不动产登记同步办理，实行税务和不动产“一窗受理”，实现税费缴纳和不动产业务联办，“水、电、气、暖”走进不动产交易和登记大厅，实现办事群众“最多跑一次”的改革目标。全面梳理全区权力清单事项，积极做好清单的动态管理工作，根据法律法规立改废释情况、机构和职能调整情况等，及时调整权力事项内容，固化改革成果，督促各部门及时对照法律法规变动或实际工作变化开展调整清单工作。

【管理体制与人事薪酬制度改革】 2018年，高新区成立领导小组，与国内4家顶尖专业咨询机构合作，结合郑州高新区实际，充分考虑党和国家机构改革精神，研究制订了改革总体方案、改革实施推进方案以及改革配套相关制度。5月份全面启动实施管理体制与人事薪酬制度改革，通过“赋权、改制、考核、激励”，构建新型管理服务体系、干部管理体系、绩效考核体系、分配激励体系。截至2018年底，原行政事业类人员全部通过竞争上岗和双向选择获得岗位，市场化新招聘98人全部入职到岗，充实市场化机构人员队伍，改革相关配套制度文件顺利获批，并开始实施。通过改革，实现了“四个优化”。组织架构方面，工作机构由原来的36个

礼仪之门（郑州高新区管委会/供图）

须水河高新区段（郑州高新区管委会/供图）

精简到10个，实现扁平化的管理。理顺工作职责，提高工作效率。人力配置方面，人员向基层一线流动，向经济战线流动。基层办事处人员略有增加，经济服务职能划到园区，进一步加强基层治理的力量。专门从事经济工作的人数增加到280人，逐步实现了经济科技服务培育全覆盖。管理岗位的人员年龄平均下降3岁，一批年富力强、专业精通的干部充实到管理层。管理体制与人事薪酬制度改革取得示范性突破，获得省委省政府高度认可，明确将在全省国家级高新区复制推广。

【国有企业和投融资体制改革】 在管理体制改革整体框架下，启动区属国有企业的改革，形成国企改革总体方案，计划总体构建“三大体系、四个层级”国资运营管理体系和“1+3+N”国资运营架构。

做好科技金融服务体系建设发展顶层设计和规划引领，与北大深圳研究院金融创新中心对接，就高新区科技金融顶层设计、企业数据库建设以及设立金融实验室等工作达成合作；出台《郑州高新区关于加快科技金融服务体系建设的实施意见》，对科技型企业贷款贴息、金融机构引进和金融产品创新、资本市场发展、金融平台搭建等方面予以政策支持和鼓励；积极发行地方政府债券，出台《防范化解政府隐性债务风险行动方案》，建立《政府债务风险防范化解台账》。按照“疏堵结合、分清责任、规范管理、防范风险、稳步推进”的基本原则，建立规范的政府举债融资机制，牢牢守住不发生区域性和系统性风险的底线，切实防范和化解政府债务风险。

【创新创业生态建设】 “四个一批”培育引进成效显著。创新引领型企业方面，新增科技型中小企业备案220家，同比增长25%；新增高新技术企业184家，同比增长48.4%，占全市42.5%。创新引领型平台方面，新增市级以上研发机构83家，同比增长35%。“盾构及掘进技术国家重点实验室”被科技部评估为优秀国家重点实验室，全省仅此1家；新增创新孵化载体9家。创新引领型机构方面，郑州计量先进技术研究院新挂牌成立，新签约浙江大学中原研究院；新增新型研发机构3家。创新引领型人才方面，入选郑州市第三批“智汇郑州1125聚才计划”21个，占全市的24%，居全市第一；郑州机械研究所有限公司钟素娟入选中原科技创新领军人才；新增2家省级院士工作站，累计45家。

自创区财政支持体系持续完善。市政府在上解资金支持、土地出让金返还、科技专项资金支持方面出台新的支持政策，政府债务管理进一步规范；申报地方政府专项债券21.5亿元，一般债券30.8亿元，第一批51亿元资金已到位；化解政府隐性债务5.7亿元，政府债务率更加合理。

金融链持续强化提升。“一体两翼六平台”的科技金融服务体系初步构建，科技金融广场的建设取得重大进展。在郑洛新自主示范区取得科技金融创新“五个第一”，第一家科技银行建行科技银行设立，第一个中小企业指数设计，第一个科技金融广场设立，第一个母子基金架构设立，奖补金融机构和企业第一。高新区2018年底共集聚金融机构97家，股权投资机构45家占比46%。银行通过微小贷、双创贷等金融产品创新全年累计为科技型企业贷款24亿增速38%。政府性引导基金投资累积3亿元，社会资本股权投资10亿元，增速355%。

知识产权优势持续加强。专利申请和授权“质”“量”并进。当年专利质押融资额达到3200万元，专利申请量达到19483件。获评国家知识产权示范企业1家（郑州春泉节能股份有限公司）、河南省知识产权优势企业4家，通过贯标企业56家。不断优化知识产权生态环境，开展形式多样的知识产权宣传活动。北斗产业专利导航完成项目评审，省市对导航区建设工作给予充分肯定。

区域创新氛围更加浓厚。2018年，校地合作进一步加强，以区内高校为核心，持续强化协同创新，在创新发展、促进科研成果转化等方面形成互惠互利、校地共赢的发展格局，助推高新区培育经济发展新动能、经济高质量发展。特别是高新区联合信息工程大学共建实体化网络安全学院、郑州大学被评为“双一流”高校、郑州轻工业学院更名为郑州轻工业大学、河南工业大学不断加强校地合作等，均为高新区发展提

2018年4月29日，2018天健湖·郑州国际女子马拉松在郑州高新区举行（郑州高新区管委会/供图）

2018年5月4日，郑州高新区召开管理体制与人事薪酬制度改革动员大会（郑州高新区管委会/供图）

供坚实的人才储备队伍。

承办创新创业系列活动亮点突出。成功举办第二届“强网杯”全国网络安全挑战赛、强网论坛和网络安全军民融合先进技术展示会，第十五期“钱学森论坛”，2018首届世界传感器大会，2019中国·郑州创新创业高峰论坛暨“郑创汇”年度总决赛等重量级大型活动，吸引国内创新创业领军人物、创投机构、郑州市双创载体、高校科研院所、新型研发机构、优秀创业企业、创客代表等参加，取得良好的社会效果。成功获批全国唯一的北斗应用技术知名品牌创建示范区。

【主导产业发展】 项目化推进成效显著。围绕构建现代产业体系，积极开展招商引资工作，取得较好的工作成效。全年新签约项目完成36个，投资金额287.53亿元，其中主导产业项目达29个，投资金额231.77亿元，项目个数和投资金额占比均突破80%以上。

主导产业重大项目引进有力。四力项目、五职项目等主要招商引资指标稳步推进，全年认定“四力”项目8个，总投资145.17亿元。上报“五职”项目5个，总投资110亿元，全部实现了当年签约当年开工，其中2个“五职”项目已投产。

存量企业加快转型升级。大型企业持续扩大优势，其中，6家企业被评为首批郑州市制造业创新中心培育单位，占全市66.7%；2家企业被认定为河南省制造业创新中心，占全市50%；4家企业获河南省制造业“双创”平台和制造业与互联网融合“双创”基地称号，占全市80%；2家企业获批国家级技术创新示范企业，占全市100%；1家企业获批国家制造业“双创”平台试点示范项目，占全市50%。中型企业深入融合发展，其中，金惠计算机有限公司被评为工信部人工智能示范平台，占全市100%，占全省50%；21家企业获批郑州市“双百”企业。中小企业坚持创新发展，其中，河南金源创业孵化基地获批国家级小型微型企业创业创新示范基地，占全市50%；8家企业获市级企业技术中心称号；2家企业获批2018年度郑州市小微型企业创业创新示范基地，占全市25%。

【产业发展能力建设】 引智平台取得新突破。借助科特勒、友文等国际咨询机构，搭建海外创新协同体系；引入清科集团等基金领域的专业化机构；与八戒科技共同组建创新资源协同平台的全国总部。项目对接方面，与国际知名的营销学咨询公司美国科特勒集团签订总投资110亿元的国际创新源头生态城战略合作协议。

高新技术产业项目稳步增长。已签约项目包括：总投资55亿元的创新科区域总部基地及大数据产业园、总投资20亿元的固高郑州智慧产业研究院、投资10亿元的雷动智能传感器及扫地机器人研发生产基地项目。

企业服务不断拓展深化。坚持企业家接待日、重点企业分包和定期走访制度，及时协调企业发展中存在问题，助力不断做大做强。全年共举行区级企业家接待日活动54次，参与接待人员145余人次。同时，不断探索企业服务新模式，改革后设立的园区运营中心作为专门服务经济的市场化部门，积极探索企业服务新模式，大力推进精准服务，不断优化营商环境，助推企业持续健康有序发展。

【新型城镇化建设】 围绕“畅通高新”“绿色高新”目标，全年共完成基础设施建设投资额79亿元，其中政府投资类项目完成投资约16亿元，安置房项目完成投资约155亿元。棚户区改造安置住房建成9788套，网签安置房11081套，实现群众回迁23796人。全年共完成交通道路12项，通车里程21.7公里；完成供水工程49项，修建供水管道27.8公里；完成供热工程16项，修建热力管道13.67公里。同时，人行道铺装完成9项，道路复浇完成5项，老旧公厕改造完成20座，环卫工人之家完成8座，消防工程、便民服务中心、文化遗址公园等项目均稳步推进。以“四乱”治理为抓手推进城市精细化管理，持续开展城市交通综合整治专项行动，推行“路长”定期巡查，实施全面综合管理。完成“路长制”特色街道白杨路、紫竹路、桂花街、金菊街打造工作，支路背街改造提升工作加快推进，全区城市精细化管理提质增效。

【生态环境建设】 大气污染防治成效初现。全区空气质量持续改善，主要污染物PM10年均浓度同比降低11.5%，PM2.5年均浓度同比降低7.5%，优良天数151天；完成中央第一环境保护督察组“回头看”交办的38批241件案件的整改回复工作；全面开展第二次全国污染源普查工作，完成1339个调查主体的入户调查、数据采集、专网录入等工作。

区域生态绿化全面提质。全年市政新增绿化面积148.4万平方米，完成投资4.5亿元；市政公用基础设施进一步完善，新建微公园游园40个，生态廊道建设工作9项，西三环北延两侧道路绿化建设完成19.8万平方米。五大重点区域稳步推进，铁路沿线完成拆迁违建69处；生态廊道绿化提质共涉及绿提质任务138处，已完成79%；断点连通已完成35处；标识标牌标线等标识系统已完成18公里。

水和土壤防治稳步推进。全面落实“河长制”，落实日常巡查制度，系统推进水污染防治、水生态保护和水资源管理工作。积极开展贾鲁河综合治理，巩固提升须河生态水系治理成果。持续推进高新区涉水企业监管工作，强化涉水企业排查治理，确保涉水企业达标排放，消除水环境安全隐患。积极开展高新区土壤污染防治工作，全面做好工业企业土壤再利用准入管理、疑似污染地块排查、土壤污染重点行业企业调查等工作。

【社会民生工作】 2018年，高新区严格落实党政领导每天接访，被郑州市评为驻京值班工作优秀单位；两级巡视组移交郑州高新区案件38批164起，全部办结，办结率100%。同时，司法体系逐步建立完善，乡（镇）、村（社区）两级公共法律服务工作室建成49个，区级公共法律服务中心建设加快推进。管委会成立扫黑除恶领导小组，制订工作方案，层层落实工作任务，明确职责

2018年4月19日，第十五期钱学森论坛在郑州高新区举行（郑州高新区管委会供图）

分工。制作扫黑除恶宣传栏及宣传展板1000余个，悬挂条幅2100余条，发放彩页6万余份，制作喷绘2.5万平方米。强化线索摸排和处理打击，共摸排线索130起，打掉犯罪团伙2起，批捕涉恶类嫌疑人29人，全区民风政风得到改善。

组织开展安全生产百日攻坚行动、节假日和重要会议期间安全生产大检查、烟花爆竹专项大检查、危化品专项大检查、电器火灾专项大检查等安全大检查和专项检查活动，建立隐患排查治理台账，实现安全生产大检查常态化、日常化、清单化。同时，根据区内具体情况，组织专家对高新区安全生产事故应急救援预案重新进行修订、完善，全区危险化学品生产企业应急预案备案率达到100%。积极开展食品安全示范创建工作，全年共开展保健食品、面粉、桶装饮用水、肉制品、医疗器械四排查四打击、药品流通领域非法渠道购进药品专项整治、中药饮片专项检查等各类食品药品安全专项整治活动28次，未发现重大安全隐患。全区全年未发生较大以上事故。

民生实事基本完成。2018年省级重点民生实事工作中，城乡居民基础养老金最低标准提标、机关事业退休人员养老金调整、新增城镇就业等6项工作提前或超额完成任务；2018年市级重点民生实事中，新增城镇就业、基本建成城市棚户区改造安置住房、公共租赁住房分配、新增绿地面积等12项工作提前或超额完成任务。就业创业形势稳定。2018年，高新区城镇新增就业2045人；完成各类培训3768人次；实现返乡农民工创业534人，其中118人获得返乡农民工创业补贴资金94.4万元。同时，采取多种措施加强劳动关系监管，总体实现农民工工资治欠保支工作稳定有序。教文卫体各项事业稳步发展。全年新开工建设和续建中小学8所，新投入使用3所，另外郑州中学初中部扩建项目基本具备投入使用条件；成功举办全民健身·厚德健步走活动、高新区第一届全民运动会；成功开展高新区“舞台艺术进社区、乡村”系列活动30场，举办高新区“红色文艺轻骑兵”“快乐星期天”系列主题活动34场。

（侯永臣）

产业集聚区

【概况】 2018年，围绕提升发展质量和效益，全市产业集聚区（含13个产业集聚区和10个工业专业园区）牢固树立新发展理念，突出抓好产业转型发展、创新驱动发展、绿色集约发展、产城融合发展“四大发展”任务，“吸引力、竞争力、带动力”稳步增强，为全面促进产业集聚区“二次创业”提供有力支撑。

2018年，产业集聚区规模以上工业增加值增长9.6%，全员劳动生产率约30万/人，建设用地GDP产出47万元/亩左右，产业集聚区规模以上企业主营业务收入总量、固定资产投资总量分别占全市的51.7%、35.2%。中牟汽车产业集聚区成为国家级新型工业化产业示范基地，经济技术产业集聚区的国际物流园区晋升为国家级示范物流园区，新郑市新港产业集聚区晋升为省级经济技术开发区。2018年，产业集聚区加速推动产城融合发展，带动全市城镇化率达73.4%。

【项目带动】 坚持项目带动，增强发展后劲。围绕主导产业定位，优化招商机制、加强招商力量、创新招商举措，切实提高招商引资实效。2018年，产业集聚区签约亿元以上项目116个，10亿元以上项目37个，主要有航空港集聚区总投资400亿元的惠科第十一代薄膜晶体管液晶显示器件生产线项目、新密市集聚区总投资60亿元的郑州科创产业园、高新技术集聚区总投资55亿元的深圳创新科总部基地及大数据存储设备研发生产基地、新郑市新港集聚区总投资26亿元的耀德科技新型电子元器件中部研发生产示范基地等。围绕重大项目落地，完善项目落地服务运行机制，以优质服务切实推动重大项目建设。2018年，在建亿元以上项目373个，完成投资1356.6亿元。年内新开工亿元以上项目68个，竣工投产项目35个，年内实际利用市外资金649.7亿元。郑州市白沙集聚区先后入驻河南地矿科技产业园、建设科技园和大数据应用企业园企业39家，大数据产业园、科技产业园规模初具。

【创新驱动】 坚持创新驱动，加快技术升级。深入实施创新驱动发展战略，提高协同创新能力。2018年，实现高新技术产业增加值349.9亿元，同比增长12.4%，申报高新技术企业135家。鼓励企业加大研发投入，提升企业创新能力，科技创新亮点纷呈，高新技术集聚区成功举办2018首届世界传感器大会；经济技术集聚区中铁装备研制的中国最大直径（15.8米）泥水平衡盾构机填补了国内空白，郑煤机研发的8.8米超大

临空医药产业园展示中心——航空港集聚区（市发改委/供图）

液压支架多项关键技术为世界首创，旭飞光电研发的光电显示项目获得国家科技进步一等奖；登封市集聚区登电银河SMD项目获国家级数字化车间认证和河南省“十百千”机器换人示范应用倍增工程，狮虎新材料新上项目打破日本垄断；中岳非晶研发的超宽超薄纳米晶带材获省政府科技进步二等奖。

【企业转型】 坚持企业转型，助力集群提质。开展企业分类综合评价，有序推动企业对标改造、提档升级，助力产业集聚区高质量发展。2018年，产业集聚区5个千亿级产业（电子信息、装备制造、汽车及零部件、新材料、现代食品加工）集群不断升级，生物医药、大数据、新一代人工智能、智能终端等新兴产业集群规模初具。鼓励有实力的企业智能化、技术化、绿色化升级，马寨集聚区大力推动企业技术改造、产品研发、设备自动化，花花牛、康师傅、京华制管等企业生产效率进一步提高，河南苏宁云商以云技术为支撑，融合线上线下，全面颠覆传统销售方式。上街装备产业集聚区加快实施“腾笼换鸟”，通过参股、租赁等方式引进共泰五金、万润再生资源、郑奥实业、三煜重工等10余个项目，盘活企业闲置厂房5.03万平方米。

锦荣米兰服装小镇——新密市集聚区（市发改委/供图）

【基础设施建设】 坚持配套完善，提升保障能力。持续推进以交通路网为先导的道路、供水、供电等基础设施建设，综合承载能力进一步增强。2018年，基础设施投资完成279.8亿元，新建道路154.2公里、供水管网251.8公里、供气管网149.2公里、供电管网136.9公里；郑州市白沙集聚区侧重基础设施建设，以“五纵七横”骨干路网为引领，不断拓展发展空间。深入推进产城融合发展，促进产业发展和城市功能有机融合，提升宜居宜业水平。中牟汽车集聚区6个社区实现回迁群众1.5万人，同时为集聚区4000余名企业职工解决住房保障问题；荥阳市产业集聚区新开工安置房61万平方米，建成2585套安置房，并完成回迁工作。

（孟俊岭）

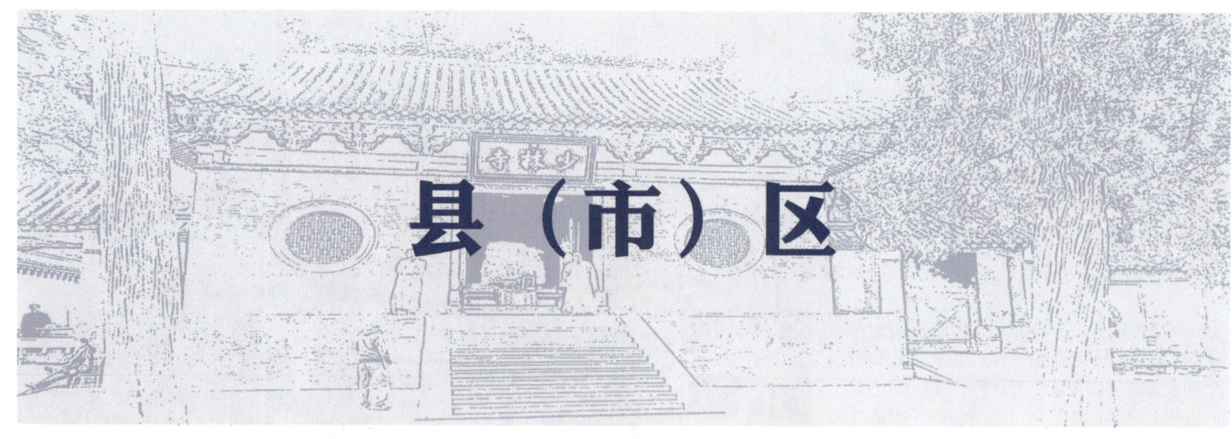

县（市）区

巩义市（河南省直管县）

【概况】2018年，巩义市总面积1043平方公里。辖15个镇、5个街道，31个社区，288个村，全市常住人口83.83万人，人口出生率为12.84‰，死亡率为6.37‰，自然增长率为6.47‰，城镇化率达到57.93%。

全市全年生产总值完成815.57亿元，比上年增长8.1%。其中：第一产业增加值12.07亿元，增长2.7%；第二产业增加值468.05亿元，增长8.2%；第三产业增加值完成335.45亿元，增长8.1%。三次产业结构为1.5∶57.4∶41.1。

全市财政总收入61.7亿元，比上年增长13.5%。公共财政预算收入45.4亿元，增长7.2%，其中，税收收入31.9亿元，增长31.4%，税收收入占公共财政预算收入的70.2%。公共财政预算支出75.6亿元，增长16.1%，其中：教育支出13亿元，增长31%；社会保障和就业支出8.1亿元，增长9.7%；医疗卫生与计划生育支出11.5亿元，增长20.9%；科学技术支出3.1亿元，同比下降15.3%。

年末全市金融机构人民币各项存款余额430.6亿元，比上年末增长2%。其中住户存款余额298.9亿元，增长8.5%。人民币各项贷款余额267.2亿元，增长14.1%。其中住户贷款82.1亿元，增长24%。

截至年底，全市共有6家境内外上市公司，发行股票6只。其中A股4只，境外股票2只。全年再融资募集资金22.5亿元，自发行上市以来累计融资217.1亿元。

全市共有资质内建筑业企业39家，完成增加值35.1亿元，比上年增长21.5%。全市房地产开发投资比上年增长2.5%。其中，住宅增长0.7%。房屋施工面积285.1万平方米，增长17.0%。其中，住宅253.3万平方米，增长26.6%。房屋竣工面积17.3万平方米，下降43.4%。其中，住宅10.8万平方米，同比增长14.9%。商品房销售面积124.7万平方米，增长7.8%。其中，住宅101.2万平方米，增长16%。

全年固定资产投资（不含农户）同比增长10.6%。其中，民间投资增长9.9%。分产业看，第一产业增长29.7%，第二产业增长8.7%，第三产业增长12.3%。

全市工业投资比上年增长8.7%。其中：采矿业同比增长392.1%；制造业增长20.9%；电力、燃气及水的生产和供应业下降62.6%。两个产业集聚区规模以上工业增加值比上年增长8.0%，主营业务收入增长9.2%。

【机构与领导】中共巩义市委：书记袁三军；副书记孙淑芳（女，2月免）、袁聚平（11月任）、樊惠林；市委常委袁三军、孙淑芳（女，2月免）、袁聚平（11月任）、樊惠林、景雪萍（女）南毅强、梁险峰、贺传伟、史建伟、邓英文（10月任）、陈兆甲、李勇。

市委工作部门：办公室主任范钦伟；组织部部长景雪萍（女）；宣传部部长史建伟；统战部部长贺传伟；政法委书记陈兆甲；群工部部长王震平；编办主任李立新；市直工委书记张坤霞（女）；党史办主任邵玉龙；老干部局局长徐彦龙；新闻宣传中心主任孙校辉；党校常务副校长杨少辉；档案局局长王俊欣；督查局局长康新伟。

市六届人大常委会：主任冯献峰；副主任闫红涛、范志武、钟西军、崔俊理。

市人大常委会工作机构：办公室主任曹报锋；教科文卫工委主任刘建伟；财经工委主任王向党；选工委主任冯晓慈（女）；农工委主任李现锋；来信来访工作办公室主任张丰海。

市人民政府：市长孙淑芳（女，2月免）、袁聚平（11月任）；副市长邓英文（10月任）、赵培丰、景秀香（女）、杨红伟、刘军杰、杜鹏懿。

市政府工作部门：办公室主任曹明勋；发改委主任赵静波；公共资源交易中心主任樊永杰；统计局局长康艳华（女）；人力资源和社会保障局局长肖现军；财政局局长袁海昌；审计局局长王乾玺；税务局局长姬瑞音；工商局局长席新渠；质监局局长赵东巍；政务服务中心主任李杰刚；农委主任赵现

建成通车的中原西路（巩义市史志办/供图）

巩义市大峪沟镇党建主题公园（巩义市史志办/供图）

才；林业局局长庞国栋；水利局局长校现伟；烟草局局长武延华（8月免）、李伟（8月任）；气象局局长杜光伟；住建局局长侯松强；国土局局长崔国强；城管局局长曹喜乐；交通局局长刘怀威；环保局局长赵寿涛；供电公司经理程旭（9月免）；园林绿化中心主任刘文生；教育体育局局长李易（女）；卫计委主任白利亚；食药监局局长刘文勇；史志办主任路培育；爱卫办主任梁广旭；金融证券办主任王娟娟（女）；科工信委主任祖世泉；城集联社主任石景建；安监局局长王耀伟；煤炭局局长刘宪伟；文化广电新闻局局长逯熙鹏；商务局局长李忠阳（4月免）、供销社主任崔卫国；扶贫办主任马海山（兼）；文物旅游局局长秦文坦；公安局局长陈兆甲；司法局局长张文红（女）；民政局局长王国锋；信访局局长孙钧；机关事务局局长李江涛；邮政公司经理刘剑峰。

政协市六届常委会：主席李占龙；副主席吴建禄、王继锋、马克霞（女）。

市政协工作机构：政协办公室主任韩胜利；财贸经济委主任康红武；提案委主任赵志学；社会和法制委主任霍文辉；科教文卫委主任夏文英（女）；学习文史委主任魏建中。

市纪委书记、监委主任：南毅强

市人民武装部部长：梁江涛；政委：李勇

市人民法院院长：郭宝安

市人民检察院检察长：刘冰（女）

市群团工作部门：工会主席范志武；妇联主席李会巧（女）；科协主席贾伟（女）；文联主席周占龙；工商联主席马克霞（女）；残联理事长李贵卿。

街道、镇：新华路街道党工委书记王国栋，办事处主任路向前；孝义街道党工委书记焦成举，办事处主任高明；永安路街道党工委书记牛锐锋（女），办事处主任张宏奎；杜甫路街道党工委书记杨晓贤，办事处主任曹会婷（女）；紫荆路街道党工委书记韩润峰，办事处主任曹东伟；米河镇党委书记秦飞，镇长李萌轲；新中镇党委书记李继锋，镇长马廷文；小关镇党委书记白东升，镇长许火炎；竹林镇党委书记赵明恩，镇长杜万里；大峪沟镇党委书记刘亚涛，镇长朱星理；河洛镇党委书记李曙光，镇长李科锋；站街镇党委书记庞冠峰，镇长杨利锋；康店镇党委书记路少辉，镇长张炎杰；北山口镇党委书记吴建峰，镇长王伟丽（女）；西村镇党委书记张朝阳，镇长刘金刚；芝田镇党委书记荆晓锋，镇长王守刚；回郭镇党委书记王跃举，镇长杨少华；鲁庄镇党委书记王东，镇长赵江；夹津口镇党委书记李争妍（女），镇长崔相金；涉村镇党委书记许学辉，镇长贺刚。

【农业经济】 全市粮食播种面积4.36万公顷，比上年增长2.2%。其中：小麦播种面积2.27万公顷，增长1.7%；玉米播种面积1.78万公顷，下降5.4%。油料种植面积2274公顷，下降6.9%；蔬菜种植面积1586公顷，下降28.3%。

全年粮食产量17.1万吨，比上年增长7.4%。其中：夏粮产量8.6万吨，下降0.3%；秋粮产量8.5万吨，增长16.6%。棉花产量345吨，增长8.2%；油料产量5007吨，增长35.2%；猪牛羊禽肉总产量2.7万吨，增长8.1%；禽蛋产量9471吨，增长16%；牛奶产量3132吨，增长10.2%。

年末农业机械总动力49.98万千瓦，比去年持平；农用拖拉机1.3万台，下降6.2%。

全市已发现的矿种21种，已查明资源储量的矿种11种，已开发利用的矿种8种。其中，能源矿产1种，金属矿产2种，非金属矿产5种。

全年平均气温为15.8℃。城市空气质量优良天数152天。可吸入颗粒物PM10平均浓度为107微克/立方米，同比下降10.8%；可吸入颗粒物PM2.5平均浓度为64微克/立方米，同比下降5.9%。

全年共营造林2925公顷，其中，人工造林786公顷。全市有森林公园4个，森林覆盖率29.5%，全年农作物受灾面积3359公顷。

【工业经济】 全市规模以上工业增加值增长7.9%，其中：轻工业增加值增长11.1%；重工业增加值增长7.8%；轻、重工业比例为2.1：97.9。产品销售率93%。高新技术产业增加值同比增长12.6%，耐火材料业增加值同比增长1.0%，铝加工业增加值增长9.8%，装备制造业增加值增长13.7%。

规模工业增加值居前10位的行业分别是：有色金属冶炼和压延工业同比增长11.2%，占比重53.6%；非金属矿物制品业下降7%，占比重17.1%；金属制品业增长16.7%，占比重6.2%；电力热力的生产和供应业下降3%，占比重4.3%；电气机械和器材制造业增长7.2%，占比重3%；煤炭开采和洗选业下降0.1%，占比重2.7%；化学原料和化学制品制造业增长8%，占比重2.5%；黑色金属冶炼和压延业增长230.7%，占比重2.5%；专用设备制造业增长30.1%，占比重2.3%；通用设备制造业下降13.6%，占比重1.2%。

规模以上工业主要产品产量中，铝材增长14.7%，电解铝下降18.6%，电线下降27.1%，钢材增长300.3%。

年末全社会发电装机容量90万千瓦。其中：火电装机容量90万千瓦，与去年同期持平；发电量67.28亿千瓦时，同比下降5.5%。

全年规模以上工业企业主营业务收入比上年增长8.8%；分行业看，28个行业大类中主营业务收入居前10位的行业分别是：有色金属冶炼和压延工业同比增长11.3%；非金属矿物制品业下降16.1%；金属制品业增长28.4%；黑色金属冶炼和压延业增长522.0%；电气机械和器材制造业增长15.6%；化学原料和化学制品制造业增长6.1%；酒、饮料和精制茶制造业增长39.4%；煤炭开采和洗选业下降3.3%；专用设备制造业增长1.2%；通用设备制造业下降29.7%。

全市两个产业集聚区共完成固定资产投资比上年增长15.6%。

全年亿元及以上固定资产投资在建项目115个，完成投资同比增长14%。融创云智小镇、生态水系建设项目进展顺利；河南大唐巩义新建工程项目基本完成投资；河南明泰铝业股份有限公司年产12.5万吨车用铝合金板项目完成投资、巩义市象道物流有限公司二期货场建设项目等项目建设加快实施。

【国内贸易和对外经济】全市社会消费品零售总额340.3亿元，比上年增长10.4%。分城乡看，城镇312亿元，增长10.2%；乡村28.3亿元，增长12.2%。分行业看，批发和零售业257.8亿元，增长8.9%；住宿餐饮业82.5亿元，增长15.3%。

全市进出口总值7.1亿美元。其中：出口总值6.9亿美元，增长42%；进口总值0.2亿美元，下降49.2%。

全市实际利用外商直接投资3.3亿美元，比上年增长3.1%。实际利用省外资金82亿元，增长5.8%。

【第三产业】交通运输业。全年运输旅客969万人，比上年减少25.6%；运输货物3711万吨，增长18.1%。全年共完成旅客周转量2.84亿人公里，比上年减少22.8%；完成货物周转量77.27亿吨公里，比上年增长12.9%。

邮电通信业。全年共完成邮电业务总量35.8亿元，比上年上升122.7%。其中：邮政业务总量2.43亿元，比上年增长26.2%；电信业务总量33.36亿元，比上年增长135.8%；本地固定电话用户期末数8.41万户，比上年下降9.2%；移动电话用户达到86.44万户，比上年上升4.5%；互联网宽带接入用户达到25.54万户，比上年增长16.1%。

旅游业。全年共接待海内外游客1521万人次，比上年增长33.9%。其中入境游客4.3万人次，增长0.9%。旅游总收入54.0亿元，增长76.2%。年末A级景区8处，其中4A级以上景区3处；出境游组团社及国内和入境游旅行社11家。

【科技和教育事业】全年全市普通高等教育招生6501人，在校生21481人，毕业生3810人。中等职业技术教育招生1363人，在校生3627人，毕业生1078人。普通高中招生4394人，在校生14842人，毕业生4219人。初中招生8004人，在校生23901人，毕业生8192人。小学招生9101人，在校生54102人，毕业生8129人。特殊教育招收残疾儿童58人，在校148人。幼儿园在园幼儿33203人。

省级以上企业技术中心16个，其中国家级1个、省级工程技术研究中心15个。申请专利1066件，增长38.6%。授权专利612件，增长13.3%。

年末共有产品质量监督检验机构1个，法定计量技术机构1个。全年强制检定计量器具32740台件。完成产品认证的企业148家。区域气象观测站38个。

【社会事业】年末全市共有艺术表演团体16个，文化馆1个，公共图书馆1个，博物馆1个。全国重点文物保护单位10处。国家级非物质文化遗产名录1个。广播电台1座，电视台1座。

年末共有卫生机构（含村卫生室）650个。其中，医院、卫生院32个（其中专科医院3个），妇幼保健院1个，疾病预防控制中心1个，卫生监督机构1个。卫生机构病床床位3901张，其中，医院、卫生院3782张。卫生技术人员（含村卫生室）5196人，其中，执业医师和执业助理医师1965人，注册护士2259人，疾病预防控制中心卫生技术人员87人。乡镇卫生院18个，床位797张，卫生技术人员826人。

全市共有体育馆4个，体育场地设施920个，比去年增加22个。全年组织群体性大型竞赛活动18次。体育活动的积极发展体现在学校方面，有94.1%的在校中小学生达到国家体质健康标准，提升0.5个百分点。

全年全市参加国家级群众赛事5个，获得各类奖项共计9项，参加省级群众赛事24个，获得各类奖项共计89项。

【人民生活】全市居民人均可支配收入28030元，比上年增长9.1%。按常住地分，农村居民人均可支配收入23069元，增长9%。城镇居民人均可支配收入32911元，增长8.6%。

巩义市康店镇邙山风景（巩义市史志办/供图）

【社会保障】年末参加城镇职工基本养老保险人数12.2万人，其中，参保职工9.4万人，参保离退休人员2.8万人。参加城乡居民基本养老保险人数40.5万人。参加城乡基本医疗保险人数66.4万人，其中，参加城镇职工基本医疗保险人数7.8万人。参加失业保险人数5.9万人，年末领取失业保险金人数661人。参加工伤保险人数8.1万人。参加生育保险人数5.3万人。

全年共发放城镇居民最低生活保障资金542.9万元，城镇享受最低生活保障人数797人。发放农村最低生活保障金3433.7万元，农村享受最低保障人数11527人。发放城乡医疗救助资金800.5万元，救助12077人次。

全年全市农村贫困人口脱贫户数848户，共计1840人。

全年城镇新增就业人员9720人，其中失业人员实现再就业1320人。就业困难人员再就业638人，城镇登记失业率3%。新增农村劳动力转移就业7255人。

【巩义市被国家商务部认定为国家外贸转型升级基地】2018年，巩义市被认定为国家外贸转型升级基地（有色金属材料），本次被商务部认定的国家外贸转型升级基地全国共255个，河南省10个，其中全国有色金属材料基地仅6个，巩义市位列之中。

【首届“诗圣杜甫与中华诗学”学术研讨会开幕】4月21日—23日，首届“诗圣杜甫与中华诗学”学术研讨会在郑州成功财经学院开幕，此次研讨会以诗圣杜甫与中华诗学为主题，邀请海内外知名专家学者以文会友、以诗传情，共同探讨诗圣杜甫和中华诗学重大文化课题，以纪念伟大诗人杜甫，传承中华优秀文化。

【央视《美丽乡村快乐行》栏目走进巩义竹林长寿山】4月15日，中央电视台7套《美丽乡村快乐行》栏目走进巩义竹林长寿山录制节目，并于“五一”特别节目中正式播出。演出节目包含武术、杂技、小品、东北二人转、歌曲串烧等多种形式，为全市人民献上一道文化大餐。

【巩义市图书馆被评为国家一级图书馆】2018年5月，文化和旅游部公布第六次全国县级以上公共图书馆评估定级上等级馆名单，巩义市图书馆被评为国家一级图书馆。本次评估全国一级图书馆共953个，河南省一级馆46个（河南省县级以上图书馆近200个）。

【巩义市获“河南省豫剧之乡”称号】12月17日，由河南省戏剧家协会组织开展的首批“河南省戏曲之乡”授牌仪式在河南省文联举行，巩义市获首批“河南省豫剧之乡”称号。“河南省戏曲之乡”评审命名活动将每年举行一次，对已成功申报的地区实行动态管理，每三年考评一次，优秀的将推荐参加中国戏曲之乡评选。

【巩义市南岭新村获评“全国生态文化村”】 2018年巩义市小关镇南岭新村被评为“全国生态文化村”并授牌，“全国生态文化村”评选是由国家林业和草原局、中国林业科学研究院等单位组成专家评委会进行评审，主要从生态环境、生态产业、生态文化、人与自然和谐、示范作用五个方面进行评选。小关镇南岭新村位于巩义市南部山区，辖区面积15平方公里，平均海拔拔800米，拥有国家、省级公益林2000公顷，经济林266.67公顷，森林覆盖率达83%，远超国家平均水平。

（路培育　魏小艳）

登封市

【概况】 登封市总面积1219平方公里，其中耕地面积45716公顷；总人口72.87万人，乡村人口30.7万人。2018年，全年地区生产总值完成703亿元，比上年增长6.6%。其中，第一产业增加值19亿元，增长4.1%；第二产业增加值376.1亿元，增长6%；第三产业增加值307.9亿元，增长7.8%。规模以上工业增长6%。粮食总产量21.45万吨，增长5.4%。一般公共预算收入27.5亿元，一般公共预算支出62.6亿元。固定资产投资增长4.8%。社会消费品零售总额248.5亿元。进出口总值33422万美元。实际利用外资11175万美元。城镇居民人均可支配收入32296元；农村居民人均可支配收入18599元。城乡居民年末储蓄存款余额259.4亿元。

【机构与领导】 中共登封市委：书记王鸿勋；副书记杨金军、陈耀宗；市委常委：王鸿勋、杨金军、陈耀宗、李同堂、杜文功（7月免）、王升建（11月免）、康红阳、魏银普、王超、杨勇、李力、段宗锋（7月任）。

市委工作部门：办公室主任魏银普；政法委书记杨勇；组织部部长王升建（11月免）；统战部部长李力；宣传部部长王超；党校常务副校长郭年凯；市直工委书记卢青；老干部局局长吴桂荣（9月免）；档案局局长李会卿。

市五届人大常委会：主任赵华敏；副主任董喜年、闫新生、杨国强、弋群立。

市人大常委会工作机构：办公室主任李云敬（1月任）；经济工委主任王学杰，农工委主任岳继红；科教文卫主任孙红卫；选举任免代表联络工委主任王红伟；内司委主任郑永红；城建委主任郑建伟；信访室主任刘国栋；预算工委主任赵应杰。

市人民政府：市长杨金军；副市长康红阳、陈治龙、史战胜、何聪道、胡优良。

市政府工作部门：办公室主任张少伟（1月免），景晓明（1月主持工作）；嵩管委副主任弋群立；人防办主任赵大杰；市志办主任吕宏军；信访局局长郝炳欣；扶贫办主任刘明战；发改委主任闫文定；粮食局局长徐臣仪；工信委主任任永立；科技局局长董剑飞；安监局局长靳建伟；卫计委主任冯巧云；财政局局长王建永；公安局局长张遂旺；民政局局长郭亚丽；人社局局长荣二平；住建局局长尚春和（2月免）、袁鹏飞（2月任）；环保局局长宋剑；农工委主任马宗仁；林业局局长郑振武；水务局局长翟国臣；国土资源局局长韩志刚；工商质监局局长崔东飞；交运局局长吴建伟；教体局局长杨飞剑；文物局局长白金永；爱卫办主任李劲飞；统计局局长张健；审计局局长冯颖灿；司法局局长王义民；文广新局局长王彩红（5月免）；旅游局局长王绍锋；农机中心主任吴英敏；商务局局长毛鹏展；食药监局局长李耀峰；国资办主任杨意华；供销社主任吴建洪。

政协市四届委员会：主席杨戌超；副主席刘白雪、释永信、王丽、甄少杰；秘书长李发敏。

市政协工作机构：市政协办公室主任刘元京（2月任）；提案委主任刘春萍；经济科技委主任张颖钊；文教卫体委主任空缺；港澳台侨和民族宗教委主任吕富岳；农业委主任刘丹颖；学习文史委主任空缺；社会法制委主任空缺；委员管理联络委主任景松霞。

中共登封市纪律检查委员会书记：李同堂。

市人民武装部政委：段宗锋；部长：邱学川。

市人民法院院长：赵洪印（11月免），郭晓堃（11月任代院长）。

市人民检察院检察长：刘文胜。

市群团组织：总工会党组副书记赵梅玲；妇联主席屈超敏（12月免）、张华强（12月任）；侨联主席李庆林；文联主席孙晓玲；工商联主席杨志伟；科协主席张松波。

乡镇、街道、区工委：颍阳镇书记雷新亚，镇长张文科；君召乡书记张晓峰，乡长王磊；石道乡书记段世民，乡长温韬；大金店镇书记陈再文（1月免）、郭建刚（1月任），镇长王韶亮；东华镇书记孙卫杰、镇长李俊峰；白坪乡书记刘洋，乡长刘现伟；卢店镇书记周华芳（1月免）、孔玉峰（1月任），镇长孔玉峰；唐庄镇书记高少雷，镇长杨绍峰；告成镇书记何聪道（1月免）、杨伟平（1月任），镇长杨伟平；徐庄镇书记王志鸿，镇长韩迎旭；大冶镇书记程彦宏（1月免）、王志斌（1月任），镇长梁跃飞；宣化镇书记景晓明，镇长马炎军；嵩阳办事处常务副书记吴建伟（1月免），主任岳小争；少林办事处书记王升建（1月免）、何延木（1月任），主任周莉；中岳办事处常务副书记申卫保，主任朱振信；阳城区书记孙利锋，主任秦胜永；送表矿区管委会书记薛少龙，主任吴燕。

【产业发展】 工业结构持续优化。出台实施制造业高质量发展“1+N”政策，投资60亿元的宝莱特微尼奥科技产业园、4亿元的非晶产业园一期等21个项目开工建设；中恒美年产10万吨铝型材、金勇木业8万立方米装饰板、中岳非晶年产6000吨高B值带材等16个项目建成投产；高新技术产业增加值完成66亿元，增长12%。产业集聚区成功列入

2018年9月15日，“嵩山论坛——华夏文明与世界文明对话”2018年会在登封市开幕（王晓慧/摄）

登封市君召乡扶贫项目——宋沟村香菇种植示范基地（孙江博/摄）

《中国开发区公告目录》，中联登电水泥被评为国家级绿色工厂，银河科技SMD被认定为河南省机器人应用倍增工程示范项目。关闭煤矿2家，去产能30万吨；全市煤炭行业产值达到37.6亿元，纳税8.2亿元。文化旅游融合健康发展。实施绿地集团嵩山小镇、嵩山少林国际功夫小镇等40个重大文旅项目，完成投资23.7亿元。开发功夫、儒学、地质等研学旅游线路15条，嵩山少林景区、少林寺武术馆被确定为全省首批研学旅游示范基地，河南（豫西）抗日根据地纪念馆被评为河南省"弘扬老区精神，传承红色基因"示范基地。嵩山景区被评为"2018中国旅游产业影响力文化旅游景区""2018年度中国十大美景IP"。正商集团朝阳沟戏曲小镇开工建设，奥斯卡电影小镇粗具规模，摘星楼、范家门景区初见成效，大熊山仙人谷创成3A级景区，禅心居传统村落保护发展经验在全国推广，乡村旅游实现历史性突破。文化城福园美食荟创成郑州市级食品安全示范街。中州华鼎被评定为五星级酒店。成功举办嵩山论坛2018年会、第十二届中国郑州国际少林武术节整体活动，顺利举行2018中国功夫联盟会议、嵩山少林国际马拉松等活动，赛事经济得到有效培育。全年接待游客1530.7万人次，旅游总收入131.3亿元，分别增长13.4%和15.9%。现代农业稳步推进。全年粮食产量22.5万吨，新发展特色林果1333.33公顷，建成三力智慧、文龙牧业等5个养殖标准化项目，完成好莱坞、天合等第三批现代都市生态示范园建设任务。小苍娃、龙潭湖等4家企业获得绿色食品认证。新发展农民合作社25个，新建家庭农场10个。完成宣化镇五小水利工程、东华镇666.67公顷高标准农田建设任务。成功举办登封首届"中国农民丰收节"。

【城乡建设】 回迁安置全面提速。实施安置房项目15个，建成77.4万平方米，回迁群众6524人。嵩阳新型社区配建安置房加快建设，滨河新苑、中天广场一期、尚城国际配建安置房主体封顶，韩村、城南庄等安置区主体完工。完成11个安置房"四证"办理工作，网签安置房1080套。投资8200万元的告成石羊关移民工程主体完工。城市空间布局日趋优化。完成城市双修、绿地系统、街景整治等34个专项规划，登封市数字规划平台建成运行，推进"多规合一"，从源头上优化布局、弥补短板、管控风貌。积极对接、融入、服务郑州发展，坚持"山水和合、产城融合、人文聚集"的发展定位，规划106平方公里的郑登新城，启动郑州第二动物园、中国天文博物院项目，着力打造郑州国家中心城市华夏历史文明传承创新示范区。百城建设提质工程有序推进。实施城建项目158个，竣工78个，完成投资204.8亿元。中心城区功能提升项目一期5条改建道路竣工通车，二期11条新改建道路具备开工条件；新铺设电力、天然气等各类管网83.9公里，新增供热面积20万平方米，主次干道雨污分流率达到80%。投资5.8亿元，110千伏城关变电站建成投用，10千伏配网工程实现城乡全覆盖。守敬路、登封大道等5条道路街景整治工程基本完工，初步形成了错落有致、彰显特色的街景风貌。市民文化中心城市展览馆主体完工，郑州大学嵩阳书院具备开工条件。新建人防工程13万平方米。利用城市空闲土地，新建停车场13个，新增停车位935个。投资1.3亿元的文化公园、体育公园、太室阙游园、均美体育馆等项目建成开放，新增城市公园绿地20万平方米。旅游新城污水处理厂建成投用，完成市区污水处理厂污水截流工程，有效解决城市黑臭水体问题。城乡一体化交通体系加快构建。实施交通项目75个，完成投资9.8亿元。登封通用机场建成投用。少洛高速少林站开工建设，登封站扩建工程完工，汝登高速白坪站开通运营；环嵩山旅游公路改建、嵩阳路南延、X048改线、郑登快速通道匝道建设有序推进；完成农村公路建设项目50个、70.4公里，创成河南省"四好农村路"示范县。城乡精细化管理水平不断提高。以"创文""创卫"为载体，启动"智慧交通"项目。城市主干道设立中心隔离护栏40余公里，实现机非分离、人车分离，建成"文明交通严管示范街"4条。实施城市环卫一体化，城区主次干道机扫率达到90%，城市生活垃圾无害化处理率100%。数字化城市管理系统规范运行，受理解决问题2万余个，城市管理向精细化、智能化转变。拆除违规户外广告牌2100处，800公里架空线缆入地，亮出城市天际线。整治无主管楼院395个。建成13个乡镇垃圾处理中心、83个农村污水处理项目、128处农村饮水安全巩固提升工程。投资3.4亿元，深入开展农村人居环境综合整治，107个行政村达到省级达标村标准，88个达到省级示范村标准。国家卫生城市通过复审。

【改革创新】 重点领域改革纵深推进。政府机构改革有序推进，27个新组建部门挂牌成立。登封新区率先在郑州地区完成"一区三园"管理体制改革工作。深化国有企业改革，7家企业完善法人治理结构，4家"僵尸企业"处置到位。统筹推进经济发达镇改革，向大冶镇、告成镇下放县级经济社会管理权限185项。加快农村集体产权制度改革，317个行政村（居委会）完成清产核资，110个行政村（居委会）完成改革任务。加强城市信用建设，登封市从全国第337位跃升至第65位。招商引资成果丰硕。签约引进投资180亿元的复华登封国际度假区、100亿元的正弘•中岳城等39个项目，投资额超过850亿元。开工招商项目16个，文化旅游、生物医药、先进制造等主导产业项目占比达到76%；引进域外境内资金113.6亿元，吸收境外资金1.13亿美元。创新能力有效提升。与中科院、郑州大学、河南工业大学建立深度合作关系，开展院地合作研发项目5个，实施技术创新改造项目20个。全年科技经费直接支出6933万元，同比增长56.3%。培育科技雏鹰企业10家、科技小巨人企业8家。中岳非晶、新登中瓷被评为郑州制造业创新中心。中岳非晶、磴槽集团被评为河南省优秀非公有制企业。申请专利3206件，授权专利2208件，位居全省县（市）前列。

【生态建设】 蓝天保卫战硕果累累。聚焦问题、举一反三、综合施策，高标准完成中央、省委环保督察"回头看"交办问题整改工作。严格落实应急管控、联合执法措施，坚持开展"零

登封市第七届中小学生书画展（登封市教育管理信息中心/供图）

点夜查”行动，完成285家工业企业环保提标治理，36处在建工地落实“8个100%”和“三员”现场管理制度。建成洁净型煤厂2个，完成“双替代”2万户；燃煤削减105.6万吨，超出郑州市定目标2倍。PM10、PM2.5实现双下降，空气质量综合指数稳居郑州市首位。碧水保卫战成效显著。投资4500万元，高标准完成颍河、少阳河、书院河全流域水环境综合治理工程，封堵排污口68个，治理河道120公里，种植水生植物57万平方米，新增生态湿地400公顷，部分河段形成水鸟栖息、水波漫流的景观。坚持“河长+警长”的治河模式，加强对电解铝、碳素等行业进行提标改造，降低氟化物排放总量，因地制宜进行生态补水，白沙水库水质明显改善。卢店镇、大金店镇等3个污水处理厂竣工投用，大冶镇、东华镇、告成镇等9个污水处理厂移交建投集团规范运行，城乡污水治理一体化有效推进。净土保卫战扎实推进。全面启动登封全域矿山环境综合整治工程，坚持“不再欠新账、加快还旧账”，实行“一矿一策”“一坑一策”，实施治理项目236个，回填土石方407万立方米，栽植林木34万株，恢复耕地、林地153.33余公顷。深入开展“大棚房”问题专项清理整治行动，对62处超标大棚看护用房进行恢复治理。完成83家重点监管企业土壤监测工作。“双保”工作取得阶段性成果。深入开展保护嵩山和世界文化遗产综合整治工作，拆除天中寺等违法建筑103处、1.9万平方米。谋划中岳庙、大周封祀坛遗址等生态文化公园，着力改善世界文化遗产周边环境。“爱我家园·保护嵩山”青年志愿服务活动常态化，树立文明登山新风尚。实施国土绿化提速行动。重点推进铁路沿线、生态廊道、过境干线公路、高速立交及出入市口区域绿化提升工程，完成投资1.5亿元，植树347万株，绿化2333.33余公顷。实施香山、大熊山森林公园项目，建成汝登高速生态廊道和天中路、太和路生态廊道连通工程。完成国土绿化3933.33余公顷，创建河南省森林城市通过省级备案。卢店镇、阳城工业区创成河南省绿化模范乡镇。宣化镇创成河南省园林城镇。

【社会事业】全年民生支出46.3亿元，同比增长15.4%，占一般公共预算支出74%。脱贫攻坚取得决定性胜利。开展“党建领航、六村联创”工作，打响脱贫攻坚“百日会战”，全市4779名机关党员干部风餐露宿、夙夜在公，舍小家为大家；90家爱心企业积极响应号召，慷慨解囊、雪中送炭；全市上下众志成城、合力攻坚，打好“四场硬仗”，开展“六大行动”，实施“四项工程”，扶贫、扶志、扶智同步推进，除政策兜底外贫困户全部实现脱贫。实施整村推进、基础设施、科技产业化等专项扶贫项目185个，完成投资2亿元。建成扶贫就业基地8.7万平方米，君召“巧媳妇”扶贫服装厂一期、颍阳纸袋加工等69个项目建成投产。完成易地扶贫搬迁项目11个，搬迁入住贫困群众1836户8691人。改造农村危房241户。建成第二批饮水安全巩固提升工程，61个贫困村受益。发放扶贫小额信贷2.1亿元，金融扶贫覆盖率达到80.6%。开展“七改一增”行动，投入资金6543万元，清洁农院5300个。贫困户脱贫质量更优，满意度更高，发展活力更强。社会事业协调发展。南水北调登封供水工程禹州段铺设管网28公里，2019年上半年建成通水，登封城区吃水难问题将彻底解决。落实郑少高速豫A牌照小型客车免费通行政策。实施农村义务教育“全面改薄”项目37个，外国语高中二期、颍河路初中等项目有序推进，创建义务教育均衡县通过国家验收；高考重点本科上线突破千人大关，上线人数实现“三连增”，普通本科上线率居郑州五县（市）首位，高考成绩和教学质量创历史新高，彻底扭转教育落后被动局面。市公共卫生综合管理服务中心、妇幼保健院门诊综合楼竣工投用，市医院门诊医技楼主体完工；开展全市14岁以下儿童先天性心脏病免费排查治疗工作；建成区域医疗卫生信息平台，市医院通过“二级甲等医院”复审。新增城镇就业5339人，农村劳动力转移就业9735人。成功举办登封市首届职业技能竞赛、第二届全民健身大会。有效防范化解重大风险。建立政府债务变化实时监控机制，成功退出风险提示地区。开展非法集资专项整治，妥善处置案件11个。完成应急转贷资金6.7亿元，惠及32家公司。社会治理不断深化。加快安全风险隐患双重预防体系建设，推进多领域联合执法、安全巡查检查和专项整治，开展煤炭行业“三讲三做三实”活动，安全生产形势总体稳定。打响信访矛盾化解“四大战役”，建立“六无”示范村159个，信访总量下降20%以上。建立农民工工资支付专项检查制度，清欠工资3600余万元。稳步推进景区、武术院校、宗教场所等重点领域宗教专项治理。深入开展“扫黑除恶”专项斗争，抓获涉黑涉恶犯罪嫌疑人374人，扣押、冻结涉案资金1700余万元，打击震慑黑恶势力，人民群众安全感和满意度持续上升。

【政务服务】依法行政不断加强。落实政府法律顾问制度，完善规范性文件、重大决策合法性审查机制，全面规范行政行为。坚持政府信息公开制度，主动公开信息5269项，依申请公开96项。自觉接受人大监督和政协民主监督，办理人大代表议案建议65件、政协提案177件，办结率100%、满意率98%。行政效能大幅提升。深化“放管服”改革，推进24个方面政务服务“最多跑一次”改革，828项审批服务实现“一口受理”，52家单位进驻办事大厅，不动产登记、税费征缴、房屋交易实现“一窗受理、并联办理”全覆盖，“三级十同工作”率先在全省实现打通率100%，营商环境和便民服务质量明显提升。认真办理市长热线、市长信箱来电来信15188件，办结率99%，群众满意率98%。作风建设持续深化。集中开展效能革命，围绕“三大攻坚战”、重点项目建设、支持民营经济发展等中心工作持续发力，有效解决了“庸、懒、散”问题，全面提高了党员干部的“精、气、神”。严格执行中央八项规定精神，“三公”经费及会议费支出同比下降12%。

（雷省委　郜悟祺）

郑少洛高速登封西站改扩建工程竣工（登封市交通运输局/供图）

新密市

【概况】 新密市总面积1001平方千米，耕地面积45742.07公顷。辖4个街道、12个镇、1个乡、1个风景区（青屏街、新华路、西大街、矿区4个街道，城关、米村、牛店、平陌、超化、苟堂、大隗、刘寨、白寨、岳村、来集、曲梁12个镇，袁庄乡，尖山风景区管委会），303个行政村，48个居委会。总人口81.31万人。

2018年，全年实现地区生产总值791.8亿元，增长7.9%，总量居郑州五县（市）第一位，增速居第二位；其中第一产业增加值19.5亿元，增长4.3%；第二产业增加值372.3亿元，增长7.9%；第三产业增加值400.0亿元，增长8.2%。全市三次产业比重由上年的2.7∶51.2∶46.1调整为2.5∶49.8∶47.7。人均生产总值97589元，增长7.5%。全年完成地方财政总收入51.7亿元，增长9.8%，其中一般公共预算收入35亿元，增长9.4%，税收收入23.4亿元，增长18.7%，税收占财政一般预算收入的比重为66.7%，比上年提高5.2个百分点。一般公共财政预算支出63.3亿元，增长18%。工业生产稳定增长。全年规模以上工业增加值比上年增长6.6%。全年全社会固定资产投资（不含农户）比上年增长0.6%，其中：第一产业投资增长37.9%，占全市投资比重4.9%；第二产业投资增长44.4%，占全市投资比重31.9%；第三产业投资增长-15.5%，占全市投资比重63.2%。城乡居民收入继续增加。全市全体居民人均可支配收入26806元，比上年增长8.2%。农村居民人均可支配收入20582元，比上年增加1717元，增长9.1%。城镇居民人均可支配收入33221元，比上年增加2517元，比上年增长8.2%。农村、城镇居民人均可支配收入增速分别快于全市GDP增速1.2个、0.3个百分点。社会消费品零售总额325.7亿元，增长9.5%。引进域外境内资金184亿元，实际利用外资2.2亿美元，实现进出口总额6亿元，获郑州市对外开放先进县（市）。居民人均可支配收入增速高于生产总值增速。

【机构与领导】 中共新密市委:书记蒿铁群；副书记张红伟、程洋；市委常委蒿铁群、张红伟、程洋、刘广军、辛绍河、李婷（女）、张治怀、姚志刚、姬贤杰、胡光程、石建军。

市委工作部门：办公室主任胡光程；组织部部长李婷（女）；宣传部部长姬贤杰；统战部部长姚志刚；政法委书记张治怀；党校常务副校长王宗福；编办主任宋照；督查室主任梁书灿；巡察办主任尚文法；优化局局长张超峰；外宣办主任王炎军；史志办主任王西林；档案局局长周建军；老干部局局长徐东辉；机要局局长李三妹（女）。

市五届人大常委会：主任桑萌莉；副主任秦耀堂、王敬梅（女）、岳慧玲（女）、王彦国。

市人大常委会工作机构：市人大常委会办公室主任陈国敏；代表工委主任秦红霞（女）；法工委主任郑亚君（女）；教工委李静（女）；农工委主任蔡璐（女）；财工委主任侯红超；城工委主任刘群岭；信访室主任靳福生。

市人民政府：市长张红伟；常务副市长辛绍河；副市长杨洋（女）、齐智慧、张宏杰、牛璐（女、7月挂职结束）、李磊。

市政府工作部门：市政府办公室主任屈国强；发展和改革委员会主任张超峰；工业和信息化委员会主任田建勋；科技局局长刘大军；上市办主任杜书伟；创建办主任赵明晓；爱卫办主任钱瑞芳；接待办主任王议唯（女）；矿区管理中心主任孙宏伟（女）；机关事务局局长梁宏彬；文化广电旅游局局长冯伟东；农业农村工作委员会主任王春芳（女）；行政服务中心主任王建华;教育体育局局长卢长水;民政局局长朱丽华（女）；财政局局长李福安（兼）；人力资源和社会保障局局长虎伟东（回族）；社会保险管理局局长王钊铭；国土资源局局长马卫东（回族、12月免）；煤炭局局长王健；安全生产监管局局长李建军（兼）；住房和城乡建设管理局局长陈铁建；房地产管理服务中心主任梁松辰；城市园林绿化处主任张海俊；城乡规划局局长宋卫敏；房屋征收与补偿办公室主任程柏松（3月免）、杨晓辉（3月任）；交通运输局局长郑二卿；公路局局长张进中；环境保护局局长周建凯；林业局局长魏颖阳（3月免）、程柏松（3月任）；水务局局长徐绍敏（3月免）、袁金伟（3月任）；畜牧局局长张孟丽（女）；气象局局长郭世民；卫生和计生委主任寇海荣（女）；审计局局长王冰；统计局局长裴秋云（女）；行政执法局局长张玉亭；商务局局长张艳艳（女）；盐业局局长张春旺；农机局局长朱青见；国有资产管理办公室主任崔皓哲；供销社主任郭彦卿；民族宗教局局长郭福

新密市伏羲山（新密市史志办/供图）

珍（女）；台办主任祖君（女）；工商质监局局长冯嵩懿；食品药品监管局局长陈志刚；烟草专卖局（分公司）局长（经理）刘志伟；国税局局长赵法民；地税局局长刘松涛；电业局局长李新有；邮政公司总经理豆艳（女、10月免），孙亚东（10月任）。

政协市五届委员会：主席王鲁明；副主席高永森、李松涛、宋林祥、李松涛。

市政协工作机构：办公室主任楚俊锋；提案联络委主任王浩洲；社会法制委主任李林灿；教科文卫委主任孟俊玲（女）；经济委主任谷晓燕（女）；学习文史委主任于祥萍（女）；农村工作委主任王建彬；委员联络委主任王桂玲（女）；城建环保委主任张晓平（女）。

市纪委书记、监委主任：刘广军。

市人民武装部部长：马昕；政委：石建军。

市人民法院院长：张志勇。

市人民检察院检察长：李俊华。

市公安局局长：张继军。

市群团组织：总工会主席李霞（女）；团市委书记王幸；妇联主席尚书亚（女）；科协主席朱彦丽（女）；工商联主席宋林祥；侨联主席徐彩霞（女）；文联主席王镜镔；残联理事长孙明建。

街道、乡镇、区：西大街街道党工委书记刘彦伟，办事处主任程华民；青屏街道党工委书记冯玉玺，办事处主任刘银华（女）；新华路街道党工委书记李春阳，办事处主任张丽祥（女）；矿区街道党工委书记杨志强，办事处主任樊建伟；米村镇党委书记袁金伟（3月免）、陈永建（3月任），镇长陈永建（3月免）、杨青宜（3月任）；牛店镇党委书记陈钊利，镇长张国辉；平陌镇党委书记王淑慧（女），镇长黄尉；超化镇党委书记刘振敏，镇长刘根旺；大隗镇党委书记杨兴杰（3月任），镇长杨兴杰（3月免）、路广（3月任）；苟堂镇党委书记谢明勋（3月任），镇长谢明勋（3月免）、丁春杰（3月任）；刘寨镇党委书记宋光洲，镇长高淑峰（女）；白寨镇党委书记桑勇，镇长王红波；曲梁镇党委书记李宏伟，镇长王英朝；岳村镇党委书记李晓锋，镇长樊建平；来集镇党委书记李忠敏，镇长马宇锋；城关镇党委书记冯俊亚，镇长魏洪波；袁庄乡党委书记周建伟，乡长赵清江；尖山风景区管委会书记刘宏建，主任王伟峰。

【经济运行】 坚持质量第一、效益优先，着力稳增长调结构促转型，全市经济社会发展呈现总体平稳、稳中有进、进中提质的良好态势。全年实现国内生产总值791.8亿元，增长7.9%，总量居郑州五县（市）第一位，增速居第二位。规模工业增加值增长6.6%。完成地方财政总收入51.7亿元、增长9.8%，其中一般公共预算收入35亿元、增长9.4%，税收收入23.4亿元、增长18.7%。高新技术产业增加值增长19.2%，高于规模工业增加值增速12.6个百分点。300个重点项目完成投资454亿元，已开工项目285个，被评为郑州市项目建设先进集体。引进域外境内资金184亿元，实际利用外资2.2亿美元，外贸进出口总额6亿元，被评为郑州市对外开放先进县（市）。社会消费品零售总额达到325.7亿元，增长9.5%。居民人均可支配收入增速高于生产总值增速。跃居全国县域经济综合竞争力百强县（市）第55位、全国县域经济百强县（市）第62位，分别较上一年度晋升7位、11位。

【产业结构优化】 坚持先进制造业主导、现代服务业引领，大力推进“1+12”产业转型发展攻坚行动，全市三次产业比重调整为2.5：49.8：47.7。工业发展转型提质。突出龙头引领、项目带动、基地支撑、集群发展，新材料（新型耐材）、家居和品牌服装、装备制造、节能环保、绿色造纸、电力能源、生物医药等千亿级、百亿级产业集群占全市经济比重达到43%，被评为中国优质服装制造基地。新密市产业集聚区被评为郑州市“两强”产业集聚区，耐火材料产业园区被评为郑州市“五强”专业园区。成功举办首届中国（河南）大学生时装周暨国际青年时尚创意周、首届科技创新大赛等系列活动。为115家企业申请节能改造、研发投入等奖补资金5000万元。实施绿色、智能和技术改造项目44个，瑞泰科技公司、康宁特环保公司被评为国家级绿色工厂，烨达新材料等5家企业被评为省“专精特新”企业。新密市被评为郑州市新型工业化建设先进单位。服务业发展提速增效。推进全域旅游发展，银基国际旅游度假区及中原豫西抗日纪念园、灵崖山天爷洞分别被评为国家AAAA、AAA级景区，全市A级景区达到8个，居郑州县（市）第一位。米村镇被评为省特色生态旅游示范镇，尖山楼院村被授予省乡村旅游特色村。全年接待游客758.3万人次、增长34.8%，旅游综合收入51.2亿元、增长73.8%。电商经济迅猛增长，创成省级电子商务示范企业3家，郑州市级示范企业5家、示范乡镇2个，全市电商交易额突破7亿元。现代金融、家居养老、信息服务等新兴业态快速壮大。农业发展保持稳定。粮食总产达到20.24万吨。建成在建生态农业示范园32个，发展环城都市生态农业1666.67公顷。建成益农信息社320个，实现村级全覆盖。开展“大棚房”专项整治。成功举办首届农民丰收节。主要农作物耕种收综合机械化水平达到82.1%。非洲猪瘟疫情防控取得阶段性成果。新密市被评为郑州市“三农”工作先进集体。

新密市密州大道（新密市史志办/供图）

【城乡一体推进】 坚持以人为核心，以空间功能载体建设为重点，统筹推进新型城镇化综合试点、城市建设提质工程和乡村振兴战略，全市城镇化率达到61.6%。城市功能持续提升。《新密市城乡总体规划（2018—2035）》、东部新区概念性规划和37个专项规划编制完成，总体城市设计、历史文化名城保护规划等通过省级评审。北文峰、育才街老旧片区改造成为郑州市样板，王沟社区等18个老旧小区“三供一业”改造基本完成。开阳路升级改造等3条市政道路竣工投用，溱水路西延、开阳路南延等15个市政道路项目有序推进。市民中心“六馆四中心”开工建设。报恩寺生态文化公园进度加快。“南水北调”引水入密工程常态化供水，完成自来水“一户一表”改造1582户。裕中

郑少高速新密北站（新密市史志办/供图）

电厂引热入城项目建成使用，供热面积可达800万平方米。建成综合公园1个，微公园、游园10个，新增绿地38.7万平方米，被评为河南省园林城市、郑州市百城建设提质工程工作先进县（市）。国家历史文化名城、国家卫生城市、省级文明城市创建协同推进，市容环境、交通秩序、文明礼仪等专项治理协调开展，城市更加优美宜居。乡村振兴开局良好。扎实推动乡村振兴战略规划编制和实施。超化、大隗两个郑州市级专业园区，米村、苟堂、岳村等乡镇创业园和一批农民创业园协调发展。全市新建在建安置项目60个，建成安置住房40万平方米。四个中心镇基础设施建设、主导产业培育、生态功能完善取得扎实成效，四个美丽乡村5大类52个项目基本建成。农村人居环境整治深入推进，新建改建城乡公厕61座，完成改厨改厕3万户。基础支撑全面增强。实施交通道路项目56个359.6公里，总投资176.9亿元。商登高速岐伯山站互通立交、郑登快速新增S321连接线等工程和27个共66.5公里的农村公路建成通车，G310、S317推进加快，焦平高速、G234等项目前期工作有序开展，高速合围、城乡一体的全域交通路网基本建成。密北220千伏变电站等6个主网项目落地实施，完成“煤改电”整村推进项目71个。铺设天然气管网76公里，群众生产生活条件明显改善。

【发展动能转换】坚持改革推动、创新引领、要素支撑，激发内生动力，增添外原动力，促进经济社会发展转型提质。重点领域改革不断深化。持续推进供给侧结构性改革，“去降补”任务全面落实，房地产库存化解周期在合理区间，关闭煤矿6家、化解过剩产能120万吨。全市7家地方国有“僵尸企业”全部处置到位，被评为郑州市国企改革攻坚工作突出贡献单位。深化“放管服”改革，推进“三集中三到位”改革，梳理完成“三级十同”审批服务事项944项，将116项行政审批事项办理时限压缩了283个工作日。深化商事制度改革，全市市场主体达到53642户，企业、个体工商户年均分别增长26%、48.5%。第四次全国经济普查扎实开展。机构改革、财政制度改革、农村集体产权制度改革等稳步推进，事业单位公车改革基本完成。创新驱动成果丰硕。科技创新创业综合体运营提质增效，新增入孵企业53家、转化科技成果8项。国家专利审协河南中心新密工作站等挂牌运营。全市拥有高新技术企业30家、科技型企业151家。引进“智汇郑州·1125聚才计划”创新创业领军团队（个人）50个，全市院士工作站达到7家，累计完成专利申请4500件。实施科技计划项目173项，财政科技支出占一般公共预算支出的1.1%，科技进步对经济增长的贡献率达到60%，被评为省特色产业基地统计工作先进单位、省技术合同优秀登记单位。资源要素保障有力。城镇规划区内建设用地、农村耕地、乡村建设用地“三块地”改革深入推进，批回土地25批671.4，严厉清理查处违法占地265起，实现土地收益52.1亿元，保障重点项目用地需求。新增“四上”单位68家。挂牌上市企业达到154家，居全省县（市）第一位。设立500万元的科技贷款风险补偿准备金和2000万元的耐材企业还贷周转金，金融机构为企业发放百万元以上贷款50.2亿元，被评为郑州市金融工作先进单位。市公共资源交易中心完成交易595项、成交额123亿元，运营收入7310万元，被评为全国百强公共资源交易中心、全国公共资源交易平台整合先进单位。

【污染防治】坚持绿色发展理念，坚决打好蓝天、碧水、净土保卫战，全面加快创建国家生态文明建设示范市进程。大气污染防治持续攻坚。强力开展大气污染防治攻坚战“1+9”行动，认真落实“六控”措施，基本完成18家耐材企业超低排放改造，全市8台20蒸吨天然气锅炉、1家碳素企业和7家特种水泥企业完成治理改造，治理餐饮业油烟污染2852家，检测重型货车8692辆，实施“双替代”改造55626户，全市空气质量综合指数为6.15，PM10、PM2.5同比分别下降5.5%、1.7%，空气质量优良天数265天（剔除臭氧污染），较好完成年度目标任务。水污染防治扎实推进。“1+5”城乡污水处理体系加快构建，污水处理云平台建成运行，城市西区洧水河污水处理厂主体完工，建成生活、工业污水处理厂11家、村级污水处理站点74个，铺设农村污水处理管网669公里，逐步实现全市城乡污水处理全覆盖，出境水达标率100%。河长制全面落实，清理河道168公里，溱水河综合治理、双洎河河道治理扎实推进，云岩宫水库改扩建工程通过蓄水验收。强化饮用水水源地保护，农村饮用水水质达标率95%以上。被评为河南省县域节水型社会建设达标县（市）。美丽新密建设成效显著。完成营造林1766.67公顷，商登高速廊道绿化和雪花山、轩辕圣境等9个森林公园建设稳步推进。郑州第二植物园落户新密。溱水河、洧水河两个省级湿地公园正在设计。土壤污染防治攻坚战全面展开。全国农村生活垃圾分类和资源化利用试点工作有序推进。63家畜禽规模养殖场完成治污设施配套。城乡生活垃圾处理循环产业园项目建成投运，生活垃圾无害化处理率达到90%以上。开展“三区两线”和特定生态保护区范围内矿山开发及生态环境综合整治工作，关闭取缔矿山企业3家，列入停产整治38家。新密市被评为郑州市生态建设先进集体。

【脱贫攻坚】坚持以民生凝聚民心，扎实办好各级民生“十件实事”，全年民生支出50.4亿元，占一般公共预算支出的79.6%。脱贫攻坚取得决定性进展。把脱贫攻坚作为重大政治任务和第一民生工程，项目带动、行业扶贫、政策落实等协同发力，投入专项扶贫资金1.5亿元，实施各类项目172个。完成省级贫困户脱贫30户108人，市级低收入户脱贫245户733人，实现除政策托底外贫困人口全部脱贫。被评为省脱贫攻坚工作先进县（市）。就业再就业不断扩大。深入推进全民创业，举办中国新密2018创新引领创业高端峰会，评选表彰“十大创业明星”，全市新增各类创业主体12789家，其中企业2422家，创业带动就业4.5万人。举办“三单联动”培训40期3305人，新增城镇就业7155

人、农村劳动力转移就业11685人，发放创业担保贷款6069万元，均超额完成目标任务，被评为郑州市就业创业工作先进县（市）。加大农民工工资治欠保支力度，帮助4256名农民工拿到4416万元血汗钱。社会保障水平持续提升。全市各项社会保险累计参保142万人次，征缴基金突破11亿元。合计发放城乡低保、特困供养、医疗救助、临时救助、残疾人补贴等民生保障资金7103.5万元，受益困难弱势群众28847人次。全市20580名机关事业单位在职人员年度增资7.2亿元，13572名企业离退休人员养老保险待遇实现十四连涨。2018“新密慈善日”现场募集善款4000余万元，位居郑州县（市）区第一位，彰显新密人民和在密企业扶贫济困、奉献新密的时代精神。

【社会事业】 坚持完善制度、守住底线，着力化解重大风险，大力加强社会建设，全力维护和谐稳定。重大风险防范化解有力有效。全面排查消除重大安全风险隐患，煤矿、非煤矿山、道路交通、建筑施工、消防、食品药品等领域安全形势持续平稳。顺利通过国家食品安全示范城市中期评估，被评为省安全生产工作先进单位、省煤矿安全生产监管先进单位。信访矛盾化解“四大攻坚战”取得扎实成效，全国“两会”和中央、省委巡视期间实现了赴京“四个零”“四个不发生”和“两个确保”。打击处理涉黑涉恶案件66起283人，全省公安机关坚持发展新时代“枫桥经验”高质量推进“一村（格）一警”工作现场会在新密召开。严控政府债务，始终保持在合理范围之内。严厉打击非法集资，守住了不发生区域性系统性金融风险的底线。民生事业协调并进。城区13所公办学校加快建设，其中政通路等3所学校建成招生。实施13个薄弱学校改造、6个学校教师周转宿舍建设和16个学校运动场建设项目，被教育部命名为全国青少年校园足球试点县，顺利通过国家级农村职业教育和成人教育示范县复检验收。高考一本、二本、专科上线人数均居郑州县（市）第一位。成功举办市第七届运动会暨第二届全民健身大会。北京外国语大学附属郑州外国语学校、郑州市校外教育基地新密园区、郑州医药专修学院等一批项目落户新密市。公立医院改革、家庭医生签约服务、分级诊疗等更加规范惠民。成功创建省慢性病综合防控示范区。全国县（市）一流的市妇幼保健院暨妇女儿童医院建成运营。河南中医药大学第一附属医院南院区、中康医养结合等项目有序推进。文物保护利用切实加强，打虎亭、李家沟生态公园建成开放。各项事业全面发展。国防教育、国防动员和国防后备力量建设不断加强，民兵预备役和人民防空建设跨入新阶段，双拥共建深入开展，军政军民团结巩固提升，被评为郑州市国防后备力量建设先进单位。工会、共青团、妇联等人民团体桥梁纽带作用持续发挥。民族宗教、外事侨务、机关事务、征收补偿、档案史志、接待供销、邮政气象、盐业烟草等工作都做出了新贡献。

【六个“全国百强”】 2018年，新密市获得六个“全国百强”称号。跻身全国综合竞争力百强县（市）第55位、全国县域经济百强县（市）第62位、全国工业经济百强县（市）第72位、全国新型城镇化质量百强县（市）第64位、全国营商环境百强区（县）第32位、中国城市全面小康指数百强县（市）第100位），其中综合竞争力、县域经济分别较上年度晋升7位、11位，建设郑州国家中心城市次中心跨出坚实步伐。

（杨留洋 王文硕）

新密市城乡接合部（新密市史志办/供图）

荥阳市

【概况】 荥阳市地处郑州市西部，距郑州市中心城区15公里，总人口69万，面积943平方公里，辖9镇3乡2个街道和1个风景区。2018年，位居“全国综合实力百强县”第56位、“全国投资潜力百强县”第28位、“全国新型城镇化质量百强县”第73位、“全国工业百强县（市）”第41位、位居首届“全国绿色发展百强县”第83位、“全国科技创新百强县”第68位，顺利通过国家卫生城市复审验收。全年完成地区生产总值701亿元，增长1.8%；社会消费品零售总额307.6亿元，增长9%；一般公共预算收入46.9亿元，增长9.3%；城乡居民人均可支配收入分别达33170元、20440元，分别增长7.5%、8%。

【机构与领导】 中共荥阳市委：书记宋书杰；副书记王效光、张东辉；市委常委方本选、王保陆、岳伟、李献武、王峰、曾厚宏、张宏伟、邢留印。

市委工作部门：办公室主任李献武；组织部部长曾厚宏；市直机关工委书记（缺）；机构编制办公室主任范喜昌；党史研究室主任蔡进宝；宣传部部长张宏伟；文明办主任陈秀珍；统战部部长岳伟；台湾工作办公室主任（缺）；侨联主席胡建华；民族宗教事务委员会主任杨凤英；政法委书记方本选；老干部局党总支书记、局长赵喜梅；党校党委书记、常务副校长车永生；档案局局长杨柳；群工部部长李建业（2017年9月免现职，享受同职级待遇）；监察局局长赵卫华（1月免）。

市人大五届常委会：主任张淑霞；副主任许其明、赵炎利、饶泽寿、任宏宙。

市人大常委会工作机构：办公室主任史明杰；文工委主任刘仪；代表联络委主任吴跃勋；农工委主任曹慧莉；城建委主任任金箱；法工委主任刘剑；信访室主任齐延峰；财经委主周红军。

市人民政府：市长、党组书记王效光；副市长任莉、李云峰、海鸥、胡晓林。

市政府工作部门：办公室主任、党组书记耿元奇；住房和城乡规划建设局局长杜文杰；规划设计中心主任胡建伟；住房保障和房地产中心主任王惠玲；城市管理行政执法局（住建局挂牌单位，执法局所有领导班子成员职务，2017年9月免现职，保留原职级待遇）局长张瑞；园林绿化管理中心主任、政府办副主任王柏川；房屋征收与补偿办公室主任赵卫广；环境保护局局长李凤华；旅游和文物局局长张海庆；科技局局长张保中；工业和信息化委员会主任蒋绍斌；安全生产监督和煤炭管理局局长马鸿超；交通运输局局长孙魁；公路管理局局长金长春（2016年10月免现职，保留原职级待遇）；农业农村工作委员会主任袁廷选；畜牧局局长周文生；林业局局长郭明举；水务局局长张振海；移民局（南水北调工程建设管理办公室）局长、南水北调办主任张舒春；财政局局长李贵希；审计局局长陈金洲；供销社理事会主任乔延民；文化广电新闻出版局局长李麦玲；教育体育局局长周培山（2018年1月任）、张双利（2018年1月免）；卫生和计划生育委员会主任李向阳；爱国卫生运动委员会办公室主任李战胜；发展和改革委员会主任王星；商务局（挂荥阳市粮食局）局长黄凯歌；政务服务中心主任魏惠英；统计局

局长李冠顺；人力资源和社会保障局局长王文铎；公安局局长夏日红（2017年6月逝世）；司法局局长贾学军；民政局局长田军；食品药品监督管理局局长赵卫华；食品安全委员会办公室主任赵卫华；工商管理和质量技术监督局局长刘长青；郑氏联谊中心主任郑朝阳；商贸总公司总经理郭玉霞；物资公司总经理戴广强；市场发展服务中心主任马新献；城镇集体工业联社理事长刘艳芳。

政协市五届常委会：主席马炳林；副主席范胜利、靳西峰、王殿玉、苟雷。

市政协工作机构：秘书长陈晓瑞；办公室主任吴敏生；提案委主任石永强；农工委主任王红梅；信息文史委主任王港钤；经科委主任沈青峰；文教委主任王燕飞。

中共荥阳市纪律检查委员会书记：王峰。

市人民武装部：部长曹骏峰；政委王保陆。

荥阳市人民法院院长：崔浩。

荥阳市人民检察院检察长：李国强

市群团组织：总工会主席李向亭；共青团荥阳市委书记朱柯鑫；妇联会主席赵爱敏（12月任）、郭璐（12月免）；科协主席郭俊杰；文联主席韩露；残联理事长常维华；工商联主席马柳琴。

街道、乡镇：索河街道党工委书记马伟胜，办事处主任雷华文；京城路街道党工委书记张荣耀，办事处主任王书俊；城关乡党委书记司红辉，乡长孙晓丽；乔楼镇党委书记鲁晓炜，（镇长暂缺）；豫龙镇党委书记张佳涛，镇长陈向辉；广武镇党委书记、镇长范超杰；高村乡党委书记李占国，乡长张光明；王村镇党委书记车玉峰，镇长任燕侠；汜水镇党委书记朱桓霈，镇长王新文；高山镇党委书记周世军，镇长李静；刘河镇党委书记王军伟，镇长许国奇；崔庙镇党委书记赵国君，镇长陈志刚；贾峪镇党委书记吉喆，镇长赵鹏；金寨回族乡党委书记许元甲，乡长张建东；环翠峪风景区党委书记牛新超，主任张熠。

【城乡建设】 实施百城建设提质工程项目103个，完成投资87.8亿元。《荥阳市城乡总体规划（2018—2035年）》上报省政府审批，完成专项规划编制36项。站南路跨索河大桥主体完工，新建（改建）市政道路13条，新增供水管网60公里、供热管网38公里、供气管网20公里，完成雨污分流工程37公里。污泥处理中心建成投用。G234（G310以北段）改建、莲花街西延（X009线）新建工程基本完工。乡村振兴战略顺利实施。农村集体产权制度改革扎实推进，完成全市90%行政村集体资产清产核资和集体经济组织成员界定。完成汜水村、索坡村、枣树沟村、刘沟村美丽乡村和石洞沟国家级传统村落年度建设任务，44个行政村生活污水集中处理项目具备通水条件。整改农地非农化违规园区（企业）84个、“大棚房”问题园区（企业）22个，恢复基本农田12.91公顷。城乡管理更加精细。“四城联创”成效明显，国家卫生城市复审通过国家验收，创成郑州市级以上卫生村7个、卫生先进单位6个。农村环卫管理实现市场化运作，设立生活垃圾分类试点3个。“路长制”管理模式试点推行，打造“路长制”特色街道2条。“厕所革命”深入实施，新建（改造）城区公厕12座、乡镇公厕24座、A级旅游厕所20座。新建立体化停车场1处，新增停车位4091个。群众回迁安置步伐加快。开工安置房182万平方米，建成安置房121万平方米、网签5452套，回迁群众2.5万余人。

【先进制造业】 荥阳产业集聚区海格科技等6个项目主体完工；新材料产业园区白鸽迁建等9个项目竣工投产；五龙产业集聚区签约引进联东U谷等项目13个，获评郑州市“五快”专业园区。装备制造（建筑机械）产业园开工建设，阀门、游乐设备产业园建设工作加快推进，实施技改项目93个、完成投资40亿元，新创省级服务型制造示范企业3家、省级智能车间2个，获评郑州市促进建筑业转型发展先进集体。年产50吨石墨烯标准化生产线建成投用，军民融合产业基地概念性规划编制完成。制定出台激励扶持产业发展四个政策文件，全年供应工业用地160，同比增长4.2倍；工业投资增长42.6%，高出目标增速34.6个百分点。现代服务业带动作用更加明显。健康园区健康生态谷一期初具规模，郑州卫校一期工程主体完工。特色商业区商业集聚效应凸显，海龙居然之家开业运营，海格国瑞大厦开工建设。石洞沟村创成省级乡村旅游示范村，王村镇获评郑州市级最具潜力乡村旅游示范镇；全市接待游客1027万人次，实现旅游总收入31.3亿元。市电子商务公共服务中心投入运营，新认定省级电子商务企业20家。首创奥特莱斯开业运营，新增规模以上服务业企业8家、限额以上批零住餐企业15家。都市生态农业基础作用更加牢固。完成环城都市生态农业种植结构调整1666.67，建成龙头企业、“三品一标”基地农产品可追溯网点80个。划定粮食生产功能区14666.67，全年粮食总产达29.4万吨。王村镇农田水利现代化示范乡镇项目、李村灌区节水改造项目完成建设，新增节水、改善灌溉面积2133.33。发放农机购置补贴1103万元，主要农作物耕种收综合机械化水平达83%，农作物秸秆综合利用率达93%。获评郑州市“三农”工作先进单位、2015—2018年度郑州市水利建设“中州杯”。

【深化改革】 “三去一降一补”成效明显，关停水泥企业2家、去产能81万吨/年。“多证合一”改革和全程电子

刘禹锡公园（荥阳市史志办/供图）

荥阳市新材料集聚区（荥阳市史志办/供图）

化登记工作全面推行，新增企业3428家、个体工商户7873户，实现“个转企”33家。研发费用加计扣除、小微企业税收优惠等减税降费政策全面落实，依法依规减免各类税费8300万元。投融资、国企、土地、教育、卫生等重要领域和关键环节改革取得积极成效。

【开放创新】 开放招商成果丰硕。新签约合同项目59个、总投资2053亿元；引进域外境内资金148亿元、增长6%；外贸进出口总额达9.7亿元、增长12.2%。实施市本级重点项目133个，完成投资324亿元。成功举办第二届楚河汉界世界棋王赛暨第二届中国象棋文化节，获“亚洲象棋特别贡献城市奖”。创新能力加快提升。中原智谷新增孵化企业51家、毕业企业10家，新世纪材料基因组工程研究院获评首批“河南省重大新型研发机构”。新引进高层次创新创业团队2个、创新创业领军人才12名。授权专利816件，新增国家级科技型企业22家，完成高新技术产业增加值18.6亿元。

【生态建设】 实施生态项目55个、完成投资27亿元，浮戏山森林健康养生园等21个项目竣工，完成营造林1200公顷，新增城市绿地196万平方米。铁路沿线、生态廊道、过境干线公路、高速互通立交及出入口综合整治与绿化提升工作全面启动，完成绿化84万平方米。恢复治理矿山112.53余公顷，清理整改黄河湿地人类活动监测点位59处，综合治理水土流失面积8.1平方公里。绿色发展步伐加快。拆改煤气发生炉24台，完成“双替代”任务4.9万户，削减煤炭25.2万吨。严格控制用水“三条红线”，完成水资源费改税工作，压采公共供水区内自备井232眼。全市公交车全部更换为纯电动车辆，成为郑州市首家全部采用绿色纯电动车辆运行的公交城市。执法监管持续加强。扬尘治理监控平台、工业企业污染物排放监控平台、大气污染防治监测动态监控系统更加精准完善，新建乡镇空气监测站点13个。探索实施“河长+警长”制，受到水利部充分肯定。开展各类环保专项执法活动8次，检查企业3200家次，立案查处违法案件326起。

【社会民生】 持续将财政资金向民生领域倾斜，全年民生支出55.5亿元、增长17.4%，占一般公共预算支出的78.9%。城乡居民人均可支配收入分别达33170元、20440元，分别增长7.5%、8%。三级民生实事基本完成。社会保障持续增强，群众更有获得感。发放创业贷款6389万元，新增城镇就业6045人，农村劳动力转移就业1.3万人。城乡低保标准分别提高至每人每月630元、430元，发放特困救助金1866万元。新建城市社区日间照料中心6个，新增养老床位240张。募集善款1774万元，实施慈善项目34个，惠及困难群众1.4万人。建成公共租赁住房1339套，分配414套。社会事业协调发展，群众更有幸福感。完成市六小、七小、四中扩建项目，新增公办中小学学位8000个、幼儿园学位2500个，义务教育阶段超大班额基本消除。为全市3所公办普通高中学生免除学杂费2513万元，高考一本上线率提升3.5个百分点，清华、北大上线人数达到6人，创近三年新高。全省首个利用大数据对患者进行个性化精确疾病画像的“荥阳健康云”正式上线，全国基层中医药先进单位通过复审。升级改造乡镇综合文化站15个、村（社区）综合文化服务中心80个，完成苌村汉墓、千尺塔本体保护规划方案编制。社会大局和谐稳定，群众更有安全感。扫黑除恶专项斗争成效明显，打掉涉黑组织3个、涉恶集团3个。市应急与反恐指挥中心建成投用，矛盾纠纷多元化解公众平台上线运行。全市村（居）委会顺利完成换届。安全生产形势持续稳定向好，食品药品、商贸物流等市场秩序保持规范稳定。人事、统计、档案、史志、气象、人防、民族宗教、外事侨务、防震减灾、双拥共建、妇女儿童、关心下一代等各项事业取得新成绩。

（张华东 郑明驼）

新郑市

【概况】 新郑市总面积873平方公里，其中耕地面积37976.4公顷；总人口63.2万人，其中乡村人口42.2万人。人口自然增长率为9.9‰。辖9个镇：辛店镇、观音寺镇、梨河镇、和庄镇、薛店镇、孟庄镇、龙湖镇、郭店镇、新村镇；1个乡：城关乡；3个街道：新华路街道、新建路街道、新烟街道；2个管委会：具茨山管委会、新区管委会。

2018年，全市完成地区生产总值769亿元，增长7%；地方一般公共预算收入75亿元，增长9.7%，其中，税收55.6亿元，增长20.7%；主要工业增加值增长5.7%；固定资产投资增长4.5%；社会消费品零售总额完成300.8亿元，增长13.3%；农村和城镇居民人均可支配收入分别达21642元和33480元，增长8.9%和8.4%。全国中小城市综合实力百强县（市）、县域经济基本竞争力百强县（市）、全国财政收入百强县（市）、工业百强县（市）、科技创新百强县（市）分别位居第40、33、28、33、48位，县域经济发展质量总体评价连年位居全省首位。

【机构与领导】 中共新郑市委：书记刘建武；副书记马志峰、曹东锋；市委常委：刘建武、马志峰、曹东锋、徐卫东、苗瑞光（7月免）、胡其宝（7月任）、黄卫东、赵建武、王智明、秦洪源、张慧娴（女）、李慧芳（女）。

市委工作部门：市委办公室主任秦洪源；组织部部长黄卫东；宣传部部长张慧娴；统战部部长李慧芳(女)；政法委书记赵建武；老干部局局长王燕（女）；信访局局长郑国安；档案局局长韩东伟；党校党委书记王向阳。

市五届人大常委会：党组书记、主任王俊杰；党组副书记、副主任王军生；副主任孙阔；党组成员、副主任彭德成、王金灿、左建新、郭明熙、杨流、王海亮。

市人大常委会工作机构：市人大常委会办公室主任齐光辉；法制工作委员会主任周宏伟；财经工作委员会主任王国良；农村农业工作委员会主任谷宏发（1月免）；代表工作委员会主任朱秋国；老干部科科长孔会成；教育科学文化卫生工作委员会主任歹银花

2018年6月27日，华南城九大项目集中开工仪式举行（新郑市政府办/供图）

（女）；人事任免科科长刘占有；信访室主任董建红。

市人民政府：市长马志峰；副市长王智明、周建超、李猛、朱海新、赵敏祥；党组成员苗瑞光。

市政府工作部门：市政府办公室主任、法制办主任刘奎志（1月任）；机关事务局局长（空缺）；市志办副主任李磊（主持工作）；工商管理和质量技术监督局局长宋雪峰；住房和城乡规划建设局局长尚忠（1月免）、李宗元（1月任）；交通运输局局长戴茂松（1月免）、朱郁琦（1月任）；农业农村工作委员会主任马伟强；畜牧局局长王学敏；林业局局长郑彩霞；水务局局长岳明旺（1月任）；商贸公司总经理（空缺）；财政局局长李炎宏（1月任）；审计局局长孙国军（1月任）；供销社主任李新保；卫生和计划生育委员会主任李长法；文化广电新闻出版局局长刘学敏（1月免）、马纯杰（1月任）；环保局局长陶永伟；旅游文物局局长赵舒琪（女）；发展和改革委员会主任张勇（1月任）；商务局局长王燕（1月免）、赵磊（1月任）；统计局局长刘德智；国土资源局局长赵淑梅（女）；人力资源和社会保障局局长夏红燕（女）；社会保险事业管理局局长赵明；公安局局长朱海新；司法局局长陈政玮；民政局局长尚忠（1月任）；科技局局长左莉敏（1月任）；工业和信息化委员会主任黄军奇；气象局局长闫伟杰；邮政局局长陈元；烟草局局长齐向华；安全生产监督管理局局长马冠亚；轻工公司经理鲁鹏程；供电公司经理李德栓；食品药品监督管理局局长贾海民（1月任）；物资公司经理（空缺）；黄帝故里景区管委会主任张富永；具茨山国家级森林公园管委会党委书记薛智强，主任郭伟酬。

政协市五届委员会：党组书记、主席李志强；党组副书记、副主席李中俊；副主席王海民、李建国、张全民、王艳红（女）；秘书长秦汉伟。

市政协工作机构：市政协办公室主任陈新红；教科文卫委主常武杰；经济委主任史新军；文史资料委主任刘如江；老干部科科长高烨；社会法制委主任赵明旭；港澳台侨委主任秦成伟；农业委主任刘新轩；提案委主任白宵德。

中共新郑市纪律检查委员会书记、新郑市监察委员会主任：徐卫东。

市人民武装部部长：胡其宝（7月任）。

市人民法院院长：魏磊。

市人民检察院检察长：李广建。

市群团工作部门：妇联主席郑慧阁（女）；团市委书记陈胜利（11月任）；工商联会长刘彩云（女）。

街道、乡镇机关：新华路街道党工委书记仪刚，办事处主任冯举涛；新建路街道党工委常务副书记赵敏祥（1月免），办事处主任李勇；新烟街道党工委书记敬伟民，办事处主任马慧萍；城关乡党委书记马东亮，乡长王鹏；辛店镇党委书记李军辉，镇长左莉敏（1月免）、王燕（1月任）；观音寺镇党委书记冯军辉，镇长赵金聚；梨河镇党委书记陈同周，镇长高智军；和庄镇党委常务副书记唐永刚，镇长马聪锋；薛店镇党委书记安广涛，镇长孙现峰；孟庄镇党委书记赵东伟，镇长刘志刚；龙湖镇党委常务副书记马绍敏，镇长白育峰；郭店镇党委书记高红伟（4月免），镇长马举增；新村镇党委常务副书记周伟杰，镇长岳明旺（1月免）。

【农业与农村经济】 新增恢复节水灌溉面积1133.33余公顷，建成都市生态农业示范园800公顷，评为国家高效节水灌溉示范县（市）、省节水型社会达标建设县（市），通过省“红旗渠精神杯”和郑州市“中州杯”考核验收。积极培育新型农业经营主体，新增农业联合体2家、农业龙头企业4家、农民专业合作社26家。加强农业品牌建设，新认证“三品一标”农产品20个。成功举办首届“中国农民丰收节”河南主会场活动。

【工业经济】 全年新设企业4962家，增长46%，市场主体达6.3万家，居郑州县（市）首位；新增规模以上工业企业15家，主要工业增加值增长5.7%。以食品制造、生物医药、电子信息、高端装备等重点产业为突破口，加速新旧动能转换，开建、续建重大产业项目86个，好想你FD食品等21个项目建成投产，完成投资220亿元，食品制造、生物医药产业增加值增长7.2%。着力发展高新技术产业，新增高新技术企业11家、科技型企业7家，高新技术产业完成增加值84.5亿元，增长12.6%。深入实施质量强市战略，新注册商标1394件，商标

2018年10月17日，全国戏曲进乡村工作经验交流会在新郑召开（新郑市政府办/供图）

拥有量保持全省县（市）首位，新港产业集聚区评为省产业集群商标品牌培育基地。积极推行绿色制造，31家工业企业实施技术改造，好想你健康食品、加加味业分别评为国家、省级绿色工厂。

新郑市轩辕湖湿地文化园景观（新郑市政府办/供图）

【第三产业】 现代商贸物流业势头强劲，投资200亿元的华南城会展中心、五星级酒店、T-Park高新产业园等九大高端商业项目集中开工，华南城特色商业区晋升省二星级服务业“两区”；传化物流小镇、红星美凯龙中原家居城全面开建，现代商贸物流业完成增加值146.2亿元，占GDP比重达18.7%。文旅产业繁荣发展，成功举办戊戌年黄帝故里拜祖大典、黄帝文化国际论坛和第十六届枣乡风情游活动，创建全国休闲农业与乡村旅游星级示范企业（园区）5家、省级乡村旅游经营单位3家，龙湖镇泰山村认定为省级旅游特色村；全年接待游客503万人次，实现旅游收入20.1亿元。房地产业平稳发展，商品房屋交易面积434万平方米，交易额328亿元，均居全省县（市）首位。积极发展金融服务业，进驻银行14家，银行存贷款规模分别达625亿元、572.6亿元，均居全省县（市）榜首；农商银行获评全国金融机构年度最具创新力中小银行。第三产业完成增加值369.8亿元，增长8.2%。

【新型城镇化建设】 瞄准国内一流中小城市建设目标，大力推进城市建设提质工程，投资254亿元，谋划实施城市提质项目186个，列为省百城提质暨文明城市创建工作推进会观摩城市，位居全国新型城镇化质量百强县（市）第60位。新建升级城区凤台路等道路10条，改造人民路等9条道路人行步道，文化北路全线通车；实施烟厂大街等11条道路雨污分流工程，铺设供水、雨污管网及截污干管61公里，新建改造电网294公里；整治提升迎宾路等4条道路街景，完成暖泉河景观大桥等18项道路桥梁亮化工程。扎实推进旧城改造，改善群众居住环境，实施17个老旧小区整治，完成拆迁355万平方米，建成安置房4315套58.7万平方米，网签安置房7714套，2.3万名群众入住新居。大力推进城市绿化美化工程，建成东关南园等街头游园4个，实施黄帝像周边等4处重点区域景观提升，完成轩辕丘、故里西路绿化，新增城市绿地12.4万平方米。加强历史文化风貌保护，规划建设3.5万平方米历史文化风貌区，修缮接旨亭、考院、凤台寺塔、县衙、南街古巷老民居等历史建筑38处，南街古巷重现传统街巷面貌。嫘祖城商业综合体、接旨胡同历史文化商业街招商运营。加强农贸市场综合整治，完成文化路农贸市场、永兴农贸市场提升改造，洧水路农贸市场动工开建。大力发展公共交通，开通202路公交线路，“公交一卡通”与全国80个城市互联互通。新区中央商务区招引企业总部和综合商业50家。重点片区加速建设。华夏幸福产业新城4条园区干道工程完工，服务中心建成投用，智能终端产业港等10个项目快速推进，签约耀德电子等产业项目8个。新区东部片区完成整体规划设计，城市公园、五星级酒店、文化活动中心动工开建，科技馆设计方案编制完成。龙湖西部片区拆迁村庄112万平方米，建成区电网升级改造完毕，宋城•黄帝千古情项目全面启动，郑州新郑教育园区评为郑州市“两快”组团新区。新港产业集聚区新旧动能转换示范港等6个项目开工建设，遂成药业新厂区二期等4个项目建成投产，河西变电站等11个基础设施工程建成投用；入选国家开发区目录，被评为省二星级产业集聚区、郑州市“两强”产业集聚区。

2018年12月11日，全省唯一智能化商登高速新郑新区站正式开通（新郑市政府办/供图）

【开放创新】 持续深化“放管服”改革，深入推进“一网通办”前提下“最多跑一次”改革，落实“最多跑一次”事项797项，实现网上可办率100%。全面推行“三十五证合一”和企业登记全程电子化，市场准入更加高效便捷。大力实施“三块地”开发利用改革，扎实开展“大棚房”专项整治，从严查处土地利用管理突出问题，整改违规用地143.2公顷，盘活闲置低效用地67.93公顷。公共资源交易中心跻身全国公共资源交易机构百强。聚焦“四个一批”汇聚创新资源，加大科技创新支持力度，培育郑州市级以上工程技术研究中心8家，新转化科技成果10项、申请专利1986件，万人发明专利拥有量增长18%，技术合同成交额1.5亿元，好想你健康食品、庆安化工、中原工学院列入省首批郑洛新国家自主创新示范区辐射点。加快“双创”平台建设，建成创新创业综合体、众创空间、科技企业孵化器21个，入驻企业项目597个、团队309个。评为省知识产权强县工程示范县（市），全省唯一入选国家首批创新型县（市）建设试点，全国科技创新百强县（市）排名第48位，位居全省第一。大力开展园区招商、节会招商、以商招商，完善招商引资项目准入和评估机制，新签约卫龙食品等项目20个，到位资金242亿元。完成外贸进出口4.3亿元，引进境内域外资金126亿元。河南进境粮食指定口岸新郑查验场获批运营，电子商务综合体“一带一路”国际合作示范园区签约南非、韩国等11个国家28家企业。

【生态环境】 重拳治理扬尘污染，全面落实建筑工地“三员”管理和“工地警长”“路段警长”责任制，严查运输车辆超限超载、抛撒滴漏等行为。强化燃煤管控，燃煤锅炉基本拆改到位。严控机动车尾气排放，限制重型车辆市区通行，取缔非法加油站点95处。大力整治餐厨油烟污染，餐饮服务单位全部安装油烟净化装置。着力提高秸秆禁烧技防水平，实现重点监管时段“零火点”，评为省秸秆禁烧工作成绩突出单位。严格落实“河长制”，扎实开展河湖“清四乱”专项行动，沿河违规养殖场、排污口全面整治。高标准推进生态水系建设，双洎河综合治理示范段初具形象，绿化面积23万平方米；完成郑风苑、轩辕湖湿地文化园景观提升，十七里河湿地公园建成开放。加快污水处理设施建设，华南城污水处理厂二期、城关污水处理厂二期建成投用，全市日处理污水能力达32万吨。全面开展国土绿化提速行动，新造林383.53公顷。强力推进铁路、干线公路两侧和高速互通立交、出入口区域绿化整治及生态廊道提升，新建提升京港澳高速等生态廊道4条66公里273.33公顷。加强古树名木保护，对462株古树及15株古树名木后备资源挂牌保护。薛店镇被评为省级园林乡镇，15个单位创成郑州市级以上园林单位。通过国家园林城市创建省级初验。

【社会各项事业】 坚持以人民为中心，投入民生资金84.5亿元，增长15.8%，占财政总支出比重达81.5%。大力支持创业就业，新增城镇就业再就业7920人，转移农村劳动力1万人，吸引农民工返乡创业1087人，发放创业担保贷款6590万元。逐步提高社会保障标准，企业和机关事业单位退休人员基本养老金年人均分别提高1536元和1740元，城乡居民基础养老金最低标准年人均增加360元，城乡居民最低生活保障标准分别提高至每人每月630元、430元，居民医保财政补助标准增长至每人每年490元，职工和居民医疗保险年度最高支付限额统一提高至55万元，重特大疾病门诊病种增加到27种。加快构建养老服务体系，新建改造敬老院10所、社区老年人日间照料中心5所。强化群众住房保障，盘活处置公租房4000套，为135户住房困难家庭发放廉租补贴。集中财力投资11.9亿元，新建、改扩建中小学、幼儿园30所，迁建新郑二中，全年新增学位3万个。逐步提高教师待遇，落实乡村教师补贴2483万元、高中教师补贴1714万元、班主任补贴904万元，共计5101万元。高考成绩综合评价连续27年保持郑州县（市）领先位次，被评为国家农村职业教育和成人教育示范县（市）。优化医疗资源布局，市公立人民医院开诊运营，市公立中医院加紧推进，通过全国健康促进县（市）试点验收。不断完善公共文化服务体系，举办各类文化惠民演出450场；图书档案方志馆启动建设，城市展览馆免费向市民开放，市博物馆晋升国家二级博物馆，基层综合性文化服务中心实现全覆盖，全国戏曲进乡村工作经验交流会作为十九大以后中宣部第一个全国现场会在新郑市成功召开。南水北调丹江口库区移民安置通过国家验收。

（王　昱）

中牟县

【概况】 中牟县土地总面积917平方公里，人口50万。辖11个乡镇：韩寺镇、官渡镇、狼城岗镇、雁鸣湖镇、大孟镇、万滩镇、刘集镇、郑庵镇、刁家乡、黄店镇、姚家镇；3个街道：青年路街道、东风路街道、广惠街街道。

2018年，中牟地区生产总值完成349.9亿元，增长10.3%，三次产业结构调整为7.4：30.3：62.3；一般公共预算收入完成53亿元，增长10.4%；社会消费品零售总额完成130亿元，增长9.4%；城乡居民人均可支配收入与经济保持同步增长。生产总值、规模以上工业增加值、高新技术产业增加值等8项指标增速位居郑州市前列；2018年12月中国社会科学院发布的《中国县域经济发展报告（2018）》显示，全国县域经济综合竞争力100强、全国县域经济投资潜力100强中，中牟县分别排名第84位、11位。省社科院主办的《河南蓝皮书：河南经济发展报告（2018）》显示，中牟经济发展质量位居全省各县（市）第3位。

2018年，中牟县被省委、省政府评为“2017年度经济社会发展目标考核评价先进县”，在新华网主办的2018休闲旅游发展与品质峰会上被评为“首批国民休闲旅游胜地”。

【机构与领导】 中共中牟县委：县委书记潘开名；县委副书记楚惠东、李晓亮；县委常委李长松、任程伟、牛健、张胜利、牛满仓、耿志国、赵和平（12月免）、任大同、乔琳。

县委工作部门：办公室主任张胜利；组织部部长耿志国；宣传部部长任大同；统战部部长乔琳；政法委书记牛健；信访局局长张小马；老干局局长刘欣；编办主任姚保林。

县十四届人大常委会：主任李延中；副主任段长兴、李鸿欣、李五群、李长宝。

县人大常委会工作机构：办公室主任尚会军；城建工委主任王廷周；信访室主任马国昌；法工委主任刘岚（女）；经济工委主任刘宪国；农工委主任李森林；选工委主任周国富（1月免）；财工委主任李鑫；教工委主任王华萍（女）。

县人民政府：县长楚惠东；常务副县长任程伟；副县长赵和平（12月免）；党组成员杨书立；副县长朱清伟、卢志刚、屈连武、李新建。

东风日产发动机厂（中牟县史志办/供图）

政协县十届委员会：主席张书勤；副主席刘海燕、朱怀召、王连宇、梁凌达（女）。

县政协工作机构：秘书长孔新柳；办公室主任吴杰（1月免）；提案委主任宋羊群（1月免）、吴小五（1月任）；经济科技委员会主任吴小五（1月免）、王辉（1月任）；文教卫体委主任杨凯（女）；社会法制委主任王瑞芳（女）；台港澳侨联络委主任（无）；学习文史委主任杨红莉（女）；委员联络委员会（无）；城建环保委员会主任谢悦（女）。

中牟县纪律检查委员会书记、监察委员会主任：牛满仓。

县人民武装部：部长张德炯；政委李长松。

县人民法院：院长刘文辉。

县人民检察院：检察长丁海江。

县群团组织：总工会主席（无）；团县委书记郭忠强；妇联主席李玲玲（女）；科协主席秦建国；残联理事长李记勤；工商联主席霍新全。

县政府工作部门：办公室主任李有忠；发改委主任於红太；教体局局长王国恩；科技局局长张海献；工信委主任单纪谦；公安局局长栗英（女、7月任）；监察局局长闫志强（7月免）；民政局局长李晓莉（1月免）、张照强（1月任）；司法局局长李绍然；财政局局长仇向阳；人社局局长张明科；国土资源局局长吴文鑫；住建局局长张伍发；交通运输局局长罗振华；环保局局长兰伟；安全生产监督管理局局长王梦醒；农委主任樊守峰；水务局局长冉章献；林业局局长尚会军；文化广电旅游局局长王成立；卫计委主任王进兴；食品药品监督管理局局长马爱国；审计局局长朱明华；统计局局长李广柱；工商质监局党组副书记魏刘萍（女）。

乡镇、街道：韩寺镇党委书记乔松伟，镇长郭宏岭；官渡镇党委书记段长海，镇长李三；狼城岗镇党委书记路彦伟，镇长胡何林；雁鸣湖镇党委书记刘海玲（女），镇长白钢林；大孟镇党委书记冉建军（1月免）、刘海峰（1月任），镇长刘海峰（1月免）、王振杰（1月任）；万滩镇党委书记张照强（1月免）、马素萍（女、1月任），镇长马素萍（女、1月免）、吴杰（1月任）；刘集镇党委常务副书记刘永强（1月免）、李恒（1月任），镇长李恒（1月免）、周国富（1月任）；郑庵镇党委常务副书记张振中（1月免）、曹西峰（1月任），镇长曹西峰（1月免）、谢继周（1月任）；刁家乡党委书记姚国森，乡长姬会杰；黄店镇党委书记谷金福，镇长袁瑞霞（女）；姚家镇党委书记周国富，镇长郝宏彬；青年路街道党工委书记申永强，办事处主任马振民；东风路街道党工委书记陈国岭，办事处主任李军强；广惠街街道党工委书记王林祥，办事处主任张中锋。

美丽乡村——明山庙村民村（中牟县史志办/供图）

中牟县名胜古迹——寿圣寺双塔（中牟县史志办/供图）

【制造业】 新能源电池产能达到60亿安时，新能源整车产量突破1万辆，全县新能源产值达到82亿元，同比增长118%；新引进上市企业河南太龙等项目4个，生物医药产值增长21.7%。上市新车型3款，整车销量达11万辆，超预定目标2万台，汽车产业集聚区获批国家新型工业化产业示范基地。“两化”融合深入推进，全县规模以上工业增加值增长28.3%，位居全省县（市）第1位。

【现代服务业】 文创园园区运营和在建主题乐园达到10个；在建高端酒店8个，五星级标准的方特假日酒店正式营业。雁鸣湖镇获评河南省特色生态旅游示范镇，3家景区入选河南省休闲观光园区，中牟县被评为首批“国民休闲旅游胜地”，连续4年入选“最美中国榜”，全年接待游客1260万人次。全县金融机构达到11家，金融业成为税收四大支柱产业之一。

【农业】 农业产业结构不断优化，建成都市生态农业示范园426.67公顷，新发展环城都市生态农业1133.33公顷、湿地农业133.33公顷，特色农产品种植面积达到25066.67公顷，“菜篮子”示范乡镇项目启动建设。农产品质量不断提升，新认定“三品一标”农产品28个、基地700公顷，省级农产品质量安全县创建通过中期验收。休闲农业加快发展，创建全国休闲农业与乡村旅游星级园区2家，新增三星级以上乡村旅游经营单位7个。

【深化改革】 政府机构改革有序推进。“放管服”改革成效明显，大力推行容缺受理、“一窗受理、集成服务”，创新开展24小时自助服务；865项审批事项实现“只进一扇门”“最多跑一次”；新开办企业办结时限压缩至

中牟县平安大道交通枢纽（中牟县史志办/供图）

2个工作日；县公安局交管业务下放至基层派出所。财政体制改革全面深化，资金监管、债务风险防控更加严密。农村改革稳步推进，土地承包经营权确权登记颁证全面完成，集体资产清产核资基本完成，官渡镇开创土地股份合作新模式。

【开放合作】招商选资更加精准，新签约项目60个，协议资金900亿元，主导产业契合度超过70%；驻京招商签约项目12个，协议资金220亿元，北京大学经济学院郑州教科研基地、中国交建一公局七公司签约入驻，从此中牟有了世界百强名校和世界500强企业的品牌。营商环境持续优化，出台支持重点产业发展的7个文件，服务流程实现再造；开展以服务工业和民营企业为主的“四问”调研，定向收集解决企业难题55项。

【创新驱动】创新投入持续加大，研发支出占比、市级实补资金居全市各县（市）第1位，省级实补资金超7个地市，社会研发投入超过7亿元。首家院士工作站在郑州凯雪建立，助推郑州冷链物流产业跨越式发展；河南省数字技术产业应用研究院落户；省弘阳生物技术研究院注册成立；与国家纳米科学中心合作建立“创新纳米药物联合实验研发平台”。创新热度不断提升，高层次人才（团队）引进数量增长133%，专利申请首次突破1000件；新认定高新技术企业11家、省市级工程技术研究中心9家，高新技术产业增加值增长43.6%。

【项目建设】突出项目带动和项目化推进，围绕“4+2”功能组团建设，强化有效投入，实施政府投资项目239个、产业项目160个，完成投资260亿元。实行重点项目县级领导分包机制，30个重要政府投资项目、50个重大产业项目完成投资121.2亿元。全年固定资产投资增长7.1%，居全市各县（市）第2位。

【城市建设】城市承载力和城市形象同步提升，新建续建城市道路45条，城区排污主管网基本形成，黑臭水体实现动态清零，城区公厕实现主街道全覆盖；攻坚拆除老县城居民区冷库37座，为老城区高品质提升腾出存量空间16万平方米以上；城建项目不断向生态建设倾斜，一次性建设园林绿化项目10个，人均公园面积超过16平方米，国家园林县城创建通过省级初验。

【路网建设】对外连接通道更加高效，机西高速二期建成通车，“井”字形环城高速全面连通，全县域15分钟车程直达高速；国道107、310中牟段主线贯通，官渡黄河大桥加快推进，融入“1+4”大都市区步伐加快。节点工程硕果展现，人文路贾鲁河大桥、广惠街贾鲁河大桥、广惠街平安大道互通立交、广惠街上跨陇海铁路立交、韩潘路下穿陇海铁路立交建成通车。

【生态建设】围绕五大生态系统，实施重大生态项目32个，全年新增绿化面积278公顷、水域面积333.33公顷；牟山湿地公园建成开园，贾鲁河下游综合治理蓝线工程完工。坚持“建治并举”，全年空气优良天数排名全市第一。

【乡村振兴】乡村振兴“1+5+N”系列规划启动编制。农村基础功能不断完善，建设“四好”农村路29条，东漳污水处理厂正式运行，官渡污水处理厂主体完工。农村人居环境持续改善，实施农村生活污水治理项目72个，姚家生活垃圾分类处理厂试运行，农村生活垃圾实现全收集；创成国家卫生镇1个、省市级卫生镇5个，新增省市级卫生村23个。乡风文明程度持续提升，县级以上文明村镇达到62个，“文明家庭”“星级家庭户”评选广泛开展，美丽乡村试点建设有序推进。

【民生保障】民生支出增加15.6亿元，增幅达到24%。回迁安置实现大头落地，动迁群众安置社区全部开工，新回迁群众3.6万人，回迁率达到85%；完成安置房网签12100套，排名全市第1；刘集镇在全县率先实现动迁群众全部回迁。14个贫困村和13个低收入村全部退出，除政策性托底外的存量贫困人口全部实现脱贫；黄河滩区居民迁建工程扎实推进。就业和社会保障持续加强，新增城镇就业3176人、农村劳动力转移就业13108人；城乡低保标准分别提高30元和50元；慈善救助超过1.5万人次。

【社会事业】坚持教育优先发展，建成中小学6所，新增学位8070个，开展“一长执两校、两优下基层”，多渠道招录教师1730人。全民健身活动广泛开展，第四届运动会暨第二届全民健身大会成功举办。县域综合医改持续深化，大数据医疗经验获央视报道，人民群众看病成本持续下降。文化事业更加繁荣，“双优”“双带”文化惠民持续开展，获评全省文化先进县；雁鸣湖金秋笔会、诗歌朗诵会品牌效应显现。

【社会稳定】村级“两委”换届在全省率先完成，过程及效果评估机制全省推广。实施信访工作“3项工程”，是郑州市唯一一个被省委、省政府评为“2014年以来全省信访工作先进县”的县（市）区。安全生产形势总体稳定。人民群众饮食用药更加安全、更有保障。平安中牟建设不断深化，“扫黑除恶”保持高压态势，人民群众安全感、满意度持续上升。

（董宝强　王　玉）

中原区

【概况】中原区总面积97.1平方公里。辖须水、西流湖、航海西路、中原西路、林山寨、桐柏路、绿东村、棉纺路、三官庙、建设路、秦岭路和汝河路12个街道，有46个行政村、95个社区。总人口783251人，人口自然增长率8.03‰。11月，将须水街道划分为柳湖街道和须水街道，将西流湖街道划分为莲湖街道和西流湖街道，中原区管辖14个街道。

2018年，中原区生产总值完成470.7亿元，同比（下同）增长9.7%，其中，第三产业增加值完成340.8亿元，增长9%。三次产业结构比为0.01∶27.59∶72.4。规模以上工业增加值完成60.9亿元，增长5%。其中，

2018年5月23日，河南省志愿服务工作推进会观摩团到郑州市首个区域性志愿服务主题公园——五一公园参观（中原区史志办/供图）

轻工业增加值完成16.4亿元，增长16.2%；重工业增加值完成44.5亿元，增长0.4%。固定资产投资完成310.8亿元，增长14.6%。其中，城镇项目投资完成125.8亿元，增长64.9%；房地产开发投资完成185亿元，下降5.1%。商品房销售面积完成219.3万平方米，增长40.2%。社会消费品零售总额完成192.1亿元，增长9%。一般公共预算收入完成30.1亿元，增长13%。一般公共预算支出完成35.1亿元，增长16.74%。城镇和农村居民人均可支配收入分别达到40507元和23050元，分别增长8.4%和8.5%。

【机构与领导】 中共中原区委:书记乔耸；副书记李晓雷、杜建强；区委常委薛晓军、魏建民、车建伟、程雨笋、成小波、那磊。

区委工作部门：区委办公室主任杜建强；组织部部长魏建民；宣传部部长成小波；统战部部长那磊；政法委书记车建伟；群众工作部部长闫勤智；信访局局长刘彬；精神文明建设指导委员会办公室主任宋伟明；老干部局局长张玲（女）；党校常务副校长韩中亮；档案局局长曹永祥（5月免）；机构编制委员会办公室主任谢辉；接待办公室主任张丽娜（女）；巡察办主任赵鹏臣。

区十六届人大常委会：主任李长义；党组副书记吴明勇（11月任）；副主任郭明立、刘花明（女）、余泽军、吕文；党组成员李喜安、李艳玲（女，11月任）。

区人大工作部门：办公室主任徐君伟；财经工作委员会主任李海亮；教科文卫工作委员会主任陈玉强；法制工作委员会主任苏海涛；城乡建设工作委员会主任任德福；代表联络工作委员会主任陈曦；老干部工作科科长马艳红（女）；信访室主任葛玉琴（女）。

区人民政府：副区长李晓雷；副区长于珊（女）、邵春雨、李卫林、符维；党组成员王宏军、王泰峰、刘斌。

郑州中原新区（郑州纺织产业园区）管委会书记、主任：乔耸。

郑州中原常西湖新区管委会：书记成小波，主任那磊。

郑州中原特色商业区管委会主任：樊立伟

区政府工作部门：政府办公室主任师河龙（11月离任）；教育体育局局长吴晓昊；民族宗教局局长景明；区直机关事务管理局局长雷海超；人力资源和社会保障局局长宋文广；科技局局长梅琳；发展改革和统计局局长牛振军；商务局局长李嵘（女）；工业和信息化委员会主任王明党；农业农村工作委员会主任李红超；人民防空办公室主任王培红（女）；司法局局长刘志伟；民政局局长崔晓；城市管理执法局局长周岭；城市管理行政执法局局长苏保富（8月免）；财政局局长苏保民；审计局局长李平涛；爱卫办(创建办)主任毛国友；监察委主任薛晓军；国土资源管理局局长魏瑞民；安全生产监督管理局局长王新权；文化旅游局局长陈烈；城乡建设局局长张海林；环境保护局局长邢辉（女，8月免）；交通运输局局长海宪岭；房管局局长李文智；物价局局长高琪（女）；房屋征收与补偿办公室主任冯铁生；南水北调中线工程建设管理局局长闫超群（1月免）、丁胜（1月任）；地方史志办公室主任任莉（女）；城区交通管理办公室主任孙建民；城市改造办公室主任唐炜（女）；粮食局局长海志刚；卫生和计划生育委员会主任刘专民；工商和质量技术监督局副局长张龙斌；食品药品监督管理局局长崔金瑞。

政协区八届委员会：主席王正轩；党组副书记苏振文；副主席韩根有、韩世昉（女）、黄乃林、张冠军、金红（女）；秘书长、党组成员徐斌。

区政协工作机构：办公室主任徐斌；经济科技委员会主任胡青；宣教文卫体委员会主任张红军；港澳台侨和民族宗教委员会主任刘艳萍（女）；委员联络委员会主任贾春霞（女）；提案委员会主任杨丽娜（女）；城建环保委员会主任刘岚（女）。

区纪律检查委员会书记：薛晓军。

区人民武装部：部长董红利（3月任）；政委程雨笋。

区人民法院院长：王栋（9月免）、赵洪印（11月任）。

区人民检察院检察长：陈宏钧。

群团工作部门：工会主席李艳玲（女）；团委书记杨艺（女）；妇联主席耿淑洁（女）；科协主席楚菊芬（女）；残疾人联合会理事长何太平；红十字会常务副会长金红（女）。

街道：须水街道办事处主任刘向峰；西流湖街道党工委书记侯慧芳（女）；航海西路街道党工委书记马卫华；中原西路街道党工委书记黄涛，办事处主任李文平；林山寨街道党工委书记王东甫，办事处主任宋盼峰；桐柏路街道党工委书记刘学桢，办事处主任李春节；绿东村街道党工委书记赵青（女），办事处主任胡志军（11月免）；棉纺路街道办事处主任高留念；三官庙街道党工委书记樊志锋，办事处主任李娜（女）；建设路街道党工委书记李红信，办事处主任李建华（女）；秦岭路街道党工委书记王政英（女），办事处主任吴孝刚；汝河路街道党工委书记刘淑霞（女），办事处主任陈峰（12月免）；须水街道筹备组组长陈峰（12月任）；柳湖街道筹备组组长刘向峰（11月任）；西流湖街道筹备组组长胡志军（11月任）；莲湖街道筹备组组长侯慧芳（11月任）。

【产城融合示范区建设】 2018年，中原区开启以“郑州中央文化区为引领的国家中心城市产城融合示范区建设新征程”发展思路，把握产业转型升级发展趋势，确定了以节能环保研发设计为主的科技服务业、以家居纺织服装为主的都市型工业、文化创意旅游业、商贸流通业和总部经济等“4+1”主导产业；从产业发展、功能整合、空间梳理、风貌协调、交通优化等五个方面，对城市建设发展进行科学规划把控，努力实现城市功能复合、产业发展有序、空间风貌协调。围绕吃住行游购娱，依托重点产业项目，优化确定须水河片区等“六片两园”重点产业片（园）区，按照“六明确”工作要求，统筹推进规划设计、拆迁清零、土地供应、项目审批、招商运营等五项重点工作，全力推动片区建设。把项目建设作为全区工作的重中之重，全面梳理确定产业发展、开放创新等六大类项目台账，建立定期观摩点评、大督查、大考核机制，实施项目服务专员、重点企业联络员制度，深入开展“高质量高效率项目建设攻坚战”，督促项目建设进度，着力解决瓶颈问题，形成紧盯目标、合力攻坚的项目建设氛围。

【重点产业片区建设】2018年，中原区提速“六片两园”重点片区开发，项目建设全面展开。须水河片区，须水镇总体规划修编顺利推进，《项目用地规划方案》《产业落位计划》编制完成；须水河上游绿地拆迁清表122公顷，开挖土方500余万立方米；马庄、白寨遗址生态文化公园、须水河滨水景观提升和水源工程开工建设；首批土地顺利摘牌。“四个中心”周边片区，中央文化区北部片区（一期）控规已批复，九曲莲湖周边区域、东九州坊产业策划方案编制完成；汽配大世界拆除等一批制约项目推进的老大难问题得到有效解决；市轨道交通第二调度中心、万豪商务综合体等项目加快推进；中央文化区“四个中心”基本完工，市政务服务中心建成投用。贾鲁河片区，一期商业规划已确定，二期产业布局、规划方案正修改完善；以产业核心区拆迁清零为重点，拆除各类附属物近40万平方米；南水北调运动公园已开工，首批安置房正加快建设。二砂文化创意园片区，二砂文化创意园项目，城市设计、控规调整方案通过市政府审批，搬迁清租全部完成，项目起步区已开工，招商工作同步推进。郑煤机（芝麻街1958）双创园项目，产业定位、城市设计基本完成；首开区改造工程已启动，中国电子工程设计院河南分院等10余家企业签订入园协议。郑州纺织工业遗址博物馆项目，可研报告已批复，主体开始修复。纺织服装片区，围绕总部经济、电子商务等八大业态，编制概念性规划方案；国际著名设计师集成馆、国内知名设计师集成馆投入运营，设计师大厦众创空间运行良好，电子商务大厦和企业总部大厦内装、招商同步启动；锦艺国际轻纺城三期建成投用。家居片区，一期全面复工，新开工面积19.6万平方米，在建31万平方米；国际建材MALL开业运营，新开业面积26万平方米，累计开业面积62万平方米；二期产业策划、控规调整方案编制完成。科研设计园，中机六院高科技信息产业园（一期）开始内部装修，中原环保产业研究院项目正办理土地供应手续，上海市政交通设计研究院等10余家甲级资质以上设计院或区域总部已落户。环保产业园，环保产业发展三年规划编制基本完成，园区概念性规划正在编制；同济大学中原环保产业研究院投入运营，绿色污水处理厂等5个课题研究已启动，污染控制与资源化利用研究实验室投入使用；引进河南天辰环保等10家行业引领型企业，全区新注册节能环保类企业近百家。

【产业优化升级】2018年，中原区瞄准现代服务业发展方向，推进产业优化升级，发展质量效益持续提高，服务业对经济增长的贡献率达66%。中原特色商业区活力加快释放，全年主营业务收入超百亿元；恒大商务中心土地摘牌，大中原物流港入驻品牌汽车销售企业30余家，奥体城游乐中心开始桩基施工；领秀服饰、云顶服饰入选工业和信息化部《重点跟踪培育纺织服装品牌企业名单（2018）》；领秀服饰、逸阳服饰分别获评国家级、省级服务型制造示范企业。中央文化区获批“河南省第二批省级现代服务业专业园区”，中原特色商业区继续保持“河南省三星级服务业两区”称号。

引导中原环保开展跨界并购，逐步完善环保产业链；促成中赟国际股份有限公司与省交通设计研究院强强联合，申报综合甲级资质；完成广州无线电集团与欧丽集团重组，积极注入新业态；推动天辰环保完成股权结构调整，加快上市进程；启动国创公司与深圳星河混改，有效推动二砂文创园建设；认真做好环保产业基金、科创产业基金筹备工作，助推优质企业做大做强。

围绕“六片两园”开发建设，高质量推动各类规划编制报批，须水镇总体规划调整已公示，二砂文化创意园等15个重点项目控规已批复。以专项清理整治“大棚房”为重点，严厉打击违法占地行为；全面解决土地批而未征、征而未供等问题，全年批回土地588.6公顷，收储土地399公顷，供应土地478.4公顷。发行专项债券10.2亿元，土地储备债券5.09亿元，为项目建设提供资金保障。持续规范政府债务管理，政府债务风险保持在可控范围之内。着力破解环境容量与项目建设间的矛盾，实现项目建设与环境污染防治“双统筹、双促进”。

【项目建设】2018年，中原区共有省市重点建设项目28个，年度计划投资276.2亿元，全年累计完成投资394.6亿元，占年度投资计划的142.9%。17个市考核重大产业项目全年完成投资58亿元，完成年度计划的121%。成立“六片两园”重点产业片（园）区工作指挥部，开展“高质量高效率项目建设攻坚战”，先后组织3次集中开工仪式，39个重点项目有序推进，总投资440.7269亿元，年度计划投资97.227亿元。

【开放创新】2018年，中原区出台《中原区加快楼宇经济提质发展激励暂行办法》《中原区促进企业科技创新激励暂行办法》《加快总部经济发展激励暂行办法》《中原区支持产业园区发展暂行办法》，为全区招商引资、产业发展提供政策支撑。积极开展“精准招商”“以商招商”，新签约项目30个、总投资281亿元，引进域外境内资金195.5亿元，实际吸收境外资金2.19亿美元，外贸进出口额17.29亿元；新引进沃尔玛（河南）百货有限公司等行业龙头企业总部或区域总部15家。

新增省市级科技型企业98家，累计达到171家；组织26家企业申报高新技术企业，13家顺利完成认定，5家通过复审认定，全区高新技术企业累计达到32家，实现高新技术产业产值95亿元。新型研发机构初显潜力。中国工程院武强院士团队与中赟国际合作建设的“智慧地质及地下工程地质灾害防治研究院”项目签约落地；省电力勘测设计院与浙江大学合作的垃圾焚烧技术与装备国家工程实验室已挂牌；中科院与天辰环保合作的天辰环保装备产业研究院注册成立。创新平台迸发活力。支持中

2018年5月4日，中原区首届青年趣味运动会在郑州市第七十三中学举行（中原区史志办/供图）

国地质科学院郑州矿产综合利用研究所，成功申建河南省方解石资源高效利用产业技术创新战略联盟。全区60个项目争取省、市各类科技经费2588万元；建成省级众创空间3个，市级众创空间5个，各类创新创业载体14个，总面积超3万平方米，入驻企业和团队400余家。中赟国际“河南省智慧地质及地质灾害防治工程技术研究中心”认定为省级工程技术研究中心，“郑州市矿山水防控与资源利用院士工作站”认定为市级院士工作站；中国电建河南公司“郑州市电站建造检测重点实验室”等6家单位认定为市级重点实验室；中石化华北石油工程公司“郑州市致密油气工程技术研究中心”等3家单位认定为市级工程技术研究中心，全区工程技术研究中心达到36家、重点实验室16家、院士工作站7家。

以河南地波通信技术研究院等新型研发机构为载体，汇集以中国工程院武强院士、中国矿业大学（北京）孙继平教授、同济大学赵建夫教授为核心的36名专家技术人员，组建一系列技术及专业管理服务团队；13人入选全市首批高层次人才，10个人才（团队）入选“智汇郑州·1125聚才计划”。

【城市建设管理】 2018年，中原区坚持建管并重，区域综合承载力不断增强。拆迁清零、垃圾清运基本完成。完成拆迁清零182.8万平方米，清运垃圾、土方525.6万立方米，为各类项目建设扫除障碍。丁庄等15个项目、29个安置地块开工建设，开工面积480.9万平方米；周新庄、后牛庄、朱屯一期、北卧龙岗、三王庄、闫垌6个项目22240人实现回迁；桐树王等6个项目11059套安置房完成网签。基础设施加快建设。实施道路建设项目58个，新铺设或提升改造燃气管网36.65公里、热力管网33.7公里、电力线路18公里；洛河西路、金桐路等21条道路和兴国路隧道、市民大道隧道基本完工，南环廊、北环廊、中环廊主体完工；颍河变电站、桐柏变电站等8座变电站建成投用或开工建设。加大市政重点工程征迁力度，有力保障四环快速化、轨道交通等工程建设。老旧片区建设提质初显成效。以城市“双修”为抓手，以老旧小区整治提升为带动，累计投入资金2.57亿元，全力整治提升老旧小区楼院，建设路街道作为区级示范区，对14个老旧小区进行整治提升，取得较好的社会效果；桐柏路街道馨怡家园社区在全市老旧片区建设提质中，率先实现既有建筑电梯加装，方便小区居民的生产生活。

全面实施以“路长制”为载体的城市精细化管理，辖区313条路段实现“路长制”全覆盖；百花路等10条大中修道路竣工通车；嵩山北路（嵩山路下穿铁路桥）等7条道路完成架空线入地；新建一、二类公厕121座，改造提升81座；新增公共停车泊位9019个、充电桩550个；拆除屋顶标识招牌596处、5.5万平方米；中原区垃圾分拣中心开工建设，107个小区、16.2万户参与生活垃圾分类，覆盖率达到51%；新建、升级改造农贸市场7家，华淮农贸市场完成外迁；深入开展道路交通秩序综合治理、城乡接合部环境综合整治；中原区城乡管理暨城市精细化管理工作在全市年度考评中排名第一。

【生态建设与环境治理】 2018年，中原区坚持生态建设与环境治理并举，着力营造绿色宜居环境。环境污染防治攻坚战深入推进。完成中央环保督察“回头看”等各级检查督导交办问题的整改，认真做好全国污染源普查、生态保护红线划定、水源地整治等工作。研究制订《全面加强生态环境保护坚决打好污染防治攻坚战的实施意见》和打赢蓝天、碧水、净土保卫战三年行动计划等一系列攻坚方案；建立重点区域、时段、污染源强化督查，县级领导带队夜查、晨查，周排名、月考核奖惩等工作机制，持续开展污染源专项整治行动，强力推进秋冬季大气污染攻坚，全年全区PM10累计浓度110微克/立方米，PM2.5累计浓度64微克/立方米，三年来两项指标首次同时完成市定目标。严格落实“河（湖）长制”工作要求，须河八仙桥断面、饮用水源地常庄水库水质达标，建成区基本消除黑臭水体。全面开展疑似土壤污染地块普查，完成重点行业企业用地调查信息采集。生态水系建设全面加快。秀水河（西四环以东段）河道开挖及景观绿化工程基本完成；须水河一期正加快河道疏挖，二期绿化、水利工程施工单位已进场；柳湖扩容工程已完工，九曲莲湖开工建设；西流湖整治提升蓝线区域扩湖、疏挖工程基本完成；牛口峪引黄、石佛沉砂池至郑州西区生态供水（中原区段）等水源工程主体建成；贾鲁河综合治理工程陇海路以南段基本完工。国土绿化行动不断提速。全力推进国家生态园林城市创建，市定45座公园、游园基本建成，庙沟遗址生态文化公园等10处建成开放，整治提升公园、游园23座，马庄、白寨遗址生态文化公园、南水北调运动公园开工建设，南水北调生态文化公园完成绿化155万平方米，铁路沿线、生态廊道、高速互通立交及出入口等区域完成拆迁9.6万平方米、绿化8万平方米，全区新增绿地面积196万平方米。

建设中的奥体中心（马　健/摄）

【民生工程】 2018年，中原区持续将财政资金向民生领域倾斜，全年财政民生支出26.49亿元、增长18.5%，占全区一般公共预算支出的75.6%，人民群众的获得感、幸福感增强。

新建西站路学校、西悦城二小、新街坊小学3所中小学，续建6所，郑州市第八十中学、中原区建设路小学、新街坊小学、锦江小学、西悦城一小5所学校投入使用，新增教学班165个，新增学位7650个；中小学初始年级全部消除超大班额；面向社会公开招聘教师397人；为实现义务教育均衡发展、进一步改善办学条件，区政府投资72671万元用于城乡义务教育经费保障机制改革，落实减免学杂费、书本费等各项助学政策；增加小升初扩班经费及新增学位专项资金，扩大城区义务教育资源，顺利完成国家义务教育发展基本均衡县评估认定。

全区有14家社区卫生服务中心、28所社区卫生服务站、1家建制乡镇卫生院、26个标准化村卫生所，建立覆盖城乡的医疗、妇幼保健、卫生宣教、计生指导、预防、康复“六位一体”的新型公共卫生服务体系，全面落实国家十三项公共卫生服务，基本覆盖居民生命全周期。全区共建立居民健康档案676027份，建档率97%，管理高血压患者47385人，糖尿病患者19214人，城区65岁以上老人89428人。抓好传染病防控，手足口病、麻疹、结核等重点传染病得到有效控制，完成郑州市“十三五”地方病规划中期评估。严格落实各项计生利益导向政策，全年共发放城镇独生子女父母奖励、特困对象及计生家庭特别扶助6621万元，生育服务不断加强。家庭医生签约服务工作在提升签约率的基础上，重点提升履约服务质量。全区136个签约服务团队完成城市签约35.3万人，签约率46.3%，其中重点人群覆盖率达61.9%。有序实施公立医院综合改革，制订《中原区2018年公立医院医疗费用控制目标》，将控费目标细化至每一家公立医院，全年向5家医院补偿约80万元。国家基本药物制度持续惠民，全年全区销售基本药物1057.5万元，让利群众158.6万元，切实减轻了群众医药费用负担。继续为符合条件的孕产妇及新生儿进行免费预防出生缺陷产前筛查和新生儿疾病筛查，全年产前超声筛查11531例、血清学筛查11036例、新生儿“两病”筛查16066例、听力障碍初筛16379例、耳聋基因筛查11696例、35种遗传代谢病筛查7741例。妇女“两癌”免费筛查7001人。

文化惠民活动形成三面“金字招牌”，夯实文化中原的向心力。郑州爱乐乐团以“乐动人心”为主旨的“新年音乐会”“中秋音乐会”和“魅力中原”音乐季等公益免费演出10场，受益群众1万余人次；郑州爱乐乐团“魅力中原”系列惠民音乐会项目，获第四届中国青年志愿服务大赛金奖。“戏曲进校园”活动全年举办41场演出和10场专家讲座。“悦生活”魅力课堂举办书法、非遗技艺传承、舞蹈、国画、朗诵等8个门类344节培训课，培训2万余人次。12个街道综合文化服务中心达标投用；全年举办各类文化惠民活动850余场。

新增城镇就业再就业19896人，农村劳动力转移就业214人，农民工返乡创业598人，城镇登记失业率控制在3.5%以内，保持城镇“零就业家庭”动态为零。落实各类社会保障补助政策，对80岁以上老人发放高龄津贴，城市低保标准提高到每人每月630元，残疾人补贴由550元提高到600元每人每月，及时发放优抚对象补助及军转干生活救助资金等，共发放各类社会保障资金及补贴1.32亿元。8月1日至12月31日全面开展退役军人和其他优抚对象信息采集工作，已登记3500余人。积极做好与卢氏县朱阳关镇、狮子坪乡脱贫结对帮扶。桐树王、正商金域世家、绿城绿园、和晶澜景、天汇南、宏江广场、正商花语里7个便民服务中心基本建成，区残疾人康复中心主体封顶，区农村特困人员供养服务机构开工建设。建成公租房533套，累计分配3928套。

【社会治理】 2018年，中原区深入开展“扫黑除恶”专项斗争，通过开通中原区扫黑除恶专用举报电话、实体举报信箱、电子邮箱、“郑州中原政法”微信公众号等方式，织密线索举报渠道。全年区扫黑办共收到线索38条，有效线索31条，无效线索3条，4条正在办理中。区法院审结涉黑涉恶案件12起，判处罪犯82人，从严惩处黑恶势力首要分子、骨干成员及“保护伞”，震慑不法分子，提振群众信心。

严厉打击各类违法犯罪和暴力恐怖活动，大力实施“雪亮工程”，平安中原视频监控二期建成投用，新建高清视频监控1040路，联入社会单位监控资源152家3060路，全区有9200路高清摄像头（社会资源联网、社会自建7000路），人像识别探头160路，微卡口120路，基本实现了辖区道路、重点部位、广场游园和易发案部位的全覆盖。深入推进“一格一警”工作，按照社区民警专职化、社区辅警专业化、警务室和工作建设标准化、运行机制规范化、工作手段信息化、日常工作协同化的要求，推进警力下沉，减少治安盲区，做到“白天见警察，晚上见警灯”。注重科技运用，利用“互联网+”平台，创新警务工作，解决群众服务“最后一公里”的问题。制作平安建设大型喷绘、平安建设宣传栏，张贴平安建设宣传材料，开展巡回宣传，评选“平安建设最美楼长”，开展入户走访活动，组织居民参观监控室，公检法司开展送法进基层活动，加强网吧管理、校园周边整治，加强社会面上的巡逻防范，广泛组织群众参与平安建设，全力打压各类违法犯罪活动空间，增强人民群众的安全感和幸福感，公众安全感和执法满意度实现双提升。

严格落实安全生产责任制，开展重点行业、领域安全专项治理，实现工矿商贸生产安全零死亡。食品安全方面，先后开展校园及周边“五毛食品”整治、春秋季学校食堂专项检查、保健食品欺诈和虚假宣传专项整治等多项专项治理工作；尤其是针对“非洲猪瘟”疫情开展专项治理，加强猪肉等动物产品质量安全监管，中原区未发现销售疫区猪肉行为。持续加强食品药品安全监管，安全生产形势总体平稳。药品安全方面，先后开展药品流通领域集中整治、医疗器械生产质量安全提升行动、化妆品专项整治等，尤其是针对舆情热点疫苗问题开展疫苗专项检查，对辖区2家疾控中心和33家有疫苗接种资格的医疗机构进行全面检查，并适时组织“回头看”行动，对整改情况开展复查，切实消除疫苗质量安全隐患。

（赵志平）

二七区

【概况】 二七区地处郑州市中心偏西南，全区总面积154.96平方公里，耕地面积18.15平方公里，园地面积16.59平方公里，林地面积22.07平方公里，草地面积2.44平方公里，城镇村及工矿用地82.51平方公里。辖16个街道，1个镇，4个管委会，125个城市社区（含3个村改居），50个农村社区（行政村）。总人口838118人，人口出生率11.3‰，死亡率5.35‰，自然增长率5.95‰，城镇化率90.85%。

2018年，全区地区生产总值完成658.81亿元，同比增长10.1%；第三产业增加值完成544.2亿元，同比增长10.5%；一般公共预算收入完成32.01亿元，同比增长9.06%；社会消费品零售总额完成499.33亿元，同比增长9.6%；规模以上工业增加值完成30.97亿元，同比增长7.3%；固定资产投资额同比增长14.6%。

【机构与领导】 中共二七区委：书记陈红民；副书记苏建设、王玉红（女，11月免）、邓英文（10月免）、姚志伟（11月任）。区委常委：陈红民、苏建设、姚志伟、王玉红（女，11月免）、邓英文（10月免）、高天翼、刘德金（11月免）、王升建（11月任）、雍明轩、袁斌、崔世英、唐莉军（女）、祁贵云（7月任）、胡新生（7月免）。

区委工作部门：办公室主任袁斌；监察委主任高天翼（1月任）；组织部部长刘德金（12月免）、王升建（12月任）；宣传部部长崔世英；统战部部长唐莉军（女）；政法委书记雍明轩；机关党工委书记杨芳（女，11月免）；编办主任董跃武；党校常务副校长冯晶丽（女）；老干部局局长徐建宇（女）；档案局局长牛志宏（女）；信访局局长冯军（2月免）、郭卫东（2月任）。

区十五届人大常委会：主任徐广佑；党组副书记翟国防；副主任姚实、郭穆顺、柳建华、朱志刚。

区人大常委会工作机构：办公室主任刘德斌；城建城管工委主任任书庆（1月免）、魏常春（3月任）；代表联络工委主任雷芙蓉（女，1月免）、苏丹（女，1月任）；法工委主任李玲（女）；教科文卫工委主任杨录生（1月免）、雷芙蓉（女，1月任）；信访室主任杨志华（1月免）；机关老干部科苏丹（女，1月免）；预算工委主任李新亮（1月免）、张红艳（女，3月任）；经济工委主任赵建堂（1月免）、樊长兴（1月任）；研究室主任：左学斌。

区人民政府：区长苏建设；副区长姚志伟、董治会、闫凯、李雅、张

超、兰海

区政府工作部门：办公室主任马世峰；地志办主任刘琴；法制办主任吕锋卫；接待办主任刘钰（女）；金融办主任刘亚贞（女）；政务服务中心主任张学志；应急办副主任张靖（女，主持工作）；人防办主任尚可；民族宗教委员会主任吕学斌；监察局局长贾新建（1月免）；商务局局长王丽娜（女）；工信委主任张建忠陈庆；卫生与人口计划生育委员会主任王章正；人力资源和社会保障局局长陈卫东；财政局局长王永利（2月免）、周彪（2月任）；发改统计局局长时金华（2月免）、赵恒康（2月任）；教体局局长刘子科；民政局局长王琳（女）；农业农村工作委员会主任余莉（女）；粮食局局长靳发红（2月免）；审计局局长朱松山；城市管理执法局、城市管理行政执法局局长朱继光；科技局局长于建业；建设局局长刘京威；环保局局长冯保强（2月免）、王磊强（2月任）；司法局局长王国华；交通运输局局长阴小强；爱卫办主任张新波；建设投资公司总经理王琳；数字化城市管理指挥中心主任靳东霞（女）；文化旅游局局长肖锋；安监局局长李国栋；机关事务管理局局长刘长海；物价局局长法建军；住房保障服务中心主任李志刚（2月免）；房屋征收与补偿办公室主任徐力夫（2月免）、赵青（女，2月任）；南水北调办公室主任马磊；煤矿监管办公室主任牛学锋；土地储备中心主任张艳玲（女，2月免）、王敬敏（2月任）；红十字会常务副会长邵剑勇（2月免）；新型城镇化建设综合协调办公室主任毛新辉（2月免）、刘杰（2月任）；食品药品监督管理局局长张晓慧（女，2月免）、侯俊雷（2月任）；国土资源局局长崔绍光。

政协区八届委员会：主席张全金；副主席安惠萍、李琳、吴书文、王同超。

区政协工作机构：办公室主任梁晟桦（2月任）；老干部科科长翟伟锋；提案委主任田留所（3月免）；联络委主任刘来群；农业委主任鲁香敏（女）；经济科技委主任闫宗汉（3月免）；城建环保委主任郭映泉；宣教文卫体主任刘栋（女）；文史资料办公室主任郭磊；港澳台侨主任魏兵（3月免）、井燕（女，3月任）；法治委主任蔡建峰。

中共二七区纪律检查委员会书记：高天翼

区人民武装部部长：祁贵云；政委：李如飞

区人民法院院长：王炅

区人民检察院检察长：贾佳（女）

群团组织：总工会主席张新云（女）；团区委书记牛真（女）；妇联主席李素佩（女）；残联理事长侯俊雷（2月免）、苏静（2月任）；科协主席任随意；工商联党组书记党春立。

镇、街道：马寨镇党委书记袁斌，镇长谢金旺；侯寨街道党工委书记南中洋，办事处主任张庆华；金水源街道筹备组组长赵红林，副组长魏红利；大学路街道党工委书记马健，办事处主任张斌；五里堡街道党工委书记王彬（女），办事处主任楚振海；福华街街道党工委书记张振威，办事处主任李庆红；建中街街道党工委书记李景光，办事处主任李振伟；蜜蜂张街道党工委书记魏锋，办事处主任侯寒松；铭功路街道党工委书记路军，办事处主任杨迎春；一马路街道党工委书记周彪（2月免）、毛新辉（2月任），办事处主任张巧云（女）；解放路街道党工委书记王峰，办事处主任李锦勇；德化街街道党工委书记唐莉君，办事处主任王志平；淮河路街道党工委书记秦召玉，办事处主任王冬；嵩山路街道党工委书记张勋，办事处主任冯沛（2月免）、娄晖（2月任）；长江路街道党工委书记黄新宏，办事处主任周松杰；京广路街道党工委主任张祎，办事处主任王璐；人和路街道党工委书记王晓东，办事处主任魏辉利。

2018年10月9日，二七区举行2018“郑州慈善日 二七在行动”慈善捐赠暨“温暖二七”公益慈善信息系统启动仪式（二七区史志办/供图）

2018年3月27日，二七区举行2018年首批重点产业项目签约仪式（二七区史志办/供图）

【项目建设】 始终坚持项目带动、项目至上，深入开展“项目建设全力攻坚年”行动，梳理165个亿元以上重大项目，深化“三定四推五落实”运作机制，强化项目服务和资源要素整合，二七区城乡总体规划方案获市规委会审查通过，侯寨总规修编和王立砦、华侨城等15个项目控规获批，全年筹措各类资金82.2亿元，完成土地上报138.37公顷、收储征收233.96公顷，出让115.93公顷、划拨377.31公顷，累计供应493.23公顷，总出让金52.37亿元，有效保障重点项目建设。建业足球小镇、普乐天地等52个项目开工建设，锦绣商务中心、泰德城等30个项目竣工投产，完成投资492亿元，全年固定资产投资同

二七区南环公园（二七区史志办/供图）

比增长14.6%。21个省市重点项目完成投资292.2亿元，超额完成年度投资任务，被评为“郑州市重点项目建设先进单位”。

【招商引资】坚持靶向招商、精准招商，新签约万科医疗养老产业园、中欧健康产业城等17个重大产业项目，签约额1305.7亿元。二七华侨城、建业足球小镇等项目实现当年签约、当年开工。持续扩大对外经贸交流，全年引进域外境内资金237亿元，外贸进出口完成9亿元，实际利用外资2.15亿美元，对外经济合作目标完成720万美元，各项指标均位于全市前列，被评为“郑州市对外开放工作先进单位”。

【企业自主创新】瑞光文化创意产业园等创新创业载体活力强劲，新增4家众创空间，“U创港”入驻创新企业89家、创业团队42个，位于全市综合体前列。企业自主创新能力显著增强，全区科技型企业达190家，高新技术企业47家，市级以上重点科技研发平台86家。全年专利申请量达5142件，授权2368件，万人发明专利拥有量突破13件，成功进入河南省知识产权强县工程试点县区。招才引智工作取得积极成效，1500套青年人才公寓正在加紧建设，拨付人才项目资金560万元，4名领军人才入选“智汇郑州·1125聚才计划”。

【全面深化改革】全面落实“三去一降一补”措施，结构性改革取得新成效，振兴二矿、金源煤矿等4家落后产能煤矿关闭退出，化解过剩产能120万吨。有序推进机构改革，24个政府机构稳步运行，政府职能体系进一步优化。积极优化营商环境，全区市场主体突破10万家，成为全市第二大消费市场。深化“放管服”改革，深入推进“一网通办”前提下“最多跑一次”改革，政务服务总量达80万件，服务企业和群众百万人次，在全市行政审批暨政务服务月考核排名中，连续11次位于市内五区第一。农业农村改革扎实推进，农村土地承包经营权确权登记颁证、集体产权制度改革清产核资基本完成。

【产业结构升级】主导产业支撑作用明显。高端商贸产业稳健向好。绿地双塔等一批重大商贸项目加速推进，万荣商务中心、关照先生等一批新型消费项目建成投用，二七万达、华润万象城、德化无限城等优势消费中心加速集聚，全年社会消费品零售总额完成499.3亿元。装备制造和科技服务产业融合发展速度加快。军民融合创新创业产业园、智能制造产业园等7个总投资180亿元的产业园项目进展顺利，郑州帝益肥生态科技产业园等14个重大产业项目加速推进，顶益食品三条生产线、花花牛乳制品加工二期等4个项目建成投产，新大方、名扬窗饰等8家企业被评为省市“专精特新”中小企业。文旅康养产业保持强劲发展势头。百年德化历史文化片区德化街景观提升工程、普乐天地等重点项目，在郑州市四大历史文化片区中率先实现实质开工。二七华侨城等重点项目正在加紧建设，建业大食堂、足球公园等项目建成开园。

产城融合水平不断升级。二七特色商业区在全省176个服务业“两区”综合排序中位列第三名，居郑州市特色商业区之首，跻身河南省三星级服务业“两区”。二七新区59个亿元以上重点项目投资额约占全区总量的60%，成为全区重要的经济增长极，连年进入郑州市“两强”组团新区。马寨产业集聚区规模以上工业总产值完成121.9亿元，占全区总量的84%，连年被评为郑州市“两快”产业集聚区，成功晋级河南省“二星级”产业集聚区。樱桃沟景区美丽乡村建设走在全市前列，成功举办全国首届樱桃沟年画收藏研讨会、河南省跨年网络戏曲晚会，被评为“河南省文化产业特色乡村”。

新兴产业蓬勃发展。中国中部电子商务港、河南网商园等示范园区辐射效应不断增强，全年电子商务销售额突破100亿元，跨境电商交易额约12亿元。启动楼宇（总部）经济三年行动计划，全区83栋商务楼宇入驻企业3882家，全年全口径税收16.38亿元，区级税收5.84亿元。被评为“郑州市产业发展先进单位”。

【城乡建设发展】城区功能品质持续增强。深入实施“城区品质提升工程”，纳入全省百城提质项目库的93个项目，完成投资150亿元，精心打造以绿云小区、淮南街18号院、连心胡同等为重点的老旧片区提质示范区。用足用活中央棚户区专项债发行政策，成功申报河南省棚户区改造专项债券17.55亿元，申报规模位居全省建成区第一，节约利息成本3.2亿元，为新型城镇化建设提供了充足的资金保障。高质量推进安置房建设，南岗刘二期、贾砦等12个

灏宇生产车间BHS产线设备（二七区史志办/供图）

项目共200万平方米安置房全面开工；侯寨滨河花园一期、荆胡等8个项目200万平方米安置房顺利回迁，回迁群众26397人；累计完成网签10641套，被评为“郑州市2018年度安置房网签工作先进区”。积极配合市政重点工程建设，全力做好轨道交通控制性节点工程、四环快速路征迁工作和棚户区改造拆迁清零，累计完成征迁149万平方米。基础设施进一步完善，望桥路、长江西路等40条市政道路和杨红线等6条农村道路建成通车，自来水1号加压泵站、大学南路热力隔压换热站建成投用，侯寨水厂、芦河变电站主体完工并完成设备安装。全面实施“厕所革命”，新建、改建公厕230座，其中120座已建成投用。建成停车场22处，新增停车泊位8085个，功能承载能力显著增强。

城乡风貌大幅提升。深入推进城市精细化管理、城区道路交通秩序综合整治，投入资金1.2亿元，招聘1000名城市管理员、调剂600名城市管理工作人员，下沉“九类人员”4112人，实现管理责任全覆盖。对康复中街、桃源路等20条道路实施大中修整治，完成康复前街、政通路等16条道路架空线缆入地，归拢整治凌乱架空线50公里；大力实施道路清洁机械化“一吸、三冲、一洗扫”作业，覆盖率达100%。推进生活垃圾分类处置，投放“四分类”设备6000多个，生活垃圾分类覆盖率达30%以上。持续巩固全国文明城市、国家卫生城市创建成果，营造“安全、整洁、有序、文明”的城市环境。

生态环境质量明显改善。推进大气污染防治深化细化常态化，实施更加严格、精准的防治措施，全年优良天数165天，PM10平均浓度为104微克/立方米，PM2.5平均浓度为61微克/立方米，全区空气质量明显改善；持续深化水污染防治行动，对全垌村等14个规划保留村生活污水开展治理，建成100个污水处理终端，全面消除黑臭水体，全区整体水质达到Ⅲ类标准。全面加强“四河两库一渠”生态水系建设，完成尖岗水库水源地保护区优化调整；风湖生态休闲区、西南水系连通工程纳入全市重点项目，规划设计工作已初步完成；贾鲁河综合治理工程二七段、南水北调中线防洪影响处理工程贾砦至管城区界段已完工。国土绿化提速行动成效初显，纳入全市生态建设项目库的28个重大生态项目，完成投资28亿元，树木园改造提升等11个项目开工建设，长江西路等生态廊道建设有序推进，南水北调生态文化公园等3个项目建成开放，连续3年在郑州市生态建设综合考核中位列城区组第一。实施园林提升工程，建成5个综合性公园、40个街景游园，被评为“第十一届中国（郑州）国际园林博览会先进集体”。

【社会民生】 社会保障体系更加健全。实现城镇新增就业21175人，城镇登记失业率稳定在4%以内，城镇居民、农村居民人均可支配收入均增长8%。成立全市首个房屋租赁服务站，完成登记备案25707户，培育和发展住房租赁市场试点工作取得初步成效。积极落实医疗卫生体制改革，推行分级诊疗，全面取消药品加成，15家社区卫生服务中心与辖区三级甲等医院实施双向转诊，在全市率先开展家庭医生个性化签约试点，家庭医生签约服务群众36.5万人，有效解决“看病难、看病贵”等问题。建成各类社区养老日间照料中心56个，养老保障体系进一步健全。

民生服务体系更加完善。加快多彩教育“品质化、信息化、国际化”发展，引进河南省实验小学等一批品牌名校，连续8年被评为“郑州市教育工作督导评估先进单位”，被教育部表彰为河南省首批、郑州市首家“全国中小学校责任督学挂牌督导创新区”，工作经验面向全国推广。新建5个图书馆分馆、综合性文化服务中心16个，乡镇（街道）综合性文化服务中心全部达到等级标准。组建20支文化志愿服务团队，开展公益演出、公益培训、公益文化活动700余场，“戏曲进校园”活动70余场。计生优质服务水平大幅提升，被国家卫健委评为“流动人口基本公共卫生计生服务均等化示范区”。扎实开展全民健身运动、爱国卫生运动，人民群众的获得感不断增强。双拥工作持续深化，民族宗教工作创新推进，工会、共青团、妇女儿童、残疾人、红十字、慈善等事业健康发展，应急、外事侨务、地方志、粮食、人防、档案等工作都取得了新的成绩。

社会大局更加稳定和谐。围绕提升公众安全感满意度，健全信访稳定工作机制，完善立体化治安防控体系和多元化矛盾纠纷化解机制，严守社会稳定、安全生产、食品药品安全监管底线。防范和化解金融风险、政府债务风险取得积极成效，稳妥化解5.06亿元隐性债务。煤矿安全监管实现全市“七连冠”。大力实施“大巡防”“连心桥”等平安守护“十大举措”，深入推进“扫黑除恶”专项斗争，平安法治建设再上新台阶，被评为“全省综治和平安建设优秀单位”“郑州市维护稳定工作先进区”。

（胡　雷）

金水区

【概况】 2018年，金水区实现地区生产总值1378.8亿元，财政总收入248.5亿元，地方一般公共预算收入61.4亿元，社会消费品零售总额730.9亿元，全社会固定资产投资增长10.1%；金水区主要指标全部位居中部城区前三，入选《2018年中国百强区发展白皮书》，综合排名第25位。

【机构与领导】 中共金水区委：书记陈宏伟；副书记魏东、李伟革；区委常委：陈宏伟、魏东、李伟革、赵惠玲（女）、杨林、付建峰、卢书选、杨洁、李继东、时博、曹可艳。

区委工作部门：办公室主任曹可艳；机要局局长王建锋；信访局局长刘艳萍（女，1月免）、单红杰（1月任）；组织部部长时博；机关工委书记段佳荣（女，满族）；宣传部部长杨林；文明办主任赵蔚（女）；统战部部长付建峰；台办主任杨洁琛（女）；工商联会长李江波；民族宗教委主任陶建莉（女，回族）；政法委书记卢书选；老干部局局长张敏（女）；编办主任宋陆岩（女，1月免）、刘敏（女，1月任）。

区委直属事业单位：党校校长李伟革；档案局局长段建飞（1月免）、吕志献（1月任）；科协主席冯晓翠

2018年7月9日，金水区参加第四届中以科技创新投资大会（金水区史志办/供图）

2018年9月14日，中国（郑州）国际街舞大赛在金水区举行（金水区史志办/供图）

（女）；残联理事长席秀卿（女）；绩效办主任周丹。

区十三届人大常委会：主任、党组书记薛燕（女）；常务副主任李贻忠；副主任许贵舟、燕建华、杜艳洁（女）、张涛；党组成员：张华、冯景义、杨旗。

区人大常委会工作机构：办公室主任李慧敏（女）；财经工委主任单广州；法制工委主任林宇峰；城建工委主任李军彦；代表联络工委主任李志强（3月免）、臧跃鹏（3月任）；教科文卫工委主任李涛；信访办主任周淑娟（女）；老干部管理办主任邱媛（女）。

区人民政府：区长魏东；常务副区长杨洁；副区长赵高翔、赵德武、竟新宇、张川（女）、闵武杰。

区政府工作部门：办公室主任杨宇峰；外侨办主任单丙星；法制办主任单红杰（3月免）、李志强（3月任）；人防办主任周志伟；发展改革和统计局局长崔文修（3月免）、段亚丽（3月任）；物价局局长王松乾；教育体育局局长李正；科学技术局局长段亚丽（女，3月免）、郝庆丰（3月任）；工业和信息化委员会主任李敏（女）；民政局局长王金城；司法局局长郭冰；财政局局长袁先锋；人力资源和社会保障局局长鞠卫；国土资源局局长梁新生；安全生产监督管理局局长李怒潮(3月免)、库光耀（3月任）；区住房和城乡建设局局长张遂喜（3月免）、刘辉（3月任）；交通运输局局长郭峰；城管执法局局长李国强（3月免）、张家检（3月任）；城市管理局局长王延军；环境保护局局长张家俭（3月免）、胡冰（3月任）；农业农村工作委员会主任赵竞生（回族，3月免）、张福敏（3月任）；商务局局长刘军（3月免）；文化旅游局局长许孔安；卫生和计划生育委员会主任李东；食品药品监督管理局局长申新生(3月免）、彭涛（3月任）；审计局局长司金涛（3月免）、黄涛（3月任）；工商管理和质量技术监督局局长李琨（3月免）、李国强（3月任）；退役军人局局长解小杰（11月任）。

区政府直属事业单位：城改办主任郭俊伟（3月任）；爱卫办主任吕志献（3月免）；征收办主任王林伟；投资公司经理余志钦；楼宇办主任李保超；事管局局长张岚（女，3月免）、鲁晓华（女，3月任）；数字化中心主任吕馨（女）；开发公司经理王项；科技园区管委会主任张双喜；红十字会会长赵德武（3月免）、张川（女，3月任）；接待办主任谢丹；采购中心主任王丽（女）；投资评审中心主任周保民；粮食管理中心主任李俊勇；综合交通办主任冯新杰（3月免）、翟华风（3月任）；滨水产业带管委会书记郑长林。

政协区第八届委员会：主席武建民；副主席王居良、宋红霞（女）、王静（女）、刘凌云（女）；党组书记王克勤（8月免）；秘书长张书林。

区政协工作机构：办公室主任张学亮；城建环保委主任彭英（女）；民主法制委主任赵竞生（回族）；经济科技委主任徐工；学习文史提案委主任王彩虹（女）；港澳台侨委主任邢惠娟（女）；委员管理联络委主任王建伟（女）；文教卫生委主任白平坤（1月任）；老干部管理办主任袁永平（女）。

中共区纪律检查委员会书记：赵惠玲（女）。

区人民武装部部长周学军；政委李继东。

区人民法院院长蔡理亮。

区人民检察院检察长：王青。

区群团组织：工会主席李劲松（女，满族）；团区委书记王倩（女，1月任）；妇联主席马晓宇（女）。

科教园区管委会：党工委书记魏东；主任、党工委副书记李小虎。

创意园区管委会主任王爱辉。

街道：丰庆路街道党工委书记郑迎波，办事处主任郑迎波（3月免）、乔战峰（3月任）；杨金路街道党工委书记（空缺），常务副书记齐建立（1月免）、秦伟（1月任），办事处主任秦伟（3月免）、王刚（3月任）；国基路街道党工委书记孔之见，办事处主任孙大志；丰产路街道党工委书记王展，办事处主任袁小培；南阳路街道党工委书记李国梁，办事处主任吴昊；南阳新村街道党工委书记连卿，办事处主任白平坤（回族、3月免）、王东（3月任）；花园路街道党工委书记彭涛（1月免）、张俊英（女，1月任），办事处主任张俊英（女，3月免）、曾辉（3月任）；人民路街道党工委书记董青丽（女，回族），办事处主任徐峰杰；经八路街道党工委书记李华（女），办事处主任赵聪；文化路街道党工委书记王麟乐，办事处主任杨正杰；杜岭街道党工委书记花磊，办事处主任解小杰（11

金水区生态长廊东风渠（金水区史志办/供图）

月免）；大石桥街道党工委书记李迪（1月免）、刘继峰（1月任），办事处主任李存保（女）；东风路街道党工委书记张双喜（兼），常务副书记梁振国，办事处主任王栋；未来路街道党工委书记聂思军，办事处主任汪守景；北林路街道党工委书记牛易，办事处主任石中亮；凤凰台街道党工委书记翟俊杰，办事处主任刘继峰（3月免）、魏建鹏（3月任）；兴达路街道党工委书记刘楠，办事处主任黄涛（3月免）、崔辉（3月任）。

【新型城镇化建设】2018年新开工安置房208万平方米，新建成岳砦等10个项目、293万平方米，累计回迁群众11.7万人，整体回迁率达到80%。以陈砦、庙李等22个项目控规获批为标志，安置区控规全部通过市联审联批，手续办理工作取得重大突破。持续加大土地供给，完成土地挂牌153.33余公顷，土地供应量同比增长3倍，创历史新高。积极推进安置房网签，新网签7072套、60.64万平方米。

顺利外迁市场6家，开工建设道路69条，中修改造道路28条，整治提升支路背街22条。市政控制性节点地下交通工程新增征迁任务基本完成，四环线及大河路快速化工程紧急问题加快解决；新建公厕135座、公共停车泊位10142个、综合管廊5.5公里。

【产业结构优化】2018年，金水区深度对接国家和省市产业发展规划，实施开放带动战略，提高创新能力，优化营商环境，加快推进产业结构进一步优化。实施开放带动战略。签约美国奕恩现实互动数据中心等带动力强的重大项目26个、协议金额280.4亿元。全力推进金水自贸区块建设，30万平方米附属物搬迁任务全部完成，进入实质性开发建设新阶段；“一带一路”经贸产业园顺利挂牌运营，自贸区块累计吸引注册企业200家，并与德国帕希姆中欧空港产业园达成战略合作，在俄罗斯等“一带一路”沿线国家设立5万平方米海外仓和10个境外办事处，探索出一条“边规划建设、边招商运营”和“区内注册、区外运营”的新路径。

创新能力提高。突出自创区“四个一批”建设，新增科技型企业264家、高新技术企业115家，总量分别达到931家、223家，占全市的21.7%和16.8%；新设立院士工作站6家、国家级研发平台3家、省重大新型研发机构1家、省新型研发机构1家，落户高层次人才团队16个，高端创新要素加速集聚。新增孵化器（众创空间）14家，累计获批国家级12家；专利申请量突破1.4万件，其中发明专利占比达到三分之一。引进国际科技合作项目11个，搭建国际联合实验室2个，并与世界大学校长联合会等3个国际平台开展合作，迈出配置全球创新资源的新步伐。

营商环境优化。主动适应国际化需求，创新出口退税融资服务，搭建河南省涉外商事服务中心，实现商事认证、商事调解等业务一站式办理，覆盖全省4000家外贸企业。深入推进“放管服”改革，区级588项“三级十同”事项全部实现“一网通办”，30个高频事项实现“一次办”。深化注册登记“全程电子化、多证合一”，企业开办时间压缩至3个工作日，新登记市场主体4.4万户，总量突破20万户、占全市的五分之一。强化政策引导扶持，兑付“金典六策”奖补资金1.8亿元，惠及企业近2000家；新培育“新三板”挂牌企业5家，总数达到31家、位居全省县（市）区第一。

【载体平台建设】持续开展“项目建设年”活动，212个省市区重点项目实现投资734亿元，创历年新高；正弘国际广场等2个商业综合体建成运营，成为郑州时尚消费新地标。金水科教园区（郑州金水高新技术产业开发区）新引进申威处理器等科技产业项目79个，正式纳入《中国开发区审核公告目录》（2018年版）。河南科技园区主营业务收入连续3年保持10%以上增长，新产品新技术交易平台汇聚上下游商家3500余家。国家知识产权创意产业试点园区成功入选世界知识产权组织技术与创新支持中心，中国郑州（创意产业）知识产权快速维权中心外观设计专利一次授权率达到100%，在全国快维中心考核中位居第一。

【精细化管理】坚持经济发展与环境保护“双统筹、双促进”，深化、细化、常态化推进大气污染防治，332处建筑工地全部纳入“三员”日常监管，82台燃气锅炉完成低氮改造，PM2.5等六项污染物年均浓度全部下降，空气质量持续向好。严格落实“河长制”，全力推进“四水同治”，贾鲁湖基本建成、杲村湖主体完工、贾鲁河蓝线工程基本完成，宽阔水面和绿树成荫的景观初步呈现；索须河故道和石沟河完成疏挖，辖区8条河流水质监测断面全部达标，基本消除黑臭水体。深入开展国土绿化提速行动，强力推进铁路沿线等区域绿化建设提质提升，拆除违法建设12万平方米，新规划绿化空间230万平方米；建成开放公园游园45个，新增绿地168万平方米。

【民生事业】坚持“以人民为中心”的发展思想，将财力最大限度向民生集中，民生领域投入49.1亿元、同比增长10.3%，占一般公共预算支出的73.5%。完成就业创业培训5116人次，新增就业再就业32711人，城镇居民和农村居民人均可支配收入分别达到46012元和26013元。新建成保障性住房6535套，落实青年人才公寓房源1500套，启动建设公共租赁住房1200套，分配公共租赁住房4294套。发放低保、高龄津贴和残疾补贴等资金5489万元，免费为2923名残疾人办理“绿城通关爱IC卡”，群众基本生活更有保障。完成第一批52个老旧小区提质改造和3.3万平方米既有建筑节能改造。

【社会治理】严格落实“四个最严”要求，11042家餐饮服务单位全部纳入风险分级管理，20家农贸市场实现追溯系统全覆盖，顺利通过国家农产品质量安全县（区）考核验收。推行安全生产阶梯目标管理和分类挂牌管理，试点建设微型消防站4座，隐患排查能力和安全防控水平不断提高，连续两年未发生生产安全亡人事故。深入开展“扫黑除恶”专项斗争和宗教专项治理，创新“警地联勤大巡防”

2018年1月19日，金水区第五届群众文化艺术节广场舞大赛举行（金水区史志办/供图）

治安联防模式，不断强化社会面治安管控，统筹推进社会矛盾化解，群众安全感满意度持续提升。

（谢雨诺）

管城回族区

【概况】 管城回族区总面积116.67平方公里，其中城区面积41.855平方公里。辖10个街道，1个乡，92个社区，24个行政村。常住人口57.5万人，出生人口7451人，死亡人口2699人，出生率13.11‰，死亡率4.75‰，全区人口自然增长率为8.36‰。

2018年，全区生产总值完成383.1亿元，同比增长8.1%；固定资产投资完成299.3亿元，同比增长15.1%，分别高于省、市7个百分点和4.2个百分点；地方财政一般公共预算收入完成28.6亿元，同比增长7.8%，收入质量高达93%；社会消费品零售总额完成339.3亿元，同比增长9%;城乡居民人均可支配收入增速高于经济增长速度。

【机构与领导】 中共管城回族区委：书记王东亮(11月免)虎强（11月任）；副书记虎强（11月免）、张艳敏(女);区委常委：王东亮（11月免）、虎强、张艳敏（女）、赵吉平、胡俊伟（7月免）、杨洁（女）、刘守斌、姚方海、刘利、史伟、刘宁、郭兴军（7月任）。

区委工作部门：办公室主任刘守斌；组织部部长刘宁；宣传部部长杨洁（女）；统战部部长姚方海；政法委书记史伟；编办主任陈静（女）；老干部局长任慧（女）；党校校长张艳敏（女），常务副校长杨文秀（女）；档案局长杨泽；机关党工委书记张丽君（女）。

2018年6月23日，管城区代表队获得全市组织系统组工业务电视知识大赛“风采奖”(管城区委组织部/供图)

区十六届人大常委会：主任刘霞（女）；副主任李蝴蝶（女）、刘三修、刘同杰、谢晓东。

区人大工作机构：办公室主任王献计；民族宗教工作委员会主任张红（女）；财政经济工作委员会主任王建华；法制工作委员会主任虎金治；城市建设农村工作委员会主任高建峰；老干部管理办公室主任吴晓芳（女）；科教文卫工作委员会主任王永善；代表民族工作委员会主任李金平（女）；来信来访工作室主任王立磊。

区人民政府：区长虎强；副区长刘利、张建锋、陈定、苏莹玺、孙涵。

区政府工作部门：政府办公室主任张平；发展改革和统计局局长殷清刚；教育体育局局长高峰；科学技术局局长吴俊斐（女）；工业和信息化委员会主任聂晓红（女）；民族宗教事务委员会主任马杰；民政局局长周满堂（7月免）；司法局局长白刘军；财政局局长朱宣合；人力资源和社会保障局局长杨国华；安全生产监督管理局局长魏良平；城乡建设和交通运输局局长赵栓来；城市管理执法局局长孙铁锋；市政建设管理局局长邢惠君（女）；环境保护局局长李旭东；农业农村工作委员会主任郝碧峰；商务局局长刘巍；文物局局长李岚（女）；卫生和计划生育委员会主任李蓉（女）；审计局局长刘本勇；信访局局长赵鹏；文化旅游新闻出版局局长马勇；住房保障服务中心主任张献忠；粮食局局长陈宏安（8月免）；机关事务管理局局长王文明；人民防空办公室主任蒋晓慧（女）；爱国卫生运动委员会主任陈俊杰；接待办公室主任乔喜玲（女）；房屋征收与补偿办公室主任胡广宇；建设综合开发总公司总经理王建伟；南水北调办公室主任郑斌(女)；政府投资评审中心主任王芳（女）；国有资产管理局局长孔艳玲（女）；社区建设服务局局长高山岭；物资总公司经理王峰；地方志办公室主任常凯。

郑州金岱产业集聚区管委会：主任虎强；副主任杨荣军（主持工作）。

郑州商都新区（管城回族区文化特色商业区）管委会：主任虎强；副主任苏莹玺、郑向阳、李阳东、巴姝芳（女）。

垂直管理部门：国土资源局局长袁涛；工商管理和技术监督局局长李建伟；税务局局长王建忠；规划分局局长赵磊（9月免）；食药监督分局局长苏保军；郑州市公安局商城路派出所所长（空缺），政委陈艳芳（女）；郑州市公安局二里岗派出所所长刘冰，政委张峰；郑州市公安局南关派出所所长顾健，政委（空缺）；郑州市公安局十八里河派出所所长王明选（8月任），政委聂学锋；交警四大队长朱子民；消防大队长游阳，教导员尹国顺。

政协区九届委员会：主席、党组

2018年3月16日，管城区检察院未成年人普法教育中心对区域内小学生进行法治教育(管城区检察院/供图)

福耀集团100万台汽车玻璃扩建项目投产（管城区委宣传部/供图）

书记王晓军（7月免）；党组副书记张平安；副主席韩红伟、陈兵、李雪宁（女）、雷金亮（11月免）。

区政协工作机构：办公室主任刘志锋；提案委员会主任冯雅莉（女）；民族宗教港澳台侨委员会主任郭海涛（女）；科教文卫体委员会主任张红军；城市建设社会法制委员会主任段建红（女）；学习宣传文史资料委员会主任陶丽丽（女）；经济委员会主任庄红梅（女）；政协委员管理联络委员会主任张志远；农村工作委员会主任刘坤；老干部管理办公室主任郑青合。

中共区纪律检查委员会书记：赵吉平。

区人民武装部部长：郭兴军；政委：张学东（3月任）。

区人民法院院长：田保忠。

区人民检察院检察长：张东。

群众团体组织：工商联合会主席韩红伟，党组书记李文军（女）；总工会主席盛伟；团区委书记王歌（女）；妇女联合会主席孟沛（女）；科学技术协会主席张惠云（女），党组书记杜小辉；残疾人联合会理事长游东梅（女）；红十字会常务副会长姚琳（女）。

乡、街道：南曹乡党委常务副书记王传胜，乡长陈慧军；十八里河街道党工委书记王志锋，办事处主任王子慧；航海东路街道党工委书记张海军，办事处主任李静（女）；北下街街道党工委书记海彦玲（女），办事处主任姚柯；南关街道党工委书记沙建武，办事处主任赵玉（女）；陇海马路街道党工委书记马建军，办事处主任陈瑞勇；二里岗街道党工委书记单书欣，办事处主任张佰勇；城东路街道常务副书记郭庆伟，办事处主任陈孝明；西大街街道党工委书记李颖辉，办事处主任魏峰；东大街街道党工委书记曹广凤，办事处主任李翔；紫荆山南路街道党工委书记李杰，办事处主任陈新义。

【商都历史文化区建设】 2018年，商都历史文化区建设重点发力，六大片区完成签约6284户，亳都古巷、两院（一期、二期）、书院街、夕阳楼5个片区实现征迁清零。书院街等3个片区与德基集团、江苏一德集团、河南建业集团签订合作协议，亳都古巷等2个片区与成都锦里旅游文化管理公司签订运营管理协议；总投资突破150亿元。亳都古巷、书院街南片区已完成土地摘牌；郑州商都遗址博物院和郑州市文物考古研究院主体完工；4个安置区中2个主体封顶，2个加快建设；城墙环境提升和道路管廊等公建项目全面开工。商都历史文化区建设正式进入"加速度"时代。全区220个重大项目完成投资677.7亿元，占年度计划的116.8%；37个重大精品项目完成投资227.9亿元，占年度计划的109.5%；24个省市重点项目完成投资301.8亿元，占年度计划的118.2%。强化要素保障，完成土地报批339公顷、征收237.87公顷、供应159.4公顷，涉及土地出让金约155.3亿元。着力招大引强，招引产业项目21个，签约总额275亿元。

【现代产业体系建设】 2018年，金水区服务业增加值完成302.8亿元，同比增长7.7%，三次产业结构调整为0.1：20.8：79.1。现代商贸业持续壮大，百荣世贸商城、荣汇国际大厦、万科广场、郑州传化公路港（一期）等项目相继建成投用；宇通客车、省一建、中油联合、张仲景大药房4家企业入围郑州市首批总部型企业，占全市总量五分之一。文化创意旅游业蓄势崛起，国香茶城代表河南参加亚洲茶叶交流合作论坛，河南文化大厦等文化产业基地影响逐步壮大，鸟虫篆在北京鸟巢艺术中心成功举办艺术展览，中州派古琴制作技艺获得国家艺术基金，红泥堂·泥塑展示馆被评为省级非遗示范展示馆；全年共接待游客600万人次，实现旅游收入2.3亿元。都市工业稳步发展，福耀玻璃100万台汽车玻璃扩建项目顺利投产，中原黄金珠宝文化创意产业园项目开始招商。管城回族区被评为"全市产业发展工作优秀单位"。园区承载能力不断夯实。商都文化特色商业区位列全省175个服务业"两区"前十，区域内黄金珠宝交易量占全市70%以上，连续两年获评"全省三星级服务业两区"。全区商务楼宇达66座，入驻企业4850家，实现区级税收4.2亿元。金岱园区争创省级经济技术开发区，汇聚省级电商企业65家，电商交易额突破200亿元；积极落实市场外迁部署，克难攻坚完成13家市场集中外迁，整理土地113.33公顷，获市长批示表扬，成为全市学习标杆，连续三年获评郑州市"五强""五快"专业园区。人才科技支撑日趋强化。成功举办第三届"中国创翼"创业创新大赛；发放创业担保贷款1.02亿元，开工建设人才公寓2000套，申报"智汇郑州1125聚才计划"项目7个，培育创新领军团队3个、领军人才

郑州文庙大成殿（管城区委宣传部/供图）

6名。加大科技研发补助及创新创业载体建设力度，中国珠宝创新空间、省珠宝设计研究院等科技综合服务平台加速建设，全区高新技术产业总产值达340亿元。

【城乡环境面貌】全年新开工中博、杨庄等24个安置地块，开工面积275.8万平方米。完成站马屯、小姚庄等7个项目回迁，累计交付安置房511万平方米；安徐庄、西堡等13个安置房项目完成网签10004套，存量风险有效化解。交通路网更加完善。区域内轨道交通3、4、5、6号线征迁任务快速推进，南四环快速化和国道310改建工程管城段征迁基本完成。新开工道路里程近60公里，振兴东路、正祥路等47条区级道路加速推进，峨嵋路、利川路等8条道路完工通车。城市面貌明显提升。深入实施百城建设提质工程，开展“整街坊靓化”，启动131个老旧楼院整治提升，完成清真寺街、北大街等20条道路大中修和57条支路背街提升改造，对26条街道实施灯光亮化工程。新（改）建垃圾中转站2座、公厕68座，在全市率先建成智慧停车管理系统，新增停车场34处、停车泊位12580个。全面开展“路长制”市容市貌大提升活动，压实三级“路长”责任，主城区所有道路均纳入管理考核；签订门前“四包”商户9300余户，累计组织人员超过30万人次，深入开展市政设施排查、卫生死角清理、“城市家具”清洗、交通秩序整治、城市亮化绿化等专项行动。引进第三方企业对46个社区实施生活垃圾“四分类”，覆盖率超过40%，完成全国文明城市复审任务。

【生态文明建设】深入实施大气污染防治攻坚战三年行动计划，全年空气优良天数157天，同比增加14天；PM10累计浓度同比下降18.7%，PM2.5累计浓度同比下降6.1%，分别位列全市第一和第三。拆改锅炉11台，完成燃煤削减3000吨，拆除加油站4座，1180辆渣土运输车全部整改达标；坚持县处级领导带队夜查制度，严格落实建筑工地“8个100%”管控要求；中央和省环保督察组交办问题基本整改完毕。生态绿化建设快速推进。编制完成《管城回族区生态建设规划（2018—2025）》，全区28个生态项目全年完成投资18.6亿元，占年度目标的128.3%，新增绿地面积230万平方米。铁路沿线11.4万平方米违章建筑在全市率先完成拆除，实现区段绿道连通35公里，新增屋顶绿化面积5800平方米，创建市级园林单位（小区）5个；南水北调生态文化公园启动建设，八郎寨遗址生态文化公园、十七里河市政公园、潮湖生态郊野公园（一期）3个综合性公园和15个公（游）园基本建成。管城回族区被评为“郑州市2018年度生态建设优秀单位”。生态水系持续净化。以“四河两库一渠”为重点，全面落实“河长制”，制定“一河一策”治理方案。投入资金320余万元，清理河道33.7公里，拆除违章建筑18430平方米，22个排污口全部整治到位，建成区基本消除黑臭水体，河湖水质持续改善，被评为郑州市“河长制”工作优秀等次，获得郑州市水利建设“中州杯”。

【社会事业】统筹推进城乡就业创业，新增城镇就业13468人，实现再就业3036人。结对帮扶卢氏县双槐树乡，开展教育、医疗等专项帮扶，义诊群众1000余人次。全面落实双拥优抚政策，发放各类优抚资金1870万元，退役军人事务局挂牌成立。累计发放低保帮扶、困难救助、高龄津贴等资金2719.7万元，新建社区养老服务中心12个、儿童之家16个；被评为“郑州市创建慈善城市先进区”。文教卫事业健康发展。全区11个乡（街道）级、83个村（社区）级综合文化服务中心完成改造提升。新（改）续建中小学、幼儿园20所，3所学校投入使用，新增学位5070个；120余家幼儿园食堂实施“互联网+明厨亮灶”工程建设。卫生健康委挂牌成立，公立医院药占比下降18.76%，家庭医生签约群众22.4万人次；十八里河镇卫生院获“全国群众满意的卫生院”称号，北下街、陇海马路和城东路社区卫生服务中心获评“全国优质社区卫生服务中心”。民族宗教工作扎实推进。开展民族团结进步创建活动，以商城路为中心打造“民族团结进步示范带”，北下街办事处获评“全国民族团结进步创建活动示范街道”，硝滩社区获评“全国民族团结进步创建示范社区”。依法规范宗教事务，稳步推进清真寺换届选举。辖区113个村（社区）全部完成换届选举，全国先进社区建设现场会在管城召开。建成乡（街道）法律服务工作站11个，村（社区）法律服务工作室113个，矛盾纠纷调成率达98%，获评“河南省人民调解工作先进集体”。深入推进“扫黑除恶”专项斗争，共抓获涉恶人员272人，冻结资金530余万元。严格落实“三管三必须”责任制，加大安全隐患排查整治力度，全年未发生重特大生产安全事故。

（韩　越）

惠济区

【概况】惠济区总面积232.75平方公里，其中年末常用耕地面积（无数据）公顷；总人口303542人，其中农村人口73305人。人口自然增长率为6.49‰。

2018年，惠济区实现生产总值171.3亿元，比上年增长9.5%。其中：第一产业增加值3.8亿元，下降19%；第二产业增加值65.8亿元，增长13.6%；第三产业增加值101.7亿元，增长8.1%。规模工业增长4.3%。粮食总产量1.6012万吨，下降20.6%。地方公共财政预算收入21亿元，地方公共财政预算支出22.4亿元。固定资产投资增长18.6%。社会消费品零售总额增速下降2.6%。商品进出口总额45531万美元。实际利用外资16952万美元。城镇居民人均可支配收入33745元，人均消费性支出26626元；农村居民人均可支配收入25411元，人均消费性支出22129元。

【机构与领导】中共惠济区委：书记马军（回族，11月任）、黄钫（11月免）；副书记马军（回族，11月免）、丁文霞（女）；区委常委：刘宏伟、马少军、廖军和、马素华（女）、张士先、李伟光、孙梅（女）、焦健。

区委工作部门：办公室主任张士先；机要局局长孙楠（女，2月任）；

郑州古荥大运河文化区战略合作签约仪式（惠济区史志办/供图）

省农业厅和市农委到惠济区督导“大棚房”整治工作（惠济区史志办/供图）

组织部部长孙梅（女）；机关工委书记穆亮（2月任）；宣传部部长焦健；统战部部长马素华（女）；台办主任高歌（女）；民宗委主任虎林山（回族）；政法委书记马少军；编办主任肖新；群工部部长王新生；老干部局局长史忠于（女）；档案局局长宋全希（1月任）、康卫军（1月免）；档案馆馆长李红超；党校常务副校长弓育红（女）；区委区政府督查（考核）室主任杨磊斌（回族）；古荥大运河文化区管理中心主任方倩（女，2月任）。

区人大常委会：主任王雅伟；党组书记王雅伟；党组副书记崔平；副主任刘满仓、宋国彦、李清海、华新定、袁加军。

区人大常委会工作机构：办公室主任付广喜（1月任）；代表联络工委主任师挺；法制工委主任孙正伟；财经工委主任王永忠；城建工委主任李建军；来信来访办主任刘治军；教科文卫工委主任弓继军（1月任）；老干部科科长贾兴起。

区人民政府：区长马军（回族，11月免）；副区长李伟光、王伟、赵登义、郭剑锋、黄国彦。

区政府工作部门：办公室主任杨喜军；法制办主任宋梅英（女）；人防办主任商桂平（女）；发展改革和统计局局长程国顺；科技和工业信息化委员会主任王浩瞻（2月任）、弓永光（2月免）；教体局局长刘博（1月任）、屈连武（1月免）；民政局局长牛鸿飞（1月任）、付广喜（1月免）；财政局局长石朝伟；人力资源和社会保障局局长马兆华（1月任）、李睿彬（1月免）；司法局局长弓永光（1月任）、弓继军（1月免）；审计局局长刘培军；住房和城乡建设局局长陈伟森（1月任）、牛鸿飞（1月免）；交通运输局局长侯永革（2月任）、何景强（1月免）；农业农村工作委员会主任李瑞；城市管理执法局局长李海亮；市政管理中心主任赵红玲（女）；文化旅游局局长丁建国（1月任）、马兆华（1月免）；商务局局长郭秋会；林业局局长金艳玲（女）；安监局局长胡斌；环保局局长马红军；食品药品监督管理局局长孙广斌（1月任）；食品安全委员会办公室主任孙广斌；工商管理和质量技术监督局局长陈晓丽；机关事务管理局局长袁玉强；政务服务中心主任王凯（4月任）；新型城镇化建设办公室主任潘志刚。

政协惠济区委员会：主席张卫民；党组书记张卫民；党组副书记宋金堂；副主席李新安、谢和平、李建国、肖丰逸（女）；政协党组成员谢和平、李建国、袁春明、李文建、贾新杰

区政协工作机构：办公室主任李向阳；经济委员会：主任韩国林（1月免）；教文体委主任刘东田；提案委员会主任王宗昌（2月任）；社会和法制委员会主任程志强。

中共区纪律检查委员会书记、监察委员会主任：廖军和。

区人民武装部：部长朱自强、政委刘宏伟。

区人民法院院长彭连城（副县）。

区人民检察院检察长谢凯歌（副县）。

区群团组织：工商联主席肖丰逸（女）、党组书记张小海；总工会主席袁加军（10月任）、劳建新（10月免）；团委书记张贝贝（女，2月任）；妇联主席赵利彦（2月任）、弓育红（女，1月免）；科协主席王锋；残联理事长常新丽（女）；红十字会常务副会长周红影（女，10月任）、张克文（10月免）。

街道、镇、开发区：刘寨街道党工委书记禹金丽（女），办事处主任邢志峰（2月任）；长兴路街道党工委书记夏利东（2月任）、朱光明（1月免），办事处主任王海建（2月任）、夏利东（2月免）；江山路街道党工委书记张铁群（2月任）、陈伟森（2月免），办事处主任刘巍巍（2月任）、张铁群（2月免）；新城街道党工委书记耿建伟，办事处主任郭永杰（2月任）；迎宾路街道党工委书记魏涛，办事处主任张琨玥（女，2月任）、孙广斌（2月免）；大河路街道党工委书记段祥生，办事处主任皇甫海林；古荥镇党委书记梁俊军（2月任）、王东亮（2月免），镇长刘庚健（2月任）、梁俊军（2月免）；花园口镇党委书记王维翔（2月任）、镇长耿宇辉（2月任）；郑州农业高新技术产业示范区党委书记钱世哲，管委会主任郑方燕（女）；河南惠济经开区党工委书记、管委会主任申任玉（10月免）；郑州惠济新区党工委书记、管委会主任马军（回族，11月免）。

荥阳故城西城墙（惠济区史志办/供图）

黄河大堤防护林（惠济区史志办/供图）

【特色产业】2018年，惠济区引入国内顶级策划团队，高标准编制完成《惠济区全域旅游总体规划及城市发展研究》《惠济区荥泽古城及周边水系策划及概念规划》，研究出台《关于推进产业升级促进经济高质量发展的实施意见》及相关配套文件，产业发展定位更高、路径更准。产业发展平台建设实现突破。古荥大运河文化区内村庄征迁有序推进，道路等基础设施加快建设；惠济新区连续五年获评郑州市“两强两快”组团新区；郑州北部商业中心城市设计和规划方案加快完善；河南惠济经开区通过国家发改委等六部委审核认可，再次列入《中国开发区审核公告目录》；郑州农业高新区获评郑州市唯一的省级农业科技园区，带动示范作用进一步增强。产业发展质量再上台阶。三次产业结构优化调整为2.2∶38.4∶59.4，服务业增加值突破百亿元，一产比重首次降至百分之三以下；主导产业完成增加值81.5亿元，较2017年增长5.9%；工业投资增长59.4%，建筑业总产值增长73.6%，培育建筑业特级资质企业1家，十亿级建筑企业5家，新增速冻食品、建筑业2个产值超百亿元的产业集群。

【提升生态优势】坚持经济发展与环境保护双统筹双促进双融合，坚持问题导向，狠抓污染源头治理。空气质量持续改善。建成智慧管控平台，实现空气质量监测全天候全区域全覆盖；散煤治理扎实开展，道路清洁实行“以克论净”，建筑工地严格“三员”管理和“8个100%”标准，重型车辆等污染源得到有效管控，PM10年均浓度同比下降4.5%。水域环境明显好转。全面落实河长制，综合整治河渠明沟30公里，清理淤泥17万吨，封堵排污口150处，整改污水私排雨水管涵180处。金洼干沟黑臭水体治理通过国家验收，贾鲁河综合治理工程截污、岸坡绿化，索须河生态提升工程基本完工，河清水美目标初步实现。土壤污染整治有效开展。核实疑似污染地块4宗，排查重点行业企业5家，土壤污染防治和修复工作稳步推进。园林绿化建设提质增效。高标准编制全域生态景观绿化设计方案，建成公园、游园33个；交通路网沿线生态环境提质提升加快实施，完成绿化范围及扩片区域拆迁约36万平方米，西三环北延生态廊道绿化全部完成，4条生态廊道建设扎实推进，绿化率居全市首位。

【建设品质城区】紧扣“以建为主、提升品质、扩大成效”的阶段任务，强化统筹协调，实行“建、管”并重，配套设施更加完善，城区功能品质大为改观。综合交通体系加快构筑。着眼贯通南北、连接东西，谋划建设市政道路205条，新开工99条，建成50条，新增通车里程60公里；长度近30公里的四环线及大河路快速化工程全线进场施工；地铁2号线二期主体完工，3号线一期、4号线推进顺利，深度融入主城区步伐全面加快。文明城市创建和百城建设提质工程深入实施。扎实做好以绿荫城、以水润城、以文化城、以业兴城“四篇文章”，惠济区文明城市创建工作受到市委、市政府表彰。高标准启动2个老旧示范片区改造提升；全区电力线路路径获批，谋划建设输变电站11座；京水东路、迎宾东路综合管廊工程基本完工。完成土地供应42宗、151.8公顷。城市精细化管理三年行动全面启动。压实责任、严格奖惩，实施“七个一工作法”，全面推行“路长制”，城区道路交通秩序综合治理、城乡接合部环境综合整治扎实开展，在全市率先完成建筑物屋顶标识招牌整治；建成停车泊位1.8万个，超额完成市定任务；新建公厕115座、垃圾中转站3座，生活垃圾分类处理覆盖率达到30%；整修支路背街小巷3条，建成公交场站2个，城市环境更加安全、整洁、有序。

【改革开放创新】持认真落实重要领域改革，持续强化开放创新，释放出强大发展动力活力。深化改革多点突破。“放管服”改革深入推进，落实“最多跑一次改革”事项587项，29家单位、413项服务事项进驻区政务服务大厅，审批服务事项进驻率、“一窗”通办率达到市定目标。新办企业审批服务时限压缩至3个工作日，取消不必要证明127项，市场主体增长22.65%，国际化法治化便利化营商环境加快构建。“双随机一公开”和“失信联合惩戒”机制全面实施，市场经营秩序持续优化。49个行政村完成农村集体产权制度改革，农村土地承包经营权确权登记颁证工作圆满收官。区级机构改革稳步推进，城市执法体制改革、医药卫生体制改革持续深化。招商引资成效显著。深度对接国内外行业领军企业，新引进投资超百亿元项目2个，新签约项目30个，吸收外资1.7亿美元，超额完成市定任务。创新驱动加快实施。深入落实“智汇郑州”人才政策，引入高层次紧缺人才111名。28家电子商务企业通过省级认定，高新技术企业、省级科技型中小企业分别达到6家、26家，重点企业、高校“双创”工作有力推进。

【社会民生】践行以人民为中心的发展思想，坚持在发展中补齐民生短板。教育文化体育事业蓬勃发展。23个教育项目加快实施，4个建成投用，3个主体竣工，10个开工建设；公开引进、招聘优秀教师245名，新增幼儿园8所，郑北一中等名校实现招生，义务教育阶段起始年级超大班额现象全面消除，教育基础更加牢固，教育资源更加优质。发放助学金165.6万元，惠及学生2000余人次。新建、改造综合性文化服务中心24个，举办文化惠民活动700余场次；第二届郑州炎黄国际马拉松赛成功举办，全民健身新风尚深入人心。医疗卫生水平显著提升。城市公立医院综合改革稳步推进，多项运行指标位居全市前列。区公共卫生服务中心项目加快推进，区域内医共体建设成效显著，免费“两癌”筛查等公共卫生服务项目全面落实，家庭医生履约人数达到16.3万人次。保障体系更加健全。新增城镇就业2819人、农村劳动力转移就业353人，超额完成市定任务，“零就业家庭”动态为零。拓宽善款募集渠道，救助困难群众5253人次。省、市、区人才公寓加快建设，公共租赁住房实现“应保尽保”。社会秩序和谐稳定。“七五”普法持续推进，84个公共法律服务平台健康运行，法律援助实现“应援尽援”。村（社区）“两委”换届工作圆满完成。安全生产形势持续稳定，信访形势实现“三下降、一好转”。食药安全监管工作持续加强，食品安全信息化建设管理经验在省、市推广。依法加强民族宗教事务管理，宗教领域热点难点问题得到有效治理。深入开展扫黑除恶专项斗争，刑事拘留166人、治安拘留96人，辖区群众的安全感、满意度不断提升。

（徐玲玲）

上街区

【概况】 上街区总面积61.73平方千米，其中耕地面积1140.26公顷；总人口19.33万人，其中乡村人口4.5万人。人口自然增长率为4.3‰。辖济源路、新安路、中心路、工业路、矿山5个街道和峡窝镇。

2018年，实现生产总值128.9亿元，比上年增长8.2%。其中：第一产业增加值0.04亿元，比上年增长9.07%；第二产业增加值66.5亿元，增长8.5%；第三产业增加值62.1亿元，比上年增长8.0%。粮食总产量0.46万吨，增长31.4%。财政一般预算收入14.3亿元，财政一般预算支出23.5亿元。社会消费品零售额62.9亿元。商品出口总额24252万元。实际利用外资9348万美元。城镇居民人均可支配收入45133元；农村居民人均可支配收入22328元。城乡居民年末储蓄存款余款105.2亿元。

【机构与领导】 中共上街区委：书记宋洁（女）；副书记耿勇军、李新军；区委常委:宋洁（女）、耿勇军、李新军、汤晓义、虎荣鑫、赵晨阳、李献民、时旭、李文昌（7月任）。

区委工作部门：办公室主任李献民；组织部部长赵晨阳；宣传部部长（空缺）；统战部部长时旭（1月任）；政法委书记（空缺）；机要局局长吴永杰；保密局局长王宁；网格办主任冯惠强；政研室主任焦阳；档案局局长安青霞（女）；机关工委书记李广久；目标绩效考核办主任郝斌；文明办主任郜锋；外宣办主任蔡旭晓（女）；台办主任胡爱敏（女）；民宗委主任虎新伟（回族）；信访局局长（空缺）；编办主任张富强；事业登记局局长蔡文勇；老干部局局长樊向阳；关工委主任张虎平；党校校长李新军。

区十三届人大常委会：主任、党组书记宋双兴；党组副书记王振慧；副主任马丽（女）、朱书民、马松宝、岳斌；党组成员赵立、李向阳。

区人大常委会工作部门：办公室主任张光斌；财经工委主任王晓；教科文卫工委主任马丽平（女）；信访室主任（空缺）；选举任免代表联络工委主任张玉红（女）；城建环保工委主任陈广宇；内务司法工委主任魏志强。

区人民政府：区长耿勇军；常务副区长虎荣鑫；副区长张向奥、阎胜、王文权、房玉雯（女）、张超；党组成员王新伟。

区政府工作部门：办公室主任张伟（11月任）；法制办主任（空缺）；外侨办主任张华雯（女）；史志办主任（空缺）；应急办主任（空缺）；督促查主任（空缺）；金融办主任（空缺）；事务局局长张威；接待办主任祁亚；人防办主任曹铁信；发改委主任何乾坤；教体局局长刘玉贞（女）；科技局局长王利霞（女）；工信委主任王玉洁（女）；公安局局长王文权；民政局局长张俊超；司法局局长韩洪涛；财政局局长牛志甫；人社局局长宋继宾；国土局局长刘铁强；安监局局长张海涛；住建局局长吕保良；城管（交通）局局长李智俊；环保局局长高天宝；商务局局长王胜利；文广新局局长杨晓东；卫计委主任王百峰（女）；审计局局长史瑞娟（女）；房产管理中心主任何爱琴（女）；统计局局长侯平松；农委主任刘毅；投促中心主任马蕾（女）；粮管中心主任姚民（女）；食药监局局长陈铠；工商质监局局长陈红伟；社保局局长杨建华（满族）；退役军人事务局局长高天宝（11月任）；政务中心主任赵鹏；爱卫办主任吴建伟；不动产登记管理中心主任张丽（女）土地储备中心主任张志贤；地产公司经理王立民；服务业集聚区管委会主任孙喜忠；新城办主任邢金聚；郑州上街产业集聚区（郑州上街产业集聚区管委会）党工委书记耿勇军；上街通航特色商业区管委会副主任孙喜忠、王晓；国家税务总局上街税务局局长宋俊民；烟草局局长钱军；邮政上街分公司总经理齐营。

政协区九届委员会：主席、党组书记邓书安；副主席武家寅、李新廷、吕现州、赵文瑛（女）。

区政协工作部门：办公室主任阎光甫；专门委主任何奇志（女）；文史委主任杨保军；经济委主任张元恒；提案委主任闫荡西；教科文卫体委主任（空缺）；社会和法制委主任（空缺）；港澳台侨和民族宗教委主任赵辉（女）。

中共上街区纪律检查委员会：书记汤晓义。

区人民法院院长：乔亦丹（女）。

区人民检察院检察长：陆一凡。

群团工作部门：总工会主席岳斌（10月任）；团区书记王馨欣（女，10月任）；妇联主席王敬群（女）；科协主席代振岭（10月任）；工商联(商会)会长张占平；侨联主席杨月凤（女）；残联副理事长虎君（女，回族）；红十字会秘书长杨悦丹（女）。

镇、街道：峡窝镇党委书记张华君，镇长陈勇；济源路街道党工委书记李立，主任张海涛；新安路街道党工委书记李超，主任马利伟；中心路街道党工委书记房玉雯（女），主任程建辉；工业路街道党工委常务副书记秦清宇，主任（空缺）；矿山街道党工委书记王兢，主任秦永娜（女）。

【产业转型升级】 开放招商取得重大突破，新签约项目41个，总金额278亿元，其中亿元以上项目35个、5亿元以上项目15个，引进省外资金59.5亿元、市外资金74.4亿元，实际利用外资9418万美元。特别是引进总投资90亿元的奥克斯项目，其中投资50亿元的奥克斯800万套智能家用空调生产基地，是建区以来投资规模最大的制造业项目，为上街区转型发展迈出坚实步伐，具有里程碑式的意义。中铝郑州企业稳步发展。实现销售收入68.51亿元，利润总额4.1亿元，创2008年以来最高盈利。中铝矿业有限公司被郑州市政府认定为总部企业，郑州长城智能产业园引进

2018年1月4日，郑州市第二外国语中学校园科技馆投入使用（杜建锋/摄）

2018年4月27日，2018郑州航展暨世界编队特技飞行年度颁奖盛典开幕（李立营/摄）

企业8家。制造业发展基础不断巩固。出台加快制造业高质量发展政策体系，工业投资较上年增长25.5%，新增规模以上企业17家。产业集聚区提质增效，引进红星盾构等4个项目，沃德新材料等20个项目投产见效。华祥耐材、华力电缆等传统制造业企业加快提档升级，郑蝶阀门等9家企业入选2018年郑州市优秀企业家领航计划。现代服务业发展态势良好。新增人寿财险等保险机构5家，以平安产险、人保财险为龙头的保险业增长势头强劲，全年贡献税收近2亿元，保险业集聚效应初显。现代物流业发展有力推进，成功引进普洛斯产业园、亿建联等现代物流项目。长城科工贸等4家企业被评为郑州市电子商务示范企业。嘉晟商业街被评为郑州市特色商业街区。企业闲置资产盘活成效显著。盘活闲置厂房和楼宇76.5万平方米，签约项目131个，总投资27.8亿元，青岛国恩等74个项目竣工投产。科技创新取得可喜进步。全年财政科技支出3621万元，增长83.06%，创历年之最。引进上海复创中原科创产业园、中关村e谷（郑州）众创空间等项目，填补上街区在创新载体平台建设方面的空白，中关村e谷（郑州）众创空间建成投用，入驻企业26家。新增国家级、省级科技型中小企业46家。中铝郑州研究院负责起草的7项国家标准发布实施。中力泵阀等7家企业通过高新技术企业认定，铝都阀门等5家企业在中原股权交易中心挂牌。引进各类技能人才412人。

【“一区一港一城两片区”重点项目】 郑州国家通航产业综合示范区建设全面提速。示范区三年行动计划和产业规划编制完成，通航产业专项支持政策在全省率先出台，国家通航产业综合示范区建设研讨会在上街区召开，河南省通航协会在示范区成立；2018郑州航展成功举办，“晚霞音乐飞行秀”在国内航展首次亮相，吸引央视等主流媒体竞相报道，郑州航展已成为上街区和郑州的一张靓丽名片。上街机场综合服务中心主体完工、三期改造工程竣工，成为2018年国内条件最好的通用机场。正商通航商务中心等6个项目签约落地；啸鹰获得91部通航经营和运行许可证，三和自转旋翼机取得生产许可证、新签订单250架，“海王一号”地效翼船成功完成淡水和海水试飞实验，通航制造实现质的突破；永翔、华美等运营企业完成农林作业35.33万公顷，通用航空各类作业飞行近6000小时。中国（郑州）有色金属国际物流港产业园成功获批省级现代服务业专业园区，并在2018年河南省政府工作报告中强调支持发展；《郑州铁路枢纽总图规划（2016—2030年）》明确，上街区为郑州铁路货运系统“1+2+N”三级物流节点网络中的二级物流基地，标志着陆港项目正式纳入中国铁路总公司和省政府重点项目“大盘子”，上街铁路物流基地建设写入2018年郑州市政府工作报告；上期所铝期货交割库扩容至5万吨、规模为河南最大。商品汽车中转能力年16.2万辆，集装箱多式联运中心吞吐能力年100万吨，郑新班列开行150班，铁路货运量710万吨，主营业务收入达10亿元；云和数据等4个项目签约落地。奥克斯项目签约入驻，一期土地完成挂牌出让，地面附属物清理、文物勘探等工作基本完成，道路建设、高压线入地、赤泥管道迁改、土地平整等工作加紧实施。五云山休闲康养片区功能不断完善，引进台湾彰基医院医疗服务体系和台湾廻乡有机农场，签约北京市海淀外国语实验学校、河南少年先锋学校；完成中线道路、小夫牧场等景观升级。方顶驿文化旅游片区建设全面实施。古村修复和古村示范区主体完工，方顶湖完成东区景观改造升级，片区工程完成投资4亿元。

【城市建设管理】 百城建设提质工程积极推进，实施项目55个。地铁10号线、汝南路立交桥、中心路西延等工程加快推进，昆仑路南延、新安路中段大修等竣工通车，新建街等4条背街小巷完成改造；完成城市双修、老旧片区示范区规划设计，晨光小区等7个老旧小区改造完工；铺设各类管网60公里，新建改造换热站22座，新增供暖面积130万平方米；建成2个立体停车场，新增停车泊位604个；区级便民服务中心主体工程完成70%，体育场等6个应急避难场所改造完成，新建改造公厕20座；第二污水处理厂污泥无害化处置设施建成投用，第三污水处理厂完成项目前期论证。管理水平进一步提升。完成环卫体制改革，公开招标两家专业保洁公司实施全域保洁，投资2560万元新增环卫作业车辆62台，城区机械化清扫率100%；深入开展全城清洁行动，清理生活垃圾2000余立方米，拆除楼顶违规广告牌309处，新增省级、市级卫生单位20个。上街区被评为全市“双迎攻

至2018年6月20日，地铁10号线在上街区的5个站点全部进入站台主体结构施工阶段（高福生/摄）

坚”先进单位，获全市城乡管理综合考评第三名。完成生态建设、生态水系总体规划和城市绿地系统、海绵城市专项规划编制，实施生态项目20个，完成投资11.2亿元，新增绿地面积42万平方米，人均公园绿地面积达15.2平方米，“300米见绿、500米见园”初步实现，上街区获得全市园林绿化工作银杯。陇海铁路沿线违建全部拆除、绿化工程大头落地，昆仑路沿线南段绿化任务基本完成；寨沟等6个公园游园建成，雁山路等12条道路绿化带改造建设完成；占地600余公顷的郊野公园成功纳入郑州市郊野公园专项规划，即将开工建设。河（湖）长制全面落实，完成枯河及西支排洪沟黑臭水体整治，五云湖水系建成，“两河六湖”持续提档升级，全区水域面积达233.33余公顷。全年收储土地9.04余公顷；盘活闲置土地84公顷，供应土地100.33公顷，出让土地64.33公顷，较上年分别提高86%、25.94%和47.14%。

2018年8月30日，郑州国家通用航空产业综合示范区项目集中签约仪式在上街区举行（许　峰/摄）

【污染防治】坚持主要领导挂帅，全员上阵、全力以赴，完善县处级领导带队夜查、各单位24小时督导检查等工作机制，建成生态环境综合指挥中心，聘请第三方专家团队开展精准治污，强化“六控”措施落实。铸造、刚玉、微粉、耐材四大行业提标治理有序实施；灰渣库治理取得显著进展，13家加油站双层罐改造在全市率先完成，311家工业企业安装喷淋雾森降尘装置，108家工业企业安装微型监测站，空气质量持续改善，PM10、PM2.5年均浓度同比分别下降6.14%、3.23%，均完成市定目标，在郑州市八区县排名中，分别由2017年的第七位升至第五位、第六位升至第三位，特别是在周边地区空气质量整体较差的情况下取得如此成绩来之不易。探索的“一密闭六到位”工业企业监管经验受到省生态环境厅肯定，并在上街区召开现场会向全省推广。

【社会民生】全年财政民生支出16.69亿元，较上年增长13.7%，占全区一般公共预算支出比重71%。精准脱贫攻坚战持续深化。脱贫户“N+2”巩固提升计划深入实施，落实各项扶持资金183.2万元，投资626万元的石嘴书画产业培训中心项目建成投用，冯沟村核桃深加工产业发展项目竣工投产，实现除政策兜底外全部脱贫。卢氏县木桐乡结对帮扶深入开展。安置房手续办理推进有力。全区13个安置小区完成“四证”办理11个，办理率85%，超额完成市定目标；全年安置房网签1384套，完成目标的115%，位居全市前列。创业就业扎实推进。新增城镇就业2774人，发放创业担保贷款1540万元，完成各类职业技能培训974人次。社会保障扩面提质。拨付低保、优抚、帮扶等资金1283万元，发放残疾人补贴484万元、救助资金85万元、高龄津贴312万元，累计保障4.5万人次，福泽园建成投用，12349智慧养老服务深入开展，公共租赁住房实现应保尽保。教卫文事业繁荣发展。国家级航空科创研学基地落户上街区，编制完成《上街区中小学幼儿园布局规划》，区幼儿园综合楼项目主体完工，实验初中教学楼和实验高中食堂建成投用；高考成绩再创历史新高，一本上线人数较去年增长28.1%。拨付基本公共卫生、公立医院改革等各项补助1205万元；分级诊疗、家庭医生签约服务和医联体建设全面推进；十五人民医院项目加快建设，天佑医院正式运营，16个社区卫生服务站提档升级，锦江南路社区卫生服务站建成投用；全省规范化卫生监督机构创建工作现场会在上街区召开。举办建区60周年摄影展、第二届文化艺术节等活动近500场，上街文化艺术小镇被确定为郑州市文化产业示范基地，新华书店文化综合体项目主体完工，新建31个图书馆分馆、30个文化馆分馆，提升改造54个基层综合性文化服务中心，区图书馆再次被评为国家一级馆，全市基层综合性文化服务中心建设和全市图书馆文化馆总分馆制建设观摩会在上街区召开。历史遗留问题得到有效解决。按照“尊重历史、面对现实、依法依规、统筹兼顾”的原则，汽车站改制、金屏社区三村改造、魏岗安置区建设、二十四街坊改造等遗留问题基本解决到位，出台《关于处理国有建设用地上不动产登记相关问题的意见》，84个小区5111户居民不动产登记问题得到解决。社会大局保持和谐稳定。治安防控体系持续完善，扫黑除恶专项斗争深入开展，上街区连续十年被评为全省综治和平安建设优秀县（市）区；集中整治信访突出问题，被评为全省赴京上访专项治理先进县（市、区）；完善政府债务管理机制，稳步推进防范处置非法集资、化解金融风险等专项行动；安全生产、食品药品、信访稳定、社会治理等工作进一步加强，社会大局安定和谐。

【政府效能建设】深入开展“作风建设年”活动，健全周通报、月评比、季观摩讲评、半年擂台比拼、全年总结表彰的工作推进机制，政府执行力和推动力进一步增强，干事创业的氛围更加浓厚。机构改革有序实施，新老机构顺利衔接。“放管服”改革走在省市前列，取消区级各类证明事项217项，912项审批服务事项“一网通办”率100%，498项政务服务事项实现“最多跑一次”，企业开办时间压缩至4天内，全市审批服务事项“三级十同”现场会在上街区召开，全国基层政务公开标准化规范化试点通过省级验收，全市防震减灾工作现场会在上街区召开，被评为全省防震减灾综合工作先进单位。侨联工作经验在全省推广，区工商联被评为全省“五好”县级工商联，国企“三供一业”分离移交工作稳步推进。自觉接受人大、政协监督，办理人大代表建议81件，政协委员提案106件。

（周昱宏）

人物 荣誉

人物

2018年全国“五一劳动奖章”获得者名单

宋成刚 男，汉族，河南巩义市人，1972年11月出生，1994年参加工作，中共党员，大学本科，郑州市二七区地方税务局党组书记、局长。

在宋成刚的带领下，二七区地方税务局牢固树立“抓好党建是本职、不抓党建是失职”和“抓好党建是最大政绩”的理念，始终坚持“围绕税收抓党建，抓好党建促税收”的思路，认真落实全面从严治党主体责任，建立“下抓两级、抓深一层”工作机制，真正形成一级抓一级、层层抓落实的党建工作格局。抓好“三会一课”，教育帮助党员树立正确的三观。精心打造“党建+”工作品牌，建设党建文化教育基地，设置“党员示范岗”“党员志愿者”等岗位，激励党员干部勇当组织收入“尖兵”，争取服务发展“标兵”。

他利用全省税收征管系统平稳上线契机，全力开发工会经费与财税库银联网项目，制订了联合发文《河南省地方税务机关代收工会经费和工会筹备金实行国库汇缴管理操作办法》，为项目的顺利完成提供了制度保障。架通了工会经费与财税库银横向联网的“桥梁”，实现工会经费征收的实施入库，彻底解决了纳税人无法使用财税库银系统进行申报缴纳工会经费的难题。2012—2017年累积组织各项收入207亿元，完成工会经费1.9亿元，总量位居全市前列，特别是2017年，组织各项收入首次突破50亿元大关，受到地方党委政府的充分肯定。

他坚持以自主申报和优化服务为重点，以税收风险管理理念为指导，按照改革时间表和路线图，带领全局上下以时不我待的抢先精神、精益求精的工匠精神，倒排工期、蹄疾步稳，坚决打赢征管改革集成、社会保险费征管、科技信息化建设、打造地税铁军“四大攻坚”战役。作为数字人事试点单位，在全省率先实现数字人事上线运行，以及数字人事移动版与PC版同期上线，为省局党组交上一份满意答卷，该项工作经验被数字人事专报刊登推广，并代表参加国家税务总局数字人事交流座谈会做先进经验发言。

作为郑州市地税系统信息化建设的优秀人才，宋成刚全国首创房地产、建筑业行业税收网络一体化横式，全面推行拓展财税库银横向联网，实现17种缴款模式，创全国之最，在全国率先实现POS机集成两种刷卡缴税功能，实时入国库及入代结算财政款项账户，扩大POS机的应用范围，使各项业务向纵深拓展，实现自助办税四个全国首创，打造郑州“4A”理念。率先开通自动化办公邮件短信提醒功能，先后带领项目组在全市建成10家24小时自助办税服务厅，获得穿墙式自助办税设备外观国家专利；建成全省首个县级效能监控指挥中心和房地产集中办税大厅；建成集智能引导、实时监控、绩效考核为一体的“一站式”智能化纳税服务平台；率先实现POS机银行端缴税等多种信息管税系统，全省首家开启“全民付”支付平台，社保费缴纳实现足不出户。有效整合国地税服务资源做“加法”、简化流程做“减法”，通过率先建立的三个国地税联合24小时办税大厅，让纳税人切实体会到“进一家门、办两家事”的便利。推开“1112”办税新模式、推广使用河南地税手机APP、升级改造自助办税区，让办税更多元，让数据多跑路，让群众少跑腿，受到群众高度好评。

赵杰 男，汉族，河南永城市人，1969年5月出生，1987年7月参加工作，中共党员，博士研究生，二级教授，主任药师，博士生导师，郑州大学第一附属医院党委副书记、工会主席。中华医学会临床药学分会主任委员，中国卫生信息学会远程医疗信息化专业委员会主任委员，中国互联网医疗健康产业联盟副理事长，国家远程医疗中心主任，互联网医疗系统与应用国家工程实验室主任。

赵杰是中国远程医学、互联网医疗健康、临床药学和医疗大数据领域的科技领军人物之一，奠定了中国远程医

疗发展基础，引领着远程医疗、互联网健康、临床药学和医疗健康大数据的发展前沿。他领导建设河南省远程医学中心并建成中国技术最先进、覆盖面最大、运营最为成熟的远程医疗服务平台，覆盖河南省全省和新疆、山西、四川、山东、贵州、云南、福建、湖北、湖南等省份，直接联网省内外医疗机构600余家，间接联网医疗机构3000余家，并与赞比亚、俄罗斯等“一带一路”国家实现了远程医疗互联互通，被国家卫生计生委设置为国家远程医疗中心，承担全国远程医疗平台与网络建设、质量监测、数据分析、人才培养与技术交流等工作，极大地造福了河南及相关省份的基层和偏远地区群众，年综合会诊及专科诊断30余万例，50余万人次基层医护人员接受了远程医学继续教育，年节约群众医疗开支10亿余元，经济社会效益显著。

他主持国家重点研发计划专项、国家自然科学基金、国家863计划课题、国家科技惠民计划专项、河南省重大科技专项等项目16项，获得科技经费1亿余元，发表论文80余篇，出版著作6部，取得9项计算机软件著作权登记证书，获得河南省科技进步奖一等奖1项、中华医学科技奖一等奖1项、河南省科技进步二等和三等奖6项，主持颁布2项、参与颁布4项国家卫生行业标准和1个国家远程医疗信息系统建设技术指南，相关成果已实现成果转化，产生实际效益，在河南省和多省区域协同医疗信息平台上顺利运行。

赵杰及其所领导团队的扎实工作取得了极高的社会声誉，在国内外产生了重大影响。2016年，中央电视台以“五级联动分级诊疗 百姓共享优质资源”为主题对他主持的工作进行报道，分别在2016年4月15日晚CCTV《新闻联播》和次日CCTV《朝闻天下》中播出。2017年8月18日，CCTV-4以“远程医疗助力健康丝绸之路”为题，对他在“一带一路”暨“健康丝绸之路”高级别研讨会上领导建设展示的国际远程医学平台做专题报道。2016年1月21日，因其领导建设的远程医疗系统发挥的节约群众医疗支出的突出效果，赵杰获得河南省2015年年度经济人物创新奖。

李伟锋 男，回族，河南开封市人，1974年2月出生，1996年7月参加工作，中共党员，研究生，郑州市金水区国家税务局党组成员、副局长。国家税务总局干部培训学院兼职讲师，全国税务系统所得税业务人才库成员，河南省“高新技术企业”评审专家库成员，2017年度河南省工信委“河南省创新管理提质增效专家组专家”，河南省财政厅政府和社会资本合作（PPP）专家。

李伟锋先后获得河南省国税系统2007、2011两届“税收征管能手”称号、全省第一届税收业务比武竞赛第一名；2010年6月，独立出版《企业所得税纳税指南》等专业书籍；2013年获得河南省国税系统兼职教师优秀课件一等奖；2008年3月被省工会授予河南省“五一劳动奖章”。

2016年5月，全国范围内营业税改征增值税试点全面推开，为便于纳税人准确理解、掌握新营改增相关政策规定，李伟锋始终全程参与、全程指导，新出台的政策条文他第一个研读，新下发的任务数据他第一时间跟进。在李伟锋组织下，金水区国税局成立由一线干部职工组成的11个专业辅导突击队，深入企业、工厂开展一对一精准辅导服务。同时建立建筑业、房地产业、金融保险、生活服务业四个行业微信辅导群，随时在线开展疑难问题解答。李伟锋历时两个月，利用业余时间编辑90万字的《新营改增系列文件解读》和《新营改增实务操作指南》，对现行增值税法规进行分类摘引，并收集4个行业的填报实例，结合增值税申报表的讲解，为纳税人提供准确的政策支持。面对户数激增、设备缺口较大、基础数据缺失等诸多困难，李伟锋迎难而上，闯过数不清的难关，共主持召开专项辅导会议50多场次，每场都亲自上场，为纳税人解决疑难问题1170多项。经过反复分析、辅导、改进，企业税负稳步下降，企业减税效应明显，营改增的“四场战役”任务顺利完成，纳税人由11万户增加到15万户，改革红利得到释放，为全区深化供给侧结构性改革发展做出应有的贡献。

由于工作成效突出，李伟锋被国家税务总局评为全国营改增工作先进个人，并记个人三等功。《新营改增系列文件解读》和《新营改增实务操作指南》获得河南省国税局2016年度税收优秀科研成果二等奖。金水国税局“营改增”引发企业良性发展典型事迹，受到国家税务总局王军局长批示。中央电视台《新闻联播》、中央人民广播电台《新闻和报纸摘要》、《中国税务报》、河南电视台、《河南日报》等全国主流媒体悉数报道金水国税局营改增工作取得的成效。

2018年河南省“五一劳动奖章”获得者名单

梁嵩巍	郑州投资控股有限公司党委书记、董事长
张新云（女）	郑州市二七区总工会主席
王淑慧（女）	新密市平陌镇政府党委书记
邢惠君（女）	郑州市管城回族区市政建设管理局局长
吴晓昊	郑州市中原区教育体育局党组书记、局长
陈慧勇	郑州宇通客车股份有限公司公交新能源产品部副部长
李影江	富士康科技集团郑州科技园员工
郭　超	恒天重工股份有限公司班长
史旭阳	国网河南省电力公司郑州供电公司班长
刘兆青	巩义市人民医院手足外科主任
刘成俊	郑州市公安局治安管理警察支队危爆大队负责人
南明洲	格力电器（郑州）有限公司副科长
孙明浩	国网河南省电力公司郑州供电公司上街客户服务分中心主任
尹　强	中铁隧道股份有限公司工会主席

荣　誉

2018年全国“五一劳动奖状”获得单位

郑州交通运输集团有限责任公司长途汽车客运东站售票室 郑州长途汽车客运东站隶属于郑州交通运输集团有限责任公司，位于郑州东站东北角，日发班次600余班，日均客流量1.6万人次，高峰期达3.5万人次。售票室负责出售发往全国各地车票，为旅客提供窗口售票、联网售票以及自助机售票服务，做好旅客咨询，问事、改签及退票等综合性服务。

售票室注重科室文化引领，建立学习型团队。每天召开班前班后会，提出工作要求，点评当班工作得失，交流售票工作技能，不断提升售票服务水平，2015年售票室被郑州市总工会评为“郑州市五一劳动奖状”、“郑州市五一巾帼标兵岗”，2016年售票室被郑州市团市委评为“青年文明号”，2017年售票室被河南省总工会评为“河南省工人先锋号”荣誉称号。售票室的先进事迹入选2017年中华全国总工会编撰的《共和国脊梁》画册。

为更好地展示窗口形象，打造服务品牌，长途汽车东站2016年5月成立“晓丽帮帮售票班组”，为旅客提供品牌级优质购票服务。“晓丽帮帮售票班组”秉承“爱心传递千万客、晓丽帮帮伴您行”的服务理念，为旅客提供干净、整洁的购票环境，提供窗口售票、联网售票、手机专线添加旅客微信、支付宝置换现金购票服务。晓丽帮帮售票班组紧紧围绕“三帮、四心、五主动”开展各项售票工作，为旅客提供主动、微笑、规范的温情服务，坚持岗位练兵，每月开展“小指标”竞赛，每月评出售票状元、联网售票状元和保险售票状元，评选科室服务明星，树立职工学习争先的楷模；日常工作中设立农民工、学生等售票专口，在节假日等客流高峰期，增开人工售票窗口，并根据情况加开城际公交售票专口，加快售票速度，曾创下单人单班最高售票近3千张的记录；让旅客高兴而来，满意而去。

售票室每年在寒暑假期间，深入到郑东新区的郑州航院、华北水利水电大学等校区以及富士康、双汇等大型厂区，开展上门售票活动。通过“场站前移、上门售票”，积极开展全员营销工作，不仅方便了广大学生和旅客购票，而且把方便和实惠送到学校，得到广大学生和旅客的好评。2017、2018年春运期间，长途汽车客运东站上门售票工作受到郑州人民广播电台、郑州电视台等新闻媒体的报道。

国网河南省电力公司郑州供电公司营销部综合室供电服务指挥中心 供电服务指挥中心隶属于国网郑州供电公司，现有员工61人、平均年龄29岁，担负着全市167万电力客户的诉求服务工作，年受理业务工单17.23万余件，全体成员秉承“你用电、我用心”的服务理念，以“让声音微笑，用行动说话”的工作目标，用微笑的声音和真诚的服务，架起了一座与电力客户之间沟通交流的连心桥，用耐心、细致、全方位的服务赢得了客户的高度赞誉。

为更好地响应客户诉求，建立“以客户为中心”的服务体系，供电服务指挥中心将95598电力服务热线客户反映的故障报修诉求和非抢修诉求实现集中受理，再造故障报修业务和计量故障处理业务流程，实现客户诉求的一站式处理。

为进一步做好电监办转办、市长电话终端、数字化城市管理案件、ZZIC、心通桥、郑州市社会公共管理平台、数字化城市管理中心等政府平台“一口对外”的工作，制订了《国网郑州供电公司数字化城市管理案件管理规定》等要求，同时供电服务指挥中心专门安排一名业务熟练的座席员到市长电话室值班，直接回答市民反映的用电问题，及时消除市民在迎峰度夏期间的用电疑虑，连续多年被市政府授予市长电话网络工作先进单位称号，树立良好的供电企业形象。2017年共受理政府平台转办事件6.92万余件，月均办理政府平台转办业务5767件。班组被评为郑州市公开（热线）电话系统群众诉求办理优秀平台。

以供电服务指挥中心座席员为主要力量的“微笑服务队”坚持不间断的开展现场优质服务活动。在社区，为广大市民讲解用电常识，在校园，向孩子们宣传安全用电，在敬老院，为孤寡老人送去节日的祝福。联合水、电、气、暖合作单位共同开展优质服务进社区活动。将微笑的足迹留在郑州的大街小巷，树立郑州电力的良好形象。

充分利用网络新媒体，以微博这一丰富而时尚的形式及时传递有关安全用电和节约用电常识、停电信息、故障抢修、缴费方式等方面的服务资讯，并通过微博接受群众监督，拓展供电优质服务的新途径。

不断加强业务管理和员工服务能力管理能力，创新建立坐席五星评定的绩效管理方式，将评定标准细化、工作内容量化，指标管理动态化，以广大客户对服务的感知度，作为评价标准，不断地促进郑州公司热线服务工作的提升。

针对居民小区18点前不能复电、计划停电延期等十个应急触发条件，及时启动服务应急工作，强化过程跟进管控，提升了服务应急处置效率和综合处理能力，该项应急体系的建立在国网公司管理方面属首创。

郑州市第一建筑工程集团有限公司第七项目经理部 郑州一建集团第七项目经理部成立于2000年，第七项目部目前在职职工275人，其中党员30人。十几年来，项目部一直秉承诚信经营的管理理念，铸造了一个个精品工程。

为响应集团公司和郑州市建委的号召，更好地对施工现场的工人进行管理，“林湖美景保障性住房”项目工地从开工便实行劳务实名制管理，在进出工地的唯一通道处设置两台闸机，进出现场所有人员必须刷卡才能进出工地。另外，为更好地体现项目部的人性化、科学化管理，保障工人朋友的合法权益，第七项目部成立工会委员会，并在“林湖美景保障性住房”项目工地同时成立工会委员会和农民工工会联合会，形成两级工会管理。河南省总工会、郑州市总工会领导也多次莅临“林湖美景保障性住房”项目工地指导工作。与此同时，“林湖美景保障性住房”项目工地还成立农民工夜校，关注工人朋友的成长。

开工伊始，项目部就制订“优化方案降成本，改进技术提质量”的措施，针对项目管理中的重点难点，打破施工总承包管理瓶颈，前期与设计紧密结合，以PDCA管理模式开展工程前期筹划工作，优化设计施工方案后制订项目管理规划，高目标导向。

为提升施工质量，项目部组建QC攻关小组，为提高混凝土竖向构件的养护效果和解决施工现场楼层文明形象，获得多个省级奖项，对工程质量的提升起到很大作用。

2018年河南省“五一劳动奖状”获得单位名单

郑州航空港兴港投资集团有限公司
大唐巩义发电有限责任公司
盾构及掘进技术国家重点实验室
郑州中学
天瑞集团郑州水泥有限公司
中牟郑银村镇银行股份有限公司
国网河南省电力公司中牟县供电公司

2018年河南省“工人先锋号”获得集体名单

郑州宇通客车股份有限公司制件二车间
富士康科技集团郑州科技园iDPBG事业群DP2制造一处制造三部制二课
中铝矿业有限公司洛阳分公司采矿一车间自采班
河南中烟工业有限责任公司黄金叶生产制造中心卷包部
郑州交通运输集团有限责任公司客运北站
郑州煤炭工业集团有限责任公司大平煤矿生产准备队
郑州市公共交通总公司快速公交公司B3路公交线路
中国移动通信集团河南有限公司郑州分公司财务部
郑州银行股份有限公司公司业务部
巩义市国家税务局回郭镇税务分局
郑州市金水区市政设施管理养护所市政设施养护工程队
郑州市公共交通总公司第二修理公司陈砦车间综合组

（华　颖）

附 录

统计资料

国民经济和社会发展总量及速度指标一览表

表5

指　　标	单位	1990	1995	2000	2005	2010	2015	2016	2017	2018	2018比上年±%
人口与面积											
人口	万人	557.8	600.3	665.9	716.0	866.1	956.9	972.4	988.1	1013.6	2.6
建城区面积	平方公里	112.0	108.3	133.2	262.0	342.7	437.6	443.0	500.8	543.9	8.6
宏观经济											
国民经济核算											
地区生产总值	亿元	116.4	386.4	728.4	1660.6	4040.9	7311.5	8114.0	9193.8	10143.3	8.1
第一产业	亿元	14.4	28.5	42.4	72.4	124.6	150.9	156.4	151.6	147.0	2.1
第二产业	亿元	62.5	203.5	343.3	872.8	2269.9	3604.2	3796.9	4082.7	4450.7	8.1
第三产业	亿元	39.5	154.3	342.7	715.4	1646.4	3556.4	4160.7	4959.5	5545.5	8.3
固定资产投资											
全社会固定资产投资额	亿元	26.9	165.6	258.4	820.0	2757.0	6371.7	7070.4	7635.5		
固定资产投资	亿元	20.0	132.4	159.4	610.2	2432.5	6288.0	6998.6	7573.4		10.9
财政											
地方财政一般公共预算收入	亿元	10.5	17.1	43.6	136.1	386.8	942.9	1011.2	1056.7	1152.1	9.0
地方财政一般公共预算支出	亿元	6.5	17.8	49.0	136.7	426.8	1106.0	1321.6	1514.9	1763.3	16.4
价格总指数											
商品零售价格指数	以上年为100	100.8	110.4	99.1	101.2	102.7	99.0	100.2	101.7	103.6	3.6
居民消费价格指数	以上年为100	101.8	114.5	99.0	102.4	103.0	101.1	102.3	101.8	102.4	2.4
外商投资											
利用外资											
合同利用外资额	万美元	1132	21086	12860	63766	191632	125514	426930	352024	115032	-67.3
实际利用外资额	万美元	768	15020	9211	33549	190015	382661	403305	404969	421080	4.0
产业											
农业											
农林牧渔业总产值	亿元	24.6	51.5	73.2	126.2	221.4	276.6	285.2	263.1	241.3	2.1
粮食总产量	万吨	154.2	140.1	158.7	153.0	166.7	168.3	161.0	153.2	157.4	2.8
工业											

续表5

指　　标	单位	1990	1995	2000	2005	2010	2015	2016	2017	2018	2018 比上年±%
工业总产值	亿元	174.4	647.9	1005.3	2411.5	7958.3	14779.6	15531.3	16329.2		6.3
工业增加值	亿元	39.8	87.1	187.5	569.7	1996.0	3312.3	3215.4	3191.3		6.8
规模以上工业											
资产总计	亿元	142.3	470.3	749.8	1473.6	3898.8	11296.7	13101.6	13556.6	10743.6	-0.3
负债合计	亿元	89.6	328.6	477.5	946.3	2134.9	6257.4	7623.1	7949.3	7434.0	1.5
主营业务收入	亿元	104.6	307.8	530.9	1673.0	5942.3	13587.5	14158.2	14738.9	8898.0	4.8
利税总额	亿元	18.0	37.9	67.2	230.2	1058.1	1539.6	1507.3	1468.0	1114.3	8.3
建筑业											
建筑业总产值	亿元	12.7	45.5	106.0	299.4	1352.3	2714.7	2891.1	3495.6	4225.3	20.9
施工房屋面积	万平方米	325	805	1217	2937	8876.9	23205.9	25323.5	23772.0	32046.7	34.8
竣工房屋面积	万平方米	148	306	440	765	2601.7	4317.9	4829.4	4409.3	4950.2	12.3
交通运输											
旅客周转量	亿人公里	69.3	92.0	125.1	189.6	301.4	279.6	311.9	329.3	341.5	3.7
#铁路	亿人公里	46.0	53.0	60.0	80.0	113.9	134.5	138.2	152.5	157.1	3.0
公路	亿人公里	23.3	32.1	56.3	82.7	137.7	79.7	107.7	104.4	97.1	-7.0
航空	亿人公里	1.0	6.8	8.8	26.9	49.8	65.4	65.9	72.4	87.3	20.6
货物周转量	亿吨公里	196.2	212.9	226.5	287.7	479.8	548.2	686.4	779.2	864.4	10.9
#铁路	亿吨公里	181.6	181.9	156.2	187.9	199.4	172.7	176.8	202.4	213.8	5.6
公路	亿吨公里	14.7	30.9	70.1	99.4	279.8	370.0	494.8	558.2	621.4	11.3
航空	万吨公里	150.0	574	1281	3385	5641	54276	147408	185694	291232	56.8
邮电通信											
邮电业务总量	万元	1.2	8.5	42	108.2	296.3	297.8	427.1	484.5	1053.0	117.2
国内商业											
社会消费品零售总额	亿元	47.4	164.1	381.8	706.7	1702.1	3294.7	3665.8	4057.2	4268.1	9.7
限上批零贸易企业销售额	亿元	44.9	401.0	437.4	1274.3	2339.1	4751.8	6258.5	5876.6	5998.0	2.1
对外贸易和旅游											
进出口总值	万美元		16129	19216	110193	452442	5702633	5502878	5963545	6150725	3.1
#出口总值	万美元	1119	13072	12313	75659	331272	3124586	3169974	3456133	3860020	11.7

续表5

指　　标	单位	1990	1995	2000	2005	2010	2015	2016	2017	2018	2018比上年±%
旅游外汇收入	万美元			4653	7769	13384	18000	18800	19710	21000	5.0
金融											
金融机构各项存款	亿元	86.3	464.4	1215.4	3116.1	7990.9	16936.3	19000.7	20349.6	21767.2	7.0
金融机构各项贷款	亿元	87.0	373.7	881.9	2428.1	5717.5	12650.3	15422.4	17992.4	21202.2	17.8
教育											
在校学生数	万人	84.4	114.9	139.7	191.3	222.3	260.2	286.9	302.3	323.2	6.9
专任教师数	万人	6.2	5.9	7.1	9.4	12.5	15.6	16.2	17.2	18.1	5.2
人民生活											
城镇居民人均可支配收入	元	1496	4535	5935	10640	18897	31099	33214	36050	39042	8.3
农村居民人均可支配收入	元	692	1555	2912	4774	9225	17125	18426	19974	21652	8.4
城市居民人均居住建筑面积	平方米			15.5	22.3	29.3	36.8	38.2	38.4	39.5	2.9
农村居民人均居住面积	平方米	21.5	23.8	35.4	43.7	56.0	53.6	55.3	58.3	76.5	31.2
城乡居民储蓄余额	亿元	56.1	254.2	565.8	1436.1	2911.0	5695.5	6297.6	6538.2	7157.3	9.5
工资											
在岗职工年平均工资	元	2126	5226	9017	16694	32779	52987	61149	70486	80963	14.9
卫生											
医疗机构数	个	935	879	688	1637	1347	3922	3964	4421	4773	8.0
卫生技术人员	个	28410	30590	31137	33568	49519	86518	94955	106458	117013	9.9
医疗床位数	张	20937	22122	24472	29295	47094	78242	85929	91454	98249	7.4
市政建设											
自来水供水量	万吨	23037	32506	28783	30448	37724	35181	37259	39635	42098	6.2
城市集中供热面积	万平方米		851	1383	1777	2261	5270	6050	11726	14724	25.6
用气人口	万人	59.5	107.9	149.2	230	439	608	615	517	515	-0.4
城市道路长度	公里	428	563	684	1131	1338	1809	1932	2101	2202	4.8
公共汽(电)车总数	辆	404	728	1342	3077	4788	6221	6230	6180	6373	3.1

注:1. 1990年城市居民人均可支配收入以人均生活费收入代替;2. 直接进出口总值、直接出口总值统计范围不包括国家部委及省属进出口公司,1995年、1990年为业务统计数,2000年和2003年以来为海关数;3. 2013年邮电业务总量按2010年可比价格计算,2001-2010年按2000年可比价格计算,2000年以前按1990年可比价格计算;4. 固定资产投资2010年以前为城镇投资;5. 2010年以后,工业总产值和增加值包含河南中烟工业公司和河南电力公司;6. 2017年、2018年用气人口数不包括液化石油气用气人口数。

表6

年末人口基本情况一览表

（2018年年底）

县(市)区	总户数(户)	总人口(人)			城镇化率(%)
		合　计	#女　性	城镇人口	
全市	**3007954**	**10136016**	**4967916**	**7437809**	**73.38**
中原区	254302	783251	382074	714795	91.26
二七区	279372	838118	415706	761430	90.85
管城区	169156	575132	280319	500940	87.10
金水区	447632	1316040	632918	1208914	91.86
上街区	53272	144012	73401	132289	91.86
惠济区	94268	303542	153413	230237	75.85
中牟县	134937	510363	250894	273963	53.68
巩义市	251560	838331	410782	485645	57.93
荥阳市	178640	648744	322300	371601	57.28
新密市	223526	813137	400470	486337	59.81
新郑市	172288	647803	329084	389135	60.07
登封市	183515	717367	350962	410621	57.24
经开区	91177	273533	128013	235266	86.01
高新区	95080	297601	147290	257455	86.51
郑东新区	232096	693377	337171	477251	68.83
航空港实验区	147133	735665	353119	522396	71.01

表7

人口自然变动情况一览表

（2018年年底）

县（市）区	年末平均人口（人）	出生人口（人）	死亡人口（人）	出生率（‰）	死亡率（‰）	自然增长率（‰）
郑州市	**10008347**	**124504**	**54646**	**12.44**	**5.46**	**6.98**
中原区	776023	10181	3949	13.12	5.09	8.03
二七区	819826	9268	4388	11.30	5.35	5.95
管城区	568355	7451	2699	13.11	4.75	8.36
金水区	1308146	16456	5382	12.58	4.11	8.47
上街区	142256	1765	754	12.41	5.30	7.11
惠济区	300934	3446	1493	11.45	4.96	6.49
中牟县	505486	6602	2983	13.06	5.90	7.16
巩义市	835498	10728	5322	12.84	6.37	6.47
荥阳市	637743	8516	3431	13.35	5.38	7.97
新密市	811399	9455	5234	11.65	6.45	5.20
新郑市	644904	6907	3682	10.71	5.71	5.00
登封市	712240	8476	4273	11.90	6.00	5.90
经开区	264653	2943	1024	11.12	3.87	7.25
高新区	288403	3911	1713	13.56	5.94	7.62
郑东新区	673919	8849	4799	13.13	7.12	6.01
航空港实验区	718566	9550	3520	13.29	4.90	8.39

表8

农林牧渔业

（2018 年）

指　　标	全市	中原区	二七区	管城区	金水区	上街区	惠济区	中牟县
农林牧渔业总产值	**2413020**	**411**	**1014**	**10510**	**10542**	**5152**	**85453**	**461316**
农业	**1555617**		**294**	**6552**	**791**	**4482**	**68999**	**374605**
谷物及其他作物	437397		203	2034	559	717	3791	69031
谷物	305358		201	830	317	711	3254	44526
#小麦	180708		136	386	163	457	2073	24791
玉米	120786		65	444	154	254	1181	19735
薯类	11455				1	1		2178
油料	59419		2	1142	18	5	298	20964
#花生	54306			1010	3		289	20707
油菜籽	3801		2	122	15	5	8	257
豆类	6760				70		27	842
棉花	3265							521
其他农作物	42047			62	153		212	
蔬菜园艺作物	815949		91	3567	162	2501	62290	175591
蔬菜（含菜用瓜）	659413		91	3567	162	257	57847	175591
花卉	146333						3456	
水果、坚果、饮料和香料作物	290099			951	70	1264	2918	129983
水果（含果用瓜）	237431			821	70	123	2803	129983
#苹果	18077				70	2	46	51556
梨	9450					22	427	
坚果	36403			130		1141	115	
香料作物	15926							
中草药材	12172							
林业	**63101**	**328**		**2802**	**576**	**2**	**2488**	**5048**
林木的培育和种植	52705	292		2784	510	2	2395	2196
竹木采运	1756	36		18	66		93	2852
牧业	**544448**		**414**			**668**	**1264**	**32115**
牲畜饲养	82973		16			28	1260	13963
牛的饲养	23174		6					6170
羊的饲养	17323		10			28	22	2973
其他牲畜饲养	3561							
奶产品	36323						1238	4820
猪的饲养	239595					485		14819
家禽饲养	139983		398			155	4	3333
肉禽	38036		23			59	4	2164
禽蛋	100946		375			96		1169
其他畜牧业	81897							
渔业	**154503**				**9175**		**10102**	**43488**
鱼类	154503				9175		10102	43488
虾蟹类	180							
其他	775						1150	
农林牧渔服务业	**94342**	**83**	**306**	**1156**			**1450**	**6060**

总产值一览表

单位：万元

巩义市	荥阳市	新密市	新郑市	登封市	经开区	高新区	郑东新区	航空港实验区
249837	**513706**	**350261**	**420750**	**329202**	**53312**	**4366**	**77846**	**163545**
85639	**320618**	**160359**	**253339**	**145233**	**32044**	**4366**	**30229**	**88073**
42446	80778	62066	68036	45504	7452	4104	10147	36952
35142	63741	41627	52626	39504	4879	4104	9242	18586
19263	40070	26885	32590	24117	2987	3053	4407	12316
15571	22945	14552	19694	15352	1892	1051	3835	6270
727	4894	1560	751	2243	400		12	4820
2806	7807	4055	9924	1358	2173		250	11802
1801	6509	2618	9190	1175	1997			11756
634	1048	1008	624	111	176		250	29
344	327	1908	900	2399			127	37
787	10	14	36					
2641	3999	12902	3799				515	1707
11605	144619	51826	143006	57241	5094	262	13797	40422
10636	121539	48147	45569	43223	5094	262	11118	40422
690	17556	1038		10747			2480	
30788	95136	32152	42297	42488	19498		6286	10699
13128	88915	11926	41143	18161	19498		6276	10699
3347	2578	2296	2211	5479			4505	1359
1421	3287	970	672	317	10		893	1630
17273	6221	20024	1154	23181			10	
	388	202		1146				
	800	14315						85
14100	**11694**	**40077**	**13274**	**55194**	**15775**		**8000**	**2792**
	7410	36639	7914	54413	15775		8000	11294
	1050	2240	2360	781				400
108954	**121967**	**126816**	**147623**	**112813**				**70908**
37956	9216	40275	13210	47405				34196
22987	1782	2103	3766	41272				11118
6384	5128	2063	3386	5915				3972
	1250	12699	9					
3262	1052	1865	6010	218				19106
22051	37683	33867	91023	25482				44687
10901	11023	27526	43344	29942				31781
4847	2971	7563	19491	3779				5160
6054	8051	19963	23853	26163				26621
	51032	15593	46	9984				11303
6300	**50972**	**1909**	**1214**	**5366**			**32000**	
	6300	1909	1214	5366			32000	50972
				1890				
		905		1650				
34844	**8455**	**20195**	**5300**	**6880**	**5493**		**7617**	**1772**

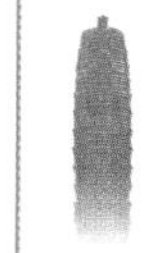

城镇居民家庭基本情况一览表

表9

（2018 年）

指　　标	单位	郑州市	中原区	二七区	管城区	金水区	上街区	惠济区	中牟县
调查户数	**户**	**998**	**80**	**79**	**60**	**90**	**40**	**40**	**69**
期内住户常住成员数	**人**	**3308**	**225**	**245**	**180**	**276**	**106**	**126**	**281**
劳动力人数	**人**	**2285**	**162**	**148**	**120**	**190**	**75**	**91**	**179**
6周岁及以上住户成员受教育程度	**人**	**2285**	**162**	**148**	**120**	**190**	**75**	**91**	**179**
未上过学	人	25	2			3		3	8
小学	人	119	3	9	2	5	2	5	8
初中	人	655	48	34	23	29	18	12	61
高中	人	635	33	44	27	38	23	25	44
大学专科	人	526	55	35	35	55	18	40	38
大学本科	人	303	17	24	30	57	14	6	20
研究生	人	22	4	2	3	3			
从事主要行业	**人**	**1754**	**111**	**93**	**91**	**137**	**47**	**63**	**138**
第一产业	人	119				4			20
第二产业	人	333	12	9	10	11	30	13	19
第三产业	人	1303	99	84	81	122	17	50	100
可支配收入	**元/人**	**39042.15**	**40506.65**	**41828.90**	**39589.23**	**46012.31**	**45133.12**	**33745.22**	**30709.09**
总收入	**元/人**	**41382.58**	**43311.57**	**46591.75**	**41606.79**	**48547.82**	**49030.54**	**36080.41**	**32189.56**
总支出	**元/人**	**33433.86**	**33549.66**	**35675.07**	**35666.33**	**38024.06**	**35766.59**	**31683.04**	**24015.48**
消费支出	**元/人**	**26255.53**	**26709.68**	**27604.08**	**30074.68**	**31958.42**	**27965.16**	**26625.60**	**17807.09**
年末人均居住面积	**平方米/人**	**39.50**	**27.06**	**30.39**	**37.74**	**27.33**	**43.60**	**31.17**	**66.22**

续表9

（2018 年）

指　　标	单位	巩义市	荥阳市	新密市	新郑市	登封市	经开区	高新区	郑东新区	航空港实验区
调查户数	**户**	**70**	**70**	**70**	**70**	**70**	**40**	**40**	**60**	**50**
期内住户常住成员数	**人**	**258**	**230**	**302**	**239**	**275**	**122**	**122**	**195**	**126**
劳动力人数	**人**	**186**	**164**	**194**	**165**	**205**	**89**	**85**	**136**	**96**
6周岁及以上住户成员受教育程度	**人**	**185**	**164**	**194**	**165**	**205**	**89**	**85**	**137**	**96**
未上过学	人			2	4		1		2	
小学	人	11	7	10	20	10	6	1	12	8
初中	人	44	55	74	64	70	9	14	47	53
高中	人	62	56	57	40	69	22	35	36	24
大学专科	人	44	29	34	25	31	39	21	21	6
大学本科	人	24	17	17	11	24	11	13	16	2
研究生	人				1	1	1	1	3	3
从事主要行业	**人**	**148**	**128**	**176**	**131**	**178**	**62**	**68**	**99**	**84**
第一产业	人	3	5	8	47	11		6	3	12
第二产业	人	40	31	25	18	56	12	6	12	29
第三产业	人	105	92	143	66	111	50	56	84	43
可支配收入	**元/人**	**32911.23**	**33231.80**	**33221.21**	**33480.20**	**32295.56**	**40236.05**	**39616.77**	**42545.29**	**36589.71**
总收入	**元/人**	**34675.32**	**36375.38**	**37719.82**	**34302.98**	**36610.67**	**41589.96**	**40672.65**	**44618.56**	**37335.52**
总支出	**元/人**	**17962.39**	**29104.47**	**26013.34**	**31902.74**	**27044.65**	**47563.64**	**34070.53**	**44198.26**	**35571.07**
消费支出	**元/人**	**15729.83**	**21174.49**	**18557.44**	**29414.79**	**20812.10**	**23855.30**	**26896.76**	**31072.42**	**28788.70**
年末人均居住面积	**平方米/人**	**44.63**	**47.07**	**35.71**	**60.12**	**51.66**	**31.30**	**30.28**	**30.64**	**79.82**

农村基本情况及从业人员一览表

表10

（2018 年）

指　　标	单位	总计	中原区	二七区	管城区	金水区	上街区	惠济区	中牟县
乡村人口从业人员									
乡村户数	万户	106.05	2.23	2.11	1.14	0.34	0.92	4.44	10.61
乡村人口数	万人	426.74	7.39	9.49	4.50	1.62	3.61	17.85	45.21
乡村从业人员数	万人	229.50	3.11	4.30	1.99	0.46	1.46	9.51	24.97
按性别分									
#男劳动力	万人	125.82	1.63	2.33	1.11	0.33	0.80	5.35	13.30
女劳动力	万人	103.68	1.48	1.98	0.88	0.13	0.66	4.16	11.66
按行业分									
农业从业人员	万人	87.71		0.83	0.67	0.13	0.32	3.49	16.10

续表10

（2018 年）

指　　标	单位	巩义市	荥阳市	新密市	新郑市	登封市	经开区	高新区	郑东新区	航空港实验区
乡村人口从业人员										
乡村户数	万户	16.96	13.30	16.38	10.83	14.35	2.25	1.15	2.40	6.63
乡村人口数	万人	66.01	50.18	64.56	41.38	57.48	9.20	4.93	10.89	32.44
乡村从业人员数	万人	29.03	31.23	34.20	25.19	34.01	4.16	2.03	4.97	18.88
按性别分										
#男劳动力	万人	16.51	16.76	18.65	13.44	19.02	2.29	1.17	2.87	10.27
女劳动力	万人	12.52	14.48	15.56	11.75	15.00	1.87	0.86	2.09	8.61
按行业分										
农业从业人员	万人	11.92	7.69	8.73	8.44	14.16	2.08	0.52	3.17	9.45

注：乡镇数不包括县（市）所在地的城关镇。

表11

牧业主要产品产量一览表

（2018年）

指　标	单位	合计	二七区	上街区	惠济区	中牟县
猪当年出栏头数	万头	170.97		0.37		11.77
牛当年出栏头数	万头	4.87				0.66
羊当年出栏只数	万只	36.21	0.02	0.03	0.02	3.97
禽当年出栏只数	万只	2205.06	1.00	3.60	0.20	129.44
肉类总产量	吨	177279	16	328	5	11535
#猪肉产量	吨	130935		281		8573
牛肉产量	吨	7075	3			906
羊肉产量	吨	4560	3	4	3	489
禽肉产量	吨	32967	10	43	2	1567
兔肉产量	吨	1543				
奶类总产量	吨	103908				14562
#生牛奶产量	吨	100519				14562
山羊毛产量	公斤	2748				
绵羊毛产量	公斤	18509				
蜂蜜产量	公斤	116222				
禽蛋产量	吨	119322		122		1487

续表11

（2018年）

指　标	单位	巩义市	荥阳市	新密市	新郑市	登封市	航空港实验区
猪当年出栏头数	万头	30.46	27.49	11.13	54.90	17.65	17.19
牛当年出栏头数	万头	0.17	0.94	0.20	0.40	0.50	1.99
羊当年出栏只数	万只	4.95	4.04	3.04	4.67	8.02	7.46
禽当年出栏只数	万只	142.98	250.94	353.85	756.88	323.37	242.80
肉类总产量	吨	27157	27541	15349	56639	18969	19740
#猪肉产量	吨	24103	22185	8125	41177	13734	12757
牛肉产量	吨	255	1314	275	550	735	3037
羊肉产量	吨	747	561	330	557	965	901
禽肉产量	吨	1991	3455	5617	14089	3148	3045
兔肉产量	吨	47	12	944	259	281	
奶类总产量	吨	3134	53668	4440	18248		9856
#生牛奶产量	吨	3132	51091	3630	18248		9856
山羊毛产量	公斤			1330	485	933	
绵羊毛产量	公斤			8670	4940	2770	2129
蜂蜜产量	公斤	72394	22825	8200	8963	3840	
禽蛋产量	吨	9471	30047	25197	29920	16129	6949

林业生产情况一览表

表12　　（2018年）　　单位：公顷

县（市）区	当年造林面积	经济林	四旁植树（万株）	育苗面积	森林抚育实际面积
总计	**4266**	**1380**	**355**	**5341**	**7208**
中原区			45	320	33
二七区				3	13
管城区			14	1	33
金水区				50	33
上街区				25	13
惠济区				33	67
中牟县	652	472		3310	334
巩义市	726	433		86	2403
荥阳市	273			124	557
新密市	1311	475	36	743	333
新郑市	268		60	233	210
登封市	1036		200	413	1312
经开区					187
航空港实验区					1120
郑东新区					560

表13

邮电通信行业基本情况一览表

（2018 年）

指标名称	计量单位	本年实际	指标名称	计量单位	本年实际
邮政业网点及邮递线路			#期刊数	万份	614
营业网点	处	245	国定本地电话通话时长	万分钟	77343
#邮政局所	处	245	国定长途电话通话时长	万分钟	17540
邮政信筒信箱	个	357	移动电话通话时长合计	万分钟	4458331
邮路条数	条	833	#去话通话时长	万分钟	2344958
邮路总长度	公里	392406	非漫游	万分钟	3333353
#汽车邮路	公里	103659	国内漫游	万分钟	645443
铁路邮路	公里	6998	国际及港澳台漫游	万分钟	725
航空邮路	公里	281749	移动短信业务量	亿条	53
农村投递线路总长度	公里	19098	移动电话年末用户	万户	1592
城市投递线路总长度	公里	11639	#4G 移动电话用户	万户	1375
通信业务量			本年移动电话新增用户	万户	85
邮电业务总量（2010 年不变价）	万元	10530222	固定本地电话年末用户	万户	164
邮政业务总量	万元	1598926	#公用电话用户	万户	21
电信业务总量	万元	8931296	城市电话用户	万户	142
函件	万件	5030	#住宅电话用户	万户	66
包裹	万件	25	农村电话用户	万户	22
汇票	万笔	38	#住宅电话用户	万户	17
快递	万件	68246	互联网宽带接入用户	万户	430
#国内同城快递	万件	14947	**电信主要通信能力**		
国内异地快递	万件	51672	光缆线路长度	公里	90618
国际及港澳台快递	万件	1627	#长途光缆线路长度	公里	180
快递业务收入	亿元	75	固定长途电话交换机容量	万门	200
订销报刊期发数	万份	91	局用电话交换机容量	万门	55
#期刊数	万份	39	移动电话交换机容量	万门	2149
订销报刊累计数	万份	11814	移动电话基站	万个	14372

规模以上工业总产值、增加值及销售产值一览表

表14 （2018年） 上年=100

项　　目	单位数(个)	工业总产值指数	工业增加值指数	工业销售产值指数
总　计	**2691.0**	**106.3**	**106.8**	**105.3**
按轻重工业分				
轻工业	557.0	104.1	104.0	105.0
重工业	2134.0	108.2	108.8	104.8
按三大门类分				
采矿业	65.0	112.6	115.3	101.1
制造业	2566.0	106.7	107.0	105.7
电力燃气及水的生产和供应业	60.0	99.8	99.8	102.8
按登记注册类型分				
国有企业	14.0	103.8	103.8	103.6
集体企业	31.0	65.3	67.7	79.2
股份合作企业	8.0	96.8	90.4	88.3
股份制企业	132.0	106.5	107.6	102.6
外商和港澳台商投资企业	85.0	106.0	105.9	106.9
其他	2421.0	110.6	107.8	99.1
按所有制类型分				
公有制	163.0	111.3	109.7	108.9
非公有制	2528.0	105.6	105.9	104.8
按企业规模分				
大型企业	60.0	111.2	111.7	111.7
中型企业	246.0	101.6	104.0	97.8
小型企业	1947.0	88.4	94.4	85.7
微型企业	438.0	110.6	115.5	124.0

按登记注册类型分的固定资产投资增速及比重一览表

表15 （2018年） 单位：%

指　　标	增速	比重
总　计	10.9	100.0
内资	**10.7**	**97.8**
国有经济	54.4	11.1
集体经济	-76.0	
股份合作	-51.4	0.1
国有独资公司	43.7	6.4
其他有限责任公司	-5.0	57.7
股份有限公司	28.5	2.9
私营	57.5	16.9
私营独资企业	-4.2	0.8
私营合伙企业	-81.9	
私营有限责任公司	70.3	15.8
私营股份有限公司	-44.6	0.3
其他	4.2	2.6
港澳台商投资	**-2.7**	**1.6**
合资经营	28.2	0.2
独资	20.7	1.0
股份有限公司	2629.5	0.4
外商投资	**159.8**	**0.6**
合资经营	150.6	0.2
独资	27.7	0.2
股份有限公司	189.0	
其他	6429400.0	0.2
个体经营	**-70.7**	

表16

城市建设用地情况一览表

指　　标	计量单位	2017 年	2018 年
城市市区面积	平方公里	1010.3	1010.3
建成区面积	平方公里	500.8	543.9
#城市建设用地面积	平方公里	486.5	528.8
#工业	平方公里	43.5	45.6
物流仓储	平方公里	19.5	20.2
交通设施	平方公里	89.9	97.6
居住	平方公里	124.6	232.3
公共管理与公共服务	平方公里	71.1	76.2
公用设施	平方公里	19.5	21.2
绿地	平方公里	100.5	116.1
商业服务业设施	平方公里	18.0	19.5
本年征用土地面积	平方公里	12.5	9.6

表17

市政设施及公共交通一览表

指　　标	计量单位	2017 年	2018 年
实有铺装道路长度	公里	2101	2202
实有铺装道路面积	万平方米	5821	6118
人行道面积	万平方米	1203	1293
实有桥梁数	座	276	282
#立交桥	座	68	68
路灯盏数	盏	106020	108757
排水管道长度	公里	4461	4676
污水年排放量	万立方米	38494	40880
污水处理厂	座	8	9
处理能力	万立方米/日	177	197
污水年处理量	万立方米	63623	40082
公共汽、电车运营车数	辆	6180	6373
标准运营车数	标台	8058	8355
运营线路网长度	公里	1796	2019
全年客运总量	万人次	85569	93660
实有出租汽车数	辆	10908	10908

表18 城市供水、供电、燃气及供热一览表

指　　标	单位	2017 年	2018 年
供　水			
水厂数	个	9	9
自来水综合生产能力	万立方米/日	193	195
#地下水	万立方米/日	45	47
供水管道长度	公里	4420	4836
全年供水总量	万立方米	39635	42098
#生产用水	万立方米	3001	3377
生活用水	万立方米	21164	22141
#家庭用量	万立方米	20964	21982
用水人口	万人	638	626
节约用水			
取水量	万立方米	9442	8647
生产用水重复利用量	万立方米	108963	99440
节约用水量	万立方米	5301	6056
供　电			
公用配电线路长度	公里	20082	19732
全年销售总量	亿千瓦时	401	420
#生活用电	亿千瓦时	94	106
售给居民每千度电售价	元	544	546
天然气			
储气能力	万立方米	240	243
供气总量	万立方米	130025	156187
#家庭用量	万立方米	31327	39573
用气家庭户数	户	1933390	2266744
用气人口数	万人	517	515
输送管道长度	公里	6051	6183
供热能力			
蒸汽	吨/小时	390	390
热水	兆瓦	4099	4389
供热总量			
蒸汽	万吉焦	28	23
热水	万吉焦	1999	2628
管道长度	公里	1306	1549
集中供热面积	万平方米	11726	14724
#住宅	万平方米	9381	12047

社会消费品零售总额一览表

表19 （2018 年） 单位：万元

类　别	合　计	限额以上单位	限额以下单位
社会消费品零售总额	**42680914**	**19408410**	**23272504**
按销售单位所在地分			
城镇	38618249	18042058	20576191
乡村	4062665	1366352	2696313
按行业分			
批发业	4670370	1329435	3340935
零售业	30569362	17286498	13282864
住宿业	263773	180046	83727
餐饮业	7177409	612431	6564978

对外经济贸易一览表

表20 单位：万美元

项　　目	2017 年	2018 年	2018 年比 2017 年±%
全市进出口总值	**40156973**	**41050035**	**2.2**
#全市进口总值	16877036	15278657	-9.5
全市出口总值	23279937	25771376	10.7
#国内企业	3391253	4007064	18.2
外资企业	19888684	21764312	9.4
新批外资企业（个）	79	82	3.8
合同外资额（万美元）	352024	115032	-67.3
实际利用外商直接投资（万美元）	404969	421080	4.0

表21

财政收入

（2018 年）

单 位	郑州市	市本级	中原区	二七区	管城区	金水区	上街区	惠济区
一般公共预算收入	**11520568**	**4392560**	**301077**	**320121**	**286369**	**614037**	**143413**	**210275**
税收收入	**8595052**	**2812389**	**282262**	**291487**	**266273**	**580419**	**122861**	**173042**
增值税	3036132	1258060	87630	88629	84885	210014	39406	57146
国内增值税	1167325	393094	29721	28333	36242	71453	20910	18858
国有企业增值税	66120	24489	10369	1109	160	1309	937	16
集体企业增值税	4177	943	14	252	207	242	141	145
股份制企业增值税	791965	251405	12724	16348	24356	48385	10462	11370
联营企业增值税	130	27			24	3		
港澳台和外商投资企业增值税	124474	50517	2880	5233	4399	8228	1207	3274
私营企业增值税	72276	21543		2832	110	4498	4368	177
其他增值税	106296	35285	5211	2539	2664	11856	4506	3887
增值税税款滞纳金、罚款收入	6627	2563	288	70	779	688	52	190
残疾人就业增值税退税	-18382	-2913	-316	-321	-32	-1592	-356	-179
软件增值税退税	-20635	-10182	-85	-10		-967		-8
宣传文化单位增值税退税	-2646	-1323				-1195		
资源综合利用增值税退税	-19739	-2439	-1658	-192		-2	-407	-14
其他增值税退税	-523	-146	-25		-1			
免抵调增增值税	57185	23325	319	473	3576			
改征增值税（项）	1868807	864966	57909	60296	48643	138561	18496	38288
改征增值税（目）	1867935	864637	57892	60271	48605	138320	18476	38266
改征增值税税款滞纳金、罚款收入	1394	584	17	25	38	327	20	22
改征增值税国内退税	-522	-255				-86		
营业税	1511	416	-269	118	15	69	72	-2
金融保险业营业税（地方）	359	317						
交强险营业税	-20	-20						
其他金融保险业营业税（地方）	379	337						
一般营业税	-155	-389	-272	81	8	-25	49	-4
营业税税款滞纳金、罚款收入	1307	488	3	37	7	94	23	2
企业所得税	1479451	741010	38506	39965	37044	82545	14766	23929
个人所得税（款）	460919	239656	17239	21186	9745	39873	3117	5174
个人所得税（项）	460289	239354	17228	21149	9728	39818	3097	5167
储蓄存款利息所得税	72	39			4	29		
其他个人所得税	460217	239315	17228	21149	9724	39789	3097	5167
个人所得税税款滞纳金、罚款收入	630	302	11	37	17	55	20	7
资源税	51329	11629	66	359		21	216	5
城市维护建设税	496115	54336	25369	25102	25059	61690	5561	15678
房产税	276537	32825	14883	23986	18339	39593	3789	6892
印花税	165730	17336	9109	9529	9521	17682	2049	4622
城镇土地使用税	222348	6641	7607	11638	12499	12891	8321	7063
土地增值税	1041159	15215	72415	67085	63834	111372	15814	49010
车船税（款）	126360	85264				4	18328	
耕地占用税（款）	263987		9707	3890	5332	4665	1283	3525
契税（款）	961097	349038					9744	
烟叶税（款）	199							
环境保护税（款）	12178	963					395	
非税收入	**2925516**	**1580171**	**18815**	**28634**	**20096**	**33618**	**20552**	**37233**
专项收入	1536973	1083586	294			4489	4820	3
教育费附加收入（项）	221167	89035				123	2533	3

一览表

单位：万元

经开区	高新区	郑东新区	航空港实验区	中牟县	巩义市	荥阳市	新密市	新郑市	登封市
683983	**411051**	**904993**	**423739**	**530007**	**453969**	**469011**	**350496**	**750396**	**275071**
555538	**354490**	**859652**	**305449**	**371153**	**318853**	**329229**	**233770**	**556306**	**181879**
135582	100056	213883	62444	105440	119634	109890	120974	156258	86201
95308	55615	28505	26228	23662	93997	38397	82389	61485	63128
9821	561	207	45	3455	3338	2382	1839	4058	2025
53	30	1		39	449	676	377	557	51
66355	46799	18588	4782	15976	63005	30607	74526	44995	51282
						9	2		65
13609	4261	3055	5169	4607	2731	553	543	5499	8709
1040	4191	6311	2390	-1264	7982	2456	4158	6464	5020
1628	2754	910	3729	1798	15872	2436	3262	3262	4697
193	112	213	13	96	545	209	454	75	87
-10	-19	-260	-184	-1356	-3169	-583	-3275	-2952	-865
-170	-8429	-504	-7			-17			-256
	-5	-123							
		-224	-62	-547	-1806	-2634	-527	-1246	-7981
		-123					-228		
2789	5360	454	10353	858	5050	2303	1258	773	294
40274	44441	185378	36216	81778	25637	71493	38585	94773	23073
40301	44497	185322	36202	81758	25599	71452	38529	94739	23069
50	37	56	14	20	38	41	65	34	6
-77	-93						-9		-2
-3	-36	149	-236	101	20	-120	51	1070	96
		36					6		
		36					6		
-3	-46	-20	-238	-1	-6	-127	30	737	71
	10	133	2	102	26	7	15	333	25
66568	52175	69211	46978	49677	23729	55913	26148	87382	23905
12651	13601	39161	9419	12409	5420	6693	6169	14344	5062
12646	13596	39140	9416	12404	5380	6689	6148	14286	5043
12646	13596	39140	9416	12404	5380	6689	6148	14286	5043
5	5	21	3	5	40	4	21	58	19
				707	7238	1743	7124	5669	16552
113224	30381	37129	21610	12550	13670	14503	10896	19208	10149
22471	13208	39178	25799	8370	5643	5275	2759	9518	4009
14399	8562	17117	25335	6705	5557	3637	2897	9556	2117
21750	11497	15837	14154	26356	20901	14265	5882	18585	6461
81327	39549	236774	33032	58587	13435	47733	17384	111690	6903
				7732	4352	2634	3051	3297	1698
30173	12476	23757	8591	14323	82645	25866	4755	29058	3941
57396	73021	167456	58323	68000	15293	40164	20770	89846	12046
									199
				196	1316	1033	4910	825	2540
128445	**56561**	**45341**	**118290**	**158854**	**135116**	**139782**	**116726**	**194090**	**93192**
47403	12826	15294	9145	74864	47418	52899	11192	142363	30377
47403	12823	15294	9145	7508	7389	6767	7247	10024	5873

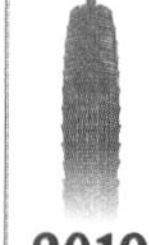

续表21 （2018年）

单　　位	郑州市	市本级	中原区	二七区	管城区	金水区	上街区	惠济区
地方教育附加收入	74268	58489					844	
文化事业建设费收入	5394	590	294			4366		
残疾人就业保障金收入	48939	39549					441	
教育资金收入	697550	527000					525	
农田水利建设资金收入	487358	368900					420	
森林植被恢复费	80	20						
水利建设专项收入	475							
其他专项收入(项)	1742	3					57	
行政事业性收费收入	308452	102983	5295	8748	15414	17763	11339	3476
公安行政事业性收费收入	32592	31003					1	
法院行政事业性收费收入	104363	26016	3333	7855	8275	15580	1040	2897
司法行政事业性收费收入	31				1		24	
外交行政事业性收费收入	2	2						
商贸行政事业性收费收入	292	292						
财政行政事业性收费收入	529	446		2	15		6	
人口和计划生育行政事业性收费收入	6089	1			1	637		40
质量监督检验检疫行政事业性收费收入	18							
安全生产行政事业性收费收入	595	431						
人防办行政事业性收费收入	50943	13333					7803	
教育行政事业性收费收入	26673	13125	1292	241		825		411
科技行政事业性收费收入	8	8						
国土资源行政事业性收费收入	52521	7189	50		731		1025	
建设行政事业性收费收入	7304	595	620			695	484	45
环保行政事业性收费收入	2667	179					194	
交通运输行政事业性收费收入	131	122					9	
工业和信息产业行政事业性收费收入	4	4						
农业行政事业性收费收入	37	1						
水利行政事业性收费收入	1156	22		4	136	23		3
卫生行政事业性收费收入	8042	633			6229		584	
食品药品监管行政事业性收费收入	45	45						
民政行政事业性收费收入	1498	770			3		1	
人力资源和社会保障行政事业性收费收入	4682	4299		75	23	3	4	80
仲裁委行政事业性收费收入	3314	3314						
党校行政事业性收费收入	700	673						
监察行政事业性收费收入	31							
其他行政事业性收费收入	4185	480		571			164	
罚没收入	257151	122682	4390	4810	2090	2746	2843	2513
一般罚没收入	257150	122682	4390	4810	2090	2746	2843	2513
公安罚没收入	105251	73530					1074	
检察院罚没收入	2321		1198	202		111		103
法院罚没收入	20785	4827	1013	1534	630	868	458	772
工商罚没收入	3129	410	130	924	342	179	22	62
新闻出版罚没收入	54	33			1	19		
技术监督罚没收入	338	22						
海关罚没收入	58	49						
食品药品监督罚没收入	1521	296		85	116	78	13	121
卫生罚没收入	424	44		6	42	18	8	15
检验检疫罚没收入	45							

单位：万元

经开区	高新区	郑东新区	航空港实验区	中牟县	巩义市	荥阳市	新密市	新郑市	登封市
				2503	2463	2254	2415	3342	1958
	3			78					63
				1743	711	953	1502	2835	1205
				35000	20475	24725		78362	11463
				28000	16380	16980		47507	9171
				32			28		
									475
						1220		293	169
6655	23290	3583	8605	22077	11749	42103	9390	12642	3340
				21	964	189	20	29	365
1491	20800		922	2530	2415	2184	3058	4429	1538
						6			
			48		12				
156	490	1926	348	2348	4		1	137	
					18				
					156			8	
2553			6888	13605	1655	1559	1176	1753	618
399	2000	1586		311	1559	1350		3458	116
			40	496	3362	35616	1686	2189	137
1573			320	1088	1005	387		431	61
			36	1432	215	179		139	293
			1	3		32			
3		68				128	769		
480					95	21			
			2	168	208	231	76	39	
				6	81	14	43	30	24
						14			13
						31			
		3		69		162	2561		175
3226	11860	6160	4857	23750	8765	10414	21717	14888	9440
3226	11860	6160	4857	23750	8765	10413	21717	14888	9440
				6923	3169	3242	10673	4238	2402
147				138	59		166	14	183
24	3000			441	1636	441	560	1270	3311
				21	234	118	188	217	282
					1				
				62	16	8	124	9	97
			9						
52		83			98	127	249	84	119
				79	18	48	15	100	31
						11	34		

续表21 （2018年）

单　　位	郑州市	市本级	中原区	二七区	管城区	金水区	上街区	惠济区
交通罚没收入	6972	4211			64		39	
审计罚没收入	665					1		
物价罚没收入	155	39						
其他一般罚没收入	115432	39221	2049	2059	895	1472	1229	1440
缉毒罚没收入	1							
国有资本经营收入	82497	83	3610	5100		5111		4
利润收入	26928		3000					4
股利、股息收入	5410		168			5111		
产权转让收入	33864			5100				
其他国有资本经营收入	16295	83	442					
国有资源（资产）有偿使用收入	393472	89705	4442	8956	1880	2967	1548	30485
利息收入	56001	25108	985	772	1575	739	1029	2276
国库存款利息收入	6694	2860	165	136	283	337	54	186
财政专户存款利息收入	2612							
其他利息收入	46695	22248	820	636	1292	402	975	2090
非经营性国有资产收入	84694	17778	2977	8000		2043	415	3461
行政单位国有资产出租、出借收入	10210	923	313	2788		1622	314	566
行政单位国有资产处置收入	45406	645	653	665			30	245
事业单位国有资产处置收入	15974	13007	780	22		34		
事业单位国有资产出租出借收入	3863	1973		671		367	71	
其他非经营性国有资产收入	9241	1230	1231	3854		20		2650
矿产资源专项收入	767	244						
排污权出让收入	256	254					2	
水资源费收入	5791	1984		124		185	102	
其他国有资源（资产）有偿使用收入	245963	44337	480	60	305			24748
捐赠收入	9318	349		1020	712	1		481
国外捐赠收入	4	4						
国内捐赠收入	9314	345		1020	712	1		481
政府住房基金收入	101136	67656	749			378		3
上缴管理费用	3776	3776						
计提公共租赁住房资金	63876	63876						
公共租赁住房租金收入	33448	4	749			378		3
其他政府住房基金收入	36							
其他收入（款）	236517	113127	35			163	2	268
主管部门集中收入	170							170
其他收入（项）	236347	113127	35			163	2	98
政府性基金收入	**14354675**	**7292488**		**39**		**21**	**160066**	**7**
国有土地收益基金收入	560059	430747						
农业土地开发资金收入	52464	27798						
国有土地使用权出让收入	12711591	6468119					150301	
土地出让价款收入	11919993	6089738					139923	
补缴的土地价款	595780	167767					417	
划拨土地收入	331792	278415					9820	
缴纳新增建设用地土地有偿使用费	-150976	-70273					-548	
其他土地出让收入	15002	2472					689	
城市基础设施配套费收入	982752	330762					9024	
国家重大水利工程建设基金收入	242						242	
污水处理费收入	43084	35062		39		21	77	7
彩票发行机构和彩票销售机构的业务费用	43							
其他政府性基金收入	4440						422	

单位：万元

经开区	高新区	郑东新区	航空港实验区	中牟县	巩义市	荥阳市	新密市	新郑市	登封市
				213	73	453	1113	522	284
				78		133	444		9
				116					
3003	8860	6077	4848	15679	3461	5832	8151	8434	2722
						1			
41438		8835	131		485	2611			15089
		8835							15089
			131						
28500					264				
12938					221	2611			
29300	8575	10689	65616	36833	54339	2426	13702	5727	26282
252	1602	687	1555	9021	2809	862	2436	2977	1316
252	402	558	300	332	77	398	65	206	83
					41	73	2371		127
	1200	129	1255	8689	2691	391		2771	1106
28856		9794		761	30	109	7495	2426	549
2663		262			16			362	381
26149		9261		143	3		7495	5	112
1		1		618	11			1445	55
		166						614	1
43		104				109			
					270		7		246
148	1921	174	1065		31	57			
44	5052	34	62996	27051	51199	1398	3764	324	24171
	10	154			625		5050	206	710
	10	154			625		5050	206	710
422		626	29936	1330	36				
422		626	29936	1330					
					36				
1					11699	29329	55675	18264	7954
1					11699	29329	55675	18264	7954
76271	**70000**	**113676**	**2406183**	**1205937**	**365572**	**653438**	**510885**	**1296288**	**203804**
			45861	23839	4887	11825	10817	27793	4290
			4584	5117	3815	3471	2646	3986	1047
			2228749	1082795	347391	605336	479771	1166836	182293
			2248372	995274	25330	600434	476120	1164854	179948
				82166	323653	1198	13565	2166	4848
				20381	6683	6225		10098	170
			-19623	-21348	-8275	-3937	-9914	-14187	-2871
				6322		1416		3905	198
76270	70000	113104	126863	93197	5026	31063	16111	95990	15342
1			126	986	967	1743	1540	1683	832
				3	40				
		572			3446				

财政支出

表22

（2018年）

单　　位	郑州市	市本级	中原区	二七区	管城区	金水区	上街区	惠济区
一般公共预算支出	**17633376**	**7275624**	**350307**	**395541**	**352830**	**668095**	**235908**	**223714**
一般公共服务支出	**1412314**	**258663**	**57248**	**76014**	**64540**	**102704**	**30968**	**42861**
人大事务	18172	7243	1048	760	972	761	596	870
政协事务	12497	4064	752	881	648	809	471	700
政府办公厅（室）及相关机构事务	597833	41571	24844	39907	38995	55456	14575	20524
发展与改革事务	38589	13233	474	459	1386	437	488	55
统计信息事务	20217	2544	1793	1343	517	1796	159	1469
财政事务	68700	8658	4136	2799	4468	2731	1399	2318
税收事务	19868	550					5784	1860
审计事务	25997	7702	376	1473	586	718	333	1443
人力资源事务	28631	6895	2185	1992	358	2574	106	735
纪检监察事务	47960	16551	1742	1888	1264	2087	805	1655
商贸事务	34724	7300	846	1080	659	537	591	1780
知识产权事务	1879	1536					36	
工商行政管理事务	45913	11720	3632	3668	3046	4705	907	1573
质量技术监督与检验检疫事务	19589	10737				10		90
民族事务	2128	872	201	13	245	8	207	45
宗教事务	1355	153	48	155	115	203	17	64
港澳台侨事务	442	189					48	
档案事务	5074	1370	262	323	259	296	143	270
民主党派及工商联事务	2729	1508	18	108	84	134	65	140
群众团体事务	26162	9361	727	910	1606	2366	430	933
党委办公厅（室）及相关机构事务	45974	7590	1073	1153	686	1114	531	3912
组织事务	20013	3081	1290	2189	1295	4844	714	604
宣传事务	69899	54828	1098	2340	791	616	1050	1405
统战事务	4772	1260	336	363	284	330	127	413
其他共产党事务支出（款）	31326	5611	6689	2771	6105	6587	1367	
其他一般公共服务支出（款）	221871	32536	3678	9439	171	13585	19	3
国防支出	9575	3185	496		465		3	336
国防动员	5971	770	447				1	336

一览表

单位：万元

经开区	高新区	郑东新区	航空港实验区	中牟县	巩义市	荥阳市	新密市	新郑市	登封市
558199	**459139**	**1257932**	**1013700**	**1085632**	**756358**	**704191**	**633038**	**1037254**	**625914**
67390	**38064**	**71184**	**102287**	**94890**	**73430**	**67946**	**59955**	**104404**	**99766**
6	30	99	7	1515	695	928	1048	756	838
				1161	562	762	699	489	499
45096	18255	40772	38114	60417	24147	34439	23916	56290	20515
385	1839	69	2668	2578	3350	2799	4653	2235	1481
642	260	1091	754	1488	1423	1483	956	1716	783
2440	1942	3002	2949	7079	4532	5744	4888	6848	2767
1840		3187	1029	2737			2855		26
	287	3595		2582	844	1542	1322	2022	1172
93	2589	1809	2202	305	2684	966	372	2492	274
269	848	1536	3391	2436	3540	3142	2311	2722	1773
542	2311	9163	2165	1396	1931	1749	884	1245	545
					33			274	
		150		3911	2402	3532	2493	137	4037
		436	552	136	1037	1362	1125	3937	167
7				5		315	14	110	86
65	15	39		157	40		101	25	158
						88	117		
				410	310	377	318	414	322
			28	21	84	106	67	275	91
675	45	786	932	1467	442	667	876	2790	1149
	1149	3206	620	1463	4691	2671	1876	7077	7162
		488		1071	767	1041	916	747	966
6	5	55	21	1897	383	2252	835	1289	1028
	20	5	34	418	147	227	192	253	363
162				224		15	1774		21
15162	8469	1696	46821	16	19386	1739	5347	10261	53543
56				427	1418	558	244	2219	168
56				402	1136	558	240	1862	163

续表22　　(2018 年)

单　　位	郑州市	市本级	中原区	二七区	管城区	金水区	上街区	惠济区
其他国防支出(款)	3604	2415	49		465		2	
公共安全支出	748102	356392	15880	15539	14216	27530	11976	14430
武装警察	49497	20986	991			1431	139	1043
公安	473078	284154				1437	8089	4354
国家安全	1143	1136						
检察	55783	12080	6114	3854	2519	4011	1036	2119
法院	108944	15545	7105	8580	7957	11500	1616	5497
司法	30637	7358	1670	1265	1572	2205	685	1417
监狱	5330	5330						
强制隔离戒毒	9520	9520						
其他公共安全支出(款)	14170	283		1840	2168	6946	411	
教育支出	2129214	548807	72671	73740	50238	135370	28316	51585
教育管理事务	54918	15277	642	154	1018	209	1545	5757
普通教育	1585769	284643	63503	63091	43562	123142	21296	41680
职业教育	220628	185095		160	20		163	1261
成人教育	786	412	4				5	1
特殊教育	10100	5008		438	336	675		
进修及培训	30546	18641	898	159	132	340	203	161
教育费附加安排的支出	176786	26637	7464	5563	5126	10808	2077	2153
其他教育支出(款)	49681	13094	160	4175	44	196	3027	572
科学技术支出	361748	92403	3179	3802	7185	34274	3621	538
科学技术管理事务	12601	1788	375	322	943	384	2900	112
基础研究	1471	1471						
应用研究	25205	4254	377	355	130	2486		
技术研究与开发	181383	35353	2107	2286	6003	11713	648	375
科技条件与服务	21231	10048						
社会科学	131	131						
科学技术普及	5264	2183	170	191	56	311	73	36
科技交流与合作	7828	7513	120					
其他科学技术支出(款)	106634	29662	30	648	53	19380		15

单位：万元

经开区	高新区	郑东新区	航空港实验区	中牟县	巩义市	荥阳市	新密市	新郑市	登封市
				25	282		4	357	5
16773	12641	15290	12137	48709	36989	33678	40271	47436	28215
10169		3502	3064	1837	668	968	657	3436	606
3334		9478	2185	35135	24015	21638	28440	32095	18724
			7						
1500	1750	1500	2423	3244	2821	3274	2530	2635	2373
1123	10891	645	3666	6828	6742	4250	6681	6247	4071
513		165	412	1665	1817	3193	1711	2996	1993
134			380		926	355	252	27	448
71497	65293	179090	52594	150517	129525	131793	118457	143217	126504
569	2083	295	7807	7126	425	4670	3509	2765	1067
40099	45320	160019	41883	120791	112497	111880	101182	116328	94853
	2		48	9293	4953	6949	3489	4781	4414
	15			100	249				
			15	345	1631	380	333	541	398
708	224	2	18	2513	1392	695	1878	1410	1172
29957	16327	18652	2371	10012	7389	6409	7118	12791	5932
164	1322	122	452	337	989	810	948	4601	18668
29988	82680	19264	5123	12966	30593	12498	7188	9513	6933
7	493	49		384	714	433	375	2862	460
2086	7992	2714	100	1321	2600	227	205	358	
26293	60283	6121	2641	10967	1265	1159	6312	4469	3388
1425	130					9628			
				294	164	691	296	376	423
					45	150			
177	13782	10380	2382		25805	210		1448	2662

续表22 （2018 年）

单　　位	郑州市	市本级	中原区	二七区	管城区	金水区	上街区	惠济区
文化体育与传媒支出	138532	69052	1406	1689	1556	3628	1669	1291
文化	54613	21130	1225	1524	1202	2147	1091	639
文物	37139	25474	55	45	306		28	28
体育	9950	6448		20			18	45
新闻出版广播影视	29191	13375	16			112	460	
其他文化体育与传媒支出（款）	7639	2625	110	100	48	1369	72	579
社会保障和就业支出	1151875	497414	35220	59612	29512	52576	22809	21528
人力资源和社会保障管理事务	80095	43980	714	212	1716	2239	7428	2021
民政管理事务	75362	9426	7741	10413	6005	7139	2564	1899
行政事业单位离退休	406034	169412	11880	31418	11271	16924	10096	10369
企业改革补助	26026	25327	68	296	235	8		1
就业补助	24580	15620	137	956	43	1300	75	200
抚恤	69088	1355	4657	5088	2870	8256	705	2271
退役安置	94341	72315	1200	2631	1159	7859	100	642
社会福利	34211	15149	1897	2216	907	2610	394	131
残疾人事业	37452	3930	2428	2091	1504	1855	453	1521
自然灾害生活救助	666	60					2	11
红十字事业	2453	965	97	105	145	213		129
最低生活保障	26215	608	586	947	626	1436	275	136
临时救助	4811	1747	81	248	103	145	73	53
特困人员救助供养	14421		238	416	111	104	76	28
其他生活救助	1172		32	170	45	30	16	10
财政对基本养老保险基金的补助	211677	122491	3235	2163	2683	1957		2085
财政对其他社会保险基金的补助	4301						552	
其他社会保障和就业支出（款）	38970	15029	229	242	89	501		21
医疗卫生与计划生育支出	979025	311017	30143	32584	24163	45513	7427	23991
医疗卫生与计划生育管理事务	36000	3841	2384	1043	1515	1512	649	2543
公立医院	140685	65967	148	154	226	2486	525	6932
基层医疗卫生机构	63578	695	1753	1328	4812	5046	180	615
中医药	909	150	51	31	40	30	51	

单位：万元

经开区	高新区	郑东新区	航空港实验区	中牟县	巩义市	荥阳市	新密市	新郑市	登封市
980	2145	1026	1102	8148	12560	9335	3827	12566	6552
427	1077	642	240	5110	5298	4483	1023	4649	2706
66	14		500	359	4934	1247	558	1502	2023
273	761			256	159	680	157	531	602
				2385	1836	2661	1720	5775	851
214	293	384	362	38	333	264	369	109	370
4663	12020	23731	29444	45708	80639	58283	66694	63612	48410
375	257	242	6800	3259	1183	3683	2851	1412	1723
457	2946	5760	575	6763	2285	4359	2177	3422	1431
217			13439	1633	25773	24808	32099	27321	19374
13	28					37	13		
893	300	769	5	467	1270	706	886	622	331
651	334	4500	1639	4811	6968	4890	6825	6505	6763
67	193	717	146	1977	736	2503	627	729	740
2	464	1458	36	3885	532	867	1085	2104	474
459	919	956	1262	3117	1355	3334	4536	4140	3592
		29		39	78	199	111		137
	20	4		70	45	81	92	357	130
114	152	277	1161	2370	3758	3030	3401	5366	1972
37	92	265	97	388	225	197	89	609	362
72	8	152	385	1630	1230	2064	2695	2497	2715
1	5	4	108	32	137	134	169	116	163
		2012		14570	31348	7015	7086	7214	7818
1294							1317	1138	
11	6302	6586	3791	697	3716	376	635	60	685
5243	5543	16062	23621	63083	114648	57187	82717	80652	55431
492	950	115	814	5108	596	2699	1178	7980	2581
			4	6066	33343	1297	4314	15871	3352
344	451	2222	1371	5551	15552	3347	13820	2459	4032
				98		89	159	14	196

续表22 （2018年）

单　　位	郑州市	市本级	中原区	二七区	管城区	金水区	上街区	惠济区
计划生育事务	61595	1711	6622	6784	3653	9604	1419	2496
食品和药品监督管理事务	48597	13481	1670	1943	1749	2558	1075	1264
行政事业单位医疗	106939	40308	6136	8999	6421	6081	1916	5267
财政对基本医疗保险基金的补助	363460	147236	3814	4687	434	4451		1670
医疗救助	5961	494	72	113	11	110	15	9
优抚对象医疗	1056	2	42	66	13	208	29	51
其他医疗卫生与计划生育支出(款)	13946	5925	890	20		1404		10
节能环保支出	1774801	1335742	14094	9804	2558	4237	1841	1857
环境保护管理事务	39544	8585	2174	910	831	1549	1691	955
环境监测与监察	5656	2153						7
污染防治	270458	171820	4983	2018	1724	2295	137	870
自然生态保护	85197	859	6687	6649	3	16	3	25
天然林保护	235							
退耕还林	1688							
能源节约利用(款)	1113239	1045720	243	227		330	10	
污染减排	3787	2883	7			47		
可再生能源(款)	277	277						
循环经济(款)	10369							
其他节能环保支出(款)	244351	103445						
城乡社区支出	5864134	2933735	88475	88521	124326	232635	106886	34996
城乡社区管理事务	377128	56385	11560	17148	23878	37329	12054	15136
城乡社区规划与管理(款)	32626	7266			201		6893	
城乡社区公共设施	3978848	2611877	3924	1001	71812	46511	385	11992
城乡社区环境卫生(款)	328741	57688	25399	5706	25275	45617	2412	7858
建设市场管理与监督(款)	532	37		312				10
其他城乡社区支出(款)	1146259	200482	47592	64354	3160	103178	85142	
农林水支出	734682	145042	2690	8574	6159	7237	3621	15299
农业	215865	33584	1205	4446	1859	4414	960	6382
行政运行	12698	4595	898	165	902	149	462	194
一般行政管理事务	1296	90	112				129	723
机关服务	3387							

单位：万元

经开区	高新区	郑东新区	航空港实验区	中牟县	巩义市	荥阳市	新密市	新郑市	登封市
468	1574	2438	1137	4500	4764	3822	3783	5586	1234
1520	601	3086	1801	3827	1861	2387	2622	5385	1767
			3719		6425	5850	5873	5062	4882
751	2	2942	7951	23588	37452	29826	39101	30392	29163
9	2	387	837	1604	765	279	639	332	283
9		25	43	79	129	111	95	132	22
	279	1014		1996	2205	189	14		
102172	3727	33960	41677	50849	22791	32595	37459	39418	40020
256	604	92	3570	690	1814	3677	4745	4642	2759
958		383	540	287	692			636	
558	2165	13725	15432	13861	5022	8248	3039	9810	14751
			8186	31948	745	2328	1820	17251	8677
									235
			115	118	294	103	310	226	522
400	900	3195	3040	3150	2263	18017	21704	6828	7212
	58			56	235	158			343
				739	9630				
100000		16565	10794		2096	64	5841	25	5521
159645	198474	457646	312703	337668	116926	170434	101546	359932	39586
4468	8083	89378	6374	9926	9856	10822	6100	51537	7094
39	625	3187	4113	3925	2073	1938	2190		176
111835	8022	351671	264194	26433	72233	136992	72827	178568	8571
25725	25026	11397	15104	24799	19807	11723	14385	794	10026
				42	131				
17578	156718	2013	22918	272543	12826	8959	6044	129033	13719
6502	2845	32525	12868	95711	61550	76349	68107	88621	100982
1235	611	2487	7246	28659	18231	22813	19780	37968	23985
			2	852	316	484	316	1270	2093
	18	1	10	39		174			
							3387		

续表22 （2018 年）

单　　位	郑州市	市本级	中原区	二七区	管城区	金水区	上街区	惠济区
事业运行	36075	9578		242		1283		1577
农垦运行	65	65						
科技转化与推广服务	7384	702	22			525		2
病虫害控制	6125	992	11	53	12	9		48
农产品质量安全	5803	4196		2		329	10	14
执法监管	760	512						105
统计监测与信息服务	420	263					3	
农业行业业务管理	1207	77			15	50	1	25
对外交流与合作	35	35						
防灾救灾	543						36	3
农业结构调整补贴	750							
农业生产支持补贴	49802	250	6		67	117	133	821
农业组织化与产业化经营	8774	10	150	237	300	691	10	1396
农产品加工与促销	83	25						
农村公益事业	19207			2450				
农业资源保护修复与利用	2964	425		30		347		147
农村道路建设	6538			461				
成品油价格改革对渔业的补贴	108							
对高校毕业生到基层任职补助	289							
其他农业支出	51552	11769	6	806	563	914	176	1327
林业	124930	32260	20	755	33	79	4	6982
行政运行	6443	1980						994
一般行政管理事务	587	76						9
机关服务	730							
林业事业机构	16611	3397						
森林培育	21625	1351	17	378	11	2		2445
林业技术推广	140	12	1	2				
森林资源管理	20768	20234						19
森林资源监测	42							
森林生态效益补偿	1486	33						23

单位：万元

经开区	高新区	郑东新区	航空港实验区	中牟县	巩义市	荥阳市	新密市	新郑市	登封市
		218		5691	3984	3335	4080	6087	
			2	1900	1872	1010	131	837	381
	6	3	59	581	1010	379	168	2364	430
7		20	1	341	76	290	25	456	36
			16	13	12		72	25	5
					154				
		5		695	89	226	24		
					210	52	4	68	170
				700	50				
728		1339	3776	8672	4570	7236	7345	8139	6603
271	587	460	701	776	15	1051		1833	286
					15			43	
				3056		2722	26	4350	6603
		2	33	259	408	413	9	530	361
44				631	2552		1885		965
						105			3
					162	127			
185		439	2646	4453	2736	5209	2308	11966	6049
208	203	12730	607	21545	12573	8939	6039	11490	10463
				634	178	457	344	308	1548
				41	18	57	37		349
							651	79	
		4530		2864	981	983	352	2262	1242
		2	188	5953	2605	2104	2681	2266	1622
			2	9	4	36	25	3	46
119			271					125	
	3					39			
				27	409	183	30	60	721

续表22

（2018 年）

单　　位	郑州市	市本级	中原区	二七区	管城区	金水区	上街区	惠济区
林业自然保护区	306	9						
动植物保护	148	21						
湿地保护	11240	685						159
林业执法与监督	1525	913						
林业检疫检测	61							
林业工程与项目管理	3338	26						
林业产业化	4508	46						
林业政策制定与宣传	5							
林区公共支出	31							
林业贷款贴息	230				7			
成品油价格改革对林业的补贴	4							
林业防灾减灾	3132	307				6	4	564
其他林业支出	31970	3170	2	375	15	71		2769
水利	138096	37554	21	187	404	383	71	124
行政运行	9287	3541						
一般行政管理事务	146							21
机关服务	2518							
水利行业业务管理	2674	188						
水利工程建设	14553	5549					4	
水利工程运行与维护	24627	21447						
水利前期工作	2885	1750				6		
水利执法监督	595							
水土保持	1738	64					15	
水资源节约管理与保护	3690	1337	18	20			48	48
水质监测	25							
防汛	2408	978		19	50	7	4	40
抗旱	516	133		65				
农田水利	22501			10		20		15
江河湖库水系综合整治	8627	172						
大中型水库移民后期扶持专项支出	2456							

单位：万元

经开区	高新区	郑东新区	航空港实验区	中牟县	巩义市	荥阳市	新密市	新郑市	登封市
					296			1	
				14	20	4	19	44	26
		19		1073	6263	3041			
				216	218	69	30	53	26
			5	56					
89		5	9	200		79	400	630	1900
	200			650	457	332	10	1202	1611
							5		
					31				
			78			145			
									4
			19	345	420	68	588	162	649
		8174	35	9463	673	1342	867	4295	719
309	116	13730	100	21623	12129	16518	6642	9506	18679
		229		2100	178	483	139	196	2421
52					26	46		1	
					22	1908	588		
				650	479		1315		42
				464	1621	730	14	2560	3611
				1957	384	80	748		11
				6	321				802
							595		
	20			60	543	111	378	56	491
89	96	83		535	305	458	599		54
					25				
168		32	58	562	160	97	13	55	165
				25		83		101	109
			35	6494	2848	7917	289	1495	3378
					3507	1505	1177		2266
					502	3			1951

续表22 (2018年)

单　　位	郑州市	市本级	中原区	二七区	管城区	金水区	上街区	惠济区
信息管理	1982	1982						
水利建设移民支出	4321							
农村人畜饮水	3141			10				
其他水利支出	29406	413	3	63	354	350		
南水北调	22793	1061	106	480	3507			
扶贫	95376	16808	11	9	6	3	781	3
农业综合开发	8660	152			314	46	108	
农村综合改革	83389		1286	1761		1849	1497	1666
普惠金融发展支出	36765	23055	6	202	36	463	200	142
目标价格补贴	393							
其他农林水支出(款)	8415	568	35	734				
交通运输支出	396367	225520	494	678	555	1387	1939	1064
公路水路运输	230045	82450	494	678	555	1387	1399	1064
行政运行	8450	3142	454	98	555	80	802	840
一般行政管理事务	846	179	40				326	37
机关服务	2329			221				
公路建设	50971	100		12		109	53	
公路养护	32964	5946				433	112	62
公路和运输安全	2645							
公路运输管理	11457	105		347		455	64	112
救助打捞	243							
海事管理	514	422				12		13
取消政府还贷二级公路收费专项支出	1284							
其他公路水路运输支出	118342	72556				298	42	
成品油价格改革对交通运输的补贴	36999	23902					480	
对城市公交的补贴	21523	17465					480	
对农村道路客运的补贴	6222	41						
对出租车的补贴	9237	6396						
成品油价格改革补贴其他支出	17							

单位：万元

经开区	高新区	郑东新区	航空港实验区	中牟县	巩义市	荥阳市	新密市	新郑市	登封市
				4210	111				
				2134	94	157		20	726
		13386	7	2426	1003	2940	787	5022	2652
			3135	2589		5864		6051	
115	49	3	593	7349	6937	9879	15754	6732	30344
				2	1530	1801	1690	387	2630
4217	1764	3566	871	11839	7484	9134	14873	8943	12639
10		2	272	1576	2129	1401	2158	2973	2140
		7		150	151		7	1	77
408	102		44	379	386		1164	4570	25
11	24		8837	33686	20660	8892	9941	43059	39620
11	24		8737	30323	12664	7156	7312	40980	34811
			628	452	115	318	204	448	314
11			56			194			3
				6		2102			
	24		308	11423	3103	1280		7633	26926
			5422	12450	1440	1149	1785	996	3169
			289	1323		110			923
			2024	3814	1641	187	1350		1358
				243					
				12	5	40			10
									1284
			10	600	6360	1776	3973	31903	824
				1958	2304	1240	2314	1608	3193
				1018	671	187	1031	361	310
				477	880	736	1018	1023	2047
				463	736	317	265	224	836
					17				

续表22 （2018年）

单　　位	郑州市	市本级	中原区	二七区	管城区	金水区	上街区	惠济区
邮政业支出	431	384						
一般行政管理事务	408	384						
其他邮政业支出	23							
车辆购置税支出	14371	6154					60	
车辆购置税用于公路等基础设施建设支出	10012	5229						
车辆购置税用于农村公路建设支出	3434						60	
车辆购置税其他支出	925	925						
其他交通运输支出(款)	114521	112630						
公共交通运营补助	114094	112630						
其他交通运输支出(项)	427							
资源勘探信息等支出	396197	80543	2093	4757	3079	5562	723	2369
资源勘探开发	13609		174	88	889	74	38	34
制造业	12474	4835						900
建筑业	82	82						
工业和信息产业监管	98803	59282	903	3243	1211	1707	323	900
安全生产监管	24146	5498	1016	1356	731	1336	362	535
国有资产监管	6057	2439			8			
支持中小企业发展和管理支出	192023	867		70	240	2445		
其他资源勘探信息等支出(款)	49003	7540						
商业服务业等支出	122334	78018	107	100	1231	962	331	798
商业流通事务	15311	9034			84	25	31	
旅游业管理与服务支出	15177	3417	7		87	137		798
涉外发展服务支出	9771	9100						
其他商业服务业等支出(款)	82075	56467	100	100	1060	800	300	
金融支出	12244	4587		145				
金融部门行政支出	65	48						
金融部门监管支出	1378	8						
金融发展支出	8294	4331		145				
其他金融支出(款)	2507	200						
援助其他地区支出	12196	11130						
国土海洋气象等支出	74002	17426	2010	1641	1494	1654	826	1346
国土资源事务	70677	15138	2010	1641	1494	1654	817	1344
地震事务	760	661					9	2

单位：万元

经开区	高新区	郑东新区	航空港实验区	中牟县	巩义市	荥阳市	新密市	新郑市	登封市
				23	24				
					24				
				23					
			100	585	5068	496	315	471	1122
					4743				40
			100	585	325	496	315	471	1082
				797	600				494
				370	600				494
				427					
55920	21046	4106	103138	73732	6877	6563	8586	5704	11399
748	601	49			1291	1684	5304	191	2444
900	4669				1170				
5032	7671	1216	400	9979		1518	1041	3398	979
241	1185	2107	171	778	1136	1988	1703	2115	1888
2293						616	349		352
44054	2725	734	70277	62965	3280	757	189		3420
2652	4195		32290	10					2316
20470	300	377	3205	2008	1925	2312	628	6390	3172
		94	2030	740	303	1249	311	881	529
		73		1092	1136	839	317	4631	2643
70			290	133	178				
20400	300	210	885	43	308	224		878	
1370	288	5516	84		74	180			
			17						
1370									
		3818							
	288	1698	67		74	180			
99				335	632				
3	1983	2438	2445	10394	6202	4980	3251	9237	6672
3	1983	2438	2445	10309	5671	4910	3126	9098	6596
					58	30			

续表22 （2018 年）

单　　位	郑州市	市本级	中原区	二七区	管城区	金水区	上街区	惠济区
气象事务	2565	1627						
住房保障支出	849858	63251	19686	10541	14357	8666	4705	5527
保障性安居工程支出	681717	13094	8158	26	6435		956	100
住房改革支出	159253	44416	9403	10515	7922	8666	3737	5427
城乡社区住宅	8888	5741	2125				12	
粮油物资储备支出	26908	13380	851	787	1124	1023	263	
粮油事务	10603	2099	270	224	532	1023	263	
物资事务	236				77			
粮油储备	15999	11281	581	563	515			
重要商品储备	70							
其他支出(类)	39499	9		655	1286		350	
债务付息支出	399769	230308	3564	6358	4786	3137	7634	3898
政府性基金支出	**12920790**	**517310**	**518485**	**406837**	**905585**	**431156**	**98526**	**579559**
文化体育与传媒支出	2323		242	107	55	897	2	204
社会保障和就业支出	8560	589					57	
大中型水库移民后期扶持基金支出	8073	576					10	
小型水库移民扶助基金及对应专项债务收入安排的支出	487	13					47	
城乡社区支出	12694409	426593	517171	403550	898420	429163	95701	578585
国有土地使用权出让收入及对应专项债务收入安排的支出	11955203	306955	517171	403550	898420	429163	86131	578585
国有土地收益基金及对应专项债务收入安排的支出	212710	58353						
农业土地开发资金及对应专项债务收入安排的支出	7225							
城市基础设施配套费及对应专项债务收入安排的支出	499303	45000					9570	
污水处理费及对应专项债务收入安排的支出	19968	16285						
农林水支出	181							
交通运输支出	319	319						
车辆通行费及对应专项债务收入安排的支出	289	289						
港口建设费及对应专项债务收入安排的支出	30	30						
商业服务业等支出	243		9					
其他支出	47577	18747	753	3180	774	1096	254	281
其他政府性基金及对应专项债务收入安排的支出	3500							
彩票发行销售机构业务费安排的支出	3138	2844						
彩票公益金及对应专项债务收入安排的支出	40939	15903	753	3180	774	1096	254	281
债务付息支出	167178	71062	310		6336		2512	489

2019 鄭州年鑑 附录

单位：万元

经开区	高新区	郑东新区	航空港实验区	中牟县	巩义市	荥阳市	新密市	新郑市	登封市
				85	473	40	125	139	76
565	1372	384202	249707	18219	22988	10543	15309	14206	6014
	1372	377104	243465	10818	12196	140	4372	3018	463
		7098	6242	7390	10358	10403	10937	11188	5551
565				11	434				
	246			1977	2836	1172	921	949	1379
				1601	2108	373	851	509	750
								159	
	246			376	728	799		281	629
							70		
410			30035	1655	19	1254	3245	157	424
14442	10448	11515	22693	34950	13076	17639	4692	5962	4667
816364	**993379**	**1307014**	**2255931**	**1214260**	**266716**	**708062**	**362060**	**1369577**	**169969**
9	110	294	30	67	73	74	8	105	46
		13		1100	70	1761	369	767	3834
		13		1100		1739	369	646	3620
					70	22		121	214
814955	977792	1306042	2232922	1202722	255842	702096	352510	1349101	151244
713783	902134	1188811	2146422	1179611	241147	663813	329923	1229115	140469
25000			77500		4887	7000	7680	28000	4290
					3815		820	1543	1047
76172	75658	117231	9000	22538	5026	30283	14087	90000	4738
				573	967	1000		443	700
				48	14	54			65
				142	61			31	
161	596	665	869	3417	6663	1072	1193	3825	4031
					3500				
				26	268				
161	596	665	869	3391	2895	1072	1193	3825	4031
1239	14881		22110	6764	3993	3005	7980	15748	10749

金融机构信贷收支一览表

表23　　（2018年年底）　　单位：万元

项　　目	合计	2018年比年初	2018年比年初±%	市区	中牟县	巩义市	荥阳市	新密市	新郑市	登封市	上街区
各项存款	**217672027**	**14176434**	**6.97**	**187882948**	**5852806**	**4306458**	**3959124**	**4594542**	**6250932**	**3389238**	**1435979**
境内存款	217592586	14173499	6.97	187808993	5851989	4304469	3958867	4594351	6249315	3389129	1435473
住户存款	71573151	6183708	9.46	51440527	3967736	2989210	2606793	3284824	3638311	2593934	1051818
活期存款	30367287	1013955	3.45	22727229	1719666	1066841	945686	1242797	1448064	841772	375232
定期及其他存款	41205864	5169753	14.35	28713298	2248069	1922369	1661107	2042027	2190246	1752162	676586
非金融企业存款	88189075	3850705	4.57	82755180	951359	815290	956822	504842	1401851	545012	258720
活期存款	41339348	-1196722	-2.81	37520791	799921	555949	665344	391871	944088	289241	172143
定期及其他存款	46849727	5047427	12.07	45234389	151438	259341	291478	112971	457763	255771	86577
机关团体存款	32684467	1336512	4.26	29064089	924247	393415	279668	773245	974534	168052	107216
财政性存款	3691430	591614	19.09	3458064	8642	31448	115585	29673	23332	6971	17714
非银行业金融机构存款	21454463	2210960	11.49	21091134	4	75107		1767	211287	75160	4
境外存款	79441	2935	3.84	73955	817	1989	257	191	1617	109	506
各项贷款	**212022385**	**32062279**	**17.82**	**192048838**	**4038171**	**2672022**	**2723693**	**2053343**	**5726100**	**1784908**	**975310**
境内贷款	212007087	32054770	17.81	192033577	4038159	2672022	2723693	2053319	5726100	1784908	975310
住户贷款	78182926	14668054	23.09	67888252	2482544	821035	2085503	798185	2871636	473018	762752
短期贷款	11333314	1234362	12.22	9475304	625963	177126	205383	276204	441012	98022	34300
消费贷款	5652806	502747	9.76	5188706	85236	67054	55344	64675	118404	53961	19426
经营贷款	5680508	731616	14.78	4286598	540727	110072	150039	211529	322608	44060	14874
中长期贷款	66849611	13433692	25.15	58412947	1856581	643909	1880120	521981	2430624	374996	728452
消费贷款	59223506	11473329	24.03	52150984	1064500	602922	1745314	430444	2206497	334205	688639
经营贷款	7626106	1960363	34.60	6261964	792081	40986	134806	91537	224126	40791	39813
非金融企业及机关团体贷款	133824161	17396676	14.94	124145324	1555615	1850987	638189	1255134	2854464	1311890	212558
短期贷款	34664563	2447792	7.60	30176784	444215	851810	334805	560195	1395431	786825	114498
中长期贷款	91357046	11639221	14.60	86331352	1105589	842010	302385	694853	1459033	525065	96760
票据融资	6208109	2875021	86.26	6044468	5811	156744	1000	86			
融资租赁	1401014	335938	31.54	1401014							
各项垫款	193430	98705	104.20	191707		423					1300
非银行业金融机构贷款		-9960	-100.00								
境外贷款	15298	7508	96.38	15262	12			25			

中资全国性四家行信贷收支一览表

表24　（2018年年底）　单位：万元

项　目	合　计	市　区	中牟县	巩义市	荥阳市	新密市	新郑市	登封市	上街区
各项存款	**61356542**	**50953537**	**1179887**	**1894024**	**1390348**	**1825855**	**2010015**	**1349814**	**753062**
境内存款	61313593	50914917	1179540	1892316	1390096	1825719	2008522	1349717	752766
个人存款	28919533	21551996	778596	1316749	957391	1517220	1190724	1030349	576508
#活期储蓄存款	13849998	10372294	450419	596241	475492	667958	600237	446867	240490
定期储蓄存款	8418772	5809215	188011	487651	339805	574889	402558	386522	230122
结构性存款	933147	757267	18699	41020	15054	32621	14285	23070	31132
单位存款	29298795	26419713	400940	500460	432706	306732	817780	244208	176257
#活期存款	13552494	11482642	340348	288310	334872	260861	580751	127484	137225
定期存款	4557572	4377969	10153	28917	19386	9850	66355	27051	17891
保证金存款	1071073	891773	9948	76795	33129	8550	37394	6101	7385
结构性存款	575919	565459				60	5400	5000	
国库定期存款	806100	806100							
非存款类金融机构存款	2289165	2137107	4	75107		1767	18	75160	1
境外存款	42949	38621	347	1708	251	136	1494	97	295
各项贷款	**65995816**	**57481343**	**999077**	**1125806**	**1545950**	**872179**	**2633148**	**658879**	**679434**
境内贷款	65993052	57478616	999065	1125806	1545950	872154	2633148	658879	679434
短期贷款	7198200	6106677	40933	259765	109208	154649	248344	222271	56352
个人贷款及透支	2022299	1729948	31227	46568	41418	46973	69941	39228	16996
#个人消费贷款	1858821	1589684	31057	42638	36893	43313	63624	37102	14509
单位贷款及透支	5175900	4376730	9706	213197	67790	107676	178403	183043	39355
经营贷款及透支	4208878	3409708	9706	213197	67790	107676	178403	183043	39355
固定资产贷款	34300	34300							
贸易融资	932722	932722							
中长期贷款	57404029	50098706	958132	748950	1436742	717505	2384804	436608	622582
个人贷款	31943177	27394774	509602	331090	1277553	318536	1428367	140173	543082
#个人消费贷款	30773109	26373744	505713	326863	1259813	302908	1359252	132648	512169
单位贷款	25460852	22703932	448530	417860	159189	398969	956437	296435	79500
经营贷款	3602714	3246467	500	172335	6014	2250	74471	90677	10000
固定资产贷款	21563152	19207080	448030	235925	146174	396719	853966	205757	69500
并购贷款	146730	109130		9600			28000		
贸易融资	148256	141256			7000				
票据融资	1389353	1272262		117091					
各项垫款	1470	970							500
境外贷款	2764	2727	12			24.75			

教育事业主要综合指标一览表

表25 （2018 年） 单位：所、人

指　　标	数　值	指　　标	数　值
平均每万人拥有各类学校数（个）	**1.61**	**小学五年巩固率（%）**	**104.77**
高等学校	0.06	**小学学生辍学率（%）**	**0.0**
中等职业学校	0.12	**初中学生净入学率（%）**	**114.12**
技工学校	0.02	**初中三年巩固率（%）**	**104.83**
普通中学	0.46	**初中学生辍学率（%）**	**0.0**
普通小学	0.93	**初中毕业生升学率（%）**	**100.00**
平均每万人各类学校在校生数（人）	**3188.93**	**平均每万人各类学校教职工数（人）**	**231.69**
高等学校	1243.62	#专任教师	178.45
中等职业学校	320.18	#高等学校	66.31
技工学校	95.53	中等职业学校	15.06
普通中学	590.75	技工学校	3.22
普通小学	905.10	普通中学	52.54
小学适龄儿童净入学率（%）	**100.00**	普通小学	42.71

卫生事业基本情况一览表

表26

(2018年)

指　　标	机构数(个)	实有床位数(个)	人员数(人)	卫生技术人员(人)	执业(助理)医师	执业医师	注册护士	药师(士)	技师(士)	其他	其他技术人员(人)	管理人员(人)	工勤人员(人)
总　计	**4773**	**98249**	**143445**	**117013**	**42051**	**38353**	**57159**	**4818**	**5454**	**7531**	**6685**	**7061**	**8043**
六县(市)	**1728**	**71570**	**104524**	**87725**	**30893**	**29241**	**44468**	**3492**	**3810**	**5062**	**5207**	**5555**	**5489**
中牟县	434	3371	4850	3581	1343	1048	1535	197	251	255	222	117	474
巩义市	650	3901	6576	5196	1965	1590	2259	242	268	462	169	161	433
荥阳市	455	2797	5280	3722	1352	1076	1588	159	217	406	169	316	471
新密市	400	5479	6774	4960	1852	1549	2227	229	325	327	265	293	320
新郑市	684	5816	9195	7130	2853	2378	3020	317	329	611	369	351	514
登封市	422	5315	6246	4699	1793	1471	2062	182	254	408	284	268	342
医院	**246**	**86152**	**107010**	**90631**	**30294**	**28994**	**47118**	**3718**	**3981**	**5520**	**5268**	**5450**	**5661**
综合医院	117	54688	67452	58262	19524	18796	30556	2148	2451	3583	3071	2959	3160
中医医院	61	14243	17149	14308	5257	4919	6676	931	660	784	828	966	1047
中西医结合医院	6	1432	1793	1489	558	518	794	50	62	25	113	66	125
专科医院	60	15659	20517	16514	4936	4746	9061	587	805	1125	1252	1456	1295
口腔医院	3	45	434	335	157	147	155	4	11	8	17	45	37
眼科医院	6	450	568	365	99	84	190	15	22	39	58	70	75
耳鼻喉科医院	2	180	243	175	62	58	101	4	8		35	29	4
肿瘤医院	3	4251	4976	4363	1324	1315	2472	121	195	251	248	157	208
心血管病医院	4	2399	3714	3206	982	973	1757	132	133	202	102	317	89
胸科医院	1	1104	1262	1053	217	216	653	36	41	106	65	117	27
妇产(科)医院	7	397	907	559	185	171	293	27	41	13	176	90	82
儿童医院	1	2227	3104	2704	750	741	1473	98	138	245	49	192	159
精神病医院	4	928	641	489	135	132	265	18	27	44	47	59	46
传染病医院	1	1322	1241	1073	293	293	624	45	53	58	23	90	55
皮肤病医院	2	230	134	90	30	23	46	7	6	1	2	15	27
骨科医院	6	333	326	282	108	66	137	12	19	6	10	23	11
康复医院	5	911	901	676	193	183	338	29	43	73	71	67	87
整形外科医院	1	34	397	116	65	57	48	2	1		59	39	183
美容医院	6	136	878	390	145	124	178	11	16	40	274	73	141
其他专科医院	8	712	791	638	191	163	331	26	51	39	16	73	64
护理院	2	130	99	58	19	15	31	2	3	3	4	3	34
基层医疗卫生机构	**4393**	**8166**	**25795**	**18813**	**9319**	**7075**	**6905**	**872**	**776**	**941**	**675**	**606**	**1058**
社区卫生服务中心(站)	284	2294	5877	5189	2215	1914	2196	273	289	216	175	212	301
社区卫生服务中心	93	2270	4672	4075	1681	1432	1669	252	289	184	136	180	281
社区卫生服务站	191	24	1205	1114	534	482	527	21		32	39	32	20

续表26 （2018年）

指标	机构数（个）	实有床位数（个）	人员数（人）	卫生技术人员（人）	执业（助理）医师	执业医师	注册护士	药师（士）	技师（士）	其他	其他技术人员（人）	管理人员（人）	工勤人员（人）
卫生院	103	5688	6119	5068	2088	1363	1713	290	327	650	380	151	520
乡镇卫生院	103	5688	6119	5068	2088	1363	1713	290	327	650	380	151	520
中心卫生院	29	2070	1900	1634	660	427	517	99	106	252	110	47	109
乡卫生院	74	3618	4219	3434	1428	936	1196	191	221	398	270	104	411
村卫生室	2515		6262	1619	1173	517	446						
门诊部	161	184	2504	2110	1109	890	776	89	121	15	80	147	167
综合门诊部	40	150	1000	827	390	355	331	35	65	6	38	57	78
中医门诊部	32	4	401	330	184	163	85	38	20	3	8	26	37
中西医结合门诊部	1		13	13	5	5	3	1	4				
专科门诊部	88	30	1090	940	530	367	357	15	32	6	34	64	52
诊所、卫生所、医务室	1330		5033	4827	2734	2391	1774	220	39	60	40	96	70
诊所	1201		4513	4343	2454	2142	1609	201	34	45	24	88	58
卫生所、医务室	129		520	484	280	249	165	19	5	15	16	8	12
专业公共卫生机构	**109**	**3931**	**9636**	**7287**	**2330**	**2197**	**3109**	**220**	**598**	**1030**	**611**	**845**	**893**
疾病预防控制中心	15		1525	986	480	428	99	29	133	245	128	199	212
省属	1		360	253	147	147		4		102	44	25	38
省辖市（地区）属	1		168	96	40	39	3	1	2	50	12	39	21
地辖市属	11		827	531	242	200	86	19	104	80	62	100	134
县属	1		83	57	36	28	5	4	12			16	10
其他	1		87	49	15	14	5	1	15	13	10	19	9
专科疾病防治院（所、站）	2	120	257	191	86	86	45	4	28	28	15	27	24
专科疾病防治所（站、中心）	2	120	257	191	86	86	45	4	28	28	15	27	24
职业病防治所（站、中心）	2	120	257	191	86	86	45	4	28	28	15	27	24
健康教育所（站、中心）	3		30	8	2	1	3		1	2	4	12	6
妇幼保健院（所、站）	14	3811	5953	5092	1602	1551	2721	171	368	230	264	258	339
省属	1	1876	2673	2316	697	697	1240	64	174	141	129	105	123
省辖市（地区）属	1	600	1231	1080	329	328	634	41	70	6	27	66	58
地辖市属	11	1135	1719	1422	493	448	701	55	103	70	76	85	136
县属	1	200	330	274	83	78	146	11	21	13	32	2	22
妇幼保健院	8	3811	5854	5026	1569	1523	2700	171	357	229	259	238	331
妇幼保健所	6		99	66	33	28	21		11	1	5	20	8
急救中心（站）	3		106	51	11	10	36	1		3	6	39	10
采供血机构	1		401	245	31	31	142	1	48	23	38	17	101
卫生监督所（中心）	15		700	466						466	12	173	49
省属	1		72	59						59		7	6
省辖市（地区）属	1		102	95						95		6	1
地辖市属	12		505	300						300	12	151	42
县属	1		21	12						12		9	
计划生育技术服务机构	56		664	248	118	90	63	14	20	33	144	120	152
其他卫生机构	**25**		**1004**	**282**	**108**	**87**	**27**	**8**	**99**	**40**	**131**	**160**	**431**
医学科学研究机构	4		107	54	46	46	2	2	1	3	43	8	2
医学在职培训机构	3		66	50	21	17	13	4	3	9	3	7	6
临床检验中心（所、站）	2		631	142	26	20	1		92	23	59	28	402
统计信息中心	1		17	1	1	1					6	10	
其他	15		183	35	14	3	11	2	3	5	20	107	21

郑州市人民代表大会常务委员会公告

［十四届］第二十六号

《郑州市文明行为促进条例》已经郑州市第十四届人民代表大会常务委员会第三十三次会议于2017年12月21日通过，河南省第十三届人民代表大会常务委员会第二次会议于2018年3月31日批准，现予公布，自2018年7月1日起施行。

郑州市人民代表大会常务委员会

22018年4月23日

郑州市文明行为促进条例

第一章　总 则

第一条　为了培育和践行社会主义核心价值观，弘扬中华传统美德，引导和促进文明行为，提升公民道德素质和社会文明水平，推进城乡文明建设，根据有关法律、法规，结合本市实际，制定本条例。

第二条　本市行政区域内文明行为促进工作适用本条例。

第三条　本条例所称文明行为，是指遵守宪法和法律、法规规定，践行社会主义核心价值观，符合社会主义道德要求，维护公序良俗，引领社会风尚，推动社会文明进步的行为。

第四条　文明行为促进工作坚持政府主导、公众参与、奖惩结合、系统推进的原则，形成共建、共治、共享文明建设长效机制，推进社会公德、职业道德、家庭美德、个人品德建设。

第五条　市、县（市、区）精神文明建设指导委员会统筹本行政区域内文明行为促进工作。

市、县（市、区）精神文明建设工作机构具体负责本行政区域内文明行为促进工作的规划、指导、协调、监督。

市、县（市、区）人民政府有关部门和单位应当按照职责和任务分工，切实履职尽责，共同做好文明行为促进工作。

乡镇人民政府、街道办事处和村（居）民委员会应当将文明行为促进工作纳入工作日程，抓好具体工作落实。

第六条　市、县（市、区）精神文明建设指导委员会建立文明行为促进工作联席会议制度，研究、制定文明行为促进工作相关规定，明确任务分工，协调解决有关重大问题。

第七条　市、县（市、区）人民政府应当将文明行为促进工作纳入国民经济和社会发展规划及年度计划，所需经费列入同级财政预算。

第八条　国家机关、企业事业单位、人民团体、社会组织应当结合自身实际，积极支持、参与文明行为促进工作。

国家公职人员、公众人物应当在文明行为促进工作中发挥表率作用。

公民应当自觉遵守市民文明公约、社区居民文明公约、村规民约、学生守则以及行业规范等，遵循公序良俗，积极参与文明行为促进工作。

第九条　鼓励、支持单位和个人以提供资金、技术、劳动力、智力成果、媒介资源等方式参与文明行为促进工作。

第十条　报刊杂志、广播电视、网络平台等大众传播媒介应当加强正面引导，开展文明建设宣传和舆论监督，宣传报道先进典型，传播美德善行，营造全社会鼓励和促进文明行为的氛围。

第二章　规范与倡导

第十一条　公民应当爱国守法、明礼诚信、团结友善、勤俭自强、敬业奉献。

第十二条　公民应当维护公共秩序，自觉践行下列行为：

（一）在公共场所着装得体，言行举止文明，不得大声喧哗；

（二）等候服务依次排队；

（三）文明开展广场舞、室外歌唱等文体娱乐活动，合理使用场地及设施设备，不得影响他人工作、生活；

（四）从事经营活动不得妨碍公共秩序；

（五）不得从建筑物、构筑物、车辆内向外抛撒物品。

第十三条　公民应当爱护环境，自觉践行下列行为：

（一）增强环境保护意识，履行环境保护义务，参与生态文明建设，保护大气、水、土壤等环境；

（二）减少废气、废水、固体废弃物等污染物排放，按照有关规定对垃圾分类投放；

（三）不得露天焚烧秸秆、落叶、枯草等产生烟尘污染的物质；

（四）不得在公共设施上涂写、刻画；

（五）不得损坏园林绿化及其设施；

（六）不得在禁止吸烟的场所吸烟；

（七）不得随地吐痰、便溺；

（八）不得乱扔果皮（核）、烟蒂、包装纸（袋、盒）、饮料罐（瓶、盒）、口香糖渣、废电池、动物尸体等废弃物。

第十四条　公民应当文明生活，自觉践行下列行为：

（一）倡导绿色低碳生活方式，节约水、电、油、气等资源；

（二）合理消费、文明用餐、厉行节约；

（三）分类、收集日常废旧物品，推进循环利用；

（四）树立新风，破除陋习，文明办理婚丧喜庆事宜；

（五）遵守饲养畜禽、宠物的有关规定。

第十五条　公民应当文明出行，自觉遵守下列规定：

（一）驾驶机动车行经人行横道应当减速行驶，遇行人正在通过时停车让行；行经没有交通信号的道路时，遇行人横过马路应当避让；通过没有交通信号灯、交通标志、交通标线或者交通警察指挥的交叉路口时，应当减速慢行，并让行人先行。

（二）驾驶非机动车，通过交叉路口、人行横道时，应当按照交通信号指示通行，礼让行人；等待交通信号指示时，应当在停止线以外；不得进入城市快速路、高架路、立交桥等禁止非机动车通行的道路。

（三）行人通过路口或者横过道路，应当走人行横道或者过街设施，不得跨越道路隔离设施；不得在车行道内停留、嬉闹；通过有交通信号灯的人行横道，应当按照交通信号灯指示通行。

（四）不得在车行道内兜售、发送物品。

（五）乘坐公共交通工具应当主动为老、弱、病、残、孕及携带婴幼儿的乘客让座。

第十六条　停放机动车应当遵守法律、法规规定，不得妨碍其他车辆、行人通行。

停放非机动车应当遵守道路交通安全法律、法规规定，在规定地点停放；在未设停放地点的区域停放，不得妨碍其他车辆、行人通行。

第十七条 公民应当文明旅游，自觉践行下列行为：

（一）遵守旅游管理规范，尊重当地风俗习惯；

（二）爱护文物古迹、风景名胜、旅游设施等旅游资源；

（三）服从景区、景点工作人员引导和管理，不得从事危及人身财产安全的活动。

第十八条 家庭成员之间应当互相扶持，敬老爱幼。未成年人的监护人应当教育、引导未成年人遵守文明行为规范。

邻里之间团结和睦，相互尊重文化习俗，不干扰他人正常生活，爱护和合理使用公共空间、设施设备，鼓励主动参与楼院、社区的绿化、美化活动。

关爱空巢老人、留守儿童、残疾人和外来务工人员未成年子女。

第十九条 公民应当文明上网。不得在网上发布和传播虚假信息、低俗淫秽暴力信息，不得在网上通过发帖、评论等方式攻击、谩骂他人，不得在网上从事其他违背公序良俗、损害他人合法权益的活动。

第二十条 各类广告发布媒介应当以健康的形式表达广告内容，并有义务刊播公益广告，倡导良好道德风尚。

发布广告内容应当真实、合法，符合社会主义精神文明建设和弘扬中华民族优秀传统文化的要求。

第二十一条 鼓励和支持无偿献血、捐献造血干细胞、遗体、人体器官（组织）的行为。尊重和保护捐献人的捐献意愿、捐献行为和人格尊严。

第二十二条 倡导学习急救知识。鼓励为他人提供力所能及的帮助，当他人出现伤病或者处于其他生命健康危险时予以救助。

鼓励和支持公民见义勇为。

第二十三条 鼓励和支持志愿服务活动，推动依法建立各类志愿服务组织，拓宽志愿服务领域，创新志愿服务方式，推动全社会广泛参与志愿服务活动。

第二十四条 鼓励用人单位在招聘时，在同等条件下优先录用和聘用道德模范、文明市民、优秀志愿者等先进人物。

第二十五条 鼓励和支持国家机关、人民团体、基层群众性自治组织、企业事业单位和社会组织利用本单位场所、设施设立公益服务点，为需要帮助的环卫工人和其他户外工作人员提供饮用茶水、加热饭菜、遮风避雨等便利服务。

第二十六条 公共场所应当依照规定的标准配套建设公共厕所并保持开放。

在市政公共基础设施、公用事业范围或者机场、车站、地铁、码头、医疗机构、体育场馆、风景名胜区等人员密集场所，应当按照相关标准配备独立的母婴室，设置方便老人、儿童及行动不便者使用的厕位或者第三卫生间。

第三章 实施与保障

第二十七条 市、县（市、区）人民政府应当建立健全文明行为促进工作目标责任制和考评制度，与责任单位签订目标任务责任书，并对落实情况进行检查、考评。

市、县（市、区）精神文明建设工作机构、各有关行政主管部门及单位，应当建立健全本地区、本系统文明行为评估体系，定期组织开展文明指数测评，并向社会公布。

第二十八条 市、县（市、区）人民政府及有关部门和单位应当建立健全文明行为表彰奖励制度和先进人物礼遇、困难帮扶制度。

国家机关、企业事业单位、人民团体、社会组织应当结合本地区、本部门、本行业、本单位实际情况，积极参加或者组织本单位人员参加各种文明行为评选与表彰活动。

第二十九条 市、县（市、区）人民政府及有关部门和单位可以依法通过购买服务、资金援助等方式，支持志愿服务运营管理。

志愿服务组织应当为志愿者参与志愿服务活动提供必要条件，解决志愿者在志愿服务过程中遇到的困难，维护志愿者的合法权益。

建立志愿服务记录、评价和时间储蓄制度等志愿服务保障和激励机制。参加志愿服务活动表现突出、成绩显著的志愿者，有困难时可以申请优先获得志愿服务。

第三十条 市、县（市、区）精神文明建设工作机构、各有关行政主管部门及单位，应当宣传文明行为、文明礼仪、文明范例，批评和谴责不文明行为。

第三十一条 市、县（市、区）人民政府及有关部门应当科学规划、合理布局，建设完善下列设施：

（一）公共交通工具、交通标志标线、电子监控等交通设施；

（二）人行横道、过街天桥、地下通道、绿化照明、停车泊位等市政设施；

（三）盲道、坡道、电梯等无障碍设施；

（四）商场、超市、集贸市场等生活设施；

（五）公共厕所、垃圾、污水处理等环卫设施；

（六）图书馆、博物馆、文化馆（站）、美术馆、科技馆、纪念馆、体育场馆、妇女儿童活动中心等公共文化设施；

（七）公园、广场等休闲娱乐设施；

（八）行政区划、自然地理、居住小区、应急避难场所、公共厕所、街道、楼宇、门牌等地名标志设施；

（九）广告栏、宣传栏等广告宣传设施；

（十）志愿服务站等志愿服务设施；

（十一）其他与文明行为促进有关的设施。

前款规定的设施，管理单位应当加强日常检查，保证设施完好、运行正常、整洁有序。

第三十二条 市、县（市、区）人民政府应当组织开展文明城市（县城）、文明村镇（社区）、文明单位、文明家庭、文明校园等群众性精神文明创建活动。

第三十三条 乡镇人民政府、街道办事处和村（居）民委员会应当采取下列措施，建设文明村镇（社区）：

（一）加强基层群众性自治组织建设，依法制定业主公约、村规民约，提升自我教育、自我管理、自我服务能力；

（二）完善水、电、路、通信设施和垃圾、污水处理等设施，开展环境综合整治，保护自然、历史、人文风貌；

（三）完善基本公共文化服务体系，传承和保护优秀民族民间文化，丰富群众文化生活；

（四）开展文明素养教育，推动移风易俗，治理陈规陋习；

（五）培育弘扬新乡贤文化，发挥新乡贤引领、示范作用，促进见贤思齐、崇德向善；

（六）倡导邻里守望，为老年人、妇女、儿童、残疾人等提供帮助；

（七）加强集贸市场管理，推动分区经营、路市分离。

第三十四条 国家机关、企业事业单位、人民团体、社会组织应当采取下列措施，建设文明单位：

（一）完善单位规章制度，科学、民主、规范管理；

（二）规范服务行为，制定服务标准，公开服务承诺，优化服务内容和流程，提供优质高效文明服务；

（三）培育健康向上的单位文化，教育职工遵纪守法、恪守职业道德、言行举止文明；

（四）组织开展公益活动，主动履行社会责任；

（五）改善、美化工作环境。

第三十五条 学校应当加强文明校园建设，营造文明养成教育氛围，保障学生全面发展、健康成长：

（一）坚持立德树人，加强中华优秀传统文化教育，培育和践行社会主义核心价值观，养成优良校风、教风、学风；

（二）加强师德师风建设，规范教育教学行为，禁止侮辱、谩骂、体罚学生；

（三）加强学生孝亲尊师、礼仪礼节、心理健康和文明行为养成等教育；

（四）完善校园文化设施，开展健康向上的校园文化活动；

（五）净化、绿化、美化校园环境，建设美丽校园；

（六）加强法治宣传教育，防止校园欺凌，建设安全校园。

第三十六条 市、县（市、区）人民政府有关部门和单位应当按照下列规定加强文明行为促进工作：

（一）各有关部门和单位应当健全并落实普法责任制，加强文明行为宣传教育，推进法治教育和道德教育相结合，促进法治和德治相辅相成；

（二）文化、广播电视等主管部门应当加强公共文化服务，规划、引导公共文化产品创作、推广、宣传，依法查处文化市场生产经营违法行为，规范文化市场秩序；

（三）教育行政主管部门、教育机构应当将文明行为教育纳入教育、教学内容，提升师生文明素养；

（四）旅游行政主管部门应当加强旅游监督检查，倡导健康、文明、环保旅游方式，规范旅游经营者、旅游从业人员的经营服务行为，依法查处虚假宣传、强制消费等行为，维护正常旅游秩序；

（五）民政部门应当加强志愿服务、流浪乞讨人员救助管理，推进婚俗和殡葬改革，倡导文明新风，制止和纠正不文明行为，依法查处违法行为；

（六）城市管理、城乡建设、住房保障与房地产管理、生态环境、园林绿化、水务、林业等行政主管部门，应当对损害市容环境、市政基础设施、规划建设、生态环境、城乡园林绿化等不文明行为加强监管，及时劝阻、有效制止，依法查处违法行为；

（七）公安机关、交通运输行政主管部门等应当加强交通管理和文明出行宣传，及时制止交通不文明行为，查处交通违法行为；

（八）卫生行政主管部门、医疗卫生机构应当加强文明行医、文明就医宣传，加强医护人员职业道德建设，优化服务流程，改善医疗服务，加强医患沟通，维护公平有序就医环境；

（九）市场监督管理等行政主管部门应当加强工作协调配合，及时处理投诉、举报，制止不文明经营行为，依法查处欺诈消费者等违法经营行为；

（十）互联网信息管理机构应当加强网络文明建设，完善互联网信息内容管理和监督机制，加强对网络不文明行为的监测，协助公安机关查处网络信息传播违法行为。

第三十七条 行政执法部门之间应当建立信息共享和执法合作机制。

市、县（市、区）人民政府及有关行政主管部门应当实行行政执法责任制，改进行政执法方式，规范执法行为，推进文明执法，提高执法效能。

第三十八条 本市建立统一的公共信用信息平台，推行以组织机构代码、居民身份证号码为识别基准的社会信用代码制度，制定统一的信用信息采集和分类管理标准，录入受到表彰的文明行为信息和受到处罚的不文明行为信息，并实现信用信息数据共享。

第三十九条 市、县（市、区）精神文明建设工作机构可以招募文明行为监督员，协助做好文明行为宣传、教育、监督和不文明行为制止、纠正等工作。

第四十条 国家机关、企业事业单位、人民团体、社会组织应当对所属工作人员进行文明素养提升教育。精神文明建设工作机构、各有关行政主管部门应当对教育落实情况进行督促指导。

第四十一条 国家机关、企业事业单位、人民团体、社会组织应当对其工作场所、营业场所或者服务区域范围内的不文明行为进行劝阻；从事物业服务、保安服务的企业对其服务区域内的不文明行为，应当予以劝阻；属于违法行为的，应当及时予以制止、报告有关部门，并协助取证。

第四十二条 市、县（市、区）人民政府有关部门和单位可以依法记录单位和个人不文明行为，对其参与相关活动依法予以限制，必要时可以向其上级主管部门或者所在单位、社区通报；情节严重、影响恶劣的，可以依法予以公开曝光。

第四十三条 任何单位和个人有权通过电话、信函、电子邮件等方式对文明行为促进工作提出意见和建议；有权对不文明行为予以劝阻；对不听劝阻的，可以向有关行政主管部门举报、投诉。举报、投诉内容明确具体的，受理举报的行政主管部门应当依法及时处理以及告知举报、投诉人处理结果，并对举报、投诉人身份信息等予以保密。

有关行政主管部门应当向社会公布举报、投诉的方式、流程和办理时限，方便单位和个人的举报、投诉。

第四章　法律责任

第四十四条 法律、法规对本条例规定的不文明行为已有处罚规定的，从其规定。

第四十五条 违反本条例第十三条第七项规定，随地吐痰、便溺的，由城市管理行政主管部门处以警告并责令当场清理，拒不清理的，处以五十元罚款。

第四十六条 违反本条例规定，有下列情形之一的，由公安机关交通管理部门按照下列规定予以处罚：

（一）违反本条例第十五条第一项规定的，处以二百元罚款；

（二）违反本条例第十五条第二项规定，驾驶非机动车通过交叉路口、人行横道时，未按照交通信号指示通行的，处以五十元罚款；等待交通信号指示时，越过停止线的，责令改正，拒不改正的，处以二十元罚款；

（三）违反本条例第十五条第三、四项规定的，处以五十元罚款。

第四十七条 因违反本条例规定应当受到罚款处罚，违法行为人自愿参加与文明行为促进工作相关的社会服务的，有关行政主管部门可以安排其参加相应的社会服务；违法行为人完成相应的社会服务，经有关行政主管部门认定的可以不予罚款。

第四十八条 有关行政主管部门和单位及其工作人员在文明行为促进工作中有下列行为之一的，由有管理权限的机关责令改正，通报批评；情节严重的，对直接负责的主管人员和其他直接责任人员依法给予处分：

（一）在群众性精神文明创建活动中不履行或者不正确履行职责的；

（二）对违法不文明行为不依法查处的；

（三）对举报、投诉等不依法查处的；

（四）其他玩忽职守、滥用职权、徇私舞弊的行为。

第五章　附则

第四十九条 郑州航空港经济综合实验区、郑州高新技术产业开发区、郑州经济技术开发区、郑东新区等区域内文明行为促进工作，适用本条例。

第五十条 本条例自2018年7月1日起施行。

重要文件目录

中共郑州市委文件

中共郑州市委　郑州市人民政府关于进一步加强食品安全工作的意见
（郑发〔2018〕6号）
（2018年4月20日）

中共郑州市委　郑州市人民政府关于推进安全生产领域改革发展的实施意见
（郑发〔2018〕7号）
（2018年5月21日）

中共郑州市委关于推进以案促改制度化常态化的实施意见
（郑发〔2018〕10号）
（2018年7月18日）

中共郑州市委关于印发《中共郑州市委巡察工作实施细则》的通知
（郑发〔2018〕11号）
（2018年7月19日）

中共郑州市委关于认真学习贯彻省委十届六次全会暨省委工作会议精神的通知
（郑发〔2018〕13号）
（2018年7月31日）

中共郑州市委　郑州市人民政府关于加快建设国际化法治化便利化营商环境的意见
（郑发〔2018〕14号）
（2018年8月16日）

中共郑州市委　郑州市人民政府关于推进新型智慧城市建设的实施意见
（郑发〔2018〕15号）
（2018年8月18日）

中共郑州市委　郑州市人民政府关于加快制造业高质量发展的若干意见
（郑发〔2018〕17号）
（2018年8月27日）

中共郑州市委关于以习近平新时代中国特色社会主义思想为指导全面推进党的建设高质量发展的实施意见
（郑发〔2018〕19号）
（2018年8月3日市委十一届七次全会审议通过）

中共郑州市委　郑州市人民政府关于推进新一轮高水平对外开放的意见
（郑发〔2018〕21号）
（2018年8月3日市委十一届七次全会审议通过）

中共郑州市委　郑州市人民政府关于全面加强生态环境保护坚决打好污染防治攻坚战的实施意见
（郑发〔2018〕22号）
（2018年10月24日）

中共郑州市委　郑州市人民政府关于开展质量提升行动的实施意见
（郑发〔2018〕23号）
（2018年12月13日）

中共郑州市委　郑州市人民政府关于促进民营经济健康发展的若干意见
（郑发〔2018〕25号）
（2018年12月24日）

中共郑州市委　郑州市人民政府关于营造企业家健康成长环境弘扬优秀企业家精神更好发挥企业家作用的实施意见
（郑发〔2018〕26号）
（2018年12月24日）

中共郑州市委　郑州市人民政府关于进一步加强城市管理工作的意见
（郑发〔2018〕27号）
（2018年12月25日）

（刘跃亭　张　凯　翟景伟　马　焱）

郑州市人大常委会文件

郑州市人大常委会关于郑州市出席河南省第十三届人民代表大会代表选举结果的报告
（郑人常〔2018〕1号）
（2018年1月12日）

郑州市人大常委会关于提请审查批准《郑州市文明行为促进条例》的报告
（郑人常〔2018〕2号）
（2018年1月17日）

郑州市第十四届人民代表大会常务委员会第三十三次会议关于批准郑州建设国家中心城市行动纲要（2017—2035年）的决议
（郑人常〔2018〕3号）
（2018年1月19日）

郑州市人民代表大会常务委员会关于郑州市监察委员会副主任、委员任命和宪法宣誓程序的决定
（郑人常〔2018〕4号）
（2018年1月5日）

郑州市人大常委会关于印发《郑州市人民代表大会常务委员会关于批准郑州市2018年政府投资项目计划的决议》的通知
（郑人常〔2019〕5号）
（2018年2月22日）

郑州市人大常委会关于印发《郑州市人大常委会2018年工作要点》的通知
（郑人常〔2018〕6号）
（2018年3月29日）

郑州市人民代表大会常务委员会关于接受程志明辞去郑州市人民政府市长职务的决定
（郑人常〔2018〕7号）
（2018年2月6日）

郑州市人大常委会关于印发《2018年郑州市人大常委会会议、主任会议议题安排意见》的通知
（郑人常〔2018〕10号）
（2018年4月19日）

郑州市人大常委会关于印发《郑州市人大常委会2018年监督工作计划》的通知
（郑人常〔2018〕11号）
（2018年4月19日）

郑州市人大常委会关于组织实施《郑州市文明行为促进条例》的通知
（郑人常〔2018〕12号）
（2018年4月26日）

郑州市人民代表大会常务委员会关于郑州市人民代表大会换届选举有关问题的决定
（郑人常〔2018〕13号）
（2018年5月14日）

郑州市人民代表大会常务委员会关于郑州市人民代表大会换届选举时间的决定
（郑人常〔2018〕14号）
（2018年6月29日）

郑州市人大常委会关于批准《郑州市2018年第一批新增地方政府债券资金分配使用情况报告》的决议
（郑人常〔2018〕15号）
（2018年8月31日）

郑州市人大常委会关于报请审查批准《郑州市人民代表大会常务委员会关于修改部分地方性法规的决定》的报告
（郑人常〔2018〕17号）
（2018年9月4日）

郑州市人大常委会关于对《郑州市人民

检察院关于设立郑州经济技术开发区人民检察院的请示》的答复

（郑人常〔2018〕20号）

（2018年9月14日）

郑州市人民代表大会常务委员会关于任命王新伟为郑州市人民政府副市长、代理市长职务的决定

（郑人常〔2018〕22号）

（2018年9月25日）

郑州市人大常委会关于印发《郑州市人大常委会关于批准2017年市级财政决算的决议》的通知

（郑人常〔2018〕24号）

（2018年10月30日）

郑州市人大常委会关于印发《郑州市人大常委会关于批准2018年市本级预算调整方案的决议》的通知

（郑人常〔2018〕25号）

（2018年10月30日）

郑州市人大常委会关于报请审查批准《关于修改〈郑州市政府投资项目管理条例〉的决定》的报告

（郑人常〔2018〕26号）

（2018年10月30日）

郑州市人大常委会关于印发《批准调整郑州市2018年政府投资项目计划的决议》的通知

（郑人常〔2018〕27号）

（2018年11月7日）

郑州市人大常委会关于对《郑州市中级人民法院关于郑州经济技术开发区人民法院加挂河南自由贸易试验区郑州片区人民法院牌子的请示》的答复

（郑人常〔2018〕28号）

（2018年11月30日）

郑州市人大常委会关于报送《郑州市人大常委会2019年度地方立法计划》的报告

（郑人常〔2018〕29号）

（2018年12月3日）

（胡凯林）

郑州市人民政府文件

郑州市人民政府关于下达2018年度郑州市重点建设项目的通知

（郑政〔2018〕1号）

（2018年1月3日）

郑州市人民政府关于加快推进市属国有企业改革的意见

（郑政〔2018〕2号）

（2018年1月3日）

郑州市人民政府关于印发郑州市跨境电子商务综合试验区发展规划（2018—2020年）的通知

（郑政〔2018〕3号）

（2018年1月29日）

郑州市人民政府关于加快推进跨境电子商务发展的实施意见

（郑政〔2018〕4号）

（2018年1月10日）

郑州市人民政府关于支持新产业新业态发展促进大众创业万众创新用地的实施意见

（郑政〔2018〕5号）

（2018年1月12日）

郑州市人民政府关于印发郑州市旅行社奖励暂行办法的通知

（郑政〔2018〕6号）

（2018年1月12日）

郑州市人民政府关于促进特色旅游饭店及民宿发展的若干意见

（郑政〔2018〕7号）

（2018年1月12日）

郑州市人民政府关于加快乡村旅游转型升级的意见

（郑政〔2018〕8号）

（2018年1月12日）

郑州市人民政府关于印发郑州市旅游产业转型升级奖励暂行办法的通知

（郑政〔2018〕9号）

（2018年1月12日）

郑州市人民政府关于进一步深化农垦改革的实施意见

（郑政〔2018〕10号）

（2018年1月19日）

郑州市人民政府关于加快农业生产性服务业发展的指导意见

（郑政〔2018〕11号）

（2018年1月22日）

郑州市人民政府关于完善农村土地所有权承包权经营权分置办法的实施意见

（郑政〔2018〕12号）

（2018年1月22日）

郑州市人民政府关于印发郑州市卫生城市管理办法的通知

（郑政〔2018〕13号）

（2018年2月1日）

郑州市人民政府关于进一步加大生态建设财政扶持的意见

（郑政〔2018〕14号）

（2018年2月3日）

郑州市人民政府关于进一步加强招商引资工作的意见

（郑政〔2018〕15号）

（2018年2月13日）

郑州市人民政府关于印发中国（河南）自由贸易试验区郑州片区过渡期承接省级下发经济社会管理权限事项实施方案的通知

（郑政〔2018〕16号）

（2018年2月22日）

郑州市人民政府关于进一步完善大棚户区改造工作的意见

（郑政〔2018〕17号）

（2018年3月15日）

郑州市人民政府关于郑州市建设中国制造强市若干政策的补充意见

（郑政〔2018〕18号）

（2018年3月23日）

郑州市人民政府关于进一步加快轨道交通发展的意见

（郑政〔2018〕19号）

（2018年4月7日）

郑州市人民政府关于印发2018年郑州市十件重点民生实事的通知

（郑政〔2018〕20号）

（2018年4月16日）

郑州市人民政府关于印发2018年对外开放工作实施方案的通知

（郑政〔2018〕21号）

（2018年4月18日）

郑州市人民政府关于印发郑州市招商引资绩效考核办法的通知

（郑政〔2018〕22号）

（2018年4月18日）

郑州市人民政府关于关于促进服务贸易加快发展的实施意见

（郑政〔2018〕23号）

（2018年4月18日）

郑州市人民政府关于印发郑州市“十三五”能源发展规划的通知

（郑政〔2018〕24号）

（2018年4月24日）

郑州市人民政府关于印发郑州市清洁取暖试点城市建设项目和资金管理办法的通知

（郑政〔2018〕25号）

（2018年4月24日）

郑州市人民政府关于印发表彰2013—2018年度郑州市劳动模范（先进工作者）的决定

（郑政〔2018〕26号）

（2018年4月26日）

郑州市人民政府关于加快农村公路建设2018—2020年三年行动计划的实施意见

（郑政〔2018〕27号）

（2018年4月25日）

郑州市人民政府关于国有土地上房屋征收和国有土地使用权收回有关问题的意见

（郑政〔2018〕28号）

（2018年4月26日）

郑州市人民政府关于印发郑州市生产安全事故隐患排查治理办法的通知

（郑政〔2018〕29号）

（2018年4月30日）

郑州市人民政府关于印发《郑州市产业集聚区企业分类综合评价实施办法（试行）》的通知

（郑政〔2018〕30号）

（2018年5月7日）

郑州市人民政府关于做好当前和今后一段时期就业创业工作的意见

（郑政〔2018〕31号）

（2018年5月27日）

郑州市人民政府关于印发郑州市城市精细化管理三年行动实施方案的通知

（郑政〔2018〕32号）

（2018年5月29日）

郑州市人民政府关于处理国有建设用地上不动产登记相关问题的补充意见

（郑政〔2018〕33号）

（2018年6月21日）

郑州市人民政府关于印发郑州市加快建设郑州健康养老产业实施方案（2018—2020年）的通知

（郑政〔2018〕34号）

（2018年7月30日）

郑州市人民政府关于郑州市加强财务管理严肃财经纪律的意见

（郑政〔2018〕35号）

（2018年8月1日）

郑州市人民政府关于印发郑州市健康城市建设三年规划（2018—2020年）的通知

（郑政〔2018〕36号）

（2018年7月23日）

郑州市人民政府关于印发郑州市制造业招商引资考核办法的通知

（郑政〔2018〕37号）

（2018年8月7日）

郑州市人民政府关于印发郑州市加快重点工业企业培育若干政策的通知

（郑政〔2018〕38号）

（2018年8月8日）

郑州市人民政府关于印发郑州市加快工业投资促进制造业高质量发展若干政策的通知

（郑政〔2018〕39号）

（2018年8月11日）

郑州市人民政府关于促进建筑业持续健康发展的实施意见

（郑政〔2018〕40号）

（2018年8月13日）

郑州市人民政府关于印发郑州市城乡地下空间开发利用管理暂行规定的通知

（郑政〔2018〕41号）

（2018年8月20日）

郑州市人民政府关于发展超低能耗建筑的实施意见

（郑政〔2018〕42号）

（2018年8月31日）

郑州市人民政府关于加强农村留守儿童关爱保护和困境儿童保障工作的实施意见

（郑政〔2018〕43号）

（2018年9月25日）

郑州市人民政府关于印发郑州市拓展发展空间保障工业用地需求若干措施的通知

（郑政〔2018〕44号）

（2018年11月9日）

郑州市人民政府关于赵伊君等创新创业人才（团队）入选第三批“智汇郑州·1125聚才计划”的决定

（郑政〔2018〕45号）

（2018年11月15日）

郑州市人民政府关于对综合工作优秀单位领导记功嘉奖的决定

（郑政〔2018〕46号）

（2018年12月18日）

（李林晓　高伟谦）

说明：

本索引为分类索引，包括主题词索引、表格和示意图索引、彩图插页索引。

主题词索引标目按汉语拼音音序排列，标目后数字为页码，页码后a、b、c分别表示为该页的左、中、右栏。

表格和示意图索引按页码顺序编排。

主题词索引

A

B

D

E

F

G

I

J

K

L

M

N

P

Q

R

S

T

W

X

Y

Z

表格和示意图索引

图书在版编目（CIP）数据

郑州年鉴. 2019 / 郑州市地方史志办公室编. -- 郑州 : 中州古籍出版社, 2019.11
ISBN 978-7-5348-8904-2

Ⅰ. ①郑… Ⅱ. ①郑… Ⅲ. ①郑州－2019－年鉴
Ⅳ. ①Z526.11

中国版本图书馆CIP数据核字（2019）第265118号

责任编辑：宗增芳
责任校对：米　敏
出 版 社：中州古籍出版社
（郑州市金水东路39号　邮政编码：450016）
发行单位：新华书店
承印单位：河南瑞之光印刷股份有限公司
开　　本：889 mm × 1194mm　1/16
印　　张：30.25
字　　数：1550千字
印　　数：1—2500册
版　　次：2019年11月第1版
印　　次：2019年11月第1次印刷
定　　价：320.00元